2017北京顺义

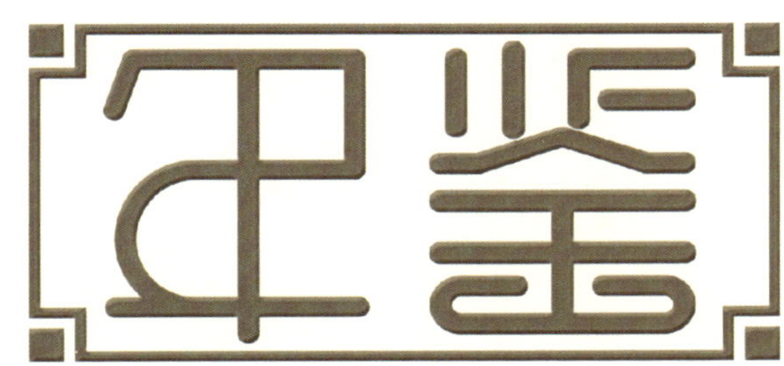

北京市顺义区党史区志办公室 编

光明日报出版社

图书在版编目（CIP）数据

北京顺义年鉴. 2017 / 北京市顺义区党史区志办公室编. -- 北京 : 光明日报出版社, 2017.11
ISBN 978-7-5194-3651-3

Ⅰ. ①北… Ⅱ. ①北… Ⅲ. ①顺义区－2017－年鉴
Ⅳ. ①Z521.3

中国版本图书馆CIP数据核字(2017)第284999号

北京顺义年鉴2017

著者：北京市顺义区党史区志办公室编

责任编辑：李晓燕　　策　　划：北京海风神舟文化发展有限公司
封面设计：郑　昱　　责任校对：曹　杨
插　　图：　　责任印制：曹　诤

出版发行：光明日报出版社
地　　址：北京市西城区永安路106号，100050
传　　真：010-67078277,67078255　　网　　址：http://book.gmw.cn
E　-mail：
法律顾问：北京德恒律师事务所龚柳方律师

印　刷：廊坊金虹宇印刷有限公司
装　订：廊坊金虹宇印刷有限公司
本书如有破损、缺页、装订错误，请与本社联系调换，电话：010-67019571

开　本：210×285　　印　张：36.5
字　数：923千字　　插　图：
版　次：2017年第一版
印　次：第1次
书　号：ISBN 978-7-5194-3651-3

定　价：200.00元

北京顺义区地方志编纂委员会

《北京顺义年鉴》编纂委员会

主 任

高 朋

副主任

李向英

委 员

梁 军 费连荣

《北京顺义年鉴（2017年卷）》编辑部

主 编 梁 军
副主编 费连荣
编 辑 张东清 刘秀娟 兰 岚 郝会元

编 辑 说 明

一、《顺义年鉴》(以下简称“年鉴”)是一部综合性、资料性工具书和文史资料。在中共顺义区委和区人民政府领导下，由区地方志编纂委员会主持编纂，区党史区志办公室负责实施编纂。

二、本年鉴以马列主义、毛泽东思想、邓小平理论、“三个代表”重要思想、科学发展观和习近平新时代中国特色社会主义思想为指导，以“与时俱进、内容客观、资料翔实、服务大众”为宗旨，坚持科学发展观及实事求是的原则，提供最新的数字、情况和信息。

三、本年鉴全面记述上一年顺义经济和社会发展各方面的基本情况和重大事件，对区域内中央、市属等其它单位亦进行记述，以反映顺义的全貌。2017年年鉴记述时限为2016年1月1日至2016年12月31日。凡在本书中直书月、日的，均指2016年的日期，文中“本年”、“年内”一律指2016年。

四、本年鉴采用分类编纂体例，用文章和条目两种形式，以条目为主，用规范的语体文、记述体直陈其事，文字力求言简意赅。全书设类目、分目、子目、条目四个层次。条目的标题统一用黑体外加【 】标明。类目、分目、子目的标题分别用不同字号的字体加以区别。

五、本年鉴的文字内容设有特载、专记、大事记、中国共产党北京市顺义区委员会、顺义区人民代表大会及其常务委员会、顺义区人民政府、顺义区政协、天竺综保区、纪检·监察、民主党派、人民团体、政法·军事、综合经济管理·财政税务、经济功能区·区内企业、商业·旅游、金融·保险·证券、城乡建设及管理、科·教·文·卫·体、社会生活、街道·镇、人物、统计表、附录共25个类目。全书除文字外，还配以地图、照片、表格，力求具体、形象、生动地反映顺义区的面貌。

六、本年鉴收录顺义区党、政、军、团体、街道、镇和部分企业负责人及顺义区域内有关单位负责人名录，以2016年任职为限，其中有任免情况的分别予以注明。

七、选入本年鉴的文章和条目，除部分资料由年鉴编辑人员直接收集外，其它均由各部门、各单位确定的专人撰写或提供，并经部门、单位主管领导审核。区属组织机构等部门、区域内有关单位负责人名单由区委组织部提供。统计资料由区统计局提供，照片由各有关单位提供。

八、本年鉴的编辑工作得到各撰稿单位及各方面的热情关怀和大力支持，在此深表谢意。由于水平有限，对本书的疏漏之处及不足，恳请各界批评指正。

目　录

顺义概况

特　载

2017年新年贺词

2016年大事记

顺义区委

区委重要会议

主要工作及重大活动

组织工作

宣传工作

精神文明建设

统战工作

政策研究工作

机构编制工作

保密工作

区直属机关工委工作

社会工作

日常政务

法制建设

外事侨务

信访工作

信息

地方志工作

档案

政协北京市顺义区委员会

北京天竺综合保税区

纪检·监察

民主党派

人民团体

顺义区总工会

共青团顺义区委员会

顺义区妇女联合会

顺义区工商业联合会

顺义区科学技术协会

顺义区残疾人联合会

顺义区红十字会

顺义区文学艺术界联合会

政法 军事

政法

政法工作

公安工作

检察工作

审判工作

司法工作

社会治安综合治理

军事

人民武装

民防工作

双拥工作

综合经济管理 财政税务

综合经济管理

综合经济调控

经济和信息化

食品药品监督管理

审计

政务服务中心 投资服务中心

地方税务

农 业

农村工作

农村经济管理

动物卫生监督

经济功能区·区内企业

经济功能区

北京临空经济核心区

中关村科技园区顺义园

顺鑫控股集团

北京大龙控股有限公司

北京顺义科技创新集团有限公司

首安工业消防设备（北京）有限公司

北京京粮顺兴粮油公司

顺义区建筑工程公司

顺义区建筑工程总公司

商业

对外经贸

顺义区供销合作联合社

北京鑫海韵通百货有限公司

北京国泰中百商业有限公司

旅游

旅游

顺义宾馆

园林建设

金融 保险 证券

金融

金融服务

中国银行股份有限公司北京顺义支行

中国农业银行顺义支行

保险

中国人民财产保险股份有限公司北京市顺义支公司

证券

证券国信证券北京新顺南大街证券营业部

城乡建设及管理

城乡建设

规划管理

新城建设

交通运输

公路建设

环卫服务

联通

科教文卫体

科技

科技科普

民办教育

特殊教育

教育督导

牛栏山一中

卫生和计划生育监督

疾病控制

妇幼保健

爱国卫生

计划生育

顺义区医院

北京中医医院顺义医院

体育

体育

人民生活

民政工作

社会救助

人力资源和社会保障

农村居民收入支出情况

城镇居民收入支出情况

流动人口管理

街道 镇

街道

光明街道

空港街道

胜利街道

石园街道

双丰街道

旺泉街道

镇

北小营镇

北石槽镇

北务镇

大孙各庄镇

高丽营镇

后沙峪镇

李桥镇

仁和镇

杨 镇

张 镇

赵全营镇

人　物

统计表

附 录

Contents

Main Tasks and Major Events

Confidentiality

Work of the Working Committee of Organs Directly under the District

Social Work

Work of Veteran Cadres

Party School Work

Party history

Standing Committee of the People' s Congress of Shunyi District

Shunyi District Government

Main Work and Major Events

Daily Administration Affairs

Legal System Construction

Foreign Affairs and Overseas Chinese Affairs

The Work of Letters and Calls

Information

Local Chronicles

Archives

CPPCC Beijing Shunyi District Committee

Tianzhu Comprehensive Bonded Area, Beijing

Discipline Inspection and Supervision

Democratic Parties

People's Organization

Federation of Trade Unions in Shunyi District

Shunyi District Committee of the Communist Youth League

Women's Federation of Shunyi District

Shunyi District Federation of Industry and Commerce

Shunyi District Association for Science and Technology

Shunyi District Disabled People's Federation

Red Cross Society of Shunyi District

Shunyi District Federation of Literary and Art Circles

Politics and Law, Military Affairs

Politics and Law

Political and Legal Work

The Work of Public Security

Procuratorial Work

The Work of Judgement

Judicial Work

Comprehensively Manage Social Public Security

Military Affairs

People' s Armed Forces

The Work of Civil Defence

The Work of Mutual Support

Comprehensive Economic Management, Finance and Taxation

Comprehensive Economic Management

Comprehensive Economic Regulation and Control

Economy and Informatization

Statistics

Supervision and Management of State-owned Assets

Administration of Industry and Commerce

Quality and Technical Supervision

Safety Production Supervision

Food and Drug Supervision and Management

Audit

Government Affairs Service Center Preparatory Office, Investment Service Center

Headquarters Business Senior Executives Service

Market Operation and Management

Tobacco Monopoly and Management

Finance and Taxation

Fiscal Management

National Tax

Local Taxation Affairs

Agriculture

Rural Work

Rural Economic Management

Supervision on Animal Health

Planting

Water Affairs

Agricultural Mechanization

Meteorology

Changqing Forest Farm

Garden Management

Economic Functional Areas and Enterprises in the Region

Economic Functional Areas

Beijing Linkong Economic Ccore Area

ZOL Science and Technology Park Shunyi Park

Enterprises in the Region

Yanjing Beer Group

Shunxin Holding Group

Beijing Dalong Holding Co., Ltd.

Beijing Shunyi Science and Technology Innovation Group Co., Ltd.

Shouan Industry Fire Fighting Equipment (Beijing) Co., Ltd.

Beijing Shunxing Food Grain and Oil Company

Shunyi District Construction Engineering Company

Beijing Tianzhu Airport Economic Development Company

Business & Tourism

Businesses

Businesses

Intyernational Economics and Trades

Shunyi District Supply and Marketing Cooperative Association

Beijing Xinhaiyuntong Department Store Co. Ltd.

Beijing Guotai Business Co., Ltd.

Tourism

Tourism

Shunyi Hotel

Garden Construction

Finance Insurance Security

Finance

Financial Services

Bank of China Beijing Shunyi District

Agricultural Bank of China Shunyi Branch

Insurance

Peoples Insurance Company of China Beijing Shunyi Branch

Security

Guoxin Securities Beijing Xinshun Nanda Street Securities Business Department

Urban and Rural Construction and Management

Urban and Rural Construction

Planning and Management

Construction of New Town

Airport Construction and Management Services

Supervision of Law Enforcement of Urban Management

Municipal Administration

Land Resources Management

Housing Levy and Management

Transportation

Road Construction

Sanitation Service

Environmental Protection

The Work of Electricity Supply

Postal Service

Unicom

Science, Education, Culture, Hygiene and Sports

Science

Science and Technology Popularization

Intellectual Property Right

Education

An Overview of Education

Preschool Education

Elementary Education

Adult Education

Private Education

Special Education

Educational Supervision

Niulanshan First Secondary School

Beijing Shunyi District No. 1 Middle School

Yang Town First Middle School of Beijing Shunyi

Education Research and Teacher Training Center

Culture

Culture

Health and Family Planning

Review

Supervision on Sanitation and Family Planning

Disease Control

Maternal and Child Health Care

People' s Life

Civil Affairs Work

Social Assistance

Community Construction

Construction of Grassroots Political Power

Special Care and Placement

Aging Work

Social Organization Management

Shengli Subdistrict Office

Shiyuan Subdistrict Office

Shuangfeng Subdistrict Office

Wangquan Subdistrict Office

Town

Beixiaoying Town

Beishicao Town

Beiwu Town

Dasungezhuag Town

Gaoliying Town

Houshayu Town

Liqiao Town

Lisui Town

Longwantun Town

Mapo Town

Mulin Town

Niulanshan Town

Nancai Town

Nanfaxin Town

Tianzhu Town

Renhe Town

Yang Town

Zhang Town

Zhaoquanying Town

Figures

Statistical Table

Appendix

顺义概况

顺义区是北京市16区之一，位于北京东北郊，北邻北京市怀柔区、密云区；东界北京市平谷区，南与河北省三河市、北京市通州区接壤，西南、西与北京市朝阳区、昌平区隔温榆河为界。地理位置北纬40° 00′～40° 18′，东经116° 28′～116° 58′，区域东西长45公里，南北宽30公里，总面积1019.89平方千米。地势北高南低，东北边界屏障燕山，境内平原为河流洪水携带沉积物质造成，表面堆积物主要是砂、亚砂土，面积占95.7%。北部山地最高点海拔为637米，境内最低点海拔为24米，平均海拔35米。潮白河等河流分流其间，均呈南北走向，地下水源丰富，年均可开采量4亿立方米，部分地区蕴藏有地热资源。全境属温带大陆性半湿润季风气候，四季分明。年平均气温11.5℃，年日照时数2746小时，年相对湿度58%，无霜期195天左右，年均降雨量610毫米。

顺义历史悠久，夏商周三代随北京地区属冀、幽、燕。西汉时，汉高祖五年（公元前202）至十二年（公元前195）置狐奴、安乐两县属渔阳。唐贞观二十二年，以内附契丹别帅析纥便部置归顺州，本为契丹松漠府弹汗州（松漠府在今辽宁省阜新、彰武一带），天宝元年（742）改称归化郡，乾元元年（758）复称归顺州，领怀柔县（与今怀柔区无关），州、郡、县治所同一。明朝于洪武元年（1368）十二月，降顺州为顺义县，属北平府，后为顺天府所辖。民国三年（1914）十月，改顺天府为京兆特别区，民国十七年（1928）六月，北京改称北平，顺义直属河北省。1948年12月8日顺义县城解放。1949年8月，顺义属河北省通州专署领导。1958年4月，划归北京市，1998年12月，经国务院批准撤销县制，设立顺义区。

2016年,顺义区下设19个镇（地区办事处）和6个街道办事处，辖426个村民委员会，125个居民委员会。全区人口627365人,其中男性311218人，女性316147人；农业人口251727人，非农业人口375638人；出生9643人，出生率为16‰，其中男孩4859人，女孩4784人。

顺义区作为北京东北部发展带的重要节点、重点发展新城之一，是首都国际航空中心核心区，是服务全国、面向世界的临空产业中心和现代制造业基地，是北京东北部面向区域、具有核心辐射带动作用的现代化综合新城。先后获得“首都文明区”、“全国创建文明村镇工作先进区”、“全国文化先进区”、“全国体育先进区”、“国家卫生区”、“全国绿化模范城市”、“全国双拥模范城市”、“全国食品安全示范区”等荣誉称号。

不忘初心 砥砺前行

为建设国际一流的和谐宜居之都贡献顺义力量
——在中国共产党北京市顺义区第五次代表大会上的报告
（2016年12月13日）

王 刚

现在，我代表中国共产党北京市顺义区第四届委员会向大会作报告。

一、过去五年工作回顾

区四次党代会以来的五年，是我们向着全面建成小康社会宏伟目标奋勇前进的五年，是我们保持发展定力，沉着应对各种困难和风险考验，取得转型发展、深化改革重大胜利的五年。在党的十八大精神指引下，在市委坚强领导下，区委团结依靠全区人民，大力弘扬接力精神，牢牢把握发展的阶段性特征，加快推动经济社会转型升级，锐意进取、攻坚克难、争创一流，胜利完成既定目标任务，经济实力显著增强、城乡面貌全面改善、社会治理创新推进、党风政风持续向好、人民群众有了更多获得感，续写了引领京郊科学发展的又一精彩篇章。

这五年，我们坚决贯彻落实京津冀协同发展等重大国家战略，主动担当作为，在服务大局中拓展了新空间、赢得了新发展。

加快构建协同发展共同体，主动与河北邢台、张家口、保定、唐山等地建立对接渠道，合作共建了威县·顺义产业园、中关村顺义园·怀来分园等园区。扎实开展承接和疏解工作，优质功能承接有力，北京城市学院、北师大附中、友谊医院顺义院区等重大项目相继落户，城市功能有了新提升；对接疏解人口需求，东城区棚改定向安置房确定选址；坚持瘦身健体谋发展，严格落实新增产业禁限目录，率先出台产业项目全要素综合评价办法，超额完成市级下达疏解任务，紧缺资源利用效率显著提升。主动服务城市副中心建设，提级加密路网，确定7条轨道交通和11条城市道路建设任务，为北京东北部各区互联、互通、互融奠定了基础；提高基础设施建设标准，提速南部各镇城市化进程，拓展了城市副中心协同发展腹地；对接生态环境需求，加强水污染源头治理、绿色生态走廊建设，强力落实清洁空气行动计划，巩固了城市副中心北部生态屏障。

这五年，我们统筹稳增长、调结构、促转型，强化创新驱动，经济规模和质量效益实现了双提升。

在国际金融危机持续影响、外部环境总体偏紧的情况下，顶住压力、保持定力，加快转变经济发展方式，综合经济实力大幅提升。规模总量跨上新台阶，2016年预计实现地区生产总值1555亿元，一般公共预算收入137.9亿元，分别是2011年的1.5倍和1.7倍，均稳居全市第五、京郊首位；工业总产值突破3000亿元，连续5年稳居全市首位；投资消费比由2011年的1:0.5调整为1:1，协调拉动经济增长格局初步形成。城镇和农村居民人均可支配收入分别年均增长9%和10.4%，均超过经济增速。临空优势更加凸显，成功创建北京市服务业扩大开放综合试点示范区，构建了先行先试、产业开放新格局；国家临空经济示范区创建取得重大进展，天竺综保区平台优势更加巩固，临空经济引领作用持续增强。产业结构更加优化，三次产业比重由2011年的2.4：43.5：54.1调整为1.5：35.5：63，产业更加高端化、服务化；航空服务、国际会展、跨境电商、文化创意等现代服务业快速崛起，其中金融业税收贡献大幅提升，成为新的支柱产业；汽车产业向新能源智能方向和产业链高端环节加快转型，高端装备制造、地理信息、生物医药等战略性新兴产业发展迅速；国家现代农业示范区建设富有成效，农业规模化、集约化、科技化水平持续提升。创新动能更加强劲，实施创业摇篮计划、产业发展引导基金等扶持措施，成功筹建中国科学院联动创新产业园、北京第三代半导体材料联合创新基地等16家重大创新创业基地，国家级高新技术企业达到268家，上市公司达到47家，分别是2011年的2.4倍和3.9倍，区域创新活力大幅提升。

这五年，我们大力强化城乡统筹、以城带乡，高标准推进规划、建设和管理，城市功能和品质实现了双促进。

综合承载力大幅提升，持续优化城市空间布局，职住比达到0.61，位居全市第四；区医院急诊病房综合楼投入使用，行政中心、文化中心、体育中心基本建成，白马路东延、俸伯桥等重大基础设施顺利竣工，一批知名商业品牌入区经营，城市功能更加完善；加大新能源出租车、公交车投放力度，不断扩大公共自行车租赁覆盖范围，城市出行更加便捷；着力推进健康、智慧等八型社区建设，“一刻钟服务圈”覆盖率接近90%，城市社区更加宜居。新型城镇化加快推进，成功入选国家新型城镇化综合试点，产城融合、城乡统筹、城市绿色智能发展等领域获得国家重点扶持；制定河东河西协调发展实施意见，强化政策、资金、资源集成，优质基础设施和公共服务资源加速向河东地区辐射延伸；积极开展新型农村社区试点建设和美丽乡村建设，整建制拆迁6个村庄，城镇化率进一步提高；郁金香和菊花文化节、燕京啤酒节文化内涵更加丰富，成功举办端午龙舟赛、五彩浅山马拉松赛等市级赛事，文化影响力更加彰显。城市治理卓有成效，坚持以产引人、以业控人、以房管人，人口资源环境更加协调；持续完善城市管理综合执法机制，大力开展“消隐、拆违、打非”综合整治，城乡环境更加有序；深化平安顺义建设，加强安全生产和食品药品监管，提升市政设施安全运行和城市应急管理能力，成功应对极端天气、禽流感等重大安全事件，城市运行更加安全高效。

这五年，我们始终以人民为中心，深入践行共建共享原则，群众参与感和获得感大幅提升。

公共服务更加优质，全区城乡劳动力二三产业就业率保持在95%以上，连续5年动态保持全市充分就业区；累计投入15亿元，完成首期医疗卫生服务水平提升三年行动计划，分级诊疗的医联体覆盖范围不断拓展，三甲医院达到2家，结束了没有三甲医院的历史，医疗卫生水平大幅提升；高标准实施学前教育、中小学建设三年行动计划，高质量通过国家义务教育均衡发展验收，基本实现保障入学、就近入学和平等入学，中高考各项指标保持京郊首位、全市前列。民生保障持续强化，在全市率先实现城乡低保标准一体化，大病救助封顶金额居全市首位；深入开展“一助一”精准扶贫，低收入村由53个减少到3个；投入17.7亿元强化老旧小区改造，11个项目列入全市棚改计划，人才公寓和回迁安置房建设扎实推进，群众住房条件有效改善；下大决心投入30亿元，按政策落实了机关事业单位离退休和在职职工的住房、物业补贴。社会治理富有成效，在全市首创社会服务管理创新指标体系，巩固了社会服务管理创新示范区创建成果；完善社区工作者待遇保障机制，巩固强化了社区建设骨干队伍。强化社会治安防控体系建设，扎实推进国家安全工作，实现中国人民抗日战争暨反法西斯战争胜利70周年、国庆65周年、APEC会议等重点时期安保维稳工作万无一失，荣获“全国平安建设先进区”。

这五年，我们把环境友好、资源节约作为实现更好发展的硬条件，持之以恒打赢生态治理攻坚战，绿色宜居优势更加彰显。

绿化美化成效显著，植绿护绿力度持续加大，完成平原造林18.9万亩，建成开放东郊湿地公园、滨河森林公园、花博会主题公园等生态公园，森林覆盖率从2011年的21.2%提高到30.2%，城区人均公共绿地面积提高至31.8平方米，构筑了覆盖城乡的绿色屏障；加大浅山地区开发力度，加强生态保护、山体绿化，建成全市最长的浅山步道，创设公益性绿色岗位，引导本地群众利用生态资源就业创业，切实把生态优势转化为产业优势、富民优势。污染防治力度空前，强化中小河道、河流排污口治理，加大水源地环境保护和地下水回补力度，赵全营等8座再生水厂投入使用，全区水环境持续优化；以最大的决心、最严厉的手段开展大气治理，实现城区无煤化，推进农村减煤换煤，强化机动车排放治理，PM2.5年均浓度自2013

年以来持续下降。资源集约利用效率大幅提升，严格控制用地、用水、能耗的总量和强度，加大土地腾退力度，土地利用效率逐年提高，淘汰退出高耗能、高耗水企业，万元GDP能耗和水耗比2011年分别下降16.6%和43.8%。

这五年，我们把全面深化改革作为激发转型动力的关键一招，下大力气推进各领域改革，发展活力得到进一步释放。

经济领域改革深入推进，破解功能区发展的瓶颈问题，聚指成拳将11家产业园区整合为临空服务、科技创新和绿色生态三大板块，着力塑造发展龙头，适应和引领经济新常态的核心竞争力大幅提升；以同业合并、主业突出为原则，加快国资国企改革重组，完成房地产开发、市政、建设投资等产业板块整合，国有经济发展活力、控制力和影响力持续增强。政府治理改革持续加快，大力推动政府职能转变，建立健全三级政务服务体系，组建政务服务、机关后勤服务、外事外联服务三大服务平台，深化事业单位分类改革，建立行政审批事项清单、责任清单，公开权力清单，行政效能进一步提高。充分发挥财政合理配置资源的作用，加快实施区镇财政管理体制改革，区镇财权事权进一步匹配。城乡领域改革成效明显，完成空港街道管理体制改革试点工作，全面启动街道管理体制改革，明确机构设置、经费保障、人员激励三方面改革内容，为加快新型城镇化进程打牢了坚实基础。深入贯彻中央、市委关于创新社会治理的要求，开展以村（居）规民约为抓手创新基层协同共治改革试点，综合运用行政、经济、法律、道德等手段，实现基层社会事务先“约”后“规”，促进群众由“要我做”向“我要做”转变，党的执政基础更加巩固。

这五年，我们不断强化抓好党建是最大政绩的意识，坚持党要管党、全面从严治党，党风政风持续向好。

牢牢抓住思想建党这个根本，认真开展党的群众路线教育实践活动、“三严三实”专题教育和“两学一做”学习教育，通过党委中心组学习等方式，促进党性教育常态化，筑牢理想信念之基，鼓足干事创业精气神；严格落实党委意识形态主体责任，强化正面宣传和舆论引导，为区域改革发展营造了良好氛围。加强高素质执政骨干队伍建设，坚持“注重品行、注重实绩、注重基层、注重发展”的选人用人原则，落实“信念坚定、为民服务、勤政务实、敢于担当、清正廉洁”的好干部标准，突出围绕改革发展大局选干部、配班子，实现了人岗相宜；从严从实开展镇领导班子换届工作，配出了结构优功能强的好班子，换出了心齐气顺劲足的好面貌；从严干部监督管理，建立干部调整预审、个人事项报告等制度；加大干部交流力度，选派80名优秀干部赴新疆、天津等8省市挂职交流，储备了一批复合型人才；坚持党管人才，深化人才体制机制改革和政策创新，把握北京建设人才改革试验区的契机，大力推进临空经济高端人才聚集区建设。不断夯实党在基层的执政基础，被中组部确定为全市唯一的全国党代表任期制联系点，积极探索由会议代表向职能代表转变的改革路径，初步实现党代表有序参与常态化、作用发挥经常化；每年投入8000万元建立村级干部职业化待遇保障机制，实现村委会换届选举全覆盖，农村执政骨干队伍更加巩固；创新开展基层服务型党组织星级创建，整顿176家软弱涣散党组织，基层党组织战斗堡垒作用切实增强；建立党建工作责任制专项述职制度，制定党建工作考核评价办法，加强国有企业和非公企业党建工作，基层党建创新成效凸显。扎实推进党风廉政建设，坚持惩防并举，把纪律和规矩挺在法律前面，坚决践行监督执纪“四种形态”，持续抓好党的作风建设，做到有错必纠、有责必问、有腐必惩、有贪必肃，以严格教育、严肃监督、严明执纪、严厉问责，催生了清清爽爽的同志关系，形成了干部清正、政府清廉、政治清明、社会清新的“廉洁顺义”新局面。

这五年，我们总揽全局、协调各方，持续加强民主法治建设，维护了团结和谐、稳定有序的良好局面。

强化党对人大工作的领导，召开区委第三次人大工作会议，出台新形势下加强和改进人大工作具体意见，加强“人大代表之家”建设，创新代表建议办理三方见面会等制度，人大代表依法履职、密切联系群众的机制和平台持续完善。强化党对政协工作的领导，召开区委第四次政协工作会议，健全政协委员提案、建议办理机制，建立年度民主协商计划制度，深入推动协商民主广泛多层制度化发展。建立行政负责人出庭应诉、政务民生对话、社会满意度评价等制度，组建专家咨询委员会，完善法律顾问团工作机制，行政决策的科学化、民主化、法治化水平不断提高。普法工作深入推进，获评“全国六五普法先进区县”。党管武装坚强有力，双拥优抚力度持续加大，实现全国双拥模范城“四连冠”。深化与各民主党派、无党派人士的合作共事，加强老干部、民族、侨务、外事、台港澳、宗教及反邪教等工作，圆满完成区工会、共青团、妇联、工商联换届工作，形成了各方团结一心、共谋发展的良好局面。

同志们，五年来的成就，为今后发展打下了坚实基础；五年来的实践，为继续前进积累了宝贵经验。这些成绩的取得，是中央、市委正确领导的结果，是全区人民团结奋斗的结果。在此，我代表中共北京市顺义区第四届委员会，向全区党员干部和广大人民群众，向社会各界人士，向驻区部队和武警官兵，向所有关心、支持和参与顺义建设的同志，表示衷心的感谢！

回顾过去五年的工作，我们最深切的体会是：

必须坚持以全面从严治党为统领，凝心聚力，引领发展。事业兴衰，关键在党。我们牢牢抓住落实中央八项规定、开展党的群众路线教育实践活动、“三严三实”专题教育和“两学一做”学习教育等契机，全面担起管党治党责任，锤炼了一支忠诚干净担当的干部队伍，营造了风清气正劲足的发展氛围，在把握前进方向、凝聚发展力量等方面，发挥了坚强的领导核心作用。

必须坚持以战略高度谋全局，把握大势，抢抓机遇。主动融入全市中心工作，抢抓发展战略机遇，是我区保持较快发展的重要因素。我们认真贯彻落实中央、市委决策部署，充分发挥区位、产业、环境等优势，深度融入京津冀协同发展，服从服务首都城市战略定位，全力支撑城市副中心建设，努力做到因势而谋、乘势而上，拓展了发展空间，攒足了发展后劲。

必须坚持以转型升级提品质，瞄准高端，争创一流。持续推进转型升级是我区勇攀发展高峰的现实路径。我们总结改革开放以来从农业大区到工业大区、再到工业强区的转型经验，紧盯区内外形势变化，明确提出了“把握发展的阶段性特征、推动经济社会转型升级”的工作总要求，围绕提升发展质量和效益，咬定青山不放松，着力推动更加全面的转型升级，持续巩固了京郊科学发展排头兵地位。

必须坚持以共建共享抓民生，依靠群众，增进福祉。把一切为了人民作为加快发展的根本目的，下大力气解决好教育、医疗、就业、养老等民生问题，加快推进河东地区、浅山地区开发进程，连续五年保持80%以上的财政支出向民生领域倾斜。把紧紧依靠人民作为推进发展的力量源泉，始终相信群众、依靠群众，依托村（居）规民约等载体，在区域治理中持续拓展群众参与度，让群众拥有了更多获得感和幸福感。

必须坚持以深化改革增活力，勇于担当，破除障碍。改革是解决发展难题的关键一招。我们直面发展中不平衡、不协调、不可持续的问题，下先手棋，打主动仗，持续完善工作机制，深入推进重点领域改革，以改革促发展、保稳定、增和谐。进一步凝聚了竞争实力，夯实了发展基础，增强了发展活力。

必须坚持以接力精神促长效，攻坚克难，继承创新。我们的事业不断发展前进，要求我们不忘初心、砥砺前行，坚持“一张蓝图绘到底”，一茬接着一茬干，一棒接着一棒跑。我们既注重历史传承，锲而不舍地抓好打基础、利长远的工作，又努力把握新形势新要求，与时俱进做好创新；既乐于承接前人的成绩，享受发展成果，又勇于承担历史遗留问题，攻坚克难，把问题解决在当下。大力弘扬接力精神，是巩固良好局面的重要保障，是开创发展新境界的宝贵经验。

在回顾成绩的同时，也要清醒地看到，前进道路上还面临一些困难和问题。受国内外大环境影响，经济增速放缓，在加快转变经济发展方式、巩固多极支撑的经济结构、强化创新驱动等方面，还存在艰巨挑战。城市功能与新时期区域定位、群众需求仍有差距，城市精细化、智能化管理水平有待提升。人口调控压力增大，环境资源对区域发展的约束不断趋紧，生态环境整治需要持续加强。区域发展还不平衡，优质公共服务供给不足和配置不均衡问题仍然存在。一些关键领域、重点环节的体制机制障碍还没有完全破除，发展活力释放空间仍然较大，全面深化改革有待深入推进。对照全面从严治党新要求，管控“四风”问题反弹的压力依然较大，作风建设长效机制仍需健全完善。对此，我们必须增强忧患意识，坚持问题导向，采取有力措施，切实加以解决。

二、今后五年工作的总体形势、指导思想和发展目标

再立潮头，任重而道远。以习近平总书记视察北京并发表重要讲话为标志，首都发展迈进了新阶段。更加积极主动服务好新时期首都城市战略定位，为建设国际一流的和谐宜居之都贡献顺义力量，已经历史性地摆在了我们面前。全区党员干部群众必须深刻领会新形势、新任务、新要求，找准发展新坐标。

为建设国际一流的和谐宜居之都贡献顺义力量，核心是要坚决落实好中央决策部署，明晰形势，坚定

方向。党的十八大以来，以习近平同志为核心的党中央从实现“两个一百年”奋斗目标、实现中华民族伟大复兴中国梦的战略高度，确立了“五位一体”总体布局和“四个全面”战略布局，提出了五大发展理念和经济发展新常态，实施了“一带一路”、供给侧结构性改革、新型城镇化、“中国制造2025”等重大战略举措。全区党员干部群众要切实增强政治意识、大局意识、核心意识、看齐意识，坚决在思想上政治上行动上同以习近平同志为核心的党中央保持高度一致，坚决把党中央治国理政的新理念、新思想、新战略贯彻落实到全区改革发展各领域，着力实现践行中央决策部署你追我赶、奋勇争先的生动局面。

为建设国际一流的和谐宜居之都贡献顺义力量，关键是要服务好首都城市战略定位，胸怀大局，抢抓机遇。市委、市政府深入贯彻习近平总书记视察北京重要讲话精神，牢牢把握首都城市战略定位，积极推动京津冀协同发展，扎实疏解非首都功能，高水平规划建设城市副中心，开启了首都发展新征程。我们要深入落实市委、市政府决策部署，积极发挥区位条件优、发展基础好、腹地空间大的优势，着力打造首都功能疏解承接地和新增首都功能的主要承载区；大力承接和集聚国际交往、文化创意、科技创新等高端资源，重点发展生产性服务业、战略性新兴产业和高端制造业，着力打造首都科技文化、教育医疗、国际交往服务功能和高精尖产业的重要集聚区；持续优化产业布局、巩固交通枢纽优势、强化生态协同治理，着力打造面向津冀协同发展的前沿区；积极发挥城市副中心毗邻优势，完善北京东北部交通路网，加快南部各镇城市化步伐，更大力度优化绿色宜居环境，举全区之力支撑城市副中心建设。

为建设国际一流的和谐宜居之都贡献顺义力量，重点是要把握发展的阶段性特征，敢于担当，加快转型升级。当前，顺义面临的机遇很多，挑战同样很多。疏功能、转方式、治环境、补短板、促协同、增优势，都不是轻而易举的事，有的甚至是难啃的“硬骨头”。但是，我们有产业基础好、创新氛围浓、开放力度大、干部群众奋发向上心气高、干事创业能力强等诸多优势，只要我们始终保持不畏难、不懈怠、敢为人先的发展劲头，始终保持百倍用心、超常努力、只争朝夕的精神状态，加快推动临空经济区向国际航空中心核心区转型升级，推动产业发展向创新创造转型升级，推动重点新城向和谐宜居新家园转型升级，推动生态环境建设向资源节约、环境友好转型升级，推动社会建设向共建共享转型升级，就一定能够在新一轮首都发展大局中当好时代尖兵，在持续引领京郊科学发展中再创佳绩！

今后五年全区工作的指导思想是：高举中国特色社会主义伟大旗帜，以马克思列宁主义、毛泽东思想、邓小平理论、“三个代表”重要思想、科学发展观为指导，深入贯彻习近平总书记系列重要讲话精神特别是视察北京重要讲话精神，紧紧围绕“五位一体”总体布局和“四个全面”战略布局，自觉践行五大发展理念，深度融入京津冀协同发展，服从服务首都城市战略定位，全力支撑城市副中心建设，遵循“把握发展的阶段性特征、推动经济社会转型升级”的工作总要求，建设绿色国际港、打造航空中心核心区、共筑和谐宜居新家园，在全市率先全面建成小康社会，为建设国际一流的和谐宜居之都贡献顺义力量。

今后五年全区的发展目标是：

——经济质量效益更加突出。经济保持中高速增长，综合实力再上新台阶，地区生产总值不变价年均增长7%。创新能力全面提升，经济增长质量和效益进一步提高，一般公共预算收入年均增长8%左右。产业结构持续优化，第三产业比重达到66%。消费对经济增长贡献明显加大，多极支撑的发展格局更加稳固。

——人民生活更加幸福。城镇和农村居民人均可支配收入年均分别增长8%和9%。覆盖城乡居民的基本公共服务体系不断完善，医疗卫生服务水平显著提升，教育实现优质均衡发展，就业和社会保障成效巩固拓展，群众健康水平普遍提高。城市文明程度显著提升，社会更加安定有序。

——区域发展更加协调。城乡基础设施进一步完善，综合服务能力明显增强，城市发展品质显著提升。河东河西均衡发展和美丽乡村建设成效明显。人口综合调控和服务管理能力进一步增强。城市精细化管理和智慧化服务水平不断提升。

——生态环境更加美好。大气污染治理成效显著，PM2.5浓度降幅达到市级要求。黑臭水体全面消除，全区污水处理率达到95%以上。森林覆盖率达到31.5%，公园绿地500米服务半径覆盖率增加到90%。万元GDP能耗和水耗降幅达到市级要求。生活垃圾基本实现无害化全处理。

——体制机制更加完善。区域治理体系更加健全，基本实现治理能力现代化。人民民主更加广泛充分。区域城乡协调发展、各级各类资源统筹利用的体制机制加快建立。开放型经济新体制基本形成。

——全面从严治党更加深入。思想政治建设持续强化，干部队伍结构更加优化，人才队伍规模持续壮大，基层党组织战斗堡垒作用和党员先锋模范作用切实增强，党的政治生活更加规范，党内监督体系更加完善，作风建设和反腐败斗争取得新成效。

今后五年的主要任务

（一）迈向开放发展新高度，在服务大局中拓展空间厚植优势。深度融入京津冀协同发展、加快功能承接和疏解、全力支撑城市副中心建设，是我们必须勇于担当的政治使命，更是我们必须紧紧抓牢的战略机遇。要持续强化宽领域、深层次的协同合作，在服务大局中赢得主动、赢得未来。

扎实推进功能承接和疏解。更加积极承接中心城区教育科技、医疗卫生等功能疏解和外溢，促进区域转型升级。更加严格执行新增产业禁限目录和全要素综合评价办法，严把新增项目准入关，加快疏解淘汰不适宜产业，改造提升存量企业，形成高进低出、优胜劣汰的转型升级良性机制。统筹利用腾退空间和存量资源，大力发展科技文化、教育医疗、国际交往服务功能和高精尖产业。持续完善协同发展背景下的人口调控机制，通过产业和功能疏解带动人口转移，促进新增人口与新增功能相适应。

全力支撑城市副中心建设。强化一盘棋考虑、一体化发展，发挥区位优势，聚焦路网、生态等重点领域，出实招、下大力、见真效。加快重构城市副中心以北路网结构，加速7条轨道交通和11条城市道路建设进程，形成“七横、十七纵、六高速”的路网骨架，构建30分钟交通圈，促进北京东北部区域高效联通。持续强化大气、河流协同治理力度，持续开展造林植绿工作，力争四季清风拂顺义，确保一汪净水向南流。高度重视南部各镇的协同发展工作，做到统一规划、统一布局，为城市副中心建设营造良好的周边环境。

持续拓展服务业扩大开放优势。认真落实北京市服务业扩大开放综合试点工作的总体部署，牢牢把握产业开放的顶层设计，聚焦航空服务、地理信息、文化贸易等重点领域，拓展精准开放新优势。深刻领会自主开放的内在价值，聚焦制度创新这一核心任务，强化商事登记、贸易监管、金融开放创新、事中事后监管等领域制度改革，拓展制度开放新高度。持续强化天竺综保区、临空经济核心区、中关村顺义园的带动作用，全面释放前沿政策的集成效应，依托北京市、服务京津冀、面向国内外，培育壮大现代服务业集群，提升我区产业高端化、服务化和国际化水平，为全国服务业开放发展创造更多可复制、可推广经验。

巩固强化临空经济辐射带动作用。聚焦投资贸易便利、功能优势突出、临空产业集聚、公共服务高效、绿色生态示范，全力创建国家临空经济示范区。积极配合首都国际机场建设国际一流的航空枢纽，深入推动天竺综保区、临空经济核心区与首都国际机场融合发展、联动创新，大力扶持天竺综保区完善口岸功能，大力扶持临空经济核心区向国家级经济技术开发区升级，持续巩固临空经济先发优势。充分把握全国民航业蓬勃发展和临空业态全面振兴的大趋势，加大引进来力度，大幅集聚国内外航空核心资源；加快走出去步伐，持续强化顺义临空经济辐射带动作用，壮大核心产业支撑，提升核心影响力和辐射力。

（二）实现创新发展新跨越，打造首都高精尖经济增长极。全面落实供给侧结构性改革部署，着力构建以高端制造和绿色制造为基础、以临空经济和现代服务业为主导、以战略性新兴产业为引领的高精尖产业体系，加快打造创新驱动的经济结构，推动制造大区向创新大区、服务大区转型跨越。

打造多极支撑的产业航母。持续提升产业链条层级，积极促进融合发展，着力构建龙头带动、百舸争流的高精尖产业发展新局面。巩固做大航空航天、汽车、金融三大支柱产业。大力引进航空中枢型、总部型资源，发展航空发动机及核心零部件、复合材料等高端制造业，补链发展通用航空、航空维修检测、航空租赁等高端服务业。推动汽车产业链向智能网联、研发设计、展示贸易、汽车金融等高附加值领域延伸。建设北京新兴金融聚集区，优化后沙峪金融商务区、马坡金融城、空港融资租赁产业园布局，大力发展产业金融、商务金融等新兴金融，积极创建产融合作试点城市。优化做强新一代电子信息、科学技术服务、商务会展服务、文化创意四个主导产业，培育扶持新材料、生物医药大健康、高端装备智能制造、新能源节能环保四个特色产业，尽快形成一批具有主导创新产品、规模体量可观、区域带动作用明显的优势集群，抢占未来发展制高点，加快形成新的增长点和支撑点。优化提升旅游、物流、商贸服务、都市型现代农业四大传统产业，强化科技创新引领、信息应用覆盖、金融保障支持，发挥“互联网+”、“旅游+”、“文化+”带动作用，注重个性化定制，促进跨界融合发展。积极创建“中国制造2025”示范区，带动服装、食品、饮料、家具等名优企业技术自主化、价值高端化、品牌国际化。持续抓好国家现代农业示范区建设，大力塑造高端品牌，完善现代农业体系，建成首都领先、国内一流的都市型现代农业集聚区，率先实现农业现代化。

增强发展的创新驱动力。把科技创新作为提升综合实力的关键支撑，大力建设创新科技、创造价值、创领未来的创新型城市。建立健全汇聚资本、人才、技术、空间、产业于一体的全要素创新生态体系，加强创新成果引进与孵化，创建国家大众创业万众创新示范基地。深化科技创新协作，加快建设中科院联动创新产业园等园区平台，健全科技资源共享、转移转化、知识产权交易等服务平台，推进更多重大科研成果在顺义中试、交易和产业化。深入实施创业摇篮计划，整合盘活区内楼宇、存量用地资源，实施百万平米众创空间建设计划。充分发挥中科院、中关村的智力引擎和政策引导作用，积极引进科研院所、国家重点实验室、产业技术联盟等研发主体，支持企业建设研发中心、研究院，培育发展中小型创新企业，下大力气引进和培育一批拥有国际前沿技术的领军型人才，带动引入一批研发创新团队和创业投资基金，持续壮大各类创新创业力量。

促进消费投资创新发展。着力扩大新消费，积极培育文化、科技、养老、健康等专业化、个性化消费，满足首都市场多样化消费需求。发挥24小时过境免办、144小时过境免签等政策优势，大力发展国际中转消费，吸引境外消费回流。发挥政府投资的引导和带动作用，广泛运用PPP、BOT等模式，利用好国家、北京市各类投资发展基金，引导投资向重大产业项目倾斜、向城市基础设施覆盖、向广大农村地区延伸。

（三）构筑协调发展新格局，建设人民满意的北京东北部区域中心城市。遵循城市发展规律，着力增强对首都功能的承载力、对中心城区的反磁力、对周边区域的辐射力，努力建设水清林绿、港城融合、多组团集约紧凑发展的北京东北部区域中心城市。

优化城市发展布局。坚持区域国际化、产业融合化、城镇田园化、管理智慧化，高标准对接北京城市规划修编，严格“两线三区”全域空间管控，推进多规合一，着力构建“一核、三带、三区、五镇”的城市布局。突出抓好重点区域规划编制，注重港城一体、产城融合，优化空港区、中心区、河东新区的功能布局。以国家新型城镇化综合试点为契机，重点培育一批产业繁荣、绿色生态、美丽宜居的特色小镇。大力促进高丽营、赵全营、李遂、北务镇产城融合发展。深入推进新农村建设，加强历史文化名镇名村和传统村落保护，打造一批田园村、特色村、景观村，构建美丽乡村体系。突出展示、服务、交流等功能，统筹建设城市生活展示体验馆和档案馆，引导群众融入城市工作，感受发展脉搏。

加快河东地区发展。深入落实促进河东河西协调发展实施意见，促进优质资源要素、基础设施建设和公共服务设施向河东倾斜，确保五年累计50%以上的投资用于河东地区建设。充分发挥重点经济功能区辐射带动作用，建立对口合作发展机制，与河东各镇合作共建产业基地。实行重大项目河东地区优先配置机制，分步骤、分时序统筹实施一批交通、环境、能源等重大项目，切实提高河东地区综合承载能力。结合河东各镇区位布局和特色优势，将杨镇建设成为辐射带动河东地区发展的中心镇。

强化城乡设施建设。加快地铁M15号线东延至杨镇、城际铁路联络线北延至M15号线南法信站、机场至后沙峪有轨电车T2线等轨道交通建设，实现与首都国际机场“空铁联动”，构建轨道交通和常规公交互联互通、高效换乘的综合交通体系。以精益求精的“工匠精神”推进复兴大桥等工程建设，打造一批精品建筑，形成地标符号，让城市更有质感。持续优化街景立面、公园绿地、夜景照明等城市风貌，让城市更有美感。深入建设“八型社区”和新型农村社区，持续推动棚户区、老旧小区改造，创新解决物业难题，建设一批设施全、服务优的精品社区，让城市更有温度。着眼承载首都新增功能，适度超前配套地下综合管廊等基础设施，购物休闲、文化娱乐等服务设施。建设“海绵城市”、“森林城市”，让市民出门见不到积水，开窗就看到绿色。

推进城市治理精细化。强化部门协调联动，发挥好市政板块对供水、排水、热力、燃气、电力、通信等地下地上市政基础设施的统筹作用。把握企业和政府关系，促进规划“一张图”；把握企业和市场关系，促进建设、养护和管理“一张网”；把握企业和居民关系，实现便民服务“一张卡”。推动大数据、云计算等信息技术与城市管理服务相融合，大力建设智慧城市。建好“市民之家”，促进社会服务、城市管理、社会治安“三网”融合、一体服务，方便百姓办事，高效解决难题。完善城市综合执法机制，加强安全生产、食品药品安全等监管，构建覆盖全区的防控和治理体系。深入开展“消隐、拆违、打非”专项整治，持续净化环境，巩固强化城乡发展好面貌。

（四）增进共享发展新福祉，共建更高水平的幸福生活。没有高质量的民生，就没有高质量的小康。要强化兜底作用，适应更高需求，突出共建共享，全方位多领域提高民生福祉，让人民群众对美好生活的向往变成现实。

强化基本民生保障。坚持精准扶贫，实施“一助一”强村富民计划，实施低保、低收入群体救助标准倍增计划，确保低收入村全部摘帽。巩固充分就业成果，优化就业结构，促进高质量就业。完善社会保险待遇标准联动调整机制，推进城镇特困职工一次性医疗救助、城乡居民大病险由制度全覆盖向人员全覆盖转变。坚持购租并举、以租为主，完善住房保障供应体系，更好地满足辖区居民、入区企业职工、中心城区疏解人口等群体的住房需求。积极应对人口老龄化，建立以居家养老为基础、社区为依托、机构为补充、社会保障为支撑的养老服务体系。统筹做好妇女儿童、残疾人工作，大力发展慈善事业。

完善优质公共服务。健全教育体系，着力构建基础教育、高等教育、成人教育、老年教育协调优质发展格局。深入开展集团化办学、教师区管校用等改革试点工作，大力实施“教育资源配置提升、教育信息化提升、市民素质提升”工程，创新开展“名师、名校、名校长”工程，持续增强教育软实力。继续实施医疗卫生服务水平提升行动计划，完成北京友谊医院顺义院区、区中医院等建设项目，三甲医院数量不少于5所。深化区域性医联体和镇级节点医院建设，加强城乡社区医疗资源配置，完善分级诊疗职能，构建布局合理、分工协作的医疗卫生服务体系。继续完善“市区镇村”一体化的中医医疗服务体系。加强慢病综合防控和健康促进工作，建设国家慢病防治示范区。

创新基层社会治理。坚持专项治理与系统治理、综合治理、依法治理、源头治理相结合，创新社会治理体制机制，推动立体化、信息化社会治安防控体系创新升级，提升“平安顺义”建设水平。深入推进以村（居）规民约为抓手创新基层社会协同治理工作，强化区、镇（街）、村（居）三级纵向联动，密切党员、村（居）民代表和群众横向协作，提升基层多元协同治理水平。以社区议事厅为载体，大力推行参与型协商民主自治。严把社区行政事务准入，明确服务事项清单和服务标准，切实推进社区减负增效。广泛建立镇街社会组织孵化机构，培育一批养老服务、慈善义工等公益性社会组织品牌。强化社会矛盾纠纷多元化解，创新信访工作机制，加强群体性事件预警应急处置，实现重大决策社会稳定风险评估全覆盖。

（五）塑造绿色发展新面貌，彰显生态宜居好环境。要高度重视人民群众的最大关切，切实守住生态底线，持之以恒打赢生态治理攻坚战，大幅提升环境友好资源节约水平，厚植国际港的绿色优势，筑牢城市副中心的生态屏障。

发挥重点区域带动作用。聚焦温榆河、潮白河、浅山沿线、南部各镇四大区域，统筹把握生态治理和绿色发展的关系，带动全区生态环境优化升级。深入推进温榆河、潮白河跨区域协同治理，突出城市内河生态保障和景观功能，着力建设河网湿地、河道绿带交相辉映的水岸休闲生态廊道，积极构建水城交融、亲水宜居的现代化滨水新城。统筹推进浅山沿线平原林木管护、景观大道改造、田园生态建设等工作，逐步构建“田园山水林村”六维生态景观体系，实现山体林木茂盛、水系清澈流畅、景区移步易景、田园清净悠然的景观效果。南部各镇要着力保护河湖湿地、农田林网等平原生态要素，协同共建生态廊道，强化休闲服务功能，将生态价值转化为发展优势。

强化关键领域防护力度。以最大决心、最硬举措强化大气、污水治理和植绿护绿工作，多出、快出群众看得见、摸得着、能受益的治理成果。持续实施清洁空气行动计划，强化大气污染防治跨区域、多部门协作，综合施策、联防联控，确保PM2.5年均浓度持续降低。扎实开展水资源保护和水污染防治，坚决消除黑臭水体。加强污水收集处理管网设施建设，基本实现污水全收集、全处理。构建“十纵、五横、五点”的绿色水系，促进连通循环。加强浅山植被修复，完成五彩浅山郊野公园建设，实现山体绿化全覆盖。保护现有林地资源，合理划分保护等级，优化林地结构和布局，实现村庄周围森林化、河区道路风景化、基本农田林网化。大力实施拆违建绿、见缝插绿等小微绿地绿化工程，推进城市森林、健康绿道、公共绿地和湿地等建设管理，把绿色送到居民身边。

提高重要资源利用效率。持续强化资源红线保护，落实最严格的耕地保护、水资源管理和环保准入标准。坚持总量控制、结构优化、效率提高、存量挖潜，提升土地集约节约利用效率。强化量水发展理念，坚决遏制地下水超采，持续减少农业用水，加强再生水和雨洪水利用，建成国内一流的现代农业节水示范区。构建减量化、无害化、资源化的垃圾处理体系，推进固体废弃物处理和资源化利用。大力推广新能源，促进节能减排新技术新产品应用，推动绿色办公，引导绿色出行，培养绿色生活习惯。

（六）凝聚文化自信新力量，促进文化繁荣兴盛。文化是城市的灵魂，是人民的精神家园。要以高度的文化自信，大力培育具有首都特征、顺义特色的区域文化，着力提升文化软实力，为北京建设具有世界影响力的文化中心城市做出积极贡献。

大力弘扬社会主义核心价值观。在全区唱响核心价值观主旋律，为实现中华民族伟大复兴中国梦，凝聚共同精神支柱和强大精神动力。扎实开展中国好人、北京榜样和顺义道德模范等典型选树活动，营造向上向善的社会风尚。不断深化文明城区、文明村镇、文明单位、文明家庭、文明校园等创建活动，大幅提升区域文明程度。坚持把核心价值观贯彻到新闻工作各方面，强化主流媒体定向定调作用，把握正确舆论导向。提升对外传播能力，推动传统媒体与新兴媒体融合发展，及时生动传播顺义好声音。完善舆论引导工作机制，做到可研阶段有舆情研判、实施之前有舆论预热、实施之中有联动应对、实施之后有综合评估。高度重视网络阵地建设，推出更多主旋律网络话题，推动文化精品网上传播，放大正面声音，引导网络舆论。

持续提升公共文化服务水平。积极创建首都公共文化服务示范区，健全区、镇（街）、村（居）三级公共文化服务网络，高标准建成区文化中心，提升图书馆、文化馆、博物馆、电影院运营水平，打造“一刻钟文化设施服务圈”。完善公益性演出补贴制度和公共文化设施免费开放保障机制，让广大群众共享文化发展成果。充分挖掘、整合和利用区域文化资源，创新开展“二月新春”、“五月的鲜花”、“十月金秋”三大品牌群众文化活动。加强文化创作人才培养，强化政策引导和资金扶持，推出更多思想性、艺术性、观赏性有机统一的顺义文化主题精品力作。传承优秀传统文化，保护非物质文化遗产，筑牢顺义文化根基。

着力释放区域特色文化影响力。丰富农耕文化体验价值，发扬现代工业文化，培育高端产业文化，把汽车文化、航空航天文化和都市慢生活文化打造成为靓丽的文化名片。依托汽车制造和整车进口口岸，发挥新国展平台作用，积极承办汽车展览展示活动，大力营造汽车文化氛围。围绕航空航天产业，积极举办类型多样的文化活动，持续提升航空航天文化影响力。深入挖掘潮白河文化、湿地文化的丰富内涵，不断扩大郁金香和菊花两季花展、燕京啤酒节、五彩浅山登山文化节、水上及山地体育赛事等活动辐射范围，倡导慢生活休闲文化。紧抓2022年冬奥会契机，积极完善冰雪运动设施，着力推动冰雪运动普及和发展。

（七）拓展全面深化改革新领域，激发转型升级强大动能。改革是推动发展的强大动力。要总结经验、完善思路、突出重点，围绕有利于增添经济发展动力、有利于促进社会公平正义、有利于增强人民群众获得感、有利于调动广大干部群众积极性四个方面加大改革力度，增强发展活力和创造力。

全面落实“放管服”改革。加快行政审批制度改革，实施权力清单、责任清单制度，对接好市级取消和下放的审批事项，建立完善行政审批事项清单、行政处罚事项清单、固定资产投资项目审批清单，打造统一的网上审批监管平台。建立“双随机”抽查制度，规范事中事后监管。完善事权和支出责任相适应的财政制度，建立全面规范、公开透明的预算制度。进一步推进学校、医院等事业单位改革，加快去行政化进程。

全面深化经济领域改革。深入推进国资国企改革，加快区属国有企业经营性资产重组，打造区属国有经济产业板块。完善监事会主席统一委派制、任期制、年度述职制度。以管资本为主加强国有资产监管，健全国有资产监督体系。探索建立国企分类管理格局，稳步推进国有企业混合所有制改革，提高资本证券化水平。完善投融资体制改革，鼓励社会资本、民间资本参与生态环境、公共服务、市政交通基础设施、新型城镇化等领域建设。

全面加快城乡领域改革。深化街道管理体制改革，优化职能定位，完善机构设置，加快推进仁和、天竺、后沙峪、南法信等撤镇设街和区划调整进程，加快撤村建居进程，妥善处置农村集体资产，做好就业安置和社会保障等工作。深化农村土地制度改革，加快完成土地承包经营权确权登记颁证，促进合法有序流转。探索农村集体经营性建设用地统筹利用和增值收益分配制度，推进农村宅基地管理制度改革，切实保障农民权益。

全面推进依法治区。不断完善重大行政决策合法性审查、规范性文件和重大合同监督管理、政府法律顾问等制度，优化人员配备，推进法治政府建设。落实中央、市委关于司法体制改革的决策部署，完善监督制约机制，保障司法机关依法独立公正行使司法权。持续深化司法公开，构建开放、动态、透明、便民的阳光司法机制。健全“谁执法、谁普法”的普法工作责任制，持续完善立体化、社会化的法律服务体系，营造全民学法、守法、用法、护法的良好氛围。落实北京市监察体制改革试点方案，整合资源力量，扩大监察范围，丰富监察手段，实现对行使公权力的公职人员监察全面覆盖，建立集中统一、权威高效的监察体系。

（八）落实全面从严治党新要求，涵养更加风清气正的政治生态。深入贯彻党的十八届六中全会精神，牢牢把握全方位用劲和重点发力的关系，把全面从严贯穿于管党治党全过程，为全区实现改革发展新跨越提供坚强的政治和组织保证。

抓思想政治从严。巩固拓展党的群众路线教育实践活动、“三严三实”专题教育、“两学一做”学习教育成果，把党的思想政治建设抓在日常、严在经常。深入落实意识形态工作责任制，牢牢掌握意识形态斗争的领导权、管理权和话语权。坚持不懈强化理论教育，始终运用马克思主义中国化理论成果特别是习近平总书记系列重要讲话精神武装头脑；毫不放松加强党性教育，切实增强党员干部的政治意识、大局意识、核心意识、看齐意识；持之以恒加强道德教育，引导党员干部带头践行社会主义核心价值观，示范引领高尚道德品行。扎实建设学习型党组织，完善各级理论中心组学习，创新党员干部教育培训，切实把以习近平同志为核心的党中央治国理政新理念、新思想、新战略转化为谋划发展的思路、促进发展的举措、领导发展的本领。

抓干部队伍从严。坚持选人用人正确导向，严格落实干部选拔任用制度和好干部标准，选拔政治强、懂专业、善治理、敢担当、作风正的干部，坚决杜绝“带病提拔”，营造能者上、庸者下、劣者汰的从政环境。完善综合考核评价机制，强化正确政绩观，健全容错纠错和关爱帮扶机制，为敢担当者担当，让想干事者干成事。统筹好年轻干部、女干部、少数民族干部、党外干部的培养选拔，统筹好党政干部与企事业干部的培养选拔，统筹好育、选、用、管等环节，不断优化班子结构，增强班子功能。坚持党管人才，实施人才强区战略，大力建设临空经济高端人才聚集区，努力打造全市人才高地。

抓政治生活从严。把严明政治纪律和政治规矩摆在首要位置，始终在思想上政治上行动上与以习近平同志为核心的党中央保持高度一致，坚决维护党中央权威。加强民主集中制建设，健全议事规则和决策程序，尊重党员主体地位，规范党务公开制度，提高各级党组织的领导能力和工作水平。建立经常性提醒和批评制度，用好批评和自我批评有力武器，完善“三会一课”、民主生活会、领导干部双重组织生活、民主评议党员、谈心谈话等制度，创新方式，提高质量，焕发党内生活的生机活力，在全区形成又有集中又有民主、又有纪律又有自由、又有统一意志又有个人心情舒畅生动活泼的政治局面。

抓基层党建从严。深刻把握首都重点新城基层党建规律和特点，创新基层党建工作。总结提升全国党代表任期制联系点的创新成果，落实代表提案制，创新活动载体，保障充分履职，发挥党代表参与重大决策、参与党内监督、加强党的自身建设、联系服务党员群众等方面的积极作用。创新“互联网+党建”，强化党建创新项目孵化，抓好国有企业、非公企业、社会组织等领域党建，培育一批典型，为经济社会转型升级提供可复制、可推广的组织工作方案。选优配强村（居）党组织带头人，深入整顿软弱涣散基层党组织，强化服务型党组织星级创建，增强基层党组织战斗堡垒作用。认真做好党员管理、服务等工作，关爱生活困难党员，稳妥处置不合格党员，持续开展“四亮四创四评”活动，增强党员先锋模范作用。

抓作风建设从严。锲而不舍落实中央八项规定，紧盯重要时间节点，锁定易发多发违规问题，畅通监督举报渠道，强化明察暗访，从严查处违规行为，加大曝光力度，释放越往后执纪越严的强烈信号，坚决防止“四风”问题反弹。完善作风建设系列规章制度，加强对厉行节约、公务接待、公车使用、职务消费等规定执行情况的监督检查，加强对干部作风状况的评价考核，推动作风建设规范化、常态化、长效化。大力强化各级领导干部调查研究，深入基层，深入一线，带着感情和责任察民情、解民忧、聚民心。持续创新服务群众载体，巩固强化村（居）规民约、“党群1+1”、“一助一”等工作模式，健全做好群众工作的长效机制。

抓反腐倡廉从严。深入落实党风廉洁建设责任制，夯实党委主体责任和纪委监督责任。高度重视源头防腐，健全党政部门权力清单，实行阳光决策和决策留痕，构建廉洁风险全过程防控机制。着力加强党内监督，积极构建党委全面监督、纪律检查机关专责监督、党的工作部门职能监督、党的基层组织日常监督、党员民主监督的党内监督体系。始终强化监督执纪，用好“四种形态”，经常开展批评和自我批评、约谈函询，让“红红脸、出出汗”成为常态，党纪轻处分、组织调整成为违纪处理的大多数，党纪重处分、重大职务调整的成为少数，严重违纪涉嫌违法立案审查的成为极少数。持续保持惩治腐败高压态势，紧盯土地出让、工程招标、行政审批等重点领域，坚持零容忍对腐败问题严查不怠。扎紧制度“笼子”，推动巡察向基层延伸，强化纪检派驻监督，加强宣传教育，形成不敢腐、不能腐、不想腐的有效机制。

同志们，完成新的目标任务，需要群策群力，调动一切积极因素共同奋斗。要大力支持人大及其常委会依法履行职能，实施有效的工作监督和法律监督，更好地发挥人大在推进社会主义民主法治建设、促进区域经济社会转型升级中的重要作用。大力支持政协围绕团结和民主两大主题履行政治协商、民主监督、参政议政职能，持续增进与各民主党派、工商联、无党派人士的团结合作。巩固发展新时期爱国统一战线，聚焦新的社会阶层人士，强化统战工作。不断强化党管武装，弘扬军政军民团结优良传统，开拓双拥共建新局面。认真做好老干部、民族、侨务、外事、台港澳、宗教和反邪教工作，切实加强党对工会、共青团、妇联等群团组织的领导，增强政治性、先进性和群众性，把一切力量汇聚在顺义新一轮发展的事业中，众志成城、共谋发展。

同志们，决胜全面小康、实现顺义更高起点上的转型跨越，是时代赋予我们的光荣使命！让我们高举中国特色社会主义伟大旗帜，更加紧密团结在以习近平同志为核心的党中央周围，在市委坚强领导下，不忘初心、砥砺前行，建设绿色国际港、打造航空中心核心区、共筑和谐宜居新家园，在全市率先全面建成小康社会，为建设国际一流的和谐宜居之都贡献顺义力量！

顺义区第四届人大常委会工作报告

——2016年12月21日在顺义区第五届人民代表大会第一次会议上

顺义区人大常委会主任　胡尚云

各位代表：

我受顺义区第四届人民代表大会常务委员会委托，向大会报告五年来的工作，并就新一届人大常委会工作提出建议，请予审议。

过去五年的主要工作

过去五年，是我区适应经济新常态、全面深化改革、加快推进转型升级的五年，也是民主法治建设不断推进、人大工作持续创新的五年。五年来，在区委的领导下，我们围绕中心、服务大局，按照“议大事，抓重点，求实效”的工作原则，依法履职、主动作为，人大工作取得了新进步。五年来，共召开常委会会议33次，主任会议91次；听取和审议“一府两院”专项工作报告58项；开展工作视察35次、执法检查15次，提出审议意见300余条，任免国家机关工作人员665人次，备案审查政府规范性文件40件。

一、在区委坚强领导下主动作为

人民代表大会制度是我国的根本政治制度。五年来，我们把坚持党的领导、人民当家作主和依法治国有机统一作为人大工作的灵魂。认真学习十八大和习近平总书记对人民代表大会制度、对民主与法制建设的重要论述，全面理解、准确把握对人大工作的新要求，做好人大工作的责任感和使命感切实增强。实践中我们深刻体会到，只有在区委的领导下，不断提升人民代表大会质量，充分发挥人大常委会作用，让各级人大代表充分履职，使党的主张成为人民群众的意志，人大工作才能不断发展。在实际工作中，我们自觉接受和依靠区委领导，重要工作、重要会议、重大活动首先向区委请示报告。人大工作的思路、举措、建议及时与区委沟通，得到区委的大力支持。区委专门召开人大工作会，王刚书记发表重要讲话；专题研究人大党组关于加强和改进人大工作的意见，并以区委文件及时转发。在区委的领导下，本届人大不忘初心，砥砺前行，主动作为，勇于创新。五年来，人大与时俱进，充分发挥人民代表大会制度优势，密切联系人大代表和人民群众。及时向区委、政府转达民意、反映诉求，为区委科学决策和政府改进工作，发挥了桥梁纽带作用。随着全区上下对人民代表大会制度认识的不断深入，区委支持和保证人大依法履职更加主动，“一府两院”接受人大监督更加自觉，人民当家作主权力的落实更加突出。在坚持和完善人民代表大会制度的道路上，顺义掀开了崭新的一页。

回顾过去的五年，我们可以无愧地说，过去的五年，是不平常的五年；是在区委领导和“一府两院”支持下不断创新发展的五年；是顺义人大特色鲜明、亮点纷呈、作用突出的五年。

二、在“一府两院”支持配合下依法作为

五年来，“一府两院”及其组成部门主动接受人大监督，理解支持人大工作，是常委会顺利依法履职的基石。历任区长、法检两长到任，都主动到人大听取意见。每次人大常委会、每次工作视察和执法检查，政府主管副区长准时参加，相关部门负责人按时到场。汇报工作、接受监督，他们认真诚恳；表态发言、落实整改，他们一丝不苟。遵从源于尊重，支持来自理解。区人大常委会把支持“一府两院”工作融于依法监督之中，说该说的话，做该做的事，督促政府依法行政，为政府提高社会治理能力提供制度保障；每年到法、检两院看望一线同志，听取司法改革、队伍建设等工作汇报，诚恳提出建设性意见和建议。常委会坚持会前学法制度，无论是审议报告，还是开展执法检查、工作视察都要求学法先行；举办“人大在推进法治顺义建设中如何发挥作用”研讨会，探讨促进依法治区新途径；在行权履职中，依法监督，于法有据，使用法言法语，既提高了大家的

法律素养、审议质量和监督实效，又促进了“一府两院”依法行政、公正司法。思想上互相沟通、感情上互相交流、工作上互相支持，人大和“一府两院”工作协调并进。没有“一府两院”的理解、支持和辛勤劳动，也就没有依法治区的丰硕成果。在此，我代表常委会向“一府两院”的同志们表示衷心的感谢！

三、在全体代表共同努力下创新作为

五年来，常委会牢记人民重托，不忘肩负使命，坚持在监督中创新、在创新中发展，切实解决人民群众普遍关切的实际问题，人大工作迈出了新步伐。

一是抓议案，卫生事业得到新发展。2013年底，人大三次会议在汇总代表意见时，发现各团代表普遍反映群众看病难的问题，特别是以高学通代表领衔提出的《关于加快顺义区卫生事业发展》的建议，引起议案审查委员会的高度关注。经过主席团讨论，决定把这条建议列为议案。这是我区近年来人代会提出的首份议案。区委、区政府高度重视，成立由主要领导组成的议案办理领导小组，专题召开全区“一把手”会议，制定了顺义区医疗卫生服务水平提升三年行动计划。政府明确三年内将投入15亿元，使全区医疗卫生水平明显提升。为保证议案的落实，常委会通过听取和审议专项报告、专题调研、工作视察、执法检查等方式，对议案的办理情况跟踪监督，推动落实。人代会、常委会连续三年听取议案推进情况汇报，务求取得实效。

二是抓重点，财政监督得到新推进。预算审查监督是常委会的一项重要任务。2014年，我们针对专业力量不足推出新举措，聘请精通财经业务和熟悉顺义区情的同志担任预算监督顾问，成立了预算监督专家顾问组。2015年新预算法实施以后，常委会聘请专家在区委理论中心组范围进行学习培训，明晰内容，答疑解惑，加深认识，提高了遵从执行的自觉性。常委会切实加强预算监督，每年提前介入计划和预算编制的初步审查工作，及时提出修改意见和建议，使计划和预算编制更加科学、合理、规范；年中听取和审议区政府上一年度财政决算及上半年预算执行情况报告，适时审查、批准预算调整方案；敦促区政府先后制定和完善了进一步加强政府投资项目管理的意见、区级大额专项资金管理办法、预算绩效管理办法等，确保本区财政预算管理工作严格依法进行；努力推动政府预算公开，将政府的全部收支纳入人大监管视野。目前，财经委员会初审、人大常委会集体会审、人民代表大会审查批准的预算监督机制已经形成。2013年，常委会首次启用专题询问这一监督方式，先后对政府性债务管理、大额专项资金、国有资本经营预算、一般预算项目绩效评价情况等进行专题询问，对进一步提升政府专业化管理能力，加强项目统筹管理，强化行政问责力度，提高预算绩效管理水平和财政资金使用效益起到了积极作用。专题询问已成为本届常委会监督工作的新常态。

三是抓机制，代表工作得到新提升。探索代表建议督办机制。形成了“一府两院”分管领导领办、常委会领导领衔督办、常委会工作机构对口督办的新机制；创立了建议办理“三方见面会”机制。2013年以来，共举行7次“三方见面会”，王耀红代表提出的区级功能区占地租金较低的建议、程海德代表提出的调整财政上解镇体制的建议等27件重点建议件得到落实。五年来，代表提出的437件建议全部办理完毕，社会关注的一批热点难点问题得到有效解决。完善代表培训机制。认真组织学习培训。共举办专题培训班、法律讲座等培训活动5次，培训代表1140余人次，提高了代表素质和履职能力。拓宽代表知情知政渠道。坚持常委会和“一府两院”重要工作通报制度，邀请代表列席常委会和参与常委会重大活动制度，给代表发言机会，让代表拥有话语权。改进代表服务机制。搭建代表履职平台，在全区所有镇街创建了51个“人大代表之家”，作为闭会期间代表学习培训、服务群众、履职交流的平台。改善代表履职条件。坚持为代表订阅人大相关报刊和学习资料，保证代表活动必需经费，着力为代表履职创造良好条件。

四是抓指导，镇人大工作得到新改观。本届常委会高度重视对镇人大工作的指导，经过深入调研，广泛征求各镇意见，制定了《顺义区人大常委会党组关于加强镇人大工作的指导性意见》，区委以2014年1号文件的形式转发了这个意见。在区、镇两级党委领导和区人大的指导下，各镇人大紧紧围绕经济发展、预算审查、环境整治、外来人口管理等方面展开富有成效的工作。比如：李遂、李桥、南彩等镇人大围绕镇域环境卫生、安全生产、食品安全等内容，成立人大代表小组开展工作视察、执法检查、专题调研，在镇域发展中，发挥了显著作用。区委1号文件及我们的做法得到了市人大的关注和肯定，在区内外产生了深远影响，外区县和外埠同仁多次前来考察学习，扩大了我区人大工作的知名度和影响力。过去一届镇人大主席，因换届、年龄等原因，多数已退出原岗位，但他们在人大工作中所付出的辛勤劳动，人大不会忘记。在此，我代表顺义区第四届人大常委会向他们致以崇高的敬意！

四、在常委会率先垂范下务实作为

五年来，区人大常委会不断加强自身建设，引领队伍提素质、转作风、长本事，营造了务实高效的人大工作氛围。

锤炼过硬作风。结合党的群众路线、“三严三实”和“两学一做”等专题学习教育活动，按照中央八项规定和区委要求，常委会从自身做起，改革视察、执法检查方式，在组织人员上压规模，在活动开支上降成本，在工作目标上增实效，不断改进作风，得到了代表认可和群众称道。引导每一位党员干部把思想与时俱进，行为慎独慎行，纪律规矩严守，为人争当表率作为共同追求，以钉钉子精神锤炼过硬作风，营造了干事创业、风清气正的浓厚氛围。

规范履职制度。注重完善常委会会议和主任会议议事规则、人事任免办法、任职宣誓等制度；建立人大主席联席会制度，完善代表履职档案；制定与“一府两院”及有关部门联系协调机制，保证常委会工作依法有效开展；严格执行机关会议、财务、接待、车辆等管理制度，促进常委会及其机关各项工作规范有序进行。

营造向上环境。常委会领导、党组成员、处级干部以身作则、以上率下。思想不懈怠、工作讲勤奋、层层抓落实。形成了领导带头、干部挂帅、党员跟进的强大合力。在工作创新发展中，老同志不用扬鞭自奋蹄，年轻同志积极进取只争朝夕。五年来，有5名同志走上正、副处级领导岗位，10名年轻同志提为科级干部，2名同志提为处级干部到基层任职，引进青年干部14名，人大工作岗位让每位同志展现才华，也使人大工作充满了生机与活力。

扎实抓好换届。在今年区、镇人大换届选举中，区委充分发挥领导核心作用，周密部署，区人大常委会高度负责，精心组织，科学划分选区，精准选民登记，把握时间节点，严格执行程序。针对我区经济发展较快，人户分离现象复杂，人大主席、工作人员新人多，首次使用选民登记管理信息系统等新情况，多次召开培训会、协调会、督查会、推进会，把好代表“入口关”、选举“组织关”、全程“监督关”。在各镇街、各部门和各选区的共同努力下，228名区人大代表、1076名镇人大代表顺利产生，换届选举工作取得圆满成功。

各位代表，五年来常委会工作所取得的成绩，是区委正确领导、常委会组成人员和全体代表共同努力的结果，是“一府两院”积极配合的结果，也是全区人民大力支持的结果。在此，我谨代表顺义区第四届人大常委会，向所有关心、支持、帮助人大工作的同志们，表示崇高的敬意和衷心的感谢！

在肯定成绩的同时，我们也清醒认识到：人代会会议质量仍需进一步提高；监督的实效性仍需进一步增强；落实重大事项决定权仍需进一步破解；代表建议的办理和代表主体作用的发挥仍需进一步加强等。对此，我们要高度重视，采取有效措施，逐步加以解决。

五年工作的主要体会

各位代表，五年的工作，我们历历在目；五年的实践，我们感悟尤深。

一是必须牢固树立党的意识，自觉坚持党的领导。五年来，我们始终坚持和依靠党的领导，自觉置身于区委的领导下，保证了人大工作正确的政治方向。实践证明，只有自觉坚持和依靠党的领导，人大制度才能与时俱进，人大工作才能富有成效。

二是必须牢固树立法治意识，坚持做到依法履职。五年来，我们把推进民主法治建设作为首要任务，奋发有为地推进“一府两院”依法行政、公正司法，广大干部群众的法律素养、法治思维能力不断提高。实践证明，只有依法履职、依法办事、尽职尽责，改革发展才能得到根本保障。

三是必须牢固树立主体意识，充分发挥代表作用。五年来，我们深刻认识代表的主体作用，不断加强和改进代表工作，尊重代表地位，服务代表履职，代表工作呈现出新的生机与活力。实践证明，只有充分发挥代表作用，人大工作才会有声有色，才能在推进科学发展中发挥更加积极的作用。

四是必须牢固树立人民意识，促进保障改善民生。五年来，我们始终坚持人民利益为重，把维护和发展群众利益作为人大工作的根本出发点。实践证明，只有把人民群众当家作主的政治权利保障好，把人民群众的根本利益维护好，把人民群众建设美好新顺义的积极性调动好，人大工作才能赢得群众的信任和支持。

五是必须牢固树立创新意识，推动工作与时俱进。五年来，我们以改革创新、敬业实干的精神，积极探索人大工作的新理念，勇于实践开展工作的新方法，为做好人大工作提供了不竭源泉和动力。实践证明，只有积极创新，人大工作才能与时俱进，人民代表大会制度的优越性才会不断显现。

对今后工作的建议

各位代表，顺义区第四届人大常委会已经完成了历史使命，但促进顺义科学发展、推进民主法治建设仍任重道远。建议新一届人大常委会，面对加快经济社会转型升级、深度融入京津冀协同发展、对接服务北京城市副中心建设等方面的新形势和新任务，按照区第五次党代会部署，找准人大工作的结合点，坚持和完善人民代表大会制度，紧密联系人大的职能优势，依法行权履职，充分发挥好人大在推进改革发展中的重要作用。一是换届后认真学习区委有关加强和改进人大工作的意见，把人大组织建设的各项任务落到实处；切实加强对新代表的培训，让他们尽快适应新角色，早日作出新成绩。二是结合“十三五”规划，认真履职，把推进河东河西协调发展落实到位。三是卫生议案虽已破题，但尚未达到理想，事关国计民生，还应继续推进，抓出更好效果。我们相信，新一届人大及其常委会一定能够在区委的正确领导下，继往开来，积极作为，为建设国际一流的和谐宜居之都贡献顺义力量！

政府工作报告

北京市顺义区第五届人民代表大会第一次会议
顺义区委副书记、区长　高朋

各位代表：

现在，我代表顺义区人民政府，向大会报告本届政府过去五年的工作，对新一届政府工作和2017年工作安排提出建议，请予审议，并请各位政协委员提出意见。

一、过去五年工作回顾

区四届人大一次会议以来的五年，区政府在市委、市政府和区委的坚强领导下，在区人大、区政协的监督支持下，团结带领全区人民，紧紧围绕“建设绿色国际港、打造航空中心核心区、共筑和谐宜居新家园”的奋斗目标，抢抓机遇，攻坚克难，锐意进取，开拓创新，较好地完成了本届政府的各项目标任务，实现了“十二五”圆满收官和“十三五”良好开局，全区经济社会发展又一次站在了新的历史起点上。

（一）讲政治、顾大局，京津冀协同发展战略深入贯彻

我们认真贯彻落实中央和北京市重大决策部署，主动融入京津冀协同发展，自觉服从服务首都城市战略定位，积极助力城市副中心建设，在首都新的发展中作用更加突出。

疏解非首都功能成效显著。坚持控增量、疏存量系统推进，制定出台产业项目全要素综合评价办法，累计否决不符合要求项目100个，调整退出工业企业181家，清退关闭低端市场5家，转型升级市场1家。加强人口调控，常住人口保持年均3%的较低增幅，总量控制在106万以内，保持在市政府下达的目标范围内。

承接首都功能扎实推进。抢抓中心城区功能疏解机遇，积极承接首都科技文化、教育医疗、国际交往等功能。北京城市学院作为全市首家教育领域疏解的大学迁入杨镇，将整体提升地区公共服务和基础设施水平。友谊医院顺义院区确址后沙峪镇，规划床位1500张，有效提升区域医疗卫生水平。北京国际会展产业园启动规划研究，新国展二三期项目前期工作加快推进，会展产业加速集聚。积极推进东城区棚改定向安置房建设，在全市最先确定选址位置。

助力城市副中心建设全面开展。继通州之后我区率先开展了区域空间战略规划研究，编制完成顺义轨道交通线网规划等系列专项规划。加密、提升北京东北部地区南北纵向路网，确定了7条轨道交通和11条城市道路交通建设任务，壁富路建成通车，通怀路、中干渠路等道路前期手续办理进展顺利，北京东北部地区与城市副中心互联互通互融能力加快提升。加快与城市副中心接壤的李桥镇、北务镇等南部地区城市化进程，提高基础设施和配套服务水平，提升了支撑城市副中心建设的能力。

区域协同发展水平不断提高。制定落实京津冀协同发展工作方案，与河北保定、唐山曹妃甸等地对接不断深化，与河南西峡、内蒙古巴林左旗等地对口帮扶有效落实，与河北威县、怀来、云南玉溪等地合作深入开展，威县·顺义产业园嘉寓节能门窗幕墙光伏一体化项目正式投产，北汽有限（威县）新能源汽车生产基地奠基。

（二）优生态、美环境，绿色宜居水平持续提升

我们顺应人民群众对改善生态环境的热切期盼，下大力气弥补环境建设短板，重拳治理大气污染，深入推进水系治理，大幅拓展绿色空间，全面打响了生态环境治理的攻坚战。

大气污染防治力度空前。高标准制定实施2013年—2017年清洁空气行动计划，空气质量逐年改善。截至今年11月底，全区PM2.5平均浓度为66微克/立方米，比2013年下降24%。减煤换煤成效显著，累计改造燃煤锅炉4361蒸吨，完成总量位居各区首位；液化石油气下乡和农村优质燃煤替代实现全覆盖，完成取

暖煤改电1.4万户；2013年以来削减燃煤90万吨，提前超额完成市政府下达的55万吨任务。机动车污染治理持续推进，累计淘汰老旧机动车5万辆，完成市政府下达任务的1.2倍。落后产能加快退出，累计否决不符合环保要求项目1065个，淘汰“三高”企业近200家。

水环境治理切实改善。全区污水处理率达到85%，比2011年末提高11%。污水处理设施更加完善，赵全营等8座再生水厂建成使用，区污水处理厂升级扩建工程如期竣工，新增污水及再生水管线208公里。河道综合治理全面开展，5条黑臭水体、205处河道排污口和146公里中小河道治理顺利完成。水源保护切实加强，完成禁养区和集中式饮用水水源地保护区划定，制定出台全区养殖业退出奖励办法，严格限制产业发展和项目建设，在全市率先实施南水北调水源回补工程。

绿化美化水平大幅提高。森林覆盖率由2011年末的21.2%提高到30.18%，高于全市平原地区平均水平5个百分点。平原造林圆满完成，新增造林18.9万亩，占全市近1/5，成为首都平原造林的“主战场”。城市绿地显著增加，新城滨河森林公园、东郊森林公园等高标准的公园绿地建成开放，金牛山生态修复（一期）工程顺利竣工，城镇绿地面积比2011年末增加2089公顷，人均绿地面积位居全市第三。林木资源管护不断加强，加大平原造林养护资金投入，完成5万亩绿化隔离地区和“五河十路”生态林管护政策调整，绿化成果得到有效巩固和加强。

城乡环境质量明显提升。环境建设体制机制不断健全，有效整合环境建设协调、执法部门，引入第三方专业检查考核，形成了无缝衔接、齐抓共管的良好局面。重大环境难题有效解决，累计投入资金40余亿元，实施市区两级环境建设任务1217项，治理环境问题台账2835处，完成了机场北线回民营桥周边、进顺第一印象区域等重点环境整治工程，解决了一大批老大难环境问题。社会参与环境建设氛围日益浓厚，坚持环境建设问需于民，定期进行群众满意度调查，广泛开展城乡垃圾分类、环境志愿服务等工作，全区小区垃圾分类达标率达到81%，环境建设共治共享的局面逐步形成。

（三）调结构、促转型，经济发展质量效益显著提高

我们努力适应经济发展新常态，保持定力、顶住压力，坚持优化存量调结构，扩大增量上水平，加快转变发展方式，着力提升发展质量，保持了经济持续健康快速发展。

经济总量成倍增长。预计到2016年底，全区实现地区生产总值1555亿元、一般公共预算收入137.86亿元、全社会固定资产投资480亿元、社会消费品零售额442.8亿元，分别是2011年末的1.5倍、1.7倍、1.1倍和2倍。其中，地区生产总值和一般公共预算收入稳居全市第五、城市发展新区之首。人均地区生产总值达到14.7万元，位居全市第三。规模以上工业总产值达到3010亿元，总量稳居全市第一，5年实现千亿级跨越，年均增速达到8.1%，高于全市3.4个百分点。累计引进投资500万元以上项目2521个，协议投资额2769亿元，亿元以上项目达到330个，同比分别增长44%、23%和9%。上市挂牌企业从2011年末的14家发展到47家，累计融资1210亿元，资本市场直接融资空间进一步扩大。

产业结构持续优化。加快由制造业强区向服务业大区转型，三次产业结构由2011年末的2.4：43.5：54.1优化为1.5：35.5：63，产业高端化、服务化特征更加突出。现代服务业发挥主导作用，成功获批北京市服务业扩大开放综合试点示范区，38项试点政策任务已完成23项；航空服务业继续保持支柱地位；金融业快速发展，金融机构从2011年末的106家发展到245家，金融产业增加值占全区比重达到9.5%，成为全区第三大支柱产业；中信银行信息技术研发基地、北京银行科技研发中心、君康人寿、国开金融、中交基金、国家新兴产业创业投资引导基金、华融新兴产业投资管理公司等大型金融机构相继落户，国创投资引导基金、国新互联网基金等近2000亿规模的大型央企基金加快引进，首都产业金融中心加速发展，北京新兴金融聚集区初具规模；广告会展、设计服务等文化创意产业加快发展，中国电子商务示范基地集聚电商20余家，电子商务规模不断壮大；旅游业基础设施持续完善，消费增长点有效扩充，品牌加快提升。传统制造业加速转型升级，汽车制造业整车年产量突破110万辆，产业链不断向高端环节拓展；北京智能新能源汽车生态产业示范区全面启动，富电科技、乐电出行等一批优质项目加速集聚；战略性新兴产业发展成效显著，天地图等一大批高精尖项目相继落户，全区战略性新兴产业由2011年末规模以上企业65家、产值358亿元，增加到93家、产值750亿元，产值占到全区的1/4，增长速度和产业占比稳步提高。都市型现代农业加快发展，现代农业节水示范区创建初见成效，粮

田、蔬菜等10个节水示范基地建设完成，老旧设施农业改造实现全覆盖；农业结构调整深入推进，高耗水农作物面积由22.6万亩调减到7.6万亩；高标准建成现代农业万亩示范区，成为首都现代农业发展新亮点。

发展动能更加强劲。创新驱动成效显著，制定出台推动自主创新“1+3”科技政策，创新资源加速聚集；中科院联动创新产业园启动建设，7个高科技项目率先进驻，成为中科院在北京的主要科技成果转移转化、产业化基地；中关村医学工程产业化基地正式设立，高成长性创新企业相继落户；北京第三代半导体材料及应用联合创新基地建设初见成效，成功引进战略投资者清华启迪集团，荷兰代尔夫特大学中国研究院等项目孵化和创新正式启动；全区包括优客工场在内的创新创业基地达到16家，孵化面积30万平方米，在孵项目120个；国家级高新技术企业从2011年末的111家增加到268家。投资消费协调拉动格局日益巩固，投资消费比由2011年末的1：0.5优化为1：1；出口累计实现296亿美元，稳居全市第五，占到全市1/10。功能区焕发新的生机，在全市率先实施“板块战略”，将11个功能区整合为临空服务、科技创新、绿色生态三大板块，优化了空间布局，集约利用了资源要素，释放出新的强劲活力，集聚辐射效应更加明显；天竺综保区政策功能平台效应日益凸显，国内首家外资控股的飞机维修公司、全市首例外商独资演出经纪机构落户，农银金融租赁公司采用融资租赁方式引进2架波音737-800飞机，对外文化贸易、跨境电商、生物医药等高端服务业迅速聚集，首都对外交往门户和外向型经济发展窗口作用持续发挥。

（四）强功能、提品质，城市综合承载力明显增强

我们遵循城市发展规律，大力完善城市功能，不断提升城市综合服务水平，顺义新城向功能完善、品质高端、区域协调、职住平衡的北京东北部区域中心城市迈出了坚实步伐。

城市功能更加完善。基础设施承载能力显著提高，累计新增公路里程193公里，改造、大修公路306.8公里，白马路东延、左堤路、新俸伯桥等一批主（次）干道、桥梁顺利竣工，全区公路路网密度始终保持郊区第一；城际铁路联络线一期工程延伸至M15号线顺利纳入项目一期同步实施，M15号线东延杨镇前期工作取得突破性进展；京沈客专顺义段启动架梁，进场率达到80%。水电气热、通信等城市运行保障能力进一步加强。公共服务设施配置日臻完备，五年来累计实施政府投资重点工程288项，年均建筑工程开复工面积1400万平方米以上，区医院急诊病房楼、政务数据中心等一批重大功能性项目投入使用；完成14座公交场站建设，新城主要道路公共候车亭实现全覆盖。推进绿色交通发展，累计投入电动出租车200辆、公共自行车8000辆，着力破解群众“最后一公里”的出行难题。大型商业服务设施不断涌现，以华联、新世界为代表的新城商业中心建成运营，家乐福、永辉超市、居然之家等品牌商业入区经营，逐步形成150万平方米的北京东北部商业中心。

城市治理更加精细。积极适应城镇化快速发展形势，坚持精细管理，突出以人为本，努力实现城市让人民生活更美好。城市管理科学有序，加强城市服务管理网格化体系建设，“三网融合”扎实推进。系统实施交通综合治理，持续开展停车规范管理和行车秩序整治，实施客货分流和拥堵点位治理，完成城区停车诱导系统、六环顺平路出入口改造等工程，早晚高峰城区交通拥堵状况得到缓解；城乡秩序持续向好，深入开展“三大秩序”整治和“消隐、拆违、打非”等专项行动，坚决清理违法出租、违法经营，整治低端市场；针对违法建设这一城市顽疾，下狠劲，出重拳，五年来累计拆除违法建设8010宗、973万平方米，有效遏制了违法建设的滋生和蔓延。社会管理成效明显，在全市首创社会服务管理创新指标体系，村（居）规民约作用有效发挥，成为创新社会治理机制、推进协同共治的重要抓手；八型社区和农村典型示范社区建设全面推进，村庄社区化管理在全市率先实现全覆盖，创建智慧社区80个，建成一刻钟社区服务圈52个，覆盖88个社区，服务居民40万人。

城乡发展更加协调。着力推进城乡发展要素均衡优化配置，统筹兼顾、综合平衡，形成城乡一体化协调发展格局。出台推动河东河西协调发展的意见，河东基础设施投资由2011年4.7亿元增加到2016年的12.7亿元，一批基础设施和功能项目相继实施，河东发展进一步加快。新型城镇化扎实推进，成功入选国家新型城镇化综合试点地区，产城融合、城乡统筹等领域获得国家重点扶持；重点镇建设初见成效，承载、辐射和带动能力进一步提高；行政区划调整和撤镇设街前期工作深入开展，棚改和村庄拆迁步伐不断加快，11个项目列入全市棚改计划，整建制拆迁村庄6个，全区城市化率进一步提高。浅山开发取得阶段性成果，125公里登山健身步道和鞑子沟等景观节点建设完成，山地马拉松、登山文化节等文体活动品牌日

益形成，五彩浅山知名度和影响力不断提升，民俗接待、休闲采摘收入快速增长，富民效果初步显现。新农村建设深入开展，农宅抗震节能改造等工程基本实现农村全覆盖，10万余户农民居住条件有效改善；南陈路新型农村社区建设效果明显，石家营村、庙卷村成为带动全区农民实现“就地城镇化”的典型代表。

（五）促民生、增福祉，社会事业实现全面进步

我们始终坚持民生优先，不断增加公共服务供给，五年累计用于民生保障资金达到596.6亿元，占区本级一般公共预算支出的81.7%，有效提升了公共服务均衡化、优质化水平。

人民生活水平持续提高。就业增收成效显著，就业工作在全市实现“十一个率先”，城乡劳动力二三产业就业率始终保持在95%以上，城镇登记失业率控制在2%以内，连续5年被评为北京市“充分就业区”；城镇居民、农村居民人均可支配收入分别达到36400元和24700元，年均分别增长9%和10.4%；“一助一”精准扶贫成效显著，低收入村由2012年的53个减少到3个。群众住房条件有效改善，累计开复工定向安置房和保障性住房392万平方米、43066套，竣工470.8万平方米、48234套；保障性住房轮候家庭全部实现配售配租，20个村3万人实现回迁上楼，不同层次住房需求得到有效保障；累计投入资金17.7亿元，完成城区全部老旧小区310万平方米建筑节能综合改造、14个老旧小区综合治理一期工程，3.5万户居民受益，老旧小区居住环境得到显著提升；区镇两级投入29.7亿元，有效解决了行政事业单位人员住房补贴问题。

社会保障水平稳步提升。社会救助标准不断提高，五年累计投入城乡低保、医疗、教育、住房等领域的社会救助资金达到4亿元，25万余人次受益；率先实现远郊区城乡低保标准一体化。重大疾病救助封顶金额由2011年的10万元提高到20万元，位居全市第一。社会保险体系更为完善，全区职工五项社会保险平均参保人数达到49.8万，较2011年末增长46%；城乡居民养老保险基础养老金和无保障老年人福利养老金分别达到570元和485元，比2011年末分别增长46%和56%。社会福利更加普惠，在全市率先扩大享受高龄津贴和医疗救助人员的覆盖面；养老机构快速发展，持证运营养老床位由2011年末的2800张增加至5400张；儿童、残疾人、超转人员福利政策得到有效落实；双拥优抚工作力度持续加大，实现全国双拥模范城“四连冠”。

文教体卫工作扎实推进。教育水平切实提升，圆满完成中小学校舍安全工程、学前教育和中小学建设三年行动计划，新建中小学和幼儿园48所，加固32所，新增学前教育学位13000个、小学学位8000个、中学学位6000个，基本实现“保障入学、就近入学、平等入学”，高标准通过国家义务教育均衡发展评估验收；“三名”教育工程深入推进，首师大附属顺义实验小学顺利开学，与北京外国语大学共建杨镇一中；成功创建全国数字化学习先行区，教育教学质量持续提升，中高考各项指标继续位居全市前列；试点“同工同酬同责”招聘使用编外学前教师，有效提升教学质量和教师积极性。医疗卫生服务显著改善，全面启动实施医疗卫生服务水平提升三年行动计划，新建医疗卫生机构206个，比2011年末增长92%；区医院晋级三级综合医院，区中医院获批三甲中医医院，区妇幼保健院与北京儿童医院联合开展妇儿诊疗中心建设，地坛医院顺义院区、旺泉社区卫生服务中心开诊，新型社区医疗卫生体系加快建设；在全国率先建成市区镇村四级一体化中医医疗服务体系，成功创建国家卫生应急综合示范区和北京市慢病综合防控示范区。文体事业快速发展，建成镇级文化中心16处，基层文化基础设施实现全覆盖；全民健身行动计划深入推进，在全市首创“百村万户”助农健身工程，群众体育活动广泛开展。

社会更加和谐稳定。安全红线牢固坚守，成功创建全国安全发展示范城市建设试点地区，企业安全生产隐患排查治理体系建设深入推进，安全生产形势持续稳定；食品药品抽检抽验合格率始终保持在98%以上。信访稳定形势良好，着重解决信访积案和历史遗留问题，推进立体化社会治安防控体系建设，落实社会稳定风险评估机制；顺利完成国庆65周年、APEC会议等重大活动环境保障和安保维稳任务，荣获“全国平安建设先进区”，社会治安持续向好，群众安全感位居全市前列。

（六）抓改革、破难题，创新发展活力深度释放

我们坚持用改革的办法破解发展中的难题，革故鼎新、不懈登攀，着力破除体制机制障碍，不断增添发展的新活力。

改革顶层设计持续加强。建立完善的全面深化改革领导机构和组织架构，形成了分工明确、运转高效、规范有序的常态运行、沟通联络、督查督办机制。在全市率先编制完成《“十三五”时期全面深化改革规划》，按年度出台改革实施计划和折子工程，

确立了改革的总目标、路线图和时间表。

经济领域改革不断深化。致力做强做优区属国有企业，房地产开发、市政、建设投资服务、建筑板块资源有效整合，商业板块重组扎实推进，形成了一批特色突出、具有区域竞争力的国企品牌。区属国有企业销售收入、净资产、利润指标分别稳居全市各区第一、第二、第三位。市场化投融资体制加快构建，在污水治理等领域创新使用ppp、BOT等多种投融资模式，有力地保障了地区建设资金需求。

行政体制改革更加深入。着力精简行政审批事项，推行政府部门权力清单和责任清单制度，行政权力运行更加规范。稳步推进政府机构改革和事业单位分类改革，机构设置和职责关系进一步优化。出台政府投资项目全过程管理办法和政府购买公共服务意见，党政机关公务用车制度改革基本完成。企业注册登记“五证合一”正式实施，政府管理服务更加规范、透明。

城乡综合改革加快推进。空港街道改革试点工作顺利完成，全区街道管理体制改革全面启动，公共服务和管理水平有效提高。城市综合监管执法机制改革深入实施，形成了主体清晰、部门联动、执法到位、运行高效的综合执法体系。社区物业管理体制改革试点深入推进，物业管理与社区建设协调发展。集体经济产权制度改革基本完成，土地承包经营权确权登记颁证工作全面开展。

（七）转作风、提效能，政府自身建设切实加强

我们把加强政府自身建设摆在更加突出的位置，加快转变政府职能，着力提高工作效能，不断优化服务水平，切实做到转变作风、为民务实、廉洁高效，政务环境日益优化。

作风建设持续加强。深入开展群众路线教育实践活动、“三严三实”专题教育、“两学一做”学习教育，严格落实中央八项规定精神，坚决反对“四风”，认真开展“为官不为”、“为官乱为”问题专项治理，营造了风清气正、干事创业的良好氛围。

依法行政深入推进。自觉接受人大法律监督、工作监督和政协民主监督，累计办理人大代表建议437件、政协委员提案790件，办理质量不断提高。在全市率先启动重大合同审核备案机制，加强重大行政决策法制审查，建立行政负责人出庭应诉制度，政府工作法制意识和水平进一步提升。

决策水平不断提高。始终坚持重大事项集体决策制度，围绕城市规划、金融服务等重点领域成立专家咨询委员会，建立政府信息定期发布和向市民报告工作制度，健全政务民生对话和市民恳谈机制，多渠道多形式加强公共沟通交流，鼓励社会力量参与政府决策，政府工作的科学化、制度化、规范化水平不断提高。

勤政廉政建设有效加强。始终遵循定性、定量、定时、定责的工作原则，坚持任务分解、标准量化、倒排工期、督查落实，政府工作保持高效运转。认真落实党风廉政“一岗双责”要求，加强廉政文化建设，推进廉政风险防控，健全行政权力运行制约和监督机制，严肃查处各类违法违纪案件，政府公信力进一步提升。

五年来，社会主义民主法制和精神文明建设成效显著。基层民主进一步扩大，村务公开、厂务公开切实加强。各类主题教育和精神文明创建活动深入开展，城市志愿服务扎实推进。民族、宗教、侨务和对台工作健康发展，国防建设、妇女儿童、残疾人、广播电视等各项事业都迈出了新步伐。

这些成绩的取得，得益于市委、市政府和区委的坚强领导，离不开区人大、区政协的支持和监督，凝聚着社会各界的关心和帮助，饱含着全区人民的智慧和汗水。在此，我代表区政府，向全区人民，向各位人大代表、政协委员，向各民主党派、各人民团体和各界人士，向驻区中央、市属单位、部队和企业，表示衷心的感谢！

各位代表，五年的团结奋斗，成绩来之不易，经验弥足珍贵，我们深刻体会到：

第一，做好政府工作，必须始终树立围绕中心、服务大局的意识。五年来，我们紧紧围绕和认真贯彻落实市委、市政府和区委的各项决策部署，以高的站位和宽的视野，主动融入京津冀协同发展，服从服务首都城市战略定位，积极助力城市副中心建设，实现了在融入大局中拓展发展空间，在服务全局中提升发展水平。

第二，做好政府工作，必须始终牢记以人民为中心的发展思想。五年来，我们将实现人民的安康幸福作为一切工作的出发点和落脚点，下大力气解决好教育、医疗、就业、住房、养老等民生问题，相继实施了“银发工程”、老旧小区综合治理等一批事关群众切身利益的大事、实事，切实增加了全区人民的获得感、幸福感。

第三，做好政府工作，必须始终坚持创新、协调、绿色、开放、共享的发展理念。五年来，我们坚

持以新理念统领全局，立足发展的阶段性特征，理清发展思路，突出发展重点，积极实施了功能区整合、国有企业改革、五彩浅山开发、河东河西协调发展等一系列“调结构、促发展、惠民生”的重大举措，实现了区域经济社会的全面进步，持续巩固了引领郊区科学发展的排头兵位置。

第四，做好政府工作，必须始终提高统筹谋划、狠抓落实的能力。五年来，我们不断完善科学民主决策机制，统筹谋划推进“五位一体”总体布局，高水平编制实施“十三五”规划纲要和30余个专项规划，指引了区域经济社会科学发展。我们以“踏石留印、抓铁有痕”的韧劲，扭住关键、精准发力、狠抓落实，强化督办督查，严格绩效管理，严肃行政问责，确保了政府各项工作和任务的顺利推进。

第五，做好政府工作，必须始终保持勇于担当、攻坚克难的作风。五年来，全区干部务实担当、团结奋进，在挑战面前敢于应对、敢闯敢试，在矛盾面前敢于担责、敢抓敢管，在困难面前敢为人先、敢于作为，大力弘扬接力精神，克服了一个又一个的困难和挑战，全力推进了一大批重点项目、重大工程、重要任务，持续开创了转型发展的新局面。

在看到成绩的同时，我们更应该清醒地认识到，我区正处在转型发展过程中，还存在着不少矛盾和问题：生态环境尤其是大气和水环境治理仍然需要重点突破，资源、能源对区域发展的约束日趋增大。经济转型升级任务仍然艰巨，投资、消费支撑尚不稳固，出口稳增长形势较为严峻。城市功能、承载能力、品质风貌有待进一步提升，城市化、城镇化、城乡一体化的空间还很大。加快公共服务优质化、均衡化仍需努力。改进作风和勤政廉政建设还需常抓不懈。我们一定要牢记职责使命，加倍努力工作，采取切实有效措施解决好这些问题，决不辜负市委、市政府和区委的期望，决不辜负人大代表、政协委员的信任，决不辜负全区人民的重托。

二、今后五年工作的总体要求和奋斗目标

今后五年，是我区在全市率先全面建成小康社会的关键五年，是区域发展的重要战略机遇期。从外部看，京津冀协同发展和城市副中心建设为我区发展带来了难得的历史性机遇。顺义将成为首都功能疏解承接地和新增首都功能的主要承载区，以及首都科技文化、教育医疗、国际交往服务功能和“高精尖”产业的重要集聚区、面向津冀协同发展的前沿区。毗邻城市副中心，使顺义在承接城市副中心功能、资源溢出效应的同时，对自身经济发展、生态环境建设也提出了更高的标准和要求。从内部看，全区产业加快转型升级和城市化加速推进将产生巨大的内生动力。北京市服务业扩大开放综合试点示范区、国家新型城镇化综合试点地区成功获批，国家临空经济示范区、“中国制造2025”示范区加快创建。与此同时，我们也应看到，国际国内经济形势依然错综复杂，外需对增长拉动力减弱，民间投资和制造业投资乏力，周边区域竞争更加激烈。新型城镇化的加快推进与生态环境保护、城市病防治的矛盾依然突出，全区统筹协调可持续发展还面临诸多挑战。我们一定要进一步增强机遇意识和忧患意识，更加兢兢业业、扎扎实实地做好政府各项工作，不断开创顺义改革开放和现代化建设的新局面。

今后五年政府工作的总体要求：以马列主义、毛泽东思想、邓小平理论、“三个代表”重要思想、科学发展观为指导，深入贯彻习近平总书记系列重要讲话特别是视察北京重要讲话精神，以及中央和市委、市政府各项重要决策，按照区第五次党代会总体部署，认真贯彻落实京津冀协同发展战略，积极承接新增首都功能，全力支撑城市副中心建设，遵循“把握发展的阶段性特征、推动经济社会转型升级”的工作总要求，建设绿色国际港、打造航空中心核心区、共筑和谐宜居新家园，在全市率先全面建成小康社会，为建设国际一流的和谐宜居之都贡献顺义力量！

今后五年经济社会发展的主要目标：

一是生态环境更加清洁优美。空气质量持续改善，PM2.5平均浓度达到市级考核要求。水环境治理取得明显成效，黑臭水体全部消除，全区污水处理率达到95%以上。农村生态环境有效提升，取暖“煤改电”实现全覆盖，农村地区全面实现“无煤化”，所有村庄完成“美丽乡村”创建任务。林木资源管护全面加强，森林生态系统更加完善，全区森林覆盖率达到31.5%，公园绿地500米服务半径覆盖率增加到90%。

二是经济发展更加高质高效。经济保持中高速增长，预计到2021年底，全区地区生产总值超过2180亿元，年均增长7%。一般公共预算收入突破200亿元，年均增长8%左右。三次产业比重达到1：33：66，形成以智能制造、高端制造为基础，临空经济、现代服务业为主导，科技创新、战略性新兴产业为引领的现代产业体系。技术进步、制度创新成为经济增长的主

要动力，高精尖经济结构基本构建，绿色、集约、可持续的经济发展方式初步建立。

三是城市功能更加健全完善。城市基础设施建设显著加强，轨道交通总里程达到120公里，公路路网密度达到4.1公里/平方公里，天然气管道实现全覆盖。城市功能进一步完善，城市发展品质大幅提升，一刻钟社区服务圈覆盖率达到100%。城市智慧化、精细化管理和服务水平有效提高。人口调控和服务管理能力进一步增强。区域城乡协调发展，产城融合更加深化，职住比达到0.58。构建水清林绿、港城融合、多组团集约紧凑发展的生态城市、花园城市，打造城乡协调的首都和谐宜居示范区。

四是人民生活更加和谐幸福。强化基本民生保障，城镇居民、农村居民人均可支配收入分别达到53480元和38000元，年均分别增长8%和9%。城乡劳动力二三产业就业率保持在95%以上，城镇登记失业率控制在2%以内。全方位提高人民生活水平，为人民群众提供更加均衡优质的教育、卫生、文化、体育、社会保障等服务，让全区人民有更多更直接的获得感和幸福感。

五是改革开放更加持续深入。坚持把改革作为推进区域转型升级的关键举措，进一步完善改革推进机制，持续强化改革韧劲、凝聚改革合力，加快推进在经济体制、国资国企、基层治理、投融资、政府建设等重点领域和关键环节的改革攻坚，不断破除发展障碍，培育比较优势。主动融入“一带一路”战略，发挥首都机场和天竺综保区优势，积极“引进来”和“走出去”，更加主动对外开放，进一步加强国际交流合作，大力提升顺义国际化水平。

三、2017年重点工作

2017年是新一届政府的开局之年，也是实施“十三五”规划承上启下的关键一年，责任重大，意义深远。我们要紧紧围绕疏功能、转方式、治环境、补短板、促协同，以提高发展质量和效益为中心，以供给侧结构性改革为主线，强化创新驱动发展，增强经济发展活力，提高城市治理能力，坚定不移地推动区域经济社会转型升级，确保各项工作开好局、起好步。

2017年全区经济社会发展的主要预期目标是：地区生产总值达到1664亿元，同比增长7%。一般公共预算收入达到148.88亿元，同比增长8%。全社会固定资产投资完成500亿元，同比增长4.2%。社会消费品零售额实现469亿元，同比增长6%。PM2.5年均浓度下降到55微克/立方米。城镇居民和农村居民人均可支配收入分别达到39495元和26925元，同比分别增长8.5%和9%。

为实现上述目标，2017年要重点抓好以下几个方面的工作：

（一）着力抢抓战略机遇，在服务大局乘势发展上开启新征程

积极抢抓京津冀协同发展、非首都功能疏解、城市副中心建设等重大战略机遇，发挥地区功能定位和战略地位优势，在服务大局中主动作为，开创顺义在新一轮发展中的新局面。

积极承接承载首都功能。主动顺应中心城区功能疏解和外溢趋势，着力承接优质公共服务资源和高精尖项目。结合友谊医院顺义院区建设时序，加快周边道路、市政配套和职工宿舍建设，确保医院2019年竣工运营。积极支持北京城市学院加快二期3号宿舍楼建设，确保9月份投入使用。推进东城区棚改定向安置房建设，完成用地控规调整和地上物腾退，实现年内具备开工条件。加强中航信项目建设服务，确保中航信总部及下属公司年内全部落户顺义。

有序推进非首都功能疏解。坚持疏解与提升同步推进，努力拓展承接和转型发展空间，不断提升发展质量和效益。加大疏解工作力度，继续严格执行新增产业禁限目录和产业项目全要素综合评价办法，在准入环节禁止和限制不适宜产业；落实市政府下达的疏解任务，制定工业企业、低端市场疏解清单，推动河北威县和怀来·顺义产业园建设，引导相关企业外迁。加强腾退空间利用，切实抓好功能疏解和拆违腾退空间管控，逐一制定管护措施和后续利用方案，科学谋划和统筹利用存量资源。

积极助力城市副中心建设。围绕服务城市副中心发展，加快提升顺义支撑和保障能力，全面提速顺义发展步伐。继续深入推进东北部7条轨道交通和11条城市道路建设，推动通怀路等重点道路工程开工建设，加快办理京密快速路、顺平路高架桥、东部发展带联络线等项目前期手续。推进李桥镇、北务镇等南部地区城市化进程，切实为支撑城市副中心建设营造良好周边环境。

（二）着力优化生态环境，在建设绿色宜居家园上迈上新台阶

坚持把生态环境改善作为最大的公共福利，努力做到自我加压、提高标准，充分释放生态建设的叠加效应，着力建设绿色宜居新家园和城市副中心

生态屏障。

让天变得更蓝。持之以恒抓好各项污染物减排措施的落实。进一步降低燃煤使用强度，实施燃煤锅炉清洁能源改造“清零”工程；完成112个村庄、4.1万户农民取暖“煤改电”工程，优质燃煤替代率继续保持100%。继续强化机动车排放监管，淘汰老旧机动车8160辆。制定出台新能源汽车补贴政策，推广应用500辆新能源汽车。加快电动汽车充电基础设施建设，新增公共充电桩600个、充电站2座，实现城区一公里范围充电设施全覆盖。有效加强工业污染防治，全面清理整顿违法违规排污及生产经营行为。推广使用节能环保先进技术，试点合同能源管理，引导合同能源管理在LED绿色照明、分布式光伏发电等领域的示范推广应用。持续加大烟尘管理力度，强化工地和道路扬尘治理，定期开展露天焚烧、露天烧烤和餐饮油烟专项检查，严厉打击环境违法行为。

让水变得更清。建立健全河湖生态环境“河长制”组织体系，凝聚各方力量共同推进水环境治理。加快污水处理设施建设，完成区污泥无害化处理工程一期和牛栏山、张镇再生水厂主体工程建设，实施引温入潮一期升级改造工程，新建污水和再生水管线21公里。深入推进农村污水治理，完成26个村庄污水收集处理工程，同步加强日常运营管理。加快禁养区养殖业退出，从严管控污水直排现象。深化河道综合治理，完成温榆河等5条河道黑臭水体治理，实现挂账黑臭水体全部消除；启动潮白河（顺义段）生态治理工程，有效改善河道及两岸环境。

让地变得更绿。继续加大绿化造林力度，新增造林1400亩。推进首都森林城镇创建，实施村庄绿化工程。完善城市绿地系统，启动顺义新城生态休闲公园（牛栏山、北小营段）建设和部分老旧公园改造工程，为市民创造更多的绿色活动空间；加强林木资源管护，严格落实管护政策，切实提高管护标准。深入实施浅山开发战略，启动五彩浅山郊野公园建设，实施登山步道监控系统安装工程；加强浅山生态环境建设，新增彩叶林500亩。

（三）着力转变经济发展方式，在构建高精尖经济结构上实现新跨越

坚持发展是硬道理的战略思想，把发展的立足点转到提高质量和效益上来，推进经济结构战略性调整，推动顺义经济向更高质量、更高效率、更可持续发展迈进。

加快健全现代产业体系。不断优化做强航空航天、汽车、金融三个支柱产业，巩固做大新一代电子信息、科学技术服务、商务会展服务、文化创意四个主导产业，培育扶持新材料、生物医药大健康、高端装备智能制造、新能源和节能环保四个特色产业，提升做优旅游、商贸服务、物流、都市农业四大传统产业。推动临空经济再上新台阶，制定实施《北京临空经济区发展三年提升计划（2017—2019）》，加快国家临空经济示范区建设，全面提升首都机场周边基础设施；推动通用公务机场及通航产业园项目建设，促进通航产业发展；加快天竺综保区创新发展，着重推动监管机制改革，提升投资与贸易便利化水平，推进天竺综保区、临空经济核心区和中关村顺义园融合创新、一体发展，不断壮大特色金融、跨境电商等新兴产业，巩固拓展医药贸易规模，加快推进国家对外文化贸易基地建设。大力推进现代服务业发展，完成服务业扩大开放综合试点示范区建设剩余的15项任务，及时掌握新一轮开放改革政策，创新发展高端服务业的新业态、新模式，加强政策宣传和先行先试，在为全市作出示范、提供经验的同时，带动全区服务业发展；重点建设后沙峪金融商务区、马坡金融城、空港融资租赁产业园三大平台，巩固做强银行、证券、保险等传统金融产业，大力发展基金、租赁、保理、资产管理、财务公司等新兴金融，加快北京新兴金融聚集区建设，积极创建产融合作试点城市；加快北京国际会展产业园区的规划研究和新国展二三期项目建设，承接中心城区会展产业转移。加快提升制造业发展质量，积极争创“中国制造2025”示范区，推进制造业转型升级和提质增效；加快北京智能新能源汽车生态产业示范区建设，抓好北汽15万辆产能的新能源汽车布局，加大宁德时代北京动力电池芯等项目引进力度，加快富电科技等已落地重大项目建设手续办理，积极吸引互联网汽车智能驾驶等新技术、新领域研发和生产，打造新能源汽车和互联网汽车生态系统；做大做强航空航天产业，大力引进航空中枢型、总部型资源，发展航空发动机及核心零部件、复合材料等高端航空航天制造业。优化发展现代农业，加强现代农业节水示范区建设，新增高效节水灌溉面积10万亩；持续深化“菜篮子”工程，进一步落实菜田补贴政策，不断提高生产效率和市场供应能力；实施“互联网+农业”发展战略，加速推进农业电子商务发展，打通农业增值通道。

持续推进创新驱动发展战略。搭建创新发展平台，深入实施创业摇篮计划，推进百万平米众创空间

和北京顺义新三板加速器等平台建设，培育和推广创新工场等新型孵化模式，为大众创业、万众创新创造良好条件。提升企业创新发展能力，鼓励和支持企业建立研发中心和研发机构，加大研发投入力度，做好全区高新技术企业认定工作，确保年底突破320家。突出发展战略性新兴产业，着力引进石墨烯材料、高端医疗设备等一批创新能力强、掌握关键核心技术的项目。积极承接中科院创新成果，加快中科院联动创新产业园建设，大力引进中科院空间信息技术创新研究院以及量子通信、重离子治疗、光子集成芯片等优质项目，引导卫星定位、北斗导航等项目在国家地理信息产业园布局，促进中科院更多科研成果在我区转移转化和产业化。加强创新人才队伍建设，加大激励力度，培养引进领军型企业人才、创新型科技人才和高素质专家人才，大力吸引高层次人才来我区创新创业，打造创新创业人才高地。

推进投资消费出口协调发展。稳定有效投资规模，坚持基础设施和产业项目并重，加强重点工程和重大产业项目调度，用足用好绿色通道，确保120个重点实施工程年内全部开工，115个重大产业项目年内开工100个、竣工50个；集中力量解决拆迁遗留问题，促进投资落地。制定PPP项目实施计划，积极吸引社会资本参与市政公用设施和公共服务设施建设，进一步提高社会投资比重。大力促进消费增长，继续做强城市商业消费，推动澳金园招商，加快万达商业综合体前期手续办理和金宝花园购物中心建设，实现鲁能商业中心主体结构年内封顶、沃尔玛（山姆店）年内投入运营；大力提高生活性服务业品质，积极培育品牌连锁门店，加快推进便利店、家政服务等八项功能进社区；积极发展国际中转消费，以机场周边区域为中心，发挥24小时过境免办、144小时过境免签等政策优势，吸引过境人群消费；积极培育旅游消费，推出特色旅游精品线路，推进“旅游+”工业、农业、文化、体育等产业融合发展，启动张镇全域旅游示范镇建设。努力扩大出口规模，建立重点外贸企业跟踪服务机制，着力支持重点企业、“双自主”企业扩大出口，深入挖掘企业出口潜力，促进全区出口主体和出口商品多元化。

努力优化区域营商环境。着力构建公平有序的市场环境，正确处理政府与市场的关系，使市场在资源配置中起决定性作用；加大市场监管力度，严厉打击无照经营等各类违法生产经营行为，维护公平公正、规范有序的市场秩序。积极营造务实高效的政务环境，推动政务服务体系建设，改进政风行风，规范服务管理行为；推进“互联网+政务服务”，推动实体政务大厅向网上办事大厅延伸，提高办事效率和服务水平。切实加大为企业服务力度，制定实施服务企业行动计划，建立企业问题收集和协调平台，及时解决企业在生产经营中遇到的困难，定期为企业送政策、送信息、送服务，努力营造支持企业发展的良好氛围。

（四）着力提升城市品质，在建设北京东北部区域中心城市上开创新局面

尊重和把握城市发展规律，坚持区域国际化、产业融合化、城镇田园化、管理智慧化，强化规划引领，加强城市建设，努力提高城市服务管理水平，不断书写顺义新城建设的新篇章。

科学做好城市规划。深入开展规划编制工作，紧密对接北京城市总体规划修编，高标准开展顺义新城规划修编工作，研究构建“一核、三带、三区、五镇”的城市空间布局；编制潮白河生态功能带规划，开展特色小城镇发展战略等专项课题研究，深化新城总体城市设计，按照市区标准对全区公共服务、基础设施进行谋划，为城市建设提供科学依据。严格实施项目审查，搭建规划、建设、管理三位一体工作平台，进一步规范规划审批程序，加大项目布局合理性、整体协调性审查，增强规划的严肃性和约束力。强化规划保障机制，建立城建专家咨询委员会、责任规划师审查等工作机制，集中研究决策规划实施中的重大问题，切实提高规划的科学性。统筹建设城市生活展示体验馆和档案馆，引导群众共同参与城市工作。

精心抓好城市建设。加强重点项目建设实施，努力多出精品，留下更多经得起历史和实践检验的城市遗产。加快功能性项目建设，年内实现文化中心、电子政务中心、劳动力实训基地投入使用。加快推进市民之家等重点工程建设；优化街景立面、公园绿地、夜景照明等城市风景，做美城市风貌。加强基础设施建设，加快木孙路、宋梁路北延、火沙路提级改造等工程建设，力争通怀路一期、中干渠路改造等工程开工，有序推进通怀路二期、四纬路东延等工程前期工作，完成25公里公路大修、70公里乡村公路建设，进一步完善路网体系；着重加强地下基础设施规划，启动东风商场片区改造和新城重点街区市政基础设施建设，积极建设海绵城市，提升基础设施运行承载能力；加强垃圾处理基础设施建设，确保区生活垃圾处

理厂焚烧二期和餐厨垃圾处理厂项目建成运行。推进轨道交通建设，继续深化轨道交通线网规划研究，加快推进城际铁路联络线一期工程、M15号线东延至杨镇及京沈客专建设配合工作，启动有轨电车T2线建设，提升顺义轨道交通承载能力。

精细实施城市管理。加快智慧顺义建设，制定实施顺义区“十三五”信息化专项规划，推进政务云平台、基础地理信息平台一期等重点项目建设，提升智慧政务、智慧镇街和智慧社区服务，提高城市治理和服务水平。推动网格化管理应用，健全城市服务管理网格化体系，推进区、街道（镇）和社区（村）三级平台建设，有序实施热线中心、视频网络、大数据库建设等重点工程，加快“三网”融合、一体化运行进程。加快社会诚信体系建设，建立健全企业和个人信用信息系统，将违法经营、违法占地、违法建设等行为纳入信用评价体系，明确失信行为的限制项目内容；加强信息公开与共享，完善失信被执行人名单制度，建立健全跨部门协同监管和联合惩戒机制，营造失信者寸步难行的社会环境。加强城市重点领域管理，继续推进交通拥堵治理，加强六环南环路出入口等重点区域、拥堵节点交通设施改造，改善交通出行环境；深入开展环境综合治理，围绕通顺路、新国展等重点道路和重点区域，制定实施环境建设三年提升计划，进一步提升全区环境品质；突出治理城市顽疾痼症，持续深入开展“消隐、拆违、打非”等专项工作，坚决遏制违法建设，确保新生违法建设零增长，拆除现有违法建设346万平方米，严格取缔非法经营，严厉打击盗采砂石行为；加大人口调控力度，利用大数据进行人口数据评估，全面开展“疏功能、控人口”十二个专项行动，有效控制人口总量、优化人口结构。

统筹推进城乡一体化。促进河东河西协调发展，围绕基础设施建设、公共服务资源配置、特色产业发展等重点领域，为河东地区发展集成一批资金政策，实施一批重大工程，建设一批高端项目；把加快杨镇发展作为加快河东地区发展的重要支撑，深入研究杨镇发展定位、空间布局，促进杨镇和城市学院校镇融合发展。推进城市化进程，深化行政区划调整工作，积极解决拆迁村集体资产处置问题，进一步优化行政区域布局，加快撤镇设街和撤村设居步伐；加快推进棚户区改造，完成幸福西街、夏县营村、临河村3个棚户区改造项目征收（征地）拆迁，启动市政配套设施及安置房建设，加快西丰乐村等7个棚改项目前期工作，力争尽早启动拆迁。推动特色小城镇建设，以赵全营、高丽营为试点，引导功能性项目、特色文化活动、品牌企业落户小城镇，加快龙湾屯“慢生活”主题小镇发展，积极打造功能定位清晰、配套设施完善、生态环境优良的特色小城镇；推进地铁沿线土地综合开发，引导符合功能定位的产业集聚，带动地铁沿线地区城镇化进程。深化新农村建设，开展农村社区建设试点，为统筹城乡发展探索路径；精准帮扶低收入村发展，促进低收入农民尽快增收致富；推进南陈路整体提升改造，打造新农村亮点示范工程，创建美丽乡村55个；加快推动农村土地承包经营权确权登记颁证，确保51万亩确权土地达到颁证条件。

（五）着力保障和改善民生，在增进人民福祉上取得新成果

始终把改善民生、服务群众作为根本出发点和落脚点，着力保障基本、补齐短板、促进均衡，让发展成果更好地惠及人民群众。

扎实做好就业和社保工作。促进高质量就业，加大岗位开发力度，大力挖掘就业创业新增长点；加强对河东等重点区域、疏解企业分流职工等重点群体的精准帮扶，鼓励劳动力就近就地就业；深入推行企业新型学徒制，加强首席技师工作室建设，不断提升劳动力就业质量；全年确保城镇新增就业1.7万人，培训城乡劳动力1.2万人，保持充分就业成果。完善社会保障体系，深入落实全民参保计划，不断扩大社会保障覆盖面；建立健全扶持养老事业发展政策体系，引导社会资本有序进入养老市场；完成区老年公寓升级改造，建设社区养老驿站20家；深入开展“医养结合”，打造政府主导、专业运作、公益组织及居民互助、可持续的特色养老模式。提升住房保障能力，全年开复工定向安置房和保障性住房247万平方米、3万套，竣工37万平方米、4839套，推进前进村、太平村、小左各庄村、沙坨村等回迁安置房建设；实施20个老旧小区28个社区治理二期工程，进一步改善老旧小区环境。

持续优化公共事业水平。推进教育均衡优质发展，深入实施第二期学前教育三年行动计划，加快国家学前教育改革发展实验区建设，增加学位720个；完成高丽营二中、李桥中学扩建等工程，推动城乡基础教育资源均衡配置；深入开展集团化办学、校长职级制等改革试点，加强与高校合作，成立首师大附属幼儿园，加快北师大附属实验中学分校建设。全面实施健康顺义战略，开展第二轮医疗卫生服务水平提升

三年行动计划，继续深化医药卫生体制综合改革，不断完善新型整合型医疗卫生服务体系建设，创新临床医学、康复医学、预防医学、模拟医学融合发展的新模式，积极承接首都优质医疗资源疏解项目；落实乡村医生岗位管理，实现43个空白村医疗卫生服务全覆盖；探索市区镇三级家庭医生签约服务创新，依托医学实训基地建设转变人才培养方式；着力改善医疗卫生基础设施硬件水平，加快中医院迁建、妇幼保健院改扩建等重点项目进度。加快文体事业发展，推进首都公共文化服务示范区创建工作，大力发展航空、汽车等顺义多元特色文化，提升区域特色文化影响力；以2022年冬奥会为契机，推动冰雪运动普及发展。

巩固发展和谐稳定局面。狠抓安全生产，建立健全隐患排查治理和安全预防控制体系，坚决防范重特大事故发生；推进安全文化示范企业创建和安全社区建设，建立全员参与机制，提高全民安全意识。强化公共安全监管，开展食品安全示范区和国家农产品质量安全县试点创建，坚决查处各类食品药品违法行为；完善社会治安防控体系，加大技防建设投入，大力治理各类公共安全风险隐患。加强应急能力建设，健全各类突发公共事件的预防预警和应急处置体系，强化应急演练，提升全民安全救护能力，努力实现市民安全、城市安定。

（六）着力推进重点领域改革，在激发发展活力上实现新突破

牢牢把握改革的主动权，以重点领域改革为突破，依法纵深推进改革工作，进一步增强改革定力，激发创新活力。

深入落实“放管服”改革。全面实施权力清单、责任清单制度，优化审批流程，推行“五证合一、一照一码”登记制度，健全政务服务中心运行机制，打造统一的网上审批监管平台。推行“双随机、一公开”监管模式，规范事中事后监管行为。加快转变政府职能，完善决策权、执行权、监督权相互制约、相互协调的行政运行机制。

持续深化财政体制改革。强化预算科学规范管理，完善事权和支出责任相适应的财政制度，建立全面规范、公开透明的预算制度。推动中期财政规划改革，促进部门规划与中期财政规划有效衔接。深化国库管理制度改革，进一步完善相关制度和管理机制。

稳步推进国资国企改革。继续深化国资监管体制改革，以出资关系为基础优化监管职能，以管资本为主推进经营性国有资产集中管理。加强国有企业董事会建设，完善法人治理结构，健全现代企业制度。支持国有企业改造升级传统产业，积极拓展新兴产业，有效调整产业结构。充分发挥国有企业在产业转型升级、功能疏解等方面示范带头作用，引导国有企业向社区商业、物业管理等民生领域布局，进一步强化国有企业社会责任。

深化城乡综合改革。有序推进街道机构设置、经费保障和执法机制改革，优化街道职能，完善工作机制。深化城市综合监管执法机制改革，落实职责分工，统筹执法力量，合理划分事权，推进执法重心下移。

（七）着力加强政府自身建设，在提高施政水平上取得新成效

进一步加快转变政府职能，加强法治政府、创新政府、廉洁政府、服务型政府建设，为经济社会健康可持续发展提供坚强保障。

着力推进依法行政，建设法治政府。自觉接受人大、政协监督，广泛听取各民主党派、无党派人士、各人民团体和老干部的意见建议。持续推进“七五”普法工作，全面落实行政执法责任制，完善行政机关负责人出庭应诉制度，推动严格规范公正文明执法。健全依法决策机制，加强合法性审查，推进行政决策科学化、法治化。加强政府信息公开，广泛接受人民群众和新闻舆论监督。

科学优化政府职能，建设创新政府。坚持用五大发展理念统领发展思路、发展方向、发展重点，不断创新发展路径，完善发展举措。创新重大项目投资运营模式，鼓励和引导社会资本参与市政设施、公共服务等重点领域建设。创新公共服务供给模式，引导社会力量积极参与，逐步建立完善公平、优质、高效的服务供给体系。

持续加强作风建设，建设廉洁政府。严守政治纪律和政治规矩，继续改进作风，进一步增强“四个意识”，把作风建设成效转化为深化改革、推动发展的强大动力。扎实开展政风行风整治，对不作为、乱作为和违规违纪行为严肃执纪问责。严格落实党风廉政建设责任制，加强廉政监察和审计监督，严肃惩治不正之风和腐败行为。

不断提高行政效能，建设服务型政府。坚持问题导向，充分发挥区长信箱、便民电话、政务微博等平台作用，进一步畅通群众反映诉求的渠道，为市民解决实际问题，提高群众满意度。继续深化行政审批制度改革，进一步简政放权，优化流程，提升行政效

能，提高工作效率，提供优质服务。

各位代表，在全市率先全面建成小康社会的美好蓝图已经绘就。让我们紧密团结在以习近平同志为核心的党中央周围，在市委、市政府和区委的坚强领导下，紧紧依靠全区人民，解放思想，抢抓机遇，扎实苦干，奋发作为，为实现“建设绿色国际港、打造航空中心核心区、共筑和谐宜居新家园”的目标努力奋斗，为建设国际一流的和谐宜居之都贡献顺义力量。

中国人民政治协商会议 北京市顺义区第四届委员会常务委员会 工作报告

（2016年12月19日在政协北京市顺义区第五届委员会第一次会议上）

闫志广

各位委员：

我受政协北京市顺义区第四届委员会常务委员会委托，向大会报告五年来的工作，请审议。

一、五年工作回顾

政协北京市顺义区第四届委员会及其常务委员会自2011年12月成立以来，始终坚持以马克思列宁主义、毛泽东思想、邓小平理论、“三个代表”重要思想和科学发展观为指导，全面贯彻党的十八大和十八届三中、四中、五中、六中全会精神，深入贯彻习近平总书记系列重要讲话精神和治国理政新理念新思想新战略，特别是视察北京重要讲话精神，在区委的正确领导和市政协的有力指导下，牢牢把握围绕中心服务大局的工作原则，与时俱进提升工作理念，扎实有效履行政治协商、民主监督、参政议政职能，累计召开全体委员会议、常务委员会会议、专门委员会会议、主席会议、协商议政座谈会88次；向党政部门提出各类意见建议1100余条，其中书面协商意见272条、提案790件；开展调查研究、视察考察、座谈研讨、特约监督等各类履职活动508项次，有效地发挥了协调关系、汇聚力量、建言献策、服务大局的重要作用，为促进全区各项事业发展作出了积极贡献。

（一）创新提出“四主”工作理念，积极引领和推动政协工作开创新局面

在中央就人民政协工作提出新理论、作出新部署，区域经济社会发展进入新阶段、面临新任务，以及区政协组织结构发生新变化、呈现新特点的大背景下，区政协第四届委员会于2012年创新提出“四主”工作理念，即：必须坚持巩固共同思想政治基础是政协工作政治主导的理念，强调把拥护中国共产党的领导核心地位、坚持中国特色社会主义道路、坚持用党的创新理论武装头脑指导工作、坚持践行社会主义核心价值观，作为开展政协工作、团结全体政协委员履行政协职能的共同思想政治基础和政治前提，切实发挥政协特有的政治优势、组织优势，积极引导各界人士真正做到与区委思想上同心同德、目标上同心同向、行动上同心同行；必须坚持政协委员是政协工作主体的理念，强调充分认识委员在政协工作中的主体地位和主体作用，紧紧围绕发挥委员主体作用谋划和落实政协工作，切实调动委员履职建言的积极性，大力加强政协委员队伍建设，不断提升委员的履职能力和水平；必须坚持服务政协委员履职是政协工作主线的理念，强调牢固树立服务委员履职是政协机关基本任务的观念，大力加强机关队伍建设，着力增强服务意识，切实转变工作作风，努力提升机关服务保障能力；必须坚持团结和民主是政协工作两大主题的理念，强调充分认识团结和民主是政协性质的集中体现，切实把团结和民主两大主题贯彻于政协工作各方面、贯穿于政协事业发展全过程，不断增强政协的感召力、凝聚力。“四主”工作理念从认识层面明确了推进新形势下的政协工作必须重点把握的基本点，起到了提升观念、理清思路、准确定位、把握方向、推动工作的重要作用，引领政协工作开创了新局面。

（二）牢牢把握正确政治方向，着力加强思想理论武装

区政协采取多种形式组织委员认真学习贯彻中央精神、市委决策和区委部署。通过专题报告会等多种形式对党的十八大和十八届三中、四中、五中、六

中全会精神进行了认真学习，增强了委员的政治意识、大局意识、核心意识、看齐意识；通过向委员赠阅《人民政协报》、《北京观察》、《顺义时讯》等报刊杂志和发放《委员手册》、《提案知识手册》及学习辅导光盘，召开学习贯彻顺义区第四次政协工作会议精神座谈会，丰富和提升了委员的政协知识和工作技能；通过印发《政协时讯》和在顺义政协网发布信息，对经济发展“新常态”、“四个全面”战略布局、“十三五”规划纲要、京津冀协同发展等新论述、新要求进行宣传解读，为委员围绕中心、科学履职创造了条件；通过半年经济形势通报会、常委会以及专委会组织的各类会议，传达贯彻区委重要会议精神，并邀请区政府领导及有关单位负责同志向委员通报顺义经济社会发展情况，为委员知情议政、高效履职创造了条件。

（三）切实加强制度建设，不断推进政协工作“三化”进程

区政协高度重视制度建设，大力推进政协工作制度化、规范化、程序化建设，为各项工作的顺利开展提供了制度保证。换届之初，我们对以往的工作制度进行了全面梳理，对《关于贯彻落实<政协北京市委员会提案工作条例>的实施意见》、《界别活动实施办法》、《关于评选表彰优秀提案的办法》等十一个文件作了修改，新制定了《关于成立界别活动小组、任命界别活动小组组长和副组长的决定》、《关于区政协领导、各工作室联系委员界别活动小组分工的通知》两个文件，使区政协界别工作制度更加健全和完善。以开展党的群众路线教育实践活动为契机，聚焦“四风”问题，狠抓作风建设，修订完善了《机关财务管理制度》、《机关公务接待管理制度》等相关制度，进一步加强了区政协机关自身建设。2015年，区政协研究制定了《关于加强服务委员履职工作的意见》，进一步规范了服务委员履职的行为，促进了委员履职工作的开展；修订完善了《联系走访政协委员的工作规则》，设立了委员联络服务中心，进一步提高了委员联络工作的制度化、规范化水平。2016年，区政协认真贯彻落实市委《关于制定实施北京市政协协商年度工作计划的意见》的文件精神和北京市第四次政协工作会议精神，积极协助区委筹备和召开了顺义区第四次政协工作会议，区委制定颁发了《中共北京市顺义区委关于进一步加强政协协商民主建设的实施意见》，进一步明确了政协协商民主的重要意义、总体要求、主要内容、主要形式和基本程序，标志着顺义区政协工作“三化”建设迈上了一个新台阶。

（四）扎实开展各项履职工作，全力促进区域经济社会发展

区政协始终坚持围绕中心服务大局的工作原则，自觉践行“四主”工作理念，充分发挥人民政协包容各界、联系广泛、人才聚集的独特优势，扎实有效地做好履行职能各项工作。

1.精心组织多层次的会议协商

一是先后召开5次区政协全体会议，就全区国民经济和社会发展“十二五”规划执行情况及“十三五”规划制定工作、区政府工作报告、区国民经济和社会发展计划报告、区财政预决算报告、区人民法院和区人民检察院工作报告等关系本区经济社会发展全局的重大事项进行全面协商。会议期间，委员通过撰写提案、分组讨论发言、协商议政座谈会发言等多种形式，积极建言献策，累计提交提案790件，形成书面协商意见141条。

二是先后召开21次区政协常务委员会会议，其中议政性常委会10次。围绕区委高度重视，人民群众关心关注，涉及民生和发展全局的重点、难点、热点问题进行专题协商，分别听取了北京临空经济核心区管委会、区住建委等8个党政部门的工作情况通报，分别到北京天竺综合保税区、河北威县顺义产业园等24个企事业单位实地考察，累计形成书面协商意见115条。

三是先后召开38次区政协专门委员会会议，充分发挥专委会的组织优势和专业特长，围绕我区文化建设、环境治理、交通管理、金融产业发展等重要工作与区政府职能部门进行对口协商、专题协商，分别视察了区污水处理厂、区交通指挥调度中心、中国民生银行总部基地等50个企事业单位，听取了27个相关党政部门的工作情况通报，累计形成书面协商意见16条、意见建议120余条。

2.突出狠抓提案办理协商

政协提案是政治协商的重要形式,是民主监督的重要手段,是参政议政的重要渠道，是政协委员建言献策形式最灵活、机制最健全、渠道最畅通、效果最显著、协商最充分的载体和平台。区政协始终坚持把提案工作作为重中之重来抓，取得了明显成效，提案质量不断提高，提案内容不断丰富，提案形式不断创新，提案办理协商水平显著提升，服务委员提案工作更加主动到位。五年来，共收到委员提案817件，经审查立案790件，表彰优秀提案175件。在区委区政府

高度重视和有关部门的大力支持下，在各界委员的共同努力下，政协提案工作对密切党和政府与人民群众的联系，推进全区经济社会各项事业发展起到了积极作用。

3.充分挖掘界别履职潜能

为进一步创新委员活动机制，充分发挥界别作用，2012年，区政协创设了界别活动小组这一委员活动平台，各界别活动小组不断丰富履职形式，积极开展各类履职活动，“三八”妇女节组织女政协委员开展有意义的纪念活动；“古尔邦节”和“开斋节”会同区委统战部到民族村对穆斯林群众进行慰问；“五一”劳动节会同区总工会组织劳动模范参观座谈；“六一”儿童节到特殊教育学校为孩子们送上节日的祝福；以知顺义、爱顺义、建顺义为主题，每年开展摄影、书法、绘画等艺术作品征集展示活动。五年来，11个界别活动小组共开展活动110余次，充分彰显了政协的界别特色和优势，进一步释放了界别的履职潜能。

4.深入开展专题调研

区政协注重发挥调查研究谋事资政的重要作用，认真落实市、区两级部署的调研工作，围绕区域发展和政协工作中的重要问题，深入开展调查研究。五年来，陆续向区有关部门提交了《发挥委员主体作用的实践与思考》、《关于进一步完善国际航空中心核心区建设推进机制的几点思考》、《完善村规民约，推进村民自治的实践与思考》、《关于顺义区农村集体建设用地利用的探索与思考》等调研报告20余篇，为党政部门科学决策和改进政协工作提供了参考。

5.积极配合各级各单位重点工作

认真安排区政协有关领导和部分委员参加区委全会、区委常委会、区政府常务会以及区委区政府召开的各类征集意见建议座谈会，围绕全区中心工作和重要部署积极建言献策，较好地发挥了区政协的职能作用。完成了《北京顺义临空经济发展文史集萃》编辑工作、纪念中国人民抗日战争胜利70周年史料征集工作、政协年鉴和大事记的撰写工作，发挥了政协文史存史、资政、团结、育人的作用。

6.认真履行民主监督职能

一是坚持经常性监督。坚持寓监督于政协各项履职活动中，通过视察调研、座谈研讨、提案办理、专题协商等多种形式开展民主监督，组织委员在深入调研的基础上，认真负责地提出意见、建议，对党政部门转变作风、改进工作起到了促进作用。二是认真开展特约监督。区政协与党政部门密切配合，推荐履职热情高、议政能力强的委员担任特约监督员。引导特约监督员积极参加各聘任单位组织的特约监督活动。五年来，25名特约监督员共参加有关活动62次343人次，有效发挥了民主监督作用。

（五）大力倡导双职奉献，积极释放政协委员服务社会正能量

区政协一贯倡导各界委员岗位建功、双职奉献，热心公益、服务社会，实践中涌现了一批先进典型。五年来，组织部分政协委员和民主党派医疗界专家到北石槽、木林、龙湾屯等镇为1300多名基层群众提供免费的检查、诊断、咨询等医疗服务，受到当地群众的高度赞扬。民建顺义支部、民革顺义总支部的委员在特殊教育、医疗救护、扶贫帮困、结对助学等方面建立慈善基金，资助捐款共计1400多万元。每年农工党顺义支部与北医三院支部联合举办“北京京顺健康节”，目前已举办八届，邀请20多家三甲医院的百余名专家服务顺义患者累计8万人次。司法界的委员积极开展法律援助、法律咨询、普法宣传等公益活动。委员们热心公益、报效社会的行为给社会注入了正能量，体现了强烈的社会责任感和对人民群众的深厚情怀，提升了委员队伍的社会形象。

（六）高度重视政协宣传工作，努力营造有利于履职工作的舆论环境

我们着眼于为政协开展各项履职活动营造有利的社会舆论环境，不断加强宣传工作力度。一是充分发挥区内主流媒体的宣传作用。切实做好与区委宣传部及区内主流媒体的沟通配合，区电视台、广播电台、《顺义时讯》、顺义网城、《顺义区情》及时宣传报道政协工作，全方位、多角度地反映了政协组织履行职能、发挥作用的基本情况，对政协工作进行深度宣传，通过区电视台、广播电台制作播出21期“委员风采”、12期“政协之窗”、12期“政协之声”专题片，大力宣传政协委员先进事迹，树立人民政协良好形象；二是大力加强办刊宣传工作。2012年6月，创办了内部刊物《政协时讯》，设置“工作动态”、“学习参考”、“委员风采”、“情况通报”、“政协知识”5个专栏，共编发《政协时讯》59期，较好地发挥了委员知情窗口、议政论坛、学习园地、交流平台的作用。三是切实提升顺义政协网水平。与区信息中心和专业的网络技术服务公司合作，对顺义政协网作了升级改版，达到了技术支撑更先进、页面设计更美观、服务功能更强大、栏目设置更科学、承载内容更

丰富的预期目标，为委员提供了全新的综合信息服务平台，促进了社会各界对政协工作的理解和支持。

（七）持续推进机关建设，着力提升服务委员履职效能

我们始终牢牢把握为政协履职服务、为政协委员服务的职能定位，采取多种措施，强化服务意识，努力创建学习型、服务型、创新型、和谐型机关。一是大力加强思想建设，坚持机关全体人员集中学习制度，采取多种形式学习中国特色社会主义理论以及习近平总书记系列重要讲话精神，学习党的统一战线和人民政协理论知识等。根据区委统一部署和工作要求，紧密结合自身实际，认真组织开展了党的群众路线教育实践活动、“三严三实”专题教育和“两学一做”学习教育，有力地推动了政协机关自身建设。二是不断完善管理制度，建立健全机关工作制度，强化各项管理措施，狠抓制度落实，本着厉行节约、注重实效的原则办文、办会、办事，有效地推动了党风廉政建设，提高了机关工作水平。三是突出抓好服务委员工作，坚持把为委员服务放在机关工作的突出位置。根据形势发展和工作需要,设立了委员联络服务中心，通过多种形式与委员联系沟通，增强了政协组织的凝聚力，调动了委员履职的积极性。四是严格委员管理，建立了委员履职档案及委员履职情况通报制度和优秀委员表彰制度，形成了有效的激励和约束机制。

各位委员：

五年来，区政协认真学习贯彻落实习近平总书记系列重要讲话精神和治国理政新理念新思想新战略，特别是视察北京重要讲话精神以及中央、市委、区委关于人民政协工作的重大决策部署，牢牢把握团结和民主两大主题，坚持“四主”工作理念，扎实有效地开展了履行职能各项工作，政治协商有序推进，民主监督逐步强化，参政议政成果显著，服务经济发展贡献突出，维护社会稳定作用彰显。同时，区政协自身建设得到全面加强，政协理论与实践研究和政协宣传工作取得新的进展，有力地保障和促进了政协履行职能各项工作的顺利开展。可以说，这五年是人民政协事业继往开来、不断发展的五年，是政协工作大有作为、成果丰硕的五年。

区政协第四届委员会取得的工作成绩，是区委正确领导和市政协有力指导的结果，是区人大、区政府及社会各方面大力支持的结果，是各党派团体、各族各界委员共同努力的结果。在此，我代表区政协第四届委员会及其常务委员会向一贯重视、支持政协工作的各级领导，各有关单位，以及社会各界人士，表示衷心的感谢！

区政协第四届委员会的工作在取得成绩的同时，也存在着不足。主要是：开展政协协商民主工作的力度和频度需要进一步加大；加强政协组织履职能力建设的举措和方法需要进一步丰富和创新；政协机关的服务保障能力和水平需要进一步加强和提升。

二、主要工作体会

回顾和总结五年来的政协工作实践，主要有以下几点体会：

第一，要始终坚持党对人民政协的领导。中国共产党的领导是人民政协事业发展进步的根本保证，人民政协事业要沿着正确方向发展，就必须毫不动摇坚持党的领导。要不断加强和改善党对人民政协的领导，按照党总揽全局、协调各方的原则，支持人民政协依照章程独立负责、协调一致地开展工作，及时解决人民政协工作中的重大问题，为人民政协事业发展提供可靠的政治保证；区政协要坚决维护区委在全区工作中的领导核心地位，自觉坚持、紧紧依靠、主动争取区委对政协工作的领导，认真贯彻落实区委的各项决策部署，充分发挥区政协党组的领导核心作用和共产党员的先锋模范作用，团结带领全体政协委员，为实现区委提出的目标任务贡献力量。

第二，要牢牢把握围绕中心服务大局的工作原则。历史和实践证明，人民政协只有紧紧围绕党和国家中心任务和工作大局履职尽责，才能真正有所作为、多作贡献。区政协必须紧紧围绕区委中心工作和重点任务谋划工作；必须坚持履职为民的根本宗旨，切实在推动改善民生上发挥重要作用；必须建立健全政协与党政部门密切协作的制度机制，努力形成党委重视、政府支持、政协主动、社会各界配合，齐心协力推进政协协商民主建设，凝心聚力促进区域经济社会发展的生动局面。

第三，要认真践行科学的工作理念。科学的工作理念既总结提炼于实践，又引领推动实践。人民政协事业的不断发展离不开与时俱进创新工作理念。区政协第四届委员会在继承和坚持“三心五民”工作理念的基础上，进一步提出和践行了“四主”工作理念。“四主”工作理念着眼于正确把握人民政协的性质、地位、职能和作用，以科学定位促有效履职，从

认识层面明确了科学推进新形势下的政协工作必须重点把握的基本点，体现了政协工作的政治意义，体现了政协组织的统战功能，体现了政协委员的主体地位，体现了政协机关的服务功能，是对政协工作规律和特点的新探究、新概括，有效指导和推动了本届政协工作的开展，充分彰显了其认识价值和实践价值。

第四，要善于发挥独特的组织优势。人民政协具有包容各界、联系广泛、人才聚集的独特优势，由界别组成是其最大特色。要做好政协工作，就必须采取切实有效措施，发挥独特优势，释放界别潜能。要积极开展各种界别形式的联合调研，拓展界别提案、党派提案、联名提案等提案形式，集众人之智，提出高水平、有针对性、可操作性强的提案；要创新界别小组活动形式，增强履职灵活性，提高履职频次，更加有效地发挥界别作用。

第五，要着力抓好政协制度建设。制度建设是人民政协重要的基础性、保障性工作，必须给予高度重视。要按照中央、市委、区委关于推进社会主义协商民主建设的总体部署，着眼于充分发挥人民政协作为协商民主重要渠道和专门协商机构的作用，求真务实，与时俱进，积极探索，勇于实践，不断完善顺义区政协协商民主制度和工作机制，全面提升政协工作制度化、规范化、程序化建设水平，为进一步开创人民政协事业新局面提供可靠制度保障。

三、对新一届政协工作的建议

各位委员：

以习近平总书记视察北京并发表重要讲话为标志，首都发展迈进了新阶段。更加积极主动服务好新时期首都城市战略定位，为建设国际一流的和谐宜居之都贡献顺义力量，已经历史性地摆在了我们面前。全区人民将在区委的正确领导下，深入贯彻落实中央精神、市委决策和顺义区第五次党代会的部署，找准发展新坐标，努力开创顺义区各项事业的新局面。区政协要深刻认识新形势、新任务，准确把握新规律、新要求，紧紧围绕全区工作大局，认真履行各项职能，充分发挥独特作用，全力促进区域发展，只有这样，才能不负时代的要求、区委的重托和人民的期望。为此，我们向区政协第五届委员会及其常务委员会提出如下建议：

（一）认真学习贯彻中央精神、市委决策和区委部署，不断加强政协思想理论建设

思想是行动的先导。要坚持把思想理论建设放在首位，突出抓好委员的学习培训工作，采取专题讲座、情况通报、印发资料、赠阅报刊等多种行之有效的方式，组织委员深入学习马克思列宁主义、毛泽东思想、邓小平理论、“三个代表”重要思想和科学发展观，全面贯彻党的十八大和十八届三中、四中、五中、六中全会精神和将要召开的党的十九大精神，深入贯彻习近平总书记系列重要讲话精神和治国理政新理念新思想新战略，特别是视察北京重要讲话精神，紧密联系实际，认真学习贯彻区委的重大决策部署。同时，还要组织委员认真学习党的统一战线和人民政协理论知识，重点学好《政协章程》，切实掌握履行职责必备的提案、反映社情民意等方面的知识和技能。通过学习，深刻理解和准确把握党和国家的大政方针，不断提升政治意识、大局意识、核心意识、看齐意识，特别是核心意识、看齐意识，切实增强在思想上政治上行动上与以习近平同志为核心的党中央保持高度一致的自觉性和坚定性；深刻理解和准确把握区委关于全区今后五年工作的指导思想、奋斗目标和主要任务，切实增强为实现顺义区第五次党代会确定的目标任务而努力奋斗的自觉性和坚定性；深刻理解和准确把握区政协的职能定位和工作要求，切实增强发挥优势，创新履职，不断开创顺义区政协协商民主建设新局面的自觉性和坚定性。在抓好思想理论建设的同时，还要全面加强区政协的组织、制度、纪律、作风建设，为做好履行职能各项工作奠定坚实基础、提供可靠保障。

（二）围绕中心服务大局，积极开展履行职能各项工作

顺义是首都功能疏解承接地和新增首都功能的主要承载区，也是面向津冀协同发展的前沿区，是首都科技文化、教育医疗、国际交往服务功能和高精尖产业的重要聚集区，是北京市东北部区域中心城市。区政协要紧紧围绕区域定位和城市定位，科学谋划各项履职工作。要积极开展政治协商，充分利用政协全委会、常委会、专委会、座谈会等形式，紧密围绕“四大示范区”建设、构建高精尖现代产业结构、增强发展创新驱动力、推进城市“区域国际化、产业融合化、城镇田园化、管理智慧化”建设、优化城市承载功能、强化和创新“基本民生保障、优质公共服务、基层社会治理”三大体系建设、加快培育和发展区域特色文化、提升公共文化服务能力等对顺义发展具有重要意义的重大课题上下大力气、用真功夫，在深入调查研究的基础上，认真开展政治协商，力求

有所作为、有所突破。要切实加强民主监督，围绕影响我区改革发展稳定大局的重大问题和人民群众关心的热点难点问题开展民主监督，重点围绕推进简政放权、完善投融资体制、全面推进依法治区等全面深化改革事项，探索创新民主监督形式，完善机制、强化组织、充实内容、提高效率，切实在履行民主监督职能上见实效。要健全参政议政制度，充分发挥自身优势，认真做好提案、调研等工作，汇聚各方之力，广集各方之智，不断提高参政议政的针对性和实效性，推动参政议政成果转化落实，切实为促进顺义发展贡献智慧和力量。要牢牢把握团结和民主两大主题，密切同各民主党派、人民团体、各界人士的联系，不断扩大团结面、增强包容性，努力巩固发展最广泛的爱国统一战线，协助区委多做协调关系、理顺情绪、化解矛盾、凝聚人心的工作，切实维护和不断发展顺义安定团结、政通人和的政治局面。要坚持把实现和维护广大人民的根本利益作为人民政协工作的出发点和落脚点，充分发挥政协联系广泛、渠道畅通的优势，不断改进作风、密切联系群众，倾听群众呼声，反映群众意愿，多建真言，多献良策，积极促进民生改善，为构建和谐顺义贡献力量。

（三）切实加强政协协商民主建设，不断开创人民政协事业新局面

区政协要深入贯彻落实顺义区第四次政协工作会议精神，牢牢把握加强政协协商与党委和政府工作的有效衔接这个关键环节，落实《中共北京市顺义区委关于进一步加强政协协商民主建设的实施意见》中关于制定政协协商年度工作计划的要求，会同区委及时制定年度协商工作计划，扩展协商内容，提高协商频率，完善协商成果报送机制，健全协商成果采纳、落实和反馈机制，建立协商成果办理的督查机制，切实推进协商成果的转化落实，提高协商成效。牢牢把握人民政协作为协商民主重要渠道和专门协商机构这个基本定位，不断拓展政协协商民主渠道，支持各党派团体和各族各界人士积极有序地参与政协协商活动，让社会各方面的愿望呼声在政协的协商平台上得到充分反映。要着力加强政协自身建设，着力提高委员的政治把握能力、调查研究能力、联系群众能力、合作共事能力，真正做到懂政协、会协商、善议政。牢牢把握把协商民主贯穿履行政协职能全过程这个基本要求，将协商、监督、参与、合作融为一体，把协商精神贯穿于履行职能的全部过程和政协工作各个方面。要把加强制度建设作为推进协商民主的基础性工作，更加规范有序地开展专题协商、对口协商、界别协商、提案办理协商，探索开展网络议政和远程协商，探索人民团体、基层组织、社会组织参与政协协商的有效形式，不断提高人民政协协商民主制度化、规范化、程序化水平。

各位委员，我们已经站在新的发展起点，宏伟的发展蓝图令人鼓舞，人民的期待催人奋进。让我们更加紧密地团结在区委的周围，不忘初心，砥砺前行，为进一步开创顺义区人民政协事业新局面，为“建设绿色国际港，打造航空中心核心区、共筑和谐宜居新家园”，在全市率先全面建成小康社会而努力奋斗！

聚焦纪检监察职能 切实加强纪律建设

坚定不移推进全面从严治党
—— 中共北京市顺义区纪律检查委员会向区五次党代会的工作报告
（2016年12月13日）

现将中国共产党北京市顺义区第四届纪律检查委员会工作报告提交大会，请予审议。

一、过去五年工作回顾

区四次党代会以来，在市纪委和区委的坚强领导下，区纪委全面贯彻党的十八大和十八届三中、四中、五中、六中全会精神，深入贯彻习近平总书记系列重要讲话精神，认真落实全面从严治党要求，忠诚履行党章赋予的职责，聚焦监督执纪问责，转职能、转方式、转作风，始终把纪律和规矩挺在前面，压紧压实“两个责任”，运用“四种形态”从严监督执纪，持之以恒纠正“四风”，严格纪律教育，扎紧制度笼子，着力构建不敢腐、不能腐、不想腐的体制机制，努力建设“干部清正、政府清廉、政治清明、社会清新”的廉洁新顺义，党风廉政建设和反腐败工作不断取得新进展新成效。

（一）坚守责任担当，严明党的政治纪律和政治规矩

坚持党要管党、从严治党。区纪委认真履行从严治党的政治责任，勇于担当职责使命，坚持把纪律建设作为全面从严治党的治本之策，深入研究和部署监督执纪问责工作，牵头党风廉政建设责任制检查考核，坚定不移推进全面从严治党。始终坚持把政治纪律和政治规矩摆在首位，着力加强对政治纪律和政治规矩执行情况的监督检查，不断增强党员干部特别是领导干部的政治意识、大局意识、核心意识、看齐意识。加强对中央、市委和区委重大决策部署贯彻落实情况的监督检查，推动京津冀协同发展、重点新城建设等中心工作，确保令行禁止、政令畅通。严肃换届纪律，加强对换届风气的监督检查，完善和落实审核监督惩处机制，把好“政治关”和“廉洁关”，确保换届风清气正。

（二）压紧压实责任，推动全面从严治党落到实处

坚持把党委主体责任和纪委监督责任作为全面从严治党的重要保证。制定“两个责任”实施工作意见，自上而下，分级别、分类别、分层次建立党风廉政建设责任清单和责任体系，确保各级党组织和领导干部知责、明责、领责。通过召开落实党风廉政建设责任制工作推进会、实行履责记实制度、举办落实“两个责任”专题培训班、开设“一把手”在线访谈栏目、实行二级班子党政正职向区纪委全会述责述廉等多种形式，推动责任落实。细化党风廉政建设责任制考核方案，加强对“两个责任”落实情况的监督检查，对考核排名靠后的单位，实行约谈，督促整改。坚持把问责作为全面从严治党的重要抓手，有责必问、问责必严，以问责倒逼责任落实，重点对违反中央八项规定精神多发、出现严重违纪违法问题、落实党风廉政建设责任制不力的所在党组织和相关领导干部，予以问责，近年来，对4个党组织、15名领导干部进行了问责处理。

（三）狠刹“四风”问题，坚决落实中央八项规定精神

坚持把加强和改进作风建设作为严明纪律的切入点，以良好的党风促政风带民风。制定下发《关于厉行勤俭节约　严格廉洁自律的实施细则》《关于进一步深化作风建设　坚决防止“四风”问题反弹的意见》等制度规定，明确纪律要求。加强对关于改进工作作风、密切联系群众市委十五条实施意见和区委“1+X”制度体系落实情况的监督检查。紧盯元旦、春节、五一、十一等重要时间节点和中考高考升学期间违规操办“升学宴”“谢师宴”等行为，通过教育提醒、明察暗访、舆论引导等措施，强化监督执纪。严肃查处违规吃喝、违规用车、滥发款物、违规

操办婚丧喜庆事宜等违反中央八项规定精神的行为。五年来，共查处“四风”问题35件，处理党员干部44人，对查处的“四风”问题，一律通报曝光。

（四）严格纪律审查，持续保持惩治腐败的高压态势

始终把纪律挺在前面，有错必纠，违纪必查，真正让纪律成为管党治党的尺子。探索实践“四种形态”。注重将监督执纪“四种形态”运用到线索处置、执纪审理等各个环节，抓早抓小，既管住“大多数”，又严肃惩处“少数”和“极少数”；按照“四种形态”要求，充分发挥信访举报主渠道作用，按照“拟立案、初步核实、谈话函询、暂存、了结”五类标准处置问题线索；增加谈话函询覆盖面，有针对性地解决党员干部苗头性、倾向性和一般性问题，让“红红脸、出出汗”成为常态，近年来，共谈话函询44人次。加大执纪审查力度。坚持以零容忍的态度惩治腐败，有腐必惩，有贪必肃，减少腐败存量，遏制腐败增量，严肃查处了区自来水公司原财务科科长李海容，北京燕京饮料有限公司原副总经理姚殿佐，仁和镇胡各庄村原党支部书记、村委会主任张士录等严重违纪违法的问题。五年来，共立案350件，同比增长343%；处理党员干部311人，同比增长314.7%。完善协作配合机制。制定《顺义区反腐败协调小组工作规则》《顺义区关于在查办党员干部和国家工作人员违纪违法案件中加强协作配合的意见》等制度，完善落实与公安机关、检察机关、审判机关及其他有关单位信息共享、办案协作、案情通报、案件移送等工作机制，增强了执纪审查工作合力；加强对判罪处刑、不起诉、行政处罚等违纪违法党员干部的清理排查工作。五年来，共排查出未受处理的党员干部123名，及时给予党纪政纪处分，维护了纪律的严肃性。

（五）强化纪律教育，增强党员干部党章党规党纪意识

紧紧抓住领导干部这个“关键少数”，组织党员干部特别是领导干部学习《中国共产党章程》《中国共产党廉洁自律准则》《中国共产党纪律处分条例》等党规党纪，对新任职的处级领导干部进行廉政谈话，宣誓诺廉，不断增强纪律意识和规矩意识。充分发挥党风廉政建设和反腐败工作“大宣教”格局作用，积极开展“从严从实遵规守纪”“知规明纪挺纪法前”等为主题的纪律教育活动，不断发挥党风廉政“五大教育基地”作用，将理论教育、革命传统教育、实景警示教育有机结合，使党的纪律教育延伸到每名党员干部。利用“绿港清风”廉政网、“清风顺义”微信公众平台、顺义网城、广播电视等媒体，加强党章党规党纪的宣传教育。强化警示教育，通报曝光违纪问题42起。深入推进“七进”“十廉”等廉政文化活动，积极开展巡回宣讲、巡回展览、演讲比赛等活动，把廉政文化植根于地区传统文化之中，引导党员干部主动按规办事、自觉依纪行事。

（六）注重源头治理，强化对权力运行的监督和制约

坚持标本兼治，加大从源头上防治腐败工作的力度，在全市率先成立预防腐败局。制定惩防体系建设五年规划实施细则，对31家牵头单位实行惩防体系年度任务分解及台账式管理。建立廉政风险防控体系，积极构建权力结构科学化配置、权力运行规范化监督、廉政风险信息化防控三个体系，推动完成76家单位7175项行政职权的清理确认工作，实行“一把手”四不直接分管制度，积极开展重大工程项目化管理廉政风险防控工作，切实把权力关进制度的笼子。严格把好“党风廉政意见回复”关，促进党员干部廉洁履职。组织科级以上党员干部对照党章党规党纪，全面排查“风险点”，让广大党员干部明确岗位责任，自觉遵守党的纪律和规矩。

（七）完善制度机制，深入推进基层党风廉政建设

坚持把加强基层党风廉政建设作为密切党与群众血肉联系的重要举措，推动解决群众关心的问题和实际困难。严肃查处侵害群众利益的不正之风和违纪违法问题，集中治理“为官不为、为官乱为”问题，打通全面从严治党向基层延伸“最后一公里”，让群众能看到、体会到全面从严治党成果。通过村“两委”换届，各镇（街道）在农村（社区）基层党组织配齐纪检委员，实现监督全覆盖；深入推进村务监督委员会建设，形成完备监督体系；推动村规民约建设，促进农村和谐稳定；制定《顺义区村级干部廉洁履行职责行为规范和问责办法》，维护群众合法利益；构建“教育引导、制度约束、监督制衡、约谈提醒、惩处威慑”五位一体的监督管理制度，对基层干部实行廉洁履职承诺、报告个人有关事项，形成农村（社区）干部廉洁履职长效机制。强化国有企业党风廉洁建设，配优配强纪委班子，加强国有企业改革整合重组监督，着重对“三重一大”事项进行监督检查，确保企业领导人员廉洁履职。

（八）坚持改革创新，切实加强纪检监察组织建设

转职能、转方式、转作风，聚焦主责主业，着力强化纪委监督责任。推进纪检监察体制改革。落实查办腐败案件以上级纪委领导为主、线索处置和案件查办在向同级党委报告的同时必须向

上级纪委报告的要求，出台纪委书记、副书记提名考察办法，强化上级纪委对下级纪委的领导；探索单独派驻纪检组和联合派驻纪检组并用的管理模式，推动派驻机构的全覆盖；优化调整内设机构，增强执纪审查力量；精简纪检监察机关牵头或参与的议事协调机构，进一步聚焦职能。加强纪委班子自身建设。完善落实《区纪委常委会关于加强自身建设的意见》，区纪委班子成员率先垂范，以身作则；切实做好区、镇纪委班子换届工作，注重把年纪轻、能力强、专业素质好的干部选配到纪委领导班子；深入开展党的群众路线教育实践活动、“三严三实”专题教育和“两学一做”学习教育，不断增强纪委班子的执行力、凝聚力和战斗力。打造纪检监察过硬队伍。加强对党的新理论新政策和党规党纪的学习，增强纪检监察干部思想政治觉悟和政策理论水平；制定落实日常教育管理制度，强化监督管理，确保纪检监察干部忠诚履职、敢于担当；采取集中培训、参加调训、以干代训等多种形式，加强对纪检监察干部业务技能的培养，不断提升监督执纪问责的能力素质和工作水平。

五年来，我区党风廉政建设和反腐败工作不断取得新进展新成效，广大党员干部守纪律讲规矩的政治意识、执政为民的责任意识进一步增强，党风政风持续向好，风清气正的社会环境深得广大群众的赞誉，赢得了党心民心，密切了党群干群关系，有力推动了经济社会健康发展。这些成绩的取得，得益于市纪委、区委的坚强领导和惩治腐败的坚定决心，得益于各级党组织对全面从严治党政治责任的主动担当，得益于各部门积极协作配合，得益于社会各界和广大党员干部群众的积极参与，得益于各级纪检监察干部忠诚履行职责使命。

在总结成绩的同时，我们也要清醒地看到，当前党风廉政建设和反腐败工作还存在一些不容忽视的问题：一是有些党员干部从自律到履职，从自律到律他，从自律到自觉，还存在一定差距，个别基层党委履行主体责任不到位；少数党员干部特别是个别领导干部对自身要求不严，还存在违规吃请、公车私用、违规操办婚丧喜庆事宜等问题。二是一些基层单位执纪审查的力度不大，虽然问题线索不少，但执纪审查不多，有问题不能及时处理，不会办、不敢办、不愿办的问题仍然存在。三是有些单位党风廉政建设的工作方式方法需要进一步改进，查办后曝光力度不够，未起到警示教育作用，人民群众还不能充分体会到、感受到党风廉政建设的实际成效，群众满意度还需进一步提升。四是面对新形势、新任务，纪检监察干部监督执纪问责的能力素质还需要进一步提升。这些都需要在今后的工作中着力加以解决和改进。

二、过去五年工作体会

党的十八大以来，我区全面从严治党各项工作稳步推进，取得了明显成效。我们体会到，要做好纪检监察工作，推进全面从严治党落到实处，必须坚持以下五点：

一是必须牢固树立“四个意识”。近年来，我们越来越深切地体会到，习近平总书记的系列重要讲话精神、中央纪委全会精神和市纪委、区委的指示精神是我们做好纪检监察工作的思想武器和行动指南。因此，我们必须牢固树立“四个意识”特别是核心意识和看齐意识，自觉向以习近平同志为核心的党中央看齐，向党的理论和路线方针政策看齐，学思践悟、深刻领会、准确把握，全面贯彻落实上级纪委、区委的工作部署和要求，在历史担当中思考，在全面从严中谋划，在坚定不移中推进。

二是必须推动主体责任落实到位。落实党风廉政建设责任制，党委负主体责任，不仅是领导者，还是执行者和推动者，党委重视不重视，是推动党风廉政建设的关键。党的十八大以来，区委旗帜鲜明地领导和支持纪检监察机关查处违纪违法问题，健全责任分解、监督检查、考核评价、责任追究的完整链条，区委工作部门各司其职，各二级单位党委（党工委、党组）坚持把党风廉政建设，与其他工作同研究、同部署、同检查、同落实，实现了党风廉政建设与经济社会工作相互促进、协调发展。实践证明，哪个地区的党委重视全面从严治党的责任，哪个地区的党员干部违纪违规问题就明显偏少。因此，必须推动党委主体责任切实落到实处，充分发挥党委的领导核心作用，推动党风廉政建设和反腐败工作深入开展。

三是必须坚持从严监督执纪问责。各级纪委是加强党内监督的专责机关，是确保党的先进性和纯洁性的重要保证。近年来，我们通过加强党风廉政建设，

真正使党员干部的思想得到净化，作风得到好转，工作效率得到提高，党群关系、干群关系、政商

关系得到进一步改善，有力推动了顺义区经济社会健康发展。因此，各级纪委必须找准定位，更好地发挥职能作用，监督和督促各级党组织和党员干部切实履职尽责、遵规守纪，不断营造风清气正的良好环境。

四是必须发动基层党组织和党员干部积极参与。党风廉政建设和反腐败各项工作的落实能否到位，重要的还是要依靠基层党组织和党员干部，他们是工作的具体组织者、参与者和支持者。在实际工作中，我们充分发挥基层党组织日常监督和党员干部民主监督作用，对党员干部监督管理的力度不断加大，增强了党员干部遵规守纪的自觉性。因此，我们要充分调动基层党组织和党员干部践行党规党纪的积极性、主动性，切实加强对党员干部的经常性监督管理，夯实党风廉政建设和反腐败工作的基础。

五是必须时刻牢记全面从严治党永远在路上。习近平总书记指出，全面从严治党在不少方面虽然有了“起势”，但还没有形成“定势”；虽然取得“优势”，但还没有达到“胜势”。近年来，我们严肃查处了一些违反中央八项规定精神和严重违纪违法的问题，在全区上下形成了强有力的震慑，起到了很好的警示作用，也达到了很好的社会效果。但必须看到，我区落实全面从严治党的要求，加强党风廉洁建设，任务依然艰巨复杂，问题反弹的压力还很大，我们必须保持坚强的政治定力，把握力度和节奏，持续保持高压态势，坚定不移地把推进全面从严治党引向深入。

三、今后五年工作任务

今后五年，我们要以马克思列宁主义、毛泽东思想、邓小平理论、“三个代表”重要思想、科学发展观为指导，深入贯彻习近平总书记系列重要讲话精神，全面贯彻党的十八大和十八届三中、四中、五中、六中全会精神，紧紧围绕“五位一体”总体布局和“四个全面”战略布局，尊崇党章，依规治党，始终保持坚强政治定力，忠诚履行职责使命，切实把纪律和规矩挺在前面，落实从严治党责任，严肃党内政治生活，加强党内监督，准确把握运用“四种形态”，强化监督执纪问责，持续纠正“四风”，深化标本兼治，加强源头治理，进一步构建不敢腐、不能腐、不想腐的体制机制，着力建设“干部清正、政府清廉、政治清明、社会清新”的廉洁新顺义，不断营造风清气正的良好政治生态。

（一）严明政治纪律和政治规矩，确保党的路线方针政策在顺义区得到不折不扣的贯彻落实

加强党的纪律建设，首要任务是严明党的政治纪律和政治规矩，确保党的路线方针政策落到实处。

坚持把政治纪律和政治规矩摆在首位。各级纪检监察机关要加强对政治纪律和政治规矩执行情况的监督检查，督促各级党组织和党员干部必须牢固树立“四个意识”特别是核心意识和看齐意识，在政治上思想上行动上同以习近平同志为核心的党中央保持高度一致，自觉向党中央看齐，牢记“五个必须”、防止“七个有之”。切实加强对中央、市委和区委决策部署贯彻执行情况的监督检查，在贯彻落实京津冀协同发展、打造航空中心核心区等发展战略中，强化监督执纪，决不允许打折扣、搞变通，决不允许有令不行、有禁不止。

严肃党内政治生活。党要管党必须从党内政治生活管起，从严治党必须从党内政治生活严起。各级纪检监察机关要严肃查处违反党内政治生活准则的各种行为，不断推动党内政治生活制度化、常态化、规范化。监督和督促各级党组织和党员干部，认真落实民主集中制，坚持集体领导制度，实行集体领导和个人分工负责相结合；切实把批评与自我批评作为重要武器，不断落实民主生活会、组织生活会、谈心谈话、民主评议等制度，确保党的先进性和纯洁性。

强化党内监督。党内监督没有禁区、没有例外，认真落实《中国共产党党内监督条例》，建立健全党内监督体系，实现党内监督全覆盖。紧紧抓住领导干部这个“关键少数”不放松，各级纪检监察机关要以“六个从严”的要求，在履行全面从严治党责任、严肃党内政治生活、落实党内监督等方面，加强对领导机关和领导干部特别是“一把手”的监督检查，切实增强教育的针对性、管理的经常性、监督的有效性。

（二）强化党委主体责任落实，深入推进全面从严治党

党要管党、从严治党，关键在于落实党委主体责任，党委主体责任是全面从严治党的“牛鼻子”，必须紧抓不放。

推动主体责任落实到位。层层传导压力，压紧压实主体责任落实。进一步细化党风廉洁建设责任清单和责任体系，让党委主体责任更加明确，推动党委

主要负责人主动担当管党治党的第一责任，确保各级党组织和领导干部尽职尽责。完善和落实述责述廉、履责记实等制度，促进各级党组织和领导干部坚守职责，敢于担当。进一步细化党风廉洁建设责任制考核方案，加强对党委主体责任落实情况的监督检查，发现问题，及时督促整改。

坚持落实问责长效机制。切实把问责作为全面从严治党的重要抓手，让有责必问、问责必严成为常态，既要追究主体责任、监督责任，又要追究领导责任、党组织责任，不断落实问责的常态化、长效化机制，确保责任落实到位。坚持“一案双查”，倒逼责任落实，重点对党的领导弱化、党的建设缺失、“两个责任”落实不到位、维护党的“六大纪律”不力、推进党风廉洁建设责任制不坚决不扎实等情形，予以问责；对基层自收和上级转办的问题线索，不认真核实或拖延不办，一旦上级纪委将问题线索查实,将进行责任追究，确保有权必有责、有责要担当、失责必追究。

（三）着力实践“四种形态”，严肃查处违纪违法问题

监督执纪“四种形态”是全面从严治党的具体举措，要切实推动践行“四种形态”具体化、实效化，推进管党治党严实硬。

准确把握“四种形态”。坚持“惩前毖后、治病救人”的原则，经常开展批评和自我批评、约谈函询，让“红红脸、出出汗”成为常态；党纪轻处分、组织调整成为违纪处理的大多数；党纪重处分、重大职务调整的成为少数；严重违纪涉嫌违法立案审查的成为极少数。完善落实监督执纪“四种形态”制度机制，创新监督执纪方式方法，规范监督执纪流程。坚持抓早抓小，强化信访问题分析和研判，密切关注在互联网上反映的问题，正视并加以甄别处置；加强问题线索统一管理，对苗头性、倾向性、一般性违纪问题，及时约谈函询，关口前移，防止小问题酿成大问题。建立容错纠错机制，干部是党的宝贵财富，正确区分干部所犯的错误性质，宽容在工作中特别是在改革创新、干事创业中出现失误而犯错误的干部，鼓励干部积极干事、主动作为。

突出执纪审查重点。严格执纪审查，既要管住“大多数”，又要盯住“少数”和“极少数”，对严重违纪问题，施以重拳、施加重典。要以零容忍的态度惩治腐败，有腐必惩，有贪必肃，减少腐败存量、重点遏制增量，重点审查不收敛不收手、问题线索反映集中、群众反映强烈，现在重要岗位且可能还要提拔使用的领导干部，三类情况同时具备的是重中之重。充分发挥反腐败协调小组的作用，进一步加强与组织部门、司法机关等反腐败协调小组成员单位的密切配合，提高执纪审查效率。建立激励机制，创新考核办法，加强检查督导，强化责任追究，不断解决基层执纪审查不会办、不敢办、不愿办的问题。

严肃纠正“四风”问题。坚决反对形式主义、官僚主义、享乐主义和奢靡之风，坚持抓常、抓细、抓实、抓长，特别是要防范和查处私车公养、内部食堂吃请等隐形变异的“四风”问题，真正把中央八项规定精神落到实处。继续紧盯元旦、春节、五一、十一等重要时间节点，一个一个节点地坚守，加强教育提醒、舆论引导、监督检查。坚决查处违规吃喝、违规用车、滥发款物等违反中央八项规定精神的行为。对重大安全事件、重大突发事件等失职失责行为，要严肃问责追责，依纪依规处理。

（四）深化标本兼治，加强党的纪律教育和源头治理

加大对党员干部的纪律教育力度，强化管理监督，扎紧制度笼子，切实从源头上减少和防止出现违规违纪问题。

加强党章党规党纪宣传教育。加大对《中国共产党章程》《关于新形势下党内政治生活的若干准则》《中国共产党党内监督条例》等党规党纪的宣传教育力度。结合当前新的形势任务，结合党员干部思想实际，结合新出台的党规党纪，不断创新教育载体和方式方法，切实增强教育的针对性、实效性。坚持落实廉洁谈话、警示教育等制度，增强党员干部纪律意识和规矩意识。充分发挥党风廉洁建设和反腐败工作“大宣教”格局作用，切实把党的纪律教育延伸到基层、延伸到每一名党员干部。强化案例通报曝光，回应社会关切和群众期待，增强社会效果。培育“克己奉公　绿港清风”廉洁理念，积极开展丰富多彩的廉洁文化活动，引导群众广泛参与，营造风清气正良好环境。

完善落实监督管理制度。坚持源头治理，把落实监督制度作为严明纪律的重要抓手。认真落实惩防体系建设五年规划实施细则，不断深化廉政风险防控工作，切实强化对权力运行的制约和监督，从源头上预防腐败问题的发生。各级纪检监察机关要加强监督检查，督促各级党组织和党员干部认真落实党内谈话、考察考核、述责述廉、个人有关事项报告、插手干预

重大事项记录等制度，用监督传递压力，用压力推动各项监督管理制度落实，确保党员干部自觉遵守党的纪律和规矩。加强纪检监察工作信息化建设，增强监督执纪成效。推动落实经济责任审计制度，坚持领导干部离任审计，强化审计结果运用。针对监督管理出现的新情况新问题，推进监督管理制度创新，把制度的笼子扎细扎密扎牢，使监督的尺子越来越清晰，推动党内监督管理规范化、制度化。

深化基层党风廉洁建设。着眼密切党与群众的血肉联系，切实把群众满意不满意作为检验基层党风廉洁建设实际成效的重要标准。严肃查处侵害群众利益的不正之风和群众身边的腐败问题。加强集中治理，着力解决党员干部不作为、慢作为、乱作为的问题。进一步深化“教育引导、制度约束、监督制衡、约谈提醒、惩处威慑”五位一体的农村（社区）干部廉洁履职长效机制；强化对农村资金、资产、资源的管理和监督，坚持村账款双托管、村级党组织书记离任审计等制度，推动村级干部廉洁履职。不断完善国有资产监督体系，强化对国有企业整合重组改革过程中的监督，探索符合企业实际的监督方式，保障国有企业持续健康发展。

（五）加强纪检监察组织建设，不断提升监督执纪问责水平

按照党章赋予的职责使命，在全面从严治党中找准定位，不断打造忠诚、干净、担当的纪检监察过硬队伍。

扎实推进监察体制改革工作。要把监察体制改革作为一项重要的政治任务。通过监察体制改革，建立反腐败工作机构，整合反腐败资源力量，扩大监察范围，丰富监察手段，实现对行使公权力的公职人员监察全面覆盖，深入推进党风廉洁建设。围绕改革的目标、任务和要求，加强组织领导，设置组织机构，注重统筹谋划，加强沟通协调，制定工作方案，建立相应制度措施，推动监察体制改革各项工作落实到位，确保按照上级确定的时间表和路线图完成好任务。

深化纪检监察派驻机构改革。认真落实《关于加强顺义区纪委派驻机构建设的实施意见》，设置18个纪检组对82家区级直属党和国家机关，实现派驻机构的全覆盖，确保党内监督不留死角。建立健全派驻机构统一管理配套制度，压实派驻纪检组履职尽责的途径方法，充分发挥派驻纪检组专责监督、靠前监督、深度监督的优势，督促被监督单位党委（党组）切实履行主体责任，真正发挥好派驻机构在党风廉洁建设和反腐败工作中的“前哨”和“探头”作用。建立巡察制度，推动全面从严治党延伸到基层。

加强纪检监察干部队伍建设。加强区纪委常委会建设，认真落实民主集中制，充分发挥核心领导作用；强化换届后各镇纪委班子建设，增强自我净化、自我完善、自我革新、自我提高能力。健全内部监督制约机制，对纪检监察干部要严格教育、严格要求、严格管理、严格监督，引导纪检监察干部敢于担当、忠诚履职，自觉接受党内监督、社会监督、群众监督，防止“灯下黑”。关心和爱护纪检监察干部，调动积极性、发挥能动性。加大教育培训力度，不断增强纪检监察干部的能力素质和工作水平。

同志们，全面从严治党永远在路上，任务艰巨、使命光荣。让我们紧密团结在以习近平同志为核心的党中央周围，在市纪委和区委的坚强领导下，牢固树立“四个意识”，不忘初心、砥砺前行，坚定不移推进党风廉洁建设和反腐败工作，积极营造风清气正的良好政治生态，促进区域经济社会持续健康发展和社会和谐稳定，为“建设绿色国际港、打造航空中心核心区、共筑和谐宜居新家园”提供坚强保障。

关于顺义区2016年国民经济和社会发展计划执行情况与2017年国民经济和社会发展计划草案的报告

（2016年12月20日在顺义区第五届人民代表大会第一次会议上）

顺义区发展和改革委员会主任　于长雷

各位代表：

我受顺义区人民政府委托，向大会提交顺义区2016年国民经济和社会发展计划执行情况与2017年国民经济和社会发展计划草案的报告，请予审议，并请政协委员提出意见。

一、2016年国民经济和社会发展计划执行情况

今年以来，在市委、市政府和区委的坚强领导下，在区人大、区政协的监督指导下，我区牢固树立五大发展理念，坚决落实首都城市战略定位，自觉遵循“把握发展的阶段性特征、推动经济社会转型升级”工作总要求，以全面深化改革为引领，牢牢把握供给侧结构性改革“去、治、进”三大主线，统筹稳增长、调结构、促改革、惠民生、防风险，加快疏功能、转方式、治环境、补短板、促协同，国民经济和社会发展计划执行有力，区四届人大五次会议确定的目标任务顺利完成，实现了“十三五”良好开局。

（一）增强“改”的定力，发展活力与动力加快迸发

“改”的核心是通过体制机制创新，促进要素流动和优化配置。过去一年，我们切实把改革作为促进转型升级的治本良策，突出分类指导，注重精准施策，制定印发了2016年改革工作要点折子工程，28项年度改革任务积极稳妥推进，改革资源不断聚集，发展活力与动力加快迸发。

全面深化“放管服”改革。印发了《顺义区2016年简政放权放管结合优化服务改革工作实施方案》，年底前完成49项任务。进一步深化行政审批制度改革，取消行政审批事项44项，全面清理了非行政许可审批事项，今后不再保留。建立了区政府部门权力清单和责任清单制度，编制了《顺义区政府部门权力清单》，6659项权力事项面向社会公开。“五证合一、一照一码”商事登记制度全面推行。承接了外商投资企业各类登记、企业境外投资备案管理等权限，开展了外商投资企业备案事项一体化工作，“境外投资直通车”网上备案平台正式上线，市场准入进一步放开。

国资国企改革取得新突破。国有资产监管体系进一步加强，经营性国有资产基本实现全覆盖，现代企业制度基本建立。国有企业整合重组取得积极进展，大龙控股、市政控股、建设投资服务三家新组建企业内部整合有序推进。建筑板块方案已提交审议，商业板块已成立筹备组。京顺轧辊厂、煤炭公司、通达公司、地方工业公司等8家企业整合托管工作已经完成，小、微、亏企业从国资监管一级企业层面全部退出，有效盘活了企业闲置资产。

投融资体制改革积极推进。努力扩大民间投资，污水处理、固废处理、集中供热、非营利性医院等领域10个项目与社会资本合作进展顺利，吸引社会资本38.43亿元。制订了《关于创新投融资机制鼓励社会投资及2017年政府和社会资本合作项目实施计划》，新增有轨电车T2线拟采用公私合营（PPP）模式建设。积极助力企业融资，国资中心为区属国有企业、经济开发区企业及中小企业提供融资服务20.85亿元。召开了企业并购重组培训会暨新三板投融资对接会，加快银企合作、股权合作，点对点帮助企业解决融资难题。长久物流在主板成功上市，全区新增上市挂牌企业17家，累计达47家，直接从资本市场融资

1210亿元。

重点领域改革稳步实施。继续深化财政管理体制改革，推进镇级预算管理改革，深入实施国库集中支付。街道管理体制改革全面启动。农村集体经济产权制度改革顺利进行，完成418个村级产权制度改革工作。农村土地承包经营权确权登记全面推开，完成总任务的60%。积极推进以村（居）规民约为抓手的基层协同共治改革，35个村11个社区试点工作圆满完成。公车改革基本完成。公交票价补贴方案发布实施。成功获批第三批国家新型城镇化试点，启动了试点方案提出的任务。

（二）抓住“去”的关键，引导人口资源环境协调发展

“去”的核心是主动减量、瘦身健体。过去一年，我们结合“去产能、去库存、去杠杆”重点任务，把非首都功能疏解作为供给侧结构性改革的首要任务，着力疏存量、控增量，承接优质资源转移，进一步强化人口、用水、用能红线约束，引导人口与资源要素均衡布局。

“疏控承”力度切实加大。坚持疏解和承接一体谋划、统筹实施，在加快完成自身疏解任务的同时，积极承接中心城区优质资源外溢。严格执行新增产业禁止和限制目录，不予办理工商登记业务98件。坚持开展项目全要素评价，全年引入24个优质项目入区发展。调整退出一般制造和污染企业50家，超额完成市级下达任务。清退关闭低端市场2家，改造老旧农贸市场6家，清理再生资源回收无照网点236家，整治违法违规排污及生产经营行为企业103家。承接项目加快实施，北京城市学院二期建设稳步推进，5000名新生顺利入驻。友谊医院顺义院区前期工作扎实推进。中航信高科技产业园建设有序推进，一期工程接近尾声，办公区及配套区正加快施工，二期工程已启动；目前中航信集团所属北京分公司约200名员工已入驻。做好中心城区会展功能承接，启动北京国际会展产业园区规划建设，新国展二、三期项目加快推进。

人口调控成效显著。严格控制人口总量和增速，精准施策，立体管控，常住人口规模得到有效控制，总量控制在106万人以内。全面落实人口工作联席会议制度和季度调度推进机制。健全完善了人口调控工作督查考核机制，强化部门、镇街主体责任。依托手机运营商数据的人口实时监测系统投入使用，人口调控预警能力得到大幅提升。大力开展城乡结合部和人口倒挂村综合整治，强化户籍管理，严格出租房屋管理和流动人口管控。“消隐、拆违、打非”百日专项行动圆满收官，影响人口5万人，疏解流动人口3.18万人。发挥功能疏解和产业升级对人口调控的带动作用，将人口调控作为全要素评价的重要方面。

严格实行用水、用能“双控”。坚持节水优先，量水发展。农业节水示范区建设加快推进，建设高效节水示范基地5个，林业再生水利用示范基地2处。全年用水总量预计控制在2.9亿立方米，单位地区生产总值水耗预计下降7%。能源管控取得实效。加强能源消费监测和管理，启动了能耗在线监测系统二期平台建设，精准了解用能单位情况，协助制定节能措施，控制能耗增长。落实能源奖励政策，优化节能专项资金管理，扩大资金覆盖面及支持力度。通过开展能源审计工作，累计节能约7000吨标准煤。全年能源消费总量预计控制在1195万吨标准煤，单位地区生产总值能耗预计下降1.5%。

（三）落实“治”的措施，补齐短板提升宜居宜业水平

“治”的实质是补充完善供给，包括补齐基础设施短板，补齐生态环境短板，补齐民生保障短板，补齐城市服务保障能力短板。过去一年，我们着力推进“治”的各项措施，努力使区域供给能力与群众的迫切需求相适应、相一致、相协调。

大气治理持续发力。清洁空气行动计划重点工作进展顺利。下大力气做好压减燃煤、控车减油、治污减排、清洁降尘工作，燃煤锅炉清洁能源改造225家1211蒸吨，超额完成全年700蒸吨任务。农村地区“煤改电”工作有序推进，先行启动的22个村已全部完工，新增的29个村庄正加紧施工。农村优质燃煤替代率达到100%。淘汰高排放老旧机动车10989辆，累计推广清洁能源和新能源公交车370辆，占全区公交车总量的60%。消减挥发性有机化合物（VOC）排放817吨。加大扬尘治理力度，绿色施工达标率为96%。截至11月底，细颗粒物（PM2.5）平均浓度为66微克/立方米，下降12%。

环境质量有效提升。新增平原造林8232.3亩，五彩浅山彩色造林500亩，全区森林覆盖率达到30.18%。东郊森林公园顺义园人口环境整治全面实施，花博会主题公园二期改造工程启动建设，温榆河绿道（顺义段）获市发展改革委批复，牛栏山（金牛山）生态修复、环境提升一期基础工程竣工并通过验收，全年新增城市绿地153.7亩，城区人均公共绿地面积达到31.8平方米。积极开展水环境治理，《顺义区

水环境区域考核办法（试行）》发布实施。8条中小河道146公里治理任务和5条河段10.67公里黑臭水体治理顺利完成。深入开展生活垃圾规范化管理，18个城市小区、90%以上的行政村生活垃圾得到有效处理，全区生活垃圾无害化处理率达到99.55%。69处市级和10处水源地非正规垃圾填埋场治理任务顺利完成。

交通出行更加便捷。顺平辅线倴伯桥、顺康路、顺泰路等新改建工程竣工通车，潮白河复兴大桥开工建设，右堤路、龙尹路大修竣工通车。70公里乡村公路建设全部完工。公共交通服务能力不断增强，新增公交线路4条，新建公交候车亭50座；新投入公共自行车5000辆，建设租赁点112个，办卡1.8万张。20个节点、10条路段、23所学校周边及9处停车区域交通综合整治全面启动。开展了停车治理专项行动，集中整治医院、六环路顺平路出口等交通堵点、乱点。

民生福祉不断改善。积极促进绿色就业、高质量就业，“充分就业区”成果动态保持，城乡劳动力二三产业就业率保持在95%以上。社会保障力度进一步加大，职工五项保险平均参保人数49.8万人，同比增长2.5%。机关事业单位养老保险制度改革稳步推进。完成了4044户低收入农户和3个低收入村精准识别工作，印发了《关于进一步推进低收入农户增收及低收入村发展的意见》。实施安居保障工程，保障性住房和定向安置房开复工2.8万套，竣工7000套。幸福西街、沙坨村、牛栏山原维尼纶厂等棚改项目有序推进。老旧小区治理一期工程全部开工。成立了社会福利事务管理中心。区老年公寓3号休养楼投入使用，新增养老床位400张。建成养老照料中心3家，辐射6项社区居家养老服务。西马坡儿童福利院和养老院主体及二次结构建设已完工。

公共服务量增质优。学前教育质量不断提高，新增学位3090个。优质教育资源日益丰富，引入北师大附属实验中学、首师大附属实验小学。6所小区配套学校建设进展顺利。医疗卫生服务水平提升三年行动计划圆满实施，重大医疗卫生项目建设加快推进，区中医医院迁建开工建设，疾病预防控制中心及卫生监督所迁建工程主体封顶并完成二次结构施工。创新专科医师与全科医师协作的家庭医生签约模式，实施村级医疗卫生机构规划编制和乡村医生岗位管理。依托天坛医院疼痛科学科优势和凤凰医疗集团社会办医资源，市区镇三级医疗资源合作共建全国首个疼痛专科三级医联体。公共卫生水平不断提高，甲乙类传染病发病率控制在280/10万以内。积极推进公共文化服务示范区创建工作，基层文化设施不断完善，群众性文化活动蓬勃发展。扶持村级健身设施提档升级，着手打造城市社区“10分钟体育健身圈”。

补强城市服务保障短板。重点工程建设成效显著，100项重点工程全部完成立项，预计年底前开工85 项、竣工 40 项。马坡220千伏和新城、军营、北河等三座110千伏变电站土建开工。李遂、北务再生水厂投入使用，牛栏山再生水厂主体完工，区污水处理厂升级改造工程完工并投入运行，配套管网工程获批，新增污水日处理能力10.9万立方米。区污泥无害化处理工程开工建设。首个管道天然气进村工程在马坡石家营村投入使用。制定了提升农村人居环境推进美丽乡村建设实施方案。食品药品安全供应不断强化，食品安全监测合格率和药品抽检合格率分别达到98.42%和99.15%。成为国家农产品质量安全县（市）创建试点建设区。

（四）扩大“进”的成效，提质增效增强内生动力

“进”的实质是全面创新和提质增效，提升供给侧对需求侧的适应性。过去一年，我们把着力点放在传统优势产业提级和新动能发展培育上，大力推进“双创”和试点示范区建设，现代产业体系加快构建，经济增长的内生动力持续增强。

优势产业继续发挥“顶梁柱”作用。制造业向高端迈进的势头加快。在乐视手机、北京现代、北京汽车等重点企业拉动下，全年规模以上工业总产值预计完成3010亿元，增长7%左右。运动型多用途乘用车（SUV）和乐视第二代超级手机等符合市场需求的新产品增势良好。企业主动加快转型，乐视与北汽合作打造新一代互联网智能汽车及汽车生态系统，北汽新能源汽车在我区布局，汽车产业支柱地位进一步巩固。顺美服装生产职能全部外迁，新总部及研发基地启动运行。金融业迅猛发展，增加值占地区生产总值的9.5%，已成为支撑经济增长的第三大产业。新落户金融机构27家，累计达到245家，已覆盖基金公司、金融租赁、商业保理、消费金融等十余种主要金融业态。金融产业布局不断优化，“一区一城一园”（后沙峪金融商务区、马坡金融城、空港融资租赁产业园）三个金融产业平台启动规划建设。北京银行科技研发中心、中信银行数据中心项目建设进展顺利。

增长动力加快转换。《关于加快供给侧结构性改革推进产业转型升级实施意见》印发实施。举办了战略性新兴产业投资峰会，“北京智能新能源汽车生

态产业示范区”正式揭牌，10个战略性新兴产业和4个创新基金项目签约。富电科技、石墨烯等项目入区发展。韩美药品、世桥生物制药2家企业入选北京市“十三五”时期G20工程。与中国服务贸易协会电商委签署合作协议共同打造“中国电子商务示范基地”。罗红摄影艺术馆开馆运营，北京首家进口商品直销中心入区发展。金宝花园北区商业金融项目启动建设，国门一号空港商业综合体开始地上施工，万达城市综合体地上物拆迁加快推进。设立了中关村医学工程产业化基地。签署了建设“中国科学院科技成果转化创新平台”和“中国科学院联动创新产业园”两个战略合作框架协议，首批入驻项目7个。产学研协同创新不断强化，分别与北京城市学院、北京航空航天大学签署战略合作协议，共建产业促进及孵化平台。荷兰代尔夫特理工大学中国研究院落户顺义。区创新创业综合服务平台试运行，筹建“双创”基地16家、在孵项目120个。新登记市场主体8165户，增长7.8%。

功能区引领示范作用更加突出。天竺综保区与临空经济核心区融合发展走向深入，创建国家临空经济示范区相关请示文件已报请国家发展改革委。天竺综保区全年预计实现进出口总值52亿美元、营业收入200亿元，分别增长5%和10%；获得 “中国（北京）跨境电子商务产业园”授牌，跨境电商企业达12家。临空经济核心区预计实现属地税收107.5亿元，增长10%；入驻企业达350家。中关村顺义园获批国家高端装备制造业标准化试点，协同创新研发中心正式落成，首批入驻项目15个。绿色生态产业功能区成功举办全国青年赛艇锦标赛和郁金香文化节、菊花文化节等赛事活动；国家登山健身步道标识系统竣工并通过验收，舞彩浅山旅游登山文化节暨首届樱桃采摘节成功举办；全市首家汉风耕读苑正式开苑。

（五）拓展优化发展空间，协同开放格局加速形成

过去一年，我们积极落实首都城市战略定位，主动融入京津冀协同发展，全面助力城市副中心建设，潜心加快河东地区发展，着力推动“双向”开放，努力创建服务业扩大开放试点示范区，不断拓展国内外交流合作，初步形成了协同开放发展的良好格局，为我区在更大范围统筹资源配置、加快产业发展提供了空间。

开放型经济取得新发展。成功创建北京市服务业扩大开放综合试点示范区，举办了示范区和政策推介会，聚焦七大领域的38项重点任务已完成23项。国内首家外资控股的飞机维修合资公司已签署协议即将落户，相关材料及机场复函已报民航华北局。积极推进国家对外文化贸易基地建设，举办了2016北京国际设计贸易交易会；在国内首创文化资产融资租赁业务，探索开展了以著作权、专利权、播映权、版权作为融资租赁标的物的创新业务。目前累计吸引合同外资29.38亿美元，增长1.67倍，主要集中在融资租赁、科技、贸易等服务业领域。

全面助力城市副中心建设。以“提升顺义综合承载力，助力北京城市副中心”为主题，举办了北京·顺义城市建设重点项目推介会。与中铁通信信号股份有限公司等7家龙头企业集团就重大基础设施、棚户区改造等项目签署了合作协议。确定了7条轨道交通、11条城市道路和同步推进水电气热等市政设施建设的任务。壁富路建成通车，顺义南部区域环境整治和绿化工程扎实推进，李桥镇南半壁店村环境综合整治接近尾声、南庄头村及主干路景观提升工程有序开展。绿色生态水系加快构建，潮白河水系治理同步推进，龙道河、温榆河等黑臭水体整治工程预计年底开工建设。

协同发展有序推进。制定了落实京津冀协同发展工作方案，积极开展与唐山曹妃甸、河北保定等地的对接，不断深化与河北威县、怀来县的合作，威县·顺义产业园发展良好，北汽（威县）新能源汽车生产基地奠基，嘉寓节能门窗幕墙光伏一体化项目投产，顺鑫控股集团与河北威县签署了重大项目合作框架协议。大力推动与云南玉溪友好城市合作，共建“玉溪顺义产业园”。深入开展与内蒙古乌兰察布市、巴林左旗、河南省西峡县的对口协作。与中央美院签署了战略合作协议，在城市发展、城市设计等七大领域进行合作，开启了院地合作新模式。强化区域国际交往功能，巩固提升与劳顿郡、首尔城北区等友好城市关系。

统筹河东河西发展。加强部门联动与责任分工，督促落实《推动河东地区加快发展行动方案》。持续加强河东地区基础设施投入，完成投资12.7亿元，增长74%，水、电、气、热等资源能源供应能力和道路、环境承载能力不断增强。杨镇中心区建设稳步推进，李桥镇成为北京小城镇发展基金支持的首批试点，李遂、北务积极引入阜外医院、公务机机场等项目，发展关联产业。大力促进河东地区居民就业增收，已在河东地区开发绿色岗位1387个，免费技能培

训劳动力2736人。

（六）计划指标执行有力，“十三五”开局好起步稳

过去一年，我们坚持“稳中求进”工作总基调，面对复杂的国内外经济环境和转型发展艰巨任务，通过抓重点工程、产业项目、财政收支“三位一体”立体经济调度措施，积极挖掘增长潜力，顶住了经济下行压力，实现了经济有速度、有质量、有效益发展，为全市经济发展做出了应有的积极贡献。

经济运行稳中有进。初步预计，地区生产总值按不变价增长7.9%，总量预计达到1555亿元。产业结构进一步优化，第三产业增加值比重预计达到63%，比2015年底提升4.6个百分点。发展的质量效益不断提升，一般公共预算收入预计完成137.86亿元，增长10.5%。城镇居民、农村居民人均可支配收入预计完成36400元和24700元，增速“跑赢”经济增长速度，均达到9%。城镇登记失业率仍保持在2%以内的较低水平。

需求支撑结构更趋协调。全年预计完成全社会固定资产投资480亿元，增长3.2%，有力支撑了城市建设和经济社会发展。投资调控取得积极成效，结构进一步优化，产业投资向创新驱动和高端引领集聚，房地产开发向住房保障和产业承载集聚，基础设施向增强系统性和安全便捷性集聚，公共服务向惠民和便民集聚。充分发挥政府投资引导放大作用，全年26.26亿元区政府固定资产投资计划安排资金已分三批全部下达。消费市场保持稳定，电子商务、商业综合体等新业态快速发展，相互依托、相互补充的多业态共同发展局面已经形成。居民多元化消费需求进一步释放，预计实现社会消费品零售额442.8亿元，增长8%。全年投资消费比预计达到1：1，投资增长与消费升级的良性互动、协同共进，为区域发展注入了更持久、更强劲的动力。

总体来看，2016年我区经济社会保持了平稳发展态势，国民经济和社会发展计划执行符合预期。但我区正处在转型升级的关键时期，内部条件与外部环境交互影响、上行推力与下行压力博弈对冲，计划执行过程中存在的一些问题需要重点关注并加以解决。一是稳增长的支撑尚不协调稳固。产业支撑集中并相对单一，新的增长格局还未根本形成。转型升级任务艰巨，现代产业体系需要加快构建，非首都核心功能疏解难度加大，运用规划、标准以及市场化手段引导企业主动调整升级的办法不多，经济运行中的风险还需加强防范。投资、消费需求支撑尚需加强，费用投资、房地产投资占比依然较高。消费结构需要不断优化，多元化的居民消费需求还难以满足。二是城市服务功能需加快提升。城市功能与经济社会发展还不协调，产城融合、职住一体需要持之以恒、加倍努力。统筹做好新阶段下城市规划、建设、管理、运营和服务工作压力较大，特别是市民关心的交通出行、生态环境、城市管理等问题需要采取实招新招有效解决。医疗教育养老等优质公共服务资源不足等问题制约着城市品质的提升。加快河东地区发展、统筹南部四镇建设、积极稳妥推进撤镇设街工作还有大量工作要做。三是人口资源环境约束进一步显现。在区域发展不平衡和城市副中心建设的背景下，人口和产业向顺义集聚态势加剧。土地利用效率亟需提高，征地拆迁遗留问题导致土地收储不足、上市缓慢。土地闲置现象依然存在，建设用地充分有效利用不足。土地、规划、能源、用水等指标与区域发展方向、项目建设需求、产业空间布局符合度不高。能源消费总量大且刚性需求多，工业等其他行业节能效果难以抵消航空运输业能耗增量。

上述问题，我们要切实采取有效措施着力解决，通过改革创新，不断破除体制机制障碍，营造良好的发展生态环境，推动经济社会实现更高水平的发展。

二、2017年国民经济和社会发展计划初步安排

2017年是新一届政府开局之年，也是落实“十三五”规划的关键之年，更是全面贯彻党的十八届六中全会精神喜迎“十九大”召开之年，面对国内外复杂的环境，全区上下要把握机遇，主动作为，积极应对各种风险和挑战，推动顺义在更高水平上更好地发展和提升。

（一）计划安排总体思路

按照政府工作的总体安排，2017年计划安排的总体思路是：全面贯彻党的十八大和十八届三中、四中、五中、六中全会精神，坚持“四个全面”战略布局，坚持发展是第一要务，牢固树立“四个意识”，自觉践行五大发展理念，积极融入京津冀协同发展，深刻把握首都城市战略定位，遵循“把握发展的阶段性特征、推动经济社会转型升级”的工作总要求，围绕供给侧结构性改革、服务城市副中心建设、构建现代产业体系等重要任务，着力在提质增效、激发活力、拓展空间、治理环境、改善民生上取得更大成效，为“十三五”时期实现更高质量、更有效率、更

加公平、更优层级、更可持续的发展奠定坚实基础，努力在建设绿色国际港，打造航空中心核心区，共筑和谐宜居新家园上迈出跨越性的一步。

2017年工作安排要紧扣三个方面:

一是紧扣区域转型发展。坚持把中央决策部署和市委、区委工作理念深入落实到全区发展的各个领域，将“把握发展的阶段性特征、推动经济社会转型升级”工作总要求贯穿工作始终，深耕“一带一路”战略，积极融入京津冀协同发展，加快推动供给侧结构性改革，大力推进双创发展、试点示范建设和现代产业体系构建，培育“双向开放”新优势，不断增强发展的主动性和能动性。

二是紧扣全面深化改革。进一步增强改革定力，坚定不移抓好各项重大改革举措，准确把握改革内容、路径、措施和保障等一系列重大问题，既抓重要领域、重要任务、重要试点，又抓关键主体、关键环节、关键节点，以重点带动全局，把各项改革任务落到实处，推动转型升级动能持续激发。注重运用市场经济手段实现计划，使计划任务安排部署更符合发展规律、适应时代要求、反映人民意愿。

三是紧扣城市功能提升。尊重城市发展规律，做好“三大结构、三大环节、三大动力、三大布局、三大主体”五个统筹，实现产城融合、职住一体。从优化提升首都功能出发，加强非首都功能疏解、支撑城市副中心建设，构筑协调发展新格局，在服务大局中拓展空间厚植优势。加快转变城市发展方式，完善城市治理体系，提升可持续发展水平，改善人民生活品质，提高城市发展的持续性、宜居性，努力建设让人民满意的城市。

（二）发展主要目标初步安排

为确保“十三五”规划目标年度落实，增强年度计划指标体系的可比性和可操作性，计划指标继续沿用去年。对接全市主要指标计划安排，2017年顺义经济社会发展主要目标初步安排是：

经济发展方面。地区生产总值不变价增长7%。产业结构更加优化，第三产业增加值比重达到63.5%。一般公共预算收入增长8%。投资消费支撑更加协调，全社会固定资产投资完成500亿元，社会消费品零售额增长6%。

民生保障方面。改革发展成果惠民力度更大。城镇登记失业率控制在2%以内。城镇居民人均可支配收入增长8.5%，农村居民人均可支配收入增长9%。

生态环境方面。单位地区生产总值能耗、水耗分别下降1.5%和3%，全区生活垃圾无害化处理率达到99.7%,城区污水处理率为98.9%。细颗粒物（PM2.5）年均浓度控制在55微克/立方米左右。森林覆盖率达到30.2%，城市生态环境进一步改善。

城市运行方面。不含承接中心区疏解人口，常住人口规模控制在110万人以内。加强市场管理，食品药品安全监测抽检合格率分别稳定在98.5%和99%以上。

三、实现2017年国民经济和社会发展计划的主要措施

（一）以现代产业体系构建为核心，推动更高质量的发展

构建以智能制造、高端制造为基础，以临空经济、现代服务业为主导，以科技创新、战略性新兴产业为引领的现代产业体系，进一步增强创新创业驱动和投资消费协调拉动能力。

加快产业转型升级。积极争创国家临空经济示范区、中国制造2025示范区，持续建设国家现代农业示范区，推动区域产业转型升级和提质增效。（1）优化做强航空航天、汽车、金融三个支柱产业。全力确保航空安全实验基地、华北空管局终端管制中心落地开工，积极推动公务机机场及通航产业园建设。加快智能新能源汽车生态产业示范区建设，抓好北汽15万辆产能的新能源汽车布局，加大宁德时代北京动力电池芯项目引进，加快富电科技等已落地重大项目手续办理。着力打造“一区一城一园”三大金融平台，主动承接中心区金融资源外溢，加快北京银行科技研发中心、中信银行数据中心等项目建设。（2）巩固做大新一代电子信息、科学技术服务、商务会展服务、文化创意四个主导产业。依托地理信息产业园、金蝶软件园、中航信高科技产业园，发展新一代移动通信、地理信息、云计算服务。依托北京国际科技贸易基地，发展科技贸易服务，拓展科技服务市场。推进国际商品展示交易延展平台、航空航材展示交易体验中心、跨境电子商务产业园和国际会展产业园建设。实施“文化+”战略，做好国家对外文化贸易基地招商。（3）培育扶持新材料、生物医药大健康、高端装备智能制造、新能源和节能环保四个特色产业。推进第三代半导体材料及联合创新基地建设，发展石墨烯等前沿材料。巩固绿色建筑新材料、基础新材料领域优势。依托华大基因、韩美制药等龙头企业，发展生物药品、新型疫苗、诊断试剂、新型中药和新型诊

疗设备及数字医疗。围绕专用设备和成套设备制造等优势行业，发展高档数控机床、3D打印等智能装备产业。围绕电池、光伏等主导领域，加快新能源产品推广和示范应用。（4）提升做优旅游、物流、商贸服务、都市现代农业四大传统产业。持续推进五彩浅山、国际鲜花港建设，积极开发旅游产品，建设全域旅游发展新格局。提高物流设施信息化水平，加快集聚第四方物流等高端物流资源。落实生活性服务业品质提高行动计划。持续抓好国家现代农业示范区建设。

增强创新创业驱动。（1）深化科技创新协作。依托北部创新创业发展带，对接中科院、中关村重大科技成果产业化项目，进一步健全科技资源共享、转移转化、知识产权交易服务平台功能，推进重大科研成果在顺义中试、交易和产业化。加快中科院联动创新产业园和中关村顺义园建设，推动中科院空间信息技术创新研究院落户，引导卫星定位、导航、位置服务、地面空间遥感等项目在国家地理信息产业园布局。（2）深入实施“双创”发展。整合盘活区内楼宇、存量用地资源，推进百万平米众创空间和新三板加速器平台建设，培育和推广创新工场、众创空间等新型孵化模式。加快荷兰代尔夫特大学中国研究院建设，强化技术研发和示范应用，力争形成一批创新应用成果和企业。充分发挥中科院、中关村的智力引擎和政策引导作用，引进科研院所、国家重点实验室、产业技术联盟等研发主体，支持企业建设研发中心、研究院，培育发展中小型创新企业。

优化投资消费支撑。促进消费升级和投资增长良性互动、协同共进。（1）稳定有效投资增长。发挥投资支撑发展的关键作用，抓好生态环境治理、公共服务提升、城市运行保障、助推产业转型升级等方面120个重点工程建设，当年务必全部实现开工建设。继续做好重大产业项目调度，全力推进在批在建的115个重大产业项目建设，争取年内开工100个、竣工50个。以征地拆迁和闲置低效土地为突破口，按领域、分批次、分阶段、集中力量解决一批困扰多年的拆迁遗留问题和项目，有效解决项目和投资落地“最后一公里”问题。持续加大投资立体调控，常态化重点工程周调度、月调度工作机制。加快做熟项目前期，发挥好投资项目在线审批监管平台和统一编码制度的作用，研究落实“一会三函”工作程序，加快推动项目开工。按照“横向到部门，纵向到各镇”的原则，分解落实全年投资预期目标。（2）着力扩大消费需求。加快鲁能商业中心、沃尔玛（山姆店）建设，确保年内主体结构封顶；启动澳金园招商，推进万达商业综合体前期手续办理和金宝花园购物中心建设进度。完善“一刻钟社区服务圈”建设，大力提高生活性服务业品质，加快推进便利店、早餐点等8项功能进社区，发展“互联网+”便民商业服务的社区电子商务新模式。积极促进养老、健康消费，壮大信息消费，扩大教育文体消费。加快消费模式和业态创新，大力发展电子商务，释放过境群体消费潜力，促进特色街区转型升级，加快推动中粮祥云小镇生活性服务业示范街区认定。扩大旅游消费，加快“顺义旅游”体验店建设。建立多元参与的消费者权益保障和社会监督机制，营造安全放心、诚信友好的社会消费环境。

（二）以全面深化改革为引领，推动更有效率的发展

坚持“人民有所呼，改革有所应”，围绕制约发展的体制机制问题和改革过程中存在的不到位、不配套、不衔接问题，进一步转变理念，持之以恒的把改革向纵深推进，为发展提供动力支持和制度保障。

落实放管服改革。用更大的放、更好的管、更优的服，持续推动政府职能转变和释放发展潜能。（1）加快转变政府职能，完善决策权、执行权、监督权既相互制约又相互协调的行政运行机制。加快行政审批制度改革，全面实施权力清单、责任清单制度，对接好中央、北京市取消和下放的审批事项，建立完善固定资产投资项目审批清单。（2）建立“双随机”抽查制度，规范事中事后监管。将信用与生产经营、违法占地等方面紧密结合，推进企业和个人信用信息系统建设。加快商事登记制度改革，全面推行“五证合一、一照一码”登记制度。健全政务服务中心运行机制，打造统一的网上审批监管平台。

推进投融资体制改革。（1）抓住国家大力促进民间投资的机遇，进一步明确和畅通民间投资进入重点领域途径和渠道，研究落实我区基础设施和公共事业特许经营条例，完善各领域技术标准、规范和合同文本，大力实施2017年PPP项目计划。在区域整体开发、医疗+区域开发、污水处理、有轨电车、城市供水、社会公共停车场、棚户区改造等领域进一步加大政府和社会资本合作力度。（2）利用好国家、北京市各类投资发展基金，做好市级预算内资金争取工作，安排好区级政府资金使用。切实提高政府投资效益，加大向医疗、教育和城市管理领域倾斜，加强基

础设施和生态环境投入，支持自主创新能力建设，推动重点区域发展。研究设立专项建设基金，通过项目资本金投入、股权投资等方式直接用于补充重点项目的资本金缺口。

深化经济领域改革。（1）继续推进区属国有企业经营性资产重组。以出资关系为基础优化监管职能，以管资本为主推进经营性国有资产集中统一管理。进一步强化国有企业社会责任，引导国有企业更多参与社会公益事业。加强国有企业董事会建设，完善法人治理结构，健全现代企业制度。（2）持续深化财政体制改革，完善事权和支出责任相适应的财政制度，建立全面规范、公开透明的预算制度。

加快城乡综合改革。（1）强化规划保障机制，完善城市规划管理委员会制度，建立城建专家咨询委员会和责任规划师、专家审查等制度，集中研究决策规划实施中的重大问题，切实提高规划的科学性。加快城市生活展示体验馆建设，引导群众共同参与城市工作。（2）有序推进街道管理体制改革，完善街道职能定位，落实街道机构设置、人员编制调整和经费保障。统筹推进街道执法机制改革，建立切实可行的街道运行机制。（3）深化城市综合监管执法机制改革，统筹执法力量，落实职责分工。理顺区街权责关系，推进执法重心下移。（4）妥善开展村集体资产处置，深化农村土地制度改革，加快完成土地承包经营权确权颁证，鼓励和支持土地承包经营权合法有序流转。探索农村集体经营性建设用地统筹利用，编制集体建设用地规划，建立村集体增值收益分配制度，推进农村宅基地管理制度改革，切实保障农民权益。（5）落实我区国家新型城镇化试点方案提出的“产城融合、城乡统筹、绿色智能、多元可持续投融资机制建设”等任务，争取到2018年取得试点任务的阶段性成果，形成可复制可推广的经验。

完善供给侧结构性改革扶持引导机制。围绕国家“三去一降一补”重点任务和我市“去治进”工作主线，遵循改革规律和特点，正确处理政府与市场的关系、“舍”与“得”的关系，用一时的痛换来长远的利。统筹推进、分类指导，精准施策、标本兼治，坚决破除各方面体制机制弊端，通过抓主体责任、督办协调、督察落实，建立起全过程、高效率、可核实的改革落实机制，推动供给侧结构性改革举措早落地、见实效。

（三）以协同合作开放为导向，推动更优层级的发展

紧紧依靠北京在京津冀协同发展中的核心地位，充分发挥比较优势和示范带动作用，提升资源要素统筹配置能力。坚持引进来和走出去并重，积极参与全球分工合作，发展开放型经济，打造具有顺义特色的全方位、宽领域、多层次对外开放新格局。

推进非首都功能疏解。突出抓好“疏、控、承”三个关键点。（1）有序疏解存量。落实市政府下达的疏解任务，制定工业企业、低端市场疏解清单，加快引导相关企业外迁。继续推进一般制造及污染企业调整退出，清退关闭市场3家。（2）严格控制增量。按照政府主导和市场主体相结合的思路，严格执行新增产业禁限目录和全要素评价管理办法，深入开展负面清单管理，在准入环节禁限不适宜产业。（3）积极承载首都新增功能。做好功能疏解和拆违腾退空间管控，突出发展科技创新、国际交往以及高精尖产业，进一步增强发展要素配置效率。服务重大承接项目建设，加快友谊医院顺义院区及周边道路和市政配套管线建设，确保按期投入使用。协助北京城市学院二期3号宿舍楼建设，确保9月投入使用。扎实推进东城区棚改定向安置房建设，确保年内具备开工条件。加强中航信项目建设，确保中航信集团总部及下属公司年内全部进驻产业园区。加快北京国际会展产业园区规划和新国展二三期项目建设。

助力城市副中心建设。（1）完善提升城市功能。年内实现文化中心、电子政务中心、劳动力实训基地投入使用。加快推进市民之家等重点工程建设。启动东风商场片区改造和新城重点街区市政基础设施建设。加快推进棚户区改造，完成幸福西街、夏县营村、临河村3个棚户区改造项目征收（征地）拆迁，启动市政配套设施及安置房建设；加快西丰乐村等7个棚改项目前期工作。加强组团联络，打通微循环，加快推进复兴桥建设，继续实施木孙路、减河北路东延等主干道和华中路、顺河路等次支路建设，完善区域路网结构。加快水、电、气、热等城市运行保障能力建设，加快马坡220千伏和新城、军营、北河等三座110千伏变电站建设，全面推进公共充电桩配套建设。实施老旧小区供热管网、电网配电设施改造。围绕天北路等主干道路，全力推进综合管廊建设。（2）构建北京东北部路网。重构城市副中心以北路网结构，积极推进7条轨道交通和11条城市道路建设，促进区域高效联通。实施通怀路与中干渠路项目建设，加强东北部地区南北贯通。实施四纬路东延，优化服务城市副中心路网结构。加快轨道交通建设，

推动城际铁路联络线S6线一期北延、轨道交通15号线东延至杨镇等项目前期手续办理，开工建设有轨电车T2线。加强与中心城的交通联系，加快推动京密快速路（顺义段）建设。（3）加快顺义南部地区和河东地区城市化进程。深化行政区划调整前期工作，积极解决拆迁村集体资产处置问题，进一步优化行政区域布局，加快撤镇设街和撤村设居步伐。参照城市副中心标准，着力提高天竺、李桥、李遂和北务等南部地区基础设施建设水平，同步完善配套设施。深入落实推动河东河西协调发展实施意见，促进优质资源要素、基础设施建设和公共服务设施向河东倾斜。以杨镇为河东地区中心，完善主干路及支线微循环建设，加快实施“煤改电”、“煤改气”和安全饮水工程；集中精力分阶段将镇级医院打造成为区级医疗机构分院区。充分发挥河西地区辐射带动作用，深化重点经济功能区与河东镇级二三产业基地的合作共建。

培育“双向开放”新优势。（1）持续拓展服务业扩大开放优势。依托天竺综保区、临空经济核心区和中关村顺义园三大重点功能区，积极开展7大领域政策“先行先试”，全面释放前沿政策的集成效应，圆满完成剩余的15项任务，高质量建好服务业扩大开放综合试点示范区，为北京市乃至全国服务业开放发展创造更多可复制可推广经验。（2）创新对外合作方式。鼓励具有国际竞争力的区域企业“走出去”进行境外投资、对外承包工程、设立境外分支机构。加强部门和政策对接，用好用足“走出去”扶持政策和服务平台。积极吸引高端要素和产业价值链高端环节外资，鼓励和引导外资投向临空服务、文化创意、战略性新兴产业。（3）拓展国内经济合作交流。深耕“一带一路”战略、融入京津冀协同发展战略，推动河北威县和怀来的顺义产业园建设。强化与云南玉溪、贵州安顺、新疆皮墨的友好合作。做好援疆、援藏等对口支援工作，加强与内蒙古巴林左旗等地的对口帮扶，扎实开展与南水北调水源地河南西峡的对口协作。

（四）以强化红线管控为准则，推动更可持续的发展

坚持节约资源和保护环境的基本国策，进一步强化人口、资源、环境、生态四条红线管控，加大污染治理和生态建设力度，建立根据资源环境承载力调节城市规模机制，促使人口经济与资源环境相均衡。

坚守人口总量红线。扎实开展人口管控12项专项整治行动，做好人口“加减法”，全区常住人口规模控制在110万人以内。（1）严格控制人口规模。以控制常住外来人口增量为重点，坚决遏制人口过快增长。通过产业转型升级、产业结构调整、关停、外迁以及小商品市场和废品回收市场清理、规范等手段，推动人随业走。通过非首都功能疏解、严格控制产业用地和规模等方式，逐步推动人随功能走。严厉打击房屋租赁违法违规行为，综合整治群租房、地下空间散租住人；实施城乡结合部重点地区和人口倒挂村整治，压缩疏解人口生活空间；依法拆违打非，坚决压缩违法生产生活空间，防止人口再度聚集，推动人随居住走。（2）健全人口调控机制。综合运用行政、经济、法律、市场等方式，增强人口调控能力，引导人口合理流动。强化人口调控工作责任制，坚持镇（街）和区级部门“双控”机制，强化属地主体责任。常态化人口工作联席会制度和季度调度推进机制。充分利用手机信号数据，完善人口动态监测制度，提高人口调控监测预警能力。有序承接中心城区人口和功能疏解。

坚守资源消耗上限。设定资源消耗“天花板”，加强能源、水、土地等战略性资源管理，强化消耗总量管控与强度管理的协同。（1）大力推进节能降耗。全年能耗总量控制在1259万吨标准煤以内。强化目标责任考核，落实属地和部门责任，实行问责制，继续将指标任务责任分解到各镇、功能区和重点用能单位。开展重点用能单位调研，充分了解企业能耗情况及节能潜力，完成能源在线监测平台二期建设，将监测平台覆盖面扩大到全区106家重点用能单位和100家公共机构，精准了解各用能单位用能情况。积极推广使用太阳能等清洁能源和LED等高效照明产品。实施航空企业能耗监测，支持航空企业节能。深度推进工业节能，强化企业节能管理，加快实施节能改造。（2）节约集约利用土地资源。严格落实土地节约集约利用意见，强化城市空间规划、土地利用规划的整体管控和精细化管理。严格土地用途管制，以盘活存量建设用地为主，推进城镇建设用地增加与农村集体建设用地减少相挂钩。合理配置各类用地，有效保障合理用地需求。（3）高效利用水资源。坚持节水优化、量水发展，全年用水总量控制在2.9亿立方米以内，实现生产用新水负增长、生活用水控制增长、生态用水适度增长。加大再生水、雨洪水收集利用，完善再生水管线系统，建立再生水运营管理长效机制。

坚守环境质量底线。以改善环境质量为核心，以

保障人民群众健康为根本，严格控制大气和水环境质量。（1）坚决打好大气治理攻坚战。以PM2.5达标为重点，坚持多策并举、联防联治，全面推进控车、减煤、治污、降尘等措施，力争实现PM2.5年均浓度达到55微克/立方米。有效压减燃煤使用，实施燃煤锅炉清洁能源改造“清零”工程。完成112个村庄4.1万户农民“煤改电”工程。优质燃煤替代率继续保持100%，劣质散煤基本退出顺义市场。严控机动车尾气污染，淘汰高排放老旧机动车8160辆。划定大型货车绕城路线。强化重点企业和行业监管，全面清理整顿违法违规排污和生产经营行为，进一步降低制造业挥发性有机物排放。强化工地和道路扬尘治理，定期开展露天焚烧、露天烧烤和餐饮油烟专项检查行动，严厉打击各类环境违法行为。（2）全面推进水污染治理。认真落实新三年治污行动计划，加快污水处理设施建设，完成区污泥无害化处理工程一期和牛栏山再生水厂主体工程建设，实施引温入潮一期工程升级改造和张镇再生水厂建设，新建污水和再生水管线19公里。深入推进农村污水治理，完成26个村庄污水收集处理。

坚守生态保护红线。坚持保护优先、恢复为主，着力建设以绿为主、林水相依的绿色景观系统，构建生物多样性保护网络，增强生态服务功能。（1）增加绿色生态空间。扩大森林绿地面积，新增平原造林1400亩、彩叶造林500亩。推进首都森林城镇创建。以“潮白河绿色生态带”和“浅山都市慢生活区”为依托，构筑形成与河北廊坊北三县的绿化隔离带，重点建设舞彩浅山郊野公园、潮白河生态休闲公园，改造提升顺义新城滨河森林公园，修复提升牛栏山森林公园。有序推动美丽乡村建设，创建美丽乡村55个左右。加强平原造林资源管护，集中力量就近打造一批镇中心健身公园，逐步实现“一镇一园”的空间布局。（2）恢复河湖水系生态功能。建立健全河湖生态环境“河长制”组织体系，凝聚各方力量共同推进水环境建设。建设北京东北部地区最美水系，治理潮白河、温榆河、小中河，实施潮白河及汉石桥湿地的河湖水系连通。深化河道综合治理，完成温榆河等5条河道黑臭水体治理，力争全部消除挂账黑臭水体。启动潮白河（顺义段）生态治理工程，有效改善河道及两岸环境。

（五）以实现共建共享为根本，推动更加公平的发展

坚持以人民为中心的发展思想，按照人人参与、人人尽力、人人享有的要求，引导预期，注重机会均等，保障基本民生，优化公共服务资源布局，推进基本公共服务均等化，提高社会治理水平，促进社会和谐稳定，让人民群众有更多更直接的获得感。

建设完善的社会保障体系。（1）努力促进就业增收。巩固提升充分就业区成果，争创充分就业示范区，促进高质量就业。加强对河东等重点地区、对疏解企业分流职工及低收入农村劳动力等就业困难群体的精准帮扶。深入推行企业新型学徒制，加强首席技师工作室建设，全年确保城镇新增就业1.7万人，培训城乡劳动力1.2万人。（2）筑牢社会保障网底。落实全民参保计划，不断扩大社会保障覆盖面。落实各项社会保险待遇标准联动机制，继续推进城镇特困职工一次性医疗救助及城乡居民大病险，促进制度全覆盖向人员全覆盖转变。继续实施农村危房改造、住房救助，推进“支出型”贫困救助制度建设。进一步健全商业保险保障体系。（3）做好基本住房保障。按照“购租并举、以租为主”思路，深化住房保障和供应体系建设。全面推进前进村、太平村、小左各庄、沙坨村等回迁安置房建设，稳步推进自住型商品房建设，加强公租房建设与管理，全年定向安置房和保障性住房开复工3万套、竣工4839套。

推进公共服务优质均衡发展。（1）全面实施健康顺义战略。启动实施第二轮医疗卫生服务水平提升三年行动计划。继续深化医药卫生体制综合改革，创新临床医学、康复医学、预防医学、模拟医学融合发展的新模式。开展区级重点专科建设和科研项目管理，提升区级医院医教研防综合实力。落实乡村医生岗位管理，实现43个空白村医疗卫生服务全覆盖。探索市区镇三级家庭医生签约服务创新。加快推进区中医院迁建、区妇幼保健院改扩建工程。（2）促进教育均衡优质发展。扎实推进第二期学前教育三年行动计划，新增学前教育学位720个，完成高丽营二中、李桥中学扩建。推进国家学前教育改革发展实验区建设，深入开展集团化办学、校长职级制等改革试点。深化高校合作，成立首师大附属幼儿园，加快北师大附属实验中学分校建设。（3）完善养老服务体系建设。健全扶持养老事业发展政策体系，引导社会资本有序进入养老市场。完成区老年公寓升级改造，推动养老照料中心和老年驿站建设，普遍建立镇（街）级养老照料中心，建设社区养老驿站20家。深入开展“医养结合”，鼓励医疗机构申办养老机构，探索医养共同体。建设养老助餐服务体系，构建“集配中

心+社区老年食堂+义工配餐”的老年餐服务模式。（4）加快文体事业发展。推进首都公共文化服务示范区创建，大力发展航空文化、汽车文化、都市慢生活等顺义多元特色文化。以2022年北京冬奥会为契机，推动冰雪运动普及发展。

精细化管理城市。深入推进城市管理智能化、精细化、标准化，积极破解城市管理难题，建设安全有序，便捷舒适的城市环境。（1）建设智慧城市。推进基础地理信息平台一期、公共安全高清图像监控系统建设，促进市政、人口、交通、环境等重点领域运行的智能感知和精细管控，提高城市治理和服务水平。健全城市服务管理网格化体系，推进区、街道（镇）和社区（村）三级平台建设，有序实施热线中心、视频网络、大数据库建设等重点工程，加快“三网”融合、一体化运行进程。（2）建设整洁舒适城市。让交通出行更便捷，以中小学周边交通改造为重点，继续推进交通拥堵治理。提升公共交通服务，新增公交运营里程58.3公里，新增公路里程3.2公里。加快公共停车设施建设，结合公交枢纽和M15号线站点推进P+R停车场建设。让市容环境更靓丽，加强垃圾处理基础设施建设，做好焚烧二期、餐厨垃圾处理项目建设。深入开展环境综合整治，围绕通顺路、新国展等重点道路和重点区域，制定实施环境建设三年提升计划。突出治理城市顽疾固症，持续深入开展“消隐、拆违、打非”等专项行动。（3）建设安全城市。深化平安顺义建设，完善社会治安防控体系，加大技防建设投入，整合社会力量和资源，大力治理各类公共安全风险隐患。加强安全生产、食品药品安全监管，持续开展重点行业、关键环节专项整治，构建覆盖全区的防控和治理体系。开展食品安全示范区创建工作。建设“海绵城市”，健全城市防涝体系，加强城市生命线运行保障，提高城市应急管理能力。深入推进“八型”社区和农村社区试点建设，着力破解物业管理难题，打造一批精品社区。

各位代表，2017年计划任务艰巨而光荣，让我们在市委、市政府和区委的正确领导下，在区人大和区政协的监督支持下，紧紧依靠和团结全区人民，不断增强责任感和使命感，勇于担当、开拓创新，求真务实开展各项工作，圆满完成国民经济和社会发展目标任务，不忘初心、砥砺前行，建设绿色国际港、打造航空中心核心区、共筑和谐宜居新家园，在全市率先全面建成小康社会，为建设国际一流的和谐宜居之都贡献顺义力量！

关于顺义区2016年预算执行情况和2017年预算草案的报告

——2016年12月20日在顺义区第五届人民代表大会第一次会议上

顺义区财政局局长 范学智

各位代表：

受顺义区人民政府委托，现将顺义区2016年预算执行情况和2017年预算草案的报告提请区第五届人民代表大会第一次会议审查和批准，并请各位政协委员提出意见。

一、2016年预算执行情况

2016年，全区财政工作在市委、市政府和区委的正确领导下，在区人大和政协的监督指导下，深入学习贯彻习近平总书记系列重要讲话精神，牢固树立和贯彻落实创新、协调、绿色、开放、共享的发展理念，坚持稳中求进的工作总基调，围绕融入京津冀协同发展、服务首都城市战略定位、保障城市副中心建设等中心工作，以抓好财源建设夯实收入基础，以优化支出结构服务全区大局，以深化财税改革激发发展活力，全年预算执行情况良好。

（一）一般公共预算执行情况

1－11月份，全区一般公共预算收入完成137.47亿元，同比增长10.6%，同口径增长14.9%，完成年初预算的102%。一般公共预算支出完成200.02亿元，同比增长9.6%，完成年初预算的86.9%。

2016年，全区一般公共预算收入预计137.86亿元，同比增长10.5%，同口径增长15.2%，完成年初预算的102.3%，超年初预算主要是房产税、土地增值税一次性大额入库及残保金政策调整等因素影响。一般公共预算支出预计236.57亿元，同比增长5.1%，完成年初预算的102.7%。

区本级一般公共预算收入预计102.99亿元，同比增长11.4%，完成年初预算的101.4%。加中央及市级返还及补助46.77亿元，专项转移支付23.23亿元，镇级上解17.93亿元，调入资金1.83亿元，调入预算稳定调节基金28亿元，上年结余7.99亿元，收入合计228.74亿元。

2016年区本级一般公共预算超收财力1亿元，根据《预算法》规定，区本级超收财力应补充预算稳定调节基金。

区本级一般公共预算支出预计182.25亿元，同比增长2.9%，完成调整预算的98.6%。加上解市级1.37亿元，安排预算稳定调节基金2.83亿元，区对镇转移支付37.31亿元，年终结转4.98亿元，支出合计228.74亿元。

区本级一般公共预算收支平衡。

（二）政府性基金预算执行情况

1－11月份，全区政府性基金预算收入完成57.77亿元，同比增长45.4%，完成年初预算的57.2%。政府性基金预算支出完成43.39亿元，同比下降8.9%，完成年初预算的35.8%。

2016年，全区政府性基金预算收入预计58.28亿元，同比下降32%，完成年初预算的57.7%。未完成年初预算主要受市政府放缓供地项目审批、拆迁扫尾工作难度大等因素影响。全区政府性基金预算支出预计71.02亿元，同比下降8.8%，完成年初预算的58.6%。

区本级政府性基金预算收入预计58.28亿元，同比下降32%，完成年初预算的57.7%。加专项转移支付15.25亿元，地方政府债券转贷收入91.71亿元，调入资金0.54亿元，上年结余20.95亿元，收入合计186.73亿元。

区本级政府性基金预算支出预计65.49亿元，同比下降14%，完成调整预算的55.4%。加区对镇转移支付9.96亿元，上解支出4.14亿元，地方政府债券付息支出1.5亿元，地方政府债券转贷支出91.71亿元，调出资金1.83亿元，年终结转12.1亿元，支出合计186.73

亿元。

区本级政府性基金预算收支平衡。

按照清理政府性基金预算结转资金的要求，应将单项政府性基金结转资金超当年该项基金收入30%部分调入一般公共预算，经测算，共涉及1.83亿元，并按要求将其补充预算稳定调节基金。至此，区本级预算稳定调节基金规模达到2.83亿元。

经市政府批准、市财政局核定，我区2016年北京市政府债券转贷额度为91.71亿元，均为专项债券（其中：政府置换债券88.71亿元；新增政府债券3亿元），已按要求列入预算，并经法定程序报区人大常委会批准调整了2016年区级预算，主要用于置换区土储分中心剩余银行贷款、幸福西街棚户区改造等方面。

（三）国有资本经营预算执行情况

1-11月份，国有资本经营预算收入暂未发生。国有资本经营预算支出完成0.05亿元，同比增长97.1%，完成年初预算的5.4%。

2016年，国有资本经营预算收入预计2.19亿元，同比增长130.5%，完成年初预算的2.19倍。超年初预算的原因主要是随着国资监管工作的全覆盖，经济功能区等企业纳入国资监管范围，同步纳入国有资本收益收缴范围，同比净增。

国有资本经营预算支出预计0.88亿元，同比下降35.3%，加年终结转1.31亿元，支出合计2.19亿元。

国有资本经营预算收支平衡。

需要说明的是，上述数据是根据预算执行情况初步汇总的，在财政决算编成后，还会有所变化。

（四）2016年预算执行效果

今年以来，全区根据“宏观政策要稳、产业政策要准、微观政策要活、改革政策要实、社会政策要托底”的总体思路，围绕创新、协调、绿色、开放、共享的发展理念，加强政策聚焦和资金统筹，预算执行效果良好。

1.强创新，着力提升经济发展质量。从经济发展形势来看，我区经济总量不断跃升，经济质量持续优化，全区三次产业呈现“三二一”产业格局。随着供给侧结构性改革的不断推进，加快产业转型升级已被摆在发展的首位。2016年，我区加大对“提质增效”的投入力度，加速区内闲置资源“腾笼换鸟”步伐，助力构建“高精尖”经济结构。

投入13.65亿元，保障中关村顺义园、临空经济核心区、绿色生态产业功能区和天竺综保区政策性资金和办公经费，加快国资国企整合重组，推进区域经济“规模化、精细化、系统化”融合发展，提升协同创新能力，形成区内协同创新共同体。从招商引资成果看，2016年，新增入区企业542家，注册资本金达393.12亿元；从税收贡献看，综合保税区和三大经济功能区预计实现税收283亿元，形成一般公共预算收入57.8亿元，占全区一般公共预算收入比重达42%。投入3.54亿元，用于北汽自主品牌乘用车基地和现代三工厂建筑补贴，提升发展汽车产业，推动传统汽车制造产业链条向高端环节延伸。投入1.42亿元，加大创业企业上市扶持力度，激活中小企业发展活力，16家企业挂牌上市，累计挂牌上市企业达47家；加快金融产业发展壮大，以民生银行信用卡中心为代表的金融业已成为拉动我区增收的主要行业，新注册的金融机构20家，全区金融机构累计达245家。投入双创项目资金0.91亿元，实施创新驱动发展战略，鼓励大众创业、万众创新，启动优客工场、北京临空创新创业示范基地、三帝打印三个双创项目，在区内营造良好的创新创业环境。

2.重协调，大幅提升城市管理水平。不断完善城市功能，促进产城融合，加强城市基础设施建设，提高城市服务管理水平，推动区域城乡协调发展，加快实现城市治理体系和治理能力现代化。

投入26.25亿元，推动固定资产投资、重点工程项目开展，保障电力重点工程专项资金，支持老旧小区综合治理，加快区委党校迁建，城市基础设施不断完善。投入5.7亿元，完善路网交通体系，对木孙路、减河北路东延、顺平辅线俸伯桥配套附属、永业东大街（牛山三路）等道路、桥梁建设予以支持，逐步完善国市道系统，进一步推进道路交通干线建设，不断提升城市功能。投入3.44亿元，加快城市基础设施维护，提升基础设施运行保障能力，做好19233基政府产权路灯运行维护，开展图像信息及小区监控系统等工程，保障785路政府产权治安监控探头、15处交通诱导屏、8处监控机房和27个管理平台正常运转。投入3.4亿元，推动交通治理工作，改善交通出行环境，保障公交客运企业补贴，支持8000辆公共自行车运营维护，提升交通运输承载能力。

3.增绿色，持续加大生态环境治理力度。扎实推进污染物减排和治理，全面实施大气、水污染防治和垃圾处理等各项任务，稳步实现“空气更清新、河流更清澈、垃圾治理更有效、区域环境更整洁”。

投入8.55亿元，全面落实清洁空气行动计划，继续支持农村地区减煤换煤、煤改电、农宅抗震节能等项目，降低农村地区劣质燃煤使用数量，实现优质燃煤替代79486吨，更换炉具26754台，22个村完成煤改电工程。投入7.27亿元，支持平原造林和五河十路二道生态林土地流转及养护工作，完成造林面积7007亩，保障重点公路河道绿化成果，改善区域生态环境。投入6亿元，改善生产和生活用水安全，加强水环境保护和河道治理，保障污水处理厂正常运行，支持循环水务、雨洪利用、市级水源地相关区域集中供排水、顺义新城温榆河水资源利用、鲍丘河治理等工程建设。投入2.4亿元，切实加大环境治理力度，支持天竺拆迁村环境综合整治，开展空港核心区区域环境提升等工程。投入1.45亿元，加快推进生活垃圾处理中心焚烧二期、垃圾处理厂等垃圾处理设施建设，降低生活垃圾危害水平。

4.谋开放，大力推进区域协同发展。主动融入京津冀协同发展大局，积极承接中心城区功能疏解，加快推动与中心城区和周边区的协同发展，更好地支撑首都城市战略定位。促进河东河西地区均衡发展，为全区形成“东西齐飞、城乡融合、共同繁荣”一体化发展格局奠定坚实基础。

投入6.56亿元，全力疏解非首都功能，加快路网建设，着力完善机场周边路网和跨河交通，提高道路服务水平，推动北京东北部地区与城市副中心、京津冀及两个机场的协同发展;加快淘汰和转移落后产能，支持工业污染企业调整退出，将不符合首都功能和区域产业定位的低端低效企业淘汰退出；加强人口调控工作，建立人口调控奖励约束机制，促进人口长期均衡发展。

投入12.7亿元，加大对河东地区基础设施投资力度，加快河东地区城镇化发展步伐，提升基础设施承载水平，增强自身发展能力。支持龙湾屯镇双源湖环境整治、五彩浅山区域环境景观提升、南彩镇东江公园等项目，实施河东地区增绿工作。加快顺平辅线俸伯桥、潮白河复兴大桥建设，推进木孙路、通怀路等道路工程，交通出行更加便捷。开展大孙各庄35千伏线路切改、北京东特高压站配套500千伏线路送电等工程，电力保障不断完善。

5.促共享，全面增进民生福祉。加大民生保障投入力度，不断完善城乡居民的基本公共服务体系，持续提高医疗卫生服务水平，实现教育优质资源的均衡发展，不断提升城市文明程度，逐步提高社会保障和就业水平，全区人民幸福感不断提升。

投入27.24亿元，落实社会保障和就业各项惠民政策，健全社会保障体系，启动机关事业单位养老保险制度改革，保障城乡居民养老保险基础养老金、无保障老年居民福利养老金、城镇居民医疗保险等政策资金，不断提高我区养老和医疗保障水平，城乡居民基础养老保险缴费补贴5.9万人，基础养老金补贴4.72万人，无保障老年人福利养老金发放4万人；支持各项就业促进政策的实施，保障公益性岗位补贴、就业困难人员保险及岗位补贴等，全区城镇新增就业25363人，城乡劳动力二三产业就业率保持在95%以上，连续第5年获评北京市充分就业区称号，充分就业成果有效巩固。投入31.05亿元，支持教育事业发展，落实学前教育优惠政策，保障幼儿园办园条件达标、村办园建设、幼儿园编外用工教师工资保险等项目；改善基础教育办学条件，开展中小学综合素质提升、校园文化建设项目，积极落实“两免一补”政策；统筹优化职业教育、高中教育和高等教育资源，积极响应疏解首都教育功能政策。投入19.6亿元，加大医保和新农合补助力度，不断完善报销政策和保障措施，参合人数达23.78万人，新农合基金总额达3.77亿元，切实减轻了农村居民医疗负担，促进城乡居民医疗保障协调发展；投入1.38亿元，推进医疗卫生服务水平提升三年行动计划，建立编外用工人员保障机制，开展重点专科建设、实验室建设、三甲医院专家百人工程等重点项目，提高基本公共卫生服务水平。投入9.25亿元，推动农业综合开发，落实新农村各项政策，保障新农村建设、基本菜田、设施农业配套、政策性农业保险补贴等资金及时足额到位，有效提高农民生产生活水平。投入3.66亿元，丰富我区科技文化体育资源，保障科技创新、文化创意产业专项资金及时到位，开展我区特色品牌文化活动，加强全民健身体育运动，提升全民科学素质。

（五）重点财政管理及改革工作完成情况

1.强化财政支撑促进作用，推动区域经济发展提质增效。

围绕税制改革，加强和稳固税源建设。稳步推进“营改增”全面扩围，结合税制转换和体制调整，做好政策争取和风险应对。同时，结合我区实际，对区镇两级增值税划分比例进行深入研究和测算，及时出台了《关于全面推开营改增试点后调整区镇两级增值税收入划分过渡方案》，确保了“营改增”改革在各个层面的顺利推进。

围绕非税收入改革，加强和规范非税收入管理。

大力推进非税收入收缴管理制度改革。印发《顺义区财政局关于进一步加强非税收入收缴管理的通知》，对收缴流程、票据管理等一系列非税收入管理工作进行规范，进一步提高非税收入管理水平。

围绕经济发展提质增效，助力"高精尖"产业发展。一是积极探索政府投资基金管理办法，研究组建顺义区政府投资引导基金，合理设计政府投资引导基金的运行机制、监管机制和治理机制，支持"高精尖"产业发展，助推城市发展。二是研究制定《关于优化扶持产业发展政策的意见》，吸引更多科技含量高、综合效益好的企业在我区形成产业集聚，形成多点支撑的"高精尖"经济结构。

2.强化财政统筹引导作用，提升财政部门供给效率和资金保障能力。

建立健全科学精细的预算管理体系。一是统筹政府预算体系。建立定位清晰、分工明确的政府预算体系，明确各类预算的功能定位和收支范围，将政府债务分类纳入预算管理，加大各类预算之间的融合力度。二是强化预算管理办法的制度约束。通过出台《顺义区专项转移支付管理办法》、《顺义区区级基本支出预算管理办法的通知》、《顺义区区级项目支出预算管理办法的通知》等制度，进一步提高财政资金使用的规范性、安全性和有效性。

加快支出进度与盘活财政存量资金并举。建立考核奖励机制，印发了《顺义区预算执行考核奖励暂行规定》，进一步调动各部门加快支出进度的积极性。围绕支出进度和盘活存量资金两大重点工作，建立定期调度和通报机制，增强政府配置资源的能力，统筹资金用于发展急需的重点领域，增加资金有效供给。

进一步推动实施滚动预算。实施2016-2018年滚动预算，对部门预算经常性项目进行梳理，将梳理结果应用到2017年预算编制中，提高了项目预算编制的规范性、准确性、科学性。在指导单位编制2017年部门预算的同时，按照"近详远略"的原则，同步编制2018年部门项目支出计划，实现资金的跨年度衔接。

积极探索政府购买服务。加强制度规范，不断完善政府购买服务的工作机制和政策体系，印发《顺义区政府购买服务预算管理办法》、《顺义区政府购买服务操作流程》、《顺义区政府购买服务绩效考评细则》及《顺义区2016-2017年政府向社会力量购买服务指导性目录》，逐步规范和推广政府购买服务工作。

3.强化财政监管服务作用，提高财政资金使用效益。

加快推进政府债务管理改革。一是加强债务监管，对政府债务规模实行限额管理，守住债务红线；通过监控债务率，对全区政府性债务进行风险评估，并建立债务风险应急处置机制，及时控制和化解政府性债务风险。二是积极推进政府债务分类纳入预算管理，做好债券置换工作。截至目前，我区政府债务余额为140.32亿元，整体规模低于市政府批准的债务限额。

继续严格预算约束和监管。一是积极推进预决算公开。扩大部门预决算公开范围，除涉密部门外，97家区级预算单位公开了本部门2016年预算。94家区级预算单位公开了本部门2015年决算，较上年增加12家。进一步细化公开程度，将基本支出全部细化到经济分类的"款"级科目。要求各部门公开"三公"经费的总额和分项数据，并细化说明"三公"经费增减变化原因。在公开机关运行经费支出的基础上，增加了政府采购支出和大额专项资金执行情况等公开事项。二是强化绩效考评管理责任。加大事前评估力度，扩大事前评估规模，落实评估结果应用机制。大力推进全过程绩效评价工作，将评价重点转移到部门整体支出和大额专项评价上。继续扩大绩效评价范围，到2018年实现一级预算单位的绩效评价全覆盖。三是大力推进行政事业单位内部控制工作。进一步提高我区行政事业单位管理能力，要求全区94家行政事业单位年底前全部完成内部控制工作，切实加强廉政风险防范。

不断强化国库管理制度改革。一是全面推进国库集中支付改革，要求区级新增预算单位全部纳入改革，同时实现镇级国库集中支付全覆盖。二是加强库款管理，委托市财政局代为操作国库现金管理，在保证资金安全和支付需求的前提下，努力降低库款规模，同时增加国库存款利息收入，2016年通过国库现金管理实现国库存款利息收入1.41亿元。三是全面清理财政对外借款，积极与借款单位和借款监管单位主动衔接，及时梳理第一阶段财政性资金借款清理工作情况，根据不同类型的借款，研究制定了分类处理建议，确保了清理工作有序进行。截至目前，共清理以前年度财政借款30笔，涉及金额达36.3亿元。

各位代表，2016年是"十三五"规划的开局之年，是宣传学习党的十八届六中全会精神之年，全区上下凝心聚力，实现了经济社会的良好发展，但冷静审视新形势、新任务和新要求，我们清醒地看到，财政工作仍存在一定差距和不足，主要体现在：一是随着供给侧结构性改革的不断深入，税制改革步伐的不断加大，新常态下经济增速放缓，加快创新发展、推动产业转型升级、深度调整税源结构的任务十分艰巨。二是在审计、财政监督过程中发现，部门预算编制的科学性、准确性有待提高，部分申报预算的项目不够成熟，造成财政资金无法及时拨付，影响支出进度。三是随着转变政府职能、简政放权等体制改革的推进，科学划分政府间事权和支出责任显得尤其重要，厘清政府与市场的职责边界也需持续关注。下一步，我们将高度重视，继续采取有效措施，努力加以解决。

二、2017年预算草案

（一）2017年预算编制的指导思想及编制原则

预算编制的指导思想是：全面贯彻落实《顺义区国民经济和社会发展第十三个五年规划纲要》，紧紧围绕“把握发展的阶段性特征，推动经济社会转型升级”的工作总要求，主动融入京津冀协同发展，服务保障首都核心功能，落实供给侧结构性改革各项任务，积极发挥财政职能作用，依法加强财税收入征管、不断优化支出结构，重点解决经济社会发展中的热点、难点问题，努力为全区经济社会健康持续发展提供有力保障。

预算编制的原则是：收入预算坚持实事求是、积极稳妥、科学预测、留有余地，按照财政收入增长与经济社会发展水平相适应的原则，合理预计，力求精准。支出预算按照量入为出、盘活存量、用好增量的原则，统筹兼顾、在保证基本公共服务合理的前提下，优先保障重点支出，严格控制行政成本，将厉行勤俭节约与部门预算管理紧密结合。

（二）2017年收支预算的总体安排

1. 一般公共预算总体安排情况

（1）收支安排主要考虑因素

收入方面。从有利因素分析：一是区域经济发展相对平稳。我区经济长期向好的基本面没有变，经济结构调整优化的前进态势没有变，经济持续稳定增长的支撑基础和条件没有变，均为财政增收奠定基础。二是财税收入征管措施完善。坚持保存量、挖增量的组收政策,创新收入征管机制，挖掘税收征管潜力，确保税源不漏不丢。三是各项改革措施逐渐发力。伴随简政放权、供给侧结构性改革等政策有效落实，市场主体创新活力进一步增强，社会资本参与度进一步提高，有利于财政收入的稳定增长。从不利因素分析：一是宏观经济运行仍存在下行压力。我区经济发展尚处于转方式、调结构过程中，经济下行压力将会传导至财政收入领域。二是“营改增”政策减收效应将逐渐释放。“营改增”全面推开后，中央与地方的增值税收入划分比例发生较大变化，2017年减收效应将扩大至全年，财政收入增幅将进一步放缓。三是收入结构有待优化。纵观2016年我区财政收入取得的良好成果，非税收入起到显著拉动作用，但从长远发展来看，非税收入很难形成长久支撑，进一步提高税收收入占比势在必行。四是新增税源培植任务艰巨。虽然制造业、房地产业、金融业、交通运输仓储邮政业等行业已成为拉动我区增收的支柱产业，但收入对少数重点企业依赖度偏高，加快创新发展、推动产业转型升级、积极培育新增税源的任务十分艰巨。

支出方面。按照2017年财政收入预期增长水平，综合考虑市对区、区对镇的财政体制关系，坚持“保基本、保运转、保重点”的资金保障顺序，结合我区十三五重点工作安排，将全区重点事项及部门重点事业发展项目所需资金全部纳入部门预算，做到不遗不漏，不留资金硬缺口。

（2）收支安排总体情况

全区一般公共预算收入预期148.88亿元，同比增长8%，一般公共预算支出230.3亿元，与2016年基本持平。

区本级一般公共预算收入预期114.76亿元，同比增长11.4%。加中央和市级返还及补助56.49亿元，提前告知专项转移支付13.76亿元，镇级上解16.42亿元，调入预算稳定调节基金2.83亿元，国有资本经营预算划入0.15亿元，上年结余4.98亿元，收入总计209.39亿元。

区本级一般公共预算支出176.68亿元，同比下降2.7%。加上解市级支出2.61亿元，区对镇体制补助25.45亿元，区对镇一般性转移支付3亿元，区对镇专项转移支付1.65亿元，支出总计209.39亿元。下降的主要原因是2016年为加大存量资金的盘活力度，调入预算稳定调节基金23.46亿元，超出2017年调入使用额度20.63亿元。

区本级一般公共预算收支平衡。

2017年我区党政机关、全额拨款事业单位的“三公”经费财政拨款支出0.92亿元，较2016年预算降低23.7%，主要是我区贯彻落实中央要求，坚持厉行节约，继续严格控制“三公”经费规模。其中：

因公出国（境）费用0.05亿元，较2016年预算降低3.8%；公务接待费0.19亿元，较2016年预算降低5%；公务用车购置及运行维护费0.68亿元（其中，购置费0.17亿元、运行维护费0.51亿元），较2016年预算降低28.7%，主要是结合公务用车制度改革，对取消的一般公务用车不再安排公务用车运行维护费预算。

2. 政府性基金预算总体安排情况

全区政府性基金预算收入预期71.01亿元，同比增长21.8%，政府性基金预算支出77.4亿元，同比增长9%。

区本级政府性基金预算收入预期71.01亿元，同比增长21.8%（其中，国有土地使用权出让收入70亿元；城市公用事业附加收入0.8亿元；新型墙体材料专项基金收入0.2亿元；彩票发行机构和彩票销售机构的业务费用0.01亿元），加专项转移支付0.22亿元，上年结余12.1亿元，收入总计83.33亿元。

区本级政府性基金预算支出72.14亿元，同比增长10.2%，加上解支出11.19亿元，支出总计83.33亿元。

区本级政府性基金预算收支平衡。

3. 国有资本经营预算总体安排情况

国有资本经营预算收入预期1.5亿元，同比下降31.5%，加上年结余1.31亿元，收入总计2.81亿元。下降的主要原因为2016年北京顺义科技创新有限公司新纳入国有资本经营预算范围，因账务调整，一次性入库数额较大，2017年无此因素。

国有资本经营预算支出2.66亿元，同比增长201.3%，为加强国有资本经营预算与一般公共预算的衔接，按照国有资本经营预算收入的10%调入一般公共预算，国有资本经营预算调出资金0.15亿元，支出总计2.81亿元。

国有资本经营预算收支平衡。

4. 社会保险基金预算总体安排情况

社会保险基金预算收入预期10.78亿元，加上年结余14.52亿元，收入总计25.3亿元。

社会保险基金预算支出9.49亿元。

社会保险基金预算年终结余15.81亿元。

（三）强化统筹、突出重点、稳步落实“十三五”目标任务

2017年，结合我区经济社会发展特点，集中财力，保证重点任务有效推进，支出重点保障加强社会运行管理、推进生态文明建设、保障民生需求、落实创新驱动发展战略、积极承接中心城区功能疏解等方面。

1.加强社会运行管理，提高重点领域运行效率，安排资金53.26亿元。

为完善基础设施建设，安排资金33.92亿元。主要用于政府固定资产投资，实施重点工程项目，完善区域基础设施建设。支持老旧供热管网改造，提升居民生活质量。大力发展公共交通建设，支持清洁能源电动出租车发展，改造、新建公交站点，疏通城市道路微循环，改善道路交通环境，保障群众便利出行。

为保障城市正常运转，安排资金9.02亿元。主要用于加快宜居城市建设，保障道路、市政设施维修养护，以及环卫作业、路灯照明等基本运转需求，美化市容市貌，塑造良好城市形象，加强重点区域景观质量提升，促进地区经济文化发展。支持老旧小区综合改造，构建安全、稳定、和谐的社区环境。落实公交客运补贴、清洁能源电动出租企业运营补贴、公共自行车运维补贴政策，不断完善区域公共交通体系发展，促进绿色出行。

为加强公共安全保障，安排资金10.32亿元。主要用于保证公安、司法等部门运行经费，支持顺义区新建看守所拘留所正常运行，维护社会公共秩序。提供综保区海关监管相关运行保障经费，保障综保区各项政策有序落实。继续推行老旧电梯改造工程，消除安全隐患。推动食品安全、建筑安全、交通安全等公共安全建设，做好防汛、地质灾害等突发事件应急保障。

2.推进生态文明建设，共筑和谐宜居新家园，安排资金23.02亿元。

为落实节能减排政策，安排资金8.4亿元。主要用于持续推进清洁空气行动计划，继续实施优质燃煤替代工程、落实供热企业煤改气补贴政策、淘汰落后产能企业。加快实施农村地区取暖煤改电工程，减少空气污染。支持既有节能居住建筑供热计量改造工程，对小区进行供热管道及热计量改造。

为加强生态涵养保护，安排资金10.11亿元。主要用于继续实施平原造林及养护工程，为城市增彩延绿。支持城市绿化、生态林养护等绿化工程，人均公共绿地面积进一步提高。巩固美丽乡村建设成果，继续提升农村人居环境。

为推动水资源环境治理，安排资金2.92亿元。主要用于加快水环境综合整治工程，落实水污染防治属地责任。积极实施“引温济潮”工程，有效保障潮白河河道蓄水能力。继续落实龙道河花马沟黑臭水体应急治理后期运行保障，提高污水处理能力。

为提升垃圾处理水平，安排资金1.59亿元。主要用于支持垃圾处理厂运行维护，提高垃圾资源化处理能力。推进城镇地区小区垃圾分类，建立垃圾分类投放、分类收集、分类运输和分类处理的全过程管理体系。支持新能源环卫车辆、垃圾桶、果皮箱等更新维修，维护市容市貌整洁。

3.着力保障民生需求，增加人民幸福指数，安排资金83.68亿元。

为支持教育发展，安排资金31.88亿元。主要用于进一步促进教育资源均等化发展，引进建设重点优质教育院校。支持师资队伍建设，重点倾斜学前教育资源配置，提前布局即将到来的入园高峰，妥善解决“入园难”问题。继续落实义务教育免除政策，促进义务教育均衡发展。

为提高医疗卫生水平，安排资金17.02亿元。主要用于积极引进优质医疗资源，开展战略合作，提升区域医疗卫生水平。继续实施医疗卫生服务水平三年提升行动计划，加大诊疗设备更新购置保障水平。落实城镇居民基本医疗保险补助，深化新型农村合作医疗制度改革。完善基本公共卫生服务体系建设，重点保障弱势群体、特殊人群基本需求。

为落实社会保障和就业政策，安排资金19.73亿元。主要用于加大居家养老服务力度，扶持和培植养老服务产业，支持社会化养老机构建设。提高无保障老年居民保障水平，建立高龄老人医疗补助政策，完善各项社会保障政策，提高整体社会保障水平。积极鼓励落实各项就业政策，大力做好就业技能培训，提高再就业能力。落实社会公益性岗位补贴制度，有效安置城乡就业困难人员。努力搭建自主创业平台，激发创业活力。

为促进“三农”发展，安排资金12.32亿元。主要用于支持新农村社区试点建设，持续改变农村面貌。实施农宅抗震节能改造工程，全面改善农村居住条件。完善农村基础设施建设，保障农村公路大修及路灯安装，提高农村居民生活品质。支持绿色农业和高新技术农业发展，推动减少化肥农药过度使用。推行农业保险补贴政策，提高农民抵御风险能力。

为繁荣文化体育发展，安排资金2.73亿元。主要用于推动基层文化体育设施建设，丰富日常文化体育生活，举办提升区域形象的各项文体赛事。实施农村电影放映工程，丰富农村文化生活。提高青少年运动竞技水平，增强全民体质。

4.推进协同创新发展，培育新兴产业集群，安排资金21.07亿元。

为落实创新驱动发展，安排资金19.84亿元。主要用于支持综合保税区、临空经济核心区、中关村科技园区顺义园、绿色生态产业功能区等重点功能区建设，依托北京智能新能源汽车生态产业示范区效应，加快形成战略性新兴产业集群。支持设立国家新兴产业创业投资引导基金，助推战略性新兴产业、先进制造业、临空产业发展。继续落实创业摇篮计划，支持鼓励主导产业发展，兑现上市培育企业扶持资金，鼓励大众创业、万众创新。

为吸引高端人才入区，安排资金1.23亿元。主要用于持续推进人才公租房建设，吸引高端人才助力区域经济发展。继续实施高端人才聚集工程，形成“以产引人，以人促产”的共赢格局。做好后备人才培养工作，充实人才储备。

5.积极承接中心城区功能疏解，促进京津冀协同发展，安排资金8.45亿元。

主动融入京津冀协同发展大局，积极承接中心城区功能疏解，坚持产城融合、职住平衡。提高城市精细化管理水平，加大对河东镇的投入力度，促进河东河西均衡协调发展，完善北京城市学院配套设施建设，促进地区社会发展。

（四）切实做好2017年财政改革与管理工作

2017年，财政及相关部门将按照区委的要求，继续深化财税体制改革，紧密围绕“十三五”顺义发展的各项战略任务，主动服务经济社会发展大局。

1.继续深化财政体制改革，助推财政管理提质增效。

一是继续推行滚动预算管理。协调做好部门间规划衔接工作，树立滚动预算意识。在2016年试行编制三年滚动预算的基础上，改进预算编报方式，优化软件环境，不断完善预算编报体系，在财政收入下行周期，发挥财政的资源配置能力，实现跨年度预算平衡。

二是深入推进国库集中支付改革。优化公务卡支付结算环节，提高公务卡的使用率。健全预算执行动态监控机制，加强对支付资金的实时监控。继续开展权责发生制政府综合财务报告试编工作，扩大试点范围。稳步推进国库现金管理，实现库款常态化管理。推进国库业务电子化改革，选择试点单位开展国库电子化改革。

三是加强政府性债务管理。切实增强风险防控意识，逐步消化存量债务，合理控制债务规模，有效防范和化解债务风险。完善政府性债务统计分析报告制度，加强对全区政府性债务的动态监测。推行政府性债务公开制度，自觉接受社会监督。

2.建立全过程预算管理体系，提高预算管理水平。

一是推行预决算评审制度，增强资金安排的针对性。进一步明确预决算评审范围、评审内容和业务流程，全面推进预算项目评审制度，将评审结果作为资金分配的重要参考依据，增强财政资金安排的针对性。

二是加强预算执行考核，提高资金拨付进度。建立预算支出进度考核机制，将预算支出考核、盘活存量资金与预算安排紧密衔接，从源头控制财政存量资金。进一步盘活存量资金，按照结余资金管理办法清理收回年度结余资金，统筹用于急需的重点领域和民生保障支出。

三是健全预算绩效评价机制，提高财政资金使用效益。不断完善绩效评估管理方式，加强预算绩效评估的“关口前移”，逐步加大事前评估的规模和力度，对社会关注度高、影响范围广的重要事项进行重点考评。树立绩效问责意识，建立“花钱必问效、无效必问责”的责任倒逼机制。

四是巩固内控制度建设成果，保证财政资金安全。持续推进内控规范实施工作，保证各项措施有效落实，做到事前有防范、事中有控制、事后有监督，切实提高内部管理水平。

3.创新财政支出方式，提高财政资金使用效益。

一是大力推行政府和社会资本合作模式。结合我区实际，积极探索适合开展政府和社会资本合作项目领域，统筹推进有轨电车T2线路、餐厨垃圾处理厂建设工程等项目实施，扎实做好项目前期论证，科学设计PPP项目实施方案，促进更多项目落地实施，增强区域经济发展内生动力。

二是充分发挥政府投资基金的引导作用。通过财政整合出资，吸引民间企业、国企、金融机构共同参与，重点支持国家战略性新兴产业发展、城市基础设施建设和资源整合与优化。完善行政性分配方式，采取基金管理等市场化运作模式，逐步与金融资本相结合，发挥财政资金撬动社会资本的作用。

三是持续推进政府购买服务。随着行政体制改革不断深入，加快服务型政府建设、健全公共财政体系势在必行，对我区已经实行政府购买服务的重点项目进行跟踪，积极总结经验，完善政府购买服务的各项规定。

四是完善政府采购制度。建立健全政府采购内控管理机制，对政府采购活动中的风险事项进行全程监督。继续加强政府采购信息管理，推行网上信息登记工作。推进政府采购信息公开，实现从采购预算到采购结果的全过程信息公开。

五是加强国有资产管理工作。加强行政事业单位国有资产配置管理，促进资源合理配置。进一步将资产管理与预决算、政府采购管理相结合，建立资产管理信息系统同预、决算编制系统的对接平台，进一步规范资产使用和处置管理。

4.完善监管体制，建立公开透明的法治财政。

一是依法接受人大监督工作。及时向人大提供全面、真实、准确、详细的预算信息及预算执行情况，提高人大预算监督效能，维护预算的严肃性。积极落实人大提出的问题建议，及时整改。加快推进政府依法理财，规范政府收支行为，打造“阳光财政”。

二是深入推进预决算公开制度。逐步实现除法定涉密信息外所有使用财政资金的部门均公开本部门预决算，进一步公开“三公”经费预决算，推进镇级预算公开、专项转移支付分地区、分项目公开。实现四本预算的全部公开，主动公开预决算中的政府采购、政府购买服务信息，逐步公开预算绩效、国有资产占有使用情况等信息。建立预决算公开统一平台，拓宽公开渠道，方便社会公众查阅和监督。

三是深入做好财政监督检查工作。通过开展会计监督检查和专项资金检查，查找单位在财务管理和资金使用中存在的不足，帮助单位完善内部管理制度。探索建立全方位的财政监管机制，理顺管理机构监督层次，构建规范的财政监督检查组织体系。

各位代表，2017年我们将按照区委的统一部署，认真落实《顺义区国民经济和社会发展第十三个五年规划纲要》的各项任务，自觉接受区人大和政协的监督指导，虚心听取各方意见，锐意进取，奋发有为，积极发挥财政职能作用，推动我区经济社会持续健康发展。

顺义区人民法院工作报告

——2016年12月21日在顺义区第五届人民代表大会第一次会议上

顺义区人民法院院长 李旭辉

各位代表:

现在，我代表顺义区人民法院向大会报告工作，请予审议。

过去五年的工作回顾

区四届人大一次会议以来，我院在区委的正确领导、区人大及其常委会的有效监督和上级法院的悉心指导下，深入学习贯彻党的十八大和十八届三中、四中、五中、六中全会精神，围绕“努力让人民群众在每一个司法案件中都感受到公平正义”这一目标，紧扣“服务大局保民生、改革创新促公正”两个主题，认真履行宪法和法律赋予的职责，为区域社会稳定和经济发展作出了应有的贡献，区委区政府联合发文，予以高度肯定。

一、依法履行审判职责，服务保障全区中心工作

五年受理各类案件121893件，比前五年上升41.3%，办结116674件，同比上升38.8%。

（一）依法打击刑事犯罪，全力维护社会稳定。受理刑事案件5915件，审结5840件，同比分别上升25.3%和27.5%。一是依法严惩严重刑事犯罪。审结杀人、抢劫、强奸等严重暴力犯罪案件464件，对158名被告人判处五年有期徒刑以上刑罚。严厉打击毒品犯罪，审结211件，比前五年增长4.9倍。严厉打击电信、网络等诈骗犯罪，审结217件，审理的李朋阳等4人诈骗案入选全国“扫黄打非”办公室通报的典型案件。持续打击危害食品药品安全犯罪，审结150件，充分适用财产刑，坚决让犯罪分子在经济上无利可图、得不偿失。二是切实维护公共安全。依法严惩非法提供、获取公民个人信息，利用“伪基站”发送短信等犯罪，审结相关案件41件，维护个人信息安全。依法严惩乱采滥挖矿产、非法占用耕地等犯罪，审结苗成刚等12人盗采砂石案，有力打击了破坏环境资源犯罪活动。依法惩治酒后驾车危害公共安全的犯罪，审结危险驾驶犯罪案件1112件，案件全部在7日内宣判，被告人全部判处实刑，酒驾行为得到有效遏制。三是依法严惩贪污贿赂等职务犯罪，审结27件，判处36人。建立我区反腐倡廉实景警示教育基地，开展旁听代训等活动，深化党员干部廉洁教育。与区纪委建立沟通联络机制，及时查证并移送党员犯罪信息，落实全面从严治党要求。在我区换届选举中，对代表委员建议人选有无在审刑事案件累计审查50批7508人次。四是积极参与社会治安综合治理。贯彻宽严相济刑事政策，对轻微刑事犯罪依法适用非监禁刑，发挥社区矫正作用。成立未成年人案件综合审判庭，建立社会观护、心理评估、轻罪记录封存等机制，充分保护未成年人的合法权益。发布涉航空类犯罪案件审判白皮书，预防航空类犯罪发生，维护航空运营安全。

（二）化解矛盾防控风险，服务经济社会发展。受理民商事案件85462件，比前五年上升50.1%。一是依法保护涉诉民生权益。加强对妇女、儿童、老年人、残疾人权益保障，设置离婚冷静期，引入家事调解员，合理运用村（居）规民约，70%的婚姻家庭与继承纠纷以调解或和解方式解决。作为涉家暴婚姻案件审理试点法院，发出全市首例“人身安全保护令”，积极实施《反家庭暴力法》，作出人身保护裁定12件。近年来，房地产市场发展较快，房屋买卖纠纷增多，我院依法规制“一房二卖”、“阴阳合同”等行为，促进房地产市场健康发展，审结案件2647件，同比增长2.8倍。针对劳动争议纠纷逐年增加的特点，坚持保障企业生存发展和维护劳动者合法权益并重，对暂时存在资金困难但有发展潜力的企业，努力通过和解、调解方式，鼓励劳动者与企业共渡难关，近一半纠纷以调解或调解后撤诉方式解决。二是主动服务产业转型升级。支持创新驱动发展，审结知

识产权案件433件，着力营造有利于创业创新的良好环境。注重保护合法民间借贷，依法制裁高利贷等不法行为，有条件认可企业间借贷，推动缓解中小微企业融资难，审结案件5387件，同比增长2.4倍。规范土地承包经营权流转，审结相关案件1022件，同比增长5.1倍，圆满化解了大孙各庄村311户村民诉村委会纠纷。依法审理清算、破产案件，推动不符合产业政策的企业有序退出市场。在北京顺特农机购销中心破产清算案件中，妥善安置企业职工37人，处理破产财产540万元。发布物流运输纠纷审判白皮书，促进物流运输行业健康发展。三是积极保障重要改革和重大发展战略的落实。结合我区物业管理体制改革，建立案中判后追踪机制，将物业服务质量是否改善作为处理纠纷的重要依据，推动物业公司提高服务水平，相关经验被《社区物业管理办法》吸收。全力服务非首都功能疏解，在杨镇三街村委会诉朱某、夏某租赁合同纠纷案件中，开辟绿色通道，在较短时间内审结并完成腾退工作，为北京城市学院的顺利入驻提供支持。成立天竺人民法庭，着力保障航空中心核心区建设。在首都国际机场股份有限公司诉李某等7人相邻关系纠纷案件中，被告种植的林木影响飞行安全，我院积极搭建平台、协调各方，在5天内促使双方达成调解协议，被告在一个月内将3.3万颗树木全部伐移。

（三）监督支持依法行政，推进法治政府建设。近年来，我区法治建设明显加快，涉及拆迁拆违、土地管理、信息公开的行政纠纷大量增加。我院不断强化对被诉行政行为的司法审查，监督行政机关依法行政，保障行政相对人合法权益，审结案件1056件，同比增长1.5倍。推动行政机关负责人出庭应诉，行政机关对行政审判更加重视，出庭应诉率从2011年不足5%提高到现在的24.2%。发布年度行政审判白皮书，坚持不护短、不遮脸，真名实姓地指出被诉行政行为存在的问题，不加修饰地列出败诉机关排行榜。区政府将白皮书批转各机关学习，并将典型案例纳入法制培训课程。创新协调化解方式，向行政相对人发放倡议书，引导其选择在立案阶段化解纠纷，促进行政争议实质性解决，案件撤诉率从2011年的20.2%提高到现在的29.8%。依法参与重大建设项目和重大决策的社会稳定风险评估，加强法律风险的分析研判，从源头预防和减少行政纠纷的发生。

（四）强化管理创新机制，着力破解执行难题。执行难是影响司法公信力的突出问题，更是社会各界关心的热点问题。五年来，我们从强化内部执行管理、推进外部综合治理着手，尽最大可能破解执行难题。受理执行案件29404件，执结27825件，同比分别上升21.9%和17.4%。一是在执行规范化上下功夫，切实解决消极执行、选择性执行、乱执行等问题。严格规范无财产可供执行案件的结案条件和审批程序，明确终结本次执行程序必须穷尽财产查找措施；发现新线索的，立即恢复执行。推行“一案一账号”精细化管理，有效解决执行案款底数不清、长期滞留法院等问题。建立执行进展反馈机制和接待日制度，及时告知法院的执行措施和结果，听取申请执行人的意见和建议。二是在执行信息化上想办法，推动执行模式转型升级。长期以来，执行难主要体现在被执行人难找、执行财产难寻等方面。信息化技术在执行工作中的运用，强化了法院的执行手段，为彻底解决执行难奠定了基础。五年来，我院建立执行指挥中心，实现了与执行现场之间信息双向传输、远程监控指挥，实现了与全市执行指挥系统之间信息采集、财产查控等功能的对接。依托执行财产网络查控系统，实现了对被执行人的存款、车辆、房产等信息的统一在线查询，实现了对银行存款远程在线冻结。开展被执行财产司法网络拍卖，解决了传统司法拍卖受众面窄、流拍严重等问题。三是在强化执行威慑上做文章，推动形成解决执行难的社会合力。与公安、工商、银行等部门建立失信防范惩戒机制，对逃避执行的“老赖”进行网上布控，对拒不执行的“老赖”实施信用惩戒，对抗拒执行的“老赖”予以司法拘留、追究刑事责任，严格限制失信被执行人申请贷款、设立公司、购买房产、乘坐飞机高铁、入住星级宾馆，最大限度挤压“老赖”的生存空间。四是进一步发挥执行工作服务大局、保障民生的职能作用，妥善执结39件涉及重点工程建设用地的强制腾退案件，对涉民生案件优先执行，为4000余名职工讨薪6700余万元。

二、深化体制机制改革，维护社会公平正义

抓住影响司法公正和制约司法效率的深层次问题，高起点、高标准推进司法体制机制改革，以改革促公正树公信，努力让人民群众在司法改革中有更多获得感。近年来，我院的审判质效一直保持在全市法院前五位。

（一）全面落实立案登记制改革。自2015年5月1日起严格执行立案登记制，对符合法定条件的纠纷，一律当场登记立案，严禁在法律规定之外设定案件受理条件，当场立案率达到99.9%。与立案登记制实施

相配合，不断提升诉讼服务水平。完善立案大厅“一站式”诉讼服务，安排专人负责诉讼引导、材料收转、案件查询等工作，提供诉讼指南、风险告知书，配备自助查询一体机、自助取款机，设置休息座椅、饮水器具，以人性化的诉讼服务不断满足人民群众的多元司法需求。建立12368人工语音服务平台，为社会公众和当事人提供诉讼咨询、联系法官、举报投诉等服务。推行巡回审判、“农时法庭”、“假日法庭”，让出行困难、诉讼不便的当事人就地就近解决纠纷。

（二）积极推进审判权运行机制改革。按照统一部署，全面开展司法体制改革，将改革的重点放在规范权力运行、落实司法责任制上，确保审判权依法公正行使。一是推进以审判为中心的诉讼制度改革。严格执行刑事诉讼法，坚持无罪推定和证据裁判原则，确保无罪的人不受刑事追究，有罪的人受到公正惩罚。改变检察机关指控罪名和事实的案件61件，因证据不足准许检察机关撤回起诉14件21人。全面实施量刑规范化工作，公开量刑过程，依法计算刑期，确保量刑公正。严格执行民事诉讼法，发挥庭审质证、认证在认定案件事实中的核心作用，一切证据未经庭审质证不得作为裁判依据。二是建立新型审判组织。组建以法官为主体的76个审判团队，合理配置法官助理和书记员，减少法官的事务性工作，让法官回归裁判者本位。建立法官员额制，员额数相对固定且严格控制，审判人员进入法官员额，必须经过严格遴选，确保优中选优。三是全面落实司法责任制。完善法官办案责任制，法官对案件独立负责，裁判文书独立签发。制定《院、庭长审判监督权责清单》，对于重大疑难复杂案件，院、庭长可以要求法官报告案件进展和评议结果，但不得改变法官的意见；除审判委员会讨论决定的案件外，院、庭长对其未参加审理案件的裁判文书不再审核签发。四是强化审判管理。成立案件评查委员会，对上级法院改判、发回重审案件进行评查，评查结果纳入法官业绩评价体系，业绩评价作为法官任职、晋级的重要依据。在取消个案审批的同时，强化院、庭长对审判程序和司法行为的管理与监督，确保程序合法、行为规范、全程留痕。

（三）深入开展繁简分流改革。2012年以来的五年，是法院案件量从两万件跃升到三万件的五年。面对案多人少的突出矛盾，着力推进繁简分流，加快案件办理，减轻当事人诉累。一是建立全网式立体化纠纷解决体系，将更多简单民事纠纷化解在法院之外。与人民调解组织、行政机关、劳动仲裁机构建立多方联动机制，综合运用人民调解、行政调解、仲裁调解等非诉讼方式化解纠纷。建立司法确认协作机制，对于社会调解组织主持达成的调解协议，依法予以确认，赋予强制执行力，充分发挥调解组织化解矛盾纠纷的作用。多元化解机制的建立，让人民群众不打官司就可以快速化解矛盾，有利于及时修复社会关系，有利于法院集中精力解决重大复杂纠纷。2015年，我院作为北京唯一一家入选的郊区法院，被最高法院确定为“多元化纠纷解决机制改革示范法院”。今年8月，市高级法院在我院召开全市完善多元化纠纷解决机制推进会，重点推广了我们的经验做法，市委常委、政法委书记张延昆到会并作重要讲话。二是创新速裁审判机制，实现简案快审、繁案精审。在立案庭配备专职调解员和速裁法官，对于物业供暖、婚姻家庭等纠纷，首先由调解员先行调解，调解不成但适合速裁的，立案后由速裁法官作出裁判。这项工作开展以来，全院四分之一的民事纠纷在立案阶段得到解决，平均结案时间仅为5天，相关经验做法得到张延昆同志的批示肯定。开展轻微刑事案件速裁工作，与公安、检察机关会签实施方案，在看守所设立速裁法庭，速裁适用率达48%，平均审理时间为7天，所有案件均当庭宣判。三是强化程序节点管理，促进审判流程简化提速。对于工作繁杂且耗费时间的文书送达、诉讼保全等事务，实施集中管理。发挥庭前会议功能，尽可能将程序问题解决在庭前。建立定期宣判制度，倒逼法官提高审判效率。推行裁判文书繁简分流，对简单案件使用简式裁判文书，简化说理。

三、加强队伍建设，为公正高效司法提供有力保障

按照司法改革的精神和要求，不断推进法官队伍的正规化、专业化、职业化建设。

（一）加强思想政治建设。深入开展群众路线、“三严三实”、“两学一做”系列学习教育活动，牢固树立政治意识、大局意识、核心意识、看齐意识，确立“四个决不允许”政治规矩，始终在思想上和行动上与以习近平同志为核心的党中央保持高度一致。深入宣传解读司法改革政策，教育引导干警正确认识改革、积极参与改革、全力支持改革。创新基层党建的形式和内容，举办座谈交流会，拍摄系列微电影，组织入额法官宣誓，开展“关爱干警办实事”，进一步夯实了党建工作基础，坚定了干警的法治信仰，

提高了队伍的凝聚力、战斗力。近年来，全院法官年人均结案数一直位于全市法院前五位。我院先后荣获北京市先进法院、首都劳动奖状等荣誉称号，获得省部级以上集体荣誉57项、个人荣誉140项。

（二）加强司法能力建设。五年来，国家颁布了近300部法律、法规和司法解释，刑事、民事、行政三大程序法全面修订，法律法规的不断更新对法官司法能力提出了更高要求。着力加强司法能力培养，购置新法释义丛书，举办典型案例研讨，组织参加专业培训，开设相关网络课程，实现了新法实施与审判工作的有效衔接。严格落实院、庭长办案制度，院、庭长带头办理重大疑难复杂案件，充分发挥“传帮带”作用，实现了审判经验的传承。针对队伍年轻化、审判经验不足的特点，开展实训化培养，提高审判技能。在北京法院第三届司法业务技能比赛中，8名干警荣获“司法业务技能标兵”称号，获奖数量位于全市法院第六位。在北京法院优秀裁判文书评比活动中，6篇裁判文书获奖，我院在全市表彰大会上作经验介绍。两起案件被确定为北京法院参阅案例，用于统一全市法院类似案件的裁判尺度。

（三）加强纪律作风建设。建立过问案件登记制度，如实记录相关人员干预司法活动、插手过问案件的线索。建立法官任职回避风险防控机制，实现廉政建设与司法改革同步推进。建立纪检监察约谈制度，针对群众反映较多，存在苗头性、倾向性问题的部门和个人，及时进行约谈。发挥信息化技术在纪律作风建设中的作用，实现庭审全程和执行现场同步录音录像。推进审务督察常态化，组织特邀监督员、廉政监察员进行明察暗访，实现督察检查“无禁区”“无死角”。持续开展“为官不为”“为官乱为”等问题专项治理活动，建立网上光荣榜、曝光台，狠抓审判纪律的监督落实，着力整治“庸懒散奢”“冷硬横推”不良作风。

四、打造阳光司法，主动接受人大及社会各界的监督

维护司法公正，公开是基础，监督是保障。五年来，我院积极探索信息化背景下司法公开的新方式，除少数法定不公开的案件外，所有生效裁判文书通过互联网全部对外公开，案件事实认定、裁判说理、法律适用置于社会监督之下；开通官方网站和官方微博，每周开展两次庭审网络直播，每季度召开一次新闻通报会，协调各类媒体进行不间断报道，着力增强司法透明度。自觉接受人大监督，先后就执行工作、多元化解工作、司法改革等10项议题向区人大常委会作专项汇报，积极邀请人大代表旁听案件、调研座谈、监督检查，根据所提意见建议，积极采取措施予以改进，相关工作得到进一步推动和完善。依法接受检察机关监督，召开联席会议通报相关情况，邀请检察长列席审判委员会会议，认真办理检察建议。高度重视律师维护司法公正的重要作用，为律师行使阅卷权、辩护权等权利提供便利。

各位代表，五年来，我院能够完成繁重的审判任务，离不开区委、区人大、区政府、区政协以及有关方面的领导、监督和支持，各位代表为改进法院工作提出了许多建设性的意见和建议。在此，我代表区法院，向长期以来关心和支持法院工作的有关部门和人大代表表示衷心的感谢！

回顾五年工作，我们深刻体会到，法院工作必须坚持党的领导，接受人大监督，尽管从明年起，法院的人财物由市级统管，但区法院接受区委领导的定位不变，接受人大监督的定位不变；必须坚持防控风险、服务发展的职能，通过法院工作的开展，推动区域经济社会科学发展；必须坚持司法为民公正司法，充分保障每一位当事人的合法权益；必须坚持改革创新，勇于探索新机制、新举措，努力满足新形势、新任务对法院工作提出的新要求。

在法院工作取得发展进步的同时，我们也看到，工作中还存在一些问题和困难。一是案多人少的矛盾更加突出。立案登记制实施后，法院案件大量增加，而员额制改革后法官人数有所减少，一增一减进一步加剧了案多人少的矛盾。加强多元化解工作，破解执行难题，缓解案多人少矛盾，仅凭法院一家难以做到，需要在区委领导下，形成全区综合治理的工作格局。二是落实司法改革任务更加艰巨。随着司法改革的深入推进，审判工作的行政化管理逐步取消，但符合司法规律的监督制约机制还不健全。按照中央要求，党的十九大之前要基本完成改革，落实改革任务更加艰巨。三是提升司法能力的要求更加紧迫。在目前的法官队伍中，具有研究生学历的占49.6%，但审判经历不足五年的也占到了44.2%。在立法步伐加快、法官审判经验相对不足的情况下，要保证每个案件都得到依法公正处理，亟需提高法官的司法能力。

今后五年和2017年工作的建议

各位代表，今后五年和2017年区法院工作的主要思路是：认真学习贯彻区第五次党代会和五届人大一次会议精神，以全面推进依法治区为中心，依法履行审判职责，推进公正高效司法，深化司法体制改革，着力加强队伍建设，为建设绿色国际港、打造航空中心核心区、共筑和谐宜居新家园，为我区在全市率先全面建成小康社会提供坚强的司法保障。

一、充分发挥审判职能，为区域经济社会发展营造良好法治环境。严厉打击杀人、绑架、抢劫等严重暴力犯罪，依法惩治非法吸收公众存款、集资诈骗等严重破坏社会主义市场经济秩序的犯罪，依法严惩贪污贿赂等职务犯罪，依法准确定罪量刑，努力维护社会安全稳定。认真调研我区在融入京津冀协同发展、支撑服务城市副中心建设过程中可能形成的诉讼，依法妥善审理涉及功能承接和疏解、产业转型升级等重点领域的案件。加强对行政行为合法性的审查和监督，促进法治政府建设。以入选全市执行体制改革试点法院为契机，加强执行团队建设，推动形成综合治理执行难的工作格局，让“老赖”无处可逃、无路可退、无处藏身，用两到三年时间在我区基本解决执行难问题。

二、进一步创新工作机制，提高审判质量和效率。完善繁简分流机制，科学调配和高效运用审判资源，规范、完善不同程序之间的转换衔接，努力以较小的司法成本取得较好的法律效果。在区委的领导和推动下，完善多元化纠纷解决机制，让更多的矛盾纠纷在诉前得到妥善化解，推动实现区域治理体系和治理能力现代化。进一步深化司法公开，更加注重裁判理由的公开，提高裁判文书说理性，强化判后释法，运用典型案例开展法制宣传。加强审限监控和提示，大力开展长期未结案件清理工作，切实防止案件长期积压。加强诉讼服务中心建设，使法官办案更加高效，使当事人和律师参加诉讼更加便捷。充分运用大数据和信息化技术，推动解决制约审判质量和效率的深层次问题，建设智慧法院，为执法办案和区域治理提供支持。

三、深化司法体制改革，推动建设公正高效权威的社会主义司法制度。继续扎实开展四项基础性改革，全面落实司法责任制，完善司法人员分类管理，健全司法人员职业保障，确保人财物市级统管顺利完成。落实以审判为中心的刑事诉讼制度改革，开展认罪认罚从宽制度试点工作。加强审判团队建设，明确法官与审判辅助人员的职责分工，强化法官在团队中的主体地位，实现“1+1+1>3”的团队效应。统筹推进审判辅助人员、司法行政人员管理和内设机构等配套改革。健全对审判工作的监督管理机制，确保法官依法公正行使审判权。健全法官业绩评价体系，建立员额退出机制，实现法官员额能进能出。完善审判责任体系，进一步明确审判责任追究的标准、范围、程序。

四、继续加强审判队伍正规化、专业化、职业化建设，进一步提高队伍素质。扎实开展学习教育活动，引导全体干警坚定走中国特色社会主义法治道路的信念，增强维护社会公平正义的责任感，提高队伍的凝聚力。完善法官选任、管理和培养机制，实施人才分类管理，加快培养高层次审判人才，不断提高法官认定事实、适用法律等方面的能力。按照上级部署，推动落实法官单独职务序列及配套薪酬制度，形成有利于专业人才干事创业的工作环境。坚持从严管理，以零容忍的态度坚决查处违纪违法行为，确保法院风清气正、法官清正廉洁。更加自觉地接受人大、政协、检察机关、律师和社会各界的监督，不断提高公正司法的水平。

各位代表，过去的五年已经渐行渐远，新的征程即将开启。我院将在区委的坚强领导、区人大及其常委会的有效监督下，不忘初心、砥砺前行，为建设绿色国际港、打造航空中心核心区、共筑和谐宜居新家园，为我区在全市率先全面建成小康社会作出新的贡献！

北京市顺义区人民检察院工作报告

--2016年12月21日在顺义区第五届人民代表大会第一次会议上

顺义区人民检察院检察长　张　豫

各位代表：

现在，我代表顺义区人民检察院向大会报告工作，请予审议。

五年来的检察工作回顾

区四届人大一次会议以来，我院在区委和市检察院的领导下，在区人大及其常委会的监督下，在区政府、区政协和社会各界的关心支持下，紧紧围绕顺义经济社会发展大局，忠实履行宪法法律赋予的检察职责，全面加强和改进执法办案、法律监督和自身建设，各项工作取得了新的进展。

一、充分发挥检察职能，服务大局扎实有效

坚持把维护社会稳定作为重要任务，依法惩治危害公共安全、破坏社会管理秩序、侵犯公民人身财产权利等各类犯罪，五年共批准逮捕3537人，提起公诉7124人。加大对严重经济犯罪的打击力度，依法办理了侯某某等5人非法吸收公众存款案等一批涉众型经济犯罪案件，着力营造诚信有序的市场环境。突出保障民生民利，严厉打击危害食品药品安全、破坏环境资源等犯罪，共批捕62人，起诉75人。成立未成年人案件检察部，对涉及未成年人的案件实行“捕、诉、监、防”一体化专门办理，扎实开展同步帮教、法制宣讲等工作，未成年人犯罪率逐年下降。积极参与社会治理创新，充分运用刑事和解、检调对接机制化解社会矛盾，依法办理群众来信来访3000余件次，在法治轨道内解决群众诉求，促进案结事了人和。

二、严肃查办和预防职务犯罪，惩治腐败深入推进

充分发挥检察机关在反腐体系中的职能作用，共立案侦查各类职务犯罪案件46件64人，所立案件中处级以上要案16人，大案33件，其中百万元以上大案6件。积极推动预防腐败关口前移，深入机关、企事业单位、镇村开展职务犯罪警示教育200余次，受众5000余人；积极推进招投标领域廉洁准入制度，向社会提供行贿犯罪档案查询服务1.3万余件；建立职务犯罪预防年度报告制度，深入分析发案态势并提出预防对策，促进职务犯罪源头治理。

三、依法履行法律监督职责，努力维护公平正义

着力监督纠正有案不立、有罪不究、量刑不当等问题，监督侦查机关立案130件，对应当逮捕而未提请逮捕的，依法追捕241人，对应当起诉而未移送起诉的，依法追诉123人，书面纠正侦查活动违法57件，提出刑事抗诉11件，获得上级院支持。全面加强刑事执行监督，依法纠正刑罚执行不当50件次，监督重新收监执行33人，扎实开展羁押必要性审查工作，对不需要继续羁押的92人建议释放或变更强制措施，依法保障在押人员的合法权益。不断强化民事行政检察监督，对认为确有错误的民事裁判，提请或建议提请抗诉9件，提出再审检察建议15件，监督意见获得采纳；对经审查认为裁判正确的监督申请，耐心做好服判息诉工作，维护司法权威。

四、全面加强检察队伍建设，大力提高业务素质水平

认真学习领会党的十八大以来的历次全会精神，精心组织开展“党的群众路线教育实践活动”“三严三实”和“两学一做”学习教育，切实增强检察人员的党性修养和职业道德。严格落实中央“八项规定”和“两个责任”，认真执行领导干部述职述廉和“一岗双责”等制度，形成一级抓一级、层层抓落实的责任体系，五年来，没有发生检察人员违法违纪事件。以提升业务素能为重点，紧贴办案需要开展业务培训、岗位练兵，在全市检察机关第五届检察业务竞赛

中，我院有7人荣获“业务标兵”称号。

五年来，我院获得了“全国五一劳动奖状”“首都文明单位标兵”“创先争优先进单位”等荣誉，控告申诉接待室连续8届被最高人民检察院授予全国检察机关“文明接待室”称号，有60个集体、52名个人受到区级以上党政机关和检察机关表彰，涌现出了北京市人民满意政法干警标兵、三八红旗奖章、群众心目中的好党员等先进典型。

各位代表，检察工作的发展进步，是区委和上级检察院坚强领导，区人大及其常委会有力监督，区政府大力支持，区政协民主监督，以及各位代表和社会各界关心、支持、帮助的结果。在此，我代表区检察院表示衷心的感谢！

2016年的主要检察工作

今年，我院深入学习贯彻党的十八届三中、四中、五中、六中全会和习近平总书记系列重要讲话精神，以执法办案为中心，以司法改革为动力，充分发挥打击、预防、监督、保护等检察职能，努力做到办案考虑发展、司法不忘稳定、监督促进和谐，为服务和保障全区“十三五”规划顺利开局，建设美好顺义营造良好的法治环境。

一、坚持打击犯罪与保障权益并重，努力维护社会和谐稳定

认真落实维稳第一责任，将打击犯罪与维护权益、化解矛盾相结合，为创造和谐稳定的社会环境提供司法保障。

充分发挥捕诉职能，严厉打击刑事犯罪。全年共受理各类审查逮捕刑事案件720件925人，审查起诉案件1209件1527人，其中批准逮捕550件659人，提起公诉1002件1188人。一是突出打击严重影响群众安全感的犯罪。批准逮捕故意伤害、强奸、绑架等暴力犯罪144人，起诉265人；批准逮捕“两抢一盗”等多发性侵财犯罪188人，起诉224人。依法办理了李某某等9人跨区域砸车、偷车案，周某等10人持械聚众斗殴案等一批严重暴力犯罪案件，全力维护社会稳定。二是依法查处破坏市场经济秩序犯罪。进一步加大对金融诈骗、侵犯知识产权、制售假冒伪劣商品等犯罪的打击力度，批准逮捕 24人，提起公诉40人。严厉打击利用“微商”非法销售药品的犯罪行为，依法办理了于某某通过网站、微信，销售假冒美容制剂的生产、销售假药案。三是有力打击破坏环境资源犯罪。批准逮捕涉嫌非法占用农用地罪、非法采矿罪的犯罪嫌疑人9人，依法对以建设生态园为由，占用10余亩耕地的祁某、刘某非法占用农用地案提起公诉，不断加大对农业生产环境和生态环境的司法保护力度。

注重司法人权保障，积极化解社会矛盾。一是依法保障犯罪嫌疑人的合法权利。全面贯彻宽严相济刑事政策，对涉嫌犯罪但无逮捕必要的107人决定不批捕，对犯罪情节轻微、社会危害较小的90人决定不起诉。认真履行羁押必要性审查职责，经审查，对逮捕的21名犯罪嫌疑人建议释放或者变更强制措施，努力促进人权司法保障。二是注重保障涉罪未成年人的司法权利。全面贯彻对涉罪未成年人的教育感化挽救方针,积极引入博纳影城、80后义工社等社会力量参与帮教，为涉罪未成年人提供改过自新的机会。三是充分保障律师的执业权利。接待律师来访439人次，为辩护律师提供查阅复制卷宗2050册。办案中，坚持主动听取律师的辩护意见，充分发挥律师促进司法公正的重要作用。四是积极参与化解社会矛盾。深入推进涉法涉诉信访改革，依法开展司法救助、法律援助、刑事和解、检调对接101件次，办理群众信访451件次，及时化解群体访6起，受理举报控告申诉线索71件，其中直接答复13件，导入司法程序办理28件，推动信访问题在法治轨道内解决。

二、坚持职务犯罪查办和预防并重，努力推进反腐败斗争深入开展

坚决贯彻中央关于反腐败斗争的重大部署，坚持有贪必肃、惩防并举，不断提升查办和预防职务犯罪的法治化水平。

严肃查办职务犯罪，保持反腐高压态势。一是集中力量查办贪污贿赂大案要案。初查各类职务犯罪线索25件29人，分别同比上升78.6%和93.3%，立案侦查11件15人，其中处级以上要案6人，大案7件。加强对案件线索的深挖细查，立案侦查窝案串案5件6人，实现了“办一案、查一窝、挖一串”的效果。加大对社会保障、扶贫开发等领域腐败犯罪的查处力度，依法办理了某镇原村党支部书记李某某等4人贪污扶贫助残资金案，严惩发生在群众身边的“蝇贪蚁贪”。二是着力加强反渎职侵权工作。认真排查重大事故背后的职务犯罪线索，积极参与全市反渎“三优”案件评选活动，我院办理的“张某刑讯逼供案”被评为“十大精品案”。

抓好源头警示预防，增强预防工作实效。一是紧

密跟进区域重点工程，开展专项预防。在京沈客运专线顺义段征地拆迁工程中，协助拆迁领导小组梳理职务犯罪风险点、完善廉洁承诺书，并就征地拆迁项目进度、资金流转、招投标等情况相互通报，推动拆迁工作依法、廉洁、高效开展。二是依托宣讲活动，开展社会化预防。我院与区纪委等6家单位联合开展“知规明纪”主题宣讲，共讲授廉政法制课18次，深入国企开展警示教育25次，职务犯罪预防工作的覆盖面和影响力进一步扩大。三是围绕村级换届选举，做好预防服务工作。派驻杨镇、后沙峪检察室积极服务村“两委”换届选举，深入基层走访37次，发放宣传材料600余份，对2000余名参选主体的资格进行筛查，严防拉票贿选等违法行为。

三、坚持法律监督与内部监管并重，努力提高检察公信力

牢牢把握检察机关的宪法定位，切实加大法律监督工作力度，坚决纠正执法不严、司法不公问题。同时，用更严的标准强化内部监督，不断提高检察机关的司法公信力。

围绕重点难点，切实提升法律监督的质量效果。一是强化对刑事诉讼活动的监督。对侦查机关有案不立、有罪不究、侦查活动违法等情形，监督立案20件，追捕、追诉犯罪嫌疑人121人，提出书面监督意见11件，针对法院量刑不当提出抗诉2件。依托“两法衔接”工作机制，着力纠正有案不移、有案难移、以罚代刑现象，审查行政处罚报备案件1.2万余件，建议行政执法机关移送涉嫌犯罪案件7件9人，其中公安机关立案5件7人。二是强化对刑罚执行和监管活动的监督。深入开展“社区服刑人员脱管漏管专项检察”“判处实刑罪犯未执行专项清理”和“财产刑执行专项检察”活动，纠正社区服刑人员漏管1人，建议撤销缓刑收监执行4人，向法院、看守所等单位发出书面监督意见3份，有效纠正了法律手续交付不及时、罪犯刑期计算错误等问题。三是强化对民事行政诉讼活动的监督。综合运用抗诉、再审检察建议等方式，加大对同级法院的监督力度，对民事生效裁判提请抗诉、提出再审检察建议2件，对审判活动不当发出检察建议2份，均被法院采纳。积极推进公益诉讼试点工作，对排查发现的盗采砂石案件线索，及时发出公益诉讼诉前程序检察建议，并监督北京市国土资源局顺义分局将线索移送公安机关，现公安机关已立案侦查。

严格审查证据，切实提升办案质量与监管水平。一是严把证据关，坚决防范冤错案件。严格把握法定入罪标准，准确划分罪与非罪界限，对经审查认为不构成犯罪的依法决定不批准逮捕6人，不起诉15人。全面落实疑罪从无、证据裁判原则，对瑕疵证据要求侦查机关补正300余件，对证据不足的依法决定不捕134人、不诉62人，成功监督纠正了孙某某“顶包”妨害公务罪一案，以包庇罪对孙某某提起公诉并获法院有罪判决。二是严把流程关，及时堵塞内部监管漏洞。建立统一受案、过程控制、实时监管、事后评价的办案流程监管体系，依托统一业务应用系统受理各类案件2081件，结案审核2002件，对1925件案件开展质量评查，及时纠正司法办案中不严格、不规范问题，全面提高办案质量。三是探索建立诉讼违法线索管理机制。为进一步提高法律监督工作的制度化、规范化、程序化、体系化水平，我院组成课题组积极调研，取得了《诉讼违法线索管理及案件办理机制研究》的课题成果并公开发表，为不断强化法律监督工作的办案属性，奠定了坚实的理论基础。

四、坚持推进改革与完善机制并重，努力规范检察权运行机制

坚持以改革激发活力，在统筹推进中突出重点，在稳步落实中打造亮点，不断规范检察权的运行机制。

稳妥推进检察改革试点，着力破解体制机制难题。按照市委的要求和市检院的统一部署，我院认真研究，及时制定了检察官遴选、检察官办案责任制以及检察业务部门整合等改革方案，并认真加以落实。一是紧紧抓住检察人员分类管理的改革关键。我们按照改革要求，将检察人员分为检察官、检察辅助人员和司法行政人员三类，经过严格的检察官员额考试、考核，选任首批入额检察官51名，占政法专项编制数的27.7%，这部分同志业务硬、能力强、经验足，硕士以上学历的占43%，平均年龄为39岁，实现了把一线办案力量配齐配强的改革目标。二是紧紧抓住内设业务机构优化调整的改革重点。我们设立了刑事审判监督部、侦查监督部和审查逮捕部，合并成立了公诉部、职务犯罪侦查局和检察管理监督部，实现了诉讼职能与监督职能适当分离、办案职能与办案管理职能适当分离、检察权与司法行政事务管理权适当分离的目标，进一步强化了法律监督职能。三是紧紧抓住检察官办案责任制的改革核心。坚持以责任本位定义检

察官的司法主体地位，本着“谁办案谁负责、谁决定谁负责”的原则，制定《检察官岗位职责规定》和《司法办案权限划分规定》，对检察官的权责范围实行“清单化”管理，突出对检察权的监督制约，确保将检察官办案责任制落到实处。

深入推进检务公开，自觉接受监督打造阳光检察。一是主动接受人大、政协和社会各界监督。严格执行向同级人大常委会报告工作制度，分别就“履行法律监督职责情况”和“落实司法改革任务情况”作了专项报告，并对审议意见逐条研究，认真落实。二是积极开展案件信息公开。向相关诉讼参与人提供程序性信息1345条，向社会公开终结性法律文书1017份。依托“两微一端”新媒体，发布检察信息400余条，让人民群众更加便捷地了解和监督检察工作。

五、坚持政治作风建设与专业素能建设并重，努力打造过硬检察队伍

坚持把自身建设作为全局性、基础性工作，按照“五个过硬”的要求，紧密结合改革形势要求，坚持把纪律和规矩挺在前面，努力建设忠诚、干净、担当的检察队伍。

以“两学一做”为引领，推进思想政治、纪律作风建设。扎实开展“两学一做”学习教育，分层级、分批次地组织全体党员学习《习近平总书记系列重要讲话读本》，开展“对党忠诚，做合格党员”等系列主题研讨，党员干部的模范带头作用明显增强。坚持从严治检不放松，认真学习贯彻《中国共产党廉洁自律准则》和《中国共产党纪律处分条例》，严格落实党风廉政建设“两个责任”，未出现干警违规违纪现象。

以改革为契机，推进队伍专业化、职业化建设。始终把工作稳定和队伍稳定作为落实改革任务的大前提，将“面对面、一对一”的思想政治工作与改革同步跟进，最大限度地凝聚改革向心力。进一步加大人才引进和培养力度，积极组织业务实训64期，着力构建门类齐全、结构合理、业务精良的人才队伍。今年，我院有2个集体、5名个人获得区级以上表彰，连续4年被评为“全国检察宣传先进单位”。

各位代表，回顾过去的检察工作，在看到成绩的同时，我们也清醒地认识到工作中还存在不少突出问题：一是检察职能作用的发挥还不能完全适应经济发展的新常态、法治建设的新形势和人民群众的新要求；二是检察业务发展还不够均衡，刑事抗诉、公益诉讼试点等工作还有待进一步加强；三是司法改革后，法律监督工作机制、案件质量监管体系、三类人员履职评价标准等各项机制还需要不断完善。对此，我们将采取措施，下大力气加以解决。

今后的工作思路和明年的工作重点

“十三五”时期是全面建成小康社会、实现第一个百年奋斗目标的决胜阶段，是推动京津冀协同发展、保障顺义经济社会转型升级的重要阶段，是检察制度更加成熟定型的关键阶段，做好检察工作意义重大。今后五年，我们的总体思路是：深入贯彻习近平总书记系列重要讲话精神特别是视察北京重要讲话精神，紧紧围绕“五位一体”总体布局和“四个全面”战略布局，自觉践行五大发展理念，牢牢把握全面提高检察工作法治化水平和检察公信力两个主基调，把服务发展、防控风险、破解难题、补齐短板摆在突出位置，忠实履行法律监督职责，深入推进司法改革，全力维护社会大局稳定、促进社会公平正义、保障人民安居乐业，为顺义“十三五”规划顺利实施提供全面有力的司法保障。围绕这一思路，明年重点抓好以下五个方面的工作：

第一，更加自觉地接受党的领导和人大、政协的监督。把坚持党的领导贯穿于检察工作的全过程，坚决贯彻党的路线方针政策，坚决执行区委决策部署，永葆对党忠诚、听党指挥的政治本色。自觉接受区人大的监督和区政协的民主监督，认真做好代表、委员对检察工作意见的落实，始终把群众满意作为衡量检察工作成效的最高标准。

第二，更加用心地服务大局发展。牢固树立政治意识、大局意识、核心意识、看齐意识，遵循顺义区“把握发展的阶段性特征、推动经济社会转型升级”的工作总要求，自觉将检察工作与京津冀协同发展深度融合，充分发挥好检察机关在打击犯罪、反腐倡廉、化解矛盾、风险防控等方面的职能作用，坚持主动作为、精准发力，依法平等保护各类市场主体的合法权益，不断加强对生态环境、知识产权、科技创新的司法保护，坚决维护公共安全、金融安全和网络安全，以优异的成绩迎接党的十九大胜利召开。

第三，更加积极地开展法律监督。立足构建科学有效的权力制约监督体系，重点加强检察机关对司法权、行政权的监督。进一步健全“两法衔接”工作机制，规范开展对侦查、审判、执行和监管活动的监督，促进依法行政、公正司法。不断加强对诉讼违法

行为、行政违法行为和行政不作为的监督，提高监督效果。深入挖掘公益诉讼案件线索，切实加强对行政机关执法权的监督。

第四，更加深入地落实检察改革任务。坚持目标导向和问题导向相统一，探索在检察环节建立认罪认罚从宽制度，主动适应以审判为中心的诉讼制度改革，积极发挥检察机关在指控犯罪中的主体作用。深入推进以司法责任制为核心的检察改革，着力构建“全面管理、统分结合、分工负责、统筹协调”的检察业务管理监督模式，推动检察业务管理监督由微观向宏观转变。

第五，更加努力地加强队伍建设。认真贯彻党的十八届六中全会关于全面从严治党的战略部署，严守政治纪律和政治规矩，引导全体检察人员做“四讲四有”的合格党员。始终把专业化、职业化建设作为队伍建设的重要任务，全面提高检察人员的业务能力和职业道德，在改革中关心关注干警，积极营造能够拴心留人的良好环境。

各位代表，检察机关作为国家法律监督机关，在全面推进依法治国中肩负着重要职责。新的一年，我院将在区委和上级检察机关的领导下，在区人大及其常委会的监督下，在区政府、区政协和广大人民群众的关心、支持下，依法履职、真抓实干，不忘初心、砥砺前行，为建设绿色国际港、打造航空中心核心区、共筑和谐宜居新家园，为在全市率先全面建成小康社会，建设国际一流的和谐宜居之都贡献顺义力量提供有力的司法保障！

2017年新年贺词

各位市民朋友们：

大家好！日月开新元，天地又一春。在这辞旧迎新的美好时刻，我谨代表顺义区委、区政府，向全区人民，向长期以来一直关心支持顺义发展的社会各界人士，向驻顺部队广大官兵、驻顺中央市属单位，送上真挚的新年问候和美好的祝福！向节日期间坚守在工作岗位的同志们，致以亲切的慰问和崇高的敬意！

回眸2016年，机遇与挑战并存，耕耘与收获同在。在市委、市政府的坚强领导下，面对错综复杂的国际国内经济形势，我们紧紧围绕京津冀协同发展、服务首都城市战略定位、助力城市副中心建设等中心任务和全区人民对美好生活的期盼，统筹推进“疏解承接、治理环境、优化结构、协调城乡、补齐短板”等各项工作，全区经济社会发展取得了新的成果，圆满完成了全年各项任务，顺利实现了“十三五”良好开局。在这里，我代表区委、区政府，向长期以来给予政府工作支持和配合、为顺义发展付出辛勤汗水的全体市民和社会各界朋友，表示衷心的感谢！

展望2017年，信心与希望相伴，责任与使命同行。明年是新一届区政府的开局之年，也是为我区在全市率先全面建成小康社会奠定坚实基础的重要一年。刚刚闭幕的区第五次党代会和区五届人大一次会议，绘就了未来五年全区发展的美好蓝图。在新的一年里，我们将认真贯彻落实党中央和市委、市政府各项决策部署，抢抓“京津冀协同发展、城市副中心建设、产业加快转型升级、城市化加速推进”等重大历史机遇，坚持以人民为中心的发展理念和稳中求进的工作总基调，着力加强供给侧结构性改革，狠抓“疏功能、转方式、治环境、补短板、惠民生、促协同”，努力让顺义经济社会发展行稳致远，让全体市民有更多的获得感和幸福感。

市民朋友们，我们同享一片蓝天，共踏一方热土，真心热爱、真情奉献这座城市，是我们共同的责任和义务。我们将更多地听取市民建议，更好地为入区企业服务，努力营造更加优良的发展环境。在此，恳请大家一如既往地支持和配合政府履职施政，积极参与大气污染防治、水环境治理、环境秩序维护等各项工作，共同为建设美好家园贡献力量。

最后，衷心祝愿在新的一年里，顺义经济发展，社会进步，各项事业欣欣向荣！全区人民身体健康，阖家幸福，万事如意！

顺义区人民政府区长 高朋

1月

5日，政协北京市顺义区第四届委员会第五次会议开幕。区政协主席杨宝华主持会议。此次会议应到委员228人，实到委员216人，符合《政协章程》的有关规定。

同日，北京市顺义区第四届人民代表大会第五次会议预备会议召开。

6日，北京市顺义区第四届人民代表大会第五次会议召开。顺义区人民政府代理区长高朋向大会作《政府工作报告》。

7日，政协北京市顺义区第四届委员会第五次会议闭幕。会议听取和审议《政协北京市顺义区第四届委员会第五次会议期间委员提案审查情况的报告》。本次大会共收到提案123件，其中120件予以立案。会议补选周颖博为政协北京市顺义区第四届委员会主席；补选韩凤桐为政协北京市顺义区第四届委员会副主席；补选王俊忠、申荣文为政协北京市顺义区第四届委员会常务委员会委员。会议审议并通过《政协北京市顺义区第四届委员会第五次会议政治决议》。

8日，北京市顺义区第四届人民代表大会第五次会议闭幕。大会以无记名投票的方式选举高朋为顺义区人民政府区长，赵殿江、董建华为顺义区人民代表大会常务委员会副主任，李旭辉为顺义区人民法院院长，田法德为顺义区人民代表大会常务委员会委员。会议听取大会财政预算审查情况报告和大会议案审查情况报告，表决通过《关于顺义区人民政府工作报告的决议》。

9日，区政府召开专题会议，部署全区燃煤调控及小散乱污企业治理工作。

14日，以村规民约为抓手、创新农村社会协同共治模式改革工作推进会召开，全面部署村规民约改革试点工作。会上区委书记王刚围绕学习、交流、谈心三个方面讲话。

同日，80辆新能源公交车投入运营，服务顺1路、顺18路、顺22路、顺38路四条线路。目前，本区新能源公交车达370辆，占客运车辆总数的60.2%，在远郊区县排名第一。

15日，区政府召开“调控燃煤及治理小散乱污企业”专题会。会议审议《顺义区调控燃煤，治理小散乱污企业实施方案》《进一步加大农村地区优质燃煤替代工作的实施方案》及《加大顺义农村地区2015至2016年“减煤换煤”财政补贴资金的预算方案》。

同日，区检察院与区司法局会签《加强刑事审查起诉阶段法律援助工作的实施办法》（以下简称《办法》）。《办法》规定，符合特定条件的犯罪嫌疑人、被害人，无须申请即可获得相应法律援助，其中，为被害人提供法律援助为全市检察机关中首创。

21日，区政府2016年第1次常务会议召开，审议《顺义区2016年固定资产投资调控思路及重点工程安排计划》《顺义区人民政府督促检查工作办法》和《顺义区第二期学前教育三年行动计划》。

27日，区政府2016年第2次常务会议召开，研究2016年拟办重要实事等内容。

29日，区委召开常委会扩大会议，传达、学习市十四届人大四次会议和市政协十二届四次会议精神。

同日，区委召开镇街及部分区直党（工）委书记抓基层党建工作述职评议考核大会。

本月，2016年社救对象危旧房翻修审批工作完成。审核通过的社救对象家庭，翻建房屋每户3间、每间15平方米、每平方米给予补助1000元，每户补助4.5万元；维修房屋每平方米补助300元，每户补助1.35万元。

本月，区医院与北京积水潭医院创伤骨科签署战略合作协议，将把创伤骨科打造成区医院的品牌，争创三甲；友谊医院顺义院区项目办公室成立，将建立顺畅高效的工作机制。

本月，趋势（北京）文化传媒股份有限公司成功登录新三板，成为建设北京顺义新三板产业加速器以来第一个上市的企业。

本月，区委书记王刚，区委副书记、区长高朋，区人大常委会主任胡尚云，区政协主席、区委政法委书记周颖博，区委副书记、北京天竺综合保税区管委会常务副主任林向阳等领导对全区132家单位2015年度党风廉政建设责任制落实情况进行检查考核。

2月

2月6日(腊月二十八)至2月12日(正月初五)7天，全区26家商、市场共实现销售额41688万元，同比增长6.8%。其中17家商场超市实现销售额14549.4万元，同比增长11.2%；9家市场实现销售额27138.6万元，同比增长4.5%。

春节假期，“顺义首届冰雪温泉狂欢季”活动共接待游客300283人次，同比增长24.9%；旅游综合收入8715.25万元，同比增长26.2%。

15日，区委书记王刚带队前往高丽营镇和赵全营镇，调研重点镇建设工作。

17日，区委书记王刚带队到旺泉街道、石园街道调研本区街道社区建设管理工作。

同日，区政府2016年第3次常务会议召开。会议审议《顺义区2016年学法计划》、农村土地承包经营确权登记颁证工作有关事宜和《顺义区政府与玉溪市政府签署玉溪·顺义产业园合作协议》《贵州省安顺市人民政府与顺义区人民政府战略合作框架协议》及《中央美院与顺义区战略合作协议》。

20日，区委副书记、区长高朋带队调研友谊医院顺义院区项目建设进展及京沈客运专线沿线拆迁工作。

22日，顺义区第四届纪律检查委员会第六次全体会议召开。

23日，加强意识形态工作暨2016年宣传思想文化工作会议召开，深入贯彻落实习近平总书记在党的新闻舆论工作座谈会上的重要讲话，党委意识形态工作责任制实施办法，以及全国和北京市宣传部长会议精神，总结2015年意识形态工作和宣传思想文化工作，安排部署2016年重点任务。

25日，区政府2016年第4次常务会议召开，部署全国“两会”期间安全稳定等工作。会议审议2016年春节期间烟花爆竹燃放安全管理情况，部署全国“两会”期间安全稳定工作，审议《2016年区政府重要议题计划》《“智慧城市”顶层设计实施方案》。

本月，本区首个镇级智慧社区APP“牛栏山镇智慧社区”试运行。

本月，顺义区22个体质监测站建成并投入使用，20至59岁的成年人和60至69岁的老年人可检测身高、体重、肺活量等13个项目，并给出科学运动处方及运动建议。

本月，本区首次引用无人机在龙湾屯地区开展森林防火实战演练，全面测试无人机侦察火情、投放灭火弹的实战能力，为舞彩浅山和平原造林的防火工作增添保障。

是月，马坡镇通过2015年国家卫生县城（乡镇）复审，被全国爱卫会重新确认为国家级卫生镇。

本月，北京大龙控股有限公司、北京顺义市政控股有限责任公司、北京顺义建设投资服务有限公司挂牌，标志着顺义区国企板块整合重组工作取得阶段性成果。

本月，《顺义区燃煤调控和小散乱污企业治理工作方案》发布，明确7大项12小项治理任务。

3月

3日，区政府2016年第5次常务会议召开，审议《顺义区清洁空气行动计划2016年实施方案》《顺义区关于加快促进慈善事业健康发展的意见》，部署顺义区第十届村民委员会选举相关工作。

5日，北京地区首座双塔双索面斜拉桥——顺义新城潮白河复兴大桥工程开工仪式启动。本桥是顺义区在建的规模最大的斜拉桥,建成后将成为顺义新城的地标式建筑。

同日，街道管理体制改革推进会召开，部署街道管理体制改革工作。区委书记王刚强调，要着力提升群众在城市化过程中的幸福感和获得感。

7日，2016年环境建设动员部署大会召开。与会人员观看环境问题曝光片；区环境办负责同志通报1-2月份环境建设及拆违治砂工作情况；南法信镇、胜利街道办、赵全营镇西水泉村、旺泉街道办、宏城花园居委会负责同志进行典型发言；副区长盛德利全面总结2015年环境建设情况，并对2016年工作进行具体部署。

9日，区人大常委会专题询问2015年政府一般预算项目绩效评价。

10日，顺义区与曹妃甸区协同发展对接座谈会召开，唐山市委副书记、曹妃甸区委书记王立彤，唐山市委常委、副市长、曹妃甸协同发展示范区管委会筹备组组长、北京市投促局副局长税勇，顺义区委副书记、区长高朋，区委常委、常务副区长于庆丰参加。

16日，顺义区第四届人大常委会第26次会议举行。会议通报区人大常委会主任、副主任分工情况；审议通过区人大常委会2016年工作安排和人大常委会建议办理实施意见；通报区政府2016年重大事项安排情况；审议通过区政府2015年依法行政工作情况报告和区政府关于2016年预算调整方案的报告。

同日，区政府2016年第七次常务会议召开。会议通报2015年度市级行政机关和区政府绩效考评情况，审议《北京市顺义区人民政府办公室关于推广随机抽查规范事中事后监管工作的实施方案》等。

25日，顺义区本年度首场体育赛事——北京市民健康走跑系列活动暨顺义区第十四届“后沙峪杯”春季长跑活动在奥林匹克水上公园举行。来自顺义区机关，镇、街道、企事业单位、社会团体和学校近150个单位的2000余名市民报名参赛。

同日，中关村科技园区顺义园管理委员会与天津银行北京市分行签署战略合作协议，建立全面战略合作伙伴关系。

28日，区委组织2016年理论中心组第5次集体学习，邀请交通部管理干部学院培训科研总督导、政法教学部主任张柱庭教授做“安全生产党政同责、一岗双责”专题讲座。

本月，第三次全国农业普查启动。普查对象为本区农村住户，包括农村农业生产经营户和其他住户；城镇农业生产经营户；农业生产经营单位；村民委员会；镇人民政府.普查的行业范围包括：农作物种植业、林业、畜牧业、渔业和农林牧渔服务业。

本月，本区目前建成的291座农村太阳能浴室，动态运行率99%以上，数量和运行率双双位列全市第一。

本月，《顺义区2016年清洁空气行动计划实施方案》发布，年内计划压减燃煤20万吨。同时，围绕七个方面开展空气治理工作。

本月，国药集团工业有限公司被认定为2015年（第18批）北京市级企业技术中心。截至目前，顺义区国家级企业技术中心6家，市级企业技术中心35家。

4月

2日至5月10日，北京国际鲜花港举办以“春来鲜花港、最美郁金香”为主题的郁金香文化节，400万株郁金香陆续绽放。本年度文化节是历届中开幕时间最早、持续时间最长的一届。

2日，区委书记王刚，区委副书记、区长高朋，区人大常委会主任胡尚云等区领导与全区500多名干部群众以及驻顺官兵一起在位于杨镇荆坨村的平原造林地块参加义务植树活动。

4日，区委副书记、区长高朋带队到天竺镇杨二营村和后沙峪镇铁匠营村调研违法建设、环境整治、消防安全、安全生产以及流动人口服务管理等相关工作。

9日，区委副书记、区长高朋到北京玉林石灰厂和大孙各庄镇薛庄村调研。

同日，2016全球创新者大会（GIC）虚拟现实峰会在高丽营镇寺上美术馆举办。

13日，北京市委常委、副市长陈刚来到本区，对住宅产业化和装配式建筑工作进行调研，并参观万科天竺中心和北京住总集团住宅产业化基地。

同日，区政府第10次常务会议召开。会议对新《行政诉讼法》进行解读，审议通过《顺义区“十三五”规划纲要实施情况的终期评估报告》《顺义区“提升农村人居环境，推进美丽乡村建设”实施方案（2016—2020年）》。

15日，北京市发改委党组书记、主任卢彦来本区调研经济社会发展及重点工作进展。市发改委主任卢彦一行实地查看友谊医院顺义院区项目建设进展情况和中航国际产业园企业发展情况。在随后召开的座谈会上，市发改委主任卢彦一行详细听取顺义区经济社会发展及重点工作情况汇报。

同日，召开“消隐、拆违、打非”百日专项行动动员部署大会。为进一步排查整治火灾和安全生产隐患，治理打击违法建设和非法经营行为，4月15日至7月20日，全区范围内集中开展百日专项行动。

16日，北京海外学人中心顺义工作站揭牌。北京海外学人中心顺义工作站是北京海外学人中心成立的第六个区域海外人才专业服务机构，是顺义区委区政府在新形势下推进人才强区战略的重大举措，是面向海外吸引优秀人才的服务平台，也是连接海外人才的重要纽带。

17日，“走向2022知识产权与‘双创’同行”北京市知识产权系统徒步大会在顺义奥林匹克水上公园举行。

20日，区政府2016年第11次常务会议召开，会议通报近期重点工作及关于进一步严格请假制度和严肃纪律、改进会风、提高会议质量的工作意见，听取全区第一季度公共安全情况及第二季度形势分析汇报，审议《顺义区区级行政事业单位国有资产处置管理办法》和《顺义区镇级行政事业单位国有资产处置暂行管理办法》。

21日，顺义区第四届人大常委会第27次会议召开。会议分别听取审议通过《顺义区人民政府“十二五”规划纲要实施情况的终期评估报告》《北京市顺义区人民法院多元化纠纷解决机制建设报告》和《北京市顺义区人民检察院履行法律监督职能报告》。

25日至5月4日，主题为“创新·变革”2016（第十四届）北京国际汽车展览会在北京中国国际展览中心新馆和老馆同时举行。总展出面积23万平方米，北汽和北京现代展台凸显顺义特色。

29日，中关村顺义园和北航虚拟现实技术与系统国家重点实验室共建北京虚拟现实产业研究院框架协议签约仪式在顺义举行。

本月，在2016世界电子商务大会上，顺义区政府与中国服务贸易协会电子商务委员会签署战略合作协议，双方将在本区共同打造“中国电子商务示范基地”。

5月

3日，“两学一做”学习教育工作会议召开。

5日，市政府党组成员、市平原地区造林工程建设总指挥部总指挥夏占义带队到顺义区检查平原造林及林木养护管理。

同日，顺义区首届青年创业创意大赛颁奖仪式暨2016年顺义区青年创业季系列活动启动。

同日，顺义区在全市率先启动生命早期1000天营养干预行动。仪式上，区疾控中心负责同志对《顺义区“生命早期1000天营养干预行动”实施方案》进行解读说明；区卫计委相关负责同志发起“营养改变未来，让孩子的健康‘营’在起跑线上”的倡议；北京大学医学部教授朱文丽就生命早期营养进行专题讲座。

8日，区委书记王刚，区委副书记、区长高朋带队调研全区第十届村民委员会换届选举工作和“以村规民约为抓手创新协同共治”工作情况。

同日，以“诚信·健康”为主题的顺义区第五届非公企业健身运动会在区体育局体育场举行。57家非公企业的1130名企业家和员工参加运动会。

9日，北京综合保税区开发管理有限公司举行揭牌仪式。

同日，区委组织2016年理论中心组第8次集体学习，邀请市委宣传部副部长赵卫东作意识形态工作专题讲座。

11日，区人大常委会专题调研区国有资本经营预算编制与执行情况。

同日至16日，美国劳顿郡监理委员会主席菲利斯·兰达尔、华盛顿机场管理局业务拓展副总裁马克·崔德威一行到顺义区访问，区委副书记、区长高朋，区委常委、常务副区长于庆丰分别会见。

12日，区政府第13次常务会议召开，听取近期重点工作的汇报。

同日，区委副书记、区长高朋带队检查区部分企业、医院安全生产及防火安全工作。

同日，以“兴文明家风、传家庭美德”为主题的顺义区第二届家庭文化节在区工人文化宫拉开序幕。

同日下午，宁夏回族自治区司法厅党委书记、厅长李振国一行到顺义区调研公共法律服务工作。

同日，北京市市政市容委副主任吴亚梅带队来顺义区调研网格化城市管理平台建设。

同日，2016年“防灾减灾日”主题宣传活动举办。活动现场，区卫计委、地震局、民防局、消防支队等单位分别设置宣传展板，并发放宣传材料。区卫计委工作人员为群众讲解突发疾病紧急救护知识，进行现场急救演示；公安消防支队官兵现场展示专业消防器械并讲解防火安全常识；民政局组织公共安全知识互动问答。

13日，怀柔区委常委、常务副区长朱家亮，区委常委、副区长刘久刚带队到顺义区调研科技企业园发展情况。

14日，位于顺义新城第11街区的北京银行科研中心项目西区工程封顶。建筑面积约37.5万平方米，分为东、西2个区域，承建单位分别为北京建工集团与北京住总集团。

15日，顺义团区委在高丽营镇一村文体活动中心开展“志愿家庭”推进活动。活动中，高丽营镇一村党员志愿先锋队通过原创评剧《村规民约争标兵》表演；市教委、市妇联、市志愿服务联合会相关领导分别为代表老、中、青三代志愿者的志愿服务组织——巾帼志愿服务队、“80”后义工社、青年学生公益联盟授予顺义区“志愿家庭”联盟盟旗；一村幼儿园的小朋友们则用儿歌唱出村规民约；市妇联副主席赵丽君，市志愿服务指导中心主任郭新保，顺义区委副书记、组织部部长车克欣共同发布《顺义区“志愿家庭”五彩行动服务手册》；李桂珍、刘继红和周宇昂三个“志愿家庭”代表通过访谈形式，分别介绍各自家庭参与志愿服务的经历和故事；金芳睿、梁波、张佳鑫、曹郁等志愿服务文化宣讲师用他们的亲身经历，为志愿者们提供经验和启迪。

18日，顺义区第二届职工文化艺术节启动。

19日，区政府2016年第14次政府常务会议召开。会前安排法制学习，解读《法治政府建设实施纲要》。会议听取近期重点工作、重大活动的汇报，研究《顺义区产业项目全要素综合评价办法》。

20日，中共中央政治局委员、北京市委书记郭金龙，市委副书记、市长王安顺等领导到第十九届中国北京国际科技产业博览会调研，察看顺义展区。

21日，区委组织2016年理论中心组第九次学习，集体观看京城首场户外大型真人实景舞台剧《浅山千古情》。

同日，第二届舞彩浅山旅游登山文化节暨首届樱桃采摘节开幕。本次活动包含启动仪式、中韩明星登山对抗赛暨城俱杯·全国登山对抗赛、舞台剧《浅山千古情》演出、樱桃音乐晚会和现场展卖等7项内容，充分展示舞彩浅山发展成就、樱桃采摘的优势特色和顺义的人文风貌。其中，登山对抗赛将有来自京津冀晋鲁蒙6个省市、32个城市的640名运动员和8位中韩明星参加，并通过CCTV5进行录播。樱桃品鉴开幕式上，将通过票选“樱桃庄主”等方式，进一步打造顺义樱桃有机、营养、美味的品牌形象。

23日、24日，韩国首尔城北区议会副议长金元中一行到顺义区进行友好访问，纪念两区缔结友好城市20周年。

25日，市政府教育督导室副主任刘莉一行到本区调研中小学办学情况。

26日，区政府2016年第15次常务会议召开，通报近期区情，审议《顺义区促进旅游业发展办法》。

27日，区委常委会第十六次（扩大）会议召开，传达、学习市委十一届十次全会精神。

同日，召开党管武装工作会，学习贯彻北京市党管武装工作会议精神，总结部署年度工作任务。

28日，为期五天的第四届中国（北京）服务贸易交易会在国家会议中心举行。中共中央政治局委员、国务院副总理汪洋在顺义展区，对顺义金融产业发展给予肯定。

同日，第四届中国（北京）国际服务贸易交易会在京开幕，顺义区全面展示金融业、电子商务产业的发展成果和政策环境。

29日，京承汇“我为妈妈献才艺”第二届少儿才艺大赛举行汇报演出。

30日，市委常委、市委宣传部部长李伟到本区调研基层文化、基层治理及广播电视工作。

31日，北京市投资促进局和顺义区政府共同举办“驻京中外知名企业投资顺义行”活动，300余家企业代表齐聚顺义，寻觅商机。

6月

1日，区政府召开2016年第16次常务会议，通报近期区情、2016年第一季度环境建设情况，审议《顺义区对外协议管理工作实施细则》《顺义区2016年政府投资计划（第二批）建议》等事项。

2日，召开2016年防汛抗旱工作会议，分析汛期天气和防汛抗旱工作形势，安排部署防汛抗旱任务。

3日，北京城市学院与顺义区社会建设工作办公室举行合作协议签约仪式。

同日，全市首家驻镇法官工作室——牛栏山法庭驻赵全营镇“法官工作室”揭牌运行。工作室每月安排一名法庭法官听取群众问题，提供法律咨询，化解预防纠纷。同时，通过“每月一庭”活动，进行巡回审判，开展普法宣传；通过“每月一课”，开展培训活动，提高基层人员矛盾纠纷调处能力。

同日，全国首家“民族特色文化版权保护与展示交易中心”在顺义奥林匹克水上公园揭牌。同时，北京首家“匠心精神”——“顺义礼物”店开放运营。

4日，区委副书记、区长高朋到李桥镇调研经济社会发展情况。

6日，第二十五届北京国际燕京啤酒文化节在顺义奥林匹克水上公园开幕。本届北京国际燕京啤酒文化节从6月6日持续至7月5日，文化节期间，市民不仅可以品尝美食，还可以参与多项活动。

7日，区委组织2016年理论中心组第11次集体（扩大）学习，邀请中央纪委法规室副主任谭焕民作《中国共产党廉洁自律准则》和《中国共产党纪律处分条例》专题辅导报告。

8日，区政府2016年第17次常务会议召开。会议通报第25届北京国际燕京啤酒文化节开幕等近期区域重大活动等事项，传达北京市政府常务会精神。审议《顺义区人民政府、中国铁路通信信号股份有限公司战略合作框架协议书》《北京天竺综合保税区“十三五”时期发展规划》《顺义区强化镇级政府食品安全监管属地管理责任办法》。

9日，由北京市体育局、顺义区人民政府、“我们的节日”组委会主办的第八届北京端午文化节——2016年全国龙舟邀请赛暨北京市端午节龙舟大赛在顺义奥林匹克水上公园举行。

12日，区委副书记、区长高朋与北京市基础设施投资公司，就城市基础设施建设以及顺义轨道交通规划与建设等方面进行座谈。

同日，河南省南阳市西峡县文化广电新闻出版局领导一行到顺义区广电中心考察交流工作，就深化双方宣传文化交流合作进行座谈。

13日下午，区委书记王刚就顺义区“按照功能定位，全力支撑城市副中心建设”情况，接受北京日报、北京电视台等15家市属媒体的集中采访。

同日，“严肃换届纪律、正确对待进退留转”专题培训会召开。来自19个镇的处级干部及区委组织部机关干部等近400人参加。区委副书记、组织部部长车克欣出席培训会。

14日，2016年顺义区城市环境管理执法委员会工作部署会召开。

16日，区政府2016年第18次常务会议召开，通报近期区情和4月份环境建设情况、审议《顺义区“十三五”时期全面深化改革规划》和《顺义区加强城市服务管理网格化体系建设实施方案》。

同日，顺义区2016年“安全生产月”宣传咨询日活动举行。

同日，区人大常委会主任会议召开，专题调研社区卫生建设。

同日，顺义区总部企业“五月的鲜花”文艺汇演举行。

17日，北京市服务业扩大开放综合试点工作领导小组办公室第9次会议在顺义召开，专题听取顺义区创建综合试点示范区工作进展。

同日，全国第26个节能宣传周暨2016年顺义区节能宣传周启动。

同日，顺义区人民政府与中央美术学院签署战略合作协议。

同日，国家税务总局副局长汪康一行到顺义区调研营改增工作开展情况。

18日，全国首届以“青春、梦想、坚守、奉献”为主题的大学生村官微电影大赛在顺义区启动。

19日，历时8个月的首条入京特高压输电通道——锡盟-北京东-山东特高压工程的配套北京东—顺义工程开始发电。顺义区新增一条500千伏电网“主动脉”。

20日，区委组织2016年理论中心组第12次集体（扩大）学习，邀请中组部党员教育和干部测评中心副主任李其森作《中国共产党地方委员会工作条例》和《中国共产党党组工作条例（试行）》专题辅导报告。

同日，中国保险监督管理委员会北京监管局局长郭左践带队到本区调研保险业发展。

21日，区委副书记、区长高朋与北汽集团党委书记、董事长徐和谊一行进行座谈，共商转型发展。

22日，区政府2016年第19次常务会议召开。会议通报近期全区重大活动、安全生产情况和将要举行的重大活动，审议天竺综保区和临空经济核心区《融合创新发展重点任务推进方案》和《关于加强“十三五”时期学习型城市建设的意见》等。

23日，顺义区第四届人大常委会第28次会议召开。会议听取并审议通过区政府关于2015年财政预算执行和其他财政收支审计情况报告，区政府关于2015年财政决算情况报告；听取并通过区政府关于区四届人大五次会议代表建议分办、办理情况报告；审议区人大常委会执法检查组关于《北京市控制吸烟条例》实施情况执法检查报告；听取区政府关于区人大常委会第27次会议审议“十二五”规划纲要终期评估报告所提意见办理情况报告，区政府关于人大代表视察顺义区教师队伍建设情况建议的办理情况报告及区政府关于2015年依法行政工作情况报告审议意见的办理情况报告。

同日，以“全民健身、助力冬奥、共圆梦想”为主题的2016年“国际奥林匹克日”北京市民健康走跑活动在北京国际鲜花港举行。

24日，区委政法委、顺义公安分局和光明街道办事处在裕龙五区广场举行“2016春夏平安行动”被盗财物、车辆发还大会。

同日，举行全民禁毒宣传月活动，在南法信中学举行顺义青少年毒品预防教育暨顺义区禁毒教育科普体验展基地揭牌仪式。

25日，顺义公安分局举办警营开放日活动，邀请各界群众走进警营，近距离了解民警工作。

28日，区委副书记、区长高朋与华夏银行行长樊大志一行座谈，就深化双方战略合作等事宜进行交流。

29日，区政府2016年第20次常务会议召开，通报近期区情，听取“百日专项行动”阶段性工作报告。

30日，顺义区“绿港清风，克己奉公”主题演讲比赛总决赛举行，共有14名选手参加。

同日，区委副书记、区长高朋调研天竺镇经济社会发展情况。

上半年，全区细颗粒物平均浓度为每立方米66微克，同比下降15.9%；二氧化硫、二氧化氮和可吸入颗粒物累计浓度分别为每立方米11.1、39.9和77微克，同比分别下降26%、9.9%和24.1%。

上半年，全区完成GDP715.3亿元，占全市比重6.3%，增长7.9%，增速较全国和北京市各高出1.2个百分点。北京临空经济核心区累计实现属地税收63.25亿元，同比增长19%，占全区的17%；实现地方公共财政收入16.48亿元，同比增长15%，占全区的19%。

7月

1日，庆祝建党95周年大会暨全国党代表任期制联系点工作推进会召开。区委书记王刚为全体与会党员讲授“两学一做”学习教育专题党课。

同日，举行纪念建党95周年暨党史宣传月——“永远跟党走”主题文艺演出，追溯中国共产党成立以来的历史印记，重温红色经典事迹。

同日，北京市交通委主任周正宇，顺义区委书记王刚，区委副书记、区长高朋，区人大常委会主任胡尚云，区政协主席周颖博等领导来到顺义区顺平辅线新俸伯桥改建工程现场，慰问工程建设者，向他们在工程建设中所做的贡献表示感谢。

同日，区委理论中心组进行第13次集体学习，围绕“对党忠诚、做合格党员”进行专题研讨。

2日，全国第一家民族特色文化版权保护与展示交易中心在奥林匹克水上公园进行“十二年一体化生态美育民族剧场进校园”的首场文艺展演。

4日，区委副书记、区长高朋与北京市工程咨询公司总经理郭俊峰一行进行座谈，双方就有关领域深入合作进行交流。

6日，区政府2016年第21次常务会议召开。会议通报近期全区重大活动情况、安全生产情况和重点工作推进情况。审议《顺义区“十三五”时期人口发展和调控规划》《顺义区加强村级医疗卫生机构和乡村医生队伍建设实施细则》。

同日，区委副书记、区长高朋结合当前正在开展的“两学一做”学习教育活动，以及自己的学习体会和认识，以《以两学固根本，以一做促发展，加快推进全区转型升级步伐》为题，为与会党员干部讲党课。

7日，北京市国有文化资产监督管理办公室党委副书记、主任周茂非以及北京市文化投资发展集团有限责任公司相关领导来顺义区调研文化创意产业发展情况。

同日，东城区委常委、区政府副区长张立新一行就东城区棚改安置房项目选址工作与顺义区进行对接。

8日，中国科学院党组书记、院长白春礼一行来到顺义区国家地理信息科技产业园，调研园区建设、运行情况以及本区科技产业发展情况。

同日，中信银行信息技术研发基地项目进行基础底板混凝土浇筑仪式举行。

同日，以本区第一位中国共产党党员为创作原型的大型现代评剧《李昆》在区影剧院首演。

9日，北青社区报联合中融信托财富中心，开展的第二届“顺义好邻居”颁奖典礼举行。最终选出3对好邻居，共奖励3.8万元，其他家庭也分别获得500元永辉超市购物卡。

11日，区委组织今年理论中心组第14次集体（扩大）学习。邀请中共中央党校教授、博士生导师陈述做《学习党的章程增强党章意识》专题辅导报告。

同日，受连续高温高湿天气的影响，全区电网负荷达123.2万千瓦，同比去年最大负荷增长3%，创历史新高。

14日至20日，2016年全国青年赛艇锦标赛在奥林匹克水上公园举行，来自北京、辽宁、上海等23个省市、学校的309人参赛。

同日，市政协副主席闫仲秋带领经济界部分政协委员到顺义区调研服务业扩大开放综合试点工作。

15日，区政府2016年第22次常务会议召开，通报近期区情、审议《顺义区“十三五”时期节水型社会建设规划》《顺义区节水型区创建实施方案》《顺义区进一步加快推进污水治理和再生水利用工作三年行动方案》。

同日，举办2016年党风廉政建设党委主体责任专题培训班。

18日，世界名校赛艇邀请赛在奥林匹克水上公园举行，天津学生联盟、北京八十中、北师大实验学校等16所学校的176人参赛。

19日，区委常委会扩大会议召开，传达学习北京市上半年经济形势分析会精神。

同日，含顺义区援藏干部在内的北京市第八批援藏干部队伍启程奔赴雪域高原，开始为期三年的援藏工作。区委副书记、区委组织部部长车克欣前往机场送行。

21日，以“提升顺义综合承载力，助力北京城市副中心”为主题的北京顺义城市建设重点项目推介会举办，来自全市的80家投资企业和27家金融机构参加，旨在推介顺义区“十三五”时期重大基础设施项目、棚户区改造和土地一级开发项目以及新国展二期三期建设情况。推介会上，顺义区政府与中国铁路通信信号股份有限公司、中建方程投资发展有限公司、北京城建集团、北京建工集团、北京住总集团等7家龙头企业集团签署合作协议。

24日晚，北京市防汛抗旱指挥部召开全市防汛调度视频会后，顺义区立即召开视频会，对全区防汛工作进行调度部署。

26日，区委书记王刚，区委副书记、区长高朋等区领导走访慰问驻顺武警四支队，向他们致以节日的祝福和问候。

27日至29日，区委书记王刚率顺义代表团赴上海市，围绕城市规划建设管理、精细化管理等方面学习考察。

29日，全国双拥模范城（县）暨双拥模范单位和个人命名表彰大会在京举行，顺义区荣获全国“双拥模范城”称号，实现“四连冠”创建目标。

本月，新顺平辅线俸伯桥工程完成通车。该工程位于原俸伯桥北侧、地铁15号线南侧，跨越潮白河，桥梁西侧与顺义区府前街相连，东侧与顺平辅线相接。

本月，区民政局和区党史办联合建成的顺义区首座党史馆免费对外开放。

本月，顺义区樱桃产业协会成立。

本月，顺义区党风廉政建设和反腐败工作巡展拉开序幕。展览分阶段在区档案馆、焦庄户地道战遗址纪念馆、工人文化宫等公共文化活动场所巡回展出，受众群体既覆盖全体党员，也面向群众。

8月

1日，区领导“军事日”活动举行。区委书记王刚，区委副书记、区长高朋，区政协主席周颖博等区委、区人大、区政府、区政协，天竺综保区领导到中国人民解放军陆海空三军仪仗队感受军营生活。

2日，召开民主党派工作座谈会。民革顺义区总支部、民盟顺义区支部、民建顺义区支部、农工顺义区总支部、致公顺义区支部、九三学社顺义区支部负责同志介绍本党派情况、本党派顺义组织建设情况及发展党员的流程和所需时间，并介绍本党派组织围绕全区经济发展和社会建设发挥作用情况以及从事社会实践活动情况。

同日上午，区委副书记、区长高朋，区政府副区长盛德利来到北京市非紧急救助服务中心，参加“听民意·解民忧”活动，现场接听市政府12345便民热线，了解顺义市民诉求。当天下午，高朋等区领导深入社区，现场研究解决问题。区相关部门和属地负责同志一同参加。

同日，2016年夏秋季征兵工作动员部署大会召开。区委副书记、区长、区2016年夏秋季征兵工作领导小组组长高朋出席大会并讲话。

4日，中共北京市顺义区第四届委员会第十二次全体会议召开。全会总结上半年工作，研判当前形势，研究部署下半年工作，确保“十三五”开好局、起好步。区委书记王刚讲话。区委副书记、区长高朋作《关于上半年经济社会发展情况和下半年工作安排的报告》。

同日，区政府2016年第24次常务会议召开，审议《关于顺义区2016年上半年预算执行情况的报告》和《关于顺义区2016年预算调整方案的报告》。

5日，市委常委、市委组织部部长姜志刚一行到顺义区调研党建工作。

同日，区政协四届19次常委会暨传达区委四届十二次全会精神会议召开。

8日至11月8日，举办第四届惠民文化消费季。

9日，顺义区第四届人大常委会第29次会议召开。会议听取审议并通过区政府关于2016年上半年财政预算执行情况报告、区政府关于2016年预算调整方案报告以及区政府关于2016年上半年国民经济和社会发展计划执行情况报告。随后，会议以书面形式审议区人大常委会上半年视察、执法检查情况报告；区人大常委会执法检查组关于《北京市生活垃圾管理条例》的执法检查报告和区人大常委会及代表视察、执法检查所提建议办理情况报告。另外，与会委员还讨论通过区第四届人大常委会关于区、镇两级人民代表大会代表换届选举有关事项的决定，以投票表决的形式任命霍光峰同志为顺义区人民政府副区长，并决定其他人事任免事项。新任命的国家公职人员向宪法进行就职宣誓。

11日，区政府2016年第25次常务会议召开，审议《关于统筹做好医疗救助工作的意见》《关于2015年镇级财政财务管理工作考核情况的报告》。

15日，区委组织2016年理论中心组第15次学习。按照"两学一做"学习教育总体安排，观看电影《古田会议》。

18日，顺义区2016年处级单位党政"一把手"向区纪委全委会述责述廉暨主体责任推进会召开。

同日，区政府2016年第26次常务会议召开，审议《关于进一步推进低收入农户增收及低收入村发展的意见》《"十三五"时期消防事业发展规划》《提高生活性服务业品质行动计划》《进一步促进红十字事业发展实施意见》和《深入推进人民防空改革发展的实施方案》。

23日，区委组织2016年理论中心组第16次集体学习。传达、学习市委书记郭金龙到顺义调研时重要讲话精神，并围绕赴上海学习考察有关情况，就加强城市规划建设与管理进行座谈交流。

24日，区委书记王刚带队深入杨镇荆坨村、下营村和南彩镇小营村进行调研 。

同日，区政府2016年第27次常务会议召开，审议《顺义区工业稳增长调结构增效益重点任务分工方案》《关于2016年政府投资计划（第三批）安排建议》《顺义区国有林场改革实施方案》。

27日区委书记王刚带队，针对社区党建、商圈党建、城乡结合部党建、商务楼宇党建等党建工作新兴领域与薄弱环节，到部分基层党组织开展实地调研。

30日，顺义区区、镇人大换届选举领导小组暨选举委员会第一次会议举行。会议确定顺义区区、镇两级人大代表的统一投票选举日期；讨论通过区选举委员会关于区、镇两级人民代表大会代表换届选举工作的安排意见、选区划分和代表名额分配方案、区选举委员会组成人员工作分工、区选举委员会办公室各工作组职责、关于选民登记和选民资格审查阶段工作的安排意见和换届选举宣传工作的意见；任命选举委员会分会组成人员，并作出关于授权选举委员会分会行使职权的决定。

31日至9月5日，区委书记王刚率顺义代表团到云南省昆明市、玉溪市，河南省南阳市学习考察。

本月，顺义老旧小区治理一期工程陆续开工，涉及14个社区8大类治理项目以及224项具体改造内容。

本月，全国首个"太阳能空气源热泵+无机相变储能恒温热池"系统农宅采暖试验示范项目在顺义区竣工。

本月，总面积3000余亩的东郊湿地公园顺义项目区已基本建成，其中水系面积近900亩，其生态效益已逐步显现。

本月，顺义区农村能源办公室"太阳能加温大棚"专利技术在全市农业系统进行推广，全市累计建设新模式大棚76座。

本月，区政府投资952.73万元，选定3家换锁公司，按照每户100元的补贴标准，为胜利、光明、双丰、旺泉、空港、石园六个街道近10万户居民更换安全锁芯。

本月，本区又添一家小学教育集团、两家幼教集团，分别是双兴小学教育集团、建南幼教集团和幸福幼教集团。

9月

4日，区委副书记、区长高朋到牛栏山镇调研经济社会发展情况。

8日，本区举行2016年新兵入伍欢送大会。

同日，区政府2016年第29次常务会议召开，通报1至8月份财政收支完成情况、1至7月份环境建设情况、1至8月份拆除违法建设情况，审议《顺义区国有土地房屋征收与补偿指导意见》及其配套文件。

同日，北京市委教育工委常务副书记张雪一行到本区调研中小学和民办高校党建工作。

9日，顺义区教育系统在仁和中学召开2016年教师节庆祝大会。

10日，第八届北京菊花文化节在北京国际鲜花港开幕，该活动持续至10月23日结束。

12日，中国科学院国有资产经营有限责任公司、北京临空经济核心区管委会和国测地理信息科技产业园集团有限公司三方就共同创建"中国科学院科技成果转化创新平台"签署战略合作协议。

同日，北京市政府副市长程红带领市政府第五督查组就全区经济社会发展及承担国务院和市级重点督查任务情况进行现场督查调研。

同日，区委组织2016年理论中心组第十七次集体（扩大）学习。

同日，顺义区第五次党代会代表选举工作部署会召开。

15日，区委副书记、区长高朋到杨镇调研经济社会发展情况。

20日，“消隐、拆违、打非”百日专项行动总结暨专项工作部署会召开。

21日，区政府2016年第31次常务会议召开。会议邀请市政府法制办行政复议应诉调解指导处处长庞雷作《坚持依法行政，全面推进政府信息公开》专题讲座，通报近期区情，审议《顺义区值守应急工作管理制度》和《顺义公务机机场及通航产业园项目战略合作框架协议》。

23日，2016北京国际设计贸易交易会在北京天竺综保区文化保税园拉开帷幕。

同日，“健步121绿色好生活”2016年首都职工健步走（顺义站）活动在新城滨河森林公园举行。来自全市各行各业的3000多名职工参加。为更好地宣传顺义区的生态环境和旅游资源，也为即将到来的十一黄金周预热，区旅游委在活动现场设立旅游宣传服务站，推介旅游线路、介绍旅游景区景点。共发放《享尚顺义》季度刊等宣传品1600余份。

24日，西藏自治区党委常委、拉萨市委书记齐扎拉率拉萨市党政代表团到顺义考察。

同日，顺义人民广播电台第四届听众节在工人文化宫剧场举办。

27日，马坡镇完成第一批天然气入户工程，石家营村176户村民在本区率先用上天然气。

本月，教师节之际，区委书记王刚，区委副书记、区长高朋，区政协主席周颖博，区委副书记车克欣，区委常委、区委办主任肖承继，区政府副区长张爱冬等区领导分别来到顺义一中、牛栏山一中、顺义区第十三中学、顺义第九中学，向辛勤工作在教育战线上的教育工作者致以节日的问候。

本月，《顺义区互联网金融风险专项整治工作实施方案》印发。根据《方案》，将重点排查开展P2P网络借贷和股权众筹业务、互联网保险、通过互联网开展资产管理及跨界从事金融业务、开展第三方支付业务和开展互联网金融领域广告等行为的企业。

10月

8日，中国科学院联动创新产业园战略合作框架协议签约仪式在顺义区举行。

9日，2016年“九九重阳”北京市第七届登山活动（主会场）暨顺义区第四届舞彩浅山登山活动在龙湾屯镇举行。活动由北京市社会体育管理中心和顺义区体育局共同主办，共有来自全市3500名登山爱好者参与。

10日，“以村（居）规民约为抓手，创新基层社会协同共治”工作培训推进会召开。

12日，区政府2016年第32次常务会议召开。会议通报1至8月份区政府常务、专题会议议定事项落实情况、1至9月份财政收支完成情况、8月份环境建设情况和近期拆除违法建设情况，审议《顺义区关于加快产业转型升级的实施意见》等事项。

14日，2016年顺义区有限空间作业大比武颁奖及汇报表演活动举行。

同日，区政协组织部分政协委员、民主党派医疗界专家到龙湾屯镇开展义诊活动。区政协副主席韩凤桐看望慰问参加义诊的医护人员。

15日，区委副书记、区长高朋到双丰街道调研。

同日，北京市持续启动空气重污染黄色预警，区相关部门积极落实应急预案中的各项措施。

同日，顺义区人大换届选举工作推进会召开。

17日，顺义区2016年青年干部培训班开班仪式在区委党校举行。

18日，顺义区首批公共租赁住房选房活动在马坡镇顺兴街17号院启动。到11月3日，位于马坡镇、牛栏山镇、张镇的三个小区1060套房源将完成配租。预计年内入住。

19日凌晨，神舟十一号载人飞船和已发射的天宫二号空间实验室对接。顺义科创集团所属北京中技克美谐波传动有限责任公司（简称“中技克美”）为对接双方核心关键部件提供四种规格的全固体润滑型谐波传动减速器。

21日，区委常委、区委宣传部部长贺亚兰到双丰街道调研。

同日，顺义区2016年安全用药主题宣传月活动在旺泉街道宏城社区举行。

23日，区委常委、区政府副区长霍光峰到后沙峪镇、空港街道调研社会秩序综合整治行动进展情况。

24日，由顺义区政府主办以“新产业、新动能、新经济”为主题的“北京顺义战略性新兴产业投资峰会”举行。约400家知名企业和高端机构参与。

25日，顺义区委全面深化改革领导小组第六次全体会议召开。会议审议《中共北京市顺义区委、北京市顺义区人民政府关于加快供给侧结构性改革推进产业转型升级的实施意见》。会议听取服务业扩大开放综合试点示范区建设进展情况，研究街道管理体制改革工作，审议《顺义区全面深化改革督察督办工作办法（试行）》。

26日，区政府2016年第34次常务会议召开，会议审议《2016年1至3季度顺义区经济社会发展形势分析》的报告和《顺义区关于加强三级政务服务体系建设的意见》。

同日，根据《中华人民共和国地方各级人民代表大会和地方各级人民政府组织法》第四十四条第九款之规定，北京市顺义区第四届人大常委会第三十一次会议通过，决定任命：初军威同志为北京市顺义区人民政府副区长；赵为民同志为北京市顺义区人民政府副区长；吴耀新同志为北京市顺义区人民政府副区长。

27日至30日，为期四天的第十二届北京国际金融博览会在北京展览馆举行。顺义区围绕“首都产业金融中心，北京新兴金融聚集区”发布“十三五”时期金融业发展产业布局，其中“空港、后沙峪、马坡”三大金融平台成为顺义金融新名片。

同日，由文化部、国家新闻出版广电总局和北京市人民政府共同主办的第十一届中国北京国际文化创意产业博览会在中国国际展览中心（老馆）举办。顺义区以“创意顺义·北京文化创意产业新基地”为主题参会，集中展示近年来顺义区文创产业发展的成果和优势；推出一批顺义区文化创意产业优势企业和原创品牌，为优秀的文化创意产业资源走出去、引进来发挥桥梁和平台作用。

28日，以“再造传统，尊重原创”为主题的“国际版权创新服务研讨会”在顺义奥林匹克公园举办。

同日，顺义区文化创意产业发展领导小组会议召开。

同日，副区长李向英带领区商务委、安监局等相关部门实地调研本区市场转型升级情况和市场再生资源整治工作情况。

29日，舞彩顺义·第二届北京国际山地马拉松活动在本区龙湾屯镇拉开帷幕，国内外逾千名跑步爱好者参赛。本次赛事起终点设在顺义区龙湾屯镇梧桐谷，参赛选手行程贯穿整个舞彩浅山风景区，赛道80%以上为原生态国家登山步道，包含乡间路、环山路、石阶路、木栈道、土石路等多种路况。

10月31日，共青团北京市顺义区第三次代表大会举行。近300名来自全区各族各界、各行各业的青年代表参加。团区委书记梁志刚作题为《高举团旗跟党走 改革创新做先锋 在“建设绿色国际港、打造航空中心核心区、共筑和谐宜居新家园”的生动实践中谱写青春华章》的工作报告。报告总结过去五年间共青团参与顺义经济社会建设的工作成就，规划未来五年全区共青团工作的目标、任务。

本月，发布实施《顺义区水环境区域考核办法（试行）》，适用于本区行政区域内流域上下游属地间的区域水环境考核活动。考核对象为19个镇政府及相关经济功能区管委会。考核指标为48个跨界断面水质浓度指标。考核实行行政问责制，考核的结果纳入顺义区镇（街道）绩效管理考核体系，作为对领导班子和领导干部综合考核评价的重要依据。对年度考核结果后三位的属地，区政府将进行约谈。

本月，胜利街道在华玺瀚楟社区打造的全区首家以非公企业、流动党员为服务对象的非公党建文化活动中心挂牌成立。

本月，顺义区中小河道治理接近尾声，历时4年、治理总长146公里，新（改）建桥梁45座、跌水27座。经过治理，河道行洪能力提升至20年一遇。

本月，顺义区两家企业入选北京市“十三五”时期G20工程，其中北京韩美药品有限公司入选G20行业领军企业，北京世桥生物制药有限公司入选G20创新引领企业。

11月

1日，区委书记王刚主持召开全区干部大会，传达学习党的十八届六中全会精神并结合本区实际，就全区学习贯彻六中全会精神进行专题部署。

同日，2016年年度人口抽样调查开始入户。调查对象为抽中调查区内具有中华人民共和国国籍的人，调查全面使用PDA手持终端进行入户登记。此次调查涉及全区23个镇、街，63个村居委会、120个调查小区。共选聘调查员、调查指导员190人。

同日，区委组织2016年理论中心组第20次集体学习，这也是区委“两学一做”学习教育的第11次专题学习。北京市“铭记历史壮举，弘扬长征精神”百姓宣讲团受邀宣讲。

2日，位于南法信地区机场北街8号楼2幢的国际馆北京直销中心（以下简称“北京国际馆”）开业。该馆是北京天竺综合保税区、北京临空经济核心区、江苏宿迁电子商务产业园区、航港发展有限公司联合打造的O2O进口商品直销中心。

同日，第二次妇女代表大会召开，来自全区各行各业的280名妇女代表汇聚一堂，共商妇女发展大计。

同日，区政府2016年第35次政府常务会议召开，传达市政府第五次全体会议精神，审议《顺义区有轨电车建设实施方案》。

3日，区委书记王刚，区委副书记、区长高朋调研全区供暖情况和区市政控股有限责任公司组建进展情况。

同日，区委书记王刚来到区老干部局，就顺义区第五次党代会报告（征求意见稿）向老干部征求意见和建议。

4日，区政府副区长吴耀新对李遂镇前营村流动人口调控和人口抽样调查工作进展情况、南彩镇后俸伯村无证无照违法经营和城乡结合部整治工作情况进行调研。

5日，顺义城区各供热中心于点火试运行。今冬顺义城区供暖面积1580万平方米。根据标准，供暖季开始后，居民室内温度不低于18℃。

7日，顺义区区、镇两级人大代表正式候选人名单及候选人基本情况全部在各选区依法张榜公布。

同日，2016年第二届“牛栏山杯”北京外国人篮球赛在牛栏山一中体育馆闭幕，此项活动是本市组织开展的首个体育类公共外交活动。来自美国、俄罗斯等驻华使馆官员，以及北京现代、中国宝马等企业的外籍员工和部分国际学校外国专家、高校留学生等组成16支篮球队参加比赛。

8日，顺义区第二十六届119消防宣传月活动在后沙峪地区国门一号商业广场举行。全面拉开本届消防主题宣传月活动序幕，全区上下将开展形式多样的宣传展示、隐患消除及应急演练等活动，普及全民消防知识，增强全民消防意识，提高全民消防素质。

9日，区政府召开2016年第36次常务会议。会议通报前10个月财政收支完成情况、9月份环境建设情况、10月份拆除违法建设情况，听取《全区公共安全稳定形势情况报告》，审议《顺义区政府部门专项责任清单》《顺义区食品药品三年行动计划》。

10日，顺义区2016年企业上市工作推进会举行。会上，区金融办有关负责同志汇报顺义区企业上市情况及下一步工作计划，顺鑫控股、江河创建、长久物流等六家企业代表分别介绍企业发展的成功经验，临空经济核心区管委会、赵全营镇、金蝶软件园相关负责同志分别介绍推进企业上市相关工作。

同日，区委书记王刚与民主党派、工商联和无党派人士代表座谈，就顺义区第五次党代会报告（征求意见稿）征求意见。

12日，荷兰代尔夫特理工大学中国研究院落户中关村顺义园。

同日，“世茂一渡青青小镇杯”第四届全民健身中式台球大联欢暨中国中式台球锦标赛开幕。

15日，顺义区区、镇两级人大换届选举投票日，全区48万多位选民在这一天行使自己的民主权利。最终选举产生新一届区人大代表228名和镇人大代表1076名。

同日，区委常委会第38次（扩大）会议召开，传达、学习市委十一届十一次全会精神。

同日，华融新兴产业投资管理股份有限公司成立。中国华融资产管理股份有限公司党委书记、董事长赖小民，香港新恒基集团董事局主席高敬德，顺义区委书记王刚，区委副书记、区长高朋，区委常委、区政府常务副区长于庆丰，区委常委、区政府副区长霍光峰参加揭牌活动。

16日，学习贯彻党的十八届六中全会精神专题辅导报告会在顺义举行。市委宣讲团成员、市纪委常委、市监察局副局长杨小兵作宣讲报告。

同日，区政府2016年第三十七次常务会议召开，部署空气重污染应对工作，审议《区四届人大五次会议代表建议批评和意见办理情况报告（审议稿）》《顺义区关于加快养殖业退出工作的奖励办法》。

17日，组织参加市委市政府理论学习中心组举行的学习（扩大）会议。中央宣讲团成员、中纪委驻国资委纪检组组长江金权围绕深入学习贯彻党的十八届六中全会精神作辅导报告。

17日、18日，区委副书记、区长高朋，区政府副区长吴耀新分别带队检查部分单位空气重污染橙色预警应对措施落实情况。

18日，区委书记王刚带领党风廉政建设责任制第一检查组成员集中听取仁和镇、马坡镇等10个镇党委书记落实情况汇报。

21日，“2016感动顺义”——第六届道德模范评选表彰活动颁奖典礼在顺义影剧院举行。王毅伟、任永阳、陈磊、苏志顺、郭维健、张井华、罗文江、霍岗伟、王春香、方惜当选顺义区第六届道德模范；焦海健、刘守成、范伟博、庞强等20人获道德模范提名奖。

同日，区委组织2016年理论学习中心组第22次集体学习，观看“感动顺义——顺义区第六届道德模范”颁奖典礼。

23日，区政府2016年第38次常务会议召开。会议审议《顺义区人民政府关于进一步加强督促检查工作的意见（审议稿）》《区政府各部门和各镇（街道）绩效管理考核办法》《顺义区政府关于贯彻落实<北京市“十三五”时期应急体系发展规划>提升应急体系建设水平实施方案》《顺义区促进旅游业发展实施意见》《顺义区食品药品违法行为举报奖励办法（2016年修订）》。

24日，区人大常委会召开主任会议，专题调研《区政府关于推动河东河西协调发展的意见》落实情况。

25日，市委常委、市委宣传部部长李伟到顺义区调研文化创意产业发展情况。

同日，召开学习宣传贯彻党的十八届六中全会精神宣讲活动启动会。

26日，中共北京市顺义区第四届委员会第13次全体会议召开。会议审议讨论《中共北京市顺义区第四届委员会在区第五次党代会上的工作报告（审议稿）》和《中共北京市顺义区第四届纪律检查委员会在区第五次党代会上的工作报告（审议稿）》两个文件、研究部署区第五次党代会的筹备工作，对中共北京市顺义区区委委员、候补委员和纪委委员候选人预备人选进行讨论酝酿，并就全区党费收缴、管理和使用情况等事宜进行研究。会议表决通过《中共北京市顺义区第四届委员会第十三次全体会议决议》。

27日，顺义区工商业联合会第四次代表大会举行。区委统战部副部长，区工商联党组书记、常务副主席单晓梅向大会作题为《团结引领全区非公经济力量“建设绿色国际港，打造航空中心核心区，共筑和谐宜居新家园”》的工作报告。报告总结过去五年间工商联参与顺义经济社会建设的工作成就，规划未来五年全区工商联工作的目标、任务。

同日，国务院安委会全国安全生产电视电话会议召开。顺义区对全区安全生产工作进行再动员、再部署，并对全区环保督查迎检工作进行具体部署。

28日，区委副书记、区长高朋与区老干部代表座谈，就将在区五届人大一次会议上所作的《政府工作报告（征求意见稿）》征求老干部意见。

30日，区政府2016年第39次常务会议召开。会议传达中央环境保护督察组督查北京市工作动员会精神，市委副书记、代市长蔡奇同志到顺义调研有关指示精神，审议《加快顺义区卫生事业发展议案办理情况的报告》，会议还通报近期区情，并审议其他事项。

同日，顺义网城、顺义区绿港清风廉政网、顺广传媒微信公众号等媒体同时对顺义区违反中央八项规定精神类问题查处情况进行通报。1至11月，全区共处置违反中央八项规定精神类问题线索35件，查处党员、干部22人，其中，处级干部10人，科级干部5人，科级以下7人；涉及的问题包括违规改造办公场所、违规吃喝、超标准接待、违规用车、违规操办等。

本月，顺义区开建北京智能新能源汽车生态产业示范区。示范区总体规划面积10平方公里，包括研发聚集地、整车与服务聚集地和核心部件聚集地。

本月，学习贯彻党的十八届六中全会精神宣讲团成立，于11月28日至12月10日深入各镇、街道、各系统开展宣讲。

12月

1日，召开总结“六五”启动“七五”普法动员大会暨“12·4”宪法日宣传活动大会召开。

同日晚，区委副书记、区长高朋带队区市政市容委、城管执法监察局、环保局、交通局、公路分局、公安分局交通支队和治安支队多部门开展联合夜查，加强对大货车以及建筑垃圾、土方砂石等运输车辆的规范管理。

2日，区人大常委会主任胡尚云带领党风廉政建设责任制第三检查组成员，集中听取区卫计委、财政局、国资委、人力社保局、发改委和审计局六家单位2016年党风廉政建设主体责任落实情况的汇报。

同日，第五届人大代表培训会举办，对新当选的第五届人大代表进行履职培训。

3日至4日，第五届大学生科技创新作品与专利成果展示推介会在北京工业大学耿丹学院举办。本届推介会展示来自54所高校大学生的644项专利成果、科技创新作品、文化创意作品和创业计划书、优秀论文等作品。同期，还开展创新大讲堂、创新对对碰、主题路演PK赛等丰富多彩的活动，配有资深的创新创业导师辅导，活动贯穿知识产权咨询、企业对接等内容。

5日，区委组织2016年理论中心组第23次集体（扩大）学习，邀请到中国纪检监察学院原副院长、国家行政学院兼职教授、中国经济体制改革研究会特约研究员李永忠，围绕深入学习党的十八届六中全会精神做专题辅导报告。

6日，区委组织2016年理论中心组第24次集体（扩大）学习，同时也是区委“两学一做”学习教育第14次专题学习。

13日，中国共产党北京市顺义区第五次代表大会隆重开幕。此次会议应出席代表345人，因病因事请假9人，实到代表336人，符合规定人数。区委书记王刚同志代表中共北京市顺义区第四届委员会向大会作《不忘初心，砥砺前行，为建设国际一流的和谐宜居之都贡献顺义力量》的报告。报告分三个部分：过去五年工作回顾；今后五年工作的总体形势、指导思想和发展目标；今后五年的主要任务。

15日，中国共产党北京市顺义区第五次代表大会完成各项会议议程，胜利闭幕。会议由车克欣同志主持。大会应出席代表345人，实到代表335人，符合规定人数。

同日，中共北京市顺义区第五届纪律检查委员会第一次全体会议召开。本次会议应到纪委委员29名，实到29名，符合选举办法的有关规定。会议以无记名投票方式共选举产生区纪委常务委员会委员9名，书记1名、副书记3名。张良为区纪委书记，李衍、王文荣、邱兆锐为区纪委副书记。

同日，中国共产党北京市顺义区第五届委员会第一次全体会议召开。新当选的五届区委委员、区委候补委员出席会议，新当选的五届区纪委委员列席会议。区委委员应到40名，实到40名；区委候补委员应到8名，实到7名。区委委员以无记名投票方式，选举产生新一届区委常委会、区委书记、区委副书记。王刚为区委书记，高朋、于庆丰为区委副书记。区委常委有：王刚、高朋、于庆丰、初军威、张良、肖承继、霍光峰、禹学垠、贺亚兰、张晓峰。会议通过中共北京市顺义区第五届纪律检查委员会第一次全体会议的选举结果。

19日，中国人民政治协商会议北京市顺义区第五届委员会第一次会议开幕。本次会议应到委员228人，实到委员224人，符合《政协章程》的有关规定。区政协第四届委员会副主席闫志广受政协北京市顺义区第四届委员会常务委员会委托，向大会作《中国人民政治协商会议北京市顺义区第四届委员会常务委员会工作报告》。

20日，北京市顺义区第五届人民代表大会第一次会议开幕。顺义区人民政府区长高朋向大会作《政府工作报告》，向大会报告本届政府过去五年的工作，对新一届政府工作和2017年工作安排提出建议。报告共分三个部分，一是过去五年工作回顾，二是今后五年工作的总体要求和奋斗目标，三是2017年重点工作。

22日，北京市顺义区第五届人民代表大会第一次会议完成各项议程闭幕。顺义区第五届人民代表大会第一次会议进行大会选举。会议选举车克欣为顺义区第五届人民代表大会常务委员会主任，吴建国、盛德利、赵殿江、丁文强、白丽洁为顺义区第五届人民代表大会常务委员会副主任，王曌等29名同志为顺义区第五届人民代表大会常务委员会委员。随后会议选举高朋为顺义区第五届人民政府区长，霍光峰、初军威、赵为民、李向英、吴耀新、张爱冬、郑晓博为顺义区第五届人民政府副区长。最后会议选举李旭辉为顺义区人民法院院长，张豫为顺义区人民检察院检察长。

28日，空港街道首家新三板企业——众信旅游集团股份有限公司旗下控股子公司众信博睿整合营销咨询股份有限公司众信博睿登陆新三板。

本月，我国首台多功能三臂拱架安装台车在南彩镇彩园工业园下线。该车由北京新能正源环境科技有限公司自主研发，具有省人力、效率高、保施工安全等特点。

本月，在第四届中国国际节能环保汽车展览会期间，顺义科创投资企业——北京长城华冠汽车科技股份有限公司携自主研发生产的前途牌汽车亮相。

本月，位于北小营镇的我国最大的出版物流通中心——新华联合物流中心项目工程竣工验收。

本月，区安监局对全区19个镇、6个街道、7个功能区及全区安委会成员单位进行安全生产大督查、大检查。

本月，“北京顺义第二届冰雪温泉狂欢季”在北京莲花山滑雪场启动。以“疯滑雪跃·慢享温泉”为主题，以“整合资源、串联企业、丰富活动”为抓手，时间持续至2017年2月12日。

本月，顺义区曲美家居集团股份有限公司设计的“方圆”茶几和北京汽车股份有限公司设计研发的“绅宝X25”“绅宝X55”3项产品荣获2016中国设计红星奖。

本月，2016年北京市“新世纪百千万人才工程”人选经费资助结果揭晓，本区北京东方雨虹防水技术股份有限公司段文锋、北京长城华冠汽车科技股份有限公司陆群共获得13.3万元资助。所获得资助用于研发项目培养经费。

本月，顺义区2个项目入围2016年度北京市优秀人才培养资助。分别是，北京东方雨虹防水技术股份有限公司郭子斌主持的《沥青低温改性技术研究》入选青年骨干个人项目，获得资助金额3万元；北京市顺义区中医医院上报的《中医医联体基层师承人才培养模式的建立和评价研究》入选人才工作集体项目，获得资助金额30万元。

本月，2016年乡村公路建设工程全部完工，共完成70.65公里乡村公路建设和2处桥梁、危涵新建、改造工程。

本月，“2016北京榜样”主题活动颁奖典礼举行，顺义区任永阳、于国刚、刘守成、付静等4人获北京榜样年度提名奖，苏志顺、祁士岩、武凤云、张井华、焦海健、孙垚、孙立富、高长明等8人获周榜样荣誉称号。

年内，全区淘汰高排放老旧机动车10989辆，完成全年任务8160辆的135%。

年内，顺义区细颗粒物（PM2.5）累计浓度为71微克/立方米，同比下降12.3%。

年内，顺义区能源消费总量为1193.8万吨标准煤，同比增长6.23%，万元GDP能耗同比下降1.58%，完成市政府下达的节能减碳考核任务。

年内，顺义区共调整退出50家工业污染企业，腾退土地1300余亩，疏解相关从业人员2900余人。

年内，顺义区规模以上工业企业完成工业总产值3112亿元，同比增长10.3%。从全市来看，占全市总量的17.7%，继续排名全市之首；增长速度比全市高7.5个百分点，排在延庆、密云之后。从发展新区来看，占发展新区总量的34.3%，增长速度高2.9个百分点，总量与增长速度均排名第一。

年内，顺义区全年专利申请量为5584件，同比提高41.26%，其中发明专利为1639件，同比提高68.97%，实用新型专利为3346件，同比提高31.11%，外观设计专利为599件，同比提高38.98%。从授权情况看，专利授权总量为3739件，同比增长43.26%，其中发明专利授权量为340件，同比增长44.07%，实用新型专利授权量为2580件，同比增长30.11%，外观设计专利授权量为819件，同比增长109.46%。通过PCT途径申请的专利共有46项。截止到12月，有效发明专利拥有量为1214件。

年内，顺义区共投入民生保障金5400余万元，从保障基本生活、缓解医疗压力、改善住房等方面入手，为优抚对象打造幸福生活。

年内，完成本年度贫困家庭重性精神病人救助，投入资金309.52万元，救助618人次。

年内，顺义区新增南法信镇大江洼村、南彩镇九王庄村等13个市级民主法治示范村。截至年底，本区已有60个北京市民主法治示范村，4个国家级民主法治示范村。

年内，顺义区的双河果园、绿光鲜境爱农庄园获评五星级全国休闲农业和乡村旅游星级示范园区，顺丽鑫生态观光农业园获评四星级示范园区。至此，全区共有全国休闲农业和乡村旅游星级示范园区7个，其中五星级3个，四星级2个，三星级2个。

年内，顺义区农委凭借《村规民约为抓手、推动村域环境优化型村庄协同共治》项目获得2016年北京市社会主义新农村建设创新奖，奖励资金100万元。

年内,顺义区人口抽样调查结果显示：2016年末全区常住人口107.7万人，较上年增加5.5万人，增长5.3%。其中常住外来人口43万人，较上年增加2.8万人，增长7%。

年内，顺义区实现地区生产总值1565.6亿元，按可比价格计算（不变价），同比增长7.9%，高于全市增速1.2个百分点。分产业看，第一产业增加值20.0亿元，同比下降10.4%，第二产业增加值644.4亿元，同比增长12.4%，第三产业增加值901.3亿元，增长5.3%。属地财税收入完成636.99亿元，同比增加60.57亿元，增长10.5%。其中：一般公共预算收入完成137.86亿元，同比增加13.1亿元，增长10.5%。

年内，顺义区公共资源交易1112宗，交易额208.56亿元。其中，房屋建筑工程项目804宗，交易额144.91亿元；新建市政工程项目35宗，交易额6.41亿元；政府采购项目255宗，交易额13.74亿元；园林工程项目5宗，交易额2.3亿元；水利工程项目9宗，交易额3.62亿元；土地使用权交易项目4宗，交易额37.58亿元。

顺义区委

区委重要会议

【顺义区第四届人民代表大会第五次会议】1月6日，顺义区第四届人民代表大会第五次会议召开。区委副书记、代理区长高朋代表顺义区人民政府向大会作《政府工作报告》。会议选举高朋同志为顺义区人民政府区长，赵殿江、董建华同志为区人大常委会副主任，李旭辉同志为区人民法院院长。

（区委办）

【顺义区委常委会召开“三严三实”专题民主生活会】1月9日，顺义区委常委会召开“三严三实”专题民主生活会。市委常委、宣传部部长李伟，市委办公厅、市委组织部和市委第一巡回指导组有关领导参加会议。区委书记王刚，区委副书记、区长高朋等区委常委班子全体成员参加会议。区人大常务会主任胡尚云、区政协主席周颖博列席会议。

（区委办）

【顺义区各镇街及部分区直党（工）委书记党建述职报告会】1月29日，顺义区各镇街及部分区直党（工）委书记党建述职报告会召开。市委组织部副部长张革，区领导王刚、高朋等出席。

（区委办）

【中共北京市顺义区第四届纪律检查委员会第六次全体会议】2月22日，顺义区第四届纪律检查委员会第六次全体会议召开。市纪委常委张才雄，区领导王刚、高朋、胡尚云、周颖博等出席。

（区委办）

【顺义区加强意识形态工作暨2016年宣传思想文化工作会议】2月23日，顺义区加强意识形态工作暨2016年宣传思想文化工作会议召开，区领导王刚、高朋、林向阳、肖韵竹、车克欣、李国营、于庆丰、朱家亮、肖承继、霍光峰、李向英出席。

（区委办）

【顺义区镇级领导班子换届工作动员部署会】5月3日，顺义区镇级领导班子换届工作动员部署会召开，区领导王刚、车克欣、肖韵竹、霍光峰、吴建国出席。

（区委办）

【顺义区第四次政协工作会议】5月20日，顺义区召开第四次政协工作会议。区领导王刚、高朋、胡尚云、周颖博等出席。

（区委办）

【庆祝建党95周年大会暨全国党代表任期制联系点工作推进会】7月1日，顺义区召开庆祝建党95周年大会暨全国党代表任期制联系点工作推进会，区领导王刚、高朋、胡尚云、周颖博等出席。各镇、街道、区直处级单位主要负责同志，市、区党代表和部分基层一线镇党代表近千人参加大会。

（区委办）

【顺义区民主党派工作座谈会】8月2日，顺义区召开民主党派工作座谈会。民革顺义区总支部、民盟顺义区支部、民建顺义区支部、农工顺义区总支部、致公顺义区支部、九三学社顺义区支部负责人参会。区领导王刚、周颖博、车克欣、肖韵竹、于庆丰、禹学垠出席。

（区委办）

【中共北京市顺义区第四届委员会第十二次全体会议】8月4日，中共北京市顺义区第四届委员会第十二次全体会议完成各项议程，胜利闭幕。区领导王刚、高朋、周颖博等出席。

（区委办）

【顺义区区、镇人大换届选举动员大会】8月30日，顺义区召开区、镇人大换届选举动员大会。区领导王刚、车克欣、霍光峰、陈卫明、禹学垠等，各镇、街道党委主要负责同志、区选举委员会组成人员等出席会议。

（区委办）

【共青团北京市顺义区第三次代表大会】10月31日，共青团北京市顺义区第三次代表大会召开。团市委副书记熊卓，区领导王刚、高朋、胡尚云、周颖博等出席会议。近300名来自全区各族各界、各行各业的青年代表齐聚一堂，参加了这场青春盛会。

（区委办）

【顺义区妇女第二次代表大会】11月1日、2日，顺义区第二次妇女代表大会召开，来自各行各业的280名妇女代表汇聚一堂，共商全区妇女发展大计。北京市妇联党组书记、主席马兰霞，区领导王刚、高朋、胡尚云、周颖博等出席开幕式，历届妇联主席，共青团、残联、工商联、红十字会、文联等人民团体的主要领导和全区正处级女领导，镇、街道、委、办、局、公司、中心主管妇女工作的领导及从事妇委会工作的同志列席会议。

（区委办）

【北京市顺义区工商业联合会第四次代表大会】11月27日，北京市顺义区工商业联合会（商会）第四次代表大会举行。市工商联党组成员、副主席佘运高，顺义区委书记王刚，区委副书记、区长高朋，区人大常委会主任胡尚云，区政协主席周颖博等领导出席。

（区委办）

【中共北京市顺义区第四届委员会第十三次全体会议】11月26日，中共北京市顺义区第四届委员会第十三次全体会议召开。会议审议讨论《中共北京市顺义区第四届委员会在区第五次党代会上的工作报告》（审议稿）《中共北京市顺义区第四届纪律检查委员会在区第五次党代会上的工作报告》（审议稿）；研究部署区第五次党代会的筹备工作，对中共北京市顺义区区委委员、候补委员和纪委委员候选人预备人选进行讨论酝酿；并就全区党费收缴、管理和使用情况等事宜进行研究。会议表决通过中共北京市顺义区第四届委员会第十三次全体会议决议。区委书记王刚作重要讲话。区委副书记、区长高朋，区人大常委会主任胡尚云，区政协主席周颖博出席会议。

（区委办）

【中共北京市顺义区第五次代表大会开幕】12月13日，中国共产党北京市顺义区第五次代表大会召开。区领导王刚、高朋、胡尚云、周颖博等出席会议。

（区委办）

【中共北京市顺义区第五届委员会第一次全体会议召开】12月15日，中共北京市顺义区第五届委员会举行第一次全体会议。会议以无记名投票的方式，选举王刚、高朋、于庆丰、初军威、张良、肖承继、霍光峰、禹学垠、贺亚兰（女）、张晓峰为中国共产党北京市顺义区第五届委员会常务委员会委员；选举王刚为中国共产党北京市顺义区第五届委员会书记，高朋、于庆丰为中国共产党北京市顺义区第五届委员会副书记。会议通过区纪律检查委员会五届一次全会选举结果报告。

（区委办）

【中共北京市顺义区第五届纪律检查委员会第一次全体会议】12月15日，顺义区第五届纪律检查委员会第一次全体会议。区领导张良、禹学垠参加。会议由张良主持。

（区委办）

【政协北京市顺义区第五届委员会第一次会议】12月19日，政协北京市顺义区第五届委员会第一次会议开幕。北京市政协副主席唐晓青，顺义区领导王刚、高朋、胡尚云、周颖博等领导出席。

（区委办）

【顺义区第五届人民代表大会第一次会议】12月20日，顺义区第五届人民代表大会第一次会议隆重开幕。来自顺义区社会各界的218名人大代表出席。区委书记王刚，区委副书记、区长高朋，区人大常委会主任胡尚云，区政协主席周颖博等在主席台就坐。

（区委办）

主要工作及重大活动

【深入学习贯彻中央、市委精神】以党的十八届六中全会精神为核心，围绕党章党规、系列讲话，突出《关于新形势下党内政治生活的若干准则》《中国共产党党内监督条例》等重点内容，通过常委（扩大）会（45次）、书记专题会议（14次）、理论学习中心组（25次）、干部培训讲座（3万人次）等多种形式，及时、全面进行传达、学习。

（区委办）

【承接中心城区优质公共服务资源和产业资源转移】友谊医院顺义院区项目开工建设，计划设置床位1500张，预计2019年工程基本竣工。北京城市学院迁入工作完成，入住师生1.1万人。充分发挥中关村顺义园等政策平台优势，承接中心城区科技创新资源在本区中试、交易和产业化。推进东城区棚改定向安置房建设，在全市最先确定选址位置。

（区委办）

【深化与津冀地区的产业合作对接】推进产业对接合作，先后与河北威县、怀来县签订区域间战略合作框架协议。威县方面，威县·顺义产业园重点项目建设进展顺利，嘉寓科技产业园项目投入运营，项目固定资产总投资12.1亿元，全部建成后预计年可实现产值约32亿元，其中，嘉寓节能门窗幕墙光伏一体化项目已于2016年年底建成投产，安排当地就业500人；北汽新能源汽车生产基地项目签约奠基。怀来县方面，科技创新管委会与怀来县签署建设中关村顺义园·怀来分园战略合作协议，顺鑫集团与怀来县签署建设葡萄酒产业战略合作框架协议。

（区委办）

【着力推动非首都功能疏解】本区累计调整退出工业企业181家。全年禁入项目105个，清退中絮棉纺厂过度早市365户、9个老旧农贸市场正在改造升级，清理超范围经营摊位1190个、清理再生资源回收无照网点265家，疏解人口4200余人。工业平均用工人数14.4万人，同比下降2.4%。

（区委办）

【全力服务支撑城市副中心建设】提升以道路为重点的基础设施建设水平，编制完成顺义轨道交通线网规划等系列专项规划，加密、提升北京东北部地区南北纵向路网，确定7条轨道交通和11条城市道路交通建设任务。着力提升以医疗、教育为重点的公共服务水平，区医院急诊病房楼、政务数据中心等一批重大功能性项目投入使用，对城市副中心的服务保障能力显著增强。着力提升生态环境品质，配合北京市通风廊道建设，加快打通潮白河两岸清风廊道；以本区直接流入城市副中心的5条河道为重点，加大河道水体治理力度，全力为城市副中心打造生态屏障。

（区委办）

【经济规模持续扩大】全年实现地区生产总值1565.6亿元，同比增长7.9%；完成一般公共预算收入137.9亿元，同比增长10.5%；完成全社会固定资产投资485亿元，社会消费品零售额443亿元，分别增长4.3%和8.1%，投资与消费协调拉动的格局进一步得到巩固。其中，地区生产总值和一般公共预算收入稳居全市第五、城市发展新区之首；规模以上工业总产值达到3112亿元，同比增长10.3%，总量稳居全市第一。

（区委办）

【产业结构不断优化】金融、会展、文创、跨境电商等现代服务业快速崛起，三次产业结构比达到1.3：41.2：57.6，产业高端化、服务化特征更加突出。其中，金融产业增加值占全区比重达到9.5%，成为第三大支柱产业。

（区委办）

【创新动能更加强劲】制定出台推动自主创新“1+3”科技政策，创新资源加速聚集。中国科学院联动创新产业园等重大创新创业基地在本区相继落户，涵盖智能制造、生物医药、软件信息、文化创意等战略性新兴产业。中国航信高科技产业园项目有序推进，中航信集团总部及所属中国航空结算有限责任公司等十家企业已经全部迁址或注册在顺义。中关村医学工程健康产业化基地正式设立，高端生物医学工程技术和人才快速集聚。北京智能新能源汽车生态产业示范区全面启动，富电科技、乐电出行等15家知名企业已经入驻，制造业转型升级和提质增效步伐加快。

（区委办）

【狠抓改革释放创新活力】在全市率先编制完成《“十三五”时期全面深化改革规划》，紧密结合区域发展的阶段性特征，按年度出台改革实施计划和折子工程，确立改革的总目标、路线图和时间表。做强做优区属国有企业，市政板块、房地产开发板块、建设投资服务板块整合效应初步显现，建筑业板块、商业板块等整合重组工作取得实质性进展，形成一批特色突出、具有区域竞争力的国企品牌，区属国有企业销售收入、净资产、利润指标分别稳居全市各区第一、第二、第三位。深入推进转变政府治理方式改革，取消行政审批事项44项，清理75项非行政许可审批事项；《顺义区政府部门权力清单》编制完成并面向社会公布。继续推进区镇财政管理体制改革，切实保障区镇两级财权、事权相统一。加快推进城乡综合改革，全区街道管理体制改革全面启动，城市综合监管执法机制改革深入实施，社区物业管理体制改革试点深入推进，集体经济产权制度改革基本完成，土地承包经营权确权登记颁证工作全面开展。完成“以村（居）规民约为抓手，创新基层社会协同共治模式”改革试点工作，并将试点经验在全区进行推广。

（区委办）

【重拳治理大气污染】超额完成煤改气任务，加大优质燃煤财政补贴力度，将区级财政补贴标准由每吨230元提高到每吨550元，实现优质燃煤替代全覆盖；机动车污染治理有力推进，控车减油力度不断加强；清理整治违法违规排污及生产经营行为企业103家、淘汰退出高污染企业50家；区域空气质量明显改善，各项污染物平均浓度大幅降低，空气中细颗粒物（PM2.5）平均浓度同比下降12.3%。

（区委办）

【加强人口规模调控】坚持“以产引人、以房控人、以证管人”，建立完善差异化资源补偿机制，全区常住人口107.5万，超额完成市级下达的人口调控任务。

（区委办）

【深入推进水系治理】落实三年治污行动计划，污水处理率达到85%，赵全营等8座再生水厂建成使用；5条黑臭水体、205处河道排污口和146公里中小河道治理完成，全区七成河道完成生态治理；在全市率先实施南水北调水源回补工程。

（区委办）

【大幅拓展绿色空间】完成平原造林任务，近年累计新增造林18.9万亩，占全市近1/5，森林覆盖率提高到30.18%，人均绿地面积位居全市第三。特别是做好中央环保督察信访交办件办理工作，采取有效有力措施，有关问题全部整改完毕。

（区委办）

【着力保障和改善民生】城乡劳动力二三产业就业率保持在95%以上，城镇登记失业率为1.45%，连续第5年被评为北京市“充分就业区”。落实全民参保计划，社会保障覆盖面不断扩大，重大疾病救助封顶金额提高到20万元，双拥优抚工作力度持续加大，实现全国双拥模范城“四连冠”。大力推进保障性住房建设，所有项目均已达到基本建成标准，超额完成市级下达任务。基本实现“保障入学、就近入学、平等入学”，全区教育教学质量持续提升，中高考各项指标继续位居全市前列。引进优质医疗资源，扎实推进慢病综合防控示范区建设，顺义中医医院迁建项目落地开工，基层网底服务能力不断增强，医疗卫生服务水平进一步提升。制定出台有关推进低收入户增收和低收入村发展的意见，按照一村一策（册）、一户一策（册）的原则，统筹资源、分类施策、精准帮扶。

（区委办）

【全面加强民主法治建设】加强和改善对人大工作的领导，支持区人大常委会依法履行职责，完成区、镇两级人大换届选举工作。坚持把政协工作纳入到党委重要议事日程，及时研究解决政协工作中的重大问题，全力支持政协推进政治协商、民主监督、参政议政的制度化、规范化和程序化。制定出台《关于贯彻落实中央、市委统战工作会议精神的意见》，深化与各民主党派、无党派人士的团结合作，持续深入地推进民族、宗教、台港澳事务和侨务工作，进一步巩固共同思想政治基础，为区域发展献计出力。着力加强和改进党对工青妇等群团组织的领导，支持引导广大群团组织依法依章独立自主开展工作。完成区妇联、团区委、区文联、区工商联等群团组织的换届工作。

（区委办）

【全力维护社会安全稳定】扎实做好重点时段安保维稳工作，实现“两会”、“六四”敏感期、南海仲裁案、G20杭州峰会、国庆和十八届六中全会期间等重点时期安保维稳工作万无一失。扎实推进“平安顺义”建设，加强立体化社会治安防控体系建设和群防群治队伍建设，实现工作重心下移、预防关口前移；加强信访工作和社会矛盾调解体系建设，努力从源头有效预防风险；严厉打击各类违法犯罪，群众安全感和满意度保持在较高水平；深入实施安全发展战略，以创建全国安全发展示范城市为引领，加强安全生产管理，推进安全社区建设，安全生产基础更加坚实，安全防控水平全面提升。

（区委办）

【完成区镇村换届工作】区级换届方面，召开区五次党代会和五届一次人代会、政协会，完成区四套班子和法检“两长”的换届工作，市里批复的人事安排方案全部落实到位。镇级换届方面，紧紧围绕“功能、结构、能力、程序、纪律、稳定”要求，实现“一保持、两提高、三确保”的换届目标。镇级班子平级年龄41.3岁，比换届前降低3.1岁；全日制本科及以上学历比例58%，提高18.4个百分点；女干部比例27%，提高8个百分点。村级换届方面，村级换届“四个二”指标全面完成，“一人兼”达88%，交叉任职率达78.4%，连续四届实现无“白点村”，新一届村“两委”班子成员年龄结构和学历结构进一步优化。

（区委办）

【严肃换届纪律】下发《关于加强换届风气监督工作的通知》等制度文件，形成“1+2+X”制度体系，并专门成立换届风气监督工作领导小组。严格落实“四个凡提”要求，严明“九严禁”纪律，扎实做好“四必谈”工作，畅通监督举报渠道，成立6个巡回督查组（督导组），对全区19个镇的换届风气进行巡回督查，确保换届环境风清气正。

（区委办）

【深入推进基层党建各项工作】坚持定期研究基层党建重点工作，区委常委会共研究基层党建相关议题70余个。着力强化二级班子和基层党组织党建责任，将党建述职由镇街书记延伸到全部村、社区党组织书记。强化基层党建考核，建立涵盖二级班子的党建工作考核评价办法，将党建工作综合得分纳入领导班子和领导干部综合考核评价体系。狠抓七项重点任务，将查找到的失联党员全部纳入规范管理，党费补缴工作完成。完成34家软弱涣散基层党组织整顿工作。加强国有企业和非公企业党的建设，建立联席会议制度，覆盖率分别达到87.6%和68.9%。强化基层基础保障，出台《顺义区社区工作者管理办法》，落实村干部待遇保障资金8600余万元。创新开展基层服务型党组织星级创建工作，综合评定并表彰“六星”基层服务型党组织90个。深化党代表任期制试点，创新建立党代表专题质询等机制，开通“党代表直通车”，切实强化党内监督。

（区委办）

【持之以恒抓好党风廉政建设】将2016年确定为纪律教育年，教育引导广大党员干部形成纪律自觉。出台《关于实行党风廉政建设责任制履责记实制度的规定》。严格落实《关于在深化国有企业改革中坚持党的领导加强党的建设的若干意见》和《关于进一步加强国资国企监管工作的意见》，切实加强国有企业监督管理。严防“四风”问题反弹，深入开展“为官不为、为官乱为”问题专项治理，严肃处置违反中央八项规定精神类问题。 2016年，对“四风”问题共立案10件，处理党员干部24人，全部通报曝光；问责处理二级党委班子2个、处级干部5人。

（区委办）

【牢牢掌握意识形态工作主动权】在全市率先召开加

强意识形态工作会，出台《关于落实党委（党组）意识形态工作责任制的意见》，与各单位一把手签订意识形态责任书，明确具体职责。成立意识形态研判小组，全年开展5次研判会商，在全区范围内通报意识形态情况5次。建立健全专题督查机制，在全区开展意识形态工作专题督查。强化舆情管理，制定实施《顺义区委关于加强重大事项舆论风险评估及管理工作的意见》。围绕区党代会、区“两会”等开展深入宣传报道，引导舆论走向、凝聚社会共识。

（区委办）

【着力加强常委会自身建设】按照加强和改进党的地方委员会工作有关要求，修订区委工作规则和区委常委会工作规则，完善书记专题会议制度、区委议事协调会议制度、区委工作务虚会制度、区委理论学习中心组集体学习会议制度等配套会议制度。认真贯彻民主集中制，坚持“三重一大”事项上常委会制度，坚持人大常委会党组、政协党组主要领导列席区委常委会制度，坚持会前沟通和会上讨论相结合，坚持重大事项集体领导，区委决策的科学化、民主化水平不断提高。全年召开的45次区委常委（扩大）会、14次书记专题会，共审议议题197个，就事关区域发展的重大问题进行了重点研究和推进。带头严格落实中央八项规定、市委实施意见和区委“1+X”制度体系，发挥好示范引领作用，努力在全区营造守纪律、讲规矩的良好政治氛围。

（区委办）

【北京友谊医院顺义院区正式奠基开工】12月28日，位于顺义区后沙峪镇的北京友谊医院顺义院区正式奠基开工。项目总建筑面积24万多平方米，总规模1500张床位，一期建设1000张床位。医院预计2020年竣工使用，届时将有效减轻城市核心区的就诊和住院压力，满足顺义区及首都机场周边对优质医疗资源的需求，并将辐射到包括津冀在内的北京东北部地区。

（区委办）

【市委副书记、代市长蔡奇在顺义区宣讲六中全会精神】11月23日，市委副书记、代市长蔡奇日前在顺义区宣讲党的十八届六中全会精神，围绕学习贯彻全会精神和习近平总书记重要讲话精神、深入推进全面从严治党作专题辅导报告。

（区委办）

组织工作

【概况】2016年组织工作深入贯彻落实十八大、十八届三中、四中、五中、六中全会和习近平总书记系列重要讲话精神，牢牢立足“四个全面”战略布局，紧密围绕“把握三个阶段性特征，推动四个转型升级”的工作总要求，正确认识、主动适应、科学引领新常态，自觉服从服务京津冀协同发展大局，坚持问题导向，注重顶层设计，加强统筹谋划，严格落实党要管党、从严治党主体责任，将从严的精神贯穿组织工作始终，扎实开展好区镇领导班子换届、基层党组织建设、临空经济高端人才聚集区建设，锤炼高素质执政骨干队伍，构筑坚强的战斗堡垒，打造高端人才队伍，为全区发展转型升级提供组织保障和干部人才支撑，彰显组织工作“围绕中心、服务大局”的核心价值。

单位名称：顺义区委组织部

地址：顺义区府前中街1号

电话:010-81493590

邮编：101300

（区委组织部）

【“两学一做”学习教育】以党委（党组）为单位组织专题学习，组织24次中心组专题学习，邀请中组部、中央党校等单位的专家教授作专题讲座8场，打牢“学”这个基础。充分发挥区委党校主阵地作用，围绕“两学一做”开展专题讲座17场、校外辅导100余场次。开发“两学一做”知识测试系统，组织全区党员在线答题，参与量达12万人次。依托“4+7”督导体系开展督导工作，督促各基层党组织认真梳理问题，形成“问题清单”，全区层面共查摆出3个层面15个共性问题。组织开展“合格党支部建设规范”和“合格党员行为规范”大讨论活动，重点围绕查摆出的问题进行讨论，将思想教育进一步做细做实。

（区委组织部）

【领导班子换届】多次召开专题会研究部署换届工作，出台20多项制度文件，合理确定区镇两级领导班子换届目标。从严开展资格审查，建立“1+17+9”审查机制，由组织部会同纪委等17家单位审查6376人次，形成31812条意见，函询207人，终止17名人选资格。建立“1+2+X”换届风气监督制度体系，细化“五个责任主体”责任清单54条，压紧压实各部门的换届风气监督责任。坚持教育在前，警示在先，持续播放“九严禁”动漫视频21次，发送纪律短信5458人次，发放宣传海报553张、折页6043份，开展纪律专题培训2期，出具廉政意见7000余人次。换届后镇级领导班子结构明显优化，全区镇级领导班子平级年龄41.3岁，比换届前年轻3.1岁；全日制本科及以上学历干部比例58%，比换届前提高18.4%；女干部比例

27%，比换届前提高8个百分点。选举产生345名区党代表、228名区人大代表和228名政协委员，代表委员的结构得到进一步优化。

（区委组织部）

【加强干部队伍建设】完善顶层设计，制定《关于规范区管干部选拔任用监督工作程序的有关规定（试行）》《顺义区科级干部选拔任用工作纪实办法》《关于加强科级干部选拔任用工作监督的实施意见》等文件。结合国有企业整合重组、部门职能调整等重大改革，推进干部选任，全年共提请区委常委会讨论决定处级干部任免14批次，涉及547名干部。认真推进超配干部消化，全部消化完成超配的78名处级领导干部。做好领导干部个人有关事项报告工作，加大抽查核实力度，共抽查核实1372人，谈话提醒28人，函询360人。完成对26名离任“一把手”选人用人检查，完成对40名离任领导干部经济责任审计。对55家区属二级班子开展“一报告两评议”工作，组织1444名处科级干部对371名新任或提拔的科级干部进行民主评议。推进干部选任网络纪实，完成498人次16000多条信息的纪实工作，切实将干部监督工作落到实处。制定《顺义区援建挂职干部管理服务办法（试行）》，为做好援建挂职干部服务管理提供制度依据。圆满完成1名师职军转干部、13名团职军转干部安置工作。加强因私出国（境）备案和证件管理，全年共登记备案处级及以上领导干部1304人，办理领导干部因公出国（境）备案60批88人次。从严档案管理，对1161卷区管干部档案、5593卷科级及以下干部档案进行专项审核。

（区委组织部）

【加强基层党组织建设】印发《关于进一步加强全区非公有制企业和社会组织党的建设工作方案》，建立非公企业党建工作联席会制度，推动“两新”组织党建工作不断深化，全区非公企业和社会组织党组织覆盖率分别为83%和53%。分类推进35个试点村的村规民约工作，对照“六型”标准深化党组织建设。开展基层服务型党组织星级创建工作，评选出90个“六星”党组织，发挥示范带动作用。通过区领导挂点联系、“一村一策”专项整治等方式，持续整顿软弱涣散基层党组织。完善村干部待遇保障政策，落实村干部待遇保障资金8200余万元。制定出台《顺义区社区工作者管理办法》，按照上一年度全市职工平均工资90%的标准确定社区工作者待遇。下拨各类党建经费9285.5万元，切实强化基层党建基础保障。圆满完成村委会换届选举工作，全面实现市级“四个二”指标要求，村党组织书记和村委会主任“一人兼”达88%，“两委”交叉任职率达78.4%，新一届村“两委”班子成员年龄结构和文化结构进一步优化。深入抓好党员组织关系集中排查，排查出“失联”党员237名，其中经过查找取得联系的党员161名，从源头上规范党员组织关系管理。做好党内关怀帮扶工作，帮扶困难党员191名、发放资金100万元。召开全区建党95周年庆祝大会和“永远跟党走”文艺演出活动，完成历年来表彰规模最大、数量最多的优秀共产党员、优秀党务工作者、优秀党组织带头人和先进基层党组织的评选表彰工作。

（区委组织部）

【加强人才队伍建设】完善“1+X”人才工作政策体系，研究制定《顺义区实施临空经济高端人才聚集工程的工作暂行办法》《顺义区优秀农村实用人才创业项目认定支持工作办法》等10多项人才政策。依托北京临空创新创业示范基地，建成北京首家海外学人中心分站点，为区内企业和海外高层次人才搭建交流平台。借助“人才京郊行”项目，柔性引进6名专家人才到本区相关单位挂职服务。加大引才聚才平台建设，先后建成5家院士工作站、6家国家级企业技术中心、1家国家重点实验室、10家博士后科研工作站，吸引集聚各类高端人才。先后推荐24名优秀人才参加“千人计划”“海聚工程”等评选表彰活动，3人入选“万人计划”、1人入选“北京市优秀青年人才”。推荐优秀项目参评北京市优秀人才培养资助工作，1个青年骨干个人项目和1个人才集体项目入选。推荐5个项目参评北京市农村实用创业项目评选，2个项目入选并获得10万元的支持资金。承办首届“全国大学生村官微电影大赛”，《扎根》《村官律师》2部微电影荣获中国金鸡百花电影节第二届国际微电影大赛优秀奖。完成三批次党政人才公租房建设配租工作，累计配租房源182套，切实先后为312名人才缓解居住难的问题。做好联系服务专家工作，组织区内59名专家人才进行健康体检并建立健康档案。

（区委组织部）

【加强基层党内民主制度建设】通过与中央党校课题组共同研究，总结经验，形成顺义区委党代表任期制理论研究成果。下拨党代表任期制工作专项资金376.6万元，保障16个代表团活动、党代表换届选举等方面工作的深入开展。按照“八有”标准，新建56个基层党代表工作室。深化分团工作机制，16个代表团开展调研月活动，形成17篇调研报告。落实“五列席”“六征求”“八通报”制度，邀请区党代表列席全区重要会议，在全市首次将党代表联名提案环节纳入区五次党代会议程，党代表提出7项提案。开通“党代表直通车”，及时听取基层的意见建议。创新开展区领导“组团式”驻室工作，全年共开展区级领导“组团式”驻室活动15人次，约谈92名党代表和党员群众，收集各方面意见建议131条。区镇两级党代表进驻党代表工作室开展工作1439人次，接待党员群众2552人次，收集意见建议1352件。

（区委组织部）

【加强组织部门自身建设】修订完善《区委组织部领

导分工方案》，明确部领导的工作分工。制定《区委组织部机关干部选调暂行规定》和部机关科级干部转任、录用、选拔任用3项暂行规定，进一步提升部机关人事管理水平。制定《区委组织部机关资金审批流程暂行办法》《区委组织部重要会议工作制度》，提升工作规范化水平。带头开展“两学一做”学习教育，全年组织集体学习33次、专题研讨3次，开展“两学一做”微信在线测试、主题征文等活动。圆满完成部机关党支部换届工作。围绕“干部‘下’的途径和方法”主题，举办全区组织系统“组工论坛”。扎实开展“顺义智慧组工”建设，初步开发完成干部、组织、人才、综合4大类21个子系统。严格坚持文书处理工作原则，全年共制发各类公文1056件，呈报公文审批单2213件；高效开展重点工作督查督办，做到“三个及时”，确保全部完成年度任务。

（区委组织部）

宣传工作

【概况】2016年全区宣传思想文化工作在区委区政府的正确领导下，以党的十八大和十八届三中、四中、五中、六中全会精神以及习近平总书记系列重要讲话精神为指导，深入贯彻落实市委十一届十二次全会以及区五次党代会精神，坚持围绕中心、服务大局，思想理论、新闻宣传、舆论引导、精神文明、文化建设等各项工作扎实开展，取得良好效果，为“建设绿色国际港　打造航空中心核心区　共筑和谐宜居新家园”营造良好氛围。

单位名称：中共北京市顺义区委宣传部

地址：顺义区府前中街1号

电话：（010）69443479

邮编：101300

（宣传部）

【理论工作】一是区委理论中心组学习。采取领导讲课、专家宣讲、集体研讨、调研参观等多种形式，共组织区委理论中心组学习25次，重点学习习近平总书记系列重要讲话精神，开展“两学一做”学习教育专题学习讨论，认真学习贯彻党的十八届六中全会精神，研究区域重点工作。将区委理论中心组学习讲座内容录制成光盘，供处级单位学习参考。全年共编发手机报26期，着力打造上级精神的学习平台、理论知识的解读平台、业务工作的交流平台。发放《中国共产党的九十年》《党的十八届六中全会文件学习辅导百问》等优秀学习书目1000余册。完成“宣讲家杯”党课评选、哲学社会科学成果推荐等工作。三是宣讲工作。制定印发《2016年顺义区宣讲工作实施方案》，召开专题会议进行部署，确立专家宣讲、干部宣讲、百姓宣讲、媒体宣讲、网络宣讲工作思路。围绕培育社会主义核心价值观、庆祝建党95周年、贯彻“十三五”规划、“两学一做”等主题，邀请专家宣讲10场，开展百姓宣讲160余场，承办市级宣讲15场，组织各层面干部宣讲200余场，向市报送百姓宣讲微故事102篇。特别是协调区委办、组织部、纪委、机关工委、教委、卫计委、社会工委、环保局、交通局等部门组成宣讲团，围绕“十三五”、区五次党代会等主题开展宣讲70余场。按照市社科联的要求，积极做好上传下达、协调预约工作，上报周末社区大讲堂约课38场,传递社会正能量，有效凝聚思想意识。

（宣传部）

【意识形态工作】一是意识形态工作格局。高规格召开加强意识形态工作会议，区委书记作专题讲话，全体区委常委参会，处级班子“一把手”与区委签订意识形态工作责任书。先后9次组织召开意识形态工作会议，传达学习中央、北京市有关意识形态工作的文件规定和会议精神，通报和分析意识形态工作形势。制定出台《中共顺义区委关于落实党委（党组）意识形态工作责任制的意见》，确定研究会商、情况通报等8项工作责任制度并逐项落实。开展意识形态工作专题督查，对全区19个镇6个街道进行现场督查，对全区各单位进行书面督查。将意识形态责任制落实情况纳入《顺义区党的建设工作考核办法（试行）》中，作为党建工作重要内容进行考核，初步形成党委统一领导，党政齐抓共管、宣传部门组织协调、有关部门分工负责的工作格局。二是意识形态阵地管理。区内媒体坚持团结稳定鼓劲、正面宣传为主的方针，围绕区委、区政府中心工作和群众关心的热点难点，开展专题宣传和系列报道，充分发挥出引导社会热点、凝聚社会共识的重要作用，为区域经济社会发展营造良好的舆论氛围。文化阵地管理不断加强，共办结各种违规经营案件45件，没收非法图书、光盘1万余张、册，没收电脑、卫星地面接收设施14套，有效净化地区文化市场。

（宣传部）

【新闻宣传工作】借助市级媒体资源，有高度、有深度、多角度地宣传顺义，共在市级以上媒体刊播新闻5万余篇，其中在新华社、《人民日报》、中央电视台等中央级媒体刊播新闻的规模和质量得到了进一步提升。围绕本区“十三五”规划、对接城市副中心建设等重点工作，在新华社、《人民日报》等中央级主流新闻媒体刊发《一张蓝图绘到底　提升百姓获得感——顺义跑好发展接力赛》、《一个工业强区的升级之路——来自北京市顺义区的调查报告》等深度报道20余篇；在北京日报头版、北京电视台《北京新闻》栏目刊登（播出）《顺义建生态绿屏　守护城市副中心》、《百字村规民约“约”出最美乡村》等重要新闻50余篇（条）。在区五次党代会召开期间，制作推出“辉煌五年　喜看成就”主题展览，全面回顾五年经济社会发展成就。加大形象宣传力度，顺义LOGO、顺义歌曲、顺义广告语、顺义宣传片系列形象宣传品制作完成，并在部分媒体和平台进行推广，取得良好宣传效果。首次开展“美在顺义”线上线下品牌活动，采用征集图片作品的形式，充分展示顺义经济发展、社会和谐、科技创新、环境优美的城市形象和市民积极向上、开拓奋进的精神风貌。

（宣传部）

【舆论引导工作】制定并出台《顺义区关于加强重大事项舆论风险评估及管理工作的意见》（京顺发〔2016〕12号），使全区各单位在事前、事中、事后全过程科学引导舆情并有效管控风险，推动舆论引导由被动应对媒体到主动应用媒体的深刻转变，确保全区重大项目的顺利推进。组织各单位新闻发言人培训，提高舆情应对和处置能力。借助人民网、优讯网等专业力量，实现舆情动态监测24小时覆盖。完善官方微博发布与传统新闻发布的良性互动机制，有效提高突发事件舆论引导的权威性。积极发挥市、区级骨干网评员作用，妥善应对处置一批突发事件网络舆情。针对建党95周年、长征胜利80周年等重要时间节点，加强舆情监测处置工作，有效保障社会舆情整体平稳。

（宣传部）

【网络宣传工作】一是新媒体平台不断扩大。对全区微博、微信情况进行摸底，建立顺义区微博微信管理员群，并以“绿港顺义”官方微博为核心，集聚委办局、镇、街道共46家微博和38家微信为成员的官方微博微信矩阵，积极发挥矩阵的联动作用。组织发布新春祝词、重大活动信息、重要政策信息等2500余条。绿港顺义入驻今日头条号，开辟新的宣传渠道，自8月份开通以来，共发布40条新闻。南法信镇与北青社区报顺义版等六个版块合作，利用头条小版和小视频提升地区知名度、影响力，精心打造“临空智谷——首都产业新城”。二是线上线下活动传播正能量。宣传推广以北京榜样、首都道德模范周红照顾双腿截肢养父故事为原型创编的公益微电影《最后的舞曲》，仅一个月网上点击量就突破了10万。组织“北青社区报顺义版”“顺义百事通”“顺义社区网”等民间微信公众号参与“城市建设推介会”“战略性新兴产业推介会”等区内重点活动宣传。在燕京啤酒文化节、惠民文化消费季、冰雪温泉狂欢季等活动期间开展微信抢票等活动，有效提升宣传效果。与顺义在线合作，组织开展网络春晚，进一步完善民间网络阵地，通过第三方平台传播正能量。

（宣传部）

【文化事业】一是全面贯彻北京市“1+3”公共文化政策文件，加快推进首都公共文化服务示范区创建工作，加快推进文化服务软、硬件建设，提升城市文化品质。加大公共文化投入，利用市场竞争优势，明确支持方向、实施程序、监管方式，提高公共文化服务效能，使其成为促进文化艺术事业发展的新平台、新渠道、新机制。区级文化中心建设有序推进，图书馆、文化馆等区级公共文化服务设施功能不断完善。为9个村级剧场、335个村级广场配备固定灯光音响设备，实现村级文化广场灯光音响设备全覆盖。“农村文艺演出星火工程”引入第三方抽查监测机制，参演团队演出场次与质量明显提高，全年共有62支文艺表演团队参加农村“星火工程”文艺演出1008场。策划组织第四届惠民文化消费季，推出五大主题惠民活动。积极邀请市、区艺术家送戏进社区、进学校、进工地公益演出活动，文化惠民力度不断加强。二是全年开展“二月新春”、“五月的鲜花”、“十月金秋”等三大系列群众文化活动1600余场，吸引观众50万人次，成为顺义特色、全市公认的群众文化活动品牌。“高丽营杯”戏曲票友邀请赛、“天竺杯”合唱大赛等10大杯赛活动逐渐形成品牌，吸引观众100万人次。成功引进国家歌剧院合唱团、中国电影交响乐团、开心麻花团队、繁星戏剧社入区演出。组织“放歌新顺义”全国原创歌曲征集活动、顺义区纪念建党95周年暨党史宣传月主题文艺演出、第八届北京端午文化节非遗项目展演和民间手工艺展销活动、顺义区首届重阳爱老敬老戏曲艺术节等特色活动。

（宣传部）

【文化创意产业】截至2016年年底，顺义区规模以上文化创意产业法人单位113家，从业人员12244人。实现营业收入119.3亿元，同比增长10.8%；实现利润总额9.5亿元，同比增长200.1%，其中文化艺术服务、广告会展服务及艺术品生产与销售服务营业收入同比增长均达20%以上，产业总体发展平稳。一是争取市级文创专项资金支持，共向北京市推荐项目28个，其中8个项目获得共计1640万元资金支持。二是开展区级专项资金扶持工作，经踏勘评审，共扶持28个项目4468万元。三是修订文化创意产业专项资金管理办法，创新专项资金使用，新增风险补偿、债权投资和股权投资三种支持方式。四是改版升级“顺义文化创意网”和“创意顺义”官方微信、微博等信息服务平台。五是搭建企业交流服务平台，组织文创专场招聘会等活动，共计70余家文创企业参与。六是参与第十一届北京文博会，接待观众5万余人次，发放各类宣传品2000余件。

（宣传部）

精神文明建设

【概况】2016年，顺义区以培育和践行社会主义核心价值观为根本任务，在贯穿融入上下功夫，在创新载体上做文章，在建强机制上求突破，全面推进市民素质教育、文明创建工作、公共文明引导、“学雷锋”志愿服务和未成年人思想教育等多项工作，精神文明建设工作成效显著。

单位名称：顺义区精神文明建设委员会办公室
地址：顺义区府前中街1号
邮编：101300
电话：69441604
网址：www.bjsywm.gov.cn

（文明办）

【社会主义核心价值观建设】围绕社会主义核心价值观主要内容，兴建总面积达9.2万平方米的核心价值观主题公园、广场和街路；组织拍摄微电影《最后的舞曲》，讲述北京榜样、首都道德模范周红照顾双腿截肢养父的故事，仅一个月，网上点击量就突破10万；以村（居）规民约为抓手，把核心价值观倡导的价值理念融入到村规民约的条条框框之中，全区426个村、105个社区全部制定通俗易懂、便于记忆的村（居）规民约。

（文明办）

【典型选树建设】依托道德模范评选表彰、“北京榜样”举荐、“我推荐、我评议身边好人”三大典型选树品牌活动，建立完善涵盖800余名先进人物事迹的顺义“好人库”和区、镇（街）、村（居）三级举荐机制，夯实工作基础；建立健全道德模范帮扶长效机制，实现由节日性帮扶向经常性帮扶的转变，树立好人好报的价值导向。

（文明办）

【顺义区道德模范评选】通过在全区广泛发动，自下而上，层层举荐，利用电视台、电台、网络、报纸和微信进行集中宣传，共有160万人次的市民群众参与到道德模范评选投票、点赞环节。最终，面向社会公开命名和表彰王毅伟、任永阳、苏志顺、陈磊、张井华、郭维健、罗文江、霍岗伟、王春香、方惜等10名顺义区第六届道德模范。

（文明办）

【2016北京榜样大型主题活动】在顺义公园、卧龙公园、仁和公园、怡园设立4块大型举荐榜，每月张榜宣传好人事迹，先后推出120余名具有敬业奉献、诚实守信、自强不息、助人为乐等优秀品格的典型人物。其中，有10人获得周榜样荣誉称号，3人获得月榜样荣誉称号，于国刚、刘守成、任永阳、付静等4人荣获北京榜样年度榜样人物提名。

（文明办）

【身边好人】通过首都文明办推荐42名“身边好人”候选人至中央文明办，其中祁士岩、付静2人荣登“中国好人榜”。

（文明办）

【文明家庭创建】全区涌现出4户“全国五好文明家庭”，43户“首都最美家庭”。连续两年开展顺义“好邻居”评选活动，征集并推出了100对“好邻居”。

（文明办）

【文明村镇创建】全面推动乡情村史陈列室和精神文明电子宣传屏建设，全年完成6个村史馆建设和39块电子屏建设，全区村史馆达到17个，农村宣传电子屏达到69个。

（文明办）

【军警民共建】以“军警民共建日”主题实践活动为载体，以“百姓进军营，官兵进社区”为主要内容，大力开展“和谐、文明、关爱、育人、荣誉”等五项工程建设。开展“著名书画艺术家进军营”“军地文艺汇演庆八一”等多项品牌活动，推动军（警）民共建蓬勃发展。

（文明办）

【清洁空气蓝天行动】开展“微承诺、微行动、微志愿”系列活动，获奖“三微示范案例”6个，绿色生活好市民11名。

（文明办）

【公共文明引导】加强公共文明引导员队伍建设，提升队伍整体业务素质。4月份联合区委党校，组织172名公共文明引导员进行为期3天的集中培训，开展文明礼仪、站台服务规范、应急事件处理等专业服务培训。落实日常督查检查机制，发挥奖惩作用，促进引导员落实地铁公交站台文明引导服务标准，提升服务质量。

（文明办）

【学雷锋志愿服务】以举办学雷锋志愿服务推动月等重大活动为契机，组织11.6万志愿者进农村、进社区开展体现人文关怀的尊老爱幼、帮助农民工、助残志愿服务和体现生态文明的关爱山川河流志愿服务等活动，促进服务项目与社会需求有效对接，显著提高服务水平。

（文明办）

【未成年人思想道德建设】以“立德树人”为根本任务，把培育和践行社会主义核心价值观贯穿未成年人工作全过程。与区教委共同研究制定《顺义区文明校园创建工作实施意见》，全区13所中小学校获评北京市文明校园荣誉称号；加强未成年人活动场所建设，以中央彩票公益金补贴形式在顺义八中和张镇中心小学新建2所乡村学校少年宫；以“我的中国梦”为主题，开展多种形式的未成年人主题教育活动，全区有6名少年获评首都“最美少年”荣誉称号，有1278名未成年人获得三星级以上社区文明小使者荣誉称号。顺义推荐的5首歌曲代表北京市参加全国“童心向党”歌咏活动展演。

（文明办）

统战工作

【概况】顺义区委统战部以贯彻落实《中国共产党统一战线工作条例（试行）》和中央、市委统战工作会议精神为引领，在市委统战部的指导和区委的领导下，紧密结合“两学一做”专题教育的开展，全面拓展统一战线优势作用，为全区融入京津冀一体化协调发展和深入实施“十三五”规划做出积极贡献。

单位名称：顺义区委统战部

地址：顺义区府前东街11号

电话：（010）69443996

邮编：101300

（区委统战部）

【顺义区委统战部开展文化下乡活动】2月2日，顺义区委统战部邀请民盟书画家在马坡镇石家营村开展“送春联”文化下乡活动。

（区委统战部）

【顺义区委统战部慰问清真寺】7月6日，穆斯林的传统节日——开斋节当天，顺义区委统战部、市公安局顺义分局和区民族宗教局的有关领导组成联合慰问组，会同相关镇政府领导到回民营镇、高丽营镇、牛栏山镇和杨镇等四所清真寺为穆斯林群众送去节日祝福，并带去慰问金,与穆斯林群众共同欢度开斋节。

（区委统战部）

政策研究工作

【概况】2016年，在区委的正确领导下，区委区政府研究室（区委改革办）牢固树立政治意识、大局意识、核心意识、看齐意识，紧紧围绕“强基础、助决策、促改革、谋发展”的总目标，牢牢把握“以文辅政”、“改革协调”职能定位，深度聚焦“文稿写作、调查研究、专家咨询、深化改革”四大主业，顺利完成“职能拓展、业务提升”的转变，为促进区委、区政府科学决策，助推全区经济社会发展提供重要支撑，发挥积极作用。《顺义区关于运用村规民约促进农村社会协同共治的调研与思考》被市委、市政府评为全市第十二届优秀调查研究成果二等奖。

单位名称：顺义区委区政府研究室

地址：顺义区府前中街1号

电话：（010）69444462

邮编：101300

（区委区政府研究室）

【扎实做好文稿起草工作】自2015年全会工作报告正式划归研究室以来，文稿写作已逐步成为研究室最核心、最重要的职能。围绕新的主业，研究室坚持服务发展、服务决策、服务领导、服务基层，高标准、高质量、高效率地完成各项文稿起草任务。一是圆满完成党代会及全会报告等重大文稿撰写任务。牵头完成四届十二全会报告、第五次党代会报告、五届一次全会讲话等重量级文稿的写作。二是积极参与政府工作报告等撰写工作。充分发挥党代会报告的统领作用，系统梳理和规范区域定位、工作主线、时代奋斗目标等引领未来发展的若干重要表述，确保全区思想同心、目标同向、部署同步。围绕政府中心工作，主动服务保障，完成领导关切事项整理、议事备忘录、区情通报、简报纪要等各类文稿。三是顺利完成领导交付的其他文稿任务。高质量完成重读共产党宣言，新常态下看担当，论工匠精神，贯彻落实王刚书记与镇、村党组织书记谈心谈话精神评论文章，关于顺义区经济社会发展总体情况报告，人民日报、北京日报约稿等领导交付的其他文稿任务。协助区委秘书科，耗时近四个月完成王刚书记讲话观点归纳整理工作，累计梳理区委常委会、专题会议122次，提炼观点68篇。

（区委区政府研究室）

【建言献策能力不断提高】坚持把调查研究作为科学决策的基础环节和重要手段，着眼事关全局发展的大事要事，努力在求深、求实、求细、求准、求效上下功夫。一是狠抓调查研究。突出全局性、战略性、前瞻性问题研究，聚焦京津冀协同发展、首都城市战略定位、城市副中心建设等发展大局，研究完成重点课题25篇、关注课题48篇。研究室牵头完成王刚书记《克服悬浮化党建，构建扎根型党建——顺义区执政重心下沉到基层的实践探索》课题，以及高朋区长《顺义创建北京市服务业扩大开放综合试点示范区发展思路》课题。围绕区域实际和领导关注，研究室自主开展关于打造北京东北部重点新城、政府引导基金等多项调研课题研究。二是狠抓课题管理。深入推进调研管理制度化、规范化，严格落实领导干部带头调研、带头研究重点课题、带头联系基层等各项制度，全年区级领导调研1211次，调研天数1197天，处级领导调研21560次，调研天数31221天，进一步强化调研的基础性地位。严格实行课题分类管理，对重点课题和关注课题，由研究室全面统筹，规范课题立项、组织实施、课题结项、转化应用、督查等各项工作，并将课题计划执行情况纳入调研工作年底考核，确保调研进度和质量。三是狠抓平台建设。深入推进《顺义调研》改版升级，着力打造集前沿理论、政策解读、热点聚焦、研讨交流等于一体的优质调研交流平台。坚持严把质量、严格筛选，全年出版《顺义调研》10期，编审刊登调研88篇，共计94万余字。严格规范刊物编审流程，重新向北京市新闻出版局申请内部资料准印证，加强对校对外包的指导和把控，实现刊物出版质量和效率双提升。四是狠抓成果转化。坚持“理论转化”和“实践转化”并重，不断拓展调研成果转化途径，全年向市委研究室、市政府研究室、市委农工委等市级刊物报送调研58篇，被采用21篇，采用率为36.2%，同比增长16.7%。《顺义区关于运用村规民约推动农村社会协同共治的调研与思考》获得北京市优秀调研成果二等奖，在《前线》、《决策参考》、《北京调研》上发表；《村规民约填补法治洼地（“关键少数”谈法治）》在《人民日报》上发表；《借力高端“智库”顺义努力探索区域产业转型升级新路径》、《提升顺义城市品质　服务北京城市副中心》等在绿港英才、顺广传媒等新媒体上报道。党代表任期制联系点工作、服务业扩大开放综合试点示范区建设、国资国企改革等一批调查研究成果被运用到实际工作中，有力地助推全区的经济社会发展。

（区委区政府研究室）

【巩固提升大调研工作格局】围绕构建多层次、宽渠道和开放性的大调研工作格局，不断创新调研机制，优化整合各方资源。一是充分发挥专家咨询委员会作用。细化专家咨询委员会管理制度，制定出台《北京市顺义区专家咨询委员会工作办法（试行）》、《北京市顺义区专家咨询委员会办公室管理办法》。积极推动专家参与顺义发展，在十三五规划建议、五次党代会报告及政府工作报告起草过程中，共征求专家意见72条。围绕区域发展定位、产业转型升级、新兴金融区建设等重点问题，邀请王慧炯、李泊溪等副部级专家、广州城发基金董事长林旭等参与研讨，开拓思路、寻求对策。善借专家资源，牵头对接德国奔驰发动机工厂整体引进项目、中航科特勒医疗科技产业项目、国电集团下属龙源电力集团股份公司新能源项目等投资项目。二是健全完善联动合作机制。深化与国家发改委、商务部、北京大学等研究机构的调研合作，进一步促进前沿性研究与基层实践的有机融合和紧密对接。加强与市委研究室、市政府研究室等上级部门的沟通联系，及时了解市委市政府最新决策动态，把顺义发展纳入全局工作中统筹考量。广泛开展联合调研，先后协助市政府研究室、首都社会经济发展研究所、商务部投促局机械产业部、北京社会科学院、秦皇岛研究室等到我区调研京津冀协同发展、汽车产业发展、深化改革、村规民约等工作，不断深化与区发改委、经信委、规划分局等区主要职能单位及各镇、街道的调研合作，进一步促进各类调研资源的整合优化。三是主动参与全区工作。以政策研究为纽带，积极协助临空办申报国家临空经济示范区；协助区商务委申报北京市服务业扩大开放试点示范区；协助区发改委关于加快供给侧结构性改革推进产业转型升级实施意见、上半年国民经济发展计划执行情况和经济形势分析等文件起草；协助中关村顺义园起草建设智能汽车生态产业示范基地报告；协助天竺综保区制定两区融合创新发展重点任务推进方案；协助经信委、司法局、民政局、人力社保局、区规划委等部门进行相关领域的“十三五”规划。

（区委区政府研究室）

【全面深化改革各项工作纵深推进】一是不断强化改革顶层设计。反复征求12个改革专项小组和重点改革单位的意见建议，全面总结“十二五”时期全区改革工作成效，深入研究“十三五”时期区域发展形势、改革思路和工作任务，在全市唯一制定出台区级层面的“十三五”时期全面深化改革规划，为全区未来改革确定“路线图”、绘好“时间表”、制定“任务书”。精细筹划召开深改组第五次和第六次全体会议，研究部署全面深化改革实施计划、督察督办工作办法、街道管理体制改革、供给侧结构性改革、服务业扩大开放综合试点示范区建设等重点改革工作。二是突出抓好重点领域改革。聚焦主责试点，认真对接、贯彻落实上级有关要求，筹备召开六次村（居）规民约试点工作专题会议，撰写完成试点评估报告，制定出台《关于深入推进以村（居）规民约为抓手创新基层社会协同治理工作实施意见》，圆满完成各项试点任务。充分发挥统筹协调作用，聚焦重点领域、关键环节狠抓改革落实，28项年度改革工作要点按期完成，8项中央、市级改革试点进展顺利，改革助推经济社会转型发展的潜能进一步释放。三是持续完善改革运行机制。加强与市委改革办沟通联络，及时传达最新改革精神，按时高质量上报改革工作总结、月报等文件。加强与各改革专项小组的联系，及时掌握各项改革任务最新进展，强化工作指导和督促落实，确保各项改革任务有序有力推进。贯彻落实中央、市委改革督查工作要求，制定改革督察工作计划，针对行政审批制度改革等十项重点改革任务，成立区委改革督察组，目前已完成第一轮专项督察工作。持续加大改革工作宣传力度，制作完成《改革引领转型升级——顺义区全面深化改革纪实》专题片，编辑下发《顺义改革工作简报》4期，被市委改革办采纳改革信息7篇。

（区委区政府研究室）

【自身建设和人才培养】一是推动学习研讨经常化、制度化。坚持以学习促干部素质能力提升，严格执行每周学习制度，通过专家授课、专人导读、集体研讨、业余自学等多种形式，切实加强对党中央治国理政新理念、新思想、新战略的学习，着力提高队伍的理论水平和业务能力。全年围绕四个全面战略、五大理念、供给侧结构性改革等重要内容，组织全员学习研讨三十余次。二是推动作风建设常态化、长效化。把作风建设纳入领导班子、领导干部目标管理，先后召开党风廉政建设工作会议五次，严格落实中央八项规定精神、市委实施意见和区委“1+X”制度体系，切实履行“一岗双责”。认真开展“两学一做”学习教育，对照“对党忠诚，做合格党员”、“严守纪律，做合格党员”、“务实担当，做合格党员”三个专题，深入自查，进一步端正党风政风。丰富党课教育形式，围绕党章党规深入开展主题学习，围绕严肃换届纪律深入开展纪律教育警示学习，围绕党性教育组织党员到市委党校党员干部党性教育基地开展主题党课，2016年研究室党支部被评为“六星”基层服务型党组织。三是推动队伍建设规范化、专业化。认真贯彻落实干部人事制度，以“二十字”好干部标准为总体衡量，严格干部选拔任用程序，强化监督管理，切实把好选人用人关，全年共选拔科级干部6名，其中正科级干部2名，副主任科员4名。组织开展干部培训交流，坚持走出去和引进来相结合、内部轮岗和外部论训相结合，一年来组织人员赴深圳、厦门、重庆、宁波等地学习投融资体制改革、自贸区建设、村规民约工作等先进经验。同时，选派1名年轻干部到市委研究室学习，选用9人次到研究室参加以干带训。

（区委区政府研究室）

机构编制工作

【概况】2016年，在区委、区政府的领导下，在市编办的指导下，区编办结合顺义区实际，围绕中心、服务大局，以全面深化改革为主线，聚焦转变政府职能核心，统筹推进“放管服”改革、街道机构改革等各项改革任务落实，加强和创新机构编制管理，较好地完成全年的工作任务。

单位名称：顺义区机构编制委员会办公室

单位地址：顺义区新顺南大街17号

电话：（010）69441686

邮编：101300

（区编办）

【“放管服”改革持续推进】一是强化改革工作统筹。成立顺义区人民政府推进职能转变协调小组，明确简政放权放管结合优化服务改革的成员单位与分工。制定《顺义区2016年简政放权放管结合优化服务改革工作实施方案》，细化“放管服”改革52项具体任务，明确到区政府各部门。二是简政放权工作成效明显。严格落实中央及北京市取消、下放行政审批事项，2016年，本区共取消事项44项，并向社会公开。全面清理非行政许可审批事项，取消、调整75项，今后本区不再保留“非行政许可”这一审批类别。按照市政府审改办统一部署，对区级设定的各类证明事项进行全面清理，公布《取消3项区政府部门要求开具涉及群众办事创业的证明目录》。三是建立权力清单和责任清单制度。建立全区政府部门权力清单责任清单制度，完成6659项权力清单、114项通用责任清单以及涉及“城市建设”、“城市环境秩序”、“大气污染防治”和“城市安全管理”等四个领域的16项专项责任清单的编制和公开工作，同时公布15项区政府共性权力事项。推出权力清单网络版，聘请专业公司，对顺义网城中权力清单公示专栏进行全面升级改造，实现手机、电脑、PAD三种显示终端设备均可访问的响应式布局。四是加强监管、优化服务。按照《顺义区推广随机抽查规范事中事后监管工作实施方案》和《顺义区开展双随机联合抽查试点实施方案》要求，大力推广“双随机一公开”抽查监管方式，在餐饮行业开展双随机联合抽查试点。组织相关单位对行政审批中介服务事项进行清理规范，公布《顺义区行政审批中介服务事项清单》，共涉及5家单位13项中介服务事项。组织相关单位针对本部门2013年以来取消的事项，研究制定事中事后监管措施，收集典型经验，进一步加强事中事后监管。按照《关于印发<顺义区简化优化公共服务流程方便基层群众办事创业工作方案>的通知》要求，进一步提高公共服务质量和效率，方便基层群众办事创业，更好地推动大众创业、万众创新，激发市场活力和创造力。

（区编办）

【完成新城建设管理体制改革】按照《关于理顺新城建设管理体制的意见》精神，研究拟定区新城办“三定”规定，将主要职责调整为负责统筹全区七大组团开发建设、落实新城建设规划等工作，健全完善新城建设管理体制机制，强化管委会统筹协调力度。

（区编办）

【落实纪检派驻机构全覆盖改革工作】围绕落实中央和北京市关于区级党和国家机关派驻纪检机构全覆盖的工作要求，会同区纪委研究提出本区派驻纪检组机构设置和编制划转方案,设置18个派驻纪检组，由区纪委直接领导、统一管理，共覆盖全区82家区直单位。

（区编办）

【研究推进街道机构改革】为做实街道、做强社区，优化城市治理体系和能力，在借鉴先进经验和结合本区实际的基础上，区编办研究拟定《顺义区街道机构改革方案》，明确街道六大职能定位、统一街道内设机构和事业单位设置、规范派驻机构设置模式，推动街道工作重心向公共服务、公共管理、公共安全转移。2016年12月，以区委、区政府文件形式印发执行。

（区编办）

【城乡居民基本医疗保险制度改革】按照市政府整合城乡居民基本医疗保险制度工作方案部署，稳步推进本区城乡居民基本医疗保险管理机构整合，将区卫生计生部门承担的新农合行政管理及经办职责、相应的机构及编制，划转至区人力社保部门。

（区编办）

【事业单位分类改革后续工作落实】以本区建筑、建设投资服务、市政保障三大企业板块整合为契机，推动6家从事生产经营和中介服务的事业单位转企改制。

（区编办）

【环保工作职责分工明确】按照北京市相关精神，围绕落实环境保护党政同责、一岗双责的要求，细化明确区委和区政府工作部门应承担的环境保护工作职责分工。

（区编办）

【重点领域机构编制保障】围绕区域产业升级，城市建设管理，公共服务等领域，做好机构编制保障工作。组建成立区社会福利事务管理中心（区老龄办）、区委绿色生态产业功能区党工委等处级机构。

（区编办）

【“实名制”管理】一是严控机构编制总量，充分利用疏解北京非首都核心功能、国企改革等契机，整合精简成人教育系统的机构编制，推进一批事业单位转企改制，盘活编制资源，保证“控编减编”任务的落实。二是严控财政供养人员规模，落实年度补充人员计划制度，年内，共补充行政、事业人员567人，与消化人数基本持平，有效控制财政供养人员的增长。三是依托“实名制”管理系统和“机构编制数据核查系统”，配合区委组织部、区人力社保局、区民政局完成2016年度军转干部、退役士兵的安置工作。

（区编办）

【机构编制管理创新】针对幼儿园、中小学校编制紧张、师资短缺的问题，加大编制管理创新，探索公办幼儿园编外员额管理，先期为公办幼儿园核定编外人员聘用额度330名，对岗位实施范围、额度标准、聘用程序等方面进行详细规范。

（区编办）

【事业单位登记管理】落实年检制度改革的工作要求，完成全区588家事业单位年度报告审核工作，统一换发载有统一社会信用代码的新版《事业单位法人证书》，同时依托“北京市事业单位法人信用信息网”对事业单位法人信息进行公示。全年完成全区89家事业单位设立和变更登记工作。

（区编办）

【党政群机关事业单位网站管理】年内，行政事业单位新注册中文域名7家，完成网站开办审核并加挂机关事业标识21家。

（区编办）

保密工作

【概况】2016年，本区保密工作以“十三五”保密事业发展规划为引领，紧紧围绕区域中心工作，认真落实市委保密委2016年工作要点，强化保密领导责任制落实，大力开展保密法制宣传教育，加大监督检查力度，加强计算机及网络管理，积极推进技术监管平台建设，推动重点工作落实，全面提升保密工作科学化水平，推进保密工作健康发展。

单位名称：顺义区保密局

地址：顺义区府前中街1号

电话：69444839

邮编：101300

（王海旺）

【保密专项检查】3月，为贯彻落实市委保密办要求，区保密局开展全国“两会”期间互联网门户网站专项检查。研究制定加强全国“两会”保密管理的通知，并下发全区，对各单位保密专项检查提出工作要求。各单位纷纷开展互联网门户网站保密自查工作；区保密局开展随机抽查工作，对部分党政机关门户网站进行检查，未发现泄密隐患。

（王海旺）

【加强本区涉密人员管理】4月内，区保密委员会召开会议，研究涉密人员保密管理工作，区保密局结合区域实际，制定顺义区涉密人员管理办法，并下发全区。全区各单位贯彻落实，相关部门密切协作，区委保密局建立全区涉密人员管理台账，规范涉密人员管理工作，使顺义区涉密人员管理工作得到进一步提升。

（王海旺）

【市局检查工作】 6月14日，市国家保密局副局长刘建华带队来本区检查保密工作，区委办公室常务副主任、区国家保密局局长王颀，副局长梁春山同志陪同检查。刘建华局长听取本区保密工作汇报，实地抽查区防范办保密工作开展情况，对本区保密工作给予充分肯定，通过现场打分，本区保密工作评分为优秀。

（王海旺）

【高考、中考保密保障工作】6月内，为保障高考、中考顺利进行，区保密局制定考前保密保障工作方案和应急预案。对社教中心保密室，全区高考考点和中考考点保密室软硬件环境进行检查，提出保密要求；高考、中考期间分别现场检查社教中心保密室人员值守情况，并通过考试中心监控系统检查各个考点保密人员值守情况，加强保密监督管理力度，保障考试工作完成。

（王海旺）

【区领导部署保密工作】7月12日，区委常委、区委保密委员会主任肖承继同志主持召开区委保密委员会全体会议，会上学习中央有关文件，传达有关会议精神，审议通过《顺义区2016年保密工作要点》和学习贯彻中央意见的通知。肖承继同志强调，要认真学习习总书记重要讲话精神，深刻领会中央、市委文件要求，切实提高机关干部的思想认识。严格按照中央、市委关于对保密工作的总体要求，加快推动顺义区保密工作转型升级。

（王海旺）

【计算机管理培训】 8月，区保密局召开计算机管理培训工作会议。会议传达贯彻中央、市委对保密工作的要求，并配发单机版保密检查装备。要求严格抓好计算机网络的监督和管理，定期开展自查工作，及时排查问题，查补漏洞，增强新时代保密工作的责任感和紧迫感，严禁泄密事件发生；检查装备的配发提高全区保密工作的科学化水平。

（王海旺）

【参观学习活动】 9月，按照市局要求，区保密局组织区内相关单位前往青岛参加保密技术交流大会暨产品博览会就保密技术前沿技术产品进行参观学习。通过观看演示和现场人员讲解，使本区活动参与人员对现代化的高科技有深入的了解，切实提升参观人员对保密技术的认识和防范意识，为今后更好的做好保密工作奠定基础。

（王海旺）

【保密法制宣传活动】9月19日，区保密局副局长梁春山同志前往区委党校为公务员出任培训讲解保密知识课程。梁春山同志围绕《保密法》和《保密法实施条例》内容就“国家秘密的范围和密级”“法律责任”等保密基础性工作为现场人员进行详细讲解，并对当前实际案例进行分析，使学员们深刻了解当前保密工作面临的的严峻性和重要性；年内，区保密局开展保密讲座共7次，受众人数514余人次。

（王海旺）

【组织开展定密工作培训】11月16日，顺义区保密局组织召开定密工作培训会议，会议依照《保密法》《保密法实施条例》《国家秘密定密管理暂行规定》的要求对定密工作做详细讲解，同时会议通报当前文字材料定密工作中存在的问题，提出加强保密工作的意见建议，对文字材料定密提出明确要求，此次会议全面提升本区保密工作规范化水平和保密干部队伍整体素质。

（王海旺）

【梳理保密局行政职权】年内，区保密局按照《保密法》及《保密法实施条例》相关法规梳理保密行政管理部门的职责、行政审批事项及依据、行政处罚事项及依据。完善行政审批程序和规范，明确资质申请材料目录和标准，公示审批时限，严格依法行政、依法管理，不断改进工作作风，优化办事环境，提高办事效率，推进依法行政，提高管理对象满意度。

（王海旺）

区直属机关工委工作

【概况】区直属机关工委是区委的派出机构。主要职责是领导所属机关党的工作，保证党的路线、方针、政策及区委的指示、决定和部署在区直机关的贯彻落实。负责制定所属机关党的基层组织建设规划，领导基层党组织搞好思想建设、组织建设、作风建设。负责宣传党的路线、方针、政策，对党员干部进行形势、任务教育及社会主义精神文明教育。负责所属机关党员干部理论学习与培训，做好所属机关干部队伍建设工作。负责所属基层党组织的建立、换届、任免等组织工作。领导所属机关纪检监察工作。组织机关干部开展文化、体育活动，丰富机关的文化生活。完成区委、区政府交办的其他工作。2016年，在区委的正确领导下，区直属机关工委在党的建设工作考核中排名第五。党风廉政建设责任制从上年度排名靠后提升到全区第28位。

单位名称：顺义区委区直属机关工作委员会
地址：顺义区府前中街1号
电话：（010）69443920
邮编：101300

（区直机关工委）

【“两代表一委员”选举及迎检工作完成】先后组织32家单位1430名选民，分3个投票点选举产生2名出席区人代会代表；组织1823名党员推选出31名市党代会代表候选人；作为独立选举单位，首次组织召开党代表会议,从31家党组织640名党员中选举产生36名区第五次党代会代表；完成中央巡视组、市委检查组对本区机关党建工作的检查任务。

（区直机关工委）

【“一助一”工作效果显著】“一助一”工作在顺义开展20年来，全区各级机关党组织和广大党员干部大力发扬接力精神、工匠精神、钉钉子精神和共享精神，感召和引领社会各界600多支队伍加入帮扶大军，累计帮扶款物超过8亿元。特别是党的十八大以来，为帮扶对象提供致富信息、安排就业、建立村规民约、化解矛盾纠纷，低收入户从27731户减少到4044户，低收入村从53个减少到3个。“两学一做”学习教育初始，制定《依托“一助一”工作载体，深化“两学一做”学习教育的意见》，旨在“一助一”精准帮扶中体现机关党组织和党员先进性，人民日报、北京日报、支部生活等多家媒体宣传报道顺义区持续改善民生福祉、精准扶贫攻坚这一品牌工程。

（区直机关工委）

【党建基础工作扎实有序推进】28个基层党组织完成换届，发展党员95人，补缴党费1514.2万元，调转党员251人次，排查违法违纪党员10人，慰问老党员、困难党员、优秀党员43人。举办“二月新春、五月鲜花、十月金秋”系列活动、先进事迹宣讲、十八届六中全会宣讲、区两会精神宣讲，反腐倡廉主题演讲等共36场次，征集微故事、微视频40部。

（区直机关工委）

社会工作

【概况】2016年，区委社会工委、区社会办认真履行“统筹、协调、督导、服务”的职责，自觉服从服务新时期首都城市战略定位和京津冀协同发展大局，深入落实“把握发展的阶段性特征、推动经济社会转型升级”工作总要求，统筹规划全区社会建设工作，不断提升社会治理水平，在社会领域党建、社区规范化建设、社会组织培育发展等方面取得明显成效。一是加强顶层设计。制发《顺义区加强城市服务管理网格化体系建设实施方案》、《顺义区街道管理体制改革工作方案》和《顺义区“十三五”时期社会治理规划》等文件。二是深入推进社区示范点（试点）创建工作。以居民需求为导向，在6个街道的8个老旧小区实施综合治理，惠及居民约8.3万人；在6个镇新建7个“一刻钟社区服务圈”，服务5.78万人；完善12个社区服务站的规范化建设；重点推进16个新建和46个升星社区的智慧社区建设。三是出台社区工作者管理办法。明确职能定位，完善待遇保障机制，细化日常管理规范，实现“加强管理”与“完善保障”并行。四是推进指标体系试点。进一步验证指标体系运行流程，完成二批试点项目终验。五是培育发展社会组织。6个街道社区社会组织服务（孵化）中心全部挂牌运行，投入220万元购买“管理服务”及岗位，投入214.8万元购买24个市、区级项目。六是深化社会领域党的建设。实施“百日推进工程”，做好非公党建指导员选（续）聘工作，开展基层服务型党组织星级创建。

单位名称：顺义区委社会工作委员会、顺义区社会建设工作办公室
单位地址：北京市顺义区府前东街2号顺建大厦7层
电话：89442437
邮编：101300
网址：http://www.shgw.bjshy.gov.cn

（赵亚楠）

【社区工作者分级分类培训工作】年内，区社会办四项措施做好社区工作者分级分类培训工作。一是开展社区工作者“轮训”，在任期内有计划、分批次的开展全员培训工作。二是开展专项技能培训，定期开展“助理社区工作师”、“社会工作师”、“社工心理技能”培训等专业培训。三是开展新入职社区工作者培训，帮助新入职人员尽快适应工作岗位，投入社区工作。四是开展社工人才培训，搭建优秀社工人才与专家学者学习和互动的平台。

（王伟）

【“枢纽型”社会组织管理服务及岗位购买】1月14日，顺义区召开“枢纽型”社会组织工作会，总结部署“枢纽型”社会组织工作，并投入220万元购买“枢纽型”社会组织“管理服务”项目及服务岗位，解决部分“枢纽型”社会组织缺乏专职工作人员的问题，进一步探索规范“枢纽型”社会组织运行和发挥作用的途径，进一步加强对所属社会组织的服务和管理。

（王娣）

【“公益行”系列活动】3月，为进一步激发、调动社会组织活力，顺义区继续秉承“践行公益、服务社会”的理念，调动各枢纽型社会组织、各街道联合会的资源优势，充分发挥镇级社会组织联合会的导向作用，加大对农村社会组织参与公益活动宣传力度，开展全年性的“顺义区社会组织公益行”系列活动。共征集公益活动146项，其中全年性活动25项，特色活动121项。

（王娣）

【首家社区标准化心理服务站试点工作创建】4月26日，市委社会工委、市社会办副巡视员张青之一行到顺义空港街道天竺新新家园社区，就社区标准化心理服务站试点工作进行实地调研。调研会上，顺义区拟定天竺新新家园社区作为区内首家社区标准化心理服务站试点单位，进行有针对性地培养和建设，及时总结成功经验，并进行复制和推广。

（王娣）

【街镇系统“绿港清风　克己奉公”主题演讲比赛】6月7日，由区社会办主办的顺义区街镇系统“绿港清风 克己奉公”主题演讲比赛在旺泉街道党群活动中心举行。全区25个街镇通过组织推荐、预赛选拔等方式推选出22位选手参加此次比赛。整场比赛选手们从身边事例、重大案件入手，深入剖析，诠释在党风廉政建设及反腐败工作中的所思、所想、所悟。

（樊廷卉）

【与北京城市学院签订合作协议】6月3日，顺义区社会办与北京城市学院合作协议签约仪式在北京城市学院顺义校区举行。根据协议，北京城市学院将充分发挥自身学术优势，为顺义区提供社区工作者素质培养、公共服务项目规划设计等服务；区社会办将统筹街道社区为城市学院师生搭建社会锻炼和社会服务实践平台。

（仇凤荣）

6月3日，区社会办与北京城市学院签署战略合作协议

【博纳顺景影院党建电教示范站授牌仪式】6月23日，顺义区党建电教示范站在博纳顺景影院揭牌成立，区委组织部、宣传部、社会工委和区工商联的主要领导为党建电教示范站进行授牌，并提出明确要求和希望。来自顺义区机关、社区、非公企业和社会组织的150余名党员代表参加授牌启动仪式，并观看影片《南口1937》。

（朱广娜）

**【《顺义区“十三五”时期社会治理规划》发布实

施】根据《顺义区国民经济和社会发展第十三个五年规划纲要》精神和“十三五”时期顺义社会治理发展需要，区社会办牵头，会同相关单位编制完成《顺义区“十三五”时期社会治理规划》，提出今后五年全区社会治理的发展思路、发展目标、重点任务和政策措施。6月15日，经顺义区政府批准，正式发布实施。

（董昆）

【老旧小区改造一期工程顺利进行】顺义老旧小区治理一期工程通过调查问卷等形式充分了解社区居民需求，签订意见书后正式实施，8月份陆续开工。工程对6个街道的8个老旧小区（14个社区）进行综合治理，内容包括建筑室内、外设施改造工程，建筑防水工程，社区内给、排水工程，社区内安防系统改造工程，社区内环境改造，消防设施改造，建筑物内供电系统改造以及隔音工程。

（王伟）

【全区社区工作者专业化职业化水平稳步提升】截止9月，全区城市社区1212名社区工作者中，大学本科及以上学历571人，占社区工作者总量的47%，平均年龄41岁,持有国家社会工作者职业水平证书人员达到441人，持证比例36%。全区的社区工作者队伍从传统结构快速向专业化、职业化的方向转变，并在基层维稳、基本公共服务、便民服务等领域发挥越来越重要的作用。

（王伟）

【全面提升社区工作者待遇保障水平】11月4日，顺义区以区委组织部、社会工委、社会办、民政局、财政局、人力社保局6部门联合行文形式，出台《顺义区关于调整社区工作者待遇保障实施方案》。建立待遇水平按照上一年度全市职工平均工资90%的标准进行动态调整的机制；以市级标准为基础，将助理社会工作师、社会工作师、高级社会工作师的工资标准分别提高30%、50%和100%；探索设置社区工作者专项事业编和探索研究优秀社区工作者进入行政编制，拓宽发展渠道。

（王伟）

【石园街道社区社会组织服务（孵化）中心正式挂牌运行】11月24日，石园街道举行揭牌仪式，标志着顺义区石园街道社区社会组织服务（孵化）中心正式挂牌运行，市委社会工委委员卢建、顺义区委社会工委书记王学武、石园街道办事处主任依晶共同为中心揭牌。

（王娣）

【网格化体系建设实施方案正式印发】11月30日，顺义区委办公室、顺义区政府办公室联合印发《顺义区加强城市服务管理网格化体系建设实施方案》，明确全区网格化体系建设的总体要求、重点任务、进度安排、推进方式和保障措施，确定符合区域特点的网格化体系建设“135N”重点任务。

（董昆）

【《中国社区报》头版头条报道顺义区村（居）规民约工作】《中国社区报》在12月5日发行的第173期中，以《约出好民风·催生文明果》为题，在头版头条报道顺义区的居规民约修订工作。文章从“顶层设计早推进”“广泛参与强发动”“创新方式求实效”三个方面，以街道、社区典型做法为案例，介绍顺义区村（居）规民约修订工作的进程和主要亮点。

（赵亚楠）

【推动“微网格”微信公众号示范点建设】区社会办为全区27个试点社区（村）开设微信公众号，并于2016年6月全部上线运行。截止2016年年底，各试点社区（村）通过微信公众号向社区群众推送600余条信息。开通“一刻钟服务圈”“便民电话”“办事指南”等在线服务栏目，使便民服务更加高效，汇集社情民意的渠道更加顺畅。

（董昆）

老干部工作

【概况】2016年，顺义区委老干部局紧紧围绕区委区政府中心工作大局以及全市老干部工作总体要求，深入贯彻落实中共中央办公厅、国务院办公厅印发的《关于进一步加强和改进离退休干部工作的意见》（中办发〔2016〕3号；以下简称意见）文件精神，积极构建好以社区离退休干部党支部建设为核心，以规范离退休干部党组织建设为抓手，以离退休干部临时党组织为补充，以各级老干部活动站、老干部大学、老党员先锋队和老干部协会建设为延伸的“1+X”思想政治建设工作网络，实现对老同志管理教育服务的全覆盖。继续营造让老同志满意、让社区满意、让原单位满意的多赢局面，开创老干部工作的新局面。

单位名称：中国共产党顺义区委员会老干部局
地址：顺义区石园北区东侧
电话：（010）69443695
网址：http://www.laogb.bjshy.gov.cn

（贾楠）

【老干部工作成果】6月，区老年大学被评为“北京市老年大学示范校”、10月，评为“顺义区市民终身学习示范基地”。老干部艺术团先后获得北京市第三届合唱节三等奖、市农委“弘扬长征精神，共创美好生活”演出比赛一等奖、在香港举行的“健康活动杯”广场舞大赛“古韵”舞蹈第一名。12月，区委老干部局局长赵光国被中组部评为“全国先进老干部工作者”。区委老干部局及光明街道工委政工科被市委组织部等单位评为北京市老干部工作先进集体；区委老干部局副局长秦永发及老干部活动站站长庞洪杰则被评为北京市先进老干部工作者。

（贾楠）

【做好《意见》的学习贯彻落实工作】集中培训抓好学习。充分认识进一步加强和改进离退休干部工作的重要性和紧迫性，通过组织局党组成员集中领学、机关科室分组研学、《责任制》检查走访送学、老干部党校和老干部大学授课、离退休干部党支部活动和全区老干部工作人员培训班等途径把《意见》精神传达到每一个离退休干部工作者和离退休老同志，进而统一思想，深化认识，不断增强贯彻执行《意见》的自觉性。结合实际抓好落实。各涉老单位根据《意见》精神，结合工作实际，谋划部署全年离退休干部工作，研究制定具体贯彻措施，推动新常态下本区离退休干部工作的实践创新。完成顺义区离退休干部工委试点筹建的准备工作；完成老干部大学分校建设工作；组建以活动中心和老干部大学为依托的临时党支部建设工作。

（贾楠）

【加强离退休干部党组织建设】契合“两学一做”，抓离退休干部基层党组织规范化建设。市委组织部、市老干部局联合发文号召全市离退休干部党员参与“两学一做”学习教育，顺义区委老干部局在联合区委组织部转发文件的同时，明确提出“三个规范”。一是规范组织设置。规定在离退休干部党员集中居住的社区（村），全面组建离退休干部党支部。依据离退休干部身体等特点，党员人数10人以下的建立党小组，10人以上、50人以下建立一个党支部，50人以上的要分设党支部。二是规范支部制度。规定离退休干部党支部每届任期三年。要健全离退休干部党支部党内生活制度，严格落实“三会一课”制度，确保离退休干部党员思想常新、“离岗不离党、退休不褪色”。三是规范党员责任担当。要求社区非公党建指导员要认真指导社区非公企业党组织开展“两学一做”学习教育，引导非公企业的每一名党员在企业中起示范带头作用，营造健康的企业文化，增强企业凝聚力，促进企业发展。同时要求每一名离退休党员要做“两学一做”模范，要始终牢记党员身份，坚持“老有所学，老有所为”，要立足社区，开展志愿巡逻、排解纠纷、建言献策、关心教育下一代等志愿服务活动；要充分发挥自身政治、经验、威望优势，利用传统媒体、新媒体、涉老组织等平台和载体，参加以“展示阳光心态、体验美好生活、畅谈发展变化”为主题的为党和人民的事业增添正能量活动，为服务顺义区域发展做出新贡献。

（贾楠）

【离退休干部临时党支部建设新平台创建】创建新平台，抓离退休干部临时党支部建设。结合顺义区离退休干部党建工作实际，现已将老干部大学所有班级和所有老干部协会，组建离退休干部临时党支部，确定临时党支部“四个不和三个要”的组建模式。“四个不”就是临时党支部的党员不转组织关系、不收取党费（党费上缴到组织关系所在地）、不发展党员、不负责落实“三会一课”制度。“三个要”就是要按上级要求组织学习活动，宣传贯彻党的路线、方针、政策；要引导协会、团体组织坚持正确的政治方向；要引导党员根据自身特点在社会发挥正能量。目前，活动中心各协会、老干部大学、区门球协会老党员共计927人，已全部纳入到94个临时党组织中。

（贾楠）

【创新服务，为离休干部办实事办好事】深化为离休干部提供个性化志愿服务的“4个300工程”，抓好志愿者与离休干部间的实质性对接；做好为离休干部祝寿工作；做好每年一次为离休干部上门保洁工作；做好为离休干部健康体检工作和为身体不便的离休干部上门理发工作；畅通了离休干部“就医绿色通道”；妥善做好离休干部去世抚恤工作。

（贾楠）

【老年大学飞跃发展】顺义区老干部大学在秉承“规范办学、特色办学”的理念基础上，坚持政治领先的办学原则，为服务区域经济社会发展、促进区域文化事业繁荣、引领区域老年教育，把老年大学工作纳入本区打造学习型示范区的重要指标体系，2016年，按照市委组织部印发的京组通〔2016〕9号《关于加强和改进全市老干部（老年）大学建设指导意见》的通知精神，抢抓机遇，在原有27个专业，90个教学班，吸纳30名专业教师，学员人数达到2300人的基础上，为进一步缓解老年大学热门专业一座难求的局面，分别在全区六个街道新建立6所老干部大学分校。目前，顺义区老干部大学共招收学员3300人，其中分校学员1000人。顺义老干部大学始终以争创全国、全市“老干部（老年）大学示范校”为工作目标，改进教学手段，逐步强化师资力量，持续加强规范化建设，不断增强社会影响力，有效凸显学校的品牌效应。经多方研究，同意将区老干部大学由在区老干部活动站加挂牌子，调整为与区老干部活动站合署办公。大学常务副校长为正科级编制，增加一名正科级职数。

（贾楠）

【春秋两季系列活动】为继续推动“展示阳光心态、体验美好生活、畅谈发展变化,为党和人民事业增添正能量”主题活动的深入开展，老干部活动中心在全区离退休干部中，围绕三个方面开展春秋两季系列活动：一是了解当前国际形势。全年邀请著名学者姚中秋、社科院国际问题专家叶海林等知名专家教授就国学和我国周边环境、南海形势以及党章解读等，为全区离退休老同志做形势报告和专家讲座等共6场次，让老干部在思想上做到与时俱进。二是合理利用活动中心场地。常年开展系列趣味体育赛事，除常规的门球、乒乓球等项目外，还新增设激光打靶、模拟高尔夫等新增项目，大大调动老同志参与的积极性，对促进老同志身心健康发挥了积极作用；三是根据社会经济发展形势。为体验京津冀一体化带来的丰硕成果，10月组织全区离退休干部参观在唐山举办的世界园艺博览会等参观活动，全年春秋两季系列活动参与人数将达到3500余人次。

（贾楠）

【区内媒体宣传网络构建】顺义离退休干部宣传工作始终突出以离退休干部为党和人民的事业增添正能量的价值取向，充分利用顺义广播电台、顺义电视台、顺义时讯、《老年朋友》杂志、顺义老干部局网站以及《顺义老干部》微信公众号等区内媒体广泛宣传老干部工作，营造关心尊重离退休干部、理解支持老干部工作的良好氛围。

（贾楠）

【纪念建党95周年暨红军长征胜利80周年纪念活动】围绕“纪念建党95周年暨红军长征胜利80周年”为主题，先后开展丰富多彩的主题教育活动。一是举办大型宣讲活动。顺义老干部宣讲团深入社区、学校，开展10余场党史、党规的红色宣讲，为社区居民和青少年进行爱国主义教育。裕龙三社区老干部“潮白星火护河队”同南彩小学学生共同组织的“大手牵小手，共护母亲河”志愿服务活动，老党员们用发挥正能量的实际行动向青少年诠释接力精神。二是开展党史宣传月活动。全区共有1000余名离退休老党员参观老干部局举办的《光辉的历程--中国共产党历次代表大会及重要会议主题展》展览。三是开展主题征文活动。大家通过文字追忆离退休老同志在缔造新中国、捍卫新中国、建设新中国、发展新中国进程中建立的历史功绩，展示顺义离退休老同志良好的精神面貌。活动共收到征文130余篇，其中60余篇作品被收录到组织部、老干部局和区党史办联合出版的《永远跟党走》系类丛书。

（贾楠）

【离退休干部先进典型】深入挖掘和宣传老干部“双先”典型事迹，使老同志学有榜样、比有标杆，弘扬老干部工作者“为奉献者奉献”的优良作风和精神。在全区评选出6名社区离退休干部党支部书记代表，将他们的感人事迹，通过顺义电视台、顺义广播电台和《顺义时讯》等区内媒体进行宣传，积极营造离退休老干部发挥正能量的良好社会氛围。

（贾楠）

【离退休干部协会建设】按照相关文件要求并结合顺义区离退休干部协会建设工作实际，已在民政部门正式注册顺义区老干部文化体育联合会和顺义区老年饮食健康协会。协会的规范健康发展为全区离退休干部今后组织活动创造一个更好的条件，同时激发老同志在不同领域传递着正能量的热情。组织拍摄的《情系小太阳　绽放夕阳红》《我爱母亲河　造福千万家》两部专题片获北京市老干部局主题党日活动最佳和优秀奖，并和《老扣书记》《乐绣达人》《夕阳下的“手机控”》《先锋日记解民忧》等4部专题片先后在北京电视台《晚晴》栏目播出。

（贾楠）

【老干部工作科学化水平不断提高】顺义区委老干部局机关领导带头开展“两学一做”、自觉践行“三严三实”，不断增强为老服务的意识和本领，为全区老干部工作提供坚实的组织保障和队伍支撑。加强老干部工作队伍建设。扎实开展“两学一做”学习教育活动，不断增强老干部工作者大局意识、政治意识和看齐意识，提高政策运用能力、开拓创新能力、服务管理能力，率先垂范做好老干部工作。严格落实《顺义区离退休干部工作领导责任制》。为强化离退休干部工作组织领导，完善离退休工作制度。确保顺组发〔2012〕5号文要求的“坚持在职领导干部联系老同志不能变”“坚持走访慰问工作不能变”“坚持情况通报与征求老同志意见不能变”“坚持主动解决老同志特殊困难不能变”的各项工作落实到位。老干部局分三个调研组对全区88家涉老单位落实《顺义区离退休干部工作领导责任制》情况开展全面调研检查。通过梳理各单位落实《顺义区离退休干部工作领导责任制》的工作经验、做法和存在的普遍问题和个性问题，为下一步修订《顺义区离退休干部工作领导责任制》提供宝贵的理论依据。

（贾楠）

党校工作

【概况】在区委、区政府正确领导下，2016年，区委党校、区行政学院深入学习贯彻党的十八届五中全会精神和习近平总书记在全国党校工作会议上的重要讲话精神，认真贯彻落实区委四届十一次、十二次全会精神及区四届人大五次全会精神，以本年度区《政府工作报告》提出的目标任务为着力点，结合自身职能作用，紧紧围绕区委、区政府中心工作服务大局，教学培训、理论宣讲、科研咨政、师资队伍建设、新校建设等工作均取得较好成绩。

单位名称：中共北京市顺义区委党校

地址：北京市顺义区中山西街1号

电话：（010）69444915

邮编：101300

网址：http://www.sydx.bjshy.gov.cn:11888/

（巩月兰）

【干部培训】坚持“党校姓党”原则，突出主业主课地位，坚持围绕政府转变职能需要，提高公务员行政能力，设置主体班课程，突出专题化、个性化培训，探索研究式、案例式、讲座式、论坛式等教学方式，党员干部教育培训、公务员队伍教学培训取得明显成效。全年，举办处级干部理论进修班、青年干部培训班、村（社区）党支部书记培训班、公务员培训班、科长培训班等培训班次，共65期，培训学员18493人次。承担区反腐倡廉教育基地任务，组织全区领导干部廉政法规上机考试510人次。

（巩月兰）

【科研咨政】突出区情发展需要和区委、区政府关注的难点问题作为教学科研、教学调研的主攻方向，并决策咨政思想库作用和北京市哲学社会科学应用对策研究顺义区基地作用。今年，区委党校、区行政学院在省市级以上刊物发表学术文章10篇；出专著1部：《顺义党建考察报告》；与市委党校协作立项、结项课题2个：《顺义区违法建筑治理法律机制研究》《新环保法实施后顺义区企业环境信息公开制度运行中存在的问题与思考》。获得北京市委党校、北京市行政学院系统优秀科研工作组织奖；有2名教师分别获得优秀科研成果二等奖、优秀科研管理工作者奖。承担区委、区政府重点课题3个：《顺义区基本公共服务优质均衡发展的目标和路径研究》《城市社区治理机制创新研究》《共生理论视角下被拆迁人合理利益保护和实现的法律机制研究》，较好地完成区委、区政府交给的任务。为促进教学工作，立项校级课题11个，推动本校教学质量的不断提高。

（巩月兰）

【社会宣讲工作】主动发挥优势，努力服务全区大局，组织5名骨干教师组成宣讲团，深入本区机关、镇（街道）、企事业、村（社区）等单位，宣讲习近平总书记系列重要讲话精神、“两学一做”学习教育内容、党的十八届五中全会精神和区委四届十二次全会、区“两会”精神，共153场次，听众约2万人次，对全区深入学习党的路线方针政策和党的最新理论，起到一定的推动作用。

（巩月兰）

【师资队伍建设】坚持实施“名师工程”。通过派出学习、精品课评比等方式，着力打造政治强、业务精、作风好的名师。2016年，本校派出2位副教授到北京大学脱产学习3个月；派1名骨干教师参加全市党校系统精品课评比获一等奖。与区有关部门、镇、街道、园区沟通协调，为教师调研工作搭建平台。

（巩月兰）

党史工作

【概况】2016年，顺义党史工作在区委的正确领导下，在市委党史研究室精心指导下，高举中国特色社会主义伟大旗帜，以邓小平理论和“三个代表”重要思想、科学发展观为指导，深入学习宣传贯彻党的十八大、十八届二中、三中、四中、五中、六中全会精神和习近平总书记系列重要讲话精神，以开展好首届党史宣传月为主线，以编写《中共北京市顺义区历史》为载体，认真落实全市党史会议精神，全面推进《北京市2016—2020年党史工作规划》，四项措施推动地方党史发展。一是以“两学一做”学习及首届党史宣传月活动为契机，推动党史工作；二是加大党史资料征集和研究力度，编写《永远跟党走——顺义地区第一个党组织光辉历史》、《永远跟党走——在顺义地区战斗过的建国前老党员口述史》等地方党史资料；三是增强党史宣传教育工作实效，落实党史信息管理办法；四是加强自身建设，提高干部队伍整体素质，全区党史工作稳步推进。

单位名称：北京市顺义区党史区志办公室

地址：顺义区光明北街4号

电话：（010）69441691

邮编：101300

（沈西宁）

【车克欣到党史办调研】3月25日，区委副书记、组织部部长车克欣到党史办进行调研。车克欣对党史办的工作给予肯定，并提出五点意见。一是提高思想认识，把握全面从严治党新形势下做好党史工作的重要意义。党史工作与“两学一做”学习教育、完善村规民约等结合起来。二是加强沟通交流，科学谋划党史工作，完善全区党史工作顶层设计。积极开展学习调研，借鉴先进地区的特色做法和典型经验。三是完善工作机制，全面整合党史研究资源，推进党史课题研究，共享党史研究成果。四是创新方式方法，稳步推进“党史宣传月”及《中共北京市顺义区党史》编撰工作。五是强化自身建设，提升队伍专业化水平，加强对基层部门的指导。

（沈西宁）

【车克欣听取党史宣传月活动汇报】5月27日，区委副书记、组织部部长车克欣听取区委组织部、区党史办有关《纪念建党95周年顺义区党史宣传月活动方案》的汇报。车克欣就如何做好纪念建党95周年、首届北京市党史宣传月有关活动提出三点要求：一是充分认识做好纪念建党95周年、北京党史宣传月的重要意义；二是结合全区纪念建党95周年大会，做好有关活动的落实工作；三是有关活动要报区委常委会讨论决定。区委组织部要协调各方，确保有关活动落实到位。区党史办等有关单位要按照会议决定的有关事项，认真开展好各项工作。

（沈西宁）

【《中共北京市顺义区历史》编撰启动暨意见征求会召开】5月31日，《中共北京市顺义区历史》编撰启动暨意见征求会在区会议中心小会议室召开。区委党史工作领导小组办公室主任、区党史办主任梁军主持会议并通报、安排部署《中共北京市顺义区历史》编写方案。

（沈西宁）

【区党史办联合区有关单位慰问建国前老党员】在建党95周年、北京首届党史宣传月来临之际，区党史办联合区委组织部、区老干部局、区广电中心“两台一报”对全区健在的部分建国前农村老党员和未享受离退休待遇的城镇老党员进行走访慰问，并为老人们送去小米、长寿面、食用油等生活必需品。截止目前，全区健在的建国前入党的农村老党员和未享受离退休待遇的城镇老党员共137人，其中抗日战争时期入党的有17人，解放战争时期入党的有120人。在走访慰问过程中，区党史办、区广电中心“两台一报”对部分老党员的基本情况进行信息采集，编写《记录光辉岁月——顺义区部分健在的建国前农村老党员和未享受离退休待遇的城镇老党员口述史》，并录入《永远跟党走——在顺义地区战斗过的建国前老党员口述史》。陈未林、刘福田、任仲德、刘凤祥、张凤臣、齐连英（女）六位老党员的有关事迹刊登在顺广传媒、文化顺义、《顺义时讯》等媒体，受到社会好评。

（沈西宁）

【首届党史宣传月活动】6月至7月，区党史办认真落实北京市《纪念中国共产党成立95周年北京党史宣传月活动方案》，开展以“永远跟党走　共筑中国梦”为主题的一系列具有顺义特色的纪念建党95年活动。全区共有13个镇党委、5家街道工委、2个经济功能区工委及机关工委、政法委、文化委、卫计生工委所属71家基层党组织参加，涉及党史展览、文艺演出、红歌大赛等各类项目87场。区党史办在做好“讲一次党课、举办三场以上党史宣讲、向五家以上基层单位赠送党史书籍”的基础上，开展“永远跟党走 共筑中国梦”为主题的党史宣传活动，助推顺义“两学一做”学习教育。

（沈西宁）

【开展“在职党员回社区”暑期青少年知识讲座】8月3日，区党史办工作人员走进马坡花园第一社区党支部党群活动中心，为辖区青少年开展“铭记革命史，共筑中国梦”暑期青少年知识讲座活动，用39个字“开天辟地、日出东方、星火燎原、力挽狂澜、灯塔指引、进京赶考、当家做主、艰辛探索、改革开放、中国梦”回顾党的艰难历程，概括中国共产党走过的95年的光辉历程，分享党的伟大成就，使辖区青少年了解中国共产党走过的革命历程，增强广大青少年对党热爱之情。

（沈西宁）

【《中共北京市顺义区历史》编辑部第一次会议召开】8月30日，顺义区召开《中共北京市顺义区历史》编辑部第一次会议，总结前一段工作情况，传达市委党史研究室编撰工作推进会精神，学习《中国共产党的九十年》有关内容，并就当前编写《中共北京市顺义区历史》的部分章节、内容、框架进行心得交流，对本书的资料收集、编写内容等有关问题充分研讨，提出许多建设性意见建议。

（沈西宁）

【党史资料征集和研究力度取得新成就】编写并印制《永远跟党走——顺义地区第一个党组织光辉历史》《永远跟党走——在顺义地区战斗过的建国前老党员口述史》《永远跟党走——顺义区离退休老干部纪念建党95周年暨红军长征胜利80周年征文优秀作品集》

等地方党史资料，向全区有关单位发放各类党史书籍6000余册，征集顺义地区第一位县委书记——刘靖同志不同时期的有关照片，丰富的顺义党史资源。

（沈西宁）

【首届党史宣传月总结表彰会召开】10月13日，区党史办召开首届党史宣传月总结表彰会。会议宣读顺义区党史办关于对首届党史宣传月优秀活动的表彰决定，通报全区党史宣传月有关活动。会议对区老干部局等10家单位给予每家5万元的扶持资金，并对高丽营一村党支部等部分获奖单位捐赠各类党史书籍500余本。

（沈西宁）

【《中共北京市顺义区历史》编辑部第二次全体会议召开】12月5日，区党史办主持召开《中共北京市顺义区历史》编辑部第二次全体会议。会议通报全区有关单位反馈的意见、信息及修改情况，提出《中共北京市顺义区历史》编修工作遵循的基本原则。朝阳区党史办为本次会议提供《中共北京市朝阳区党史》10本。本次会议下发《〈中国共产党宜宾历史〉（第二卷）解析》《中国共产党溧水县历史第三卷（1978—2010）》《中共溧水县地方史（1949—1978）》等有关材料、书籍。

（沈西宁）

顺义区人民代表大会常务委员会

【概况】2016年，区人大常委会组织召开人民代表大会2次、常委会会议7次和主任会议20次；开展视察、执法检查9次；听取和审议“一府两院”专项工作报告12项，任免国家工作人员138人次；完成区、镇两级人大代表换届选举工作，依法选出区人大代表228名、镇人大代表1076名，完成区四届人大五次会议确定的各项工作任务，推动“一府两院”工作的开展。

单位：顺义区人民代表大会常务委员会
地址：府前东街13号
电话：81491826、69445374
邮编：101300
网址：http://www.shyrd.bjshy.gov.cn

（王守明）

【顺义区第四届人民代表大会第五次会议】1月5日至8日在顺义宾馆举行。222名代表出席会议，188人列席会议。会议听取并审议区人民政府、区人大常委会、区人民法院、区人民检察院工作报告、顺义区国民经济和社会发展第十二个五年规划纲要完成及第十三个五年规划纲要草案制定情况报告和区四届人大三次会议代表议案办理情况报告；审议顺义区2015年国民经济、社会发展计划执行情况和2016年国民经济、社会发展计划草案的报告（书面）；顺义区2015年财政预算执行情况和2016年财政预算草案的报告（书面）；审议区四届人大四次会议代表建议、批评和意见办理情况报告（书面）。会议通过有关工作报告的决议，批准《顺义区国民经济和社会发展第十三个五年规划纲要》。大会选举高朋为区人民政府区长，赵殿江、董建华为区人大常委会副主任，田法德为区人大常委会委员，李旭辉为区人民法院院长。本次大会共收到代表提出的建议、批评和意见81件。

（叶志建）

【区第四届人大常委会第二十六次会议】3月16日在顺义宾馆会议中心第二会议室举行。会议通报区人大常委会主任、副主任分工和区政府关于2016年重大事项的安排情况。讨论通过区人大常委会2016年工作安排。审议通过区人大常委会建议办理实施意见。听取和审议区政府关于2016年预算调整方案的报告，并根据区人大财政经济工作委员会的初审意见，批准顺义区2016年预算调整方案。听取和审议区政府2015年依法行政工作情况报告。决定人事任免，决定免去董建华顺义区发展和改革委员会主任职务，赵殿江顺义区财政局局长职务，赵志勇顺义区信访办公室主任职务，郑进智顺义区人民法院副院长职务，郭立军顺义区人民检察院副检察长、检察委员会委员、检察员职务，雒东明顺义区后沙峪人民法庭庭长职务，刘军顺义区人民法院刑事审判庭庭长、审判委员会委员、审判员职务，张志刚顺义区人民法院审判委员会委员、审判员职务，李起元顺义区人民法院审判员职务，李海东顺义区人民法院审判员职务，孙建华顺义区人民检察院检察员职务。任命杨卫民为顺义区人大常委会代表联络室主任，于长雷为顺义区发展和改革委员会主任，范学智为顺义区财政局局长，郭立军为顺义区人民法院副院长、审判委员会委员、审判员，高劲松为顺义区人民检察院副检察长，刘军为顺义区人民检察院检察委员会委员、检察员。杨卫民、于长雷、范学智、郭立军、高劲松5位新任职人员进行宪法宣誓。

（王辉）

【区第四届人大常委会第二十七次会议】4月21日在顺义宾馆会议中心第二会议室举行。会议听取和审议区政府“十二五”规划纲要实施情况的终期评估报告、区法院关于多元化纠纷解决机制建设的报告和区检察院关于履行法律监督职能情况的报告。决定人事任免，决定免去王奎顺义区住房和城乡建设委员会主任职务，张守旺顺义区社会建设工作办公室主任职务，陈淑莉顺义区人民法院行政审判庭庭长职务，徐泽民顺义区人民法院审判员职务，赵庆忠顺义区人民法院审判员职务。任命赵洪涛为顺义区住房和城乡建设委员会主任，王学武为顺义区社会建设工作办公室主任，李子腾为顺义区委、区人民政府信访办公室主任，叶志建为顺义区人大常委会研究室副主任；任命王亚平为顺义区人民法院行政审判庭庭长，免去其顺义区人民法院民事审判第一庭庭长职务；任命宋素娟为顺义区人民法院刑事审判庭庭长，免去其顺义区李遂人民法庭副庭长职务；任命涂长江为顺义区人民法院民事审判第一庭庭长，免去其顺义区杨镇人民法庭副庭长职务，任命张丹芳为顺义区后沙峪人民法庭副庭长，免去其顺义区人民法院民事审判第二庭庭长职务；任命王晓磊为顺义区杨镇人民法庭副庭长；任命陈英为顺义区李遂人民法庭副庭长，免去其顺义区人民法院未成年人案件综合审判庭庭长职务；任命牛佳雯为顺义区人民法院民事审判第二庭副庭长，免去其顺义区人民法院审判监督庭副庭长职务；任命李建为顺义区人民法院民事审判第三庭副庭长，免去其顺义区人民法院民事审判第一庭副庭长职务；任命高蕾为顺义区人民法院审判监督庭副庭长，免去其顺义区人民法院立案庭副庭长职务；任命白玉龙为顺义区人民法院未成年人案件综合审判庭副庭长，免去其顺义区人民法院刑事审判庭副庭长职务；任命金伟为顺义区人民法院立案庭副庭长，免去其顺义区人民法院民事审判第二庭副庭长职务；任命王文敏、刘天奇、刘同斌、杨珺四名同志为顺义区人民检察院检察员。赵洪涛、王学武、李子腾、叶志建4名新任职人员进行宪法宣誓。

（王辉）

【区第四届人大常委会第二十八次会议】6月23日在顺义宾馆会议中心第二会议室举行。会议听取和审议区审计局局长范士永代表区政府所作的《顺义区人民政府关于2015年财政预算执行和其它财政收支审计情况报告》、区财政局局长范学智代表区政府所作的《顺义区人民政府关于2015年财政决算情况报告》，并作出通过区政府2015年财政决算情况报告，批准顺义区2015年财政决算的决议。听取区政府办公室主任王颖代表区政府所作的《顺义区人民政府关于区四届人大五次会议代表建议分办、办理情况报告》，审议区人大常委会执法检查组关于《北京市控制吸烟条例》实施情况执法检查报告。听取区人大常委会审议及代表视察所提建议办理情况报告。区发改委主任于长雷代表政府作《关于顺义区人民政府“十二五”规划终期评估情况报告审议意见的办理情况报告》。区教委主任刘克祥代表政府作《关于区人大代表视察顺义区教师队伍建设情况建议的办理情况报告》。区法制办主任吕海燕代表政府作《关于顺义区人民政府2015年依法行政工作情况报告审议意见的办理情况报告》。决定人事任免，决定免去赵仁洋顺义区人民法院执行一庭副庭长职务，茹健顺义区人民法院审判员职务，贾凤兰顺义区人民法院审判员职务。任命白玉龙为顺义区人民法院未成年人案件综合审判庭庭长，免去其顺义区人民法院未成年人案件综合审判庭副庭长职务；任命牛佳雯为顺义区人民法院民事审判第二庭庭长，免去其顺义区人民法院民事审判第二庭副庭长职务；任命贾玉明为顺义区人民法院执行一庭副庭长，免去其顺义区人民法院执行二庭副庭长职务；任命褚征为顺义区人民法院民事审判第一庭副庭长，免去其顺义区人民法院民事审判第三庭副庭长职务；任命朱建娜为顺义区人民法院民事审判第三庭副庭长，刘琳琳为顺义区人民法院行政审判庭副庭长，曹咏为顺义区人民法院刑事审判庭副庭长、审判员，马中平为北京市顺义区人民法院执行一庭副庭长、审判员，麦育亥为北京市顺义区人民法院执行二庭副庭长、审判员，刘杉彬、李晓丽、蔡秀、王小丽、侯峰、陶小超、张莉、李鹏、何庆玲、张锐、王琬萱、张翔鹏、胡波、宋艳华、李永芝、涂琳、冯晨晨、刘蕊、杨鑫、刘必钰、王思思、周益、棋其格、谢衍明、宋万忠、焦广涛、张鹏飞、孙春牛、张婷、杨秀芝、王竟隆31名同志为顺义区人民法院审判员。

（郭宇明）

【区第四届人大常委会第二十九次会议】8月9日在顺义宾馆会议中心第二会议室举行。会议审议通过区政府关于2016年上半年财政预算执行情况报告、区政府关于2016年上半年国民经济和社会发展计划执行情况报告和区政府关于2016年预算调整方案的报告，作出关于批准顺义区2016年预算调整方案的决议。审议区人大常委会上半年视察、执法检查情况报告和区人大常委会审议及代表视察、执法检查所提建议办理情况报告，审议通过区人大常委会执法检查组关于《北京市生活垃圾管理条例》的执法检查报告和顺义区第四届人大常委会关于区、镇两级人民代表大会代表换届选举有关事项的决定。决定人事任免，会议决定接受禹学垠辞去北京市顺义区人民政府副区长职务的请求，并报北京市顺义区第五届人民代表大会第一次会议备案。决定免去商兴加顺义区人民法院民事审判第三庭庭长职务，杨建民顺义区人民法院审判员职务，田国凤顺义区人民检察院检察委员会委员、检察员职务，胡小兵顺义区监察局局长职务，宋鹏顺义区经济和信息化委员会主任职务，陈国栋顺义区人大常委会胜利街道工作委员会主任职务，王洪涛顺义区人大常委会代表联络室副主任职务。任命霍光峰为顺义区人民政府副区长，胡小兵为顺义区经济和信息化委员会主任，贾崇彪为顺义区人大常委会胜利街道工作委员会主任，商兴加为顺义区天竺人民法庭庭长，张静仁、王旭、何晴、郑晶晶、程方园、戴丽娜、马珊珊7名同志为顺义区人民检察院检察员。

（叶志建）

【区第四届人大常委会第三十次会议】8月26日在顺义宾馆会议中心第二会议室举行。会议审议通过区人大常委会视察、执法检查代表所提建议办理情况报告。决定人事任免，决定免去罗振文顺义区人大常委会城乡建设环保工作委员会主任职务，李赛楠顺义区人大常委会信访接待室主任职务。任命张爱冬为顺义区人民政府副区长，李赛楠为顺义区人大常委会城乡建设环保工作委员会主任，郭旭东为顺义区人大常委会信访接待室主任，姚竞宏为顺义区人大常委会代表联络室副主任。会议对本次区、镇换届选举相关工作作出决定：1.通过设立顺义区选举委员会的决定；2.通过设立镇选举委员会的决定；3.审议通过关于相关单位是否参加所在镇镇人大代表选举的决定；4.审议通过区、镇两级人民代表大会换届选举工作的安排意见。

（郭宇明）

【区第四届人大常委会第三十一次会议】10月26日在顺义宾馆会议中心第二会议室举行。会议听取和审议区政府关于《中华人民共和国环境保护法》实施情况报告。决定人事任免，决定免去陈永良顺义区人民法院审判员职务。任命宋素娟为顺义区人民法院刑事审判第一庭庭长，免去其顺义区人民法院刑事审判庭庭长职务；任命曹咏为顺义区人民法院刑事审判第一庭副庭长，免去其顺义区人民法院刑事审判庭副庭长职务；任命李维、康占北、李琳、杨冰、田学彬、杨娇、张伊、林媛媛、李二焕、王琼希、黄敏、幸江、郝自蕙、孙树华、刘筠、刘飞虎等16名同志为顺义区人民法院审判员。任命初军威、赵为民、吴耀新为顺义区人民政府副区长，李衍为顺义区监察局局长。

（王辉）

【顺义区第五届人民代表大会第一次会议】12月19日至22日在顺义宾馆举行。228名代表出席会议，147人列席会议。会议听取并审议区人民政府、区人大常委会、区人民法院、区人民检察院工作报告和区四届人大三次会议代表议案办理情况报告；审议顺义区2016年国民经济、社会发展计划执行情况和2017年国民经济、社会发展计划草案的报告（书面）；顺义区2016年财政预算执行情况和2017年财政预算草案的报告（书面）；审议区四届人大五次会议代表建议、批评和意见办理情况报告（书面）。会议通过有关工作报告的决议。大会选举车克欣为区人大常委会主任，吴建国、盛德利、赵殿江、丁文强、白丽洁为区人大常委会副主任，王琞等29人为区人大常委会委员；选举高朋为区人民政府区长，霍光峰、初军威、赵为民、李向英、吴耀新、张爱冬、郑晓博为区人民政府副区长；选举张豫为区人民检察院检察长、李旭辉为区人民法院院长。大会还选出区人民代表大会各专门委员会组成人员。本次大会共收到代表提出的建议、批评和意见92件，确定关于加快全区协调发展，重点推进河东地区建设的议案为大会议案。

（郭宇明）

【区第四届人大常委会第三十二次会议】12月1日在顺义宾馆会议中心第二会议室举行。会议听取和审议区政府关于“六五”普法规划落实及“七五”普法规划制定情况报告，审议通过区政府《关于加快顺义区卫生事业发展的议案》办理进展情况报告和区政府关于区四届人大五次会议代表建议办理情况报告。决定人事任免，决定免去王景亮顺义区检察院检察员职务。任命张猛为顺义区检察院检察委员会委员。会议讨论决定关于召开区五届人大一次会议有关事项：1.通过区人大常委会关于接受区选举委员会、镇选举委员会组成人员辞职的决定草案。2.通过区五届人大一次会议的召开时间，决定于2016年12月19日至22日召开顺义区第五届人民代表大会第一次会议。3.通过区五届人大一次会议的议程草案。4.通过区五届人大一次会议的主席团及秘书长名单草案、财政预算审查委员会名单草案、议案审查委员会名单草案、代表资格审查报告草案。5.讨论修改区人大常委会工作报告。

（王守明）

【区第四届人大常委会第三十三次会议】12月12日在区人大机关四楼会议室举行。会议接受杨立宪辞去北京市第十四届人民代表大会代表职务请求，并决定报北京市人民代表大会备案。会议选举车克欣、郭文杰两位同志为顺义区出席北京市第十四届人民代表大会代表。

（叶志建）

【决定重大事项】顺义区第四届人大常委会2016年围绕全区重点工程、财政预决算、“七五”普法、人事任免等，做出决议、决定17项，任免国家机关工作人员138人次，接受朱家亮、禹学垠2名同志辞去区人民政府副区长职务的请求。

（郭宇明）

【监督工作】一年来，常委会依法行使监督职权，不断增强监督实效。一是围绕经济社会科学发展加强监督。听取和审议政府上半年计划、预算执行情况，“十二五”规划终期评估情况报告，视察重大产业项目、重点工程建设，专题调研河东河西协调发展落实情况、国有资本经营预算编制与执行情况，加强对政府全口径预算的审查监督，在推进转型升级中发挥应有作用。二是围绕民生问题加强监督。常委会通过听取审议区政府《中华人民共和国环境保护法》实施情况报告，开展《北京市控制吸烟条例》《北京市生活垃圾管理条例》《中华人民共和国食品安全法》执法检查，视察住宅小区物业管理，调研全区社区卫生建设等方面情况，推动民生工作落实。三是围绕促进社会公平正义加强监督。为推动政府依法行政和“两院”公正司法，常委会审议政府依法行政工作、法院多元化纠纷解决机制建设、检察院履行法律监督职能工作情况报告，专题听取两院司法改革情况汇报，公安局警务督察工作情况汇报等。四是围绕代表议案办理加强监督。持续跟踪《关于加快顺义区卫生事业发展的议案》的落实。常委会为推动议案的落实，通过视察、召开常委会专题审议、人代会审议等方式，推动议案的落实。

（王辉）

【代表工作】常委会结合“两学一做”学习教育和换届选举工作，密切与代表的联系，支持和保障代表依法履职更加主动。一是加强与代表的联系。充分利用人大网络平台，及时汇总代表意见建议；及时通报市情区情，保证代表知情知政；加强代表学习培训，提高代表依法履职能力。二是认真办理代表建议。制定《关于加强区人大代表建议、批评和意见办理的实施意见》，建立由“一府两院”主要领导负责，并明确主管副职牵头办理的机制，加强代表建议办理，对代表提交的81件建议予以认真办理，有效提高建议办理质量，激发代表履职积极性。三是深入完善重要工作直接征求代表、群众意见制度。征求代表、群众对市、区政府2017年拟办实事和市人大监督事项的意见建议；征求代表和群众对区政府、区人大常委会工作的意见，汇集民意、凝聚力量、促进工作。

（郭宇明）

【自身建设】常委会结合“两学一做”学习教育，着力加强自身建设。一是锤炼过硬作风。常委会在组织人员上压规模，在活动开支上降成本，在工作目标上增实效，不断改进工作作风，得到代表认可和群众称道。二是规范履职制度。注重完善常委会会议和人事任免等制度；制定与“一府两院”及有关部门联系协调机制，保证常委会工作依法有效开展；严格执行机关会议、财务、接待、车辆等管理制度，促进常委会及其机关各项工作规范有序进行。三是营造向上环境。常委会领导、党组成员、处级干部以身作则、以上率下，思想不懈怠、工作讲勤奋、层层抓落实。形成领导带头、干部挂帅、党员跟进的强大合力。今年，4名年轻同志提为科级干部，2名同志提为处级干部,2名处级干部到基层任职，人大工作更具生机与活力。

（王辉）

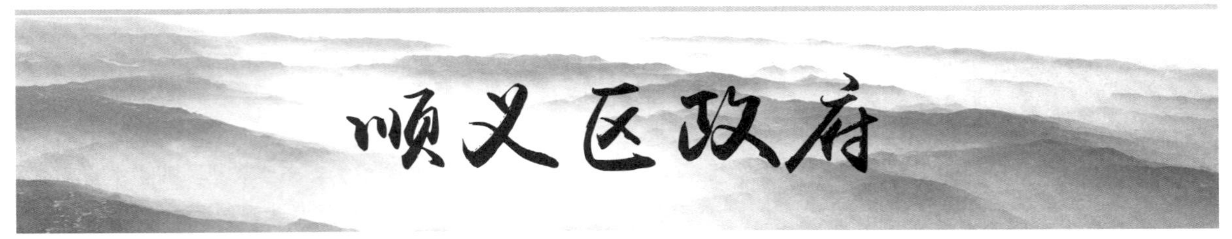

主要工作和重大活动

【**概况**】区四届人大一次会议以来的五年，区政府在市委、市政府和区委的坚强领导下，在区人大、区政协的监督支持下，团结带领全区人民，紧紧围绕“建设绿色国际港、打造航空中心核心区、共筑和谐宜居新家园”的奋斗目标，抢抓机遇，攻坚克难，锐意进取，开拓创新，较好地完成本届政府的各项目标任务，实现“十二五”圆满收官和“十三五”良好开局，全区经济社会发展又一次站在新的历史起点上。

单位名称：北京市顺义区人民政府
地址：顺义区府前中街5号
电话：（010）69443080
邮编：101300
网址：http://www.bjshy.gov.cn

（区政府办）

【**第四届人民代表大会第五次会议召开**】顺义区第四届人民代表大会第五次会议于2016年1月6日至8日召开。192名人大代表出席大会，大会以无记名投票方式选举高朋同志为顺义区人民政府区长，赵殿江、董建华2名同志为区人大常委会副主任，田法德同志为区人大常委会委员，李旭辉同志为区人民法院院长。会议通过《关于顺义区人民政府工作报告的决议》《关于顺义区人大常务委员会工作报告的决议》《关于顺义区国民经济和社会发展第十三个五年规划纲要的决议》等决议。

（区政府办）

【**顺义区政府与中石油昆仑燃气有限公司签署全面战略合作框架协议**】2月3日，顺义区政府与中石油昆仑燃气有限公司签署全面战略合作框架协议。区领导王刚、高朋等，昆仑燃气有限公司总经理赵永起、党委书记刘志出席签约仪式。根据协议，顺义区政府将大力支持顺义燃气等企业与昆仑燃气公司开展燃气业务和非燃气业务全面战略合作。昆仑燃气公司将以木林镇燃气项目的合作为基础，为顺义区尤其是五彩浅山的开发及“镇镇通”等项目提供资源、资金、技术保障，全力打造顺义区天然气清洁能源利用示范村，保障燃气安全平稳供应。同时，昆仑燃气公司与顺义区相关企业共同在京津冀协同发展区域、中俄东线天然气管道沿线等项目开发过程中开展全面战略合作。

（区政府办）

【**潮白河复兴大桥工程正式开工**】3月5日，顺义新城潮白河复兴大桥工程正式开工。北京城建集团有限责任公司、北京城建道桥建设集团有限公司相关领导，顺义区领导王刚、高朋、胡尚云、周颖博等参加开工仪式。潮白河复兴大桥位于和谐广场北边、区行政服务中心及广场东延地带，为顺义地区在建的规模最大的斜拉桥，也是北京地区首座双塔双索面斜拉桥，建成后将成为顺义新城的地标式建筑。

（区政府办）

【**顺义区中小学校责任督学挂牌督导创新区工作**】3月24日—25日，国务院教育督导委员会有关领导和专家到顺义区核查观摩中小学校责任督学挂牌督导创新区工作。区委常委、常务副区长于庆丰，市教育督导室副主任刘莉参加。核查组一行观看《双轮驱动利教利民——顺义区中小学校责任督学挂牌督导工作掠影》宣传片，听取工作汇报，参观责任督学集中办公区，查阅相关档案资料。核查组人员还先后来到仁和中学、顺义十三中、木林中小实地考察责任督学挂牌督导工作落实情况，重点考察各校督导工作办公室、学生食堂、音体美学科专用教室、实验室及校园安全设施等场所；并走进课堂听课，课后听取业务督学评课，进行点评。来自甘肃、云南、西藏、新疆等8个省、自治区教育和督导部门领导组成的观摩考察团一行也考察顺义区中小学校责任督学挂牌督导创新区建设情况。

（区政府办）

【**市委常委、副市长陈刚到顺义调研住宅产业化工作**】4月13日，市委常委、副市长陈刚到顺义调研住宅产业化工作，市政府副秘书长张维，市住房城乡建设委、市发展改革委等相关部门负责同志，顺义区委副书记、区长高朋参加。陈刚一行先后来到天竺万科中心和住总住宅产业化基地，查看万科中心预制混凝土外挂板施工现场，参观住总住宅产业化基地构件生产车间和展厅，听取全市住宅产业化有关情况汇报。

（区政府办）

【北京市知识产权系统徒步大会在顺义奥林匹克水上公园举行】4月17日，“走向2022 知识产权与‘双创’同行”北京市知识产权系统徒步大会在顺义奥林匹克水上公园举行。启动仪式上北京市知识产权局局长汪洪，顺义区委副书记、区长高朋先后致辞；北京市政协主席吉林、国家知识产权局局长申长雨、北京市副市长隋振江为活动击鼓。随后领导们与北京市知识产权办公会议成员单位、全市各区知识产权局代表、专利试点示范企业代表、知识产权媒体代表、知识产权志愿专家、大学生志愿者等1000余人沿着健身步道开启长走之旅。

（区政府办）

【全国都市型现代农业现场交流会代表团到顺义参观考察】4月28日，农业部副部长屈冬玉带领全国都市现代农业现场交流会各省市代表一行100余人到顺义区参观考察，市政府副秘书长赵根武，市农委主任孙文锴，顺义区领导高朋、张晓峰等参加。农业部副部长屈冬玉一行实地查看花卉展示区、生产区、能源中心、鲜花工厂等区域，详细询问活动展示、就业保障等方面情况，并对鲜花港在郁金香花期控制、清洁能源开发使用、B2C电商运营等方面实现创新经营，大力推广都市型现代农业发展的成果表示肯定。

（区政府办）

【市领导夏占义到顺义调研林木养护工作】5月5日，市政府党组成员、市平原地区造林工程建设总指挥部总指挥夏占义到顺义调研林木养护工作，市政府副秘书长赵根武，市园林绿化局局长邓乃平，顺义区领导高朋、张晓峰参加。市领导夏占义一行先后来到张镇乡镇公园地块和景观生态林（良山村），检查林木养护情况，并听取相关工作汇报。

（区政府办）

【美国劳顿郡代表团到顺义区访问】5月11日至5月16日，美国劳顿郡监理委员会主席菲利斯·兰达尔、华盛顿机场管理局业务拓展副总裁马克·崔德威一行来顺义区访问，并与首都机场集团公司签署“北京首都国际机场与美国杜勒斯机场建立姊妹机场合作备忘录”。劳顿郡代表团此后参观北京天竺综合保税区、北京顺鑫控股集团有限公司牛栏山酒厂、牛栏山一中、北京临空经济核心区等地。

（区政府办）

【海外华裔青年企业家走进顺义】5月23日，海外华裔青年企业家中国经济高级研修班学员到顺义参观考察，市侨办相关领导和顺义区领导高朋、于庆丰以及天竺综保区相关领导参加。青年企业家们首先来到北京天竺综合保税区听取基本情况介绍，参观帕西姆德国商品展示区。随后来到国家地理信息产业园，参观北京临空经济核心区沙盘和正元地理信息责任有限公司。在座谈会上青年企业家们观看《印象顺义》宣传片，听取顺义区投资环境介绍。

（区政府办）

【全国首家民族特色文化版权保护与展示交易中心落户顺义】6月3日，全国首家“民族特色文化版权保护与展示交易中心”在顺义奥林匹克水上公园揭牌落成。同时，北京首家“匠心精神”——“顺义礼物”店开门上市。国家文化部文化科技司司长孙若风，中国版权保护中心主任段桂鉴，中国版权保护中心党委书记邹建华，顺义区领导王刚、高朋、胡尚云、周颖博等出席活动。

（区政府办）

【第二十五届北京国际燕京啤酒文化节盛大开幕】6月6日，第二十五届北京国际燕京啤酒文化节在顺义奥林匹克水上公园盛大开幕，区领导王刚、高朋、周颖博等出席开幕仪式。开幕式上，区委书记王刚开启本届啤酒文化节第一桶酒，并向劳模代表敬酒，标志着第二十五届北京国际燕京啤酒文化节正式开幕。

（区政府办）

【第八届北京端午文化节—2016年全国龙舟邀请赛在顺义举办】6月9日，由“我们的节日”组委会、北京市体育局、顺义区人民政府主办的第八届北京端午文化节—2016年全国龙舟邀请赛暨北京市端午节龙舟大赛在顺义奥林匹克水上公园隆重开幕。作为端午节的重头戏，本次全国龙舟邀请赛暨北京市端午节龙舟大赛，共有来自全国各地的50多支队伍、800余名选手参与角逐。此项活动丰富传统节日全民健身活动内容，促进京津冀全民健身活动的交流，提升首都全民健身活动品牌档次，为2022年冬奥会筹办工作营造浓厚的体育竞技氛围。

（区政府办）

【国家税务总局副局长汪康到顺义调研】6月17日，国家税务总局副局长汪康到顺义调研营改增工作情况。汪康一行来到顺义区联合办税服务厅查看工作情况，听取办税服务厅功能介绍以及国税、地税深化合作事项情况汇报。按照国地税征管体制改革方案总体要求，顺义国地税于2015年10月底共同签署联合办税服务厅协议书，迈出深化国地税合作的第一步。2016年5月1日，联合办税服务厅正式对外办公，实现“一窗化+一站式”的现代化、规范化、人性化服务模式。营改增税收政策实施以来，国地税两家密切配合，保障营改增工作的平稳运行。

（区政府办）

【顺义区人民政府与中央美术学院签署战略合作协议】6月17日，顺义区人民政府与中央美术学院签署战略合作协议。区领导王刚、高朋、于庆丰、肖承继、禹学垠，中央美术学院党委书记高洪、院长范迪安等参加签约仪式。按照协议，双方将在城市战略发展、文化艺术设计与创意、城市设计与规划建设、教育等七大领域进行合作，充分发挥顺义区在“十三五”期间区域核心成长优势，发挥中央美术学院在艺术、设计、创新、学术、教育等领域专业优势，进一步释放双方战略资源优势，形成共赢发展战略局面，实现顺义区转型升级和中央美院核心发展。

（区政府办）

【第三代半导体材料及应用联合创新基地在中关村顺义园启动建设】7月20日，第三代半导体材料及应用联合创新基地在中关村顺义园启动建设。该基地的创建定位于第三代半导体材料及应用产业的全球创新策源地、人才集聚地、技术辐射地、创业成功地，是北京市政府、国家半导体照明工程研发及产业联盟在优势互补、资源共享的基础上，整合政府、行业、研究机构和社会资本等资源要素共同建设。

（区政府办）

【顺义城市建设重点项目推介会举办】7月21日，顺义区举办北京·顺义城市建设重点项目推介会，来自全市的80家投资企业和27家金融机构参加。此次推介会以“提升顺义综合承载力，助力北京城市副中心”为主题，旨在推介顺义区“十三五”时期重大基础设施项目、棚户区改造和土地一级开发项目以及新国展二期三期建设情况。“十三五”时期，顺义区将紧抓对接城市副中心等各项机遇，统筹空间、规模、产业三大结构，全面提速和谐宜居城市建设步伐。推介会上，顺义区政府与中国铁路通信信号股份有限公司、中建方程投资发展有限公司、北京城建集团、北京建工集团、北京住总集团等7家龙头企业集团签署合作协议。

（区政府办）

【北京市服务业扩大开放综合试点示范区推介活动】7月22日，顺义区举行北京市服务业扩大开放综合试点示范区推介活动。89家市、区服务业扩大开放工作领导小组成员单位有关负责同志，驻京使领馆、侨资企业、跨国公司地区总部等300余家企业及机构代表参加。2015年北京市创建全国首个目前也是唯一一个服务业扩大开放综合试点城市，顺义区在此基础上于2016年5月5日成功创建和申办北京市服务业扩大开放综合试点示范区。活动中市商务委主任闫立刚与区委书记王刚共同为顺义区建设北京市服务业扩大开放综合试点示范区揭牌，标志着顺义将全面展开建设北京市服务业扩大开放综合试点示范区工作。

（区政府办）

【“中国科学院科技成果转化创新平台”战略合作签约仪式举行】9月12日，中国科学院国有资产经营有限责任公司、北京临空经济核心区管委会和国测地理信息科技产业园集团有限公司三方就共同创建“中国科学院科技成果转化创新平台”达成共识，签署战略合作协议。根据协议，中国科学院国有资产经营有限责任公司、北京临空经济核心区管委会和国测地理信息科技产业园集团有限公司三方将充分发挥各自优势，夯实合作基础，不断深化内涵、创新合作模式、拓展合作领域，深入开展产学研用、科技金融创新、人才交流等方面的合作。

（区政府办）

【顺义区举行烈士公祭活动】9月30日是我国第三个法定“烈士纪念日”，顺义区在潮白烈士陵园举行烈士公祭活动。区领导王刚、高朋、周颖博等，各委办局负责同志，抗战老战士、军烈属代表、驻顺部队代表及社会各界代表近300人参与此次活动。活动由区委副书记、区长高朋主持。区委书记王刚首先宣读烈士公祭祭文，50名少先队员代表为烈士高声献唱《我们是共产主义接班人》，8名礼兵向烈士纪念碑敬献花篮。随后，参加公祭日纪念活动的全体人员向烈士纪念碑三鞠躬，表达对先烈的崇高敬意。最后，全体人员向烈士纪念碑敬献鲜花并参观顺义革命史展馆。

（区政府办）

9月30日，顺义区在潮白烈士陵园举行烈士公祭活动

【意大利菲乌米奇诺代表团到顺义区访问】10月11日至10月14日，意大利菲乌米奇诺市市长艾斯特力诺蒙蒂诺、奇维塔韦基亚市市长安东尼奥 科佐利诺率代表团到顺义区访问，区领导高朋、于庆丰、初军威等领导参加。区委副书记、区长高朋热烈欢迎代表团来顺义访问。菲乌米奇诺市市长艾斯特力诺蒙蒂诺介绍两市经济社会发展基本情况。代表团访问北京天竺综合保税区，参观罗红艺术馆、顺鑫牛栏山酒厂、八宝葫芦园，并与欧洲之星、中外运昊樽、曲美家具等区内企业进行座谈。

（区政府办）

【顺义战略性新兴产业投资峰会举行】10月24日，以“新产业、新动能、新经济”为主题的2016北京·顺义战略性新兴产业投资峰会举行。峰会旨在为更好的实施创新驱动发展战略，通过创新链、产业链、资本链等高端要素融合联动，促进战略性新兴产业跨越式发展，推动顺义区经济结构调整和产业转型升级，约400家知名企业和高端机构参与。副市长隋振江，市政府副秘书长刘印春，顺义区委书记王刚，区委副书记、区长高朋出席并为顺义智能新能源汽车生态产业示范区揭牌，标志着顺义区在智能新能源汽车的电池系统、驱动系统、智能系统、轻量化系统、动力性能以及车联网等领域具备发展基础。

（区政府办）

【市委副书记、代市长蔡奇到顺义调研、讲党课】11月21日，市委副书记、代市长蔡奇到顺义区调研促进转型升级、构建高精尖产业结构情况，并在顺义区讲党课，宣讲党的十八届六中全会精神。

（区政府办）

【北京建工集团与顺义区签署战略合作协议】12月25日，北京建工集团与顺义区战略合作签约仪式暨北京建工建筑产业化投资建设发展有限公司揭牌仪式举行。仪式上,北京建工集团建工地产有限责任公司分别与李遂镇、北京大龙控股有限公司签署战略合作协议。北京建工集团将推进参与李遂镇整体规划，棚户区改造开发，医疗养老、休闲旅游等公共设施建设，产业发展等方面的工作；将与大龙控股合作成立北京建龙地产开发有限公司，共同开发南彩镇棚改项目，并为后期双方在棚户区改造、旅游地产、养老地产、城镇化建设、土地一级开发等领域的合作进行探索。

（区政府办）

【中国航空发动机研究院在北京顺义成立】12月28日，中国航空发动机研究院在顺义中航产业园挂牌成立。成立大会上，中国航空发动机研究院分别与北京航空航天大学、西北工业大学、南京航空航天大学、清华大学、上海交通大学、中国科学院工程热物理所等七所高校和科研机构签订科技创新合作协议，将大力推动产学研协同创新，联合国内优势科研力量，开展深度合作，携手开展基础与应用技术研究，突破核心关键技术，夯实我国航空发动机自主创新发展基础。

（区政府办）

日常政务

【经济社会发展情况】2016年全区实现地区生产总值1565.6亿元，同比增长7.9%。一般公共预算收入完成137.86亿元，同比增长10.5%；规模以上工业总产值3112亿元，同比增长10.3%；实现社会消费品零售额443亿元，同比增长8.1%；完成固定资产投资485亿元，同比增长4.3%；城镇居民和农村居民人均可支配收入分别达到36448元和24649元，分别同比增长9.1%和8.8%。

（区政府办）

【创新发展情况】2016年顺义区作为北京市服务业扩大开放综合试点示范区，围绕金融、科技等7大领域38项任务全面开展创新试点。同时被确定为第三批国家新型城镇化综合试点地区和国家产融合作示范区。

（区政府办）

【清洁空气行动计划深入实施】顺义区全年投入46亿元，实施6方面18类防治工程，各项污染物平均浓度实现全面下降。全区PM2.5年均浓度为每立方米71微克，居全市第7，同比下降12.3%，完成全年下降5%的目标任务。全年完成燃煤锅炉清洁能源改造1204蒸吨，占市级任务的172%，中心城区实现无煤化。“减煤换煤、清洁空气”行动全面推进，22个村、6091户农宅煤改电工程全面完成，占市级任务的172%，劣质燃煤全部淘汰。强化机动车排放治理，淘汰老旧机动车2.3万辆，完成全年任务的283%，全市排名第2。狠抓源头治理，全年共否决建设项目审批550个，调整退出工业污染企业50家。提高检查执法水平和执法力度，全年立案查处103起固定源违法行为，罚没金额667万元。

（区政府办）

【产业结构优化升级】2016年顺义区服务业占GDP比重达到63%。全力建设北京新兴金融聚集区，金融机构达到245家，国家新兴产业创业投资引导基金等近2000亿规模大型央企基金加快引进，金融产业增加值占全区GDP的8%，成为全区第三大支柱产业。现代制造业加速转型升级，成功举办北京·顺义战略性新兴产业投资峰会，北京智能新能源汽车生态产业示范区全面启动，富电科技、乐电出行等一批优质项目加速集聚，汽车制造业整车年产量（本区）达到122.9万辆。战略性新兴产业发展成效显著，全区战略性新兴产业达到93家、产值750亿元。创新创业环境持续优化，全区国家级高新技术企业达到268家，中科院联动创新产业园、中关村医学工程产业化基地等项目落户顺义，北京第三代半导体材料及应用联合创新基地、中航产业园、金蝶软件园等创新创业基地达到17家，孵化面积30万平方米，在孵项目120个。

（区政府办）

【重点工程建设稳步推进】2016年顺义区聚焦疏解非首都功能配套、环境提升、民生改善等核心领域项目，加强全社会固定资产投资调度，100项区重点工程全部完成立项，80项开工建设，40项实现竣工。顺平辅线俸伯桥、壁富路、北木路等新改建工程通车，右堤路、龙尹路大修竣工，潮白河复兴大桥开工，完成乡村公路大修70公里。北石槽、北小营、李遂、北务4座镇级再生水厂主体工程全面完工。强化电力保障，马坡220千伏、新城110千伏、军营110千伏变电站站址完工，天竺110千伏北侧高压线迁改入地、孙怀220千伏高压线迁改项目及顺义-王四营220千伏、北京东500千伏送电线路工程完工。望泉地块道路配套等市政设施工程、4个镇9个地块拆迁村环境整治等8项工程完工。

（区政府办）

【群众住房居住条件持续改善】2016年顺义区全力做好棚户区改造工作，制定出台《棚户区改造和环境整治工作实施意见》等配套文件。召开顺义区城市建设重点项目推介会，全区33个片区棚改项目已对接城建集团、中建方程等大型国企央企。全年共有11个项目列入全市棚改计划，幸福西街、临河村和夏县营等棚改项目扎实推进，沙坨村棚改项目完成改造140户。基本建成保障性住房（含自住型商品房）7270套，其中公租房5660套。公租房摇号配租工作启动，惠及家庭1967户。加强天然气改造、置换，滨河、胜利等35个小区更换燃气表工程完成，2.2万户居民受益。投资5.76亿元，完成8个老旧小区治理一期工程，惠及居民8.3万人。被确定为第三批国家新型城镇化综合试点地区。

（区政府办）

【民生福祉不断增进】2016年顺义区城乡劳动力二三产业就业率始终保持在95%以上，城镇登记失业率控制在1.5%以内，连续5年被评为北京市“充分就业区”。全面落实顺义区“十三五”时期卫生计生事业发展规划，区医院教学科研楼、区疾控及监督所迁建工程项目主体结构基本完成。区中医医院迁建项目工程开工建设，旺泉社区卫生服务中心正式投入使用。实现以区医院、区中医院、空港医院为核心单位，15家社区卫生服务中心为成员的3个区域医联体运行。卫生综合评价在5个城市发展新区位居第一。落实第二期学前教育三年行动计划，全年新增学位3090个。优质教育资源进一步拓宽，首师大附属顺义实验小学挂牌成立。科学调整救助标准，将城乡低保标准调整到月人均800元，低收入标准调整到月人均1050元。全年共为4343人发放低保金4189万元。不断扩大救助范围，提高救助标准，累计医疗救助、临时救助1275人次，发放救助金1052万元。推进老年餐试点建设，加快养老机构建设，老年公寓3号休养楼建成投入使用，新增养老床位400张。儿童福利院建设项目主体工程建设完成。优抚安置工作有序推进，为优抚对象发放各类抚恤补助金3890万元，医疗费减免557万元，全年接收退役士兵227人，发放退役士兵自主就业补助1666万元。实现全国双拥模范城“四连冠”。

（区政府办）

【文字起草办理工作】2016年撰写政府工作报告、半年经济工作报告、调研报告、务虚会材料以及领导讲话等各类材料400余篇，共计80余万字，为区领导科学决策提供重要参考依据。全年共印发各类公文723件，处理基层单位上报公文2366件，上级来文1881件，办理区政府领导批示4260件，通过市政府办公平台上报请示报告类公文43件，到邮局发送机要件168次。

（区政府办）

【推动重要决策部署落实】截止2016年底，共制发督查通知单252件，与2015年同比增长372%。形成刊物249个，与2015年同比增长479%；共督办市级决策督查任务4大类，122项。区级决策督查任务2大类，126项；共承办市政府督查室立项督办市领导批示、指示工作22项；共督办区领导各类批示件574件，区长电子信箱领导批示转办件279项，信访件领导批示转办件2项。

（区政府办）

【其他督查工作】2016年，按照国务院及北京市有关工作安排和区领导指示要求，按时完成国务院第三次大督查迎检和有关材料的撰写及上报工作；中央环保督察期间，顺义区共收到信访转办件98件，已全部办结：其中重点交办件13件；督办区与市政府共签订目标责任书11个，与56个部门和25个属地签订区级责任书81个；承担国家审计署《审计报告》需加快、推进整改落实事项1项（汉石桥湿地引水工程）；共承担市级外贸稳增长重点工作任务6项；全区“消隐、拆违、打非”百日专项行动、压减燃煤及治理小散乱污企业、国土督察反馈问题整改、社会秩序综合整治、安全生产大检查5项工作，共计形成督查与反馈刊物57期；督办市、区两级领导调研过程中安排部署事项88项；启动空气重污染橙色预警2次，红色预警1次。

（区政府办）

【建议提案办理工作】2016年共督办市级人大建议、政协提案5件，均已如期办复；督办区人大建议86件、政协提案123件，均已如期办复；根据政府各部门职能，将109件基层党代表意见建议进行分办，已全部办理完毕；完成市级25项绩效考评指标的分解、上报工作。

（区政府办）

【群众服务工作扎实推进】2016年共办理、回复市政府便民电话中心交办事项43647件，比去年同期增长47.30%，其中，向网络单位下发交办单42992件，电话直接交办655件，编发《便民电话网络工作要情》3期、《便民电话网络工作简报》4期，获得区领导批示5件；处理群众到区政府上访共168批1568人，上访人数比去年同期下降16.83%。2016年，共接到群众表扬来电21个，与去年同比增长90.90%。

（区政府办）

【信息宣传】全年编发《顺义区情》6类期刊344期，

采用区内信息3100余条。此外，会同顺义电视台编审《区政府常务会议通稿》42期。2016年顺义区报市信息工作总得分326分，同比增长270%。全年累计向市政府办公厅信息处报送政务信息208条、舆情信息1057条，被《昨日市情》采用91条、《今日舆情要闻》采用54条；共落实市政府及其转发国务院约稿信息11篇，全部在时限内上报。

（区政府办）

【信息公开工作】政府信息公开专栏全年主动公开信息12425条，同比增加9.2%，累计达到82447条；更新区政府本级政务动态信息685条；向市、区两级政府信息公开查阅场所移送信息纸质文本11件、132份；依法开展依申请公开工作，区政府本级受理政府信息公开申请105件，较2015年全年增加51件、增长94.4%，已全部答复；被诉讼35件，较以往各年之和增加25件；被复议2件，与2015年持平。诉讼、复议共已审结36件，无败诉；另1件正在应诉过程中。

（区政府办）

【应急和安全保障管理工作】2016年共接报办理各类事项570件，其中协调突发事件235起（社会安全143起、事故灾难83起、自然灾害2起、预警信息7起）；全年向市应急网报送本区应急管理信息648篇，完成全年报送任务的108%；完成13家重点单位的视频联通，技术保障能力进一步提升；组织召开各级各类视频会议76次，应急指挥技术平台设备完好率保持100%；完成高清图像信息系统接入工作，为全区各单位更新更换800兆手台电池；开通“走进应急”应急管理微信公共平台，累计发布应急管理知识500余条；开展不同形式和规模的演练活动800余次，有效增强全区预防和应对突发事件的能力。

（区政府办）

法制建设

【概况】2016年是落实《法治政府建设实施纲要（2015-2020年）》的开局之年，也是深入推进首都法治政府建设的关键之年。一年来，在市委、市政府和区委、区政府的坚强领导下，本办深入贯彻党的十八届四中、五中、六中全会、市委十一届九次、十次、十一次全会、区委四届十一次、十二次、十三次全会精神，认真落实区委、区政府各项决策部署，坚决贯彻落实五大发展理念，坚持稳中求进的工作总基调，紧紧围绕融入京津冀协同发展、服务首都城市战略定位、保障城市副中心建设等中心工作，积极推进社会各方形成工作合力参与法治政府建设。

单位名称：顺义区人民政府法制办公室

地址：顺义区府前东街9号

电话：(010)61400015

邮编：101300

网址：http://www.fazhi.bjshy.gov.cn

(法制办)

【区政府法律顾问团】为贯彻十八届三中全会关于“普遍建立法律顾问制度”精神，落实政府购买服务理念，本区于2014年组建区政府法律顾问团。2016年，法律顾问团参与民生银行住宅项目对外销售、京沈客专征地拆迁、违法建设拆除等20余件重大疑难问题的处理；参与审查规范性文件和政府重大决策68件，政府合同1620余件，其政府法律参谋作用得到显著体现。同时，为有效促进法律顾问工作的积极性、保证工作的质量和效率，建立政府法律顾问激励考核机制：包括政府法律顾问团专项项目组织管理办法、项目经费管理办法、项目验收管理办法、绩效管理办法等内容。结合每一项具体经办的法律事务，对法律顾问工作的服务态度、工作效率、专业水平等情况做出综合评价，根据考评结果给付不同等级的法律顾问费。同时对于考核不合格法律顾问，不再聘用为政府法律顾问。

(法制办)

【行政规范性文件审查备案】行政规范性文件和重大行政决策事项合法性审查，是将监督关口前移,重在事前监督的一种重要监督方式。年内，区法制办按照法律法规规章规定和上级行政机关规范性文件的要求，对规范性文件和政府会议审议的决策事项进行合法性审查，开展规范性文件修改、报备和决策事项协调工作。共对《顺义区食品药品违法行为举报奖励办法》等405个文件进行合法性审查，提出意见690余条。其中，行政规范性文件114件，政府会议审议的决策事项268件，其他事项23件。区政府报市政府法制办备案行政规范性文件11件，区属部门和镇政府报区政府备案行政规范性文件6件，经审查均无修改或撤销的情况。

(法制办)

【重大合同审核备案】一是通过培训、通报及专项检查等方式，指导各单位建立完善本单位合同管理制度，规范合同管理流程，加强合同监督管理力度。二是强化政府合同事前审核，发布《关于进一步加强政府合同监督管理工作的意见》（顺政发〔2015〕14号），完善政府合同事前审核机制，年内共事前审核各类政府合同1213件，提出意见建议2320余条。三是做好合同备案审查工作。审查备案登记全区42家单位报送备案的1795件合同，发挥合同事前法律把关、事后法律监督的作用。

(法制办)

【参与本市地方立法活动】年内，承办市政府法制办关于《北京市居住证管理办法》等13个法规、规章草案征求意见稿件，提出意见建议8条。

(法制办)

【法治教育培训】按照2016年学法计划的各项要求完成区政府常务会议学法（4次）、专题法制讲座（2次）、依法行政知识培训（2次）、依法行政研讨（2次）、行政诉讼典型案件庭审观摩（1次）的授课师资组织安排、会场布置、后勤保障等各项工作，做好国务院法制办政府法制研究中心朱卫国副主任、市政府法制办刘振刚主任的常务会授课工作。

(法制办)

【《顺义行政法制研究》内部刊物创办】为加强行政法律事务的研究，指导基层实际工作，创立《顺义行政法制研究》内部刊物，以政府各项工作为载体，建立政府法制机构人员为主体、吸收专家和律师参加的工作队伍，以案例解析的方式，对政府工作中具有高度相似性或高度相关性的问题，如：征地拆迁、政府信息公开、行政执法等热点、难点、焦点问题进行前瞻性研究，提出解决和预防建议，在依法履行职责、科学民主决策、规范行政执法、防范化解社会矛盾等方面发挥积极作用。年内，《顺义行政法制研究》（双月刊）第一、二期已经发送到各单位，得到各单位良好的反馈意见。

(法制办)

【印制政府法律事务简明手册】按照“政府法律事务口袋书”每个部分涉及的专业领域，借助法律顾问团的智力支持，多方论证进行修改完善后，向全区各委办局、镇街道印制下发“口袋书”。以“口袋书”为依托，邀请法学专家、执业律师等专业人士，以具体典型的案例分析为主要内容，高效率、高质量的对各单位开展政府信息公开、行政诉讼、违法建设查处的专题培训，“手把手”的指导各单位做好政府信息公开申请的答复、应诉、拆违等具体工作，解决各单位实际工作中面临的问题和困难，促进法律事务规范运作，提升各单位依法行政的水平。

(法制办)

【行政执法监督指导】一是组织2016年全区行政执法人员行政处罚执法资格考试工作，全区共245名工作人员参加并通过考试。二是认真开展行政处罚案卷评查工作，评查全区行政处罚卷宗60余宗。三是推行行政执法岗位目录制度，督促各执法部门认真设置岗位目录、及时关联执法人员。四是进一步做好北京市行政执法信息服务平台的运行维护工作，督促各执法部门信息更新与数据填报工作。五是严格审核区城管执法监察局报送的责成查封施工现场2件、责成强拆21件，有效地打击违法行为。

(法制办)

【行政复议工作情况】一是深化接待咨询，年内共接待咨询群众205批次、263人次。畅通复议渠道，确保开门收案、应收尽收。二是依法办理复议案件，改进书面审理方式，提高案审过程中公开听证和实地调查的比例，将行政复议审理过程放在“阳光”下，接受社会各界监督。加大对原行政行为的审查力度，着力解决群众关心的热点难点问题。年内，区政府共受理行政复议案件151件，与2015年（123件）同比上升22.8%。其中，维持21件，不予受理29件，驳回申请10件，通过调解、双方和解后终止审理48件，责令被申请人履责1件，撤销具体行政行为40件，确认违法2件。通过撤销、确认违法、责令履行法定职责等方式直接纠错的案件比例达28.5%，通过调解、和解方式解决争议的案件比例达31.8%。从案件类型上看，案件涉及交通处罚、拆除违法建设、拆迁安置、信息公开、行政不作为、食品安全、撤销答复、土地纠纷、工伤认定、公安行政处罚、工商处罚、行政许可、价格欺诈等类型。对案审中发现的普遍性问题，运用改进工作意见书、建议书等举措，实现“纠正一案、规范一片”的良好效果。

(法制办)

【行政复议委员会工作情况】一是推动非常任委员参与案件办理讨论、主持听证、案件调解工作。非常任委员作为第三方利用专业优势调解复议案件，容易被申请人接受，取得较好的效果。年内，组织非常任委员参与案件听证会2次。二是运用协调机制前移复议关口，确保执法行为的合法性。与公安、土地、城管、劳动等部门建立协调机制，不定期召开会议，将复议关口前移，提前介入行政机关一些重大执法行为，及时提出法律意见，最大限度防止行政机关在后续复议及诉讼过程中因违法导致败诉的后果。三是运用调解手段，加大复议纠错力度。在办理复议案件过程中，针对具体行政行为明显错误的，承办人本着将行政争议化解在初始阶段和行政程序中的初衷，采取对双方当事人进行调解的方式，促使行政机关对具体行政行为予以纠错，从而达到申请人自愿撤回行政复议申请的目的。四是开展行政复议规范化建设。充分利用行政复议信息平台，实现复议接待、案件受理、审批、结案规范化，做到案件接待、办理信息录入100%，提高复议案件办理的透明度和公正性。

(法制办)

【行政应诉工作情况】一是承办行政应诉案件。年内，以区政府为被告的行政诉讼案件153件，全部在法定时间内准备完答辩状及相关手续。案件涉及信息公开、政府履职、行政撤销、行政补偿、征地拆迁、行政确认、行政赔偿、规划行政强制等领域。二是推动行政与司法良性互动。与法院沟通协调，建立负责人出庭应诉工作衔接机制。区法院认为案件确需负责人出庭应诉，由法制办向相关行政机关发送负责人出庭应诉函，督促相关机关负责人出庭应诉。三是加强行政负责人出庭应诉工作。年内，市四中院公开审理孙某诉区政府撤销宅基地使用证一案，副区长霍光峰出庭应诉，当庭阐述区政府的立场和意见，并和原告代理人进行沟通互动。年内，区环保局、人力社保局、财政局、水务局、城管执法监察局、工商分局、食药监局、卫计委等部门负责人出庭应诉66次。为规范行政应诉案件的办案流程，多次组织各镇、部分委办局的领导到法院旁听。充分发挥行政机关负责人"以上率下、以上促下"的"头雁效应"，有利于增强各机关依法行政意识和应诉工作能力，对于充分了解当事人的诉求、促进行政争议实质性化解、提高执法规范化水平意义重大。

（法制办）

外事侨务

【概况】区政府外事侨务办在区委、区政府的正确领导下，围绕本区"把握发展的阶段性特征、推进经济社会转型升级"的工作总要求，结合工作职能和地区实际，坚持外事工作服务国家总体外交、服务地区发展的基本原则，严格按照北京市服务中央单位、驻京部队"四个服务"的要求，全力以赴为驻区的中央单位及部队提供更好的服务平台和载体，认真贯彻落实党的侨务政策，深化基层侨务服务，依法维护侨界的合法权益。加快推进外事转型升级，充分发挥外事侨务工作服务全区经济转型、产业升级、区域国际化发展方面的促进作用。

单位名称：北京市顺义区人民政府外事侨务办公室

地址：顺义区府前中街5号

电话：（010）81481980

邮编：101300

网址：http://www.fao.bjshy.gov.cn/

（外事侨务办）

【两节期间归侨侨眷走访慰问活动】1月下旬，区政府外事侨务办开展元旦春节送温暖慰问活动，走访慰问22户共38名归侨侨眷代表，向他们致以节日的祝福。

（外事侨务办）

【韩国光州MBC代表团到顺义区友好合作交流】3月23日，韩国光州MBC社长崔荣俊携代表团一行到顺义区，就2016年郑律成童谣合唱团中韩青少年交流活动进行友好访问，顺义区教委、区政府外事侨务办相关领导参加。韩国光州MBC代表团一行实地考察顺义区仁和中学、顺义区东风小学裕龙校区。此次访问，韩国光州MBC代表团希望以中国籍韩裔著名音乐家郑律成诞辰百年之际为契机，由北京市友协牵线，拟在顺义区举办中韩青少年合唱活动，促进中韩青少年的文化交流与学校合作。

（外事侨务办）

【老挝领导干部培训班到顺义区考察学习】3月31日，老挝外交部党委委员、领事司司长西沙瓦·因帕占带领培训班领导干部一行到顺义区进行考察学习。中共中央对外联络部二局领导、顺义区区长助理蔡派参加，区政府外事侨务办领导陪同。培训班领导一行实地考察北京汽车北京分公司、马坡镇石家营村、汉石桥湿地保护区。老挝访客对顺义区现代工业发展、新农村建设、绿色生态保护等方面所取得的成绩给予高度赞赏。

（外事侨务办）

【全区侨务工作台账建立更新】3月，向全区各镇、街道、经济功能区发送关于填报顺义区侨务工作台帐的通知，更新区内侨务工作联系表，做到底数清、情况明。据统计，本区有华侨、归侨、侨眷及港澳同胞371人，侨资企业18家。

（外事侨务办）

【斯里兰卡代表团来顺访问】4月19日，斯里兰卡代表团一行16人来本区访问。市民交协秘书长徐强，顺义区教委、区政府外事侨务办领导参加。此次来访的代表团成员为参加由北京市民间组织国际交流协会、斯中友协和中国国际交流协会共同主办的"21世纪海上丝绸之路促进人类发展"演讲比赛的获奖学生代表。代表团先后参观北京现代汽车第二工厂和顺义区第一中学。在现代二厂，代表团观看宣传片，并参观生产车间；在顺义一中，代表团由学校师生陪同参观校园，代表团学生展示斯里兰卡民族舞蹈和歌曲。在最后的座谈会上，斯里兰卡代表团表示这次访问加深对顺义区的了解，对顺义区的经济社会发展和顺义人民的热情好客印象深刻，希望今后能够在教育、文化等方面与顺义区有更多的交流和交往。

（外事侨务办）

【外国使节及市友协领导春季联谊活动】4月20日，外国使节及市友协领导春季联谊活动在顺义举行。来自巴哈马等国的使节、外国友人及市友协理事参观考察天竺综合保税区等地。市友协常务副会长田雁，顺义区委副书记、区长高朋参加。外国使节及市友协领导一行先后来到北京天竺综合保税区管委会、帕西姆德国商品展示区和大洋洲商品展示区、光峰华影公司、八宝葫芦文化产业园、北京国际鲜花港进行参观考察，听取相关情况介绍，并绘制葫芦，体验国画和书法创作。区委副书记、区长高朋向外国使节及市友协领导一行介绍顺义经济社会发展情况。他希望各位使节和理事以此次活动为契机，细细品味顺义美丽的风景、蓬勃发展的经济、热情好客的人民，留下美好回忆。

（外事侨务办）

【外交部“中非记者交流中心”记者团来访】5月3日，外交部“中非记者交流中心”记者团一行22人到顺义区考察。记者团先后实地走访北京汽车北京分公司、北京嘉寓门窗幕墙股份有限公司、北京国际鲜花港、北小营镇榆林村、燕京啤酒集团，对顺义区外向型企业、绿色生态产业和新农村建设等方面的发展和成就进行深入了解，并给予高度赞赏。外交部、市政府外办、区政府外事侨务办相关领导陪同参加。据不完全统计，顺义区在海外设立子公司、分公司、办事处的企业达48家，外派人员总数约399人。其中，在非洲的企业有6家，外派人员总数约36人。

（外事侨务办）

【“2016首尔友谊节”】5月5-9日，应韩国首尔市政府邀请，由北京市人民对外友好协会组团，区政府外事侨务办推荐顺义牛栏山第一中学“飞扬舞蹈团”赴韩国参加“2016年首尔友谊节”。2016年，恰逢顺义区与韩国首尔城北区结好20周年。牛栏山第一中学“飞扬舞蹈团”精心准备富有中国传统元素的节目。本届友谊节，首尔市政府共邀请包括北京、山东、台北、曼谷、开罗、北海道、伊斯坦布尔、墨西哥城、明斯克、新南威尔士、塔什干、东京、乌兰巴托共计13个友好省市参加。

（外事侨务办）

【“领事保护进校园”活动】5月12日，以“512防灾减灾日”宣传活动为背景，由顺义区政府外事侨务办、区教委联合举办的“2016年顺义区领事保护进校园活动”走进牛栏山第一中学，号召顺义学子出国游学“学领保，重安全，讲文明”。活动当天，学生代表们观看领事保护政策展板，聆听领事保护知识讲座，还免费领取领事保护手册和相关书籍，受益匪浅。

（外事侨务办）

【美国劳顿郡代表团到顺义区访问】5月11日至5月16日，美国劳顿郡监理委员会主席菲利斯·兰达尔、华盛顿机场管理局业务拓展副总裁马克·崔德威一行来本区访问，区委副书记、区长高朋，区委常委、常务副区长于庆丰分别予以会见。高朋对美国劳顿郡代表团到顺义区访问表示欢迎，并简要介绍顺义区经济社会发展情况。他表示，当前顺义区正在转变发展方式、提高经济质量上下更大功夫，中美之间合作潜力巨大，顺义区与劳顿郡也建立友好合作关系，我们愿意通过中美地方政府间的交流，推动双方在临空经济、服务业扩大开放等方面的合作。美国劳顿郡监理委员会主席菲利斯·兰达尔介绍代表团成员，她表示，与中国建立友好关系非常重要，劳顿郡愿加大与顺义区的交流合作，促进双方在经贸、科技、教育、旅游、文化等领域的合作，互惠共赢。访问期间，顺义区委常委、常务副区长于庆丰、美国劳顿郡监理委员会主席菲利斯·兰达尔、首都机场集团公司总经理刘雪松和华盛顿机场管理局业务拓展副总裁马克·崔德威等领导举行会谈，并见证“北京首都国际机场与美国杜勒斯机场建立姊妹机场合作备忘录”签约仪式。劳顿郡代表团还参观访问北京天竺综合保税区、北京顺鑫控股集团有限公司牛栏山酒厂、牛栏山一中、北京临空经济核心区等地。

（外事侨务办）

【韩国首尔城北区议会代表团到顺义区访问】5月23日至5月24日，韩国首尔城北区议会副议长金元中一行来本区访问。访问期间，城北区议会代表团实地参观北京现代第二工厂、燕京啤酒集团、牛栏山酒厂、雅昌文化集团、北京韩美药品有限公司等地。会见时，顺义区人大常委会主任胡尚云对韩国城北区议会代表团的访问表示欢迎，并简要介绍顺义区经济社会发展情况。他表示，顺义区与城北区有相似之处,也建立友好合作关系。城北区教育、医疗资源丰富，值得顺义区学习借鉴，希望城北区议会与顺义区人大委员会不断深化交往、增进友谊，在教育、医疗卫生等民生方面加强沟通与交流。城北区议会副议长金元中表示，顺义区是一个工业与农业相结合的城市，为北京的经济发展做出突出的贡献。他希望两个城市进一步深化友好趋势，互学互鉴、互惠共赢，促进两地间在经济、文化、教育、医疗等多领域的交流合作。

（外事侨务办）

【暖侨敬老免费体检】自5月底至年底，为全区60岁以上归侨、侨眷共计61人在顺义区妇幼保健院体检中心进行免费体检。本办联系相关街道和镇，做到体检工作专人负责，体检表发放入户，同时发放《致顺义区归侨侨眷的一封信》，向归侨、侨眷送去区委、区政府的关怀与照顾，积极听取和收集工作建议，真正做到以侨为本、为侨服务。

（外事侨务办）

【“粽”情端午 外语喜乐会】6月9日，区政府外事侨务办在奥林匹克水上公园举办国际语言文化交流品牌活动“‘粽’情端午 外语喜乐会”。整场活动为外国友人和中国居民搭建起相互交流、增进了解的平台，对外宣传传统文化的同时，也对内激发学习外语的热情，提升外语交流和国际交往的能力。为期一天的活动吸引上万人次的中外游客参与，成为啤酒节日间人气最高、客流量最大的板块之一。

（外事侨务办）

【百余侨胞侨商来访】6月21日下午，市政府侨办组织“第45期华侨华人社团负责人研习班暨海外中餐业协会负责人研习班”学员及在京侨商共百余人开展“海外侨胞走进顺义、品味中华美食、助力转型发展系列活动”，刘春锋主任、严卫群副主任参加，区领导高朋、李向英、蔡派等陪同。一行人参观区顺鑫创新食品分公司、顺鑫牛栏山酒厂及顺义奥林匹克水上公园，体验第25届北京国际燕京啤酒文化节，并召开推介会。

（外事侨务办）

【中联部非洲多国智库学者考察团来访】7月19日，中联部非洲多国智库学者考察团一行到顺义区考察。考察团先后实地走访北京汽车北京分公司、北京现代二厂、航天图景（北京）科技有限公司，对顺义区经济发展经验、创新型企业发展成就进行深入了解。考察团成员主要是来自于南非、坦桑尼亚、埃塞俄比亚、津巴布韦、纳米比亚、博茨瓦纳6国的政党政要或知名智库学者。此次访问，以非洲发展新旧动能转换的关键时期为契机，旨在继续深化中非交流合作，进一步扩大“中国制造”在非洲的影响，宣传创新绿色发展理念，助力区内企业海外投资发展。

（外事侨务办）

【牵手走进顺义 欢动舞动北京 青春拥抱世界】8月8日，由区政府外事侨务办、区文明办、团区委、区教委、区广电中心联合主办，北京金桥经纬文化传媒有限公司承办，由北京顺鑫牵手果蔬饮品股份有限公司赞助的“欢动北京”第五届国际青少年文化艺术交流周顺义行活动，在北京顺鑫绿色度假村拉开帷幕。来自亚美尼亚、澳大利亚、文莱、芬兰、印度、印度尼西亚、韩国、黎巴嫩、蒙古、缅甸、俄罗斯、斯里兰卡、泰国、美国14个国家的优秀青少年艺术团参与此次活动。此次顺义行活动的主题为“牵手走进顺义，欢动舞动北京，青春拥抱世界”。8月9日，各国青少年代表团实地参观北京市顺义牛栏山第一中学、顺义第一中学，与在校学生进行文艺交流。年内，顺义区进一步搭建国际交往平台，不仅将优质的公共外交活动引进顺义，还带领本区优秀的文化团体走出顺义、走向世界，持续促进顺义区与国际城市在文化艺术教育方面的双向交流。“欢动北京”第五届国际青少年文化艺术交流周，是北京唯一经文化部批准，由中国人民对外友好协会、北京市人民政府外事办公室、共青团北京市委员会共同主办，魅力校园特别呈现的一场国际性青少年文化艺术交流盛典活动。

（外事侨务办）

【日本东京都区市町村代表团交流访问】8月10日，日本东京都调布市市长长友贵树率领东京都区市町村代表团一行11人访问顺义，顺义区区委副书记、区长高朋参加,区政府办公室、区城管执法局、区政府外事侨务办领导陪同。访问期间，东京都区市町村代表团实地参观北京天竺综合保税区及驻区企业帕西姆德国商品展示区、奥林匹克水上公园、民族版权交易中心。会见时，高朋简要介绍顺义区经济社会发展情况。顺义区愿意同东京都各区市町村一道，进一步拓展和深化各领域友好交流和务实合作，互学互鉴，推动两市友好城市关系不断向前发展。长友贵树对顺义区的热情接待表示衷心的感谢。他表示，两市的友好合作可以促进日中两国人民友好关系的长期发展。东京都区市町村愿意加强两市间青少年在文化、体育等方面的交往与交流，促进两城市在环境治理、智能科技领域的合作交流。

（外事侨务办）

【侨务工作培训会】8月16日，社区侨务工作示范单位创建说明暨侨政培训会召开，全区6个街道、19个镇、27个涉侨社区和村的近百名基层侨务工作干部参加培训。市政府侨办侨政处处长刘云艳、区政府外事侨务办主任欧阳华洲、副主任王兆宇等领导出席会议。本次宣传培训旨在提升本区为侨公共服务水平。

（外事侨务办）

【市政府侨办与富华国际集团一行参观考察】9月9日，市政府侨办副主任李长远与富华国际集团董事长赵勇一行到顺义区考察、座谈。考察团前往马坡新城和中粮祥云小镇实地查看金融项目用地情况和国际化社区生活配套情况，并与区委书记王刚，区委副书记、区长高朋同志进行座谈。对富华国际集团来顺义设立金融项目达成初步意向。

（外事侨务办）

【2016年国际语言环境建设宣传月活动】9月－10月，顺义区政府外事侨务办举办“2016年顺义区国际语言环境建设宣传月”活动。该活动是根据《顺义区推进国际语言环境建设实施意见》，由区政府外事侨务办联合区教委等相关部门开展的，以了解外国文化、培养国际视野为主要目的的全民参与性活动。9月24日、25日，在顺义国际鲜花港举办 “一带一路国际文化艺术交流”活动。现场开设非物质文化遗产“雕版”体验区，现场观众可由专业技师指导免费体验这一古老技艺。同时，现场还布置有一带一路沿线国家知名艺术家的画作及相关主题的艺术作品，并配以中英文双语解说，帮助观众更加深入立体地了解中西方艺术文化，感受来自不同国度、不同风格的艺术熏陶。除此之外，今年的宣传月活动还走进顺义校园，举办英语话剧季。10月，分别在北京城市学院、顺义区裕隆小学、顺义区第一中学附属小学等学校举办3场校园话剧演出。参加演出的既有专业的外籍话

剧演员，也有来自顺义区内院校的同学们，本次宣传月活动，覆盖人群超过1万人次，有效地推动顺义区国际语言环境建设工作，对进一步加强对外开放，促进东西文化互相了解。

（外事侨务办）

【意大利菲乌米奇诺代表团到顺义区访问】10月11日—14日，意大利菲乌米奇诺市市长艾斯特力诺·蒙蒂诺、奇维塔韦基亚市市长安东尼奥·科佐利诺率代表团来本区访问，区领导高朋、于庆丰、初军威等领导参加。12日，双方领导举行座谈。座谈会上，区委副书记、区长高朋热烈欢迎代表团来顺义访问。他表示，顺义与两市在区域功能定位、重点发展领域有许多共同点，顺义愿意继续加强与两市在重点领域的合作，不断加深在临空经济、农业、旅游、国际贸易等领域的经济合作。同时，通过加强区域间民间交流交往、推动大中小学校间的互访游学项目，不断拓展双方在教育、科技、文化领域的交流合作，互学互鉴、互利共赢，推动友好关系向前发展。菲乌米奇诺市市长艾斯特力诺·蒙蒂诺介绍两市经济社会发展基本情况。他表示，两市与顺义区有着共同的区位优势，此次来访，通过参观重点区域和企业、听取有关情况介绍、与各界人士座谈，加深对顺义的了解。菲市愿意深化与顺义的交流与合作，促进双方在多个领域的务实合作、互惠共赢。访问期间，代表团还访问北京天竺综合保税区，参观罗红艺术馆、顺鑫牛栏山酒厂、八宝葫芦园，并与迪拉索高品、欧洲之星、中外运昊樽、曲美家具等企业负责人进行座谈。

（外事侨务办）

【第二届“牛栏山杯”北京外国人篮球赛】10月22日，由北京市政府外事办公室、北京市体育局、北京市教育委员会和顺义区政府联合主办的2016年第二届“牛栏山杯”北京外国人篮球赛在顺义区牛栏山第一中学体育馆开幕并进行首场比赛。参赛球队的外国朋友涉及领域广、代表性强，来自美国、俄罗斯等驻华使馆官员，以及北京现代、中国宝马等企业的外籍员工和部分国际学校外国专家、高校留学生等组成16支篮球队参加比赛。

（外事侨务办）

【郑律成童谣国际音乐会举行】10月26日下午，郑律成童谣国际音乐会在顺义区仁和中学报告厅举行。此次演出由北京市人民对外友好协会、光州广域市主办，北京市顺义区人民政府外事侨务办公室、北京市顺义区教育委员会、光州MBC承办，来自顺义区仁和中学、牛栏山一中实验中学、东风小学、韩国全罗南道“郑律成童谣大赛”获奖小学学生及部分青年演员在内200余名演员参与演出，区内部分师生、家长代表近500人观看。中韩两国学生及演员轮流登台，通过歌曲、舞蹈、器乐、合唱等形式分别演绎《山野间，长城谣》《丰收锣鼓》《天山少女》和包括《我们多么幸福》《延安颂》等郑律成著名曲目在内的中韩及世界经典曲目，活动在中韩全体演员合唱《茉莉花》中结束。

（外事侨务办）

【区委外事工作领导小组2016年第一次全体会议】11月9日，顺义区委外事工作领导小组2016年第一次全体会议召开，区领导王刚、高朋、车克欣、于庆丰、禹学垠、赵为民参加。会议审议通过《中共北京市顺义区委外事工作领导小组工作规则》，决定建立北京市顺义区对外交往功能建设联系会议制度，听取领导小组办公室关于2016年顺义区外事工作情况的汇报。2016年，本区编制完成《顺义区“十三五”时期提升国际交往功能规划》，发布《顺义区对外协议管理工作实施细则》。在此基础上，区政府外事侨务办稳步开展因公出国（境）管理、外事管理、国际语言环境建设等工作，高水平外事接待完成22批次700多人。为更好地协调解决国际交往功能建设中的具体困难和问题，区委外事工作领导小组根据区域实际，建立对外交往功能建设联席会议制度，并制定工作规则，明确职责分工等。联席会议成员包括天竺综保区、区委组织部、首都国际机场集团公司、临空经济核心区管委会等20多家，会议每半年召开一次，协调解决全区对外交往工作中的新情况、新问题，促进资源整合与高效协作，推动国际交往功能建设。

（外事侨务办）

【涉外单位领事保护与境内外安全风险防范培训】11月24日至25日，区政府外事侨务办举办顺义区涉外单位领事保护与境内外安全风险防范培训。来自区涉外协调小组的57家成员单位，包括各相关委办局、镇街道、企业的主管副职及相关负责人共110人参加。培训聘请相关领域的专家和高级实操教官，通过理论学习与实操演练相结合的形式，从涉外管理工作实务、个人防卫技巧、突发爆炸事件应对、可疑行为识别与防范、抢劫应对等方面，对参训干部进行系统授课。本次培训旨在丰富区内涉外应急工作人员的领事保护制度和相关法律知识，切实强化安全防范意识，有效提高应急防范能力和应对技巧。

（外事侨务办）

【摸清底数，增强服务工作的针对性】8-12月，外事侨务办组织开展《顺义区中央单位基本情况及满意度调研》，通过该项调研，进一步摸清顺义区中央单位的基本信息、税收、营业收入等情况，了解掌握顺中央单位对顺义区政府服务工作的满意度水平，并形成专项调研报告，为更好地服务驻区中央单位提供依据，增强服务工作的针对性。

（外事侨务办）

【2016年顺义区涉外资源及侨界人士调研完成】12月下旬，与调研公司合作完成《2016年顺义区涉外资源现状与需求调研报告》，本次调研共涉及涉外企业

141家，其中80家涉外实体企业在全球6大洲72个国家和地区约122个城市设立实体分支机构171家，共计派出中国籍员工201人、其境外分支机构外籍员工数共1611人；61家企业与海外进行业务往来较为频繁。同时，完成《2016年顺义区侨界人士现状与需求研究报告》，调研范围涵盖顺义辖区内93个物业，1210人，以底数清、信息明为标准，最大程度地全面掌握全区侨界人士的基本情况；在摸底调研的基础上，就如何更好地利用区内涉外、侨务资源服务地区经济社会发展，提出科学可行的建议。

（外事侨务办）

信访工作

【概况】2016年，在区委、区政府的正确领导下，全区信访系统认真学习贯彻习近平总书记系列重要讲话精神，严格落实《信访责任制实施办法》，主动担当，积极作为，增强“四个意识”，强化责任担当，着力推进信访工作制度改革，信访各项工作取得新成绩，为促进顺义区经济社会发展做出新贡献。2016年，全区信访总量3738批（件）次，同比下降16.6%，其中来信1249件次，同比上升25%；接待群众来访2489批次，同比下降29%，集体访326批次，同比下降19%。

单位名称：中共北京市顺义区委顺义区人民政府信访办公室

单位地址：顺义区府前中街2号

邮　　编：101300

电　　话：（010）69444198

（信访办）

【领导干部接访工作落实到位】一是坚持领导接访。自1995年4月30日起，区级领导坚持每月15日、30日到区信访办现场接待群众来访，且假日不顺延、跟进不间断、遇阻不退缩，初访化解率达98%。二是强化基层化解。按照信访工作“一把手”责任制的要求，各镇（街）也不断加强主要领导接访工作，做到亲自深入一线走访、调研，亲自制定有效可行方案，充分运用“一轴两翼”工作机制，有效联合职能部门，将大量矛盾纠纷化解在基层、吸附在属地。

（信访办）

【群众合理诉求解决到位】一是广泛征集受理建议。2016年，顺义区人民建议征集办公室共选派人民建议征集员88名，受理人民群众建议43件，采纳、落实建议19件，参与群众达223人次。二是积极解决合理诉求。按照“三到位一处理”的要求，通过政府购买服务方式，安排律师、心理咨询师参与一线接访，引导群众依法逐级反映合理诉求，疏导上访群众的心理问题，先后通过多种形式解决信访问题35件。

（信访办）

【信访联席会议制度落实到位】一是完善信访联席会议制度。按照市委、市政府推进信访工作改革的要求，顺义区处理信访突出问题及群体性事件联席会议更名为顺义区信访工作联席会议，完善多方联动工作机制，进一步明确职责，推进信访与人民调解、行政调解、司法调解的联动工作。2016年，共召开信访问题联席会议12次，协调职能部门，化解处置各种社会矛盾。二是定期开展积案清理工作。按照国家信访局和市信访办要求，区信访办坚持“控增减存”工作目标，制定积案化解工作方案，组织全区各单位及属地认真梳理本部门、本辖区内的重点信访隐患，开展信访积案清理活动。三是推动积案化解工作。建立健全信访积案化解工作机制，针对群众反映强烈的热点难点问题，从政策层面研究化解措施，解决群众的实际困难。针对顺义区6件信访积案和6件重点信访问题，区政府成立由区政协主席、政法委书记任组长，区主管副区长任副组长，各相关单位及涉案属地“一把手”为成员的处理信访积案领导包案工作领导小组，顺义区积案和重点信访问题得到逐步化解。

（信访办）

【紧盯矛盾纠纷源头化解到位】一是开展矛盾排查。坚持严之又严、细之又细的标准，2016年，区信访办结合“两节”、“两会”等重大敏感时期，及时开展区级矛盾大排查5次，涉及隐患10个方面，梳理出重点关注问题29项，并建立台账督促矛盾化解，化解率达到86%。二是加强矛盾调处。针对排查梳理出的重点隐患，实行领导包案，开展案情会商，制定有针对性的工作方案，区域内各单位及时化解隐患问题，实现小事不出村（街），大事不出区。

（信访办）

【运用法治思维解决问题到位】一是强化诉访分离。依法对涉法涉诉信访问题进行剥离，做好信访、行政、司法事项的判别工作，依法推进信访事项“三级终结”，引导群众通过法定途径反映诉求。同时依法规范信访复查复核工作，避免非信访事项进入信访程序。二是推进分类处理。按照“法治信访”的要求，区信访办将分类处理信访诉求作为信访工作改革的重要抓手，取得良好效果。

（信访办）

8月2日顺义区信访办公室与北京城市学院签订合作协议

【信访队伍建设不断加强】一是信访信息全录入。全面开展信息录入“百日会战”活动，实现信息全录入、业务全流转、数据全生成、办理全公开。二是加强信访队伍建设。以集中培训、包片帮带的形式，先后8次组织基础业务培训，为一线培养业务骨干360人，保证信息系统的平稳运行和录入信息的准确性、全面性。同时，在全区遴选优秀干部到信访办挂职锻炼，区信访办也在本系统内组织在岗培训，提升干部的群众意识、服务意识和角色意识，强化信访干部为民服务的主责与主业意识。

（信访办）

【信访工作责任制落实到位】一是维稳工作。严格落实领导包案、应急劝返、五方联动、督查督办等工作机制，统筹做好全国“两会”、市“两会”、国际车展、部分村庄拆迁、回迁等敏感时期的信访维稳工作。二是督查督办工作。区信访办对长期积累的信访事项实行预案督办，必要的采取挂账督办，对于“三跨三分离”信访事项实行协调督办，对重点矛盾实行联合督办，推动督查督办工作落实到位。三是考评体系完善。区信访办制定信访工作目标量化管理考核办法，将信访工作主要内容细化为 5个大项、24个小项，同时加大信访维稳分值在各单位考核中的权重。

（信访办）

【信访工作改革不断深化】一是积极开展调研。下大力度编发《顺义区群众来信来访办理案例选编》和《顺义信访》期刊，并在全区内进行推广发行，形成信访干部人人参与文章撰写、人人学习法规政策、人人刊载调研成果的良好氛围，发挥调研在纠纷预警、分析研判、为决策提供服务中的重要作用。二是强化应急处置。按照“第一时间发现问题、第一时间人员到位、第一时间妥善处置”原则，加强信访应急处置队伍建设，开展2次应急培训，3次应急演练，有效提升信访应急能力，完成重大敏感时期的应急劝返任务。三是加强信访宣传。在全区范围内启动网上信访宣传月活动，受教育群众达7000人次。

（信访办）

【顺义区信访办公室与北京城市学院签订合作协议】8月22日，顺义区信访办公室与北京城市学院签订合作协议。为进一步加速北京城市学院与顺义区的融合发展，积极发挥顺义区作为首都功能疏解重要承接地和新增首都功能主要承载区的重要作用，顺义区信访办公室与北京城市学院以“双向互动，密切合作，互惠互利”为原则，在理论课题研究、破解信访难题、教师科研实习、人才队伍培养等方面开展全方位、深层次共建合作。

（信访办）

【人民建议征集办公室成立】9月9日，顺义区人民建

议征集办公室正式挂牌成立。其主要职能是负责收集、整理、报告区内外群众、境外人士、法人及其他组织通过来信、来访、来电话和电子邮件等方式对区委、区政府工作提出的重要建议；征集、处理公民对本区政治、经济、文化、社会和生态文明等各项建设事业发展的重要建议；承担信访政策和案例宣传、信访理论分析、信访课题研究等事务性、服务性工作。

（信访办）

信息

【概况】2016年，本区的政务信息化建设紧紧围绕经济社会发展大局，认真贯彻《智慧北京行动纲要》，突出抓好政务信息基础设施建设，重点推进网上公共服务和信息系统应用，有效促进政务信息资源共享利用和服务创新，取得较好效果。

单位名称：北京市顺义区信息中心

地址：顺义区石园南大街12号院1号楼

电话：（010）69461764

邮编：101300

（信息中心）

【顺义区政务数据中心启用】7月，顺义区政务数据中心顺利启用。政务数据中心机房建筑面积1200平方米，投入使用600平方米，部署87台路由交换设备、20台安全设备、2套UPS系统，12台精密空调，1套环境监控系统，1套KVM远程调试系统，为区内100余家单位提供网站和信息系统托管服务。

（信息中心）

【电子政务外网基本实现全覆盖】2016年，区信息中心继续推进电子政务外网覆盖率，加快推进智慧社区基础设施建设，逐步形成覆盖全部社区的基础设施网络，分两批次将区内106个社区居委会接入电子政务外网。为智慧社区系统应用和推广，区委组织部、区城管局、社工委等单位的相关应用系统在社区居委会落地起到重要支撑作用。

（信息中心）

【基层流管站接入工作完成】落实《北京市人民政府办公厅转发首都综治办等部门〈关于进一步加强本市基层流管站和流管员队伍规范化建设的工作意见〉的通知》（京政办字〔2016〕40号）要求，本区490个基层流管站于9月底前全部接入电子政务外网，确保《北京市居住登记卡》、《北京市居住证》受理、制发等证件管理工作10月1日起实施。

（信息中心）

【政务外网迁移工作完成】随着顺义区政务数据中心正式启用，2016年初，区信息中心将126个委办局、19个镇、6个街道、36个区属企业的政务光缆网络及接入设备，分五批次迁移至政务数据中心。网络迁移完成后，将在原机房的13台交换机、180余台服务器迁移至区政务数据中心机房。为保障政务网络和政务信息系统平稳迁移，区信息中心通过前期摸底调查，做好日志备份等工作，严密制定迁移方案和应急预案。迁移过程中，严格按照迁移方案选择在夜间或节假日进行迁移工作，将网络迁移对政务外网用户影响降到最低。

（信息中心）

【顺义区电子政务外网环网改造工程完成】2016年，区信息中心完成网络环网改造工程。在政务数据中心机房部署两台核心路由器、与后沙峪、牛栏山、北小营、杨镇4个汇聚节点组成电子政务环形网络，环网主干网络传输速率10000兆。同时，更新委办局接入交换机4台，提升委办局用户单位接入能力，网络接入传输速率1000兆。通过实施环网改造工程，改善政务网络传输缺陷，增强网络自愈能力。

（信息中心）

【顺义网城专题建设工作】2016年，与首都之窗、区人大、区编办、区经信委、区发改委、区电视台合作共建《学习贯彻党的十八届六中全会精神》《区镇换届选举》《顺义区权力清单》《开局十三五　迈进新生活》《顺义区国民经济和社会发展第十三个五年规划纲要》《双公示专栏》等11个专题；承办“美在顺义”主题系列活动。制作专题活动宣传页面，全面展示活动主题、内容，图片征集形式，并开发集投稿、图片评选等多种功能于一体的图片征集系统，网民点击进入，即可进行投稿，同时，专家也可在系统中进行图片评选。

（信息中心）

【全国政府网站普查工作】顺义区政务网站群顺利通过2016国务院办公厅第一次全国政府网站普查。2016年度北京市政府绩效考评中“政务网站内容建设工作”占2分，顺义区得分1.995分，是北京市16个区政府网站群得分最高的区。

（信息中心）

【顺义网城微信公众服务号顺利运行】3月，顺义网城微信公众服务号建成并试运行。顺义网城微信公众服务号每周发布一期推送信息，信息内容主要涉及顺义区政务、民生、政策、旅游休闲等多个方面，设置区域发展、政务公开和市民服务3个分类按钮，提供顺义概况、投资环境、政策解读、便民查询和微友留言等诸多服务信息。

（信息中心）

【顺义网城新增图解政策栏目】2016年初，顺义网城开设图解政策专题栏目，截止目前已发布顺义区各类图解政策23期，转载市级图解政策15期。所有图解政策均具备友情推送功能，可通过微信、微博、QQ等公共交流工具进行转发。此专栏得到市民群众的广泛关注，北京市政府办公厅第一季度的工作通报中，对顺义网城图解政策栏目提出表扬。

（信息中心）

【“一网式”办公环境初步形成】2016年，区信息中心结合各部门业务需求，对电子政务办公服务平台的架构、业务模块扩展、移动政务API适配、页面等进行整体升级，实现业务处理一体化集成，提升政务处理效率。

（信息中心）

【政务邮件系统安全可靠】2016年，区信息中心完成电子政务邮件系统升级改造，新版邮件系统采用当今主流技术架构，功能较为完备，具有Webmail、反病毒邮件、反垃圾邮件、高级邮件备份等功能。

（信息中心）

【视频会议系统更新改造】2016年，区信息中心完成电视电话会议设备更新项目完成，对本区的视频会议系统实施改造，将原标清设备升级为高清设备。同时，区信息中心对会场环境不符合要求的镇，督促其抓紧对视频会议室进行改造，改善会议室网络接入和照明条件，更换显示设备，满足高清视频会议音频、视频传输需求。

（信息中心）

【开发建设社区管理系统】2016年，区信息中心组织开发社区管理信息系统，该系统具备收发文审批签发管理、公文流转传递、信息发布、档案管理、会议管理、办公助手与资产管理等功能。以智能化、信息化的手段提升区各社区的管理效率，推进高效的电子服务、便捷的公共服务、有效的降低社会运营成本。

（信息中心）

【数字证书应用推广】2016年，区信息中心完成358家单位数字证书及109家单位电子签章的更新工作，并编制下发《数字证书使用手册》和《电子签章使用手册》。下一步将研究制定电子政务认证的规范性技术文件，统一应用接口，规范服务模式。

（信息中心）

【强化安全检查与培训】一是加强网络与信息安全检查。每季度对区内126个政务网站及168台重要信息系统服务器进行安全漏洞扫描，2016年度，共发现存在安全风险的网站69个，服务器137台，安全漏洞4012个。区信息中心及时督促存在问题的网站和信息系统所属单位进行安全加固和落实整改，进一步增强网络与信息安全防范能力。二是加强信息安全培训工作。结合2016年北京市关键信息基础设施安全检查工作，对全区93家政务网站管理单位开展培训，强调网站安全重要性，提高技术防范能力，指导填报2016年北京市关键信息基础设施调查表。

（信息中心）

【做好信息化技术支持服务】2016年，为区领导制作《顺义区经济社会发展情况汇报》《顺义区重大事项汇编》《政府工作报告汇报提纲》《顺义区空间规划战略初步研究》等PPT汇报稿20余个。收集、拍摄区内产业、生态环境、社会事业等图片资料近万张，为区政府常务会制作专题PPT文稿30余个。为区委、区政府提供多媒体演示及现场保障等技术支持服务100余次。

（信息中心）

地方志工作

【概况】年内，区地方志办公室主要工作是编修第二轮《顺义区志》和《顺义年鉴》的编纂出版工作。

单位名称：顺义区党史区志办公室

地址：顺义区光明北街4号

电话：（010）69460011

邮编：101300

（刘秀娟）

【《顺义区志》初稿编写工作】年初，根据市志办建议，结合二轮志稿内容。编辑部在二轮志书长编的基础上，对《顺义区志》篇目进行两次调整，并经市志办审核，最终篇目由22编调整为24编。于11月完成初稿编写。区志初稿设24编，91章，423节，字数约80万（版面字数在120万字左右）。12月完成排版印刷，并上报市志办。

（刘秀娟）

【指导基层修志及地情资料编写工作】为大孙各庄镇大崔各庄村、北小营镇北府村等编写村史提供参考资料、协助制定篇目，并指导资料收集和村史撰写工作。对区水务局、京密引水管理处、党校等单位编写部门志进行指导并参与审稿工作。

（刘秀娟）

【年鉴工作】编纂完成《2016北京顺义年鉴》。2016

年年鉴收录全区160多家单位稿件。全书设有26个类目，照片110多张，60多万字。 配以照片、彩页、表格，形象生动地反映顺义区的全貌。同时，编写上报《北京年鉴》、《北京农村年鉴》等材料，按时完成市地方志办公室、市农研中心年鉴编写任务。

（刘秀娟）

档案

【概况】年内，档案局（馆）一是对120家立档单位根据实际情况，采取兼顾全体、分类指导、重点先行的方法开展深入细致的指导工作。二是通过听取汇报、现场检查、档案员现场填写检查备案表、抽查下属单位、书面反馈、全区通报等方式，对36家单位进行档案安全检查，提升监管效果。三是继续完成存量档案数字化扫描工作，完成文书档案、婚姻档案等85万页纸质档案的全文扫描。四是共接待查档人数4491人次，查阅各类民生档案5220卷；五是对各立档单位1985年度形成的档案进行鉴定,经过初审和复审共计开放56个全宗，8489件档案资料。

单位名称：北京市顺义区档案局（馆）

地址：顺义区光明北街4号

电话：（010）69441542

邮编：101300

网址：dangan.bjshy.gov.cn

(档案局)

【档案局加强人才队伍建设】根据《党政领导干部选拔任用工作条例》，顺义区档案局选拔任用正科级干部2名、副科级干部1名，为新成立的宣教培训科和信息化科充实力量。

(档案局)

【张镇档案事业建设成效显现】张镇以机关档案室晋升为“北京市机关档案工作市级优秀单位”为契机，大力加强地区档案规范化管理工作，研究制定“三年提升计划”和“1+2标杆”建设，紧抓镇村两级档案管理的重点，提升全镇档案事业管理水平。按照“三年提升计划”，2016年，投入专项档案工作经费30万元进一步夯实档案工作基础，全面培训基层档案员。

(档案局)

【在职党员进社区为青少年讲党史】2月19日上午，顺义区档案馆在职党员沈西宁在马坡花园第一社区党群活动中心，为辖区40余名青少年，开展“振兴中华、勿忘历史”青少年主题教育活动。讲课内容包括马坡地区第一位共产党员李昆的成长历史；顺义区第一次反帝反封建农民运动等。讲座结束后，发每位学生一本书《中国共产党北京市顺义区历史大事记》。

(档案局)

【张镇举办档案知识培训】3月30日上午张镇邀请区档案局指导科的工作人员为全镇30个村(居)委会和机关专兼职档案员共计80余人进行档案业务知识专题培训。培训内容既包括《顺义区归档文件整理标准（试行）》等档案知识又包括理论知识与实际应用如何结合。

(档案局)

【2016年度档案移交工作会议】4月19日，顺义区档案局组织召开顺义区档案馆档案移交工作会议，区属机关、事业单位以及部分企业 31家单位的专、兼职档案员参加会议。会上，部署2016年度有关单位的档案移交工作，宣传顺义区档案馆《2016年档案移交接收工作计划》，解读《顺义档案馆档案接收鉴定标准》、《档案接收机读目录录入说明》，对档案接收的时间、范围质量标准提出明确要求，详细讲解档案数据库录入方法，并进行相关业务培训。

(档案局)

【顺义区机关单位档案测评工作培训会】4月27日上午，顺义区档案局召开2016年度顺义区机关单位档案测评工作培训会，6家申报测评单位的档案员参会。培训会介绍几年来顺义区此项工作情况；部署全区机关档案测评工作；宣传《北京市机关档案工作测评办法》；详细讲解《北京市区县机关档案工作测评细则》内容，从工作保障、基础业务、利用与服务、对下属单位的监督指导四个方面逐项进行分析解读。提出申报单位要按照《测评细则》的要求，逐项对照本单位档案工作情况进行检查，认真开展自查自评工作。

(档案局)

【“缅怀先烈，追思励志”主题活动】顺义档案馆爱国主义教育基地与顺义南彩学校联合举办的“缅怀先烈，追思励志”主题教育活动总结表彰会在南彩学校礼堂召开。此次先后在顺义区潮白陵园、顺义区档案馆爱国主义教育基地，档案馆馆藏陈列室开展，主要内容包括：新入团学生代表向烈士墓敬献花圈、档案馆教育基地的同志向学生讲述顺义革命史简史和顺义第一名共产党员李昆事迹、新团员入团宣誓、参观区档案馆馆藏陈列室和“潮白峰火”展览。

(档案局)

【2016年档案安全检查】为扎实有效地推进本区依法管理档案工作进程，确保档案实体和信息安全，区档案局对区委办、区法院、北务镇政府等20多个单位的

档案安全保管工作进行抽查。此次检查主要采取自查与抽查相结合的方式，立档单位根据档案“八防”要求开展自查；区档案局组织行政执法人员，采取查阅文件材料、现场检查的方式，对各立档单位的组织领导与制度落实情况、档案室的安全情况、档案保管保护设施设备配套情况、档案实体和档案信息及档案网络的安全情况进行抽查，并将检查结果在全区范围内予以通报。

(档案局)

【档案查询为住房补贴工作提供保障】5月，胜利街道办事处住房补贴办公室按照上级的文件精神，开展离退休和新老职工住房补贴工作。为协助此项工作的开展，胜利街道综合室档案员协同补贴办工作人员开展单位离退休和新老职工档案资料的查询工作，利用档案15人次，查询相关档案21卷，为住房补贴工作提供可靠和有力的保障。

(档案局)

【检查指导公安局档案管理工作】5月17日下午，顺义区档案局副局长赵小东一行3人到顺义公安分局检查指导档案工作，检查组一行首先听取分局工作人员关于档案管理情况的汇报，随后实地检查综合档案室的“八防”设施、各类档案摆放及档案台账情况，抽查文书档案、专业档案的收集、整理、归档、保管等工作开展情况，并就分局档案员就工作中遇到的问题进行解答。

(档案局)

【可移动文物成果摄影展在顺义区档案局举办】5月18日，由顺义区档案局、顺义区文化委联合举办的顺义区可移动文物成果摄影展在区档案馆开展。此次展览为期一个月，展出文物110件，包括石器、陶器、玉器、青铜器、瓷器、金器和钱币等。文物的年代可以从新石器时代追溯到清代。其中童子诵经壶，是1963年出土于顺义辽代无垢净光舍利塔地基之中，被定为宋代白瓷的标志器，现存于首都博物馆，曾经于1982年同首都博物馆的其他文物一同在美国展出。受场地和时间的限制，此次展览仅为实物照片展示。

(档案局)

【《党风廉政建设和反腐败工作巡展》】6月27日，为期1个月的《党风廉政建设和反腐败工作巡展》在顺义区档案馆开展。本次巡展是顺义区“知规明纪，挺纪法前”纪律教育年活动的一项重要安排。巡展分敢于担当、深化“三转”、挺纪在前、正风肃纪、着眼防控、教育引导六个版块，以图文并茂形式系统展现十八大以来，在市纪委和区委的领导下，本区在党风廉政建设和反腐败工作上取得的一系列成绩；巡展特设的“警示就在身边”板块包含顺义区近年来立案查处的12起典型违纪违法案件，旨在利用身边的违纪违法案例教育党员干部，以期达到以案施教、以案明纪、以案示警的目的。

(档案局)

【光明街道党史宣传月活动】在庆祝建党95周年和纪念红军长征胜利80周年之际，光明街道各社区开展多种形式的庆祝活动，“四部曲”唱响纪律教育主旋律。组织社区党员观看教育短片《长征精神》、参观爱国主义教育基地，重温党的光辉历程，牢记使命。裕龙五社区离退休干部党支部举办廉政书画展。金汉绿港党总支举办“忆党恩 颂党情 唱红歌“大赛。东兴一社区党总支开展“知党情 解党史颂党情”暨纪念建党95周年诗歌朗诵会。裕龙三区党总支联合在职党员集体回社区对接单位顺义区社工委特邀京顺医院医生共同开展“迎七一·送健康”健康义诊活动。裕龙四社区党总支部书记带领社区工作人员对社区七十岁以上老党员、老干部、困难党员进行走访慰问，送去节日的问候及慰问品。东兴二社区党支部工作人员对辖区内行动不便的离休老干部进行上门慰问。给他们送去节日的问候并把党的温暖和组织的关怀送到老同志的心里。幸福东区党总支“七一”走访暖人心“两学一做”送上门。

(档案局)

【“铭记历史·圆梦中华”主题教育活动】8月20日，顺义区档案馆爱国主义教育基地和光明街道东兴社区联合举办“铭记历史 圆梦中华”主题教育活动，50多名中小学生到档案馆，观看“旗帜·足迹”大型顺义革命史展览，聆听老党员讲述革命斗争史，了解在中国共产党的领导下，顺义人民在土地革命、抗日战争、解放战争取得的胜利。

(档案局)

【文物保护15年成果展】9月5日至9月15日，由北京市文物局主办的北京市文化遗产保护工作15周年成果展在顺义区档案馆一层展厅举行。本次巡展分别以“让文化遗产融入北京现代生活”、“世界遗产人文北京”、“古都风貌和谐宜居”、“‘三个文化带’建设”、“完成国家重大文物保护项目”、“重大考古项目”以及“文保志愿者”几大主题展示北京市的保护工作成果。参观人员达到3300余人次。

(档案局)

【胜利街道对社区兼职档案员进行专业培训】胜利街道邀请区档案局指导科为辖区内19个社区兼职档案员进行培训。指导科人员根据《北京市社区档案工作管理办法》讲解社区文件材料归档、社区档案的整理、鉴定移交及开发利用等方面的知识。并对文书档案、会计档案、声像档案、电子档案等的整理方法都进行详细说明。

(档案局)

政协北京市顺义区委员会

【概况】2016年共召开2次政协全体委员会议、4次常务委员会会议，组织常委、委员共进行8次工作视察，听取和讨论区委、区政府有关部门及“一府两院”的工作报告和情况通报，并通过座谈协商、提交提案、反映社情民意、进行专题调研、开展特约监督工作等多种形式就全区重点工作和人民群众关心关注的问题积极建言献策，全年共协调有关部门办理委员提案123件；向区委、区政府有关部门报送《协商意见》3期,有效履行政治协商、民主监督、参政议政的职能；向区委、区政府有关部门报送《关于加强政协协商民主建设，助推区域经济社会发展的研究》《关于提升顺义文化软实力，加强顺义公共文化服务体系建设的报告》《关于促进我区大众创业万众创新，激发经济活力的研究》《关于提高政协委员提案办理质量的研究》等专题调研报告，深入开展人民政协理论和推动区域经济社会发展的研究。充分发挥人民政协包容各界、联系广泛、人才聚集的独特优势，坚持围绕中心，服务大局，组织委员针对全区热点重点难点问题开展视察活动，形成多项富有建设性的意见建议；深入基层，体察民情，反映民意，积极开展义诊、慰问等多种形式的连民心、办实事、送温暖活动，为构建和谐顺义增添助力。协助区委筹备召开顺义区第四次政协工作会议，深入学习贯彻北京市第四次政协工作会议和有关文件精神，对进一步开创本区政协工作新局面进行部署。

单位名称：政协北京市顺义区委员会
地址：顺义区府前东街11号
电话：（010）69443831
邮编：101300
网址：http://www.zhengx.bjshy.gov.cn

（王俊）

【四届五次会议】1月4日至7日在顺义宾馆举行。审议区政协副主席闫志广代表常务委员会作的工作报告，书面审议常务委员会关于提案工作情况的报告；列席顺义区第四届人民代表大会第五次会议第一次全体会议，听取并讨论政府工作报告，讨论其他报告；召开区领导与部分政协委员座谈会，形成43项协商意见；区政协副主席刘静作提案审查报告；审议通过政治决议；补选周颖博为政协北京市顺义区第四届委员会主席，补选韩凤桐为政协北京市顺义区第四届委员会副主席，补选王俊忠、申荣文为政协北京市顺义区第四届委员会常务委员会委员。会议期间共收到委员提案123件，经提案委员会审查予以立案120件。民建中央副主席、北京市委主委，全国政协常委，北京市政协副主席王永庆，北京市政协副秘书长、人事联络室主任王荔茹，区委书记王刚，区委副书记、区人民政府代区长高朋，区人大常委会主任胡尚云参加开幕式。王刚在开幕式上讲话。区政协主席杨宝华主持开幕式并讲话。区委常委车克欣出席闭幕式并讲话。

（王俊）

【五届一次会议】12月18日至21日在顺义宾馆举行。听取并审议闫志广代表第四届区政协常委会作的工作报告，听取并审议刘静代表第四届区政协常委会作的关于提案工作情况的报告；列席顺义区第五届人民代表大会第一次会议，听取并讨论政府工作报告，讨论其他报告；召开区领导与部分政协委员座谈会，形成48项协商意见；副主席郭振江作提案审查报告；审议通过政治决议；选举产生政协北京市顺义区第五届委员会主席周颖博，副主席闫志广、单成刚、郭振江、刘静、金泰希、杨凤辉，秘书长张希德以及37名常务委员会委员。会议期间共收到委员提案170件，经提案委员会审查予以立案168件。北京市政协副主席唐晓青，中共顺义区委书记王刚，中共顺义区委副书记、顺义区人民政府区长、北京天竺综合保税区管理委员会主任高朋，顺义区人大常委会主任胡尚云参加开幕式。王刚在开幕式上讲话。周颖博主持开幕式并讲话。区委副书记于庆丰出席大会闭幕式并讲话。

（王俊）

【常务委员会第十八次会议】5月9日至11日召开。区政协主席周颖博率队到河北省威县就本区落实京津冀协同发展战略，调整优化产业结构工作进行专题调研。区政协一行先后对威县城乡规划馆、智慧威县、行政审批局、顺义产业园嘉寓门窗项目、德动新能源汽车、十里荷塘、西河口村新农村建设以及威旺蔬菜公司生产基地进行实地考察；围绕顺义区与威县充分发挥各自优势，共同落实好中央关于京津冀协同发展战略，加强互利合作，实现互利双赢这个主题，与威县有关领导和相关职能部门负责同志进行深入的座谈交流；举行顺义区向威县捐赠救护车仪式。

（王 俊）

【常务委员会第十九次会议（扩大）】8月5日召开。听取区发改委主任于长雷关于全区京津冀协调发展的情况通报。听取区委常委、区政府常务副区长于庆丰关于全区上半年经济社会发展情况和下半年工作安排的情况通报。区政协主席周颖博传达区委四届十二次全会有关精神，并强调两点意见：一是统一思想，凝聚共识，深入学习和准确把握区委全会精神；二是围绕中心，服务大局，为完成区委全会提出的各项目标任务献策出力。

（王 俊）

【常务委员会第二十次会议】9月28日召开。对“顺义区临空经济发展”进行专题研讨，观察空中客车集团和北京三帝打印科技有限公司，听取北京临空经济核心区工委副书记、管委会副主任胡杰关于本区航空中心核心区建设的情况通报。区政协主席周颖博与委员们交流三点认识：一是强调顺义发展临空经济意义重大；二是顺义临空经济升级发展途径清晰；三是政协委员要切实发挥优势，通过政协特色活动，提炼出更多具有前瞻性、战略性、可操作性的意见和策略。整理部分常委的发言，形成11项协商意见。

（王 俊）

【常务委员会第二十一次会议】12月23日召开。听取区纪委关于全区党风廉政建设的情况通报。会议决定于2016年12月18日至21日在顺义宾馆会议中心召开区政协五届一次会议。审议通过《政协北京市顺义区第五届委员会第一次会议议程（草案）》《委员建议名单》。讨论通过《主席团成员建议人选名单》《秘书长建议名单》《委员分组名单和召集人名单（草案）》《选举办法（草案）》《常务委员会工作报告》《提案工作情况的报告》，并提请区政协五届一次会议审议通过。审议通过关于区委提名姜会军任区政协办公室副主任的建议，决定姜会军任区政协办公室副主任。区政协主席周颖博讲话。

（王 俊）

【庆“三八”妇女节】3月4日，以女性创业和经济发展转型升级为主题，组织女政协委员考察国家互联网高新技术企业东方斯泰克信息技术研究院，并开展座谈研讨。区政协主席周颖博，副主席孙桂祥、刘静出席，区政协女委员、机关各室主任、女干部职工共40余人参加活动。区政协社会与法制委员会主任、专委会工作四室主任李树江主持活动。

（王 俊）

【顺义区第四次政协工作会议】5月20日，在顺义宾馆会议中心召开。会前印发《中共北京市顺义区委关于进一步加强政协协商民主建设的实施意见》。会议主要任务是，认真学习贯彻落实中央和北京市关于加强社会主义协商民主建设以及推进政协协商民主建设的一系列重要工作部署，总结顺义区第三次政协工作会议以来的工作，对新形势下加强人民政协协商民主建设、进一步开创本区政协工作新局面进行研究部署。区委书记王刚，区委副书记、区长高朋，区人大主任胡尚云，区政协主席周颖博以及区委、区人大、区政府、区政协的其他领导，区法院院长、区检察院检察长出席会议。全区各委、办、局、公司、中心、镇、街道办事处党政正职，区政协常委会组成人员、机关处级以上干部，区内各民主党派主要负责人参加会议。王刚和周颖博分别作重要讲话。6月20日至24日，区政协各委室分别组织召开3场界别活动小组召开座谈会，传达贯彻会议精神。

（王 俊）

【视察科技事业发展情况】5月27日，组织部分委员视察本区科技事业发展情况。委员们实地视察本区高科技代表企业北京市中卓时代消防装备科技有限公司，随后开展座谈研讨。区政协副主席韩凤桐，区政协副主席、区科委主任金泰希参加视察。区政协科教文卫体委员会主任、专委会工作二室主任刘峰主持座谈。

（王 俊）

【视察重点镇及新农村建设情况】6月30日，组织部分委员视察本区重点镇及新农村建设情况，视察赵全营镇尚峰一号小区、西水泉村和东水泉村，听取赵全营镇党委书记李在东所作的关于赵全营镇发展及新农村建设情况的报告，并开展座谈研讨。区政协副主席孙桂祥参加视察，赵全营镇党委书记李在东、镇长李志刚，党委副书记赵子林陪同视察活动。城建环保委主任、专委会工作五室主任高金龙主持座谈。

（王 俊）

【党组书记上党课】7月5日，区政协党组书记、主席周颖博结合机关党员学习教育实践，结合自身学习教育深刻感悟，面向区政协机关全体党员，讲一堂专题党课。他分别从“系统学习习总书记系列重要讲话，增强自信，提升能力”、“认真学习党章党规，严密组织纪律，加强党性修养”和“准确把握政协工作实际，努力推动全区政协事业新发展”三个方面，全面解析党员“为什么学”、“学什么”、“学到什么”以及“怎么做”等重点问题。

（王 俊）

【提案办理工作现场协商会】8月9日，联合区文化委、区委统战部、区卫计委、区旅游委等相关承办部门和区政府督查室，围绕文化领域提案召开提案办理工作现场协商会。区政协副主席闫志广出席会议，区政协提案委员会成员、提出相关提案的委员，区文化委主任马朝龙、副主任王辉，区委统战部、区卫计委、区旅游委和区政府督查室有关领导和同志参加会议。区政协提案委员会主任、专委会工作三室申荣文主持会议。会议旨在进一步了解全区文化事业发展情况，为承办单位和提案者搭建协商平台，促进提案建议采纳和落实，推动全区文化工作更好更快发展；发挥典型示范效应，推动今年提案办理工作扎实有效开展，不断提高办理工作的质量和水平。会上，马朝龙作题为“推动公共文化发展，满足群众文化需求”的顺义区文化事业发展情况报告。

（王俊）

【义诊】10月14日，组织医疗界政协委员和民主党派医疗界专家到龙湾屯镇开展义诊活动，为当地160余名群众提供检查、诊断、治疗和咨询等面对面的专家服务。区政协副主席韩凤桐出席，区卫计委、龙湾屯镇相关领导参加。

（王俊）

【视察民族教育发展情况】10月25日，组织部分委员视察本区民族教育发展情况，视察杨镇一中新疆班办学情况，深入了解本区民族教育发展情况，了解学生学习生活情况，听取杨镇一中办学情况汇报，并就本区民族教育事业发展召开座谈会。区政协副主席韩凤桐、刘静出席，杨镇一中校长张春德、副书记白文亮参加。区政协民族宗教委员会主任、专委会工作六室主任王海荣主持座谈会。

（王俊）

【视察河道治理情况】11月1日，组织部分政协委员视察本区河道治理情况。视察赵全营镇白浪河和后沙峪镇龙道河治理情况，并听取相关负责人的现场介绍，随后进行座谈研讨。区政协副主席孙桂祥出席，水务局副局长张春生陪同视察，区政协城建环保委主任、专委会工作五室高金龙主持座谈。

（王俊）

【视察金融服务业发展情况】11月8日，组织部分委员视察本区金融服务业发展情况，视察中航（北京）融资租赁有限公司、民生银行顺义总部基地，并座谈交流。区政协副主席孙桂祥出席，区金融办主任周继武参加视察。

（王俊）

北京天竺综合保税区

【概况】北京天竺综合保税区（Beijing Tianzhu Free Trade Zone，以下简称“天竺综保区”）于2008年7月23日由国务院批复设立。2009年7月28日，一期通过海关总署等国家十部委联合验收，正式封关运营。天竺综保区是全国首家空港型综合保税区，是北京市三个国家级经济功能区之一。天竺综保区总规划面积为5.944平方公里，依照功能划分为两大功能区：一是口岸操作区，即内围网以南，机场以北区域；二是保税功能区，由三个区组成，一区为机场北线以东、内围网以北区域，二区为机场北线以西区域，三区为南区。天竺综保区是以海关为主实施封闭监管的特定区域，集保税和口岸功能于一身，鼓励开展物流、贸易、加工、研发、维修、展示、金融等业务，主要优惠政策包括：国外货物入区免税、保税，国内货物入区退税，区内企业外汇账户不实行限额管理等。依托区港一体化（保税功能区与首都机场口岸无缝对接）设计布局以及海关“分送集报”、商检“集中报检、分批出区”等创新监管模式，通关效率在全国首屈一指，普通货物平均通关时间为至2至6小时，特殊商品最快只需30分钟。北京市委、市政府将天竺综保区定位为：完善北京中国特色世界城市功能、提升“四个服务”水平的重要战略性基础设施，扩大对外开放、提升外向型经济发展水平的重要平台，北京融入全球经济一体化的崭新窗口。

单位名称：北京天竺综合保税区管理委员会
地址：北京市顺义区金航中路1号院2号楼
电话：（010）69478686
邮编：101300
网址：http://www.bjftz.gov.cn/

（天竺综保区）

【经济指标】2016年，园区工商注册企业实现营业收入199.4亿元，增长12.3%；利润总额27亿元，增长24.3%；完成属地税收8.7亿元，增长23.7%；保税功能区实现进出口总值52亿美元，增长4.1%；企业资产总计455.1亿元，增长23.6%；从业人员2.3万人，下降2.7%。

（天竺综保区）

【招商引资】年内，新批复入区项目40个，注册资本总额5.43亿元，计划投资总额38.54亿元，形成特色产业和新兴产业集聚态势。新兴特色产业引进取得明显成效。文化产业方面，引进包括2家外商独资演出经纪公司（北京已千文化传播有限公司、龙之传奇娱乐有限公司）在内的文化企业10余家，园区涉及文化艺术品展览展示、修复鉴定等新兴业态的文化类企业达到40家。航空产业方面，引进北京通航法荷航飞机航线维修等项目8个，农银租赁公司采取经营性租赁方式通过天竺综保区引进2架波音737-800飞机并交付国航使用，园区涉及航材贸易、航空维修、飞机租赁等业态的航空类企业达到23家。医药产业方面，引进国药集团医药物流北京有限公司等重点企业7家，园区涉及研发、制造、贸易、仓储等相关业态的医药企业达到14家，药品进出口值占北京市口岸药品进出口值的90%以上。跨境电商方面，物美等6家跨境电商企业顺利进驻，北京天竺综保区进口商品直营中心和林德帕西姆北京天竺综保区进口商品直营中心即将开业，园区跨境电商类企业达到12家，荣获“中国（北京）跨境电子商务产业园”称号。

（天竺综保区）

【规划建设】2016年，重点建设项目12个，总规划面积79.6万平方米，总投资46.9亿元。国检整车口岸检测线及食药局用房项目已进行立项。国检公共检测实验中心项目进行到用地规划性质调整阶段。综保区新11万站项目完成选址沟通、协调工作。完成SMC三期、歌华网内1号地、中外运项目3宗闲置土地调查处置与利用督察。

（天竺综保区）

【全面深化改革】围绕“项目落地”和“体制机制创新”两条主线，突出抓好文化贸易、医药贸易、航空服务、跨境电商等产业领域的改革创新，重点推进“第一、首家、首例”等重点项目和新型贸易业态落地，着重培育一批处在初创期且成长性较好的中小微企业。目前，天竺综保区承担的15项改革任务实施率已达80%，完成率达到53%。在项目落地方面，全年新引进项目中金融、贸易、研发等服务业类企业占比达到90%以上，园区实际利用外资中服务业所占比重增长较快，国内首家外商控股的飞机维修公司、本市首例外商独资演出经纪机构、国内首个文化资产融资租赁业务等相继落地。在体制机制创新方面，推动北京海关在去年底出台针对天竺综保区的《北京海关支持文化贸易发展便利化监管办法》；积极向市商务委及海关争取天竺综保区开展跨境电商保税备货业务；以飞机租赁业务为契机，向外汇部门争取出租人收取外币租金政策的突破；向国税、财政等部门提出参照执行部分海关特殊监管区域增值税一般纳税人试点问题；天竺综保区基本形成部分可复制、可推广的改革经验，为北京市服务业扩大开放做出较好的示范。深入推进“两区”融合发展。印发实施天竺综保区与临空经济核心区“两区”融合创新发展重点任务推进方案。

（天竺综保区）

【中组部第十六批援藏博士团到天竺综保区调研】2月15日,中组部第十六批援藏博士团一行8人在团长包全永、副团长张廷军带领下到天竺综保区调研。天竺综保区管委会副主任庄杰主持座谈会并介绍综保区建设发展情况。博士团一行实地参观国家对外文化贸易基地（北京）、北京天竺综合保税区德国商品保税展示店、北京天竺综合保税区大洋洲进口商品保税展示店并听取相关负责人介绍。

（天竺综保区）

【2016年园区安全生产大会】3月18日，2016年园区安全生产大会召开。国际快件、仓储物流、保税加工贸易等130家园区企业安全生产负责人参加会议，顺义区安监局、机场海关、首都机场出入境检验检疫局、天竺海关、国检局天竺办、市食品药品监督管理局机场及保税区分局、顺义区消防支队等9家监管单位负责同志出席。会议对10家先进单位和20名先进个人进行表彰。天竺综保区微型消防站宣布成立，并对4家以园区物业公司为主体的消防站进行授牌。区安监局副局长李妍对天竺综保区安全生产工作的开展情况给予肯定，并提出三点建议：一是继续保持对安全生产工作的高度重视，明确各方责任，建立健全各单位安全生产责任制。二是主动更新安全生产相关知识，提高安全生产工作能力，适应新修订颁布的安全生产法律法规。三是落实企业主体责任，统一思想，服从天竺综保区管委会安全生产的统一要求。最后，吴耀新同志对各企业各部门提出三点要求：一是要切实提高对园区安全生产重要性、艰巨性、复杂性的认识。二是要针对现有的重点隐患和薄弱环节，采取更加有效的安全生产管理措施，提高工作效率，加大整改力度，杜绝生产安全事故。三是要园区各企业负责人切实承担起本单位的安全生产制度体系制订和落实的领导职责，扎实推进安全生产主体责任落实。

（天竺综保区）

【书法、摄影培训班】天竺综保区管委会机关工会举办的书法、摄影培训班于4月8日正式开班，顺义区文联副主席吕顺和，燕山文化协会副会长古风、秘书长赵润堂出席开班仪式。本次培训班为期6个月，依托顺义区燕山文化协会资源，由中国摄影家协会会员、北京摄影家协会理事、顺义区摄影家协会主席李宗印，中国书法家协会会员、顺义区书法家协会副主席张艳军两位老师主讲，综保区机关共有40余名书法摄影爱好者参加培训。本次培训为综保区机关干部职工书法、摄影搭建交流平台。

（天竺综保区）

【北京综合保税区开发管理有限公司举行揭牌仪式】5月9日上午，北京综合保税区开发管理有限公司举行揭牌仪式，天竺综保区管委会及顺义区各相关委办局领导、入区企业嘉宾代表参加此次活动。北京综合保税区开发管理有限公司前身是北京综合保税区开发管理中心，是天竺综保区最主要的开发运营主体。2015年7月，开发管理中心经区委、区政府同意，在管委会的领导下和区国资委的指导下，着手开始进行公司化改制，并于2016年4月完成全部改制工作，正式组建北京综合保税区开发管理有限公司。旨在更好地发挥开发管理中心作为园区开发运营主体的促进作用，进一步提高国有资产运营效率，为天竺综保区“十三五”时期的转型发展继续做好载体支撑。

（天竺综保区）

【北京市服务业扩大开放综合试点工作领导小组办公室第九次会议】6月17日，北京市服务业扩大开放综合试点工作领导小组办公室第九次会议在北京天竺综合保税区召开。区委副书记、区长、天竺综保区管委会主任高朋汇报本区创建工作有关情况。试点以来顺义区在航空服务、金融服务、智能新能源汽车、科学技术、文化贸易、国际商务和旅游服务、地理信息七大领域取得初步成效，体制机制改革创新也取得进展。程红同志充分肯定顺义区启动创建北京市服务业扩大开放综合试点示范区以来所做的工作及取得的成绩，并对下一步示范区建设提出具体要求：一是要把握先机，充分发挥首都机场、天竺综合保区的平台和政策优势以及航空、汽车等区域产业优势，深入开展保税、服务贸易等领域的政策研究，统筹好保税区功能应用、示范区建设，切实将优势转化为示范区的建设成果。二是要聚焦重点，寻求突破。要突出优势，注重在跨境电商、文化贸易、金融、航空服务、汽车服务、生物医药六个领域有所突破。三是要完善机制、共同推进。在体制机制上有所创新，加强统筹、加强调度，狠抓各项建设任务的落实，将建设成果上升为全市服务业对外开放试点成果，在全市进行推广。

（天竺综保区）

【北京市服务业扩大开放综合试点示范区发布推介活动】7月22日，北京市商务委主任闫立刚、顺义区及天竺综保区领导王刚、高朋、林向阳、李向英、李燕凌、张爱冬出席活动。市商务委主任闫立刚在会上讲话，指出要充分发挥天竺综保区的外向型经济发展优势，提升服务业发展的带动力。区委副书记、区长、天竺综保区管委会主任高朋指出顺义区将立足全区，紧紧围绕北京天竺综合保税区力争早出成果，形成市场示范，为首都服务业扩大开放探索新途径、积累新经验。天竺综保区管委会副主任李燕凌就创建北京市服务业扩大开放综合试点示范区的功能平台作交流发言。活动中，中国航空器材进出口有限责任公司航材共享项目、北京珠宝玉石交易中心项目、新西兰HUHU STUDIOS和美国THE THIRD FLOOR等重点项目进行现场签约。来自市、区服务业扩大开放工作领导小组89家成员单位负责同志，驻京使领馆、侨资企业、跨国公司地区总部企业等300余家企业及机构代表参加此次活动。

（天竺综保区）

【市政府第五督查组到天竺综保区督察调研】9月12日，市政府第五督查组到天竺综保区进行现场督察调研。副市长程红及市政府第五督查组全体成员，区领导王刚、高朋、林向阳、于庆丰、李向英、李燕凌参加。市政府第五督查组一行首先来到国家对外文化贸易基地，实地考察文化贸易基地建设情况；随后到天竺综保区管委会，查看沙盘，听取林向阳关于天竺综保区发展整体情况介绍。会上，市政府第五督查组一行听取关情况汇报。程红对顺义经济社会发展及重点督查任务完成情况给予充分肯定。她指出，顺义区重点工作进展和指标完成情况符合预期的进度安排，很多重要指标走在全市前列。顺义区在承接功能转移的同时，对人口数量控制得很好；在优化产业结构、构建高精尖技术方面采取新的举措；在环境改善、民生改善方面做大量有效工作。就如何做好下一步工作，顺义区要充分认识做好此次督查工作的重要性，认真落实好主体责任，确保圆满完成今年目标任务；要坚持问题导向，重点突破，加快推进，尽全力解决好难点问题，确保各项指标任务继续高于全市平均水平。市相关委办局要加强对区县的服务协调，认真研究解决顺义区提出的问题，为顺义区发展创造良好环境。区委书记王刚表示，顺义区将认真落实好全市决策部署，下大力解决难点问题，加快完成各项重点任务，为全市经济社会发展做出贡献。今年以来，顺义区坚持稳中求进工作总基调，加快疏功能、转方式、治环境、补短板、促协同，全区经济社会始终保持平稳健康发展的良好态势。

（天竺综保区）

【新西兰议长商务代表团考察国家对外文化贸易基地（北京）】10月25日，新西兰议会议长戴维·卡特率领由新西兰驻华大使、新西兰政府重要官员和新西兰实体企业高管组成的商务代表团考察国家对外文化贸易基地（北京）。全国人大常委会农业和农村工作委员会副主任江帆和人大常委会办公厅外事局、公安部八局等相关领导全程陪同。天竺综保区管委会副主任李燕凌代表管委会致辞，歌华集团总经理李丹阳介绍国家对外文化贸易基地（北京）基本情况，新西兰动画公司HUHU Studios总裁Trevor Yaxley汇报公司在基地的发展情况，并专门邀请代表团成员参观建设中的HUHU studio中国工作室。此次商务代表团的访问，旨在加强新西兰企业对天竺综保区的了解，促进国家对外文化贸易基地（北京）的快速发展。

（天竺综保区）

【首都产业金融中心环境推介暨项目签约仪式举行】10月27日，北京市金融局副局长郝硕博，顺义区委副书记、区长、北京天竺综合保税区管委会党组书记、主任高朋，区委常委、副区长霍光峰，北京天竺综合保税区管委会副主任李燕凌出席。活动上，李燕凌代表天竺综保区管委会与农银金融租赁有限公司签署项目合作协议，拟在天竺综保区设立2家SPV公司开展2架波音737-800飞机租赁业务，租赁金额达9600万美元。

（天竺综保区）

【第五次人大代表换届选举工作】11月15日，天竺综保区管委会组织辖区20家行政、企事业单位共计619人参加顺义区第五次人大代表换届选举第71选区的投票工作，选民参选率100%。北京百迈客生物科技有限公司云科技事业部总经理张增金、北京航空食品有限公司财务总经理夏红，正式当选区人大代表。从9月份全面开展换届选举工作以来，天竺综保区管委会开展大量细致的工作。一是领导重视，精心部署，成立选举工作小组，明确每一阶段任务和每名工作人员具体分工。二是发动企业，做好登记。组织辖区企业及监管单位召开部署会，做好选举动员，部署选民登记工作。三是做足准备，规范选举。召开选举工作部署会，细化投票程序，根据选民分布，设立4个投票点组织投票选举,并做好选举工作人员的培训工作，明确各环节分工。

（天竺综保区）

【北京国际设计贸易交易会】北京国际设计贸易交易会在天竺综保区文化保税园正式拉开帷幕。管委会领导林向阳、庄杰、李燕凌、吴耀新出席开幕日企业接见活动，并参观中韩三泰、文贸通HIGHLIGHT、菲利克斯猫动漫等主题展馆。活动前，管委会副主任李燕凌与亚马逊中国高级副总裁李岩川就在天竺综保区投资发展进行座谈交流。本届交易会紧抓北京市服务业扩大开放综合试点契机，依托天竺综保区文化保税园的物理空间和政策扶持，集聚一批国际化、高规格的设计品牌和企业，充分发挥创意资源优势和产业协同效应，组织一系列文化保税展示、企业商贸合作与交流推介活动。通过交易会多方位拓展设计贸易渠道，促进国内外企业的长期贸易往来，带动国内文化企业参与国际市场的定向合作。

（天竺综保区）

【北京跨境电商产业政策发布会】北京跨境电商产业政策发布会在天竺综保区召开。本次发布会由北京市商务委、北京海关、北京国检局、北京市国税局等北京市推进跨境电子商务发展工作小组相关成员单位联合举办，首次集中发布跨境电商发展的相关政策。来自市推进跨境电子商务发展工作小组成员单位、各区商务委、重点跨境电商企业的百余名代表参会。会上，天竺综保区管委会就立足资源优势，发挥平台作用，发展跨境电商产业作推介发言，并与广德盛源（北京）信息技术有限公司、北京供销电子商务有限公司等跨境电商企业签署战略合作协议。同时，天竺综保区与马坊物流基地、北京EMS等6家单位获得本市首批培育“中国（北京）跨境电子商务产业园”授牌。下一步，天竺综保区跨境电子商务产业园将以“前店后库”、“一园四平台”模式建设布局园区跨境电子商务产业，即：依托天竺综保区以跨境电子商务产业园为核心，建设以跨境直购体验广场暨进口商品直营中心为重点打造跨境商品展销平台，以首都机场快件中心为重点打造跨境商品直邮平台，以保税备货监管库为重点打造跨境保税备货平台，以冷链生鲜公共查验库为重点打造跨境冷链生鲜平台，逐步培育完善跨境电子商务生态圈。目前，天竺综保区跨境电商产业园入区签约企业已达30家，计划“十三五”期间共吸引电商相关企业100家，进一步提高园区的知名度和影响力。

（天竺综保区）

【天竺综保区管委会参加第十九届科博会】采取展示宣传与现场对接的方式参与招商交流。1.参与完成顺义区主题展区参展工作，宣传展示天竺综保区投资环境和功能政策。2.选派招商工作人员前往现场，与参展参会企业进行对接洽谈。3.对接洽企业进行分类储备，跟进后续洽商工作。

（天竺综保区）

【天竺综保区微信平台上线试运行】该微信平台分为“关于综保区”、“园区服务”和“园区新闻”三大部分。通过该平台用户可以全方位了解天竺综保区的工作动态、区域概况、功能政策等信息,成为天竺综保区管委会对外宣传展示的窗口和服务园区企业的高效便捷平台。

（天竺综保区）

【天竺综保区2016版沙盘制作完成投入试用】新版沙盘整体突出功能性，充分展现围网分区功能,着重体现主卡口，国航、三区、快件以及区港联动五大卡口。突出区位优势，着重展现顺平路、机场北线、京密路、六环以及机场T1、T2、T3的地理优势。采用合理比例，利用不同的灯光加以展示紧凑性和美观性。

（天竺综保区）

【香港跨境电子商务协会25家会员企业负责人来访】综保区管委会领导向来访企业家介绍天竺综保区的空间规划、功能布局、产业发展等情况，重点介绍跨境电商方面的政策环境、入区方式及发展前景。协会负责人表示，通过此次考察对天竺综保区在发展跨境电商方面的优势有较为深入的了解，将鼓励会员企业入区经营。

（天竺综保区）

纪检·监察

【概况】年内，区纪检监察机关牢固树立“四个意识”，自觉同以习近平同志为核心的党中央保持高度一致，认真贯彻党的十八届六中全会精神，按照十八届中央纪委六次全会、市纪委十一届五次全会及区委工作部署，严明党的政治纪律和政治规矩，不断加大监督检查力度，全面加强党的纪律建设；严格落实问责机制，开列领导班子及成员责任清单，督促履行“一岗双责”，推动各级党组织落实主体责任；严肃纠正“四风”，加强监督检查，坚决落实中央八项规定精神；坚持从严监督执纪，注重将监督执纪“四种形态”运用到线索处置、初步核实、立案审查、执纪审理等各个环节，推动实现“不敢腐”的态势；注重源头治理和风险防控，加强对权力运行的制约和监督，不断完善“不能腐”的制度；突出党员干部的纪律教育，以“知规明纪·挺纪法前”为主题，开展纪律教育年活动，不断构筑“不想腐”的堤坝；加强自身建设，扎实推进“两学一做”学习教育，不断加强和提升纪检监察干部队伍理论建设和能力水平，始终深入推进全面从严治党各项工作任务。

单位名称：中共北京市顺义区纪律检查委员会
北京市顺义区监察局
地址：顺义区府前中街1号
电话：（010）69441938
邮编：101300
网址：http://www.jiancha.bjshy.gov.cn

（纪检 监察）

【绿港清风廉政网全新改版运行】1月，“绿港清风廉政网”改版上线运行。网站共设置机构介绍、通知公告、图片新闻、工作之窗、互动交流、监督举报、曝光台等8个版面，并增设信息报送自动统计数量和排名系统。

（纪检 监察）

【2015年全区党风廉政建设责任制落实情况检查】1月19日，区委书记王刚，区委副书记、区长高朋等领导带队检查全区各委办局、镇街以及企事业等140余家单位党风廉政建设责任制落实情况。

（纪检 监察）

【全区纪检监察系统信访举报工作培训班举办】1月25日，市纪委信访室副主任、受理处处长孙铁江，以“切实围绕‘三转一聚’，扎实做好信访举报工作”为题，就信访举报工作进行专题讲座。区纪委领导班子及全体机关干部，区属各单位纪委书记、监察科长等300余人参加培训。

（纪检 监察）

【“清风顺义”微信公众号正式上线运行】1月，顺义区纪委微信公众号“清风顺义”正式上线运行，设置“廉洁顺义”“要闻要论”“学思践悟”“廉政测试”等栏目。

（纪检 监察）

【区纪委四届六次全会召开】2月22日，中国共产党北京市顺义区第四届纪律检查委员会第六次全体会议召开。会议由区委常委、区纪委书记肖韵竹主持。会上，传达学习十八届中央纪委六次全会、十一届市纪委五次全会精神。市纪委常委张才雄、区委书记王刚出席会议并讲话。肖韵竹代表区纪委常委会作题为《全面加强纪律建设 忠诚履行职责使命》的工作报告。区委常委、区人大主任、区政协主席及其他区级领导，区纪委委员，二级单位党组织主要负责人和全区纪检监察干部350余人参加会议。

（纪检 监察）

【孙铁江实地考察本区信访举报目标管理工作】3月，市纪委信访室副主任孙铁江对本区信访举报目标管理工作进行实地考察。考察组对本区信访监督、直查快办及案件初核等重点工作开展情况及相关档案资料进行审核。

（纪检 监察）

【反腐倡廉宣传教育工作联席会议召开】3月18日，本区召开2016年度顺义区反腐倡廉宣传教育工作联席会议。会上总结2015年反腐倡廉宣传教育工作情况，下发《2016年反腐倡廉宣传教育工作任务分解方案》，区委组织部、区委宣传部、区政法委等21家成员单位主管纪检监察工作副职领导出席会议。

（纪检 监察）

【顺义区党风廉政建设和反腐败工作巡展活动启动】4月8日，顺义区党风廉政建设和反腐败工作巡展在焦庄户地道战遗址纪念馆启动。巡展共设“敢于担当、深化‘三转’、挺纪在前、正风肃纪、着眼防控、教育引导”六个版块，并在顺义区档案馆、鲜花港、汉石桥湿地公园等公共文化活动场所进行全年巡展。

（纪检 监察）

【纪律审查工作推进会召开】6月6日，执纪审查和信访工作推进会召开。会议总结2015年执纪审查和信访举报工作，部署2016年执纪审查工作和信访举报主要任务；通报2015和2016年度顺义区纪检监察机关纪律审查工作情况。全区纪检监察干部参加会议。

（纪检 监察）

【《准则》和《条例》专题学习】6月7日，区纪委邀请中央纪委法规室副主任谭焕民为区委理论学习中心组第十一次学习进行集中授课。培训针对《中国共产党廉洁自律准则》、《中国共产党纪律处分条例》做专题讲解。区四套班子、综保区班子、各单位党政正职、区纪委机关全体干部共260余人参加学习。

（纪检 监察）

【基层纪委书记换届工作谈话会召开】6月24日，区纪委组织召开基层纪委书记换届工作谈话会，会议部署顺义区换届风气监督事项及相关工作，并听取换届工作中部分镇重点信访举报件办理进展情况。区委常委、区纪委书记肖韵竹、19个镇（地区）纪委书记参加会议。

（纪检 监察）

【“绿港清风·克己奉公”主题演讲比赛总决赛】6月30日，顺义区开展“绿港清风·克己奉公”主题演讲比赛总决赛，来自机关工委、政法委、农委、国资委、教委、卫计委、社会工委等14名选手参加比赛。

（纪检 监察）

【党风廉政建设党委主体责任专题培训班举办】7月15日、7月22日，顺义区举办党风廉政建设党委主体责任专题培训班。中共中央党校党史部教授、中国现代政党史教研室主任、博士生导师张太原，中央文献研究室室务委员、第六编研部主任陈理同志，分别以《严明党的纪律和规矩》，以《党委会工作方法》、《严明党的纪律和规矩》为题进行专题授课。全区各单位党委、党工委、党组书记150余人参加培训。

（纪检 监察）

【集中约谈2015年党风廉政建设责任制考核排名靠后单位】7月，区纪委组织召开2016年落实党风廉政建设责任制暨2015年检查整改情况汇报会。会上，北务镇、李遂镇、张镇、后沙峪镇、牛栏山镇党委书记汇报2016年落实党风廉政建设责任工作情况及2015年检查整改情况。

（纪检 监察）

【高朋区长就“消隐、拆违、打非”进行在线访谈】7月29日，区委副书记、区长高朋做客北京市政风行风热线直播间栏目，就“消隐、拆违、打非”话题接受在线访谈，与广大网友在线交流。

（纪检 监察）

【推进派驻机构改革工作协调会召开】7月29日，本区召开推进派驻机构改革工作协调会。会议介绍《关于加强顺义区纪委派驻机构建设的实施意见》，就推进派驻工作进行研究讨论。区委常委、区纪委书记肖韵竹同志主持会议并讲话。区委办、区委组织部、区编办、区人力社保局、区财政局等单位主管领导参加会议。

（纪检 监察）

【区委常委、区纪委书记肖韵竹讲党课】8月1日，区委常委、区纪委书记肖韵竹以“强化‘四种意识’，做“忠诚、干净、担当”的纪检监察干部为题，”为全区纪检监察干部作“两学一做”学习教育专题党课辅导报告。

（纪检 监察）

【述责述廉暨主体责任推进会召开】8月18日，顺义区2016年处级单位党政“一把手”向区纪委全委会述责述廉暨主体责任推进会召开。会上，仁和镇、龙湾屯镇、大孙各庄镇、区国土资源分局、区水务局、区城管执法监察局等6名二级班子党政正职向区纪委全委会述责述廉并接受区纪委委员、党风监督员、政府特约监察员质询。会议由区委常委、区纪委书记肖韵竹主持。区委副书记车克欣，区委常委、区宣传部部长霍光峰出席会议，并对述责述廉情况作点评。区委书记王刚出席会议并讲话。

（纪检 监察）

【“知规明纪”党纪条规知识竞赛】8月，顺义区在全区党员干部中开展“知规明纪”党纪条规知识竞赛，全区140余家单位的26000多名党员、干部参与答题。

（纪检 监察）

【新任职领导干部廉政谈话会】9月1日，本区新任职领导干部廉政谈话会议召开，对48名新任职的领导干部进行集体廉政谈话。

（纪检 监察）

【全区各镇纪委书记专题工作会召开】9月5日，区纪委组织召开全区各镇纪委书记专题工作会。会议总结上半年纪检监察工作，部署下一阶段工作。

（纪检 监察）

【参加商业企业整合重组筹备会】10月9日，顺义区商业企业整合重组筹备组干部任职宣布会议召开。区纪委从提高认识、顾全工作大局，严守纪律、落实工作要求，廉洁自律、加强自我约束等三个方面，就整合重组期间的工作纪律提出明确要求。

（纪检 监察）

【区、镇人大换届选举工作推进会】10月18日，顺义区、镇人大换届选举工作推进会召开。会议由区人大常委会副主任赵贵恒主持。区纪委强调换届选举纪律。区委常委、区组织部部长禹学垠，区人大常委会副主任吴建国参加会议并讲话。

（纪检 监察）

【肖韵竹调研区属国有企业党风廉政建设】10月18日，区委常委、区纪委书记肖韵竹到北京顺义建设投资服务有限公司调研企业党风廉政建设工作情况。公司党委书记、董事长刘福海及班子成员参加调研座谈会。

（纪检 监察）

【区纪委召开常委（扩大）会传达党的十八届六中全会精神】11月2日，区纪委召开常委（扩大）会，传达学习党的十八届六中全会公报，并专题听取区纪委副书记、区纪委常委工作汇报。区委常委、区纪委书记张良主持会议并讲话。区纪委各部室主任参加会议。

（纪检 监察）

【区纪委、区委宣传部研究党风廉政建设宣传工作】11月，区纪委、区委宣传部召开专项研究部署会，落实区委常委会关于加强党风廉政建设宣传工作的会议精神以及区委书记王刚指示要求，区委常委、区纪委书记张良，区委常委、区宣传部部长贺亚兰出席会议并讲话。

（纪检 监察）

【首届“廉洁小卫士”书画作品评选活动】11月3日，顺义区举办首届“廉洁小卫士”书画作品表彰会，标志着由区纪委、区教委、区文联联合举办为期两个月的书画征集评选活动落下帷幕。此次活动共收到来自全区小学校、幼儿园在校生以“传承中华传统，共筑廉洁文化”为主题的书法、绘画作品173幅，其中获奖作品79幅。

（纪检 监察）

【区委常委、区纪委书记张良到龙湾屯镇调研】11月3日，区委常委、区纪委书记张良到龙湾屯镇调研党风廉政建设工作情况，并听取人大换届选举监督检查工作开展情况，实地了解焦庄户村情村史、廉政文化建设情况。

（纪检 监察）

【2016年党风廉政建设责任制检查考核工作启动】11月9日，顺义区2016年党风廉政建设责任制检查考核工作部署会召开。区纪委班子成员、各镇（街）纪（工）委书记、参加责任制检查考核的有关单位主管副职共70余人参加会议。

（纪检 监察）

【张良、贺亚兰到顺义区广电中心调研】11月15日，区委常委、区纪委书记张良和区委常委、区宣传部部长贺亚兰带队到区广电中心调研，参观顺义人民广播电台、顺义电视台机房和直播间，走访《顺义时讯》报社及电视台新媒体部。调研组与广电中心班子成员、相关部门负责同志参加座谈会。

（纪检 监察）

【党代会纪委工作报告征求意见座谈会召开】11月，区纪委组织区政协、法院、纪委等部门退休老干部，由区纪委机关调整到其他岗位的领导干部，以及交流到乡镇、委办局、国有企业的纪检监察领导干部，召开座谈会，征求各方代表对区党代会纪委工作报告意见建议。区委常委、区纪委书记张良主持会议。区纪委班子成员参加。

（纪检 监察）

【区纪委四届七次全会召开】11月24日，中共北京市顺义区第四届纪律检查委员会第七次全体会议召开。会议由区纪委副书记、区监察局局长李衍主持，区委常委、区纪委书记张良出席会议并讲话，第四届区纪委委员参加会议。

（纪检 监察）

【区纪委五届一次全会召开】12月15日，中国共产党北京市顺义区第五次代表大会选举产生中国共产党北京市顺义区第五届纪律检查委员会委员29名。委员分别是（按姓氏笔画）：马青杰、王卿、王文荣、王宝成、王海涛、刘斌、刘新、刘爱军、闫岩、芦超、李兵、李衍、李健、李子腾、李月波、李兴国、李红良、杨志明、邱兆锐、张良、张洁、张宝来、张建国、张瑞英、范士永、赵前程、赵海波、聂秀梅、戴昌明。同日，中共北京市顺义区第五届纪律检查委员会召开第一次全体会议，会议选举产生第五届区纪委书记、副书记和区纪委常委。张良同志当选五届区纪委书记；李衍、王文荣、邱兆锐当选区纪委副书记；王卿、芦超、赵前程、张瑞英、王海涛当选纪委委员。

（纪检 监察）

民主党派

【概况】民主党派在国家政权中是参政党，在中国共产党的领导下，参加国家政权，参与国家大政方针和国家领导人选的协商，参与国家事务的管理，参与国家方针、政策、法律、法规的制定执行。它们是接受中国共产党领导的，同中共通力合作、共同致力于社会主义事业的亲密友党。顺义区共有民主党派七个，人数360人。全区民主党派成员团结一致，积极为区域发展建言献策。

单位名称：顺义区委统战部
地址：顺义区府前东街11号
电话：（010）69443996
邮编：101300

（区委统战部）

【民盟顺义支部开展送春联活动】1月28日，民盟顺义支部的书法家、画家到顺义区北小营镇后礼务村开展送春联活动。

（区委统战部）

【农工党顺义支部举办第三届京顺中医文化节】5月1日–7日，第三届京顺中医文化节在北京京顺医院京顺中医堂盛大开幕。此次活动由中国农工民主党顺义总支部与中国中医科学院东直门总支部联合举办，北京京顺医院承办。

（区委统战部）

【民建顺义支部成立民建书屋】5月16日，民建顺义支部在张镇后王会村、龙湾屯山里辛庄村等成立民建书屋两个，共投入约20万元。

（区委统战部）

【民革顺义区总支开展禁毒日宣传活动】6月21日，民革顺义区总支部联合北京市强制隔离戒毒所，举办以“共同携手，共同关注，参与禁毒”为主题的“6.26”国际禁毒日宣传活动。民革北京市委、北京市禁毒办、区委统战部等相关单位领导和民革顺义区总支部分党员出席活动。

（区委统战部）

【民革顺义区总支举办干部培训班】7月16日–17日，民革顺义区总支部在顺义区顺鑫培训中心举办骨干和后备干部培训学习班，民革市委主委傅惠民、常务副主委于雪鹰，顺义区委统战部常务副部长王振林，民革顺义区总支部张涌森主委等领导出席开班式。学习班由总支部副主委张启惠主持，来自民革顺义区总支部的20余名骨干和后备干部参加培训学习。

（区委统战部）

【民革顺义区总支举办建党95周年文艺汇演】7月19日，民革顺义总支部与顺义区空港街道办事处联合举办“我的中国梦，魅力新空港”暨庆祝建党95周年文艺汇演。民革市委常桂云处长，顺义区委、委政府，顺义区各镇（街道）和社区居民群众代表观看演出。

（区委统战部）

【民革顺义区总支与民革中央直属四支部开展联谊活动】10月11日，民革中央直属四支部在主委梁光玉率领下，前往北京市顺义区与民革顺义区总支部举行联谊活动，就如何更好开展民革支部建设，促进民革事业发展等广泛议题进行交流研讨。民革中央直属四支部党员对民革顺义区总支部长期以来深耕基层，联系基层、服务基层，表示充分的肯定。并指出民革中央直属四支部作为民革中央直属支部，拥有大量从事理念研究宣传的优秀党员，四支部愿意将自身的优势与顺义区总支进行强强联合，探索出一条服务基层、造福社会的模式，进一步增强民革的参政议政能力。联谊会还就文化扶贫，如何发挥民革基层组织作用等问题展开讨论。

（区委统战部）

【九三学社顺义支社召开座谈会】12月10日，九三学社顺义支社侯秀荣主委主持召开座谈会，传达九三学社北京市委换届工作会议精神，组织与会社员选举顺义支社代表人选并通报顺义九三社员在顺义区人大及政协换届后的任职情况。她要求新当选的人大代表和政协委员在两会上要多发言，多提高质量提案，充分展示九三人的风采。与会社员就“下沉式绿化带的建设和改造、如何更好地开展垃圾分类、社区养老问题解决方案、社区医疗问题”等方面的议题展开讨论。会议责成专人整理讨论议题，从中选取代表性的提案作为党派提案在即将召开的顺义区两会上提交，切实发挥民主党派参政议政职能。

（区委统战部）

大手拉小手启动仪式

残疾人招聘会照

7月21日，区总工会主席李国新到中北华宇建筑工程公司为一线职工送清凉包

肢残人活动日照

顺义区总工会

【**概况**】2016年，在区委和市总的正确领导下，全区各级工会深入学习贯彻党的十八届三中、四中、五中、六中全会精神，深入学习贯彻习近平总书记系列重要讲话精神，认真贯彻落实三级群团工作会议精神，在服务区域工作大局和落实重大战略部署中，坚持求真务实、创新发展，以充分发挥工人阶级主力军作用为目标，以依法维护职工合法权益为根本，以增强基层组织活力和提升服务效能为抓手，团结动员全区职工为“十三五”开好局、起好步，实现转型新发展做出积极贡献，工会各项工作取得新进展。先后荣获北京市职工技协杯技能竞赛特殊贡献单位、海纳川杯职业技能大赛优秀组织奖、第十届首都职工文化艺术节优秀组织奖等荣誉称号。

单位名称：北京市顺义区总工会

地址：顺义区光明南街4号

电话：（010）69444520

邮编：101300

网址：http://www.gonghui.bjshy.gov.cn

（总工会）

【**弘扬劳模精神、劳动精神**】做好劳动奖章、奖状和工人先锋号评选工作，全区共有1人荣获全国五一劳动奖章，1个集体荣获全国工人先锋号，10人荣获首都劳动奖章，2个集体荣获首都劳动奖状，4个集体荣获北京市工人先锋号。搭建劳模交流平台，开设劳模微信群，加强精细服务；搭建劳模宣传平台，加大力度在区电台、电视台、顺广传媒公众号、《顺义时讯》上对先进事迹开展集中宣传，在《劳动午报》上连续刊登12期劳模事迹专版，在全社会积极营造尊重劳动、尊重知识、尊重创造的良好氛围。搭建劳模帮扶平台，为38名劳模申报特困救助，对360名劳模进行慰问，为47名大病、低收入劳模发放慰问金、慰问品共计79.57万元。搭建劳模活动平台，组织劳模参加新春团拜会、职工艺术节颁奖典礼、121健步走等大型活动。

（总工会）

【**技能人才队伍建设**】针对区域转型发展对职工队伍需求的变化，引进“外脑”，在近300家企业、7000名一线职工中开展顺义区技能人才队伍现状与建设的深度调研，据此提出本区未来3—5年开展技能培训工作的总体思路。广泛开展技能竞赛、岗位练兵等活动，组织区内多家单位职工参与北京市第四届职业技能大赛和北京市“职工技协杯”职业技能竞赛。全年参加或组织的各类技能比赛共涉及工种70个，参赛职工14920人，共有6人获得全国或多省市比赛前三名（三等奖），20人获得市级比赛前三名（三等奖）。“在职职工职业发展助推计划”为区内124名取得技师资格证书的职工资助14.1万元。开展职工自主创新成果征集、评选、推广活动，开展职工创新发明专利助推、创新项目助推活动。全区8项成果参与市级评审，5项发明专利、1项创新成果获奖，1个创新工作室被命名。

（总工会）

【**职工志愿服务工作**】在全市率先成立顺义区职工志愿者服务队，目前，各镇街道、局公司建立基层志愿服务队39个，完成志愿者招募1.7万名。一年来，各服务小队结合自身优势通过各项活动，走进社区、走进家庭，积极践行志愿宗旨，年内共有1062名职工志愿者参与“荟工作，荟生活”、森林病虫害防治、“摆摊设点”进楼宇、首都职工121健步走等志愿服务项目13个，充分展现顺义职工志愿者的良好精神风貌。

（总工会）

【**加大《工会法》宣教力度**】多次举办“送法到基层”活动，邀请专家学者结合工作实际深度讲解《实施办法》，来自基层单位的150名工会主席参加。通过宣讲，切实帮助和指导基层工会组织依法开展工作，提高各级工会干部的业务水平。同时，向基层印发《法律知识汇编》和《工作指南》8000册。

（总工会）

【**工资集体协商工作扎实推进**】在巩固规范化建设成果的基础上，结合地区企业实际，通过区镇两级双重督导、专项指导、会前审查、会议验收、专项检查5个机制，扎实推进工资协商工作。截止目前，百人以上企业签订率为95%，百人企业规范化建设完成131家，完成率78%，其中国有企业完成33家，非公企业完成98家。全区建会企业积极开展协商工作，集体合同、工资专项合同签订率为87%，建立女职工组织并签订集体合同的单位100%签订了女职工专项集体合同或设立专章。

（总工会）

【**民主管理和厂务公开制度严格落实**】以职代会建设为载体开展厂务公开和民主管理工作，全区88%的建会企事业单位召开职代会，其中国有集体企事业单位达100%。公司制企业40%以上建立职工董事、职工监事制度。区总工会作为区厂务公开协调小组的具体工作机构，认真组织实施“1·28”“7·28”厂务公开日活动，区级领导参加和指导基层厂务公开工作。

（总工会）

【群众性安全生产工作深入开展】广泛开展“安康杯”竞赛活动，全区建会单位参赛率达98 %，覆盖单位1570个，参赛职工达15万人，共有33家非公企业参与第一届顺义区街道（乡镇）、工业园区“安康杯”专项竞赛活动。区总工会荣获全国安康杯竞赛最佳组织单位称号。安全月期间，组织开展以用电安全警示教育、事故隐患排查治理、法制宣传、特色活动展示等为主要内容的安全生产宣教活动。开展慢病综合防控和暑期送清凉活动，共投入57.95万元为1.2万名一线职工发放防暑降温物品。

（总工会）

【劳动争议调解和法律服务】发挥劳动关系三方协调机制和劳动争议调解“六方联动”机制的作用，协调劳动关系宏观参与和源头维护。全年劳动争议调解中心共接待职工来电来访咨询987人次，受理案件23件，全部调解成功，其中集体劳动争议案件14件，涉及人数545人，挽回损失1342.9万元，提供法律援助案件405件，职工满意率100%。

（总工会）

【职工心灵驿站服务职工心理健康】全区镇街道工会服务站、企业职工之家建立“职工心灵驿站”35家，挂牌单位9家,占全市驿站数量的1/3。一年来，服务职工3万人次。其中，区医院、杨镇中心小学驿站获得北京市总工会助推项目支持，成为全区心灵驿站建设的示范单位。不断加大工作力量和经费投入，向辖区职工免费开展心理健康公益服务。举办“心灵驿站”管理员培训班，逐步打造心理健康服务团队，建立起覆盖全区职工的心理健康发展服务网络。

（总工会）

【职工保障帮扶水平不断提高】“在职职工医疗互助保障计划”受助职工1500人次，互助金额166.4万元；年度京卡“二次报销”受助会员15822人次，金额361.89万元。共为307名困难职工发放慰问金30.7万元，对114名困难职工进行日常慰问，发放救助金57万元。扎实开展金秋助学活动，向59名困难职工子女发放“金秋助学金”12.21万元。全年共有61家基层工会组织和参与服务项目、活动1048项，18.7万人次参与，各服务项目消费人数共计35.6万人，为职工提供优惠91万元。完成处理12351申请入会热线派单118个，办结率100%。

（总工会）

【职工文体活动内涵丰富】举办顺义区第二届“最美劳动者”职工文化艺术节，267家基层工会积极组织，上万名职工热情参与，区委主要领导出席启动仪式和颁奖典礼，对职工文化工作给予充分肯定。持续开展公益培训、电影放映、职工联谊等活动，累计服务职工5万余人次。推进“工人文化宫”微信平台建设，注册人数近万人。带领职工在文体活动中展风采，成功举办“健步121绿色好生活”2016年首都职工健步走（顺义站）活动，3000余名职工参与；组织144家单位1600余名职工参加首都职工庆“十一”摄影比赛、“和谐杯”乒乓球比赛、首届北京市职工游泳比赛等赛事，均取得优异成绩。

（总工会）

【多举措推动非公有制企业建会】设立基层建会督导组，增强建会牵引力，通过调研座谈，进一步掌握空壳、停产注销、一企多照、异地经营等企业的情况。设立100万专项资金支持基层建会，增强建会助推力，目前已有36家企业申报专项资金9.95万元。以学习贯彻《实施办法》为契机，变被动建会为主动依法建会，率先在南法信镇航港发展大厦“摆摊设点”，开展会员活动日，增强建会吸引力，仅半天时间就有300多人填写入会申请表，覆盖周边未建会企业81家，此举成为全市工会组建工作的典型。

（总工会）

【发挥行业工会组织优势】根据民办教育、快递服务业在本区发展势头迅猛、覆盖职工范围广的实际，由26家幼儿园、小学、中学组成的民办教育工会联合会正式组建，覆盖工会会员1100余人。区内顺丰、申通、圆通3家公司作为委员单位加入北京市快递行业工会联合会，将为快递行业职工提供更好的服务。不断挖掘已建行业工会组织优势，多次组织行业特色活动，打造行业工会服务品牌，调动会员积极性，提升工会组织影响力。

（总工会）

【党建、工建相互融合发展】积极推进党建带工建、工建促党建工作,以云港新科技园联合党支部建设为切入点,推动高顺产业园区建立工会联合会,发展新兴经济组织工会组建工作。精心设计、多方参与，在园区建立党建展示活动中心，将工会服务站、职工之家、心灵驿站建设融入其中，实现会站家合一，为园区高端产业、高技能人才提升搭建交流活动的平台，活动中心投入使用后，将惠及园区职工300余人，辐射带动整个仁和地区党工共建工作。2016年，全区新建工会组织81家，覆盖独立法人单位130家，发展会员6125人，同比增长10%。其中，非公有制企业115家，百人以上企业7家;新办京卡·互助服务卡1.08万张，新录入会员信息1.01万人。

（总工会）

【镇街总工会换届选举完成】年内，全区镇、街道总工会全部召开第二次工会代表大会，选举产生新一届工会委员444名、经费审查委员87名、女职工委员93名，并首次选举产生来自基层的兼职工会副主席26名，呈现出选举参与度高、基层一线代表比例高、先进模范人物比例高、候选人得票率高、工会领导班子结构全面优化的“四高一优”特点。目前，镇、街道总工会主席全部按照同级副职配备，22名进入同级党（工）委班子。

（总工会）

【区属国企整合建会】2016年，区总工会紧跟全区改革步伐，配合三大版块及功能区整合及时完成工会组织的筹建、并转工作。目前，大龙控股、市政控股、顺建投公司、科创集团公司已经完成所属二级公司工会组织的组建和整合，公司和会员隶属关系已及时进行划转，各项工作稳步推进。

（总工会）

【干部队伍结构不断完善】进一步加大工会干部队伍建设，各镇街道和区属处级行政事业单位工会配备专职工会副主席，正科级职数单列，目前已有62个单位按要求配备。举办工会干部业务培训班，240名工会干部参加，对工会经费规范化使用、信息宣传、工会组建、会员服务和协调劳动关系等五大重点工作进行系统培训。组织新任镇总工会主席、专职工会社会工作者和基层企业工会干部参加市总组织的各类专题业务培训9次，参训人员达160余人次。

（总工会）

【党的建设持续加强】扎实开展“两学一做”学习教育，完善区总工会党组各项制度，通过集中学习、党日活动、专题培训、个人自学、专题党课等形式，教育和引导工会党员干部自觉践行党章党规，争做“四讲四有”合格党员。加强工会系统党风廉政建设，强化制度保障，聘请第三方专业内控咨询机构对现有制度和运行程序进行完善和规范，实现用制度管权、管人、管事的工作目的。委托第三方审计机构持续开展对区属二级工会的年度审计工作，按要求开展工会领导干部经济责任审计，加强工会领导干部管理与监督，试点推进审查审计向基层工会延伸工作，不断扩大工会经费审计范围，规范工会系统财经秩序，保障工会经费资产安全。

（总工会）

【工会经费管理水平提高】严格落实《关于进一步加强服务职工工作经费保障的意见》，严格执行各项纪律，严格把握标准，确保把好事办好，不出问题。加强基层经审工作指导，进一步优化工会经审工作环境，加大审计问题整改力度，不断提高审计监督质量和效能。

（总工会）

共青团顺义区委员会

【概况】2016年是“十三五”的开局之年，也是团区委的换届之年。在区委、区政府和团市委的坚强领导下，团区委深入学习贯彻党的十八大、十八届三中、四中、五中、六中全会和习近平总书记系列重要讲话精神，以党的群团工作会议精神和上级推进共青团改革工作思路为导向，不断增强共青团组织的政治性、先进性和群众性，围绕中心、服务大局，紧密联系青年，有效服务青年，年度各项工作实现新作为，取得新发展。年内，本区优秀青年高志学获得“全国向上向善好青年”荣誉称号，天竺镇团委荣获2015年度“全国农村基层团建示范乡镇”,志愿服务“青春暖心”行动荣获第三届北京市社会组织公益服务品牌金奖，团区委荣获北京青年徒步挑战赛“最佳组织奖”、区党建研究会2016年度优秀自选课题一等奖等多项荣誉称号。

单位名称：共青团顺义区委员会

地址：顺义区光明南街4号

电话：（010）69444398

邮编：101300

网址：http://www.youth.bjshy.gov.cn

（团区委）

【“学党史、知党情、跟党走”主题宣传教育实践活动】号召全区各级团组织深入开展“学党史、知党情、跟党走”主题宣传教育实践活动，纪念中国共产党成立95周年和“五四”运动97周年。各级团组织响应，开展丰富多彩的团日活动，取得良好效果。

（团区委）

【“‘两学一做’青年当先”系列活动】7月1日，团区委在北京国际青年营顺鑫营地开展“‘两学一做’青年当先”顺义共青团纪念建党95周年主题实践活动，组织百名党团员重温入党、入团誓词，并向英烈纪念碑有序献花，缅怀英雄前辈。

（团区委）

【“重走长征路”长走活动】8月6日，顺义团区委开展“不忘初心、继续前进、弘扬长征精神、助力转型升级”主题教育系列活动启动仪式暨“重走长征路”长走活动，全区共1200余名团员青年参加。

（团区委）

【非公团建工作继续推进】8月17日，团区委组织部分企业园区的团组织负责人召开顺义园区共青团建设工作会。首次向参会人员介绍共青云网上团建系统，下发《关于加强顺义区园区共青团建设的实施方案》，安排部署加强本区的园区团建工作。11月21日-22日，组织区内29名非公领域团干部参加由团市委主办的“2016年北京共青团园区和行业非公团干部轮训班”培训活动。在区域化团建全面铺开的基础上，持续推进楼宇建团和“两新”组织团建工作，巩固扩大团组织有效覆盖面，凝聚引领服务非公青年，激发经济社会发展活力。

（团区委）

【青年就业创业】3—4月,顺义区首届青年创业创意大赛进行初赛和决赛评选。大赛创意组和创业组分别评出2个一等奖获奖项目、4个二等奖获奖项目、6个三等奖获奖项目以及其他优秀奖。5月5日，顺义区首届青年创业创意大赛颁奖仪式暨2016年顺义区青年创业季系列活动启动仪式举办，本区各直属团组织负责人和创业青年代表共200余人参加。

（团区委）

【青年创新创业特训营活动】8月28日，顺义区首届青年创新创业特训营活动在顺义区创新创业综合服务中心启动，来自本区社会报名的50余名创业青年参加。11月上旬，分2期组织举办“全团促进青年就业创业示范培训——北京市青年农民工技能培训班”，总计吸引邻近镇街共120余名青年农民参加。12月30日，组织全区在岗大学生村官100余人开展创新创业培训。全年组织开展3期青年创业大讲堂、13期创青春创业沙龙，成功举办“农商行”杯寻找“顺义最美创业者”评选等活动，共服务创业青年1600余人次。

（团区委）

【顺义社区青年汇工作】全年依托全区29家社区青年汇，累计组织活动近千次，参与青年上万人。4月19日，团中央社会工作部筹备组来本区调研共青团参与社会建设情况，联系、服务、引导青年社会组织及区内社区青年汇运行等情况，石园街道、旺泉街道、空港街道共青团主管领导和顺义社会组织代表参加。

（团区委）

【区第三次团代会召开】10月31日,共青团北京市顺义区第三次代表大会隆重开幕。共青团顺义区第三届委员会第一次全体会议同期召开,会上选举产生委员53名，常委11名，书记、副书记5名，其中包含兼职副书记2名。

（团区委）

【志愿服务工作】2016年，先后开展“增绿减霾 共迎冬奥”主题实践活动、“村（居）规民约促和谐　志愿家庭添光彩”志愿家庭推进会等大型活动；完成端午文化节、2016年北京车展、舞彩顺义·第二届北京国际山地马拉松赛、全国大学生村官微电影大赛启动仪式等重要赛会的志愿服务工作；8月8日，在“欢动北京”第五届国际青少年文化艺术交流周顺义行活动中，为来自俄罗斯、美国、文莱、斯里兰卡、缅甸等14个国家200余名青少年提供对接联系、人员组织、现场保障等志愿服务，全年动员志愿者4000余人次，提供志愿服务万余小时。

（团区委）

【青少年精准帮扶工作】8月4日，顺义共青团助力生活困难家庭青少年精准帮扶工作部署会召开，会上部署顺义共青团精准帮扶工作方案，明确各项相关工作部署。

（团区委）

【“星光自护”360° 安全体验营】8月3日，“星光自护”360° 安全体验营活动在小学生户外活动拓展基地举行，讲授如何在自然灾害、社会灾害、安全事故中进行自救，共有32名学生参加。

（团区委）

【禁毒志愿者培训班】11月26日，团区委、区禁毒办和北京城市学院顺义校区分团委在禁毒教育科普体验展基地为北京城市学院顺义校区的禁毒志愿者进行培训，共有80名禁毒志愿者参加。

（团区委）

【防艾宣传教育】11月28日，“2016年顺义区高校防艾宣传教育活动”启动仪式在北京城市学院顺义院区举行，现场共计两百余名高校大学生参与活动，发放各类宣传品近千余份。

（团区委）

顺义区妇女联合会

【概况】顺义地区妇女联合会，于1945年9月成立，称（西部）顺义县妇女联合会。1946年2月，三通顺联合县妇联改称（东部）顺义县妇联。1948年12月8日，顺义县解放，东西部顺义县合并，县妇联随县委机关迁入县城。1998年3月，顺义县妇女联合会改名为顺义区妇女联合会。顺义区妇女联合会下设19个镇妇联，6个街道妇联，80个区直妇委会，426个农村妇代会，99个社区（居委会）妇联。新的历史时期，顺义区妇女联合会按照团结、教育、代表、服务和联谊的工作任务，发挥联系妇女群众的桥梁纽带作用，团结、带领广大妇女积极推进社会主义物质文明、政治文明和精神文明建设，为加快建设现代文明和谐新顺义贡献力量。

单位名称：北京市顺义区妇女联合会
地址：北京市顺义区光明南街4号
电话：（010）69444576

邮编：101300
网址：http://www.fulian.bjshy.gov.cn/

（区妇联）

【顺义区第二次妇女代表大会】11月1日、2日，顺义区第二次妇女代表大会召开，280人出席此次会议。

（区妇联）

【顺义区妇女联合会第二届执行委员会第一次会议】11月2日，区妇联召开顺义区妇女联合会第二届执行委员会第一次会议。选举产生主席、专职副主席2名、兼职副主席4名，并通过常务委员候选人（8人）建议名单，王新兵任北京市顺义区妇女联合会第二届主席，郝军英、王轶婷2位任专职副主席。孙红、陈淑莉、孟朝晖、耿翠任兼职副主席。

（区妇联）

【贯彻落实中央群团工作文件精神】认真贯彻《中共中央关于加强和改进党的群团工作的意见》中央文件精神，下发问卷900份，对妇联组织现状、存在问题和服务对象需求进行调查研究。为镇街和百名妇女以上的行政事业单位配备专职妇联干部；将每人每年3元妇女之家活动经费提高到每人每年6元，进一步落实群团会议精神。

（区妇联）

【探索妇女人才工作新模式】本区各级妇联组织共开展各种岗位练兵和技能比武活动100余次；各类技能、素质培训232期，累计培训2.5万余人次；举办“顺义区第八届女性专场招聘会”，提供就业岗位近1200个。实施“创业创新巾帼行动”，以“引领妇女创业创新，打造‘互联网+’妇女工作新模式”为主题，召开工作推进会、举办电子商务培训班、利用政策宣传月、举办女企业家座谈交流会等提升本区城乡妇女创业能力。“创业创新巾帼行动”项目获评区委组织部优秀人才项目。与区委组织部一起出台《关于加强女性人才工作实施意见》，并开展“农村女性实用人才素质提升”项目，为女性人才发展搭建平台。在市妇联的支持下，为“妇”字号基地争取市级扶持资金110万元；为10名创业女性申请小额贴息贷款共计100万元；为创业女性申请“顺义区扶持农村妇女发展生产资金”20万元。

（区妇联）

【妇女权益维护】2016年，开展旁听代培训活动75场次，受益群众达1000余人次，参与婚姻家庭类合议庭庭审9次，为8名贫困妇女申请法律援助，减免诉讼、律师费2.4万元。为10名贫困妇女争取“中央公益彩票金法律援助项目”，争取援助款2.8万元，推出“顺义区巾帼志愿服务项目”，在全国妇联等单位主办的“四个100”先进典型活动中荣获最佳志愿服务项目奖。充分利用“三八法律维权周”、“6.26”禁毒宣传日、“12.4”法制宣传日等有利契机举办普法讲座500余场，开展面对面现场咨询活动25场，发放宣传资料10余万份。依托法院建立“巾帼普法教育基地”开展旁听代培训活动75次，受益群众达5000人次。利用24小时12388维权服务热线，全年共接待来信、来访、来电181件，与去年同期相比下降16.2%。

（区妇联）

【家庭文明建设】深入开展家庭创建活动，全区25个镇街、23个区直单位共申报1208户参评区级家庭，选树“和谐家庭标兵”50户，“和谐家庭”150户，“特色家庭”800户，开展“和谐讲堂”25场，举办“家庭文化节”系列活动，家庭才艺展示、“我家的故事画给你看”绘本展示、家风家训征集、《最美百家》故事书编印等活动。在各镇街开展“家庭教育大讲堂”25期；和广电中心合作，播出《国学动漫城》《家教乐听》等家教节目55期；和区教委合作开展“科学运动从零岁开始”、预防儿童伤害之儿童居家安全、“行走的童书”等项目，创新家庭教育模式。

（区妇联）

【参与创新社会治理】出台妇联组织参与创新社会治理“1+5”文件。推出“益家筑梦· 携手成长”“平安你我他”居家安全等项目，开展亲子、手工等活动近30场。引导新型女性社会组织“北京市顺义区爱亿融社会工作事务所”，为妇女儿童和家庭开展服务。为顺义区家庭服务促进会、顺义区女能人协会等妇女工作领域社会组织开展项目搭建平台。

（区妇联）

【组织建设和干部队伍建设】完成全区社区妇联换届选举工作，选举产生社区妇联主席98人、执委444人，其中体制外执委150人、体制外兼职副主席75人，社区妇联主席由社区党政正副职兼任的比例达到69.4%，年龄和知识结构也进一步优化。深化“妇女之家”建设，全区506个“妇女之家”共开展活动11000余次，创评区级“妇女之家”示范点10个。邀请李明舜教授为全区处级干部进行男女平等基本国策讲座。开展“三严三实”专题教育活动，组织交流研讨4次，召开专题民主生活会，加强班子成员作风建设。利用顺义妇女网、顺义女性官方微博微信，全年推送信息700余条。

（区妇联）

【巾帼建功活动】2016年，共有106个单位参与“巾帼建功标兵”、巾帼文明岗创建活动，参与率达100%。各单位共上报巾帼文明岗102个，巾帼建功标兵104名。

（区妇联）

【“双学双比”活动】通过项目化运作的方式获得支持区妇字号基地资金、物资共计50余万元。联合人保局，举办“顺义区第九届女性专场招聘会”，提供女性就业岗位近200余个，现场吸引300多名女性求职者，100余人初步达成就业意向。邀请北京七彩蝶文化创意有限公司董事长赵春生为本区创业女性做专题讲座。与市妇干校合作，开展为期两天的“女性创业专题—电子商务培训班”。承办“首都巾帼科技汇座谈交流会”。两次培训、一次座谈共有500余人参加。全年为5名创业女性发放无息扶持资金10万元；联合人力社保局为12名创业女性申请小额贴息贷款共计120万元，解决创业女性创业资金匮乏的问题。争取“京郊妇女发展项目扶持资金”120万元，为基地发展解决资金瓶颈问题。举办北京市第四届职业技能大赛妇女手工技能大赛暨第二届妇女创新创意大赛顺义分赛。全区144名手工艺爱好者参与比赛。上报剪纸、雕刻工艺、手工编织等八大类作品164件。承接北京市第四届职业技能大赛妇女手工技能大赛雕刻工艺的初赛，全市18名雕刻手工艺者参加雕刻分赛的现场比赛。组织顺义籍巧娘参加北京市第四届职业技能大赛决赛，取得一金、一银、三铜的优异成绩。参加区内校园社会大课堂活动。目前已经有5位巧娘被区内中小学聘为社会大课堂活动社团老师。

（区妇联）

【贫困女性救助工作】帮助全区102名乳腺癌切除女性朋友争取到“兰超公益爱心”捐赠卡。为13名“两癌”贫困患病妇女争取救助金13万元。与区民政局、红十字会合作，启动“关爱女性健康 情暖三癌母亲”暨“陪伴成长”公益援助行动。

（区妇联）

【公益童书馆建设与运行】建立顺义公益童书馆及7家分馆，全年共有近900个家庭办理借阅卡，日常借阅量6000余次；开展讲读活动432场，2000余个家庭参与；开展世界阅读日、动手动脑变废为宝、我家的故事画给你看等大型主题活动7次，广泛推广了亲子阅读理念。

（区妇联）

【妇联2016年调研工作】贯彻落实《全国妇联改革方案》文件精神，深入25个乡镇街道、50个村社区、2个区直单位、9个“妇”字号基地、召开座谈会4次，下发调查问卷900份，开展调研。对关于加大对贫困妇女精准扶贫、脱贫、新媒体时代下妇联工作新探索、女性社会组织发展情况、以及顺义公益童书馆项目运行现状进行调研与评估并上报市妇联。汇编整理全区各级妇联组织有价值的调研报告62篇

（区妇联）

【探索网上妇女代表联系新思路】探索建立网上妇女代表联系制，组建10组微信群，开通“顺义女性”微信公众号，将妇女代表联系制与“互联网+”的迅速融合，让互联网思维成为妇联工作的必备。

（区妇联）

顺义区工商业联合会

【概况】顺义区工商业联合会成立于1994年8月，是中国共产党领导的以非公有制企业和非公有制经济人士为主体的人民团体和商会组织，是党和政府联系非公有制经济人士的桥梁纽带，是政府管理和服务非公有制经济的助手。本会以团结、服务、引导、教育广大会员爱国、敬业、诚信、守法，积极投身社会主义经济建设、政治建设、文化建设、社会建设和生态文明建设。在促进非公有制经济健康发展、引导非公有制经济人士健康成长中具有不可替代的作用。工商联具有统战性、经济性、民间性有机统一的基本特征，其服务对象主要包括私营企业、非公有制经济成分控股的有限责任公司和股份有限公司、港澳投资企业等。其主要职能作用是充分发挥在非公有制经济人士思想政治工作中的引导作用;在非公有制经济人士参与国家政治生活和社会事务中的重要作用；在构建和谐劳动关系、加强和创新社会管理中的协同作用。本会承担顺义区非公企业的入会、组织调研工作，开展经济、技术、经贸交流，提供法律、法规、政策信息咨询等服务。截至到2016年12月底,本会拥有805家企业、团体、个人会员，覆盖全区19个镇。

单位名称:北京市顺义区工商业联合会

地址：顺义区石门街6号(国泰宏城对面供销大楼六层)

电话：（010）69441974

邮编：101300

（工商联）

【换届准备工作启动】为完成下半年换届工作，区工商联于1月初召开镇街商会工作会、三届七次执委扩大会安排部署换届准备工作。对785家会员企业进行摸底调查，发放两表一问卷即《非公经济人士情况表》《会员企业情况表》和《顺义区工商联民营企业发展情况诉求问卷》，旨在了解会员企业上次换届以来的发展情况及今后五年的发展需求，为选出参加下半年换届大会的会员代表奠定基础，为今后五年工作的开展理清方向。

（工商联）

【理想信念教育实践活动深入开展】顺义区工商联以“诚信·健康”为主题的第五届非公企业健身运动会于5月8日举行，市工商联副主席王爱民，区领导周

颖博、李向英、孙桂祥、田家玉出席开幕式，57家非公企业的1130名企业家和员工参加运动会。此次活动旨在以运动凝聚顺义区非公经济力量，引导非公企业参与教育实践活动，动员会员企业“守法诚信 提振信心”。

（工商联）

【服务京津冀一体化大局】立足疏解非首都功能的重点，认真谋划工作，充分发挥工商联沟通联系优势，加强与河北、天津等地工商联的合作。上半年，接待河北曹妃甸、邱县，湖南湘乡，山东德州等多地工商联和招商办的来访，先后七次组织企业家前往河北青县、保定、平泉，安徽宿州等地进行考察。帮助会员企业了解当地投资环境和政策信息，为新常态下会员企业产业转移搭建对接平台。

（工商联）

【制作“一刊一片”】结合换届，制作“一刊一片”，即一期换届专刊和一部宣传片。通过“一刊一片”，展示非公企业家和会员企业在区工商联的服务和引导下，不断健康成长和健康发展；展示区工商联工作在会员企业的积极参与和大力支持下不断迈上新台阶。在一刊一片中加大对理想信念教育实践活动的宣传力度，通过对守法诚信、精准扶贫、创业创新、和谐劳动关系等典型的展示，引导更多的非公经济人士践行理想信念教育实践活动，推动全区广大非公经济人士争当合格中国特色社会主义事业建设者。

（工商联）

【搭建平台普及政策】为进一步普及顺义区促进企业发展相关政策，帮助非公企业更好的了解政策，使用政策，顺义区工商联积极搭建沟通联系平台，邀请区人力社保局、区经信委、区科委、区政府外事侨务办四部门走进非公企业普及相关政策。四个部门五位科长分别讲解就业补贴，创业摇篮计划，专利、高新技术，APEC商务卡办理等相关政策。

（工商联）

顺义区科学技术协会

【概况】2016年，顺义区科协认真学习党的十八届历次全会精神，深入贯彻习近平总书记在中国科协第九次全国代表大会上的重要讲话精神，切实履行“四服务”的职责定位，扎实推进《全民科学素质行动计划纲要》实施，积极践行“两学一做”学习教育，紧紧围绕区委、区政府的中心工作，全面开展各项工作，取得良好成效。2016年是顺义区实施“提素行动”的第三个年头，顺义区科协围绕这一核心工作，利用科普之春、科普之夏、科技周、科普日等大型活动平台，团结和动员社会力量，深入社区、农村、学校等基层单位开展贴近生活、贴近公众、贴近实际的科普活动，“提素行动”的品牌效应逐渐显现、知名度不断扩展。2016年共组织科普活动200余场/次，发放科普资料20万份，宣传群众20万人次。

单位名称：顺义区科学技术委员会

地址：顺义区光明南街24号

邮编：101300

电话：（010）69443483

网址：http://www.kx.bjshy.gov.cn/

（科协）

【“顺义提素行动”】2016年是顺义区实施“提素行动”的第三个年头，顺义区加大对行动的支持力度，拨付提素专项经费100万元，分别与顺义广电中心、北京科技报社、绿港智慧社区等单位合作，形成立体化宣传模式。在顺义电视台开设“科普时刻”，时长15秒；在顺义广播电台开设“科普之声”栏目共21期；在顺义时讯开设“科普课堂”专栏共14期；在顺广传媒新媒体开设“掌上科普”答题平台27期，5万人次参与答题；开通“顺义科普365”微信公众号的“提素答题”平台27期，2万人次参与答题；在100%的社区LED大屏开设“科普专栏”宣传科普知识，每日循环滚动播放200次。辑印《科学在身边》科普口袋书和《顺义区科普知识问答手册》13万册。针对五大人群发放“中国公民科学素质系列读本”等科普读物7万册，下发30万份科普常识答题，科普光盘500套。

（科协）

【《顺义区全民科学素质行动计划纲要实施方案（2016–2020）》(草案)出台】为进一步明确“十三五”期间顺义区全民科学素质行动计划的工作目标，顺义区全民科学素质行动计划纲要办公室与北京科技报社合作，围绕顺义区区情、科普能力建设情况以及公民素质水平等问题在区域内展开全面调研，坚持问题导向、项目导向，制定并出台《顺义区全民科学素质行动计划纲要实施方案（2016–2020）》(草案)，为今后五年顺义区贯彻落实全民科学素质提升工作起到坚实的保障作用，使顺义区全民科学素质的提升更加有序化。

（科协）

【建立网络科普阵地】利用“互联网+”的资源优

势，打造“两网两号”的网络科普宣传平台（两网即“顺义区科学技术协会网站”和“顺义区提素行动网站”，两号即顺义科协官方微信公众号和“顺义科普365”微信公众号）。通过与科技报社和顺广传媒合作，多渠道开通“提升公民素质”网络答题平台，建立网上科普阵地。

（科协）

【科普惠农兴村计划】2016年，大孙各庄镇果蔬技术服务协会等2个集体和魏荔等2位个人获得市科协、市财政局科普惠农先进集体和个人表彰，获奖补资金支持36万元。陈领同志获全国惠农先进个人、农村科普带头人称号，获5万元奖补资金支持。

（科协）

【科普益民计划】2016年，旺泉街道西辛北社区等6家社区获市级优秀科普社区表彰；北郎中村科普基地获市级优秀科普场馆称号；张红伟等5位宣传员获市级科普先进个人表彰，共获奖补资金67.5万元。石园街道石园北区第三社区获得中国科协和财政部授予的全国科普示范社区称号，获奖补资金20万元。

（科协）

【科普项目申报与实施】区科协立足区域经济社会发展需要，积极争取财政资金支持，围绕科普能力建设、创新科普活动、数字化科普制品研发、科普资源共建共享等方面内容，通过实施科普项目，加强基层科普设施建设，支持基层科普工作开展。6月，区科协出台《顺义区科协科普项目管理办法》《顺义区科普经费使用管理办法》两个文件。在此基础上，组织各镇、街道、科普基地和科技类社会组织进行科普项目申报，经过专家评审最终有23个科普项目获得科普经费资助，资助总额为225万元。

（科协）

【科技周活动】围绕“创新引领，共享发展”主题开展基层活动。活动主要分为两部分：一是组织科普工作者和社区科普志愿者400余人次到北京民族文化宫参观2016年全国科技活动周暨北京科技周主场大型科普博览；二是以优秀科普社区、科普体验厅、科普基地等为载体，充分发动群众，整合社区资源，开展“垃圾分类爱我家园”“绿丝带春风绿色行动”“享碧水蓝天创绿色家园”等低碳环保、健康生活、科技体验主题活动30余项。

（科协）

【“全国科普日”活动】9月17日上午9点，顺义区2016年全国科普日活动启动仪式暨科普文艺汇演在光明街道裕龙五区社区广场举行。北京市科协副巡视员陈藤、顺义区政府副区长张爱冬、区科协主席鲍晓芹、市科协科普部副部长刘芳以及光明街道办事处的领导和居民300余人参加活动。科普日活动分为区级活动和基层活动。区级活动充分发挥广播、电视、报刊、顺广传媒新媒体和顺义科普365微信公众号等作用，着力打造“顺义提素行动”活动品牌，以科普惠及民生和创新支撑发展为主线,开展活动20余项。基层活动通过动员组织各镇、街道、优秀科普社区、科普示范基地、优秀场馆等单位，围绕全国科普日主题，采用科技下乡、科技展览、科技咨询、科普讲座、科普电影、科普视频、公众科学日、科技游园会、科普图书展览、科普产品博览、网络互动科普等多种方式，策划组织特性鲜明的互动型、体验式科普活动90余场（次）。

（科协）

【现代农业示范基站活动】在充分调研的基础上，区科协制定基站五年发展规划。2016年通过实施“科技套餐配送工程”，推广新品种、新技术16项；参加培训、讲座等3400余人，受益农户1200多户。

（科协）

【青少年科技活动】在搞好顺义区科技节的基础上，组织参与青少年科技创新大赛等国家、市级类科技竞赛活动。先后获得全国奖项40余项，市级二等奖以上奖项800余项。

（科协）

【顺义区河北村生态科普基地建成正式对外开放】“顺义区河北村生态科普基地”经过4个月试运营，5月5日，通过专家组验收并正式开放。该项目利用“河北村民俗体验园”的基础资源，突出科普特色，形成以“一带五点”：即“地球古生物科普馆”生态文明教育带，“农事体验园”、“动物科普园”、“生态游戏馆”、“气象观测站”、“民俗文化园”为特征的生态科普教育基地。基地日接待中小学生可达1500人。

（科协）

【“枢纽型”组织建设】2016年，科协管理的科技类社会组织共有15家，其中10家民非、5家社团。作为枢纽型社会组织，区科协除对所辖社会组织进行日常管理和业务指导外，还帮助和指导其申报政府购买社会服务项目17项，聘请专家开展专题讲座3次。

（科协）

【服务创新驱动发展】12月3日至4日，在顺义的北京工业大学耿丹学院举办主题为“青春·梦想创新·创业”——第五届大学生科技创新作品与专利成果展示推介会。推介会全方位展示来自54所高校大学生的644项专利成果、科技创新作品、文化创意作品和创业计划书、优秀论文等作品。同期，还开展创新大讲堂、创新对对碰、主题路演PK赛等活动。中关村顺义园、临空经济核心区的17家高新技术企业参展，并组织77家企业参与企业与大学生对接专场活动。

（科协）

【为科技工作者服务】围绕2016年“双创”主题，激发调动企业科技人员参与“创新争先行动”的积极性，加大优秀科技工作者奖励和宣传力度，最广泛最充分地调动广大科技工作者的积极性、主动性和创造性。顺义区科协推荐优秀青年科技工作者11名。在2016年顺义区政协换届委员推荐工作中，顺义区科协作为科技界代表的主责推荐单位，积极发挥科协作为党和政府联系科技工作者的桥梁纽带作用，推选8名科技界领先地位的科技工作者作为第五届政协委员候选人选。

（科协）

顺义区残疾人联合会

【概况】2016年，区残联紧紧抓住“两学一做”学习教育活动重大契机，以残疾人民生需求为工作导向，严格按照市残联，区委区政府各项工作要求，落实扶残助残政策，扎实开展残疾人教育就业、职业康复、法律维权等重点工作，同时整合区内优势资源，形成惠残合力，为区内残疾人提供精细、体贴、个性化的服务，着力构建残疾人平等融合社会环境，为残疾人与健全人一同步入小康社会做足保障。

单位名称：北京市顺义区残疾人联合会
地址：北京市顺义区石园北区乙56号
电话：（010）69442473
邮编：101300
网址：http://www.canl.bjshy.gov.cn

（残联）

【康复工作】2016年，补助白内障扶贫手术176例，开展一对一盲人定向行走训练30例。补助78名残疾儿童进行机构康复。发放小型辅具170件。为14名残疾人进行假肢、矫形器的适配，为22名残疾人进行助听器适配。为300名肢体残疾人提供康复服务。为925名精神病人提供免费服药服务，为70名稳定期精神病人办理入住康复机构。通过购买服务方式，为297名重度肢体残疾人提供居家康复服务，累计服务1188人次。为40名精神残疾人提供康复训练。开展康复协调员培训6次，503人参加。通过购买服务方式为15个街、镇提供培训，累计培训2500余人次。

（残联）

【教育与就业工作】全年共举办残疾人专场招聘会3场，向13家用人单位提供的50余个岗位成功推荐27名残疾人就业。为40名残疾人发放保险补贴31.64万元。依托29个残疾人职业康复劳动机构，为455名残疾人提供职业康复劳动，投入经费609.62万元。为233家用人单位发放岗位补贴526.3万元，为23家用人单位发放超比例奖励94万元。完成25家盲人按摩机构年检，2家盲人按摩机构开业审批，组织盲人按摩师参加继续教育和全国盲医考，加快盲人保健按摩品牌化建设。为18名重度残疾儿童提供“送教上门”服务，为48名学生发放助学补贴14万元。

（残联）

【扶贫与助残工作】2016年，共为10393人发放护理补贴1573.6万元，为8770人每月发放100元助残服务券，为7251人发放生活补助2820.273万元。实施“阳光家园”计划为600名精神、智力一级的残疾人提供托养服务。为87名因病因灾导致生活临时出现困难的残疾人发放救助资金39万元。为5390人办理城乡居民养老保险补贴，参保率98.39%。发挥8家扶贫基地作用，辐射带动502名农村贫困残疾人家庭实现增收，投入扶持款478.56万元。为28户重度残疾人家庭进行危房改建。为6561户残疾人家庭进行煤改电取暖改造。为16名残疾人办理入住福利机构并按月给与补贴。

（残联）

【残疾人职业技能大赛】引导残疾人参加技能大赛，展示残疾人才智。在北京市第四届职业技能大赛和第八届残疾人职业技能大赛中，共组织120名选手参加20个项目的角逐，共有9名选手进入决赛，其中获得二等奖1人，三等奖1人，优秀奖2人。同时顺义区的承办剪纸工项目的初赛和复赛，得到残疾人朋友的好评及市残联的肯定。

（残联）

【“庭院式”残疾人法律服务工作】与区司法局联合举办律师专场讲座和现身说法2场。组织律师深入到社区、村，开展法律知识讲座50场，其中包括针对孤残儿童以及智力残疾和听力残疾专场,共2600余名残疾人参加。依托29个温馨家园，设立法律援助点，并形成常态化机制。

（残联）

【无障碍改造工作】完成2015年残疾人家庭无障碍升级改造的评估审计工作。组织残疾人进行无障碍体验12次。与区规划分局等职能部门协同对部分区政府办事机构进行无障碍建设的检查督导。完成2017年残疾人家庭无障碍改造户事前评估、预算编制工作。

（残联）

【残疾人职业康复中心建设】顺义区残疾人职业康复中心总建筑面积16744平方米，分为地上10层和地下2层，总投资1.3亿元，2016年大楼主体结构及装修工作已基本完成。残疾人职业康复中心内设职业康复项目、职业培训教室、辅具中心、儿童康复园、家长培训学校等专业机构。

（残联）

【残疾人迎新春文艺演出】2月2日，肢残协会举办2016年残疾人迎新春文艺演出，共有90名肢体残疾人和听力残疾人参加。节目全部由残疾人自编自演，充分显现残疾人积极乐观的生活态度。

（残联）

【残疾人游览鲜花港】为丰富残疾人的生活，鼓励大家走出家门，亲近自然，顺义肢协携手聋协在4月28日，举办“春游鲜花港，相约郁金香”游园活动。共有来自各镇、街道的70名残疾人朋友在北京国际鲜花港相聚。

（残联）

【助残日系列活动】5月13日，为庆祝第二十六个全国助残日到来，区残联于举办以“小慈善，大关爱”为主题的助残日系列活动。包括：设立4个理发点，为120名残疾人提供免费理发。为行动不便残疾人提供上门理发服务。辅具免费配发、假肢维修、肢体居家康复等一系列的爱心助残活动，让残疾人享受到实实在在的好处。12月3日，国际助残日举办“温暖光影”免费看电影活动。

（残联）

【残疾人文艺演出】5月17日，北京市残联“走基层，送文化”文艺演出团队来到南彩镇望渠村活动中心，为镇域内300余名残疾人及亲友带来一场文化盛宴，丰富残疾人朋友的精神文化生活。

（残联）

【党员送温暖活动】6月3日，区残联党支部与石园北一党总支共同开展“庆七一送温暖，走访慰问贫困残疾人”党员志愿者服务活动。把关爱与鼓励送到残疾朋友的家中，帮助他们建立起积极健康的生活态度。

（残联）

【残疾人职业技能培训】5月31日至6月4日，在乔波滑雪馆举办为期5天的残疾人职业技能培训班，培训项目包括：计算机组装与维修、计算机操作、桌面排版、中式面点和剪纸五类。共有33名残疾人参加培训。此次培训，旨在提高区内残疾人职业技能水平和就业竞争能力、丰富残疾人文化生活，受到大家的热烈欢迎。

（残联）

【残疾人龙庆峡游玩】6月3日，盲人协会组织35名盲人开展“照亮心灵，融入社会”龙庆峡游玩活动，活跃残疾人的文化娱乐生活，丰富残疾人的内心世界。

（残联）

【肢残人活动日】8月11日，由北京市肢残人协会主办，顺义区肢残人协会，中国狮子联合会北京顺义服务队等多个单位承办的主题为“喜迎811　同心盼冬奥”第七次全国“肢残人活动日”在顺义区东风小学举行。此次活动共有80余位残疾人朋友参加，活动中还举办残疾人趣味运动会，为残疾人朋友搭建一个相互交流的平台，激励广大残疾人朋友自信、自强、自力、提高残疾人参与社会的能力。

（残联）

【主席团会议】9月9日，区残联召开了第三届主席团第二次会议，共50人参加此次主席团会。会议共分三项议程，一是调换顺义区残疾人联合会第三届主席团主席、副主席，根据《中国残疾人联合会章程》有关规定，调换副区长李向英同志为第三届主席团主席，调换王晓东、王文杰、李永生、李慧哲、李海玉、肖雅文、孟朝晖、陈雪清、张晓宪、饶党辉同志为主席团副主席；二是推举王晓东同志为顺义区残疾人联合会执行理事会理事长；三是王晓东理事长总结讲话。

（残联）

【参观怀柔影视城】9月3日，为庆祝第59个世界聋人节，聋人协会组织32名聋人朋友参观怀柔影视城，丰富聋人朋友的文化生活。

（残联）

【“扶贫助残惠万家”活动】10月24日，区残联联合深圳创维电子有限公司举办“善行北京顺义，扶贫助残惠万家”活动。残疾人拿着惠残折可以在顺义区东大桥环岛微尚生活二层购买创维公司专柜的电视、洗衣机、冰箱、冷柜、空调五大类，凭惠民折可在市场价的基础上减400元，每张折购买不同种类产品，可同时享受减免活动。

（残联）

【残疾人剪纸培训班】12月22日，由肢残人协会与聋人协会共同举办的残疾人剪纸培训班正式开班。此次培训为期5天，由中华文化促进会剪纸分会秘书长周爱军老师为残疾人朋友授课，共有40余名残疾人剪纸爱好者参加学习。

（残联）

【残疾人辅具评估】12月23日，区残联组织23名新申请辅具评估残疾人到北京中医院顺义牛栏山院区进行辅具专业性评估。评估人员专业性的询问残疾人实际状况，确认残疾人是否符合申请需求。辅具评估工作的有序开展，为残疾人提供辅具服务，受到残疾人的好评。

（残联）

残疾人剪纸培训班

顺义区红十字会

【概况】2016年按照区委和区政府的总体要求，在市红十字会的指导下，顺义区红十字会按照周密部署统一安排，积极扎实开展工作，深入学习贯彻党的十八届三中、四中、五中和六中全会精神以及习近平总书记系列重要讲话精神，不断开展各项工作，继续发挥政府人道救助领域的助手作用。

单位名称：北京市顺义区红十字会

地址：北京市顺义区光明南街4号总工会大楼8层

电话：（010）81494903

邮编：101300

（吴永德）

【募捐救助工作】2016年，顺义区红十字会通过在全区各镇、街道基层红十字会开展活动，募集“博爱在京城”项目善款217.76万元；其中博爱在京城项目191.5万元，南方洪涝灾害定向募捐2.26万元,定向募集救助困难家庭2户24万元。两节送温暖区红十字会投入95.2万元，对全区364户家庭进行救助,还投入49.3万元对全区20个镇、街道和单位102户因病致困家庭和1户因火灾致困家庭进行救助，协助4户家庭向上级申报小天使基金。

（吴永德）

【应急救护培训工作】区红会共对全区120余家单位，共计2万人提供普及培训，对5期共计140人进行取证培训；同时，选送继续教育师资1人参加为期7天的复训。

（吴永德）

【开展红十字应急救援亭建设】区红会通过与北京圣林公司合作，在全区相关社区内建立红十字应急救援亭，亭内配备救护设备和急救药品，确保居民在突发意外情况时可及时取用，同时在居委会为应急救护亭配备兼职管理人员，并对居委会干部、辖区居民进行救护培训。全年在5个街道共计安装救援亭56个。

（吴永德）

【打造专业辅助救援队】区红会分别与区登山协会、顺义京顺医院合作，在舞彩浅山和京顺医院组建两支人数分别为50人的登山救援队和医疗救援队，并分别向两支救援队进行授旗和授牌。

（吴永德）

【推动京发〔2015〕8号文在区内的落实】按照区委、区政府及北京市红十字会的要求，《中共顺义区委顺义区人民政府关于进一步促进红十字事业发展的实施意见》由本会于2016年2月底前起草完毕，4月底前向全区120余个基层红十字组织征求意见完毕，并于5月初分别按照区维稳办、法制办的要求进行风险评估以及合法性审查，均已通过。8月18日区政府常务会和9月29日区委常委会讨论一致通过，《意见》于2016年10月以区委、区政府名义共同下发。

（吴永德）

【开展内控工作】区红会内控相关工作于2016年9月份启动，通过聘请的第三方机构正在制定相关内控制度和措施，预计于2017年年内全部完成。

（吴永德）

【造血干细胞捐献宣传工作】2016年5月19日顺义区红十字会与中建八局开展义务献血暨造血干细胞捐献采样活动，共有32名来自全国各地的职工进行献血，12名职工进行造血干细胞采样，这是继今年本区高丽营镇村民焦海建实现第一例造血干细胞成功捐献事例后，又一次新的突破。

（吴永德）

顺义区文学艺术界联合会

【概况】2016年，顺义文联深入贯彻党的十八届四中、五中、六中全会和区委四届十二次全会精神，按照“高举旗帜、围绕大局、服务人民、改革创新”的总要求，认真开展“两学一做”活动，落实习近平总书记在文艺工作座谈会以及中国文联第十次全国代表大会上的重要讲话精神，围绕纪念建党95周年、红军长征胜利80周年开展文艺活动，结合本区的“四个转型升级”的战略要求，立足建立文化大区，坚持服务基层、群众、艺术家，注重文艺人才培养和文艺精品创作，推动顺义文艺繁荣。

单位名称：顺义区文学艺术界联合会

地址：顺义区拥军路3号

电话：（010）69432072

邮编：101300

网址：http://www.wenlian.bjshy.com.cn

（刘忠诚）

【送文艺下基层活动】春节前夕，文联组织200余位书画艺术家为老百姓创作艺术作品、书写春联、“福”字1万余幅，送到老百姓的家中；请著名书法家近百人给浅山村落书写地域名；举办顺义首届乡村大舞台群众文化系列演出活动，三个月时间里共组织26个团队进行62场演出，包含八百余个精彩节目、演员小到五岁孩童、大至七旬老人共计1860余人次，观众达到3万余人次。

（刘忠诚）

【中国梦文艺志愿服务】1月20日，北京市文联组织的“我们的中国梦”文艺志愿服务活动走进北务镇马庄村。此次活动艺术家们为马庄村老百姓书写300余副春联和100多个“福”字、制作窗花和中国结100余件。

（刘忠诚）

【清音清词贺新春，践行好梦长精神】1月20日，顺义诗词楹联学会与石园西区老干部党支部开展“清音清词贺新春，践行好梦长精神”的联谊活动。

（刘忠诚）

【“幽燕丹青”京津冀美术精品九区县巡展】2月18日，“幽燕丹青”京津冀美术精品九区县巡展在顺义区老干部局一楼展厅开幕。该展共收集京津冀地区的美术作品500余幅，经专家组评选，共评出优秀作品30幅。顺义区有8件作品入展，左晓茹的版画《节日》和柴祥群的油画《黄昏的太阳》被评为优秀作品。

（刘忠诚）

【顺义区和河南省西峡县文化艺术交流合作】3月30日，在西峡文化馆举行顺义·西峡文化艺术交流合作活动启动暨书法美术摄影展开幕式。此次活动共展出两地艺术家书法美术摄影作品140余幅。双方艺术家相互创作交流以南水北调为内容的艺术作品。3月30日晚，顺义区北京凌空评剧团在西峡文化中心演出评剧《大汉名臣》，西峡县800余名干部群众观看演出。

（刘忠诚）

【“中国梦　榜书情”基层文化公益行大型笔会】5月1日，“中国梦　榜书情”基层文化公益行大型笔会、书画捐赠暨《千龙腾飞》启动仪式在北京国际鲜花港举办，此次活动由中国社会艺术协会榜书委员会、北京榜书家协会、顺义区文化委员会、顺义区文联、北京顺义生态旅游集团、《中华国礼》杂志联合主办，由北京鲜花港投资发展中心、中艺协榜书委员会北京创研中心、家赫集团承办。此次活动旨在贯彻党中央的“文化强国梦”精神，弘扬中国榜书艺术，让艺术贴近百姓，走进基层，传承中华民族传统美德。

（刘忠诚）

【“悟·长城”王雍长城主题艺术展】5月6日下午，为纪念《长城保护条例》颁布十周年，“悟·长城”王雍长城主题艺术展在宋庄镇举办。此次活动由中国长城学会主办，中国长城学会国际部、顺义区文联、中老年书画社承办。来自美国等10余个国家的驻华使节、多地艺术家、相关领导100余人参加开幕式。展览共展出王雍摄影、美术作品30余幅。

通过艺术的形式展现长城的魅力，让长城文化深入人心，让更多的人认识到长城保护的重要性。

（刘忠诚）

【环卫职工慰问活动】顺义区10余名书画艺术家，分别走进杨镇垃圾处理中心和区环卫中心为一线职工创作书画作品。两次活动，为一线职工创作书画艺术作品近200余幅。

（刘忠诚）

【第二届“舞彩浅山”旅游文化艺术节】5月2日，由顺义区文联和五彩浅山办公室组织的以“打造首都慢生活区书写舞彩浅山画卷”、“青山一脉五彩绸　锣鼓喧天中国梦”为主题的第二届“舞彩浅山”旅游文化艺术节在五彩浅山龙湾屯月明涧入口拉开帷幕。活动吸引来自顺义区各条战线上的部分北京市劳动模范和前来登山的众多群众驻足观看。活动旨在借助文艺这个载体，尽情歌颂伟大的祖国，充分展现业余文艺团队的风采，同时激发广大群众参与五彩浅山休闲的热情，营造出激情昂扬、锐意进取的浓厚氛围，共同打造和谐五彩浅山、魅力五彩浅山、幸福五彩浅山、美丽五彩浅山。

（刘忠诚）

【第五届广场文化艺术演出活动】5月15日，顺义区文化艺术节“魅力中国梦精彩顺义人”、“北京现代杯”第五届广场文化艺术演出活动在顺义区人民公园举办。活动一共有十六个文艺节目：既有大型舞蹈《再唱山歌给党听》、大鼓《鼓乐欢腾》、河北梆子选段《大登殿》、广场舞《同心向党》，又有大型综合节目《魅力中国梦·精彩顺义人》、相声《数字与生活》、舞蹈《美丽的中国梦》、模特秀《琴棋书画赋》、安塞腰鼓《威风八面》等。活动参演人员300余人，共计800余人观看文艺演出。

（刘忠诚）

【大型评剧《李昆》献礼建党95周年】7月8日，顺义区戏剧曲艺家协会、北京凤祥艺术团共同排演的现代评剧《李昆》在区影剧院首演。该剧由顺义第一位共产党员李昆的真实事迹改编，演绎他为革命献身，短暂而光辉的一生。该剧演员共计70多人。中国评剧院表演艺术家宋丽饰演李昆母亲，国家一级演员曹相国扮演李大钊，国家二级演员赵力明扮演李昆。其他参演者均为顺义区文艺爱好者。全区10000多名党员、群众观看演出。

（刘忠诚）

【顺义区摄影家协会第三次代表大会】9月11日，在顺鑫培训中心一层会议室举行，50名代表参加大会。会上听取审议《顺义区摄影家协会理事会工作报告》和《顺义区摄影家协会章程》，选举产生理事25名。经过大会选举，李宗印当选为第三届摄影家协会主席，王洪、孔建斌、朱明旺、何柏、李宝忠、安湘庭、纪少强、陈家涔、易国跃、赵立军10人当选为第三届摄影家协会副主席，孔建斌当选为秘书长，王辰忠、朱志坤当选为副秘书长。

（刘忠诚）

【第九届北京“后沙峪杯”国际标准交谊舞大赛】9月29日，第九届北京“后沙峪杯”国际标准交谊舞大赛在后沙峪镇举行。北京市16个区的200多对选手参加本次大赛，经过精心组织比赛,评出金奖、表演奖和组织奖。本届大赛不收取报名费，还为参赛选手提供热情的服务，受到广大舞蹈爱好者的好评。

（刘忠诚）

【首届“顺义·德阳”2016年书画作品联展以及书画笔会交流活动】先后于9月、10月在北京国际鲜花港万花馆、德阳市三星堆书画院举办联展和笔会交流活动。两地共展出顺义区书画家与德阳市广汉三星堆书画院书画师作品80余件，艺术家代表进行笔会和座谈活动。此次活动进一步深化顺义区与德阳市的友好关系，对弘扬社会主义核心价值观、推动两地文化艺术的繁荣发展起到促进作用。

（刘忠诚）

【顺义区文学艺术界联合会第三次代表大会】11月22日，在顺义宾馆会议中心第一会议室召开。顺义区委副书记、区长高朋,顺义区委副书记车克欣,北京市文联党组副书记杜德久,顺义区委常委、宣传部部长贺亚兰等领导出席会议。本次大会到会代表143名，会上听取审议《文联工作报告》和《文联章程》。会议选举产生顺义区文联第三届理事会及其领导机构：袁树旺当选为顺义区文联第三届理事会主席,孟云会当选为驻会副主席兼秘书长，王玉玺、吕顺河、李宗印、杨国礼、张学勇、周宝山、贾文龙、柴松林、高国镜当选为副主席，刘忠诚、佟玲当选为副秘书长。

（刘忠诚）

【影像北京—纪念长征胜利80周年书法、美术、摄影作品展】12月，在由北京市文化局、北京市文联举办，由北京文化艺术活动中心、北京美术家协会、北京书法家协会、北京摄影家协会、兰亭雅集（北京）书画院共同承办的影像北京—纪念长征胜利80周年书法、美术、摄影作品展活动中，区美协曹加新的油画《新长征路上》获得二等奖；苏小舟（牛一）的国画《英魂》、张涛（小）的国画《脊梁》获得三等奖；赵为民的国画《辉煌铸丰碑》、鲁建刚的国画《荷花》、曹海静的国画《国泰民安》、孙月海的国画《正气浩然天地间》、崔梦雅的国画《三军过后尽开颜》、张艳军的国画《春酣》获入选奖；区书协张艳军的行书《古诗八首》、杨占林的楷书《纪念长征语句》、鲁建刚的草书《毛泽东词》获得三等奖；贾文龙的隶书《忆长征（自作诗）》、周国立的篆书《察古改天联》、孙建昆的隶书《毛泽东诗》获入选奖；区摄协纪少强的《军魂》获得一等奖；李宗印的《夕照—海南三亚》、赵立军的《军姿飒爽》获得三等奖。

（刘忠诚）

【顺义区音乐家协会第三次代表大会】12月27日，顺义区音乐家协会召开第三次代表大会。会议审议《顺义区音乐家协会工作报告》和《顺义区音乐家协会章程》，选举产生24名理事。经过大会选举：屈涛当选为第三届音乐家协会主席，张平、赵月红、梁福兰、陈艺、张丽、王志生、宫香兰、杨晓东、郭华、赵建启当选为第三届音乐家协会副主席，张平兼秘书长，王炜、李秀阳、孙旗任副秘书长。

（刘忠诚）

【顺义区舞蹈家协会第三次代表大会】12月29日，顺义区舞蹈家协会第三次代表大会召开，52名代表出席本次会议。会议审议《顺义区舞蹈家协会工作报告》和《顺义区舞蹈家协会修改章程》的报告，选举产生25名理事、13名主席团成员。经过大会选举：王玉玺当选为第三届顺义区舞蹈家协会主席，杨华、刘美坤、姜苏丽、孙文斌、李姗姗、刘月娟、黄文娟、陶陶、王子堉、罗佳任副主席，刘月娟兼任秘书长，罗佳（兼）、陶陶（兼）、李万成、李建民任副秘书长。

（刘忠诚）

【2015年度优秀文艺作品评选活动】共评出获奖作品283件，一等奖10个、二等奖23个、三等奖48个、入围奖283个。4个团队和83个作者获得奖励。通过开展评奖活动，调动艺术家们文艺创作的积极性。

（刘忠诚）

【庆祝中国共产党成立95周年书法美术作品展】在北京首届党史宣传月期间，由顺义区委宣传部、顺义区委组织部主办，由顺义区文化委、顺义区文联、顺义区党史办（档案局、馆）共同承办庆祝中国共产党成立95周年书法美术作品展。展览作品共计52幅，其中书法作品25幅、美术作品27幅。

（刘忠诚）

【新创喜剧《累了喝口二锅头》】创作以顺义历史文化、经济发展、社会生活等内容为题材的喜剧《累了喝口二锅头》。该剧以外地人在顺义的创业和爱情故事为题材，歌颂积极向上的生活态度和爱情观，展现顺义人包容、厚德的人文精神。全年在京演出22场。

（刘忠诚）

政法

政法工作

【概况】2016年是“十三五”开局之年，扎实做好经济社会发展各项工作，确保开好局、起好步，对于“十三五”时期各项目标任务的圆满完成具有重要意义。在区委、区政府的坚强领导下，政法工作自觉服从服务于社会经济新常态下的全区大局，紧紧围绕“四个全面”战略布局，牢牢把握推进国家治理体系和治理能力现代化的总要求，主动适应新形势，切实增强风险意识，以提高群众安全感和满意度为目标，以理念、体制机制、方式手段创新为动力，以现代科学技术为引领，以基层基础建设为支撑，完善立体化社会治安防控体系，提高维护公共安全能力水平，有效防范化解管控影响社会安定的突出问题，防止各类风险聚积扩散，为区域经济社会转型发展提供坚强的安全保障，为实现“十三五”良好开局做出新贡献。

单位名称：顺义区政法委

地址：顺义区新顺南大街27号

电话：（010）69460080

邮编：101300

（政法委）

【维护社会政治大局稳定】认真贯彻落实习近平总书记在中央国安办《首都安全调研报告》上的精神，始终把维护政治安全特别是政权安全、制度安全放在首位，加强重点人员教育管理，严密防范意识形态渗透，强化重点敏感组织管理。深化反邪教斗争，完成教育转化决战和巩固帮教任务，“无邪教创建”活动取得良好效果，有力维护区域政治稳定。完成全国“两会”、G20杭州峰会、党的十八届六中全会等重大活动以及“六四”等敏感期维稳安保任务，先后6次启动社会面等级防控和战时维稳机制，4.5万群防群治力量广泛参与，实现“四个不发生”的工作目标。组织开展严打暴恐专项行动，牢牢守住不发生暴力恐怖活动的底线。

（政法委）

【政法部门发挥职能作用】公安机关坚持打防管控一体化，全年共立年内案件7716起，破年内刑事案件3169起，百警刑事破案位列全市第三、环五第一。检察机关全年共受理各类审查逮捕刑事案件720件、925人，审查起诉案件1209件、1527人，初查各类职务犯罪线索25件、29人，分别同比上升78.6%和93.3%。审判机关全年新收案件26852件，办结27379件，同比上升4.8%，结案率90.7%。司法行政机关加大教育管理帮扶力度，社区服刑人员、安置帮教人员重新犯罪率低于全市平均水平，固化“村居法律顾问制度”，全区121名“村居法律顾问”提供法律咨询6万余人次。

（政法委）

【社会矛盾纠纷排查化解】充分发挥各类人民调解组织作用，全年共调解纠纷11522件，调解成功率100%。深入推进重大决策社会稳定风险评估工作，全年共为86家单位出具228份审查意见，评估工作的社会风险矛盾提前预警、化解能力进一步提高。在“人民调解进立案庭”工作的基础上，制定工作规划，起草《顺义区关于进一步健全完善矛盾纠纷多元化解机制的实施意见》，全面深化改革，形成全网式立体化多元纠纷解决体系。组织开展严防个人极端行为排查，严防个人极端案事件发生。推进人民调解协议司法确认工作，调解协议具备法律效力。继续对人民调解员按照“以案定补”的方式实行办案补贴，调动人民调解员的工作积极性。

（政法委）

【平安顺义建设】深化立体化社会治安防控体系建设，不断加大资金投入，着力解决重点公共区域、老旧小区技防和城区外围“护城河”进京卡点、铁路沿线群防力量不足等问题。开展城乡结合部重点地区挂账综合整治，区级财政投入专项整治资金近亿元，完成市区两级8个挂账重点地区326项台账整治任务。在此次综合整治工作中，共拆除违建273宗、4万余平方米，拆除率达到100%；开展联合执法行动千余次，排查各类隐患5000余件，隐患整改率达到95%以上；市级4个重点地区实现发案总量同比下降15%以上，可防性案件数下降25%以上。群众安全感和满意度得到进一步提升。强化流动人口管理，开展违法群租房屋和出租大院专项整治，引导人口合理流动，全年常住人口总量低于年度调控目标。

（政法委）

【法制宣传教育】创新公众普法平台，构筑公众参与平台，并强化普法考核，推动普法由活动引领向平台引领转型升级，推动普法由单向宣传向民众互动转型升级，推动普法由“软任务”向“硬指标”转型升级，完成“六五”普法任务，被评为“全国六五普法先进区县”。开展“平安顺义”宣传月和综治工作宣传季活动，营造“共建平安顺义，共享顺义平安”的良好社会氛围。

（政法委）

【司法体制改革】全面落实立案登记制、司法人员分类管理、人民监督员、人民陪审员制度改革等任务，推进各项改革取得新进展。法院全面加强审判和执行工作，有效调节社会关系、平复社会矛盾。检察院充分发挥法律监督职能，加大职务犯罪查办力度，推进反腐斗争深入开展，有力促进司法公正。不断加强社区矫正教育创新管理，指纹报到、社区评议、矫正宣告、公益劳动、电子监管、集中教育“六项创新”做法成效明显。建立法律援助“一站式”服务中心，法律援助惠民效能显著增强。

（政法委）

【社会治理创新】深化矛盾纠纷多元化解机制建设，建立和形成全网式立体化纠纷解决体系，初步达到对外调节纠纷走向，对内实现繁简分流，全国多元化纠纷解决机制改革示范法院的引领示范作用得以充分发挥。以村（居）规民约为抓手，创新基层协同共治，实现基层社会事务先“约”后“规”。借助全区“消隐、拆违、打非”百日专项行动及“平安行动”深入推进，持续推进治安突出问题整治，实现治安秩序突出问题常态化、精细化管控和打存控增、逐步消减，全年行政拘留各类扰序人员382人，同比上升278.2%。稳步推进城市“八型”社区创建工作，30个社区达到建设标准。建立“参与型协商”民主自治模式，逐步形成政府管理与社区民主自治的有效互动，社区治理能力和水平得到提高。

（政法委）

【政法队伍建设】落实全面从严治党各项部署，深入开展“两学一做”学习教育，加强政法领导班子建设，政法队伍执法为民理念得到进一步强化。完善干部培养机制，着力推进优秀年轻干部选拔任用。按照正规化、专业化、职业化要求，加强教育培训工作，政法干警能力素质得到全面提升。充分发挥榜样引领作用，树立一批优秀干警典型。深入推进党风廉政建设和反腐败工作，严格落实“两个责任”，以铁的纪律塑造政法队伍形象。

（政法委）

公安工作

【概况】年内，分局共发布110处警通知9.8万余件，处置突发敏感案事件1676件；抽调警力1675人，完成国庆升旗、住地安检等安保勤务。工作中，依托打击“盗抢骗”、破案冲刺、禁毒会战等专项行动，共立案　10091起，同比上升17.2%。对人民群众关注的多发性侵财案件保持高压打击态势，打击对称性排名保持市局前列，成功破获假冒“斐乐”品牌、南京银行顺义支行诈骗案等一批重点案件。对辖区水、电、气、热、油等内部单位出动警力1638人次，检查重点部位6456个，整改隐患103处；强化全区危险物品从业单位安全检查，确保危险物品“无丢失、无被盗、无被抢、不打响、不炸响”；投入安保力量6.2万余人次，完成燕京啤酒节、鲜花港花展、舞彩浅山等全区品牌活动，及新国展、各大商场促销等56项278场次大型活动安全监管和安全保卫工作，确保312万余人次观众的安全；通过开展“净化行动”大货车整治集中，查处货车违法9.2万起，在全区371个村建立农村交通安全劝导站，配备1170名农村交通劝导员；通过上述工作，全年接报拥堵警情3203起，同比下降32.1%。推动区委、区政府领导带队开展消防检查65次，行业系统带队检查232次，属地检查7200余人次，拆除违法违章建设4.2万余平方米，在全区保持消防排查整治的高压态势；投入经费2870万元，建成微型消防站510个；投入资金622万元，安装独立式火灾报警器9.2万个。坚持基础为要、实战为先，在南彩和南法信派出所新设立2个出入境证件受理点，最大化便利来办证群众；发挥社区民警和“一村一警”优势，全年检查内部单位3.8万家次，走访群众3.2万余人次，与重点人谈话4086人次，化解矛盾纠纷546件，整改消除各类安全隐患357处。22个户籍派出所新购置448辆环保电动巡逻车；争取资金900余万元，为小区居民更换安全锁芯2.4万余把，全区公共安全图像监控项目已进入招投标阶段，新建图像监控339路。发挥全区3.8万名群防群治力量的作用，组织开展巡逻防控、信息采集和重点防范工作；积极探索社会治理职业化运作模式，在天竺、后沙峪等治安形势复杂区域，建立20至100人的专业化巡逻防控队伍。年内，发布奖励命令3次，表彰通报23篇，6个集体荣立集体二等功，33个集体荣立集体三等功，1名因公牺牲同志被追记个人一等功，6名同志荣立个人二等功，178名同志荣立个人三等功（其中72名同志连续三年优秀记个人三等功），456名同志荣获个人嘉奖。

单位名称：北京市公安局顺义分局

地址：北京市顺义区顺平西路8号

电话：（010）69440212

邮编：101300

（陈介堂）

【“2016.03.01”杀人焚尸案】3月3日，分局刑侦支队在昌平区南邵地铁站出口处将涉嫌故意杀人的犯罪嫌疑人王某某（男，1987年4月16日出生，本市人）抓获。经讯问，其对因矛盾将被害人李宏齐（男，1984年08月11日出生，怀柔区渤海镇人）杀害后抛尸到顺义区北石槽镇范各庄桥下京密引水渠涵洞内并将尸体焚烧的犯罪事实供认不讳。

（王飞）

【南京银行顺义支行特大贷款诈骗案】9月10日，南京银行顺义支行贷款部经理张某（男，1982年7月18日出生，北京人）以伪造客户抵押手续的方法，骗取南京银行贷款80余笔，贷款金额达9528万元。经查，张某因使用民间高利贷炒股欠债7000万元。自2016年4月至8月，伙同中介公司人员王某某（男、1987年5月25日，河北人）徐某某（男，1987年5月25日，河北人）等人制造虚假手续，骗得南京银行顺义支行贷款资金。分局已将涉案张某等9人刑事拘留。

（申秀梅）

【宣传工作全面深化】年内，分局各类政工信息被市局政治部政工网采用1176篇，位列16个分县局第2名。“顺警之家”政工微信公众号共推送图文信息200余期，吸引众多民警辅警及民警家属的关注阅读。

（谢培刚）

【青年人才库建设】年内，分局团委组织对青年民警、现役官兵，文职辅警的文艺爱好和特长进行统计摸排，建立分局青年人才库，涵盖3大类17个项目共233人，其中民警159人、文职辅警35人、现役官兵39人。

（程立钱）

【新建看守所、拘留所工程推进】年内，分局新建看守所、拘留所工程已基本完工。工程经市发改委核定概算总投资21647万元，总建筑面积42176平方米。同时，为满足用电需求，分局全力推进外电源接入工程建设工作，年内已立项，项目总投资概算为5333.92万元。

（张学军）

【110非警务剥离工作初见成效】年内，分局通过内部互联互通咨询、长效宣传引导等机制，对接报的民生、求助类等非紧急警情，通过专报快报、电话接转等途径，及时移送相关主管部门答复处置。年内，共处理非警务类报警求助2103件，减少公安机关非警务活动出警频次，初步构建“公安牵头、部门参与、联动顺畅、处置高效”的应急处置工作格局。

（陈曦）

【2016春夏平安行动战果显著】年内，分局依托“2016春夏平安行动”，严打刑事犯罪，严整突出治安问题，共刑事拘留708人、治安拘留964人，打掉有组织犯罪团伙2个，捣毁黄赌窝点15个，查获吸毒人员103人，打击对称性排名全市前列，并妥善处置李桥儿研所一男孩看病猝死等敏感舆情，同时完成啤酒节、国际车展安保工作。

（单凤莲）

【一村（格）一警工作】年内，分局积极争取区综治等部门支持，通过对实有人口、110警情、刑事发案及突出治安问题等深入分析，全力推进“一村（格）一警”工作。其中，采取“一村一警”的367个、“多村一警”的102个、“一村多警”的49个，投入604名警力，共走访群众3.2万余人次，与重点人谈话1460人次，采集基础信息450余条，检查出租房屋4.6万余户、检查内部单位3.8万家次，化解矛盾纠纷46件，整改消除各类安全隐患147处。

（王新凯）

【流管站交接及居住证受理工作扎实开展】年内，分局完成全区490个基层流管站、流管员队伍的交接工作，并配备专职流管员1726名。自10月1日居住证受理、10月8日居住卡登记工作启动，分局共受理居住证25422件、登记居住卡29312件，排名全市第七。

（王新凯）

【做好预防煤气中毒工作】年内，2015至2016取暖季，分局扩展宣传渠道，开展波次检查，创新督导模式，提升居民自防意识，消除各类安全隐患，至取暖季结束，摸排煤火取暖户8万户、取暖人员282379人。因取暖导致煤气中毒死亡7人，实现死亡事故低位运行的目标。

（见志芳）

【治爆缉枪专项行动】年内，分局开展治爆缉枪专项行动，共检查危险物品和刀具销售单位2215家次，摸排闲置厂房、出租房屋、商店、超市等场所2600余处，发现问题137个，协调解决137个；摸排涉枪涉爆重点人、军械枪迷、狩猎爱好者等重点人155人，全部纳入管控视线。收缴各类枪支42把、管制器具20把、各类子弹4358发。

（见志芳）

【社会化全民反恐宣传活动】年内，分局以区反恐办名义，分别于“1.27”《反恐法》宣传日、“6.20”反恐宣传周和“11.05”平安北京活动期间，在辖区光明广场、裕龙三区等地举行全区反恐宣传活动；同时，发动各镇每月开展地区性反恐宣传，已在辖区开展反恐宣传231次，发放反恐宣传材料5万余份。

（杨凤跃）

【优化交通组织，缓解交通拥堵】年内，分局新建隔离护栏10500米，新建、改建交通标志3178套，障碍物移除和修剪路树遮挡标志2750处，新施划交通标线51113平方米，完成治理道路交通安全隐患76处，新建信号灯8处，安装监控设施150处，挖掘各类停车资源600余个；对顺平路六环出入口、新妇幼医院、俸伯路口、石门地铁站周边，新世界、华联商场门前等优化改造。

（陈秋红、李长福）

【交通管理对外宣传】年内，分局配合顺义区电视台录制拍摄“文明红绿灯”45期，在顺义区广播电台播出“交警播报”358期；在《顺义时讯》刊登交通宣传稿件4篇，提供违章停车车辆信息90条；在《北青社区报<顺义版>》刊发稿件登27篇；在《顺义微社区》刊发稿件7篇；向顺义警方微信上报信息 9 篇；向分局上报信息48 篇，刊用48 篇，向交管局上报信息25篇，刊用25篇。

（李贺）

【立体化社会防控体系构建】年内，分局优化警力配置，着力构建以专业巡逻力量、巡逻警务站、携犬巡逻“控点”，交警和视频巡控“巡线”、社区巡控力量和镇级巡防队“看面”、外围检查站“把口”的巡逻防控体系，建立健全街面快速反应、封控堵截工作机制。共接报街头刑事立案205起，同比下降1.5%；街头警情83件，同比下降4.6%；巡逻盘查核录944043人，同比上升10.9%；抓获各类违法人员2481人。

（韩京通）

【消防安全责任制全面落实】年内，顺义区政府将消防工作纳入政府常务会议议程，先后8次召开消防工作会议，与各镇、街道、相关委办局全面签订消防工作责任状。各街镇政府全年共召开消防工作会议120余次，动员网格化群防群治力量5万余人参与到消防工作中，形成消防工作齐抓共管的良好局面。

（丰不超）

【分局过渡性执法办案管理中心建成】年内，分局党委通过初步决议，分局原拘留所改建过渡性执法办案管理中心；7月22日、8月5日、8月16日，分局组织前往通州、海淀、密云等地实际调研；9月12日，改造设计方案及费用预算提交分局党委会审议通过；10月22日，资金通过区政府审批；10月24日正式施工；12月20日过渡性执法办案管理中心正式揭牌成立并投入使用。

（任强锋）

【三大医院安全监管加强】年内，分局医院警务工作站坚持“宣传发动、检查督导、力量整合、纠纷调处和便民服务”等举措，共接处警640余起，协助抓获犯罪嫌疑人12名，妥善处置跳楼警情2起，排查化解医患纠纷8起，寻找离散人口3名，查询“三无”人员家属11起，查找发还笔记本电脑、手机、钱包等物品22件，为民挽回经济损失2万余元。

（孙友生）

检察工作

【概况】2016年，顺义区人民检察院（以下简称顺义检察院）受理审查逮捕案件795件1047人，批准逮捕589件718人，不批准逮捕198件306人。受理审查起诉案件1234件1563人，提起公诉1102件1321人，不起诉115件210人。严格证据标准，对瑕疵证据要求侦查机关补正300余件，对证据不足案件不批准逮捕118人、不起诉53人。坚持打击犯罪与保障人权并重，对逮捕的24名犯罪嫌疑人建议释放或者变更强制措施。保障未成年人合法权益，对3名未成年人作出附条件不起诉决定，对31名未成年人的犯罪记录予以封存。加强诉讼监督，监督公安机关立案20件35人，监督撤案10件，监督立案后有15人被法院判处徒刑以上刑罚，位列全市首位。依托“两法衔接”平台，开展“两个专项立案监督活动”，建议行政执法机关移送涉嫌犯罪案件7件9人。对侦查活动违法提出书面纠正意见11件次，追加逮捕54人，追加起诉67人。纠正社区服刑人员漏管1人，建议撤销缓刑收监执行4人，向法院、看守所等单位发出书面监督意见3份。对民事生效裁判提请抗诉、提出再审检察建议2件，对审判活动不当发出检察建议2份。推进公益诉讼试点工作，对排查发现案件线索，及时发出公益诉讼诉前程序检察建议2份，办理的蔡力凯等人商品房预售合同纠纷再审检察建议案，被最高检评为“全国民事检察优秀案件”。

单位名称：北京市顺义区检察院
地址：北京市顺义区新顺南大街19号
电话：（010）59556600
邮编：101300

（检察院）

【依法查办和预防职务犯罪】接收并初查各类职务犯罪线索25件29人，同比分别上升78.6%和93.3%。立案侦查11件15人，其中处级以上要案6人，大案7件。加强反渎职侵权工作，密切关注顺义3.20澜西园火灾等多起火灾事故，实地勘察走访，排查事故背后的职务犯罪。办理的“高丽营派出所民警张毅刑讯逼供案”获全市反渎职侵权“十大精品案”。密切跟进京沈客运专线顺义段征地拆迁工程开展专项预防，组织开展讲授廉政法制课、旁听职务犯罪庭审等预防警示教育109次，受众7000余人，提供行贿犯罪档案查询服务6000余次。

（检察院）

【依法履职与化解矛盾相结合】坚持依法履职与化解矛盾相结合，促进社会和谐稳定。加强释法说理，妥善化解社会矛盾。推进涉法涉诉信访改革，依法办理群众信访499件次，及时化解群体访1起，受理举报控告申诉线索69件，其中直接答复14件，导入司法程序移送本院业务部门办理28件。做好办案风险预警。在办理“宾利女司机打人案”中，第一时间向市院请示汇报，严格审查证据，依法做出处理，提前做好舆情导控预案，未引发负面舆情。

（检察院）

【司法行为规范】推进规范司法行为，提升检察机关司法公信力。依法保障律师的执业权利，接待律师482人次，接受电话咨询450次，为辩护律师提供查阅复制卷宗2202册。开展案件信息公开工作，向相关诉讼参与人提供程序性信息1345条，向社会公开终结性法律文书1017份，更新官方网站、微博、微信等检察信息400余条，结合检察工作报告制作微信H5图解说明。

（检察院）

【检察改革任务落实】完善检察人员分类管理，选任首批入额检察官51名，占政法专项编制人数的27.7%，平均年龄39.5岁，配备检察辅助人员80名，司法行政人员18名。按照改革要求完成机构优化配置。制定《检察官岗位职责规定》和《司法办案权限划分规定》，明确界定不同业务类别和岗位职级检察官的亲历事项、权责范围和工作标准。

（检察院）

【自身队伍建设】从严治检强化自身建设，打造过硬检察队伍。扎实开展“两学一做”学习教育，开展“对党忠诚，做合格党员”等系列主题研讨。坚持思想政治工作与改革同步跟进。进一步加大人才引进和培养力度，招录公务员和聘任制司法辅助人员31名，组织业务培训64期。推进科技强检，将“远程同录”“多元远程指挥”“一键触发录制”等功能整合，形成全程、全面、全覆盖的“数字审讯系统”，实现院内侦查指挥信息资源共享。2016年被评为“全国检察宣传先进单位”，1个党支部和1名同志分别获得北京市政法系统“五好党支部”和“群众心目中的好党员”荣誉，4名同志获得区优秀基层党组织带头人、优秀党务工作者、优秀共产党员称号。

（检察院）

【电子卷宗系统上线运行】1月4日，顺义检察院电子卷宗系统上线运行，完成第一个案件的电子卷宗制作，并成功导入统一业务应用系统。

（鞠佳佳）

【工作报告获区人大会全票通过】1月7日，顺义检察院党组书记、检察长张豫在区第四届人民代表大会第五次会议上报告本院2015年主要工作和2016年工作安排，报告获大会全票通过。

（鞠佳佳）

【一提请抗诉的民事案件获改判】1月，顺义检察院提请市检二分院提出抗诉的刘再余申诉案，市第二中级法院裁定撤销原判，发回重审，顺义区人民法院经再审做出判决，采纳检察机关的抗诉意见，原生效判决中的错误得以纠正。

（检察院）

【处置首例E租宝投资人来访】2月4日，顺义检察院妥善处置本院首例E租宝投资人的来访。

（鞠佳佳）

【获评全国民事检察优秀案件】2月，顺义检察院办理的蔡力凯等人与北京金宝房地产开发有限公司系列商品房预售合同纠纷案被评为第二届全国检察机关民事检察优秀案件，本案承办人林春艳被评为优秀承办人。

（鞠佳佳）

【首次为涉罪未成年人联系观护】2月，顺义检察院在办理一起审查逮捕案件过程中，首次为一名暂无监护条件的未成年人联系北京市第二未成年人救助保护中心提供临时观护，确保不批准逮捕后取保候审强制措施能顺利实施。

（鞠佳佳）

【高检院领导进行调研】3月10日，高检院刑事执行检察厅副厅长申国君到北京市强制治疗管理处就北京市强制医疗执行监督工作进行调研。市院监所处处长李继华，顺义检察院党组成员、副检察长孙宏伟陪同调研。中国君听取相关汇报后强调，强制医疗执行监督要注重程序监督，到位不越位。

（鞠佳佳）

【国务院相关人员来院调研】3月31日，国务院打击侵犯知识产权和制售假冒伪劣商品工作领导小组办公室处长林忠到顺义检察院调研“两法衔接”工作，北京市政府、市检院相关负责人陪同。

（鞠佳佳）

【未检处荣获市“三八”红旗集体】3月，顺义检察院未成年人案件检察处荣获北京市“三八”红旗集体荣誉称号。

（鞠佳佳）

【与区纪委等联合举行宣讲活动】4月，顺义检察院与区纪委、区委组织部、区委宣传部、区法院等单位联合举行“知规明纪”主题巡回宣讲活动。预防处4名干警受聘为宣讲团成员。

（鞠佳佳）

【市院检察长来院调研】5月11日，市院党组书记、检察长敬大力到顺义检察院调研指导工作，视察本院刚刚建成的教育培训会议室，并与本院党组成员进行座谈。

（鞠佳佳）

【首份行政公益诉讼检察建议发出】5月，顺义检察院就北京市国土资源局顺义分局怠于履行法定职责一案向该局发出检察建议。分局采纳检察建议，并将案件依法移送公安机关。

（鞠佳佳）

【司法改革领导小组首次会议召开】6月13日，顺义检察院召开司法体制改革工作领导小组第一次会议，会议由张豫主持。会上，学习敬大力在全市检察机关司法体制改革试点工作动员部署会上的讲话精神、市院《关于在司法体制改革试点工作中加强北京市检察机关党的建设的通知》等文件，研究通过顺义检察院首批入额工作方案。

（鞠佳佳）

【司法改革动员部署会召开】6月15日，顺义检察院召开首批计入检察官员额工作动员部署会，全院干警参加会议。会上，院党组副书记、副检察长张宝来就本院内设机构优化设置、入额方案以及近期重点工作等情况作详细说明。

（鞠佳佳）

【“七一”表彰大会召开】7月1日，顺义检察院召开庆祝建党95周年暨“七一”表彰大会，对6个优秀党支部和32名优秀个人进行表彰。

（鞠佳佳）

【清理未执行刑罚活动会议召开】7月7日，顺义区开展集中清理判处实刑罪犯未执行刑罚专项活动座谈会在顺义检察院召开，张豫、区政法委副书记、综治办主任姜蒙出席会议，区法院、公安分局、司法局、看守所等单位的相关领导参加会议。会上，各单位讨论顺义区刑罚执行工作中存在的主要问题，提出意见建议。姜蒙对此次专项活动提出要求。

（鞠佳佳）

【统一业务应用系统补录完成】7月，根据高检院《关于在统一业务应用系统中补充收集检察工作有关情况的通知》和市院《关于做好在统一业务应用系统中补充收集检察工作有关情况的通知》，顺义检察院规范完成补录案件700余件。

（鞠佳佳）

【会签对罪犯病情诊断的意见】8月1日，顺义检察院与区公安分局、法院、司法局、卫计委联合签署《关于委托顺义区医院对罪犯（被告人）进行病情诊断的实施意见》。意见明确具体委托单位及相关流程、病情诊断书的具体要求以及各相关单位的工作职责。

（鞠佳佳）

【获“新闻宣传先进单位”称号】8月，顺义检察院被最高人民检察院检察日报社授予“2016年度全国检察新闻宣传先进单位”称号。

（鞠佳佳）

【区人大调研司法改革工作】10月12日，区人大专题调研顺义检察院开展司法体制改革的各项工作情况。张宝来代表本院做工作汇报，区人大常委会副主任董建华、区人大常委会内司委主任李国庆、区委政法委副书记姜蒙等10位领导和人大代表听取汇报。

（鞠佳佳）

【市院领导督导公益诉讼工作】10月20日，市院党组成员、副检察长黄宝跃到顺义检察院督导民事和行政公益诉讼试点工作。会上，张宝来汇报本院开展民事和行政公益诉讼的情况。

（鞠佳佳）

【市院进行巡视检察】11月12月，市院刑事执行检察部对顺义检察院驻顺义看守所检察室及监所执行监督、强制医疗监督工作进行巡视检察。

（鞠佳佳）

【公益诉讼座谈会召开】12月5日，顺义检察院与区环保局就环境公益诉讼工作召开座谈会。会上，双方对该院近期排查的环境公益诉讼案件线索进行深入交流，并就进一步推进环境公益诉讼达成共识。

（鞠佳佳）

【检察服务中心挂牌成立】12月5日，根据市院的统一部署，顺义检察院检察服务中心正式挂牌成立。

（鞠佳佳）

【张豫当选检察长】12月22日，在顺义区第五届人民代表大会第一次会议上，张豫全票当选为顺义区人民检察院检察长。

（鞠佳佳）

【驻执法办案中心检察室成立】12月2□日，顺义检察院与北京市公安局顺义分局共同举行执法办案管理中心暨顺义检察院派驻该中心检察室的揭牌仪式，驻顺义分局执法办案管理中心检察室正式成立。

（鞠佳佳）

审判工作

【概况】年内，本院推进司法改革，开展多元化解工作，着力解决执行难，自觉主动接受人大监督，确保依法公正高效行使审判权。经过一年的努力，本院及本院干警获得多项荣誉。本院被评为“北京市先进法院”并作为郊区法院唯一代表荣获“首都劳动奖状”。院党组书记、院长李旭辉讲授的党课在市高院优秀党课评比中荣获一等奖。后沙峪法庭周益法官审理的案件获评最高人民法院弘扬社会主义核心价值观典型案例。曹咏、褚征荣获“北京市法院模范法官”。宋艳华、王小丽、周益荣获“北京市法院先进法官”。王媛媛荣获“北京市法院先进工作者”。

单位名称：北京市顺义区人民法院

地址：北京市顺义区府前东街

电话（010）69444921

邮编：101300

（杨正钦）

【推进司法改革】年内，本院完成两批共105名法官的入额工作，组建审判团队76个和执行团队25个，面向社会招录聘任制审判辅助人员48名，填补审判辅助人员缺口。根据司法改革的精神，结合工作实际，制定出台五个配套性文件。制定《院庭长审判监督权责清单》，在还权于法官、合议庭的同时，建立符合司法规律的监督管理机制，推动院庭长审判监督管理从个案审批、文书签发，向全院、全员、全过程的案件质量效率监管转变，提高审判管理监督水平。制定《院庭长办案规定》，推动院庭长办案常态化。年内，庭长结案4798件，同比上升32.2%。修订《审判委员会工作规则》，审委会重点讨论重大疑难复杂案件的法律适用问题，切实发挥审委会保证民主集中制落实、保证审判权统一行使、保证司法尺度统一的职能作用。制定《法官会议工作规则》，建立法官会议制度，推动法官自我监督、自我管理。制定《案例工作规定》，审判委员会、法官会议、院庭长和法官通过抓好典型个案的办理和裁判规则的提炼，统一法律适用标准，指导审判执行工作。

（杨正钦）

【多元化解工作推进】本院成立速裁审判组，试点开展立案阶段先行调解和速裁审判工作，17.7%的民商事纠纷在立案阶段得到解决，平均结案时间10天，90%的纠纷在一个月内办结。本院与区政府联合成立“顺义区行政争议化解中心”。从诉服干警和区法制办退休人员中选拔经验丰富的专职化解员。通过制定详细的运行文件，规范化解流程，成功化解13起行政争议。本院在赵全营镇建立北京市首家“法官工作室”，依托法官工作室，开展多元化解工作。

（杨正钦）

【依法打击刑事犯罪】年内，审结全国“扫黄打非办”挂牌督办，涉案金额1200余万元的王某、张某等九人非法经营假杂志案；审理一起在网上炒作、煽动法轮功人员串联聚集的涉“邪教”案件；审理原密云县工会主席受贿、挪用公款案、顺义区民政局婚登科长滥用职权案等10个职务犯罪案件。院党组书记、院长李旭辉审理《贪污贿赂司法解释》实施以来本院受理的第一起受贿罪案件——原北京质检院院长孙路伟受贿案。

（杨正钦）

【刑事速裁审判改革推进】年内，通过在看守所设立速裁法庭，节省提押警力和时间；改革庭审方式，同类案件合并开庭审理，提高庭审效率。本院全年适用刑事速裁程序案件553件，适用率52%，服判息诉率98%，平均审理时间6天。

（杨正钦）

【破解病患罪犯收监难题】年内，本院与区检察院、区公安分局、区司法局、区卫生计生委等部门联合签发《关于委托顺义区医院对罪犯进行病情诊断实施意见》，经医院诊断后据此对7名不符合保外就医条件的罪犯予以强制收监，对3名符合条件的依法予以监外执行，对5名下落不明罪犯予以网上抓逃。

（杨正钦）

【践行司法为民】通过“诉讼服务查询一体机”、“12368语音服务平台”和北京法院内网诉讼服务板块，构建立体式服务平台。推出夜间“延时服务”，真正做到服务不打烊，全年共引导接待当事人5.4万人次。为满足基层司法需求，制作《诉讼便民手册》，对当事人从立案交费到申请执行进行一站式诉讼指引。针对当事人行动不便、住所地偏远的案件，借助巡回审判系统，开展上门开庭，就地解决矛盾。

（杨正钦）

【保险直赔机制建立】年内，本院探索建立保险公司“直赔”机制，对于涉及人数较少的调解案件和一审判决生效案件，要求涉案保险公司按照裁判确定的履行期间直接将理赔款汇至获赔方账户。推行本制度以来，本院审理的机动车交通事故责任纠纷案件，98%的调解案件和70%的判决案件实现直接赔付。

（杨正钦）

【家事审判改革】年内，本院推进家事审判改革。一是推行“要素式调查”制度。要求原被告在庭前准备阶段填写《离婚案件原告诉讼要素表》《离婚案件被告诉讼要素表》及《家事案件当事人财产申报表》以提高庭审效率。二是试行婚姻考验期制度。在夫妻感情没有完全破裂的离婚案件中，引导双方当事人签订婚姻考验期承诺书。当事人签署婚姻考验期承诺书后，承办法官定期回访当事人，对双方进行引导。试行以来，有37%的离婚案件经法官调解和好。三是建立委托调解制度，邀请人民陪审员、社区居委会、当事人亲属等外部力量参与调解和婚姻考验期内的回访工作。

（杨正钦）

【法治政府建设】年内，发布《2015年度行政案件司法审判年度报告》。对上一年度受理的行政案件进行梳理和分析，总结行政审判工作基本情况和主要特点；整理行政机关存在的问题；阐述新常态下行政审判的主要任务。该白皮书还附具年内行政机关涉诉案件统计表和该院十大典型行政案例。年内，共有南法信镇镇长、木林镇镇长、人社局局长等3名正职及工商局副局长、高丽营镇副镇长等57名副职出庭应诉，同比增长近七倍。该院强化对行政审判的质量监督，行政审判质效综合排名位居全市第一。

（杨正钦）

【破解执行难】年内，制定执行体制改革方案，着力推进执行规范化、办案信息化、创新体系化、队伍正规化。通过推行“一案一账号”的精细化管理，有效解决执行案款底数不清、长期滞留法院等问题，共清理不明执行案款1200余万元。利用信息化手段对逃避执行的“老赖”进行网上布控，对拒不执行的“老赖”实施信用惩戒，发布失信被执行人信息3944人次。按照北京市高院统一部署开展“年底六十天执行会战”。通过网络查找被执行人财产，发现财产立刻采取冻结措施，冻结后直接扣划，加快被执行财产的处置变现速度，提高案件执行效率。加大涉民生案件的执行力度，本院党组书记、院长李旭辉顺利执结大三环食品有限责任公司拖欠王某、宋某等68人工资案。为工人讨回130多万工资的同时以善意执行的理念保住公司。

（杨正钦）

【审判管理强化】年内，本院新收各类案件26852件、同比下降8%，未结2801件、同比下降15.6%，长期未结案件29件、同比下降39.6%；办结27379件（含旧存）、同比上升4.8%，结案率90.7%、同比上升1%，结案均衡度0.58，均衡度排名同比上升8位，呈现出收案数、未结案数、长期未结案数下降和结案数、结案率、结案均衡度上升的“三降三升”良好态势。组织召开案件评查会4次，评查案件119件，评定差错案件25件，刊发《案件评查专刊》4期，梳理典型案例21个。本院在2016年审判质效位居全市第五。

（杨正钦）

【高素质队伍建设】年内，本院以专业化、职业化为目标，着力提升干警司法能力和业务技能。通过组织干警参加学术讨论会、案例研讨会、新闻通报会，接受媒体采访等形式，全面提升队伍素质能力，培养高层次审判人才。本院干警撰写的15篇论文在比赛中获奖，14篇案例入选《中国法院年度案例》和《人民法院案例选》，12篇信息获得各级领导批示，10名法官被推选为顺义区法学会首批会员。通过开展优秀裁判文书评选，不断提升法官裁判文书说理水平，在第二届优秀裁判文书百佳奖评选活动中，共有6篇裁判文书获奖。

（杨正钦）

司法工作

【概况】年内，区司法局组织召开顺义区“七五”普法启动大会，实现“七五”普法良好开局。全年共开展普法活动4439场，举办法制讲座3083场，发放宣传资料234884件，提供法律咨询66360人次，代写法律文书1977件，协助司法所、村（居）委会开展矛盾纠纷调解2705件，举办调解人员培训3112场，村（居）工作人员培训2642场。累计接收社区服刑人员179人、解除219人，累计接收刑满释放人员358人、解除357人，在册管理社区服刑人员240名、刑满释放人员1789名，为特困人员发放临时救助7400元。调解案件11522件，成功11221件，成功率97.4%。实现全区5823名调解员，597个调解组织动态备案管理，推进264家调委会达规范化标准，完成15名区级专家、77名镇（街）级专家人民调解专家库入库仪式。办理劳动力转非自谋职业协议书公证1429余件，办理国内业务2895件，涉外业务1258件，标的约87450万元。年内“法律援助在线服务平台”正式投入使用，实现在线咨询、在线申请、案件管理、监督管理在线管理，法律援助接待来电来访咨询7749人次，受理法律援助案件达3156件。

单位名称：北京市顺义区司法局
地址：北京市顺义区光明南街18号
电话：（010）69443840
邮编：101300
网址：http://www.sifj.bjshy.gov.cn/

（齐艳平）

【“2016零点报告行动”工作】 2015年12月31日23:40到2016年1月1日0:20，按市局关于“2016零点报告行动”的统一要求，本局做好社区矫正指挥中心会场布置工作，累计参加5次行动演练，同时，通过视频系统，完成向市局社区矫正管理总队的报告工作。

（齐艳平）

【维权月活动工作部署会召开】 3月28日，本局召开“法援相伴 扶残助残”维权月活动工作部署会。会议对“法援相伴 扶残助残”维权月活动的时间、任务及工作要求进行安排部署，并现场由律师对残疾人代表提出的法律问题进行集体会诊。

（齐艳平）

【特殊人群专项组办公室专题会议召开】 3月29日，本局召开特殊人群专项组办公室专题会议，区公安分局、检察院、法院参加会议。会议一是通报“两会”安保情况；二是讨论审议社区矫正社区评议文件；三是对电子监管试行工作进行通报；四是对下一阶段特殊人群专项组工作进行部署。

（齐艳平）

【法律援助志愿者招募工作结束】 自本局法律援助志愿者招募报名起，共有90余名律师报名参与法律援助志愿者选聘，本局还将本区在校大学生、基层法律服务工作者等群体扩充到志愿者队伍中来，志愿者们利用自身所具备的专业知识和能力，通过开展解答咨询、提供法律意见、代拟法律文书等形式自愿无偿参与到本区法律援助志愿服务工作中来。

（齐艳平）

【与顺义法院后沙峪法庭达成诉调对接共识】 5月17日，本局与顺义法院后沙峪法庭召开工作座谈会，会上，双方就完善诉调对接工作机制达成三项共识：一是在处理相邻关系纠纷，婚姻家庭等基层常发案件上，引入基层调解组织，发挥调解组织在此类案件中优势作用；二是加强法院与基层调解组织间的合作沟通，建立电话、微信等交流平台；三是创新培训方式，开通微课堂等新媒体方式，加强对民调主任培训，更好化解基层矛盾纠纷。

（齐艳平）

【荣获“六五”法治宣传教育全国先进区称号】 7月26日，北京市司法局召开北京市“六五”普法总结暨“七五”普法启动大会，会上本区作为北京市“六五”法治宣传教育全国先进区的代表在大会上做典型发言。

（齐艳平）

【“村居法律顾问”首次成果交流会】 8月8日，本局举办“村居法律顾问”首次成果交流会，胜利街道办事处主任王洪涛、副主任张树龙、本局副局长周海英等领导参加会议。会上，村居法律顾问从自己作为村居法律顾问的亲身感受向与会领导和社区居民作简要总结、汇报。副局长周海英介绍村居法律顾问活动的渊源及本区村居法律顾问取得的成果，并指导本区村居法律顾问要全力守护村居法律顾问的品牌，严抓法律服务质量落实。会上，道盛律师事务所主任及辖区法律顾问向现场居民发放《村居法律顾问手册》，并对居民提出的宅基地房屋纠纷等法律咨询进行解答。

（齐艳平）

【龙城公证处公证质量检查工作完成】 龙诚公证处工作人员于10月17日到19日参加北京市司法局为期三天的公证质量检查工作，4名公证员对本年度办理案卷进行自查，同时，公证处主任王利民同志与公律科科长作为评审参与公证案件质量检查工作。通过检查，龙诚公证处所有卷宗均达到合格标准。

（齐艳平）

【总结“六五”、启动“七五”普法动员大会】 12月1日，本区总结“六五”启动“七五”普法动员大会暨“12.4”宪法日宣传活动大会召开。会上，副区长盛德利对“七五”普法及“12.4”国家宪法日宣传活动进行部署。市司法局副局长孙超美充分肯定本区“六五”普法在加强普法阵地建设、打造公众普法参与平台、实现普法工作的转型升级等方面取得的优异成绩。区政协主席、区委政法委书记、区委法制宣传教育领导小组组长周颖博对本区“七五”普法提出具体要求：一是要深刻认识“七五”普法、依法治区的重要意义，扎实推进法治宣传教育工作，认真组织实施“七五”普法规划；二是要把思想和行动统一到中央、市委部署上来，振奋精神、真抓实干、开拓进取、认真贯彻落实“七五”普法规划，深入推进法治宣传教育工作，将法治理念、法治精神根植于人民群众之中，为建设绿色国际港、打造航空中心核心区、共筑和谐宜居新家园奠定坚实的法治基础。区检察院检察长张豫，区法院院长李旭辉，区委法制宣传教育领导小组成员，区直各部门、各镇（街）法宣负责同志共300人参加会议。

（齐艳平）

【北京市未成年人管教所到本局开展座谈交流会】 12月2日，北京市未成年人管教所到本局开展座谈交流会，会上，北京市未成年人管教所李仲林副所长介绍55名在所服刑的顺义籍罪犯的基本情况，并就即将刑满释放的5名帮教重点人群、1名暂予监外执行罪犯的接收衔接工作进行沟通交流。双方就努力做好未成年罪犯、“三无人员”、“特殊老病伤残人员”等重点人群的无缝衔接妥善安置工作，开展有针对性的入监帮教工作等内容达成基本共识。

（齐艳平）

【首批社区矫正电子监管有关事项核审工作完成】根据《顺义区司法局社区矫正电子监管有关事项内部核审办法》，本局完成首批4名患有严重疾病暂予监外执行的社区服刑人员不予加戴电子监管的核审，2名因违反外出请假规定给予社区矫正警告处分的社区服刑人员非电子监管期加戴的核审。截至目前，本局已对10名新接收社区服刑人员实施电子监管。

（齐艳平）

【人民调解专家库建设完成】区人民调解专家库建设初步完成。截止目前，全区专家级人民调解员共92人，其中区级专家15人，镇（街）级专家77人。人民调解专家主要来自法官、律师、骨干调解员等领域，具有较高理论知识和实践经验，专家平均年龄44.6岁，其中大专以上学历占总数的89%。“专家库”的建立有效提高本区专家参与人民调解工作的质量。

（齐艳平）

【市局社区矫正管理总队开展第四季度督查工作】督查组走访南彩、石园、光明、旺泉四个司法所，实地检查本区社区矫正工作的开展情况，听取各司法所关于十八届六中全会安保、社区服刑人员教育管控、重大事项报告等工作情况的总结汇报，并对重点时期安保工作方案、社区服刑人员档案及社区矫正自查报告等材料进行重点检查。督查组充分肯定本局在开展社区矫正工作中的成绩，并要求本局以此次督查为契机，全面抓好社区矫正制度的落实工作，为本市社区矫正工作质量的整体提升做更大的贡献。

（齐艳平）

【“第五届全国法律援助工作先进集体”荣誉称号】法律援助中心荣获司法部“第五届全国法律援助工作先进集体”荣誉称号。中心通过开辟绿色通道、开通网络、手机微信申请、开展上门服务等新举措，不断扩大法律援助范围，提高法律援助质量，提升法律援助保障能力，实现网络覆盖、便民利民、质量提升三项突破。2016年，中心共接待来电来访咨询7584人次，同比增长23%，受理法律援助案件3662件，同比增长41%。

（齐艳平）

【法援中心被司法部确定为全国法律援助工作联系点】区法律援助中心以维护困难群众合法权益、保障与改善民生为出发点与落脚点，以“应援尽援、应援优援”为工作目标，扩大援助范围，提高服务效能，规范服务行为，实现法律援助工作新突破，于年内被司法部确定为全国法律援助工作联系点。

（齐艳平）

社会治安综合治理

【概况】2016年，全区综治系统紧紧围绕区委、区政府中心工作，坚持法治引领，将平安建设纳入依法治区整体规划；坚持改革创新，加强治安防控体系建设；坚持综合施策，深入推进重点地区整治；坚持问题导向，进一步提升群众安全感满意度；坚持提质增效，进一步提升村庄社区化管理效能；坚持源头治理，进一步强化矛盾排查化解长效机制建设；坚持正确舆论导向，进一步加大综治工作宣传力度，努力推动平安顺义建设迈上新台阶，使社会稳定基础更加扎实，安定和谐的局面更加巩固。

单位名称：顺义区社会治安综合治理委员会办公室
地址顺义区新顺南大街27号
电话：（010）69460080
邮编：101300

（综治办）

【城乡结合部公共安全隐患重点整治工作】投入专项整治资金近亿元，完成8个重点地区326项台账整治任务，拆除违建273宗、4万余平方米；开展联合执法行动千余次，排查各类隐患5000余件；4个市级重点地区发案总量同比下降15%以上，可防性案件下降25%以上，疏解人口6133人。

（综治办）

【社会治安重点地区整治工作】推进32处三级挂账社会治安重点地区整治，实现重点地区警情、案件明显下降，突出问题有效治理。市级挂牌督办地区顺利摘牌，挂牌地区李桥镇刑事案件、治安案件、城管热线同比分别下降24.3%、33.83%和22.44%。

（综治办）

【重点时段社会面防控工作】全年共6次启动社会面等级防控，确保全国“两会”、G20峰会、十八届六中全会等重点时段的绝对安全。投入250余万元，为全区3万余名治安志愿者做好服务保障工作。规范“护城河”治安检查站和乡村道路卡点勤务工作，首都外围治安查控能力明显增强。充分发挥铁路专职护路联防队伍作用，有效消除一批影响铁路运行的隐患问题。

（综治办）

【矛盾排查化解工作】研究制定本区《关于进一步健全完善矛盾纠纷多元化解机制的实施意见》，压实矛盾化解责任。将社会稳定风险评估作为重大决策、重大政策、重大项目、重大改革措施的前置程序和“刚性门槛”，从源头防止侵害群众利益，全年共完成审查228份，社会风险矛盾提前预警、化解能力进一步提高。依托综治维稳工作中心化解矛盾纠纷，加大矛盾纠纷的排查和化解力度，重点时段24小时开门接访，最大限度将矛盾纠纷吸附在当地、化解在基层。

（综治办）

【网格化社会管理综合治理信息平台建设】在区、镇（街）、村（社区）三个层面分别开展问需调研，协调多家综治委成员单位参与综治信息化建设研究，先后到空港街道、旺泉街道、北务镇、仁和镇、天竺邮政管理局等进行实地调研。根据首都综治办的要求，并结合本区实际需求，平台建设6大基础应用以及10大特色应用。11月中旬平台开发各项功能基本完毕，系统运行良好。组织召开综治信息化建设数据协调会，区公安分局、区司法局、区信访办、区民政局等12个部门按照数据有关要求，提供平台建设所需要数据，软件开发公司进行数据录入并对系统进行测试。12月16日，工作通过初步验收，监理公司出示《工程初验报告》。

（综治办）

【平安顺义主题宣传活动】7月初至8月底，集中开展综治宣传月活动，制作并下发环保宣传袋、折扇等宣传品5万余份，大力加强综治工作宣传。11月初至12月中旬，根据全市的统一部署，本区集中开展“平安顺义”主题宣传月活动，包括集中开展媒体宣传、入户走访及社区民警向居民述职、“我为平安北京支一招”、主题宣传日、“我心目中的平安社区”评选、集中解决影响群众身边治安突出问题六个方面的内容。11月5日，区综治办、公安分局联合区司法局、国安分局、区委防范办、区流管中心、光明街道，在裕龙六区文化广场开展主题宣传日活动，社区居民群众300余人参观平安建设宣传展板并领取宣传材料，收到良好的宣传效果。

（综治办）

【平安志愿者队伍建设】培育平安志愿者增强“六员”意识，分别是当好法律法规“宣传员”隐患苗头“预警员”矛盾纠纷“调解员”心理健康“卫生员”行为规范“协管员”应急处置“战斗员”。引导平安志愿者掌握“六种”工作方法，分别是让平安志愿者学会察颜观色、谈心交心、结对帮带、随机引导、形象感召、心理调节。抓实平安志愿者队建的“六项”基础工作，分别是科学选配、定期考核、坚持培训、结对帮带、收集情况、奖惩激励。全区平安志愿者队伍逐步发展壮大，实名注册达32974人。

（综治办）

【加强铁路护路工作】重大活动及重要时期，组织全区26名专职护路队员和200余名治安志愿者全天24小时对辖区铁路进行执勤和守护。对铁路职工违规建房进行清理，劝离28户租户50余人，占地450平米的违章建筑全部拆除。制作悬挂包括“禁止穿越铁路护网”“禁止在铁路线路两侧倾倒垃圾”“珍爱生命严禁穿行铁路”“禁止在铁路两侧挖沙取土”等内容的爱路护路宣传牌120块。为护路队员重新制作并配备夏季、冬季的服装和手电、鞋等基础装备，为护路队员下发7-9月高温补贴，有效调动护路队员的工作积极性和主动性。

（综治办）

【流动人口管理工作】发挥居住证制度在流动人口服务管理中的基础作用，全年共办理居住证和居住登记卡13.1万张。加强基层流管站、流管员队伍规范化建设，实现流动人口调查登记和流管信息平台由流管向公安移交。

（综治办）

【推进严重精神障碍患者申领看护补贴工作】先后组织有关成员单位参加首都综治办专项工作视频会，召开4次专项工作协调会，以六部门联合文件形式下发本区工作方案。针对各单位反映的日常工作中存在问题，做好第一次看护补贴申领的指导和协调工作。10月中旬，由区综治办副主任、区民政局、区卫计委主管领导带队分3组，对各镇街看护补贴工作进行实地拉练检查，听取存在问题及工作进展情况。

（综治办）

【首都学雷锋志愿服务站（岗）、示范站（岗）荣誉称号】经首都文明委评选，本区综治系统荣获首都学雷锋志愿服务示范站2个，首都学雷锋志愿服务站42个，首都学雷锋志愿服务岗33个，其中胜利街道建南一社区夕阳红治安巡逻志愿服务站、双丰街道马坡花园一区学雷锋志愿服务站分别被评为首都学雷锋志愿服务示范站，赵全营镇、马坡镇、北务镇、北小营镇、天竺镇、大孙各庄镇、空港街道的42个村居志愿者服务站分别被评为首都学雷锋志愿服务站，空港街道、胜利街道、双丰街道、石园街道、北石槽镇、天竺镇、木林镇、旺泉街道、龙湾屯镇、牛栏山镇、赵全营镇、马坡镇的33个村居志愿者服务岗被评为首都学雷锋志愿服务岗。

（综治办）

【举办2016年综治干部培训班】5月4日至6日，区综治委成员单位主管领导、各镇街综治办主任、常务副主任共计100余人参加。此次培训班邀请中国人民公安大学、区委党校的教授学者，首都综治办、市委防范办领导，围绕平安北京建设、综治重点工作、顺义区“十三五”规划、社会矛盾多元调解体系建设等7个方面进行专题授课，并组织全体学员实地参观朝阳区双井街道综治信息化建设、大兴区治安志愿者协会建设，切实提高一线综治干部的政策和业务水平，增强解决问题的实际能力。

（综治办）

军事

人民武装

【概况】2016年，顺义区人民武装部在卫戍区党委和顺义区委、区政府的正确领导下，坚持以毛泽东思想、邓小平理论、“三个代表”重要思想和科学发展观为指导，全面贯彻习主席系列重要讲话和全军政治工作会议精神，坚决落实卫戍区党委扩大会议精神，按照“举旗铸魂、聚焦打赢、依法治理、强基固本、创新推动、坚强核心”的思路，紧盯“四个不出”、力争一点小事也不出的安全稳定目标，抓建设谋发展，完成年度各项工作任务。年内，被卫戍区评为“安全稳定达标单位”，被北京市民防局评为“北京市人民防空先进集体”。

单位名称：北京市顺义区人民武装部
地址：顺义区光明南街16号
电话：（010）69444421
邮编：101300

（吴修顺、张玉伟）

【抓好民兵组织整顿】4月份，按照制定实施方案、先期召开专题会议部署、深入指导促进落实的步骤，采取“四结合、四延伸”的编组模式，探索民兵编组向国有企业拓展路子。完成民兵编组任务。

（吴修顺、张玉伟）

【陆军副政委石晓调研】4月27日，陆军副政委石晓带领陆军机关工作组一行3人来本部调研，卫戍区政治部干部处、组织处2名同志陪同。石副政委查看武装部作战值班室、作战室等办公场所，并听取本部关于顺义区情、驻区部队情况和武装部全面建设情况的汇报。

（吴修顺、张玉伟）

【落实党管武装制度】5月27日，顺义区党管武装工作会召开。会上，组织北小营镇党委书记马强、南彩镇党委书记黄永志作党管武装工作述职，其他镇、街道、企业党（工）委书记提交书面述职报告。区委书记王刚同志围绕新年度武装工作提出四点要求，要进一步增强党管武装的责任感使命感；牢牢把握国防后备力量建设坚定正确的政治方向；提升国防后备力量整体建设水平；在推动军民融合深度发展上有所作为。

（吴修顺、张玉伟）

【民兵高炮分队训练】5月底至7月中旬，利用40多天时间，采取与预备役高炮二团联合训练的方式，成建制组织一个民兵高炮连进行集中训练，借助部队的场地、教学、保障等优势，狠抓单兵技能训练，强化班组协同训练，突出分队合成训练，在实弹射击考核中取得优异成绩。

（吴修顺、张玉伟）

【征兵宣传多措并举】6月1日，“征兵宣传进校园”活动在北京工业大学耿丹学院开展。7月21日，在顺义区光明广场开设顺义区征兵宣传站，副区长盛德利参加现场宣传活动。同时，在报纸上刊登征集政策，在电视台播放征兵宣传片，利用顺广传媒微信公众号发布征兵信息，利用户外LED大屏幕循环播放征兵宣传片，以适龄青年为主体群发50000万条征兵网信，开通乡村广播每天重复播放征兵政策，在所属镇、街道、村、社区张贴宣传画600套，设立宣传站发放《致全区适龄青年的一封信》40000份，在5条公交线路、3个公交站点设置征兵宣传海报。

（吴修顺、张玉伟）

【抓好对口分队及其它专业训练任务】7月，协调驻区空军防空三团对40名民兵通信保障分队进行专业训练；8月，组织对民兵防汛分队进行防汛课目的训练演练；9月下旬，组织565名专武干部和民兵连长轻武器实弹射击，较好的完成年度训练任务。

（吴修顺、张玉伟）

【协调组织区领导过军事日】8月1日,组织区四套班子、综保区领导以及部分委办局领导到仪仗大队集体过军事日，现场观摩礼兵表演，并参观荣誉馆接受国防教育。

（吴修顺、张玉伟）

【征兵工作动员会召开】8月2日，顺义区2016年夏秋季征兵工作动员大会召开。各镇、街道，各委办局党(工)委书记和各大企业、驻顺高校等单位60多名领导同志参加会议。会议对2015年夏秋季征兵工作进行总结，对2016年夏秋季征兵工作进行部署。区委副书记、区长高鹏强调，要认清形势、突出重点、周密部署，切实增强政治责任感，广泛激励高素质青年参军入伍，确保征兵工作有序开展。

（吴修顺、张玉伟）

【新兵入伍欢送会召开】9月8日，召开新兵入伍欢送会。会上，33名区籍优秀现役军人受到表彰，领导为受表彰的优秀现役军人家庭代表和入伍新兵代表佩戴光荣花。区委书记王刚讲话，对参与征兵工作人员给与肯定，对送子参军的家长给予高度评价，并对入伍新兵提出期望。

（吴修顺、张玉伟）

【卫戍区司令员王春宁调研】11月4日，卫戍区王春宁司令员带机关工作组一行3人到本部调研。王司令员查看武装部作战值班室、作战室等办公场所，并听取关于顺义区情、驻区部队情况和武装部全面建设情况的汇报。

（吴修顺、张玉伟）

【稳步推进双拥共建工作】发挥桥梁纽带作用，以“全国双拥模范城”四连冠为契机，推进双拥共建工作创新发展。春节、八一前，两次协调区委书记、区长到驻区部队走访慰问，密切军政军民关系；协调区委、区政府设立2000万元的为部队办实事专项资金，用于帮助驻区部队解决重难点问题；结合建党95周年和红军长征胜利80周年，协调地方相关部门广泛开展书画、文艺、法律等进军营活动。

（吴修顺、张玉伟）

【“驻顺义、爱顺义、建顺义”活动】在驻区部队中广泛开展“驻顺义、爱顺义、建顺义”活动，部队主动承担抗洪抢险等急难险重任务，制定方案计划、组建值班分队、准备物资器材、组织训练演练，确保遇有情况能够快速反应，有效执行任务；协调部队参加义务植树、烈士公祭等活动，广泛开展结对帮扶、困难救助、综合治理等活动，努力为驻地建设做贡献。

（吴修顺、张玉伟）

【基层“青年民兵之家”建设持续推进】年内，突出基层武装部、民兵营（连）部建设和“青年民兵之家”试点建设，抓规范、抓标准、抓推广，整体建设层次实现新跃升。

（吴修顺、张玉伟）

【严密组织各类人员政治考核】年内，先后组织核心涉密人员、密码工作人员、重要岗位人员、民兵高炮分队训练人员进行专项考核和定期考核共计156人次。组织青年学生报考军队国防院校政治考核48人次。完成新兵政治考核任务。

（吴修顺、张玉伟）

【扶贫帮困活动组织开展】协调相关部门对父亲突发疾病去世的区籍现役战士甘雨家庭进行慰问，并送去慰问金，同时协调镇政府解决其母亲就业问题，努力解除其后顾之忧。

（吴修顺、张玉伟）

民防工作

【概况】2016年，顺义区民防局按照年初制定的《顺义区民防局2016年工作要点》的目标任务，紧紧围绕本区的中心工作，全面加强应急组织指挥、人防工程建设与管理、宣传教育培训等方面建设，各项工作稳步推进。

单位名称：顺义区民防局
地址：顺义区府前中街3号（顺义宾馆院内西侧）
电话：（010）69443202
邮编：101300
网址：http://www.renfang.bjshy.gov.cn/

（民防局）

【人防工程建设审批规划】加强使用及审批管理，全面体现人防工程社会公益性。坚决杜绝散居住人的使用审批，使用方向着重体现服务建设单位和社会公益性。在对人防工程进行建设审批时，按照规定的流程严格把关，依法审批，无低标准审批、超时限审批等情况。2016年,顺义区批准使用人防工程15处，其中1处物业办公，其余14处平时用途均为汽车库,为社区提供多处人防工程停车位。

（民防局）

【结建工程跟踪检查】认真做好已审批项目的后期实施落实情况。根据市民防局人防工程监督管理工作下放到区县的要求，完成区级审批项目的人防工程质量监督注册15个，并完成施工过程中的质量监督检查工作。民防局结建执法检查小组，对顺义区尚未完成竣工认可的项目全年进行跟踪检查，随时掌握和了解工程建设中各种信息。针对顺义区近几年人防工程数量和面积的快速增长，对辖区登记在册的人防工程项目确保随时掌握项目的施工进度情况和相关信息。同时，配合建设单位做好市质检站的质量监督、验收认可、竣工备案等工作。

（民防局）

【政务服务品牌创建】做好对审批项目，特别是顺义区重点工程项目的服务。一是电话跟踪项目进展情况、二是主动上门服务、三是协助建设单位到市民防局办理相关手续、四是施工现场办公，提高办事效率。对于保障房和土地闲置等区重点工程项目，民防局特事特办，为建设单位排忧解难，并多次到市民防局进行沟通协调，加快手续办理速度，为建设单位节省时间。1-12月，为全区近350个建设、设计单位提供咨询服务。

（民防局）

【人防工程安全管理】认真研究制定《顺义区人防工程冬春季火灾防控工作方案》，并在全区范围内展开部署，相继开展“人防工程可燃物清理专项行动”和“人防工程火灾隐患排查整治”，完成原定工作目标，为“两节”“两会”营造良好的社会氛围。根据北京市民防局和顺义区委区政府的文件指示精神，成立“两会”安全保障工作领导小组，在全区范围内开展督导检查，对重点区域加强防控，加强隐患排查，完成“两会”保障任务。根据《顺义区2016年人防工程维护维修计划》，开展人防工程维护维修工作，目前已按计划完成全部维护维修任务。

（民防局）

【人防工程防汛度汛】区民防局与属地、人防工程使用管理单位签订《2016年顺义区人防工程防汛安全责任书》。开展人防工程汛前隐患排查，一是对早期人防工程的结构情况及封堵情况进行排查，防止出现结构坍塌等风险。二是落实车库工程防倒灌各项措施，重点检查使用管理单位防倒灌措施落实情况及物资储备情况。三是加强应急抢险队的物资准备，更换老旧设备物资，为提高队伍应急处置能力提供物资保障。进入汛期后，根据天气变化适时启动汛期抢险工作应急预案，各人防工程管理、使用单位派专人24小时值守，民防局办公室随时检查。根据北京市人民政府《关于继续开展地下空间综合整治工作的实施方案》文件精神，结合本区实际情况，制订《顺义区继续开展地下空间综合整治工作的实施方案》。5月25日，副区长禹学垠带队，地下空间综合整治工作领导小组成员单位参加，对顺义区部分地下空间进行拉练检查，并指示在巩固前三年综合整治成果的基础上，要高度重视地下空间的使用，消除安全隐患，落实好属地责任和行业监管责任，全面提升本区地下空间科学管理水平，有效遏制地下空间非法违法行为的发生。

（民防局）

【应急保障】加大对区级、街道指挥所的维护力度。基本指挥所更换显示屏、香花畦指挥宣教中心更换调音台与视频矩阵、胜利指挥宣教中心维护更新一块电子显示拼接屏，确保区、街道两级指挥所的正常运行。加强815D应急移动指挥车的演练，节假日、区内重大活动的备勤工作。应急指挥车在区内重点经济地区域、人口密集区域、森林防火等重点地域演练10次；节假日、两会等共备勤120天。按计划完成区防空袭警报器的年检工作，完成防空袭警报器控制分中心设备的升级改造工作，确保顺义区所有警报器终端运转正常，统控率100%。完成市民防局部署的防空警报器终端加电测试工作。完成2016年5台警报器安装任务。完成顺义区警报试鸣任务，警报鸣响率、统控率均为100%。凭借国防教育日防空袭警报鸣放契机，组织区裕龙三区部分社区居民疏散掩蔽演习。参加市民防局举办的京津冀卫星通信协同训练。

（民防局）

【民防宣教“五进入”】根据年度计划安排，民防局于2015年底和2016年上半年出资为全区一年级小学生和教师约8400人，制作并配发印有卡通漫画等形式防空防灾知识的铅笔袋、雨伞等实用宣传品。 9月29日至30日组织全区民防志愿者骨干进行专题培训，各镇、街道武装部长和武装部干事共计60余人参加。此次培训，一是邀请国防大学战略教研部周丕启教授立足国家大战略，讲授《国际形势与周边安全环境》课程。二是携手平安生活讲师团，立足实用操作为大家传授防空防灾知识和技能。

（民防局）

【宣传教育培训】借助大型活动，提高广大市民公共安全意识。组织开展3月1日“国际民防日”“5.12防灾减灾日活动”、国防教育日主题宣传活动和“新中国人民防空创立”65周年纪念宣传活动等社会宣传活动。9月17日是全国第16个全民国防教育日,主题是“传承红色基因　共建巩固国防”。民防局按照《北京市2016年防空警报试鸣实施方案》的要求，开展防空警报试鸣暨全民国防教育日期间的宣传工作。各镇、街道的社会宣传活动均利用网站、广播、宣传橱窗、板报、设置宣传展板、悬挂宣传条幅等多种形式开展宣传活动。在四个活动期间，组织民防志愿者队伍开展宣传活动，利用10个社区和3个街心公园的宣传栏，展出纪念专刊，倡导广大市民学习防空防灾和公共安全知识，掌握应对突发事件的自救互救技能，平安生活每一天。

（民防局）

【民防宣教“两个建设”】一是继续为已建志愿者队伍建设小型物资储备室。为提升广大民防志愿者应对突发事件和自救互救能力，结合地域实际，自2010年起每年选取2-3家建设，为各镇、街道民防志愿者队伍建设小型物资储备室，用于日常演练和培训。截至2016年底，已建设19家，年内为北小营镇、赵全营镇和天竺镇建设物资种类达20余种。二是新建西马坡4号院社区民防宣教中心。本着服务百姓，充分发挥地下空间的社会效益功能，今年选取顺义区西马坡4号院人防工程建设具有民防宣教室、棋牌室、乒乓球室、台球室、等功能区域的社区宣教中心，为居民提供学习安全知识、进行娱乐健身活动的理想场所。工程已建设完成，具备对居民开放的条件。

（民防局）

双拥工作

【概况】2016年，在区委、区政府的正确领导下，在市双拥办的大力支持下，顺义区双拥办认真贯彻党的十八大和十八届三中、四中、五中、六中全会精神，以争创全国双拥模范城为契机，以解决部队实际困难、妥善安置军人军属为重点，加大调研力度，积极落实各项政策，全面做好各项工作，推动军民融合的双拥工作不断向前发展，进一步巩固“同呼吸、共命运、心连心”的军政军民关系。

单位名称：顺义区双拥办公室

地址：顺义区石园北区东侧

电话：（010）69433708

邮编：101300

（梁新岳）

【两节慰问工作】春节、八一期间，区委书记王刚、区长高朋带队慰问驻顺部队官兵，对广大驻顺部队官兵为支持顺义发展、保障人民生命财产安全做出的突出贡献表示感谢，并把总价值160万元的猪肉、饮料、食用油等慰问品送进军营。

（梁新岳）

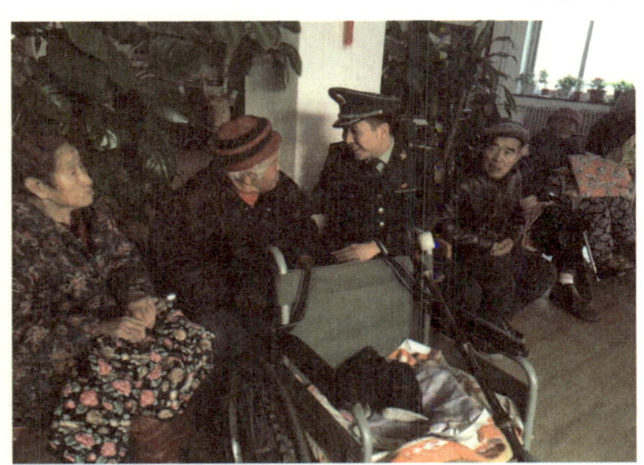

1月27日，消防官兵到敬老院慰问孤寡老人

【为部队办实事工作】顺义区出资3400余万元，将66055部队、66168部队、武警顺义支队营区改造纳入市政重点工程，解决实际问题；出台《顺义区为部队办实事工作暂行办法》，以习近平总书记提出的“巩固发展坚如磐石的军政军民关系，推动军民融合深度发展”为指导，以“紧贴官兵需求、突出重点项目、切实保质见效”为原则，建立为部队办实事项目库，根据项目性质分门别类，按轻重缓急进行动态管理；并建立2000万元双拥办实事专项资金，列入年度财政预算。

（梁新岳）

【随军家属安置工作】采取政府安置、推荐就业和自谋职业相结合的方式妥善安置随军家属。2016年共安置随军家属213人，其中12人安排到区属企业工作，201人选择自谋职业，发放自谋职业费1003.5万元。对接收安置随军家属的企业进行补贴，补贴标准5万元/人，分5年发放，每年1万元/人。做好随军家属就业登记工作，通过平时推荐和专场招聘会等形式随时促进随军家属就业。

（梁新岳）

【退役士兵安置工作】2016年顺义区共接收安置退役士兵229人，其中选择自主就业216人，选择政府安排工作13人，共发放自主就业金及待安置期间生活补助费1641.53万元。加大宣传力度，鼓励退役士兵参加市、区两级学历教育，提高就业技能，2016年共为36名退役士兵报销学费23.04万元。春节期间对退役士兵进行全员慰问。

（梁新岳）

【文化拥军工作】“庆祝中国人民解放军建军八十九周年书画名家进军营慰问书画笔会”在武警顺义支队举行。来自顺义区的20余名书画家题词绘画，为官兵们送去美好的节日祝福。

（梁新岳）

【国防教育工作】以清明节、建军节、国防教育日为契机，充分利用警卫三师师史馆、潮白烈士陵园、焦庄户地道战遗址纪念馆等国防教育基地，在全区企事业单位员工、中小学生中广泛开展国防教育活动，树立国防观念，增强市民国防意识；驻区各部队抽调经验丰富的基层干部为中小学生开展国防教育课、组织军训。2016年全区中小学生、党员干部、社会群众接受国防教育达3万余人。以征兵宣传为契机，区、镇、村三级共同进行国防教育宣传，重点宣传《国防法》《征兵法》《国防教育法》等，宣传国防教育知识，受众达3万余人。9月30日在潮白烈士陵园举行烈士公祭活动。

（梁新岳）

【建设双拥史展厅】9月30日，全市首个区级双拥史展厅对外免费开放。展厅展出革命文物及烈士遗物

100余件，照片100余幅再现烈士事迹和重大革命史、双拥史事件，以及在各个时期顺义人民在党的领导下建立和建设顺义的历程，成为公众了解顺义历史、接受爱国主义教育的新窗口。

（梁新岳）

【区级军人人大代表换届选举工作】严密组织驻区部队开展区级人大代表换届选举工作，成立驻区部队换届选举工作领导小组，区委常委、武装部政委陈卫明任组长，民政局局长聂燕山任副组长，下设综合办公室和督查办公室。制定驻区部队人大换届选举工作实施方案，并于9月9日召开专项会议部署换届选举工作。划分为113至116共4个选区，各部队选区分别成立换届选举分会，由牵头部队负责组织制定本选区选举工作方案，并具体负责本选区换届选举各项工作。共产生区级军人人大代表4人。

（梁新岳）

【驻区部队拥政爱民工作】春节期间，驻区部队出动500余人整治驻地环境，打扫卫生，营造干净整洁的节日气氛；武警、消防部队，加大巡逻力度，确保顺义人民平安过节；各部队采取“一助一”结对子的形式，走访慰问困难家庭80余户。组织300余名中坚力量开展义诊、环境整治、义务献血等活动20多次；参与环境绿化，800余人次参与本区平原造林工程；抽调官兵40余人，车辆6台，帮助区慈善协会运送物资；参加地方“送温暖献爱心”活动，捐款捐物20余万元。

（梁新岳）

【刊印杂志《顺义民政双拥专刊》】双拥办内部发行《顺义民政双拥专刊》刊物，2016年共刊印4期，大力宣传本区双拥工作取得的突出成绩，在双拥工作涌现的典型事迹，其他兄弟区县的好的经验做法。

（梁新岳）

【双拥宣传工作】以荣获全国“双拥模范城”为契机，充分利用广播、电视、报刊、网络、微信公众号等媒体，宣传顺义军民在构建社会主义和谐社会首善之区实践中取得的丰硕成果，宣传双拥活动中涌现出的先进单位、先进个人典型事迹，强化军民的国防观念和双拥意识，努力营造浓厚的双拥氛围。

（梁新岳）

综合经济管理 财政税务

2月4日，区安监局对危化企业进行安全检查

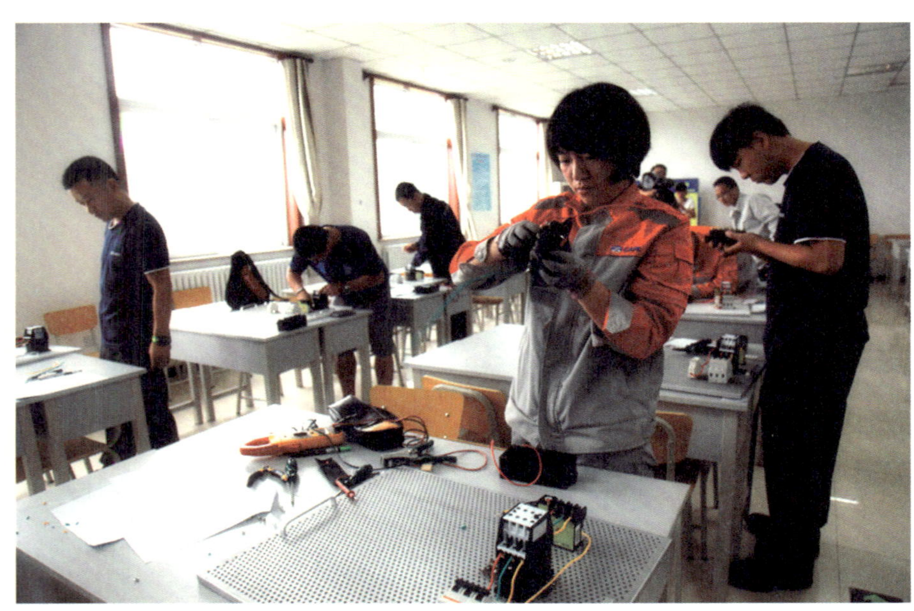

7月29日，区安监局主办的北京市第四届职业技能大赛顺义赛区初赛暨顺义区第二届特种作业职工技能竞赛实操竞赛现场

2016年10月24日，顺义区举办以“新产业、新动能、新经济”为主题的2016北京_顺义战略性新兴产业投资峰会

2016年9月12日标准化科到顺义后沙峪物美店开展中秋市场专项检查活动

综合经济管理

综合经济调控

【**概况**】2016年，顺义区牢固树立五大发展理念，坚决落实首都城市战略定位，自觉遵循“把握发展的阶段性特征、推动经济社会转型升级”工作总要求，以全面深化改革为引领，牢牢把握供给侧结构性改革“去、治、进”三大主线，统筹稳增长、调结构、促改革、惠民生、防风险，加快疏功能、转方式、治环境、补短板、促协同，实现“十三五”良好开局。

单位名称：北京市顺义区发展和改革委员会

地址：北京市顺义区府前中街3号

电话：（010）69441363

邮编：101300

（发展改革委）

【**“放管服”改革全面深化**】印发《顺义区2016年简政放权放管结合优化服务改革工作实施方案》，年内完成49项任务。深化行政审批制度改革，取消行政审批事项44项，全面清理非行政许可审批事项，今后不再保留。建立区政府部门权力清单和责任清单制度，编制《顺义区政府部门权力清单》，6659项权力事项面向社会公开。“五证合一、一照一码”商事登记制度全面推行。

（发展改革委）

【**国资国企改革新突破**】国有资产监管体系进一步加强，经营性国有资产基本实现全覆盖。国有企业整合重组取得积极进展，大龙控股、市政控股、建设投资服务三家新组建企业内部整合有序推进。完成京顺轧辊厂等8家企业整合托管工作，小微亏企业从国资监管一级企业层面全部退出，有效盘活企业闲置资产。

（发展改革委）

【**投融资体制改革推进**】努力扩大民间投资，污水处理、固废处理、集中供热、非营利性医院等领域10个项目与社会资本合作进展顺利，吸引社会资本38.43亿元。制订《关于创新投融资机制鼓励社会投资及2017年政府和社会资本合作项目实施计划》。助力企业融资，国资中心为区属国有企业、经济开发区企业及中小企业提供融资服务20.85亿元。长久物流在主板成功上市，全区新增上市挂牌企业17家，累计达47家，直接从资本市场融资1210亿元。

（发展改革委）

【**重点领域改革**】深化财政管理体制改革，推进镇级预算管理改革，深入实施国库集中支付。街道管理体制改革全面启动。农村集体经济产权制度改革顺利进行，完成418个村级产权制度改革工作。农村土地承包经营权确权登记全面推开，完成总任务的60%。推进以村（居）规民约为抓手的基层协同共治改革，完成35个村11个社区的试点工作。公交票价补贴方案发布实施。成功获批第三批国家新型城镇化试点。

（发展改革委）

【**“疏控承”力度切实加大**】严格执行新增产业禁止和限制目录。坚持开展项目全要素评价，24个优质项目入区发展。调整退出一般制造和污染企业50家，清退关闭低端市场2家，改造老旧农贸市场6家，清理再生资源回收无照网点236家，整治违法违规排污及生产经营行为企业103家。北京城市学院二期建设稳步推进，5000名新生顺利入驻。友谊医院顺义院区前期工作扎实推进。中航信高科技产业园建设有序推进，二期工程已启动。启动北京国际会展产业园区规划建设，新国展二、三期加快推进。

（发展改革委）

【**优势产业继续发挥“顶梁柱”作用**】制造业向高端迈进的势头加快，规模以上工业总产值完成3112亿元，同比增长10.3%。运动型多用途乘用车和乐视第二代超级手机等符合市场需求的新产品增势良好。乐视与北汽合作打造新一代互联网智能汽车及汽车生态系统，北汽新能源汽车在本区布局。金融业迅猛发展，增加值占地区生产总值的8%，成为支撑经济增长的第三大产业。新落户金融机构27家，累计达到245家。金融产业布局不断优化，“一区一城一园”（后沙峪金融商务区、马坡金融城、空港融资租赁产业园）三个金融产业平台启动规划建设。

（发展改革委）

【**增长动力加快转换**】《关于加快供给侧结构性改革推进产业转型升级实施意见》印发实施。举办战略性新兴产业投资峰会，“北京智能新能源汽车生态产业示范区”正式揭牌。富电科技、石墨烯等项目入区发展。与中国服务贸易协会电商委签署合作协议共同打造“中国电子商务示范基地”。罗红摄影艺术馆开馆运营，北京首家进口商品直销中心入区发展。金宝花园北区商业金融项目启动建设，国门一号空港商业综合体开始地上施工，万达城市综合体地上物拆迁加快推进。签署建设“中国科学院科技成果转化创新平台”和“中国科学院联动创新产业园”两个战略合作框架协议，首批入驻项目7个。产学研协同创新不断强化，分别与北京城市学院、北京航空航天大学签署战略合作协议，共建产业促进及孵化平台。荷兰代尔夫特理工大学中国研究院落户顺义。区创新创业综合服务平台试运行，筹建“双创”基地16家、在孵项目120个。新登记市场主体8165户，增长7.8%。

（发展改革委）

【功能区引领示范作用更加突出】天竺综保区与临空经济核心区融合发展走向深入，创建国家临空经济示范区相关请示文件已报请国家发展改革委。天竺综保区获“中国（北京）跨境电子商务产业园”授牌，跨境电商企业达12家。临空经济核心区入驻企业达350家。中关村顺义园获批国家高端装备制造业标准化试点，协同创新研发中心正式落成，首批入驻项目15个。绿色生态产业功能区成功举办全国青年赛艇锦标赛和郁金香文化节、菊花文化节等赛事活动；国家登山健身步道标识系统竣工并通过验收，舞彩浅山旅游登山文化节暨首届樱桃采摘节成功举办；全市首家汉风耕读苑正式开苑。

（发展改革委）

【开放型经济取得新发展】成功创建北京市服务业扩大开放综合试点示范区，聚焦七大领域的38项重点任务已完成23项。国内首家外资控股的飞机维修合资公司已签署协议即将落户。积极推进国家对外文化贸易基地建设，在国内首创文化资产融资租赁业务，探索开展以著作权、专利权、播映权、版权作为融资租赁标的物的创新业务。

（发展改革委）

【全面助力城市副中心建设】以“提升顺义综合承载力，助力北京城市副中心”为主题，举办北京·顺义城市建设重点项目推介会。与中铁通信信号股份有限公司等7家企业集团就重大基础设施、棚户区改造等项目签署合作协议。确定7条轨道交通、11条城市道路和同步推进水电气热等市政设施建设的任务。壁富路建成通车，顺义南部区域环境整治和绿化工程扎实推进，李桥镇南半壁店村环境综合整治接近尾声、南庄头村及主干路景观提升工程有序开展。绿色生态水系加快构建，潮白河水系治理同步推进。

（发展改革委）

【协同发展有序推进】制定落实京津冀协同发展工作方案，开展与唐山曹妃甸、河北保定等地的对接，不断深化与河北威县、怀来县的合作，威县·顺义产业园发展良好，北汽（威县）新能源汽车生产基地奠基，嘉寓节能门窗幕墙光伏一体化项目投产，顺鑫控股集团与河北威县签署重大项目合作框架协议。大力推动与云南玉溪友好城市合作，共建“玉溪顺义产业园”。深入开展与内蒙古乌兰察布市、巴林左旗、河南省西峡县的对口协作。与中央美院签署战略合作协议，在城市发展、城市设计等七大领域进行合作。

（发展改革委）

【统筹河东河西发展】加强部门联动与责任分工，督促落实《推动河东地区加快发展行动方案》。持续加强河东地区基础设施投入，完成投资12.7亿元，增长74%，水、电、气、热等资源能源供应能力和道路、环境承载能力不断增强。杨镇中心区建设稳步推进，李桥镇成为北京小城镇发展基金支持的首批试点，李遂、北务积极引入阜外医院、公务机机场等项目，发展关联产业。大力促进河东地区居民就业增收，在河东地区开发绿色岗位1387个，免费技能培训劳动力2736人。

（发展改革委）

【经济运行稳中有进】实现地区生产总值1565.6亿元，按不变价计算，同比增长7.9%。发展的质量效益不断提升，一般公共预算收入完成137.86亿元，同比增长10.5%。城镇居民、农村居民人均可支配收入分别完成36448元和24649元，同比分别增长9.1%和8.8%。城镇登记失业率仍保持在2%以内的较低水平。

（发展改革委）

【需求支撑结构更趋协调】全年完成全社会固定资产投资485亿元，增长4.3%，有力支撑城市建设和经济社会发展。投资调控取得积极成效，结构进一步优化，产业投资向创新驱动和高端引领集聚，房地产开发向住房保障和产业承载集聚，基础设施向增强系统性和安全便捷性集聚，公共服务向惠民和便民集聚。发挥政府投资引导放大作用，全年26.26亿元区政府固定资产投资计划安排资金已分三批全部下达。消费市场保持稳定，电子商务、商业综合体等新业态快速发展，相互依托、相互补充的多业态共同发展局面已经形成。居民多元化消费需求进一步释放，实现社会消费品零售额443亿元，同比增长8.1%。

（发展改革委）

经济和信息化

【概况】北京市顺义区经济和信息化委员会是顺义区政府领导下的主管本区工业和信息化工作的职能部门。设10个行政科室：办公室（政策法规科）、规划布局科、经济运行科、科技环保科、装备产业科、都市产业科、软件和信息产业科、综合产业科、镇村企业科、监察科。下属6个事业单位：顺义区中小企业服务中心、顺义区工业设计促进中心、顺义区投资与咨询服务中心、顺义区信息化中心、顺义区产权交易中心、顺义区无线电管理办公室。

单位名称：北京市顺义区经济和信息化委员会
通讯地址：北京市顺义区建新西街3号
电　话：69441064
邮政编码：101300

（经信委）

【工业生产总值首次突破3000亿元】全区366家规模以上工业企业完成工业总产值3112亿元，同比增长10.3%，高于全市增幅7.5个百分点。总量居全市第一，占全市总数（17609.4亿元）的17.7%。实现销售产值3096.6亿元，同比增长9.8%，产销率99.5%。其中实现内销2874.7亿元，同比增长14.3%，连续10个月实现增长，内销占销售产值的92.8%，占比较同期提高3.4个百分点；实现出口交货值221.9亿元，同比下降25.5%。

（经信委）

【六大产业产值增速呈现四升两降】汽车与交通设备、都市、装备、生物医药产业同比分别增长16.4%、3%、9.9%和6.3%；电子信息、基础与新材料产业同比分别下降2.6%、4.2%。规模以上汽车与交通设备企业54家，累计完成工业总产值1980.4亿元，同比增长16.4%。全区生产汽车151.1万辆，同比增长16.7%，其中轿车80.7万辆，同比下降5%，运动型多用途乘用车（SUV）56.5万辆，同比增长82.2%。规模以上装备企业105家，完成工业总产值231.7亿元，同比增长9.9%。规模以上生物医药企业16家，完成工业总产值47.3亿元，同比增长6.3　%。都市企业共116家，完成工业总产值279亿元，同比增长3%。规模以上电子信息产业15家，完成工业总产值313.9亿元，同比下降2.6%。规模以上基础工业企业60家，完成工业总产值259.6亿元，同比下降4.2%。

（经信委）

【产业进一步集中】全区规模以上产值总量前30名企业累计完成工业总产值2643.8亿元，占全区总数的85%，同比增长11.6%；完成销售产值2630亿元，同比增长11.6%；实现出口交货值176.9亿元，同比下降29.1%。分产业看，汽车与交通设备企业13家产值占前30名企业产值的71.6%；电子信息企业3家产值占比10.8%；都市企业2家产值占比4.8%；装备企业5家产值占比5.3%；基础与新材料企业6家产值占比7%；生物医药企业1家产值占比0.5%。

（经信委）

【产业转型升级加快推进】制定《工业转型升级方案》，实施引进培育一批、升级转型一批、疏解转移一批、淘汰退出一批的系列措施，持续推进产业转型升级。严格执行禁限目录，把好项目准入关，全年共准入项目25个，总投资约150亿元。北京智能新能源汽车生态产业示范区项目全面启动，CATL动力电池、富电科技等一批优质项目加速集聚。

（经信委）

【创新创业蓬勃发展】中科院联动创新产业园启动建设，7个高科技项目率先进驻；中关村医学工程产业化基地正式设立，高成长性创新企业相继落户；北京第三代半导体材料及应用联合创新基地建设初见成效，引进战略投资者清华启迪集团，荷兰代尔夫特大学中国研究院等项目孵化和创新正式启动；大力实施“创业摇篮计划”，建成“全要素、一站式”创新创业综合服务平台，包括优客工场在内的创新创业基地达到17家，孵化面积30万平方米，在孵项目120个。

（经信委）

【重点项目建设全面推进】全年共有投资5000万元以上的在批在建重大产业项目102个，总占地494.3公顷、总投资783亿元。制定《顺义区重大产业项目调度促进与服务实施办法》，开展周调度、月调度以及行业调度等模式，形成对全区重大产业项目多层级、多角度、多覆盖的项目调度工作机制，全年竣工项目36个，固定资产投资132亿元。

（经信委）

【疏解非首都功能成效显著】坚持控增量、疏存量系统推进，全面实施产业项目全要素综合评价办法，累计否决不符合要求项目85个；调整退出工业污染企业50家，腾出土地约87公顷，疏解从业人员约2800人，节能2.8万余吨标煤，减排500余吨；超额完成清理违法违规及生产经营性企业任务，累计完成103家；超额完成压减燃煤工作，工业领域累计削减燃煤30.9万吨，已提前两年完成削减燃煤27.5万吨的任务；深化与河北怀来、威县等产业园的合作共建与项目对接，疏解一般制造业项目7个，腾出土地约27公顷，腾出厂房7.5万平方米。其中北京现代沧州工厂及配套项目总投资金额约120亿元，沧州工厂整车年生产能力30万辆，10月正式投产，首款新车“悦纳”正式下线；北京嘉寓集团投资7亿元建设的节能门窗幕墙及50MW光伏分布式屋面电站一体化项目入驻威县·顺义产业园，嘉寓威县基地11月正式开业投产。

（经信委）

【“智慧顺义”建设稳步推进】2月25日，顺义区政府第四次常务会议审查通过《“智慧顺义”顶层设计实施方案》，3月9日正式发布。全区累计建设基站1235个；发放高清机顶盒17.29万户；光纤覆盖住户已达37.98万户，光覆盖比例达到100%；敷设光缆19982条公里；wifi无线AP点共计5012个；电话（含宽带）用户数共计26.98万户，其中已完成光纤化改造的用户达22.15万户，光纤业务比例为95.78%。“智慧顺义”

地理信息平台项目于3月份完成招投标工作，平台一期工程建设顺利，软件平台研发、三维实景库建设完成。顺义区公共安全高清视频监控系统项目开始进行项目建设公司、项目管理公司、项目监理公司的采购立项工作。

（经信委）

统 计

【概况】2016年，顺义统计局队认真贯彻落实区委、区政府和市局总队工作部署，紧密围绕局队年初工作计划中确定的工作总要求，积极筹划、认真部署，充分发挥统计职能，以业务工作为基础，以分析服务为重点，以工作创新为手段，以队伍建设为保障，求真务实，开拓进取，各方面工作稳步推进。

单位名称：顺义区统计局

单位地址：顺义区仓上街2号AMB大厦A座12层

电话：（010）89445499

邮编：101300

（统计局）

【人口抽样调查工作启动】区长高朋召开专题会议部署人口抽样调查工作，副区长带队深入基层调研，确保全面掌握社区人口信息，做到动态掌握、及时更新。2016年顺义区全国人口抽样调查，共抽取全区除北务和大孙各庄镇以外的23个镇（街道）、117个调查小区。共调查住户12881户，登记人口30468人，占全区2016年常住人口的3%。

（统计局）

【第三次全国农业普查工作全面启动】本区19个镇、6个街道、5个经济功能区共划分普查区545个，普查小区3895个，选调普查指导员、普查员共4467名。

（统计局）

【统计服务职能取得新突破】一是统计服务产品类型多样。向政府部门及社会提供统计数据共5.5万余笔，网上发布数据图表共1500多笔。编印《北京顺义2015年统计年鉴》《顺义区月度统计资料》《顺义统计系列分析》《顺义区统计志（1991−2010年）》《顺义统计课题研究汇编》《统计知识手册》《大数据时代》杂志等统计资料；编印的《北京市顺义区统计从业人员继续教育读本》在“第三届全国统计从业人员继续教育培训资源大赛”中荣获二等奖；撰写的专题分析《顺义区城乡一体化发展进程监测》获得区领导批示。二是统计专项调查内容丰富。结合区域实际，开展顺义区人力资源统计调查、节能减排补贴政策追踪调查、大学生创新创业及就业意愿调查、“政府补贴肉”价格调查等统计专项调查40余项。三是统计信息宣传成效明显。局队在各级媒体刊登信息、分析共260余篇，在区政府政务信息工作考核中排名第六。

（统计局）

【依法行政执法效能取得新突破】一是做好职权信息公开，加大法治宣传力度。2016年完成单位职权信息（权利清单、责任清单）的公示工作；制定顺义区“七五”普法规划。二是严格按照执法程序，加大执法检查力度。2016年局队共完成执法检查275家，其中督导检查113家，执法检查115家，查处迟报47起。其中，一般程序立案57家，当场处罚73家,罚款额37.6万元。三是严格遵循“双随机一公开”要求做好执法工作，同时加大对重大统计违法案件的曝光力度。通过顺义统计信息网和北京青年报顺义版曝光不诚信单位1家。四是深入开展“统计诚信单位”评选活动，通过微信、网站和中国信息报宣传诚信企业在统计工作中好的经验和方法。

（统计局）

【基层统计工作取得新突破】一是完成村、社区统计站验收。编印《顺义区村级统计站工作手册》。6月初，完成区财政局对村级统计站和社区统计室项目全部经费的绩效考核。6月15日，通过市局总队检查验收。二是调整统计报表管理模式，设立直报单位，规范统计所职责任务。从4月份开始，选取72家重点企业设为统计局直报单位，由专业科室直接审核，减少中间环节，减轻统计所工作负担，提高源头数据质量。三是整合临空经济核心区、科技创新产业功能区、绿色生态产业功能区三个新功能区的统计所。

（统计局）

国有资产监督管理

【概况】2016年顺义区国资委抢抓“十三五”时期是我国全面建成小康社会决胜阶段这一重大历史机遇

期，在区委、区政府的坚强领导下，紧紧围绕首都经济社会发展大局，以加快转变发展方式为主线，扎实稳妥推进深化改革步伐，不断提升核心竞争力、创新发展能力、服务首都能力和国资监管能力，国有资产运行质量和效益稳步提升，“十三五”开局之年各项工作取得新成效。

单位名称：顺义区人民政府国有资产监督管理委员会
地址：顺义区仓上街AMB大厦A座7层
电话：（010）89440556
邮编：101300
网址：http://www.gzw.bjshy.gov.cn

（国资委）

【监管企业主要经济指标完成情况】截止12月末，15家监管企业资产总额1256.2亿元，同比下降2.8%；负债总额735.9亿元，同比下降12.5%；所有者权益总额520.4亿元，同比增加69.4亿元，增长15.4%；2016年实现营业总收入464亿元，同比增长28.7%；实现利润总额21亿元，同比增长7.8%；上缴税金36.1亿元，同比增长9.4%。国有企业区域贡献逐年增强，到2016年底，系统企业年均在岗职工人数3.5万人，年人均工资6.9万元，同比增长6.1%。按行业分布：工业企业2家，资产总额479.8亿元；建筑业企业1家，资产总额22.2亿元；商业企业2家，资产总额44.4亿元；房地产业企业4家，资产总额278.1亿元；投融资平台企业3家，资产总额205.1亿元。按企业规模分布：大型企业11家，资产总额1048.7亿元；中型企业2家，资产总额80.5亿元；小型企业2家，资产总额127亿元。2016年全市区县国资系统排名中：顺义区资产总额排名第4，净资产排名第3、营业总收入排名第2、利润总额排名第3。

（国资委）

【健全完善国资监管制度】以《在深化国有企业改革中坚持党的领导加强党的建设的意见》和《关于进一步加强国资国企监管工作的意见》为纲、配套制度规范为链、重点改革任务为点，出台《区属国有企业监事会管理办法(试行)》等8个配套制度，形成符合本区国资国企发展现状的国资监管制度体系，为推动国资监管再上新水平、国企发展再上新台阶提供坚实支撑。

（国资委）

【扎实推进国资国企改革】编制完成《顺义区“十三五”时期国资国企发展规划》和《顺义区属国有企业“十三五”人才发展规划》，明确总体思路、发展目标和具体措施。动员部署系统企业科学制定“十三五”发展战略，打造定位清晰、目标明确、相互衔接的规划体系，为区属国资国企改革发展谋篇布局。基本实现经营性国有资产全覆盖监管。北京天竺空港经济开发公司、北京顺义科技创新有限公司、北京顺义生态旅游有限公司、北京市燕顺保障性住房投资有限公司、北京综合保税区开发有限公司、北京顺义新城发展有限公司及区属行政事业单位所属国有资产正式纳入国资监管体系，基本实现本区经营性国有资产监管全覆盖，为提高资本配置、运营效率和核心竞争力提供有利条件。加快国有资本布局结构调整。按照资源整合、优劣互补、平稳过渡、确保稳定的原则，因企施策，北京京顺轧辊厂、北京市煤炭总公司顺义区公司、北京通达实业总公司、北京顺正资产管理有限责任公司四家小微亏企业从一级监管企业层面的全面退出，实现标本兼治、效益提升、企业解困、转型升级。退出过程中妥善处理企业存在的历史遗留问题，协调筹措资金2.7亿元，用于解决企业债务及拖欠退休职工取暖费、补充养老金发放等问题。持续推进国有资本优化重组。房地产开发、市政、建设服务板块所属北京大龙控股有限公司、北京顺义市政控股有限责任公司、北京顺义建设投资服务有限公司三家国有独资公司，企业内部整合有序推进。建筑板块整合重组各项工作有序推进，挂牌在即。商业板块整合重组筹备组顺利组建，整合重组实施方案已经区政府审议通过。

（国资委）

【国资监管效能显著提高】强化监事会监督职能。7月正式启动区属国企监事会工作，向区属国企派驻6名区属国有企业监事会主席和9名具有财务、会计、审计或者宏观经济等方面专业知识的专职监事。出台《区属国有企业监事会行使职权暂行办法》、《区属国有企业配合监事会依法开展监督检查暂行办法》和《区属国有企业监事会监督检查报告编报暂行办法》三个配套文件，监事会制度体系初步形成。建立月度工作例会制度，通过聚焦重点企业、重要业务、关键环节以及可能存在的问题线索和风险源点，合理配置监督资源，加强成果运用。全面推进区属国有企业法治建设。制定印发《关于全面推进区属国有企业法治建设的意见》，围绕国资国企改革发展中心任务，坚持依法治理、依法经营、依法管理共同推进，坚持法治体系、法治能力、法治文化一体建设，以健全公司法人治理结构为基础，以促进依法经营管理为重点，以提升企业法律管理能力为手段，大力推动企业治理体系和治理能力现代化，充分发挥法治在国有企业持续健康发展中的促进和保障作用。打好国有企业提质增效攻坚战。起草《顺义区区属国有企业提质增效工作方案（代拟稿）》，推动区属国企围绕提质增效转型升级，快速适应经济发展新常态，自觉融入京津冀协同发展大局，向技术创新要效益，向深化改革要效益，向结构调整要效益，向管理改善要效益。深化薪酬制度改革。制定《顺义区区属国有企业负责人薪酬制度改革实施方案(代拟稿)》，已经取得北京市国有企业薪酬改革领导小组正式批复，实行与选任方式相匹配、与企业功能性质相适应、与经营业绩相挂钩的差异化薪酬分配办法，用制度规范权力运行，增强监管的针对性和可操作性。创新监管方式手段。建立运营“国资委综合信息管理系统”，对企业基本信息、月度财务数据、重大投资事项、合同管理、廉政风险防控、中层干部管理等工作实施动态监管，实现国有资产信息数据采集实时化、业务处理高效化、信息利用共享化、业务流程协同化、决策分析智能化，有效提升国资监管效率、质量和水平。加强企业银行账户监管，实现对445家企业1754个银行账户月度余额情况的跟踪，指导督促企业严格管控新开账户，注销闲置账户，有效防范账户资金风险。

（国资委）

【监管措施科学有力】规范企业基础管理。全面加强产权登记、清产核资、财务管控、重大投资、合同备案等基础管理工作，防止国有资产流失。2016年办理各类企业国有产权登记事项249项；批复重大投资36项，涉及资金23.8亿元；完成企业资产评估核准3项，核准总资产评估值为18.96亿元。国资委及系统企业审核备案合同113份，合同标的额45亿元。积极优化产权配置。用好、用活产权转让、无偿划转、资产置换等手段，推进“僵尸”企业资产稳妥有序退出，批复北京天竺空港经济开发公司所属北京空港科技园区股份有限公司通过产权市场，公开转让其持有的北京承天倍达过滤技术有限责任公司21%的股权；将原北京吉祥工业总公司名下土地使用权无偿划转至北京天竺空港经济开发公司名下。加大审计监督力度。完成172户监管企业全级次子企业2015年度财务决算审计工作；结合国资监管工作职责及功能区管理运营特点，完成功能区集团（开发）公司清产核资工作；对重组整合涉及的四家企业资产、财务情况进行专项审计；组织监管企业开展2016年内部审计工作，要求监管一级企业对三级以上（含三级）子企业开展内部审计。发挥国有资本经营预算引导功能。制定并下发《关于进一步加强国有资本收益收缴及预算支出管理工作的通知》，切实加强国有资本经营预算执行情况的监督管理。完成2015年度国有资本收益8498.84万元的收缴入库工作，安排国有资本经营预算支出项目14项，拨付7845.84万元用于产业转型升级、基础设施建设、企业自主创新、区政府重点工程及民生建设等项目。全力保障企业和谐稳定。完善安全生产制度体系，制定《顺义区国资委安全生产“党政同责、一岗双责”实施办法》，健全完善7个配套规章制度；牢固树立安全发展理念，夯实安全生产基础工作，狠抓安全生产责任落实，扎实开展“安全生产月”及“百日专项行动”等系列活动，以更加坚决的态度严守安全红线，以更加严格的要求落实安全责任。

（国资委）

【社会责任担当】北京顺义市政投资控股有限责任公司抓发展、保供给、惠民生，实现水、气、热一站式收费，提高市民对市政公用服务的满意度；北京市顺义区供销合作联合社加快农贸市场改造提升步伐，规范农资经营，为更好的服务农业发展提供有力保证；北京大龙控股（集团）有限公司、建筑板块、北京顺义新城发展有限公司等公司积极承接、大力推进本区政务中心、老旧小区改造等重点工程建设和棚户区改造项目；北京市燕顺保障性住房投资有限公司探索保障性住房市场化运作，全力推进公租房收购和配租工作，为民生建设、人才引进提供保障。2016年，自来水供水20.51万户，全年累计供水量5414万吨，管线长度1630.64公里；累计生产再生水3452.2万立方米；供热用户10.5万户，供热面积1400万平方米，占顺义城区的75%；服务燃气用户20万户，公服用户1247户，全年累计供气量4.63亿立方米，燃气管线总长度约91763.76米。

（国资委）

2月3日，北京大龙控股有限公司、北京顺义市政控股有限责任公司、北京顺义建设投资服务有限公司正式挂牌。

工商行政管理

【概况】2016年，工商分局按照区委、区政府和市局的统一部署，结合自身实际，转变观念，适应经济发展新常态,全力推动商事制度改革,加强事中事后监管，扎实开展“两学一做”。年报公示工作扎实推进，平均年报率91.89%，全市排名第二。“双随机”抽查工作机制及相关工作规则的全面建立，全年共组织开展3次抽查工作，涉及市场主体3725户，列入异常名录235户。各项工作稳步开展，取得成效。

单位名称：北京市工商行政管理局顺义分局
地址：北京市顺义区仓上街8号
电话：（010）69460848、（010）89448080
邮编：101300
邮箱：shunyi@baic.gov.cn

（陈惠 魏济江）

【各类市场主体总量】年内，区内共有各类市场主体83518户。其中，内资企业40578户，注册资本6567.65亿元，同比分别增长24.66%和26.20%；外资企业1325户，同比增加4.09%，注册资本155.87亿元，同比增长1.89%；农民专业合作社262户，同比增长5.65%，注册资本3.59亿元，同比增长5.16%；个体工商户41293户，同比减少6.81%，资金数额28.84亿元，同比增长1.19%；代表机构60户。

（陈惠 魏济江）

【市场主体发展状态】截至年底，新设立市场主体9327户，同比增长11.27%。新设市场主体中内资企业7260户，同比增长35.30%，注册资本1347.56亿元，同比增加30.09%；个体工商户1972户，同比降低27.04%，资金数额2.63亿元，同比降低25.23%；外资企业95户，同比增加30.14%，注册资本3.16亿元，同比降低29.70%。

（陈惠 魏济江）

【商事改革市场主体发展状态】2014年3月1日至2016年10月20日，区内共新增各类市场主体24781户，同比增长17.06%，注册资本3546.77亿元，同比增长47.41%。其中内资企业17194户，同比增长26.54%，注册资本2926.51亿元，同比增长37.73%；外资企业280户，同比增长3.07%，注册资本17.51亿元，同比降低3.44%；个体工商户7255户，同比降低8.13%，资金数额9.06亿元，同比增长3.01%。

（陈惠 魏济江）

【禁限目录严格执行】全力配合非首都功能疏解，全年共向有关职能部门发函39份，阻止各类不符合产业发展要求的登记申请710户，完全拆除有型市场4家，关停2家，转型升级1家，清退、疏解低端商户2191户。

（陈惠 魏济江）

【行政处罚】全年共办理行政处罚案件6208件（含清户吊销），同比增长20倍，罚没款700.91万元，全局职权履行数60项，人均案件办结数为56.95件。

（陈惠 魏济江）

【消费者投诉】2016年共接收消费者投诉1025件，同比增长17.7%，为消费者挽回经济损失137.6万元。接到群众举报1022件，同比增长64%。接到市政府12345转办单499件，是2015年的近7倍。年内，辖区103家绿色通道企业自行解决消费纠纷61972件，为消费者挽回经济损失1149.07万元。

（陈惠 魏济江）

【股权质押】年内，股权质押29户，出质35682万元，融资45623.586万元；协助法院完成股权冻结66件。

（陈惠 魏济江）

【无证照经营治理】年内，全区无证无照经营台帐中，累计挂账4515户，销账3494户，尚未销账的无照经营存量860户，销账率77.4%。无照经营案件办理1290件罚没款120.04万元。

（陈惠 魏济江）

【工商年报】6月30日，顺义区2015年度企业及农专社年报率企业年报率94.66%，个体工商户年报率84.37%。

（陈惠 魏济江）

【品牌创建】年内，顺义区拥有中国驰名商标26件、北京市著名商标49件、顺义知名商标31件。对年度新注册商标企业落实补贴政策，联合街道办、镇政府、经济功能区等部门，通知符合条件的商标注册人积极申领，共有91个商标注册人的728件商标提交申请材料，较去年同期的40件增长1700.2%。

（陈惠 魏济江）

【房地产经纪人监管】年内，为强化房地产经纪机构主体责任，畅通经纪行业争议解决渠道，分局已在博爱房产建立合同争议的自主快速解决机制，旨在增强经纪机构责任意识，主动、及时化解合同争议。另外2家房地产经纪机构相关机制正在建立中。

（陈惠 魏济江）

【动产抵押登记】年内，共受理动产抵押登记备案69件，主债权541005.7万元。受理拍卖会备案142场次，确认书1516份，成交金额23060.42万元。

（陈惠 魏济江）

【红盾护农】年内，完成市局6个样品农膜抽检任务，分局自行抽检农膜10个样品、农肥10个样品，共计抽检农膜、农肥26个样品。农膜检测结果全部合格，农肥检测1个样品不合格，立案1起。查处1家无照经营农机商户，立案1起；吊销涉农商户18户，立案18起。共计农资案件20起。

（陈惠 魏济江）

【准入市场整治】年内，为营造良好市场秩序和消费环境，分局制定市场专项整治方案，明确9项工作目标；重点整治经营场所、重点商品；重点查处违法行为。共检查市场70个385次，检查经营户5912户次，查处不合格塑料袋96000个，罚没款44810元。立案查处违法经营“业态企业”1户，罚没款304956元；查处“业态企业”内无照经营商户52户。53个案件均已结案。

（陈惠 魏济江）

【网络交易行为规范】年内，对辖区内已匹配成功的803户网店，督促相关主体履行申报义务，并核查主体是否“实名”和“实人”，对尚未匹配成功的2418

户网店通过市工商局官网、主流媒体及利用360浏览器推送“点对点”核查公告，督促相关网店履行申报义务。已完成网店核查65户，与年报信息不符14户，已责令其在年报中履行申报网店义务。共查办涉网案件17起，罚没款总计75万元。

（陈惠 魏济江）

【行政处罚案件】年内，行政处罚案件共计2294件，罚没款总额700.91万元。

（陈惠 魏济江）

【“双随机”抽查工作】年内，共抽查3725户。已完成的抽查任务中：抽查结果正常3263户、弄虚作假隐瞒真实情况148户、通过经营场所无法联系143户、不予配合1户、未按要求公示即时信息1户（对在抽查中存在问题的企业已列入异常名录）、另有169户还在进行抽查。

（陈惠 魏济江）

【经营异常名录工作】年内，共有2860条企业列入经营异常名录（其中：未按规定的期限公示年度报告2053条；未在责令的期限内公示企业信息4条；公示信息隐瞒真实情况、弄虚作假160条；通过登记的住所或者经营场所无法联系293条），360条记录企业已经补报年度报告或者改正上述行为移出经营异常名录。共有12303条户个体工商户被标记为经营异常状态（其中：未按规定的期限公示年度报告12241条；弄虚作假23条；无法取得联系39条）。有1179条个体工商户补报年度报告或者改正上述行为恢复正常经营状态(其中，自动注销295户，更正1条，重新取得联系1条，补报882条)。

（陈惠 魏济江）

【非紧急救助服务】分局中心接到的市政府12345转办单数量呈明显上升趋势。据统计，年内，接到12345转办单的数量为499件，是去年全年接收量的近7倍。中心严格按照《2016年度12315系统工作解读》中关于12345转办单的工作规定，要求各承办单位做到“积极响应、及时处理、程序规范、全部反馈”，目前，已办结495件，办结率为99%，未办结的均为12月底接收，并全部按照时限向市民进行反馈。

（陈惠 魏济江）

【对外出证工作】年内，共出具企业无违法违规证明共计238份。协助顺义区委组织部、监察局等单位对区及各镇、街道党代会代表候选人初步人选核查是否注册企业、个体工商户、农民专业合作社、是否是股东及是否有工商违法违规记录，共核查4558人。

（陈惠 魏济江）

【市场疏解】年内，疏解有形市场共计8家（其中注销有形市场1家；完全拆除市场4家；完全转型升级1家；停业市场2家）；现正配合区政府对2家小商品市场做转型准备工作；积极引导7家空壳市场主办单位按程序注销。

（陈惠 魏济江）

【品牌经济“十三五”规划的编制】一是回顾与展望。梳理历年商标战略的实施情况，总结经验，查找不足，明确品牌商标培育的总体目标，力争实现在未来的五年增强品牌经济动力、突破品牌发展瓶颈、补齐品牌建设短板，实现品牌经济的可持续发展。二是意见征集。召集区实施品牌战略领导小组成员单位、辖区“顺鑫农业”、“东方雨虹”等全区驰、著名商标企业40余家，开展五轮座谈活动，征集相关意见和建议。三是研讨论证。邀请北京日报社、首都经济贸易大学的专家研讨顺义区的品牌经济发展现状，借鉴其他地区品牌经济建设经验。四是政策把脉。征询法学会专家、知识产权代理律师、商标代理机构专员的意见，从商标的注册与异议、商标侵权的诉讼、品牌的培育与保护、企业与专家学者交流平台的搭建等方面开展研讨。

（陈惠 魏济江）

质量技术监督

【概况】2016年，本局深入分析新常态对质监工作的新要求，围绕“提升绩效、创新发展”的工作主线，不断优化质监工作机制和服务措施，科学高效履职，助推经济发展方式转型升级，为推进顺义区经济又好又快发展提供有力保障。

单位名称：北京市顺义区质量技术监督局

地址：北京市顺义区府前东街19号

办公室电话：69441320

邮编：101300

网址：http://sy.bjtsb.gov.cn/

（质监局）

【主要职能】对本区行政区域内贯彻执行《中华人民共和国标准化法》《中华人民共和国计量法》《中华人民共和国产品质量法》《锅炉压力容器安全监察暂行条例》的情况进行监督，负责行政区域内经济生活中有关标准化、计量、产品质量、特种设备安全等技术行为的监督管理和行政执法，领导所属事业单位为质量技术监督工作提供技术保证和技术服务，保护国家、集体和人民群众的合法权益，维护正常的市场经济秩序。

（质监局）

【重点领域产品专项整治】一是对涉及人身健康和安

全的13类产品生产企业进行执法检查和专项整治，对64家工业生产许可证企业和110家强制认证企业建立质量档案。二是对汽车及配件生产企业开展普查工作，对区域内50家汽车生产企业、汽车配件生产企业进行摸底调查，初步掌握企业相关情况。三是开展农资“CCC”认证、有机产品认证专项执法，检查有机肥、农药生产企业6家。四是强化涉及民生产品的质量监管，相继开展日用消费品、学生装、学生公寓床上用品、食品相关产品、消防产品等专项监督检查，完成企业检查31家，排查核实处理风险信息44条，妥善处理各类投诉举报157起。

（质监局）

【标准化管理】一是以养老机构标准体系建设为抓手，对北京市顺义区社区服务总中心、北京易来福居家养老服务中心的标准体系建设相关情况展开专题调研，提出改进建议，着力加强服务标准化建设。二是以评定“菜篮子”农业标准化基地为抓手，配合区农委对畜禽、水产、林果等20个标准化候选基地进行考核，对第九批国家级休闲观光农业综合标准化示范区项目提供专题指导和技术标准服务提高顺义区农产品质量。三是帮助企业做好产品标准自我声明，对企业产品质量、标准文本、商品条码实施监督检查。四是启动顺义区高端装备制造业(北汽)标准化试点项目建设，以点带面的方式辐射园区产业链，帮扶北京自主品牌乘用车基地推进国家高端装备制造业标准化试点工作。

（质监局）

【计量监督】一是配合市相关部门，对14家制造修理计量器具制造企业、7家检验检测机构进行专项检查。二是围绕与百姓生活密切相关的商场超市、农贸市场、加油站等领域，对本区5家企业10个批次的产品开展定量包装商品净含量监督抽查工作，合格率100%。三是组织开展新闻出版电视领域使用法定计量单位、物流行业强制检定计量器具的监督管理，普遍开展法律告知工作。四是部署重点用能单位能源计量器具的专项监督检查，对5家重点用能单位进行约谈，推动重点用能单位能源计量器具的智能化升级改造。

（质监局）

【特种设备监督管理】一是年内完成203部老旧住宅电梯安全评估工作，将安全隐患通报住建委等行业主管部门及属地政府，共同研究老旧住宅电梯评估等环节安全问题的治理工作。二是依法监管新建和在用油气输送压力管道，及时督促检验单位和使用单位按期开展公用燃气压力管道定期检验和风险评估。三是对全区10吨/时以上燃煤锅炉开展能效普查、能效测试，配合做好辖区燃煤锅炉“煤改气”工作。目前全区共有10吨/时以上锅炉122台，完成改造105台，17台处于停用状态。四是以液化石油气瓶充装单位为重点，联合市局评审专家对15家充装单位进行全覆盖的监督检查，建立气瓶充装环节倒追查制度，并开展质量安全公开承诺活动。五是对物流中心等17家叉车使用集中单位开展专项整治。

（质监局）

【“双随机”综合执法检查工作】由本局法制科牵头，统筹检查信息，实现信息交流。各部门之间协同配合，实现资源共享，确保“双随机”综合执法工作责任到人。组织开展“双随机”综合执法工作现场观摩活动，对整个执法过程进行现场演练，针对执法过程中出现的问题研究解决对策，为进一步完善执法工作提供依据。年内共“双随机”检查企业176家，检查情况良好。

（质监局）

【技术机构工作人员管理】计量所、特检所以“练内功、强素质、优服务”为中心，组织开展系列能力提升活动，通过搭建多角度的学习交流、技能切磋的平台，及时发现解决检验中的问题，督促检验人员提升责任意识和主动学习能力，推动检验检测水平的整体提升。质检所认真研究政策、制定方案，将做好“人”的工作放在重要位置，将稳妥落实为基本出发点，通过多种渠道解读相关政策规定，分析面临的形势任务，充分调动干部职工适应改革、支持改革的自觉性，确保此次改革的顺利完成。

（质监局）

【行政审批】紧贴群众需求，坚持“一次性告知”，严格落实首问责任制。以热情服务、便民利民为原则，把窗口服务作为拓展质监行政审批及服务功能的平台和联系群众的情感纽带，全心全意地提供优质服务，优化服务方式，开辟绿色通道，启动电话预约服务措施。推行全天候便民服务，增加午间值班人员，早八点晚五点全天候可以办理业务及接听咨询热线，解决路途较远的服务对象中午等候问题。年内共受理各类审批事项1019件。

（质监局）

【投诉举报】年内处理各类投诉举报247件，网上咨询8件，处理回复率100%。

（质监局）

【宣传平台建设】一是以荧屏说质监的形式，与区电视台联合开办《信息播报》平台，质监工作人员出镜观众播报质监工作、传递质监声音、宣传质监事业。共拍摄各类新闻播报11期。二是着力推进微博宣传平台建设，充分利用微博宣传质监形象。全年微博发表数量为185条，通过微博为群众提供咨询解答服务4次。三是各类信息编辑、上报210条，被国家质检总局、中国质量报、质量新闻网刊登34条。四是北京质监投稿并刊登稿件8篇。

（质监局）

安全生产监督

【概况】2016年，顺义区紧紧围绕落实“四化三体系双基”总任务，按照“党政同责、一岗双责、失职追责”的要求，以建立标准化常态化运行机制为载体，着力完善落实安全生产责任制，着力加强安全基础和能力建设，着力加强隐患排查治理和安全预防控制体系建设，着力深化重点行业领域专项整治,全区安全生产形势持续向好。深入贯彻落实国家安监总局59号令和69号令的有关要求，依托现有隐患排查治理信息系统，运用风险管理理念，牢牢抓住风险辨识、风险评估与分级、风险防控三大重点环节，积极探索工业企业有限空间作业安全风险分级管控双重体系建设，初步形成了安全风险分级管控和隐患排查治理双重预防体系构架，加强工业企业有限空间作业监管工作。实现对全区工业企业中涉危、粉尘防爆、有限空间等高风险作业场所信息的全面采集。强化企业安全生产主体责任落实，举办企业职业卫生负责人、职业健康管理员、地下有限空间安全管理人员三期培训班。

单位名称：北京市顺义区安全生产监督管理局

地址：顺义区石门街6号

电话：（010）69443437

邮编：101300

网址：http://www.ajj.bjshy.gov.cn

（贾 雁）

【烟花爆竹零售网点管控】年内，顺义区烟花爆竹销售网点由2015年47个压减至39个，分布于15个属地单位。区安监局共检查零售网点410余次，累计出动820人次，184车次，下达执法文书200份，发现并消除隐患101项。

（贾 雁）

【安全生产大检查】1月1日至3月31日，全区开展为期三个月的安全生产大检查工作，共检查生产经营单位11414家，检查覆盖率60%；发现隐患11971项，整改隐患10654项，整改率85%；处罚105.32万元；停业整顿16家；关闭企业6家；共发放各类宣传材料87625份。

（贾 雁）

【烟花爆竹销售人员岗前培训】1月13日至19日，区安监局对全区烟花爆竹销售人员进行岗前培训。此次培训及考核工作通过“纵横安全教育在线”开展，培训内容包括新安全生产法、现场安全管理知识、应急管理等16门课程。全区所有烟花爆竹零售网点销售人员均已参加培训，并考核合格。

（贾 雁）

【危化企业工作会召开】1月27日，区安监局组织辖区危化企业召开工作会，传达《北京市生产安全事故隐患排查治理办法》（北京市人民政府令第266号）（以下简称办法）、《北京市安全生产委员会关于开展生产安全事故隐患排查治理“一企一标准一岗一清单”编制试点工作的通知》（京安发〔2015〕17号）的文件精神，对《办法》中的34条项目以及编制隐患清单等内容做详细的解读，要求所有危化企业要深入贯彻落实生产安全事故隐患排查治理主体责任，严格按照《办法》中的规定及时梳理本单位安全生产隐患排查治理制度，开展安全生产检查和事故隐患排查治理工作，及时消除事故隐患；坚决制止和纠正违章指挥、强令冒险作业、违反操作规程的行为；同时要按要求使用好《顺义区生产经营单位安全生产信息管理系统》，如实记录事故隐患的排查时间、所属类型、所在位置、责任部门和责任人、治理措施及整改情况等内容，防止和减少生产安全事故的发生。

（贾 雁）

【全区安全生产大会召开】3月1日，顺义区2016年安全生产委员会第一次全体扩大会议暨全区安全生产大会召开。会议通报一季度安全生产大检查情况，全面总结2015年安全生产工作，部署2016年工作任务。

（贾 雁）

【工业企业有限空间监管研讨会召开】3月5日，区安监局召开顺义区工业企业有限空间监管工作研讨会，就如何开展工业企业有限空间现状调查和有限空间自行作业评估工作的措施办法进行研讨，形成三点意见：一是采取自查和专家组调查两种方式对工业企业有限空间作业安全现状进行摸排；二是由专家组对有限空间自行作业企业安全生产条件进行评估；三是搭建工业企业有限空间作业信息服务共享平台。

（贾 雁）

【隐患排查治理编制试点】3月8日至9日，区安监局分5个批次对全区313家试点企业和属地安全生产监管部门900余人进行培训,指导企业从危险源辨识及风险评价入手，开展隐患排查治理“一企一标准一岗一清单”的编制试点工作。

（贾 雁）

【安全文化产业座谈会召开】3月15日，区安监局组织辖区内安全产业相关企业召开交流座谈会。会上，各企业负责人介绍企业的安全技术及产品发展状况，加强相关了解，并就成立顺义区安全产业联盟，实现安全生产管理水平的提升，优化顺义区经济结构，促进经济新的增长进行探讨和交流。

（贾 雁）

【开展职能部门专职安全员心理测评】4月15日，区安监局对373名职能部门专职安全员开展心理测评,通过定性、定量的方式，对安全员个人的能力、个性、知识水平、职业倾向和发展潜力等方面进行综合测试、分析和评价。心理测评结果将作为专职安全员录用的重要考量因素。

（贾 雁）

【“消隐、拆违、打非”百日专项行动】4月15日至7月20日，区安监局在全区范围内集中开展安全生产“消隐”百日专项行动，共检查生产经营单位42759家次，覆盖率达到100%，出动检查人员4.1万余人次、检查车辆1万余车次，发现隐患48032项，整改隐患42009项，整改率85%，停产停业整顿企业73家，关闭取缔70家，清理外来人员214人，处罚金额119.11万元，发放各类宣传材料14万余份，悬挂标语2.1万多条。

（贾 雁）

【保障第十四届北京国际汽车展览会】自4月17日起至车展结束，区安监局每天对展馆进行执法检查及巡查。累计派出执法人员504人次，72车次，对全部搭建单位进行安全检查。排查发现各项安全隐患175项、下达责令限期整改指令书3份。

（贾 雁）

【保障第25届北京国际燕京啤酒文化节】5月16日至7月5日，区安监局共出动执法人员600人次、120车次，发现安全生产隐患90余项，全部立即进行整改。

（贾 雁）

【组织油库单位间联合应急演练】6月3日，区安监局组织7家危险化学品生产储存经营单位安全负责人观摩中国航空油料有限责任公司北京分公司与中国航油集团北京石油有限公司的联合应急演练。

（贾 雁）

【工业企业有限空间作业管控体系建设及专项整治动员部署会召开】6月6日，区安监局召开顺义区工业企业有限空间作业管控体系及专项整治动员部署会，22个属地和118家企业主要负责人和安全管理人员参加会议，聘请市劳动保护科学研究所专家对有限空间作业安全管理进行讲解。

（贾 雁）

【危化品泄漏事故应急救援演练举办】6月16日，顺义区安监局组织全区性危险化学品泄漏事故应急救援综合演练。演练模拟顺义某公司液氨制冷车间高压储氨罐管道阀门突然破裂造成液氨泄漏，事故企业和区各部门立即响应组织抢险救援。演练结束后，由专家进行全过程点评。

（贾 雁）

【安全生产标准化区级核查全面启动】7月18日，委托北京市劳动保护科学研究所，抽选24名专家组成6个核查组，对本区120家安全生产标准化三级达标企业展开核查。本次被核查企业是按顺义区安全生产动态管理系统随机抽选的形式确定，主要以2015年度三级达标企业为主。核查内容是：达标企业标准化体系的有效运行情况、达标评审扣分项整改及事故隐患排查治理机制情况、安全生产责任制落实情况、达标评审质量情况、各属地行业部门年度核查情况，重点突出涉危使用、涉爆粉尘、用电管理和职业卫生等环节。

（贾 雁）

【第二届特种作业技能竞赛】7月29日，由区安监局主办的北京市第四届职业技能大赛顺义赛区初赛暨顺义区第二届特种作业职工技能竞赛完成。此次竞赛以“展技能风采，圆成才之梦”为主题，自6月初启动以来，历时2个月，来自多家单位的290人参赛。经过严格评审，维修电工、电焊工两个类别共有84人进入市级复赛，其中维修电工64名，电焊工20名。竞赛组委会还分别评出一等奖2名、二等奖4名、三等奖14名；优秀组织奖17个。

（贾 雁）

【重点地区专项整治】从7月份至年底，区安监局共检查城乡结合部地区市级挂账村生产经营单位1542家次，覆盖率达到100%，出动检查人员4168人次，发现隐患2765项，整改隐患2765项，整改率100%，处罚金额8万元，停产停业整顿企业6家，关闭取缔企业8家，发放各类宣传材料6000余份，悬挂标语200余条。

（贾 雁）

【专职安全员管理办公室成立】顺义区被北京市确认为专职安全员队伍建设的试点区县。8月25日经顺义区安监局党组决定，正式成立专职安全员管理办公室，负责对全区31个属地22个职能部门415名专职安全员进行规范化系统管理。

（贾 雁）

【600名村级电工培训】9月5日起，顺义区安监局开展以村级电工为主体的培训工作。此次培训为期2周，按属地分别开展，全面覆盖全区各镇、街道所管辖的各村和居委会，近600人参加。培训包括理论和实际操作两方面，理论培训涵盖安全生产法律法规及标准规范、维修电业安全操作规程、供用电日常管理基本知识等，重点补充近年来电力行业的更新知识。培训结束后，区安监局对参学人员学习效果进行评测，并发放最新版电工作业人员自学工具书。

（贾 雁）

【电动自行车充电安全专项整治】从9月中旬顺义区安监局开始在全区范围内开展电动自行车充电安全专项整治工作。累计检查5111家次，检查隐患点4151个，查出隐患3192项，已整改2848项，全区各单位开展电动自行车充电安全宣传835次，受众人群95849人。

（贾 雁）

【有限空间大比武活动举办】10月14日上午，顺义区2016年有限空间作业大比武活动闭幕式在鼎晟昊冉技术服务中心举办。顺义区发改委、市政管委、经信委、水务局、公路局、消防支队6个行业部门及31个属地的主管副职和安全科长参加。此次活动历经4天时间，区分工业和地下有限空间两类，采取理论考核和实操考核的形式，北京恩布拉科雪花压缩机有限公司和北京大龙供热中心获得一等奖。

（贾 雁）

【专职安全员“职工技协杯”复赛举办】10月20日至21日，区安监局举办安全生产专职安全员“职工技协杯”复赛竞赛活动。全区31个属地29组乡镇、街道专职安全员参加此次竞赛活动。竞赛活动共分为3个执法业务场景，其中工业企业复赛场景由区安监局监管科聘请2名专家布置工业生产类隐患31处，隐患包括：疏散通道不畅、用电设备设施不符合安全生产要求、机械设备安全防护不到位等。

（贾 雁）

【保障战略性新兴产业投资峰会】10月24日，“北京顺义新产业、新动能、新经济2016战略性新兴产业投资峰会”后沙峪镇中鑫家园温泉酒店举行。区安监局执法人员多次前往酒店进行安全检查，发现隐患问题立即组织落实整改，重点检查酒店的安全出口、疏散通道是否畅通，消防设施是否完好有效以及应急演练情况是否充分，并提示施工单位严格制定施工方案和应急预案，特别是强化舞台搭建、灯光音响设置、临时线敷设、安全防护、人员疏散等方面安全措施保障。

（贾 雁）

【充实专职安全员队伍】年内，区安监局完成区政府职能部门专职安全员队伍组建工作，137名专职安全员于7月正式上岗；组织30名属地专职安全员补录工作。规范专职安全员队伍管理和考核，出台《顺义区安全生产专职安全员管理暂行办法》等11项管理制度，实行末位淘汰制，激发工作动力。目前全区共有专职安全员437人，覆盖30个镇、街道（园区）和24个职能部门。

（贾 雁）

2月4日，区安监局对危化企业进行安全检查

食品药品监督管理

【概况】2016年是食品药品监管机构完善体系、筑牢基础、提升能力的重要一年。围绕“让辖区百姓享受更高水准的食品药品安全保障”这一根本目标，全面落实“四个最严”，深入开展“两学一做”学习教育，不断强化党建工作，扎实推进无照无证餐饮整治，完成两会、国际汽车展等重大活动保障，辖区食品药品安全水平稳步提升。顺义局代表市局接受国务院食品安全委员会办公室关于农村食品安全治理工作的专项督查，获得督查组的高度评价。

单位名称：北京市顺义区食品药品监督管理局

地址：顺义区仓上街3号

电话：81494106

邮编：101300

网址：http://172.26.14.162:8080/shunyi/index.html

（食药监）

【齐抓共管落实属地责任】区、镇两级政府将食品药品安全纳入工作规划重点推进，区政府与各镇政府、街道办事处、经济功能区签订《2016年食品药品安全属地监管责任书》，并以区政府文件形式下发《顺义区强化镇级政府食药安全监管属地责任管理办法》，明确“属地对所辖行政区域内的食品安全管理工作负总责”，细化属地政府风险排查整治、信息通报等15项工作职责，进一步落实食品安全“党政同责、一岗双责”。继续加强村级食品药品安全信息员队伍建设，目前共有村级食品药品安全信息员500余人，覆盖全区所有社区和行政村，年内共发现并反映食品药品安全违法线索712条。

（食药监）

【创新成果体现实效】在全市率先开展食品生产企业风险分级和食品召回试点工作，起草《北京市食

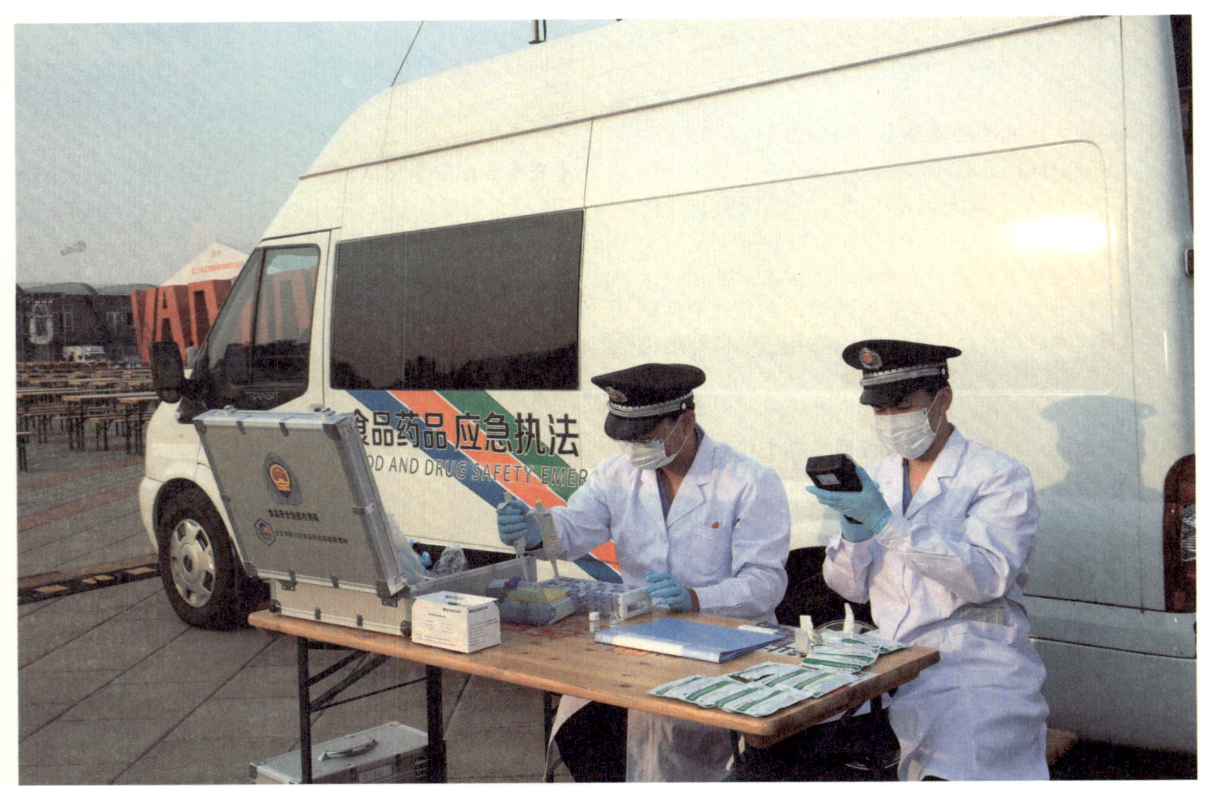

顺义区食品药品监管局在啤酒节期间开展现场食品检测

品生产企业食品安全风险分级管理工作规范（试行）》，完成辖区156家企业的风险分级工作，为全市推广提供经验；年内共召回不合格食品964公斤。鼓励和引导食品生产企业开展HACCP（危害分析与关键控制点）体系认证工作，共有35家企业取得HACCP认证，10家企业取得GMP等其他管理规范认证。推行过期肉制品集中销毁工作，为定点销毁企业拨付15万元补贴，共销毁不合格肉食品66吨，有效防止不合格食品的二次流入市场。在石门市场设立驻场办公室，派驻专职人员，实施24小时监管，推进落实场厂挂钩、产地挂钩制度。明厨亮灶工作得到深入推进，区、镇两级共投入271万元用于明厨亮灶建设和奖励资金，对验收合格单位最高单笔奖金达到2万元。全区餐饮企业已完成明厨亮灶建设1124家，占总数的28%，实现中型以上餐饮企业全覆盖。为做好高风险企业的隐患排查，制定《顺义区药品医疗器械飞行检查制度》，全年共飞行检查药械生产企业17家次，实现高风险企业的飞检率100%。

（食药监）

【统筹执法综合监管】为解决市场监管领域职责交叉、部门联动机制不完善、执法力量结构性不足等问题，顺义区组建市场监督管理综合执法委员会，委员会成员单位包括农业、工商、公安等15家部门，办公室设在食药局。探索建立“一次检查、全面发现、统一流转、有效处置、督察督办”的市场综合监管模式，年内对成员单位680名一线执法人员开展综合监管培训，配发统一的综合检查证件，打造流转高效的综合执法网络信息平台，共沟通监管信息1487条。

（食药监）

【畅通举报全民参与】年内共办理各类投诉举报2427件，办结2222件，办结率92%，回复率100%，经核查属实的797件中立案查处467件，立案率为21%。广泛宣传市、区两级举报奖励制度，修订《顺义区食品药品违法行为举报奖励办法》，在奖励范围、奖励等级等方面进行修改调整，将奖励标准依据由原来的货值金额调整为涉案货值金额或罚没款金额。共奖励举报23件，发放奖励资金12360元,比2015年增长86%。

（食药监）

【专项整治力度加大】结合日常监管，统筹执法力量针对重点领域、突出问题开展冷冻畜禽产品、农村食品安全、校园及周边食品、定制式义齿、明胶、注射用透明质酸钠等59项食品药品专项整治，强化专项整治的长期、实际效果。2月底启动无照无证餐饮整治工作，在全区范围内深入摸排无证餐饮单位并及时挂账。年内，全区共挂账无照无证餐饮单位1087户，已全部治理，销账率100%，其中，查处取缔1028户，纳入规范管理50户，引导转型为其他行业9户，市场秩序得到有效规范。

（食药监）

【从严执法震慑违法行为】年内共查办行政处罚案件805件，其中简易程序444件，一般程序361件。做出处罚决定795件，其中一般程序案件351件，罚没款963.93万元；立案数、做出处罚决定数和罚没款数分别比2015年增长14%、4%和59%，实现“三提升”。共办理行政复议案件26件，办理行政诉讼27件。

（食药监）

【网格监管加强防控】全区共有监管主体12310户。为破解监管人员少、主体多的难题，进一步完善全区“一张图”、工作“一盘棋”、监管“一体化”的网格监管体系，将全区划分成65个三级网格，分级分片，责任到人。年初共排查监管风险点308项，并逐项制定防控措施，风险防控针对性进一步增强。制发《网格化监管巡查基本工作规范（试行）》，签订网格监管责任书，“网格监管系统平台”，实现市局许可数据与区局平台、区局与各所之间的数据实时对接，目前共接入市局平台许可信息14000多条，监管底数逐步厘清，制度化、标准化、信息化的网格监管体系初步建成。

（食药监）

【严格审批把好源头】年内共受理“四品一械”类许可申请6015件，发放许可证及备案凭证5678件，比2015年增长25.95%。进一步落实GMP、GSP规范，全区目前共有45家药械生产企业通过GMP认定，350家药品经营企业通过GSP认定，实现在营在产企业的规范化管理全覆盖。

（食药监）

【规范基层所建设】以监管所规范化建设达标率100%为目标，积极沟通，统筹协调，高标准推进基层监管所软硬件建设。区委、区政府和属地镇街将食品药品安全工作经费纳入本级财政预算，持续加大人、财、物投入力度。2016年，在监管所规范化建设方面，区局投入1090万元，镇、街政府投入716万元，为基层建设提供财力支持。在公车改革工作中，在严格按照制度标准落实改革任务的同时，最大限度地将政策优势倾斜基层，内部调配6辆执法车下放到基层所，保障一线执法力量。截至目前，共有16个基层所通过市局验收（其中11个所获评示范所、5个所获评达标所），规范化建设达标率达到67%。基层所规范化建设取得新成效。

（食药监）

【完善体系开展监测】加大对畜禽肉、水产品的抽检力度。共抽检食品药品样本13149个,其中，抽检食品、保健食品样本12155个样本，检出不合格样本204个，合格率约为98.4%；抽检药械样本904个，4个不合格，合格率为99.55%。化妆品样本90个，1个不合格，合格率98.88%。完成国家局食品安全检（监）测能力建设规划项目，并通过监控中心食品扩项和药品迁址检测资质认定，目前可对4个食品检验项目/参数和71个药品检验项目出具检测报告，检测能力成效显著。24个监管所检测室不断进行完善升级，检测设备和试剂配发到位，监管所共完成快检筛查7236件，完成计划任务量的114.3%。全区已有食品药品社区监测点120个。

（食药监）

【强化督导监察责任】全年共实施日常行政、风纪督查20次，专项业务督查13次，节日期间电话、实地督查77次。同时还聘请人大代表、媒体、行业协会、食品药品经营者等各界代表人士为政风行风社会监督员，主动接受社会监督。国家统计局北京调查总队2016年调查显示，居民对食品药品安全满意度达87%，比2015年上升了1.6个百分点。

（食药监）

审 计

【概况】2016年，北京市顺义区审计局完成审计项目38个，查出管理不规范金额1495560.12万元，上缴财政金额6604.25万元（含2015年查出违规金额6495万元）；提交审计报告和专项审计调查报告56篇；提出审计建议45条，审计建议被采纳33条,制定整改措施28条；提交审计信息33篇；向社会公告审计结果17篇。还参与审计署和北京市审计局组织的城镇保障性安居工程、稳增长促改革调结构惠民生防风险政策落实情况等相关审计工作。

单位名称：顺义区审计局

地址：顺义区新顺南大街17号

电话：（010）69444127

邮编：101300

网址：http://www.shenji.bjshy.gov.cn

（肖 钢）

【预算执行审计】组织开展2015年度本级预算执行和其他财政收支情况审计以及部门预算执行审计。先后对区财政局2015年度预算执行情况、16家单位部门预算执行情况及7个二级预算单位、新型农村合作医疗基金等重点项目资金进行审计。审计查出管理不规范金额1487780.67万元，违规金额60.62万元，上缴财政60.62万元。

（肖 钢）

【经济责任审计】围绕“加强对权力的制约，促进建立和健全问责机制，稳步推进经济责任审计”的工作思路，先后开展38个单位的处级干部经济责任审计工作。重点审查领导干部任期内工作目标的实现程度以及遵守国家财经法规和有关廉政规定等情况，关注领导干部任期内贯彻落实相关政策及资金使用、资产管理绩效情况以及决策、投资等经济活动的效果等内容。审计查出管理不规范金额2592.15万元，违规金额48.63万元。主要问题集中在固定资产处理不及时、使用大额现金结算及欠缴税收等方面。

（肖 钢）

【领导干部自然资源资产离任审计试点】开展领导干部自然资源资产离任审计试点工作，在对顺义区水务局局长离任审计中，重点审计顺义区地下水资源资产情况，研究探索自然资源资产离任审计的范围、内容和审计方式方法等，为推进实施自然资源资产离任审计积累一定经验。

（肖 钢）

【政策落实跟踪审计】聚焦重大决策部署的落实情况，对顺义区2016年“稳增长、促改革、调结构、惠民生、防风险”政策措施落实情况进行跟踪审计，关注实施非首都功能疏解，交通、生态、产业领域重点项目实施和清洁空气行动计划等领域政策措施的贯彻情况和效果，促进政令畅通。

（肖 钢）

【民生审计】对新型农村合作医疗基金筹集、管理和使用情况进行审计。重点审计新农合政策调整情况，参合人数及报销人次情况，定点医疗机构实时结算情况，新农合医疗基金筹集和使用情况等四项内容。

（肖 钢）

【署市区联合审计项目】一是对顺义区2015年城镇保障性安居工程的投资、建设、分配、运营等情况进行审计。重点审计北京市顺义区所属住房城乡建设、财政、国土资源、民政等部门，并延伸调查17个村的20户农村危房改造家庭，对22个安居工程项目的建设管理情况进行检查。审计查出管理不规范金额4827.30万元，问题主要集中在安居工程目标任务管理方面、政策落实方面和资金管理和使用方面。二是配合市局进行2016年全国医疗保险基金审计工作，主要审计医保制度运行情况及成效、医保政策制度落实情况、医保改革措施推进情况、基金管理使用情况等，达到促进医保政策落地、深化医保制度改革、强化医保基金管理、更好地保障和改善民生的目的。三是对顺义区中小河道治理工程（一至四阶段）进行审计，重点审计中小河道治理工程项目的建设任务实施推进情况、资金筹集管理使用情况、工程项目建设程序履行情况、项目实施治理效果等情况进行审计。

（肖 钢）

【内部审计工作】2016年顺义区审计局内部审计指导所（内部审计协会）不断加大内部审计工作力度，坚持“服务、管理、宣传、交流”基本职能，着力推进全区内部审计工作“职业化、特色化、科学化”发展。加强全区内部审计工作，建立健全内部审计工作机制，保证内部审计工作质量,更好地发挥内部审计的职能作用，制定下发《2016年度内部审计工作指导意见》。为进一步促进内审工作，对顺义科技创新有限公司、顺义建筑工程公司等单位内部审计工作开展情况进行实地调研。组织与丰台区、怀柔区开展内部审计工作横向交流，三个区来自公安、教委、卫计委、乡镇、街道、企业等16家内审单位27名内审人员参加经验交流座谈会。为更好地适应新常态下内部审计工作发展的需要，及时解决经济发展新常态下带来的矛盾和存在的隐患，邀请专家为全区53家成员单位内审人员授课，更加清晰的认知和理解新常态下如何做好内审工作。组织全区内审专兼职人员开展拓展训练，进一步增强内审团队凝聚力。内审理论研究工作取得新突破，在市内部审计理论研讨活动中，本区多家单位上报的调研文章获奖，其中2家单位获得二等奖，1家单位获得三等奖，1家单位获得提名奖，区内审协会获组织奖。

（陈宝江）

2015年度本级预算执行审计延伸公租自行车项目现场查看公共自行车管理系统

【经责审计工作领导小组会议】11月，顺义区经济责任审计工作领导小组办公室第一次会议在区审计局召开，区委组织部、监察局、财政局等9个部门参加会议。会议听取区审计局关于2016年度经济责任审计工作报告，听取区国资委、区教委、区卫生计生委关于2016年度系统内部开展经济责任审计情况报告，并研究讨论《顺义区2017年度经济责任审计项目初步建议》；制定出台《北京市顺义区经济责任审计工作领导小组议事规则》、《北京市顺义区经济责任审计工作领导小组办公室工作规则》和《北京市顺义区处级领导干部经济责任审计管理办法》，促进区经济责任审计工作领导小组在经济责任审计工作项目计划制定、组织实施、信息共享、结果利用等关键环节有效发挥职能作用，推动形成各部门"审前共商、审中协作、审后运用"的协调配合机制。

（董晓艳）

【完善审计监督协调机制】年内，区政府印发《顺义区财政性资金、国有资产审计监督协调暂行办法》和《顺义区审计整改工作暂行办法》，进一步健全顺义区审计监督协调整改联动机制，明确各相关部门应履行的职责，为审计监督协调整改工作提供具体的、可操作的制度依据，进一步强化财政性资金、国有资产审计监督工作，提高财政性资金使用效益，提升审计查出问题的整改效果。

（董晓艳）

【创新创优】拓宽审计范围，区审计局首次尝试本级预算全口径审计，并延伸大额专项资金和煤改电、公共自行车等民生事项，进一步强化对预算资金分配和管理的监督；将履行年度重点工作责任书情况作为领导干部经济责任审计内容之一，将政策落实、政府投资、环境保护等情况纳入审计范围，为评价干部履职能力提供参考；在顺义区年度审计项目的确定上，增加区政府专题会审议环节，审计项目与区域重点工作结合更加紧密；在经济责任审计和重大工程跟踪审计中，大力推进聘用社会中介机构参与审计，逐步使工作重心从现场查账审计，转变为审前调查、制定方案和项目管理，有效提升工作效率；开展领导干部自然资源资产离任审计试点，区审计局在全市审计机关自然资源资产离任审计经验推广会上，作为试点工作突出单位做典型经验介绍。

（董晓艳）

【机关建设】区审计局出台《审计项目进度管理办法》《审计现场管理办法（试行）》《聘用社会中介机构专业人员参与审计工作流程（试行）》等管理制度，推进依法审计、廉洁审计，机关干部全年未发生违法违纪行为；强化干部队伍建设，完善干部选拔任用机制，按照高标准选人用人，通过脱产培训、网络学习、挂职锻炼等形式，着力提升审计人员业务水平，为审计事业健康发展提供坚实保障。

（董晓艳）

政务服务中心 投资服务中心

【概况】2016年，政务服务中心筹备办、投资服务中心共接待咨询54732件，受理、核准21147件，核发各类证书（批复）2499件、备案18648件；办理营业执照371件，注册资本总额约14.6亿元。所有受理事项时限内办结率和群众满意率均达到100%，工作人员获办事者赠送锦旗2面，表扬信1封。

单位名称：政务服务中心筹备办、投资服务中心
地址：北京市顺义区府前西街6号
电话：（010）61426496、（010）81496070、（010）81492202
邮编：101300

（政务服务中心筹备办、投资服务中心）

【市民之家建设】2月至5月，总包单位大龙顺发建筑公司开始组织挖槽、基坑支护、降水、地基处理。截止12月26日，基本完成地上二层+18.0米结构，局部完成+22.5米结构，可按计划于2017年9月底封顶。

（政务服务中心筹备办、投资服务中心）

【领导调研】5月5日，北京市政务服务办副主任刘强、政务服务体系规划建设处处长张胜勇、驻京部队服务处处长王小莹、北京市社科院专家组一行莅临顺义区调研政务服务体系现状及政务中心（市民之家）建设情况。顺义区政府区长助理蔡派陪同调研。刘强副主任实地调研本区投资服务中心大厅工作，询问窗口业务办理量及"三证合一"制度改革进展，听取本区三级政务服务体系建设及政务中心（市民之家）项目基本情况，对多项工作给予肯定。

（政务服务中心筹备办、投资服务中心）

【满意度结果分析】6月15日，中心召开2015年度公众满意度结果分析会，中心和21个入驻部门共50余人参加。对照2015年度公众满意度调查结果，确定健全管理机制、优化服务环境、完善考核激励、加强监督检查、规范告知行为、拓宽意见建议征集途径等改进措施。

（政务服务中心筹备办、投资服务中心）

【五证合一】9月28日，"五证合一、一照一码"登记制度在顺义区全面展开（"五证"即：营业执照、组织机构代码证、税务登记证、社会保险登记证、统计登记证；"一照一码"即：把原来的五证简化为一个营业执照和一个社会信用代码）。中心及时做好政策宣传和解答，避免办事群众在"新政"正式实施后出现"往返跑"的情况。同时，借助区政府门户网站、广播等媒体，开展有效的宣传，做好政策解读，

顺义区政务服务中心

在全区营造理解改革、支持改革的良好氛围。

（政务服务中心筹备办、投资服务中心）

【完善政务服务硬件设备】自9月中旬开始，对25个镇、街道现有政务服务设备情况进行摸底调查。根据各镇（街道）需求，经过财政预算，投入19.3万元，购置触控一体机19台、LED显示屏2台、满意度评价器28台。所有设备均已发放、安装到位。

（政务服务中心筹备办、投资服务中心）

【在线审批监管】按照市政务中心、市经信委“关于进一步完善投资项目在线审批监管平台数据对接工作”的要求，协同区审改办共同推进实施本区投资项目在线审批监管平台协调、监管等工作。认真对本区15家单位在线审批完成情况进行监督、管理。协调本区15家单位开展平台使用自查工作，汇总上报使用中出现的问题及数据对接错误，确保本区投资在线审批监管平台顺畅运行。9月26日，国务院专项督察组对北京市在线平台工作进行监督检查，本区在线平台运行平稳，未出现预警情况。

（政务服务中心筹备办、投资服务中心）

【文化墙建设】10月上旬，政务中心筹备办充分利用办公走廊，设立廉政文化墙。文化墙以党风廉政建设和反腐败工作为主要题材，将思想教育、纪律教育与社会公德、职业道德、法律教育等相结合，是介绍纪律知识、弘扬正气、警钟长鸣的反腐倡廉宣传教育新阵地，体现主题的鲜明性、形式的多样性和教育的针对性。

（政务服务中心筹备办、投资服务中心）

【政务服务体系建设全面铺开】10月26日，区政府常务会议审议通过《顺义区关于加强三级政务服务体系建设的意见》，区长高朋强调全区各部门、各属地要大力加强三级政务服务体系建设。11月1日，区政府政务服务体建设推进会召开并下发两个文件（即：《顺义区关于加强三级政务服务体系建设的意见》（顺政办发〔2016〕34号）、《顺义区推进镇（街道）政务服务标准化建设工作实施方案》（顺政办发〔2016〕35号）），标志着三级政务服务体系建设在全区全面铺开。

（政务服务中心筹备办、投资服务中心）

【《顺义政务讯息》创刊】10月31日，创办《顺义政务服务讯息》。截至2016年底，共印发18期，共计70余条讯息，并在微信公众号发布，成为展示全区政务形象的窗口，传播党的便民利民政策与信息的使者。

（政务服务中心筹备办、投资服务中心）

【政务服务体系建设整体推进】11月2日，领导班子召开专题会，研究如何推进二三级政务服务体系建设工作，提出“兵分五路，分片包干，齐头并进”的工作思路。从11月3日开始，区政务服务中心领导班子成员深入各镇（街道）政务服务中心和各村（社区）政务服务站，帮助基层理清政务服务体系建设思路，制定工作方案，并组织、指导实施。同时，积极与广告公司进行沟通、协作，共同研究制定《顺义区镇（街）政务服务中心/村（社区）政务服务站标准化建设设计方案及制作说明》并下发到各镇（街道），供参照建设二级政务服务中心和三级政务服务站。全区三级政务服务体系建设进展顺利，12月23日，本区上报材料通过市政务服务审核。

（政务服务中心筹备办、投资服务中心）

【微视频拍摄】根据区委组织部通知精神，中心推荐商务委窗口王柏生作为事迹典型，此次拍摄任务历时20天。拍摄的微电影《从教师到审批员，他倾心诠释每一个角色》在机关工委系统建党95周年文艺汇演上放映，且在市政务服务中心滚动屏幕播放。

（政务服务中心筹备办、投资服务中心）

【事项梳理】参照区审改办梳理的最新职权目录及本办三次梳理结果，对涉及33家单位的相关事项进行全面梳理。梳理结果为：拟进驻中心单位33家，行政许可、行政确认事项数量382项。

（政务服务中心筹备办、投资服务中心）

【公共资源交易整合】按照王刚书记和高朋区长在区委四届十二次全会上所做的重要指示,根据“管办分离、集中服务”的原则以及“政府引导市场、市场公开交易、交易规范运作、运作统一管理”的基本思路，起草《顺义区整合建立统一规范的公共资源交易平台实施方案》（以下简称《实施方案》）。经12月6日区政府专题议事会、12月7日第40次政府常务会、12月9日第42次区委常委会的审议，通过《实施方案》。

（政务服务中心筹备办、投资服务中心）

【支出进度】投资服务中心一季度支出进度完成29.36%，2季度完成41.75%，3季度完成75.07%，全年完成情况基本符合要求，在全区处于领先地位。政务服务中心筹备办每季度均按支出进度完成任务，全年支出进度完成100%，名列全区第一。

（政务服务中心筹备办、投资服务中心）

总部企业高管人员服务

【概况】2016年，切实把握三个阶段性特征和四个转型升级要求，坚持“用心服务至高、共谋发展至上”的服务理念，积极探索服务形式，优化企业发展环境，努力提升服务企业及高管人才的质量，全力以赴为顺义总部经济发展提供服务保障。

单位名称：北京市顺义区总部企业高管人员服务中心

地址：顺义区建新西街3号

电话：（010）89498007

邮编：101300

（唐勇）

【服务企业规范化】一是完善企业及高端人才信息档案，做到对服务对象的“底数清、情况明”。二是建立电话沟通和走访慰问制度。坚持每半月对服务企业进行电话沟通，每季度对服务企业进行走访调研，及时了解企业及高管人才面临难点问题，并积极协调区内相关委办局及属地镇政府予以解决。三是建立节日慰问制度。以元旦、春节、端午节等节日为契机，向服务企业的高端人才送上温馨的短信祝福和认证卡，并协同企业参加北京国际汽车展、郁金香文化节、菊花文化节等活动，共享顺义发展成果。

（唐勇）

【总部及重点企业和高管人员数据库建设】2月，服务中心与顺义区国地税、各属地镇政府及开发区管委会合作，在全区范围内开展重点企业情况调查摸底，此次登记的企业数据库为：年实现地方财政收入1000万以上的注册型企业和年实现地方财政收入2000万以上的占地经营型企业，最终有79家企业入选。建立优秀人才数据库，服务中心在3月至4月开展优秀人才信息统计工作，其中包括入选市级及以上重大人才工程、计划，入选市级及以上重要奖项，荣获市级及以上重要奖章荣誉，获得市级及以上较高荣誉称号，以及其他获得市级及以上荣誉奖励或有其他特殊贡献等五类优秀人才。经过申报、审核、汇总，最终共有107人入选优秀人才数据库。

（唐勇）

【重点企业座谈会召开】3月15日，服务中心就“经济发展新常态下，政府部门如何更好地为企业服务”召开全区重点企业座谈会，中国国际航空股份有限公司、中国航空油料集团公司、国航进出口有限公司等区内23家重点企业代表参加此次会议。

（唐勇）

【动态完善企业及高管人才数据库】4月，服务中心通过走访调研及与区工商、税务等部门的联动，动态修改服务企业名录，完善高管人才信息，实现服务工作顺畅对接。年内确定服务企业79家，涉及高管人才400人。

（唐勇）

【总部企业五月的鲜花文艺汇演】6月16日，服务中心举办总部企业“五月的鲜花”走进中核二三公司文艺汇演。此次演出以“我的中国梦 欢乐新顺义”为主题，是顺义区第二十二届“五月的鲜花”文艺汇演活动的重要组成部分，区内总部重点企业踊跃参与，共编排涵盖歌曲、舞蹈、器乐演奏、快板、合唱等多种艺术形式的节目19个。

（唐勇）

【企业奖励兑现工作】服务中心采取事前稽核、事中监控、事后绩效评价相结合的方式，开展企业奖励兑现工作。2016年，兑现企业1家，兑现资金5407.7万元。

（唐勇）

【建立信息平台，畅通服务渠道】服务中心充分利用“互联网+”思维，发挥传统互联网和移动互联新媒体的作用，于2016年8月20日正式上线两大“总部企业互动交流平台”。两大互动平台包括门户网站和微信公众平台。

（唐勇）

【**提供高管人才个性化服务**】一是解决高管子女入学转学问题。对于企业高管子女有在区内学校就学需求的，服务中心都会全力予以协调解决。年内解决企业高管子女就读幼儿园2例、小学转学1例、就读小学3例、高中转学1例。二是开展“高管人员生日贺岁活动”。截止目前已向60余位高管人员送去生日祝福。三是解决企业高管户口进京问题。目前解决1高管北京工作居住证，1名高管材料已经申报，正在等待市级审批。四是其它个性化服务，例如为高管人员协调就医、寻找房源等，解决他们生活中的实际困难。

（唐勇）

市场经营管理

【**概况**】2016年，区市场中心市场经营性收入4857万元。年内，完成7个农贸市场、12个鑫绿都便利店升级改造工程；接收开办社区菜店8家；完成区智慧市场综合服务平台架构搭建工作；制定《市场规范化管理与量化考核管理手册》，并研发出市场管理业务平台系统。同时，中心党委切实加强党建工作，以扎实开展“两学一做”学习教育为契机，组织干部参加区级知识测试2次、演讲比赛1次，并自行组织开展党纪党规知识竞赛、演讲比赛各1次。

单位名称：顺义区市场经营管理中心

地址：北京市顺义区石门街10号

邮编：101300

电话：（010）69426100

网址：http://www.shysczx.bjshy.gov.cn

（市场中心）

【**机构编制梳理工作完成**】2016年，市场中心完成机构编制梳理工作。市场中心机构设置分为事业编制和下属企业编制。其中事业编制机构设置共设9科1室，分别为办公室、人事劳资科、财务科、市场规划管理科、市场管理一科、市场管理二科、市场管理三科、市场管理四科、市场管理五科、市场管理六科；下属企业为北京市鑫绿都农副产品市场中心，其企业编制机构设置共设3个部、2个独立法人单位，分别为鑫绿都市场中心资产运营部、鑫绿都市场中心后勤保障部、鑫绿都市场中心市场管理一部、北京顺潮东机动车市场有限公司（含北京潮白绿都花卉市场中心）、北京北务农产品批发市场中心（含李遂市场、李遂集期市场、北务集期市场）。市场中心人员共计205名，事业编制77人，企业编制128人。

（市场中心）

【**农贸市场及便利店升级改造工程**】2016年，完成区政府重点工程项目中石园南、高丽营、怡馨、李遂、河南村、南竺园、便民街大厅7个农贸市场及东兴、石园南区、胜利、双兴、前进、华英园、牛栏山、北小营、滨河（2个）、石园北区、石园东苑12个鑫绿都便利店的升级改造工作，改造内容包括彩板更换、水电暖重建、道路敷设等，改造工程总建筑面积18262平方米，地面硬化55300平方米，概算评审总投资4931.84万元。

（市场中心）

【**疏解非首都功能关闭低端市场**】为服从京津冀协同发展大局，疏解非首都功能和低端产业，推动本区农产品市场发展的转型升级，市场中心先后清退关停榆林、后疃、南彩3家市场。同时，经与南彩镇政府沟通，确定未来将由南彩镇政府投资800余万元在南彩卫生院西侧建设新市场交由中心使用，为后续南彩市场转型升级奠定良好基础。

（市场中心）

【**社区连锁菜店接收开办工作**】2016年，市场中心共接收社区连锁菜店8家，接收设施建筑面积累计7745平方米。截止2016年年底，社区连锁菜店开业6家。按照统一管理、统一采购、统一配送、统一标准、统一品牌的运营模式，每家菜店蔬菜品种达到近70种，同比周边商超优惠幅度达20%。

（市场中心）

【**智慧市场综合服务平台项目架构搭建**】2016年，市场中心完成区智慧市场综合服务平台项目架构搭建工作。平台内容涉及4大层级48个小层级及上百个具体SKU商品品类。本项目结合物联网、云平台、大数据分析等技术手段，从服务社区、居民、商户等便民服务角度出发，依托区市场经营管理中心下属传统菜市场、便民菜店、鑫绿都超市等线下实体店商户、商品及人力资源，结合电子商务、微信、移动互联网等技术手段，通过智能电子秤、统一收银终端、移动POS机、触摸一体机等终端设备集成部署应用，实现线下零售数据的实时智能提取、网络传输、汇总分析、发布应用，为市场中心管理人员提供真实、有效地决策数据支持，为商户提供便捷、高效的零售设备与商品进销存应用，为消费者提供全区实时的商品、价格指导。为百姓、企业、政府三个维度提供服务。该项目总投资达1559.57万元。

（市场中心）

【推进市场规范化管理工作】2016年，市场中心将多年来市场管理的经验进行梳理总结，研究编撰《市场规范化管理与量化考核管理手册》，全书分为9个章节，共计23.6万字，内容以建设“三化双基”（管理内容标准化、管理制度规范化、管理手段信息化，固化基层经常性、基础性工作）信息化管理体系为主。并同步完成市场管理规范化业务平台系统的开发工作，运用现代科技化手段助力提高市场规范化管理水平和工作效率。2016年11月，该平台已在石园、裕龙、东兴等市场完成系统内部测试工作。

（市场中心）

【提升市场规范化管理水平】抓责任建设:自上而下，按照中心与科室、科室与市场、市场与员工、市场与商户，分层分类，逐级签订消防、食品、环境等责任书7600份，落实各级管理责任、岗位责任，落实包摊、包房、包场责任制，筑牢责任体系。抓培训教育:中心层面，组织开展安全生产和食品安全知识培训会，提高干部职工对安全的认识和专项工作能力。市场层面，以“防灾减灾日”“3·15”“119”等活动为契机，积极开展消防安全、食品安全宣传教育和应急演练，使商户、入市百姓持续巩固安全责任意识，提升市场安全防护自救能力和水平。抓步骤细节:以岗位为基础，逐一建立日常工作日志，明确工作内容与流程，通过程序化标准敦促市场管理工作有序进行，有效记录日、周、月、季、年工作情况，反映管辖事物现状。抓督促检查:采取日常业务科室检查、重要时间节点领导带队查等方式，加强监督检查，指导工作落实改进。今年，中心领导4次带队对市场安全稳定工作进行检查，对发现的问题及时督促整改，现场纠正隐患132处。抓综合整治:结合各项工作实际，通过开展安全生产大检查和“消隐、拆违、打非”百日专项行动、开展夏秋季食品安全专项整治、开展矛盾隐患专项排查、开展爱国卫生月等活动，深入排查整改隐患。

（市场中心）

【党组织建设进一步完善规范】2016年，为进一步改善干部结构，激活内在动力，夯实基层党建工作基础，市场中心各基层党支部配备专职党支部书记，明确基层党建工作责任人。在党员教育方面，做好“三个课堂”：一是“固定课堂”集中学，以“三会一课”、“党员活动日”为平台，开展理想、信念和党的性质、宗旨、党员义务教育和党纪党规学习；二是“网络课堂”互动学，利用“微信群”等自媒体学习最新的精神要求；三是“实践课堂”深入学，不断深化技术比武、师带徒、技术“传、帮、带”，突出党员义务服务，加强申请人、积极分子、党员、支部间的经验交流和深入讨论。年内，发展党员3人。在加强党风廉政建设方面，市场中心成立专项工作领导小组，扎实开展“两学一做”学习教育，有序推动工作落实。党委、各党支部按季度开展四个专题研讨活动：组织参观抗日战争纪念馆，观看改进作风建设系列纪录片和警示教育片；开展“党纪党规入心、业务知识入脑”综合知识竞赛；开展“为官不为、为官乱为”专项治理活动；开展以“亮身份、亮标准、亮承诺、亮服务、争先锋”为内容的“四亮一争”活动。二是进一步加强党风廉政建设。其一，落实责任。召开党风廉政建设工作推进会，制发2016年市场中心党风廉政建设实施办法和工作计划，逐级签订责任书，确立责任。其二，加强教育。开展“知规明纪，挺纪法前”主题教育，组织干部参加区级知识测试2次、演讲比赛1次。推进走廊廉政文化建设，在职工往返频率高的地方悬挂名言警句、廉政故事。其三，加强防控。党委严格落实“三重一大”事项集中讨论制度、“一把手”四个不直接分管制度，形成“副职分管、正职监管、集体领导、民主决策”的工作机制。紧盯重要节日时间节点，及时开展节前廉政提醒工作；组织副科以上人员进行廉政风险防控排查；组织制作悬挂纪检监察信箱，进一步畅通群众监督渠道，不断健全风险防控体系建设。其四，加强监督。采取领导深入市场检查，科室、支部每半年汇报工作，以及在元旦、春节、中秋、国庆等节日期间开展明察暗访的方式，对科室落实党风廉政建设工作情况、干部职工廉洁履职情况进行督查考核。

（市场中心）

烟草专卖与管理

【概况】北京市顺义区烟草专卖局（公司）隶属北京市烟草专卖局（公司），实行“统一领导、垂直管理、专卖专营”的经营管理体制，主要负责顺义区的卷烟经营和市场管理工作。2016年，共计销售卷烟53881箱，同比下降4.67%；实现税利3.11亿元，同比下降0.69%；查处涉烟违法案件300起，同比增长89.87%。

单位名称：北京市顺义区烟草专卖局（公司）

地址：北京市顺义区中山南街4号

电话：（010）69422745

邮编：101300

（张宇）

【市场监管与案件查处】年内共计查获违法案件300起，其中一般程序立案51起（含大要案3起），简易程序立案249起，刑事拘留2人；查获各类违法卷烟154万支，其中，假烟、走私烟23.84万支；辖区市场净化率为96.67%，同比增长4.29个百分点。对订货异常户、高档位客户及销量40万支以上大户进行重点监控，严控卷烟异常流动，外流卷烟数量同比下降50%。

（张宇）

【行政许可】年内，新办烟草专卖零售许可证419个、延续许可证841个、变更许可证37个、注销566个、补办7个、停业71个、恢复营业27、歇业72个。截至2016年底，全区持证户共计3112户。

（张宇）

【烟草控制】根据《北京市控制吸烟条例》的要求开展控烟工作，按照条例中关于"禁止烟草制品销售者从事行为"的法条要求，将位于幼儿园、中小学校、少年宫极其周边100米内的持证户信息登记造册，列入专项数据库，加强日常市场监管。年内，因违反《北京市控制吸烟条例》而不予行政许可决定36户，其中12户为新办申请零售户，24户为到期不予延续零售户。

（张宇）

【品牌宣传】2016年，与山东中烟、河南中烟、浙江中烟等12家工业企业召开品牌培育座谈会10场，共计600余户零售户参与座谈。品牌宣传活动收到良好效果，全区10个自主培育规格累计销售20299箱，品牌上柜率、动销率进一步提升。

（张宇）

【普法宣传】5月15日,顺义烟草参加由区公安局组织开展的"防范风险、护航发展"法律宣传活动。通过摆放普法宣传展板，运用事例与图片相结合的方式展示烟草专卖法律法规内容，向消费者传授卷烟真伪鉴别的知识和技巧，提高消费者的辨别能力。通过对"12313"市场监督举报平台的宣传，进一步拓宽市场监管渠道，营造良好的社会监督氛围。

（张宇）

【严厉打击无证经营卷烟行为】7月份，顺义烟草对辖区无证经营卷烟行为开展持续集中整治。一是拉网逐户清查。以蓝盾重点区域为中心，通过错时检查与片区互查相结合方式，对大型、新型小区和新增商业区，以及建筑工地进行高频次检查，记录更新无证户信息档案。二是分析本质原因。着重对无证户信息进行全方位登记录入，包括其所处地理环境类型、经营业态、主要摆放卷烟类型，更好地掌握市场动态。三是强化后续监管。对已发现的无证经营户积极开展法律法规宣教，扫清法律盲区，引导其正规经营或放弃违法经营卷烟行为。向广大零售户发放自制"投诉举报卡"，扩大线索收集渠道，及时掌握无证户动态，清除无证经营死角。

（张宇）

【两法衔接】9月22日，顺义烟草与区检察院共同召开交流座谈会。会议就司法改革、案件移送、调查取证等环节进行沟通，并达成三点共识：一是强化两法平台建设；二是提高案件移送效率；三是建立信息沟通机制。

（张宇）

财政税务

财政管理

【概况】北京市顺义区财政局是负责本区财政收支、财政政策、财政监督、行政事业单位国有资产管理工作的区政府职能部门。区财政局内设18个行政科室：办公室（法制科）、人事教育科、监察科、预算科、国库科、教科文科、社会保障科、行政政法科、农业科、农业综合开发办公室、综合科、财政监督科、行政事业资产管理和绩效考评科、企业科、会计科、城建科、政府采购管理科、金融管理科；下属10个事业单位：北京市顺义区预算编审中心、北京市顺义区财政投资评审中心、北京市顺义区政府采购中心、北京市顺义区财政绩效考评中心、北京市顺义区财会教育考试中心、北京市顺义区投资引导基金管理中心、北京市顺义区财政监督检查所、北京市顺义区财政局国库支付中心、北京市顺义区财政局信息中心、北京市顺义区财政局机关后勤服务中心。

单位名称：北京市顺义区财政局

地址：顺义区新顺南大街17号

邮政编码：101300

联系电话：69443287

（史洪佳）

【一般公共预算收入】2016年，全区一般公共预算收入完成137.86亿元，同比增收13.1亿元，增长10.5%，超过年初收入预算增幅目标值（8%）2.5个百分点，完成年初预算134.74亿元的102.3%，在全市16区中总量排名第五位，增幅排名第三位。

（史洪佳）

【一般公共预算支出】2016年，全区一般公共预算支出累计完成239.09亿元，同比增加13.98亿元，增长6.2%，完成年初预算的103.8%。其中第一、第二、第三季度末及11月底四个时间节点，全区一般公共预算支出进度分别达到23.7%、50.3%、79.3%、94.6%，全部完成市政府绩效考核要求的22%、48%、75%及92%的指标任务。

（史洪佳）

【盘活财政存量资金】2016年，全区盘活财政存量资金106.77亿元，剩余存量5.32亿元，盘活财政存量资金比例达到95.3%。四个季度末全区盘活财政存量资金比例分别为38%、59.4%、76.1%、95.3%，全部完成市政府绩效考核要求的22%、48%、75%及90%的指标任务。

（史洪佳）

【落实国家税制改革举措】一是区财政局在深入研究和测算区镇两级增值税划分比例的基础上，出台《关于全面推开营改增试点后调整区镇两级增值税收入划分过渡方案》（顺财字〔2016〕164号），确保“营改增”全面扩围的顺利推进。二是印发《关于进一步加强非税收入收缴管理的通知》（顺财国库〔2016〕21号），对非税收入收缴流程、票据管理等工作进行明确规范。

（史洪佳）

【完善政府预算体系】将政府债务分类纳入全口径预算管理，明确各类预算的功能定位和收支范围，加大预算之间的融合力度。实施2016-2018年动预算，指导各部门按照“近详远略”的原则，实现财政性资金的跨年度衔接。

（史洪佳）

【强化预算管理的制度约束】出台《顺义区区级基本支出预算管理办法》（顺财字〔2016〕37号）、《顺义区区级项目支出预算管理办法》（顺财字〔2016〕38号）、《顺义区专项转移支付管理办法》（顺财字〔2016〕172号），提高财政资金使用的规范性、安全性和有效性。

（史洪佳）

【建立财政收支统筹调度机制】以区政府办文件印发《关于加强2016年财政收入与支出调度工作的通知》（顺政办函〔2016〕9号），分别于4月13日、5月19日、6月29日、8月26日、11月23日组织召开五次财政收入与支出工作调度会，通过经验分享、查找问题、专题解读等措施，增强政府配置资源的能力和财政资金的有效供给。

（史洪佳）

【政府采购实现电子化办理】6月，顺义区政府采购网、政府采购基础数据填报系统以及政府采购结算单制度成功运行，政府采购工作全面实现电子化高效办理，有效规避政府采购信息报送不及时、不准确、不完整等问题。2016年共接收政府采购立项253项，采购预算资金13.27亿元，同比增长51.5%和104.4%。

（史洪佳）

【深化区镇财政体制改革】一是面向全区19个镇推广使用“镇级指标管理系统”，督促各镇树立预算管理意识。二是重新设定既得利益核定口径和获得条件，调动各镇发展经济和培植财源的积极性。三是针对部分镇住房补贴存在的缺口资金实行差额补助，有效缓解镇级财政支出压力。

（史洪佳）

【创新国库资金管理方式】一是7月完成顺义区财政直接支付、授权支付和工资统发业务代理银行招标工作。二是在保证资金安全和支付需求的前提下，委托市财政局代为操作国库现金管理，2016年实现利息收入1.59亿元。三是全面启动清理财政对外借款，研究制定借款分类处理建议，2016年共清理以前年度财政借款31笔，涉及金额37.31亿元。

（史洪佳）

【着力支撑河东地区发展】8月，区财政局按照《顺义区区对镇转移支付管理暂行办法》的相关要求，制定2016年区对镇转移支付资金分配方案。根据年初预算安排，2016年共向河东镇分配一般性转移支付资金2.3亿元，占比76.7%。

（史洪佳）

【启动国库业务电子化改革】制定《北京市顺义区国库业务电子化管理改革试点工作方案》，作为北京市国库业务电子化改革的四个试点区之一，区财政局按要求完成试点资金电子凭证库实施和国库支付系统改造等基础工作。

（史洪佳）

【深化国库集中支付改革】一是将区级新增预算单位全部纳入改革范围，实现镇级国库集中支付全覆盖，2016年集中支付资金达到253.88亿元，同比增加63.02亿元，占全区财政支出的83%。二是将区镇两级国库集中支付信息全部纳入动态监控范围，财政授权支付信息实现同步监控，2016年共监控财政授权支付数据8.1万条，涉及资金63.3亿元。

（史洪佳）

【规范财政投资评审行为】出台《北京市顺义区财政局预算项目管理办法》（顺财字〔2016〕168号），规范项目审批、项目实施以及决算评审等各个流程，对财政预算评审范围进行明确规定。完善价格体系，运用价格软件有效统一财政评审口径，为财政评审提供科学规范的平台。同时引入第三方机构参与财政投资评审，通过“专业专人，监管专项”方式，评审效率得到大幅提升。2016年，除去相应年度审核完成的申请市级资金的项目，共完成各类项目审核365项，其中决算评审240项，比上年增加60.8%和96.8%。

（史洪佳）

【**加大预算绩效考评力度**】不断加大事前绩效评估力度，借助专家力量理顺顺义区事前绩效评估流程、评估方式和评估内容，制定有顺义特色的事前绩效评估体系。2016年共完成30个一般预算绩效评价项目和7个大额专项资金绩效评价项目，其中大额专项资金评价总金额2.82亿元，占2015年度大额专项资金总量的84.9%。拓宽全过程预算绩效管理单位范围，将考评与指导有效结合。

（史洪佳）

【**创新政府购买服务模式**】印发《顺义区2016-2017年政府向社会力量购买服务指导性目录》《顺义区政府向社会力量购买服务的预算管理办法》《顺义区政府向社会力量购买服务操作流程》及《顺义区政府向社会力量购买服务绩效评价管理办法》，初步形成中央与地方衔接配套的政府购买服务政策体系，顺义区政府购买服务工作，位居全市前列。

（史洪佳）

【**内部控制规范建设启动**】全面梳理局内27个科室的核心业务，梳理流程139个，查找风险点191个，形成《顺义区财政局内部控制手册》和《顺义区财政局职权事项内部控制手册》，初步实现排除、防范局内发生重大经济活动风险隐患的管理目标。

（史洪佳）

【**财务人员规范管理**】一是开展顺义区会计人员信息普查，初步完成顺义区会计人员信息库的建设。二是出台《顺义区会计人员三年培训规划方案》，加大持证会计人员分层轮训力度。三是撰写完成调研报告《加强财务人员管理　建设专业人才队伍》上报区委、区政府，为全区打造一支高素质会计人才队伍夯实前期调研基础。

（史洪佳）

【**财务人员业务培训**】区财政局认真履行财政财务人员管理职能，10月举办“预算编制及会计基本准则业务培训班”，全区19个镇、6个街道及重点委办局等63家单位共计110人参加此次培训，全区财政系统队伍整体素质进一步提升。

（史洪佳）

【**培养干部职工良好精神面貌**】面向全局干部职工提出“增强四种意识（政治意识、责任意识、服务意识、风险意识）、提升四种能力（学习能力、思辨能力、执行能力、创新能力）、培养四种作风（精益求精的作风、严谨扎实的作风、团结拼搏的作风、谦虚谨慎的作风）”的号召，统一思想，凝聚人心，激发忠诚干净担当的好干部品质。

（史洪佳）

8月26日在顺义宾馆会议中心召开财政收支工作第四次调度会

国家税务

【**概况**】北京市顺义区国家税务局是在顺义区区域内实施国家税收征收管理的行政执法机关，实行垂直管理，隶属于北京市国家税务局。2016年，在顺义区委、区政府和市局党组的领导支持下，立足顺义区经济发展实际，紧紧围绕组织税收收入工作中心，深入推进依法行政，深化征管体制改革，持续优化纳税服务，不断加强队伍建设，高标准、严要求、快节奏地圆满完成各项税收工作，为服务区域经济社会发展大局做出积极贡献。年内,管理纳税人49243户，其中私营企业纳税人35145户、个体户纳税人14098户；累计组织税收收入373.15亿元，同比增长14.4%，其中区级税收收入58.84亿元，同比增长23%。

单位名称：北京市顺义区国家税务局

地址：北京市顺义区府前东街7号

电话：（010）69462203

邮编：101300

网址：http://www.bjsat.gov.cn/bjsat/qxfj/sy

（成凯　郭德明）

【**依法治税**】持续深化行政审批制度改革,以规范重大税务案件证据为抓手，不断规范征纳行为，完善执法手段，加强监督制约，依法治税质量和效率有新的提高，纳税人合法权益得到有效保护。组织全员开展行政法规、税收政策培训和岗位练兵，依法行政和执法能力全面提升。全力开展税收执法检查工作，通过检查及时发现税收执法过程中存在的问题，及时提出整改意见和措施，进一步完善各项税收业务操作规程，税收征收管理工作依法行事、高效。加强税收规范性文件管理，实现税收执法依据的规范、统一。年内，组织审结重大税务案件6户次，补充调查3件，查补税款3600万元；税收执法检查30户，执行入库税收28860.37万元，其中税款18729.13万元，滞纳金9973.45万元，罚款157.79万元,调减留抵税额3484万元，弥补亏损额566万元；确认并清理部分条款废止或失效的税收规范性文件15件、全文废止或失效的税收规范性文件41件。

（成凯 郭德明）

【征管改革】以“营改增”工作为重点，深化税收征管改革。“营改增”范围扩大，建筑业、金融业、房地产业和生活服务业9110户纳税人纳入“营改增”改革。按照前期准备到位、政策辅导到位、应急处理到位的总体要求，细化工作内容，明确工作责任，倒排工期分解任务，完成纳入“营改增”范围纳税人的登记信息修改、税种认定、发票核定等税制转换工作，取得“开好票”“申好报”“分析好”三场战役的胜利。“营改增”期间选派业务骨干设立临时办税服务厅，开通4部“营改增”热线电话和25个办税服务窗口；组织“营改增”税收政策培训22期，培训纳税人6000户(次)；举办增值税一般纳税人和小规模纳税人纳税申报培训17期，参加培训纳税人6800户（次）。以“一流的管理、一流的服务、一流的队伍、一流的业绩”为工作目标，组建第六税务所、第七税务所两个重点税源管理所，从机制、制度和人才队伍上，为实行税收管理分类分级管理打下坚实基础。制定《顺义区国家税务局分级分类管理办法》和《顺义区国家税务局关于优化税收征管工作实施方案》，对重点税源企业、一般企业、特别关注企业分别实施点对点的风险内控评价、风控为导向的日常管理和重点盯防管理措施。进一步做实日常风控管理，强化风险应对工作，承接市局风控任务56批，推送区局风控任务32批，完成核查6631户，风控查补入库税款183097.32万元。

（成凯 郭德明）

【金税工程】着力全面动员部署、全盘统筹推进、全力保障支持，完成数据清理、操作培训、数据录入、人海压力测试和大双轨测试等工作，金税三期系统顺利上线投入运行。累计清理问题数据40项，4200余户（次）；300余名干部参加市局统一组织的金三系统操作专项培训；录入金三系统业务82类19956户（次）；组织226人、分17个测试点对金三系统进行人海压力测试。稳步实施“互联网+税务”行动计划，实现综合监控指挥平台与微信系统、办税服务厅公告屏、腾讯通软件的互联互通，构成“实时管控、统筹运转、调度统一”的一体化运维格局。

（成凯 郭德明）

【组收创新】落实“集中征管、稽查优势资源，全面提升风险管理工作质效”组收工作要求，立足顺义区经济发展实际，把组收重点放在“突出风控、稽查组收，强化管理组收”上，税收任务层层分解、责任到人。加强与区委、区政府沟通协调，深入乡镇、各功能区及重点税源企业调研，加大对企业宣传引导和服务工作力度；与财政局、园林局、住建委、水利局、公路局等相关单位沟通接洽，由相关单位提供外地进区施工企业名单和项目等具体税源信息，加强外地进区施工企业统一备案和预缴税款管理，形成上下联动、融合发展、齐抓共管的税源监控、组收新格局。以打骗打虚工作为契机，深入开展税收专项检查和虚开发票专项整治；科所联动，查找征管薄弱环节，堵塞漏洞，重点对案件线索指向较为集中的行业以及零申报、低税负企业实施税收稽查检查。

（成凯 郭德明）

【政策落实】建立纳税人需求收集、分析、处理、反馈动态管理机制，公开透明、不折不扣的落实固定资产加速折旧等税收政策，加大对小型微利企业、高新技术企业减税力度。加强出口退税管理，有效防范外贸企业骗取出口退税风险。年内，143户次企业享受固定资产加速折旧政策，共计减免企业所得税2400.98万元；7281户企业享受小型微利企业税收优惠，累计减免企业所得税1813.89万元；办理出口退税178690万元。

（成凯 郭德明）

【纳税服务】继续做好简政放权、放管结合、优化服务工作，纳税人满意度持续提高。5月1日，顺义区国税局、地税局共同设立的联合办税服务厅正式对外办公，联合办税服务厅设置56个服务窗口，覆盖209项国税、地税涉税业务，实行税收助征员前台受理、税务干部后台管理的征收模式和“一人一屏单机双系统”的工作方式，真正实现国税、地税涉税业务一窗通办，有效解决纳税人国税、地税两家跑的“痛点”和原有办税服务厅面积有限的“堵点”。跨部门合作不断深化，资源进一步整合,国地税双方建立定期协作联席会议制度，先后联合开展纳税信用评定、联合培训辅导、联合风险推送等84项合作项目，有效推动服务深度融合、执法适度整合、信息高度聚合。与工商、质检、发改委、人力社保等18个部门深入协作，建立健全涉税信息共享工作机制，统筹税务部门与涉税各方力量，形成融合发展新格局。扎实开展“便民办税春风行动”，打造全市首家国地税联合24小时办税服务厅，市场主体可全天候办理税控申报、发票认证等国地税涉税业务。着力服务个性化、便利化、差异化，开展“提高网上申报率、票e送使用率、网上和自助认证率、三证合一变更率"为核心的"优化征管百日行动"，完善绿色通道，打通便利市场主体的"最后一公里"，取得"服务大厅解拥堵、企业税务双减负"的良好效果。年内，1168户企业成功办理并实现"票e送"，同比增长219%。

（成凯 郭德明）

地方税务

【概况】作为北京市地方税务局的派出机构，顺义区地方税务局承担着辖区内企业所得税、个人所得税等十余个地方税费的征收管理工作。2016年各项税费收入完成178.4亿元，同口径增收25 2亿元，增长21.3%。其中：地方公共财政预算收入完成134亿元，同口径增收18.5亿元，增长22.9%；区级一般预算收入完成63.3亿元，同口径增收9.1亿元，增长24.9%。

单位名称：北京市顺义区地方税务局

地址：顺义区新顺南大街35号

电话：（010）69426901

邮政编码：101300

网址：http://shunyi.tax861.gov.cn/

（陈 阳）

【服务区域发展】对营改增后税源变化进行深入分析，预测税收收入形势，为领导决策提供数据参考，上报的分析报告39次得到区领导肯定性批示。与区国税局开展联合税收分析，针对北京现代在外地建厂事项，提出保证留京税收利益的合理化建议，最终实现留京利益最大化。立足地税职能建言献策，发挥税收在全区应有的作用。按照市地税局要求，推动区政府牵头落实《北京市税收征收保障办法》。

（陈 阳）

【征管改革】一方面，营改增平稳过渡。从内部管理层面，集中做好数据传递、发票缴销、欠税清理，规范相关管理。设置代征增值税、代开发票点16个，个人出租房屋代征点6个，顺利推进各项工作。从社会引导层面，录制"营改增政策解答""政策工具箱"节目在顺义电视台播放，确保广泛知晓。从税源发展层面，全面梳理相关企业纳税情况，测算收入变化，围绕市区两级留成较高的税种深挖税源，降低减收影响。另一方面，金税三期顺利运行。按照市地税局工作部署，完成全范围、全岗、全量操作演练，实现由原系统到金税三期系统操作层面的平稳过渡，顺利实现单轨运行。

（陈 阳）

【纳税服务】在国地税联合办税服务厅内设8台自助办税终端，方便纳税人全天候办理两家业务。免费发放"北京法人一证通"，共有34347户纳税人使用数字证书。联合国税局推进办税人员实名制管理。对存量房交易税收征管实行预约管理，规范办理秩序。在北京电视台《北京新闻》《特别关注》《税收天地》栏目、北京人民广播电台多次播放宣传内容；市委宣传部组织多家媒体到国地税联合办税服务厅采访，树立税务系统的良好形象。"首都之窗"和《中国税务报》《北京青年报》、千龙网、网易网等主流媒体刊登便民办税举措、服务指南等，扩大税收宣传的覆盖面。此外，开展税收宣传进企业、进校园活动，充分利用112块社区LED显示屏，及时将税法送到纳税人身边。

（陈 阳）

【税收现代化建设】一是机构、管户适时调整。将三个办税服务厅中的两个调整为税源管理所，将全局窗口业务合并为国地税联合办税服务厅，打造规范统一的纳税服务体系。将个体工商户新办税务登记业务、个人零散税源征收按辖区范围调整至两个个体税务所，提升整体管理效率。二是加强对"走出去"企业服务和管理。对30户"走出去"企业进行梳理，分年度建立企业清册，将企业的对外投资情况、境外企业和外派人员等信息登记在册，方便分类管理和政策引导。结合"走出去"企业实际情况，对其国际税收涉税诉求，提供一对一的上门服务，采取即事即办、限时办理的方式，提高税收管理和服务的针对性、时效性。三是信息化建设全力跟进。实现"一网一机一屏双系统"，打通国地税网络防火墙，允许双方IP进行数据交换，保证国地税联合办税服务厅运行顺畅。自主开发个人存量房预约软件，避免重复预约、无号预约和伪造预约号等问题。配合推进营改增工作，在"顺义地税综合应用管理平台"的"信息交换"模块增加注销税控机数量和缴销发票份数字段，满足统计需求。依据日常征管需求，增加集中办公区和异地经营企业情况统计两个查询功能，提高数据利用率。

（陈 阳）

【税收法治建设】一是规范执法行为，夯实依法治税基础。推动《北京市顺义区关于落实<北京市税收征收保障办法>的意见》落实，加强税收执法协助。针对行政执法与刑事司法证据标准、相关文件规定等存在不一致的问题与区检察院深入研讨，有效强化行刑衔接力度。加强税收监管，采取系统筛查、档案核实等多项措施追缴存量房交易税款，取得明显成效。二是约束权力运行，健全依法决策机制。完善局内会议制度，坚持“三重一大”必须上会讨论审批，同时对未达到上会审批标准的采购事项，也坚持上会通报，确保行政工作依法依规落实到位。三是推行多重监督，构建长效监督体系。在确保完成市地税局督察项目规定动作的同时，采取独立督察与联合督察相结合的形式开展执法督察工作。聘任8名特邀监察员对税务干部执行廉政纪律、政风行风等情况进行监察。同时，与区检察院共同搭建风险防控体系，为预防职务犯罪、提高税务机关风险防控工作水平提供保障。

（陈阳）

【行政管理】强化绩效管理工作。第一，重在考核预打分。形成工作责任制，做好摸底和预判。第二，形成失分补偿制。由失分部门和人员对失分项目采取补救措施。第三，实行领导干部认领制。从领导班子分工入手，重点工作由分管局领导各自认领，分头负责。第四，建立与考核部门的沟通机制。及时解决问题，推进工作开展。第五，建立绩效讲评会。利用党组会、局长办公会等形式进一步强化绩效考核督导。建立督查管理工作制度，对重点工作按照“一事一项”进行立项，分管局领导牵头落实和反馈。将68项工作列入督查事项，有效促进重点工作开展，提升工作完成质效。

（陈阳）

5月1日起，顺义区国地税联合办税服务厅正式对外办公

农村工作

【概况】2016年，区农委按照北京市农村工作电视电话会议精神，根据区委、区政府工作部署，坚持把解决好“三农”问题作为重中之重，深刻认识农业农村工作面临的新形势，牢固树立和切实贯彻“创新、协调、绿色、开放、共享”的发展理念，坚持用新理念解决新问题，用新理念引领新发展，正确认识全区农业农村工作在全市的地位和水平，将顺义农业农村工作放到全区甚至全市的发展大局下来思考和谋划，把握阶段性特征，推动转型升级，着力抓好“十三五”开局各项工作，努力确保农民增收、农业增效、农村稳定。2016年，顺义区完成农林牧渔业现价总产值53.4亿元；农村居民人均可支配收入24649元，同比增长8.8%。

单位名称：顺义区农村工作委员会
地址：顺义区站前西街3号顺心国际商务中心9层
电话：（010）69441365
邮编：101300
网址：www.agr.bjshy.gov.cn

（农委）

【科学调整农业产业结构】一是高耗水农作物持续调减。小麦面积调减至7.6万亩，同比减少16.3%，重点推广应用节水抗旱品种、抢墒等雨播种、培肥保墒、长效肥（缓释）一次底施、保护性耕作、绿色防控等春玉米雨养旱作技术。二是养殖业退出工作扎实推进，完成畜禽养殖禁养区划定，制定《顺义区关于加快养殖业退出工作的奖励办法》和《顺义区养殖业退出工作的实施方案》，共涉及养殖场（小区）65家，畜禽总存栏超过64万头只，均已签订退出工作保证书或承诺书，其中列入市级考核部分35家，已完成退出30家。此外，本区自加压力，另行安排30家。2016年全年出栏生猪75万头，同比持平，肉鸡335万只，同比减少40%，肉鸭155万只，同比减少34%。三是抓好现代农业节水示范区建设。按照“典型引路、试点先行”的思路，重点抓好粮食、蔬菜、果品、花卉、畜禽、水产等多个不同类型的节水示范基地建设，2016年全区新增、改善节水灌溉面积9000余亩，涉及9个镇，总投资3000余万元，完成粮田、设施农业、果园、园林花卉、林业再生水利用等5个不同类型的节水示范基地建设，农业用新水由1.5亿方调减到1.37亿方，灌溉水利用系数达到0.76。

（农委）

【“菜篮子”工程建设】努力提高设施农业利用率和蔬菜产品产量贡献率，实施设施农业改造工程，重点推进老旧竹木大棚改造近4000亩；落实菜田补贴政策，落实政策资金5000余万元，安排具体工程八大类。

（农委）

【农产品质量安全监管体系完善】启动“国家农产品质量安全县”创建工作。制定《2016年顺义区农产品质量安全工作意见》，继续落实《顺义区农产品质量安全工作扶持办法》，对农业标准化生产和农产品质量认证工作予以专项扶持；抓住农产品质量安全突出问题和薄弱环节，开展农资（农药）打假专项检查、兽用抗菌药专项整治、畜禽屠宰专项整治、蔬菜质量安全专项整治、水产品质量安全等专项整治工作；制定印发《2016年顺义区农产品质量安全统一监测计划》，已抽检各类农产品样本62668个（其中定量1234个），合格率100%；新申报认证无公害基地24家，申请无公害扩项基地17家，10家生产基地参评北京市优级农业标准化基地，开展农产品质量安全培训17次，累计培训4319人次。

（农委）

【农业休闲观光产业做大做强】一是从市级转移支付资金中安排1000万元，在木林、龙湾屯两镇继续实施五彩浅山龙林沟域项目建设，重点打造木林镇浅山百草园和龙湾屯镇西坡山庄项目。二是完成全国都市型现代农业现场交流会考察点（鲜花港）接待任务，举办鲜花港郁金香文化节和菊花文化节；举办顺义区首届樱桃采摘节，期间举办樱桃音乐晚会、农副产品博览等多项活动，进一步提高“顺义樱桃”的知名度和影响力；河北村民俗园等14个园区获评北京市休闲农业星级园区；龙湾屯镇柳庄户村获评全国一村一品示范村，特色产品为翠柳葡萄；推荐顺丽鑫等19家园区参评第三批北京市休闲农业星级园区；完成10家休闲农业园区提档升级。

（农委）

【农产品加工产业发展扎实推进】一是全区共有农产品加工企业83家，年销售收入1亿元以上的重点农产品加工企业20家。2016年销售收入达到210亿元。目前本区市级以上龙头企业共有31家，其中国家级龙头企业7家。二是全年累计办理通行证668张，保证本区生产的农产品按时、保质、保量的供应到北京市场。

（农委）

【促进政策性农业保险落到实处】制定下发《顺义区政策性农业保险实施意见》，完善政策性农业保险各项制度建设，增加险种，延长保险责任期，全年完成总保额23.5亿元，出险农户4881户，出险赔付金额9149万元。

（农委）

【完善科技支撑体系】一是推进村级全科农技员建设，年内在岗的村级全科农技员共315名，全年指导农民次数29252次，解决实际问题11580个。二是继续实施“百名专家兴顺工程”，组织中国农科院等91名专家、教授与农业种植基地、养殖基地、农业企业进行对接，安排示范、推广课题91项。三是组建科技服务专家团队59人，共同协商制定科技服务工作目标和工作计划，开展新品种、新技术、新成果的引进、展示、示范、推广等科技服务。

（农委）

【农业生态环境建设加强】一是落实禁烧责任，落实《顺义区农作物秸秆和园林绿化废弃物禁烧联合工作机制》，建立区镇村三级禁烧监管网络，2016年本区基本实现“零火点”。二是推进农业废弃物综合利用，小麦、玉米秸秆综合利用率保持100%；制定《顺义区蔬菜废弃物循环利用试点工作方案》，投入资金300万元，在北务、李遂两镇率先开展试点工作，回收、处理菜田废弃物约4.5万吨，生产有机肥约1.5万吨，有效改善农村生产生活环境、避免露天焚烧、探索出生态农业发展新路径及政府购买服务新机制，在全市打造农业废弃物综合利用的“顺义模式”。三是加强农业面源污染治理，编制《顺义区农业面源污染综合防治实施方案（2017年-2020年）》、《顺义区农用地土壤污染防治工作方案》，明确工作目标及具体任务，全力打造产出高效、产品安全、资源节约、环境友好的现代农业发展之路。

（农委）

【“减煤换煤、清洁空气”行动全面开展】全区优质燃煤订购数量超过16.6万吨，已完成配送15.5万吨；燃煤炉具订购14266台，全部配送到位。取暖煤改电工作先行推进的22个村、5700余户全部完成。在此基础上，本区自加任务实施的29个村、14000户电网增容改造已接近尾声。同时，正在探索实施农村取暖煤改气工作，完成前期调研和规划工作。

（农委）

【农宅抗震节能改造工程继续实施】农宅新建翻建工程完成1070户，农宅单项改造工程完成10873户，农村旧村改造自建楼房综合改造工程完成4380户。

（农委）

【农村公共基础设施完善】新建9座浴室，本区已累计建设太阳能公共浴室302座，基本实现重点村庄的全覆盖，满足村民冬季洗澡的需求。新建连村路灯2022盏，全部投入使用。

（农委）

【美丽乡村建设加快推进】2015年本区共有17个镇、58个村申请参加2015年美丽乡村创建工作，村庄发展建设工作全面完成，村庄自评和市级主管部门考评验收工作已经完成。2016年，《顺义区“提升农村人居环境，推进美丽乡村建设”实施方案（2016-2020年）》通过区政府常务会审议通过已经下发，完成2016年美丽乡村创建村庄的申报工作。

（农委）

【促进低收入农户增收】按照“2015年家庭人均可支配收入低于11160元”的基本标准，精准识别低收入农户4044户、9025人；认定低收入村3个，分别为南彩小营村，杨镇荆坨、下营村。对低收入村配备“第一书记”、驻村工作队，确定帮扶计划和产业项目。要求各镇落实低收入户帮扶责任人，下发《低收入农户登记卡》，同时，组织区内成员单位，起草帮扶低收入具体实施方案。

（农委）

【一事一议财政奖补项目顺利完成】在13个镇实施一事一议财政奖补项目47个，其中美丽乡村项目4个。共争取三级财政资金5617.89万元，累计修建村内排水设施51.6千米，恢复路面7.6万平米，坑塘治理2.2万立方米，共计4.86万人从中受益。

（农委）

【农村改革创新能力提高】进一步规范农村资产有序流转，出台《农村土地承包经营权确权登记颁证意见》（京顺办发[2016]9号），同时制定《实施方案》《档案管理办法》《检查验收办法》《政策问答》等一系列规范性文件，全面启动确权登记颁证工作。截至12月30日，应确权登记颁证村数量312个，应确权土地面积53.97万亩。已有305个村启动此项工作，占比97.5%；301个村已完成权属调查，222个村已完成审核公示，公示村二轮延包确权面积384912.4亩，占全区应确权登记面积的74.1%，完成2016年市级下达60%的工作任务。

（农委）

【农民组织化程度提高】一是全区工商注册的合作社210家，基本运营且备案的187家。全区农民合作社涵盖林果、瓜菜、畜牧、花卉、农机、民俗旅游等行业，入社社员　1.89万户，带动农户数3万户。二是本区拥有市级以上示范社19家，其中国家级示范社5家，国家级农产品加工类示范社3家。三是落实合作社市级菜田补贴工作，本区6家合作社符合补贴标准，经营面积8051亩，落实扶持资金161.02万元。四是组织本区合作社示范社积极申报农村实用人才创业项目。其中，北京吉祥八宝葫芦手工艺品产销专业合作社和北京金旺果品产销专业合作社获评顺义区优秀农村实用人才创业项目。五是配合区委组织部完成本区12家合作社的农村实用人才“一帮一，签协议”工作。

（农委）

农村经济管理

【概况】2016年，区经管站认真贯彻十八届六中全会、中央和北京农村工作会议精神，以深化农村经济体制改革，创新农村经营体制机制为主线，发挥市场在资源配置中的决定性作用，扎实推进“新三起来，不断发展壮大集体经济。推进农村经济转型发展，坚定维护农民合法权益。

单位名称：顺义区农村合作经济经营管理站

地址：顺义五里仓AMB大厦A座五层

电话：89442503

邮编：101300

（经管站）

【土地确权登记颁证工作】5月19日，顺义区委办公室、区政府办公室颁发《关于农村土地承包经营权确权登记颁证工作的意见》。根据此意见，区经管站、区农委指导15个镇开始确权颁证工作。以现有土地承包经营权证、农村土地承包合同为依据，查清发包方、承包方的名称，发包方负责人和承包方代表的姓名、地址、承包方土地承包经营权权属等信息；健全农村土地承包管理档案；建立集影像、图形、权属为一体的农村土地承包管理信息数据库和管理信息系统。根据市委市政府的要求，年内完成工作量的60%。截至2016年底，完成权属调查任务的村为303个，完成审核公示任务的村数为212个，完成数据库入库存数222个，清理土地承包档案76722份。完成工作量的74%，超额完成14%。

（李彦）

【农村集体经济合同管理】一是对现有农村集体经济合同进行规范。合同缺少必要条款的补充完整、存在不符合法律法规规定的条款的合同进行纠正。二是对相关业务人员进行培训。三是严格合同签订程序，对新签订的合同从制度上进行管理。对于农村集体经济合同应该怎样签，履行什么程序做出明确细致的规定，使新合同的签订有章可依，便于执行。

（李彦）

【涉农纠纷调处、仲裁工作】完成农村土地承包经营纠纷调解仲裁培训工作，仲裁员资格认证制度运行良好，农村土地承包经营纠纷得到妥善解决，有力保障农村和谐稳定。年内调解涉农纠纷91件，所有纠纷全部得到妥善解决。

（李彦）

【产权交易平台建设】贯彻区政府《关于规范农村产权交易工作的意见》精神，进一步增强农村产权交易的规范性，确保公开、公平、公正，切实维护农民合法权益。年内，本区累计交易额8129.33万元，累计成交项目18宗，成交项目涉及土地流转面积3993.36亩，租赁房屋面积4876平方米。其中土地项目数量15宗，实物资产项目数量3宗。

（李彦）

【农村集体财务规范化建设】通过农村集体“三资”监管平台，实现对“三资”的网上监控和动态管理。定期对“三资”管理情况进行监督检查，督促整改发现的问题。同时及时组织专业人员对农村财务管理情况进行专项检查调研，围绕农村财会基础工作开展情况、农村审计工作开展情况、村级财务民主监督落实情况、农村财会队伍建设情况、农村集体“三资”监管平台运用情况等进行全面检查，对发现的问题分析原因，提出整改意见和建议,进一步强化农村财务管理工作。

（李彦）

【农村集体经济审计监督】一是引入社会专业部门审计，镇级聘请会计师事务所进行村级财务审计，区经管站聘请事务所对每个镇抽调一村进行审计，区站审计人员对事务所的审计过程和审计结果进行抽查。社会审计与农经专职审计相结合，拓宽审计监督范围。二是加强在线审计力度，使在线审计方式过渡为常态。三是用好审计结果，督促被审计单位整改落实，进而提高农村审计工作的权威性。村级组织正常运转专项补助资金2015年度审计工作和我新型集体经济组织2015年度审计工作均于2016年3月底完成。农村集体经济审计情况统计工作于2016年6月底完成。

（李彦）

【合作社规范化建设】依法指导农民专业合作社的设立、登记注册等服务工作，依法指导监督农民专业合作社建立健全各项规范管理制度。本单位2016年受理自愿申请办理合作社营业执照业务指导，依法指导2家合作社办理人设立登记注册等相关服务工作，并指导合作社建立健全相关的管理制度。继续完善本区19家市级示范社的规范化建设。按照市农经办的工作要求，组织本区19家北京市农民专业合作社示范社的负责人参加的北京市农民专业合作社综合管理系统的培训。为下一步合作社财务管理规范化建设奠定基础。

（李彦）

【村集体经济组织登记审核】做好村集体经济组织登记审核工作，包括村集体经济组织登记证书变更和年检工作。完成2015年度村集体经济组织年检工作，涉及426个村村经济合作社。其中村集体经济组织登记证书社长变更的26个村村经济合作社。

（李彦）

【农民负担监管】深入贯彻落实有关文件精神，完善和落实农民负担监管各项制度,推动农民负担监管向家庭农场、专业大户、农民合作社等新型农业经营主体延伸。加强对农民负担重点领域的调查研究，掌握农民负担的变化趋势。2016年，开展农民负担春秋两季执法检查和日常监管工作。推动减负惠农富农政策的落实。做好公益事业补助资金拨付使用的监督。

（李彦）

【农村“三资”管理】深化农村集体资产监管平台在基层的管理应用，推进“三资”管理的制度化、规范化、信息化。推进“三资”监管平台的跨部门应用和资源共享。按时保质完成农村经济统计年报等报表的基层基础数据资料的审核上传工作。通过调查摸底、核查汇总、镇村逐级上报形式完成全区农村收益分配情况统计。

（李彦）

【低收入监测】协助相关单位完成全区4044户低收入户和3个低收入村的精准识别、建档立卡工作。

（李彦）

【农产品成本调查】完成小麦、西瓜、苹果、肉鸡、鲜花等12个品种60个成本点的监测工作。督促指导各成本点做好原始资料的登记，认真做好原始数据审核工作，避免出现错、漏记，确保各点的代表性、真实性和准确性。

（李彦）

【农经培训工作】加大农经业务培训力度，重点抓好乡镇财务代理机构、村集体经济组织以及合作社等农村财会人员的培训。开展农村经管在线培训，完善培训教材，改进培训质量，提高农村经管队伍的整体素质和业务水平。2016年6月，举办镇村两级财会人员培训班2期，对500余名镇村两级财会人员进行业务培训。20余名镇级财会人员参加市站举办的会计师资培训班1期，内容涉及涉农政策、业务知识及农村三资监管平台应用。

（李彦）

动物卫生监督

【概况】2016年畜牧业生产总量呈下降趋势。出栏猪76.3万头，同比持平；肉鸡160万只，同比减少73.2%；肉鸭141.5万只，同比减少36.2%；肉牛18774头，同比增长24.4%；肉羊8.5万只，同比减少13%；鸡蛋产量8688吨，同比减少42.1%%；牛奶产量5.5万吨，同比持平。肉类总产量7.06吨，同比减少11%。畜牧业总收入23.3亿元，同比减少1亿元，减少3.9%。年内，本区未发生区域性重大疫情，未发生动物源性食品安全事件，未出现行政复议和行政诉讼案件。同时，完成重大节日及活动的保障工作。并且在2016年北京市动物卫生监督所执法办案年工作考核中获一等奖。

单位名称：北京市顺义区动物卫生监督管理局

地址：顺义区府前西街

电话：（010）69463316

邮编：101300

网址：http://www.dwjd.bjshy.gov.cn/

（动监局）

【创新管理模式】2016年，顺义区动物卫生监督所创新管理模式：以“精细梳理、精准实施、精确考核”的三精管理模式来加强管理，践行“两学一做”精神，全面提高执法人员依法行政工作能力，落实动物卫生监督工作。

（动监局）

【日常检查】1-12月，顺义区动物卫生监督所共监督检查监管对象0.8万个次，出动执法人员1.6万人次，开展专项整治行动33次，处理举报34起。

（动监局）

【宣传培训】顺义区动物卫生监督所2016年全年培训学习31次，培训人员共计3685人次。其中于6-12月开展“两学一做”专题教育活动17次。全年督查督办30次。开展普法宣传28次，其中大型主题宣传3次。发放宣传材料6万余份，接待群众咨询7000人次。

（动监局）

【查处违法行为并立案】发现违法行为并立案134起，其中一般程序案件65起，简易程序69起。案卷数量比去年增加67.6%。罚没款金额13.9万余元。

（动监局）

【行政许可】办理行政许可20项。

（动监局）

【检验检疫】产地检疫生猪54.5万头、牛6895头，羊3068只，禽1806.8万只，其他动物5669头只，检疫动物产品6.6257万吨。屠宰检疫生猪155.8万头，禽238万只，检出病猪842头，病禽99只。公路检查站监督检查入境动物18769头只，动物产品796.4吨。

（动监局）

【无害化处理】共无害化处理猪16.2297万头，禽94.6091万只，牛0.1356万头，羊0.0115万头，其他动物37头只。

（动监局）

【检测】动物源性食品安全定性检测44023份，送第三方定量检测261份，检测项目涉及122项。

（动监局）

【信息】共向上级单位报送信息253篇，被采用33篇，其中北京市动物卫生监督所采用22篇，区级各类网站、刊物采用11篇。

（动监局）

【规模猪场粪污治理】完成32个规模猪场、牛场的污染物减排工程，全部达到环保部门鼓励模式5认定标准。

（动监局）

【养殖业退出工作】划定顺义区畜禽养殖禁养区范围，区政府出台《顺义区关于养殖业退出工作奖励办法》（顺政办发〔2016〕42号），动监局制定《关于顺义区养殖业退出工作的实施方案》（顺动监文〔2016〕43号），依法关闭或搬迁禁养区内规模畜禽养殖场（养殖小区）35处。

（动监局）

【落实责任】根据《北京市动物防疫工作责任书》（2016度）的有关要求，并结合本区实际情况起草并组织签订2016《顺义区动物防疫工作责任书》，进一步明确各镇政府和相关职能部门在动物防疫工作中的职责和任务。

（动监局）

【规划防疫工作】重点组织部署本区春、秋两季大防疫工作、着重加强狂犬病的集中免疫的组织协调工作，稳步开展奶牛“两病”净化项目的实施工作，紧急安排部署H7N9禽流感、羊布病、犬狂犬病、牛羊炭疽专项防控工作。

（动监局）

【重点动物疫病强制免疫】2016年累计完成禽流感、口蹄疫、高致病性猪蓝耳病等重点疫病免疫5257.82万头/只，重点疫病免疫密度均达到应免的100%。

（动监局）

【疫病监测】2016年共计完成市区两级动物疫病送检监测18.24万头份，监测面达到100%。

（动监局）

【奶牛“两病”净化】区动监局严格按照检测、扑杀、免疫、生物安全控制等措施，狠抓落实。完成春、秋防奶牛布病全群检测送检和奶牛结核病的监测工作。2016年共实施奶牛布病监测2.19万份，奶牛布病阳性畜数量及阳性场户个数均明显下降。

（动监局）

种植业

【概况】2016年，顺义区粮经类作物收获面积21.68万亩，总产量0.9亿公斤，总产值1.63亿元，同比分别减少17.4%、16.7%和25.9%。其中：小麦收获面积8.2万亩，平均单产380.92公斤，总产3123.5万公斤，产值7371.5万元；玉米收获面积13.4万亩，单产432.98公斤，总产量5801.93万公斤，产值8702.9万元；白薯种植面积269亩，单产2100公斤，总产56.5万公斤，产值113万元。蔬菜播种面积16.04万亩，上市量7.57亿公斤，销售收入16.3亿元，同比分别增加6%、4%、13%。食用菌种植面积529亩，产量727.3万公斤，产值4950万元，产量和产值同比分别减少28.8%、28.1%。豆类种植面积206.3亩，单产305公斤，总产6.3万公斤，产值31.5万元；花生种植面积381.3亩，单产320公斤，总产12.2万公斤，产值97.6万元。

单位名称：北京市顺义区种植业服务中心

地址：顺义区建新西街甲3号

电话：（010）69421276

邮编：101300

(种植中心)

【种植业节水】2016年建立万亩粮田、千亩菜田和4000亩水源地雨养旱作玉米节水示范基地。一是4000亩春玉米雨养旱作示范基地充分利用土壤水和雨水，推广应用优质品种、抢墒等雨播种等技术，春玉米亩产600余公斤、亩节水30方、亩节省水电费及人工费60元，共节水42.6万方，节约成本85.3万元。二是3000亩小麦水肥一体化技术示范时针式喷灌机、滚移式喷灌机、半固定式喷灌施肥和微喷水肥一体化自动控制4项技术。三是对2015年秋自愿退出小麦种植，春季增加旱作节水作物–春玉米种植农户，每亩给予200元的奖励补贴资金，共补贴面积14215.8亩，补贴资金284.316万元，涉及58个村，1629个农户。

(种植中心)

【粮食高产高效】建立小麦—夏玉米示范方5552亩，示范农大211等4个小麦品种和京单28等4个玉米品种；建立节水品种展示区200亩；建立杂交小麦展示区1000亩；推广精细播种、冬季管理、一喷多用、因苗管理等小麦种植技术和合理增密、保护性耕作、生物防治等玉米种植技术。示范区内小麦、玉米最高单产分别为486.5公斤、597.1公斤。

(种植中心)

【蔬菜种苗产业】2016年全区16家蔬菜集约化育苗场提供各类种苗3500多万株，育苗产值1000余万元。以北务、杨镇、李桥等镇为主的种植大户嫁接种苗数量达到400余万株，农户种苗收入达700多万元，并获得北京市第四届蔬菜嫁接育苗比赛集体三等奖和个人三等奖。

(种植中心)

【蔬菜提质增效】一是实施百名专家兴顺工程，落实专家42名，落实合作项目40余项，系统培训职业农民7期40人。二是实施基本菜田补贴，对17个镇253个村的5980个蔬菜生产主体进行补贴，补贴面积52889.69亩，发放补贴金额1850万元。三是建设完成设施蔬菜标准园1个、植保专业服务队1支、农机专业服务队2支、绿色防控基地2个、集约化育苗场2个、蔬菜工厂化生产园区2个、蔬菜专业村2个、千亩蔬菜村3个、园艺化生态园区3个、提升标准化基地10个、创建蔬菜品牌10个。

(种植中心)

【农产品质量安全监管】一是农药质量抽检99个，合格率92.9%；农药标签抽检2600个，合格率97.3%；种子发芽率、水分及净度三项指标抽检50个，合格率100%；肥料质量抽检210个；签发产地检疫合格证56批次，签发检疫要求书3次，调运检疫备案210批次，签发调出检疫证书310批次。二是全区蔬菜获得无公害认证基地52家、绿色认证基地2家、有机认证基地12家，“三品”认证率达40.3%；北京市优级标准化基地达43家。三是2016年对本区生产基地的蔬菜产品开展上市前的农药残留抽检，农业部级抽检18个，合格率100%；北京市级风险监测抽检170个，合格率100%；北京市级监督抽检179个，合格率98.99%；区级快速抽检19697个，合格率99.99%；区级定量抽检406个，合格率100%。

(种植中心)

【科技培训工程】一是2016年承担果类蔬菜、叶类蔬菜、西甜瓜、食用菌和粮经五个北京现代农业体系综合试验站建设工作。对接岗位专家落实试验示范项目53项，展示新品种140个，推广优新品种9个、新技术11项，创建高产点36个。开展集中培训和观摩交流活动70多期3000多人次。二是5月成立北京市植物总医院顺义分院，并开通微信诊断群，坐诊和上门诊断相结合。全年3家植物诊所开具处方1147个，发放明白纸300份。

(种植中心)

【农业面源污染控制】一是粮田采用种子处理、一喷三防技术、播后苗前“一封两杀”技术、赤眼蜂防治玉米螟等全程绿色防控技术，平均亩减少化学农药用量343克，年内粮田累计减少化学农药用量42.48吨。菜田建立10个蔬菜绿色防控示范区，推广防虫网、色板、杀虫灯物理防治技术，释放捕食螨、小花蝽、烟盲蝽等天敌防控技术，蜂授粉—激素替代技术，生物农药和低毒农药替代技术，成立两支蔬菜专防队，开展蔬菜病虫害专业化统防统治11000亩，全年菜田累计减少化学农药用量13.87吨。二是推广增施有机肥部分替代化肥、测土配方平衡施肥、增施生物有机肥、秸杆腐熟还田等四项技术，累计减少不合理施肥量1131吨。三是建设太阳能加温大棚18座、“土壤源太阳能热泵加温大棚”9座、农业废弃物循环利用工程2座、农业废弃物小型处理设施3个、移动式粉碎机蔬菜废弃物循环利用4项；沼液滴灌1项；北务镇秸秆全量化处理1座。四是实施农药空包装回收补贴，全年回收300万个空包装11.2吨。

(种植中心)

【二气一室管护】对本区21座“两气”站和291座太阳能浴室加强安全管理，综合运行率居全市首位，分别惠及农民8000余户和10万余户。

(种植中心)

【农业执法】对农药、种子、肥料等农业投入品质量进行监管。开展执法活动293次，出动执法人员728人次，抽取样品359份。对违法经营行为立案查处5起，当场行政处罚26起，没收违法所得和罚款 17877元，没收假劣农药31.652千克，下架不合格农药69种127.97千克。

(种植中心)

水务

【概况】2016年，顺义区进一步推进污水治理、再生水利用、河道排污口治理、农业节水示范区建设等，完成市政府下达的水务绩效考核任务。水务基础设施建设稳步推进，实施18项水务工程，完成固定资产投资8.39亿元。水资源管理不断深入，全区用水总量2.65亿立方米，比计划指标2.89亿下降8.3%。其中，农业用水1.36亿立方米，工业及建筑业用水4491万立方米，家庭居民生活用水3560万立方米，公共服务用水2063.58万立方米，环境用水2777.54万立方米（其中河湖补水2530万立方米）。万元GDP水耗下降到15.43立方米，同比降低15.7%。污水处理设施不断完善，全区日污水处理能力23.79万立方米（不含温榆河水资源利用工程和首都机场污水处理设施），处理污水6053万立方米，全区污水处理率达到85.4%，利用再生水2944万立方米，同比增长5.1%。

单位名称：顺义区水务局

地址：顺义区石园北区东侧民政局办公楼

邮编：101300

电话：（010）69443687

网址：http://www.shywater.bjshy.gov.cn

（水务局）

【治河工程】落实《顺义区水利工程建设实施方案（2013—2015年）》，完成第三、四阶段中小河道治理任务。从2012年开始累计投资17亿元(争取市级资金12亿元)，分四个阶段治理方氏渠、金鸡河、蔡家河、小中河、月牙河、箭杆河、白浪河、西牤牛河8条总长146公里的河道，防洪标准从10年一遇提高到20年一遇。实施全国中小河流治理重点县综合整治项目，工程总投资1.28亿元，治理无名河、小东河、鲍丘河3条总长25.8公里河道。编制完成《“十三五”时期潮白河（顺义段）治理工程实施方案》，计划投资50亿元，实施水生态修复、河道治理、水源补给、景观提升等工程建设。实施潮白河水源地地下水回补工程，2015年和2016年累计补水4500万方。

（水务局）

【治污工作】完成区污水处理厂升级改扩建项目，日处理规模由8万方提高到18万方；李遂和北务两座镇级再生水厂完成主体工程建设及设备安装工作。按照“两年完成任务”的要求，采取控源截污、水质净化、生态修复等措施，完成小中河、顺三排水、方氏渠、月牙河、龙道河5条河道黑臭水体段的治理任务。按照“统一标准、属地实施”的原则，投资4.3亿元，完成本区205处河道排污口治理工程（该工程于2014年开始）。启动实施第二个三年治污方案，主要任务包括污水处理厂（再生水厂）升级改造及扩建、新建张镇再生水厂、农村治污截污、配套管线建设、黑臭水体治理等六大类工程。编制出台《顺义区水污染防治工作方案》，分解并落实35项重点工作任务。

（水务局）

【节水管理】实施农业高效节水试点工程、小型农田水利项目， 发展和改善节水灌溉面积1.93万亩，其中大田喷灌1.05万亩，果树小管出流0.23万亩，设施滴灌0.23万亩，果树滴灌0.37万亩，微喷0.05万亩。更新农业机井，配套水泵和控制设备，新建泵房，铺设输水管道、田间管道等，本区灌溉用水亩均减少33立方米。年内完成市级节水型单位创建2个，创建区级节水型单位90个、节水型小区1个和节水型村庄5个。实施14个老旧小区节水器具换装工作，换装节水花洒4000套。编制完成《顺义区“十三五”时期节水型社会建设规划》和《顺义区节水型区创建实施方案》。

（水务局）

【安全度汛】区年降雨量590.5毫米，同比减少5%，各测站累计降雨最大点为771.7毫米，出现在杨镇测站，最小点在北石槽镇测站，降雨为418.9毫米。汛期6月1日-9月15日，累计降雨量为436.8毫米，较去年同期456.7毫米偏少4%。7月19-20日，本区出现自2012年7月21日以来最大的一次降雨过程，区平均降雨量为138.2毫米，最大降雨点为张镇173毫米，最小降雨量站点为唐指山水库109毫米，区所有雨量观测站点降雨均在100毫米以上。10时30分，市气象台发布暴雨蓝色预警信号，16时区防汛抗旱指挥部启动四级应急响应，20日9时，升级为三级应急响应，20日11时30分再次升级为二级应急响应。本次降雨，本区大部分河道形成径流，水深大约在0.5至2米左右，共蓄水1500余万立方米。

（水务局）

【供水保障】区自来水公司和镇级水厂供水5545.09万方，较2015年增加10.8%；农村地区自备井供水1862万方，较2015年减少30%。推进农村居民用水计量收费，发放供水补贴263.4万元。

（水务局）

【水资源管理】纳入计划用水指标管理的用水户为2076家（不含村管网），比2015年同期增加129家。本区共办理取水证1806份，涉及机井6710眼，年取水权量30291万方。其中农业灌溉井5010眼，核发取水许可证1102份，取水权量12739万方；农村生活井843

眼，核发取水许可证380份，取水权量3373万方；企业及养殖井761眼，核发取水许可证312份，取水权量1250万方；乡镇集中供水厂水井8眼，核发取水许可证2份，取水权量154万方；区自来水公司供水井88眼，核发取水许可证10份，取水权量12775万方。收缴自备井水资源费和污水处理费8047.28万元，同比增长27.6%。发布超计划用水预警1034份，送达加价催缴通知书72份，收取加价费用54万元。全年办理用水指标、节水竣工验收15家；受理《免收污水处理费的申请》130多份，办理免污批复110份。全年开展节水和水资源检查300余次，查处违规行为54起，下发违法行为通知书61份，立案查处17起，罚款70.9万元，补缴水费3.8万元。制定出台《顺义区实行最严格水资源管理制度考核办法》，明确38项工作任务。

（水务局）

【水政执法】依法受理审批事项177件，按期办结率100%。梳理水行政权力清单570项，其中行政处罚440项、行政许可18项、行政确认等112项。全年开展综合执法270次，检查各类单位700余家，立案查处40起，办结案件8件，收缴罚款11.5万元，申请强制执行案件1件，处理群众举报件20件。查处河道管理范围内违法建设、违法种植等，累计清除河道违法种植树木18000余棵，清除河道内私搭乱建等构筑物500余平米。

（水务局）

【河长制试行】11月17日印发执行《顺义区实施河湖生态环境管理“河长制”工作方案》，全区24条河道责任到人。区长任“总河长”，分管副区长任“副总河长”，区政府副区长担任区级“河长”，镇长（街道办事处主任）任镇（街道）“河长”。各级河长是所辖河湖保护管理的直接责任人。

（水务局）

【十三五水务规划】编制完成《顺义区“十三五”时期水务发展规划》，明确今后五年水务工作发展思路、发展目标、重点任务和政策措施。成立顺义区“十三五”期间水务建设发展推进工作领导小组，设立办公室和前期工作组、征地拆迁组、资金工作组、建设运营组、审计工作组5个专项工作组。

（水务局）

【机构改革】撤销北京市顺义新城生态调水管理中心和北京市顺义区城市排水设施维修中心，核减事业编制58名。

（水务局）

农业机械化

【概况】2016年，顺义区农业机械化工作在继续落实农机购置补贴政策基础上，重点推进深松整地、秸秆禁烧及综合利用、农机合作社建设等工作，使农机装备结构进一步优化升级，农业废弃物处理实现新突破，农机技术培训再创新方式，农机合作社建设再获新殊荣，全年继续保持安全生产无重大事故发生。

单位名称：顺义区农机服务中心
单位地址：顺义区府前西街5号
电话：（010）69442331
邮编：101300
网址：http://www.nongji.bjshy.gov.cn

（闫文龙）

【农业机械化总体水平】农机总动力23.15万千瓦，农机资产原值5.1亿元，拥有种植、养殖、农产品初加工等各业农机装备3万台（件）。拥有各级各类农机社会化服务组织及农机专业户128个，农机从业人员3200人。传统小麦生产全过程机械化水平继续保持100%，玉米生产全过程机械化水平继续稳定在98%。设施农业机械化水平达到33%，林果业机械化水平达到45.2%，畜牧养殖业机械化水平达到54.5%，渔业机械化水平达到48%，农产品初加工机械化水平达到12%。

（闫文龙）

【农机购置补贴】年内，共购置各种补贴机具622台套，主要包括拖拉机、打捆机、青贮收获机、卷帘机、田园管理机、秸秆粉碎还田机、打药机和种子生产机械等，总价值1498.809万元，其中中央和市级补贴50%，即749.4045万元，部分机具区级给予补贴20%，即282.0818万元，其余部分农户自筹。截至年底，全部发放到用户手中。

（闫文龙）

【重要农时季节农机作业】春耕生产期间，投入各种机械1200台（件），完成机播4.31万亩，其中玉米4.08万亩，完成机灌12万亩，完成机植保9万亩；三夏生产期间，投入各种机械1850台（件），完成小麦机收8.9万亩，完成机播玉米8.9万亩，完成小麦秸秆机打捆0.75万亩；三秋生产期间，投入各种机械1460台（件），完成玉米机收13.9万亩，其中谷穗收获7.04万亩，全株青饲收获6.1万亩，完成小麦机播7.6万亩。

（闫文龙）

【政策性农机深松整地】春秋两季共投入土壤深松机

组50多台（次），完成政策性土壤深松3万亩，其中春季完成0.8万亩，秋季完成2.2万亩，分布在木林、北小营、张镇、北务、李遂、高丽营、赵全营等7个镇。获市级全额补贴机械作业费150万元。

(闫文龙)

【粮食作物秸秆禁烧及综合利用】春季4.08万亩越冬玉米秸秆全面施行粉碎还田；夏季产生小麦秸秆8.9万亩，其中8.15万亩施行粉碎还田，0.75万亩施行打捆收集；秋季产生玉米秸秆13.9万亩，其中7.04万亩施行粉碎还田，6.1万亩连同谷穗一起施行全株青饲收获，0.76万亩人工收获后，用作其他。全年未发生重大秸秆焚烧事件，再获北京市农业局奖励禁烧专项资金150万元。

(闫文龙)

【蔬菜废弃物循环利用】年内，北京奥格尼克生物技术有限公司在李遂、北务两镇试点基础上，又将杨镇、大孙各庄两镇扩充为试点范围。四镇共收集瓜菜废弃物2.76万亩，总量达6万吨，生产有机肥1.8万吨，创产值1080万元。公司对提供瓜菜废弃物的种植户实行优价供应有机肥政策，价格优惠10%—15%。北京市农业局将蔬菜废弃物循环利用技术列为“顺义模式”。

(闫文龙)

【农机技术培训】11月，由顺义区农业机械化学校主办、北京兴农天力农机服务专业合作社协办且赞助的“顺义区首届农机能手大赛”举行。大赛分技术理论和三项场地驾驶技能，共有103名机手参赛，赛出一等奖1名，二等奖2名，三等奖3名。

(闫文龙)

【农机监督管理】年内，全区拖拉机保有量1237台，注册上牌照1213台，上牌率98%，其中停驶187台，待办注销210台，年检910台，检验率90%。联合收割机保有量606台，注册上牌照575台，上牌率95%，其中停驶66台，待办注销130台，年检362台，检验率96%；制作农机驾驶证444个、行驶证449个；年内考核新增拖拉机、收割机驾驶员116人，使全区持有有效农机驾驶证人员达到3445人，持证率为96%。

(闫文龙)

【获奖与荣誉】6月，顺义区被农业部授予“全国主要农作物生产全程机械化示范县”，颁发铜牌一面；10月，赵全营镇北京兴农天力农机服务专业合作社，被农业部办公厅确定为“全国农机合作社示范社”；年底，李遂镇北京万顺旺农机服务专业合作社被农业部、国家发展改革委等九家单位联合认定为“2016年国家农民合作社示范社”。

(闫文龙)

气象

【概况】2016年，是“十三五”规划的开局之年，也是北京气象事业发展的“提升年”。顺义区气象局按照协调推进“四个全面”战略布局和树立落实五大发展理念的要求，以全面推进气象现代化和“两学一做”学习教育活动为抓手，认真做好全年的气象服务工作。

单位名称：北京市顺义区气象局
地址：顺义区南法信大街8号院
电话：010-69442608
邮编：101300

（气象局）

【主要气候特征】2016年年平均气温为13.3℃，比历年平均值12.3℃偏高1.0℃；冬、春、夏三季比常年偏高0.5-1.9℃，秋季接近常年值。年降水量为553.8毫米，接近历年平均值571.6毫米；其中冬、秋季降水比常年偏多4-5成，夏季偏少1成，春季接近常年。年日照时数为2486.2小时，接近常年的2490.5小时；其中秋季偏少2成,冬、春、夏三季接近常年。5月出现1次浮尘天气。

（气象局）

【气候综合评价】2016年平均气温较常年偏高；降水接近常年，日照充足。气象条件总体对农作物生长较为有利。

（气象局）

【气象服务】根据天气情况和服务需求，适时做好预报预警产品和气象信息发布工作，年内共发布决策天气预报产品88期、降水实况信息77期、气象服务专报9期、天气情况16期，发布气象灾害预警信号125条，发送天气预警短信173250条。为清明节、五一、十一、春节等节日及“第25届燕京啤酒节”提供气象保障服务。顺义区电视天气预报节目全新改版上线，改版后的节目增加主持人播报和顺义区知名旅游景点预报，充分展示顺义区地方特色。与区电台合作，在直播时段，随时插播区气象台发布的预警信息及服务提示，扩大预警信息受众面。

（气象局）

【综合气象观测】对本辖区21个区域自动气象站和2个土壤湿度自动站的气象探测环境进行自查与全面整改，气象探测环境状况得到明显改善。为配合地方经济建设和统一规划需要，在地方政府和有关部门的支持下，于3月14日、7月26日和9月6日，分别组织实施本辖区内北石槽、李桥、赵全营区域自动气象站的迁址工作。

（气象局）

【顺义X波段天气雷达项目】顺义X波段天气雷达项目于3月底正式开工建设，汛期前投入业务使用，雷达塔高度40米，为全市新建的5部雷达中最高的一部。X波段天气雷达的建成，对提升顺义区灾害性天气的监测与预警能力、应急响应能力和汛期气象服务保障能力具有十分重要的作用。

（气象局）

【防灾减灾】2016年，修订《顺义区气象灾害应急预案》，由区应急委正式发文。制定《顺义区气象信息员表彰和奖励办法（试行）》，年底评选9名优秀信息员予以表彰。继续开展气象安全社区创建工作，创建率达到86%。与区人保、中华联合、平安等7家政策性农业保险公司专题研讨合作建立灾情收集新机制。参加安监局组织的“顺义区危险化学品（液氨）泄漏事故应急救援综合演练”活动。

（气象局）

【防雷检测服务】2016年常规检测单位336余家；全年共为19家申报单位做出技术评价，面积为66.5万平米，其中为30个新建项目进行防雷竣工验收，总面积153.9万平米。在燕京啤酒节服务工作中，多次安排技术人员前往现场指导工作。对会场内的临时性建筑防雷安全设施，依据国家相关技术标准提出整改方案并限期改正，确保活动期间的防雷安全。

（气象局）

【行政许可】2016年做出防雷装置设计审核20份，面积77.2万平方米，防雷装置竣工验收10份，面积19.4万平方米。

（气象局）

【行政执法】2016年开展执法检查123次，行政处罚7件。

（气象局）

长青林场

【概况】北京市顺义区长青林场始建于1986年，属顺义区公益一类全额拨款事业单位。内设机构为3科1室（生产科、人事科、财务科、办公室）和7个分场。林场现有林地面积8884.77亩，其中包括生态林面积5422.4亩，经济林面积2961.92亩，水面面积500.45亩。地理坐标为东经116° 40`～116° 46`，北纬40° 1`～40° 16`。林场的森林在面上呈水平分布，呈狭长块状沿101国道两侧（全长26.5公里）和潮白河东岸分布。2016年，长青林场坚持科学发展观，以提高森林资源的总量、质量、功能、效益为指导，按照政府主导、部门监管、专业管护、单位统一组织、分区域管理为原则，依法管理、严格保护、科学经营、持续利用森林资源，建立管护主体落实、监管到位、投入合理、责权利相统一的养护管理体制机制，实现绿化成果得到巩固、森林价值得到增加、森林功能得到提升的目标。

单位名称：北京市顺义区长青林场
地址：北京市顺义区新顺北大街1号
电话：（010）69442268
邮编：101300

（长青林场）

【林业生态建设】2016年，林场加强京密路森林培育工作，重点是对京密路沿线150余亩空荒地段进行补植补造，共计栽植桧柏4637株，油松353株，丁香2664从；完成《滨河森林公园俸伯桥东绿地恢复工程》，共计8527平方米的绿地建设，确保俸伯新桥如期顺利通车；同时对其它成熟林分采取浇水、除草、清理枯死枝、修剪整形、涂白和防寒保暖等管护措施。林场森林覆盖率大大提高，林分郁闭度接近科学水平，生态环境有效改善，绿化美化程度得到提高。根据林场“杨柳飞絮”治理基础信息统计结果显示：顺义新城滨河森林公园对杨柳树雌株进行抑花一号药剂治理初见成效。

（长青林场）

【森林资源保护】林场在有害生物防治、森林防火以及林政管理上加大工作力度，未出现乱砍滥伐和毁林案件，未发生森林火灾，林木病虫害防治工作也达到有虫不成灾的防治效果，从根本上保护森林资源。其中包括对林场8348.32亩（含顺义新城滨河森林公园面积）森林资源进行巡查管护和森林防火工作；加强森林病虫害防治工作，多次对越冬代、第一代美国白蛾进行普防，同时，严密监控春尺蠖、介壳虫、红蛛蛛、白蜡窄吉丁等林木有害病虫的虫情，及时进行防治。共计出动防治队伍45支次、防控人员1300人次、车辆260台次、投入药械52台、使用苦参碱、灭幼脲等生物制剂1100千克，共计防控面积8384.32亩。

（长青林场）

【顺义新城滨河森林公园运营管理】强化森林公园日常管护工作。重点完成森林公园卫生保洁、安保巡查、绿地养护和中幼林抚育工作，确保植物的成活率及良好的森林景观；加强森林公园基础设施维护，进一步完善安全管理的保障设施；充分发挥森林公园生态功能。开展丰富多彩的森林健步走、林间骑行等以亲近大自然为主题的活动。

（长青林场）

【林场发展规划】林场在2014年森林资源二类清查数据的基础上，完成北京市顺义区长青林场《2016-2025年森林经营方案》和《长青林场国有林场改革方案》的编制工作；完成道路、河道的普查工作；完成林场饮水安全和绿化用水的现状调查。

（长青林场）

【环境综合整治及保障】林场积极配合2016年北京车展、顺义区侨领考察等重大活动期间的环境保障工作，对影响轻轨M15号线运营安全的林木进行修剪等。其中清理垃圾渣土、清理乱堆乱放和白色污染共计4230立方米，清理小广告2380处，修理干尖树木7000余株。全线清理枯枝落叶、清除林下杂草和拉拉秧等有害生物共9820立方米，修剪绿化带常绿乔木3.5万余株，对道路两侧可视树木涂白美化6万余株。2016年林场共计出动各式作业车辆2500余台次，人员2.5万余人次。

（长青林场）

【项目管理】结合林场工作实际，完成《顺义新城滨河森林公园铺设停车场工程》项目和《顺义新城滨河森林公园基础设施提升工程》等11各项目招标（16个标段）工作。

（长青林场）

【其他辅助工作】林场配合完成区属内的天然气管网、通信光缆、供电通风井、T2有轨电车等重点市政、民生工程项目的林木伐移、拆迁补偿协调等工作。

（长青林场）

【安全生产】林场围绕“降事故、保安全、保畅通”的工作目标，以创建平安为载体，以保畅通、保安全为工作重点，由总场成立安全巡查科，并为下属分场配备专职护林员，全面加强安全生产工作。一是突出重点时段和重点部位。结合林场区域特点，加大对京密路两侧的空港加工区、新国展周边、轨道交通M15号线、顺义新城滨河森林公园等重点部位和汛期安全、2016-2017冬春森林防火季等重点时段的安全防范工作，坚决遏制重特大事故发生。二是突出重点范围和内容。主要包括：建全交通安全管理、森林防火安全管理、汛期应急安全管理、突发公共事件安全管理等安全生产管理措施。为保障京密路两侧生态林河新城滨河森林公园林地的抗旱及防火需求，林场新配备四辆10吨洒水车。进行消防设施整治、消防器材更新、危房改造等基础设施整治，新置风力灭火机、灭火器、消防斧等消防器材若干，建立一支专业的隐患排查治理队伍。2016年林场没有发生森林火灾和其它安全事故。三是加强领导，层层落实责任制，逐级签订防火、防汛责任书。定期发行森林防火工作简报，加强宣传安全生产政策法规、先进事迹，及时检查、督促、治理整顿安全隐患。2016年6月28日至7月1日对林场全体干部职工围绕安全生产法等法律法规，以“关爱生命、安全出行”为主题，进行安全培训工作，共计68人参加此次培训。至防火期结束，林场共计清理林下可燃物1550立方米，出动护林防火巡查人员2160人次，实现零火情火险。

（长青林场）

园林管理

【概况】2016年，全区森林覆盖率30.18%，林木绿化率36.6%，人均公园绿地面积27.34平方米。完成平原造林工程建设任务548.82公顷，栽植树木40.97万株，完成荒山彩色树种造林工程33.33公顷。参加义务植树人数20万人，完成义务植树总株数70.8万株。全区果品产量6378.965万千克，产值2.367亿元，本区花卉种植面积1305.3公顷，产值4.49亿元。加强林木有害生物监测和防治，有效遏制检疫性林业有害生物的扩散和蔓延。加大公安执法力度，遏制破坏森林资源案件的发生。清理林下可燃物18300余公顷，连续16年无森林火灾。完成第一批绿线划定工作和“五河十路”、绿色通道生态林资源复查核实工作。

单位名称：顺义区园林绿化局

地址：顺义区中山南街11号

电话：（010）69444535

邮编：101300

网址：http//www.syfp.bjshy.gov.cn

（园林绿化局）

【平原造林】年内，平原造林工程建设任务548.82公顷，栽植树木40.97万株，涉及全区12个镇1个项目，建设形式全部为景观生态林。

（园林绿化局）

【彩色树种造林工程】年内，荒山彩色树种造林工程33.33公顷，建设地点主要位于张镇后王会东山、龙凤山，栽植侧柏、油松、山桃等苗木25000株，成活株数23982株，成活率95.92%。

（园林绿化局）

【杨柳飞絮治理】年内，顺义城区及镇重点区域的杨柳飞絮治理工作，投入资金500万元，治理范围是主要道路和公园、城区街道及部分片林，治理杨柳树85093株。

（园林绿化局）

【义务植树】年内，本区参加义务植树人数20万人，义务植树总株数70.8万株。其中新植树木16.1万株，新增绿化面积194公顷，其它形式折合株数54.7万株，义务植树尽责率87%。

（园林绿化局）

【林木养护】年内，区绿化办委托专业养护单位，完成8块103.4公顷义务植树纪念林和504.4公顷义务植树固定责任区养护工作。

（园林绿化局）

【绿化美化创建】年内，本区创建首都森林城镇1个，首都绿化美化花园式单位3个，首都绿化美化花园式社区3个，首都绿色村庄6个。

（园林绿化局）

【社区绿化】年内，区光明街道东兴一区组织开展“市花月季进社区”活动，栽植月季1万余株，栽植面积2000平方米。“乡土植物进社区、进村庄”活动在北石槽镇寺上村开展，栽植乡土植物包括榆叶梅、红丁香、月季、锦带、木槿等，绿化面积0.7公顷。

（园林绿化局）

【村庄绿化】年内，本区有6个镇50个村实施村庄绿化，绿化面积33.3公顷，栽植乔木1.75万株，灌木8.63万株，竹子1540株，地被2.46万平方米，水生植物6580平方米，苗木成活率98.8%。

（园林绿化局）

【生态文明宣传教育】年内，汉石桥湿地和北京国际鲜花港作为首都生态文明宣传教育基地，组织开展各类生态文明宣传教育活动，宣传保护生态环境的重要性和必要性，积极倡导生态文明。分别组织“迁徙的鸟”主题活动，“增绿减霾共迎冬奥”主题实践活动，举办第四届北京湿地日暨首都生态文明宣教活动，植树节亲子植树活动，社会大课堂，五一期间生态文明宣传活动等，参加人次达到2.3万人次。

（园林绿化局）

【公园管理】年内，完成公园分级分类工作，组织公园管理人员参加科学管理及养护技术培训；协助汉石桥湿地公园申报精品公园；全区18个注册公园接待游人338万人次。

（园林绿化局）

【绿线划定工作】年内，完成第一批绿线划定工作，划定范围274.94公顷，包括15处公园及绿地（绿线划定面积257.69公顷），3处规划代征绿地（绿线划定面积17.25公顷）。

（园林绿化局）

【绿地、绿道系统规划】根据区政府和市局要求聘请北京山水心源设计院有限公司对全区绿地、绿道系统进行规划编制工作，经过现场调研并结合国土、规划等相关单位意见，确定顺义区绿地及绿道系统规划方案。

（园林绿化局）

【果品产业】年内区果品产量6378.965万千克，产值2.87亿元。北京市园林绿化局林产品抽样检测480份，区级林产品抽样检测1200份，完成食药局检测任务250份。评选10家标准化基地。

（园林绿化局）

【花卉产业】年内，本区花卉种植面积1305.3公顷，产值4.49亿元。生产鲜切花617万支，盆栽植物6679万盆，观赏苗木446万株，草坪165万平方米。完成“北京市第四届职业技能大赛顺义区插花花艺师比赛”和“2016年世界月季洲际大会参展工作”，顺义展区荣获世界月季洲际大会室外展区金奖。

（园林绿化局）

【种苗产业】年内，办理林木种子生产经营许可证84个，对10余家大中型苗圃的11个苗批每个苗批20-50株进行抽查，苗木合格率100%。对2014-2015年批复的19处规模化苗圃进行检查验收，实施方案批复建设总面积992.34公顷，验收全部合格。

（园林绿化局）

【林政资源管理】年内，办理林（树）木（郊区、城区）采伐许可证2082件，涉及28.2万株，林（树）木（郊区、城区）移植许可证98件，涉及6124株；绿地率审核79件，审核工程附属绿地面积550.65万平方米；因市、区各项重点工程建设，审批临时占用林地8件，面积25.1864公顷。永久占用Ⅳ级林地9件，面积14.0264公顷。收缴植被恢复费797.85万元。报上级审批核准占用林地18件，面积40.4669公顷。

（园林绿化局）

【森林火灾防控】年内，本区逐级签定森林防火责任书1300份，开展集中宣传活动19次，出动宣传车720台次，入户宣传850户，在山区、林区悬挂横幅63幅，张贴标语800条，发放宣传材料、宣传品1万余份（个）。开展防火检查270余次，填写《检查登记》22份，下达《森林火灾隐患整改通知书》5份，发现并制止野外违章用火62起，教育75人。清理林下可燃物18300余公顷。连续16年无森林火灾。

（园林绿化局）

【公安队伍建设】年内，结合森林资源分布和民警特点，重新划分警区，最大限度发挥每名民警的长处，实现优化警力配置，工作效率大大提升。3名民警职务获得提升，调动民警工作积极性和主动性。

（园林绿化局）

【公安执法】年内，森林公安接报警141起，其中刑事立案7起,林业行政案件17起，查否80起，不予立案

15起，其他22起。林业行政罚款92956元，责令补种树木4095株。开展“净网行动”，对涉及全区的网络非法售卖象牙制品案件线索21条进行拉网式排查，并给予相应处罚，立案4起，处罚4人，没收非法售卖野生动物制品6件。开展针对非法捕猎候鸟的“清网行动”，查扣移交野鸟160只，收缴捕猎工具3件，销毁鸟网8片。1名民警记个人三等功，1名民警记个人嘉奖，森林公安处记集体三等功，9·25专案组记集体三等功。

（园林绿化局）

【执法规范化建设】年内，严格落实现场执法记录制度，补充购置执法记录仪、摄像机、笔记本电脑、便携打印机等装备；高标准完成北大沟森林派出所三室建设及功能区划分改造工程，规范执法场所设置和安全设施，提高执法规范化；补充完善13个执法规范，健全执法制度，严格办案监督和案卷考核。

（园林绿化局）

【代征地收缴】年内，新收缴代征绿地26.22公顷，并与国土储备中心签订移交合同。

（园林绿化局）

【绿化资源动态监测工作】年内，6个街道办事处、19个乡镇建立城镇绿地台账。通过日常监管和季度检查，发现问题并通过系统下达任务解决园林绿化动态案件43件，包括木槿蚜虫、死株、枯枝清理、绿地缺失、侵占绿地、绿地斑秃、遮挡信号标牌等问题。

（园林绿化局）

【绿地执法】年内，处理绿地系统群众举报37件，其中信访件14件、电话举报23件，全部妥善处理完毕。违法行为主要集中在非法砍伐树木、破坏绿地及改变绿地用途等。

（园林绿化局）

【高尔夫球场清理整治】根据市委、市政府文件精神要求，对全区高尔夫球场及练习场进行基本情况调查和监督检查工作。经过调查全区涉及林地高尔夫5家，面积432.64公顷，未发现非法改变林地用途及破坏林地等违法行为。

（园林绿化局）

【林（绿）地专项行动】5月至8月，组织全区范围内的林（绿）地保护执法检查专项行动。行动中发现非法侵占绿地2处，面积180平方米，清理在主要道路两侧林地内堆物堆料及种植农作物等存在违法行为地点6处。

（园林绿化局）

【林木有害生物防治】年内，对21种主要林果病虫害进行监测测报，全区范围内设置测报点127个，其中市级监测报点72个，区级监测测报点55个，测报准确率达95%以上。完成顺义区林业有害生物普查，采集鉴定林业有害生物420种，完成3次美国白蛾幼虫网幕普查工作，普查林木1200万株。完成防控作业面积160万亩次，组织飞机防治600架次，计36万亩次，人工地面防治124万亩次。

（园林绿化局）

【检疫执法】年内，签发《产地检疫合格证》210份、《植物检疫证书（出省）》1301份、《出省木材运输证》62份、《森林植物检疫要求书》40份。查处有北京市补充检疫对象白蜡窄吉丁的白蜡树63株，进行烧毁除害处理。

（园林绿化局）

【林权制度改革】年内，督促六个镇山区生态公益林生态补偿资金发放进度，发放补偿资金147.49万元、涉及14600余户、43000余人。继续开展森林保险工作，为全区4096.93公顷山区生态公益林和417.67公顷区属国有林场生态公益林投保，总保险金额8126.28万元，总保险费12.189420万元，全年未出险。

（园林绿化局）

【“五河十路”、绿色通道生态林资源复查核实工作】对顺义区“五河十路”、“二道”生态林的土地面积、土地权属、工程类型及生态林资源现状进行调查核实、确认并登记造册上图。调查总面积3722公顷，纳入完善政策范围内的生态林面积3388公顷，签订“北京市平原生态林用地合同”面积2793公顷。

（园林绿化局）

【山区生态公益林工作】年内，《顺义区2016年度山区生态公益林生态效益促进发展机制森林健康经营项目实施方案》得到市局的批复。其内容是山区生态林林木抚育总面积200公顷：张镇100公顷、龙湾屯镇100公顷。抚育措施包括割灌、除草、修枝、松土、扩堰等。

（园林绿化局）

【生态林管护】年内，顺义区护林员332人,人均管护面积12.33公顷，人均工资每月532.4元，全年发放护林员工资192.8万元。

（园林绿化局）

【征占用林地恢复落实工作】年内，完成本区18.55公顷应恢复林地落实工作。

（园林绿化局）

【林地修编】对本区30000公顷林地2010至2015年林木消长情况进行实地调查、上图，形成新的林地档案。

（园林绿化局）

经济功能区·区内企业

1月22日协同创新研发中心揭牌

民主生活日期间空港开发公司开展“一助一”走访活动

4月29日中关村顺义园与北航虚拟现实技术与系统国家重点实验室共建北京虚拟现实产业研究院框架协议签约仪式

5.4–5.7空港开发公司举行骨干员工培训

经济功能区

北京临空经济核心区

【概况】2016年既是“十三五”开局之年，也是临空经济核心区深化改革、实现突破发展的关键之年。在区委、区政府的坚强领导下，核心区深入落实本区“建设绿色国际港、打造航空中心核心区、共筑和谐宜居新家园”的发展目标和全面深化改革的各项决策部署，围绕服务首都城市战略定位、服务城市副中心建设、服务区域经济社会转型发展，扎实做好空间规划、产业布局、服务管理等工作，各项事业高效有序推进，呈现强劲发展势头。

单位名称：北京临空经济核心区

地址：北京市顺义区天柱路28号

电话：010-80489567

邮编：101312

网址：http://www.baecz.gov.cn/index.aspx

（汪亢亢）

【群团工作】3月1日，北京临空经济核心区团工委正式成立。目前核心区所辖区域约有团员6万人，共有团组织25家，规模100人以上团组织4家。

（汪亢亢）

【高端人才建设】4月16日，北京海外学人中心与顺义区委组织部共同组织的北京海外学人中心顺义工作站揭牌仪式在北京临空经济核心区创新创业示范基地举办。北京海外学人中心顺义工作站是北京海外学人中心成立的第六个区域海外人才专业服务机构，工作站成立后，将为海外人才在顺义创新创业提供更多的支持和帮助。年内，核心区积极为企业推荐申报各类人才表彰项目，其中“区第三批人才工作创新项目”申报3家、“区第二届优秀青年人才”8名、“2016年市级百千万人才工程”申报6项、“2016年度北京市享受政府特殊津贴人员”申报2名、“北京市优秀人才培养资助项目”申报2个。

（汪亢亢）

【棚户区改造】6月底，核心区对规划范围内拟实施棚户区改造的村庄进行统计。区域范围内共涉及6个镇的78个村庄，其中村址在核心区范围内的村庄64个，已有完成拆迁村庄21个村庄完成拆迁，未拆迁村庄43个村庄未拆迁。未拆迁村庄中，可纳入棚户区改造的村庄18个。现正推进李桥镇头二营、三四营村棚户区改造列入2016年棚改计划正在推进中。

（汪亢亢）

【工会活动】10月28日，北京临空经济核心区工会第一次代表大会选举产生第一届工会委员会、经审委员会和女工委员会。至此，原三个功能区（空港经济开发区、物流基地、国门商务区）工会正式整合为一。工会成立以来后，共组织开展困难职工慰问24人次，发放慰问金近3万元；组织开展劳模及劳动奖章申报工作，共有市级劳动模范6人，全国五一劳动奖章1人；组织企业职工开展相关活动40余次。目前，核心区所辖区域规模以上企业268家，建会企业达56家，会员人数1.7万人。

（汪亢亢）

【经济指标】全年累计实现属地税收107.02亿元，占顺义区的17%；实现地方公共财政收入27.75亿元，占顺义区的20%；完成区财政局设定的一般公共预算收入指标的93.5%。全年核心区税收1亿元以上的企业13家，税收1000万-1亿元的企业77家，税收500万-1000万的企业32家。

（汪亢亢）

【招商引资】年内，核心区新增入区企业344家，累计注册资本355亿元。重点项目包括深圳航空北京分公司、北京国舟云和创业投资中心、国投创合（北京）基金管理有限公司、双创产业基地项目等。

（汪亢亢）

【地理信息科技产业园】截至年底，地理信息科技产业园共引进注册企业41家，注册资本约20亿元，其中注册资本亿元及以上共6家，入驻园区办公企业23家。

（汪亢亢）

【联动创新产业园】为落实《“十三五”时期北京市人民政府与中国科学院合作推进全国科技创新中心建设行动计划》，北京市顺义区人民政府、中国科学院国有资产经营有限责任公司（以下简称国科控股）和国测集团于2016年10月8日签署《关于联合建设“中国科学院联动创新产业园”战略合作框架协议》，三方约定在地理信息产业园二期共同打造“中国科学院联动创新产业园”。项目总建筑面积约160万平米，共73栋楼宇。首批入驻企业7家，包括国内最大的互联网企业融资平台北京协力筑成传媒科技有限公司、国家重点工程广域量子通信网络承建商国科量子通信网络有限公司、中科院科技成果转化企业中科院创新孵化投资有限责任公司、抗癌药物研发企业北京福纳康生物技术有限公司等。

（汪亢亢）

【服务业示范区】年内，核心区根据《顺义区创建北京市服务业扩大开放综合试点示范区实施方案》，围绕全面提升现代服务业这一目标，制定两年三阶段实施步骤，明确3项主责任务，协助天竺综合保税区、商务旅游服务、金融服务等工作组的5项试点政策在核心区内的推广应用，并组建临空经济服务工作组领导小组，负责相关领域试点工作的落实。

（汪亢亢）

【大规划编制】年内，核心区启动178平方公里规划范围内的规划编制工作。该项目由中国城市规划设计研究院及其下属的中规院交通院负责。目前，《核心区大规划编制》已完成前期调研工作。

（汪亢亢）

【28、29街区水资源论证】顺义新城28、29街区是天竺综保区和临空经济核心区“两区融合”工作中落实完善功能定位的重点街区。年内，核心区推进顺义新城28、29街区水资源论证工作，并编制《水资源论证拟实施方案》。

（汪亢亢）

【产业园公交场站】公交场站位于方正大街（原横七路）与纵一路交汇处，项目占地约为5479平米。项目由顺义区交通局负责手续办理及工程建设。年内，公交场站投入使用，公交线路运营通行。

（汪亢亢）

【庄子营变电站】年内，核心区稳步推进庄子营110KV变电站项目。庄子营110KV变电站位于核心区原国门区域内，方正大街（原横七路）与纵一路交汇处，庄子营变电站于2016年3月29日运营发电，为周边企业解决用电紧张问题。

（汪亢亢）

【非公党建】年内，核心区通过构建网格化精细化服务机制融合建、派驻党建联络员协助建、依托商务楼宇联合建等，不断扩大党组织覆盖面和党建工作覆盖面，新建鑫景达、中通产融等2家非公企业党支部，共发展新党员59　　名.至此核心区非公企业共涵盖65家，共计639名党员。

（汪亢亢）

【安全管理】年内，核心区完成安全生产大检查任务、有限空间专项整治任务、涉危企业专项整治任务、职业卫生专项整治行动等，其中在区政府部署的安全生产大检查行动中排查企业444家次（包含132次复查），出动检查人员1068人次，出动检查车辆383车次，下达现场检查记录347份，责令限期改正通知书179份，发现安全隐患1072项、其中立即整改426项、限期整改646项、已经消除隐患636项。

（汪亢亢）

【对外宣传】年内，核心区加大与区委宣传部、顺义电视台、投资北京杂志等机构合作，大力开展外宣新闻报道工作，共完成经济日报社调研、服务业扩大开放试点推荐会报道、中科院创新平台等区级重点宣传任务10余项；上报新闻信息近50余条，区级媒体采用登载20余条，在顺义区功能区领域排名第一；发布网站、微信新闻信息100余条，成为核心区对外宣传的新亮点。同时，宣传展厅改扩建后于年内投入使用，进一步展示北京临空经济核心区的辉煌发展成果。

（汪亢亢）

中关村科技园区顺义园

【概况】中关村科技园区顺义园是中关村国家自主创新示范区板块之一，是首都城北产业研发服务和高技术产业带的组成部分，同时也是顺义区三大经济板块中的“科技创新”功能区。中关村科技园区顺义园总体规划面积12.08平方公里，包括中航工业北京航空产业园南北两区、中关村临空国际高新技术产业基地、空港创意产业园东西两区、实创高新技术产业基地南北两区、北方新辉新兴产业基地、非晶产业基地等9个地块，目前已建成面积210万平方米。2014年8月，北京市机构编制委员会同意将中关村科技园区顺义园管理委员会独立设置，加挂北京顺义科技创新产业功能区管理委员会牌子，为顺义区政府派出机构；同时，成立中共北京市顺义区委中关村科技园区顺义园工作委员会，为顺义区委派出机构，与顺义园管委会合署办公。

单位名称：中关村科技园区顺义园管理委员会
地址：北京市顺义区白马路高丽营段9号
邮编：101302
电话：（010）69491700
网址：http://www.zgcsyy.gov.cn/

（申晓杰）

【协同创新研发中心成立】1月22日，中关村科技园区顺义园与北京城市学院签署战略合作协议，双方共同成立协同创新研发中心。

（申晓杰）

【**科技创新产业基地成立**】2月22日，由中关村顺义园管委会与北京中瑞皓宇科技发展有限公司成立的科技创新产业基地正式落成，实现资源的互补和共享。科技创新基地将依托中关村顺义园的政策资源，吸引创新创业项目向基地集聚，打造新的经济增长极。

（申晓杰）

【**共青团中关村科技园区顺义园工作委员会成立**】4月11日，共青团中关村科技园区顺义园工作委员会经共青团顺义区委员会批准正式成立。现有团员2073人。

（申晓杰）

【**“一园六镇”协同共建情况**】4月22日“一园六镇”（六镇是：仁和镇、马坡镇、牛栏山镇、赵全营镇、北石槽镇和北务镇）合作共建工作会召开。成立合作共建领导小组和办公室，建立组织架构和例会制度，中关村顺义园与六镇加强工作统筹和信息沟通，形成跨部门联动、有序推进的工作格局。在基础调研、信息对接的基础上，由中关村顺义园编制的《“一园六镇”协同共建行动方案》（征求意见稿）已完成，目前正在征询相关单位修改意见。

（申晓杰）

【**5人获教授级高级工程师职称**】4月26日，顺义区人力资源和社会保障局在中关村顺义园召开2016年度中关村国家自主创新示范区高端领军人才专业技术资格评价推荐评审会，评审会专家小组对来自园区14家单位的17名优秀专业技术工作者进行综合评审，园区有9人被确定为顺义区推荐人选。经过北京市人保局专家组的综合评审，华大基因陈唯军等5人获得教授级高级工程师职称。

（申晓杰）

【**中关村顺义园怀来高技术产业园项目进展情况**】中关村顺义园与怀来磋商接洽的项目有 3个，具体情况如下：第一，中国航天五〇二所建设的空间飞行器姿轨控系统试验中心项目占地350亩，建筑面积约26500㎡，于2015年11月开工建设，目前单组元工程的基础已经完工，下一步将启动院内建设工程。第二，智创联合航空零部件生产基地项目，4月份签订2400平米的厂房租赁协议，用于先期项目启动。北京智创联合科技股份有限公司主要从事真空扩散焊接、超塑成形扩散焊接等技术，为航天、航空、核能等国家重点项目提供所需的关键构件。第三，北京新源国能怀来新城水处理项目。3月7日，北京新源国能与河北省怀来县人民政府正式签订水环境一体化PPP项目合作框架协议。项目包括建设燕山文化新城污水处理厂项目、污泥干化厂项目、再生水回用工程等。

（申晓杰）

【**中关村顺义园“十三五”规划发布**】7月29日，中关村顺义园管理委员会与顺义区发改委联合发文正式发布《中关村顺义园“十三五”时期建设发展规划》。规划提出今后五年园区推动创新发展和培育“高精尖”产业的发展思路、发展目标、重点任务

科学联动创新产业园签约仪式

和政策措施，是顺义区“十三五”规划体系的重要组成部分，是“十三五”时期园区科技创新和产业发展的指导性文件。

（申晓杰）

【第三代半导体材料及应用联合创新基地项目进展情况】2015年，第三代半导体联合创新孵化中心（新材料产业）成立，以北京国联万众半导体科技有限公司为运营主体，启动创新科技团队、创新项目引入，边建设、边孵化、边谋划。规划分为一期和二期：一期占地47亩，计划投资12亿元，建设第三代半导体材料、芯片、封装共性技术研发平台，光电子、电力电子、微波射频应用中试平台，建筑面积71000平米，已经于7月启动建设，预计2017年项目竣工，2018年启动研发创新平台、科技服务平台、创新企业入驻。二期规划占地300亩，总投资120亿元，规划建筑面积40万平米，计划2017年上半年启动。

（申晓杰）

【智能新能源汽车生态产业示范区项目进展情况】10月24日，智能新能源汽车生态产业示范区（新能源汽车产业）在“北京顺义战略性新兴产业投资峰会”上揭牌成立，成功签约富电科技电动汽车智能充电桩高端研发生产中心、乐电出行新能源汽车分时租赁等6个项目，投资总额近100亿元，基金规模100亿元。

（申晓杰）

【中关村医学工程产业化基地项目进展情况】10月24日，在“北京顺义战略性新兴产业投资峰会”上，北京市食品药品监督管理局、中关村科技园区管理委员会、北京市顺义区人民政府三方签署战略框架合作协议，共同打造“中关村医学工程健康产业化基地”（生物医药大健康产业）。健康产业化基地一期规划用地300亩，预计吸引投资60亿元，将发展定位明确为医学工程研发、转化基地，搭建医学工程专业协同创新平台，为不同发展阶段的药品、医疗器械企业提供专业的一体化科技创新创业孵化链条服务。

（申晓杰）

【中关村医学工程转化中心顺义分中心成立】10月24日，中关村科技园区顺义园管理委员会与中关村联创医学工程转化中心签署合作协议，设立中关村医学工程转化中心顺义分中心，作为健康产业化基地的运营主体和转化平台。

（申晓杰）

【荷兰代尔夫特理工大学中国研究院揭牌成立】11月12日，荷兰代尔夫特理工大学中国研究院揭牌成立，将重点进行半导体、新能源、智能设备、航空航天等领域的技术研发、企业孵化，吸引欧洲半导体材料及应用最集中的区域、最顶尖人才和最先进技术，深度整合利用国际创新资源，推动顺义区科技创新跨越发展。

（申晓杰）

【中关村顺义园税收情况】截至11月底，中关村顺义园实现总收入1232.5亿元，同比增长43.1%；实现工业总产值826.6亿元，同比增长52.5%；实缴税费总额50.4亿元，同比增长19.4%；实现出口总额10.3亿美元，同比增长46.7%。

（申晓杰）

【中国航空发动机研究院成立】12月28日，中国航空发动机研究院在中航产业园挂牌成立，中关村顺义园成为中国航空发动机的重要研发基地，同时成为航空发动机主体技术落地项目的重要承接地。

（申晓杰）

【启迪新材料集团总部基地项目进展情况】启迪新材料集团总部基地用地需求100亩，建筑面积约10万平米，主要用于集团及下属公司办公、研发设计、小试中试，并与清华大学材料学院和环境学院共建“启迪新材料研究院”。12月，启迪新材料（北京）有限公司完成注册，注册资金2亿元。

（申晓杰）

【林河开发区被评为生态化园区】2015年至2016年，按照市经信委、市环保局联合下发《关于组织开展2015年度“北京市生态园工业园区”评定工作》文件的精神，推进林河企业生态化建设项目13个，总投资2.5亿元。园区企业已完成项目10个，投资额度1206万元，企业重点项目包括：光明乳业污水处理站扩建项目、延锋伟世通公司集中供冷项目、直拉炉热场改造升级项目、光明乳业锅炉烟热回收工程等。12月，林河开发区完成生态化建设工作，被评为市级生态化园区。

（申晓杰）

【企业上市情况】截至12月，中关村顺义园共有上市企业27家，年内新增11家，拟上市企业43家，其中拟在场内上市20家，场外上市23家。

（申晓杰）

【科技创新功能区管委会园区企业情况】截止到12月，入区企业1773家，累计注册资金566亿元。其中实体企业104家，楼宇租赁类企业372家，注册类企业1297家。年内，新增楼宇租赁类企业71家，注册类企业96家，累计注册资本42亿元。

（申晓杰）

【“125”高精尖产业格局基本形成】截止年底，中关村顺义园“125”高精尖产业格局基本形成，即：依托1区——以北京顺义智能新能源汽车生态产业示范区为核心，强化2个中心建设——服务业扩大开放试点中心和服务保障中心，搭建5个平台——一是以生物医药、精准医学、健康诊疗为载体的生物医药大健康产业平台；二是以第三代半导体为基础的新材料产业平台；三是以智能制造、智能机器人、航空航天为代表的高端装备产业平台；四是以电子信息、人工智能、大数据应用为代表的新一代信息技术产业平台；五是以科技金融、科技服务、创业服务为支撑的创新创业（“双创”）平台。

（申晓杰）

【文化创意企业情况】年内，中关村顺义园拥有文创企业187家，其中规模以上文创企业17家，最具代表性的文创企业有宝泉钱币、数码视讯、荣宝斋文化创意园、笔克展览展示、雪域西藏等企业。

（申晓杰）

【中关村顺义园重点企业情况】截止年底，中关村顺义园有十百千工程企业11家；瞪羚企业60家，独角兽企业1家、展翼企业1家。

（申晓杰）

【2家企业获得市级文创资金】年内，北京数码视讯软件技术发展有限公司与北京雪域西藏文化发展有限公司通过层层筛选、评审，分别获得北京市文创发展资金300万元和59万元。

（申晓杰）

【2家企业获得区级文创资金】年内，宝泉钱币投资有限公司与北京数码视讯软件技术发展有限公司通过层层筛选、评审，分别获得顺义区文创发展资金300万元和68万元。

（申晓杰）

【6家企业获中关村技术创新专项奖励】年内，6家企业获得中关村技术创新能力建设专项资金（商标部分）奖励108.6万元，其中国内商标126件，国际商标（马德里）6件，国际商标（单一国）58件，著名商标1件，驰名商标1件。

（申晓杰）

【申报中关村技术标准资金项目情况】年内，北京艾莱发喜食品有限公司与绿友机械集团股份有限公司（该公司申请两项标准名称）3家企业9个项目（5个国家标准、4个行业标准）通过中关村标准资金项目审核，获得144万元资助资金。

（申晓杰）

【申报中关村商标品牌示范试点情况】年内，中关村顺义园企业申报商标品牌战略示范试点情况：申报通过北京市著名商标2个，通过国内商标204个，通过逐一国家注册方式获得的国际商标57个，通过马德里途径获得的国际商标7个。

（申晓杰）

【3家企业被评为“中关村专利领军企业”】年内，3家企业被中关村管委会评定为“中关村专利领军企业”，共获得支持资金77.3万元。其中大唐移动通信设备有限公司，获得支持资金30万元；、同方威视技术股份有限公司，获得支持资金29.85万元；、北京新能源汽车股份有限公司，获得支持资金17.45万元。

（申晓杰）

【创业孵化资金工作】年内，中关村顺义园组织开展“中关村现代服务业中小企业创业孵化试点园区”2016年度创业孵化资金工作。其中，北京国联万众半导体科技有限公司申报的国际第三代半导体众联空间项目通过专家评审，获得资金扶持。该资金分两年给付，第一笔资金148万元已到位，第二笔资金经市财政局评审通过后到位。

（申晓杰）

【重点产业项目推进情况】年内，中关村顺义园重点推进产业项目238个，预计全部达产后实现产值或总收入500亿元，新增属地财税收入20亿元。实体类产业项目40个，其中10个年内新签约落地项目协议投资总额157亿元；楼宇注册项目198个，其中注册资金3000万元以上的16个项目注册资金达32亿元。

（申晓杰）

【中航产业园项目进展情况】中航产业园（航空制造和服务产业）总占地1997.2亩（约133公顷），建设用地1397亩，规划总投资165亿元，预计全部达产后可为顺义工业贡献千亿产值。按照“航空发动机、复合材料、航电系统、国际产业园和高技术创业孵化中心”五个板块集群发展的思路，目前，聚集中航发动机有限责任公司等专业从事航空装备制造与研发的实体项目7个，以及中航发动机控股有限公司等从事航空技术推广、设计开发和投资管理的注册项目20余个。

（申晓杰）

【顺义航天产业园项目（航天制造产业）进展情况】中国航天科技集团第五研究院北京控制工程研究所（502所）投资建设的顺义航天产业园卫星应用智能装备产业基地、信息技术产业基地、空间飞行器姿轨控系统及核心产品产业化3个项目，年内已经全部通过产业项目全要素评价。

（申晓杰）

【创新创业服务平台体系】年内，中关村顺义园建立“线上虚拟孵化+线下实体孵化”为一体的综合型闭环式生态服务体系，着力完善三类创新创业服务平台：一是重点建设集研发设计、检验检测、知识产权、标准信息、技术交易、专业咨询等于一体的科技资源服务平台。目前园区聚集2家国家级检验检测机构，5个由国际、国内顶级专家主持的产业研究机构。二是推进建设集工商注册、创业培育、企业孵化、增值服务等于一体的创业服务平台。园区重点打造新科大厦等6个创业服务平台，提供“创业苗圃——孵化器——加速器——产业园”的一体化科技创新创业孵化链条服务，吸引持有先进研发成果的企业和科研团队入驻，实现成果转化和产业化，打造优势产业集群。三是建立直接融资与间接融资有机结合的多层次科技金融服务平台，特别是着力发展天使投资和风险投资，降低创新创业企业融资难度。园区科技金融综合服务平台由北京顺义科技创新有限公司负责运营。

（申晓杰）

【工程建设情况】年内，在建设工程共计15项，其中新开工项目6项，新增建筑面积约40万平米，总投资约36.91亿元，建安投资约11.82亿元，累计完成建安投资约2.33亿元；续建工程9项，续建工程建筑面积约78万平米，总投资约58.5亿元，建安投资约21.36亿元，累计完成建安投资约16.14亿元。

（申晓杰）

【中关村顺义园专利情况】2016年，中关村顺义园企业专利申请1561件，同比增长37.9%；专利授权1177件，同比增长20.6%；从业人员108835人，同比增长1.5%。

（申晓杰）

【科技创新功能区税收情况】2016年科技创新产业功能区实现规模以上工业总产值1945.8亿元，同比增长19.3%；实现规模以上工业出口交货值12.8亿元，同比增长104.7%。实现属地财税收入168.1亿元，占顺义区比重的26.4%；实现一般公共预算收入27.5亿元，占顺义区比重的20.0%。

（申晓杰）

1月21日顺义区博士后工作站创新实践基地成果展示会

北京顺义绿色生态产业功能区

【概况】为加快顺义区产业的转型升级，2014年经区委区政府研究决定，整合原北京顺义奥林匹克水上公园、原北京顺义三高科技农业试验示范区、原北京国际鲜花港、原顺义区浅山开发建设办公室和原顺义区花卉交易中心，成立北京顺义绿色生态产业功能区，设北京顺义绿色生态产业功能区管理委员会和北京顺义生态旅游集团公司两套管理和经营机构，2014年12月29日挂牌成立。北京顺义绿色生态产业功能区位于顺义区东北部，总规划面积314平方公里，占全区总面积的31%，其中平原面积270.8平方公里，山体面积43.6平方公里，是拉动顺义新城河东新区建设发展的先导区。

单位名称：北京顺义绿色生态产业功能区
地址：北京市顺义区白马路南彩段5号
电话：（010）69405821
邮编：101300

（绿色生态产业）

【北京顺义奥林匹克水上公园】目前全球唯一集动水、静水于一体的国际级水上比赛场馆，总占地162公顷，其中水面面积63.5公顷。国家4A级旅游景区。2009年以来，举办过赛艇、皮划艇、索道划水、赛车等大型国际赛事二十余场。承接过宝马汽车、万科集团、民航总局等大型企业龙舟拓展、家庭日、自行车骑行等活动二百多场。2015年冬季引进冰雪嘉年华项目，填补冬季的空白。2016年增建健身步道、房车营地、树屋等设施。

（绿色生态产业）

【北京顺义三高科技农业试验示范区】核心区占地187公顷。产业群涵盖畜牧子种、林木种苗、旅游观光等，示范区先后被国家各部委和北京市人民政府授予“现代农业综合应用示范基地”等荣誉称号。为把旅游观光业做大做强，2016年建成“汉风耕读苑”项目。

（绿色生态产业）

【北京国际鲜花港】规划总面积4平方公里，是北京市主办的2009年第七届中国花卉博览会的重要功能组团之一。园区建设以“生态、科技、节约、集约及可持续”为理念，将景观、生态、花卉巧妙结合，是具有花卉生产、研发、展示、交易、旅游休闲和文化创意等六大功能的专业花卉产业园区。举办北京市郁金香文化节、北京市月季文化节、北京市菊花文化节及中国第十一届菊花博览会等共计十八次大型国家级和市级花事盛会，成为首都花卉产业发展的窗口。2016年实现全年接待55.63万人次，首次超过50万人次。

（绿色生态产业）

【舞彩浅山区】位于顺义东北部，包括北石槽镇、木林镇、龙湾屯镇、张镇和大孙各庄镇五镇，总面积308平方公里。优良的生态环境和宜人的自然景观成为顺义浅山区经济发展的后发优势，是建设首都慢生活区和展示顺义之美的理想之地。五彩浅山依托优良休闲度假环境与丰富历史文化资源及特色田园风情形成的组合优势，以区域整体开发为手段，以融合、创新、提升为支撑，以市场导向为主线开发国际化、高端化、时尚化旅游产品，将高端度假旅游、时尚运动养生、都市休闲庄园、红色旅游与民俗体验作为主导发展方向，塑造“五彩浅山”区域整体形象。

（绿色生态产业）

【北京顺义生态旅游集团有限公司】北京顺义生态旅游集团有限公司成立于2014年12月，目前拥有北京顺义水上公园投资发展中心、北京三高奥圣农业技术开发中心、北京鲜花港投资发展中心、北京鲜花港电子商务有限公司、北京顺旅建设投资发展有限公司、北京顺旅文化传播有限公司和北京顺旅城展文化发展有限公司等七家子公司。顺旅集团以都市现代农业为主导新型旅游业的发展思路，通过对绿色生态板块山、水、田、林、园进行资源整合，着力打造首都绿色生态与休闲旅游示范区。

（绿色生态产业）

【北京顺义水上公园投资发展中心】隶属于北京顺义生态旅游集团有限公司，顺义奥林匹克水上公园是2008年北京奥运会赛艇、皮划艇激流回旋、皮划艇静水和马拉松游泳等项目的比赛场馆，是北京奥运会占地面积最大的新建场馆，是目前全球唯一集动水、静水于一体的国际级水上比赛场馆。除筹办水上赛事外，水上公园打造以赛艇、帆船、索道滑水、为主题的高端体育休闲俱乐部，并引入燕京啤酒节、冬季雪世界等项目，形成吃、住、行、游、购、娱一体的体育休闲时尚旅游基地。

（绿色生态产业）

【北京三高奥圣农业技术开发中心】隶属于北京顺义生态旅游集团有限公司，1995年1月北京市人民政府正式批准建立“北京顺义三高科技农业试验示范区”，位于顺义城中心6公里处，规划占地133公顷。汉风耕读园是年内在三高科技农业试验示范区的基础上，以中国古代耕读文化为根本，“耕读传家，陶冶情操”为文化基调，融入观光性、娱乐性、休闲性、科普性与体验性为一体的汉代风格的“中国古代耕读文化体验园”。园内设有国学讲堂、手工坊、汉乐府、怀古大道等。同时将动物园、自然学校、游乐设施加入其中，为文化园注入活力。绿尚农园占地面积200余亩，种植有水果和蔬菜，其中水果以草莓，火龙果、樱桃、苹果、桑椹为主，蔬菜主推品种有紫色油麦菜、樱桃小萝卜等二十多种有机蔬菜。

（绿色生态产业）

【北京鲜花港投资发展中心】隶属于北京顺义生态旅游集团有限公司，北京国际鲜花港，自2009年成立以来，先后被确立为“国家现代农业科技城”先行试点园区、国家级农业科技园区和国家级4A旅游景区，是北京市政府规划的北京市唯一的专业花卉产业园区，是北京市主办的2009年第七届中国花卉博览会的重要功能组团之一，是北京市花卉产业发展的窗口。作为目前国内最大的花卉主题公园，鲜花港每年两次举办大型市级花事盛会，包括春季的北京郁金香文化节和秋季的北京菊花文化节。

（绿色生态产业）

【北京鲜花港电子商务有限公司】隶属于北京顺义生态旅游集团有限公司，随着“互联网+”经营理念的普及，电子商务飞速发展，按照顺旅集团战略发展思路，北京鲜花港电子商务有限公司于2015年完成公司注册、人员组建等筹备工作，正式投入运营。通过网上商城和手机商城销售模式相结合，满足消费者多样化的需求。同时，鲜花工厂集约式的管理模式，提高效率，降低成本。优越的仓储环境、先进的鲜切花生产线、完善的包装、个性化的投递服务，为消费者提供全新的购物体验，从而建成花卉B2C---超级零售商。公司将目标受众人群锁定为85后的年轻人，以家庭鲜切花配送为主要特色的电子商务模式。

（绿色生态产业）

【北京顺旅建设投资发展有限公司】隶属于北京顺义生态旅游集团有限公司，北京顺旅建设投资发展有限公司（简称：“顺旅建设”）于2015年11月5日正式注册成立，位于北京市顺义区南彩镇白马路北侧（顺科农业技术开发中心）1幢，是具有独立法人资格的全资子公司，注册资本5000万元人民币。依托顺旅集团的战略发展思路与资源一体化优势，顺旅建设经营范围覆盖房地产开发、施工总承包、投资管理、项目投资、城市园林绿化施工，物业管理等诸多领域。主营业务包含项目投资、投资管理、资产管理、房地产开发、专业承包、施工总承包、劳务分包、城市园林绿化施工、园林绿化设计、室内外装饰设计、物业管理、花卉租赁、销售文化用品等。

（绿色生态产业）

【北京顺旅文化传播有限公司】是北京顺义生态旅游集团公司的控股公司，北京顺旅文化传播有限公司成立于2015年12月24日，公司核心任务是负责筹办北京国际燕京啤酒文化节，将通过市场化运营管理，进一步扩大燕京啤酒文化节品牌影响力，推进顺义区特色旅游产业发展。

（绿色生态产业）

【北京顺旅城展文化发展有限公司】隶属于北京顺义生态旅游集团有限公司，北京顺旅城展文化发展有限公司（简称：“顺旅城展”）于2016年10月21日正式注册成立，是具有独立法人的全资子公司，注册资本1000万元人民币。顺旅城展主要负责顺义区城市生活展示体验中心项目的建设运营工作。顺义区城市生活展示体验中心项目定位于提升城市文化品位，展示城市未来宏伟蓝图，宣传城市美好形象的重要阵地，将成为展示地域的历史变迁，发展现状和规划远景的重要窗口，对外宣传的重要载体以及介绍城市发展全貌的重要平台，成为一个全方位，多角度的展现城市建城史，经济，文化建设成果与城市规划光明前景的“城市会客厅”和“城市金名片”。

（绿色生态产业）

【2016年北京顺义奥林匹克水上公园活动情况】4月2日——5月2日举办北京风筝节，接待游客2.12万人次，营业收入38.6万元。6月6日-7月5日举办第25届北京国际燕京啤酒文化节，接待游客26.1万人次，营业收入2700万元。6月9日举办全国龙舟邀请赛暨北京市端午龙舟大赛，由全国31支代表队500余人参赛。7月14日-7月20 日举办2016年全国青年赛艇锦标赛，由23个省市和学校的309人、135条赛艇参赛。7月18日-7月21 日举办2016年世界名校赛艇邀请赛，由16所名校500余人、66条赛艇参赛。12月28日-2017年2月15日举办冰雪嘉年华，接待游客约12万人次，营业收入180万元。

（绿色生态产业）

【2016年北京国际鲜花港活动情况】4月2日，第七届北京郁金香文化节开幕。室外展以“郁金香的休闲时光”为主题，共种植近100个品种，400余万株郁金香。室内展主题为美丽生态空间，共使用22个品种，近20万株球根花卉打造景观。5月18日，主题为“赏美丽月季·享幸福人生”北京月季文化节开幕。作为全市12大展区之一，鲜花港是第二次参展月季文化节活动，活动6月10日结束。6月11日，主题为“清新百合初绽花港，端午佳节避暑赏花”的百合文化节开展，花展时间为6月11日至7月5日。9月10日至10月23日，北京菊花文化节开幕。室内展主题为“菊世闻名”以菊文化的传播为主线，通过特色大菊、中国小菊、日本菊与菊文化的完美结合，呈现一道亮丽的的风景。室外展主题为“最炫民族风”，种植菊花品种40多种，种植面积10万平米。

（绿色生态产业）

【全国都市型现代农业现场交流会】4月28日，全国都市型现代农业现场交流会各省市代表一行150余人到北京国际鲜花港考察调研。考察团听取鲜花港的发展情况，并参观鲜花港花卉展示区、生产区、能源中心、鲜花工厂等区域，详细询问活动展示、门票价格、就业保障等方面的问题，并对鲜花港在郁金香花期控制、清洁能源开发使用、B2C电商运营等方面实现创新经营，对大力推广都市型现代农业发展的成果表示肯定。

（绿色生态产业）

【不忘初心 奋勇前行——中国革命领袖诗词书画展】9月30日， 由中央党校中国马克思主义研究基金会和顺义区人民政府主办，北京顺义生态旅游集团有限公司、北京国际鲜花港承办的《不忘初心 奋勇前行——中国革命领袖诗词书画展》于9月30日至10月7日在鲜花港万花馆开展。

（绿色生态产业）

【汉风耕读苑顺利建成运营】汉风耕读苑项目位于顺义区三高农业园内，是顺义生态旅游集团下属子公司三高奥圣农业技术开发中心实行企业转型升级发展的关键项目。项目于2015年底立项开工建设，2016年4月基本建成，9月正式运营。建设面积约2万平方米，设立怀古大道、汉街、国学馆、汉乐府、手工坊、百草堂、萌宠馆、躬耕园、玩悟益智玩具博物馆、创意儿童乐园及全息剧院、AR、VR等体验区，可同时容纳1500人参观体验。汉风耕读苑以汉代风格为主调，以“传统文化，核心价值”为主题，以“耕读传家，陶冶情操”为文化基调，以传承耕读文化为主线，以国学经典讲学体验为重点，以全息影剧、AR、VR等高新科技为媒介，将农业观光与文化传承、自然教育与休闲旅游、传统手法与现代技术相结合，是有机地将观光性、娱乐性、休闲性、科普性与体验性融为一体的汉代风格“中国古代耕读文化体验园”，并成为文化穿越体验、农事劳作、生态观光、科普教育于一体的旅游目的地。9月正式运营至年底就接待游客5万余人次，并被北京市和顺义区教委同时授予“中小学生社会大课堂资源单位”，被区社会教育中心评为“顺义区首批市民终身学习示范基地”，两次承接顺义区外事办举办的“顺e角”英语角公益活动

（绿色生态产业）

区内企业

燕京啤酒集团

【概况】燕京啤酒于1980年建厂，1993年组建集团。旗下41家啤酒酿造基地、2家原料基地和8家相关附属企业，遍布全国18个省市，是目前中国大型啤酒集团中唯一一家没有外资背景的民族企业。2016年啤酒总

产销量达450万千升，实现销售收入119亿元，利税总额28.26亿元，连续九年挺进世界啤酒销量前八名，资产总额超220亿元，“燕京”驰名商标品牌价值超880.75亿元。

单位名称：北京燕京啤酒集团公司
地址：顺义区双河路9号
电话：（010）89495588
邮编：101300
网址：http://www.yanjing.com.cn

（燕京啤酒集团）

【两化融合管理体系评定证书】2月20日，北京燕京啤酒股份有限公司获国家工业和信息化部颁发的《两化融化管理体系评定证书》，成为全国首批通过体系评定的200家企业之一。

（燕京啤酒集团）

【燕京原浆白啤荣获“青酌奖”TOP10】3月20日，“青酌奖”酒类新品TOP10发布盛典在泸州巨洋会议中心盛大举行。经过30位品酒专家以及144位消费者、媒体及经销商代表的盲评，12度燕京原浆白啤酒和8度漓泉1998精酿啤酒同获年度“青酌奖”酒类新品啤酒类TOP10。

（燕京啤酒集团）

【中国足协官方赞助商续签】3月28日，燕京啤酒联合中国足协及中国福特宝足球产业发展公司在西安举行“燕京啤酒·中国足协中国之队官方赞助商签约仪式暨新闻发布会”。中国足协专职执委林晓华，中国足协国管部主任刘殿秋，中国福特宝足球产业发展公司总经理董铮，北京燕京啤酒股份有限公司总经理赵晓东、副总经理谢广军等出席活动。赵晓东与董铮代表双方正式签约，标志着中国足协中国之队与燕京啤酒将开启合作期为2016-2019年的第二段合作周期。

（燕京啤酒集团）

【北京国际燕京啤酒文化节亮点多】6月6日，第25届北京国际燕京啤酒文化节在顺义奥林匹克水上公园开幕。顺义区委书记王刚，区委副书记、区长高朋，区政协主席周颖博，燕京啤酒集团公司董事长郭振江、总经理赵晓东等领导出席开幕仪式。本届啤酒节开启举办啤酒文化节崭新的模式，一是庆典时间延长至一个月，从6月6日开幕至7月5日闭幕；二是首次引入市场化运作模式，授权第三方承办；三是将啤酒与休闲体育赛事结合，促进城市体育文化发展；四是开辟两个专区进行顺义特色的民俗文化展示及演艺。

（燕京啤酒集团）

【燕京啤酒入选中国轻工业百强企业】6月15日，第五届中国轻工企业家高峰论坛暨百强企业颁奖盛典在北京京西宾馆召开，国家发改委、国资委、工信部、商务部、国家统计局等相关领导出席会议。大会公布“2015年度中国轻工业百强企业”榜单，北京燕京啤酒股份有限公司以综合排名51位、研发能力排名19位、市场能力排名37位、盈利能力排名40位入选百强榜。

（燕京啤酒集团）

【燕京品牌价值882.75亿元】6月22日，由全球著名的品牌研究机构世界品牌实验室组织的“2016年中国500最具价值品牌排行榜”正式揭晓，燕京品牌价值882.75亿元，同比增长9.98%，位居排行榜第42位。

（燕京啤酒集团）

【燕京品牌入选亚洲品牌500强】9月8日，《2016亚洲品牌500强》排行榜在北京揭晓，该排行榜由亚洲品牌网、《人民日报》海外版、新华网共同发布，共有20个国家和地区的500个品牌入选，燕京品牌位列第142名。

（燕京啤酒集团）

【顺义区委常委霍光峰到燕京赤峰公司调研】9月9日，顺义区委常委、副区长霍光峰莅临燕京啤酒（赤峰）有限责任公司调研指导。霍光峰副区长充分肯定燕京赤峰公司十几年平稳快速发展所取得的成绩，并对燕京赤峰公司继续发挥燕京品牌优势和先进管理理念寄予希望。

（燕京啤酒集团）

【燕京啤酒种子计划荣获社会责任践行先锋奖】9月27日，2016年第二届CSR中国教育奖颁奖仪式在北京师范大学英东学术会堂举行，共青团中央学校部副部长李骥出席颁奖仪式并发表致辞。燕京啤酒中国足协杯种子计划活动荣获2016年第二届CSR中国教育奖——社会责任践行先锋奖。CSR中国教育奖是在团中央学校部倡议指导下，由多家机构联合发起的中国教育领域唯一官方奖项，以鼓励和表彰在CSR教育领域做出突出贡献的企业和组织。自2014年活动启动以来，累计为超过35个城市地区850所学校捐赠足球18300颗。

（燕京啤酒集团）

【燕京啤酒入围“最受赞赏的中国公司”】10月11日，《财富》杂志发布2016年“最受赞赏的中国公司”（共50家），燕京啤酒入围。此评比自2006年首次推出以来，已连续11年发布该榜单，被誉为中国公司软实力的晴雨表。此次调查的294家候选公司的信息来自中国国家信息中心、国家统计局、国资委、中国企业联合会、上海和深圳证券交易所和全国工商联等多家权威机构。

（燕京啤酒集团）

【中美能效论坛代表团来燕京现场考察】10月12日，国家发改委环资司副司长王善成率发改委中美能效论坛代表团到燕京啤酒股份有限公司现场考察节能降碳工作，顺义区委常委初军威陪同。公司董事长李福成向代表团人员介绍燕京节能降碳成果，总经理赵晓东参加座谈会。

（燕京啤酒集团）

第25届燕京啤酒国际文化节盛大开幕

【总部技术中心被认定为首批重点实验室】 10月24日，北京燕京啤酒股份有限公司技术中心经中国轻工业联合会会长办公会认定为首批“中国轻工业啤酒酿造技术重点实验室”。

（燕京啤酒集团）

【燕京啤酒两项目通过科技成果鉴定】 11月22日，燕京啤酒技术中心完成的“基于航天诱变高效啤酒酵母菌种的选育技术体系的开发与应用”和“啤酒酿造过程污染微生物群落高效动态检测体系与功能数据库的开发与应用”两个项目通过中国酒业协会技术委员会的科技成果鉴定。

（燕京啤酒集团）

【市职业技能大赛成绩优异】 11月，公司20名员工在北京市职业技能大赛的五个工种比赛中进入前50名。其中总部技术质量部质检处王立波荣获食品检验工决赛第一名；总部第二制冷车间何海龙获得制冷工决赛第五名；总部技术中心侯红霞获得食品检验工决赛第八名。同时，公司获得顺义区维修电工、电焊工两个工种初赛的优秀组织奖和北京市第四届职业技能大赛食品检验工种的优胜奖。

（燕京啤酒集团）

【燕京啤酒2016中国足协杯落幕】 11月27日，燕京啤酒2016中国足协杯落幕。燕京啤酒股份有限公司总经理赵晓东、副总经理谢广军出席燕京啤酒2016年中国足协杯颁奖仪式。赵晓东总经理为获得冠军的广州恒大队和获得“黑马奖”的天津权健队颁奖，谢广军副总经理为获得公平竞赛奖的广州富力队和获得最佳球员的罗杰·马丁内斯颁奖。

（燕京啤酒集团）

顺鑫控股集团

【概况】 2016年，顺鑫控股集团在区委、区政府的坚强领导下，在区国资委的正确指导下，面对复杂的国内外经济形势和激烈的市场竞争，集团上下紧紧围绕“四·五”战略目标和年初工作部署，坚持调结构、促转型、稳增长，企业发展实现稳中提质、稳中有进。截止2016年12月底，集团资产总额达到310亿元，实现营业收入235亿元，实现利润总额8.5亿元，上缴税金19.5亿元。

单位名称：北京顺鑫控股集团有限公司
地址：北京市顺义区站前街1号院1号楼
邮编：101300
电话：（010）69427258
网址：http://www.000860.com

(顺鑫控股集团)

【年度总结表彰大会】 1月22日，顺鑫控股集团在怡生园会议中心召开党务公开暨年度工作总结表彰大会，集团三级公司副经理以上领导、总部各部室负责人、先进单位和个人代表共310人参加会议。会上，集团纪委、党群文化部、工会等部门按照各自职能作党务公开和厂务公开报告；集团党委副书记、副总经理郭舫军宣读表彰奖励通报，共表彰“三五”一诺千金奖10个、突出贡献奖3个、规模增长奖1个、优质增长奖2个、优秀管理奖29名、工作创新奖16名、营销标兵16名、先进班组51个、先进工作者108名。集团党委书记、董事长王泽总结回顾集团“三五”期间工作，对“四五”期间及二0一六年工作进行部署，围绕提高执行力、凝聚力、创新力、学习力提出要求。

(顺鑫控股集团)

【纪念建党九十五周年大会召开】6月27日，顺鑫控股集团在怡生园会议中心召开纪念建党九十五周年暨党务公开大会，集团三级公司副经理以上领导、总部各部室负责人、先进单位和个人代表共230人参加会议。会上，集团纪委、党群文化部、工会等部门按照各自职能作党务公开和厂务公开报告；集团党委副书记、副总经理郭舫军宣读表彰奖励通报，共表彰先进党支部20个、优秀党务工作者18名、优秀共产党员59名。集团党委书记、董事长王泽总结2016年上半年工作，对下半年工作作出安排部署，围绕把握思维与思路的关系、坚定发展信心、提高核心竞争力提出要求。

(顺鑫控股集团)

【安全生产隐患排查治理体系建设现场会】2016年12月9日上午，北京市安全生产隐患排查治理体系建设现场会在顺鑫控股集团有限公司鹏程食品分公司召开。共约200人参加会议。会上总结本市三年来隐患排查治理体系建设成果，交流工作经验，部署全市下一步隐患排查治理体系工作。共约200人参加会议。会上，顺鑫控股集团有限公司介绍隐患排查治理体系建设经验做法。

(顺鑫控股集团)

【党风廉政建设取得新成效】认真学习区委、区纪委和国资委关于党风廉政建设指示精神，对集团2016年党风廉政建设和反腐败工作进行部署。先后邀请市、区有关部门领导对党纪条规进行解读，举办预防职务犯罪知识讲座，百余名党员干部参观北京市反腐倡廉警示教育基地，开展顺鑫廉政文化品牌系列活动，严格落实党风廉政建设主体责任和监督责任，加强纪检监察队伍建设，推动党风廉政建设有效落实。

(顺鑫控股集团)

【四五战略开局良好】集团专门成立战略推进领导小组，先后3次召开领导小组会议，董事长带领总部相关人员逐个事业部听取宣贯情况汇报，利用下基层调研考察等时机，及时了解掌握战略实施情况，加强跟踪指导。集团总部各部室主动与各事业部做好工作对接，保证工作有序推进。各事业部及时健全组织架构，规范制度流程，确保工作高效运行。按照进程序、留痕迹、可追溯的要求，制定下发100余项制度规定，确保集团各项工作有章可循、有法可依。

(顺鑫控股集团)

【产业布局有力推进】牛栏山酒业事业部以轻资产运营模式在四川蒲江建立生产基地，鹏程食品事业部在汉中建立种猪繁育和生猪养殖产业联盟公司，建设事业部成立BIM科技公司，设立北京福通互联科技有限公司，接收北京顺正资产管理有限公司，完成顺鑫国际电子商务、创新国际物流等股权整合。农品事业部设立澳大利亚公司，在跨境电商、产品营销、优质牧场等方面作资源储备；鑫源食品事业部收购华顺源股权，涉足芽菜产业；种业事业部收购张掖市天宇种业并启动玉米种子加工基地扩建项目，布局河南市场的收购项目有序推进；环保水利事业部围绕水利一级、园林设计企业开展并购考察；地产事业部紧抓市场机遇，打造下坡屯二期中高端住宅项目；综合事业部与上海影邑合作进展顺利。

(顺鑫控股集团)

【探索实业+金融发展模式】做好财务公司筹建各项工作；实现首期15亿元产业并购基金投入运营；拓展国际贸易业务，实现贸易额80亿元；以顺鑫控股集团为主发起人设立的北京人寿保险有限公司获得保监会批筹。目前，集团融资能力显著提升，银行授信额度达370亿元。

(顺鑫控股集团)

【人才队伍建设】着眼构建专业人才和管理人才双通道培养模式，组织顺鑫控股第二期中青年干部特训班专项能力提升培训；面向全集团公开选拔30名财务专业人才，组织有针对性的财务管理知识和能力提升培训；启动"顺鑫大学"建设工作，严密组织内训师选拔培训，16人被集团聘为内训师，10人聘为准内训师。在集团总部建立以绩效考核为基础的宽带薪酬体系，推行以能力提升为导向的晋升机制和考核办法，制定2016年事业部负责人绩效考核办法，逐步建立与现代企业相匹配的人才管理体系。

(顺鑫控股集团)

【重点项目有序运行】信息化建设一期工程圆满收官，二期工程扎实推进，物流、信息流、资金流初步实现统一。牛栏山酒厂研发中心暨升级改造（一期）安全整改工程已完成罐区棚一、罐区棚二、水处理车间-勾兑工段全部室内改造施工及消防设施安装工作，二期文化创意馆工程已完成主体结构施工；鹏程生鲜精加工车间建设正在稳步推进，汉中顺鑫生猪产业园一期工程已经竣工；顺义区医院科研教学综合楼建设工程项目主体结构已封顶，顺义区委党校迁址新建项目已基本完成；顺鑫富海家园项目一期已完成验收工作。

(顺鑫控股集团)

北京大龙控股有限公司

【概况】北京大龙控股有限公司成立于2015年11月，隶属顺义区国资委，由北京市顺义大龙城乡建设开发总公司与北京天竺房地产开发公司重组整合而成，是一家具备土地一级开发资质，房地产开发、建筑工程施工总承包、园林绿化一级资质的大型国有企业。公司资产总额123亿元，员工2500名，共有所属二级企业14家，主营业务涵盖土地一级开发、房地产开发、建筑施工、绿茵园林、物业服务、资产管理、广告会展、市政工程、设备安装、房产经纪、酒店餐饮等多个领域，形成综合性产业集团。大龙秉承“宜居品质、价值典范”的商业理念，怀着成为“专注于中国新型城市化建设的城市运营商典范”的伟大愿景，担负并践行“助力区域多元化，促进城市现代化，加速城乡一体化”的历史使命，持续推行“信赖、价值、尊重、合作”的核心价值观。以新型城市化建设为已任，推行大盘开发的“幸福模式”，构筑居民“宜居、宜业、宜休闲”的城市空间，成为地方政府最信赖的房地产开发企业。

单位名称：北京大龙控股有限公司
地址：顺义区府前东街甲2号
电话：（010）69440517
邮编：101300
网址：http://www.dldc.com.cn

（企业管理科）

【政务中心项目进展顺利】3月6日，项目正式开槽动工，截止年底，主体结构已经完成4层。该项目总建筑规模约17.13万平方米，其中地上建筑规模11.45万平方米，地下建筑规模5.68万平方米，可满足本区行政审批、便民服务、公共资源交易、城市展示和电子监察五大功能板块的使用需求。

（企业管理科）

【第十四届车展外围服务保障完成】北京第十四届国际汽车展览会车展外围服务保障工作自4月17日开始至5月7日结束，共历时21天，公司先后投入800余名干部职工，进行交通管制及指引、市政设施应急抢险、车展指挥部后勤服务、公众日志愿服务。

（企业管理科）

【物业公司推进“为民、便民”工程】物业公司始终坚持“心系民生，为民办实事、解难题”。3月份起先后投入100余万元启动多项“为民、便民”工程，改善小区环境，树立大龙物业品牌。对所管理的多个小区的地面进行修复、景观绿植进行补种、娱乐文化设施进行翻新、破损窗户进行维修更换。

（企业管理科）

【物业公司确保汛期安全】在入夏、入汛等关键时间节点，5月20日、6月7日、6月20日先后3次召开3次防汛专题会议，按照防大汛、抢大险、抗大灾的要求，对所辖20个物业服务小区防汛工作进行全面详细部署。重新制定物业公司《2016年度防汛应急预案》，成立防汛应急领导小组，细化任务、明确分工、责任到人、狠抓落实。5月底前备齐应急抢险工程车3辆、发电机3台、抽水泵65台、防汛沙袋1780袋，以及大量雨具、铁锹、手电、对讲机等防汛物资，并做到专人专管、专库存放，确保“备得足、调得出、用得上”。

（企业管理科）

【北京京顺轧辊厂整体接收】年内，公司响应国资委要求就加快推进钢铁、煤炭、电力业务整合，落实“去产能、去库存、去杠杆、降成本、补短板”五大重点任务，根据区委常委会《关于北京京顺轧辊厂等四家企业重组整合实施方案的请示》的会议精神，以及国资委制定的北京京顺轧辊厂整体划转至北京大龙控股有限公司重组整合方案，对轧辊厂进行整体接收。

（企业管理科）

【天竺村定向安置房项目竣工】天竺村定向安置用房项目总用地面积为345346.7平方米，总建设用地面积为165566.7平方米，总建筑面积为430734.8平方米，其中地上住宅及配套公建面积为358924平方米（住宅建筑面积为349436.4平方米，公共配套服务设施用房为9487.6平方米），第三批1#、22—25#项目，建筑面积79031㎡，工程投资2.4亿元.由天房建筑工程公司承建，历时近4年的时间，10月完成竣工验收。至此，天竺村定向安置房项目全部竣工。

（企业管理科）

【辖区环境整治】年内，天房公司对辖区内380家企业共下达执法文书393份。其中，检查文书161份，整改文书232份，开展安全生产专项整治12次，消除安全隐患275个，修复污水井盖26个，清洗污水管道92米，修复更换DN300污水管18米。全年累计发放各类宣传资料1100余份，悬挂条幅30余条，完成了两节、两会、清明节、五一、车展等重点期间、重点时段的安全保障工作。

（企业管理科）

政务中心

北京顺义科技创新集团有限公司

【概况】2016年，科创集团公司继续按照“管理决策集中于一个运营公司，通过开发建设、科技创新、资本运营三个平台向一级开发、物业服务、建筑、新能源、新材料、新技术、股权投资、财产保险、创业基金等九个重点领域进行投资”的“139”“运营模式”的经营理念，以“转型、提质、增效”为目标，推进三个平台建设，通过整合各方资源，经济结构持续优化，公司运营呈现稳中向好的良好态势。2016年7月，集团公司相继召开中共北京顺义科技创新集团有限公司委员会第一次代表大会和第一次会员代表大会，使组织机构更加健全和完善，各项工作得到稳步发展。

单位名称：北京顺义科技创新集团有限公司

地址：北京市顺义区顺通路25号5幢

邮编：101300

电话：010—89451311　010—89451121

传真：010——89451490

网址：www.bjsykcjt.com

（科技创新集团）

【主要经济指标】2016年集团主营业务收入总额26亿元（含望泉寺公租房12.1亿元的售房收入），同比增长60.3%；所属企业账面资产总额151.44亿元；净资产82.79亿元，由于资本公积增加，净资产较去年同期增加20.14亿元，同比增长32%；负债较去年同期减少29.46亿元，资产负债率46%，同比下降了15个百分点；国有资产保值增值率133%，较好的实现国有资产保值增值。

（科创集团　陈立东）

【北京汽车生产基地下停车场正式启用】为支持北京汽车工业发展，解决北汽集团停车难得问题，经区政府协调，管委会与北汽集团双方协商，利用顺兴路东侧公园绿地修建地下停车场，建筑面积48000平方米，可提供1500个停车位，项目总投资19305.77万元。1月29日，停车场正式启用并举行揭牌仪式。

（陈立东）

【中技克美公司荣获“首都劳动奖状”】4月，科创集团所属公司——北京中技克美谐波传动有限责任公司荣获2016年“首都劳动奖状”。中技克美公司成立于1994年，是国家科技部批准的“国家谐波传动技术研究推广中心”和“谐波传动国家重点工业性试验基地”，是我国第一个专业从事谐波传动技术设计、开发、生产、销售、服务的高新技术实业公司。

（陈立东）

【科技创新集团工会成立】7月12日，北京顺义科技创新集团有限公司工会第一次会员大会隆重举行，共有100名会员代表参加。经过无记名投票，选举产生工会委员会、经费审查委员会，赵晓敬同志当选北京顺义科技创新集团有限公司工会第一届工会委员会主席，马红芙同志当选经费审查委员会主任。

（陈立东）

【第一次党员代表大会召开】7月19日，中共北京顺义科技创新集团有限公司第一次党员代表大会召开，集团各级党组织共50名党员代表出席会议。大会根据《中国共产党章程》和《中国共产党基层组织选举工作暂行条例》的规定严格按照民主程序，选举产生中共北京顺义科技创新集团有限公司第一届委员会。随后，第一届委员会召开第一次全体会议，选举产生党委书记、副书记。赵洪峰同志当选中共北京顺义科技创新集团有限公司第一届委员会书记，蒙连胜、王振同志当选副书记，赵洪峰同志代表第一届党委班子表态发言。

（科创集团　陈立东）

【科创集团丰收基金正式投入运行】8月17日，由北京顺义科技创新集团有限公司出资并参与管理的“北京丰收未来股权投资基金”取得营业执照，基金管理公司“北京丰收壹号投资管理有限公司”已完成在中国证券投资基金协会的管理人登记工作。基金规模5.1亿。作为一支政府引导基金，丰收基金将有60%投资于顺义区的相关企业和创业项目，充分发挥顺义区的政策优势、资源优势和产业导向作用，广泛吸引社会和民间资本，重点扶持创新型中小企业，形成产业集群效应，带动区域经济发展。

（陈立东）

【国家新兴创业引导基金成立】8月，临空经济核心区管委会与国投创合公司签署《战略合作框架协议》，全面深化和探讨引导基金和母基金领域合作，充分发挥国投创合公司综合优势，服务顺义区产业转型升级和经济发展。根据框架内容，双方拟联合国家发改委、财政部及社会投资人发起设立国家新兴创业引导基金，基金总规模100亿元，主要投向战略性新兴产业创业投资基金，其中60%以上投向新兴产业初创期、早中期企业。顺义区将出资10亿元参与国家新兴创业引导基金设立，并由顺义科技创新有限公司代持区政府出资。

（陈立东）

【长城华冠亮相国际节能环保汽车展览会】10月13日

至16日，顺义科创投资企业—北京长城华冠汽车科技股份有限公司携自主研发生产的前途牌汽车参加第四届中国国际节能环保汽车展览会，获得国内外同行的青睐与关注。长城华冠具有拥有自主知识产权的电池管理系统和整车控制系统，性能指标均达到国际先进水平，具有较强的市场竞争优势。10月10日，国家发改委正式批复北京长城华冠汽车科技股份有限公司全资子公司前途汽车(苏州)有限公司年产5万辆新能源乘用车项目。由自此长城华冠成为全国第三家获得新能源乘用车生产资质的企业。

（科创集团 陈立东）

【科创集团承办北京科技企业投融资路演活动】为响应2016年“全国大众创业万众创新活动周”，10月18日，由顺义区科委、顺义区金融办、科技创新产业功能区管委会、深圳证券信息有限公司主办，中国高新区科技金融信息服务平台、北京顺义科技创新集团有限公司承办的“北京科技企业投融资路演”活动在顺义科创集团举办。

（科创集团 陈立东）

【中技克美助力神州十一号与天宫二号成功对接】北京时间2016年10月17日7时30分，神舟十一号载人飞船在酒泉卫星发射中心发射成功，并于10月19日凌晨与已发射的天宫二号空间实验室实现对接。顺义科创集团所属北京中技克美谐波传动有限责任公司，经过三年技术攻关、集成创新为神舟十一号载人飞船与天宫二号空间实验室的核心关键部件提供具有世界领先技术的全固体润滑型谐波传动减速器，分别应用于温控阀及太阳帆板、陀螺框架姿态控制、电源分系统驱动机构。此次交会对接，实现我国空间对接技术的又一重大突破，标志着中国载人航天工程战略目标取得具有决定性意义的重要进展。

（科创集团 陈立东）

首安工业消防设备（北京）有限公司

【概况】首安工业消防有限公司（简称“首安”）是中国首家专业从事工业消防安全的高新技术企业，总部位于北京，在全国20多个省份及海外设有分支机构或子公司，主要技术与管理人员均拥有博士、硕士学位。首安基于自有核心技术产品、以工程总承包为主要服务形式，为钢铁冶金、电力系统、石油化工、核能核电、航空航天、数据中心、物流仓储、交通、军工、烟草、酿酒等众多领域的工业企业及特种建筑提供先进、可靠、适用的消防安全解决方案。首安自主创新的三大核心系统产品——工业火灾探测报警系统、消防安全网络化监控指挥系统、自动灭火系统获得多项国际发明专利和近百项国内发明专利；公司荣获国家企事业知识产权试点单位、北京市专利示范单位等荣誉称号。以优质高效的总包服务、广泛应用的核心产品和持续增长的突出业绩，首安连续五届蝉联“中国消防行业十大民族企业”首位。首安秉承“竞争促进发展，合作成就事业”的发展观，以“倡导安全为首，创建首强品牌”为核心理念，持续满足并不断超越客户需求，努力成为工业消防安全领域的世界领先企业。

单位名称：首安工业消防有限公司

地址：北京市国门商务区李天路22号

电话：（010）81463816

邮编：101304

网址：http://www.sureland.com/

（首安工业消防有限公司）

【研发动态】电子产品研发方面，开始新型线型感温火灾探测器的研制与认证工作；完成图像型火灾探测器、新型图象显示装置的认证工作。在灭火产品方面完成细水雾灭火装置、水雾喷头及雨淋报警阀等产品的认证工作；气体灭火系统开展新型号研制并取得认证，自动跟踪定位射流灭火系统研发工作持续进行。公司产品种类逐渐增多，应用行业、领域也进一步扩展。标准规范方面，公司作为主编单位继续组织开展国家标准《钢铁冶金企业设计防火规范》的修订工作；作为参编单位参与国家标准《火力发电厂与变电站设计防火规范》、《火灾自动报警系统施工及验收规范》的修订工作及深圳市地方标准《市政电缆隧道消防与安全防范系统设计规范》、《市政电缆隧道消防与安全防范系统施工及验收规范》的编制工作。知识产权方面，继续开展核心专利维权工作，为维护有序的市场竞争和保证企业效益起到重要作用。

（首安工业消防有限公司）

【工程业绩】2016年，首安全年新签合同额较上一年增长57%，超额完成全年经营目标。行业市场拓展方面，首安在企业发展、业务转型中不断探索，将工业消防领域的技术优势延展到民用市政领域，在市政综合管廊、大型洁净厂房、大型市政设施、轨道交通等行业领域取得重大突破与进展：成功中标兰州新区城市管廊一期消防工程、成都京东方光电科技第6代LTPS/AMOLED 生产线项目消防工程、南宁市轨道交通2号线工程火灾自动报警系统（FAS）及气体灭火系统消防项目、国家级重大科技示范工程--国核压水堆示范工程常规岛及其BOP项目消防系统工程等一

（图为国核压水堆示范工程效果图）

大批示范作用强、具有代表性的大型重点建设项目消防系统工程。此外，全年签订并实施的重点项目还包括：2016年1月，签订海阳核电厂二期工程3-4号机组消防工程合同；2月，红沿河核电5-6号机组LOT49A全厂消防专用灭火设备；4月，中标菜鸟网络「中国智能骨干网」郑州航空港实验区项目一期消防工程；6月，签订南宁会展中心二期改扩建项目消防系统合同；7月，晋能保德2*660MW超超临界低热值煤发电工程特殊消防及火灾报警系统工程、徐州观音机场二期扩建工程航站楼消防项目；8月，大唐国际陡河发电厂、天津盘山发电厂、辽宁沈抚连接带热电厂消防系统工程，燕郊现代服务产业园消防工程；10月，大唐国际张家口发电厂二期项目消防及安全监测系统、河北大唐蔚县电厂「上大压小」新建工程特殊消防总承包工程；11月，华能烟台八角电厂「上大压小」新建工程消防系统；12月,华润电力（唐山曹妃甸）有限公司全厂特殊消防系统、火灾检测报警及消防控制系统总承包工程等。

（首安工业消防有限公司）

【国际市场】2016年，首安响应国家「一带一路」顶层战略，凭借深厚的技术优势、丰富而广泛的实践经验，紧跟大型央企的国际步伐，把握市场机遇，布局国际市场，签订众多海外工程项目：巴基斯坦卡拉奇（Karach）K2/K3项目核电常规岛消防工程项目、土耳其速马（SOMA）2*255mw燃煤电站项目火灾报警及消防控制系统、印度尼西亚棉兰工业园燃煤电厂固定消防系统项目、越南升龙2*300MW火力发电厂消防系统项目、埃及赫勒万（Helwan）水泥厂煤粉制备项目消防系统、阿尔及利亚250万吨直接还原铁（DRI）项目工程消防系统、巴基斯坦国家炼油公司升级改造项目等，首安的海外业务版图扩展至南亚、东南亚、中亚、北非、东欧等众多地区。

（首安工业消防有限公司）

【经营模式变革】7月，首安公司正式启动经营管理模式变革，推进管理创新，优化组织架构及核算体系，培养全员经营意识，提升经营效率，以期最大限度地释放企业能量。

（首安工业消防有限公司）

【安全管理】首安公司通过安全生产标准化二级评审，建立安全管理制度文件及组织机构，明确并落实各级管理者的安全管理责任和岗位人员安全责任，每季度组织进行安全检查和特种培训，发现问题及时整改完善，公司安全管理制度的运行总体平稳、有效。2016年5月20日，北京市安全科学与工程学会正式成立，首安公司作为第一届理事会理事单位参加成立大会。

（首安工业消防有限公司）

【首都知识产权宣传周活动】4月，作为北京市专利示范单位、全国企事业知识产权试点单位，首安公司首次参加由北京市知识产权局、北京市顺义区人民政府主办的“走向2022知识产权与‘双创’同行”首都知识产权界徒步大会,旨在迎接4月26日第十六个世界知识产权日。公司通过向大会报送首安知识产权宣传展板的形式，对外展示公司知识产权工作的重要进展和近年成绩。

（首安工业消防有限公司）

（图为成都京东方第六代LTPS/AMOLED生产线项目）

【管理体系运行情况】首安公司实施完成管理体系年度内审和管理评审计划，并于6月上旬通过认证中心的年度审核；通过内审和管理评审及外部审核，使公司的管理体系不断的改进和完善，确保公司管理体系持续的适宜性、充分性和有效性。

（首安工业消防有限公司）

北京京粮顺兴粮油公司

【概况】2016年北京京粮顺兴粮油公司全年实现总收入18亿元，实现利润4150万元。2016年供给侧改革和京津冀一体化协同发展等给我们企业发展带来切实的影响。顺兴公司全体干部职工以“推动粮油贸易转型、探索驾驶员培训新思路、夯实粮油仓储发展根基、拓展早餐快餐经营领域、提升不动产服务品质、构建一体化内控体系”为思路，在复杂多变的市场环境下，完成年初制定的任务目标。2016年年底，按照京粮集团整体战略部署，北京京粮顺兴粮油公司与北京市西北郊粮食收储库宣布合并重组，合并重组工作将于2017年初完成。

单位名称：北京京粮顺兴粮油公司

地址：顺义区府前西街12号

电话：（010）69463196

邮编：101300

（生春丽　刘可心）

【粮油贸易】年内，京粮顺兴公司确立“以转型为中心、以盈利为核心、以客户为重心”的工作思路，进行六个方面的调整。一是调整经营结构，最大限度降低敞口库存，边购边销、以销定购的业务比例超过90%。二是调整客户结构，同冀粮集团、正大集团、诸城兴贸、海大集团、五得利集团等重点客户深度合作，在持续下行的市场环境下寻求互利共赢局面。2016年同诸城兴贸所属滨州金汇公司合作经营玉米70万吨。三是调整管理架构，成立库存管理部，坚持四部联审，强化履约追踪，有效提高经营效率。四是调整发展模式，持续推进仓储贸易一体化经营，结合储备粮规模优势拓展贸易经营，2016年参与竞价交易和轮换经营共7.8万吨。五是调整基地布局，将原有的18个库点的分散布局调整为4个库点的集中经营。六是调整风控模式。坚持“三控”和“三审”，即控制经营规模、控制资金额度、控制回款周期，审核客户资质、信誉和风险。年内，顺兴公司粮食购销总量达150多万吨，实现收入13.5亿元。

（生春丽　刘可心）

【驾驶员培训】年内，京粮顺兴公司先后投资150多万元用于基础设施建设的提升。增设便利业务，引进自助照相业务、安装自助取款机、设置手机加油站、

建立微信交流群，增强与学员、教练员的思想互动，提升亲切感。同时加强同周边高校、企业深入合作，抢占规模化市场，拓展培训服务基地。并结合宏观政策调整，适时适度调整入场练车费、考前练车费及陪练价格，增加经营收益。

（生春丽　刘可心）

【**粮油仓储**】粮油仓储是京粮顺兴公司的发展根基。截止到年底公司所属八家收储企业（不含山东巨野基地）共储粮45.32万吨（原粮43.83万吨、成品粮油1.49万吨），完成26.46万吨储备粮的出入库任务。逐步完善基础设施建设，一是投资410万元对老旧仓房和设施升级改造。二是投资25万元在所属三家粮库试运行“内环流”控温系统，在提升仓储科技质量的同时实现绿色储粮。年内推广包仓制管理，有效激发员工工作热情，以考核激励促进规范化管理。在2016年京粮集团储备粮损耗率统计通报中，顺兴公司的粮食损耗率为0.438%，居京粮集团之首。王各庄新仓仓房建设任务在年底前完成。

（生春丽　刘可心）

【**餐饮服务**】年内，众望早餐多措并举，拓展服务领域。一是提升经营品质，完成由QS认证向SC认证的升级，增强品牌价值。二是推进现代化管理，借助ERP管理系统完成流程再造和精准管控，合理降低经营成本。三是改良产品配方，采纳客户和专家意见持续提高产品质量。四是走出顺义面向更广阔市场，以小型便利店为突破口探索开放经营。五是服务大型活动，为北京国际汽车展、顺义舞彩浅山登山活动等提供保障服务，体现国有企业的责任担当。

（生春丽　刘可心）

【**不动产经营**】一是落实主体管理责任，加强日常巡查和重要时期的重点检查。二是整合自身资源，实现相邻区域内租金、租期、租约的统一。三是增强服务意识，围绕客户需求丰富经营手段提升服务质量。四是盘活存量资源，深入探讨牛栏山170亩地开发方案，最大限度挖潜不动产价值。

（生春丽　刘可心）

【**内控管理**】一是以制度建设为载体，优化内部管理流程。制定并实施《客户管理办法》《员工培训管理办法》《企业法律纠纷案件管理办法》等制度，有效防控经营风险。二是全面推进公司信息化建设进程。利用贸易信息系统、众望ERP系统实现规范管理和高效运转，利用互联网+拓展业务领域，提高企业信誉和品牌知名度。三是加大员工培训力度，完善培训管理办法。增强入职培训、岗位培训、技能培训的针对性，全面提高员工履职能力。邀请集团安保、法务专家和专业机构展开专题培训，增强员工的责任意识和使命意识。四是加强政策宣传和正面引导，确保企业重组期间员工队伍的安定稳定，实现平稳过渡和持续发展。

（生春丽　刘可心）

顺义区建筑工程公司

【**概况**】北京市顺义建筑工程公司（以下简称工程公司）是建设部批准的房屋建筑施工总承包、装饰装潢双一级资质企业，成立于1974年，是一家具有土建施工、设备安装、房地产开发、装饰装潢、混凝土生产、新型建材生产、钢结构加工安装、市政工程等综合生产能力的经营体系。工程公司辖下属11个基层单位：其中6个分公司以建筑施工为主；市政工程处以承接市政工程为主。2个厂站分别以混凝土和钢结构加工安装为主；此外，公司还拥有一家一级资质的高辉汇能装饰公司和一家金瑞房地产开发公司。

单位名称：北京市顺义建筑工程公司

地址：北京市顺义区府前东街2号

邮编：101300

电话：69443697

（建筑工程公司）

【**年内各项指标完成情况**】2016年开复工面积105万平米，其中，新开工面积38.4万平米。全年完成销售收入7.4亿元，实现利润总额1631万元，上缴税金3332万元。

（建筑工程公司）

【**板块整合重组工作稳妥推进**】2016年，建筑板块筹备组把实现企业“推进整合，品牌强企”作为年度主题，积极按照区委会议精神制定整合重组方案，经向各级主管部门征求意见后及时修改完善，由区国资委向顺义区政府提请审议《建筑板块企业整合重组实施方案》的请示。2016年11月10日，顺义区政府专题会议审议并同意《建筑板块企业整合重组实施方案》（北京市顺义区人民政府会议纪要第68号）。2016年12月30日，顺义区委常务会第45次会议审议通过区政府党组提交的《建筑板块企业整合重组实施方案》（中共北京市顺义区委常委会议纪要京顺纪要[2016]第45期）。

（建筑工程公司）

【**树立“安全为天、质量为本”意识**】在实行安全生产责任制的基础上，按照2016年新颁布的《北京市建筑施工安全生产标准化考评管理办法》，进一步完善企业安全防护、场容管理和治污降尘等措施，努力提升企业安全生产标准化管理水平。工程公司在加大对施工现场安全隐患排查频次的同时，也加大对项目隐患整改落实力度的检查，全年共计下发检查记录79份，发现问题806项，隐患整改通知单3份，重大隐患停工整改指令书6份，全年累计罚款61020元。

（建筑工程公司）

【**创新载体服务大局，增强企业文化氛围**】“二月新春”、“五四”青年节、“十月金秋”以及顺义区体育节等不同时期，建筑板块组织各种文化体育活动。年底冬闲时期，组织职工运动会，活动现场气氛活跃，受到全体职工的好评。青年节举办以“树青春榜样，筑顺建梦想”为主题的“建筑板块健康跑”活动，板块共计100余名青年团员报名参加。6月19日，组织四十余人的合唱队在国资委举办的“五月鲜花”文艺汇演中展现顺建职工的风采。在区工会组织的象棋、乒乓球比赛中，积极参赛均获得优秀组织奖，“绿港书香”全民读书活动中荣获优秀组织奖。

（建筑工程公司）

【**公司荣誉**】被中国建设企业信用方案编制委员会选入《中国建设企业信用档案》，被北京质协质量评价中心评为质量AAA级单位质量卓越单位，被北京质协信用评价中心评为信用AAA级企业，被北京质量协会评为用户满意企业。顺义建筑工程公司承建的顺义新城第7街区SY00-0007-6001、6006工程地块-西6#、西8#、西9#、西10#、西12#住宅楼工程被市优质工程评审委员会评为二0一六年度结构长城杯银质奖工程。

（建筑工程公司）

顺义区建筑工程总公司

【**概况**】北京市顺义区建筑工程总公司现有工业与民用建筑施工总承包二级资质，是一家集建筑施工、房地产开发、物业管理、机电设备安装、钢结构、装饰装潢和市政工程建设的经营实体。2016年，公司在建筑板块筹备组的领导支持下，全年完成产值1.4亿元，同比增长51%，实现销售收入2.4亿元，同比增长4%，实现利润254万元，同比增长34%，上缴税金914万元，同比增长17%，国有资产保值增值率

102%。公司被评为顺义区统计诚信企业、交通安全优秀单位等，公司承建的顺义文化中心工程被评为结构长城杯金奖、北京市绿色安全样板工地。

单位名称：北京市顺义区建筑工程总公司
（北京鲁班建筑工程公司）
地址：北京市顺义区府前东街9号鲁班大厦
电话：（010）69444802
邮编：101300

（建总）

【**市场开拓成效显著**】2016年，公司将建筑市场开拓作为首要任务，全年实现开复工面积41万平方米，同比增长95%。1、主要工程项目：顺义文化中心工程、益民药业综合楼工程、机场货运站工程，西安橡树湾工程、金隅保障房工程、双兴南区、空港街道等市政改造工程等。2、重点工程：文化中心影剧院、博物馆、文化馆、图书馆四个场馆实现封顶，进入装修阶段；益民药业综合楼、洪恩厂房等工程基本完工；高质高效开展双兴南区、空港街道等市政改造工程，按期交付使用；西安橡树湾、金隅保障房等工程年底前完成基础施工。

（建总）

【**施工管理安全有序**】一是加强制度建设，认真落实安全生产责任制。根据建筑行业法律法规要求，结合企业实际，健全完善《公司隐患排查管理制度》《标准化考评管理制度》《项目部标准化考核管理制度》等，深入推进施工现场安全生产标准化管理。制定实施《领导包点制度》，公司领导干部及机关科室按照分工，进一步加强所包下属单位的安全生产工作。认真落实安全生产责任制，总公司、分公司和项目部层层分解落实责任，确保人员、设备时刻保持安全状态。二是按照安全生产标准化管理要求，进一步加大投入，加强管理，不断完善施工现场围挡、安全防护和治污降尘等措施，为绿色安全施工创造条件。同时，加强安全教育，使各级、各岗人员牢固树立安全意识，为企业安全生产奠定坚实基础。三是加强施工管理监督检查。深入开展施工联检和日常检查，全面排查质量、安全和劳务管理等方面的隐患，整改存在问题。同时，按照区建委、国资委和建筑板块工作安排，认真开展春季、冬季消防安全专项隐患排查、雨季防汛工作检查、夏季食品安全检查等，全面排查消除隐患，确保全年不发生各类事故，保障企业安全稳定发展。

（建总）

【**创建精品工程**】2016年，公司倡导创新创优，引入新技术、新材料，用科学先进的施工工艺、方法指导工程施工建设。在公司承建的区重点工程-文化中心项目施工中，全面引入BIM技术，建立起工程施工模拟分析平台。在BIM技术的实践应用中，通过构建可视化的工程数据模型，实施碰撞检查、模拟施工等方法，指导项目部合理制定施工计划，有效防范施工风险，节约成本，并提升施工的速度和精度。工程先后被评为北京市结构长城杯、绿色安全样板工地，多次接受市有关部门和区领导的视察，获得好评，取得良好的经济和社会效益。

（建总）

【**加强经营管理**】一是加强合同管理，有效把控风险，提升源头效益。首先，从合同洽谈就牢固树立效益意识，科学进行成本测算、履约分析和风险预判。按照《劳务（专业）分包招标及合同管理结算支付管理办法》，严格履行工作程序，选用资质信誉好、业务和管理规范的劳务（专业）分包队伍参与施工，保障工程施工高效开展。二是加强材料管理，提升成本控制水平。按照《材料设备管理规定》健全公司、分公司和项目部的材料管理机构。科学制定采购计划。提升周转材料的利用效率，节约成本。发挥“财务、供应链管理系统”的作用。进一步完善系统的材料管理模块，实现对材料入库、消耗和库存等情况的动态实时管理，为工程项目核算提供科学、客观的依据，持续改进管理措施，促进经济效益不断提升。

（建总）

【人才队伍建设】一是以公司发展需求为导向，引导职工科学合理地制定职业生涯规划，培养符合公司发展需要的土建、市政、水电等持证人员，鼓励职工报考职称、执业资格，鼓励一人多证、人尽其材，做到职工与企业共同发展。2016年，公司共有39人参加建造师、工程师等专业技术等级考试。目前公司共有建造师54人，中级以上职称人员109人。二是加强职工教育培训。科学制定培训计划，通过内培、外培等形式，深入开展行业法规、新技术新工艺等专业知识培训。公司按照年初制定的培训计划及工作中的培训需求，共培训3567余人次。三是以“两学一做”活动为契机，对党员干部职工进行党性党风党纪教育。

（建总）

北京顺义建筑企业集团公司

【概况】北京顺义建筑企业集团公司成立于1989年7月，是以建筑施工为主业，集设备安装、装饰装潢、建材、设备租赁、市政工程、钢结构等于一体，具有综合生产能力的国家一级建筑施工企业。公司下设22个建筑公司和装饰公司、水泥构件厂等24家实体企业。年内新签合同总额4.7亿元， 全年完成开复工面积48万平方米，完成产值4.5亿元，完成销售收入5.2亿元，上缴税金1560万元，实现利润262万元。

单位名称：北京顺义建筑企业集团公司

地址：顺义区五里仓小区商业服务楼2号

电话：(010)69442275

邮编：101300

(陈胜云)

【全面深化改革，促进企业发展】年内，公司全面进行企业管理制度机制改革，实行签订经营管理目标责任书；建立领导干部基层联系点制度；实施职称和关键岗位证书发放津贴补助；加大企业安全质量环保管理奖罚力度；注重依法治企，增设法务部；着力解决企业职工当好主人翁、增加获得感途径，促进企业健康持续发展。

（吴生）

【增设法务部】1月公司增设法务部并明确法务部职责。法务部以保证公司依法经营为根本任务，以维护公司合法权益为根本目的，通过对广大干部职工进行系统的法律法规学习宣传、规范合同管理、建立健全规章制度，有效降低企业法律风险和纠纷处理成本。

（张俊奎）

【立足北京、开拓外埠】公司实施“立足北京、开拓外埠”的经营发展战略，年内共承接河北、浙江、重庆等省市4项外埠建安工程，工程总造价为1.28亿元，占全年实际完成产值的28%，为拓展企业生存发展空间进行有益的尝试。

（吴生）

【保定展馆工程】工程位于河北省保定市，建设单位为河北华夏幸福基业股份有限公司，建筑面积12000㎡，层高6m、8m，建筑高度22.3m，本工程跨度大，其中层高8m，按专家论证专项方案要求完成高支模板的施工，完成跨度27m、重量80吨的屋顶钢桁架吊装及安装。由华夏幸福委托的第三方（沈阳市工程监理咨询有限公司）对其所有在施工程质量安全的三次检查评估中，本工程取得两次第一名、一次第二名的成绩。

（杜鑫）

【东方嘉禾建筑五金国际产业园工程】工程位于顺义区李桥镇，建设单位为北京东方嘉禾建筑材料有限公司，总建筑面积：138718㎡，地下二层，地上十一层，地下建筑面积35852㎡。圆满完成位于十层和十一层钢结构连廊整体吊装及安装作业，连廊跨度41m，总重量272吨。工程荣获2016年度北京市结构长城杯银质奖。

（杜鑫）

【安全管理】年内，公司重点加强安全生产责任制、绩效考核、施工现场管理三个方面的工作。一是制定完善实施安全生产责任制，实行领导带头，层层签订安全生产责任制，进一步明确权责划分，为确保生产安全奠定基础。二是制定《安全生产月度奖评发办法》，对各级管理人员责任制度落实情况每月进行绩效考核，根据考核成绩进行奖惩。三是修订《施工现场安全生产违章处罚办法》，加大对施工现场的检查力度，对检查发现的隐患及时提出整改意见，对相关责任人实行经济处罚。

（许英伟）

北京顺义建设投资服务有限公司

【概况】根据《中共北京市顺义区委专题会议纪要》（京顺专纪要〔2014〕第11期），2015年9月30日区政府常务会议议定事项及区委、区政府相关会议精神，和区委区政府的决策指示，通过整合重组区住建委、区市政市容委、区规划分局所属的部分建设投资服务类企业和原北京鑫浩投资中心，成立北京顺义建设投资服务有限公司（以下简称“顺建投公司”）。顺建投公司自2015年下半年开始筹建，于2016年1月正式挂牌成立，注册资本1亿元，子公司13家。

单位名称：北京顺义建设投资服务有限公司

公司地址：北京顺义仁和顺通路西侧商业服务楼2号

电话：（010）69440200

邮编：101300

（顺建投）

【有序划转】按照区政府常务会通过的整合方案，目前已经完成行政划转10家、共计835人，包括鑫浩投资中心、2家招标代理、2家工程监理、市政设计所、质量检测所、房屋测绘所、鑫科工程咨询、鑫新拍卖。规划委所属勘察、设计、地基处理3家正在协调划转中。

（顺建投）

【五大业务板块】顺建投公司下设五大业务板块：即依托北京鑫浩投资中心，组建投融资板块；依托北京市顺政市政设计所、住建委测绘所、规划建筑设计所、规划工程勘察所，组建勘察设计板块；依托北京鑫新拍卖有限责任公司、北京鑫中招标代理有限公司、北京天仪建设工程质量检测所、北京招竣建设工程咨询有限公司组建代理服务板块；依托北京鑫科工程管理咨询有限公司组建项目管理（代建）板块；依托北京顺政通工程监理有限公司、北京市顺金盛建设工程监理有限责任公司，组建工程监理板块。实现集投融资服务、投资咨询、投资代建（项目管理）、工程监理、代理服务、市政及工程建设投资设计为一体的投资建设服务集团公司。

（顺建投）

【鑫浩投资中心】北京鑫浩投资中心是一家以投融资为主要业务的公司制企业。公司成立于2001年7月，注册资本2.6亿元。自成立以来，北京鑫浩投资中心以“经营城市、建设家园”为基本理念，立足于基础设施建设。主要项目有奥林匹克水上公园建设项目（8000万），北京国际鲜花港市政工程项目（1.8亿）等。

（顺建投）

【鑫科工程管理咨询有限公司】北京鑫科工程管理咨询有限公司是一家具有工程咨询资质的代建型服务企业,业务范围涉及项目建议书编制、可行性研究报告编制、项目申请报告、资金申请报告，工程管理咨询、投资咨询等工程项目全过程管理服务。公司成立以来一直服务于顺义区房建、市政等重点工程项目建设。

（顺建投）

【顺政市政设计所】北京市顺政市政设计所主要承担市政给水、排水、燃气、热力、道路等市政工程的综合性设计工作。先后完成空港工业区、林河工业区、天竺出口加工区、空港物流园、花博会、国门商务区等土地一级开发市政配套工程的设计。完成的住宅小区设计项目主要有万科四季花城、金汉绿港家园、现代花园、裕龙花园、怡馨家园、首创赵全营回迁安置房等市政配套工程。

（顺建投）

【招竣建设工程咨询公司】北京招竣建设工程咨询公司是一家具有招标代理、造价咨询等多项甲级资质的公司。主要业务涉及各类土木工程、建筑工程、线路管道和设备安装工程及装修工程项目勘察、设计、施工、监理以及与工程建设有关的重要设备、材料采购等方面的招标代理工作。

（顺建投）

顺建投鑫浩投资公司项目成果---2009年北京国际鲜花港市政工程项目

顺建投鑫浩投资公司项目成果---2007年AAAA级奥林匹克水上公园建设项目

【鑫中招标代理有限公司】北京鑫中招标代理有限公司主要业务为工程招标及政府采购招标代理业务，是中国招标投标协会会员单位。目前拥有工程招标代理甲级、政府采购工程招标代理甲级、货物和服务招标代理甲级资质。经营范围是建筑招投标代理、建筑工程项目管理。

（顺建投）

【顺金盛建设工程监理有限责任公司】北京顺金盛建设工程监理有限责任公司主要从事相应类别建设工程的工程监理、项目管理、技术咨询等业务，拥有房屋建筑工程监理甲级，市政公用工程监理、水利水电工程监理等多项甲级资质。公司为北京市建设监理协会理事单位、北京市民防协会会员单位。

（顺建投）

【顺政通工程监理有限公司】北京顺政通工程监理有限公司是以房屋建筑工程、市政公用工程监理为主营业务的工程监理公司。具有房屋建筑工程、市政公用工程、公路工程甲级监理资质。主要从事市政基础设施、工民建等专业项目或其他专业领域的工程监理。主要项目有顺义区府前街道路改造工程道路全长约4000米，北京曲美家具集团有限公司东区生产基地项目。杨镇一中教师宿舍楼工程。北京顺义区污水处理厂。

（顺建投）

【天仪建设工程质量检测所】北京天仪建设工程质量检测所是一家以建筑材料检测为主营业务的公司，具有北京市监督总站检测管理室认定的一级试验室资格。2015年10月通过北京市质量技术监督局的计量认证。北京天仪建设工程质量检测所拥有各种先进的检测仪器设备380多台（套），所有在用设备检定合格率为100%。

（顺建投）

【住房和城乡建设委员会测绘所】北京市顺义区住房和城乡建设委员会测绘所是以房产测绘、地籍测绘、计算机数字化成图为主营业务的公司。公司拥有先进的GPS卫星定位系统、全站仪10余台，测绘成果精度高、质量好。

（顺建投）

【鑫新国际拍卖有限责任公司】北京鑫新国际拍卖有限责任公司是中国拍卖行业协会AA级拍卖企业，中国拍卖行业协会理事单位。具有北京产权交易所经纪人、北京金融资产交易所拍卖会员等资格，是北京市高级人民法院、北京海关等人围拍卖机构。拍卖业务范围主要包括法院、海关等的诉讼及罚没资产；银行等金融系统的不良资产；有关国家机关委托的罚没物品；各种国家允许流通的有形资产、无形资产的咨询、展示、鉴定、拍卖等服务。

（顺建投）

【2016年主要经济指标】2016年，顺建投公司招标代理承接政府投资项目160余个，合同产值约38亿元，占全区市场份额的近60%；中标监理项目67个，涉及监理费用1.2亿元，占全区市场份额约51.6%；市政设计、质量检测和房屋测绘分别完成2162万元、1100万元和476万元合同产值。与此同时，外来投资市场占有率也得到有效巩固和拓展。

（顺建投）

【党组织架构设置完成】5月11日，公司组建成立9个支部委员会，实现各子公司党支部的全覆盖。各党支部经过党员大会选举产生党支部书记和支部书记和支部委员，顺建投公司现有正式党员94名。

（顺建投）

【党费补缴情况】12月2日顺建投公司根据《关于中国共产党党费收缴、使用和管理的规定》开展党费补缴工作，全体党员干部，补缴党费共242376.24元。

（顺建投）

【企业规范管理】顺建投公司认真落实各级关于加快推进国有企业改革重组的一系列指示要求，以《公司法》为依据，加快公司现代企业法人治理结构的建立完善。先后选举成立公司党委，董事会、监事会、经理层等治理经营班子，设立综合办公室、人力资源部、市场部、企管部、财务部、党群工作部、纪检监察（审计）部等部室，先后研究制定各层次议事规则、日常管理、财务、薪酬、绩效考核、安全等一系列规范企业依法依规正常运营的制度体系。

（顺建投）

【人才储备】顺建投公司先后分流安置住建委无编制人员79人，确保划转过程中员工思想的高度稳定。上半年围绕提升中层干部政策法规水平和现代企业治理能力、专业技术人员提升专业技术水平、新招聘员工增强适应岗位能力等方面，分门别类地开展各类培训30余次，培训员工1000余人次，有效提升全体员工的素质水平。人力部拓宽招聘渠道，进行校园招聘，与专业性猎头公司和职业中介机构合作，为公司引进吸纳专业素质高、可培养性强、有发展潜力的人才，为公司发展提供人才支持和业务支持，不断增强企业核心竞争力。

（顺建投）

【构建市场营销体系】顺建投公司抽调业务骨干，组成以工程全过程管理为龙头的营销体系，与镇政府，委办局，经济功能区签订服务框架协议，探索政府投资项目的全过程管理，实现“质量、安全、工期、功能、成本”五统一。有效降低行政运营成本，减少政府在建设工程管理和协调方面的工作量，发挥规模优势，增加质量管控环节，促进项目尽快落地，按期竣工。

（顺建投）

【开启镇企合作新模式】2016年，顺建投公司于分别与李遂镇、李桥镇、龙湾屯镇、张镇、赵全营镇、天竺镇、杨镇、北务镇、北石槽镇等多镇政府签订《服务合作框架协议》。标志着建设项目镇企合作新模式的开启。顺建投利用企业自身的专业优势，以镇域发展需求为导向，根据各镇发展规划、区位特征和要素禀赋，为各镇提供不同层次的服务。

（顺建投）

【与西峡县瓦房店村结成帮扶对子】顺建投公司支援河南省西峡县瓦房店村，挖掘山区资源，引领村民致富。与村两委班子进一步沟通，深入挖掘特色和自然风光，立足现有资源优势帮助理清发展思路，共同探讨脱贫致富的路子，引导村民致富增收。

（顺建投）

北京顺义新城发展有限公司

【概况】北京顺义新城发展有限公司（以下简称“顺义城发”，原名为：北京顺义新城地产开发有限公司）成立于2007年7月2日，属于区政府成立的国有独资企业，公司注册资金10000万元。顺义城发与原北京市顺义区新城建设管理委员会（现更名为“北京市顺义区新城建设管理委员会办公室”）合署办公，2015年11月，根据《中共北京市顺义区委办公室北京市顺义区人民政府办公室关于理顺顺义新城建设管理体制的意见》（京顺办发〔2015〕19号）要求，公司正式进行自主经营，归属区国资委监管。按照政企分开的原则，公司按照完全的法人治理结构规范公司运营，并作为城市开发建设运营综合服务商和城投代表人，代表政府进行城市综合开发的组织、统筹和管理，承担城市开发、基础设施和公益性项目建设的组织职能，打造成为专业的城市投资建设平台。2016年，公司在区委、区政府的领导及区国资委的监管下，围绕打造新型城投公司的主要职能，切实做好理顺公司业务，找准公司职能定位，促进转型升级等相关工作。

单位名称：北京顺义新城发展有限公司

地址：顺义区军杜路6号

电话：（010）60416915

邮编：101300

（顺义城发）

【公司更名】结合公司职能定位，公司于年内12月底前完成名称变更工作，取得北京市工商行政管理局顺义分局关于名称变更的通知书，正式更名为：北京顺义新城发展有限公司，简称：顺义城发。

（顺义城发）

【企业经营指标稳定向好】2016年公司全年营业收入106938万元，利润总额385万元，上缴税金6446万元。相比去年全年公司无收入、且亏损492万元，2016年公司在营业收入、利润总额、上缴税金三项经济指标上均有大幅提高。

（顺义城发）

【稳步推进土地一级开发工作】一是顺义新城马坡组团4号地东（13-0806、13-0807地块）、10号地北（10-06部分地块）及11号地（顺义新城特色居住区）项目均正在进行地块控规手续的办理，顺义新城马坡组团10号地（顺义新城城市公共区）和12号地（顺义新城风情小镇）项目均正在办理征地结案。二是胡各庄A、C地块（居住用地），A地块已上市、C地块已完成建设用地钉桩、市政咨询方案和考古、水评手续的办理工作。三是，顺义区国际鲜花港土地一级开发项目（多功能用地）已完成考古手续和水评手续的办理，等待成本审计上会，并已上报二级规划条件协调会相关材料，同时该地块已经基本具备入市条件。

（顺义城发）

【推动马坡组团基础设施建设】公司加快北京银行顺义科技研发中心外电源工程电力隧道建设，推动马坡组团的供电设施建设，缓解该地区随经济发展而带来的用电紧张问题。该工程起点为右堤路与白马路交汇处现状电力隧道，终点为郝家疃110KV变电站向北现状隧道井，隧道全长2913米，于2016年5月1日正式开工建设。

（顺义城发）

【有轨电车T2线】年内，公司以PPP方式（即Public-Private Partnership政府和社会资本合作，参与公共基础设施的建设）加快推进顺义区有轨电车项目前期工作，并在该项目中承担政府出资人的角色，代表区政府与社会资本共同成立PPP项目公司，具体负责项目的建设实施。截止到12月底，项目就T2线路沿线周边涉及拆迁的部分与各属地政府及相关委、办、局进行沟通协调确定路由规划。

（顺义城发）

【探索城市开发的有效路径】公司推进“京沈客专”顺义西站土地一体化开发及棚户区改造项目前期工作。7月，公司与通号创新投资有限公司签订合作框架协议，并初步确定合作思路，同时委托北京市城市规划设计研究院作交通一体化咨询研究，委托北京华信房地产评估有限公司作综合开发咨询研究，并均已完成初步研究成果。年内，公司针对“京沈客专”顺义西站一体化综合开发（高丽营村棚改）城镇规划和土地利用规划形成调研报告。

（顺义城发）

2016年7月14日与天竺空港经济开发公司签约战略合作框架协议

【推进区级重点工程项目建设】站前北街延长线建设工作被列入区内重点工程项目，公司按照区政府要求在2016年9月完成马坡组团11号地内郭辉鱼池的腾退工作,地上物及房屋附属物已拆除完毕，并持续推进办理涉及村委会的树木砍伐移栽手续。

（顺义城发）

【承办顺义区新城建设推介会】7月21日在北京市中家鑫园温泉酒店成功举办"北京·顺义城市建设重点项目推介会"，此次推介会是由顺义区人民政府主办，公司与顺义区住房和城乡建设委员会承办。旨在推介顺义区"十三五"时期重大基础设施建设项目、顺义区"十三五"时期棚户区改造和环境整治项目、顺义区"十三五"时期土地储备开发项目及新国展二期、三期发展规划。

（顺义城发）

北京天竺空港经济开发公司

【概况】北京天竺空港经济开发公司（简称"空港开发"）于2014年10月15日由北京天竺空港工业开发公司、北京空港物流基地开发有限公司、北京国门空港经济技术开发中心三家公司整合而成。业务领域涵盖土地开发、市政建设、物业服务、进出口贸易、园林绿化、再生资源、资产运营、智慧园区、跨境电商等多行业。作为顺义区第一家整合的综合性国有企业，空港开发承担着北京临空经济核心区178平方公里范围内土地开发建设和企业生态环境培育的重要职能，是临空服务板块建设的重要力量。公司自成立以来，按照区委区政府加快推进产业转型升级的指导思想，稳步推动改革，逐步完成资产整合划转和人力资源管理优化，现代企业管理制度初步建成。随着公司改革的深入，公司重点发展金融投资、资产运营、再生资源、智慧物业等新兴业务，逐步形成传统主业稳固发展、新兴产业多点支撑的多元化产业经营模式。

单位名称：北京天竺空港经济开发公司
地　址：北京市顺义区天柱路28号
电　话: (010)60497500
邮　编：101312
网　址： http://www.baedc.cn

（空港开发）

【法人治理结构逐步完善】年内，空港开发按照区政府、区国资委的相关指示，构建规范、高效、负责的"三会一层"法人治理结构，确保公司运营及决策更加科学合理。于9月2日召开所属公司空港股份第六届董事会第一次会议和第六届监事会第一次会议，完成董事会人员选举和高级管理人员的聘任以及监事会主席的换届选举工作。

（空港开发）

【公司组织架构持续优化】年内，空港开发秉承“优化资源、精简高效”的理念，从高向低逐层次梳理企业组织架构，撤销、合并一些与生产经营关系不大、职能交叉重叠的部室，并于5月19日，设立5个更适应现代企业管理的部室，确保公司职能部门权限明晰、运行规范、责任到位。

（空港开发）

【创新人才选用机制】年内，空港开发通过导入市场化的用人选人机制，建立健全公司中层管理人员的竞聘上岗制度，顺利完成新设立科室及所属公司负责人等15个岗位的竞聘工作。

（空港开发）

【业务整合重组】年内，为避免机关公司与所属公司间的同业无序竞争、重复经营，空港开发通过剥离不良资产及成本效益不匹配的业务等方式对所属公司业务进行合并或衔接，有效处置公司内部低效无效的资产，逐步推进业务重组，使优势集中，劣势退出，形成合力，适时多层次对接资本市场。

（空港开发）

【绩效考核机制】年内，秉承“以考见成果、以奖促发展、以惩督敬业”的考核原则，空港开发构建合理的薪酬奖惩体系。于10月19日上午，通过《北京天竺空港经济开发公司所属企业绩效考核办法》，与16家所属企业签订考核责任书，以市场化的形式去考核去评价各个企业的运营情况，真正做到用经济数据激发创业干事的积极性。

（空港开发）

【捐款捐物献爱心】年内，空港开发共捐款金额51960元、分类打包棉衣棉被等衣物780余件，已将全部款物交到相关部门。

（空港开发）

【土地一级开发】年内，启动土地一级开发地块6宗，规划建设用地面积643.45亩，建筑规模90.83万平方米。其中原国门6012地块于1月27日，经过现场168轮激烈角逐，被当代置业旗下的深耕拓展投资(北京)有限公司以18.75亿元摘得，溢价率高达152%，超出起始价11.32亿元。

(空港开发)

【土地二级开发】空港开发坚持重点项目建设与新项目挖掘两手同时抓，有序推进大孙各庄地块数码特区项目、南法信诺丁山项目、MAX空港研发创新园A区、B区项目等开发建设；完成口岸物流服务中心项目，并于与综保区开发公司交接顺利交接。

(空港开发)

【投资业务】年内，组建投资公司，探索产融一体运营模式。以子公司北京临空兴融投资有限公司作为投资平台，通过股权投资，充分发挥母公司现有资源优势。

（空港开发）

【居家养老业务】年内，通过市场调研、实地考察，充分发挥自身服务优势，空港开发所属物业集团成立“七彩生活居家养老服务中心”，旨在采取“互联网+”的经营模式，线上搜集整合养老资源，线下运作经营养老服务产业。

（空港开发）

【再生能源市场开拓】年内，空港开发依托所属公司北京越洋永杰再生资源科技有限公司与北京空港天晟物资回收有限公司，开拓顺义区内再生资源市场，成立“顺义区再生资源回收与利用协会”推出再生资源社区回收、党政机关回收、企业回收、学校回收等模式。

（空港开发）

8.30空港经济开发公司开展消防演练活动

商 业

商业

【概况】2016年是“十三五”时期的开局之年，顺义区商务委在区委、区政府的正确领导下，加强顶层设计和规划引领，加快发展新型商业业态，完成《顺义区“十三五”时期商业服务业发展规划》编制工作，努力推动全区经济发展及产业结构调整，北京东北部商业中心地位得到进一步凸显。全年实现社会消费品零售额 443亿元，同比增长8.1%，增幅高于全市1.6个百分点。本区零售总额绝对值在全市排名第六位，居城市发展新区首位。完成实际利用外资6.93亿美元，全市排名第四；完成进出口总额155.47亿美元，全市排名第五。

单位名称：北京市顺义区商务委会
地址：顺义区站前东街顺鑫国际商务中心10层
邮编：101300
电话：（010）69446407
网址：http://www.bjsys.gov.cn/

（商务委）

4月23日，区长指导北京国际车展现场服务保障工作

【商业服务业发展顶层设计】以业态创新为主线，以保障民生为基础，推动商业服务业与互联网深度融合发展，完成《顺义区商业服务业“十三五”时期发展课题研究》、《顺义区“十三五”时期商业服务业发展规划》编制工作，为顺义商业服务业发展指明方向。

（商务委）

【大力发展电子商务产业】落实《顺义区促进电子商务产业发展办法》，年内，商务委分两批进行项目征集，最终经过评审项目共计4个，为企业争取资金680万元；3月3日，成立顺义区电子商务协会，并于7月7日－8日，在本区举办“2016北京跨境电商行业发展研讨会”；4月11日，顺义区政府与中国电商务委在“世界电子商务大会”上正式签署战略合作框架协议，双方议定在临空经济核心区共同打造“中国电子商务示范基地”；11月，完成《顺义区“十三五”时期电子商务产业发展规划》编制工作。

（商务委）

【参展第四届京交会（电子商务大会）】以“国际航空中心核心区，电子商务融合聚集地”为主题参加第四届京交会（电子商务大会）展览展示，打造品味独特、特色鲜明的电子商务展区，彰显本区电子商务产业发展的优势。

（商务委）

【抓重点,推动重点商业项目、重点工程进度】一是加快空港城组团、马坡组团及各镇中心区商业设施建设。截止目前，天竺万达城市综合体项目正在开展交评和水评等相关工作。二是澳金园项目已经完成主体工程；顺鑫寰宇中心项目已经完成内部装修工作，正在招商过程中；后沙峪沃尔玛（山姆店）主体已经封顶。

（商务委）

【大力推进促消费工作】一是除原有节假日促销、啤酒节同庆活动外，于9月30日组织区内三十余家规模较大的百货、家居建材、汽车销售、餐饮企业启动顺义区金秋购物季，统一印制宣传品发布各企业促消费活动内容，推动企业间的异业合作，十月当月零售额增幅达到9.9%。二是组织商业企业进行2017年度节能家电补贴销售企业申报工作，全区节能减排商品销售企业8家，涉及15个销售网点，居然之家、家电商城等企业家电销售同比实现两位数增长。

（商务委）

【全区生活性服务业品质提升工作启动】一是制定出台《顺义区提高生活性服务业品质行动计划》，同时起草完成《顺义区生活性服务业品质提升专项资金使用和管理办法》。二是全年新建或规范八类生活性服务业连锁网点107个，连锁化率从18.5%提高到23%，社区覆盖率达到75%以上。三是组织区内生活性服务企业参与市级重点工作。

（商务委）

【早餐示范工程项目推进】完成庆丰、众望两个主食加工配送中心升级改造工作，全区新增或改造连锁化早餐网点8个。协调10家便利店搭载众望早餐，进一步提升早餐环境和食品安全水平。

（商务委）

【商务金融行业不断发展】与相关部门配合协办北京市融资租赁行业年会、首届商业保理总裁圆桌论坛等活动，新批商业保理公司2家。完成19家典当企业、2家典当分支机构、11家拍卖企业的年审工作，完成13家次典当及拍卖企业新设立或变更初审。

（商务委）

【积极争取市级商发资金】有效落实《市商务委关于2016年度商业流通企业发展项目申报的通知》精神，先后为聚优澳品、华新凯业等10余家商业流通企业争取市级资金1860万元

（商务委）

【推进社区蔬菜网点布局】做好新建小区菜市场移交工作，发展以公司化、连锁化经营为基础，实行“五统一”经营模式：即统一管理、统一采购、统一配送、统一标准、统一品牌。同时以社区便民菜店为载体，突出“零距离、云服务”的理念，推动行业跨界融合、服务功能搭载，实现便利店、早餐、蔬菜零售、洗染、美容美发、家政服务、代收代缴、再生资源回收等8项基本便民服务功能全覆盖，激发线上线下消费潜力，发展网上订货、实体配送、“网订店取”服务模式，切实满足居民对一站式、综合化、体验性服务功能的需求。目前移交去本委便民菜店12家，已经开业经营5家。

（商务委）

【推动商品交易市场转型升级】12月28日，出台《关于加快推进商品交易市场调整提升工作的意见》（顺政办发〔2016〕46号）文件，为下一步开展市场转型升级工作奠定基础。

（商务委）

【新国展42场展会属地服务保障工作】根据《顺义区加强新国展会展活动服务保障工作实施方案》要求，按照“N+1”工作机制，全面统筹协调相关部门与新国展周边企业及市民，实现展会属地服务保障工作无缝对接，完成42场展会属地服务保障工作任务，展览面积达605万平米，观众数300万人次。

（商务委）

【2016国际车展展会属地服务保障工作】在区委、区政府的领导下，协调顺义区各服务保障专项工作组提前部署保障措施，确保合理调配保障资源、合理安排筹划时间，为展会提供高效、细致、专业、全面的“一站式”服务，完成2016北京国际车展属地服务保障工作本届车展展出总面积达到22万平方米，吸引来自14个国家和地区的1600多家参展商。车展自4月25日开幕，10天展期共计接待展商、新闻媒体工作人员及各类观众81.5万人，来自国内外的新闻媒体4000家，记者1.3万余人，其中海外媒体记者1100余人。全区31个部门4000余名工作人员参与保障工作。

（商务委）

【发挥枢纽型社会组织协调作用】社会组织开展的主要活动情况：一是搭建综合展示平台，充分展示行业风采。分别组织开展顺义区婚庆摄影服务文化节、绿色健康美食节、老年博览会、“老味道”传统美食节等4个大型综合展示活动。二是组织举办职业技能大赛，促进行业技术水平有效提升。商务系统共组织参加中式烹调师、摄影师、家政服务员3个项目的竞赛，共计405名选手参加初赛阶段的竞赛，创历届参赛选手之最。三是组织开展公益行活动。“弘扬敬老、心暖重阳”为老公益活动，共组织500余名志愿者参加。

（商务委）

【商品交易市场规范整顿】2016年，清退中絮棉纺厂便民过度早市365户，疏解800人（外来680）；清退南彩农贸市场208户，疏解378人（外来265）；清退顺欣意农贸市场80户，疏解200人（外来169人）；清理全区农贸市场超范围经营摊位899个，疏解人口1672人（外来1323人）；清理全区再生资源回收无照网点328家，疏解人口696人（外来656人），以上共计疏解人口3746人（外来3093人）。

（商务委）

【为商务领域安全发展保驾护航】召开“2016年安全生产工作会”，与139家规模以上商业零售、餐饮企业签订安全生产责任书。采取巡查、抽查等方式对食盐、成品油、典当、零售促销、再生资源、家电维修、酒类流通、报废汽车、美容美发、洗浴等多领域商务系统进行执法检查工作。2016年共培训企业人员700余人次，开展商业企业应急演练4次，开展联合执法检查24次、出动人员372人次，日常检查976家次、出动人员1988人次，整改安全隐患518余处、立即整

改468余处、开具检查记录862份，简易处罚案件135件、一般处罚案件2件、罚款10000元，开展安全生产大检查、安全生产大检查回头看、“消隐、拆违、打非”百日专项活动等专项工作22项，上报各类工作信息42篇，下发各类通知信息4500条。2016年全面实施送安工程活动，创建三级标准化企业48家，二级标准化企业2家，对2010年以前开业的企业开展安全生产风险评估工作共计27家。

（商务委）

【社会粮油供需平衡调查工作完成】进一步掌握区内粮食生产、消费、流通和库存情况，提高粮油市场保供稳价能力。共调查全区转化用粮企业6家，其中国有企业2家，非国有企业4家，餐饮企业和食堂40家，抽样调查记账城镇居民住户55户，乡村农民住户70户，发放台账714页。

（商务委）

【2016年度粮食安全区长责任制考核工作完成】2016年国务院首次开展粮食安全省长责任制考核。粮食安全工作领导小组43家成员单位密切配合，通力协作，适时召开专题会议共同研究部署本区粮食安全考核工作，出台《实施意见》，经区人民政府审议通过并印发实施《关于落实粮食安全区长责任制的实施意见》对相关部门的职责、工作进行划分。报送考核材料42本，共18144页。完成2016年度粮食安全区长责任制考核工作。

（商务委）

对外经贸

【成功创建北京市服务业扩大开放综合试点示范区】本区研究创建北京市服务业扩大开放综合试点示范区工作。3月6日，本区正式将创建示范区的《请示》和《实施方案》上报市政府。5月5日，市服务业扩大开放综合试点工作领导小组第二次会议正式批准顺义区成为北京市服务业扩大开放综合试点示范区。

（商务委）

【提升试点示范区影响力】加大政策宣传推介，在5月31日“北京市知名企业顺义行”活动、6月1日“第四届京交会北京日”、9月8日“第十九届中国国际投资贸易洽谈会”和11月4日“北京市服务业扩大开放新机遇暨京交会推介会”等活动中，对示范区相关政策进行宣传推介和解读。7月22日，本区举行北京市服务业扩大开放综合试点示范区发布推介暨揭牌活动。中国航空器材进出口有限责任公司航材共享、国家新兴产业创业投资引导基金、北京珠宝玉石交易中心、北京青丘万乘影视文化有限公司等四个项目进行签约。邀请北京电视台、《北京日报》、《京华时报》等20余家国家级、市级媒体到场，对示范区的创建、试点政策的推进情况进行报道，相关报道共372篇。11月初，选调全区41名人员参加在浙江大学举办的现代服务业发展专题研修班，研究服务业发展的路径，深入推进服务业扩大开放试点工作。

（商务委）

【建设北京市服务业扩大开放综合试点取得成效】围绕三个重点功能区，聚焦七大优势领域，综合试点工作实施进展顺利，本区共提出38项试点任务，2016年共完成23项，完成率60%。在航空服务、文化贸易、跨境电商、科技创新、产业金融、商贸旅游等领域，初步形成一批新业态新模式。涌现出国内首家外资控股的飞机维修合资公司落户顺义，推动航材“共享模式”先行先试，推动天竺综保区飞机租赁项目落地，打造中国电子商务示范基地，试点设立消费金融、汽车金融、金融租赁等非银行金融机构等，有效促进服务业制度创新。在转变政府职能、推进贸易便利化、加强事中事后监管等方面进行大胆探索与实践。推进企业信用监管体系建设，启动工商“五证整合”登记制度改革，依托天竺综保区推进关检“三互”合作模式等便利监管机制，有效带动顺义区服务业和服务贸易发展。2016年顺义服务业占GDP比重达到57.6%，比去年增长5.3个百分点。服务业收入占全区一般公共预算收入比重达63.5%，同比增长8.7个百分点。外商投资服务业创历史新高，2016年全区累计吸引合同外资30.66亿美元，同比增长123.31%。全区52个新批项目中包含47个服务业项目，吸引合同外资28.52亿美元，占新批企业吸引合同外资的99.07%。

（商务委）

【外资审批服务】2016年共审批外资项目247个，其中新批项目49家，增资40家，股权转让28家，经营范围变更51家，其他变更79家。对外贸易经营者备案登记企业453家，加工贸易合同批准452份，外商来华邀请函37份。对外投资企业备案9家。

（商务委）

【总部经济不断发展】2016年，顺义区总部企业增至156家，占全市的3.9%，占十个远郊区总量的18.7%。跨国公司地区总部增至5家，占全市3%，占十个远郊区的29%。共有6家企业的9个项目得到资金支持，共获得资金1225.58万元，其中市级资金666.8万元，区级资金458.78万元。资金拨付工作已全部完成。

（商务委）

【外贸稳增长工作】建立外贸稳增长联合工作机制，加强外贸企业与政府部门间的沟通。同时，加大跟踪服务力度，对30家重点外贸企业实行“一企一策”，并及时协调解决企业在出口中遇到的问题。先后组织57家企业参加市级相关单位举办的政策咨询会，协调相关部门在区内举办5场，260余家企业参加的外贸稳增长政策宣讲会，促使企业掌握好、用好政策。

（商务委）

【利用展会资源助推国际市场开拓】向区内的外贸企业推荐国内外展会30余场，并邀请西麦克国际展览有限责任公司和新西兰国际交流中心到宣讲会现场，向企业介绍参展国外展会的优惠条件及展会情况，推动企业更多的参与国际市场竞争、拓展销售渠道争取更多的订单。2016年为42家企业，147个项目申报完成中小企业开拓国际市场资金申请，争取到支持金额758万元。

（商务委）

【企业经营情况摸底】为进一步了解全区外商投资企业的经营状况、发展形势以及投资增减等情况，对全区707家外商投资企业2015年生产、经营情况联合年报进行催报和审核，上报率达95%以上。

（商务委）

【外资发展协调与服务】做好全区利用外资协调工作，为外资企业提供全天候的政策、业务咨询及服务。强化重点项目跟踪制度，对重大签约项目和投资总额1000万美元以上的重点外资项目，注意与相关职能部门保持密切联系，定期解项目进展情况，主动协调有关部门为投资者解决好企业设立登记各个环节的问题。2016年实际利用外资6.93亿美元，同比增长32.99%。

（商务委）

【规范审批联合备案一体化】规范审批、备案流程。实行“外商投资企业商务工商备案事项结果互认的一体化”改革措施，实现商务、工商部门之间登记结果互认，企业申报材料减少一半，办理时限缩短3-5天。加强宣传，提高公众知晓度。及时将外商投资企业备案办理流程在网站公示，并通过商务工商备案联动系统对未备案企业，利用电话、邮件等方式及时通知企业到本委进行备案。

（商务委）

顺义区供销合作联合社

【概况】2016年，北京市顺义区供销合作联合社（以下简称：区供销社）围绕“产业发展、精细管理、人才兴社”三大战略，调整经营结构，深化精细管理，提升运营质量，巩固发展成果，保持稳步增长的良好态势。全系统实现销售总额70.05亿元，同比增长6.1%；利润总额0.78亿元，同比增长7.4%；上缴税金0.97亿元，同比增长7.5%。

企业名称：北京市顺义区供销合作联合社

地址：顺义区石门大街供销大厦

邮编：101300

电话：89423232-6683

传真：89423555

（马彦华）

【春耕备耕农资储备及供应工作】区供销社践行服务“三农”宗旨，狠抓三农物资经营服务工作。组织系统内3家农资经营公司、100余家农资连锁店深入开展调研工作，了解市场行情，备足春耕“三农”物资。截至2月24日，共筹措资金近3500万元，储备各种化肥5000吨。其中：尿素1568吨、硫铵81吨、碳铵221吨、二铵及各种复合肥3130吨。储备农、地膜16吨，大田种子600公斤，架竹100捆。在此基础上，拓展服务职能，利用系统内直营店、连锁店、镇级综合服务社等农资服务网点开展预约订货、送货上门服务，并大力开展农技培训，推动科技入户到田，为农民提供“一站式”服务。

（马彦华）

【强化安全生产工作】3月28日上午，围绕落实“党政同责、一岗双责”安全生产工作责任，组织召开“安全生工作培训会”，邀请区安全生产监督管理局执法队于清华同志讲授。区社党委班子成员，机关正副科长，15家基层企业领导班子成员及安全生产工作相关负责人共98人参加。

（马彦华）

【消防安全百日专项行动启动】4月16日，召开“消隐、拆违、打非”百日专项行动部署会召开。区供销社副主任郭玉全传达区长高朋关于《顺义区“消隐、拆违、打非”百日专项行动动员部署大会》的讲话，经营科科长吴宝贵传达《顺义区查处取缔无证无照经营工作领导小组关于印发2016年查处取缔无证无照经营行为工作方案的通知》，综治科科长龚立新传达《北京市顺义区防火安全委员会关于除隐治患稳定方案消防安全百日专项行动实施方案的通知》和《北京市顺义区防火安全委员会关于印发行业场所日常消防安全检查标准的通知》，部署《顺义区供销社除隐治患稳定发展消防安全百日专项行动实施方案》。党委班子成员、区社综治科、经营科和15家基层企业一把手及主管经营、安全生产副职44人参加。

（马彦华）

【第十八届隆华杯儿童书画大赛结束】5月28日下午，“第十八届隆华杯儿童书画大赛”颁奖大会在隆华购物中心隆重举行。区文化委员会、区关心下一代工作委员会、区供销社等有关单位领导出席颁奖仪式。大赛以“童心畅想中国梦”为主题，组织参赛选手分批到现场进行绘画书写，共收取作品410份。经过专业人士的认真评选，共评出一等奖6名，二等奖14名，三等奖25名，向获奖选手颁发证书和奖品。

（马彦华）

【“知规明纪”主题宣讲活动】7月15日，区供销社邀请顺义检察院职务犯罪预防处张霞处长做题为“以案说法—谈国企工作人员职务犯罪的预防”的主题宣讲。区社党委班子成员、机关全体党员、基层全体班子成员、主管会计、业务部长共计120余人参加。

（马彦华）

【隆华镇级超市改造提升工程全部完工】8月23日，随着北石槽农贸市场整体改造工程的完工，隆华购物中心北石槽镇级超市作为市场的重要组成部分，正式面向当地广大消费者开业。自4月初开始，为进一步提升“区镇村日用消费品三级营销网络”服务能力和水平，区供销社分别对高丽营、张喜庄、牛栏山、木林、杨镇、李桥6个镇级超市实施升级改造工程，并新建北石槽镇级超市。

（马彦华）

【裕喜发公司北石槽农贸市场重装开业】自4月初对北石槽农贸市场进行整体升级改造，新市场由原来的建筑面积972平米改扩建至建筑面积约4100平米。入驻商户由原来的23家增加到53家，开业当天市场整体实现销售额达6.8万元。

（马彦华）

【怡馨家园微型消防站建立】9月1日，区供销社所属宏大物业公司联合怡馨家园第一居委会，在怡馨家园南区内建立“社区微型消防站”，成立专门的工作小组，配备早晚班司机，并对相关人员进行消防车、消防器材、消防试水、车辆维护及发生火情后的火灾初期扑救等专业培训。社区微型消防站的建立，提升宏大物业公司消防管理水平和初期扑救火灾的能力。

（马彦华）

【五省市供销总社领导到金街华联参观调研】11月4日上午，在区委书记王刚和区供销社党委书记李奇陪同下，北京市供销总社及天津市、上海市、重庆市、河北省五省市供销总社主要领导一行20余人到顺义区金街华联购物中心参观调研。五省市供销总社领导听取企业情况介绍和金街华联购物中心运营情况，对区供销社多业并举的发展模式以及经济实力的快速增长给予充分肯定。

（马彦华）

【区供销社消除隐患整改工作动员会召开】12月16日下午，消除隐患整改工作动员会召开，旨在解决目前区内一些以聚苯乙烯彩钢房作为经营、办公场所存在的重大防火安全隐患。党委副书记、副主任尹新兵宣布消除隐患工作的组织构成、机构配置及工作职责，明确具体措施。李奇同志结合消除隐患整改工作提出四点要求。一是要充分认识消除隐患工作，既是清除历史欠账，也是加快自身提升的重要机遇。二是要梳理摸清隐患问题，协调推进整改工作。三是要统筹协调，保证整体工作衔接紧密，确保工作进度。四是要强化安全防范措施，防止各种安全生产事故发生，依法依规落实整改工程，杜绝腐败问题。党委班子成员以及安全、维稳、招商、手续、财务、材料造价、基建、信息8个专项工作组成员共52人参加。

（马彦华）

【区供销社党委换届党员大会召开】12月30日，顺义区供销社召开全体党员大会。大会审议通过党委书记李奇同志代表上一届党委所作的工作报告，并按照《中国共产党党章》和《中国共产党基层组织选举工作暂行条例》的有关规定，采取无记名投票方式，选举产生中共北京市顺义区供销合作联合社新一届委员会。

（马彦华）

北京鑫海韵通百货有限公司

【概况】北京鑫海韵通百货有限公司现设公司机关和一家独立核算法人单位北京鑫海韵通商业大楼，拥有百货、电器专营、大卖场三种业态，下辖顺义百货店、顺义电器店、顺义石园大卖场店、顺义双兴大卖场店和密云电器店、密云百货店以及平谷大卖场店七家分店，总体建筑规模14.6万平米。2016年公司围绕“深化经营，创新管理”的工作思路，推动合作营销，稳固、提升客流，优化品牌组合、改进经营方式、提升企业核心竞争力，加大集中采购、提升盈利能力，推动业绩评估、开展经营创新，梳理工作、提高工作效率，强化绩效考核，降低财务成本，推进安全标准化等一系列工作。公司全年实现销售21.6亿元，实现利润3000万元，累计上缴税金4335.8万元。

单位名称：北京鑫海韵通百货有限公司

地址：顺义府前西街1号
电话：(010)89448093
邮编：101300

（鑫海韵通）

【提升商品力】公司推动开展商品市场调研，建立品牌储备库，及时汰换更新，清退平效产出较低品牌，提升销售和聚客能力。按季度推动各店制定品牌引进计划，实时跟进完成情况。2016年，共引进品牌192个，清退品牌116个；引进供应商153个，清退112个。同时结合品牌的引进完成布局调整73项，柜台更新40项，全年对未能按时完成调整的责任人处罚20人次。通过优化组合结构，提升品牌商品力

（鑫海韵通）

【加强合作营销】公司秉承“合作营销达共赢”的理念，积极与影响力较大的供应商、品牌沟通，争取厂家独有活动政策、货品、人员支持，借助供应商、品牌影响力开展厂商合作营销，有效带动客流、销售提升，达到共赢。2016年共计组织合作营销活动597场，通过对活动影响力、实际效果、带动销售、客流等情况进行综合评估，共计激励商品部经理、区域主管14人次。

（鑫海韵通）

【提升客流量】围绕微信、会员俱乐部、消费者沙龙等开展线上线下联合的体验式促销活动，以会员独享、超值服务为创新点，打造特色服务，提升顾客购物体验，稳固客流。2016年共计组织活动267次，7店日均客流5.3万人次，对活动吸附客流效果明显的给予激励，共计激励经理、主管10人次。

（鑫海韵通）

【降低进货成本，提高盈利】公司推动组织浙江台州家居商品市场调研，通过源头采购、减少中间商环节，提升利润空间，促进现有供应商深挖渠道，提质降本，达到共赢。同时针对存在问题，完善流程，制定《集采工作管理规定》。2016年，自营商品（剔除集采、自采部分）销售26393.8万元，毛利1778.5万元，毛利率6.7%，同比提高0.2个百分点。

（鑫海韵通）

【节能减排，降低运营成本】公司通过每月召开节能例会，交流节能经验，分析能耗原因，探讨节能方案。2016年碳排放同比减少998吨，同比下降5.9%；水电油及维修费同比共减少费用支出245万元；推动节能灯更换LED灯具2952套；淘汰热柜、液压货梯等高能耗设备，有效提高节电率。

（鑫海韵通）

【强化安全生产】公司通过落实党政同责、一岗双责责任制，逐级签订安全责任书，强化管理人员的安全责任意识，并每月召开安全例会，通报同行业火灾事故案例43起，提高安全警醒意识，引以为戒；同时加强员工安全教育，提高自救和救援能力，并建立隐患排查与整改制度。2016年，组织安全知识培训12860人次，组织消防演习28次、防抢演习28次，开展排查、整改1133处，清理易燃物、可燃物3169公斤。

（鑫海韵通）

【梳理流程，提高效率】梳理52类岗位的岗位工作内容及相关工作流程图并加以完善，汇总整理成总部各部室、各店工作流程手册，使各岗位工作运行程序和职责更加清晰。同时，整理现行制度规定，共计汇总公司级制度142份、店级制度348份，并在内部办公网络平台中设立公共电子文件柜，以便各级人员查阅使用。

（鑫海韵通）

【壮大党员队伍】公司高度重视预备党员的发展工作，注重在基层一线岗位先进代表和业务骨干中发现和培养入党积极分子，各支部加强对入党积极分子的教育和培养。2016年组织3名积极分子参加区委组织部组织的党的基础知识培训，按照组织程序2016年发展预备党员3人，预备党员转正3人，使公司党员队伍得以壮大。

（鑫海韵通）

北京国泰中百商业有限公司

【概况】北京国泰中百商业有限公司（简称国泰中百公司）是一家以发展连锁百货和商业地产作为支柱产业，集购物、餐饮、娱乐、休闲为一体，多业态、多功能、多元化经营的现代化大型百货公司。国泰中百公司下设国泰商业大厦、国泰青春馆、国泰谊宾商城、国泰裕龙四区超市和国泰宏城生活购物广场五家分店。公司始终坚持品牌发展战略不动摇，实现由传统百货向现代百货的蜕变，最终发展成为具有国泰品牌影响力的区域型百货公司。2016年公司获得“顺义区2016年统计诚信单位”和“顺义区消费争议快速解决绿色示范单位”称号。

单位名称：北京国泰中百商业有限公司
地址：北京市顺义区新顺南大街2号1幢
电话：69447410
邮编：101300
微信号：sy-guotaiplaza

（高洪飞）

【**经济指标完成情况**】2016年，国泰中百公司实现销售收入6.19亿元，实现利润2450万元，上缴税金6167万元。

（高洪飞）

【**结构调整**】2016年，国泰宏城分店引进新东方百学汇、红黄蓝亲子园、Z健身房、紫光园餐饮等多家知名品牌，致力打造顺义区首家集健身、娱乐、文化为一体的社区综合商业体。国泰谊宾分店以国泰自营超市为依托，二层以儿童项目和教育为中心，门脸店以形象口碑俱佳的连锁品牌为目标，增加餐饮的规划调整招商工作，转型为休闲式购物广场。

（高洪飞）

【**品牌战略**】2016年，公司在招商引资工作中秉承“两条原则、三条标准”的原则，继续挖掘品牌效益，加大品牌战略实施。根据顾客需求及市场需要，引进10余个顺义区独有的国内外知名品牌。

（高洪飞）

【**优质服务**】坚持“让百分之百的顾客，百分之百的满意”的服务理念，公司坚持将最新活动、新进品牌情况、换季新品情况以微信、短信、网络等形式第一时间呈送给顾客。加强售后服务，建立小额无障碍退货通道，500元以下商品一站式办理退换货，有效节省顾客时间。推出免费送货、免费提供商场信息、免费急救医药箱等20项利民的免费服务项目。设立会员服务中心，专门为会员提供返利等各项服务，让国泰会员得到宾至如归的享受。并特别推出每月第一个星期日定为国泰会员日，所有品类商品做出力度最大的活动回馈会员，让国泰会员日真正成为会员的节日，创造出淡季单体商场销售800万元的好成绩。

（高洪飞）

【**人才培养**】创新用人机制，加大新人才的引进，同时对引进的人才大胆使用，给任务，重考核，使引进的人才发挥较好的作用。根据《北京市顺义国泰商业大厦2016年培训计划》，结合业务发展需要，坚持企业自培与厂家培训相结合，开展有针对性的培训工作，全年共培训2635人次，每人一年培训不少于48学时。通过培训提高广大职工自身学习能力、创新能力和竞争能力，提升职业素养，激发企业职工的进取心，参与意识和主人翁意识。

（高洪飞）

【**安全管理**】严格执行《国泰中百公司安全生产规章制度》《国泰中百公司防汛应急抢险预案》和《消防演练实施方案》，严格落实安全生产责任制，坚持网格化管理，做到重点检查和日常检查相结合，加大安全隐患排查力度，发现隐患，立即整改。持续开展消防演习和培训工作，强化全体员工的忧患意识，提高员工应急应变自救能力，做到消防组织制度规范化，标准悬挂统一化，设施器材标识化，重点部位警示化，培训演练经常化，检查巡检常态化，切实保障全体员工的生命财产安全，确保各项工作安全有序的开展。2016年，公司加大消防经费投入，全力改善消防基础设施。1月29日，国泰大厦消防排烟系统改造方案经消防支队审核通过后，投入施工，工程总投入350万元，现工程已完工，消防排烟系统经调试完毕，已投入使用。4月18日，公司组织全体班子成员、各店店长和安保经理召开安全生产会议，开展消防安全“百日专项行动”，要求各店完善安全生产责任制，签订安全生产责任书，加大消防安全隐患排除力度，此次行动分工明确，落实到位，为企业的经济工作平稳发展提供了保障。

（高洪飞）

【**城乡共建**】南彩镇于辛庄村成为公司“一助一”帮扶对象以来，公司高度重视，开展多种形式的“一助一”活动。在资金、信息、物质、文化等方面提供大量支持，在于辛庄村改善村容村貌、改水、就业等方面发挥极大作用，受到南彩镇党委的充分肯定及村民的赞扬。

（高洪飞）

旅 游

旅游

【**概况**】顺义作为首都国际交往的门户和绿色生态、休闲度假中心，拥有舞彩浅山、奥林匹克水上公园、牛栏山白酒等诸多自然、文化和工业旅游资源，旅游产业快速发展，顺义旅游成为环城游憩带上的重要组成部分。截止2016年底，全区共有旅游企业455家，包括：景区12家，全国工业旅游示范点6家，星级饭店17家，规模饭店46家，星级民俗旅游村16个，民俗户141户，乡村旅游新业态27家，旅行社49家，社会旅馆141家。旅游行业秩序井然，服务质量明显改善，旅游舒适度、游客满意度进一步提高，未发生重大旅游安全事故，实现“安全、秩序、质量、效益”四统一的目标。

单位名称：北京市顺义区旅游发展委员会

地址：北京市顺义区光明南街7号

联系电话：69429918

邮编：101300

网址：http://www.lyw.bjshy.gov.cn

（吴春明）

【旅游登山文化节举办】5月21日,举办第二届舞彩浅山旅游登山文化节暨首届樱桃采摘节。活动以“健康、绿色、文明”为主题，以登山、郊游、采摘、交友、摄影为主要内容，邀请京津冀晋鲁蒙6个省市、32个城市近百家媒体。新浪、千龙等主流媒体，微信、微博等新媒体对活动进行广泛宣传报道，直接关注活动的体育、休闲爱好者达30万人。

（张佳）

【“顺义礼物”旅游商品研发】6月3日，首家“顺义礼物”概念店正式开业。首批“顺义礼物”包括5个系列（匠心顺义、名品顺义、文创顺义、深玩顺义、风味顺义）156款“顺义礼物”商品，其中“灶王爷系列”商品受到游客普遍喜爱。在实体店的基础上，设立“GO当地”微信运营平台，以“go顺义,够顺义，购顺义”为口号，实现“顺义礼物”线上线下营销结合。

（宁丽丽，张佳）

【《顺义区旅游业发展引导资金管理办法》出台】8月，《顺义区旅游业发展引导资金管理办法》正式施行，《办法》围绕投资旅游基础设施、产业融合、商品研发、民俗旅游等12个方面对旅游企业予以资金扶持、奖励。

（宁丽丽）

【打造张镇“全域旅游示范镇”】12月17日，区政府与东方园林产业集团签订《全域旅游战略合作框架协议》，以PPP模式（Public Private Partnership）将张镇作为全域旅游示范镇进行率先打造。

（宁丽丽）

【举办北京顺义第二届冰雪温泉狂欢季】2016年12月17日至2017年1月12日，狂欢季活动通过以冰雪、温泉为主体的景区点串联酒店、民宿、工业观光和农业采摘等，融入“顺义礼物”旅游商品、非遗手工艺展示等文化旅游元素，增加游客互动体验环节，打造顺义冬季旅游独有的城市品质和文化内涵。

（张佳）

【完善旅游基础设施】年内对全区8个景区、3个国家级工业旅游示范点、15家民俗旅游村、15家农业采摘园进行基础设施提升改造工程。提升项目包括：标识系统、辅助设施、生态厕所。标识系统中宣传类67个，指示类113个，安全提示类109个；辅助设施中座椅310个，果皮箱295个，遮阳伞310个；太阳能生物降解生态厕所64座。此项工程填补相关旅游企业公共服务设施的空缺。

（胡晋、宁丽丽）

【建设智慧旅游平台】年内“智慧旅游”一期工程已完工，围绕“服务企业、服务管理、服务游客”，立足于利用现代科技技术，通过互联网和移动互联网，实现旅游数据收集和旅游动态信息互动，从而达到对各类旅游信息的智能感知、方便利用的效果。

（宁丽丽）

【旅游商品大赛】年内旅游委组织区内8家单位30个作品参加第十三届“北京礼物”旅游商品大赛，旅游委获“优秀组织奖”。

（宁丽丽）

【年度旅游企业评定和复核工作】全年新评定3A级旅游景区2家;新评定红色旅游景区1家；完成市旅游委对顺义区3家新业态和2个星级民俗户的复核工作。

（胡晋）

【北京民俗美食品鉴大赛】旅游委组织顺义11家民俗代表参加“北京民俗美食品鉴大赛”，选送的“农村二八席”获“十佳特色宴席奖”“扒猪脸”获“十佳特色热菜奖”“京东酸菜饟豆腐”获“十佳特色热菜奖”，以优质的烹饪水平和服务能力树立顺义民俗餐饮美食行业标杆。

（胡晋）

【旅游从业人员培训】年内对区内旅游景区（点）、星级酒店、民俗旅游村(户)和乡村旅游新业态等共329家旅游企事业单位的初、中、高级管理人员总计700余人进行专题培训，培训课时达百余课时。提高顺义旅游企业管理水平，提升顺义旅游服务质量，促进顺义旅游产业发展融合。

（胡晋、张佳）

【“最美京郊”社区旅游线路获奖】顺义旅游委推荐的旅游线路获北京市“最美京郊”社区旅游线路“最佳老年旅游线路”“最具特色旅游线路”“最美旅游线路”三项大奖，这3条线路分别为：顺义汉石桥–七彩蝶园双汽一日游；焦庄户地道战–顺义鲜花港红色一日游；神笛陶艺村–河北村民俗园–意大利农庄–七彩蝶园–顺义奥林匹克水上公园顺义亲子游。

（张佳）

【旅游行业展会】年内旅游委共6次组织参展各类旅游行业展会6次，包括厦门“第十二届海峡国际旅游博览会”、西安“第三届丝绸之路国际旅博会”、桂林“2016中国–东盟博览会旅游展”和北京“第五届北京国际旅游商品及旅游装备博览会”等，发放宣传材料共计1920册。在第五届北京国际旅游商品及装备博览会中荣获优秀组织奖。

（张 佳）

【城市标志全新亮相】年内完成城市形象LOGO和吉祥物征集工作，LOGO和吉祥物，得到领导、专家和群众的广泛认可。LOGO和吉祥物形象通过展会、大型活动不断进行推送，达到统一城市形象、整体宣传推广的目的。

（张 佳）

城市形象logo

顺义吉祥物顺顺

【《享尚顺义》旅游宣传册改版】年内《享尚顺义》旅游宣传册共印制三期4万册（其中英文1000册），已发放2.3万册。新版《享尚顺义》旅游宣传册色彩时尚、设计新颖、内容丰富，已成为“顺义旅游”的新名片。

（张 佳）

【旅游导览图升级改版】为提升顺义旅游整体宣传效果，对星级饭店、规模酒店、旅游景区、民俗村户、浅山停车场等48块导览图进行升级改版，地图采用手绘设计风格，融入仿古元素，合理安排布局，突出旅游企业特色，增加双微二维码和精品旅游路线等内容。

（张 佳）

【“双微”宣传显成效】年内通过“微信”、“微博”新媒体宣传，打造“顺义旅游”品牌形象。“顺义旅游”官方微信订阅号共有粉丝5万余人，全年共发送900余篇图文信息，总阅读量超过 480万次，多次进入全市政务微信影响力排行榜单前三名；“顺义旅游委”官方微博粉丝量超5万人，总阅读量120万人次，转发信息32万条，评论近4000条。

（王国兴）

【旅游行业安全管理】年内检查企业2080家次，出动人员7900人次，发现一般隐患560余处，已全部完成整改，全年未发生重大安全生产事故。累计发现一般隐患136处，现场立即整改隐患110处，限时整改隐患26处，最大限度地保证旅游运行安全。

（王 辉）

【旅游投诉妥善处理】制定《2016年度旅游市场秩序治理整顿工作方案》，与相关单位形成定期会商、联合执法的工作机制。处理各类旅游投诉，2016年旅游咨询、投诉共166件，结案率100% ，游客满意率100%，旅游咨询97件。

（王 辉）

顺义宾馆

【概况】北京顺义宾馆（即顺义区人民政府招待所）坐落于北京绿色国际港的核心区域府前中街3号，地处繁华，交通便利，距首都国际机场仅15分钟车程；距地铁15号线顺义站仅需步行100米；距商业圈仅500米。隶属于顺义区人民政府，是国家旅游涉外定点三星级宾馆，金叶级绿色旅游饭店，北京地区党政机关会议定点场所，顺义区政府采购会议定点单位。现如今顺义宾馆已发展成为集住宿、美食、购物、出行为一体的大型多功能综合性会议中心，是顺义区举行重大活动，召开会议和从事商务活动的重要场所，年接待各界宾客达20万人左右。顺义宾馆拥有客房楼三座340套客房，其中标准间226间、豪华单人间91间、套房23套，所有房间均设有百兆宽带接口。会议中心大中小各类会议厅室28个，风格独特、庄重典雅，人数从15——500人不等，配套设施齐全，采用高品质音响、光学矩阵投影幕、多媒体会议系统、视频会议系统等。餐饮楼有15个风格各异、雅致温馨的宴会厅，能容纳1000人同时用餐。经典特色的主题宴会厅三个，同时可接待三场婚宴。康体娱乐中心拥有游泳馆、瑜伽馆、汗蒸房和其它娱乐设施。商务中心提供打字、复印、传真、制定各种桌签、桌号等全方位服务。
单位名称：北京顺义宾馆
地址：顺义区府前中街3号
电话：（010）81496300
邮编：101300
网址：http//www.shunyihotel.co

（顺义宾馆）

【顺义区“两会”服务接待】1月8日顺义区“两会”在顺义宾馆召开。宾馆特制定接待方案，做到每项工作落实到位、责任到人。服务工作涉及会场的布置和会议接待、数百名代表和委员的用餐、休息和车辆的无障碍进出疏导和停放等。

（顺义宾馆）

【第三届第五次职工代表大会】3月11日，顺义区人民政府招待所召开第三届（第五次）职工代表大会，75名职工代表参加。会议听取并审议《顺义区人民政府招待招待所2015年财务执行情况和2016年财务计划安排的报告》《顺义区人民政府招待所（顺义宾馆）员工增加2016年在岗津贴方案的报告》《顺义区人民政府招待所工会2015年经费使用报告》，与会代表一致通过三个报告，并决定《员工增加2016年在岗津贴方案》于2016年3月1日起实行。会上机关事务管理中心主任陈光就任职代表提出的9条意见和职工关心的问题一一做出解答。会后对职工代表提出的对本宾馆经营、管理等方面的建议，召开领导班子会，认真研究。

（顺义宾馆）

【安全生产培训会】5月13日，顺义宾馆开展安全生产培训，领导班子、班组长以上管理人员和重点部位员工90人参加。此次培训特邀请北京市工业技术开发中心高级工程师、国家级安全评价师、注册安全工程师刘晓明教授现场授课，内容包括安全管理机构或人员的设置和安全生产责任制；安全生产规章制度和操作流程；应急预案的制定、组织建立和预案演习等。

（顺义宾馆）

【业务技能培训】5月20日，宾管营销总部销售人员和部门经理25人参加业务技能培训。此次培训聘请北京旅游学院教授赵晓燕授课，内容涉及如何树立正确的销售理念、正确描述销售流程和掌握基本销售技巧等销售专业知识。

（顺义宾馆）

【“共产党员献爱心”捐助活动】招待所党委于7月1日，组织开展“共产党员献爱心”捐助活动，在职党员干部、积极分子共104人参与捐款。所募资金用于本区户籍人口的助老、助学、助困等救助项目。

（顺义宾馆）

【顺义宾馆获“控烟示范单位”称号】顺义宾馆自开展北京市控制吸烟示范单位创建工作以来，建立健全组织机构，明确岗位职责及管理制度，认真落实各项控烟措施。在《北京市控制吸烟条例》实施一周年之际，被评为北京市控烟示范单位，办公室孙红云同志被评为2015年度首都控烟先进个人。

（顺义宾馆）

【“首届健康饮食厨艺大赛”获团体三等奖】8月29日，由顺义区慢病综合防控工作领导小组办公室、顺义区卫生计生委、顺义区食品药品监督管理局、顺义区商务主办，顺义区疾病中心和顺义区饮食·服务行业协会承办的首届健康饮食厨艺竞赛在顺义宾馆举办，全区32家健康食堂、健康餐厅近百人参加比赛。本单位获团体三等奖。

（顺义宾馆）

【开展消防灭火模拟演练】9月22日，本单位开展消防灭火应急演练。办公室张吉武担任演练总指挥，组织协调部门有：政工部、办公室、安保部；演练人员有：义务消防队员、管理人员、重点岗位、重点工种人员及外租外包部门共计120人。

（顺义宾馆）

【第九届药膳大会喜获团体赛特金奖】11月27日，历时3天的由中国药膳研究会与北京中医药养生保健协会在北京联合主办的“第九届恰卡杯中国药膳大赛”在北京蟹岛国际会展中心落下帷幕。此次竞赛500多名选手参加，近千名观众现场观摩。本单位团体赛选手制作的养生宴夺得本次大赛的团体最高奖“特金奖”。大赛以“传承药膳文化共筑健康”为主题，旨在传承数千年来中医药和药膳养生的宝贵经验和文化，充分弘扬中医“治未病”从膳食做起的理念，努力创新中医药服务模式和提升中医养生保健服务能力。

（顺义宾馆）

【“冬衣送暖”社会捐助活动】本单位发动在职员工参与“冬衣送暖”社会捐助活动，仅用两天时间捐赠棉被、大衣、羽绒服、毛衣、毛裤、绒衣和绒裤等296件。11月4日，分拣、打包好的衣物统一送到顺义区接收捐赠事务管理中心。

（顺义宾馆）

【北京顺义宾馆通过三级企业安全生产化达标】8月15日与北京京安晟晖注册安全工程师事务有限公司签订安全生产标准化评审合同，就本单位的安全生产标准化达标，委托该公司进行评审服务。11月16日审核组再次评审，本单位通过三级企业安全生产化达标。

（顺义宾馆）

园林建设

【概况】顺义区园林服务中心为顺义区城市园林绿化业务主管部门，主要职责任务是承担园林、绿化等事务性、服务性工作，职责范围包括顺义城区、顺义新城、各中心镇、市区级开发区以及区政府指定绿地。截至年底，实有职工总数为296人，其中，管理岗166人，工勤岗130人。直接管理园林绿地共计590.47万平方米，所辖绿地特级356.36万平方米，一级85.05万平方米。区属注册公园8个，面积105.52公顷，其中，顺义公园为北京市重点公园，顺义公园、卧龙公园、减河五彩园、光明文化广场、仁和公园等5个公园为北京市精品公园。

单位名称：北京市顺义区园林服务中心

地址：北京市顺义区石园西路AMB大厦A座9层

电话：（010）89443205/89441327

邮编：101300

网址：http://www.yl.bjshy.gov.cn

（园林中心）

【潮白柳园】年内，区园林中心对潮白柳园园路进行改造升级，对原有的5000余平方米石板路进行硬化改造，并更换两侧路牙近1500米，更新沿路休闲座椅108套。

（园林中心）

【减河公园】年内，区园林中心在减河公园建设羽篮球场馆，其中，羽毛球馆2372平方米，篮球场地1262平方米，为周边市民运动健身提供方便。

（园林中心）

【鲜花上街环境布置工程】园林中心在光明街、府前街、新顺南北大街、顺安路四条道路通过花箱、花塔、地栽形式，营造多层次的景观效果。于4月中旬进行花卉布置，采用凤仙、三色堇、孔雀草、串红等应时花卉65万余株；并于9月底前配合庆祝十一国庆活动，再次布置鲜花40万盆。

（园林中心）

【城区公园文化活动】2月1至2月15日,顺义区第十三届水仙花展在减河公园举行，共展出水仙2千余头、水仙花雕刻作品数百件。展览还配置色彩、形态优美的节日观赏花卉，设置水仙花知识牌示，营造浓郁的水仙文化氛围。4月16日至5月2日，顺义区第九届郁金香展在减河公园举行，共展出11个郁金香品种，配植各色时令花卉，共计3万余株。同月21日，顺义区第一届牡丹花展在仁和公园举行，展出卷叶红、白雪塔、乌龙捧盛、洛阳红等传统品种和二乔、胡红、银红巧对等近二十个品种，3000余株的牡丹。6月25日至7月20日，第十四届顺义公园荷花展共展出十余个品种的各色荷花，并配以各色水生花卉如金叶芦苇、梭鱼草等数五千余盆。

（园林中心）

【俸伯桥改建工程----绿化工程】俸伯桥改建工程包括四部分:1、滨河郊野公园绿地恢复。2、顺键大厦外侧绿地（简易绿化）。3、裕龙三区外侧绿地。4、府前街部分绿地及行道树恢复。绿化面积共计26600平方米，绿化设计按照“从定位到风格、从整体到细部、从景观到生态”原则，植物选择滞尘、抗旱、节水、生态效果好的苗木，如：国槐、银杏、卫矛、小檗、女贞、碧桃等，工程共计种植乔木55株，常绿160株，灌木90株,色块3600平方米，草坪15900平方米。

（刘志峰）

【顺义区新增一块特级绿地】9月8日，顺义区仁和公园在北京市园林绿化局组织的2016年绿地等级评定工作中，经植物配置、植物生长状况、管理措施、设施维护等多方面考评，最终获评特级绿地等级。至此，区园林服务中心养护管理的特级绿地总面积356.36万平方米，占中心养护管理绿地总面积的60.35%。

（刘志峰）

4月16日至5月2日，顺义区第九届郁金香展在减河公园举行

长久物流上市鸣锣

第四届中国（北京）国际服务贸易交易会顺义金融展区

第四届京交会金融服务板块顺义区项目签约仪式

首届商业保理总裁圆桌会

金融

金融服务

【概况】2016年，顺义区金融业实现较快发展，新增金融机构31家，区内金融机构达251家，存款余额912.29亿元，贷款余额1796.89亿元，信贷规模平稳运行。新增上市挂牌企业20家，上市挂牌企业累计实现直接融资1350亿元。2016年，金融业实现增加值125.3亿元，占第三产业增加值13.9%，占全区GDP的8%。

单位名称：北京市顺义区金融服务办公室

地址：顺义区站前街3号顺鑫国际商务中心9层

电话：（010）61409858

邮编：101300

（金融办）

【金融招商引资成果显著】按照“金融机构+”“行业协会+”“上市企业+”等联盟发展模式，成功引进国开投基金（募集规模100亿元）、华融新兴产业投资（注册资本10亿元）、中交资产管理、首中投资（首钢系项目）、瑞金保理等优质项目30余个，在谈项目近百个，招商引资工作成果显著。

（金融办）

【融资租赁聚集区规模初见】1月，承办2015年北京市租赁行业工作总结会暨京津冀一体化融资租赁聚集区交流会，全面深化区商务委、区金融办、临空经济核心区管委会与北京市租赁行业协会四方战略合作协议。会议总结2015年租赁行业发展情况，详细介绍首都融资租赁聚集区发展情况，并就推动行业发展、加强行业管理、服务融资租赁企业进行全面深入地交流，区内外百余家融资租赁企业参会。截至2016年底，区内聚集优质租赁企业近40家，成为北京市第二大融资租赁聚集地，首都融资租赁聚集区建设加速发展。

（金融办）

【商业保理聚集区加速发展】1月，承办第四次（2016）主任办公会暨全国首届商业保理总裁圆桌会，深化区商务委、金融办、顺义区金担协会与商业保理专委会四方战略合作协议，充分运用“行业协会+”联盟招商模式，推动信息共享，争取资源倾斜，商业保理试点工作稳步推进。截至目前，已汇聚华联保理、旺泰宏鑫保理等优质企业近10家，首都商业保理聚集区加速发展。

（金融办）

【融资服务水平不断提升】搭建融资服务平台，组织金融机构参与区内重点项目推介等大型活动，确保政府重点项目完成。7月，组织20余家银行参与本区棚户区改造项目推介会，为项目主管部门、实施单位与金融机构搭建平台，推进社会资本参与基础设施及社会事业项目的投资、建设和运营。

（金融办）

【服务业扩大开放试点工作稳步推进】一是北京市服务业扩大开放综合试点工作领导小组办公室第九次会议上，市金融服务工作组领导明确表示支持顺义区打造首都融资租赁（金融租赁）聚集区。通过沟通市金融局等部门，加速推进北京租赁资产交易中心、珠宝玉石交易中心设立进程。目前，两个交易中心设立初审意见及申报材料已初步上报市金融局。二是支持引进各类非银金融项目，截至目前，落地项目30余个，业态涵盖基金、融资租赁、商业保理等，新兴金融机构加速聚集。三是关注外资创业投资基金政策出台情况，鼓励中外合资创业投资机构入区发展，推进新兴工业4.0产业创业投资企业（有限合伙）及其外资管理公司落地进程。四是重点对接市金融局、银监局、保监局等监管部门，争取中关村顺义园同等享受中关村示范区投贷联动、境外并购外汇管理及外债宏观审慎管理外汇改革等试点政策支持。

（金融办）

【顺义区参展第四届中国（北京）国际服务贸易交易会】5月28日–6月1日，第四届中国（北京）国际服务贸易交易会在国家会议中心举办。北京市金融工作局、西城区政府、顺义区政府共同承办金融服务板块。顺义区以“首都新兴金融聚集区中国的金丝雀码头”为主题参展。展会期间，国家级、市级领导参观顺义展区，区领导汇报顺义区经济和金融产业发展情况。6组金融项目成功签约，签约金额共计1378亿元。20余家机构深度洽谈，初步达成合作意向。

（金融办）

【顺义区互联网金融风险专项整治工作领导小组成立】7月19日，顺义区人民政府办公室印发《北京市顺义区人民政府办公室关于成立顺义区互联网金融风险专项整治工作领导小组的通知》（顺政办函〔2016〕21

号），成立顺义区互联网金融风险专项整治工作领导小组。领导小组主要职责是：规范各类互联网金融业态，优化金融生态环境，遏制互联网金融风险案件高发频发势头，加强金融消费者教育，提高投资者风险防范意识，建立和完善互联网金融全覆盖监管长效机制，实现发展与规范并举，创新与防范并重，化解风险隐患，着力加强监管，切实维护人民群众切身利益、金融安全和社会稳定，促进互联网金融可持续健康规范发展。

（金融办）

【长久物流成功在主板上市】8月10日，北京长久物流股份有限公司（简称长久物流）首次公开发行股票正式在上海证券交易所挂牌交易。长久物流（603569）注册在南彩镇，是一家以整车运输业务为核心，提供相关配套服务的现代综合物流服务企业，首次公开发行股票4001万股，发行价格15.43/股，集资资金超过6亿元，主要用进口整车物流服务项目及相关基地建设。

（金融办）

【举办企业并购重组培训会】10月20日，顺义区企业并购重组培训会暨新三板投融资对接会在创新创业示范基地召开。会议由区金融办、区经信委联合主办，顺义区金担协会、顺义区新金融商会共同承办，区内7家上市示范区、40余家拟在新三板挂牌的创新型中小企业、20余家投资机构、20家驻区银行及证券公司参会。

（金融办）

【顺义区参展第十二届北京国际金融博览会】10月27日，第十二届北京国际金融博览会在北京展览馆拉开帷幕。顺义区以“首都产业金融中心，北京新兴金融聚集区”为主题参展首都经济展区，并举办首都产业金融中心环境推介暨项目签约仪式，农银金融租赁、首钢基金等5个项目和顺义区签约合作，来自区内外大型金融机构的100余名企业代表和10多家省市级媒体参与活动，签约项目涉及基金、金融租赁、证券行业，签约额近1700亿元。

（金融办）

【顺义区2016年董秘联席会召开】11月10日，顺义区2016年董秘联席会暨企业上市工作推进会召开，区政府主要领导出席。会上，区金融办汇报顺义区企业上市情况及下一步工作计划，顺鑫控股、江河创建、长久物流等六家企业代表分别介绍企业发展的成功经验，临空经济核心区管委会、赵全营镇、金蝶软件园相关负责同志分别介绍推进企业上市相关工作。

（金融办）

【地方性金融机构监管工作稳步推进】通过定期分析报表和现场年检，建立地方性金融机构的规范化监管机制，开展与中介机构的合作，并通过加强与市相关部门、行业协会的沟通，形成监管合力。

（金融办）

【开展打击非法集资工作】密切关注本区风险企业和外区风险企业在本区开展业务情况，坚持属地和行业双管的原则，坚持排查和宣传“两条线”，通过紧抓工作节点，更好的发挥区打非办的沟通协调职能，全年共计排查风险企业3000余家，确定重点关注企业20余家；开展宣传活动120余场；参与案件处置6起。

（金融办）

【顺义区“北京新兴金融聚集区”发展总体调研工作启动】在现有金融产业发展的基础上，依托金融板块的功能定位和业态布局，顺义区提出打造“北京新兴金融聚集区”的发展目标，明确建设“一区一城一园”三大金融发展平台的重点任务，形成多板块支撑、差异定位的金融发展格局。研究内容包括对顺义新城金融产业发展及空间布局现状进行梳理，总结顺义新城金融产业已形成的特点和发展中存在的不足，借鉴国内外成熟的金融产业区发展经验，完成顺义新城金融产业发展的总体功能定位及空间布局研究。

（金融办）

中国银行股份有限公司北京顺义支行

【概况】中国银行股份有限公司北京顺义支行（简称中行顺义支行）正式成立于1988年07月11日，隶属于中国银行股份有限公司北京市分行。内设七个部门（综合管理部、计划财会部、风险内控部、公司业务部、公司金融产品部、个人金融部、营业部），下辖8个经营性支行（马坡支行、光明街支行、东兴支行、林河开发区支行、汽车城支行、天竺支行、裕翔路支行、空港万科支行），共有员工211人。

单位名称：中国银行股份有限公司北京顺义支行

地址：北京市顺义区府前西街4号

电话：（010）69447455

邮编：101300

（中行顺义支行）

【经营项目】个人业务（人民币和外币）：存取款、境内外汇款、结售汇、外币现钞兑换；房屋贷款、抵质押贷款、大额分期、个人投资经营贷款、小微企业贷款、出国留学贷款、信用卡分期；销售政府债券、个人理财、基金产品、贵金属销售、资金产品（黄金宝、双向宝、延期业务、期权业务）；保险兼业代理险种、保险法律法规和行政规章制度许可范围内的险种。公司业务（人民币和外币）：办理存取款、贷款、票据贴现、境内汇款等国内结算业务；办理信用证、汇入汇款、汇出汇款、出口跟单托收、进口代收、进/出口押汇、海外代付、协议付款、同业代付、供应链融资、保函业务、保理、跨境人民币、即期结售汇国际结算；同业存款、代理同业业务；债券承销、债券分销、对公理财产品、远期结售汇、外汇期权交易、掉期交易。

（中行顺义支行）

【业务发展】2016年，顺义支行以抓住三大发展机遇及实现十大突破为目标，推动业务发展、创新金融服务、强化风险管控，促进支行业务上台阶、服务上水平，各项业务发展实现稳步增长。本外币存款余额达到146亿，较上年增加23亿，贷款余额82亿，较上年增加43亿，增幅110%。

（中行顺义支行）

【内控管理与安保工作】顺义支行践行“靠制度机制治行”的法治管理理念，全行树立“风险合规文化”。开展多种形式的内控宣传，全方位提高员工思想意识。制定“我与支行共发展，内控合规我先行”的内控案防教育主题活动。先后进行青年业务经理座谈会、风险内控部下基层巡回内控宣讲、每周通过案例及问责标准学习，树立员工合规意识坚持监督勤检查、持续高压不放松。风险内控部门建立由各部门业务骨干构成的检查人员库，统筹检查计划制定和实施，合理安排检查业务种类和检查机构。

（中行顺义支行）

【企业文化建设】顺义支行加强企业文化建设，从工作、学习、健身、生活、思想教育等方面入手，提高员工的整体素质。支行年度内举办主题党日活动、登山、插花、西点制作等活动，同时组织青年员工积极参加分行组织的运动会、足球比赛，与政府机关、企业客户进行多次篮球友谊赛。通过活动让员工愉悦身心、强身健体。带领员工参观北京反腐倡廉教育基地、开展党内教育培训、召开员工代表会议、开展青年员工座谈会议，保障员工思想教育，提升员工综合素养。

（中行顺义支行）

中国农业银行顺义支行

【概况】中国农业银行股份有限公司北京顺义支行（简称农行顺义支行）辖内19家网点，400余名从业人员为全区人民提供优质、高效的金融服务。本行始终坚持履行商业银行的社会责任，积极参与顺义地区经济建设，坚持稳中求进，坚持创新驱动，坚持立足区域，以服务区域经济为重点，同时将“三农”金融服务工作做精、做细、做出成效，有效提升区域发展的竞争力，多次荣获“顺义区百强企业”、“顺义区十大金融机构”等荣誉称号。

单位名称：中国农业银行股份有限公司北京顺义支行
地址：北京市顺义区府前西街2号
电话：（010）69444435
邮编：101300

（农行顺义支行）

【支持区域经济发展】农行顺义支行紧紧围绕区域经济工作重点，坚持服务地方经济发展主线，坚持履行助力顺义经济发展的责任和使命，完善金融服务，加快信息化加设，积极支持顺义区域重大项目建设，持续为区域内重点发展企业提供生产经营和产业优化升级的资金支持，协助其迅速发展壮大。同时立足海关、首都机场、天竺综合保税区等外汇资源密集的重点区域，为入区企业提供优质高效的外汇结算服务，为地区经济建设发展提供优质金融服务。

（农行顺义支行）

【服务三农】农行顺义支行在服务“三农”工作中狠下功夫，大力支持区域内农业产业龙头企业，建立信贷合作，提供资金支持。积极扶持小微型“三农”客户，在融资上给予大力支持，解决一批小微型“三农”类客户规模小、评级低、担保难的问题。着力支持农业基础设施建设类单位，促进县域农业基础设施建设。依托地处乡镇地区网点优势，开展送金融知识进农村活动，为农民朋友解答金融问题、普及金融知识。推广惠农卡产品，使农村群体的金融消费习惯从存折逐步向用卡转变，真正方便广大农民。积极布设包括前俸伯村在内的自助惠农服务点，打通农村金融“最后一公里”，将金融服务延伸到农民家门口。

（农行顺义支行）

【扶持中小企业】积极向优质的中小企业提供融资支持，成立专业团队，采取多种渠道建立信息共享通道，实现农行业务与客户需求的有效对接。在工作中积极探索中小企业发展模式，扩大中小客户业务合作范围，优化制度流程，形成风险控制有效、环节流转快速、信息反馈通畅的业务流程，提高中小客户业务运作效率，实现对中小企业金融服务的专业化、流程化、标准化，有力解决中小企业融资难的问题，在区域内形成一定知名度，吸引众多中小企业客户到我行咨询办理相关业务。

（农行顺义支行）

【支行网点建设】5月18日，中国农业银行顺义支行后沙峪二级支行正式开业，为后沙峪周边地区提供专业、便捷、贴心的金融服务。地址：北京市顺义区临空经济核心区裕民大街3号院1幢1076、1077、1078室。

（农行顺义支行）

【提升客户满意度】农行顺义支行秉承贴近政府，服务地方的经营理念，努力做到敢为人先，创新突破，在产品、营销、服务、流程、机制等方面所进行一系列创新，实施新产品带动、服务带动，宣传个人网上银行、电子商务、掌上银行等产品的使用和管理，有效提高区域居民生活便利度，进一步满足客户个性化金融需求。

（农行顺义支行）

【内控管理与风险防控】合规文化是立行之本、经营之本，是企业文化的核心部分，农行顺义支行扎实开展平安农行建设，加强案件风险和员工行为排查，推进规章制度建设完善工作，优化内控合规管理体系机制，加大执行力建设力度，形成合规文化建设长效机制。

（农行顺义支行）

【热心公益活动】本行参与社会公益活动，配合人民银行在辖内范围内多次开展“征信专题宣传”、反假币知识宣传、反非法集资宣传等活动，在公众中普及征信知识，梳理信用意识，提升辨别真伪人民币能力，切实保护公民合法权益。同时本行开展“学雷锋”、“温暖衣冬”捐衣等公益志愿活动，认真履行社会责任，彰显担当精神。

（农行顺义支行）

保险

中国人民财产保险股份有限公司北京市顺义支公司

【概况】中国人民保险集团公司系1949年成立，中国内地经营历史最悠久的保险企业中国人民保险公司变更而来。其分支机构中国人民财产保险股份有限公司北京市顺义支公司（简称：人保财险顺义支公司）作为顺义地区最大的财产保险公司，经营除长期人身保险以外的所有保险业务，包括企事业单位财产保险、建筑和安装工程保险、货物运输保险、机动车辆保险、家庭财产保险、责任保险、信用保证保险、人身意外保险、健康保险、农业保险等险种。公司设有综合部、出单中心、理赔分中心及十个业务管理部全方位为客户服务，并拥有五十多家保监局批准的保险代理机构，方便客户就近投保。

单位全称：中国人民财产保险股份有限公司北京市顺义支公司

地址：顺义区新顺南大街1号

邮编：101300

电话：69441191

网址：http://www.picc.com.cn

http://www.e-picc.com.cn

（人民财保）

【经营理念】中国人民财产保险股份有限公司以“人民保险，服务人民”为使命，秉承“以人为本、诚信服务、价值至上、永续经营”的经营理念，奉行“求实、诚信、拼搏、创新”的企业精神，坚持以市场为导向、以客户为中心，积极履行优秀企业公民责任，为促进改革、保障经济、稳定社会、造福人民提供了强大的保险保障。作为其分支机构人保财险顺义支公司一直全心全意服务好顺义区老百姓，“做人民满意的保险公司”。

（人民财保）

【保险业务】多年以来，人保财险顺义支公司业务规模一直保持良好的增长态势，市场份额持续领先，为顺义区人民提供全方位保险保障服务。作为顺义区内市场份额最大的央企国有财产保险公司，在区内开展业务期间，一直本着为顺义区经济发展保驾护航为服务宗旨，以服务三农、服务全区经济为准则。2016年保费收入3.15亿元人民币，全年赔案支出1.95亿元，纳税总额1208万元。

（人民财保）

证券

证券国信证券北京新顺南大街证券营业部

【概况】国信证券北京新顺南大街证券营业部，是全国性大型综合类证券公司国信证券在顺义地区的落地机构。营业部成立于2014年10月，为顺义地区广大证券投资者和企业客户提供全方位的金融服务。目前，国信北京顺义新顺南大街证券营业部正以崭新的姿态、全新的风貌，为本地区所有资本市场的投资者与参与者敞开大门，倾情奉献；未来，伴随着顺义地区经济的高速发展，营业部有信心与该地区一同茁壮成长，创造价值，成就你我。

单位名称：国信证券北京新顺南大街证券营业部

地址：北京市顺义区新顺南大街18号

邮编：101300

电话：95536

（国信证券新顺营业部）

【历史沿革】国信证券股份有限公司是国内最早的三家证券营业机构之一，在全国112个城市和地区共设有48家分公司、158家营业部。根据中国证券业协会公布的全国证券公司经营业绩排名，国信证券近三年的总资产、净资产、净资本、营业收入、净利润五项指标均进入行业前十，特别是投行IPO项目主承销家数、资产托管产品数、新三板新增挂牌企业家数、经纪业务手续费收入等指标，在行业中持续名列前茅；同时，国信证券还首批获得融资融券、股指期货、沪港通、个股期权等多项创新业务资格，是行业创新的排头兵。多年以来，公司获得权威机构和专业媒体颁发的60多项荣誉奖项，如中国最佳证券公司（21世纪经济报道）、中国最佳财富管理品牌（证券时报）、新三板优秀做市商（上海证券报）、优秀企业债券上市推荐人（上交所）、中国最佳PE投资机构（福布斯）等。自1995年进入北京市场以来，国信证券北京分公司迄今已为首都地区投资者竭诚服务20余年。公司秉承“专业、敬业、务实、自律”的服务精神，各项业务牌照齐全：不仅涵盖传统的A股、B股市场，投资者还可以借助“港股通”通道投资港交所的优质股票。国信证券北京分公司长年不懈为投资者服务，赢得了良好口碑。

（国信证券新顺营业部）

【新顺南大街证券营业部产品】北京新顺南大街证券营业部专业经验丰富，特别是在新三板企业上市辅导、企业战略财务顾问、高端私人财富管理、以及A股市场投资咨询等方面具备领先经验。营业部产品种类丰富，拥有业内首个投资咨询产品“金色阳光证券服务账户”，业内用户数量最多的移动证券应用“金太阳以及手机证券”，率先推出“金天利”债券质押式报价回购理财工具，股票质押融资、收益互换、结构化衍生品等多种多样的专业财富管理渠道。

（国信证券新顺营业部）

【属地金融活动】多年以来，作为顺义区政府金融办的战略合作伙伴，新顺南大街证券营业部在当地企业与居民投资者当中起到沟通纽带与金融桥梁的作用。营业部在当地承办、开展企业金融通讯活动10余次，为当地企业答疑解惑，为有志于新三板上市的企业积极争取政策；为当地居民举办专业投资者教育活动20余次，内容涵盖资产配置、保值增值、投资素养等全方面金融资讯。2016年，全球唯一覆盖服务贸易全部领域的综合交易会——第四届中国（北京）国际服务贸易交易会在顺义举行，吸引50多个国际组织、行业协会及商协会积极参与，154个国家和地区客商到会。国信证券是唯一一家在成功签约券商机构，帮助地区在产业金融、离岸金融、文化金融等方面重点发展，在顺义区金融板块6个系列签约项目中具有显著地位。

（国信证券新顺营业部）

10月12日，顺义本地居民建设的最后一个大规模两限房住宅小区竣工

顺义区公租房摇号现场

12月8日，拆除蓝盾仁和公寓违法建设现场

8.14联通顺义分公司开展校园营销活动.

城乡建设

【**概况**】年内，继续推进重点新城建设，拓展首都国际航空中心核心区，进一步打造临空产业中心和现代制造业基地，住房城乡建设事业持续快速发展。2016年全区开复工面积1485.69万平方米，同比增长19.99%。新开工程511.85万平方米，同比增加66.49%。竣工355.56万平方米，同比增长14.45%。

单位名称：顺义区住房城乡建设委

地址：顺义区府前东街甲25号

电话：（010）69444996

邮政编码：101300

（住建委）

【**推进政府投资项目建设**】全年政府投资重点工程5项，其中电子政务中心工程目前主体结构已经完成，外墙涂料和外窗安装已完成，正在进行内部装修和设备安装；劳动力实训基地工程目前主体结构已经完成，外墙涂料和外窗安装已完成，正在进行内部装修和设备安装；文化中心工程影剧院、文化馆、博物馆和图书馆工程主体结构已完成，外墙涂料和外窗安装已完成；城南体育中心工程已完成全部建筑安装工程；区委党校迁建工程于2016年11月21日竣工验收。

（洪超）

【**全区房地产业平稳健康发展**】2016年，本区房地产业不断升温，房价不断高涨，住建委通过多种方式调控房地产交易市场。2016年1－11月，全区房地产市场完成投资228.4亿元，同比下降15.3%，占全社会固定资产投资的54.2%；全区房地产市场开复工面积1183.3万平米，同比减少2.9%，新开工155.5万平米，同比下降31.4%；竣工面积89.8万平米，同比下降54.4%，新开工面积和竣工面积的大幅减少主要受前两年土地供应量下降的影响。全区有已拿地未开工面积340.75万平方米，其中住宅233.83万平方米。已开工未上市面积637.76万平方米,其中住宅502.43万平方米。

（洪超）

【**完成政策性住房建设任务**】2016年内，本区共建设、筹集保障性住房8657套，任务指标完成105%。其中，筹集自住房524套，总建筑面积4.69万平方米，棚户区改造安居房558套，总建筑面积6.1万平米，基本建成保障房7575套。

（洪超）

【**公租房摇号**】两次公租房摇号工作完成。5月26日，顺义区首次公共租赁住房摇号工作完成。为充分体现“公开、公平、公正”原则，本次摇号仪式随机抽取20位申请人现场观看，邀请区人大代表、政协委员以及公证处和新闻媒体共同监督。参加本次摇号的家庭共1667户，房源有3项，1058套，中签率为63%。11月28日，站前街商业金融配建等5个公共租赁住房项目摇号工作完成。参加本次摇号的公共租赁住房申请家庭共1567户，房源共909套，中签率为58%。

（洪超）

【**首次公租房选房工作完成**】10月18日，本区首批公共租赁住房选房活动正式启动。选房分两个阶段实施，申请家庭根据摇号结果顺序选房。第一阶段为10月18日至10月19日，完成马坡镇顺兴街17号院478套房源的选房工作；第二阶段为11月1日至11月3日，完成牛栏山镇香堤清庭花园331套房源和张镇居住公租房251套房源的选房工作。目前顺兴街17号院项目已经入住。

（洪超）

【**推进棚改、拆迁工作**】2016年，本区共有11个项目列入全市棚改计划，棚改任务指标为500户，通过沙坨村项目完成改造140户，其余360户任务已经市住建委同意结转至2017年。其他项目中，幸福西街项目已启动房屋征收工作，通过居民投票方式选定评估公司，正在筹备第三方服务机构招标工作；原涤纶厂及维尼纶厂生活区项目实施主体已取得区政府授权，在属地成立项目公司后正在办理前期手续；夏县营村项目已通过公开招标方式确定实施主体，取得规划意见复函，完成原土地一级开发授权的退出工作；临河村项目、西丰乐村项目、北兴村项目实施主体均已取得区政府授权；西沺上村项目、唐自头村项目、东石槽村项目、化肥厂家属楼项目正在进一步完善《棚改实施方案》。根据区法院判决和裁定及区信访办、区维稳办等部门出具的风险评估报告，对2户拆迁滞留民宅启动司法强制腾退手续，其中一户已在区法院立案，另一户已进入强制执行程序。

（洪超）

【**加强安全生产监管**】年内，完成211个建筑工程的安全监管工作，全年未发生较大安全生产事故和影响较大的群体事件，全年立案处罚105起，处罚金额15.8万元。一是健全安全监管模式，重点加强对危险性较大分部分项工程、重大危险源的安全监管，完成两会、汛期等重要时期的应急保障工作。二是重点推进扬尘治理工作，实现全区施工现场扬尘治理达标率达92%以上，视频安装率达100%，增强非现场执法能力，提高执法效率。继续加强市级绿色安全工地创建工作，成功创建北京市绿色安全工地45个。三是严厉打击未取得建筑工程施工许可证或开工报告未经批准擅自建设和劳务费拖欠的行为。全年共查处违法建筑13处，处罚2起，处罚金额1.07万元。

（洪超）

【加强质量监督管理】2016年，科学创新建设工程质量监督制度、强化落实参建单位主体责任，完善以保障性安居工程、商品住宅等层次分明、重点突出的分类监管架构，推广新技术在施工中的应用，深入贯彻落实《北京市建设工程质量条例》，“工程质量专项治理两年行动”收官，持续加大日常监督检查和专项执法检查力度，开展“双随机”执法抽查，全区建设工程质量水平稳步提升。全年共进行责令整改19项，处罚42项，处罚金额为38.11万元。

（洪超）

【物业企业管理】截止2016年底，顺义区共有物业企业185家，本区注册企业114家，外区注册企业71家。资质等级由高到低可划分为一级资质企业30家；二级资质企业34家；三级资质企业107家；新办资质企业14家。2016年共办理企业资质变更18家，资质升级2家，新增物业企业14家。

（洪超）

【公共维修资金审批】2016年，共审批通过30个项目使用公共维修资金，涉及电梯、消防、屋面防水、排水、安防等方面，共计4100万余元，建筑面积约167万平方米，涉及业主16000余户。

（洪超）

【办理信访事项】2016年，通过各种途径受理和处理信件149件，其中区信访办在区领导接待日批转信件38件、市建委信访处信件30件、市长信箱信件21件。科室接待普通来访11人次;接待5人及以上集体访46批次716人次(四个村36批次540人次，其它9批176人次)。处理便民电话488件。上述来信来访均已及时妥善处理，一一给予回复。

（洪超）

【京沈客专顺义区段】京沈客专顺义段总里程20.84公里，其中十一标段19.95公里，十标段0.89公里，总占地面积677亩（含永久征地和施工临时用地），途径后沙峪、高丽营、赵全营、北石槽、牛栏山五个镇，并在高丽营镇西侧建设顺义西站。截至目前，本区已累计交地551.37亩，占总面积的81.44%，折合里程16.79公里，占总里程的80.56%，市住建委下达的总交地里程绩效任务完成80%。征地范围内集体土地非住宅拆迁一期工程于5月30日启动，共计189户，截至目前剩余4户，已完成总量的98%。

（洪超）

【各项行政监管职能】2016年，本委共监督房屋建筑工程2024.35万平米，目前在施工程1130.13万平米，较去年同期增加21.84%，完成安全、质量执法检查1800余次，检查面积约3000万平方米；下发执法检查记录单1007余份、《限期整改通知书》114份、《停工通知书》65份；与城管执法监察、市政市容等单位开展联合执法48次，迎接上级部门检查27次，作出工程安全、质量类处罚182起，总处罚金共计115万元，目前已全部协调处理；检查有关“商改住”现象违规宣传21次；核发建筑工程施工许可证122项，办理“一会三函”施工登记意见书2项。

（洪超）

规划管理

【概况】2016年分局围绕市规划国土委和区委、区政府决策部署，贯彻落实十八届三中、四中、五中、六中全会和习总书记系列讲话精神，立足区域实际，主动融入京津冀协同发展，积极承接首都功能疏解，凝心聚力，锐意进取，高标准地完成全年各项工作任务。

单位名称：北京市规划委员会顺义分局

地址：顺义区府前西街11号

电话：（010）69444751

邮编：101300

网址：www.guihua.bjshy.gov.cn

（规划委）

【规划研究】一是完成顺义区空间规划战略研究。在京津冀和副中心战略发展的背景下，结合生态共管共建的要求，重点对顺义区的区域定位、空间布局、发展目标及策略等战略性问题进行深入研究。市政府专题会议原则同意并提出修改完善的意见。二是完成顺义区轨道交通线网规划研究。按照京津冀轨道交通一体化的要求，完成顺义区轨道交通线网规划研究，积极构建区域铁路、轨道交通、有轨电车、公交系统互联互通的综合交通体系。三是完成首都功能疏解项目周边用地规划研究。开展友谊医院周边地区城市设计、杨镇地区空间战略研究和杨镇总体规划修编，完成东城区棚改定向安置房选址等工作。四是进一步深化新城总体城市设计与新城风貌控制研究成果。按照《城市设计管理办法》（征求意见稿）的要求，加强城市设计和风貌管理的监督检查，细化各类控制要素，制定城市设计导则，纳入地块控规（12个）和出让条件，通过法制化途径，确保按城市设计实施。

（规划委）

【服务区域经济发展】2016年各类审批事项466件，其中：用地规证36件，总用地规模约280公顷；工程规证102件，总建筑规模约429万平方米；方案复函75件，总建筑规模约800万平方米。一是加快推进政策性住房建设。完成后沙峪金隅大成、平各庄、胡各庄等7个保障性住房规划审批工作，审批建筑面积约80万平方米,9400套。完成唐自头、西泗上、夏县营等7个棚改实施方案的初步审查工作。二是按计划推进地名普查。按照国务院关于开展第二次全国地名普查工作要求，地名普查工作进入到普查检查验收阶段。第一轮外业数据采集工作已全部完成，内业完成自检的地名条目约占总数的60%，目前已有7个乡镇提交预审。三是启动顺义新城地下管线普查。按照市规划和国土委、区政府工作部署，牵头成立顺义区地下管线基础信息普查领导小组，协调落实完成《顺义新城地下管线基础信息普查、建设综合管理信息系统工作总体方案》，加快推进管网普查系统建设相关工作。

（规划委）

【推进区域轨道交通建设】一是协调推进城际铁路联络线北延至顺义新城规划方案获市规划国土委批复。把握京津冀交通一体化快速建设时机，构建顺义新城与首都机场、新机场更便捷的交通联系，协调相关部门，组织设计开展前瞻性研究，并就城际铁路联络线北延至顺义新城穿越首都机场事宜组织专家评审，全力推进城际铁路联络线北延至顺义新城规划方案通过市规划国土委批复。二是配合地铁M15号线东延至顺义杨镇相关工作。为加快推动顺义河东地区发展建设，按照市长王安顺顺义调研提出的相关要求，配合市规划国土委开展M15号线东延至杨镇的规划研究工作，M15号线东延初步规划方案由市规划国土委深化研究后报市政府审议。三是编制完成有轨电车T2线规划方案。有轨电车T2线从后沙峪至首都机场全长18.6公里，协调收集首期实施方案线路沿线市政基础资料，深化首期实施线路线位，提出相应的规划建设时序建议，倒排工作任务，争取有轨电车首期实施方案尽快实施。四是配合京沈客专顺义西站一体化建设。发挥规划引领作用，研讨顺义西站站房建设方案，建议顺义西站站房采用线侧下式布置方案，并协调组织市政单位明确配套建设需求，完善顺义西站一体化市政建设。

（规划委）

【完善市政基础设施】一是切实完成水务“三年行动方案”规划审批工作。推进镇级BOT再生水厂前期规划研究及审批工作，完成顺义区黑臭水体治理工程及循环净化处理站、顺义区小东河等三条河道前期规划设计方案审查；完成污泥处理厂规划设计方案前期审查。二是保驾护航区域生态环境攻坚行动工作。开展燃煤锅炉清洁能源改造及农村煤改电规划审批工作，加快推进区域、镇级锅炉房煤改气工程项目，完成城北供热中心煤改气工程复函和农村煤改电工程复函。三是加强水电气等市政基础设施建设。完成马坡220千伏输变电工程（架空）及变电站配套新建110千伏架空线工程建设工程规划许可，河东地区天然气输配管网建设暨煤改气配套燃气管网建设工程规划许可等市政项目规划审批。

（规划委）

【规划监督检查】一是严格做好规划验收。完成对接西城区限价商品房、仁和中学教学楼、北京市第二儿童福利院、地理信息科技产业园等116件，总建筑面积407.2万平方米的规划核验工作。二是严厉查处各类违法建设。参与“拆违、消隐、打非”专项行动，启动宅基地二层以上违法建设认定工作。全年共认定违法建设246件，总建筑面积41万平方米（其中宅基地上违法建设10件，建筑面积3400平方米）。现场下发责令停止建设通知书、告知书20件，总建筑面积约6万平方米。三是依法做好信息公开和信访接待工作。坚持以公开为常态、不公开为例外原则，主动公开信息512件，依申请信息公开共239件。依法办理群众来信来访30件，320人次。

（规划委）

新城建设

【概况】根据《北京市顺义区人民政府办公室关于印发北京市顺义区新城建设管理委员会办公室主要职责内设机构和人员编制的通知》（顺政办发[2016]6号）精神，原北京市顺义区新城建设管理委员会（现“区新城办”）主要职责、内设机构及人员编制均发生调整。机构名称由北京市顺义区新城建设管理委员会变更为北京市顺义区新城建设管理委员会办公室。主要职责调整为：负责研究起草新城建设年度工作计划、实施方案和相应制度规定；负责统筹协调、组织推进、督促落实新城建设整体规划的具体实施工作；根据授权、协调推进相关新城重点组团的开发建设工作；研究、汇总、提出新城规划建设重大事项、重点难点问题，提请区新城管委会审议；负责全区城乡一体化发展、新型城镇化、新城建设等方面的研究工作；承担区新城管委会日常工作；负责督促落实区新城管委会各项决议；完成区政府交办的其他工作等。区新城办共设4个内设机构，分别为：综合科、规划发展科、重大项目科、研究室。区新城办全额拨款事业编制25名。其中：主任1名，副主任3名，科级领导职数4正4副。

单位名称：北京市顺义区新城建设管理委员会办公室
地址：顺义区顺泽大街65号
电话：（010）69448100
邮编：101300

（新城办）

【新城办职能调整】根据区委、区政府印发《中共北京市顺义区委办公室、北京市顺义区人民政府办公室关于理顺顺义新城建设管理体制的意见》和区政府印发《关于调整北京市顺义区新城建设管理委员会成员单位及工作职责的通知》（顺政办发〔2015〕35号）的精神，成立新的北京市顺义区新城建设管理委员会，为区政府议事协调机构。其主要职责为：负责统筹协调、组织推进、督促落实新城建设整体规划；负责新型城镇化的研究谋划，提升城市品质的工作推进；负责研究制定新城建设年度工作计划、方案，并组织实施；负责审定新城建设中的重大事项，研究解决重点、难点问题。原新城管委会调整为其常设办事机构，名称为北京市顺义区新城建设管理委员会办公室。

（新城办）

【管理权限移交】一是整理汇总招商引资项目移交清单，按照项目共管移交思路，逐步推动马坡镇政府共同参与各项招商引资工作，确保移交期间入区项目正常运行、企业管理工作平稳过渡。二是马坡组团范围内道路移交工作，已由区市政市容委牵头组织市政维修处、区电力公司、区水务局、区自来水公司、区燃气公司及大龙供热等专业单位开展资产接收。年内，道路工程、交通信号工程、道路绿化工程、道路照明等4项工程已基本完成移交，排水工程、中水工程等2项工程移交材料已准备完毕，移交协议已递交排水集团，等待其签字确认；给水工程、电力工程、热力工程、燃气工程等4项工程已由各专业公司接管，但移交手续尚未办理。

（新城办）

【区政府交办工作】年内，新城办与中国通号集团积极对接，起草《顺义区人民政府 中国铁路通信信号股份有限公司战略合作框架协议书》，经报请区政府专题会审议通过后，已成功签署。

（新城办）

【重点产业项目建设】一是协助中信银行与马坡镇政府进行对接，办理施工企业的临时税务登记手续，该项目已于2016年1月正式开工建设，现正进行基础施工。二是监督北京银行科技研发中心项目施工工作，确保工程质量和进度，现该项目已于5月14日完成西区工程结构封顶，10月23日完成东区工程结构封顶。三是截止2016年底，民生银行信用卡中心已累计实现属地财政收入约76亿元，地方财政收入30亿元。目前，该项目正计划建设二期工程。四是协助金蝶产业园进行招商引资工作，认真履行监管职能，现入驻园区企业已达40余家。

（新城办）

空港建设管理服务

【概况】2016年，北京空港建设管理服务中心全体干部、员工在区委、区政府的正确带领和指导下，认真开展“两学一做”专题教育，创新工作方法、完善工作机制、提升队伍素质、科学谋划自身定位，坚持稳中求进、提质增效，以“服务好机场、发展好顺义”为奋斗目标，努力为顺义区临空经济的发展添砖加瓦。

单位名称：北京空港建设管理服务中心
地址：北京市顺义区首都机场四纬路2号绿港国际商务中心
电话：84169955
邮编：101300

（空港建设管理服务中心）

【樱花园小区飞机噪声治理工作】顺义区委、区政府及首都机场集团公司成立“顺义区首都机场建设服务保障领导小组”，由区长担任组长，相关领导分别担任执行组长和副组长,成员由各相关职能部门一把手担任。同时下设领导小组办公室及樱花园产权置换指挥部，负责统筹推进樱花园小区房产置换项目实施和小区居民维稳工作。空港中心按照指挥部的工作要求，会同区属相关部门针对樱花园房产置换工作参照棚改实施方案，与市政府及市属部门领导进行多次请示沟通，争取最大限度的政策和工作支持；对樱花园产权置换项目参照棚改实施工作进行反复细致研究和资金平衡核算，形成较为成熟的实施路径和方案，并已将樱花园棚改工作列入2017年全区棚改工作实施计划当中。

（空港建设管理服务中心）

【樱花园房产置换工作会议】2016年12月5日，区政府领导召开樱花园房产置换工作会议，强调樱花园房产置换工作要遵照市政府相关签报要求及市区两级领导历次会议决定，参照棚户区改造项目加快推进，区住建委、大龙公司（项目实施主体）按照会议要求对樱花园棚改实施方案进行最终修改完善，尽快通过区政府专题会审议，并上报市住建委、重大办审批。

（空港建设管理服务中心）

【首都机场西跑道净空工作】首都机场西跑道西侧围界外区域存在大量超高树木，构成重大航空安全隐患。按照顺义区政府与首都机场集团公司双方会议的部署，顺义区委常委、常务副区长于庆丰多次召集空港中心等相关单位就该问题进行讨论研究，商讨解决办法。经与首都机场集团公司协商，决定采取民事诉讼的办法解决此问题，随后首都机场集团公司立即启动司法程序。区林业局、空港中心组织评估机构及时确认超高树木的数据、价值；区法院开辟绿色通道，立即立案、立即指定法官、立即展开现场调查、安排开庭、庭前调解等工作；属地镇政府、空港中心、村委会等部门加班加点对林木所有者做大量劝导、说服工作。最终，全部林木所有者均签署调解协议，至2016年3月20日，3万余棵超高树木均顺利伐移，危及飞行安全的隐患彻底消除。

（空港建设管理服务中心）

【机场周边信访维稳工作】1.为维护樱花园地区稳定，空港中心每周召集多家单位和居民代表召开联席会议。中心全年共撰写联席会议简报24期，处置涉及樱花园隔音降噪问题的便民电话37次，耐心的解释获得绝大部分居民的理解，全年未发生群体访、集会事件。2.通过大量耐心的工作，南法信镇十里堡村顺鑫老人院按协议领取拆迁补偿的剩余款项，企业所有者的遗孀承诺不再上访或诉讼。至此，首都机场扩建工程征地拆迁中涉及时间最长、矛盾最复杂的信访问题得到解决。

（空港建设管理服务中心）

【机场外围防汛】为确保首都机场外围汛期安全，空港中心做好汛前各项准备工作：多次踏查防汛现场，及时发现问题，提出整改意见，制定《空港中心2016年防汛应急预案》《2016年机场外围排水汛前检查情况说明》和填写《顺义区2016年隐患排查整改台帐》，并上报区防汛办备案；及时更新机场外围排水保障分指挥部成员单位通讯录，加强沟通和交流；清点防汛物资种类数量，及时补充必要的防汛物资，为安全迎汛做好准备。7月中下旬，连续发布暴雨红色预警，中心作为防汛指挥部办公室，时时关注雨情，并到现场实际查看，出现问题及时上报、整治，确保安全度汛。

（空港建设管理服务中心）

【绿港国际商务中心运营】不断加强绿港国际商务中心大厦设备设施的维护保养，完善消防、人防工程、安全保卫、控烟等方面的管理，保障大厦安全运营。努力提高服务质量，向各入驻单位提供良好的办公环境，充分发挥顺义区与首都机场集团间的沟通平台作用。

（空港建设管理服务中心）

城管执法监察

【概况】2016年，在顺义区委、区政府和市城管执法局的正确领导下，顺义区城管执法监察局深入贯彻顺义区委四届十一次全会和顺义区四届人大五次会议精神，按照《2016年北京市城管执法工作意见》要求，不断加大综合执法、综合监管、综合协调力度，持续开展“保三重、降三尘、治三乱、严三查、抓三清”“五个三”专项行动，积极参与顺义区“消隐、拆违、打非”百日专项行动，全面提升了城乡环境秩序水平。全年共查处违法行为97856起，同比上升1.06%；立案处罚4183起，同比下降8.9%，罚款880.943万元，同比下降22.4%；拆除、整改各类违法建设411.19万平方米，同比上升4.8%；完成全国两会、车展、啤酒节、高考等环境保障任务106次，同比上升45.2%。特别是在车展保障中赢得了王刚书记、高朋区长等区领导和市局孙连辉局长的充分肯定和赞扬。孙连辉局长指出：“要在全市推广顺义局的环境保障经验做法。”（景石）

单位名称：顺义区城市管理综合行政执法监察局
地址：顺义区府前东街6号
电话（010）81490007
邮编：101300
网址：http://shy.bjcg.gov.cn

（景石）

【城市环境管理综合执法改革深入推进】2015年，顺义区设立城市环境管理执法委员会，办公室设在顺义区城管执法监察局。2016年，按照定人定岗定职责的原则，区城市环境管理执法委员会完成区城市环境管理执法委员会办公室组建工作。结合石园街道、北小营镇、南彩镇、高丽营镇试点改革经验，完成区城市环境管理执法委员会信息管理平台软件的使用培训、上线运行及各镇街指挥中心建设的指导验收工作。与公安、住建、规划、交通、园林绿化等13家成员单位反复沟通，摸清权力内容、明确职责边界，完成执法权力清单梳理汇总。试运行综合执法模式，协调成员单位开展综合执法，集中解决澜西园露天烧烤、马坡佳和宜园环境脏乱等一批群众关注、举报高发的环境秩序问题。

（景石）

【开展违法建设查处工作】为深入贯彻顺义区环境建设动员部署大会和顺义区“消隐、拆违、打非”百日专项行动动员部署大会的精神，围绕“严格控新生，确保零增长”、“逐步消存量，杜绝账外账”的工作目标，抓顶层设计、加强组织领导，抓机制完善、发挥合力作用，抓事前布控、强化源头治理，抓重难亮点、推进拆违力度，抓舆论宣传、营造良好氛围，突出过程和结果督查，持续保持违建查处高压态势。全年共拆除、整改各类违法建设1692宗、411.19万平方米。其中，百日专项行动中，共拆除、整改各类违法用地违法建设637宗、147.2万平方米。

（景石）

【完成各类会议、活动环境保障任务】全年共完成全国两会、车展、啤酒节、高考等环境保障任务106次。针对雾霾、大风天气，启动应急预案，组织开展专项执法活动58次。

（景石）

【开展环境秩序联合督导检查工作】全年共检查主要大街4016条、重点点位5288处，发现市容环境、施工工地、环境保护等问题5000余起，向相关部门发送《监管通知单》3365件，按期反馈3365件，整改率达100%，有效解决因责任不到位而出现的问题，最大限度净化街面环境秩序。

（景石）

【开展“五个三”专项行动】紧密结合市委、市政府和区委、区政府重点工作任务，以整治无照经营、露天烧烤、非法小广告、店外经营、堆物堆料、白色污染和生活垃圾、户外广告牌匾、施工现场和泄露遗撒等8类街面秩序问题为核心，以“保三重、降三尘、治三乱、严三查、抓三清”“五个三”专项行动为主线，持续严厉打击各类违法行为，成效显著。全年共立案查处违法行为4183起，罚款880.943万元。

（景石）

【“城管+”共建模式】深化“城管+市民群众”工作，开展爱民大走访、身边环境共同建、公众开放日、主题体验日等活动，引导广大市民群众参与城市治理。持续开展城管进商家、进工地、进单位、进社区等活动，引导、督促责任主体“看好自家门、管住自家人、盯住自家事”，源头减少环境秩序违法行为。组织社会团体、社区物业、商家自律会、环境劝导队、城管志愿者等力量，发挥好自我教育、自我服务、自我管理、行业自律、宣传劝导、引领示范等作用。强化正面舆论引导，宣传城管执法正能量，营造良好社会氛围。全年在各类媒体刊播新闻347条，组织开展各类活动50次，更新微博1450条。

（景石）

【城管热线受理工作】健全举报日统计、日报送及举报回访日通报、月通报、月考核制度，践行“热线受理”市局、区局、执法队三级平台的闭环运行模式，做到第一时间倾听、第一时间处理、第一时间反馈。针对部分区域环境问题频发的情况，坚持联合执法、集中整治突出问题，加强巡查、主动制止问题，关口前移、全面遏制问题，有效提升群众举报满意率。全年受理有效举报22046件，市局回访解决率、反馈率、满意率基本达到100%。

（景石）

12月1日，城管执法监察局局长陪同顺义区区长开展道路运输夜查行动

【城管精细管控】推进管控区域精细化，健全完善片区制，合理划分责任片区，充分发挥片区管理在信息收集、宣传发动、隐患排查、执法监管等方面的功能，真正实现管理面上的全覆盖、无缝隙。推进管控对象精细化，分类梳理片区内管理对象，准确掌握情况，确定风险隐患和重点管理对象，做到底数清、情况明。推进管控标准精细化，深入实施分级分类管控和疏堵结合措施，按照首都环境秩序四类地区精细化管理要求，明确辖区不同管控标准和管控措施。推进管控方式精细化，加强执法服务需求与信息技术手段的协调对接，依托城管物联网指挥平台，强化车载取证、执法记录仪、执法城管通、视频巡检等信息化手段的应用，持续提高“即时发现问题、即时处理问题、即时解决问题”的能力。推进绩效考核精细化，完善执法人员工作绩效考核制度，量化工作标准和考核细则，考核结果与激励奖惩挂钩、与责任追究衔接。

（景石）

市政管理

【概况】2016年市政市容委累计新改建道路总长约43公里，新建各类市政管网总长约135公里，拆迁面积约39万平方米，绿化面积约60万平方米，新安装路灯871盏，修建人行步道约16.5万平方米，更换燃气卡表2.2万块，完成生活垃圾处理36.34万吨。新建二类公厕10座,增加停车位6685个，办理各项广告登记、许可手续392件。全年累计完成固定资产投资15亿元。区市政市容委做好全年市政市容行业维护管理，改善道路通行条件和周边环境，为沿线及周边地区经济发展创造更好的条件，促进城乡一体化进程。

单位名称：顺义区市政市容管理委员会

地址：顺义区府前西街9号

电话：（010）81492856

邮编：101300

（市政市容委）

【市政基础设施建设】全年累计申报前期手续213项，取得批复190项；完成28项重点工程勘察、设计、施工、监理、主材招标57次；申报餐厨垃圾厂、劳动大厦市政配套、牛山三路、安宁大街、顺平南辅线东延等8项工程，集体土地征用1805.3085亩，取得餐厨垃圾厂、劳动大厦市政配套、减河北路东延道路、西下路等征地批复538.9605亩。完成新俸伯桥配套附属工程、顺康路延长线、顺泰路延长线、望泉地块道路配套市政设施工程、区职教中心市政配套工程、南法信消防站、空四基地市政配套工程、9个地块拆迁村环境整治工程、壁富路新建工程、党校市政配套工程、南陈路市政配套及环境整治工程等11项工程。

（市政市容委）

【生活垃圾规范化管理】一是做好城镇地区生活垃圾分类和宣传。开展垃圾分类入户宣传工作，并联合教委推进垃圾分类进校园“小手拉大手”系列活动。二是稳步推进农村地区生活垃圾分类。年内全区累计11个镇完成垃圾分类创建工作。三是全区生活垃圾处理工作安全平稳。2016年底，本区生活垃圾处理量将达到36.34万吨，同比增长1.6%；生活垃圾无害化处理率达99.4%，同比增长0.5个百分点，日均处理量达到993.2吨，同比增长1.3%。

（市政市容委）

【建筑垃圾规范化管理】一是制定并下发《顺义区建筑垃圾闭环管理工作方案》。二是开展常态化联合执法检查。每周每月分别组织日常巡查和大型建筑垃圾联合执法检查。三是开展建筑垃圾“百日整治”专项行动。2016年共开展建筑垃圾联合执法检查63次，出动检查人员620余人次，检查施工工地132处次，约谈、停工整改工地42处次，工地整改率达100%。拦截检查渣土运输车164辆次，查扣不合格渣土车53辆次，罚款24.23万元。

（市政市容委）

【市政设施运行良好】制定并经区政府会议审议通过部分市政设施养护标准。2016年完成19个经营性停车场备案登记、63处停车场年审，增加停车位6685个；2016年顺义区共有地下通道8处、排水泵站2处；全区共有区政府产权路灯18079基，小区路灯305基，景观照明223处；共设立早餐亭104处、报刊亭44处、电话亭101处，市政设施运行良好。此外，完成府前街、新顺街两条试点大街设施二维码管理，同时加强绿化设施、交通设施、图像信息系统、地下管线及井盖、架空线系统等方面的管理。

（市政市容委）

【交通治理】完成残联西侧路、顺福路、东兴路等12条道路维修工程，完成新城马坡地区11条道路维修。开展交通整治工程。以顺义城区为主，兼顾试点乡镇和农村，共计64个节点、包含23个路口、9条路段、19所学校、13处停车区域,主要涉及施划标线17048.10平方米、铺设路面99565平方米、安装各类护栏13159.50米、安装各类标志牌420套、安装各类信号灯132套、安装抓拍设备125套。

（市政市容委）

【燃气供热安全保障】完成滨河、胜利等35个小区2.2万户居民燃气卡更换；启动义宾南北区、西辛南北区室内外燃气改造工程；开展2016-2018年顺义区老旧供热管网改造工程可研报告编制；完善送气下乡便民服务体系，2016年配送补贴气30万余瓶。

（市政市容委）

【广告景观】一是加强监督管理，做好日常登记许可。2016年共办理各项登记、许可手续392件，其中办理户外广告、牌匾标识登记163件，办理标语宣传品许可229件。二是启动顺义区户外广告总规、新城等地区控规和重点大街详细规划编制工作。三是落实环境建设任务，集中治理整顿。在整治活动中，共拆除主要道路两侧、居民小区等区域违规设置的户外广告和牌匾标识1821块，拆除违规电子显示屏1336块，清理各类临时展板、墙体宣传画2130处。

（市政市容委）

国土资源管理

【**概况**】顺义区位于北京市东北部，东邻平谷区，北连怀柔区、密云区，西接昌平区、朝阳区，南界通州区、河北省三河市，坐标为北纬40° 00′ -40° 18′ ，东经116° 28′ -116° 58′ ，辖区面积101950.63公顷。北京市国土资源局顺义分局（简称市国土局顺义分局），是北京市规划和国土资源管理委员会设在顺义区负责本行政区域内土地与矿产资源行政管理的派出机构。

单位名称：北京市国土资源局顺义分局

地　址：北京市顺义区仓上街11号

联系电话：010-69445125

邮政编码：101300

网　址：http://sy.bjgtj.gov.cn/

（刘爽　刘佳）

【**土地利用总体规划**】一是完成《十三五规划》编制工作。在顺义区发改委统筹协调下完成《城乡建设用地集约节约利用对策研究》《十三五时期土地资源整合规划》的编制。编制完成《顺义区“十三五”时期土地资源整合利用规划》并于9月发布实施。二是完成顺义区土地利用总体规划中期调整工作。年内，完成顺义区土地利用总体规划实施评价工作并上报市规划国土委审核通过；完成顺义区土地利用总体中期规划调整前期工作，内容包括抽取招投标单位、调研相关功能区、征求镇政府意见、现场外业勘界、资料数据搜集等。三是完成永久基本农田划定工作。完成顺义区27066.67公顷的基本农田划定工作（顺义区是基本农田划定试点区县）；完成顺义区城市周边永久基本农田划定工作，划定面积538.8公顷；初步确定顺义区全市域性基本农田划定，划定面积15800公顷。外业核查工作完成19个镇镇域内10363个图斑的调查任务，绘制完成各镇备选地块实地核查表格，记录实际使用用途，同时进一步将工作中发现的问题下发乡镇予以整改，沟通农委予以监督落实荒芜问题。四是永久基本农田标识牌工程建设。按照全市统一安排部署，将在全市范围内设立永久基本农田标识牌。市规划国土委统一规范永久基本农田标识牌和界桩标准。年内，分局制定实施方案，初步确定顺义区设立343个标识牌，343个宣传牌。

（孙保国）

【**建设项目用地预审**】年内，完成121件函复及预审回复工作。办理建设用地预审17件，用地总面积229.79公顷。其中住宅用地项目4个，用地面积36.68公顷；交通运输用地项目4个，用地面积95.4公顷；公共管理与公共服务用地项目5个，用地面积70.68公顷；工矿仓储用地项目2个，用地面积3.97公顷；储备用地项目2个，用地面积23.06公顷。

（吴宝金）

【**征地及农用地转用项目用地管理**】年内，上报征地项目11宗，用地面积约151.39公顷，农转用94.66公顷，其中补充耕地39.69公顷；在办征地项目7宗，用地面积约48.56公顷，农转用43.92公顷，其中补充耕地20.98公顷。办理征地公示23个，征地公告46个，完成征地结案10个。年内，共办理国有建设用地使用权划拨9宗，完成国有建设用地使用权划拨9宗，划拨面积24.1931公顷。其中，医卫慈善用地2宗，科教用地5宗，行政办公用地1宗，公共设施用地1宗。

（孙　涛）

【**土地整理及耕地占补平衡**】年内，通过采取土地开发复垦、对新增耕地予以补偿等措施，实现全年80公顷耕地占补平衡目标，确保顺义区城市基础设施及新城建设顺利推进，补充耕地质量均高于已占用的耕地质量，落实占一补一政策。

（孙保国）

【**土地供应计划及实施**】年内，国有建设用地供应总指标110公顷，实际供应土地4宗，面积20.62公顷，完成计划指标的19%。其中，工矿用地1宗，面积为1.7公顷，完成计划的1.5%；商服项目2宗，面积17.14公顷，完成计划的15.6%；居住项目1宗，面积1.78公顷，完成计划的1.6%。完成《顺义区2017年度国有建设用地供应计划建议方案及附表》的编制工作。

（孙晓峰）

【**保障性住房用地供应**】年内，完成保障性住房用地供应3宗，总用地面积12.44公顷。其中，公租房用地3.6公顷，定向安置房用地6.41公顷，棚改安置房2.43公顷。

（孙晓峰）

【**土地市场交易**】年内，通过公开招拍挂方式供应土地4宗，总用地面积20.62公顷，建设用地14.46公顷，建筑规模32.93万平方米，成交总额37.4亿元，政府土地收益30亿元。其中，居住项目1宗，总用地面积1.78公顷，建设用地1.78公顷，建筑规模3.9万平方米，成交总额7.5亿元，政府土地收益6.92亿元；商服项目2宗，总用地面积17.14公顷，建设用地11.49公顷，建筑规模28.08万平方米，成交总额29.7亿元，政府土地收益23.37亿元；工业项目1宗，土地总面积1.7公顷，建设用地1.19公顷，建筑规模0.95万平方米，成交总额0.2亿元，政府土地收益0.03亿元。

（孙晓峰）

【土地储备开发】年内，累计完成一级开发面积23.87公顷，实现土地储备开发投资7.33亿元，完成资金回笼7.41亿元，截至12月底储备机构信贷余额5.2亿元，账面资金余额2亿元。截止年底，已取得一级开发授权但尚未完成开发的项目共计56个，土地总面积约2264公顷。其中，以储备机构为主体直接投资模式的在施项目18个，用地面积731.02公顷（包括联储项目10个，总用地面积237.93公顷；分中心直接投资项目8个，总用地面积493.09公顷）；以储备机构为主体并委托企业带资实施模式的在施项目14个，用地面积469.64公顷；直接授权企业为主体模式的在施项目24个，用地面积1063.6公顷。

（孙晓峰）

【地籍管理】一是土地权属审查情况。全年共办理土地权属审查业务71件，为67家单位和个人提供用地范围清晰、面积准确、权属无争议的《权属审查告知书》、《权属审查测量成功报告》和《地籍状况表》。二是宅基地管理工作情况。顺义区农村宅基地使用证的变更、发证等工作暂停办理。全年共办理信息公开257件，信息查询66件，信访件100件，处理行政诉讼案件24件、行政复议案件10件。共办理宅基地使用权登记205宗，其中，初始登记23宗，变更登记15宗，挂失补办70宗，宅基地更名67宗，移民30宗，登记总面积6.7191公顷。受理信访件78件，处理行政诉讼案件9件、行政复议案件4件。三是变更调查工作。本年度国土资源部下发监测图斑1083个，监测面积570.1公顷。占用耕地230.7公顷，基本农田151.7公顷。内业处理后，实际图斑为1091个。经调查核实，具体情况为：新增建设用地800个，占地面积359.98公顷，占用耕地133.57公顷，占用基本农田65.81公顷；新增设施农用地10个，占地面积2.21公顷，占用耕地0.71公顷，占用基本农田0.13公顷；新增农村道路7个，占地面积0.92公顷，占用耕地0.18公顷；维持原地类266个，占地面积191.24公顷，占用耕地83.55公顷，占用基本农田73.98公顷；临时用地8个，占地面积15.74公顷，占用耕地12.67公顷，占用基本农田11.77公顷。四是开发区土地集约利用评价调查工作。顺义区内共有一个国家级开发区、两个市级开发区，两个开发区的发展方向区。分局组织队伍对开发区基本信息、用地状况、用地效益、管理绩效和土地供应状况按2015年12月31日时间节点进行调查。调查面积7882.25公顷，涉及地块2921块，实地测量建筑占地面积73.22公顷、收集企业经济数据568家，其中高新技术企业51家、收集园区批准文件、年鉴、规划图纸等纸质文件45份。最后按照《调查规程》、《数据库标准》的技术要求进行数据库整理，整理相应的调查统计表格，建立开发区评价数据库，提炼出集约利用评价相关基础数据，进行开发区集约利用程度评价和潜力测算。

（刘爽）

【不动产登记】一是房屋登记档案交接工作。9月，顺义区不动产登记事务中心档案库房装修完成，并通过消防验收正式投入使用，总建筑面积1500平方米，除现有档案外，预计可容纳未来10年的档案增量。截止年底，已移交档案30余万份。二是历史档案数据整合工作。10月，根据市规划国土委要求，顺义区不动产登记历史档案数据整合工作正式启动，对原有房屋、土地历史登记档案进行梳理，完善历史档案数字化和房地空间定位工作，并将相关的房地历史数据整合，形成完整的不动产登记数据。截至年底，落宗方面，完成房屋外业调查确定自然幢4930幢（走访），占本项总工作量的28.52%；新完成房屋落宗2196幢，占本项总工作量的43.06%。土地数据整合方面，完成土地业务数据预处理3139条（检查串案），占本项总工作量的16%；完成土地档案和业务数据关联3169条（已检查完），占本项总工作量的16.17%。房屋数据整合方面，累计清理逻辑幢数22458幢，占本项总工作量的50%；累计关联业务数264830条，占本项总工作量的48%。三是主要业务工作完成情况。年内，共办理不动产登记57994件，同比增加40.56%。其中初始登记134件，同比减少10.67%；转移登记32590件，同比增加35.79%；抵押登记14208件，同比增加64.06%；解押登记8740件，同比增加33.48%；查封登记1204件，同比增加8.47%；变更登记864件，同比增加32.92%；补证登记254件，同比增加80.14%。

（刘爽）

【土地执法监察】本年度土地卫片涉及顺义区新增建设用地项目762宗，占地281.23公顷，耕地133.57公顷。其中合法用地项目77宗，占地53.73公顷，耕地23.56公顷。违法用地项目685宗，占地227.5公顷，耕地110.01公顷。截至年底，已拆除项目共计63宗，占地18.98公顷，耕地10.05公顷。共收到12336电话举报案件329件，其中属实86件，不属实223件，部分属实20件，已全部反馈，反馈率100%。国土资源视频监控系统发现项目178宗，已全部反馈。

（李星光）

【信息化建设】年内，在市规划国土委的主导下扎实推进分局网站建设，规范内网及、外网的使用，并严格实行实名制，确保数据信息的安全；通过手动清理、软件查筛清理方式，开展非涉密计算机处理涉密信息自检自查；实行每日"零报告"制度，对不动产登记系统、网站群、机房和网络环境等重点环节进行重点监测值守，做好法定节假日及"两会"期间的网络安全保障工作。年内，制定《北京市国土资源局顺义分局政府信息依申请公开办法》《北京市国土资源局顺义分局政府信息主动公开部分目录大纲》，为做好分局政府信息公开工作提供理论依据和制度保障。全年新增主动公开信息330条，全文电子化率100%。全年受理依申请公开761件，及时回复率100%。全年分局外网挂网信息37条，内网挂网信息379条。

（商保卫、龚雪、王红梅、宗天露）

【矿产资源概况】全区共有合法正规开采的矿山企业16家，其中固体矿山3家，矿泉水1家，地热12家。

（李德华）

【矿产资源开发管理】年内，完成北京哲君科技开发有限公司采石场关停退出等相关工作。在此基础上根据市规划国土委矿产资源开发处的要求，完成企业矿山恢复治理方案和企业绿色矿山规划方案。年内，完成3家固体矿山企业及1家矿泉水企业的年检工作，并通过电子系统上报归档。

（李德华）

【地热资源管理】年内，在市规划国土委地热处的统一部署下，如期完成10家地热企业年检工作，并通过电子系统上报归档。

（李德华）

【地质灾害防治】年内，进一步全面优化、系统完善防治方案和应急预案，落实地质灾害的宣传与防治，加大防灾知识宣传普及力度，发放各类宣传品1000余册；联系区气象局开展汛期地质灾害预报预警，汛前深入高丽营镇西王路村地震断裂带上勘查断裂带发育情况，排查隐患，加强群众防范知识宣传，充分发挥村级组织作用。

（李德华）

【信访工作】年内，共受理群众来信来访424件次，全部办结。其中，信访事项0件次，举报事项424件次（来信128件次，来访221批次/331人次，网上信件75件次）。7月，根据各级部门下发的信访工作相关文件，编制成《信访工作文件汇编》一书，内容包含信访答复模板、法定途径分类处理信访投诉请求清单及主要依据、违法案件处理流程等，共印发300册，并组织分局干部职工集中学习，提高对群众信访投诉请求的甄别能力，导入法定途径依法按规处理。

（王彤）

【土地督察问题整改工作】5月16日至6月3日，国家土地督察北京局督察组于对顺义区耕地保护、节约集约用地、土地执法等工作展开驻点督察，指出顺义区5个方面22类问题。分局按照国家土地督察北京局的要求，进行认真整改：一是制定《顺义区土地管理和利用督察工作整改实施方案》，按问题逐个明确区级牵头领导、牵头单位、责任单位、整改标准和完成时限，被市规划国土委和国家土地督察北京局作为模板转发全市，供各区分局借鉴学习；二是成立顺义区土地督察问题整改工作领导小组办公室，坚持每周调度，每日一报制度，被市规划国土委称为“顺义模式”，要求各区分局借鉴。

（商保卫）

【国有建设用地出让转让】年内，完成国有建设用地使用权工业用地出让1宗，出让面积1.19128公顷，政府土地收益为340.9609万元；国有建设用地使用权转让1宗；国有建设用地使用权出让合同变更11宗；地价款缴纳情况证明共计6宗，其中用于土地登记发证、抵押及预售3宗，用于房屋初始登记3宗。完成顺义区经信委已供地工业项目进行全要素评价共计17件。完成排查已供应土地擅自改变土地用途专项工作，成果已上报市规划国土委。

（王健）

【批后监管及闲置土地处置】年内，完成出让用地批后监管工作现场踏勘共170宗次，送达违约、督促开工及涉嫌土地闲置通知书46份，下发《闲置土地调查通知书》19份，《限期开工通知书》12份，《闲置土地认定书》11份。填制出让项目跟踪管理卡、收集建设项目动工开发、竣工申报书、出让合同/划拨决定书后期监管工作授权人员名单及授权委托书、项目开竣工手续，留取现场影像资料等，并将资料全部存档，扫描并上传至市规划国土委网站批后监管系统或国土部动态监测系统。完成市规划国土委下发的涉及《闲置土地调查通知书》4个项目的现场踏勘、资料收集、询问笔录等工作。完成2016年国土督察涉及顺义区的15宗闲置土地的调查、认定、处置工作。闲置土地处置履职率100%。

（王健）

【废弃矿山治理工作】年内，完成北京市废弃矿山生态环境修复治理项目（2016年度）北石槽镇废弃采石场治理项目。已完成废弃矿山治理1家，正在施工1家，等待市规划国土委批复3家。

（李德华）

【调研课题】在第八届北京土地青年学术论文交流活动中，分局报送北京土地学会9篇论文，内容涉及到农村宅基地问题、国土执法监察、闲置土地处置、党建、生态环境保护、土地储备开发、法治国土建设、土地资源管理等。论文作者和题目具体如下：

1. 李占宇.《农村宅基地管理》
2. 李冬梅.《健全基层执法机制 规范土地资源监察》
3. 秦月.《浅谈对于法治国土的认识》
4. 王健.《浅议顺义区闲置土地成因及对策》
5. 龚雪.《以“两学一做”为契机，打造“忠诚、干净、担当、作为”的党员干部队伍》
6. 古昕雨.《土地整治与生态环境保护》
7. 黄冲.《土地储备开发制度中存在的问题及对策分析》
8. 王向楠.《从基层国土法治化工作看如何推进法治国土建设》
9. 苏嘉栋.《农村土地资源的管理现状与改进措施浅析》

（刘佳）

房屋征收及管理

【**概况**】2016年，是顺义区励精图治创佳绩、乘势而上谋新篇的重要一年，也是顺义区房屋征收事务中心定位谋篇、展露新姿的关键一年。在区委、区政府的坚强领导下，在区房屋征收办的指导和支持下，全面贯彻落实党的十八届六中全会以及市委、区委系列会议精神，切实把握三个阶段性特征和四个转型升级要求，紧密结合“两学一做”专题教育的开展，以推进“阳光和谐新征收”为目标，团结带领全体党员干部，勤勉实干，开拓创新，攻坚克难，锐意进取，顺利完成年度各项目标任务，实现“十三五”良好开局。

单位名称：顺义区房屋征收事务中心

地址：顺义区府前东街21号

电话：（010）61426120

邮编：101300

（区房屋征收事务中心）

【**职责内容**】根据市编办《关于同意设立北京市顺义区房屋征收事务中心的函》（京编办事〔2012〕248号）精神，设立北京市顺义区房屋征收事务中心（简称区房屋征收事务中心），为区政府所属相当正处级公益一类事业单位，经费形式全额拨款。区房屋征收事务中心受区政府房屋征收办公室委托，承担区房屋征收与补偿的具体实施工作。

（区房屋征收事务中心）

【**征收队伍集结完成**】2016年，中心共完成规范事业在编35人，其中包括招考选拔录用1人，接收转业干部1人，安置退伍士兵1人，转任15人，实现满编率100%。

（区房屋征收事务中心）

【**制度管理建设**】2016年，区房屋征收事务中心全面开展制度建设“一揽子”工程，建立财务专项制度4项，食堂、车辆和会议室使用等公共制度6项，逐步完善中心管理制度达33项，组建督查工作领导小组及领导小组办公室，负责中心各项工作制度落实的督查检查，形成党风廉政建设常态化机制，有效促进制度执行力，提高中心工作效能。

（区房屋征收事务中心）

【**学习调研**】围绕中心工作职责，领导班子亲自率队，带领业务骨干先后到大兴区、丰台区、通州区、平谷区学习座谈、实地调研，为探索形成顺义房屋征收工作模式汲取经验。为顺利推进幸福西街棚户区改造和环境整治项目工作，中心党委书记带队到东城区、西城区学习考察，实地调研西忠实里项目，并作《东城区西忠实里环境整治项目调研情况汇报》。陆续组织征收工作人员先后赴大连、上海学习考察3次，形成《关于参加大连加快推进棚户区改造及货币化安置工作培训班学习情况报告》、《上海市浦东新区、闵行区房屋征收学习调研工作报告》、《关于调研上海市国有土地上房屋征收工作有关情况的报告》，实现全年组织征收业务知识学习培训100余人次，集中考核3次。

（区房屋征收事务中心）

【**参与完成沙坨村棚改项目**】2015年底至2016年初，沙坨村棚改项目启动。中心工作人员分组进驻沙坨村项目拆迁指挥部，重点对接入户调查组、签约组。为保证服务机构的工作质量，中心科学制定出服务机构监管方案和严格的评分标准，并实地征询各方对服务机构的意见，设专人专责全程监管，全力配合指挥部顺利完成沙坨村棚改任务。

（区房屋征收事务中心）

【**京沈客专顺义段拆迁补偿指导意见获区政府批准**】2016年，京沈客专重大建设项目启动，中心配合区住建委及施工单位协调各属地镇政府推进沿线拆迁工作开展。全程参与安置方案的讨论研究，并起草《京沈客专顺义段拆迁补偿指导意见》，该指导意见于4月27日经区政府专题会审议通过，指导意见对于公开公示、工作纪律等均做出明确规定，为顺义段拆迁工作的开展提供有力保障。

（区房屋征收事务中心）

【**顺义区国有土地上房屋征收与补偿系列文件出台**】2016年，中心牵头编制完成《顺义区国有土地上房屋征收与补偿指导意见》《顺义区国有土地上住宅房屋征收补偿办法》《顺义区国有土地上非住宅房屋征收补偿办法》和《关于严肃顺义区国有土地上房屋征收与补偿工作纪律的通知》政策文件及纪律规定，文件于10月陆续由区政府、区政府办印发实施，文件的出台与实施标志着本区房屋征收体系更加完善。

（区房屋征收事务中心）

【**京沈客专顺义段拆迁工作进展顺利**】京沈客专顺义段总里程20.84公里：其中十一标段19.95公里，十标段0.89公里，总占地面积677亩。截至12月底，本区已累计交地551亩，占总面积的81.4%，折合里程16.8公里，占总里程的80.6%。

（区房屋征收事务中心）

【**幸福西街棚改项目评估机构选定工作完成**】幸福西街棚改项目评估机构选定工作自2016年12月8日早八

时开始，至2016年12月11日晚八时结束，共计4天时间。本次选定采用投票协商方式，参与选定的房地产评估机构共计12家。截至协商期满，参与协商的被征收人共计617户，占总户数（676户）的91%。经统计，共计501户被征收人选择北京明鉴永兴房地产土地评估有限公司，占总户数的74%。投票户数和一家机构得票户数均超过总户数的50%，协商投票结果有效，选定工作完成。

（区房屋征收事务中心）

交通运输

【概况】年内，区交通局履行交通运输行业监管职责，开展行业管理、行政执法与安全检查等各项工作，继续保持辖区运输市场良好秩序和行业安全稳定大局，运营服务水平得到切实提高。交通运输行业从业人员5.51万人，运输经营者6830户，营运客、货汽车2.27万辆，公交线路92条，运营里程2796.5公里，全年累计实现客运量1.46亿人次、货运量3627.35万吨；区交通局共受理行政许可和服务事项3.1万余件,受理小客车指标及电话咨询业务3.92万项；公共自行车项目网点总数达222个，共办卡4.24万张，平均每车每日租用3.7次。

单位名称：顺义区交通局

地址：顺义区府前西街7号

电话：69423757

邮编：101300

网址：http://www.jiaotj.bjshy.gov.cn/

（白海鹏）

【新能源公交车运营启动仪式举行】1月14日，顺义区新能源公交车运营启动仪式在北京骏马客运公司举行。区委副书记、区长高朋致辞中强调：新能源公交车是加强节能环保、提升城市形象的重要助力。此次推广使用新能源公交车，是顺义区响应国家绿色节能号召，净化城市空气质量，更好满足市民出行需求的一项重大举措，希望公交客运企业进一步提升服务能力，强化各项安全运营措施，切实保障市民安全舒适出行。

（白海鹏）

【“清洁空气行动计划”取得阶段性成果】区交通局争取相关扶持政策，推进“清洁空气行动计划”（2013-2017），鼓励和引导区属公交客运企业加快淘汰老旧柴油车辆。数据显示：2013-2015年，顺义区累计淘汰柴油公交车279辆，占境内柴油公交车总数的50%。

（白海鹏）

【区领导检查运输企业春节前服务保障工作】1月28日，副区长盛德利带队来到申通快递服务有限公司、骏马客运有限公司检查春节前安全生产工作。强调指出：一定要绷紧安全生产这根弦，进一步增强安全生产意识，严格落实安全生产主体责任，细化各项安全生产管理措施，特别注意重要环节、重点部位的安全管理，每个重要“点位”必须有专人负责，切实把安全生产工作做好、做实；客运企业要抓好公交客运服务质量，提升服务水平，保证市民安全、舒适、便捷出行。区安监、消防等部门负责人参加。

（白海鹏）

【综检站全国“两会”安保工作启动】3月1日零点，北务综检站全国“两会”安保工作启动。综检站巡警、交警、武警、交通等部门按照相关职责要求进入卡位开始执勤。重点工作是：加强进京化危车辆、省际客运车辆和快递业务封闭货车的检查防控；严厉查处进京客货车超员、超载、疲劳驾驶以及酒后驾驶、违法改装等严重交通违法行为。

（白海鹏）

【“空港5路区间”公交线路开通运营】3月14日，空港5路区间（卧龙环岛-商务区总站）开通运营。线路途经地铁石门站、四季花城、澜西园、中航国际、中航发动机、北京苏活、三四营、头二营等多个站点，方便中航产业园和国门商务区职工上下班通勤。

（白海鹏）

【“百日治超”专项行动启动】区交通运政、公安、路政等部门联合启动“百日治超”专项行动。起讫时间为3月16日至6月23日，共抽调运政、公安、路政等部门执法人员54名，加强区内主要货运通道的流动执法检查，尤其以加大夜间突击检查力度，查处“百吨王”及存在非法改装行为的严重超限超载车辆为重。

（白海鹏）

【“汽车维修质量活动月”活动开展】3月，区交通局组织机动车维修经营企业围绕“诚信修车、提高维修和服务质量”开展义务咨询、免费检测、客户回访及汽车救援等活动。活动期间，悬挂宣传横幅28幅、展示宣传展板26块、发放宣传资料1300余份，接待义务咨询200人次，对业户进行电话回访100余户次，实施汽车维修救援366辆次。

（白海鹏）

【综检站劝返尾气排放不达标货车】3月29日，北务、大孙各庄综合检查站联合区环保局环境监察大队，对超载超限行为较为严重的龙塘路、六燕路路段开展执法检查。此次检查共出动执法人员31人、执法车辆8台，劝返尾气不达标货车31辆，处罚私自改装车辆5辆。

（白海鹏）

【机动车维修企业质量信誉考核全面展开】4月至6月，区交通局对符合要求的171家机动车维修企业进行质量信誉考核评比，严格按标准对其经营资质、安全生产、维修服务质量、环境保护等进行全面考核，评出AAA级企业45家，AA级企业103家，A级企业19家。

（白海鹏）

【水运游船业开航安全检查】4月，区交通局海事执法人员到顺义公园、汉石桥湿地等7家水运游船单位检查安全开航准备工作。依照《北京市水域游船安全管理规定》，执法人员对水运游船单位的运营证件、安全管理制度、消防救援设施、船员持证上岗等情况进行排查；对游船的船容船貌、船舶安全技术性能、码头设施安全技术状况等进行检查和指导。

（白海鹏）

【清明节运输服务保障任务完成】4月，在潮白陵园站设临时公交调度岗，实时掌握陵园周边祭扫人群流量，统筹调度运力，满足祭扫市民的乘车需求。清明假日期间，境内公交客运企业投放运营车辆615辆，发车1.69万班次，累计完成客运量39.55万人次。

（白海鹏）

【五一节假日交通运输保障】4月29日至5月2日，顺义区公交客运行业共投入公交车1012辆，发车2.98万班次，运送游客153.97万人次；7家水运游船单位共投放游船273艘，出船2317次，运送游客1.03万人次，实现营业收入22.75万元。

（白海鹏）

【安全生产月活动扎实开展】6月，区交通局结合运输行业实际，扎实开展以“筑牢安全基础，促进协同发展”为主题的安全生产月活动。活动的起讫时间为从6月1日至6月30日，分为四周，每周一个主题：即用电安全警示教育周（6月1日至6月7日）、隐患集中排查治理周（6月8日至14日)、法制宣传周（6月15至21日）、特色活动展示周（6月22至30日）。

（白海鹏）

【第25届啤酒文化节公交服务专线开通】6月，区交通局组织开通石园南大街至水上公园公交专线，服务第25届啤酒文化节。线路设石园南大街、双兴小区、奥林匹克水上公园等15个站点。市民可持市政交通一卡通刷卡乘车，老年证、残疾人证有效。啤酒节期间，专线共发车450班次，运送游客3126人次，出动执法车辆69辆次，派出执法人员115人次，顺利完成本届啤酒文化节客运服务保障工作。

（白海鹏）

【端午小长假交通运输服务保障】端午小长假期间，境内2家客运企业共投放运营车辆615辆，发车1.69万班次，累计运送乘客73.87万人次；7家水运游船单位共投放游船279艘，出船2306次，运送游客1.53万人次，实现运业收入11.68万元。

（白海鹏）

【途经原东大桥环岛公交线路调整】6月，区交通局调整途经原东大桥环岛公交线路：顺15、16、18、19、20、23、24、31、33、37、39、40、41、43、45路15条线路取消东大桥站；顺1、25、26路裕龙小区至地铁顺义站方向取消东大桥站，调整为裕龙三区站停靠；顺28、28区间、29、36、36区间以及856路、915路、915快、918路、923路、924路、945路保持原站不变。

（白海鹏）

【道路运输行业液化气钢瓶泄漏事故处置演练】6月24日，区交通局组织宏达液化石油气有限责任公司开展道路运输液化气钢瓶泄漏事故处置演练。区应急办、市政燃气、质监局、安监局、交通支队等部门相关领导和18个危化运输企业负责人共同观摩此次演练。

（白海鹏）

【航海日主题宣传活动启动】7月11日，区交通局海事执法人员走进顺义公园开展水上交通安全知识宣传活动，活动现场设立航海日宣传咨询台，海事执法人员向游客发放《游客乘船安全知识》、航海文化手册等宣传材料200余份。此次航海日活动主题为“建安全高效绿色航运，助海上丝路新发展”。

（白海鹏）

【“两客一危”行业GPS监管系统学习培训】8月4日，区交通局组织召开道路运输行业GPS监管系统学习培训会，相关运输企业GPS技术管理人员参培。通过学习培训，运输企业GPS技术管理人员更加深入和直观的了解监管系统，有助于提高业务实操水平，维护辖区道路运输的安全运营环境。

（白海鹏）

【暑汛期水运行业安全大检查】8月3日至12日，为加强水域游船行业安全管理，针对暑汛期水上安全特点，持续加大行业安全隐患排查力度。区交通局派出海事执法人员16人次，对北京芦荡乐园、奥林匹克水上公园、顺义公园等7家游船单位开展入户检查，共检查船舶72艘，重点查看各单位机动船驾驶员和救生员在岗履职、船舶安全性能、救生及消防设施配备等情况。

（白海鹏）

【“青少年水上交通安全知识进课堂”活动】8月24日，区交通局海事执法人员联合光明街道工委工作人员来到顺义公园，海事执法人员为30名小学生介绍水上交通安全的重要性，讲授青少年日常旅游乘船注意事项及突发紧急情况下需要了解的安全知识、水上应急避险小常识。并且现场教授孩子们救生衣和救生圈的正确使用方法。此次活动共发放《乘船须知》30册、笔袋30个。

（白海鹏）

【首批境内公交乘务管理员上岗】9月，通过岗前培训、军事化训练、考试等环节，首批录用的92名境内公交乘务管理员正式上岗。

（白海鹏）

【国庆黄金周交通运输环境秩序整治】国庆黄金周期间，区交通局加大对首都机场、顺义城区周边以及轨道交通站点等客流相对密集区域的巡查，重点打击损害乘客利益的违规营运车辆，对严重违法行为进行高限处罚。

（白海鹏）

【水运游船业全面进入停航】11月，水运游船行业进入停航阶段。2016年顺义区水运游船企业7家，船舶总量283艘，行业从业人员57人，累计实现客运量27.94万人次、营运收入300.34万元。

（白海鹏）

【公交站点优化调整】11月，区交通局将“空港2路”终点站金汉绿港调整为南彩镇后俸伯村职业技术培训学校。调整后，空港2路在河东地区新增地铁俸伯站、南彩工业园、后俸伯、职业技术培训学校4个公交站点，当地居民可乘坐该线路直达首都机场。

（白海鹏）

【公交客运行业应对首场降雪】11月21日，顺义区迎来首场降雪，公交客运行业沉着应对，全面做好雪天公交客运运营保障工作：执法人员第一时间上路检查公交运行情况，重点检查公交运营安全、运营秩序以及车辆技术状况；在城区重点路段的公交站台增配车站安全员，维护、疏导车辆进出站秩序，提醒乘客注意脚下安全，确保各个重要站点有序安全运行；客运企业严格按照规定的发车时间和间隔运行，保证乘客正常出行。启动雪天应急预案，及时接听服务和投诉电话，处理突发事件。

（白海鹏）

【空气重污染红色预警期间地面公交应对措施】12月，境内客运企业加强运营调度，保持车辆上线率97%以上，并严格按照规定的发车时间运行，严禁出现丢班晚点的现象；大客流线路适时增加班次；延长末班车运营时间。

（白海鹏）

【区领导检查空气重污染红色预警应对措施落实情况】12月19日，区委常委、副区长初军威带队到北京成禄翔汽车销售服务有限公司、北京博丰长久丰田汽车销售服务有限公司、北京前博汽车贸易有限公司等四家机动车维修经营企业，实地检查红色预警期间应对措施及喷漆工序停工情况。希望各企业继续按照要求落实好各项应急措施，为北京的蓝天贡献力量。强调各相关部门要强化责任意识，加大检查力度，确保空气重污染各项应急措施落实到位。区交通、经信委、环保等部门有关负责人参加。

（白海鹏）

【依法注销违规货运业户、车辆信息】年内，区交通局建立健全货运行业行政许可信息定期清理工作机制，每季度将运政审批库中的货运行业业户、车辆及人员信息梳理一次，依法注销行业内“僵尸户”、“僵尸车”等违规信息，并定期进行媒体通告。在《北京青年报》刊登注销通告4期，依法累计注销“僵尸户”1057户、“僵尸车”113部。

（白海鹏）

【国Ⅰ、国Ⅱ城市配送轻型货车退出运输市场】年内，区交通局结合行业管理实际，加快相关车辆更新进度：依照《国I、国II排放标准城市配送轻型货车数据表》，引导经营者用足用好政府奖励政策，鼓励其退出运输市场；对已取得《道路运输证》的国I、国II排放标准的货车，停办年度审验、车辆综合性能检测等级评定等手续；不再受理国I、国II排放标准的货车办理营运手续。

（白海鹏）

【区政府重要实事、重点工作全部完成】年内，区交通局按时完成区政府安排的重要实事和重点工作：新增5000辆公共自行车；更新160辆、新增80辆新能源公交车并安装智能调度设备；新建李桥镇英各庄村客运站及50座公共候车亭；会同区市政市容、公安等部门制定实施六环路顺义城区出入口禁止5吨（含）以上载货汽车通行的措施；制定实施公交考核管理办法，加强企业考核和监管，提升公交服务质量。在10个郊区中，率先编制并实施了《加快提升公交服务管理水平实施意见》；开通服务经济功能区的袖珍公交、镇域之间的支线公交、农村微循环公交、边远地区就业班车等，为群众提供良好的公交服务。

（白海鹏）

【新能源和清洁能源公交应用力度持续加大】年内，境内公交总数达到668辆。其中，新能源和清洁能源公交563辆，占比超过84%。

（白海鹏）

【《“十三五”时期交通发展建设规划》编制完成】年内，区交通局编制完成《顺义区“十三五”时期交通发展建设规划》。《规划》提出“十三五”时期交通发展的目标和指标，明确发展思路，确定发展重点和主要任务，并制定相应的保障措施。

（白海鹏）

【交通执法工作有力开展】年内，区交通局重点查处货运市场擅自改装运营、省际客运不按批准线路站点运行等违规行为，共出动执法人员 6500 余人次，执法车辆1500车次，扣押违法营运车辆84辆，罚款50.79

万元。

（白海鹏）

【超限超载治理】年内，区治超办强力推进治超工作。各成员单位坚持夜间突查与白天巡查、流动检查与24小时守卡防控、单独出击与统一行动相结合，重点加强对顺密路、昌金路、京密路、木燕路、龙塘路的治理，严打严管“双超”运输车辆。1-12月，区治超办组织流动治超266次，出动执法人员3790人次，共查处超限超载车辆109部，卸载各类货物6608.48吨。

（白海鹏）

公路建设

【概况】2016年分局公路建设、养护任务共11项，全部完成计划投资的5.88亿元。其中，新改建3项，1.52亿元；平改立1项，1001万元；大修、预养7项，1.37亿元；日常养护1.43亿元；路网建设维护737万元；乡村公路建设养护1.39亿元。实施乡村公路大修70公里，新建桥梁1座，改造涵洞1座，日常养护里程1929公里，养护桥梁215座。路政结案率100%，行政许可卷、处罚卷均被评为优秀。

单位名称：北京市交通委员会路政局顺义公路分局

地址：顺义区府前东街8号

电话：（010）69423587

网址：http://www.bjlzj.gov.cn/

（顺义公路分局）

【顺平辅线俸伯桥改建工程完工】6月15日顺平辅线俸伯桥改建工程完工。此工程包括1座桥梁（俸伯桥）、3条道路（府前街、右堤路、顺平辅线）。府前街改造范围长230米，设计标准为城市主干路，路面宽37米；右堤路改造范围长550米，设计标准为城市次干路，路面宽32.5米；顺平辅线改造范围450米，设计标准为城市主干路，路面宽32米。新俸伯桥位于原俸伯桥北侧、地铁M15号线南侧，跨越潮白河，桥梁西侧与顺义区府前街相连，东侧与顺平辅线相接，桥长450米、宽40米，中间为三上三下机动车道，两侧为非机动车道和人行步道。工程于2015年1月20日开工，由北京市交通委员会路政局投资，投资总额13829万元。设计单位为北京市市政工程设计研究总院有限公司，施工单位为北京鑫畅路桥有限公司；监理单位为北京逸群工程咨询有限公司。

(王三军)

【铁东路大修工程完工】10月30日铁东路大修工程完工。此工程北起仓上街（K2-900），南止外环路（K6+565），道路长3.66公里。横断面为一幅路型式，路面宽为15米，两侧路肩各宽2米，路基宽19米。设计标准为二级公路，设计车速60公里/小时，路面设计荷载：BZZ-100。工程于7月30开工，由北京市交通委员会路政局投资，投资总额1422万元。设计单位为山东省公路设计咨询有限公司，施工单位为北京城建远东建设投资集团有限公司，监理单位为北京逸群工程咨询有限公司。

（吕斌）

【外环路大修工程完工】11月5日外环路(顺平路-顺沙路)西半幅大修工程完工。此工程南起顺平路(K11+525)，北止顺沙路(K13+940)，道路长2.42公里，横断面为四幅路形式，中央分隔带宽2米，两侧机动车道各宽12米，两侧机非隔带各宽2米 ，两侧非机动车道各宽5米，两侧人行步道各宽4米。设计标准为二级公路，设计行车时速60公里/小时，路面设计荷载：BZZ-100。主要工作内容为挖除新建路面结构。工程于8月5日开工，由北京市交通委员会路政局投资，投资总额1312万元。设计单位为北京市市政专业设计研究院股份公司，施工单位为北京路桥瑞通养护中心有限公司；监理单位为北京逸群工程咨询有限公司。

（李龙旺）

【白马路预防性养护工程完工】11月8日白马路预防性养护工程完工。工程西起昌平界（K2+527），东止顺密路（K22+742），道路长20.2公里。K2+527-K15+400（非城镇段）横断面为两幅路型式，中央分隔带宽6米，两侧路面各宽12.5米，两侧各0.75米土路肩，路基全宽32.5米；K15+400-K22+742（城镇段）现有横断面为四幅路形式，中央分隔带宽6米，两侧机动车道各宽12.5米，两侧机非隔离带各宽8米，两侧非机动车道各宽12米，两侧人行道各宽4.5米，路基全宽60米。路面采用预防性养护，结构为铣刨旧路面层2厘米，其上做2厘米超薄磨耗层。设计标准为一级公路；设计车速80公里/小时,路面设计荷载：BZZ-100。工程于9月8日开工，由北京市交通委员会路政局投资，投资总额2592万元。设计单位为北京国道通公路设计研究院股份有限公司，施工单位为北京鑫旺路桥建设有限公司，监理单位为山西省交通建设工程监理总公司。

（薛萌）

【壁富路新建工程完工】11月16日壁富路新建工程完工。工程起点位于通州区通顺路，终点为顺义区李天路。路线全长8.98公里（其中通州区段长7.68公里，已于2008年建成通车）。顺义段长1.3公里，此次壁富路（顺义段区）道路工程下穿机场南线高速预留桥孔及机场专用。道路横断面采用“四幅路”形式，中央隔离带宽6米，两侧机动车道各宽11.5米，两侧机非分隔带各宽2.5米，两侧非机动车道各宽5米，两侧人行道各宽3米。设计标准为城市主干道，双向六车道，设计时速60公里/小时。工程于2015年5月26日开工，由北京市交通委员会路政局投资，投资总额10793万元。设计单位为北京国道通公路设计研究院股份有限公司，施工单位为北京城建道桥建设集团有限公司，监理单位为北京四方工程建设监理有限责任公司。

（曹松）

【富密路大修工程完工】12月8日富密路大修工程完工。此工程南起昌金路（K0+000），北止京沈线（K2+312），道路长2.31公里。K0+000–K0+862段横断面为两幅路型式，中央分隔带宽2米，两侧路面各宽11.5–12.5米；K0+862–K2+312路段为一幅路型式，路面宽10.6米–27米，路基宽14.6–31米。道路宽10.6–27米，路基宽14.6–31米。设计标准为二级公路，设计行车时速60公里/小时，路面设计荷载：BZZ–100。工程于8月24日开工，由北京市交通委员会路政局投资，投资总额1256万元。设计单位为德州市公路勘察设计院，施工单位为中国新兴建设开发总公司，监理单位为山西省交通建设工程监理总公司。

（李龙旺）

【龙尹路大修工程完工】12月8日龙尹路大修工程完工。此工程北起昌金路(K3+685)，南止顺平路(K9+148)，道路长5.46公里。横断面为一幅路型式，路面宽12米，两侧土路肩各宽1.5米，路基宽15米。大修内容为铣刨旧路，病害处理，恢复原有路面结构，更换路缘石，完善道路排水设施等。设计标准为二级公路，设计行车时速60公里/小时，路面设计荷载：BZZ–100。工程于10月8日开工，由北京市交通委员会路政局投资，投资总额1119万元。设计单位为北京市市政专业设计研究院股份公司，施工单位为中交三公司第二工程有限公司，监理单位为山西省交通建设工程监理总公司。

（薛萌）

【北木路平改立工程完工】12月29日北木路平改立工程完工。工程西起北木路K8+800，东至K9+780，与富密路相接， 道路长972米。设计标准为二级公路。路基宽15米，路面宽13米，两侧土路肩为1米。下穿京承铁路铁顶进箱涵已于2014年完工。公路工程部分包括道路工程、排水工程及附属工程。工程于2015年5月26日开工，由北京市交通委员会路政局投资，投资总额3001万元，设计单位为黑龙江省公路勘察设计院，施工单位为中交三工局第二工程有限公司，监理单位，北京正宏监理咨询有限公司。

（曹松）

【右堤路（顺平路–龙塘路）大修工程完工】12月15日右堤路大修工程完工。此工程北起顺平路(K30+170)，南止龙塘路(K38+040)，道路长7.87公里。横断面为一幅路型式，路面宽度为9米，路基宽10.5米。本次大修主要施工内容为铣刨旧路，结构补强，高程受限路段结构重建等。设计标准为二级公路，设计行车时速60公里/小时，路面设计荷载：BZZ–100。工程于9月29日开工，由北京市交通委员会路政局投资，投资总额1964万元。设计单位为北京国道通公路设计研究所股份有限公司，施工单位为中冶交通建设集团有限公司,监理单位为山西省交通建设工程监理总公司。

（吕斌）

【乡村公路建设】其中大修工程共75条道路70公里，新建桥梁1座，危涵改造1道；实施安保工程隐患治理52公里，工程内容包括设置钢板护栏、标线、标牌等。年度总投资1.12亿元，涉及17个乡镇80多个行政村。

（李雪峰）

【路网管理系统外场设施建设】目前全区县级以上公路外场设备共266套。全年共接听处置社会来电694次；编发提示短信4350条、收集上报雨、雪情62次，接收、传达预警等信息56次；可变情报板发布信息3.3万条。为公路事业发展和公众出行提供服务。

（张孟培）

【路政管理】全年共办理行政许可75件，收取补偿费50.9万元；实施行政处罚64件，收取罚款40.1万元；处理一般路政案件576件；处理赔偿案件86件，收取赔（补）偿费24.9万元。成立高速公路执法中队，与首发、机场高速路产部门，建立工作衔接机制，实现高速公路路政案件与路产事件联动处置。联合属地政府开展执法行动17次。严格治超，有效打击货运车辆超限超载现象。

（刘宝华）

环卫服务

【概况】顺义区城镇环境卫生服务中心为区政府所属正处级全额拨款事业单位，内设机构及基层单位11个，分别为：办公室、业务科、政工科、安全保卫科、财务科、工会、设施科、清洁一队、清洁二队、机械化作业队、镇村生活垃圾清运队。目前，共有干部职工约1100人，环卫车辆300余辆，主要负责城区61条街道、总面积351.82万平方米的清扫保洁工作、城区65个社区和330个机关企事业单位及全区17个乡镇的生活垃圾清运任务、城区62座公共卫生间的保洁维修工作。2016年全年中心共清运生活垃圾235717吨，其中城区46708吨，农村189009吨；抽运粪便、污水10410吨；清理烟花爆竹残屑45吨。

单位名称：顺义区城镇环境卫生服务中心

地址：顺义区新顺南街5号

电话：（010）69444468

邮编：101300

网址：http://www.bjshyhw.com

（环卫中心）

【集中开展道路清洗作业】随着天气回暖，环卫中心集中开展道路清洗作业，对路面的积压尘土进行清理，全面提升道路洁净度。一是采取人机结合的方式，彻底清洗路面。每日出动6辆水车、1辆洗地车，分时段、分班组对城区每条道路进行冲洗，同时各保洁班组配合进行推水作业。二是从细处着手，保证环境卫生不留死角。重点加强对隔离栏、路牙等细节部位的清理，保证道路清洗到位。三是加强环卫作业管理。随时关注天气情况，实时向各作业部门进行安全提示，开展作业安全检查，加强劳动防护，确保安全作业。

（环卫中心）

【环境卫生拉练检查】4月20日，为迎接外国驻华使节、市友协领导及区主要领导调研考察，由中心主任带队，副职领导参加，深入重点沿途路线、点位周边，对环境卫生进行拉练检查。重点检查相关作业责任区域整体卫生质量情况，主要涉及道路清扫保洁、垃圾清运、公厕保洁及小广告清除等，对检查过程中发现的道路残存尘土及少量白色污染等问题，现场部署卫生清理工作。

（环卫中心）

【汽车展期间环境卫生服务保障工作】第十四届北京国际汽车展览会于2016年4月25日—5月4日在北京中国国际展览中心举行。根据相关部署，顺义环卫中心承担汽车展期间新国展周边的生活垃圾清运、道路喷雾降尘作业以及临时卫生间保洁维修和粪便抽运工作。环卫中心于4月22日召开专门会议研究并迅速落实准备工作。4月24日下午，中心保障人员、车辆及相关物资准备到位，移动公厕等设备调试完毕，共在新国展停车场设置移动卫生间30座，在新国展周边设置240升垃圾桶80个，5辆垃圾车用于清运新国展周边生活垃圾，1辆12吨水车用于新国展周边道路喷雾降尘，1辆5吨水车用于移动卫生间补水，1辆5吨吸污车用于移动卫生间抽运粪便。

（环卫中心）

【奋战雨后积水】5月11日夜晚持续降雨，造成城区燕京桥下辅路、建新东街、拥军路、东大桥环岛、幸福西街等多处积水严重。环卫中心及时调整作业模式。一是加大道路清理力度及推水作业力度。全面清理道路积水、漂浮垃圾、淤泥，防止雨水口堵塞。二是加大机械清扫力度。出动机扫车，对雨后污染路段进行彻底刷洗，实现路见本色。三是各作业队加大巡查力度。全面检查作业车辆，严禁带病上路作业，发现问题及时处理。

（环卫中心）

【消防安全知识培训】9月9日,中心邀请有关专家，对环卫干部职工开展消防安全知识培训。专家通过讲解火灾分类、分析火灾成因、列举典型案例等方式，详细介绍家庭及车辆的消防知识和逃生常识、常见消防设施及灭火器的使用方法，并现场对消防器材的使用进行讲解和演示。

（环卫中心）

【垃圾转运站专项检查活动】9月23日，顺义环卫中心开展乡镇垃圾转运站专项检查活动。由中心领导带队，重点检查仁和、李桥、天竺3个镇的垃圾转运站。通过检查，中心领导对垃圾转运站日常作业提出几点要求：一是严格站内卫生保洁工作。完善冲洗设施，要求作业人员及时对压缩作业过程中污染的地面进行冲刷，确保无垃圾渗透液积存，保持清洁卫生。二是加大维修保养力度。加强对站内设施、车辆的日常维护和保养，确保设备运行良好。三是强化监督管理。加强巡视检查力度，对发现的问题及时处理，保障转运站高效运行。

（环卫中心）

环境保护

【概况】2016年，顺义区环境保护局围绕改善环境质量的工作目标，努力推进以大气和水污染防治为重点的各项环保工作，全区环境质量得到进一步改善，实现顺义区“十三五”环保工作的良好开局。

单位名称：顺义区环境保护局
地址：顺义区府前西街铁路桥西
电话：（010）69428152
邮编：101300
网址：http://www.syhbj.bjshy.gov.cn/

（李爽）

【大气污染防治】年内，制定并实施《顺义区清洁空气行动计划2016年实施方案》和《顺义区大气污染治理强化措施实施方案》，区域内空气质量呈总体改善趋势。顺义区空气中细颗粒物（PM2.5）平均浓度为71微克/立方米，同比下降12.3%；二氧化硫平均浓度为10微克/立方米，同比下降9.1%；二氧化氮平均浓度为43微克/立方米，同比持平；可吸入颗粒物平均浓度为82微克/立方米，同比下降12.8%。完成燃煤锅炉清洁能源改造1204蒸吨，淘汰高排放老旧机动车23082辆，清理整治违法违规排污及生产经营行为企业103家、淘汰退出高污染企业50家。

（李爽）

【主要污染物减排】年内，顺义区大气污染物二氧化硫、氮氧化物分别累计削减916.8吨和488.0吨，完成削减任务的266.4%和168.3%；水污染物化学需氧量、氨氮分别累计削减2066.7吨和208.5吨，完成削减任务的435.4%和288.0%。

（李爽）

【环境监察】年内，严格贯彻落实《中华人民共和国环境保护法》《中华人民共和国大气污染防治法》等法律法规，开展"大气执法年"等专项行动，作出固定源行政处罚决定103起，罚款667.17万元；作做出移动源行政处罚决定1180起，罚款82.2万元。受理排污申报3200家，征收排污费8145万元。

（李爽）

【环境监测】年内，获得各类监测数据28094个，形成监测报告1339份；公开66家次企业环境监测信息，公开数据952个。

（李爽）

【环评审批】年内，共审批建设项目425个，否决和延缓建设项目审批550个，办理48个重点民生项目的环评审批。

（李爽）

【环保宣教】年内，利用网上网下"双平台"，通过顺义区环保局官方微信、微博，区电视台、电台、报纸、网站等，全方位开展环境保护宣传教育，制作、发放宣传册11.7万册、横幅3600条。

（李爽）

供电工作

【概况】顺义供电公司（简称顺义公司）成立于1957年，是北京市电力公司（简称北京公司）直属供电企业，负责顺义地区1020平方公里范围内的电网规划建设、运行管理、电力销售和供电服务工作，肩负着为顺义区域内党政军机关、高科技园区及首都机场和全区90余万常住人口安全供电的光荣使命。截至2016年底，共设置11个职能部门、3个业务支撑与实施机构，下设36个班组、19个乡镇供电所。公司共负责110千伏变电站24座，主变压器51台，容量2286.5兆伏安；35千伏变电站10座，主变压器21台，容量238.9兆伏安；110千伏线路53条，长度399.435千米；35千伏线路29条，长度203.959千米；10千伏架空线路225条，长度2738.256千米；10千伏电缆线路258条，长度1652千米。实现全年安全生产无事故目标，累计安全生产长周期7292天。公司完成售电量65.78亿千瓦时，同比增长9.61%；售电收入43.35亿元，同比增长7.09%；线损完成3.33%，同比降低1.55个百分点；城网供电可靠率达到99.9909%，农网供电可靠率达到99.9851%；当年电费回收率100%。最大负荷133.2万千瓦。公司荣获全国文明单位、首都文明单位标兵、北京市交通安全先进单位、国家电网公司实现安全生产目标单位、国网北京公司先进单位、北京企业志愿服务"十佳"优秀组织等多项荣誉称号。

单位名称：北京市电力公司顺义供电公司
地址：北京市顺义区顺达路6号
电话：（010）81483347
邮编：101300

（供电公司）

【人力资源】截至年底，公司共有职工922人。其中，全民员工306人，集体企业员工312人，农电用工304人。全民员工当中研究生及以上学历53人，本科学历146人，专科学历67人；高级职称17人，中级职称74人；技师及以上职业资格196人，高级工57人，中级工24人。编制完成《顺义供电公司后备干部管理实施细则》和《顺义供电公司挂职（岗）培养锻炼管理办法》，规范选拔任用程序。完成"三大专业"业务再集约及末端融合试点工作阶段性任务，围绕公司业务集约融合，深化岗位管理，优化用工配置，搭建培养锻炼平台，提升人力资源保障水平。完成首次薪档晋升调整工作，优化收入分配关系。

（供电公司）

【培训与人才培养】开展各类培训130余项，实现全员培训率100%，学时、学分达标率100%，年度教育培训计划完成率100%。共有69人通过电力行业特有工种职业技能鉴定考试，另有67人实现职业技能等级提升。在专家人才培养方面，1人当选国网公司级优秀专家人才，3人当选省公司级优秀专家人才，1人当选地市公司级优秀专家人才，1人荣获全国电力行业技术能手，1人入选北京公司基建专业骨干人才储备库。在竞赛调考方面，3人代表北京公司参与国网公司级竞赛并荣获三等奖，1人代表北京公司参与电力行业级竞赛并获得全国第十六名，4人在北京公司级竞赛中获奖，公司共获得8个竞赛项目的优秀单位荣誉称号。

（供电公司）

【电网规划与建设】抢抓市级项目行政审批权下放机遇，将“煤改电”配套“1+4”变电站（“1”是220千伏东府站，“4”是110千伏张镇、东营、北河、板桥站）全部列入北京市绿通项目，率先完成所有项目的立项核准工作。提升配电网规划质量，先后完成地区“十三五”电网规划报告，年度“网格化”配电网规划修编，2015－2016年顺义10千伏配网结构整合规划等。完成北京东特高压下送工程前期工作，开创500千伏电网工程层面“零前期”的工作模式。完成历时10年的顺－王220千伏工程前期任务完工，实现年底完成送电的艰巨使命。庄子营110千伏输变电工程和东大孙35千伏主变增容工程一期顺利投产，同时实现配套切改工程同期竣工的工作目标，庄子营变电站工程获得国网公司优质工程称号。推进新城、军营110千伏输变电工程建设，确保2017年上半年具备投产条件，新城电力隧道工程获得示准工艺竞赛三等奖，军营110千伏输变电工程获得示范业主项目部称号。

（供电公司）

【智能配电网改造工程】智能配电网改造工程初步完成。全年53项配电网改造工程、286千米裸导线更换任务竣工，配电网改造使公司配电线路联络率达100%，断路器无油化率达100%，架空线路绝缘化率由78.6%提高至91.96%，架空线路以及配电站室自动化覆盖率由46.54%提高至68.76%，台区标准化率由47.89%提高至90.31%，彻底消除高损变压器，配电网智能化水平有效提高，设备健康水平明显提升，网架结构更加优化。

（供电公司）

【经营管理】加强收入、成本、利润、资产等全要素管理，强化价值链和全业务管控。加强工程里程碑计划、资金计划、招标计划的协同衔接，提升项目管控精益化水平，工程转资完成率实现100%。工程及项目审计管理取得实效，公司工程项目全部实现全过程跟踪审计，审计问题、审减工程、核减金额均大幅度降低。规范制度建设体系，组织各专业认真开展季度制度自查工作，部门季度自查均实现100%，确保制度对专业工作的正确指导。组织开展“走进法庭”、“学案例、防风险”等主题活动，提升公司依法治企水平和风险防范能力。

（供电公司）

【安全生产】树立“大安全”理念，扎实开展春季安全大检查、安全生产月、“三查三强化”即查责任落实、查基础管理、查风险隐患，强化制度执行、强化反措落实、强化责任追究等专项活动。严格落实各级安全生产责任制，加强工作现场安全监督管理，一、二级风险现场安全巡检100%全覆盖。深入落实联合巡检制，公司领导干部、管理人员现场督导检查687次，发现并整改问题178项，下达安全违章通知单89张，违章同比降低23%。规范施工单位“双准入”管理，注重安全教育培训，员工安全防控意识和能力显著提升。

（供电公司）

【电网运行】做好“大运行”深化集约，完成辖区内31座110千伏变电站调控权移交工作；同时将电网管控范围延伸至低压400V，实现顺义电网35千伏至400V全电压等级同质化管理。各专业落实顺义电网2类14项非季节性风险预警差异化管控措施，防范电网运行风险；开展电网运行方式及互倒互带能力分析，互倒互带方案直接应用于电网故障处置措施，将17户重要客户及供电敏感客户外电源纳入实时监控范畴，提高电网运行可靠性。

（供电公司）

【“大检修”深化集约落实】完成35千伏及以上输电、变电设备移交工作。落实输电通道属地化运维责任，开展“输电线路反外力百日安全”活动，强化输电线路通道巡视和隐患管控工作，输电线路故障同比降低57.1%；有针对性开展近3年故障高发线路专项整治和防鸟害、防雷等季节性工作，配网故障率同比降低52.5%；建立“系统监视、现场核实、限期治理、定期查验”的配电异常台区治理机制，累计完成600余台异常台区治理工作，实施变压器分换装84台，切改、改造低压线路40余公里，异常台区数同比下降50.5%，低压报修工单同比下降67.4%，供电质量显著提升。

（供电公司）

【应急联动机制日趋完善】全年启动应急响应24次。政治保电在常态化管理基础上，强化输变配电设备差异化运维，规范保障流程，完成全国“两会”、北京车展、燕京国际啤酒节等政治供电任务34次，累计保电天数110天。做好“煤改电”用户供电保障工作，及时编制55个村“一村一案”及50条“煤改电”线路“一账两案”，确保度冬期间“煤改电”线路应急抢修流程完善，抢修高效。

（供电公司）

【营销与优质服务】落实业扩“五新”服务专项行动

方案，即创新业扩报装“互联网+”服务新手段，创新业扩报装接电服务新模式，建立业扩项目配套建设新制度，建立业扩报装流程规范新标准，建立业扩报装业务协同新机制。坚持以客户需求为导向，简化办电手续，确保业扩报装提速提效。全年累计接电82万千伏A(含煤改电)，同比增加57.22%，创历史接电容量新高。加快实施计量换装升级工程，全年完成3万余具顺义小系统网络表换装工作；完成老旧集中器换装工程及互联互通升级工作，采集抄通率达99.63%，初步实现“全覆盖、全采集、全费控”的总目标。

（供电公司）

3.29庄子营110千伏变电站正式投入运行

【重点区域充电桩建设工作】年内，顺义地区共建成充电站44座，充电桩512台，公共充电网络逐步完善。完成首都机场充电站的交流桩换直流桩的改造任务。

（供电公司）

【客户服务品质提升】 推广“互联网+”营销服务，加大移动客户端宣传力度，“掌上电力”（含微信）注册用户达到14.46万；深化抢修人员抢修APP使用，将故障处理由线下转为线上，抢修APP使用率达到98.06%，故障抢修时限缩短35.08%；规范服务行为，强化服务质量管控，建立投诉“说清楚”制度，优质服务工作取得显著成效。

（供电公司）

【农电工作】做好公司所属19个供电所的日常管理工作，全年各供电所在做好运维、服务工作的基础上，重点围绕“煤改电”工作任务，加强前期协调、物资到货、建设管控等工作环节，8月底即提前完全年工程任务，。在此基础上，积极与区政府沟通， 9月中旬开始，75天完成2017年应施工10个村，区政府追加工程19个村的“煤改电”改造任务，全年共改造完成51个村，21383户。获得北京公司“煤改电”工程突出贡献单位荣誉称号。

（供电公司）

【科技与信息化】全年光纤到台区完成1774个台区设备的上线，完成率100%。开展配电通信网运维体系建设工作，编制信息与通信专业运行方式报告，编制“十三五”通信网规划报告。开展两次信息安全隐患排查专项治理工作，配合电力科学院完成信息安全专项督查工作。做好信息通信专业运行管理工作，安排专业公司对变电站、供电所信息机房空调机UPS进行巡检。制定标准作业指导书，提高整体处缺水平和质量。加强系统在线监测工作，发现设备告警、流量异常、网络负载过大等异常，及时查找原因并处理。运用桌面终端管控系统对终端进行安全管控，严防违规外联事件发生。加强桌面终端巡检工作，对发现的桌面终端隐患，要求限期整改。开展年度群创项目,进行项目过程跟踪、季度汇总上报项目完成情况。开展专利申报工作，共递交专利申请材料13份，获得实用新型专利授权6项，发明专利授权1项。开展2017年科技项目储备工作，共征集项目及科研需求9项，其中2项进入储备项目库。开展年度科技进步奖和优秀科技论文申报工作，共征集上报群创成果3项、科技论文4篇。

（供电公司）

邮政

【概况】中国邮政集团公司北京市顺义区分公司（以下简称顺义区分公司）邮政网点遍布在顺义城乡，为全区各界用户提供着优质、便捷、高效的邮政服务。目前，顺义邮政分公司承办的主要业务有：收寄国际国内平常、挂号信函、印刷品、包裹、特快专递、办理国内电子汇兑、邮政储蓄、订阅报纸杂志、集邮、机要通信、商业信函、DM广告等业务；并代办保险、代收固话费、移动话费、代发养老金、代发工资、代售飞机票、火车票等公众服务。

单位名称：中国邮政集团公司北京市顺义区分公司

地址：北京市顺义区新顺南大街7号

电话：（010）69444642

邮编：101300

（郭小燕）

【企业经营成果】2016年顺义区分公司累计实现16966.18万元，完成年计划的105.59%，同比增长

1814.46万元，同比增速11.98%。业务成本累计支出12291.04万元，完成年计划的101.45%，同比增长1284.12万元，同比增速11.67%。利润总额累计实现5094.55万元，完成年计划的118.48%，同比增长632.83万元，同比增速14.18%。劳产率累计完成30.30万元，完成年计划的105.40%，同比增速5.98%。

（郭小燕）

【代理金融业务】2016年金融类业务累计实现业务收入10671.51万元，完成全年预算的99.92%，较去年同比增长15.51%，金融收入占总收入比重达62.90%，较上年同期提高了1.37个百分点。其中：储蓄业务收入实现7679.42万元，完成进度104.48%，同比增幅7.85%；汇兑业务收入实现60.81万元，完成进度121.62%；保险业务收入实现2931.28万元，完成进度89.37%，同比增幅46.52%。

（郭小燕）

【函件业务】借助地区优势，依托邮政特色资源，通过加强函件及传媒业务培训工作，加快转变公司函件专业增长方式。通过强化营销，开发月收入在3万元以上的大客户三户，在保存量的同时 稳增量，确保顺义分公司函件收入每个月10万元稳步的增长。2016年全年累计实现业务收入2802.36万元。完成全年指标的155.69%，并提前五个月完成全年指标。

（郭小燕）

【报刊发行业务】年内，发行公司依托专项市场和日常收订等项目深入开发报刊市场，组织开展各类营销活动。通过上门和进社区宣传，报刊发行专业累计实现业务收入 918.18万元，完成年计划的113.36%，日常收订流转额529万元，完成年计划435万元的109%，提前完成市公司下达的任务目标。

（郭小燕）

【集邮业务】顺义区分公司通过对国家政策、邮票发行计划及社会热点进行分析确定营销重点，根据生肖、两会、国际车展、郁金香文化节、农业嘉年华、“七夕”节民政局现场服务等热点，举办主题营销活动累计20余场次。集邮专业全年累计实现业务收入1103.83万元，全年完成年计划1200万元的91.99%，同比增长7.93%。

（郭小燕）

【电商业务】年内，顺义区分公司拓展“邮乐购”电商渠道、“线上+线下”常态化营销方式，有效拉动电商业务发展。通过与北京彩虹庄园农业科技有限公司、北京国际鲜花港合作，开发农产品进城项目，将其成功引进邮政销售平台，代理销售采摘券、樱桃销售及鲜花产品销售寄递业务；围绕“农产品进城、消费下乡”一体化的新型销售平台进行建设，先后在张喜庄、石园建成邮乐购线下体验店。与金融专业相互依托，结合积分换礼、抽奖等活动不断提升客户粘合度。全年累计销售电卡462.20万元。2016年，电商分销业务累计实现业务收入606.70万元，完成年计划的93.30%。

（郭小燕）

【快递包裹业务】年内，包裹快递专业抓住电子商务蓬勃发展机遇，对接电商平台，全年实现业务收入563.22万元，完成年计划指标的86.52%。以快递包裹专业营销竞赛活动为载体，拓展市场，做大规模，紧抓淘宝、天猫、阿里巴巴客户资源，全力做好电商快递包裹业务的开发工作；以“培训”为抓手，做到政策落地，人人知晓，尤其是加强前台营业员的培训，使之善于发现和引导客户使用快递包裹业务，提高开发快递包裹的敏感度，真正把快递包裹业务作为邮政的主营业务来抓；以“三扫”为切入点，通过对商圈、商厦、商户逐个走访，锁定目标客户，增加客户量。

（郭小燕）

【竞比机制】顺义区公司采取“竞比机制为保证、抓头督尾促中间”的工作措施，从支局长、支行长、理财经理、一线员工等不同层面制定“内部竞比机制”，营造“比、赶、超”优中创优的浓厚氛围。对于综合业绩排名较好的网点紧抓发展不放松，由公司领导带队，定期参加先进网点晨夕会，帮助他们总结先进经验，复制成功案例，优中促优，促进先进网点不唯指标唯市场；对于后进网点，实行支行长末位督导机制。

（郭小燕）

【人才选拔】为促进金融业务发展，提升金融专业管控能力，加强支行长队伍建设，培养选拔出营销能力强、业务素质好、责任意识高的金融管理后备人才。2016年上半年，顺义区分公司开展的支行长后备人才竞聘的39人中，有15名优秀人员脱颖而出，其中2人已于8月份走上支行长岗位。

（郭小燕）

【服务规范化】顺义区分公司认真落实《北京邮政营业服务规范》《邮政金融服务规范》以及《北京邮政投递服务规范》。同时采取调审监控录像与暗查暗访相结合的方式，加大服务规范落实情况的监督检查力度，及时掌握对外服务窗口重点服务问题，为服务管理工作提供可靠依据。

（郭小燕）

【安全管理】年内，顺义区分公司成立安全工作领导小组，落实安全责任制度，与各级负责人、员工签订责任书共计5000余份；定期召开安全生产例会，分析安全工作形势，制定各阶段安全措施，组织员工进行安全教育培训十余场次；开展安全生产、金融安全、消防安全等全面检查活动15次。

（郭小燕）

【基础设施建设】为打造更加优美、高效的邮政服务环境，年内，顺义区分公司先后完成李遂支行、后沙峪支局和杨镇支局装修改造工程；为解决自助机具老化、功能单一等问题，完成半壁店、张镇、木林等9处自助机具更新工程，有效增强网点核心能力。

（郭小燕）

【精神文明建设成果】顺义区分公司深入开展“三创建一争当”“争创文明单位标兵”“京邮榜样之‘最美服务礼仪’”展示活动，以提升窗口服务水平为重点，健全完善服务管理机制，加强邮政营业规范、投递服务规范和特殊服务规范的宣贯，促进本公司整体服务水平的提高，树立企业良好社会形象；扎实推进企业红十字会工作，开展“红十字”送温暖、应急救护培训等工作，使“人道、博爱、奉献”的红十字精神在企业得到大力传承，巩固精神文明创建成果。

（郭小燕）

防震减灾

【概况】顺义区地震局是直属区政府的职能部门，全额拨款事业单位（依照公务员管理），职能是负责区属范围内地震监测预报、震害防御和地震应急救援工作。下设监测预报科、震害防御科、应急救援科和局办公室。2016年，地震局大力加强科技投入，积极做好监测设备的数字化升级改造，强化监测手段，加密震情会商，提高震情预报的准确性，修订完善应急预案，督促指导各单位各部门开展疏散演练，深入开展多种形式的防灾宣传活动，圆满完成地震安全保障工作任务。

单位名称：北京市顺义区地震局

地址：顺义区府前中街5号

电话：（010）69443890

邮编：101300

邮箱：dizhb@bjshy.gov.cn

（高 毅）

【地震监测预报】负责顺义区地震监测预报工作体系建设，组织开展地震次生灾害及其它人工诱发地震的监测和研究工作，负责全区宏微观地震监测、地震分析预报，观测点规划建设与管理、地震会商、地震信息交流、宏微观异常落实，制定顺义区地震监测预报方案并组织实施，负责对强震动观测设备的管理和维护，负责震情和灾情速报网的管理，对擅自向社会散布地震观测意见提出处罚建议，通过撰文及时澄清地震发生后种种谣传，负责震情跟踪的管理。2016年，地震局共完成周会商40期，半年会商2期，季度安全形势报告3次。为重点时段、重大活动提供坚实的震情保障工作。

（柳茂林）

【区内地震监测台网】2016年全区地震监测台点共有23个。其中，前兆台点3个，分别是板桥、龙湾屯政府安利隆山庄、高丽营断层氢气观测台，其中高丽营断层氢气台为2016年新建台点；测震台点2个，分别是杨镇政府、牛栏山台。强震台点13个，分别是板桥、杨镇政府、高丽营镇政府、南法信政府、赵全营镇政府、李桥政府、李遂政府、北务政府、大孙各庄政府、北小营政府、龙湾屯政府、奥林匹克水上公园、地震局机关；流动测震点5个，分别是奥林匹克水上公园、马坡镇政府、牛栏山镇政府、高丽营镇政府和杨镇一中；宏观观测点2个，分别是前鲁鸭厂、野生动物保护中心。以上台点同时兼职为本区地震速报台网。区内台点全部实现数字化，提高地震前兆观测资料水平。

（柳茂林）

【顺义区2016年地震目录】2016年，本区地域内共发生大小地震17次。分别是：1月19日，M1.3;3月7日，M0.7；3月17日，M0.9；4月23日，M0.8；5月10日，M0.7；6月1日，M1.1;6月14日，M1.4;6月19日，M0.3；7月10日，M0.1；7月13日，M0.6;7月15日，M0.7；7月16日，M0.1；8月17日，M0.1；9月25日，M0.6；11月3日，M0.7;11月9日，M0.9;11月21日，M0.6；11月27日，M0.1。

（柳茂林）

【示范单位创建】一是与区教委协同推进本区的防震减灾科普示范学校创建活动。根据示范学校创建活动认定要求，由地震局牵头与相关部门组成认定组，经过对申报(区)级示范学校的单位进行调研，考核认定港馨小学和牛栏山第二小学为“顺义区防震减灾科普示范学校”。二是地震安全社区的创建工作。按照地震安全社区创建要求，经过专家组对空港街道所辖社区的考核认定，三山新新家园社区、翠竹新村第一社区和中粮祥云社区被命名为“北京市地震安全社区”。

（张华春）

【应急救援工作】12月20日,地震局组织地震应急避难场所达标验收专家组，会同北京市地震局、区应急办、市规划局顺义分局、区园林服务中心等6个部门，对顺义区顺义公园和光明文化广场2处场所按照国标Ⅲ类地震应急避难场所进行达标验收。综合验收专家组的意见，顺义区地震局认定：顺义区顺义公园为国标Ⅲ类地震应急避难场所，编号：SYYJ-001。顺义区光明文化广场为国标Ⅲ类地震应急避难场所，编号：SYYJ-002。

（张庆）

【防震减灾科普宣传】2016年防震减灾宣传教育工作，紧紧围绕落实科学发展观，贯彻“以预防为主，防御与救助相结合”的防震减灾工作方针，坚持“因地制宜、因时制宜、经常持久、科学求实”的宣传原则，宣传党和国家有关防震减灾工作的方针政策，积极、主动、科学、有效地开展防震减灾宣传教育，全面提高全社会的防震减灾意识和公众的自救互救能力，促进社会公众建立科学的防震减灾意识和观念，为构建和谐顺义提供地震安全保障。通过广电传媒、参观科普教育馆、专题知识讲座、现场应急演练和发放防震减灾宣传材料等多形式的进行防震减灾宣传活动。全年共开展进社区、进村庄宣传40次，参与区内组织的大型宣传活动5次，发放材料8万余份。2016年被评为“北京市防震减灾宣传工作先进单位”。

（张华春）

【加强档案管理做好保密工作】建立健全地震档案管理规章制度，规范技术资料收集整理和归档秩序，明确保密人员职责，完善保密工作措施。对历年地震档案资料进行整理分类，确定保密级别，按照档案管理规定进行分类管理。

（高毅）

北京顺义市政控股有限责任公司

【概况】根据区委、区政府推进区属国有企业改革的战略部署，北京顺义市政控股有限责任公司（以下简称“市政控股”）于2015年12月23日注册成立并于2016年2月正式挂牌，注册资本金1亿5000万元。市政控股拥有9家二级公司。主营业务涵盖城市基础服务（水、气、热、煤、车）、工程建设施工、污水处理（含中水）、市政维护（含给排水）、环保新能源、金融投资六大板块。截至2016年底，市政控股共有人员3546人，全年实现收入25.85亿元，利润总额2.5亿元，上缴税金1.21亿元。资产总额71.39亿元，负债总额45.17亿元，所有者权益26.22亿元。市政控股以“打造市民信赖、政府信任的创新型城市服务综合运营商”为愿景，践行“责任市政、民生市政、智慧市政、生态市政、共享市政”的理念，肩负着服务顺义城市发展，提升顺义城市品质的重任，主要工作包括：落实区域内市政基础设施产业发展规划；统筹协调供水、排水、热力、燃气、电力、通信等地下综合管廊及地上市政基础设施建设，形成同步规划、同步建设、同步管理的体制机制；承担顺义新城市政基础设施项目的投资、融资、建设、经营和管理等任务。

单位名称：北京顺义市政控股有限责任公司

地址：北京市顺义区仁和镇府前东街10号

电话：（010）61490110

邮编：101300

（市政控股）

【市政控股下属二级公司情况】市政控股下属9家二级公司，情况分别如下：1.北京顺义燃气控股有限责任公司。始建于1999年，下属6家子公司，主要负责顺义区天然气、液化石油气的供应、管理、建设和发展工作。2.北京顺义自来水有限责任公司。始建于1981年，下属3家子公司，主要负责顺义区饮用水供水服务和水质监测，供水管网及附属设施的规划、安装、维护以及施工总承包。3.北京市恒锋市政工程有限公司。始建于1986年，下属1家子公司具有市政公用工程总承包一级资质，主要承接市政排水、城市道路、桥梁、供水、过路顶管、地下降水、小型土建、城区防汛等工程。4.北京通达实业总公司。始建于1992年，下属22家子公司，主要经营汽车服务相关业务，包括车辆检测、车辆维修、驾驶员培训、出租汽车、停车服务等。5.北京市煤炭总公司顺义区公司。始建于1982年，下属3家子公司，主要经营煤炭仓储、型煤加工、批发、零售、配送等业务，是区政府指定的“顺义区煤炭应急储备单位”。6.北京大龙供热中心。始建于1993年，主要负责顺义城区及周边地区的供热服务，以及空气源热泵、空气/水质净化、光伏发电等新能源技术领域项目的建设和研发。7.北京鑫浩供热中心。始建于2006年，主要负责城区供热中心工程的建设与管理。相继承担顺义城西、城东和城北集中供热工程项目建设任务。8.北京顺政绿港排水有限责任公司。始建于2008年，主要负责顺义城区及周边地区污水处理；环境监测；水污染治理；环境治理；污水处理的技术开发、技术服务、技术咨询。9.北京顺政绿港市政设施管理有限责任公司。成立于2016年，主要负责顺义区内市政设施、交通设施、路灯夜景照明设施、井盖及排水、地下污水管线的巡视检查和维修养护工作。

（市政控股）

【企业整合工作全面完成】在接收燃气公司、自来水公司、恒锋市政公司、大龙供热中心和鑫浩供热中心的基础上，2016年上半年市政控股完成新划入的煤炭公司、调水中心、排水中心、市政维修处、湿地再生水厂的整合交接及通达公司的托管经营工作。市政板块雏形初步形成。

（市政控股）

【股权划转及公司制改造稳步推进】年内，燃气公司、自来水公司和煤炭公司完成股权划转。燃气公司、自来水公司和恒锋市政公司完成公司制改造。原北京市顺义新城生态调水管理中心（全额事业单位）转为北京顺政绿港排水有限责任公司，9月29日取得营业执照，10月26日正式挂牌成立。两个原自收自支事业单位：北京市顺义区城市排水设施维修中心与北京市顺义区市政维修管理处，合并为北京顺政绿港市政设施管理有限责任公司，10月26日正式挂牌成立。

（市政控股）

【组织机构设置不断完善】年内，市政控股共有12个职能部室，通过内部选聘和外部招聘配齐、配强人员，保证各项工作正常、有序、高效进行；市政控股及燃气公司、自来水公司、恒锋市政公司、大龙供热中心完成党组织、工会组织换届以及董事会、监事会、经营层的人员配备。

（市政控股）

【“1+6”发展规划编制】“1”是编制市政控股“一五”发展总体规划，按照“一个平台、双轮驱动、三种资本、四个对接、五种理念、六大板块”的发展思路，力争到2020年，市政控股总资产达到150亿元，年收入突破50亿元，年上缴税金超3亿元。“6”是结合总体规划，编制6个专项规划：即“一五”期间农村供水城市化建设及水厂优化布局规划；“一五”期间天然气供应保障体系建设规划；“一五”期间人才发展规划；供水、供气、供暖的用户报装、收费、维修、管网巡查资源整合综合利用规划；资本运作和资金管控规划；通达公司汽车服务产业发展规划。

（市政控股）

【“四定”改革推行】年内，市政控股围绕“定岗、定责、定编、定薪”，在自来水公司2个水厂、施工队、查表班进行试点改革。一是平均每个水厂人工成本降低50万元；二是查表班在人员减少的情况下，收入增加407万元；三是施工队建立绩效考核机制，2016年完成产值3156万元，比上年增加2038万元；四是自2015年至年底，自来水公司自然减员17人，节约成本311万元。

（市政控股）

【业务指标】全年供销天然气4.57亿立方米，比上年增加0.67亿立方米，销售液化气5017吨；供水5414万立方米，比上年增加407万立方米；处理污水2930万立方米，处置污泥3427.6吨，供应中水36.84万立方米，实现COD减排1141吨、氨氮减排347吨，处理污泥3427.6吨；销售动力煤9.58万吨，配送优质无烟型煤6.7万吨；供热面积达到1336万平方米，比上年增加38万平方米。

（市政控股）

【重点工作】全年，恒锋市政公司中标项目34个，中标金额5.16亿元，比上年增长226%。修建道路路面22万平方米，人行步道11747平米，铺设雨污水、自来水、热力、电力等管道14.4公里，土石方10万立方米。煤炭公司配合政府做好煤炭应急储备工作，确保煤炭储存总量在3万吨以上。大龙供热中心做好日常检修工作，完成237大项、2897小项的夏季检修任务；完成608个单元的二级管道、室内管道及散热器的冲洗工作。市政设施管理公司积极备战防汛，疏通清理管线3.5万米；巡视检查管线4452公里，地下管线及井盖62297处。排水公司顺利接收马坡、汉石桥湿地再生水厂。

（市政控股）

【重点工程】燃气公司推进顺义区天然气供应保障能力提升工程，建设完成京密路、顺沙路段共计11.4公里次高压燃气管线。推进顺义河东地区天然气输配管网建设暨煤改气配套燃气管网建设工程，完成左堤路、龙塘路（北务段）共计7.7公里次高压燃气管线建设，龙塘路（北务段）已通气运行。完成木孙路张镇段、张镇中心区、木林木马路共计5.4公里次高压市政管线燃气工程。完成木林镇、龙湾屯镇、大孙各庄镇LNG点供工程。木林制气厂项目工程建设已基本完成，合资公司成立工作正在稳步推进中。推进新能源示范村建设工作，完成马坡镇石家营村燃气工程建设并通气。完成城北供热中心、燕京啤酒集团等37家企业“煤改气”工作，共计650蒸吨。实施西辛南北区老旧燃气设施消隐改造工程，目前铺设室外管道3100米，引入206根。自来水公司新建水源井5眼，每天增加供水能力1.6万立方米。协调市水务局，从潮白河管理处每日调水2万立方米，有效缓解夏季供水的紧张形势，平稳度过5月30日全区19.5万立方米的日用水高峰，有力保障北京城市学院新生入驻后用水需求。完成城南水厂输配水管网建设工程，10月中旬完成全部验收移交工作。完成一、二、八水厂双电源改造工程，有效提高区域供水保障能力。完成9个水厂共11台进厂流量计的安装和数据调试工作，为供水调度工作提供实时可靠的数据保障。全年铺设直径75毫米以上管线47公里，新增用水单位60个、小区13个、临时水用户34个，新增供水面积2平方公里。重点完成了梅沟营东地块南北区、林河两限房等住宅项目约6600户居民的给水工程建设，保证居民及时回迁。完成马坡、高丽营等8个水厂升级改造工程的立项申报工作。恒锋市政公司完成梅沟营地块石园西路道路及排水工程、望泉地块望泉南北街、兴泉路、石景街等道路及排水工程、区医院市政配套工程、仓上小区37

号楼市政改造工程、东风小学人行天桥工程、党校市政配套工程、党校迁址新建项目室外工程、国门商务区市政工程。推进减河北路东延1号环、李白现支、劳动大厦、天柱中路、赵全营镇中心区道路市政工程（三标段）、华中路热力等市政重点工程。大龙供热中心推进煤改清洁能源工程施工，完成城北热源厂、铁匠营新村锅炉房、大孙各庄锅炉房的煤改气工程，海洪锅炉房的再生水源热泵改造工程，高丽营五村锅炉房的土壤源热泵改造工程。完成金宝别墅、石门市场、东兴小区等小区的二次管网改造工程。鑫浩供热中心完成城东、城西、城北外网及换热站施工建设工作，敷设热力管线873米（单程），井室10座，建成换热站5座。市政设施管理公司完成交通整治工程及顺平辅线俸伯桥污水管线改建工程、调水中心生化池抽水清淤工程及管道置换工程、排水中心外墙保温等11项工程。完成化肥厂家属院工程结算财政评审工作。推进顺义区法院排水改造工程、汽车基地排水改造等13项已完成工程的结算工作。排水公司启动引温入潮一期升级改造工程开工建设，完成汉石桥湿地再生水厂改扩建工程可研编制，推进杨镇、彩俸、箭杆河改造项目可研编制。

（市政控股）

【**业务拓展**】通达公司京顺机动车检测场新建国税局购置税征收点和工商局验证点办公大厅，截至2016年底已征收购置税9亿元，全年共验车32.29万辆，比上年增长19.1%。通过引进摩托车发牌业务，2016年摩托车注册量增长15.1%。驾校新增道路运输从业资格培训业务，全年收入为516万元，比上年增长183%。大龙供热中心主动参与农村“煤改电”工作，在河东地区销售621台空气源热泵，占河东地区的16.8%，并建立完善优质的售后服务队伍。完成便民服务中心、当代北辰、梅沟营小区、残疾人职业康复中心、高丽营燃气学院、双悦大楼等项目共计40万平方米的并网工作，承包铁匠营新村锅炉5万平方米供热项目。

（市政控股）

【**宣传阵地建设**】坚持正面宣传为主的方针，保持昂扬向上的宣传基调，市政控股充分利用好《顺义市政控股》《顺义燃气》《大龙供热报》《京顺月刊》等自办刊物和电子屏、宣传栏、职工书屋等阵地，形成总部主导引领、各自凸显特色的宣传模式。全年共计出内刊58期，顺义区内重要媒体刊登信息69条，在《北京日报》刊登专刊1期。市政控股共有职工书屋4个，其中国家级、市级书屋各1个。

（市政控股）

【**企业党建典型树立**】通过多种形式挖掘宣传党员干部的先进典型，育标杆、树榜样，以点带面，夯实管理基础。年内市政控股获评2个顺义区六星级基层党组织、1名优秀党务工作者、2名优秀基层党组织带头人、6名优秀共产党员。

（市政控股）

【**强化风险防控 规范企业运行**】一是在市政控股和二级公司设立风险防控部门，负责制度监督执行、财务内部审计和法律风险防控；二是在二级公司设立监事会，监事会主席和专职监事由市政控股统一委派，负责监督二级公司经营管理情况；三是开展市政控股内部审计工作，促进各公司加强内部管理，增强财经法纪观念，完善内控制度和执行机制。四是聘请中介公司对各二级公司进行调查摸底工作，梳理完善财务、工程、采购、招聘等制度。

（市政控股）

【**健全安全环保管理体系 深入开展隐患排查治理**】年内，市政控股成立安委会，完成安全生产责任“党政同责、一岗双责”文件制定和责任书签订工作。监督二级公司建立完善安全环保管理体系，自来水公司通过安全生产标准化二级企业资质复审。市政控股先后组织完成“消隐、拆违、打非”百日专项行动、夏季消防检查、119消防宣传月宣传教育等系列工作。开展油气输送管线整治工作，建立油气管线隐患台账。加强施工现场安全检查，通过和二级公司安全主管联合检查或采取“四不两直”突然检查，督促完成隐患整改工作。全年共计进行各类检查50余次，全年安全生产形势良好，未发生安全生产事故。

（市政控股）

【**节能环保项目开发**】2016年，市政控股建设光伏发电项目，降低企业运行成本，促进经济与资源的协调发展。自来水公司10座水厂、排水公司两座水厂光伏发电项目获立项批复，总投资7280万元，预计年发电量915万度，每年可节约电费823万元。

（市政控股）

【**燃气公司经营指标**】2016年全年，北京顺义燃气控股有限责任公司供销天然气4.57亿立方米。销售液化气5017吨。资产总额18.6亿元，负债总额3亿元，所有者权益15.6亿元。实现营业收入12.87亿元，其中燃气收入10.53亿元，工程收入2.04亿元，液化气收入0.3亿元。利润总额1.47亿元，其中销售天然气利润0.91亿元，工程利润0.54亿元，销售液化气利润170万元。上缴税金0.68亿元。截至年底，区内燃气管网总长1750余公里。调压站、箱592座。居民用户204223户。公服用户1303家。

（燃气公司）

【**运行安全管理加强**】全年解除燃气设施占压和维修调压器漏气等隐患共828处，针对查出的问题，责成专人整改，隐患整改率达100%。完成闸井、水封、报警器等检查维修和调压箱铜球阀更换工作。完成PE管道检测定位197公里、钢制管道检测230公里未发现漏气现象。配合北京市特种设备检测中心完成130余公里中压以上管道的定期检测。

（燃气公司）

【用户安全管理加强】全年计划安检民用户96782户，实际入户66114户，安检率68.3%，1303家公服户安检率100%，通过安检及时发现并消除安全隐患。针对优山美地燃气泄漏致人伤亡事件，对分布于48个区片的21227户自采暖户开展专项安全检查。对常用气的14523户入户安检了10853户，入户率74.7%。对1303家公服户定期安检，发现的违章、漏气已全部维修整改；启动并基本完成22176块到期燃气表的更换工作，实现换表、安检同步，消除隐患、方便用户。全年配送下乡液化气312736瓶，完成352个村的入户巡检和安全宣传工作。

（燃气公司）

【保障供水 服务社会】为保障正常供水，各供水部门对供水设备进行全面的检修与保养，确保供水畅通，应急抢修51次，义务维修172余次，更换室内外节门924个。

（自来水公司）

【组织架构优化】年内，北京顺义自来水公司有限责任公司撤并部分职能相近的科室，成立供水营销科、市场开发部、生产调度和信息化办公室、纪检监察和风险防控科，将原有的两个工程队和一个机械队优化整合到顺水顺源分公司，变为下辖三个施工项目部和一个技术部等新部门，并实现水厂、水源地一体化运转模式。

（自来水公司）

【科技创新】年内，为增加监控水厂运行情况的能力，完成9个水厂，共11台进厂流量计的安装和数据调试工作，使各水厂和调度室能够实时掌握进、出厂水量、压力和水位等生产信息，为供水调度工作提供实时可靠的数据保障。

（自来水公司）

【三位一体监督审核】5月29日，恒锋市政顺利通过质量、环境、职业健康三位一体国际管理体系的监督审核。此次审核对照ISO9000、GB/T50430-2007等行业标准，对公司日常运营和工程管理做出全过程审核，确保公司的体系运行达到新标准、符合新要求。

（恒锋市政）

【顺义区党校外部市政配套工程】工程位于半壁店南路，西起顺义党校西侧红线，东至现况顺安路，道路全长为199.18米。雨水管道总长度为241米，污水管道总长度为229米，给水管道总长度为231米。该工程还包括燃气管道工程，绿化工程、交通工程等。

（恒锋市政）

【顺义区医院及附属配套项目市政工程】工程位于北京市顺义区府前街南侧、光明街西侧顺义区医院内。沥青混凝土7148.3平方米，人行步道2095.6平方米，路缘石1520.5米，雨水管总长度为319米，污水管总长度为689米，消防工程总长度为968米。该工程还包括道路拆除及恢复、雨水工程、污水工程、给水消防工程共四项内容。

（恒锋市政）

【顺义区M15号线石门站梅沟营地块周边市政道路规划路（顺平路-石园西路）道路及排水工程】工程位于M15号线石门站梅沟营地块中部，毗邻北京汽车基地和顺义区现代花园居住区。道路北起顺平路，南至石园西路，该路呈“1”字形，并与现代花园规划一路十字交叉，道路全长615.33米。该工程共铺筑沥青砼7327.64平方米，人行步道4155.8平方米，完成管道676米，检查井19座。

（恒锋市政）

【东风小学人行天桥工程】工程位于北京市顺义区拥军路东风小学门口（西侧），连接北侧校区和南侧操场。桥址处拥军路西侧为光明街，北侧为顺义东风小学，南侧为顺义区文委以及东风小学操场。桥梁为钢箱梁过街天桥，跨越拥军路，跨越宽度37米，与拥军路交角为90°。主梁段桥面宽度3.4米，两侧梯道宽度4米。

（恒锋市政）

【京顺检测场设立购置税代征点】4月，北京市京顺机动车检测场为方便车主验车，减少手续流程，提供一站式服务，在新车业务大厅东侧设立购置税代征点，这一举措使来场注册的新车数量大幅增加，日平均增长近百辆，带动企业经济效益的提高。

（通达公司）

【京顺检测场对检测线路升级改造】9月，北京市京顺机动车检测场对大型柴油工况检测线进行更新改造，并将原有一条小型车安全性能检测线升级成大型检测线。更新后，提高车辆检测速度，最大成度满足市场的验车需求，带动企业效益的增长。

（通达公司）

【顺利通修理厂车间升级改造】9月，北京顺利通汽车修理厂综检站为确保检测设备达到新版国标GB18565检测标准要求，投入120万元，全面升级改造检测车间的制动台、油耗仪、侧滑、测功机等设备，有力地保证在用检测设备高效运行。

（通达公司）

【北京空港机动车交易中心设置电动车充电桩】11月，北京空港机动车交易中心通过前期洽商，由交易中心提供场地，第三方公司提供设备，安装3个快充桩和10个慢充桩。

（通达公司）

【顺交停车场成功竞标4处P+R停车场】11月，北京顺交停车场竞标成功顺义俸伯、南法信、后沙峪以及花梨坎4处P+R停车场为期3年的托管协议。

（通达公司）

【优质球型煤宣传销售】煤炭公司按照生产经营“模块化”管理模式，委派专人负责优质型煤推广宣传、市场调研、型煤配送等工作，对型煤货源组织、配送环节组织、型煤装卸等工作流程进行完善。2016年供暖季，煤炭公司负责高丽营、天竺、马坡、牛栏山、仁和5个镇的优质型煤配送工作，配送优质无烟型煤6.7万吨，完成区农委计划任务数3.2万吨的209%，完成2015年五个镇总数1.4万吨的471%，超额完成区农委任务。

（煤炭公司）

【北京大龙供热中心举办停电、停气应急演练】10月21日，北京大龙供热中心由运营总监办组织的紧急停气演练、停电应急演练分别在城西、城北、城东举行。本次举行的三项应急演练历时2小时，共计150人次参加。通过此次应急演练活动，既检验应急预案可行性，又发现应急预案中存在的问题，从而为提高应急预案的科学性、实用性、和可操作性；锻炼应急抢险队伍，也使参加观摩的人员熟悉应急预案，明确在应急处置过程中的步骤及方法，提高紧急情况下应急处置能力。同时，磨合应急管理机制，加强应急管理相关部门、人员的协调配合能力。

（大龙供热中心）

【北京大龙供热中心荣获市级称号】12月29日，北京市市政市容管理委员会、北京市人力资源和社会保障局授予北京大龙供热中心等45家供热单位“2012-2015年度北京市先进供热单位（一级）”荣誉称号，同时授予了115家供热单位“2012-2015年度北京市先进供热单位（二级）”荣誉称号。

（大龙供热中心）

【无物业小区巡视】2016全年，发现居民改下水172处，破挖彩砖约230平米左右，沥青路面约68平米。彩砖破损与塌陷报修约110平米，柏油路面25处，约22平米，渗水砖4处，约6.5平米。检查井子边塌陷空洞26处。为大龙供热，排水，自来水公司等单位维修管道15处，破挖彩砖约34平米，沥青路面约6平米，渗水砖约16.5平米。人行步道彩砖破损塌陷报修共计约35处，检查井子边塌陷空洞3处，马路牙子损坏1处，红绿灯故障8次，隔离护栏设施撞坏36组，园林移树破砖25处，各施工单位破挖步道砖34处。

（市政设施管理公司）

【排水设施管护】年内，重点对李天路、龙塘路、减河北路、顺于路、后沙峪规划五、六、七等道路年久有安全隐患的检查井进行统一排查，更换、维修约500座。疏通清理辖区30条主干道路雨污水管线，清洗疏通雨污水管线3.5万米，抽吸化粪池288座，清掏检查井15座，维修检查井39座，更换井圈井盖17套，更换井盖7个，维修雨水箅子71座，更换雨水箅子35套，更换单块雨水箅子14块，全年清掏雨水箅子8484座，疏通雨水箅子4座。

（市政设施管理公司）

【市政六项设施管护】年内，维修交通信号灯992次，更换信号灯电池199块，更换灯线5025米，更换电源线2739米，更换信号机箱7个，更换灯板89块，维修小区彩砖4000平方米，维修护栏5000米，刷护栏1500米，维修小区路灯63次，夜景照明巡查260次发现问题30次解决处理30次，巡查过程中发现问题井盖170次，井盖移位自行恢复37次，无产权井子自修17处，更换18块停车诱导屏，接收网格化信息新案件347起，修复544起（其中本单位修复101起，非本单位修复案件443起属于市政管委负责案件）。

（市政设施管理公司）

【汛期防汛工作完成】4月完善城区及重要点位的防汛预案、任务分解等文件，2016年6月协调召开城区防汛分指防汛工作会，防汛物资足量储备，防汛设施、南北环泵站定期检修，全力应对强降雨等极端天气，汛期启动防汛预案25次，出动抢险人员1200余人次，车辆机械700余车次，强降雨天气对重点地段采取放置警示牌、交通疏导、断路等措施进行疏导，保障2016年安全度汛。

（市政设施管理公司）

【温榆河水资源利用一期工程改造工程推进】截止年底，工程完成监理及施工开标。该工程改造内容为膜更新改造、预处理改造、污泥系统改造、鼓风机改造、臭氧消毒系统改造、自动化改造等。工程采用MBR工艺，建设规模每天10万吨。项目开展情况：11月18日勘察、设计招标完成；12月29日施工及监理开标完成。

（排水公司）

【马坡再生水厂接收运行工作】9月26日，北京顺政绿港排水有限责任公司接手马坡再生水厂的运行工作。截至年底，公司共负责5个再生水厂的运行工作，包括调水中心、马坡、杨镇、箭杆河、彩倖再生水厂。

（排水公司）

联通

【概况】联通顺义分公司是顺义地区主导电信网络运营企业，拥有丰富的基础设施资源及强有力的服务支撑和通信保障队伍，是顺义地区一家能够提供综合通信服务的运营商。现顺义地区已建成语音网、移动通信网、传输网、宽带接入网、IP核心骨干网等电信级专业通信网络。可为顺义地区广大用户提供全业务信息通信服务：包括高达150Mbps的移动4G网络服务、沃家庭固移融合服务、数据传输服务、互联网专线及中小企业光纤宽带接入服务、IPTV互联网电视等宽带增值服务，以及创新领先的物联网、云计算、大数据等服务，并可提供与信息通信技术相关的系统集成、工程设计施工、OA办公平台、视频监控系统等全方位的综合通信服务。随着信息技术的不断发展，公司逐年提升网络的服务与支撑能力，将继续为顺义区域内用户提供最优质的服务。

单位名称：中国联合网络通信有限公司北京市顺义区分公司

地址：顺义区石园南大街16号

电话：（010）69441001

邮编：101300

邮箱： dianxj@bjshy.gov.cn

（党琦）

【**经营管理**】2016年公司推进业务发展的同时，为保障地区通信用户安全，严格落实用户实名登记工作，开展“黑卡”治理专项行动，确保100%实名销售。年内宽带用户新发展2.61万户、4G用户新发展3.56万户、3G用户新发展8.14万户。

（党琦）

【**窗口服务**】公司贯彻“以客户为中心”的服务工作理念，优化完善客户服务体系建设。服务工作中更加关注细节，加强对营业厅、外线人员等服务窗口人员的规范管理，提高专业技术水平，通过微博、微信等社交平台增强与客户间的沟通交流，客户服务质量明显提升。全年共接到客户10010表扬23件。

（党琦）

【**网络维护**】联通顺义分公司网络运行安全稳定，有力的保障全区各类用户的通信畅通。出动重保人员1480人次，完成144家客户436条电路的通信重保任务，得到相关单位的高度认可。全年共装机88850件，修机共计56592件。分阶段、按网格制定分公司光改及机房整合计划，年完成光改14980户，完成辖区内325套DSLAM设备、101处局所的下电拆除和资源整合，拆除铜缆133121.95线对公里，年节电约13万度。为配合北京市第七次宽带提速工作，年内部署新型10GPON宽带接入设备30余套，已具备百兆宽带入户接入能力。

（党琦）

【**网络建设**】为快速响应市场，满足高速数据业务需求和提高用户使用体验，顺义分公司全面部署基站建设，加快4G基站建设，增强覆盖能力，到 2016年底累计建成4G宏站663个，室分462个。

（党琦）

【**安全生产**】始终坚持“安全第一，预防为主，综合治理”的方针，将安全生产管理常态化，时刻提醒员工保持较高的安全生产意识，加强检查和考核，防患未然，确保各项工作安全开展。通过定期安全生产检查，及时发现问题，监督落实整改，使员工在行为上保持高度警惕。坚持“谁主管，谁负责”，明确各级安全管理责任，细化员工岗位安全职责，落实一岗双责。2016年本单位荣获“北京市交通安全先进单位”称号。

（党琦）

9月1日，首都师范大学附属顺义实验小学举行落成暨开学典礼仪式

专利示范单位授牌

科博会顺义展区

共建中科院联动产业园签约仪式

科技

科技科普

【**概况**】2016年，本委按照区委四届十一次全会、区四届人大五次会议的总体安排和确定的目标任务，围绕区委、区政府中心工作和市科委工作部署，深入实施创新驱动发展战略，以构建科技创新体系为主线，以提高科技支撑能力为抓手，扎实推进各项重点工作。

单位名称：顺义区科学技术委员会
地址：顺义区光明南街24号
邮编：101300
电话：（010）69443483
网址：http://www.kw.bjshy.gov.cn/

（科委）

【**高新技术企业发展喜人**】2016年新认定国家级高新技术企业31家，全区高新技术企业数量达到299家，同比增长3.1%。

（科委）

【**技术合同成交额快速增长**】2016年，顺义区技术合同成交额 13.0亿元，同比增长30%。

（科委）

【**整合科技资源，助力企业科技创新**】2016年首都科技平台顺义工作站共发展成员单位30家，其中高新技术企业21家；新增科技人才18位；聚集企业科技需求58项，组织召开1次供需对接会，吸引条件平台内的科技成果落在本区1项；服务企业50家；召开“百进千”活动，为16家企业对接科技资源。

（科委）

【**新增两家北京市战略新兴产业科技成果转化基地**】2016年，本区启迪新材料科技成果转化基地及北京第三代半导体材料及应用联合创新基地获评北京市战略新兴产业科技成果转化基地。

（科委）

【**科技成果获北京市科学技术奖一等奖**】北京汽车股份有限公司“乘用车关键技术创新及其在绅宝D70系列化车型开发中的应用”项目获得2016年北京市科学技术奖一等奖。

（科委）

【**“院市合作项目”落地**】2016年9月13日，顺义区与中科院达成“中国科学院科技成果转化创新平台”战略合作，10月8日，与中国科学院国有资产经营有限责任公司、国测地理信息科技产业园集团有限公司签订《关于联合建设“中国科学院联动创新产业园”战略合作框架协议》，共同启动“中国科学院联动创新产业园”建设，打造市级科技创新成果转移转化基地，高精尖产业孵化转化基地。

（科委）

【**《顺义区“十三五”时期科技发展规划》发布**】根据《北京市“十三五”时期加强全国科技创新中心建设规划》和《顺义区国民经济和社会发展第十三个五年规划纲要》，结合顺义区科技发展实际，本委编制完成《顺义区“十三五”时期科技发展规划》，用于指导2016–2020年的科技事业发展。

（科委）

【**贯彻落实区级科技政策项目**】2016年支持非评审类科技项目146项，向获得国家级高新技术企业、国家重点新产品、北京市科技研究开发机构、北京市科学技术奖、专利授权等相关资质的企业兑现科技奖励资金965.32万元。支持评审类项目82项，涉及战略性新兴产业入区奖励项目、科技型中小企业技术创新无偿资助项目、科技部和市科委支持的技术研发项目配套奖励项目、科技成果转化奖励项目、产学研用联合奖励项目、股权激励试点奖励项目、专利产业化奖励项目等，共兑付科技奖励资金4034.58万元，覆盖电子信息技术、生物与新医药技术、新材料技术、新能源及节能技术、资源与环境技术、高新技术改造传统产业等领域。

（科委）

【**扎实推进科技三项费项目**】2016年，顺义区科委充分利用科技三项费的引导作用，支持战略新兴产业、食品质量安全保护技术研究、生态和环境保护技术研发与应用、养老医疗方向研发应用、现代农业新技术研发等5个领域的科技项目29个，共504万元。

（科委）

【**组织推荐市科委绿通项目**】按照市科委征集绿色通道专项通知精神要求，通过公开征集、ppt汇报、实地踏查，顺义区科委推荐的两个课题均成功立项，共获得450万元市科委资金支持。

（科委）

【推进市级科普体验厅建设】2016年度，本区被市科委立项的市级科普专项分别是《顺义区旺泉街道梅兰家园小区科普体验厅建设》《顺义区双丰街道顺悦家园社区科普体验厅建设》和《顺义区北务镇北务村科普体验厅建设》3个课题，共争取市科委项目资金69.62万元，区财政配套资金60万元，共计129.62万元。

（科委）

【参展2016年度科博会】展区展出包括虚拟现实模拟器、新能源跑车、小间距LED等高科技产品，直观的体现本区科技产业发展实力。5月20日上午，北京市委书记郭金龙，市长王安顺一行来到科博会顺义展区参观，顺义区委书记王刚作介绍。郭金龙详细询问顺义展区的情况，了解长城华冠新能源电动跑车的技术革新点，并体验口腔虚拟现实手术模拟器。借助此次科博会的平台，展示本区科技创新工作亮点和良好的发展环境。

（科委）

【开展暑期、寒假“科普季活动”】以暑期、寒假“科普季”活动为契机，面向全区青少年开展主题为“科技在你我身边，我是科技小能手”的暑期、寒假科普季公益活动，旨在大力开展本区小学生暑期、寒假科普活动，提高本区青少年科学素质。参加活动的学生们通过科技实验、亲身体验、观看科普秀等丰富多彩的科普活动，使孩子们不仅学到科普知识和科学方法，也增强他们的求知欲望和探索能力。

（科委）

【举办2016年科技周活动】2016年顺义区全面开展“科技周”活动，不断丰富本区各类人群的科技知识，提升全民科学素质整体水平。顺义区科委在本届“科技周”宣传创新驱动经济社会发展、创新创业成果服务改善民生，展示重大科技创新成就、大众创业万众创新成果，围绕科技周“创新引领 共享发展”主题，组织各镇、街道和社区、部分市级科普教育基地开展多种多样的“科技周”活动。

（科委）

知识产权

【概况】2016年是“十三五”开局之年，顺义区知识产权局在中共顺义区委、顺义区人民政府的正确领导下，在北京市知识产权局的悉心指导下，以全面实施创新驱动战略为目标，以提高专利申请授权量、培养企业知识产权保护运营意识及专利执法工作为重点，充分发挥知识产权对经济社会发展的助推作用，开创本区知识产权事业发展新局面。

单位名称：顺义区知识产权局

地址：顺义区光明南街24号

邮编：101300

电话：69443483

（知识产权局）

【承办北京市知识产权系统徒步大会】4月17日，由顺义区知识产权局承办的主题为“走向2022　知识产权与‘双创’同行”北京市知识产权系统徒步大会在顺义奥林匹克水上公园举行。与会领导及北京市知识产权办公会议成员单位、全市各区知识产权局代表、专利试点示范企业代表等1000余人参加长走之旅。本次活动是本局首次承办北京市知识产权局组织的大型活动。

（知识产权局）

【知识产权数据再创新高】年内顺义区专利申请量为5584件，同比去年同期的3953件提高41.26%，其中发明专利为1639件，同比去年的970件提高68.97%，实用新型专利为3346件，同比去年的2552件提高31.11%，外观设计专利为599件，同比去年的431件提高38.98%，全市申请量排名第9位，城市发展新区中排在第4位。到12月顺义区专利年平均电子申请率达到94.17%，全市排名第6位。从授权情况看，专利授权总量为3739件，同比去年同期的2610件增长43.26%，其中发明专利授权量为340件，同比去年的236件增长44.07%，实用新型专利授权量为2580件，同比去年的1983件增长30.11%，外观设计专利授权量为819件，同比去年的391件增长109.46%，全市授权量排名第8位，城市发展新区中排在第3位。此为，通过PCT途径申请的专利共有46项，全市排名第8位。截止到12月，有效发明专利拥有量为1214件。

（知识产权局）

【顺义区知识产权服务中心获批成立】3月，在区领导和编办领导的数次考察调研后，经区编办2016年第一次会议研究，顺义区知识产权局正式得到成立知识产权服务中心的批示。

（知识产权局）

【落实知识产权政策】年内，根据《顺义区专利资助及奖励暂行办法》，顺义区知识产权局历时两个月对2014年区级专利项目进行征集和审查工作，并对重点企业进行上门服务，最终确定符合资助及奖励标准的非评审类项目1727项，评审类项目8个。并于5月邀请北京市科学技术委员会的专家对评审类项目进行为期两天的评审工作，最终给予企业奖励资金总计500万元。

（知识产权局）

【开展知识产权培训、宣传】以第十六个世界知识产权日为契机，开展知识产权进企业活动，在顺义国际鲜花港分三期（3月25日、4月13日和6月22日）针对植物新品种和专利申请两方面为鲜花港管委会的管理和工作人员进行培训授课。通过此次培训使鲜花港实现专利申请量零的突破，同时打开顺义区知识产权局在促进植物新品种专利申请工作方面的新篇章。4月26日，知识产权局在顺义区科学技术委员会科普展示馆举办“顺义区企业知识产权管理培训班”，首次邀请企业高管为区内企业人员授课邀请企业高管授课，在顺义区科学技术委员会科普展示馆举办“顺义区企业知识产权管理培训班”，这是顺义区知识产权局首次邀请企业高管为区内企业人员授课，通过对知识产权战略实施、组织架构和制度体系、专利信息运用策略、研发成果管理、知识产权信息化平台进行多层次、多角度地讲解，对促进顺义区企业知识产权制度建设，提高企业知识产权管理能力，拓展企业知识产权视野起到积极的作用。9月21日，顺义区知识产权局邀请相关专家针对顺鑫集团“9+1”模块以“企业知识产权构架与运营”为主题做授课。

（知识产权局）

【知识产权进社区活动】4月28日，顺义区知识产权局首次开展知识产权进社区活动，联合相关单位在裕龙一区中心广场举办“知识产权进社区‘4.26世界知识产权日’宣传周——数字创意重塑文化”主题宣传活动。通过制作主题背景板、悬挂横幅、摆放展板、发放宣传材料及宣传品的形式，向市民普及知识产权的相关知识。知识产权宣传周期间，顺义区知识产权局首次利用区内公共大屏幕滚动播放“4.26”活动宣传短片本。

（知识产权局）

【推动知识产权发展】广泛宣传市级专利试点、示范政策，争取国家级优势、示范企业创建。4月，推荐乐视移动智能信息技术（北京）有限公司、北京东方雨虹防水工程有限公司、北京绿穑生物科技有限责任公司等13家企业参加专利试点企业评选。6月，北京汽车股份有限公司、北京世桥生物制药有限公司2家企业被授予“北京市专利示范单位”的荣誉，截至目前，顺义区共有北京市专利试点企业78家，示范企业9家，国家级知识产权优势企业4家，知识产权示范企业1家。

（知识产权局）

【促进知识产权保护】年内，顺义区知识产权局协助北京市知识产权局执法处、北京12330开展“第二十六届中国国际钓鱼用品贸易展览会”、“北京国际汽保展”等5次展会专利行政执法工作。展会期间顺义区知识产权局共接到专利侵权投诉40余件，其中成功调解23件，被投诉商家均接受侵权展品下架的处理结果。7月14日，顺义区知识产权局执法人员参加由北京市知识产权局执法处在房山区开展的跨区联合专利行政执法行动，本次行动分别对超市零售、家具电器、医疗药品和医疗器械等领域的专利商品进行检查，期间共发现、查处26项涉嫌专利违法行为。

（知识产权局）

【知识产权质押融资推广】8月8日，顺义区知识产权局与北京知识产权运营管理有限公司进行知识产权质押贷款工作对接。深入探讨顺义区知识产权质押贷款面向的企业类型，为专利金融政策的改进提供指导性意见，双方达成为顺义区企业创新发展、转型升级服务为基础的发展目标。区科委、区知识产权局还于9月29日组织召开知识产权质押融资服务培训会以推广此项服务。

（知识产权局）

【知识产权海报创意设计大赛举办】顺义区知识产权局联合区委宣传部、区教委于11月23日在顺义区奥林匹克水上公园举行“知识产权宣传海报创意设计大赛”启动仪式。

（知识产权局）

【顺义区知识产权联席会议大会及办公室会议召开】11月3日，顺义区知识产权联席会议举行。100余位来自顺义区内各相关委、办、局及示范企业等成员单位负责知识产权工作的代表参会。会议总结年内工作进展，研究新形势下如何加强部门协作、高效推进“十三五”时期及下一年工作任务。北京市知识产权局王淑贤巡视员肯定顺义区知识产权联席会议的工作成果。截止到年底，知识产权联席会议办公室共召开四次办公室会本。

（知识产权局）

【申报国家知识产权试点城区】年内为完成国家知识产权试点城市（城区）的申报工作，顺义区知识产权局做大量准备工作，包括到北京市知识产权局协调处沟通、到市局信息中心调研及申报方案的撰写修改等。该方案已于11月通过北京市知识产权局评审合格，报送国家知识产权局等待相关专家评审。

（知识产权局）

教育

综述

【概况】2016年，顺义区教委辖属教育单位198个。幼儿园97所，其中教育部门办54所、集体办27所、事业单位办1所、部队办1所、民办14所；小学48所（不包括2所九年一贯制学及6所十二年一贯制学校小学部），其中教育部门办45所、民办3所；初中20所（包括2所九年一贯制学校，不包括1所完中的初中及6所十二年一贯学校初中部），其中教育部门办19所、民办1所；高中12所，其中教育部门办6所（包括1所完中）、民办6所（均为十二年一贯制）；中等职业学校5所（不包括2所学校附设中职班），其中教育部门办2所、民办3所；特教学校2所，其中教育部门办1所、其他部门办1所；其他法人单位14个。招生25592人（幼儿园8616人、小学7876人、初中5408人、普通高中3611人、中等职业学校81人）；毕业21536人（幼儿园6343人、小学5950人、初中5204人、普通高中3697人、中等职业学校342人）。在校生96802人（幼儿园25246人、小学44518人、初中15247人、普通高中10870人、特殊教育学校193、中等职业学校727人）。教职工总数11181人（幼儿园2538人、小学3472人、初中（初中、九年一贯制）1864人、高中（高中、完中、十二年一贯制）3006人、特教133人、中职168人）。正高级教师5人、北京市特级教师27人、市级学科带头人22人、市级骨干教师110人，区级骨干以上教师共计1480人。中小学固定资产总值390506.2704万元，中等职业学校固定资产总值10017.6306万元。驻区高等学校6所，成人学历学校4所，社区学校6所，农村成人教育学校（乡校及村校）445所，乡镇成人学校486所，培训机构65所。年内新建幼儿园2所、撤并2所，新建中小学3所、撤销九年一贯制学校1所。

单位名称：北京市顺义区教育委员会

地址：顺义区建新西街1号

电话：（010）69444324

邮编：101300

网址：http://www.shyedu.gov.cn/page/index.html

（周君姝　杨海红）

【区教委与首师大合作办学签约仪式举行】4月28日，首都师范大学与区教委合作共建首师大附属小学签约仪式在教委第一会议室举行。区教委与首都师范大学合作办学期间，教委将给予首师大顺义附小特色发展项目相应的经费支持，并在招生等方面给予宽松政策，首都师范大学也将选派主要学科骨干到首师大顺义附小承担教学指导。区教委作为首师大顺义附小的教育行政主管部门，首都师范大学作为首师大顺义附小的合作办学方，共同对首师大顺义附小办学进行管理、指导和监督，保证双方合作健康、快速、可持续发展。

（李楠）

【“绿港秦风　克己奉公”演讲比赛举行】6月12日，区教育工委组织开展教育系统“绿港清风 克己奉公”主题演讲比赛。来自不同学校、不同岗位的10名选手参赛，最终评选出两名优秀选手代表教育系统参加区纪委组织的“绿港清风 克己奉公”主题演讲总决赛。

（杨雪英）

【区级“骨干教师人才培养项目”启动】6月30日，北京市教育学会与区教委合作的“骨干教师人才培养项目”启动仪式在教委举行。“骨干教师人才培养项目”通过师徒结对的形式，拓宽学员视野，搭建成长平台，提升学员的综合素质和课程领导力。区教育学会在中小学范围内遴选30名骨干教师作为培养对象，由22名学科专家作为导师，导师发挥自身资源优势，向学员传授教学经验和方法，帮助学员解决教学中的相关问题，为学员的成长提供参与机会和发展平台。

（李建生）

【“做孩子的好朋友”家长教育专题讲座】7月10日，区家长教育专题讲座“做孩子的好朋友”在仁和中学报告厅举行。活动邀请央视著名主持人鞠萍为家长和幼儿园教师做主题讲座。鞠萍结合自己的成长历程，与家长们共同分享三个话题。第一，孩子喜欢什么样的家长？孩子喜欢的是会沟通的家长。合格的父母必须要付出爱心、耐心和智慧，做好表率，赢得孩子的喜欢和信赖。父母们不能落伍，要跟上时代步伐，与孩子同步，时刻保持与孩子同一频道、有共同语言。第二，孩子的未来怎样设计？最重要的是因材施教，根据孩子的兴趣、特长，给孩子丰富的社会感受，为孩子的可能性发展提供机会。第三，孩子的好习惯如何养成？要从一点一滴的小事做起，不仅要培养孩子良好的学习习惯，更要培养良好的性格，比如勤俭节约、遵规守纪、独立勇敢等。活动由区教委、区社区教育中心主办，仁和中学协办。500余名家长在主会场、近3000名幼教工作者在分会场通过视频直播系统聆听讲座。

（李丽丽）

【区内首个城乡教育集团成立】7月25日，区内首个城乡教育集团成立。双兴小学为城区学校、小店中心小学为农村学校，两所学校组建成双兴小学教育集团。集团在组织活动上坚持两个校区一起开展，每月全体班子成员召开一次月工作总结会，两校区教研组进行一次教研活动，两个校区同时使用“读国学诵经典”国学校本课程教材与德育《践行弟子规修身指导手册》。双兴小学于1996年建校，为区教委直属小学，2016年有教职工83人，在校生993人，固定资产1174.2万元。小店中小2016年学校有教职工31人，在校生299人，固定资产706.4万元。

（周君姝　杨海红）

【小天使民乐团参加悉尼国际青少年艺术节】8月7日，少年宫小天使民乐团带着具有中国江南特色的丝竹音乐《迎宾曲》、《春晓》，赴澳洲参加悉尼国际青少年艺术节。在参加艺术节期间，小演奏家们还与当地的小朋友们交流切磋技艺，走进他们的课堂感受氛围，了解异国的民族风情。

（刘　静）

【顺义教育实施二次创业】年内，顺义区实施教育二次创业。8月26日，在顺义区2016年教育系统培训大会上，区教工委书记、教委主任刘克祥作《立足转型升级，助力二次创业，为顺义教育腾飞，我们再出发》主题报告并明确提出二次创业。9至11月，多举措推进二次创业。1.中、小、幼学期工作会具体部署各学段的二次创业目标，达成共识。2.开展教育系统“二次创业大家谈”征文评比活动。3.择优将优秀稿件在《顺义教育》杂志刊发，通过《顺义教委》微信公众号、《顺义教育》微信企业号、《绿港e站》微博等定期推送给更多的受众者，宣传和解读教育二次创业。

（周君姝　杨海红）

【北京市小作家协会顺义分会成立大会举行】11月4日，区教委举行市小作家协会顺义分会成立大会暨首届顺义区中小学生作文大赛表彰会。区教委副主任孟朝晖致辞、宣读获奖名单，并与王升山共同为顺义区小作家协会揭牌。会议表彰在首届区中小学生作文大赛暨第三届全国新创意东方少年征文大赛中获奖的337名学生、280名辅导教师及30家优秀组织单位。会议邀请著名儿童文学作家马光复作《阅读与作文》讲座。会上为首批65名会员颁发会员证，他们均为首届区级大赛中一等奖获得者。该协会设在顺义区教育宣传中心，并设立常务副主席、秘书长、副秘书长、理事等7人。区教育宣传中心相关人员及全区中小学干部、辅导教师、获奖学生代表240余人参加。

（王艳霞）

【中小学生冰雪项目启动仪式举行】11月22日，区教委在西辛小学教育集团仁和校区举行2016北京中小学生冰雪运动普及与推广活动暨顺义区中小学生冰雪项目启动仪式。区教工委书记、教委主任刘克祥出席，并为学生代表授旗。女子自由式滑雪世锦赛冠军程爽在仪式上讲话。活动要求，以推进冰雪项目进校园为契机，力争通过三年时间实现全区学生全部参与冰雪体验活动，与体育局合作共同培养冰雪指导员500名，举办区级冰雪趣味运动会，打造10所冰雪项目特色校，并成立冰雪运动队。顺义区花样滑冰队、西辛小学、北务中小学生展示特色项目。

（李广文　于田）

【顺义区四个中心正式挂牌运行】年内，顺义区教育宣传中心、教育考试中心、教育质量评价中心、学生活动管理中心四个中心成为法人单位正式挂牌运行。四个中心均为区教委所属正科级事业单位。

（周君姝　杨海红）

学前教育

【概况】2016年，共有幼儿园97所，其中教育部门办54所、集体办27所、事业单位办1所、部队办1所、民办14所；离园幼儿6343人（教育部门办园4896人），入园幼儿8616人（教育部门办园7027人），在园幼儿25246人（教育部门办园19986人）；教职工2538人（教育部门办园1763人），其中，专任教师1461人（教育部门办园1051人）。教育部门办园的专任教师学历合格率100%，具有本科以上学历教师80.2%，专科学历18.5%。北京市特级教师1名，市级骨干教师7人，区级学科带头人12人，区级骨干教师214人，区级园丁新星14人，各级各类骨干教师占专任教师总数的21.5%；幼儿园教师具有高级专业技术职称13人。全区一级一类幼儿园39所，其中北京市示范园8所，市级早教基地24所，均为教育部门办园。北京市学前儿童特殊教育示范基地3个，北京市信息化基地园3个。幼儿园总占地面积445589平方米（教育部门办园占地面积338144平方米），总建筑面积224084平方米（教育部门办园建筑面积166328.8平方米）。

（周君姝 杨海红）

【怡馨幼儿园承办国际研讨会】4月15日，由首都体育学院、北京市幼教师资培训中心主办，北京金恩润泽科技发展有限公司承办的“2016年运动促进儿童认知与情感发展国际研讨会”分会场活动在怡馨幼儿园召开。与会人员观摩日本热魂(rapport)幼儿体育俱乐部社长石桥满先生带来的2节精彩课例及怡馨幼儿园教师张媛媛作中班体育活动《好玩的地垫》，观看中、大班幼儿操节活动。来自顺义、平谷、东城等区县的两百三十余名园长、教师、区学前教研室领导参加此次研讨会。

（何四芳）

【两幼教集团成立】7月14日、18日，顺义区建南幼教集团和幸福幼教集团两个幼教集团分别成立。7月14日，顺义区建南幼教集团成立。建南幼教集团由建南幼儿园、鲁能幼儿园组成。建南幼儿园为北京市示范园，有教职工59 人，在园幼儿391人。鲁能幼儿园有教职工23人，在园幼儿129人。7月18日，顺义区幸福幼教集团成立。幸福幼教集团由幸福园区、中晟馨苑园区组成。幸福幼儿园为北京市示范园，有教职工38人，在园幼儿346人，固定资产339.7万元。中晟馨苑幼儿园有教职工20人，在园幼儿166 人，固定资产282.3万元。

（周君姝 杨海红）

【“园本课程建设”主题讲座举行】9月6日，园本课程建设”主题讲座在区教育研究和教师研修中心举行。北京市第一幼儿园园长冯惠燕以园所发展历史、环境等为切入点为与会人员创设一个融合多元文化、自主、开放的氛围中，并阐释“课程”的含义是帮助幼儿获得有益学习经验的各种活动的综合。冯园长以第一幼儿园园本课程建设为例，向与会教师阐述幼儿园园本课程建设的理念、思路、实施、保障等，并结合大量案例，把讲座的内容具体化、形象化、生动化。讲座后与现场干部教师互动现场答疑。全区幼儿园园长、骨干教师等共计300余人参加。

（李美麒）

【顺义区园长领导力与新教师成长研讨会召开】9月21日，顺义区“园长专业领导力与新教师专业成长‘综合主题活动’研讨会”在宏城幼儿园召开。宏城幼儿园以教师冯婧老师组织美术观摩活动《蚂蚁的旅行》为例，推出该园在“综合主题活动”研究中的最新成果。活动体现现代信息技术的使用给幼儿带来的视觉新体验，激发幼儿的创作与表达，并就此引发与会人员“未来如何将信息技术应用到幼儿园课程”主题讨论。北京师范大学教授霍力岩提出要努力打磨精品课，推向“基于信息技术运用的幼儿园课程深度开发”网络平台。霍力岩教授课题组成员、霍力岩课程研究组成员单位干部教师及区教委学前科、区学前教研室相关人员共计40余人参加本。

（李金平）

【顺义区开展项目合作推动教师专业化发展】一是开展与北师大合作项目，以系列化的跟踪指导确保指导的连续性和实效性；二是与北师大教育学院和高等教育出版社合作，参与教育部课题“幼儿园教师信息技术应用平台” 视频课程的录制，利用了2个月的时间完成18节综合主题活动的设计、研磨、录制、编辑剪辑、上交等工作。

（李美麒）

【菲律宾代表团参观访问】10月20日，金汉绿港幼儿园迎接菲律宾代表团一行30余来园参观访问。菲律宾教师代表团听取园长作办学性质、规模、生源、课程设置等问题介绍，观看幼儿园整体情况介绍视频宣传片，参观园所和班级环境，观摩并参与各班幼儿的游戏活动，双方教师就不同文化背景下的学前教育体制、课程设置、师资来源等进行活动交流研讨。

（陈树环）

【《为了孩子的幸福童年》文集印刷】10月，顺义区《为了孩子的幸福童年》文集印刷。该文集以《指南》为纲，学前教育科引导全区幼儿教师探索教育精髓，思考“幼儿园实践性教学特色”的实践路径，定期组织经验交流，并形成文集。

（李美麒）

【以“教研”为媒，实现研修方式创新】年内，学前教育科构建“三级教研”网络，以“教研”为媒，实现研修方式创新。本年度，区幼教中心组成员重点研习《指南》各年龄段幼儿的典型行为及幼儿身心发展的关键指标，围绕“观察儿童，改善教育教学行为”开展研究工作，引导教师在“教育现场”解读幼儿，重点研究“游戏的独特价值”，围绕“自主游戏”的组织与指导进行有目的的专题研讨和开放活动，并把研究成果上专到网络，更好地满足幼儿教师的个别化学习需求。

（李美麒）

保育员岗位培训

【启动家长教育项目，提升学前教育品质】年内，教委启动家长教育项目，多举措提升学前教育品质。第一，邀请俞敏洪等名家与家长交流家庭教育知识；第二，组织各园业务园长就如何进行家园沟通开展心理培训；第三，委托专业软件公司，开发“顺义区学前教育家园互动信息系统”，目前幼儿园门户网站已投入使用。

（李美麒）

【保育员参加岗位培训】11至12月，学前科组织全区各级各类幼儿园的保育员参加岗位培训活动。培训时间为周日全天，培训活动共计6次，所有参训学员最终通过结业考试。目前，本区公办幼儿园保育员教师做到持证上岗率100%。

（李美麒）

【入职初期教师培训】12月15至16日，区教委组织新入职的250余名幼儿教师参加专业能力培训。教委学前科与北京教育科学研究院培训中心合作举办“顺义区入职初期教师专业能力培训”，旨在鼓励新入职教师在实习期间主动学习、大胆实践、反思，获得从事学前教育工作的初步经验，掌握幼儿园保教工作的基本技能，为新入职教师初期专业能力的发展提供有效支撑。

（李美麒）

【实验区专家组到顺义进行跟踪调研】12月21至22日，教育部基础二司委托中国学前教育研究会、学前教育管理专业委员会成立专家组，对顺义区学前教育改革发展实验区进行专项调研。专家组通过实地考察、听取汇报、访谈交流等方式了解本区学前教育发展概况和改革现状，就深入推进实验区的改革发展进行指导。专家组充分肯定顺义区学前教育改革发展实验区工作，高度评价区学前阶段“非编同酬”教师聘用方式，并对下一阶段工作提出建设性意见。区教委、教育工会相关领导及有关科室、部门负责人参加。

（李美麒 田甜）

基础教育

【概况】2016年，顺义区小学48所（不含一贯制学校小学部），其中教育部门办学45，民办小学3所；另外有8所一贯制学校小学部，1所为教育部门公办一贯制学校小学部，7所为民办一贯制学校小学部。教学班1285个（一贯制学校小学部165个班），其中教育部门公办1143个（教育部门公办一贯制学校小学部23个班）；毕业5950人（教育部门公办5536人），招生7876人（教育部门公办7487人），在校生44518人（教育部门公办42192人）；教职工4829人（教育部门公办3578人），其中，专任教师3736人（教育部门公办2852人）；小学教师市级学科带头人4名，市级骨干教师49名，区级优秀学科带头人9名，区级学科带头人65名，区级骨干教师414名，区级园丁新星53名，各级各类骨干教师占专任教师总数23.6%。顺义区中学32所（其中职高附设班不计入中学数），其中教育部门公办25所（初中18所、完中2所、高中4所、九年一贯制1所），民办7所（九年一贯制学校1所、十二年一贯制学校6所），教学班756个（教育部门公办604个），初中456个（教育部门公办342个）、高中300个（教育部门公办262个）；毕业8901人（教育部门公办7105人），初中5204（教育部门公办3948）人、高中3697人（教育部门公办3157人），招生9019（教育部门公办7614人），初中5408人（教育部门公办4171人）、高中3611人（教育部门公办3442人），在校学生26117人（教育部门公办21480人），初中15247人（教育部门公办11463人）、高中10870人（教育部门公办10017人），在校生中北京市户籍20307人（教育部门公办16230人），初中10484人（教育部门公办7219人）、高中9823人（教育部门公办9011人）；学校教职工6565人（教育部门公办4112人），其中，专任教师4785人（教育部门公办3040人），初中2600人（教育部门公办1716人）、高中2185人（教育部门公办1324人）。中学教师市级学科带头人18名，市级骨干教师54名，区级优秀学科带头人24名，区级学科带头人91名，区级骨干教师517名，区级园丁新星66名，各级各类骨干教师占专任教师总数30.8%。全区教育部门公办中小学专任教师学历合格率100%，北京市特级教师37人（小学6人、中学31人），其中在职26人（小学3人、中学23人）；高级专业技术职务教师969人（小学33人、中学936人）。学校总占地面积4503148平方米（教育部门公办2809998平方米），总建筑面积2214978平方米（教育部门公办1090061平方米）。固定资产总值490681.2万元（教育部门公办245397.7万元）。

（周君姝 杨海红）

【“阳光体育”街舞比赛获佳绩】4月2日，“阳光体育”2016年北京市学生街舞比赛在地坛体育馆举行。顺义区第九中学“帝国舞者社团”获技巧型街舞第一名；“舞动青春社团”荣获舞蹈型街舞第三名。全市11个区县，61所学校，709名学生参赛。

（李广文 马静）

【中学生主持人风采大赛落幕】5月5日，顺义区第一届“春蕾杯”中学生主持人风采大赛决赛在顺义九中报告厅举行。全区26所初、高中校，59名选手参加，通过初赛、复赛，11所初中校的13名参赛选手以及6所高中校的11名选手进入决赛。牛栏山一中实验学校刘偌溪、尹河瑛和顺义三中吕佳慧、顺义八中齐文瑄获初中组一等奖；牛栏山一中朱麟宜、杨镇一中张天骜、贾婧璇和顺义九中白吕硕获高中组一等奖。各中学干部教师及学生代表近300人现场观摩。

（刘之海　吕雄伟）

【共建协议签署仪式举行】6月22日，顺义区教委与北京外国语大学共建杨镇一中协议签署仪式在区教委举行。共建协议涉及北京外国语大学如何提供专家资源、设施资源，如何从办学理念、办学质量等方面提高杨镇一中办学水平的提高，提升区域教育总体水平，特别是外语教学水平。合作推进双方的多元合作，推动顺义教育横向与纵向的新发展。

（郝景强）

【区禁毒教育科普体验基地挂牌仪式举行】6月24日，顺义区禁毒教育科普体验展基地举行挂牌仪式在南法信中学举行。副区长盛德利与南法信镇镇长为基地揭牌，盛区长强调三点，一是顺义区通过三年努力，构建完善的青少年毒品预防教育工作体系，实现预防教育工作落实到每所学校、社区。二是增强青少年识毒、拒毒、防毒意识和能力，新滋生青少年吸毒人数大幅减少。三是每年定期组织全区所有中小学学生到基地接受教育，提升识毒、防毒能力，做到“远离毒品、珍爱生命”。教委有关领导出席，各学校主管禁毒工作的干部及南法信中学师生200余人参加。

（秦晓晋）

【高中教育现状与未来发展研讨会举行】7月31日，顺义区高中教育现状与未来发展研讨会在顺义一中举行。区教工委书记、教委主任刘克祥出席并发表讲话，他指出，在京津冀协同发展和顺义区经济社会发展转型升级的新形势下，顺义教育人要积极面对当下顺义教育发展的实际问题，认真思考迎接未来教育发展的新途径、新方法。各学校要多从主观层面，充分利用大数据分析，提炼面对的真问题，把握教育教学规律，以自我否定、自我批判的精神构想工作新思路、新举措。各高中示范校要努力立足自身特色，解放思想，确实解决好最后一公里问题；教育考试中心要加强中、高考大数据研究，尤其是拔尖创新人才的培养。全区要通力合作，为顺义教育二次创业期的新发展做出应有贡献。与会的高中校校长、副校长结合本单位工作实际，分析面对的教育教学改革问题，明确今后进一步深化改革创新、推动顺义教育新发展的工作思路。顺义区教委、教育督导室、各高中校校长、副校长，部分初中校校长40余人参加。

（李建生）

【“未来足球数字化教学”培训】9月2日，“京师小将”校园智能足球教学系统培训会在双兴小学举办。这是本区首次将　“未来足球数字化教学”引进课堂。活动特邀北京师范大学音像电子出版社、简极科技有限公司CEO罗向望对该系统进行介绍，双兴小学学生和参会部分体育老师参与现场演示，感受中国首套智能足球系统——京师小将的科技力量及大数据魅力。

（李广文 张志雄）

【“绿港好少年”奖励基金捐赠仪式举行】 10月25日，顺义区“绿港好少年”奖励基金捐赠仪式在杨镇中小举行。捐赠仪式上，教委副主任高山和爱心人士张继凯先生签订定向捐赠协议书，计财科科长徐冉代表区教委接受首次捐赠的12万元，小教科科长王桂英宣读“绿港好少年”奖励基金评定办法。顺义区河东地区各小学校长、相关负责人以及杨镇中小师生共计150余人参加。

（李爱民）

【中学生田径运动会再创佳绩】 10月28至30日，北京市第54届中学生田径运动会在朝阳区体育中心举行。顺义区选派133名运动员参赛，最终以285分的成绩获得初中组男女团体总分B组第一名，以252分的成绩获得高中组男女团体总分B组第一名，以537分的成绩获郊区组团体总分第一名，并获得体育道德风尚奖和优秀组织奖。全市16个区902名运动员参赛。

（李广文 杨晓东）

【第三批学校文化建设示范校评选活动开展】 年内，顺义区开展第三批学校文化建设示范校评选活动。专家对各校的文化建设工作进行定位和梳理，并提出改进意见。李遂中小、西辛小学、北小营中小、双兴小学、石园小学、南法信中小6所学校被评为北京市文化建设示范校。

（沈浩发 李爱民）

职成教育

【概况】 2016年，顺义区职业学校5所全部为中职（不包括2所附设中职班），其中教育部门教育部门公办2所，民办3所；毕业342人（教育部门公办54人），招生81人（教育部门公办0人），在校生727人（教育部门公办396人）。中等职业学校总占地面积115183平方米（教育部门公办31830平方米），固定资产总值10017.6万元（教育部门公办6106.46万元）；从2015年8月起，顺义区公办3所职业学校（北京现代职业技术学院、北京市顺义区第一职业学校、北京市顺义区汽车职业技术高中）合并到北京城市学院，至此顺义区职业学校均非教育部门公办。成人学校在校生共计3713人（其中，顺义开大1992人、农广校535人、成人学校1186人），各类中高等学历教育在校生达11124人，非学历教育全年培训14080人次。社区教育中心，有教职工总数124名，其中高级职称26人。开设213个教学班；招生3713名；在校生11124名；开展各级各类培训10项，培训各级各类人员14080人次；普通教室70个。学校占地面积48435.57平方米，建筑面积50502.66平方米。体育场（体育馆）面积共8000平方米。固定资产总值7501万元。拥有计算机813台，多媒体教室座位3460个（指学校所有配备多媒体教室座位总数）。

（吴秀香）

【燕京啤酒集团为顺义分校赠送锦旗】 1月6日，燕京啤酒集团股份公司为北京开放大学顺义分校（以下简称顺义分校）赠送“慧智企业 助力燕京”的锦旗。公司副总经理刘翔宇代表燕京集团感谢顺义分校自2012年以来在管理干部素质能力提升等方面提供的教育培训服务。校长李建军对燕京啤酒集团对顺义分校给予的充分信任深表感谢，并表达顺义分校立足顺义区企业，为区域经济发展提供教育支持服务的迫切愿望。

（车利剑）

【新生开学典礼】 3月27日，顺义分校举行2016年春季新生开学典礼。全体导学教师及600余名新生参加典礼。学校开放办主任崔旭红向学生介绍开放教育的学习特点、学习方法以及学校各项管理制度。

（李丽丽）

【举行“全家阅读，从家长做起”主题讲座】 4月9日，区教委和社区教育中心举办“全家阅读，从家长做起”主题讲座。主讲人为新东方教育集团董事长、耿丹学院理事长兼院长俞敏洪先生，讲座是本区启动家长教育项目的第一讲。家长教育项目将与高校、权威机构、专家合作，建立一套覆盖3-18岁学生家长的课程体系，开发移动、网络、媒体等资源，利用专题讲座、交流论坛、社会活动等形式，为全区家长提供系统的、有针对性的培训。区教工委、教委、教育督导室、教育工会和社区教育中心领导出席，全区中小学校长、幼儿园园长以及来自60余所中小学的家长代表近千人参加。

（田杰）

【首场绘本领读活动】 4月21日，社区驿站儿童绘本馆举办首场绘本领读活动。本次活动邀请北京市新阅读研究所儿童阅读推广人李一慢为社区儿童领读绘本故事，绘本领读是顺义区“绿港书香全民读书月”的系列活动之一，社区教育中心为儿童绘本馆培养一支专业的领读团队伍。

（李丽丽）

【“月末大讲堂”系列培训服务】 5月19日,顺义分校培训中心在南彩镇政府礼堂举行 “月末大讲堂”首次培训。本次培训邀请东城区委党校的白智贤教授讲授《有效沟通的技巧》。白教授结合南彩镇政府工作人员实际情况，列举大量实例，从沟通的障碍、如何沟通和沟通的技巧三个方面讲授有效沟通的技巧。南彩镇政府机关工作人员150余人参加培训。

（车利剑）

【农广校“农艺入户”中专班开班】5月26日，“兴农讲堂”系列活动“农艺入户”培训暨现代农艺中专班在马坡镇政府礼堂举行开班仪式。开班仪式结束后，由专业教师对46名学员进行芽苗菜种植培训。

（赵 娇）

【“把孩子培养成财富”主题讲座】6月18日，区教委和区社区教育中心联合举办“把孩子培养成财富”主题讲座。讲座由区教委主办、社教中心承办，邀请著名的“知心姐姐”卢勤老师进行授课。卢勤鼓励家长要培养孩子拥有健康的人格、远大的目标，学会真诚对待周围的人，具有乐观的心态，要爱学习，爱读书，爱集体，拥有幸福的人生，做一个对社会有贡献、对家庭有责任心的真正意义上的人。区教委和中心领导，各中小学、幼儿园校园长，以及近500名中小学生家长聆听讲座。

（李丽丽）

【教学创新研修班】9月5至8日，区社区教育中心教研室组织开展教学创新研修班。聘请联想集团高级讲师翟玮玉老师进行授课，中心系统50名授课教师参加培训。此次培训设置帮助教师成长的实战型、体系化系列课程，从组建学习型团队、教学创新的核心理念、做学生喜欢的老师、设计学生喜欢的课堂等多方面对教师进行培训，助推社区教育发展。

（李丽丽）

【成人学校第二次社区教育培训】10月14日，成人学校举办第二次社区教育专题培训。邀请三新学堂戴雨露老师做《女人公益十二课》专题讲座，讲座内容包括《色彩人生》《女人花，花生活》《天性解放》等十二个专题，多角度提升女性综合素质。

（李丽丽）

【顺义区高级专家培训班开班】10月17日，为期10天的顺义区高级专家培训班举行开班仪式。本次培训由人保局主办、社区中心承办，来自全区各条战线30位高级专家参训。培训内容重点围绕我国宏观经济分析、国际形势与“一带一路”战略、创新思维与创新能力培养等内容进行专题讲解，教师团队来自于市委党校、北大、清华、中国社科院等部门的教授。

（李丽丽）

【老年教育培训活动开展】10月19至28日，社区教育科在南彩镇开展老年教育培训。本次培训共15节课，包括“老年夫妻沟通的秘诀”“老年人与子女沟通的法则”“老年人带好孙辈的关键”等内容，帮助老年人增长知识，消除孤独感，服务社区建设。

（李丽丽）

【为燕京啤酒股份有限公司培训】10月底至11月中旬，顺义分校为燕京啤酒股份有限公司领导干部培训。此次培训聘请高校知名专家和专业领域、行业中的金牌讲师授课，分为目标管理、企业管理常用工具及应用、分析问题与解决问题、中层管理者管理技能等七个专题，提高中层领导干部的管理能力及综合素质。燕京啤酒股份有限公司各部门主要领导共160余人参加本次培训。

（李丽丽）

【茶艺专题讲座活动】11月2日，成人学校为旺泉街道宏城社区居民组织茶艺专题讲座活动。本次活动邀请茶艺师李春艳，讲座内容涉及茶的分类、饮茶与季节、茶的冲泡方法、器具的使用、品茶以及相关礼仪等。

（李丽丽）

【为顺义妇幼医院培训】11月6日，顺义分校为顺义妇幼医院开展职工培训。本次活动由顺义分校策划，北京大学人民医院心内科主任医师、北京大学医学网络教育学院院长张海澄主讲，主题是《护患沟通技巧与风险防范》，培训中张院长利用具体事例讲解处理护患沟通风险与防范相关技巧。120名医护人员参加本次培训。

（李丽丽）

民办教育

【概况】2016年，全区经教委审批的民办教育机构97个。其中，民办学历教育学校有15所（中小学11所、职业学校4所）;民办幼儿园21所（学历教育含3所学前教育），教育培训类机构61所，有文化培训、计算机、汽车驾驶、文体艺术、外语等五大类别。2016-2017学年度共培训各级各类人员37706人。固定资产10362万元，教学实习仪器设备资产值达到6230万元，教学用计算机3418台，多媒体教室座位数10709个，占地面积804956平方米，教学行政用房建筑面积296万平方米，体育场（馆）13.2万平方米，图书藏量36.64万册。

（王 焱）

【民办教育机构年审】2至5月，区民办教育机构年检工作完成。年审合格的各级各类学校共70所，其中中小学7所、职业学校4所、幼儿园12所、各类培训机构47所；学历教育在校生10762人，幼儿教育在园儿童1567人，培训学校在校学生10915人，毕（结）学生33829人；学历教育和幼儿园专兼职教师1826人，培训学校专兼教师1037人。

（王焱）

【民办教育年检工作会召开】 3月9日，区教委组织召开年检工作会，部署年检及换证等二作，81所民办学校参加年检。按照动员、申报、核查和颁证四个阶段，对年检合格的70家单位完成2016年新的办学许可证的换发工作。

（陈艳清）

【参加“模拟联合国”活动】 4月7至9日，海嘉双语学校中学部学生参加“哈佛大学模拟联合国大会中国会议·2016”（HMUN China 2016）。来自“海嘉模拟联合国社团”的七名代表，先后在北京、广州与全世界12个国家的1000余名优秀学生代表协同合作、探讨交流、共同磋商，全程使用英文讨论全球问题，以世界公民的眼光审视国际热点。并就维和问题、针对女性暴力问题、中东国土问题及全球发展科技战略等发表演说与辩论，最终获得“最佳代表”“杰出代表”“荣誉提名”等多个奖项。

（张冉　王伟）

【民办教育工会联合会第一届委员会第一次会议召开】 6月16日，区民办教育工会联合会第一届委员会第一次全体会议在新英才学校召开。大会选举产生第一届民办教育工会联合会主席、副主席，经费审查委员会主任、委员、女工委员会组成人员。

（王焱）

【民办校再创佳绩】 9月，由北京民办教育协会、北京教育评估院和新京报社共同举办的“2016第十届北京民办教育园丁奖”颁奖典礼在北京教育考试院举行。北京市新英才学校、海嘉双语学校、顺义区益民学校、海德京华双语学校和顺义区泛美幼儿园的5名教师获得优秀校长、优秀教师和优秀教育工作者等荣誉称号。

（陈艳清）

【自办校安全管理工作】 10月，针对区内4所自办校，没有办学资质,条件简陋,在房屋结构、食品卫生、校园环境和消防安全等方面，存在一定的安全隐患的情况，区教委组织联合属地政府，对自办学校各项安全工作进行监督检查，督促学校进一步规范办学行为，消除安全隐患。

（陈静）

【15所民办幼儿园年度考核工作完成】 11月15至25日，区教委、区妇幼保健院、区民政局等部门组成考核小组，对全区15所民办幼儿园进行年度考核。考核内容涉及依法办园、财务管理、食堂及安全、教学管理、卫生保健、工会工作六个方面。检查组深入园所，通过听园长汇报、查看档案资料、财务账簿、食堂卫生，观看幼儿活动，与教师座谈等方式对照“考核评价标准及细则”进行打分，对特色工作给予肯定，对存在问题逐一指出，并提出限期整改意见。

（陈艳清）

【民办培训学校安全检查】 11月，顺义区开展民办培训学校安全检查工作。区教委民办教育科给每所学校提前下发安全通知书，就容易出现安全问题的卫生、消防、防汛、防火、用电等方面进行重点检查，对存在安全隐患的学校，提出明确整改意见并要求立即整改；同时还针对各校问题，对学校负责人主要强调以下几点：1.加强组织领导，明确责任分工，强化落实通知书的内容；2.要求各校再次对安全隐患进行全面、细致的排查，不留死角；3.如遇恶劣天气，采取停课、顺延放学时间等措施，避免安全事故的发生；4.严格学生考勤制度，加强安全教育，进行紧急避险演练，遇紧急情况最大限度的减少生命财产损失。

（冯长宝）

【民办教育行业党建及工会工作理论培训会召开】 12月20日，区教委召开民办教育行业党建及工会工作理论培训会。会议聘请中国劳动关系学院教授潘泰萍，就民办学校建立工会组织的法律依据、对民办学校发展的作用、工会负责人如何开展本单位的工会工作以及工会经费来源与使用等方面做详细的讲解。教委组织科科长侯亚军传达区委组织部《非公有制组织和社会组织党建工作联席会》会议精神，布置当前民办教育机构党建工作的具体任务。教育工会主席王玉英对民办教育机构的党建及工会工作提出要求。顺义区民办中小学校、幼儿园、部分培训机构80余人参加会议。

（陈静）

【新英才学校《与梦飞翔》特色课程汇报】 12月30日，新英才学校开展特色课程汇报演出《与梦飞翔》。学校共开设134门特色课程，包括十五年一贯制精品课程、名家进校园课程、中小学特色课程及社团、阶段性校外课程等。目前学校已引进的专家进课堂活动包括：十五年一贯制的戏剧课程、印度舞、小足球、行走自然、小歌手等共计15门丰富的校外课程。中国教育电视台、现代教育报等11家主流媒体单位也对本次特色课程汇报演出活动给予关注和报道。

（陈艳清）

【严格标准依法审批民办教育机构】 年内，区教委严格标准依法审批民办教育机构。对于前来申请举办民办教育机构的申请单位严格标准，依法审批。组织相关单位进行评估，审核申报材料，建立会签制度，实行一票否决，对不具备办学条件的坚决不予审批。同时，深入开展整顿规范工作，严格控制办学规模，实行非必要不审批。截止到12月底，共受理并办结各种民办许可事项30件，其中新审批民办学校4所，涉及变更举办者、法人、办学地址等24件，停止办学2件。

（陈艳清）

特殊教育

【概况】2016年，特殊教育学校2所（教育部门公办1所，其他部门办1所），开设班21个（教育部门公办18个），毕业14人、招生18人（教育部门公办18人），在校生193人（教育部门公办149人），小学139人（教育部门公办95人）；教职工133（教育部门公办74人），专任教师84人（教育部门公办68）；残疾儿童入学率100%、巩固率100％。

（胡金侠 杨海红）

【特教党员进社区 发挥作用创和谐】1月27日，顺义区特教学校党支部与港馨家园二区居委会共同联合开展“共建单位聚社区 发挥作用创和谐”的活动，党员为社区居民写春联、剪窗花。社区居民到社区分享春联、窗花，营造祥和喜庆的新年气氛。

（吴 靖）

【中残联、市政府、市教委相关单位调研】3月18日，区教委代表北京市迎接中国残联、教育部、北京市政府、北京市教育委员会等多家单位20余名专家对融合教育的调研。顺义区第十三中学承担调研任务。首先专家观看学校社团活动和聋生书法表演，并检查学校资源教室。然后学校干部、教师、区教委相关人员参加座谈会，听取顺义区教委、十三中关于融合教育工作的汇报，活动对目前热点的问题进行研讨，专家们对顺义区融合教育工作给予“顺义经验 北京水平”的高度评价。十三中干部教师100余人参加活动。

（王向辉）

【融合教育教师培训举办】3月31日，特殊教育指导中心举办融合教育教师培训，特聘北京市特教专家为全区融合教育中小学教师进行“同班就读课堂教学设计及说课”讲座。各中小学主管融合教育工作的领导、骨干教师120余人参加培训。

（王向辉）

【接待昌平特教学校参观学习】4月13日，顺义特教学校接待昌平特教学校一行80余人参观学习。昌平参观团观摩12名教师展示课，观看课间操，听取教师作班主任工作经验介绍。

（吴 靖）

【举办“兰馨杯”课堂教学评优活动】4至6月，顺义区特教学校第四届“兰馨杯”课堂教学评优活动，全体任课教师参与。活动分为四部分：一是4月台湾特教专家来校听名师工作室教师展示课，并逐一反馈，教师根据专家意见进行课后反思，再备课，再上课，专家再评课；二是新教师在师傅指导下作汇报课，学校领导评课，新教师进行二次备课、上课；三是全体教师推进评优活动，评优小组成员听课后进行一对一反馈，最后召开总结表彰大会。

（王向辉）

【特教体育艺术嘉年华活动】5月18日，顺义区特殊教育学校在仁和公园举办“让生命在追逐梦想中美丽绽放”体育艺术嘉年华活动。活动分三部分进行1.学生集体展演：包括篮球韵律操、中华鼓打击乐、唐宝宝舞蹈、艺术团合唱等；2.运动技能展示：包括飞镖掷准、穿越火线、击鼓传花趣味闯关等活动；3.动手操作体验：包括制作风车、制作卡通遮阳帽、面部彩绘等制作闯关活动。区教委领导、北京宝马星德宝5S店经理和员工15人参加活动。

（王 雨）

【特教学生参加书画作品展评选获佳绩】6月23日，顺义区特教学校学生参加“翰墨燕山文化顺义”首届师生书画优秀作品展评选活动中获佳绩。学生金铂荣获绘画比赛一等奖，并获得1000元的奖励。7名学生分获二、三等奖，24名学生获入展奖。学校获优秀组织奖。

（王 雨）

【第三届科研年会召开】10月21日,顺义区特教学校召开第三届科研年会。活动表彰15名科研先进教师；与会教师观看学校“十二五”课题研究视频，回顾研究历程；听取教师代表总结“十二五”科研工作及取得的优异成绩，讲述自己在研究中的成长和收获；8名教师宣讲自己的研究案例；教学副校长宣读特教学校“十三五”科研规划并解读科研发展目标及具体落实措施。

（王向辉）

【开展教学研讨】12月1日，北京市培智职业教研组走进特教学校开展职业课堂教学研讨。校长张晓宪以《不忘初心 努力坚持 再创佳绩》为题，介绍顺义特教学校职业教育的发展历程及今后发展规划。特教学校职业部三位教师分别做研究课，教研员们分别进行点评。与会专家对三节课进行梳理，提出把知识体系和培养人的职业素养目标结合在一起的教学理念。北京联合大学特教学院院长、北京市培智职业教研组教研员、区教委有关领导和教师100余人参加活动。

（张艳凤）

【航空安全知识课堂开讲】12月2日，在“国际残疾人日”来临之际，特教学校邀请山东航空公司客舱部北京中队——鲁雁乘务组成员一行13人走进特殊教育学校，开展“传递爱心，放飞梦想”航空知识进课堂活动。课堂上，空乘人员以现场示范、有奖竞答的方式帮助同学们了解航空安全的基本知识与消防安全常识。活动中，学生们还与空乘人员一起演唱励志歌曲，进行绘画创作。

（胡金侠）

【“同班就读课堂教学评优”活动】12月5至7日，区教委中小教科、区特殊支持教育中心在特教学校举办“顺义区同班就读课堂教学评优”活动决赛。40名中小学教师参加现场说课和答辩，北京市4名特教专家担任评委，专家对每位教师的说课进行现场点评，指出说课中出现的问题和不足，并提出改进意见。

（王向辉）

【助推体育康复新台阶】12月8日，北京市特教中心博士郭楠带领体育康复教研组30名教研员走进特教学校开展教研活动。首先观摩特教学校王学彬老师的体育康复课《原地正向投掷轻物》和海淀培智学校专业教师李文新老师的专业康复课《交替半跪及数数的活动》。课后，大家进行交流研讨，针对课堂教学中提出改进建议。研讨后，李文新老师给大家做题为“基础康复教学方法”的培训，系统的介绍评估、训练方法和案例。

（王学彬）

【特教学生走进社区】12月9日，特教学校师生及家长150人走进马坡镇“易来福”居家养老机构，开展以“走进社区·快乐成长”为主题的敬老活动。

（王菊红）

【“我的教学故事”征文演讲比赛】12月16至30日,特教学校举办第四届“红梅杯--我的教学故事”征文演讲比赛。鼓励教师用特殊教育理论指导康复教学，应用特殊教育专业技能、方法，反思自己的课堂教学，记录自己课堂教学的精彩片段，寻找科学有效的专业方法解决自己课堂教学中的问题，引发教师的积极思考。评出特等奖3名，一等奖6名，二等奖7名，三等奖9名。

（吴 靖）

【“太阳花”杯歌咏比赛】12月29至30日，特教学校举办第三届“唱红歌、迎新年、扬自信、展本领”“太阳花杯”歌咏比赛活动。比赛分集体赛和个人赛两种形式。比赛邀请全体师生、家长共同参加比赛。最终评出一、二等奖，并向获奖学生发奖。

（王向辉）

教育督导

【概况】2016年，顺义区人民政府教育督导室督学科、综合科进行督学工作，其中，督导中学14所，小学22所，幼儿园9所；督政科对25个镇政府（街道办事处）进行教育服务与教育环境治理专项督导；进行的督导调研与科研项目（课题）有《构建校外教育督导机制促进青少年健康成长的研究》等2个。2016年教育督导有以下特点，实施双轮驱动策略，挂牌督导创新区通过全国核查；周密部署，接受北京市中小学办学情况督导调研和问题操场处置及新学期开学前准备工作专项督查；端正行风，启动中小学校和中小学教师校外有偿补课专项检查工作；聚焦重点，开展社会主义核心价值观、课程改革和减负的督导工作；专项督导，严密组织考核镇（街）教育服务和教育环境治理工作；传经送宝，国家教育行政学院督学培训班两次来顺考察交流，先后获得全国义务教育均衡发展基本均衡区、全国挂牌督导创新区、北京市挂牌督导创新区等荣誉称号。

（杨海红）

【网络平台使用培训会召开】2月25日，区人民政府教育督导室开展专兼职督学挂牌督导网络平台使用培训会。培训会从督学工作管理、督导管理、督导考核、档案查看、社情民意等几个方面进行培训。教育督导室副主任李卫东主持会议，主任李卫国作重要讲话，他强调：教育督导信息化的实施是实现网络督导评估工作的前提和基础，是实现学校自我评价自我管理特色化的主渠道，是实现教育督导现代化的必经途径。

（张凤荣）

【迎接责任督学挂牌督导创新区核查观摩】3月24至25日，区督学室迎接责任督学挂牌督导创新区核查观摩。核查组一行观看《双轮驱动 利教利民——顺义区中小学校责任督学挂牌督导工作掠影》宣传片，听取工作汇报，参观责任督学集中办公区并查阅相关档案资料。实地考察仁和中学、顺义十三中、木林中小责任督学挂牌督导工作落实情况，重点考察各校督导工作办公室、学生食堂、音体美学科专用教室、实验室及校园安全设施等场所；走进课堂听课，课后听取业务督学评课，并点业务督学评课情况。来自甘肃、云南、西藏、新疆等8个省、自治区教育督导部门领导组成的观摩团考察此项工作。

（周晓娟）

【深圳教育督导团考察交流】4月6日，深圳市罗湖区人民政府教育督导室副主任李文威等一行8人来到本区，考察中小学责任督学挂牌督导工作情况。考察团深入到木林中小，听取责任督学对学校情况的介绍，观摩学校督学工作室、学生教师食堂、音体美等学科教室、实验室等。考察期间，考察团围绕迎接全国责任督学挂牌督导创新区核查验收工作进行交流，对本区中小学校责任督学挂牌督导工作组织管理、经费保障、队伍建设等方面给予高度评价。

（郭子龙）

【落实国家义务教育质量监测工作动员会召开】4月12日，区人民政府教育督导室召开关于做好2016年国家义务教育质量监测工作20所样本校动员部署工作会。动员会上，首先观看《2016年国家义务教育质量监测宣传视频》，使样本校对义务教育质量监测工作有一个初步了解；随后，督导室科长范成海就这次监测工作进行详细讲解说明，并对监测工作进行周密细致部署。李卫国主任作重要讲话，他强调四点：第一，高度重视，认真组织落实好国家义务教育质量监测工作；第二，严密组织，确保国家义务教育质量监测工作有序开展；第三，加强学习，保障国家义务教育质量监测工作准确无误实施；第四，落实责任，确保国家义务教育质量监测工作圆满完成。中教科、小教科、体美艺科科长和考研中心语文、音乐、美术教研员参加此次会议。

（张凤荣）

【督学大讲堂活动】督导室全年共组织三次督学大讲堂活动。4月19日，邀请北京教育科学研究院副院长褚宏启教授做“学生核心素养与学校督导评价”专题讲座。褚教授用翔实数据对比分析教育中存在一些问题，提出培养核心素养的意义，从如何评价我国国民素质与学生素质、为什么要关注核心素养、如何确定我国学生核心素养的框架、如何培养核心素养、教育中自由和民主的重要性以及教育督导评价如何改革等七个方面阐释学生核心素养与学校督导评价相关内容。6月21日，邀请北京市教育督导与教育评价研究中心主任、研究员赵学勤做“学校自我评价”专题讲座，从教育与教育质量观、评价的概念和理论以及分类、学校自我评价思路与方法等三方面详细阐述学校自我评价的重要意义和操作方法，以及如何利用评价结果改进学校工作。10月10日，邀请北京市督学、北京市教育学会教育评价专业委员会秘书长郑晓东作“督学如何进行听评课”专题讲座，从督学为什么要关注课堂教学、督学与教研员听评课的异同点、督学要研究和把握评课的标准、关于督学听评课的建议等几方面详细阐述督学听评课的一些思考与实操方法。全体专、兼职督学及部分校园长、学校评价代表、中层管理干部等共480余人次参加培训活动。

（郭子龙）

【授予“全国义务教育发展基本均衡区”】4月29日，北京市2016年教育督导工作会议在市教委召开，顺义区被授予“全国义务教育发展基本均衡区”称号。市教工委、市教委、市教育督导室有关领导出席会议并向各区县颁牌。区教育督导室主任李卫国参加授牌仪式，并领取牌匾。

(王跃文　郭子龙)

【市教育督导室调研】5月25日，市政府教育督导室就中小学办学情况到本区进行调研。区教工委书记、教委主任刘克祥以《改革创新谋发展　砥砺奋进谱新篇》为题，从“政府保障是基础，坚持顶层化设计和实施；硬件建设是关键，坚持均衡化建设和配备；队伍建设是核心，坚持制度化管理和培训；找准问题，直面挑战，实现教育发展新突破”四个方面，汇报本区中小学办学情况。调研组一行先后通过座谈访谈、入校查看等方式对高丽营学校、南法信中学、东风小学教育集团建新校区、石园小学教育集团港馨校区、赵全营中学和赵全营中小进行实地调研，并查阅相关资料。

（郭子龙）

【中小学教师校外有偿补课督导】11月22至24日，顺义区开展中小学教师校外有偿补课专项督导工作。教委办公室组织中小教科、纪检监察科、审计科、综治科、人事科、民办科、教育工会、区政府教育督导室综合科等相关科室，分成四个督查组分别深入东风小学、顺义一中等24所中小学，听取学校工作汇报，组织720名干部教师、840余名学生和720名家长进行问卷调查。

（王跃文）

【教育服务和教育环境治理专项督导工作】12月13至15日，区人民政府教育督导室分成四组，对全本区19个乡镇及6个街道教育服务和教育环境治理情况进行专项督导。督导组通过听取镇政府、街道办事处对教育工作的汇报、认真审阅自评报告，查阅相关资料、到基层单位实地考察、问卷访谈等形式，重点督导各镇（街）综合治理辖区内学校周边环境和维护校园安全稳定，社区教育活动（重点是青少年校外教育）开展，政府为教育办实事等情况，进一步提升镇（街）优先发展教育的履职能力和水平。

（侯盛林　张桂梅）

牛栏山一中

【**概况**】2016年，北京市顺义牛栏山第一中学占地面积18.17万平方米、建筑面积12.17万平方米，体育场（体育馆）面积共3.53万平方米。图书馆（室）藏书12.89万册，电子图书5.0万册，订阅杂志、报刊441种。固定资产总值12633.03万元。全年教育经费投入15548.8万元，全年学校信息化经费投入257.93万元，拥有计算机1100台，多媒体教室座位5500个，校园网出口总带宽200Mbps，数字资源量50000GB，“信息技术”课程2课时/周。开设校本培训课程87门。普通教室69个、专用教室26个、实验室17个。教职工394人，其中，高级职称135人、中级职称127人。专任教师302人，包括特级教师6人、北京市骨干教师15人、北京市学科教学带头人4人；本科以上学历367人。开设教学班52个，全部为高中班。毕业671人、招生701人、在校生1976人，包括寄宿生1964人。高中录取分数线546分（本区），应届高考本科上线率97%。牛栏山一中教育集团设有北京市牛栏山一中实验学校、北京市牛栏山一中实验学校小学部。

单位名称：北京市顺义区牛栏山第一中学
地址：北京市顺义区牛栏山镇育才大街1号
电话：（010）69411142
邮编：101300
网址：www.nlsyz.com.cn/niulanshan/

（许坤）

【**研发使用时间管理手册**】2月28日，牛栏山一中在高一、高二年级学生中使用《时间管理手册》，《手册》由心理教研组为配合生涯规划课程的教学研发设计。内容包括我的愿望清单、成绩记录分析、科学规划时间、学校生活任务单、反思和计划五部分，设置日、周、月反思和学期总结。该校教务处、德育处、科研处联合推进，成立生涯规划课题组，负责《手册》的使用、指导和效果评价工作。

（许坤）

【**话剧社汇报演出**】5月20日，牛栏山一中“元圣话剧社”举办首场汇报演出。整场演出由5部独幕剧构成，分别改编自威廉·斯丹利·郝登的《故去的亲人》；星新一的《人质》；钱钟书的《灵感》；伍迪·艾伦的《死神摊牌》；陈凯歌的《百花深处》。高一、高二年级800名师生观赏演出。元圣话剧社成立于2015年10月，由20名学生组成。

（许坤）

【**元圣宫修缮完成**】5月25日，牛栏山一中校园内古迹元圣宫修缮工程竣工。本次修缮于2015年5月开工，完成东耳房等三处落架、墙体砌筑、屋顶面更新、内外檐装修、木构架油饰、彩画、增加路灯、完善消防设施等。由北京市文物局投资1250万元，顺义区文物所负责具体修缮工作。元圣宫1995年10月12日，被确定为“北京市文物保护单位”。

（许坤）

【**iPad互动教学研讨会举办**】6月20日，牛栏山一中举办以“构建智慧课堂，促进学生个性化学习”为主题的iPad互动教学研讨会。研讨手持移动终端在互动教学、促进个性化学习资源上的开发与利用，教学平台的选择与使用等。会上该校高一地理和语文学科教师分别上iPad教学展示课，与会专家点评，并提出建设性意见。会议听取本校副校长主题发言；来自区内三所学校的教师代表做经验交流。顺义区考试研究中心领导、北京师范大学教育学部教授、全区各中小学干部、教师100人参会研讨。

（许坤）

【**数学建模小组连获大奖**】9月，牛栏山一中数学建模小组研究的《统计学评估风能资源以解决风电场规划问题》获“2016年高教社杯全国大学生数学建模竞赛”。2016年连续获得“第二届中学生国际建模挑战赛中华赛区特等入围奖”“第一届‘登峰杯’全国中学生学术科技作品竞赛全国总决赛数学建模二等奖”“第31届全国青少年科技创新全国科技创新项目二等奖”。

（许坤）

【**名人学者进校园活动**】牛栏山一中开展“名人、学者进校园”活动。活动先后邀请新东方英语集团创始人俞敏洪、中国月球探测工程首席科学家欧阳自远、著名球星马布里、毛主席身边的工作人员、中科院专家、北大教授等人士129人来校授课。全校师生参加。

（许坤）

北京市顺义区第一中学

【概况】北京市顺义区第一中学占地面积66000平方米、建筑面积54396平方米，体育场（体育馆）面积共23898平方米。图书馆（室）藏书11万册，电子图书2800册。固定资产总值12817.0455万元。全年教育经费投入8436万元，拥有计算机500台，多媒体教室座位300个，校园网出口总带宽200Mbps，数字资源量5000GB，“信息技术”课程15课时/周。普通教室54个、专用教室12个、实验室17个。拥有植物组织培养实验室、地理信息化实验室、机器人教室、通用技术教室、3D设计教室。学校有社团6个，艺术团3个，校本课程62门，教职工292人，其中，少数名族12人，高级职称108人、中级职称100人。专任教师233人，包括特级教师5人、北京市骨干教师6人、北京市学科教学带头人4人；本科以上学历280人。开设教学班45个，其中，初中班0个、高中班45个。毕业524人，其中，初中0人、高中524人；招生623人，其中，初中0人、高中623人；在校生1815人，其中，初中0人、高中1815人，包括寄宿生1018人，少数民族119人，肢体障碍2人，视力残疾1人。高中录取分数线519分（本区），应届高考本科上线率94.3%。

单位名称：北京市顺义区第一中学
地址：北京市顺义区双河大街15号
邮编：101300
电话：（010）69444448
网址：http://www.syyz.bjedu.cn/。

（丁兴旺）

【雅昌艺术中心“流动美术馆”走进顺义一中】3月14日，顺义一中与雅昌艺术中心合作，推出“流动美术馆”项目，开启首都中小学美术课程与社会美术教育资源互补新篇章。青年画家田加针对“认知中国传统艺术、中国传统艺术与西方艺术的正反面、传承国学文化与艺术的精神”等方面进行介绍。讲座结束，李冬校长对本次展览活动做总结并与讲师共同剪彩，流动美术馆正式揭幕。教师带领学生们观看展览，并对部分作品进行讲解。顺义一中高一年级师生、顺义一中附小部分师生、顺义区中小学美术教师和顺义区书画爱好者共700余人参加本次活动。

（刘海辉　何雪莲）

【60周年校庆纪念树种植仪式举行】4月6日，顺义一中60周年校庆纪念树种植仪式在校园内举行。活动开始，首先由李冬校长和北京正宏市政园林工程队王主任代表捐赠方分别致辞。接着，学生代表发言，李校长为捐赠单位颁发证书。仪式之后，学校领导、教师和学生代表以及捐赠单位领导共同种下梧桐树。此次活动，是顺义一中60周年校庆系列活动之一。顺义一中校领导、优秀教师代表、优秀学生代表以及捐赠单位北京正宏市政园林工程队的领导参加本次纪念树种植仪式。

（何雪莲）

【接待斯里兰卡代表团参观交流】4月19日，顺义一中接待斯里兰卡演讲获奖学生代表团一行16人来校参观交流。代表团在本校师生的陪同下参观学校报告厅、艺体中心、图书馆等地。友协财务部长、斯里兰卡代表团团长加米尼，斯中友协副会长阿鲁纳、李冬校长和教师代表及双方学生代表做发言，并讨论双方友好发展等问题。活动尾声，斯方学生献上斯里兰卡民间舞蹈，顺义一中学生表演精彩的节目，并向斯里兰卡学生赠送亲手制作的中国火绘葫芦表达美好祝福。

（鲁兵 李英姿）

【“学生为本”SCL教学法培训项目启动】5月4日，北京教育学院协同创新学校计划——顺义一中“学生为本”（SCL）教学法培训项目举行启动仪式。余新教授首先介绍SCL项目实施计划、基本理念以及本项目的培训目标、计划、培训方式和成果形式；项目学员刘仁老师代表全体学员表示将认真投入到培训项目、探索实践、虚心学习的愿望和态度；教育研究和教师研修中心副主任李树栋表示将大力支持顺义一中这个项目，并对学校和项目组学员提出希望和要求；中教科副科长刘之海转达区教委领导对此项目的关心和支持，也对项目的实施提出希望和要求；最后，李校长做总结性发言。

（辛加伟 李勇）

【暑期游学课程结束】8月24日，顺义一中“西北文化行”“江南知书行”以及“中华文化行”游学课程结束。带队老师与近300名学生参加本次游学课程。本次游学实践课程由李冬校长带队，年级教师组织协调，使学生了解不同地区的地域特点、风土人情，锻炼学生的自主能力，磨练学生意志，同时挖掘学生自身的潜能，加强团队协作意识。

（张爱曦）

【60周年校庆书法笔会活动举行】9月23日，“甲子校庆 水墨传情——庆祝顺义一中校庆60周年书法笔会”活动在学校报告厅举行。笔会活动首先发布顺义一中校庆宣传片，之后三位书法大家向本校赠送中国书法家协会主席苏士澍的墨宝，书法家曹育民和卢中南也寄语全体师生“写漂漂亮亮的中国字，做堂堂正正的中国人”。社会各界书法名家、顺义一中校友、在校师生共700余人参加此次活动。

（丁兴旺）

【“十三五”校本研究课题开题论证会召开】10月11日，顺义一中召开北京市教育科学规划“十三五”校本研究专项课题开题论证会。会议由校科研室主任辛加伟主持，课题承担人、顺义一中校长李冬做课题的开题报告。

（李勇 辛加伟）

【顺义一中承办第十三届全国语文名师成长大讲堂活动】10月15至16日，顺义一中承办由光明《教育家》杂志社、《语言文字报》、人民教师网主办的全国语文名师成长大讲堂活动。本届语文名师成长大讲堂的主题是：核心素养与语文教学。与会专家、教授分别作学术讲座，顺义一中语文教师申英利做一节名著导读展示课。《语言文字报》专版报道顺义一中的办学思想和办学成就，重点介绍顺义一中近年来语文教学改革的措施和取得的效果。来自全国各地的语文教师700余人参加活动。

（辛加伟）

【北京管乐交响乐团走进顺义一中】10月，北京管乐交响乐团走进顺义一中，为高二年级全体师生献上一场视听盛宴。乐团以“‘天空之城’久石让-宫崎骏”为主题，演奏《风之谷》《红猪》《菊次郎的夏天》《魔女宅急便》《龙猫》《千与千寻》等经典乐曲。其间，乐团首席指挥李方方团长为师生们普及参加交响音乐会的礼仪，并讲解有关交响乐团的小知识。

（饶楚涵 耿丽梅）

北京市顺义区杨镇第一中学

【概况】2016年，北京市顺义区杨镇第一中学学校占地面积266800平方米、建筑面积73974平方米，体育场（体育馆）面积共38500平方米。图书馆（室）藏书10.5万册，电子图书10GB，订阅杂志、报刊202种。固定资产总值14080.77万元。全年教育经费投入21843.44万元，全部为国家拨款。全年学校信息化经费投入136万元，拥有计算机757台，多媒体教室座位3550个，校园网出口总带宽260Mbps，数字资源量2000GB，“信息技术”课程2课时/周。普通教室79个、专用教室14个、实验室24个。教职工429人，其中，高级职称160人、中级职称149人；专任教师282人，包括特级教师3人、北京市骨干教师8人、北京市学科教学带头人2人；本科以上学历418人，少数民族教师21人。开设高中教学班64个。高中生毕业769人；高中招生538人；在校生2642人，包括寄宿生2477人，少数民族学生1025人。高中录取分数线500分（本区），应届高考本科上线率90%。

单位名称：北京市顺义区杨镇第一中学

地址：北京市顺义区杨镇木燕路下坡村段
邮编：101309
电话：（010）61451055；
网址：http://www.bjyzyz.net。

（李洪峰）

【高二年级举办辩论赛】3月8日至5月17日，杨镇一中高二年级举行辩论赛展示活动。本次活动历时两个多月，从各班涌现出的优秀辩手中组成6支“豪华”团队，17日在报告厅举行总决赛。活动中，张春德校长致辞激励学生在辩论实践中提升自己的综合素质。

（王金龙）

【校本选修课程开课】3月29日，杨镇一中55门校本课程全面开课。老教师们共申报85门课程，经校委会评议审定，最终有55门课程成为本学期的校本选修课程，课程涵盖学科拓展类、综合实践类、个性发展类等。

（王新生）

【高三年级举办成人礼活动】4月23日，杨镇一中举行高三成人礼活动。仪式上每位同学都领到一本《宪法》和一张成人卡。高三年级主任申泽华、书记孙剑波、主任郭光江三位年级领导代表教师发言，表达对同学们成人之后的殷切希望，教师们通过制作学生成长专题片表达对孩子们的祝愿；家长代表来到现场表达心声,特别是内地家长的视频祝福和新疆家长的电话祝福更是感动全场。

（王金龙）

【杨镇一中举办祝福高三学子活动】5月7日,杨镇一中举行第五届祝福高三学子活动。本次祝福日的主题是“祝福·友善·情真·感恩”。主要活动内容分为四部分，分别为“祝福声声，我们相伴”（学校师长祝福）、“写祝福语　，暖同窗谊”（高一、预科学生祝福）、“送祝福卡，传师生情”（高二学生祝福）、“行祝福举，展杨中美”。

（王金龙）

【指导英语教学工作】9月27日，北京市英语特级教师赵淑梅、人民大学外语学院田育英老师以及北京外国语大学的老师到杨镇一中指导学校的英语教学工作。此次活动是杨镇一中和北京外国语大学合作项目的组成部分。上午，专家和北外老师听两位北外外派教师的读写课和杨镇一中两位教师的语法和英语写作课，下午英语教学专家对英语课进行点评并对学校的英语教学工作提出宝贵的建议。

（王新生）

【杨镇一中举行班干部拓展活动】10月23日，杨镇一中德育处组织404名学生干部和16名老师到通州第五季生态园举行班干部拓展活动。活动通过“人体LOGO”　增強团队间合作意识；通过“参观热带雨林植物园”了解植物多样性，增长知识；“重走长征路”模拟两万五千里红军长征，锻炼学生意志；而“定向越野”锻炼学生团队意识；“科技项目”普及科学知识；“农事用具体验”和“采摘”让学生感受农民的辛苦。

（王金龙）

【召开“十三五”系列课题开题论证会】10月26日至11月18日,杨镇一中召开“十三五”系列课题开题论证会。十三项课题分别在五次开题论证会上顺利开题。这些课题包括六项北京市教育学会课题、七项顺义区规划办课题,在七项区级课题中有一项为区级重点课题、一项为联盟校课题。十三项课题的研究内容涉及家庭教育、课程开发、学法研究、教学探索等多个领域。开题论证会上，学校聘请相关专家针对开题报告进行有针对性的指导，使课题组成员打开思路，也让所有参加会议的学校领导和教师经历一次针对性极强的科研培训。

（刘加良）

【杨镇一中开展“文科校级公开课”活动】10月，杨镇一中开展“文科校级公开课”系列活动。活动主题为“突出学生主体地位，提高课堂效率”。政治、历史和地理三门学科的所有任课教师、各年级的领导及副校长、教务主任参与听课、评课。课堂上真正做到让学生成为课堂的主人，文科各学科间打通与融合的过程打开老师的思维，这种研讨形式已经成为学校校本教研的全新的固定模式。

（王新生）

【弘扬传统文化演出活动】10至12月，杨镇一中组织以弘扬传统文化为主旨的系列演出活动。北方昆剧院演出著名曲目《牡丹亭》、顺义区退休教师京剧国粹宣演团表演经典选段、北京儿艺表演原创现实主义话剧《胡同.com》，三场活动既有精彩演出，又有交流互动，让全校师生在民族艺术文化的饕餮大餐中回味无穷。

（王金龙）

【杨镇一中举办职业生涯教育讲座】11月30日，原华为公司高管邹旭东为杨镇一中高一年级学生进行一次职业生涯教育。邹旭东从“想要什么样的生活？”“想做什么？能做什么？”“如何学习才能实现美好愿望”这三个问题为切入点，结合自己的学习和工作经历，为同学们详细讲述如何学习。

（王金龙）

【高三年级欣赏国粹】12月12日，顺义区退休教师京剧国粹宣演团到杨镇一中慰问演出。宣演团成员平均年龄66岁、字正腔圆、韵味十足。此次演出包括《三娘教子》节选经典唱段和现代京剧《白毛女》选段两个剧目。演出结束，高三学子为答谢退休教师宣演团的精彩演出，特别赠送画作——“雄鸡报晓”。

（王金龙）

【跨年社团展演活动举办】12月26日，杨镇一中艺术处、团委在报告厅举办2017庆新年杨镇一中社团展演活动，本次活动以“律动青春，激发力量，绘制梦想，扬帆起航”为主题，全校11个社团展示各自才艺。

（张　凡）

【体育比赛成绩优异】在市级比赛中，先后获得北京市羽毛球传统校比赛高中男子组团体第三名、北京市传统项目学校乒乓球比赛男子高中团体第二名、北京奥林匹克教育学校体育后备人才培养基地田径运动会男子团体总分第一名、北京市第十届“和谐杯”乒乓球比赛暨北京市中小学生乒乓球联赛高中女子团体第二名和高中男子团体第一名。

（孙铁军）

教育研究和教师研修中心

【概况】顺义区教育研究和教师研修中心原名为顺义区教育研究考试中心，2016年9月，经市区两级编制委员会批准，正式更名为北京市顺义区教育研究和教师研修中心。单位职能主要为：负责全区教育科学研究；指导教学改革；负责组织教育系统师资培训。中心占地面积19.8亩，建筑面积12000平方米，图书馆藏书1.2万册。拥有多媒体教室20个，其中专用教室6个。全部设施可同时容纳1700名干部教师开展教科研、培训活动。中心现有在岗教职工151名（含人事关系不在本单位的借调教师），其中专任教师111人。有教育硕士4人，北京市特级教师9人，市级学科带头人11人，市级骨干教师27人。具有高级职称的教师69人，一级职务的教师24人。目前共有10个部门：高中教研室、初中教研室、小学教研室、学前教研室、教育科研室、干训科（含教育党校）、师训科、教务科、后勤科和办公室。

单位名称：教育研究和教师研修中心

地址：北京市顺义区裕龙三街

邮编：101300

电话：69443449

网址：http://www.shyedu.cn/

（教育研究和教师研修中心）

【服务理念】始终坚持以人为本的管理思想，以科学发展观为指导，以促进干部教师专业发展为核心，以提高教育教学质量为主线，以“问题研究——实践引领——反思提升”为主要工作方式，以改革创新研训机制、构建完善服务体系为工作抓手，努力把教研中心建设成“业务指导中心”“研修培训中心”“教育服务中心”“教学评价中心”“信息资源中心”，为区域教育内涵发展提供更加优质的智力支持和更加完善的专业服务。我们将坚持“服务”的根本宗旨，坚定办人民满意教育的决心，不断提升对外影响力和辐射力，内强素质，外塑形象，为顺义区教育的腾飞贡献自己的力量。

（教育研究和教师研修中心）

【春季健步走活动】4月20日，教育研究考试中心工会组织教职工分两部分到平谷石林峡和通州大运河文化公园进行春季健步走群体活动。

（教育研究和教师研修中心）

【高级教师职称晋级评审】6月29日，教育研究考试中心2016年职称评定工作结束。经中心职称评定委员会民主评议，决定推荐杨雪莲、于海等8人参加区高级教师职称晋级评审，并进行公示。

（教育研究和教师研修中心）

【党组织和先进个人获表彰】7月1日，教育研究考试中心党委被评为教育系统优秀基层党支部；穆怀茹、刘艳辉等11位老师获优秀共产党员称号；宋武生、赵连顺、张文利等3人被评为优秀党务工作者。

（教育研究和教师研修中心）

【中心和个人获评区先进】9月1日，教育研究考试中心被评为教育系统先进单位；穆怀茹、马亚芹等10位教师被评为区先进教育工作者。

（教育研究和教师研修中心）

【教育研究考试中心更名】9月9日，经顺义区机构编制委员会23号文正式批复，顺义区教育研究考试中心正式更名为北京市顺义区教育研究和教师研修中心。单位主要职责为：负责全区教育科学研究；指导教学改革；负责组织教育系统师资培训。调整后，单位规格、编制等其他事宜均不变。

（教育研究和教师研修中心）

【中层干部人事调整】9月28日，教育研究和教师研修中心科级干部进行调整，决定任命魏金辉为小学教研室主任，刘朝杰为后勤科科长，李万祥为教务科科长，赵艳兵为高中教研室副主任，杨红为教师培训科副科长，邢颖杰为教育科学研究室副主任；拟任命李君美、刘晓英为干部培训科副科长。

（教育研究和教师研修中心）

【14名教师岗位晋级】11月18日，教育研究和教师研修中心2016年岗位聘任工作结束。经个人申报、述职、工作小组现场评审，最终确定高欣、尹杰等14人晋级相应岗位，并完成公示。

（教育研究和教师研修中心）

【获评敬老文明模范校】12月8日，教育研究和教师研修中心被评为北京市敬老文明模范学校。

文 化

【概况】2016年，顺义区文化事业始终坚持以人民为中心的工作导向，立足区域实际、着眼服务大局，创新推进公共文化服务、群众文化活动、文化艺术精品、文化遗产保护、文化市场管理等各项工作，实现全区“十三五”文化建设的良好开局，为区域发展营造健康和谐的文化氛围、提供坚强有力的文化支撑。

单位名称：顺义区文化委员会

地址：北京市顺义区光明南街22号

电话：（010）69443669

邮编：101300

（顺义区文化委员会）

【强化文化阵地管理】年内，出动执法人员4000人次，执法车辆2000台次，检查各类文化经营单位1000家次，办结文化市场违规经营案件51件，没收非法图书、光盘4万册（张），屏蔽各类有害信息4300条，查获卫星地面接收设施等设备24套，有效净化全区文化市场。

（顺义区文化委员会）

【公共文化设施建设加强】为9个村级剧场、335个村级广场配备固定灯光音响设备，为2个镇文化站配备流动演出设备，实现村级文化广场灯光音响设备全覆盖。公益电影放映走进校园，在东风教育集团5个校区建设5个数字电影厅，为6000余名学生放映公益电影400场。

（顺义区文化委员会）

【文化惠民力度提高】在全区建立8个镇（街道）文化培训基地，根据市民需求开展“订单式”文化公益培训195次，培训文艺骨干1115人次，惠及群众5606人次。区图书馆举办读书活动128场，为镇村图书室配送图书2万册，年接待读者人数35万人次，同比增长1.44%，借阅图书量32万册，同比增长2.13%。焦庄户地道战遗址纪念馆接待国内外游客32万人次，其中接待“纪念建党95周年”参观人数6万人次。

（顺义区文化委员会）

【主题文化活动精彩纷呈】围绕纪念建党95周年、纪念长征胜利80周年、“我们的节日”等重大主题，组织开展丰富多彩的文化活动。成功举办“永远跟党走”纪念建党95周年大型文艺演出，全区800余名优秀党员代表观看；创编大型原创评剧《李昆》，讴歌顺义第一位共产党员的革命事迹；在全区公益影厅、流动电影放映队播放《红鹰突击队》、《诱狼》等主题电影1800余场；举办纪念建党95周年书法美术作品展和诗词楹联征集竞赛，征集优秀文艺作品100余幅等等。承办端午文化节、燕京啤酒节、北京顺义首届“灶王爷”新春庙会等大型活动的文化演出和民间花会展演，丰富区域文化内涵、弘扬顺义特色文化，营造浓厚的文化氛围。

（顺义区文化委员会）

【创新传承传统品牌活动】全年组织开展第二十三届“二月新春”、“五月的鲜花”、“十月金秋”三大系列群众文化活动1600余场，吸引观众50万人次，成为具有顺义特色、全市公认的群众文化活动品牌。“赵全营杯”民间花会大赛暨京津冀三地民间花会展演活动邀请河北、天津优秀文艺团队共同参与，促进三地文化交流。“高丽营杯”戏曲票友大赛将参赛优秀戏曲通过微信公众号开展观众投票活动，吸引7800名观众参与，社会关注度明显增强。“天竺杯”合唱大赛、“李桥杯”器乐大赛等活动对比赛形式、演奏类别进行改革创新，获得群众好评。天竺、北小营等镇充分发挥镇、村文化阵地作用，通过组织丰富多彩的文化活动、参与区级大型文化赛事，在服务基层群众、发掘文艺人才等文化工作中成效明显，迸发出蓬勃向上的活力。

（顺义区文化委员会）

【创新推出新品牌活动】立足市民需求，开创首届重阳爱老敬老戏曲艺术节、首届“顺义拍客集”百姓摄影大赛，以及首届“北小营杯”歌手大赛、首届群众广场舞等全新的品牌文化活动，活动内容形式贴近市民需求，参加方式灵活方便，市民参与群众文化活动自主性、能动性、艺术性显著增强。

（顺义区文化委员会）

【顺义歌曲成功甄选推广】2016年从全国1100名作者的406首原创作品中甄选出《顺心·顺义》、《家乡酒》等9首优秀原创歌曲，讴歌顺义新发展，展示顺义新形象。甄选完成后，通过网络新媒介、报纸电台电视台等传统媒体、文艺汇演合唱改编等多形式多方法在市民中不断推广优秀歌曲。

（顺义区文化委员会）

【积极搭建区内文艺平台】2016年举办文艺教育培训活动150场次，组织200余名艺术家为全区各镇、街道、学校以及部队赠送作品300余幅。

（顺义区文化委员会）

【不断加强外省市文化交流】举办“幽燕丹青”京津冀美术精品九区县巡展；与四川省德阳市缔结友好城市，组织开展首届“顺义.德阳”书画作品联展和书画笔会交流活动；与河南省西峡县开展交流合作，举办顺义.西峡书法美术摄影展；与河南省南阳市交流曲艺精品，顺义原创历史评剧《大汉名臣》走进南阳获得群众好评。

（顺义区文化委员会）

【文艺精品创作不断涌现】深入挖掘顺义区革命历史文化资源，原创戏剧小品《良心果》是北京市唯一入围第十七届中国艺术节群星奖决赛的作品；现代评剧《焦庄户》参加第十届中国评剧艺术节展演；现代抗战评剧《寸草春晖》获第四届“宝坻杯”环渤海评剧艺术节剧本创作金奖。评剧小品《考官儿》获得北京农民艺术节“乡村大舞台”决赛一等奖；区文化馆绿港之声合唱团在第三届“北京之声”首都市民合唱周合唱比赛荣获青年组金奖、在第二届京津冀群众合唱节比赛中荣获一等奖。

（顺义区文化委员会）

【文物保护力度加大】修缮元圣宫、开元寺等不可移动文物5处，增设安全技术防范设备2处。

（顺义区文化委员会）

【加强历史文化宣传】举办顺义区第一次可移动文物普查成果摄影展，展现顺义发展历史。组织非物质文化遗产项目参加端午文化节、北京顺义首届灶王爷新春庙会等区内大型活动进行展演展示，对10家非遗传承学校进行调研与择优扶持，推进非物质文化遗产传承。

（顺义区文化委员会）

卫生和计划生育

综述

【概况】2016年是深化医药卫生体制改革的关键一年，顺义区坚持贯彻落实国家和北京市部署的相关医改工作，扎实做好优质医疗资源疏解项目承接，重点围绕公立医院综合改革、分级诊疗体系建设等核心工作，不断增强区域医疗卫生服务整体水平，各项医改任务取得阶段性成果。

单位名称：顺义区卫生和计划生育委员会
地址：顺义区顺康路1号
邮编：101300
电话：89453150
网址：http://www.wjw.bjshy.gov.cn/

（王凤忠）

【区外优质医疗资源入区办医】截至年底，北京友谊医院顺义院区项目已完成开工建设，阜外医院、北医三院、北京口腔医院合作办院项目均已达成共识，计划“十三五”期间推进项目落地实施。

（王凤忠）

【公立医院法人治理结构改革】持续完善以理事会为决策核心的公立医院法人治理结构改革，继续加强区中医院和区妇幼保健院与市属三甲医院实施托管共建，依托区级重点专科建设项目实施，着力加强科室联合建设和管理制度融合，加快提升区级医院管理水平和服务能力。切实抓好与凤凰医疗集团开展的新型社区卫生服务体系改革，总结完善空港医院和区二院试点实施的UCC建设项目，在确保公益性的前提下，增强基层社区卫生服务机构的工作能力和管理效率。

（王凤忠）

【整合型医疗卫生服务体系建设探索】整合型医疗卫生服务体系建设项目已获北京市科委绿通项目评审，正式启动市级、区级、镇级和村级等各类医疗卫生资源的整合利用。加快构建以区医院、区中医院等为核心医院的纵向医联体，已实现13家基层单位纳入医联体统筹管理，“市区镇村一体化中医医联体对推进分级诊疗研究”获得中华中医药学会政策研究奖。落实河东河西均衡发展战略，启动区医院东院区建设项目和区传染病医院转型升级。统筹整合利用医联体内各级各类资源，成员单位之间落实患者双向转诊、全科专科对接、诊疗服务同质化等。拓展区域医学影像远程诊断会诊平台建设，利用信息化技术手段和统一的管理平台，实现医学影像数据的互联互通和实时传输，2016年共传输远程医学影像数据4.3万条，正式出具远程诊断报告615次。

（王凤忠）

【医疗卫生人事薪酬制度改革】落实全员岗位聘用制和技术人员评聘分开工作制，实现医务人员从身份管理到岗位管理的转换，保证医院拥有充分的用人招聘自主权。2016年全区公开招聘录用91名，引进带头人2名、高职称、高学历人员48名，高水平卫生人才的总量进一步提高。在区人力社保和财政部门大力支持配合下，落实公立医院绩效工资总量核定办法，基本建立与岗位职责、工作业绩、实际贡献紧密联系的分配激励机制，充分调动广大医务人员的工作积极性。

（王凤忠）

【服务水平提升三年行动计划】区卫计委制定的《顺义区医疗卫生服务水平提升三年行动计划2016年实施方案》，经第8次区政府常务会议讨论通过，以区政府办文件（顺政办发[2016]7号）文件形式正式印发执行。12月，主管副区长在第五届人民代表大会第一次会议第二次全体会上，作《加快顺义区卫生事业发展议案办理情况的报告》，全面总结汇报议案办理和提升医疗卫生服务水平的工作情况。截至2016年底，三年提升行动计划取得显著的阶段性成果，通过强化服务能力提升与基层网底建设、强化内生动力与借助外力发展、强化硬件建设与改善软件建设，实现诊疗环境、技术能力和服务水平显著提升，得到社会各界的充分肯定，同时也取得丰硕成果。

（王凤忠）

【医疗系统荣誉】在全市卫生发展综合评价中，顺义区位列城市发展新区第一；在基层岗位练兵和技能竞赛中，全科医生代表队荣获全国决赛二等奖和全市决赛第一名；区医院在全市综合医院年度DRGs评估中临床学科发展均衡性较好；区中医医院获评全国改善医疗服务示范医院；区妇幼保健院在全市妇幼类专科医疗机构年度DRGs评估中病例组合指数(CMI)排第一、入组数排第二；“市区镇村一体化中医医联体对推进分级诊疗研究”获得中华中医药学会政策研究奖；“北京顺义健康教育”微信公众号影响力多次排名居全国前三；南彩镇卫生院和天竺镇卫生院获评为全国“群众满意的乡镇卫生院”。

（王凤忠）

【医疗工作】2016年,全年门诊805.84万人次，急诊77.27万人次。全年出院7.84万人次，病床使用率65.24%，平均住院8.46日。全年住院手术2.31万人次。

（王凤忠）

【医疗质量管理】在对首批8个质控中心专家名单调整的基础上，新增顺义区医疗质量管理委员会和医患安全管理2个委员会。同时增设病理、超声2个医疗专业质量控制和改进中心。各质控中心均按照区卫计委统一部署，主动开展对全区医疗机构医疗质量监管和指导工作，完成专项调研、指导活动共12次，组织质控相关学术课程、会议26次。

（王凤忠）

【医疗安全管理】根据北京市卫计委等10部门要求，开展顺义区“平安医院”创建工作和严厉打击涉医违法专项行动，完成相关工作实施方案制定与签发，组织全区医疗机构大检查，督促各单位落实整改措施；推进医疗机构参保医责险工作，完成系统内医疗机构医责险全覆盖；严格按照医疗纠纷处理程序，全年妥善处理纠纷220起，接收顺义区政府便民工作交办单59件，北京市卫计委《主任信箱》投诉信5件，参加行政应诉1起，组织召开2期医疗纠纷处理能力培训班。

（王凤忠）

【护理工作】结合区域医疗护理资源现状情况，区护理质控中心制定2016年度顺义区护理质量标准及考核方案。3月，组织顺义、怀柔、密云地区静脉输液质量研讨会，从静脉输液安全展开探讨，了解现代输液操作规范前沿、输液工具的合理选择、静脉输液并发症的预防与处理、贯彻执行静脉输液指南，交流各家医院成立IVteam（专门从事静脉输液护理的人员）的成功经验，就静脉输液质量的管理进行深入的交流。推进以病人为中心的优质护理服务工作，区医院、妇幼保健院、中医院所有住院、门急诊均已开展优质护理服务工作。9月20日，组织医政科和护理质控中心专家对全区8家民营医院开展护理服务督导检查工作。12月底，区卫计委联合区护理质控中心及市级专家利用三天时间对顺义区医院、妇幼保健院、中医院、空港医院进行优质护理服务评价工作的帮扶、指导，专家从医院管理、护理管理、人事管理、临床护理、风险控制等5方面进行详细的检查，并深入部分病区进行实地督导，实地评价具体工作的落实情况并提出宝贵意见。

（王凤忠）

【医联体建设】开展市区镇村一体化中医医疗服务体系建设，探索借助医联体的形式完善区域内分级治疗研究。开展市级支援区级、区级支援乡镇、乡镇支援村级的逐级下沉的医疗服务模式及人才培养模式，通过专家出诊、远程会诊、双向转诊、远程教学、共建专科、医技科室一体化管理、建设基层中医标准服务站等多种形式，提高基层中医药服务能力，引导优质医疗资源向基层下沉，通过统筹规划医联体内各基层单位的功能定位和职能分工，形成急重症病人在北京中医医院顺义医院住院、慢性病人和恢复期病人在牛栏山社区卫生服务中心康复、维持治疗的服务模式。

（王凤忠）

【多点执业】全区多点执业医师297人，主执业地点在区外的有179人，主执业地点在区内的有118人。主执业地点在区内的医师中，第一执业地点属公立医疗机构的40人，第一执业地点属非公立医疗机构的78人。

（王凤忠）

【麻醉药品及特殊药品管理】区卫计委严把毒麻药品审批管理的入口关。认真审核诊疗科目、药学专业技术人员、具备处方权医师及设施制度等情况，按照先审查文字材料，再到现场实地验收的审批程序，确保验收质量和专业性，完成3年一次的毒麻药品专项检查工作，撤销印鉴卡3家，年内验收新增印鉴卡管理机构1家，变更印鉴卡事项5例，参与销毁过期毒麻药品10次。为进一步规范抗菌药物使用，区卫计委联合医学会、质控中心对区内社会资本举办的60家医疗机构开展抗菌药物静脉输液活动资格审核专项检查活动，按要求对其人员资质、抗菌药物使用指征等内容进行审查，进一步规范抗菌药物临床应用行为，提高社会办医疗机构的用药安全。在巩固抗菌药物专项整治活动成果的基础上，二级及以上综合医院平均住院、门诊、急诊患者药物应用比例分别为47.54%、14.0%和21.86%，达到目标要求。

（王凤忠）

【献血管理】全年共采集血液18325单位，其中街头自愿无偿献血16909单位，占总采血量的92.28%，团体无偿献血1416单位，占总采血量的7.72%。其中光明文化广场采血点共采集血液10144单位，华联购物中心采血点共采集血液6765单位。全年各医疗机构共使用悬浮红细胞7741.5单位、使用血浆4221单位，使用血小板847单位。

（王凤忠）

【对口支援】顺义区医院与北京中日友好医院，顺义区中医院与北京中医医院，顺义区妇幼保健院与北京安贞医院、北京肿瘤医院、北京儿童医院，空港医院与北京天坛医院，顺义区精神病医院与北京安定医院均签订对口支援协议开展大量的对口支援工作。2016年共计接受支援医院支援医师227人7467.5天，开展门、急诊诊疗46696人次，完成手术753例，手术示教次数642例，疑难病会诊1041人次，教学查房758次，学术讲座108次，在支援专家指导下建立特色专科12个，送出医护人员42人到支援医院进修。

（王凤忠）

【社区卫生】全区有26个社区卫生服务中心， 完成25个完成标准化社区卫生服务中心建设。有212个社区卫生服务站，全部完成标准化建设，实际运行社区卫生服务站173个。社区、站有执业、助理执业医师737人（其中全科医师495人），护士416人。全年社区卫生服务中心、站总诊疗2262286人次，其中门诊2226026人次、急诊30915人次、出诊5345人次。住院576人。上转区内三级医院病人4015人次。建立居民健康档案824349份，建档率77.7%，使用率为38.5%。有23所社区卫生服务中心开展预约就诊、定向分诊、集中候诊、定期复诊的新模式。11所社区卫生中心使用预约复诊系统开展服务，5所社区卫生服务中心使用挂号自助机服务。推行慢病患者俱乐部会员制，并为糖尿病患者提供每年4次免费测血糖，为高血压患者提供每年4次尿常规检查。2016年，全区管理高血压患者52988人，高血压规范管理40141人，管理人群血压达标30794人。管理糖尿病患者20715人，糖尿病规范管理16806人，管理人群血糖达标12451人。

（王凤忠）

【农村卫生】全区有乡村医生300名乡村医生，全部参加乡村医生岗位培训，培训内容主要是中医适宜技术技能操作等。

（王凤忠）

【新型农村合作医疗】全区参加新农合237086人参加

新农合，参合率99.38%。人均筹资标准每人每年1200元，其中市区两级财政补助资金780元、镇级补助资金255元、村集体支持资金5元、个人缴费160元。全年筹集资金总额2.85亿元。年内新农合支付补偿资金2.62亿元。支出资金中， 住院及特殊病门诊1.93亿元，普通门诊6923.54万元。参合人员补偿受益129.61万人次，其中住院补偿受益2.46万人次，门诊补偿受益127.15万人次。十七类重大疾病补偿受益6974人次，支付补偿资金6144.79万元。全区领取报销金万元以上的5219人。其中1至5万元4530人，5至10万元574人,10万元以上的115人含18万封顶11人。年底结余基金22548.20万元。

（王凤忠）

卫生和计划生育监督

【公共场所卫生监督】全区公共场所1999户，监督1947户，监督覆盖率97.40%，合格率96.94%；抽检608件，合格585件，合格率96.22%；行政处罚123起，警告62起，警告并罚款61起，罚款金额13.6万元。受理投诉举报41起，所有投诉均已办结。对全区1701户公共场所应进行量化分级，量化评级1671户，评级率97.89%。其中A级61个，占3.65%，B级1552户，占92.88%，C级57户，占3.41%，不予评级1户，占0.06%。

（王凤忠）

【生活饮用水卫生监督】全区生活饮用水供水单位549户，监督539户，826户次。年内对顺义区自来水公司第二水厂进行2次市政出厂水的监督抽检，对安得膜分离技术工程（北京）有限公司进行2件水处理材料的监督抽检，对北京水源泉科技有限公司与创世康源环保科技（北京）有限公司现场制售水机抽检5件，结果均合格。全年行政处罚27起，其中警告21起，罚款6起，罚款金额10万元。2016年未发生生活饮用水污染事故。5月,生活饮用水宣传周期间，通过赶大集、进社区的形式完成题为“关注饮水卫生安全，共筑健康和谐首都”的卫生宣传工作，并邀请顺义区电视台进行报道，发送宣传册、海报2000余份。

（王凤忠）

【大型活动卫生保障】春节期间，开展专项监督检查工作。共出动监督员17人次，出动车辆8车次，检查单位55户，其中大型商场12户，经济连锁快捷酒店15户，水厂、景区供水设施11户，控烟执法10户，其他单位7户。年内承担全国“两会”驻地“顺喜山庄”（以下简称驻地）的卫生监督保障工作。出动监督车6车次，监督员24人次。会前监督员对驻地90余名从业人员进行公共卫生安全知识、操作规范和要点讲解培训；会中进行12次全面监督检查，进行现场快速检测20件，与顺义区CDC联合抽检监测20件，其中抽检客房棉织品涂抹12件，生活饮用水2件，游泳池水1件，检测结果均合格。国庆节期间，开展专项监督检查工作。共计出动31人次、21车次，监督检查78户，其中大型商场9户，经济连锁快捷酒店19户，供水单位6户，医疗单位2户，控烟42户。

（王凤忠）

【行政许可和食品安全标准备案】年内卫生行政许可咨询3581余件，受理911件，办结899件，办结率98.68%，其中公共场所办结610件，新办291件，延续298件，变更21件，补办0件，注销0件；生活饮用水办结269件；放射卫生办结20件。年内食品安全标准备案接收83个企标备案资料，73个企标备案完成，其中新备案49个，修订备案6个，修订后重新备案18个，受理咨询612人次；预审企标252次。

（王凤忠）

【放射卫生】年内全区开展放射诊疗活动并取得《放射诊疗许可证》的医疗机构46户，放射工作人员317人，在册并通过检测放射设备137台。年内监督检查73户次、行政处罚6户，其中3户处以一般行政处罚、罚款总金额16000元，3户处以警告并责令整改。监督检查1户职业病防治机构（顺义区疾病预防控制中心）和1户职业健康体检机构依法、规范执业情况，未发现违法违规行为。全年对放射卫生工作人员个人剂量监测出现异常的五家机构（北京市顺义区医院、北京市顺义空港医院、北京市顺义区妇幼保健院、北京市顺义区李遂镇卫生院、首都医科大学附属北京地坛医院）进行现场核查并上报核查信息。6月27日～6月30日，对全区280名放射卫生工作人员进行在岗期间放射防护法律法规及标准知识培训。

（王凤忠）

【消毒隔离监督】开展对二级及以上医疗机构内镜诊疗中心、消毒供应中心、20%基层医疗机构消毒隔离情况的专项监督检查。出动监督员604人次、281车次，检查医疗机构127户，其中二级及以上综合医疗机构6户，基层医疗机构121户，合格125户，不合格2户，合格率98.43%。对辖区内6家二级及以上综合医院（三级4家、二级2家）的灭菌包进行监督抽检，共计抽检15件，包装、标签及化学灭菌效果指示物符合WS310.3-2009《医院消毒供应中心第三部分：清洗消毒与灭菌效果监测标准》的规定。3月23日～4月21日，联合顺义区疾病预防控制中心对辖区32家接种单位（含预防接种门诊、产科）的第二类疫苗集中采购情况、第一类疫苗接收情况、索取生物制品每批检验合格证明或进口药品通关单复印件索取情况、疫苗储存和运输全过程温度监测记录及接种告知、记录等内容进行督导检查，未发现违反《疫苗流通和预防接种管理条例》的行为。4月～10月，按照抽检工作安排，出动10人次、5车次，监督抽检消毒产品8件，均按规定履行了确认程序。其中，湿巾产品6件、抑菌制剂1件、手消毒剂1件；从流通领域抽检3件、生产企业抽检4件、医疗机构抽检1件。委托北京市疾病预防控制中心检测，对其中一份不符合标准的产品已报请市监督所进行立案处理。4月18日～4月22日，对辖区25家肠道门诊进行了监督检查，部分机构存在未达到四固定、六分开要求和未能做到肠道门诊与发热门诊完全分隔的问题。5月9日～9月30日，开展对消毒产品经营和使用单位的专项监督检查工作。期间专项监督检查在华责任单位2家、经营单位14家、医疗机构155家，涉及160种消毒产品。针对存在问题下达《卫生监督意见书》7份，向外省市发出协查函13份，收到回函6份。5月18日～5月25日，对辖区3家血液透析治疗机构消毒隔离制度执行情况进行了监督检查，均能按照《医疗机构血液透析室管理规范(卫医政发〔2010〕35号)》的要求开展透析治疗活动。全区消毒产品生产企业13户，其中消毒剂生产企业6户、卫生用品生产企业7户。全年监督检查17户次，现场抽查40件消毒产品（消毒剂11件、抗抑菌制剂1件、其他卫生用品28件），总体情况良好。全区需要进行备案的企业有6家，已有4家完成备案（涉及9个产品），另有2家正在办理备案（涉及2个产品）。对于未完成备案的2家生产企业，已经向其下达《监督意见书》，要求其尽快完成备案。

（王凤忠）

【医政执法】全区共有医疗机构722户，监督检查695户，覆盖率96.26%；有效监督2190户次，合格2156户次，合格率98.45%。一般程序处罚案件31起，罚款16.16万元。1月，开展整顿医疗服务秩序依法查处打击“号贩子”活动。期间，出动2人次、1车次，对辖区3家医疗机构（顺义区医院、顺义中医医院、顺义区妇幼保健医院）进行巡查。未发现“号贩子”活动迹象，通过向3家医院医务管理部门询问，其均告知：未收到涉及“号贩子”或医务人员参与倒号情况的举报或报告。检查的同时，卫生监督员向3家医院医务管理部门出具《监督意见书》，要求其加强对医务人员的管理和培训，提高依法执业意识，防止医务人员与“号贩子”勾结扰乱正常医疗秩序。4月，按照《北京市卫计委关于下发2016年2月市级医疗卫生重点监督监测工作台账的通知》的要求，对北京市顺义区妇幼保健院与北京爱普益医学检验中心违规合作开展孕妇外周血胎儿游离DNA产前筛查与诊断（无创DNA检测）进行调查处理。4月～6月，开展“美丽盾牌”专项行动。期间，开展现场宣传活动4次，发放《生活美容场所依法执业告知书》和《医疗美容机构告知书》400余份，签订《卫生安全承诺书》400余份，检查生活美容场所400家，医疗美容场所5家。通过检查，未发现有生活美容场所在未取得《医疗机构执业许可证》的情况下开展玻尿酸注射等医疗美容活动的行为。未发现医疗美容机构存在聘用非卫生技术人员、无资质外国医师等各种违法违规行为。在开展专项活动期间，处理一起非法开展医疗美容投诉案件，罚没金额5.56万元。6月～12月，对隶属顺义区的市级城乡结合部重点地区（李桥镇南半壁店村、后沙峪镇铁匠营村、南彩镇后俸伯村、南法信镇东海洪村）和市级挂帐重点地区（南法信南卷村、天竺镇杨二营村、仁和镇米各庄村、高丽营镇西马各庄村）的打击非法行医集中专项整治工作。期间，发放打击无证行医宣传材料1800余份，取缔非法行医黑诊所52户次，市场游医摊贩19户次，没收诊疗器械31件、药品23箱，参与属地政府组织的联合辖区公安、食药、工商及城管等部门开展联合执法行动68次。8月～9月，开展了中医药行业清扫行动。期间，通过明察方式监督检查生活美容机构（养身保健机构）82户、中医医疗机构15户，下达《责令改正通知书》1份。其中，对1家诊所（含中医科）因存在任用非卫生技术人员和超诊疗科目执业的违法行为立案查处，处罚0.6万元。台账中2家养身保健服务机构均已停业，1户中医诊所未发现违法执业行为。

（王凤忠）

【血液管理监督】全区开展血液管理各项监督检查共10户次，合格10户次，合格率100%。

（王凤忠）

【母婴保健管理监督】全区开展母婴保健专业监督检查共30户次，合格30户次，合格率100%。

（王凤忠）

【学校卫生监督】监督检查区内学校150所，监督覆盖率98.68%，监督频次2.58。3月，对托幼机构麻疹防控专项监督检查开展专项监督检查。重点检查托幼机构的传染病管理制度、疫情报告、晨午检、预防接种、消毒、隔离、通风等具体工作落实情况，重点做好托幼机构麻疹接种证检验工作的监督检查，检查中未发现违法现象。6月，与区疾控中心完成16所中、小学教学环境的检测，对15户不合格学校给予警告并下达责令限期内整改通知书；对6所自建设供水和4户二次供水及设备设施水质进行抽检，其中1所学校水质不合格，责令期限内整改合格。

（王凤忠）

【投诉举报】年内共计受理各类举报投诉案件552

件，处理548件，办结547件，办结率为99%。其中控烟271件，占49.1%；医政132件，占23.9%；生活饮用水82件，占14.9%；公共场所66件，占12.0%；传染病与消毒1件。较2015年同期受理案件数405件，受理案件增加47件，增加11.6%。

（王凤忠）

【行政处罚】年内实施行政处罚232件，其中简易程序135件，一般程序97件，罚没款金额为44.64万元。其中控烟处罚18件，罚款金额1.48万元。较2015年同期处罚案件数（192件）增加40件，增加20.8%；罚没款金额（36.84万元），增加7.80万元，增加21.1%。全年行政复议与行政诉讼案件，无涉刑案件移送情况。

（王凤忠）

疾病控制

【传染病防治】全年无甲类传染病报告。共报告乙丙类法定传染病20种5945例，死亡6人，总报告发病率为582.84/10万，死亡率为0.59/10万。其中乙类传染病共报告14种859例，死亡6人（乙肝3例、狂犬病1例、肺结核2例），报告发病率为84.22/10万，死亡率为0.59/10万；丙类传染病共报告6种5086例，无死亡病例报告，报告发病率为498.63/10万。

（王凤忠）

【慢性非传染性疾病防治】首先在全区开展全民健康生活方式行动。一是示范机构创建，创建示范机构28家。其中示范食堂10家，示范餐厅5家，示范单位5家，示范社区7家，示范超市1家，全部顺利通过市级验收。二是支持性环境建设，累计建设支持性环境116处。其中主题公园9个，健康知识一条街10条，健康知识文化墙25处，健康步道23条，健康小屋49个，覆盖全区25个镇街道。三是开展慢病主题宣传。围绕全民健康生活方式行动日、全国高血压日、世界卒中日、联合国糖尿病日等主题日广泛开展宣传。四是举办首届以“减盐、减油、减糖”为主题的健康饮食厨艺竞赛。五是慢病防控关口前移到在校中小学生。其次进行患者自我管理及高危筛查，一是慢性病患者自我管理小组，全区继续扩大小组数量和覆盖面，共成立自我管理小组323个，覆盖率达到70.20%。二是进行肿瘤病人随访，采用入户和电话等形式，培训督导全区25家社区卫生服务中心对1882例肿瘤患者开展随访，成功随访1797例。三是开展农村大肠癌早诊早治，全年共筛查3000人，完成肠镜检查750人，病理检查180人，其中14例为进展期腺瘤以上病变。四是开展脑卒中高危人群随访，对7家市级项目点的3640位高危人群进行随访管理。五是实施预防老年人跌倒综合干预项目，在城区8个居委会遴选16个小组共计360人，完成问卷、体测、毛巾操和椅子操的推广普及，累计开展干预活动500余次。六是开展环境流行病学特殊人群队列研究，完成149对双生子的3年随访，并新增入选符合条的99对双生子，完成数据录入、审核、质控和上传。

（王凤忠）

【地方病防治】5月16日，顺义区卫生计生委、顺义区疾控中心、顺义区龙湾屯卫生院、北京康泰仁盐业购销中心等单位联合在全区“防治碘缺乏病日”活动主会场顺义龙湾屯镇市场开展“坚持科学补碘，建设健康中国”主题宣传活动，全区各级医疗机构均开展形式多样的主题宣传活动，累计发放宣传折页5000张，电子屏幕循环播放30天次，粘贴宣传挂图60张，解答群众咨询5000余人次。全年定量检测居民户食盐300件，各项指标均符合国家要求。8～10岁儿童共采集尿标本200人，尿碘中位数为180.7ug/l；本辖区育龄妇女200人、成年男性200人，尿碘中位数分别为158.6和188.0ug/l，本辖区内孕妇共采集尿标本200人，尿碘中位数为111.4ug/l，略低于世界卫生组织推荐的碘营养标准150～249 ug/l。4月份和8月份，分别完成51眼改水井水氟含量监测任务，共采水153件，合格率为100%。10月份完成张镇良善庄村和赵全营板桥2个村8～12岁学龄儿童的氟斑牙患病情况调查工作，共检查80人，患病18人，患病率为22.50%。

（王凤忠）

【学校卫生】全区有中小学生65243人，体检62643人，体检覆盖率96.01%。中小学生视力不良检出率61.99%，肥胖检出率25.76%，营养不良检出率14.37%，缺铁性贫血检出率6.38%，学生恒牙患龋率14.33%，恒牙龋均0.25，恒牙龋齿填充率34.40%。

（王凤忠）

【计划免疫】区27家规范化接种门诊，全年共接种294598人次，基础免疫、加强免疫报告接种率均在99%以上，本市儿童出生1个月内和流动儿童居住2个月内建卡、建证率分别在98%和95%以上。免疫规划疫苗(一类疫苗)共接种11种294598人次，基础免疫、加强免疫报告接种率均在99%以上；二类疫苗共接种16种72385人次。流动人口全区应接种麻疹疫苗6272人次，实接种4343人次，接种率为69.24%；应接种流脑疫苗6272人次，实接种4462人次，接种率为71.14%。流感疫苗全区接种85063人次，其中自费疫苗3596人次，60岁以上老人接种40172人次，学生接种40234人次，其他保障人群共接种1061人次。全年报告疑似预防接种异常反应209例，发生率为42.35/10万针次，全年未发生接种差错事故，安全接种率100%。其中一般反应186例，异常反应22例，偶合症1例，未出现疫苗质量事故和接种事故。

（王凤忠）

【职业病防治】区卫计委、安监局、人力社保局三部门联合发文开展顺义区重点职业病监测和职业健康风险评估，确定监测10种重点职业病，筛查企业406家，设置监测点25个。10种职业病危害因素以噪声危害最为普遍（215家），其次为苯、甲苯、二甲苯（130家），企业、接触人员均集中在制造业。噪声共2911个岗位，其中571个岗位存在超标现象，超标率为19.62%；煤尘（煤矽尘）、矽尘检测超标率均在20%以上；甲苯和苯的超标率分别为3.31%、0.73%。辖区内接触重点职业病危害因素的劳动者24784人，接触重点职业病危害因素的劳动者中接受职业健康检查的仅占29.18%。共发现疑似职业病32例，职业禁忌证25例。区内涉及三类重金属企业共计5家，主要涉及铬（3家）、砷（1家）和铅（1家），其中4家涉重金属污染企业进行职业病危害因素检测（重金属浓度检测），1家企业（罗森伯格亚太电子有限公司）未进行现场检测。4家重金属企业共检测46个点（铬25个点、砷1个点、铅20个点），检测样品138件（铬74件、砷4件、铅60件），检测结果显示均未超标。5家重金属企业职工共9695人；重金属接触人员共565人，实际体检410人，职业健康体检率72.57%，发现1例职业禁忌证，未发现疑似职业病。年内共接报职业病（含疑似）及农药中毒59例，其中确诊44例（尘肺39例，职业性噪声聋4例，慢性苯中毒1例），疑似职业病9例，农药中毒6例（均为非生产性中毒）。

（王凤忠）

【营养与食品卫生】全年化学污染物及有害因素监测婴幼儿谷类辅助食品、淀粉类制品、方便面、罐头等11类115件样品，检测项目包括重金属、农药残留、兽药残留、甜味剂等，检测合格率为87%。食品微生物及其致病因子监测婴幼儿配方食品、熟肉制品、生食动物性水产品等20类162件样品，监测项目包括沙门氏菌、金黄色葡萄球菌、单核细胞增生李斯特氏菌、蜡样芽胞杆菌等，检测合格率为99%。在区内6家主要商场超市、市场共监测散装熟肉制品100件，监测项目包括菌落总数、大肠菌群、单增李斯特氏菌、沙门氏菌、金黄色葡萄球菌定量及亚硝酸盐。对100件散装熟肉制品的监测结果显示，55件样品菌落总数超标，6件样品检出单增李斯特菌，17件样品亚硝酸盐含量超标，整体卫生状况较差，存在食品安全隐患。食源性疾病病例监测在所有区内二级以上医疗机构开展，在顺义区医院监测到1例苦瓠子中毒病例，并开展流行病学调查。特定病原体病例监测在顺义区医院、空港医院两家哨点医院开展工作，除检测国家要求的沙门氏菌、副溶血弧菌、志贺氏菌、致泻性大肠埃希氏菌和诺如病毒5种病原体外，增加弯曲菌、耶尔森氏菌、肠出血性大肠杆菌O157、轮状病毒等病原体的检测。特定病原体病例监测共采集粪便标本364例，检出阳性134例（13例双阳性），阳性率为36.81%。致病性细菌检测病例364例，检出阳性102例（8例双阳性），阳性率为28.02%，包括29例致泻大肠、14例沙门氏菌、39例副溶血弧菌、16例空肠弯曲菌、2例霍乱弧菌、1例嗜水气单胞菌、1例志贺氏菌；轮状病毒和诺如病毒检测标本120例，检出阳性44例（1例双阳性），阳性率为36.7%，包括23例轮状病毒，22例诺如病毒。选取区妇幼保健院为单增李斯特菌感染病例的专项监测哨点医院，全年共采集孕产妇、新生儿脑脊液、血液和各类拭子1988件，发现2例阳性病例。

（王凤忠）

【环境卫生】一是完成生活饮用水检测，其中市政供水末梢水120件（次/月）、二次供水80件（次/季）、农村自备井水78件（次/半年），监测结果显示顺义区水质整体情况良好，个别地区出现二次供水和末梢水细菌总数、氟化物超标，复测后均合格。农村自备井水存在主要问题是色度、浑浊度、氨氮和耐热大肠菌群超标。二是完成北京市卫生监督公共场所123家单位，984件样品抽检。其中公共用品用具抽检56家782建样品，监测合格率95.30%；34家游泳场所102件样品，监测合格率85.3%；11家单位空调系统共监测样品143件，仅一家宾馆的风管内真菌总数超标。10家学校自动售水机出水水质进行监测，结果显示仅古城职高1家学校的售水机水质的菌落总数超标，合格率为90%。三是对公共场所健康危害因素进行检测，全年应监测公共场所82家，完成监测任务。

（王凤忠）

【健康教育与健康促进】一是开展健康大课堂活动，年内共完成大型健康知识讲座13场，累计直接受众4000余人。二是开展全民总动员　健康减重十万斤活动，总报名18935人，数据采集15397人，活动有效报名率为81.3%，活动期间共减重61468斤，人均减重3.99斤，参与活动人员超重肥胖率由61.65%降至53.91%，降低近8个百分点。三是开展“生命早期营养1000天”干预行动，5月5日，顺义区启动“生命早期1000天营养干预行动”。该项目依托“北京顺义健康教育”微信平台，通过定期知识推送、专家在线咨询、多样化的线上线下活动等形式，大力普及“生命早期营养”相关知识和理念，让更多家庭掌握健康知识，促进婴幼儿健康成长，受到了辖区广大孕产妇及新生儿家长的关注和欢迎。通过北京顺义健康教育推送视频46期，累计阅读量11.4万人次，累计关注参与人数6800余人。通过搜狐视频、优酷视频、乐视视频、爱奇艺视频、腾讯视频推送40期，累计点击量达1860万人次。同时开展线下专家讲座活动2期次，累计受众300余人次。四是在全区各级医疗机构累计开展健康大课堂1852场，直接受众104475人次。围绕世界卫生日、世界无烟日等主题宣传日开展宣传咨询活动338次。

（王凤忠）

妇幼保健

【改革与管理】为孕产妇的建档做好分类疏导工作，成立区级孕妇建档服务中心，并将相关内容纳入区产科质量管理工作领导小组的管理职能。制定《顺义区孕产妇管理应急预案的通知》《顺义区危重孕产妇管理经费绩效考核管理办法》《顺义区落实全面两孩政策增加助产资源工作方案》《顺义区产科建档应急预案》等政策，保障产科资源在现有基础上，医护人员的工作主动性与积极性，保证全区孕产妇得到及时、有效的医疗服务，确保母婴安康。

（王凤忠）

【孕产妇管理】2016年，育龄妇女150612人，户籍人口产妇总数为8541人，活产8614人，孕产妇系统管理率为97.51%；住院分娩8614人，住院分娩率100%；其中剖宫产3479人，剖宫产率40.39%；户籍孕产妇死亡1例；0～6月母乳喂养4193人，母乳喂养率89.96%。

（王凤忠）

【围产保健管理】应对“全面二孩”新形势，开展区域产科医疗资源的调研工作，对全区产科医务人员、床位配置等产科基本情况做到全面了解，全区产科床位由原有的180张，增至262张，产科医护人员总数229人，其中产科医生77人（其中产科病房医生45人），产科护士101人（其中产科病房护士93人），助产士51人（其中实际产房助产士43人），依据原卫生部《医疗机构基本标准》的通知（医卫发（1994）第30号）的规定核对产科资源，顺义区床位与产科病房医护人员配比为1:0.69，床位与产科病房护理人员配比为1:0.35，医护人员配比明显比低于产科配备标准。已将产科人力资源与硬件资源配置相对不足的现况上报卫计委，为行政部门制定策略提供依据。

（王凤忠）

【妇女保健与公共卫生项目】做好适龄妇女免费两癌筛查及妇女病普查工作，对全区27家筛查机构，217名两癌筛查专业技术人员进行市区两级培训，并逐一进行理论及操作考核。

（王凤忠）

【女工保健】北京市两癌筛查统计结案数据显示,全区适龄妇女两癌筛查宫颈癌筛查57461人，宫颈细胞学阳性1085人，阳性检出率1.89%。阴道镜检查845人，病理检查541人，检出CINⅠ103例，CINⅡ45例，CINⅢ38例；检出宫颈癌浸润癌3例，微小浸润癌1例，卵巢癌1例，子宫内膜癌1例；宫颈癌检出率7.0/10万，宫颈癌前病变检出率141.6/10万；乳腺癌筛查61986人，钼钯检查2347人，检出乳腺浸润癌25例，乳腺原位癌4例，乳腺癌检出率40.3/10万，乳腺癌前病变检出率6.5/10万。

（王凤忠）

【婚前保健】全年完成婚前医学检查469人，婚检率为3.36%，检出疾病78人，疾病检出率16.63%。

（王凤忠）

【性病艾滋病防控】2016年顺义区《关于落实全面开展预防艾滋病、梅毒和乙肝母婴传播工作的通知》出台，明确规定对全区已建册孕产妇每次妊娠期间，艾滋病、梅毒、乙肝表面抗原检测费减免一次。住院分娩的孕产妇接受艾滋病、梅毒、乙肝的检测率达100%，检测率达到市级目标。对已发现的6例梅毒感染孕产妇，均转诊到地坛医院，进行规范治疗。感染乙肝病毒的孕产妇所生新生儿接种乙肝免疫球蛋白接种率为100%。

（王凤忠）

【出生缺陷防治】完善叶酸发放工作，强化叶酸发放数量和随访质量，组织相关工作人员进行叶酸预防神经管畸形相关知识培训，扩展叶酸投放范围，将外来流动人口纳入投药人群，加强外来流动人口的发药管理，督促领药人群按时、按规范服药。完成农村孕产妇补助633人，补助37.98万元，产前检查及产后访视项目补助184人，补助金额113715元。

（王凤忠）

【儿童保健情况总览】2016年，辖区本地户籍新生儿8614人，死亡8例，死亡率0.93‰；全区助产单位共接产11143人(围产儿数)，全区围产儿出生缺陷194例，出生缺陷发生率为17.41‰，其中本地围产儿出生缺陷108例，本地缺陷发生率为14.32‰；婴儿死亡15人，婴儿死亡率1.74‰；5岁以下儿童死亡18例，死亡率2.09‰；新生儿疾病筛查10906人，筛查率98.15%，出生缺陷发生率17.41%；0～6岁儿童47997人，保健管理47071人，保健管理率98.07%。

（王凤忠）

【儿童保健系统管理】在全区开展0～6岁儿童健康体

检相关工作与监测数据的质控，提高监测质量，及时发现儿童健康问题与儿童保健管理存在的问题，提出相应的干预措施。妇幼保健院指导基层儿保医生开展各项儿童保健技术服务，规范管理程序，落实追踪与随访工作，有效提高0～6岁健康体检技术、疾病筛查检出、神经心理发育筛查监测、高危儿与营养性疾病专案管理水平等。继续在全区范围内开展新生儿PKU、CH、听力筛查、耳聋基因筛查、儿童先心病、先天性髋关节发育不良（DDH）筛查工作。2016年DDH确诊儿童8例，发生率0.3‰；先天性心脏病确诊27例，发生率1.8‰；由社区发现听力异常儿童0例，由社区进行追访管理。

（王凤忠）

【新生儿疾病筛查】继续在助产机构开展新生儿遗传代谢病及听力筛查、耳聋基因筛查工作，在孕妇学校、病房等地方对产妇及家属进行知情宣教。做好筛查人员培训、信息管理、质量控制、绩效评估等工作。2016年，新生儿遗传代谢病筛查标本10906例，活产11112例，筛查率98.15%。新筛病人可疑追访83例（PKU：23例、CH：60例），77例复查（PKU：23例、CH：54例），复查率92.77%。确诊11例（CH：7例，PKU：2例）。全年无退卡情况发生。新生儿耳聋基因筛查标本10893例。（注：PKU：苯丙酮尿症；CH：先天性甲状腺功能低下）新生儿听力筛查10958人，筛查率98.61%，达到市级95%的指标要求。

（王凤忠）

【死亡评审 生命监测】根据市卫计委《关于加强北京市危重新生儿转会诊工作的通知》要求，依托北京儿童医院托管平台，打造顺义区妇幼保健院和顺义区医院两家危重新生儿转会诊中心，建立顺义区高危新生儿转会诊网络，畅通转会诊绿色通道。加强新生儿窒息复苏培训与考核，提升儿科抢救水平。2016年，婴儿死亡15人，婴儿死亡率1.74‰。提高5岁以下儿童生命监测质量，规范开展儿童死亡评审，有效降低儿童死亡率。5岁以下儿童死亡18例，死亡率2.09‰，死因顺位分别为：第一位早产，第二位其它畸形，第三位肺部感染。

（王凤忠）

【儿童早期综合发展】儿童保健中心在2015年成功创建北京市儿童早期综合发展服务示范基地的基础上不断拓展服务，积极开展儿童早期发展评估、运动、营养、语言、睡眠、心理行为、自闭症早期筛查等项目，开展儿童注意缺陷多动障碍、抽动障碍、情绪障碍、学习困难等干预治疗和催眠心理治疗，使发生心理行为偏离的儿童及时得到纠正。已接诊510人次，其中心理治疗83例，抽动障碍75例，注意缺陷多动障碍52例，语言和言语发育障碍68例，发育迟缓46例。

（王凤忠）

【学前儿童保健管理】会同教委完成全区四所幼儿园通过一级二类验收，三所幼儿园通过一级一类验收工作。组织幼儿健康知识传播，专家走进幼儿园为广大家长和老师传播健康知识，专家到各乡镇幼儿园讲课9次，内容涉及《眼保健》《儿童常见病防治》《儿童孤独症早期识别》《肥胖儿管理》《儿童五官保健》听课的家长和教师达1200余人。完成在园体检儿童8284人，检查出的斜视15人、近视10人、扁桃体肿大35人、心脏杂音3人均及时转到院内继续检查及治疗。新上岗保健医实习培训21人次，组织全区保健医开展儿童意外伤害救治培训，全面提高保健医服务水平。

（王凤忠）

【爱婴社区与规范化门诊建设】年内，完成17家爱婴社区和11家规范化门诊的市级验收，达到爱婴社区全覆盖的要求。通过设立母乳喂养室和婴儿喂养热线电话，向孕产妇和婴幼儿家庭提供科学、及时和充分的母乳喂养咨询。结合规范化门诊建设，不断提高基层医疗机构妇幼保健人员母乳喂养、辅食添加及咨询指导等爱婴服务知识与技能水平，逐步形成爱婴服务“在医院、下社区、进家庭”的连续管理和综合促进的新模式。

（王凤忠）

【妇幼保健信息化建设】顺义区以深化落实妇幼二期信息系统为契机，全面加强信息化建设。按照市卫生局工作要求，区卫生局下发文，明确人员、设备、网络要求，进一步强化制度管理，保证妇幼二期顺利运行。全区31家医疗保健机构、72家托幼机构全部应用妇幼二期系统所有模块，应用覆盖率达100%。对全部新上岗人员进行系统应用培训，利用产科工作会、月例会、下乡质控及远程指导，对信息系统的更新进行详细说明，确保所有保健人员都能熟练操作。目前顺义区二期信息系统的数据平台、有效实现妇幼卫生工作信息的资源共享。

（王凤忠）

【妇幼保健健康教育】多部门联合，广泛宣传妇幼健康知识及重大公共卫生项目。2016年，在全区开展“科学孕育”科普征文活动，评选出优秀作品参加北京市征文；开展“科学育儿，和谐家庭”首届亲子宝宝运动会；组织区级“新生儿复苏技能竞赛”；8月联合南彩卫生院举办大型母乳喂养周宣传活动。9月召开“防治出生缺陷，生命健康起航”大型社区群众宣讲活动。利用新媒体进行多渠道宣传，通过区广电中心的顺广传媒微信公众号推出“在顺义可享9项免费及补贴的生育服务项目，您都知道吗？”；妇幼保健院微信公众号推出“妇幼免费做婚检，婚检哪能无所谓！”。通过多种宣传方式推进健康教育与健康促进，普及健康知识，提升群众保健意识和风险防范能力，在全社会营造重视和关注妇幼保健的良好氛围。

（王凤忠）

【计划生育技术管理】全年计划生育手术共计11724例，其中本地5596例，外地6128例。宫内节育器放置术1154例，宫内节育器取出术1703例，输卵管结扎术64例，负压吸宫术713例，药物流产1166例，无痛负压吸宫术6924例，手术并发症0例。计划生育手术单位管理率100%。

（王凤忠）

爱国卫生

【爱国卫生月活动】按照《北京市人民政府关于进一步加强新时期爱国卫生工作的实施意见》（京政发〔2015〕54号）和《健康北京人——全民健康促进十年行动规划（2009–2018年）》的文件要求，区爱卫办制定并下发《关于开展第二十八个爱国卫生月活动的通知》（顺爱卫发[2016]3号），明确各部门工作职责和活动重点，动员全区以属地为单位，参与到此次活动中。活动中，全区共出动人员14000余人，出动车辆200余次，清理卫生死角1000余处，清理乱倒垃圾100余吨，捡拾白色污染物600余公斤，清除非法小广告2000余处,清理绿地40余万平方米，清理破损牌匾40块，清理、清除乱涂乱挂的非法小广告65处，彻底清除背街小巷、城中村、城乡结合部和铁路公路沿线的卫生死角，加强农贸市场等重点行业的卫生管理，并开展春季灭鼠活动。

（王凤忠）

【病媒生物防制】全年共计开展春、冬季灭鼠各一次，夏秋季灭蚊、蝇一次，聘请专业消杀公司2家，累计向全区19个镇、6个街道办事处，以及相关重点行业监管部门发放防水蜡块3吨、原粮毒饵6.3吨、强力粘鼠板1.75万余张、毒饵盒1万余个、菊酯类杀虫剂6吨，总投入100余万元。在第25届北京国际燕京啤酒文化节期间，区爱卫办临时接受上级指示，完成啤酒节场馆蚊虫应急保障工作。此外，龙道河蚊虫滋生、李遂镇苍蝇扰民、丽喜花园和蓝海苑蜱虫骚扰等病媒生物突发事件，也都在区爱卫办的积极协调下，得到妥善处理，使百姓们关心的问题得到有效解决。

（王凤忠）

【禁控烟工作】4月26日，北京市爱国卫生运动委员会办公室和北京市疾病预防控制中心组织5位专家对顺义区2015年度“北京市控烟示范单位”创建工作进行检查验收，验收单位分别是：顺义卫计委、疾控中心、结防所、工人文化宫、顺义新世界、顺义宾馆。5月31日，顺义区有6家荣获“北京市控烟示范单位”称号，分别是顺义区卫生和计划生育委员会、顺义宾馆、顺义区疾病预防控制中心、顺义区工人文化宫、顺义区结核病防治所、新世界千姿百货有限公司6家单位荣获“北京市控烟示范单位”称号；顺义区双丰街道办事处、顺义区南彩镇人民政府、北京金百万餐饮娱乐有限责任公司、北京石园红菜坊餐饮有限公司4家荣获“首都控烟先进集体”称号，分别是顺义区双丰街道办事处、顺义区南彩镇人民政府、北京金百万餐饮娱乐有限责任公司、北京石园红菜坊餐饮有限公司；12位个人荣获“首都控烟先进个人”称号。年内向辖区下发放控烟宣传光盘100余张、海报2.1万余张、控烟条例2万余册、新版烟标5.4万余张、宣传品1万余件；全年共受理控烟投诉举报266件，办结240件，出动监督员1500人次，监督检查560户次，对其中86户下达了责令整改通知书，2户因拖沓整改或整改不到位被处行政处罚，处罚金额12000元；查处违法吸烟12人次，处罚金额600元。

（王凤忠）

【农村改水】 完成两类17个镇 57 个村65个农村改水工程，其中涉及水质处理工程6个镇12 个村、水质消毒工程14镇45个村。

（王凤忠）

计划生育

【概况】全区户籍育龄妇女14.9万人，流动育龄妇女15万人。户籍已婚育龄妇女11.2万人，流动已婚育龄妇女11.1万人。全年户籍人口出生9643人，计划生育率98%。出生人口性别比102。出生率16‰，自然增长率8‰。

（王凤忠）

【改革与管理】3月25日起，全区实行登录网上“北京市生育登记服务系统”进行生育登记办理和现场登记办理两种方法办理两孩以内的生育服务单。年内全区共办理完成一孩生育服务单5650例，独生子女父母光荣证958例；二孩生育服务单4785例，办理北京市再生育确认服务单169例。

（王凤忠）

【宣传教育】继续开展“婚育新风进万家”活动。建设以“婚育文明、性别平等；计划生育、优生优育；生殖健康、家庭幸福”为主要内容的家庭人口文化。随着《北京市计划生育条例》的修改，投入80余万元及时更换车站广告牌的宣传内容，清理过时、破旧的计生宣传展板624块，制作新展板1473块，条幅328块，更换计划生育公开栏601块。与区广电中心合作，每月在《绿港人口》和《人口文化》专栏播放一期计划生育专栏，拍摄《北京市人口和计划生育条例》修正案访谈节目一期。元旦春节期间利用集中宣传、开展文体活动、培训讲座、走访慰问等方式开展宣传服务活动，发放宣传材料18万余份、药具2万余盒，受教育人数5万余人。

（王凤忠）

【流动人口卫生计生管理】开展“融入绿港幸福相伴关怀关爱专项行动”。元旦春节期间走访慰问流动人口计生家庭，为流动人口示范村居民配发图书，组织流动人口已婚育龄妇女健康体检、举办流动人口健康大课堂，为流动人口“送政策、送知识、送服务、送温暖”，活动惠及3万余人。每月汇总全区四家助产医院的流动人口出生情况，并向协作地区进行通报，年内共向区域协作单位反馈出生信息3428 条。完成国家卫生计生委流动人口动态监测现场调查和数据上报工作。4月，全区9个镇（街）13个村（居）被国家卫生计生委抽选为流动人口动态监测样本点，样本点共涉及360人。在对计生专干及36名村（居）级调查员进行系统培训基础上，动态监测工作调查员对随机抽选的调查对象进行问卷调查，对流动人口家庭基本情况、流动趋势和居留意愿、就业特征、基本公共卫生服务利用以及婚育情况与计划生育服务管理等进行调查和记录，并按时完成数据审核及上报，6月中旬完成此项工作。全员流动人口信息平台正常运转。利用全员流动人口信息平台，掌握流动人口育龄妇女的婚育信息，强化沟通和反馈。全年共为20余个省市提交各项信息18240条，核实反馈各类信息7903条。落实流动人口计划生育基本公共服务。全区共为流动人口办理《北京市流动人口生育登记服务单》2700例，《北京市流动人口再生育服务单》10例。

（王凤忠）

【计划生育服务】完善镇街库房建设。投入30万元规范25个镇街计划生育药具库房，安装加湿机、库房智能监控终端及远程监管平台。全区共有980个药具发放点，其中村（居）委会528个、社区卫生服务站138个、机关企事业单位314个。安装122台计划生育药具网络版自助发放机。分布在78个居委会、9个村委会、29个医院及社区卫生服务中心（含5个二级医院）、5个企事业单位。发放药具67622盒，服务育龄群众67622人次，其中男性48928人次，占72.36%，女性18694人次，占27.64%。本市人员领取18619人，占27.53%，外省市44600人占65.95。

（王凤忠）

【生殖健康】开展免费孕前优生健康检查项目，通过村居委会、民政局婚姻登记科、镇街服务大厅等多种渠道进行广泛宣传，全年目标人群为1800对，实际完成1800对。向新婚夫妇免费发放“婚育健康服务包”5000个。结合两癌筛查工作，为农村户籍采取长效避孕措施的群众1.5万人提供免费健康检查。

（王凤忠）

【计划生育关怀】区卫计委、区民政局等5部门联合出台《顺义区计划生育特殊家庭扶助工作实施方案》，进一步建立完善计划生育特殊家庭关怀工作的长效机制。年内，顺义区共有奖扶对象6780人，特扶对象727人。区级奖励扶助金额提高到每人每年1200元，伤残（死亡）特别扶助金提高到每人每年2400元，资金全部发放到位。市区两级奖励扶助金发放1789.92万元，特别扶助金575.76万元。 继续落实对低保独生子女家庭的专项救助金42.48万元、独生子女意外伤残或死亡的一次性经济帮助35万元。

（王凤忠）

【幸福家庭创建活动】重点帮扶关爱做特殊群体的帮扶关爱工作，家政、送餐、大病住院护理险三大服务全覆盖。区财政共投入301万元通过招标方式为727人特殊家庭人员（失独+伤残）购买家政服务（每人每年2000元）、送餐服务（每人每年1200元）和大病住院陪护险全覆盖（每人每年1050元），区镇级投入501万元为7万户家庭入安康保险和男性4种癌、女性4种癌保险，赔付率78%；发放救助金50万元，救助130户特殊家庭；暖心计划进展顺利，2016年北京市计生协通过招标方式与新华人寿保险合作，为顺义区436名失独人员每年加入2900元的大病等保险，若一年内没有发生出险，年底一次性将2900元保险金打到失独人员固定的存折上；2016年区级流动人口计生协示范点设在南彩镇曲美家具有限公司，为辖区流动人口做到均等化服务。

（王凤忠）

【基层计划生育队伍建设】2016年，全区村居专干546人、村居离任专干112人、镇街宣传员5647人、专干年满20年和专干离任后一次性补助共计14人，总共发放资金257.22万元。做到考核奖励资金专款专用，资金全部发放到位。

（王凤忠）

【计划生育综合治理】协助区委组织部核实各类候选人有无违法生育情况，核实镇党代表3050人，镇人大代表1880人，团代会14人，妇代会64人，区纪委委员36人，镇级班子换届人选263人，区党代表449人，区人大代表595人，区政协委员402人，总计核实6753人。

（王凤忠）

顺义区医院

【概况】有职工2114人。其中卫生技术人员1842人，包括正高级职称63人、副高级职称151人、中级职称647人、初级师676人、初级士165人、其他专业技术61人、管理24人、工勤187人。医疗设备总值20218万元，其中年内新购设备8916万元。设有临床、医技、行政、后勤共73个科室。1月，成立对外联络办公室，负责医院对外联络事宜；成立医疗器械临床使用安全管理委员会；4月，顺义区医院东院区完成对原传染病医院的功能改造后正式开诊；成立教学科研综合楼委员会。

单位名称：顺义区医院

地址：北京市顺义区光明南街3号

邮编：101300

电话：（010）69423220

网址：http://www.hospitalshy.com/Index.html

（王凤忠）

【改革与管理】一是完成对传染病医院的托管工作。4月26日，顺义区医院东院区在完成对原传染病医院的功能改造后正式开诊接待病人。成立东院区领导班子，下设办公室、医护办、后勤保障科和财务科四个行政科室，明确分工，管理规范；对院区职工进行考核、培训上岗，每天选派经验丰富的本部医生出诊，一体化管理；针对就诊人群，强化服务意识，提供导医、陪护等服务；共发放宣传资料9000余份，通过举办健康大讲堂和义诊活动，累计参与近1500人次，门诊量和医疗收入有显著的提高。二是启用新采血流程，改善门诊大厅就诊秩序。医院引进“全自动采血生成系统”设备，经过前期调试于5月正式投入使用。新流程实现叫号采血，最大限度地减少人为参与，杜绝漏选管、贴错码等错误，采血效率提高2倍多。年底高峰期间，就诊量突增也能做到迅速处理，未发生大批人员滞留拥挤的现象。三是精心筹划布局，打造顺畅的就医流程。6月底门诊三层诊区投入使用，新诊区扩大近千平米的诊疗面积。以“器官系统疾病、内外科联合诊疗”为原则，成立神经系统中心、消化系统中心、心胸系统中心和骨科中心，设置内分泌科、呼吸内科等专科疾病诊区，医疗资源得到有效整合，门诊就诊流程进一步顺畅，就诊效率大幅度提高。8月份新内镜中心投入使用，面积增加了100多平米，设备的更新、新项目的开展以及预约时间的缩短等变化，让患者得到了真正实惠。10月份中医科新诊区正式启用，380平方米的诊区将针灸、治疗、推拿、理疗、牵引等医疗功能合理分区，改变以往分散、混乱的诊疗格局。四是开设外聘专家门诊，为疑难病患者诊疗创造方便。已有心脏内科、神经内科、血液科、呼吸科、内分泌科、风湿免疫科、中医科、胸外科等八个科室聘请的三甲医院专家定期来院出诊，神经内一科开设的疑难病会诊每月按时进行。

（王凤忠）

【医疗工作】全年门急诊212.43万人次，急诊抢救12179人次，抢救成功率99.69%。编制床位 1000张，实有床位1030张。出院3.51万人次，比上年增长20.48%；床位使用率86.33%；手术1.3万台次，比上年增长22.18%；产妇出院2443人，剖宫产1220例，剖宫产率49.9%。围产儿死亡0例。

（王凤忠）

【临床路径管理】全年实施临床路径管理的病种达到57种，纳入临床路径的病例数为9744例，完成临床路径病例数为9007例，入组率62.99%，完成率92.43%。临床路径电子化管理进一步完善，为临床业务的规范化发展奠定坚实的基础。

（王凤忠）

【预约挂号管理】有网络预约挂号、电话预约挂号、门诊复诊预约挂号、出院复诊预约挂号和转诊预约挂号5种。门诊预约挂号率23.45%，出院复诊预约率46.83%，较2015年增长3.5%，专家门诊预约率35.04%，较2015年增长0.53%。

（王凤忠）

【新技术、新疗法】4月，在全市三级医院DRGs单项指标排名中，医院的学科均衡性排名仅次北京协和医院和首都医科大学附属宣武医院，无缺失和低分专业。重点学科建设提高诊疗水平。共有25个科室被评为区级临床重点专科和特色专科，10个科室被评为院级重点专科。心脏内科开展并推广经桡动脉介入治疗、冠状动脉内溶栓及血栓抽吸、主动脉内球囊反博、起搏器植入等业务，介入手术共887例，同比增长32%。呼吸内科开展CT引导下经皮肺穿刺活检、气管镜下治疗、气道激发试验、过敏原检测等多项业务，成功完成大咯血患者肺动脉介入栓塞治疗5例。普外一科成功开展半肝、胰十二指肠、肝尾状叶切除以及高位胆管癌根治等手术，均为十余年来首次开展，达到三甲医院肝胆外科的最高水平。骨外二科开展复杂股骨近端骨折、复杂肘关节骨折、人工肩关节及肘关节置换术等13项新业务，踝关节置换术等15项业务已达到或接近国内一流水平。病理科开展三级医院全部常规业务，各项工作达到或超过质控标准。新开展分子病理学诊断，利用PCR技术进行病原学诊断等三甲医院高端业务和技术。检验科通过“北京市医学检验质量管理与改进中心”的严格评审，使医院成为北京市第一批69家京津冀地区检验结果互认单位。有26个科室与三甲医院对应科室签署战略合作协议。如神经内科、重症医学科分别与宣武医院、北京协和医院的对应科室签订合作协议。外聘专家百人工程得到落实，350名三甲医院专家来院进行出诊、授课、查房、手术，累计达2136人次，共有15000余名患者在家门口享受到高品质的医疗服务。分科分组管理助推业务发展。医院对有条件的科室实施专业组管理。共有肝胆外科、疝与腹壁外科、脊柱外科等17个专业组。

（王凤忠）

【医保工作】结算医保病人17286人次，同比增长3260人次；新农合病人10524人次，同比增长1951人次，民政爱心卡人员302人次，同比增长69人次。

（王凤忠）

【医疗支援】7月份，与区内26家社区卫生服务中心建立区域内对口支援协作关系；12月份，与其中5家服务中心签订协议，将其纳入医疗联合体系中并予以授牌；与河南省西峡医院、内蒙古自治区巴林左旗医院以及宁夏自治区盐池县医院签订对口支援协议、开展精准帮扶工作，一年来共捐赠救护车、X线机、空气消毒机以及心电图仪等医疗设备12台件，总价值141万元；接收来院进修人员15名，已有13人结业。援疆干部一名，于3月初赴疆。

（王凤忠）

【护理工作】注册护士900人。ICU床位20张。加强护理质量控制和病人安全管理。修订《病区质量检查标准》，加强对护理质量的检查力度；制订深静脉血栓评估表、上报制度和流程，严格监控不良事件，加强风险评估；进行突发事件应急演练，提高护理人员的反应和救护能力，切实提高护理人员病情观察、综合判断和有效处置的业务素质。积极推进“优质护理服务示范工程”活动。全院34个病区、11个护理单元全部开展优质护理服务，通过落实责任制整体护理，采取分级分层管理、延伸护理、满意度调查、重点专科协同建设等措施，对患者提供连续、全程的护理服务。先后开展护理评优、理论知识竞赛、护理礼仪培训与展示等活动，全面提升护理人员的整体素质。

（王凤忠）

【科研工作】全院卫生专业技术人员共发表论文264篇，其中医疗、医技118篇，护理145篇，行政1篇，在医院指定核心期刊目录杂志上发表82篇，其中医疗医技64篇、护理17篇、行政1篇。全院在中华医学会主办的中华级杂志上发表论文4篇。

（王凤忠）

北京中医医院顺义医院

【概况】有职工985人。其中卫生技术人员828人（正高职称9人、副高职称56人、中级职称208人、初级师303人、初级士135人、未定级117人），其他专业技术人员60人，管理人员16人，工勤人员81人。医疗设备总价值5795.96万元。100万元以上设备共20件，金额共计6851.5325万元。本年度新购置设备总金额1912.9025万元。年底，南北两个院区房屋总建筑面积25783.09平方米，其中业务用房面积数24559.23平方米。设置一级科室64个，其中2月份新增科室4个，分别是医改办公室，风湿病科，老年病科，疼痛科。

单位名称：北京中医医院顺义医院

地址：北京市顺义区站前东街5号

邮编：101300

电话：（010）89413333

http://www.bjsyzy.com/

（王凤忠）

【改革与管理】制定“十三五”发展规划，完善医院顶层设计。以开展“两学一做”学习教育为主线，将党建工作与医院建设有效结合，坚持以群众最关心的卫生改革、优质服务、医疗环境等问题为导向，不断优化就医流程，改善患者就医体验，先后开展多项便民措施，如开通支付宝自助缴费功能，成为北京市首家开通支付宝实时分解缴纳医保医疗费用的医院；与顺丰公司合作，开展草药免费配送活动，年内快递药品22021单；开展家医团队服务新模式，依托微信平台，为患者提供预约挂号、预约检查、预约住院、双向转诊等服务。

（王凤忠）

【医疗工作】全年门诊1124840人次，急诊71352人次，急诊危重症抢救1376人次，抢救成功率85%。编制床位405张，实有床位数405张。全年出院13005人次，床位周转次数28.98，床位使用率85.21%，平均住院9.62日。死亡156例，病死率1.20%。全年住院手术3189例。全年孕产妇建档1929人次，产妇出院1574人次，剖宫产数569人，剖宫产率36.15%，孕产妇死亡数/率0，新生儿1585人，活产1584人，新生儿死亡数人/率0%，本年度围产儿死亡数1人，死亡率0.14%。

（王凤忠）

【临床路径管理】实施临床路径管理的病种34种病种，入组病例2595人，入经率55.2%，完成率82.00%。

（王凤忠）

【预约挂号】预约挂号方式分为诊间预约、微信、114电话3种，预约挂号467825人次及占门诊比例31.88%。

（王凤忠）

【新技术新疗法】全年开展新技术、新疗法临床医技项目30个。护理新开展平衡火罐、中药热熨敷、冰消散外敷、埋针疗法、中药外敷共5项中医适宜技术，实施898人次。

（王凤忠）

【药物管理】药库专人管理，药品维护及保养由专人负责。完善医院药事管理委员会及药品采购相关组织机构和管理制度。新制定《临床药师下临床管理办法》。全年药品占业务收入比例为65.79%，其中门诊药占比例为75.68%，住院药占比例为45.57%。门诊抗菌药使用率为16.10%，急诊抗菌药物使用率为24.42%，住院抗菌药物使用率为35.85%。

（王凤忠）

【院内感染管理】年内发生院内感染94例，感染率为0.72%。医院感染与控制全流程系统正式运行使用，实现医院感染监测实时监控和前瞻性监测，极大地降低医院感染暴发的风险。加大环境卫生学的监管，开展环境的ATP生物监测和紫外线荧光检测。

（王凤忠）

【医保工作】全年医保出院7550人次。总费用77674564.83元，医保次均为10288.02元。年内与北京市医疗保险事务管理中心签订电子版《北京市基本医疗保险定点医疗机构服务协议书》。9月1日，北院区6个社区卫生服务站经过2个月的全面测试，率先在全区实现农合直报工作。10月份医保个人账户持卡实时结算按市医保中心要求，南北两个院区全部改造完成，通过市医保和首信公司的验收工作。根据北京市医疗保险特殊病种备案流程的通知，简化群众办事环节和手续，自11月起特殊病审批工作，不再到医保中心进行审批，改为在定点医院医保办进行审批，本院有86名医保透析患者全部按新规定办理特病审批手续。

（王凤忠）

【医疗支援】年内，放射科副主任医师李春海赴新疆和田墨玉县人民医院参加北京市第八期援疆工作。同南法信社区卫生服务中心签订对口支援协议书，并将其纳入顺义区中医医联体单位，将重点建设老年病及干部保健科。对口支援单位共有板桥、木林、北石槽、牛栏山、龙湾屯、南法信、南彩共7家。在板桥社区卫生服务中心重点打造肛肠专科，在木林社区卫生服务中心开展中医药养生旅游文化基地建设项目，在南彩社区卫生服务中心重点建设疮疡专科。

（王凤忠）

【护理工作】有护士359人，注册护士356人，合同护士178人，床护比0.9:1，ICU床位数5张。职称分布情况：副主任护师7人，占1.38%；主管护师93人，占26.38%；护师138人，占38.61%；护士105人，占33.61%。学历分布情况：本科148人，占40.83%；大专165人，占46.38%；中专46人，占12.77%。优质护理服务示范病房10个，优质护理服务实现全覆盖。无护理差错及事故发生。年内，发生护理不良事件57例、上报57例，上报率100%，整改57例，整改率100%。

（王凤忠）

【科研工作】年内共申报纵向课题162项次，立项30项，其中省部级课题3项，市局级课题6项，区级课题21项，获得外来资金97万元，医院投入匹配资金253.5万元。横向课题合作课题9项，国家级2项，省部级3项，市局级3项，区级1项，获得经费24.4万元。与北京中医医院、顺义区卫计委申报“通过中医医联体建设构建市、区、镇、村一体化中医医疗服务体系对推进分级诊疗的研究”获得中华中医药学会政策研究奖。

（王凤忠）

【医联体建设】年内板桥、木林、南法信社区卫生服务中心加入北京中医医院顺义医院医联体，成员单位达到7家。医联体内一级机构总收入8675.13万元，同比增长31.92%，总诊疗700316人次，同比增长29.49%。为有效推进健康管理与分级诊疗，“健康顺义-中西结合1+1家医团队创新服务”试点工作在牛栏山社区卫生服务中心率先开展，已组建家医团队22个，建立家医微信群43个，服务人群410人。“市、区、镇、村”一体化中医医联体建设研究项目获批北京市中医药科技发展资金项目、顺义区科技三项费项目立项。

（王凤忠）

【医师多点执业】本院在外院多点执业医师10人；办理外院在本院多点执业医师22人。

（王凤忠）

【科技论文】本年度学术论文发表184篇，其中核心期刊117篇，SCI论文1篇，影响因子0.877。

（王凤忠）

【医学教育】4月～6月，骨伤医学教研室完成北京中医药大学东方学院骨伤专业授课任务；7月11日，长春中医药大学护理实习基地揭牌，7月15日、16日分别接收中医学专业16人和针灸推拿学专业实习生19人。本年度录取研究生31人，其中博士研究生10人，硕士研究生21人（包括合同制13人）。本年度参加外出至北京（东城、海淀、石景山、朝阳）、湖北、沈阳、山西太原、湖南长沙、浙江杭州、重庆、云南昆明、河南南阳、陕西西安、广东广州、江苏常州等城市参加短期培训87人次。外派至首都医科大学附属北京中医医院、首都医科大学宣武医院、中日友好医院、北京大学人民医院、304医院等三甲医院进修共计8人。

（王凤忠）

【家医服务】家医服务模式创新方案的制定及信息平台的初步研发，试点工作在牛栏山社区卫生服务中心9个家医团队中率先展开，已组建家医团队22个，建立家医微信群43个，服务人群410人。12月，对所有参加试点的基层家医团队及专家团队进行系统培训，明确工作流程，将试点工作在58个家医团队中全面铺开，打造以“互联网+”为平台的新型家医服务模式。

（王凤忠）

【中医流动医院】年内完成“中医流动医院”的前期筹备工作，确定巡诊工作的实施方案，完成巡诊车辆的购置，人员的培训及仪器的配置，设备的安装调试及药品的准备，以及巡诊站的实地考察调研等工作。

（王凤忠）

【征兵高招体检】全区征兵参检638人，其中男兵590人，女兵48人。体检合格应征入伍人员共232人,其中男兵合格222人，女兵合格10人，总合格率为37.7%。高考体检报名学生3662人，实际体检3642人，其中男生1753人，女生1909人，体检率99.45%，未参加体检20人。检出视力不足3273人，色觉异常93人，心脏杂音14人，超重516人，肥胖587人，肝功能异常52人，听力异常4人。不合格2人，不合格原因为肺结核病。

（王凤忠）

【中医特色服务】本着“以病人为中心，为患者服务”的理念，年内继续开展已连续启动三年的“奉献爱心　为梦启航”八段锦养生健身操推广活动，护理志愿者每日清晨利用休息时间向患者及家属义务教习八段锦养生健身操。全年共有2518人次护理志愿者参与，受益患者和家属累计3800余人次。12月，“推广八段锦，养生又健身”活动荣获《北京市“一院一品”优秀健康促进案例》。

（王凤忠）

体育

【概况】2016年,顺义体育工作在区委、区政府的正确领导下，主动融入筹办冬奥会、促进京津冀协同发展和区域转型升级大局，把“两学一做”教育活动和建设顺义运动之城贯穿始终，体育事业和体育产业发展呈现新气象。体育工作布局谋划新发展，出台地区促进冰雪运动发展意见、全民健身实施计划，对足球场地建设进行7年规划布局；协调推进攻克瓶颈，顺义新城重点工程城南体育中心历时7年基本完工；竞技体育奖牌总数比去年番了一番，顺义籍小将王妍首登奥运舞台，群众体育组织参加全国龙舟大赛、全国首届绿色运动会等30余项市级以上赛事活动，各项工作成效显著。

单位名称：北京市顺义区体育局

地址：北京市顺义区光明南街2号

电话：（010）69443432

邮编：101300

（体育局）

【冰雪运动方兴未艾】年内，制定并印发《北京市顺义区人民政府关于加快冰雪运动发展实施意见（2016—2022）》（顺政发〔2016〕55号）。竞技冰雪从无到有，注册速滑、花滑、滑雪运动员32人，1人入选国家雪橇队，在市级以上比赛中获得1金、5银、2铜的好成绩。群众冰雪和青少年冰雪蓬勃开展，新建可拆装冰场4片，举办第二届顺义市民快乐冰雪季和中小学生冰雪体验课启动仪式，开展百场冰雪知识宣讲，全区冰雪场馆共接待游客37万余人次，唱响全民健身与冬奥同行主旋律。

（体育局）

【全民健身服务体系日益完善】新建30个体质监测中心和100处村居健身场地，更新85处篮球器材和46套居家工程，实施第六届百村万户助农健身工程。积极传播科学的健身方法，完成5000人的体质测试工作，新发展社会体育指导员700人。举办2016年全国龙舟邀请赛、北京市民健康走跑系列活动、首届京津冀风筝会等跨地区、跨省市的大型赛事活动，带动25万余人次参与，掀起全民健身热潮。代表北京市参加全国大漠健身运动会、全国农耕健身大赛、全国拔河新星系列赛和全国绿色运动会，扩大体育交流合作。

（体育局）

【体教融合深入发展】加大对基础业训的支持力度，争取市级资金1000余万元完成体育中心音响系统升级改造、健身房维修改造和器材购置、体育运动学校教学楼维修改造和训练馆中央空调安装工程；投入资金486万元推进传统项目学校、“1248”后备人才工程和三大球网点校建设，举办2016年全国青少年科学健身普及活动北京顺义启动仪式、市体育传统校羽毛球比赛、市柔道锦标赛和顺义区中小学生五项球类比赛等赛事活动，促进业训工作和阳光体育进校园工作同部署，同发展。业训项目由上届市运会的14项增加到22项,注册运动员1100余人。

（体育局）

【体育产业蓬勃发展】体育彩票稳定发展，新增网点13家，累计发展彩票站97家，实现体彩销售1.33亿元。举办世界定向精英巡回赛和中国定向公开赛北京顺义分站赛、中沙群岛海钓活动、世界名校赛艇邀请赛等赛事活动，促进体育消费和都市休闲目的地建设。

（体育局）

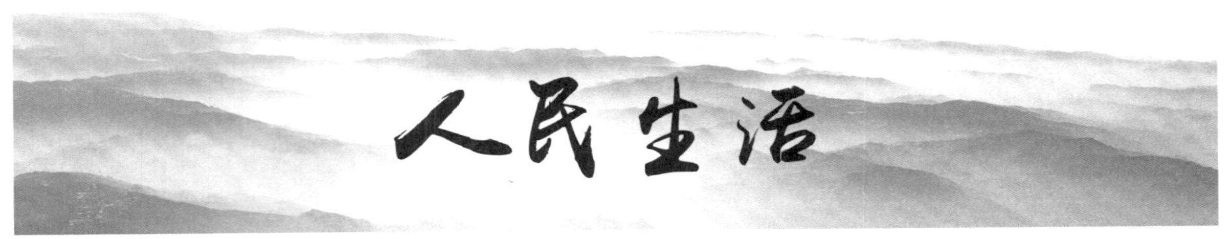

民政工作

【概况】2016年，在区委、区政府的坚强领导下，在各职能部门的大力支持下，在民政系统干部职工的共同努力下，顺义区民政局认真学习贯彻党的十八届三中、四中、五中、六中全会精神，坚持“亲民、为民、利民”的服务理念，按照“民政事业社会化、民政服务产业化、民政工作信息化、民政业务体系化”的工作要求，围绕“平安、法治、诚信、精准、高效”的发展目标，推动“社会救助、社会福利、社区建设、社会组织、双拥优抚、社会事务”六大板块建设，有力提升社会治理能力和民生保障水平，民政对象切实享受到经济社会发展成果。民政事业资金支出达10.9亿元，使区域民生得到极大改善。承担的19项区级重点工作全部高质量完成，获得“全国双拥模范城”四连冠、“全国殡葬工作先进集体”等市级以上荣誉7项，在全市民政系统绩效考评中名列前茅。2016年民政事业资金收入109,084.0万元，民政事业资金支出109,518.8万元，主要用于抚恤事业费支出7,153.8万元；退役安置支出4,959.9万元；社会福利支出17,659.9万元；社会救助8,301.4万元；民政管理事务8,122.8万元；行政事业单位离退休1,306.0万元；其他款项用于民政支出62,015.0万元。

单位名称：顺义区民政局
地址：顺义区石园北区东侧
电话：（010）69441631
邮编：101300
网址：www.minzj.bjshy.gov.cn

（民政局）

【民政法制】经区编委批准成立区民政局法制科；聘请专业律师团队入驻机关办公，为各项民政业务开展提供法律支持；全年对社会团体、民办非企业单位、养老机构、公墓、福利彩票代销点等120家单位，开展集中行政检查工作，共计完成33件行政处罚案件，突破10个行政处罚职权领域。

（民政局）

【信息宣传】在各级各类新闻媒体刊登稿件3560余篇，其中市级以上媒体刊登1900余篇，促进民政事业全面发展。出版《顺义民政》7期，及时宣传民政的惠民政策、利民措施、重点工作和调研成果。区民政局与区广电中心合办的“情动绿港”专题栏目。

（民政局）

【理论调研】全年共收到理论调研文章35份。《从解决实际问题入手 将改革贯彻民政工作始终》《政府主导 社会协同 多方参与北京市顺义区构建多元化为老服务体系》《完善体系助推慈善事业健康发展》《北京市顺义区推进“三社联动”四部曲》等调研文章被《中国社会报》《中国民政》《中国社会工作》《北京民政》等报刊杂志刊登。

（民政局）

社会救助

【概况】2016年，顺义区城乡低保标准由家庭月人均710元调整为800元。截至2016年底，全区共有城乡低保对象2847户4343人，全年累计新增城乡低保对象170户280人，撤销城乡低保对象196户391人，共发放保障金4189.28万元。其中城市低保对象375户490人，发放保障金518.99万元;农村低保对象2472户3853人，发放保障金3670.29万元。

（民政局）

【超转工作】本区共接收超转人员685人。全年累计发放超转人员生活补助费3亿元。目前，顺义区在册超转人员12738名。区民政局落实北京市人民政府办公厅印发《关于完善征地超转人员生活和医疗保障工作的办法》有关精神，调整超转人员生活补助待遇，超转人员生活补助待遇自2015年1月1日起参照本市关于企业退休人员中缴费不满15年的建设征地农转工退休人员的养老金调整政策，确定征地超转人员生活补助费用支付标准的调整幅度。

（民政局）

【城乡医疗救助】政策范围内个人负担部分按照70%给予救助，全年救助门诊封顶线2万元，住院封顶线10万元；重大疾病救助，政策范围内个人负担部分按照75%给予救助，全年救助封顶线20万元。2016年，全区共救助城乡社会救助对象5483人次，发放救助资金675.3万元。

（民政局）

【因病致贫家庭医疗救助】创新出台因病致贫家庭医疗救助惠民政策，对本区户籍对象在一个自然年度内家庭支出医疗费用较高，经过本市城镇职工基本医疗保险或城镇居民基本医疗保险、新型农村合作医疗和城乡居民大病保险，以及商业保险报销赔付和各种救助后，个人负担的医疗费用超过家庭承受能力，基本生活出现严重困难的，给予医疗救助。2016年共发放因病致贫家庭医疗救助款980.83万元，救助家庭困难的大病人员559人次。全市率先建立低收入家庭重症精神病人救助制度，设立专项救助经费增长机制，由财政全额负担。全年累计救助618人次，拨付救助资金309.52万元。

（民政局）

【教育救助】对低保、低收入家庭子女，当年考入大学的新生（三类本除外），给予当年全额学费救助，三类本学生给予6000元救助，同时给予一次性2000元的生活救助；对大二、大三、大四学生分别给予3600元、2400元、1800元的学费救助。全年共救助131名困难家庭学生，发放教育救助资金44.87万元。

（民政局）

【五保供养】顺义区农村五保集中供养标准为月人均934元，分散供养标准为月人均1120元。全区共有农村五保对象168人，其中集中供养94人，由镇敬老院供养；分散供养74人，累计发放救助资金210.06万元。

（民政局）

【社救建房】全年为47户符合救助条件家庭进行房屋翻建维修，发放救助资金217.98万元。

（民政局）

【临时救助】提高困难人员临时救助标准，在救助范围及程序上，进行细化。明确先行救助方式，实现“救急难”功效。根据临时救助对象的困难程度及持续状况，临时救助金发放标准分为三个档次。临时救助对象以家庭为单位申请的，分别按照家庭全部成员每人1个月、2个月、3个月的当年本市城市低保标准，为其发放临时救助金；临时救助对象以个人为单位申请的，分别按照每人1个月、2个月、3个月的当年本市城市低保标准，为其发放临时救助金。2016年发放临时救助资金71.03万元，累计救助716人。

（民政局）

【民政社保卡】在“民政社保卡”实时结算功能的基础上，升级为“凤凰·民政”卡，使其容纳民政救助资金发放、医疗实时结算、现金存取、刷卡消费等多种功能，目前已完成6887张新卡发放工作。2016年共为农村低保对象实时结算91.52万元，救助730人次。

（民政局）

【民生保险】年内，投入400万元为辖区内人员投保自然灾害公共责任险、行政区域公共责任险、低保人群意外险、见义勇为救助责任保险，其中4708名低保对象享受低保人群意外险、102081户家庭享受农房家财保险。

（民政局）

【流浪乞讨人员救助】年内，共救助流浪乞讨人员281人，继续保持救助合格率100%，确保全年安全无事故。一是深入开展专项救助。制定“两大安保”期间和严寒天气集中救助方案和应急预案，开展联合集中救助巡视工作，加强重点区域的监控，维护区域稳定。二是做好日常救助工作。为救助人员提供理发、洗澡，换干净的衣物等热情周到的服务。三是做好卫生防疫消毒工作，制定火灾预警方案，定期演习，妥善处理各种突发事件。四是针对救助人员实际情况，分类施救，快速处理，并做好流浪乞讨人员安置工作。

（民政局）

【慈善事业】年内，慈善协会实施助灾、助困、助医、助学、助老、助残等6大类20项的救助项目；连续8年成功申报公益组织税前扣除资质；注册成立顺义区慈善基金会，探索建立镇、街道基金和冠名基金，构建慈善事业健康发展的新格局。一是整合资源，拓宽募捐渠道，全年共募集捐赠款680万元。二是规范管理，策划实施慈善项目，支出救助资金945万元；救助全区困难群体2万人次，形成以项目吸引善款的动态机制。三是推动信息公开，提高社会公信力。各类媒体开展捐赠、救助项目宣传活动，公开救助范围、资金流向，同时，弘扬慈善理念，促进慈善文化发展。

（民政局）

【捐赠工作】年内，以“春风送暖”和“冬衣送暖”社会募捐月为牵引，共募集善款1045354.01元，衣物27300件。在日常捐赠中，共接收捐赠衣物23000件；在25日“敞开收”活动中，共接收捐赠衣物19000件。区财政拨付377900元为全区2807户低保家庭发放爱心卡。争取区级资金120万元，支持慈善超市创建工作。建成5家慈善超市，目前全区共12家慈善超市。按照“五个一”模式，在空港街道和南法信镇建立三个集中接收捐助站，实现基层捐赠站点标准化建设。

（民政局）

【低收入审批管理】年内，本区城乡低收入家庭认定标准从家庭月人均930元调整为1050元,全区共有城乡低收入家庭51户128人。

（民政局）

【精简退职】年内，共有精简退职人员61人，全年发放生活困难补助421.06万元。

（民政局）

社区建设

【概况】2016年，本区紧抓推进社会治理创新这条主线，以推进“八型社区”、民主协商议事厅建设和社区减负工作为主线，围绕建设和谐宜居新家园的总体目标，坚守底线、突出重点、完善制度、引导预期，有效提升城乡建设水平。一是建设30家“八型社区”。以建设“环境整洁、管理规范、服务完善、安全稳定、健康幸福、文明祥和、诚实守信、智能高效”社区为目标开展“八型社区”建设活动。“八型社区”建设坚持以社区减负增效为“主旋律”，由社区居民提出建设需求，以各职能部门为建设主体，整合多方资源创造性地开展社区建设。经过各职能部门的主动作为，镇街的专业指导和社区的大力配合，使得社区环境明显改善，社区工作更加规范，社区服务项目齐全，居民满意度不断提升。经社会组织评估，共授予光明街道裕龙三区、仁和镇太阳城等30家社区为顺义区首批“八型社区”荣誉称号。区民政局对每家“八型社区”拨付10万元建设经费。二是完善社区民主协商。推行“参与型协商”民主自治模式，以成立社区议事厅为载体，逐步将涉及群众直接利益的公共事务和公益事业纳入社区议事范畴，形成政府管理与社区民主自治的互动，提高社区治理能力和水平。截至2016年底，全区所有城市社区均设立议事厅，每个镇选取两个农村社区试点建设议事厅。三是推进社区减负增效。为厘清社区职责，减轻社区行政负担，增强社区自治和服务功能，区民政司联合区委组织部、区社会办研究制定《关于落实<北京市民政局 中共北京市委组织部关于进一步开展社区减负工作的意见>的实施意见》，通过依法确定社区工作事项、清理社区组织机构挂牌、台账和评比项目、规范社区印章使用管理制度、建立社区工作准入制度四项措施推进社区减负增效。

（民政局）

【社区服务总中心】截至2016年底，社区服务总中心共有服务对象507名,其中休养老人180名,救助人员277名，孤残儿童(在站)50名。一是以标准化、人性化建设为引领，全面促进养老服务工作的发展。规范内部管理， 强化服务意识。在养老服务工作中探索引入养老中心“四星”标准化体系建设，进一步规范服务流程、细化服务标准。二是加强救助管理,提高救助质量。在救助管理工作中,高度重视安全管理工作。规范档案管理,严格出入手续,实现档案安全。提高救助安全防范意识,加强救助人员的巡视和检查，杜绝安全隐患的发生。提高康复服务水平,关注受助儿童文化知识和行为认知能力的培训。提高饮食质量,保障救助人员生活水平。三是关爱孤残儿童，提高护理水平。在孤残儿童管理方面，中心实行分类管理、人性化服务。对孤残儿童加强爱心看护，提高护理水平。对智力正常的孩子侧重于心理照料和温情关怀，加强他们的心理辅导，培养他们正确的人生观、价值观和世界观。四是加强安全管理，实现人防技防相结合。加装院内监控设施，实现监控覆盖无盲点。实行夜间巡更打点管理，实行科技管人。消防系统实现远程监控管理。五是加强人员培训，提高养老护理水平。通过系列培训提升职工的服务技能，实现职工护理资格上岗率达到100%。六是加强制度建设，实现管理规范化。制定出台《社区中心值班管理制度》《突发事件处理程序》《入住老人评估管理程序》《公章管理规定》《财务报销管理制度》等，同时，实行行政值班、医生值班和电工值班三班合一管理，有效降低安全隐患的发生几率。七是加强硬件建设，改善环境设施。2016年区政府实事工程投入资金600余万元。年内完成休养楼门窗更换、多功能厅装修、大门改造、室外厕所改造、消防监控室改造、外挂电梯等14项工程。通过14项政府实事工程的实施使中心的硬件环境整体提高。

（民政局）

【96156服务】年内，共受理服务需求22104张，其中服务单2325张，咨询单19779张，电话回访率100%，居民对服务满意率100%。一是社区服务中心社会化改革。按照《北京市社区服务中心社会化运营指导意见》，年内制定出台《顺义区社区服务中心社会化运营的实施方案》，对每个社区服务中心的基础设施、服务项目、社区社会组织等情况进行全面摸底，在旺泉街道、空港街道、南彩等8个街镇，通过项目化运作的方式开展社区服务中心社会化运营试点，由社会组织承接社区服务项目。二是推动公共服务进社区。“96156—情暖社区 服务有我”两节服务活动，为特殊群体发放900张亲情服务卡，依托

96156社区服务平台服务商对失独家庭、空巢家庭、独居老人、特困残疾人等特殊群体开展居家保洁、清洗油烟机、理发、修脚等便利服务活动。三是丰富社区公益服务项目。发放调查问卷，充分了解社区居民需求，打造一系列内容丰富、群众欢迎的精品课程体系，重点推出防灾减灾课程，在各街道、社区开展环保知识、应急救灾常识以及自然科学等社区大课堂938次，受益人群4万余人。四是扎实做好社区便利服务。引进果、蔬加盟服务商，鲜丰家生态果蔬配送等有偿便民服务内容，与社区便民服务中心合作，推出独居老人日问候服务项目。以镇、街辖区划分网格式服务区，安排专人和专车全天候服务，实现居民需求快速回应。五是加大社区服务品牌宣传。在空港街道、双丰街道开展96156社区服务宣传推介会，发放96156服务手册、宣传折页和扇子手袋5000份。六是开展独居老人日问候活动。2016年，通过政府购买服务的方式，投入300万专项资金，在全区城市和农村全面推开"96156独居老人日问候"活动，由96156服务商、社会组织和社区义工，为3963名独居老人提供洗衣做饭、居家保洁等日常生活照料和关怀活动，上门问候超过51万次，专业服务时常超过10万小时。

（民政局）

【社区义工】截至12月底，全区共发展注册社区义工47660人，建立分会25个，工作站364个，六大主题义工服务队1158支。一是义工工作站特色突出。本区多家义工组织荣获第二批首都学雷锋志愿服务站（岗）、示范站（岗）荣誉称号。石园街道义工分会等5家义工工作站被评为首都学雷锋志愿服务示范站、空港街道万科社区银发关爱志愿服务岗等5个志愿服务岗被评为首都学雷锋志愿服务示范岗、胜利街道建南二社区老兵志愿服务站等46家义工工作站被评为首都学雷锋志愿服务站、光明街道裕龙三区"老有所乐"书画志愿服务岗等47个志愿服务岗为首都学雷锋志愿服务岗。二是开展"家庭式服务兑换"活动。作为全市唯一一家试点区，顺义开展针对优秀义工的家庭式服务兑换活动，专门制定《顺义区社区义工家庭式服务兑换活动工作方案》《顺义区社区义工家庭式服务兑换实施细则》和《家庭式服务兑换流程图》，并在街道、社区、社会组织、学校等多层面开展门类丰富的服务活动，不少家庭做出响应，1380名义工用累积的服务时间为自己和直系亲属申请保洁、理发、陪护、教育等服务兑换。三是推进"两工互动"志愿服务模式。按照《2016年首都志愿服务行动计划》要求，在各街道（镇）开展"社工+义工"的志愿服务模式试点工作，引入社会工作者参与到志愿服务工作中，提高社区义工的专业化服务水平。四是持续推进六大主题服务活动。做好"春雨，春蕾，绿色，蓝盾，霞光，乐农"和"学雷锋"月、八一建军节、庆中秋、"敬老月"、"志愿者日"等主题服务活动，同时本区社区义工在纪念建党95周年等重大活动的志愿服务方面做出贡献。

（民政局）

基层政权建设

【概况】一是完成第十届村委会换届选举工作，取得"一全、两无、七提高、两降低"的优异成绩。一全：全区426个村全部参加村委会换届选举，首次实现村委会换届选举100%全覆盖。两无：无"白点村"和无拉票贿选行为，连续4届实现无"白点村"，无查实的拉票贿选行为。七提高：群众参与度高，登记选民419222人，同比增加8480人，上站率为92.4%，同比上届提高1个百分点；"一人兼"比例提高，达88.0 %，比上届提高0.3个百分点。南法信、天竺、北小营、龙湾屯四个镇"一人兼"比例达到100%（没有实现"一人兼"的51个村中，有33个村沿袭上届分设，13个村因优化年龄结构培养的新人当选，杨镇下营、于庄，李桥苏庄、大孙各庄谢辛庄、高丽营南王路等5个村是因村内竞争激烈，支部书记未能实现兼任村委会主任）；交叉任职率提高，达78.4%，比上届提高2个百分点；妇女成员比例提高，妇女委员占32%，比上届提高2个百分点；班子成员学历提高，新一届村委会班子成员大专以上学历占45%，比上届提高7个百分点；大学生村官当选人数提高，共有39名大学生村官当选村委会班子成员，比上届增加24人；村民代表中党员比例提高，达38.1%，比上届提高3个百分点。两降低：不是党员的村委会主任有20人，比上届降低2人。村委会班子成员平均年龄48.07岁，比上届降低0.03岁。有78名60岁以上的上届村委会成员，退出本届选举，为进一步优化全区村委会班子年龄结构奠定基础。二是贯彻落实《顺义区关于建立城乡社区居民委员会工作意见》，加强督促相关街道、镇建居工作，2016年审批成立居委会11个，全区社区居委会数量达到125个。三是举办2016年顺义区新一届村党组织书记、主任培训班，对全区600余名村党组织书记、村委会主任在民主自治、社区治理、廉洁自律等方面进行培训，从而进一步增强农村干部整体素质，提升社区治理水平。

（民政局）

优抚安置

【安置工作】2016年顺义区共接收安置退役士兵229人，其中选择自主就业216人，选择政府安排工作13人，共发放自主就业金及待安置期间生活补助费1641.53万元。加大宣传力度，鼓励退役士兵参加市、区两级学历教育，提高就业技能。2016年共为36名退役士兵报销学费23.04万元。春节期间对退役士兵进行全员慰问。

（民政局）

【双拥工作】春节、八一期间，区委书记王刚带队走访慰问驻区部队，把总价值160万元的猪肉、饮料、食用油等慰问品送进军营。顺义区出资3400余万元，将66055部队、66168部队、武警顺义支队营区改造纳入市政重点工程，解决实际问题；出台《顺义区为部队办实事工作暂行办法》，建立为部队办实事项目库，并设立2000万元双拥办实事专项资金，列入年度财政预算。安置随军家属213人，其中12人安排到区属企业工作，为201人发放自谋职业费1003.5万元。严密组织驻区部队开展区级人大代表换届选举工作，共产生区级军人人大代表4人。刊印区级双拥杂志《顺义民政——双拥专刊》4期，宣传本区双拥工作成果和在双拥工作中涌现的典型事迹。建立全市首个区级双拥史展厅，9月30日起对外免费开放。以荣获全国“双拥模范城”为契机，结合建军节、国防教育日等重点时段，广泛开展宣传教育活动，进一步营造关心支持国防和军队建设的良好氛围。

（民政局）

【优待抚恤】做好元旦、春节期间走访慰问活动，为全区4979名优抚对象发放慰问金398.32万元、发放慰问品价值156.6万元。全年共为优抚对象发放定期抚恤补助资金3890.83万元；为468名义务兵发放优待金1513.12万余元，为39名农村籍烈属发放优待金5.85万元；为全区1795名重点优抚对象发放冬季取暖补贴279.21万元。为全区849名重点优抚对象进行免费健康体检，支出33.37万元。继续开展优抚对象危旧房屋翻建工程，共投入资金33.6万元，为6户农村籍优抚对象翻建房屋。按照顺义区优抚对象医疗减免办法，全年共办理2830人次优抚医疗减免手续，减免金额达557.23万元。开展民政“一卡通”即时结算工作，共为全区优抚对象即时结算医药费441人次，报销药费88.06万元，切实解决优抚对象医疗报销难题。2016年新认定参战、参试人员1人，评定伤残等级13人，使其享受相关优抚待遇。补发（换发）残疾军人证15人，完成新版《伤残人民警察证》换发工作。

（民政局）

【见义勇为】元旦春节期间，为全区80名见义勇为人员发放慰问金12.8万元，发放慰问品价值3.56万元。2016年，顺义区评定4名见义勇为人员，颁发证书及19.89万元奖励金。全年共为因见义勇为死亡人员遗属发放定期抚恤金2.98余万元。为全区80名见义勇为人员进行免费体检。将户籍在外区县的1名见义勇为人员关系转到其户籍所在地，并已接收。参加北京市见义勇为基金会组织为期一周的延庆八达岭度假村修养活动，顺义区组织全区见义勇为人员到密云区古北口长城抗战纪念馆参观休养，丰富见义勇为人员文娱生活。通过政府购买服务开展见义勇为宣传工作，与区自行车运动协会沟通，开展区见义勇为宣传工作。在全区范围内开展见义勇为宣传进社区活动，发放宣传材料1万余份。

（民政局）

【光荣院】优抚政策落实到位。按标准发放伤残军人抚恤金、按月发放休养员零用钱、生活日常用品等应季应需配发，推行营养量化配餐，医疗护理保障有力、病情及早发现及时救治，医疗费用年内支出40余万元。服务水平有效提升。组织职业道德、文明礼仪、岗位技能培训班3期，组织开展研讨、交流、实践活动6次。“温馨化、个性化、人性化”特色服务品牌进一步深化,休养老人心理需求得到有效满足，情感沟通和精神抚慰制度化、常态化。社会化建设取得初步进展。通过政府购买服务方式，为服务对象提供康复保健、健康体检、心理慰籍、养生指导等专业化服务，取得良好的效果。在确保满足优抚对象入院需求基础上，努力扩大收养服务范围，并逐步向社会开放。建立优抚对象短期疗养机制。光荣院以“安全、健康、快乐”为活动主题，组织开展为期一周、30人参加的重点优抚对象短期疗养活动。文化建设扎实推进。推进“文明服务，文化养老”新理念、新模式；双拥共建、爱国主义教育、光荣传统教育活动广泛开展，年内免费接待中小学生、社会青年及驻区部队官兵等1200余人次。

（民政局）

【军队离退休干部管理】接收安置工作。截止年底，本区现有军队系统离退休人员193人，其中军休干部121人，无军籍退休职工72人。另有军休干部遗属51人。年内本区接收安置军休干部2人。全面落实军休干部政治待遇、生活待遇。设立秘密文件阅览室，设定秘密文件阅读日，定期组织军休干部政治学习、阅读文件、开展文化活动、重大节日走访慰问；及时落实军休干部生活待遇，每月按时给军休干部发放离退休费和津贴补贴；按文件规定及时为军休干部调整相关待遇；为去世军休干部申报丧葬费（生前12个月基本工资）和病故后6个月基本工资、一次性抚恤金；为符合政策规定的去世军休干部申报特别抚恤金。年内，按时足额落实军休人员各项待遇共计2335.21万元。落实军休干部医疗待遇。每月严格按照公费医疗管理规定为军休干部及享受医疗待遇的家属、遗属（指无工作、无收入的随军家属、遗属）报销医疗费用。年内为军休干部和享受医疗待遇家属、遗属报销医药费和体检等共计242.83万元。充分利用社会资源创新服务。与建北三社区签订共建协议：组织社区工作人员、志愿者为居住在本社区的老干部提供各种居家养老服务。通过购买服务为军休干部提供上门走访、心理疏导、精神慰藉、统计调查、文化活动的组织策划等专业化、规范化服务。为本区50余名80岁以上、独居、失能、半失能和大病军休干部购买家政、保洁、代办代购、陪同就医、上门理发等服务，为其他有需求的军休干部家庭提供有偿家政服务及陪同就医服务。解决高龄军休干部的一些生活不便。如：定期帮助老干部打扫卫生、收拾屋子、清理厨房、拆洗窗帘、陪同就医、代其去医院排队取药等。推进快乐养老，丰富军休人员精神生活。组织本区军休干部参加市级“健康军休行　幸福在北京”——北京市军休办万人普及千人展示太极拳健身活动。为区内80岁以上军休干部组织重阳生日会，并普遍慰问60岁以上军休干部、军休职工。本区军休干部韩顺通在北京军休榜样评选活动中获提名奖。争创星级干休所。顺义区军休所被北京市军休办授予“四星级军休服务管理机构”荣誉称号，形成“一所一品牌”的特色。硬件改造工作。对办公用房房顶琉璃瓦年久老化，有脱落发生的问题隐患进行整改，通过局招投标重新进行修缮；对军休干部集中楼（建北26、7、2号）的十个楼道公共用电进行更换、梳理，并安装门禁。

（民政局）

老龄工作

【概况】2016年度共办理老年优待卡9176张，其中外埠856张，办理老年优待证1714份，其中外埠262份。发放80-89周岁高龄津贴16.8万人次，843.8万元，90周岁以上高龄津贴1.7万人次，173.7万元。发放90-94周岁医疗补助603人次，114.5万元。发放95周岁及以上医疗补助165人次，21.4万元。

（民政局）

【养老机构】截至2016年底，本区养老服务机构共有19家，其中市级政府办养老服务机构1家（北京市养老护理照料示范中心）、区级政府办养老服务机构1家（区老年公寓）、镇办养老服务机构（镇敬老院）13家、民办养老服务机构4家，持证运营养老床位5400张。2016年，根据《顺义区养老服务考评奖励办法》（顺民字〔2014〕42号）有关规定,结合2015-2016年度养老机构的建设发展及运营情况，拨付养老机构奖励补贴共计284.655万元，其中养老机构改建补贴34万元；建设医务室补贴20万元；管理补贴4万元。为龚平生态养生园等4家社会办养老机构及2家“公办民营”养老机构下拨2015年度下半年和2016年度上半年社会力量兴办社会福利机构市级运营资助金187.77万元，区级运营资助金38.885万元。

（民政局）

【养老助残补贴足额发放】共申报服务商690家，受理开户590家，已安装POS机590家，服务内容包括就餐、家政、理发、洗衣服、就医、家电维修等十几个大类，上百项内容。全年共发放养老助残补贴18.35万人次，充值金额1896.56万元。

（民政局）

【“敬老月”期间活动异彩纷呈】一是组织开展庆祝重阳节暨首届银发达人秀展演。二是组织召开2016年度老龄委全体会议。三是邀请北京市致诚律师事务所、北京老年维权服务工作站在全区开展老年权益宣讲·维护——百家社区行公益项目活动。四是邀请北京市“孝星榜样”事迹宣讲团来本区进行宣讲。五是各委办局及镇街主要领导带队，对全区特困老人进行走访慰问。六是社会各界自发组织形式多样的敬老爱老活动。

（民政局）

【市级“孝星”和区级“寿星”评选】开展2016年度顺义区“双星”评选活动，社会各界通过个人和单位推荐方式，评选出90名市级“孝星”和500名区级“寿星”，4名候选人被评为“孝星榜样”，全区各级媒体对典型事迹进行广泛宣传。

（民政局）

【为老服务社会化】90岁高龄老人上门服务实施。年内为辖区内户籍90周岁以上的高龄老人提供每周4小时的打扫卫生、洗衣服、理发等家政服务，提供两次免费上门体检和健康指导，并随时提供电话及上门心理慰籍服务。全年共为90周岁以上高龄老人提供家政服务233388小时，理发10034人次，体检779人次，健康和心理知识讲座共100场，共计拨付资金523.5万元。完成顺义区老年人口生活状况抽样问卷调查。利用两个月时间，在21个镇街、42个村居，共抽取1260个样本，摸清城乡老年人生活现状和养老服务需求，为编制顺义区“十三五”老龄事业发展规划提供基础数据。为独居老人开展“日问候”服务。共为3800名独居老人提供家政、“日问候”服务，其中家政服务101236小时，“日问候”4100余人次。开展养老助餐服务。采取“集配中心+社区老年食堂+社区配餐、送餐、助餐”的运营模式，利用准市场化手段，低成本运营，共投入732万元开展区级老年助餐试点，启动南彩镇彩俸小区等三家老年食堂，为2000余名老年人提供营养配餐服务。

（民政局）

【区人大政协建议提案办理完结】2016年，区老龄办收到区人大代表和委员建议提案共6件：涉及社区、居家养老服务、托老所运营、老年协会建设等方面。通过与代表委员面商，老龄办多方调研沟通，6件建议提案全部按期完成。

（民政局）

社会组织管理

【概况】2016年，社会组织管理工作着力推进体制机制创新，扎实开展各项工作，取得显著成效。共完成行政许可89项，其中社会组织成立登记41家，变更登记39家，注销登记6家。截止目前，全区社会组织总数达1495家，其中区级登记的组织371家（包括社团169家，民非202家），各街道、乡镇共备案社区社会组织1124家。

（民政局）

【无纸化年检全面开展】2016年在全区社会组织中全面开展无纸化年检。社会组织、业务主管单位和登记机关三个单位在线提交数据并加盖电子签章，现已完成年检269家，年检合格率100%。

（民政局）

【完善第三方评估机制】制定《社会组织评估工作实施方案》，成立社会组织评估领导小组、评估委员会及复核委员会，拨付财政资金14.5万元用于评估工作。结合顺义区实际制定评估指标体系，并委托第三方评估机构对参评社会组织进行培训、试导、评审。共完成29家社会组织评估，近3年累计完成评估214家，其中5A级社会组织23家，4A级社会组织75家，应评已评率达90%。评估结果纳入社会组织年检管理，并纳入承接购买服务组织和评先创优工作的评选条件。

（民政局）

【政府购买社会组织服务】出台《承接政府购买服务社会组织资质管理办法》（顺民字[2016]57号），规范承接政府购买服务社会组织的资质管理。引导社会组织广泛参与民生建设，投入区财政资金968万元购买社会组织服务项目20余项。

（民政局）

【展览展示】建设450平米的顺义区社会组织优秀成果展示大厅，以实物与照片的形式，展示50余家社会组织的优秀成果、优秀作品和优秀藏品。

（民政局）

【社会组织培育扶持力度加大】2015年至2016年，每年投入区财政资金250万元，扶持镇（街道）社会组织联合会发展。出台《顺义区民政局关于开展镇（街道）社会组织联合会考核的通知》（顺民字〔2016〕10号），通过考核、扶持，规范顺义区各镇（街道）社会组织联合会工作，促进社会组织联合会的建设及发展，加大社区社会组织培育扶持力度。

（民政局）

社会福利

【福利企业】年内共新增就业19人，办理职工变更119人次，落实福利企业优惠政策1316.267万元，包括：岗位补贴592.3万元、超比例安置补贴57万元、社会保险补贴551.147万元、精神残疾职工补贴37.54万元、两节走访22.28万元、爱心卡发放56万元。截至年底，全区共有福利企业61家，职工2575人，其中残疾人职工1035人。开展社会组织服务民生项目。成功申请社会组织服务民生项目，由律师协会指定律师为全区福利企业提供法律顾问服务。

（民政局）

【福利彩票】共销售福利彩票28342.74万元。通过发行彩票可提取公益金8842.58万元。（其中电脑票按35%提取，销售21160.2万元，提取7406.07万；即开型彩票按20%提取，销售7182.55万元，提取1436.51万）。

（民政局）

殡葬管理

【概况】2016年，顺义区殡葬改革继续向纵深发展，殡葬管理体制机制更加健全，殡葬惠民服务体系初步建成，全区殡葬服务管理向“公益、绿色、惠民”迈进，取得良好社会效益。

（民政局）

【惠民殡葬设施及管理体制】一是进一步提升本区农村公益性林葬公墓建设水平。落实《顺义区农村公益性林葬公墓建设资金补贴办法》，从公墓建设范围、建设标准、补贴金额、验收办法、完成时限等五方面予以规范，2016年总投入200万元，进一步完善农村公益性林葬公墓的配套设施，满足群众需求。二是进一步规范本区农村公益性林葬公墓管理，落实《顺义区农村公益性林葬公墓管理资金补贴办法》，按照管理标准，2016年给予管理达标资金补贴共166万元，解决公益性公墓后期运行缺少资金支持的问题。配合《顺义区城乡公益性骨灰安置设施管理办法》，进一步规范管理，与镇、村签定《公益性公墓监管责任书》，明确区、镇、村三级日常监管职责，确保不出现安全事故、不出现违规操作。

（民政局）

【殡葬监管执法机制】一是建立殡葬环境监管长效机制。建立起源头治理机制，实行丧葬补贴审批100%实地拍照核查。同时，结合治理散埋乱葬检查办法，每周对全区殡葬环境进行检查，发现问题及时整改，各镇、街道每月上报《散埋乱葬治理工作自查表》，坚持不懈抓好治理工作，形成治理长效机制。群众有序安葬意识日益增强，文明殡葬认识显著提升，区域殡葬环境明显改善。二是落实死亡火化三级核对机制。截止12月底，全区共死亡4599人。配合计生委、统计局和局优抚、社救、低保、老龄完成死亡人口数据共享工作。三是建立殡葬执法联运机制。殡葬管理所建立与公安、工商、城管等职能部门联合执法长态机制，开展清明节专项执法治理，清明群众祭扫活动安全有序。清明期间，全区共接待祭扫群众24.9万人次，疏导机动车3.6万辆，服务人员1.7万人次。

（民政局）

【殡葬惠民服务体系】一是公益殡葬设施体系稳步发展。在张镇殡仪馆新址建成城市公益性骨灰堂，可提供公益格位1万份。全区公墓总量达112家，建成墓穴2.8万座。二是公益殡葬政策体系成效显著。落实“零百千万”工程，提供2款百元以内的骨灰盒和2套“千元殡仪温情服务”，提供13种万元骨灰安置选择，全年共提供服务1332次。核发丧葬补贴申请482例，发放补贴款241万元，实现群众治丧政府买单。三是公益殡葬服务体系不断扩展。殡仪馆和潮白陵园加强殡葬“一条龙”服务，并开发个性化告别礼仪、环保骨灰盒、厅牌等新的服务项目，推广小型节地葬、草坪葬、花坛葬，为“资源节约型、环境友好型”社会建设做贡献。延伸服务网络，统一治丧介绍信，制作服务卡发放到村、居，群众在家即可办理好治丧手续。创新服务手段，开通网上祭扫、预约祭扫，利用96156社会热线，在线提供咨询服务。四是加强殡葬惠民政策创新，落实《顺义区生态葬奖励办法》，对本区户籍亡人，采取骨灰撒海、不保留骨灰、骨灰深埋不留坟头三种方式安葬的给予5000元奖励资金。2016年共有11人符合条件，共发放奖励资金5.5万元。投资267万元建成全市首家生态葬公祭场所，占地面积约1600平米，预计可满足500人同时祭祀。

（民政局）

顺义区民政局开展烈士公祭活动

【潮白陵园】2016年，北京市潮白陵园共定墓485个，安葬500个。响应市民政局关于开展“零百千万”工程的号召，提供7300个万元以下骨灰安置设施，满足低收入群体的殡葬需求。完成清明祭扫工作。2016年清明，共接待祭扫群众9.7万余人，其中电瓶车接送家属约3.4万人；祭扫车辆约1.79万余辆；烈士陵园接待祭扫团体9家，约1040余人，实现“零安全事故、零群众投诉，工作满意率达100%。烈士陵园展厅改造工作。先后完成“党史展厅”“双拥展厅”“民政史展厅”的设计布置，方便社会各界参观学习。骨灰堂骨灰迁移安置工作。陵园在法制晚报、北京青年报及潮白陵园网站进行公告，并与家属联系取走到期骨灰，确保骨灰堂骨灰迁移工作完成。基础设施改造情况。对陵园内的指示牌进行更换，对消防水池进行改造维护、对部分围墙进行全面粉刷，开展陵园内部分景观改造工作，进一步美化陵园环境，更好的提示引导服务家属。

（民政局）

【殡仪馆】2016年共火化遗体4544具，比去年同期增加129具。

（民政局）

婚姻登记

【概况】2016年，共办理结婚登记8221对、为7398对登记新人举行颁证仪式，占结婚登记人数90%，离婚登记5041对，补办结婚登记135对，补领结婚登记3025对，补发离婚证280件，为当事人和相关单位出具婚姻状况证明12人次,查询档案882人次，办理收养登记3件。群众满意率100%，执法合格率100%。在顺义区汉石桥湿地老电话博物馆开展历年结婚证实物展览，展出清代至六七十年代结婚证100幅。在汉石桥湿地举办单身相亲活动，为顺义辖区内140余名单身青年搭建交友平台。免费为新婚当事人制作电子微喜帖，传递幸福。

（民政局）

【婚前、婚姻辅导活动】开展顺义区首届婚前辅导活动。特邀北京电视台《谁在说》栏目、中央电视台12套《心理访谈》栏目的特约嘉宾心理专家施刚老师作为婚前辅导老师，现场为50对情侣进行婚姻辅导。开展婚姻家庭辅导进社区活动12场，惠及群众近800人。购买婚姻辅导和法律援助服务项目。年内共为2873个家庭提供婚姻辅导，辅导率为57%，通过辅导重新合好或暂缓离婚的家庭有287对，成功率为10%。

（民政局）

行政区划

【概况】2016年，在做好界线管理工作的同时，推进行政区划调整工作，加强区县界线联合检查后的档案整理，更新区级国家地名和行政区划数据库，配合区规划分局做好全区地名普查工作；提高界桩维护管理工作，夯实平安边界创建基础。一是邀请北京市行政区划与区域发展研究会的专家对顺义区的行政区划调整开展调研工作，依照“顺义区行政区划调整研究”报告制定“顺义区行政区划调整方案”；征求涉及调整街镇的意见，召开政区名称评审会议，对新设街道的名称进行评定工作。二是做好界线联合检查后的立卷归档工作，整理每条界线的相关资料，确保档案资料详细、全面。三是提高界桩维护管理条件，对顺怀线、顺昌线和朝通顺三交点界桩进行更换；提高管护人员维护薪金，由每月100元增加到200元。四是做好数据库系统更新工作，及时将界线联检资料扫描录入数据库中，及时更新库内相关数据。五是配合区规划分局做好顺义区第二次全国地名普查初审验收工作。

（统计局）

民族宗教

【概况】本区共有满、回、蒙古等45个少数民族，总人口约3.2万，其中具有清真饮食习惯的少数民族6000人。有五个民族村，其中有三个回族村：后沙峪镇回民营村、牛栏山镇安乐村、高丽营镇七村；二个满族村：北石槽镇寺上村和天竺镇杨二营村。清真饮副食网点和生产加工企业共100余家。在杨镇一中设有内地新疆班，现有新疆籍学生900名。杨镇一中、牛栏山一中和后沙峪中心小学三所学校是北京市民族团结教育示范校。截至目前，我国承认的佛教、道教、伊斯兰教、天主教、基督教5大宗教中，除道教外，在本区均有宗教活动。已登记的宗教活动场所4个：回民营清真寺、高丽营清真寺、牛栏山清真寺和杨镇清真寺。年内，本区各项宗教活动有序，宗教活动场所和谐稳定。

单位名称：顺义区民族宗教局
地址：顺义区石园北区东侧
电话：（010）69461734
邮编：101300
网址：www.minzqb.bjshy.gov.cn

（杨春英）

【妥善处理突发事件】1月24日，牛栏山清真寺阿訇在宿舍内突发疾病去逝，顺义区民族宗教局妥善办理阿訇工伤保险理赔相关工作。经过市、区共同努力，阿訇家属获得工亡补偿金和丧葬补助。

（杨春英）

【伊斯兰教开展新“卧尔兹”演讲】5月中旬，区民族宗教局组织清真寺阿訇以“知足感恩”为主题进行新“卧尔兹”演讲。新“卧尔兹”演讲活动有效提高阿訇“解经”和讲新“卧尔兹”的水平，提升阿訇素质。

（杨春英）

【民族村经济发展工作获市级表彰】5月19日，北京市召开少数民族乡村经济工作会议，会上对全市少数民族乡村经济发展工作的获奖单位进行表彰，顺义区获得区级主体作用发挥优秀奖。

（杨春英）

【参加全国柔力球交流大会喜获嘉绩】5月26日，组织空港小学参加全国“久久星杯”柔力球交流大会，获得集体全能项目一等奖、竞技组男子单打第四名、男女混双第四名和女子单打第6名的好成绩。

（杨春英）

【参加全市民族健身操舞大赛喜获嘉绩】7月2日，组织6支队伍共130余人参加北京市第十一届民族健身操舞大赛，顺义区有四支队伍进入决赛，共获得三个金奖、一个银奖。

（杨春英）

【穆斯林群众欢庆“开斋”节】7月6日穆斯林的传统节日—“开斋”节当天，顺义区有1000余名穆斯林群众进寺会礼，顺义区委统战部、顺义公安分局和区民族宗教局组成联合慰问组，会同相关镇政府到回民营、高丽营、牛栏山和杨镇四所清真寺为穆斯林群众送去节日祝福。

（杨春英）

【穆斯林群众共度“古尔邦节”节】9月12日穆斯林的传统节日—“古尔邦节”又叫(“宰牲节”)当天，顺义区有1000余名穆斯林群众进寺参加节日会礼，共宰牛6头，宰羊22只。区民族宗教局会同相关部门和清真寺所在镇政府的工作人员分别到回民营、高丽营、牛栏山和杨镇四所清真寺为穆斯林群众送去节日祝福。

（杨春英）

【组织开展小学绫球比赛】11月16日，区民族宗教局与区教委联合举办“民族体育进校园暨顺义区小学绫球比赛活动”。后沙峪中心小学、杨镇中心小学、南彩第二小学、空港小学、赵全营中心小学和板桥中心小学共10支队伍近150名小学生参加比赛。比赛共评出一等奖二名，二等奖三名，三等奖五名。

（杨春英）

【清真食品监督员队伍成立】11月23日，区民族宗教局会同区商务委、区食药监局和区饮食协会组织开展清真食品相关知识及政策法规培训，并为34名清真食品监督员发放聘书。

（杨春英）

【2016年圣诞节安全维稳工作协调会召开】12月20日，顺义区召开圣诞节安全维稳工作协调会，部署安全维稳工作。区委统战部、区委政法委、区旅游委、区卫计委、区民族宗教事务局、顺义公安分局国保支队以及11个镇街道办事处相关领导参加会议。

（杨春英）

【圣诞节期间宗教活动场所安全稳定】12月24日–25日，平安夜和圣诞节期间，顺义区参加庆祝活动的信徒达到3000余人次。为确保宗教活动场所安全稳定，主要采取四项措施：一是高度重视，周密部署。召开区委战部、区民族宗教事务局和相关镇政府等单位参加的顺义区圣诞节安全维稳工作会。布置安全维稳工作，明确职责分工。二是加强检查，排除隐患。调查了解顺义区基督教聚会点、天主教弥撒点举行圣诞节庆祝活动情况，并对其进行安全检查，提出整改要求。三是突出重点，落实责任。签订责任书，完善预案。四是齐抓共管，有效稳控。区委统战部积极协调区民族宗教事务局、顺义公安分局国保支队等相关部门督促举办活动场所落实各项安全措施。

（杨春英）

【后沙峪中小被评为北京市民族团结示范校】12月16日，后沙峪中心小学被北京市教委和北京市民委命名为“北京市民族团结教育示范学校”。

（杨春英）

【市、区两级共同扶持民族村经济建设】2016年度“后沙峪镇回民营村特色村寨基础设施建设”和“北石槽镇寺上村集雨调蓄工程项目（二期）”被确定为民族村经济扶持项目。市、区两级共拨付扶持资金240万元:其中市级扶持资金140万元，区级扶持资金100万元。目前两个项目已经全部完工。

（杨春英）

【政府出资修缮宗教活动场所】年内，区政府共拨款52万元，用于清真寺修缮，安装监控设备，为穆斯林群众创造良好的宗教活动环境。

（杨春英）

人力资源和社会保障

【概况】2016年，区人力社保局在区委、区政府的正确领导下，紧紧围绕“把握发展的阶段性特征，推动经济社会转型升级”的总要求，以“民生为本、人才优先”为工作主线，凝心聚力、锐意进取、稳中求进、攻坚克难，稳步推进就业创业、社会保障、人事人才、劳动关系等各项工作，为全区经济社会持续健康发展提供坚实保障。

单位名称：顺义区人力资源和社会保障局

地址：顺义区仓上街16号

电话：（010）89445703

邮编：1013000

邮箱：bgs5703@163.com

网址：http://www.shyld.gov.cn

（人力社保局）

【就业创业】围绕“疏解”工作，联合区经信委全力做好疏解企业职工的分流安置工作，全年安置本区劳动力1469人；推进“银发工程”，加强人力资源二次开发，全年促进2132名“银发人员”再次就业；全年参与全要素评估产业项目32个；全年城镇新增就业2.9万人，城乡劳动力二三产业就业率95.3%，城镇登记失业率1.45%，高校毕业生就业率98.87%，困难家庭高校毕业生全部实现就业；本区连续第5年获评北京市充分就业区，充分就业水平进一步提升；全面落实促进五彩浅山地区就业政策，目前已有78家用人单位申报社保补贴和岗位补贴，安置河东地区劳动力148人；全年通过市区两级优惠政策，安置城乡就业困难人员6629人，其中通过自谋灵活、公益性岗位安置2959人，各类用人单位招用3670人；全年实现自主创业558人、带动就业2460人；全年为46家企业发放609万元的小额担保贷款支持；组织开展创业培训889人，提供创业服务4588人次；深入落实“一企一卡”和“大项目专员负责”制度，组织25个街镇与辖区960余家企业签订服务协议；完成就业援助月、春风行动、民营企业招聘月等就业专项活动，活动期间举办招聘会56场，初步达成就业意向近8000人次；全年建立并维护企业用工需求档案1797户，采集空岗3.31万个。

（人力社保局）

【职业技能培训】开设汽车维修等专业的新型学徒制培训班，目前已招收学徒143人，为北京现代等3家企业开展弹性学分制教学，培养职工400人；联合区教委创新建立高学历、高技能人才定向委托培养机制，目前已吸收委培生30人；开展首席技师工作室财政支持项目认定工作，6家工作室经评估获得每年5-10万元的资金支持；圆满完成北京市第四届职业技能竞赛在全区的宣传动员和督导任务，本局荣获竞赛“优秀组织奖”；全年培训城乡劳动力1.2万人，局技工学校被市人力社保局认定为高级技工学校。

（人力社保局）

【社保改革】在全市率先启动机关事业单位养老保险制度改革，全区414家机关事业单位3.31万人登记入库，实现与企业职工养老保险的制度并轨；加快推进城乡居民医疗保险制度整合，完成新农合管理机构、人员等移交接收工作；深入推进供给侧结构性改革，认真落实阶段性降低社保费率工作，降低企业职工基本养老保险、失业保险单位缴费比例，调整工伤风险等级类别，为企业松绑减负。

（人力社保局）

【社会保障】全区职工五项保险平均参保人数达49.83万人，同比增长2.59%。职工养老、医疗、失业、工伤、生育保险参保人数分别达58.16万人、57.48万人、45.9万人、46.91万人、40.7万人；城乡居民基本养老保险当年参保人数达到9.7万人,城镇居民基本医疗保险、新农合当年参保人数分别达到9.25万人和23.71万人；实现全区80%在建工程以趸缴方式参加工伤保险；完成征地转非2473人，其中劳动力1576人，完成就业转非635人；全区退休职工月领取基本养老金调整为3014元，同比增长6%，惠及退休职工5.8万人；城乡居民基础养老金、福利养老金每人每月分别提高至570元和485元；完成城乡居民养老保险补贴工作，其中缴费补贴5.59万人，基础养老金补贴4.86万人，特殊群体补贴6404人，丧葬补助663人；认真落实城镇特困职工一次性医疗救助和城乡居民大病保险工作，缓解1429人因病致贫问题。加大社保稽核力度，未足额缴纳社会保险费追缴到位率达91%，受理社保投诉案件180件，追回漏缴社保基金357.75万元；全年社保基金总收入111.46亿元，社保基金总支出66.99亿元，其中职工五项社会保险基金收缴88.58亿元，支出46.17亿元，基金运行安全平稳。

（人力社保局）

【社保经办服务】继续推进网上办社保和银行缴费工作，全年自助服务终端出具权益记录3.9万份，同比增长113%；配合区工商局将社会保险登记证纳入“五证合一”管理，参保人手工报销医药费资金由单位代支改为直接支付至参保人的个人账户；组建机关事业单位保险管理科，确保机关事业单位养老保险制度改革顺利推进；实现区医院、妇幼保健院、精神病医院、国医院以及52家社区卫生服务站新农合门诊实时结算；继续实行社保卡首发卡免费快递，全年新制社保卡发放6.13万张；全年办理养老保险关系转移接续2858人次、医疗保险关系转移接续1622人次；整理归档社保业务档案9738卷，医保业务档案1.73万件。

（人力社保局）

【高层次人才引进培养】全年引进海内外高层次人才36人，解决专业技术人才夫妻分居22人，为1638人办理《北京市工作居住证》；引进非北京生源高校毕业生261人，新选聘大学生村官90人；北一机床、百迈客生物科技2家企业成功申报博士后科研工作站，全年申报市、区两级博士后工作经费资助160余万元；全区5人成功申报高级工程师（教授级）专业技术资格；2个引智项目获批，获得专项经费资助30万元。

（人力社保局）

【公务员队伍建设】全年录用公务员134人。落实公务员职务与职级并行制度，严审晋升条件，已为符合条件的70名科级及以下人员完成备案工作。大力推进公务员平时考核工作，公务员平时考核信息系统研发完成并在试点单位投入使用，实现网上在线考核。全年举办初任培训、任职培训等主体班次14个，培训1729人次，进一步提升公务员的能力素质。

（人力社保局）

【事业单位改革】年内，录用373人。稳步推进全区中小学职称制度改革工作，完成职称制度改革过渡8350人，职称评审通过942人。安置营及以下行政职务和专业技术干部11人，承接市局下达、区级及委托考试12项，服务考生2.17万人、5.09万科次。

（人力社保局）

【劳动合同制度】监控企业劳动合同签订率和城镇职工劳动合同续订率分别达到99.68%和94.84%。全区签订集体合同企业847户，累计签订集体合同1224份，覆盖职工19.31万人；发布全区物流、汽车制造业、建筑业行业工资指导线及部分职业(工种)工资指导价位；全区10家单位和5名个人获评北京市2013-2015年度构建和谐劳动关系先进单位和先进个人。

（人力社保局）

【劳动关系调处】全年累计检查各类用人单位5789家，同比上升9.5%，涉及职工11.9万人，受理各类举报、投诉案件819起，结案率100%；全年受理各类争议案件4450件，结案率100%，调解率41.26%，对665件案件实行“一裁终局”；全面落实矛盾排查调处、整体联动和应急处置机制，不断畅通劳动者维权渠道，全年共接待处理来访和办理群众来信、电子邮件、便民电话等1281件次，办结率100%。

（人力社保局）

农村居民收入支出情况

【概况】据顺义区2016年农村住户抽样调查资料显示：农村居民人均可支配收入为24649元，比上年增加2001元，增长8.8%，高于全市同比增速（8.5%）。绝对额在五个发展新区中排首位，增速排名仅次于大兴区（9.9%），与房山区并列第二位。人均生活消费支出为15245元，比上年增加1318元，增长9.5%，低于全市同比增速（9.6%）。

单位名称：顺义区统计局
地址：顺义区顺通路AMB大厦A座11-13层
电话：（010）89445498
邮编：101300
网址：http://www/sy.bjstats.gov.cn

(统计局)

【全年收支平稳增长，同比增速放缓】2016年农村居民人均可支配收入分阶段看，一季度和上半年同比增速都是9.3%，前三季度和全年同比增速都是8.8%。人均生活消费支出分阶段看，一季度同比增速10.5%，上半年、前三季度、全年同比增速分别是9.5%、9.4%、9.5%。收支水平都呈现稳定放缓趋势。从生活消费支出占可支配收入比重角度看，一季度、上半年、前三季度、全年人均生活消费支出占人均可支配收入比重分别是55.1%、57.0%、59.5%、61.8%，呈现逐步提升趋势。

(统计局)

【城市化推进农村居民就业增收】一是工资性收入保持稳定增长，既是收入的主要来源，也是增收的主要来源。人均工资性收入为17993元，同比增长4.8%，占可支配收入的73.0%。二是经营净收入有所增长。人均经营净收入为1515元，同比增长22.3 %，占可支配收入的6.1%。三是财产净收入较快增长，是仅次于工资性收入的重要增收因素。人均财产净收入为1945元，同比增长44.1%，占可支配收入的7.9%。四是转移净收入稳步增长，是仅次于工资性收入的重要收入来源。人均转移净收入为3197元，同比增长10.5%，占可支配收入的13.0%。

(统计局)

【农村居民消费不断升级】顺义区农村居民八大类生活消费中，除其他用品和服务消费支出同比增速有所下降外，其他各项生活消费支出指标呈现增长态势，体现农村居民生活质量的改善。其中食品烟酒消费支出4619元，增长6.5%，占生活消费支出的比重（恩格尔系数）为30.3%；衣着消费支出1036元，增长4.0%；居住消费支出3141元，增长11.5%；生活用品及服务消费支出1063元，增长3.7%；交通通信消费支出2393元，增长13.4%；教育文化娱乐消费支出1392元，增长25.8%；医疗保健消费支出1442元，增长7.0%；其他用品和服务消费支出160元，下降15.3%。

(统计局)

城镇居民收入支出情况

【概况】据居民收支调查资料显示，2016年全年，顺义区全区居民人均可支配收入30808元，增长2551元，同比增长9.0%；全区居民人均消费性支出19716元，同比增长8.1%。按常住地分，城镇居民人均可支配收入36448元，增长3054元，同比增长9.1%，增速高于全市8.4%的水平，相比2015年回落0.1个百分点，从收入走势看，居民收入与经济增长基本同步；城镇居民人均消费性支出23810元，增长1636元，同比增长7.4%。

(统计局)

【城镇居民收入稳定增长】一是政府转移支付力度不断加大，企业退休人员养老金、机关事业单位离退休人员离退休金以及居民福利养老金标准不断提高，人均转移净收入4204元，同比增长16.4%，增长最快。二是最低工资标准连年上调，带动低端岗位职工薪资待遇不断提升，人均工资性收入25425元，同比增长9.4%。三是网络理财产品不断推广，居民财产净收入渠道拓宽，人均财产净收入4928元，同比增长4.6%。四是受经济下行大环境的影响，居民生产经营活动盈利相对减少，人均经营净收入1892元，同比增长3.1%，在城镇居民四大类收入中增幅最低。

(统计局)

【城镇居民消费日趋理性】顺义区城镇居民八大类生活消费呈现六升两降的态势，显示出本区城镇居民生活水平不断提高，同时消费日趋理性，食品、衣着类消费小幅下降，教育文化娱乐服务类消费增长最快。八大类消费中，食品类消费6022元，同比下降2.0%；衣着类消费1764元，同比下降2.7%；居住类消费6504元，同比增长7.2%；生活用品及服务类消费1548元，同比增长6.6%；交通和通信类消费3480元，同比增长22.6%；教育文化娱乐服务类消费2190元，同比增长25.2%；医疗保健类消费1823元，同比增长11.0%；其他商品和服务类消费481元，同比增长2.8%。

(统计局)

流动人口管理

【概况】根据《北京市人民政府办公厅转发首都综治办等部门<关于进一步加强本市基层流管站和流管员队伍规范化建设的工作意见>的通知》（京政办字[2016]40 号）精神，顺义区于2016年9月19日召开全区流管站、流管员队伍及流管信息平台交接工作会，将基层流管员队伍、社区（村）流管站建设管理、流动人口调查登记和流管信息平台等全部移交公安部门。移交后，区公安分局作为区综治委实有人口专项工作的主责单位，开展全区实有人口服务管理工作。

单位名称：顺义区流动人口管理服务中心

地址：顺义区光明南街16号

电话：（010）69426412

邮编：101300

（吴彩云）

【开展人房信息“四查”工作】一是开展人房基础信息普查。以人口倒挂村、新建小区、回迁小区、建筑工地等薄弱环节作为重点，开展基础信息摸排工作。制定专项工作方案，分别召开流动人口较多的镇的专题会议进行部署。二是开展出租房屋安全隐患排查。结合“百日专项行动”、城乡结合部重点地区整治、社会秩序整治等多项整治行动，全面摸排消除出租房屋各类安全隐患。截至12月底，共消除出租房屋内的各类安全隐患1.5万余个。三是开展重点出租房屋检查。会同公安部门，重点对平房出租户、出租大院、“三合一”、“多合一”出租房屋等进行摸底检查。重点检查平房出租2.7万户，生产加工出租房屋318户，“三合一”“多合一”出租房屋1600户，出租大院1200个。四是开展重点人员核查。配合公安等部门对涉及到社会面防控的流动人口重点人员，结合“两会”安保、G20安保等活动，进行重点走访、摸排、防控。相关人员均已建立台账，纳入走访管控范围。

（吴彩云）

【出租房屋规范化管理】一是继续推进出租房屋日常管理。严格执行出租房屋登记备案制度，有效提高登记备案的强制性。加强租赁合同和治安责任书签订的指导监督，提高合同和责任书签订率。二是有序推进出租房屋协同自治管理。在农村地区以5个流动人口调控型试点村为抓手，建立指导机制，进一步明确村级流动人口准入和出租房屋准租条件，明确村级管理工作要点以及租赁双方当事人责任义务，提升村级人口调控能力，推进村级协同共治工作开展新局面；在城市社区以“八型社区”创建为抓手，明确居委会日常流动人口管理工作方案和考核办法，推进社区出租房屋规范化管理水平。三是推进群租房、违法出租等专项整治。在城市社区持续开展群租房治理行动。通过利用112块LED电子屏滚动宣传公布举报电话。建立健全流管、建委、公安三位一体的摸排接报、查处工作机制。制作安装张贴宣传海报、标牌200处，发放涉及出租房屋等各类内容的宣传购物袋2.5万个、围裙1万个，张贴宣传横幅300余条，发放《致出租人的一封信》等宣传材料8万份。确保群租房发现一起处置一起，实现动态归零。严查农村地区违法建设出租。截至12月底，共治理群租房28户、90间、2767.6平米，拆除私搭乱建、出租公寓、出租大院等违法出租92处、16023平米，停租违法出租及存在重大隐患出租房屋843处，规范管理出租房屋658处，消除出租房屋内各类安全隐患1.7万个。

（吴彩云）

【城乡结合部重点地区整治】深入推进市、区两级城乡结合部挂账8个重点村（南卷村、米各庄、西马各庄、杨二营，南半壁店、铁匠营、东海洪、后俸伯）违法出租专项整治行动。整治工作开展以来，各村均对一户一档和九本台账进行规范，流管站硬件建设水平明显提升，按照3‰–5‰配齐配强专兼职管理员。通过宣传教育、自查自改、联合执法等方式有效整治违法出租行为。

（吴彩云）

11月25日后沙峪镇第十七届人大一次会议召开，新当选镇人大主席、镇长、副镇长进行宣誓

12月28日友谊医院奠基仪式

北小营镇新华联合物流中心

木林镇第二届中韩明星登山对抗赛

街道

光明街道

【概况】北京市顺义区光明街道办事处成立于1998年7月（其前身为城关街道办事处），占地面积4.12平方公里。下设16个居委会，总户数25777户,常住人口40415人，户籍人口29635人，流动人口10780人。2016年，在区委、区政府正确领导下，深入贯彻落实习总书记系列重要讲话精神，转作风、强服务、促发展、惠民生，完成各项工作任务，并荣获“首都拥军优属拥政爱民模范单位”“北京市科学技术普及工作先进集体”等荣誉。

单位名称：北京市顺义区光明街道办事处

地址：北京市顺义区府前东街17号

电话：（010）69442246

邮编：101300

网址：http://www.guangm.bjshy.gov.cn

(光明街道)

【区领导检查安全工作】5月25日，副区长禹学垠带领相关部门到双兴东区检查地下空间安全工作。检查团分别检查双兴东区20号楼和23号楼等地下空间的消防安全制度落实情况、消防设施维护保养等情况，同时要求街道、居委会、物业管理公司等主要负责人，一定要加强日常消防安全管理，共同维护地下空间安全。

(光明街道)

【新居委会成立】6月8日,根据区民政局顺民字[2016]22号文件批复，“北京市顺义区光明街道裕龙北区社区居民委员会”在光明街道辖区内正式挂牌成立。居委会用房总面积为466.43平方米，其中办公用房位于裕龙三区26号楼1层，面积为270.13平方米；活动用房位于裕龙三区6号楼1单元101，面积为196.3平方米。社区主要管辖裕龙三区（老三区）、裕龙西区和裕龙三区续建部分，共1016户，其中居民户数704户，出租商户312户。居委会成员职数为7人，社区服务站职数为3人，全面负责社区居民的服务管理工作。

(光明街道)

【居委会管辖范围调整】7月5日，根据区民政局顺民字[2016]27号文件批复，裕龙花园社区居民居委会管辖范围进行调整。调整后，裕龙花园社区居民委员会管辖范围是：裕龙花园一区和裕龙花园二区，共38栋楼，147个单位门，管辖户数由原来的2314户减少为2098户。居委会成员职数为9人，社区服务站职数为4人。

(光明街道)

【老旧小区改造】7月下旬，滨河一区、滨河二区、幸福东区3个小区改造陆续开工，涵盖居民楼83栋、别墅13栋，建筑面积约36万平方米。项目总投资：12559万元，年底已完成整体工程的90%以上，剩余部分如绿化等因受天气影响，将于2017年4月至5月进行。

(光明街道)

【北京市安全社区称号】光明街道于2016年9月通过北京市安全社区考核验收，获评2016年北京市安全社区称号。

(光明街道)

【办公用房改建】10月，街道经与部队协调，将大院一处建筑面积328余平方米的两层办公楼，提供给居委会作为居委会办公和居民活动用房使用。共投入资金130余万元对给排水、采暖、供电线路、外墙等进行重新改造，并对室内进行重新装修，有效改善办公环境。

(光明街道)

光明街道裕龙三区老党员“星火”护河队开展党日活动

【工会第二次代表大会召开】10月25日，光明街道工会第二次代表大会召开，选举产生光明街道工会第二届工会委员会委员19名，光明街道工会经费审查委员会委员3名，女职工委员会委员5名。选举周春燕同志为光明街道工会主席，周玉晶、李兵同志为兼职副主席；郭琦同志为经费审查委员会主任；周玉晶同志为女职工委员会主任。

(光明街道)

【举办科普知识竞赛】光明街道举办“学科普知识 促健康生活”科普知识竞赛活动。此次比赛分预赛、决赛两部分。街道15个社区通过学习，各推荐出3名优秀选手组成队伍参加预赛。通过两轮预赛，6支队伍进入决赛。决赛于11月9日上午9点，在顺义区科委数字体验馆举办。裕龙五区获一等奖，幸福东区、东兴三区获二等奖，双兴东、东兴二、裕龙四区获三等奖。

(光明街道)

【党员代表大会召开】11月14日，光明街道在东竹园宾馆召开中国共产党光明街道党员代表大会，与会代表以无记名投票的方式选举产生郭树文、聂秀梅、刘利云、李兵、张云鹏5名顺义区第五次党代会代表。

(光明街道)

【党建服务项目验收完毕】年内，16个服务群众项目全部完工。公开征求群众意见确立16个党建项目，涉及资金300余万，街道成立领导小组，对经费使用进行指导、监督，各社区发动群众自愿担任“工程监督员”，对项目施工全程监督，目前所有项目验收完毕。

(光明街道)

【“三微”评选活动获奖】在全市共同组织开展的首届“清洁空气蓝天行动——微承诺、微行动、微志愿暨绿色生活好市民评选活动”中，光明街道双兴东社区——青年汇骑行系列活动，获“三微”示范案例奖。滨河一区王顺明、裕龙四区郑玉清居民获绿色公益好市民奖；滨河一区贾锡芹居民获绿色消费好市民奖；滨河一区王铁华居民获志愿服务好市民奖；裕龙三区李富、裕龙五区张雅香居民获绿色出行好市民奖。

(光明街道)

【环境建设展新貌】年内，投入资金216.93万元，完成裕龙花园、裕龙三等社区公厕改造、路面修复、绿化补种，以及绿港家园下沉广场改造、滨河二区更换遮阳棚等工程。

(光明街道)

【安全建设促稳定】光明街道运行分级防控体制，动员群防群治力量，确保“两会”、春节等重要节点社会面稳定。处理群众来信来访、便民电话等689件，调处各类矛盾纠纷309件，41名在册社区矫正人员、帮教对象没有发生重新犯罪、脱管漏管等现象，实现辖区治安防控无事故；加强对无证食药经营单位整治，办结食药投诉102起，金汉餐饮街和两个便民市场纳入街道食品药品安全创建项目，全年未发生食品药品安全事故。

(光明街道)

【百日专项行动】年内，拆除违法建设21宗1552.49平米，违规广告牌匾及电子显示屏拆除率100%，发现并整改各种安全隐患674处，更换安全锁芯1137户，为辖区3542户低保、残疾、空巢家庭免费安装独立式烟感火灾报警器，16个社区全部建成微型消防站，成功创建“北京市安全社区”。

(光明街道)

【社会组织孵化基地建成】年内，社会组织孵化基地建设工作基本完成，微信平台“光明社会组织”正式上线，全年累计投入资金932265.98元，开展项目221个。

(光明街道)

【社区服务获成效】一是基本公共服务水平稳步提升。依托街道一站式服务大厅、96156便民服务热线、15个社区服务站三大服务平台，为居民提供养老服务、城乡劳动力管理、计生等多项优质高效的公共服务事项，满足居民多样化的需求。二是社会弱势群体服务全面加强。充分发挥“温馨家园”作用，对辖区智力残疾人进行一对一康复；帮助就业困难对象实现就业，成功创建2个区级充分就业示范社区；以“日问候，周见面，月服务”为主要形式，对空巢、独居老人，老残一体家庭开展结对爱心帮扶1800余人次。此外，各类救助资金、物资及时准确发放，劳动用工专项检查、住房保障等多项工作依法推进，为弱势群体兜底救急。

(光明街道)

【打造特色品牌】一是打造诚信文化品牌。以裕龙六区为试点，以遵守居规民约为评价标准，将支部党员、在职党员和协会会员进行分类管理，并在中心广场打造诚信文化园，引导大家讲诚信话、办诚信事、做诚信人。二是打造礼善文化品牌。立足“美丽家园，礼善三区”建设理念，在裕龙三区网格化精细管理的基础上推行居民积分制考核，按积分在个人、家庭、单元、楼栋4个层次分别评选“感动社区人物”、“礼善之家”等并进行奖励，使礼善文化深入人心。三是推行居民议事制度，开辟一条联系群众、优化决策、化解矛盾、改进工作的新途径。例如，滨河二区老旧小区改造过程中，居委会组织监督队、代建、监理、施工四方，在议事厅就老旧小区施工过程中遇到的问题进行多次协商探讨，有效推动老旧小区的改造进程。

(光明街道)

【文化文明建设呈亮点】街道、社区举办“二月新春”、“五月鲜花”、趣味运动会、邻里和谐百家宴等特色文化活动约600场；开设街道级精品课程和各类知识讲座240节，对内对外刊发信息1600余条；东兴一区老党员义务指路队、裕龙三区老干部护河队、裕龙六区党员义工服务站等10余支队伍的先进事迹深入人心；43户家庭获评区级和谐、特色家庭，1户家庭被评为首都最美百家。

(光明街道)

空港街道

【概况】空港街道辖区面积27.38平方公里，常住人口约6.3万。作为顺义区街道管理体制改革试点单位，已经取得阶段性进展，形成城市模块化管理、社区联动式治理的现代化城市服务管理新格局。同时，深入推进“智慧空港”建设，着力构建科学、人本、协调的城市内生系统，搭建城市智能化运行体系。“十三五”期间，空港街道将以打造“国际化空港、智慧型社区”为目标，努力建设成为“国际港城一体的示范街区、首都对外交往的窗口社区、顺义城市品质的时尚名片”。

单位名称：顺义区空港街道办事处

地址：北京市顺义区裕民大街6号空港街道办事处

综合行政服务中心地址：顺义区三山新新家园四区2号楼

电话：（010）80477600

邮编：101318

网址：http://www.kgjd.bjshy.gov.cn/

（空港街道）

【街道管理体制改革取得阶段性成效】作为顺义区街道管理体制改革试点单位，三年来，空港街道全方位落实街道职能定位，已实现从“社区管理”向“区划统筹管理”转变，财政保障机制运行有效，职能职责划转基本完成，双管单位全部到位，内设机构优化调整，经济发展和城市业态布局成效明显，形成城市模块化管理、社区联动式治理的现代化城市服务管理新格局。街道邀请市委社会工委、北京大学等专家对街道管理体制改革试点工作进行评估，形成《顺义区空港街道体制改革工作评估报告》。2016年3月，在顺义区街道管理体制改革推进大会上，全面总结空港街道改革试点的经验和做法。同时以空港街道为引领，在全区启动街道管理体制改革工作，为顺义区全面推进街道层面管理体制改革工作提供可行依据。

（空港街道）

【城市经济发展再上新台阶】2016年，累计引进新企业360家，其中注册资金5000万元至1亿元的企业4家、10亿元以上的企业1家,主要涉及金融、国际贸易、文创、基金管理等领域，实现注册资金49亿元，实现财税收入5829万元，一般公共预算1842万元，超出全年绩效考核目标的70.6%。

（空港街道）

【安全社区建设稳步推进】一方面，严格落实安全生产责任制，建立健全《空港街道安全生产党政同责实施办法》、《空港街道安全生产“一岗双责”实施办法》和《空港街道办事处安全生产管理办法》等制度，量化社区安全检查任务。规范安全生产工作，建立完善安全生产每季度检查全覆盖机制，规范小微企业消防设备设施使用，完善小微企业安全管理制度、应急预案等。另一方面，打造安全社区,安全社区建设12大项30个安全子项目推进；充分借用外脑，邀请四川宜宾南岸街道到空港街道交流全国安全社区建设经验；为三山新新家园等7个社区加装安全扶手491个、加装无障碍通道102个；为万科等7个老旧小区9503户居民发放10063根燃气安全软管和安全社区宣传品，社区安全水平进一步提升。

（空港街道）

【“八型社区”建设初见成效】以“八型社区”建设为引领，提升社区治理水平，推进各社区“干净、规范、服务、安全、健康、文化、诚信、智慧”八型社区建设工作，完善街道评选机制，按照创建标准开展街道内部自评，全方位提升社区治理和服务水平。坚持“需求导向”和“目标导向”，将“八型社区”建设与深化街道管理体制改革、“一区一品”创建、调动居民参与积极性等相结合，细化创新指标，万科、莫奈、蓝星、中粮、吉祥等5个社区通过顺义区“八型社区”建设验收。

（空港街道）

【“一区一品”创建形成品牌】根据社区实际对不同类型社区进行分类指导，以社区“目标管理法”和“四事分流”机制为核心，以社区品牌创建活动为载体，现已形成一批各具特色、亮点突出、服务提升的品牌社区。顺义区首家社区标准化心理服务站——心语轩心理服务站在天竺新新家园社区挂牌成立；香蜜湾社区获评“市级规范化示范点”；吉祥社区获评“老旧小区自我服务管理试点”；中粮祥云、蓝星社区获评顺义区“一区一品”创建项目试点；裕祥社区荣获“首都最美社工团队”称号；蓝星社区蓝色火焰志愿服务队、香蜜湾社区公益服务联盟、三山新新家园绿色环保队被首都精神文明办评为“首都绿

空港街道–中粮·祥云小镇

色环保志愿服务优秀组织”；万科社区在全国宣传推选学雷锋志愿服务“四个100”先进典型活动中被评为“最美志愿服务社区”，是北京市获评的4个社区之一，是顺义区唯一获评社区；建成万科科普长廊、天一及蓝星社区2个科普展览厅，其中万科社区获评“2015年度全国优秀科普社区”及“2016年度北京市优秀科普社区；选取吉祥、誉天下两个社区为示范点，先后落成吉祥“社会主义核心价值观”广场、誉天下别墅区“国学长廊”，用社会主义核心价值观引领社会思想潮流、凝聚社区共识。

（空港街道）

【“智慧空港”建设初见成效】坚持统筹协调，加强顶层设计和系统谋划，以“政府引导、社会参与，需求导向、服务为本，统筹规划、资源整合，标准先行、规范建设”为原则，深入街道各科室、社区、双管单位开展整体调研，组织街居干部参观“2016中国智慧城市国际博览会”，增强国内外智慧城市领域的互动交流。2016年8月经过顺义区发改委、经信委、信息中心、社会办以及国家信息中心、中国智慧城市发展研究中心、中国人民大学、北京理工大学大数据实验室等相关专家审定，形成《“智慧空港”顶层设计建设方案》。坚持试点引领，裕祥建成“互联网+五色管理”综合服务平台，万科创建“智慧社区居民基础数据库”，中粮开发“居规民约e积分系统”，在社区共治及社会动员机制建设上做出有益探索。完成街道协同政务管理平台开发，基本实现街居无纸化办公，打造事务处理、信息管理和决策支持的综合自动化。搭建智慧化宣教平台，“智慧空港”微信公众号和17个社区微信矩阵架起居民互动桥梁。

（空港街道）

【环境宜居品质明显提升】制定并实施《空港街道社区环境检查考评实施办法》，推行“三类社区”和“四大模块”管理模式，逐步实现与周边单位环境工作的“责任清晰、标准统一”目标。实施空港核心区区域环境提升工程，完成火沙路东段改造、香蜜湾西侧出口污水管道改造、裕安路西侧商铺门头牌匾统一更换、裕民大街沿线社区围栏改造、空港小学周边区域绿化改造、三山老旧小区改造等一批重点工程，区域环境水平明显提升。应对重污染天气，制定并落实《空港街道关于重污染天气应急响应职责分工及加强巡查的方案》《环境保护应急拉练检查方案》《环境治理督查日报》，持续开展在建施工工地、燃煤锅炉、露天焚烧、流动商贩检查，大气污染防治力度空前。

（空港街道）

【推进明厨亮灶工作保障食品安全】提高辖区餐饮服务食品安全水平，深入推进“全国安全社区”创建工作，7月召开空港街道餐饮企业“明厨亮灶”建设工作推进会，为经街道食药安委验收合格的餐饮企业代表授予“空港街道明厨亮灶餐饮企业”铭牌，并部署2016年空港街道餐饮企业“明厨亮灶”建设工作。将明厨亮灶工作列为2016年街道重点工作和为民拟办重要实事，并作为全国安全型社区建设工作中的一个子项目，努力实现中粮祥云小镇、欧陆广场、荣祥广场等餐饮聚集商圈的全面覆盖，并扩大范围，进一步推广到辖区企业单位、学校医院等内部食堂，通过明厨亮灶将厨房重地由“闲人免进”变为“请您监督”，通过“明”和“亮”的过程，查找食品安全问题隐患，提高厨房操作人员的食品安全意识，保证消费者的就餐安全。

（空港街道）

【建成区域一体化巡防模式】将后沙峪、空港、天竺、国展四个派出所治安管辖统筹考虑，2016年11月投资100余万元，整合组建80人规模的空港街道巡防大队，对区域内人员密集场所、主要道路等点位进行全天候巡逻，辅助公安、交通、城管加强对治安乱点、流动人口聚集地进行查控，对路面停车秩序以及黑车、黑摩的进行治理，为街道辖区社会面防控注入新的力量，实现行政辖区与治安辖区的无缝对接。

（空港街道）

【从实战出发构建“三分钟消防圈”】建立社区“三分钟消防圈”。将辖区居委会划分为17个微型消防站，以三分钟到达火场为时限，在社区设立57个消防点位，各点位配备整套消防器材，包括灭火器、应急包、消防腰斧、防毒面具、消防手套、消防水桶、消防铁锹、手台、外接电话等应急设备；深入挖掘各社区已有治安巡逻车的潜在价值，加装简易消防器材，将其改造为简易消防车。以蓝星、莲竹、三山等7个社区的33名子女不在身边、未能聘请看护、且独自生活的老人为首批帮扶对象，为其配备小型灭火器和灭火毯，并组织社区消防专职管理员、消防志愿者及与独居老人关系较好的家庭与其组成帮扶对子，建立帮扶台帐，通过楼上走访、楼下闲聊方式，时刻关注独居老人，落实帮扶对子每日见面制。分批分期为蓝星、三山、万科、裕祥等13个小区的281名70岁以上空巢独居老人安装独立烟感报警器，并将独立感烟报警器的应用范围扩大到老旧居民住宅、集体宿舍、出租房屋、地下居住空间等火灾多发的场所。各社区与空港消防中队结成培训对子，定期组织物业及社区工作人员开展消防业务培训，打造社区专业义务消防队伍。

（空港街道）

【健全街道内部管理运行机制】探索建立现代街道财政制度，优化街道财政管理制度、完善资金支出审批程序、加强内审内控管理、引入全过程绩效管理；规范工程项目管理，引入第三方进行专业评审，完善项目内部审批制度；建立合同法务审核机制，聘请专业律师事务所对街道相关合同进行审核；严格执行政府信息公开制度，2016年共公开信息546条；研究制定《空港街道机关干部考核管理办法》和《空港街道社区工作者考核管理办法》，有效提升街居干部管理科学化水平。

（空港街道）

【因地制宜开展文化活动】以提高社区居民综合素质、生活质量和社区文明程度为目的，整合和利用社区资源，根据不同社区类型开展文化活动。一方面，加大对别墅区的“外国人过中国节”与“迷你马拉松赛”、普通商业社区的“消夏晚会”与“邻里节”、老旧回迁社区的“变废为宝”与“国学课堂”等文化品牌的支持力度，营造浓厚文化氛围，培育具有人文品质的现代化社区。另一方面，结合外籍常住居民人数较多的特点，加强与外事办、文明办联系开展外籍文化工作，并积极组织传统民俗表演、名人书画笔会进别墅区、端午节中外居民包粽子、中外居民划龙舟等活动，弘扬中国传统文化；组织复活节、圣诞节等西方传统活动，增强外籍居民对社区的归属感，促进中外居民交流融合。2016年,共组织各类中外文体系列活动468场次，发放各类宣传材料30000余份，受教育群众达13万人次。

（空港街道）

胜利街道

【概况】顺义区胜利街道办事处成立于1998 年7月，位于顺义城区中心地带，辖区范围东起光明街，西达京承铁路，南到顺平路，北至减河，辖区总面积3平方公里。辖区内有居住小区13个，设19个社区居委会，共约2万户，流动人口7401人，常住户口35196人，户籍人口27795人。顺义区委、区政府就坐落在辖区内，还有区教委、区检察院、区财政局、仁和地区办事处等一批重要的行政事业单位。胜利街道辖区内商业、服务业、企业发达，云集顺义鑫海韵通商场、国泰广场、顺义隆华商场、新世界百货商场、五里仓家具城、物美超市等大型商场和市场，以及金百万、权金城、金兆福等大型餐饮业，同时还聚集着中国工商银行、中国建设银行、中国农业银行、太平洋保险公司等几十家大中型企业。胜利街道辖区内有东风小学西校区、建南幼儿园、义宾幼儿园、幸福幼儿园等一批重点学校。顺义区医院、顺义区中医院在辖区内。辖区内交通有“三竖”：光明大街、新顺大街、站前北街；“三横”：站前街、府前街、中山街纵贯东西南北。

单位名称：顺义区胜利街道办事处

地址：北京市顺义区新顺南大街27号

电话：（010）81484259

邮编：101300

（胜利街道）

【万家公益进社区项目】年初，胜利街道与中民万家（北京）居家养老服务有限公司签订万家公益进社区项目。项目涉及：特困救助、社区志愿服务、便民惠民服务、科普知识讲座、科学育儿讲座、养犬讲座、糖尿病讲座、急救培训讲座、健康体检、全屋保洁、清洗空调油烟机、老人免费修脚、心里慰藉、免费剪发等。

（胜利街道）

【学校食堂食品安全检查】2月23日至3月2日，胜利街道食药所对本辖区的中小学、幼儿园食堂进行专项检查，重点检查落实食品安全管理制度、从业人员管理、加工场所卫生环境、食品加工操作、食品原料采购与储存、食品添加剂使用以及餐饮具清洗消毒情况。活动共检查学校食堂7家，发放宣传材料50份。

（胜利街道）

【“消隐、拆违、打非”百日专项行动宣传】4月至7月“消隐、拆违、打非”百日专项行动期间，一是在19个社区内、小区出口等显著位置和辖区商市场等重点人密场所和主干道周边明显位置悬挂横幅308条。二是制作宣传展板36块，印制倡议书、致居民一封信等宣传资料24100套，宣传手袋2000个，宣传团扇2000把下发居民手中。三是共举办安全培训会和演练活动33次，大型广场宣传活动6次，受益人群20000人次。四是请专业人员编纂《安全知识读本》，印制的24100册已下发到胜利街道2万余户居民、2000余户商户和 辖区近2000名中小学生和幼儿手中。

（胜利街道）

【友好结对共发展】6月，顺义区胜利街道建北二社区与台湾高雄市桥头区仕隆里仕隆社区在“2016年京台社区发展论坛”上成功缔结为“结对交流社区”，双方签署《京台社区交流合作协议》。

（胜利街道）

【退休人员档案电子化管理】7月，胜利街道社保所派出2名工作人员，利用一个月的时间，对胜利街道社保所存放在劳服中心的2408份退休人员档案进行整理。通过查阅档案，将退休人员的基本信息、退休单位、退休时间等项目，录入到北京市人力资源市场退休人员档案管理模块，实现退休人员档案电子化管理，便于退休人员查阅档案。

（胜利街道）

【互查互评机制建立】8月，为充分发挥考核的激励作用，落实辖区环境秩序常态化管理模式，推动辖区整体环境水平的提升，胜利街道研究建立社区环境互查互评机制。一是制定3类78项社区环境考评指标，量化社区环境互查互评标准。二是19个社区分别成立由居委会副主任任组长的环境巡查小组，划分责任区进行每日巡查。三是街道成立督查组不定期组织个社区进行互查互评，按指标考核打分，结果统一排名公布。四是对考评中连续落后的社区和未按规定履行职责的巡查小组，对负责人进行约谈，促及时整改。

（胜利街道）

【地下空间消防演练】8月24日，胜利街道在眉州东坡顺义分公司酒楼地下一层，组织开展地下空间消防安全应急救援演练活动。应急演练主要分为事故发生后酒楼组织自救、联动救援和事故后处理三个阶段。集中检查和演练通讯指挥能力、人员抢救能力、初期灭火能力和专业救援的配合能力等项目。

（胜利街道）

【为爱伴读亲子活动】9月，胜利街道妇联组织辖区内职工开展“用爱陪伴养习惯、用心阅读筑梦想”与你共读21天暨为爱伴读活动，用21天的时间养成阅读的良好习惯，加强职工的素质教育，让这种良好的习惯在职工中蔓延，辖区76户家庭参加。

（胜利街道）

【首届“为老服务嘉年华”活动】9月14日上午，胜利街道万家公益进社区项目打造的首届“为老服务嘉年华”活动走进怡馨家园社区广场。活动分为三大区域：“公益区”为老人免费提供服务，包括理发、体检、金融防诈骗咨询服务、专业法律服务等；“惠民区”为老人提供多样的老年产品及家政服务，包括食品、生活用品、适老化用品、六助服务等；“智慧区”则让老人体验先进的养老用品，如穿戴设备、居家安全产品等。

（胜利街道）

【安全社区创建验收】9月19日至20日，街道机关、辖区社区和企业共300余人次迎接北京市安全社区创建工作评审，召开评审报告会和评审总结会2次，审查档案资料15盒，实地考察8个社区、12家企业，完成安全社区创建验收评审工作,被北京市安全社区生产监督管理局命名为“北京市安全社区”。

（胜利街道）

【非公党建文化活动中心落成】10月，由顺义区胜利街道工委打造的全区首家以非公企业、流动党员为服务对象的非公党建文化活动中心在华玺瀚椁社区挂牌成立。中心占地225平方米，设有多功能会议厅、e家工作室、党群沙龙活动室、书吧、流动党员工作室等场所，为470家非公企业和10余名流动党员学习教育、劳动用工服务、企业文化建设、企业品牌推广、党群文化休闲活动、志愿者队伍培育等综合服务。

（胜利街道）

【人大换届选举胜利分会工作完成】11月15日，辖区内当日参加投票选举的选民达19673人，参选率达到99.75%，共选出顺义区第五届人民代表大会代表13名。

（胜利街道）

【首批老旧小区提升改造工程竣工】12月30日，投资1300余万元的胜利街道双兴南区老旧小区提升改造工程全面竣工，监控设备设施正式投入使用。工程共计改造硬化路面18200平米、更改路灯12盏、绿化改造2300平米、新规划停车位113个、建设监控室1处、安装摄像头28个、更换安装单元门及门禁系统51套、强电电缆地埋铺设3290延米、弱电管道铺设1200延米、铺设污水管道650延米、更换化粪池3座、改造污水井62个、加装无障碍扶手51个共2020延米。7月中旬开始施工，双兴南区9栋居民楼51个单元门，785户，2180人受益。

（胜利街道）

【社区微型消防站建成】年内，胜利街道整合社区资源，并投资近110万元，加快社区智慧科技型微型消防站建设，通过为部分社区购买统一消防服、新型先进消防器材（包括灭火器、消防水带、消防面具等18项器材）和为部分社区配备消防电动车、小型消防车的举措，在19个社区全部建成社区微型消防站，为辖区的安全构筑坚实的消防安全保障。

（胜利街道）

【日问候活动】年内，19个社区全年开展“关爱空巢，温暖老人”的日问候活动，每周一到周五由各社区民政主任负责安排本社区工作人员给独居老人打四次电话，更深层次了解老人的需求，帮助独居老人解开心结，快乐生活。

（胜利街道）

【为特殊家庭配备消防设备】年内，街道为辖区鳏寡、独居、低保、重残等特殊家庭免费配发独立式烟感报警器1500余部、灭火器760具、灭火毯700块、防毒面具40箱，总价值30余万元。并请专业人员免费为特殊家庭安装，提高居民生活的安全性。

（胜利街道）

【生态环境建设】年内，一是建立空气污染响应机制，针对露天烧烤、道路遗撒、露天堆放等违法违规行为成立专项组，开展常态化巡查执法。逐一排查辖区内小散乱污企业、平房区燃煤取暖户、经商燃煤取暖户、小区车棚燃煤取暖等重点场所，查处小散乱污企业11家，发现、处理问题13件，关停所有挂账小散乱污企业。二是开展93户平房区燃煤置换工作，投资30万元完成9个燃煤取暖车棚的集中供暖改造。三是开展义务植树、绿色出行、垃圾分类、环保兑换等环境建设活动，有效促进辖区空气净化，推进生态环境建设，提升区域宜居水平。

（胜利街道）

【户外广告牌匾整治】为巩固上年违规广告牌匾、标识及电子屏整治成果，扩大整治范围，2016年胜利街道联合执法24次，对新顺街、光明街、府前街、建新东西街、站前东西街、铁东路、幸福西街等11条主要街路两侧违规设置的户外广告牌匾标识、LED显示屏逐一进行执法拆除。年内共拆除违规设置的户外广告牌匾标识1136块，LED电子显示屏607块。截至年底，辖区内违规广告牌匾电子显示屏已基本拆除完毕。

（胜利街道）

【隐患排查治理】胜利街道全年狠抓安全隐患排查治理工作，推进安全隐患排查治理体系建设，开展“消隐、拆违、打非”百日专项行动、地下空间专项整治活动、电动车充电安全专项整治等专项工作，累计出动4500余人次，共检查企业5172家次，发现不安全隐患3506处，下达整改通知书231份，已整改3491处，整改率为99.6%。其中，街道开展多部门联合执法检查29次，检查企业38家；主要领导带队检查31次，检查企业42家。

（胜利街道）

【食品药品严监管】年内，胜利街道食药所严格落实食品药品监管制度，对辖区餐饮企业、食堂、药店、医疗机构等1048家被监管单位全面开展安全检查，对违法行为处罚立案68起，治理17家无证餐饮单位，实现辖区重大事故“零发生”。

（胜利街道）

胜利街道开展地下空间消防安全应急演练活动

【智慧社区建设】一是升星工作：胜利街道为义宾南、义宾北、龙府花园、红杉一品、永欣嘉园五个社区三星升四星，并制定详细的升星工作方案，每个月按照工作方案有序推进升星工作。二是推优工作：推荐义宾南、义宾北为智慧社区示范点，推荐龙府、红杉社区为互联网+行动计划示范点。三是“微网格”微信平台建设工作：义宾南、义宾北、龙府花园、红杉一品和永欣嘉园5个社区作为试点社区开展“微网格”微信管理平台建设工作，通过在“微网格”上开设随手拍、在线服务和便民信息发布等基本功能，实现社区居民利用智能手机直接参与网格化管理。四是创新亮点：建北三社区成立社区综合管理指挥中心，指挥中心拥有高清数字摄像头（枪机）49部，360度多角度云台摄像机1部，大型显示器8台，小型监控显示器4台，台式对讲机12部、硬盘录像机等设备。“中心”配备专职工作人员12人，实行24小时工作制，全天有人值守。通过建立社区综合管理指挥平台，降低社区案件发案率，使无物业托管小区治安管理工作迈上新台阶。

（胜利街道）

石园街道

【概况】石园街道办事处下辖15个社区（目前轻汽社区已拆迁），共有居民楼321栋，总户数27327户，户籍人口28747人，常住人口69742人；街道工委下设党总支9个，党支部37个，其中：机关党支部1个，社区党支部15个，老干部党支部9个，非公企业党支部12个（包括9个社区非公企业联合党支部、鸿城大厦楼宇党支部、三农研究会党支部和80后义工社党支部），共有党员2106名。石园街道区域内集党政办公、工业基地、为老服务、生活休闲于一体，既有顺义区民政局、药品监督管理分局、老干部局、劳动社会保障局等行政事业单位；还有燕京啤酒集团、现代汽车生产基地等大型企业；更聚集着餐饮娱乐、银行、邮局、社区卫生服务中心、中小学幼儿园、大型商市场、公园等一大批配套服务机构；新建成的顺义文化中心、体育中心也座落于此。

单位名称：顺义区石园街道办事处

地址：北京市顺义区五中北路

邮编：101300

电话：（010）81497750

网址：http//:www.shiyuan.shy.gov.cn

（石园街道）

【社区社会组织服务（孵化）中心正式启动】11月24日，石园街道社区社会组织服务（孵化）中心正式揭牌运行。中心面积1241平方米，入驻社会组织21家，指导、策划各类公益项目20个，直接受益人群涵盖老年人、青少年、残疾人等多类群体。

（石园街道）

【大力开展“消隐、拆违、打非”百日专项行动】4月14日，“消隐、拆违、打非”百日专项行动正式拉开帷幕。行动开展过程中，石园街道共劝解相对人自行拆除违建22处，责令停工1处；共检查无证无照商户1450余户次，排查挂账152户，销账129户，立案处罚5户，罚没款共计6.46万元。

（石园街道）

【石园北区老旧小区改造工程】顺义区老旧小区改造项目共涉及石园街道石园北区三个居委会79栋楼354个单元门5730户居民，包括建筑室内外装饰、社区内给排水、屋顶防水、社区内环境、社区安防、建筑物内供电系统、隔音工程和高层建筑内设备设施等八大项改造项目，总投资金额为：16960万元。该项目于2016年8月1日正式启动，8月27日进场施工。截止年底，完成工程总量的90%。

（石园街道）

【社区微型消防站规范化建设】采取先试点、后铺开的方式，共建成微型消防站14个，配备微型消防车6辆、发展消防志愿队员427名。各消防站点制定日常管理、交接班、岗位职责、器材管理、培训等相关制度并上墙。通过集中培训等途径，对微型消防站站长及队员进行岗前培训，并加强技能训练，不断提升“战斗力”，同时利用移动互联网信息平台，定期发送消防安全提示及常识。

（石园街道）

【“爱心积分银行”项目正式运营】7月，石园街道办事处志愿服务“爱心积分银行”公众微信平台系统正式上线。该系统分为志愿者管理、服务项目管理、服务商家、物品管理、积分兑换、风采展示六大模块，先期在石园东区、西区进行试运营。志愿者通过关注“幸福石园爱心共筑”微信号，注册、扫码认领岗位，开展志愿服务，进行相应的积分储蓄，积分可兑换由“爱心商家”提供的服务与礼品。

（石园街道）

【安全社区建设】以“幸福石园 美好家园”为目标，成立安全社区建设促进委员会以及跨部门工作小组；采取“走出去”与“请进来”相结合的方式，开展信息交流与学习共享活动；在社区诊断和隐患排查方面，综合利用企业隐患自查自报法、专职队伍检查法、专家经验排查法、问卷调研分析法及民情民意采集上报法等专业方法，筑牢工作基石；靶向处置，采取项目化运作方式进行研讨，共实施餐饮业明厨亮灶安全促进项目、小微企业社区共建示范项目等13个安全促进项目，涉及7个安全类别；倡导全员参与，共有专职安全管理队伍力量1355人，其中安全领导小组成员73人，专职保安260人，企业专职安全生产管理人员37人，社区建设志愿者队伍985人。

（石园街道）

【“基层文化年”项目完成】“基层文化年”项目经区财政局批准立项，2016年全面实施完成。共包括三部分内容：一是打造特色楼门文化。在辖区打造1000个特色楼门，用社会主义核心价值观丰富创建内容，促进居民相知相融。二是打造特色主题景观社区。在社区品牌建设的基础上，对石园东区、石园西区、石园南区、石园东苑和港馨一区、港馨二区6个社区进

9月9日，石园北区为老服务驿站为退休教师绘制节日礼物

行主题景观打造，分别建成经色文化景观、书香景观、国学文化景观、养生文化景观和家文化景观。三是打造特色精品文化队伍。共扶持4支精品文化队伍，即模特队、舞蹈队、民乐队和合唱队，聘请专业老师现场指导，不断提高四支队伍的创作水平和演出水平。

（石园街道）

【大力弘扬社会主义核心价值观】本着“一园一街多点位”的宣传理念，在不断更新位于五里仓社区的核心价值观主题广场内容的基础上，在石园东西区健身广场，打造核心价值观一条街，设立主题景观2个；组建核心价值观百姓宣讲团，开展宣讲巡讲6场；在街道微信公众号开设“好声音”专栏，传递社会正能量，营造崇德向善的社会氛围。

（石园街道）

【“在职党员回社区”活动】与53家单位达成对接意向，共接收在职党员3588人，开展义诊、环境整治、走访慰问、专题讲座、文娱等活动147次，服务群众1.5万余人次。12月9日至27日，在五里仓二社区大会议室举办“在职党员回社区活动成果展”，综合运用照片、视频、实物三种形式，通过共学、共建、共享、共赢、共议五个篇章，展现一年来石园街道在职党员回社区工作成果。

（石园街道）

【“三位一体”居家养老服务体系逐步形成】以“街道统筹协调、社会多方参与、社区总体评估”为主要工作思路，探索实践，试点先行，按照项目制运作方式，逐步形成由街道统筹管理的1个社区服务中心、80后义工社具体运营的3个社区居家养老服务驿站、各个社区服务站管理的15个日间照料室组成的“1+3+15”的养老服务架构，构建起“社区公益服务（80后义工社）、社会专业服务（颐福园餐饮服务公司）、市场个性服务（易来福居家养老服务中心）共同参与、互为补充的“三位一体”居家养老服务体系。全年为老年群体提供服务17.9万人次。

（石园街道）

双丰街道

【概况】截止年底，双丰街道下辖马坡花园一区、二区、富力湾、泰和宜园、新马家园、顺悦家园、顺兴家园、香悦西区、鲁能润园、金宝北区、香悦东区、花溪渡、鲁能溪园、中晟馨苑、北辰花园15个社区居委会（筹备组），辖区共有住户25500户、常住人口26600人，流动人口6578人，户籍人口4239人，辖区共涉及外籍人口70人。

单位名称：北京市顺义区双丰街道办事处

地址：顺义区马坡镇佳和宜园30号

电话：（010）69406262

邮编：101300

网址：http://www.shuangfeng.bjshy.gov.cn/cn/index.asp

（肖怡乐）

【党建工作水平不断提升】2016年开展党费收缴工作。按照党费补缴要求及标准对机关57名党员、社区319名党员进行补缴金额核算收缴工作，共补缴党费30.49万元。基层组织建设进一步加强。完成5个新建社区的党支部建设工作和成熟社区的党组织升建工作；建立街道首个老干部支部和社会组织党支部；顺利完成香悦东西区、顺悦、顺兴、润园、金宝五个社区支委会选举工作。支部对接工作圆满完成。完成12个社区党组织与区27家委办局、村、企业党支部的对接工作，拟定服务项目83项，目前已开展党史进社区、义诊等各类服务项目65项。持续深化党建工作创新。制定《百老汇工作方案》结合社区支部实际，开展系列活动。重点培育马坡二区《“春雨俱乐部”工程》及香悦西区《“七联动”工作模式助推社区社会组织发展》两个党建创新项目，并已上报至区委组织部参评。

（肖怡乐）

【加快新建社区建设】年内，筹建10个新的居委会，双丰街道从原有5个社区发展到现今的15个。新建社区居委会装修改造任务部分完成、部分启动、部分完成配套用房的移交，涉及面积16493.92平方米，涉及资金1256.19万元。在提速工作的同时，还不断完善机关干部分片包居、综合志愿服务队、联合执法会商、安全社区联建联创、梯次推进、手续流程规范运行等工作机制。

（肖怡乐）

【为民服务质量不断提升】一是针对辖区内劳动力及就业情况，采取“565”工作模式，进行规范管理。即：“建立五类台账、做到六个清，就业五步工作法”。二是成立“护校志愿服务，筑建幼儿安全防护墙”育苗小分队。通过组织机关团员、青年志愿者成立护校志愿服务队，协助幼儿园加强安全防范工作，并建立健全校园安全长效工作机制，确保校园及周边良好秩序。每天有6名团员、青年志愿者，在幼儿园放学时段提前到岗，身着志愿者蓝色马甲，并佩戴袖章及治安志愿者小红帽，在校门口引导幼儿家长有序排队。

（肖怡乐）

【强服务惠民生】依托“社区议事厅”、“物居联动”、“机关干部分片包居”等工作机制，深挖居民需求，促进问题解决。街道层面，为18067户居民家庭赠送居家安全保险；为433户居民家庭更换C级别锁芯；为辖区65岁以上鳏寡孤独和残疾人家庭加装烟感报警器973个；为80岁以上老人浴室铺装防滑垫；为参与安全社区创建的高层楼宇社区赠送防烟设施等。社区层面，芬芳爱心理发队、皆宜健身舞蹈器乐队、满天星阮乐团等社区社会组织，成为政治表现强、业务能力强、组织能力强、协调能力强、群众拥护强的“五强”带头人队伍，是开展社区工作的新生力量。

（肖怡乐）

【努力营造良好居住环境】2016年，街道加大资金投入，环境综合整治工作越做越实。清理小广告2万余张、发放整治告知书150余份；集中拆除各种违规户外广告牌匾23块、各类广告灯箱47个；全部整改完成区环境办9–12月检查发现存在的街道权属问题112项300余处；顺义区老旧小区治理总投资额约6671万，街道投入40余万元对社区进行原有绿化局部提升及改造周边空闲荒地，进行垃圾清运、场地平整和绿化覆盖；依法强制拆除违建面积586.74平方米。

（肖怡乐）

【着力确保辖区平安稳定】完成各个重要节点的安保任务，开展安全生产专项整治工作，深入开展“安全生产月”活动，完成好岁末年初安全生产“百日专项行动”活动。“百日专项行动”活动期间，带队进行联合大检查3次，检查企业230余家次，出动检查人员150余人次，查出各类安全隐患180处，整改176处，移送处理企业1家，实现安全隐患排查到位，安全防控措施落到实处。在香悦西区群体访事件中，配合相关部门做好解释工作，及时跟进群众动态，做好各阶段的舆情处置工作。

（肖怡乐）

【创新创优工作成效显著】一是建立“街里街坊”社区议事厅，15个社区共议事97次、2384人次参与，解决社区管理问题89项，营造居民参与社区建设的良好氛围。二是组建“综合志愿服务队”，发展骨干队员452人，在治安防控、文明劝导等领域发挥作用。三是深化区域化党建及在职党员回社区工作。辖区党组织与全区23家单位成功对接，开展各类服务65项，惠及群众10000余人次；联合马坡镇等4家单位共同发起，创立顺义新城地区区域化党建项目“新城芯”品牌。四是街道社区社会组织服务中心（孵化中心）挂牌成立。五是街道通过市级安全社区创建、街道档案室获评市级“优秀档案室”、马坡一区获评区级“八型社区”、“育苗小分队”获评区志愿者联合会“最

双丰街道成立“护校志愿服务，筑建幼儿安全防护墙”育苗小分队

美志愿者”称号。

（肖怡乐）

【文体活动丰富多彩】将意识形态、宣传思想文化与区域发展规划、街道建设理念、社区服务内容深入联系并紧密结合。以建党95周年为契机，开展主题鲜明的庆祝活动：先后在66168部队礼堂及顺义影剧院举办二月新春和五月鲜花两场大型群众文化演出，惠及辖区居民群众1500余人；马坡二区“党的光辉照我心 社区共筑中国梦”、香悦西区“凝聚党旗下 党群心贴心”、鲁能润园社区“与党共庆生 温馨润园人”等，借此强化党的意识形态“一元化”主体地位。

（肖怡乐）

【基层阵地建设】2016年，街道对辖区15个社区的宣传阵地进行整体规划，根据社区文化和区域特点，为11个社区安装宣传栏180块，1260平米，预算投资金额96万余元。同时，街道充分发挥社区市民学校在社区教育中的重要作用，新建10个社区中已有6个社区建立市民学校，辖区市民学校总数达到11所。其中，5个老社区市民学校开设6大类10余项课程，年培训总人次在5000次以上，最大限度的利用有限空间为社区居民搭建广阔的思想文化传播平台。

（肖怡乐）

【优化服务提升效能】一是强化基层政权建设，管辖居委会由5个增加到15个。二是加快政务服务平台建设，二、三级政务服务体系建设硬件标准达标，人员齐备，制度完善，机制良好。三是组织实施“社区+”项目，96156公益服务、社区老年驿站、老年餐桌、老年大学等民生项目顺利推进，完善便民服务用房1000平方米。

（肖怡乐）

【坚持“一居一品”建设特色社区】围绕“五大理念”、“八型社区”、“五大发展理念”，结合不同社区特点，每个社区侧重1-2项内容，打造各具特色的精品社区，开展各具新意的特色活动，展现出社区靓丽形象，保证街道工作形成整体格局，实现整体化推进。

（肖怡乐）

旺泉街道

【概况】旺泉街道成立于2007年10月。辖区有社区居委会9个，铁十六局社区居委会、西辛第一社区居委会、西辛社区居委会、西辛北区社区居委会、宏城花园社区居委会、前进花园社区居委会、牡丹苑社区居委会、望泉家园社区居委会、梅兰家园社区居委会，户籍人口9873人，常驻人口28721人。旺泉街道位于顺义城区西部，区域面积12.81平方公里。东至京承铁路与胜利街道办事处、石园街道办事处和仁和地区办事处接壤；南至顺义区西南二环路，与仁和地区办事处接壤；西至六环路和小中河，与仁和地区办事处、南法信地区办事处接壤；北至城北减河，与双丰街道办事处接壤。街道辖区交通便利，东有京承铁路；西有六环告诉路，机场北线高速路；南有顺义南二环路；北有奥运大道直通京承高速。旺泉街道于2016年先后获得北京市五四红旗团委、

“三社联动”政社合作示范单位、北京市区机关档案工作测评市级优秀单位、北京市三八红旗单位、北京市充分就业示范社区等荣誉称号。

单位名称：顺义区旺泉街道办事处

地　址：顺义区望泉北街1号

邮　编：101300

电　话：61409508

网　址：wangqjdb@bjshy.gov.cn

（旺泉街道）

【百姓宣讲】1月26日上午，旺泉街道“我的十二五顺义新变化”百姓宣讲活动在党群活动中心举办，来自街道辖区9个社区的11名社区工作者参加演讲。宣讲员们结合自身工作，围绕“十二五”期间顺义区城市发展建设、群众文化生活发生的巨大变化，以百姓的视角用形象化、通俗化、群众化的语言，讲述顺义的新风貌和新成就。

（旺泉街道）

【“二月新春”群众文化活动】1月27日，旺泉街道2016年“二月新春”群众文艺汇演在旺泉街道党群活动中心多功能厅举行，顺义区委常委、宣传部长霍光峰、顺义区总工会主席李国新等领导与旺泉辖区的近200名社区群众一同观看演出。来自辖区17支社区文艺团队的200余名文化志愿们为到场观众奉上《欢聚一堂》《快乐的老大妈》《幸福年》《全家福》等精彩的节目。

（旺泉街道）

【走访送温暖　慰问见真情】1月29日至2月5日，旺泉街道包社区干部对辖区低保、优抚、特困、空巢独居高龄老人等开展“走访送温暖慰问显真情”活动。街道干部们来到社区居民家中了解这些家庭的生活状况和实际需求，争取联系相关部门多渠道缓解这些家庭的困难。

（旺泉街道）

【向群众报告工作会】3月1日，旺泉街道召开2016年度向群众报告工作会。会上全面总结街道2015年工作、部署2016年工作，对先进社区居委会、优秀社区工作者、社区工作先进个人、优秀社区协管员进行表彰。街道全体机关干部、相关职能单位负责人、社区居委会工作人员、物业公司、重点企业负责人以及辖区居民代表共210人参加会议。

（旺泉街道）

【“救在身边”进旺泉】3月17日，旺泉街道与区红十字会联合举办“救在身边”自救互救知识讲座，130余名街居干部聆听讲座。讲座由市红十字会专家吉秀珠老师主讲，内容涉及急救的重要性、猝死与心博骤停、心肺复苏、气道异物梗阻等主要内容，并就心肺复苏、气道异物堵塞等基本技能与现场人员进行模拟操作和示范。

（旺泉街道）

【防火知识培训】为切实加强辖区消防安全工作，保障旺泉辖区消防安全秩序稳定。3月29日上午，旺泉街道邀请市防火中心的于连城老师来街道进行防火知识培训。街道机关全体工作人员、社区工作者、社区居民、驻区民警、物业公司、大型商市场、宾馆酒店、娱乐场所等150余人参加此次培训。

（旺泉街道）

【“春风送暖”捐助活动】4月13日上午，旺泉街道组织全体机关干部开展以“春风送暖”为主题的捐款活动。此次活动共有80人参与，共计捐款11030元。与此同时，旺泉街道所属9个社区也纷纷开展社会募捐活动。

（旺泉街道）

【一样的五四 不一样的体验】为强化街道应急救护知识普及，增强大家的安全意识，提高应对意外伤害和突发灾难的能力。5月4日，旺泉街道团工委走进应急培训基地，开展“维护社会安全防患于未然”活动，街道机关干部、社区团干部、青年汇社工、共建单位等共计90名青年参加。教官以集体课程培训、户外场景模拟、实操演练等形式，向大家教授社会风险识别与应对知识，提高对危险情况的分析、预判和规避能力。

（旺泉街道）

【网上信访宣传月活动启动仪式】5月5日上午9点，旺泉街道在卧龙环岛南门广场开展以“信访法治在路上，网上信访更阳光”为主题的信访条例暨网上信访宣传月活动启动仪式。活动中，工作人员向群众全面介绍维护信访人合法权益、维护信访秩序、规范信访工作行为、法律责任等内容。活动现场设置展板26块，横幅14条，现场发放《信访条例》、《北京市信访条例》手册980份、信访宣传折页(1套4张)210份、纪念品(环保袋)500余份，受教育群众达300余人。

（旺泉街道）

【违规电子显示屏拆除】6月17日，旺泉街道组织城建、城管、公安、社区居委会等多部门进行联合执法，对来来酒店、九九嘉饭店、哥德堡歌厅等9家商户10块违规电子显示屏进行协助拆除，至此，旺泉街道辖区共计166块电子显示屏已经全部拆除完毕。

（旺泉街道）

【夏日抗高温　工会送清凉】7月27日，旺泉街道总工

会慰问街道保安员、保洁员、厨师等一线职工，把装有十滴水、清凉油、沐浴露、冰糖等8种夏季防暑降温物品的“清凉包”送到他们手中，并叮嘱他们在工作的同时要注意防暑降温。此次“送清凉”活动共惠及职工133人。

（旺泉街道）

【慰问消防干警】“八一建军节”，旺泉街道开展拥军慰问活动。街道领导班子成员组成慰问组深入顺义消防支队南法信中队，看望并慰问全体消防干警，为他们送上节日问候和祝福。慰问组一行来到南法信中队驻地，现场观摩消防战士们进行的各类消防器材使用演练，参观消防支队住宿环境，并为消防官兵们送上节日慰问品，并亲切地与官兵一一握手，送上节日祝福。

（旺泉街道）

【全国安全社区预评审结束】8月17日至18日，全国安全社区建设专家组来到旺泉街道对街道创建国家安全社区工作进行预评审，专家组通过审阅创建报告、听取情况汇报、现场走访、举行座谈等多种形式对旺泉街道的创建工作进行细致且严谨的评审，专家组对旺泉的创建工作给与高度评价，同时也对今后旺泉街道将要进行的持续性改进给出意见和建议。

（旺泉街道）

【老旧小区改造一期工程开工】3月25日，旺泉街道召开老旧小区改造一期工程开工启动会，标志着将惠及铁十六局社区、西辛一社区、西辛社区、西辛北社区等四个社区6640余户居民的民心工程正式开工。一期工程将对以上四个社区所涵盖的129栋楼进行整体改造，施工面积近10万平米，主要包括室内外装饰改造、防水改造、给排水改造、安防系统改造、环境及采暖系统改造等内容。

（旺泉街道）

【国庆节前安全生产工作检查】9月27日，旺泉街道工委、办事处主要领导带领安监、消防、食药、公安、城管等执法部门，采取“四不两直”的工作方式，对辖区大型人密场所、老旧小区改造施工现场、幼儿园等场所进行联合执法检查。检查组先后来到六九豆浆（隆华奥特莱斯店)、贝瑞思幼儿园、顺丰速递西辛投递站，西辛南北区改造施工现场，京顺医院等经营场所，实地查看企业的安全生产情况。重点检查各类场所的安全用电、消防设备设施和食品安全情况。对检查中发现的气瓶间未安装烟感报警器、无疏散指示标志等情况，执法人员现场下达整改文书，要求企业及时整改到位。

（旺泉街道）

【总结“消隐、拆违、打非”成果】9月29日，旺泉街道召开“消隐、拆违、打非”百日专项总结及专项工作会，对百日行动期间所取得的工作成果和经验进行认真总结，并对今后工作进行具体部署。4月15日百日行动开展以来，旺泉街道城建、综治、安全等多部门密切配合，协调城管、公安、消防等职能部门，在街道辖区内开展行动。完成5处共计1141平方米违法建设拆除任务，实现辖区内违法建设的“动态清零”；对辖区范围内门店商铺的违规电子显示屏进行专项整治工作，共计166块违规设置的电子显示屏全部拆除完毕；组织仁和工商所、旺泉食药所、城管旺泉执法分队开展6次无证无照企业联合执法行动。对辖区内12家无证无照经营企业，其中5家已取缔，5家已办理照营业执照。开展消防联合检查20次，检查重点单位和人员密集场所共计22家，社区门店1300余家次，发现火灾隐患180余处，隐患全部整改完毕。建立1+9消防站(1代表旺泉街道消防站；9代表街道辖区内9个社区消防站)。开展安全生产整治5次，检查企业807家，发现并督促整改各类隐患203处。

（旺泉街道）

【“冬衣送暖”捐赠活动】为响应顺义区民政局、顺义区慈善协会《关于在全区开展2016年“冬衣送暖”社会捐助活动的通知》精神，街道全体机关干部及9个社区居委会捐款捐物，共收到捐赠棉衣1223件，棉被21床，捐款770元。

（旺泉街道）

【周末社区大讲堂走进旺泉街道】11月18日，北京周末社区大讲堂走进旺泉街道。李军老师结合健康镇村建设和个人健康管理的实际案例，为到场听众讲解开展好健康社区建设和管理好自身健康的重要意义。旺泉街道机关干部、社区工作者150余人参加讲座。

（旺泉街道）

【居民荣获区孝老爱亲模范奖】11月21日上午，顺义区第六届道德模范颁奖典礼在顺义影剧院隆重举行，10名道德模范和20名道德模范提名奖获得者受到隆重表彰。其中“孝老爱亲模范”中的2位获奖者：铁十六局社区居民方惜，西辛一社区居民王春香，全部来自旺泉街道辖区。

（旺泉街道）

【安全生产联合大检查】12月2日，旺泉街道办事处主任带队，安全科、综治办、城建科等职能科室组成联合检查组对辖区内的在建工地、重点场所进行安全生产大检查。检查组先后来到京顺医院工地、西辛南北区老旧小区改造工程施工现场和顺煤加油站，实地察看各项安全措施的落实情况。街道领导要求各施工项目和企业负责人注意施工过程中用电安全、高空作业安全等存在风险的工作。一定要落实好安全生产主体责任，从事故中吸取经验教训，加强对施工人员和企业员工的安全生产教育培训，做好安全隐患的自查工作。

（旺泉街道）

【检查环保应对措施落实情况】12月5日上午，旺泉街道工委书记郑晓博、副处级调研员张彩带领相关部门负责人，在辖区内进行拉练检查。先后检查益麒麟建材市场石材加工部、西辛南、北社区老旧社区改造现场、当代北辰MOMA建筑工地等点位，重点就粉尘污染、污水排放、道路以撒、建筑材料苫盖等方面进行实地查看。针对检查中发现的问题，要求责任单位必须尽快完成整改，重点解决好在建工地扬尘污染等突出问题，同时做好卫生清理工作，全面提升环境卫生水平。

（旺泉街道）

【档案工作通过市级测评验收】12月8日下午，由顺义区档案局工会主席何占清等一行5人组成的市级优秀档案单位工作测评组在街道工委副书记赵云霞等人的陪同下，对旺泉街道创建市级优秀档案单位进行测评验收。测评组对旺泉街道档案工作在组织管理、基础业务、信息化建设、开发利用等四方面的内容逐项进行现场检查验收。经过综合评议，评定旺泉街道办事处为北京市区机关档案工作测评市级优秀单位，并现场颁发奖牌。

（旺泉街道）

【集中力量应对“红警”】12月19日下午，由街道办事处主任亲自带队，组织相关副职领导和科室人员，采取不打招呼，不提前通知的方式，对街道各社区应对空气重污染红色预警采取措施落实情况，以及辖区餐饮企业使用燃料及废气排放情况进行检查。检查人员来到宏城花园，检查辖区内餐饮企业，并现场指出问题要求限期整改。

（旺泉街道）

八一建军节，旺泉街道主要领导慰问消防干警

镇

北小营镇

【概况】北小营镇位于顺义区东北10公里处，潮白河东岸，奥林匹克水上公园所在地。距首都机场15公里，顺密路、昌金路贯穿镇域，白马路与京承高速相接，直通镇中心。全镇总面积55.8平方公里，下辖17个村、2个居委会，户籍人口3.6万。2016年全镇完成属地财税收入6.79亿元，同比上年6.35亿元增长7%，公共财政预算收入15729万元，同比上年14700万元增长7%，农民人均劳动所得20384元，同比上年增长10%。

单位名称：顺义区北小营镇人民政府

地址：顺义区北小营镇府前街9号

电话：（010）60483190

邮编：101305

网址：http://www.beixy.bjshy.gov.cn/

（张乃迪）

【重点项目建设】年内，新华联合物流中心项目竣工，并试生产；北京双健塑料包装制品有限公司生产厂房主体完成，2017年3月试生产；中粮（北京）饲料科技有限公司新预混料生产基地建设项目竣工投产；北京洪恩教育科技股份有限公司项目建设进展顺利，完成研发楼封顶工作。

（张乃迪）

【优化投资环境】年内，自筹资金249万元完成对宏大二三产业基地交通设施改造；宣传落实各项扶持政策，协助企业申请补助资金；完善企业服务机制，对宏大二三产业基地278家注册企业和实投企业建立“一户一档”管理制度；新建230平方米的集中办公区，为企业提供“一站式”服务。

（张乃迪）

【基础设施建设】顺密路市政设施改造项目全面竣工，投入使用；完成西府110千伏安变电站建设、电力管井修缮等工程；再生水厂项目主体建设完工，正在进行赵陈路向南配套管网工程；重点县凿井工程为7个村更新农业机井18眼，铺设地下管道2431亩；区水源地（北小营镇）单村供水工程完工。

（张乃迪）

【大气治理】年内，清退不符合产业定位的“三高”企业4家，开展企业清洁能源改造，协助10家“煤改气”企业完成13蒸吨改造任务；深入推进农村减煤换煤工程，完成区追加1480吨优质燃煤替代任务。

（张乃迪）

【环境建设】村级环境治理实行月检查、月考核、月评比，统一购置180辆生活垃圾运输车，在东乌鸡、小胡营等8个村庄实行生活垃圾入户收集。建成镇级建筑垃圾填埋场，村级建筑垃圾存放点实现封闭管理；完成18家养殖场清退工作，协助后鲁铸造厂等3家企业退出；加大对违法建设的查处力度，共拆除违法建设43宗，70815平方米；完成箭杆河治理工程、小东河治理工程，加快推进污水口治理工程，新建污水处理站1座，加装2座处理站的在线监测设备；2016年农业综合开发生态治理项目已全部竣工；完成132.3亩平原造林任务和116.29亩村庄绿化美化项目，全镇林木覆盖率达到35%。顺利通过国家级生态镇、生态村复查验收。榆林村、东乌鸡村等6个村庄获得首都绿色村庄，汇源果汁、顺义区第十三中学等6家单位获得首都花园式单位荣誉称号。

（张乃迪）

【新农村建设】年内，农宅抗震节能改造、新建翻建等工程基本实现镇域全覆盖。争取大胡营等4个村的“一事一议”财政奖补587余万元，修建排水沟6854米；完成756户农宅单项改造和177户农宅新建翻建工程，完成16座太阳能浴室的使用情况检查，并进行统一维修，对全镇916盏太阳能路灯、3551盏节能灯进行两次全面检修。传承乡村文明、乡土文化，筹建北府、前鲁村史馆，打造民俗村，两座乡情村史馆均已完成主体工程，正在进行内部装修。

（张乃迪）

【社会保障】年内，新增城镇就业人数178人，技能培训、创业培训750余人，就业转非84人；举办专场招聘会，120名求职者与用工单位达成就业意向；完成东府等6个村的抓阄工作，确定劳动力人员指标89人、超转人员指标39人。城乡居民养老保险参保人数达18870人；认真落实低保、优抚等相关政策，发放民政资金420余万元；加大助残力度，完成25户残疾人家庭的无障碍设施改造，发放各类助残补贴200万元，为全镇2236户计生家庭参入意外伤害保险。

（张乃迪）

【社会事业】投资100万元升级改造敬老院硬件设施，为老人提供良好的居住环境；第二幼儿园建设工程进展顺利，正在进行内部装修，9月份投入使用，将解决前鲁、后鲁等8个村的“入园难”问题；拨付21万元扶持仇店中心小学开展乒乓球传统特色活动；根据不同群体的需求，举办创新舞蹈大赛、广场舞大赛、卡拉OK大赛、“北小营 我的家” 摄影大赛等群众文化活动，成功承办顺义区第二十三届“五月的鲜花”群众文化活动启动仪式和顺义区首届“北小营杯”歌手大赛 。

（张乃迪）

【社会治理】完成榆林、东乌鸡2个区级试点村、5个镇级先行村的村规民约制定工作；对镇域内240余个摄像头逐个排查，维修摄像头20余个。推进全国安全社区创建工作，共设置生产安全、居家安全等25个安全促进项目；推进企业标准化创建工作，全镇有三级初复评企业26家，二级初复评企业6家，小微初复评企业104家；通过政府采购和购买服务等方式为全镇首批登记的140户鳏寡孤独户和敬老院、学校等机构安装独立式感烟火灾探测报警器250余套；加强食品药品安全检查力度，开展20余次专项食品和药品整治行动，共检查食药单位400余家，完成北京市食品药品达标所创建；开展“消隐、拆违、打非”等各项专项整治行动，消除各类安全隐患1485处，拆除违法建设8宗4596平方米，取缔各类非法经营53处。出资73.1万元为各村配备巡逻车17辆，实行24小时镇村“双运转”巡防制度，保持对违法建设、砂石盗采筛分、垃圾倾倒等违法违规行为的高压态势。出资120余万元升级改造镇级消防中心、建设4个村级高标准微型消防站和13个村级标准消防站，形成以镇消防队为中心的联动联防安全网络体系。

（张乃迪）

【换届选举工作】6月3日，北小营镇17个村完成村委会换届选举工作，选举产生新一届村委会班子成员68名。实现支部书记与村主任“一肩挑”100%的目标，每村均有一名妇女成员，大专以上文化程度的有31名，平均年龄为46岁；9月28日，中共北小营镇第十四次党员代表大会召开。选举产生新一届委员会委员11名、纪律检查委员会委员9名和出席区第五次党代会的代表9名；10月12日，北小营镇妇女大会召开，选举产生新一届妇联主席1名、副主席2名、主席团成员9名及执委会委员21名；10月26日，北小营镇工会代表大会召开，选举产生新一届工会主席和工会委员17名、女职工委员3名、经费审查委员3名；11月25日，北小营镇第十七届人民代表大会第一次会议召开。选举产生新一届人大主席1名、镇长1名及副镇长6名。

（张乃迪）

【北京市农村地区首家社工事务所成立】8月25日，北小营镇前鲁村联合顺义区爱亿融社会工作事务所开展村规民约意见稿展览、绘制家庭根脉图、“绿色启

3月8日，区委书记到榆林村调研村规民约开展情况

航”知识竞赛等系列活动。事务所承接的“美化农村家庭、‘三社’共筑美丽新村”项目已被列入市民政局2016年“三社联动”服务项目；“小手拉大手 农村家庭绿化美化”项目被列入市妇联2016年家庭服务项目。

（张乃迪）

【第十六届人民代表大会第八次会议召开】9月14日，北小营镇召开第十六届人民代表大会第八次会议，选举李红梅同志为北小营镇人大主席，孙海江同志为北小营镇人民政府镇长，鲁忠华、刘杰、刘钊、刘建新同志为北小营镇人民政府副镇长。

（张乃迪）

北石槽镇

【概况】北石槽镇位于顺义区西北部，居北京市行政区域中心地理位置，是顺义、怀柔与昌平三区的交界处。镇域面积32平方公里，下辖16个行政村，常住人口1.4万人，京密引水渠东西横贯全境9.2公里。2016年属地财税收入2.07亿元，同比增长85%；一般公共预算收入3687万元，同比增长85%；农民人均劳动所得2.07 万元，同比增长10%。

单位名称：顺义区北石槽镇人民政府

地址：顺义区北石槽镇府前街5号

电话：（010）60421658

邮编：101300

网址：http://www.beishc.bjshy.gov.cn/

（北石槽镇）

【23届“二月新春”在北石槽启动】1月5日，北石槽镇举办顺义区第23届“二月新春”群众文化活动启动仪式。启动仪式吸引各界群众500余人参与。

（北石槽镇）

【第十届村民委员会换届选举工作】4月6日召开村民委员会换届选举工作动员大会，全面启动新一届村民委员会换届选举工作。6月中旬完成第十届村民委员会换届选举工作。北石槽镇共选出村委会成员62名，党员48名，两委交叉任职率75%，妇女成员19人，44人连选连任。

（北石槽镇）

【视频监控安防项目完成】北石槽镇在全镇道路、乡镇及辖区主要出入口等治安复杂场所安装视频监控系统，该项目由北石槽镇自筹投资370余万元，共安装183台高清摄像机，其中300万像素1080P枪机共计159台，在主要的出入口、道路全部新建超高清300万像素1080P抓拍摄像机14台，300万像素1080P快球摄像机10台，保证24小时视频监控功能。有效提高镇域内整体防控能力和公共安全水平，实现对全镇重点区域部位的全天候视频监控。

（北石槽镇）

【基础设施改造工程基本完成】北石槽镇基础设施改造工程涉及11个村，建设内容主要包括村内绿化种植工程、土建工程、排水工程、电气工程、墙面粉刷。

（北石槽镇）

【陕京四线北石槽段拆迁工作】陕京四线北石槽段拆迁工作已完成地上物评估工作，共涉及5个村（良善庄村10户、 南石槽村10户、下西市村4户、西赵各庄村4户、西范各庄村2户），及北石槽镇人民政府、北京市顺义区园林绿化局林木绿地养护中心2家单位，共计32户。该管道工程将改善北京市供气格局，提高北京市供气管道的网络化程度，增强供气可靠性和灵活性，以适应管道沿线地区对天然气快速增长的需要。

（北石槽镇）

【京沈客专北石槽段拆迁工作】京沈客专经本镇全长约5公里左右，涉及二张营、中滩营、刘各庄、东辛庄、东石槽、南石槽等6个自然村，需征地143亩，转非14人、超转12人。客专沿线涉及2家企业、村民确权地、平原造林地及部分设施农业地。年内已启动拆迁工作的集体土地非住宅118户，累计完成签约116户，签约比例为98.31%。

（北石槽镇）

【下西市村幼儿园建设工作】幼儿园选址在下西市村机务队北侧，实际占地3079.66平方米，建筑总面2594.07平米,室外活动场地420平米，楼高12.3米，3层共9个班，能接收约270名儿童上学。已完成场地拆迁和拆除、主体设计和初步造价估算工作。

（北石槽镇）

【村内街道环境整治】北石槽镇年内投资310余万元对北石槽村东大街、东辛庄村前街以及村委会往北后街进行改造。北石槽村东大街涉及村民65户，存在私搭乱建、倚门售货、乱堆乱放等问题，街道进行拆除棚舍、清理杂物的彻底整治，并进行边沟修砌、路面拓宽硬化、绿化等工程。东辛庄村前街以及村委会往北后街，街道两侧花墙破损、私搭乱建等现象较严重，对街道内两侧的堆物堆料进行集中清理。

（北石槽镇）

【社会保障】全镇新型农村合作医疗参合人员8423人，参合率92%，缴费共计1337940元。新型农村合作医疗门诊、住院、特殊病门诊报销共计65023人次940

余万元（其中门诊报销64246人次285万元，住院报销777人次655万元）；52名患者享受大病保险报销，报销金额25万余元；为26名患大病人员办理特殊病门诊审批手续；为13名新出生婴儿办理参合手续。

（北石槽镇）

【生态环境建设】全面完成527亩平原造林任务。林木种植面积达到2.6万亩，绿化覆盖率达到65%以上，为镇域生态涵养质量的提高和生态文明建设的推进奠定良好基础。8月完成2014年平原造林的养护移交工作。

（北石槽镇）

【劳动就业】本镇城镇新增就业人数700人，完成全年指标的174.27%；城乡劳动力就业373人，完成全年指标的132.66%；城乡就业困难人员就业人数333人，完成全年指标的236.17%；其他城乡劳动力技能培训244人，完成全年指标的107.49%；城镇失业人员培训34人，完成全年指标的136.00%；建立企业服务档案数54份，完成全年51份的105.88%；采集岗位信息数1275个，完成全年1100个的115.91%；就业困难人员实现参保比例96.43%，超额完成年度指标。

（北石槽镇）

【征兵和现役军人奖励办法】北石槽镇出台征兵和现役军人奖励办法。当年入伍新兵每人奖励1000元；当年有新入伍战士,村民兵连长每人奖励1000元；现役士兵，当年有立功受奖的，荣立一等功的，一次性奖励5000元；荣立二等功的，一次性奖励3000元；荣立三等功的，一次性奖励2000元。为使现役军人在部队安心服役，北石槽镇每年加大资金投入，为每名现役军人缴纳意外伤害保险，每年“八一”建军节期间，组织慰问现役军人家属及烈属。

（北石槽镇）

【消防能力提升】为不断提升村级微型消防站消防安全管理水平和火灾防御能力，扎实推进村级微型消防站建设，北石槽镇为各村微型消防站补充配备微型消防车16辆，灭火器160具，消防水带30条，消防水桶32个，发放规章制度展板96块。北石槽镇微型消防站各项规章制定、基础设施建设已基本完成，并加大对微型消防站队员的教育培训工作，切实提升农村防火抗灾能力和水平。

（北石槽镇）

【教育救助】北石槽镇全面完成困难家庭教育救助工作。教育救助覆盖小学至大学。教育救助标准分为小学至高中和大学两阶段。大学阶段：当年考入本科、专科、高职的新生给予当年全额学费救助，三类本学生给予6000元救助，对当年大一至大四学生给予一次性生活费救助分别为2000元、3600元、2400元、1800元。小学到高中阶段：每人每年生活费救助依次为500元、1000元、2000元。救助工作是经学生个人申请，村委会初审，民政科对救助对象的入学通知书、家庭困难情况等进行细致调查，待审核材料后，确定为被救助对象。北石槽镇小学到高中共计10名学生申请救助，大学共计5名学生申请救助，预计发放救助资金共计2.89万元。

（北石槽镇）

【食品药品监管】北石槽镇先后对食品、医疗器械、化妆品领域的违法行为相继立案13起，其中一般程序5起，已入库罚没款12万余元，立案数量较去年增长45%，罚没款总额增长125.5%。累计出动执法人员590余人次，检查食品药品监管主体371家次。取缔无证食品加工作坊5户，无证餐饮2户，抽取食品流通、生产、餐饮环节的食品样本进行快速监测261件（生产50件、流通94件、餐饮113件、保健食品4件）、发现流通环节不合格样本3个，对餐饮环节淀粉制品、食用盐、自消、集消餐具监督抽检样本20个，发现问题样本一个，及时作出处罚和复查；抽取药品流通、使用环节样本27个（其中药品快检样本20个）未发现不合格产品，办公服务平台累计受理餐饮、食品流通许可46件；日常主体巡查实现100%全覆盖，重点单位监督覆盖率达到300%以上，做到监管无遗漏。

（北石槽镇）

【村级财务管理工作】11月16日，镇政府出台《顺义区北石槽镇人民政府关于加强农村“三资”监管、推行“村级账款双托管”工作的意见》。

（北石槽镇）

【低收入农户工作】6月–7月完成低收入农户精准识别及建档立卡工作，工作流程严格按照区农委要求进行，截止到12月31日，北石槽镇有11个村存在49户低收入农户，涉及100人。

（北石槽镇）

【新农村建设工程】643户农宅抗震节能单项改造工程有序进行，同时办理38户农宅抗震节能新建翻建工程的申请、资质审核、施工监督等工作。工程进展顺利，主体工程已经完工。预计政府补贴比照2015年标准：每户5.79万元，将为农户申请补贴资金220.02万元。

（北石槽镇）

【沙峪沟清淤治理工程】工程对范良路路东砂石厂多年来清洗砂石淤积的沙土进行全面清理整治，同时清除河道内的非法建筑、建筑垃圾、青苗等，并采取衬砌等方法进行固坡，在彻底解决该河道多年来对良善庄、范各庄等村庄汛期的水患威胁的同时，美化周边环境，改善周边群众生活质量。该工程已全面完工。

（北石槽镇）

【凤凰山旅游开发】北石槽镇浅山生态治理项目已完工。由中央、市、区、镇四级配套资金641万元的浅山生态治理项目目前已全部完工，项目包括浅山步道、巡山路及山体绿化。其中浅山步道宽0.8米、长700米，巡山路长2.4公里、宽2米，山体绿化植树2.3

万棵。该步道一直通往凤凰山潮源洞，为日后发展旅游业奠定基础。

（北石槽镇）

【清理劣质煤检查】按照顺义区政府调控燃煤及治理小散乱污企业专题会议精神，北石槽镇集中开展清理无证无照销售劣质煤经营场所专项行动。对北石槽镇域内无证无照小煤厂进行清理。通过开展专项行动，截至目前，共清理无照销售劣质煤9家，清理劣质煤253吨。

（北石槽镇）

北务镇

【概况】北务镇位于北京市东北部，顺义区东南部，首都机场东侧。下辖15个行政村，镇域面积32平方公里，耕地面积2.8万亩。2016年，北务镇政府将“两学一做”学习教育和推进年度重点工作相结合，做到党的建设和地区社会经济发展“两手抓、两手促”，镇域各项事业均保持稳健发展的良好态势。2016年属地财税收入66701万元，同比增长9.8%。一般公共预算收入完成12512万元，同比下降6.2%，一般公共预算支出完成14750.49万元，同比下降31.69%。

单位名称：顺义区北务镇人民政府

地址：顺义区北务镇府前街1号

电话：（010）61421439

传真：（010）61421450

邮编：101300

网址：www.beiwu.cn

（北务镇）

【“迎冬奥”舞龙大赛举办】1月27日，北务镇政府在机关西院举办主题为“全民健身迎冬奥 龙腾狮跃庆新年”的2016年北京市春节期间全民健身系列活动暨北务镇舞龙大赛。来自全镇15个村的28支舞龙队参加比赛，陈辛庄村和庄子村获得并列第一。

（北务镇）

【职工叉车技能大赛】4月1日，北务镇在舒雅轩院内举办2016年职工叉车技能大赛，组织富士特、舒雅轩、威廉顺、元一车饰、蝴蝶行家具等13家企业26名叉车工进行比赛。舒雅轩公司佟洪权获得一等奖。

（北务镇）

【“消隐、拆违、打非”百日专项行动】4月15日至7月30日，北务镇成立联合执法领导小组，先后组织三次百日专项联合执法行动。各部门按照职责分工各自开展工作，人员分片管理，对无证无照商户进行讲解、告知并拆除违法牌匾、灯箱以及罚没经营工具。累计检查单位365家次，发现安全生产隐患1002处，督促整改隐患1002处。发放消防材料800余份，受教育1300余人。

（北务镇）

【安全生产大检查及“回头看”】北务镇安全科、环境办、北务城管分队等相关科室人员组成联合检查小组，对辖区内76家生产经营单位进行安全检查，发现隐患217处，下达安全检查文书76份。针对检查中发现的问题，对企业负责人进行说明，并下达责令改正通知单，要求企业限期整改。北务镇安全科在4月开展安全生产大检查“回头看”工作，经复查企业安全隐患问题已全部整改。

（北务镇）

【蔬菜废弃物循环利用试点工作】5月初，北务镇开展蔬菜废弃物循环利用试点工作，在全镇15个村域内设定蔬菜废弃物固定堆积点，由北京奥格尼可公司进行清运，并将收集的蔬菜废弃物通过专业技术制成有机肥。截止年底，清运公司累计清运废弃物18000吨，有效改善环境。

（北务镇）

【村委会换届选举工作】5月，北务镇15个村均完成第十届村委会换届工作。新当选书记、主任“一肩挑”比例达到93.3%，“两委”交叉任职率95.8%。新老班子交接顺利，实现平稳过渡。新一届村委班子整体素质明显提高，结构更趋合理。

（北务镇）

【巡逻车、消防车发放仪式】6月3日，北务镇举行治安巡逻、消防器材发放仪式。副区长盛德利、区综治办、治安、消防部门领导和镇主要领导出席仪式。北务镇投入近140万元为15个村各配备治安巡逻车1辆和消防工具车1辆，并出台相关管理办法，提升北务镇治安消防能力，保障群众生命财产安全。

（北务镇）

【夏秋季征兵工作】北务镇2016年夏秋季征兵工作经过各部门的严格审查，最终确定2名新兵入伍。9月12日，2名新兵奔赴福建浦田，成为人民军队的一员。

（北务镇）

【第二十六届“119”宣传月】11月5日至11月19日，北务镇安全科联合综治办、司法所等多个部门，通过进企业、进校园、进农村、进家庭等形式进行消防宣传活动。在此次活动中，共计发放宣传材料400余份，悬挂、张贴宣传横幅16幅，设置宣传栏、橱窗、展板15块，张贴宣传画30幅，设立消防宣传站11个，进行消防应急疏散演练1场，消防知识讲座、培训1

场，集中消防宣传活动1场，直接受教育人次达600余人。

（北务镇）

【北务地区消费维权联盟成立】12月2日，北务镇正式成立农村地区首家消费维权联盟——北务地区消费维权联盟。联盟秉承“村村通”理念，在北务镇的15个村庄设立站点，宣传消费维权资讯，方便百姓进行维权咨询和维权行动。

（北务镇）

【基层党建工作水平提升】以整顿软弱涣散党组织、村级党组织“星级化”创建为抓手，按照“一规范二加强三改善”的工作思路，推动整体晋位升级。“一规范”即：规范村级事务；“二加强”即：加强帮扶结对、加强学习培训；“三改善”即：改善基础设施、改善村容村貌、改善服务方式。基层专项党建经费较上年递增30%，争取“一事一议”项目548万元、基层活动场所建设资金2000万元，落实服务群众专项经费235万元、党员活动经费60万元、困难党员扶持资金12万元。建立村干部待遇保障办法，全面提升在职及离任两委干部的待遇保障。

（北务镇）

【基层团组织加强建设】北务镇段位全面调查、分析、汇总全镇团员基本信息，建立镇级团员台账，完善共青云团建系统。北务镇现有注册团员138人，基层团支部22个，涵盖镇内15个行政村、非公企业、双管单位、机关团员青年及大学生村官。

（北务镇）

【北务再生水厂一期建设完成】北务镇规划污水处理厂规模为1.5万立方米每天，占地面积约1.8公顷。目前完成一期工程建设，共计0.67公顷。经污水处理厂处理过的污水，达到回用标准的可作为镇中心区绿化灌溉用水、建筑冲厕用水、景观用水等，进一步提升镇中心区的市政保障能力。

（北务镇）

【镇域重点区域环境整治工作】镇中心区改造共完成绿化2000平方米，更新广告牌匾1000平方米。镇政府聘用畅源绿化公司，完成镇中心区2000余平方米绿化苗木的修剪、浇灌、补植；4月中旬至5月初完成小珠宝片林四周建铁丝围栏，全长2100米，同时完成片林内及周边卫生死角整治。完成镇域内67条道路标示牌制作、安装及道路安全检查工作（包括村级道路39条、镇级道路28条）。

（北务镇）

【村级环境综合治理工作】2016年度共整修乡村道路路肩、边沟约250000余平方米，治理道路沿线杂草450000平方米。各村垃圾投放点选址工作已完成，郭家务、北务两个面积较大、人口较多的村每村5处，其余13个村每村2处，共计36处。全年共清理乱堆乱放2000余处，10000余平方米，治理各类小广告800余处，清理边沟3000余米，清理各类垃圾4000余吨。开展街道硬化17900平方米，植树绿化苗木200棵。累计完成外墙粉刷30000平方米，整修边沟花墙900米，建实体墙1100米，建文化墙1500平方米。

（北务镇）

【违法建设重点整治工作】2016年，北务镇村镇建设科对镇下属的15个行政村建筑情况全面监察，利用镇村两级巡逻、群众举报等方式掌握情况，及时介入，依法处理。共发现违章建设47宗，全部下发停工通知书，拆除违法建设9宗，拆除面积5678平方米。其中自行拆除8宗，拆除面积5011平方米，联合多部门拆除1宗，拆除面积667平方米。

（北务镇）

【水环境整治工作】北务镇顺三排水庄子桥至箭杆河段在完成截污的基础上采取清淤、种植水生植物和投加微生物制剂等原味净化技术，增强水体自净能力，彻底消除黑臭和面源污染。共计整治顺三排水2000余米、动用土方20000立方米、种植水生植物10000余平方米。

（北务镇）

【菜田面源污染治理工作】2016年北务镇免费推广微喷节水技术238.3公顷；免费发放有机肥328.3公顷、2463吨；配方肥每吨3000元，政府补贴1000元，共发放324.7公顷、195吨；应用水溶肥每吨4000元，政府补贴2000元，共发放241.9公顷、72.56吨。保护菜田的同时，有效的为农户减轻负担。

（北务镇）

【基础农业设施建设】2016年，北务镇重点完成老旧农业设施改造，共计完成珠宝屯24.7公顷、东地10.9公顷、马庄25.4公顷，3个村共计61公顷竹木大棚改造成钢架大棚工作。截止年底，北务镇15个村竹木大棚改造工作全部完成。

（北务镇）

【“减煤换煤”工作推进】北务镇继续对未实施“煤改电”村庄推行“减煤换煤”工程，主要是以优质煤代替传统烟煤，燃煤炉具统一更换成无烟、节能型炉具，全年共销售优质燃煤4417.5吨，更换炉具117台。

（北务镇）

【新农村建设工作】2016年，北务镇农村房屋单项改造工程共完成外墙改造130户，门窗改造102户。农宅新建翻建工程采取农户自选企业、镇级协调、区级监理的模式开展，今年共开展24户。整村为单位对庄子、小珠宝村推进“煤改电”工程，目前两个村的户外、户内电线均改造完成，村民取暖设备安装完毕，村民已正常使用。

（北务镇）

【产业发展转型升级工作】北务镇开展项目全要素评价和禁限管理，淘汰污染企业、落后产能企业2家。明确商务领域新增产业禁限目录清单，引导区域性高耗能、高污染企业调整腾退。2016年规模以上企业工业总产值11.8亿，增速3%。产业多元化、科技化、规模化发展，新增实地及注册企业60家，涉及科技类、文化类、互联网等电子商务类。

（北务镇）

【劳动力就业工作】年内，新增劳动力就业459人，城乡劳动力就业人数308人，绿色就业48人，创业带动就业115人，均远超区下达指标。2016年当年毕业的36人中除5人选择继续升学外实现全部就业。北务镇社保所对51家有用工需求的企业进行跟踪服务152次，对外联系招聘单位21家，采集空岗信息890条。全年为152人次办理农村劳动力转移就业，为35名城镇登记失业人员办理单位招用和灵活就业手续。

（北务镇）

【社会培训工作】2016年，北务镇采取集中办班和灵活培训形式，共组织188人参加技能培训：其中在岗培训保洁员52人，技能培训计算机录入员40人，岗前培训管水员89人。为提出叉车、电工等其他培训需求的个人开具免费培训证明共7人。

（北务镇）

【教育扶持工作】2016年，北务镇投入100余万元改善中小幼办学条件和教师队伍建设。制定《北务镇关于对优秀学子进行奖励的实施办法（暂行）》，本年度投入7.4万元为23名优秀学子发放奖励助学金。在北务幼儿园开展教师及幼儿舞龙操的学习、创编活动，从小培养孩子们对继承与发扬传统文化的兴趣。

（北务镇）

【北务镇微型消防站建成】北务镇在15个村分别建设“微型消防站”1个，实现镇域全覆盖。每个站点分别配备消防队员3名，配置小型消防工具车1辆，每辆车还配备35KG灭火器4个、5kg灭火器8个、消防斧1个、消防锹1把、消防桶（烤漆）1个、消防勾1个。同时北务镇制定《北务镇村级微型消防站车辆、器具使用及人员安全管理制度》，并定期对消防员、驾驶员进行专业教育培训，确保微型消防站的普及使用。

（北务镇）

北务镇政府在北务幼儿园开展舞龙操学习活动

【“两站两员”建设】北务镇成立交通安全管理站，并设有交通管理员；镇内15个村每村均设立交通安全劝导站，并配置不少于3名交通安全协管员，在各村道路上全面铺开并投入运行。同时，北务镇安全科还制定镇、村《“两站两员”工作职责》，逐步完善基础设施和制度建设，形成长效机制。

（北务镇）

大孙各庄镇

【概况】在区委、区政府的坚强领导下，镇领导班子紧紧围绕党的十八大和十八届三中、四中、五中、六中全会精神以及习近平总书记系列讲话精神，转变发展理念，扎实做好保生态、调结构、惠民生等各项工作，实现地区经济社会生态持续健康稳步发展，完成预期增长目标和上级交予的各项任务指标。2016年全镇实现属地税收1.6979亿元，一般公共预算收入4168万元。农民人均可支配收入达到1.86万元。

单位名称：顺义区大孙各庄镇人民政府

地址：顺义区大孙各庄镇府前街11号

电话：（010）61432061

邮编：101308

网址：http://www.dsgzh.bjshy.gov.cn

（大孙各庄镇）

【村委会换届】2016年3月至6月，大孙各庄镇第十届村民委员会换届选举工作结束。通过选举产生村委会成员141名，连选连任106人，占75%；其中党员92人，占65%；大专以上学历29人，占26%；吸收2名大学生“村官”进入村委会队伍，成为村干部中的新生力量。通过民主程序，产生新一届村务监督委员会，均由3人组成，共计117名；全镇共选出新一届村民代表1250名。

（大孙各庄镇）

【严格“三资”监管】依托本镇“1+6”农村“三资”监管科学制度体系，实行村级财务预决算制度，完善农村会计委托代理制度，在原有的“村账镇管”基础上，推行“村级账款双托管”等，以开放的态度，加强信息公开公示，提高村务透明度，有效保障村民对村集体财务活动的监督。全镇通过产权交易平台公开项目达到21个，交易数量、交易金额排名全区第一，并获得北京市农村产权交易先进单位。目前，已完成项目17个，交易总金额达到6501万元，溢价2167余万元，溢价率50%，农村集体资产实现保值增值。

（大孙各庄镇）

【**加大资源整合力度**】整理土地存量，留足发展后劲。通过整合资源，集中使用土地等措施，保留建设用地800余亩，其中水泥厂集体建设用地213亩，铸造厂、爆竹库、毛织厂建设用地154亩，24个村闲置规划建设用地440亩，并坚决执行镇级审批制度，原则上不批准新建项目，坚决堵住小散低企业落户。每年支付相关村土地租金和维护资金550万元，对镇域二三产业基地1500亩土地实行集中管理，保障土地合理有序开发，并为今后地区经济整体提升和大项目引进落地留足发展后劲。将开发区内有条件的120亩建设用地实行集中统一管理，目前正委托有资质公司做可行性研究报告。同时，本镇主动深化与北京临空经济核心区的交流合作，由其收购本镇辖区企业闲置用地，闲置资产得到有效利用。

（大孙各庄镇）

【**基础设施建设**】完善配套设施，夯实发展基础。经过地上物拆迁、建设塔基和高空架线等作业，顺利完成4.5公里北京东特高压站配套500千伏输变电工程，整体工程进一步满足北京、河北等地区电网负荷发展需求。投资428.4万元，完成后陆马污水处理站建设工程，建成日处理能力50吨的污水处理站1处和在线监测站2个。

（大孙各庄镇）

【**生态环境建设**】一是环境质量持续提升和改善。从环境整治者向环境管理者转变，从注重各村环境向注重全镇大环境转变，通过机制建设抓村级环境治理工作的基础上，全力解决16处长期不能解决的、权责不清的脏乱点。完善村级环境检查考核制度，以奖代补，督促村级环境整治。组织各村开展春季环境整治月专项行动、非正规垃圾填埋点等一系列专项整治行动。七项区级台账任务顺利完工。二是打造环境亮点工程。投资1000余万元，治理顺平南线（西华山村—小塘村段）北侧排洪沟及沿线生态环境，疏挖排洪沟6.8公里，绿化9750平方米，砖砌挡墙3.1公里。投资40万元，清理垃圾、平整土地，提升京平高速薛庄出口北环境质量，结合百亩油菜花海，打造出新的环境亮点工程。三是坚持防控高压态势，社会环境不断净化。坚持动态静态相结合巡查机制，坚持依法制止与监督管理相结合方式，坚持“5+2”（5天工作日和2天周末）全天候巡查方式，严控违法建设，确保无一起新增违法建设，2015年违法卫片均已全部拆除。坚决查处小散乱污企业，超额关停辖区高污染企业和小散乱污企业7家。

（大孙各庄镇）

【**社会保障力度不断加大**】推进公租房申请事宜，完成2016年新建翻建任务，保障镇域百姓住有所居。落实就业保障机制，完善城乡居民最低生活保障制度、开展大病救助、教育救助和独生子女家庭帮扶工作。开展残疾人鉴定、筛查、配套设施统计等工作，便捷残疾人生活。继续推进“全面放开二孩政策”政策的落实，加大慢病综合防控水平，开展示范食堂创建工作，倡导健康生活方式。

（大孙各庄镇）

【**坚决落实安全监管**】完成“两会”“十一”等重点时期社会面防控工作、2015-2016年度预防煤气中毒工作以及交通秩序整治工作。深化安全生产动态监管，抓好安全生产专项检查和日常巡查工作，层层分解和落实安全、消防责任，签订安全、消防安全责任书870份。坚决落实“消隐、拆违、打非”百日专项行动，检查和各类单位438家，检查各类经营企业212户，检查食品药品主体221户次。

（大孙各庄镇）

【**农业产业结构不断调整**】推进工程建设，农业配套设施进一步完善。推进重点县节水项目，为西尹、西华山和吴雄寺3个村800亩土地更新机井5眼，铺设管道2万余米。严把工程质量关，完成港沟排水治理工程。坚持气站安全管理基础上，为龙庭侯秸秆气站加装过滤设备，预计增强供气能力20%左右。实施平原造林，农业产业结构不断调整。继续实施3170亩平原造林工程，经过连续5年造林工程的实施，全镇造林面积已近2.5万亩，镇域林木覆盖率达到51.5%。目前全镇5.2万亩总耕地面积中，已形成林木2.5万亩，粮田1.6万亩，菜田5500亩，果树和苗圃7700亩的种植结构，低耗水农作物逐步取代高耗水农作物，现代农业产业结构初步形成。

（大孙各庄镇）

【**农业转型升级持续推进**】一是加强合作社建设，都市型农业健康发展。继续强化绿奥合作社订单菜管理模式，提升农户种植质量，确保农残检测合格率100%。与辽宁凌源县签订蔬菜订单种植合同，保障冬季蔬菜供应充足。入驻欣欣尚农电商平台，扩展销售渠道；开展宅配业务，已拥有长期消费家庭160余户。“绿奥”合作社已连续三年获得中国绿色食品博览会金奖，并于今年荣获顺义区知名商标和北京市著名商标称号。二是打造景观农业，农业提质升级不断推进。沿浅山旅游发展沿线，打造大面积油菜花、油葵等农业景观，吸引市区游客5万余人，地区新名片初步打响。整合葡萄观光采摘、薛庄木雕、后岭垂钓等资源，实现农业景观和旅游资源互联互动，生态农业综合体初步形成，带动农民增收致富。

（大孙各庄镇）

【**加强精神文明建设**】精神文明建设再谱新篇章。筑牢基础设施，培育文化队伍，扎实开展群众文体活动，为39个村广场安装DVD机、话筒等12件音响设备，并为吴雄寺、东华山2个村各安装价值20万的灯光音响设备一套。更新全镇41处电影放映设备，培训村级电影放映员，开展春联下乡、正月十五综合文艺汇演、五月的鲜花文艺汇演、"魅力家乡，大美长山"摄影活动等一系列文化活动，丰富地区文化生活，凝聚地区人心。

（大孙各庄镇）

【教育卫生事业快速发展】完成尹家府中学楼房拆除工程、大孙各庄中心小学部分绿化改造工程和监控设备的更新工作，进一步改善教育教学环境。完成2016年新农合参合工作，全镇参合人数1.5435万人，参合率达到92.25%。实施农村水质检测和改水工程，改善农村水质。

（大孙各庄镇）

高丽营镇

【概况】高丽营镇是《北京城市总体规划》、《顺义新城规划》确定的重点镇，位于顺义西部，处于临空经济区和温榆河绿色生态走廊的延展区域。镇域面积61.1平方公里，下辖25个村和1个居委会。高丽营镇围绕"临空产业强镇、生态宜居小城"的发展目标，抓好推动转型升级、改善生态环境、优化民生保障、维护和谐稳定等各项工作落实。2016年实现全镇实现属地税收11.27亿元，同比增长40.1%；公共财政收入2.97亿元，同比增长29%。

单位名称：北京市顺义区高丽营镇人民政府
电　话：69455951
邮　编：101302
网　址：www.gaoly.bjshy.gov.cn

（高丽营镇）

【社会治理】完成高清监控系统升级改造工程，新增高清摄像头800余个，实现镇内干路、村庄主要道路、重点监控部位24小时网络监控全覆盖；完成"八个一"消防安全工程建设，即营造一个人人皆知、人人参与的良好氛围，签订一份消防安全责任书，印发一套消防安全宣传资料，安装一个独立式光电感烟火灾探测报警器，发放一具灭火器，进行一次消防演练，组织一次消防安全知识讲座，建设一个微型消防站，截至2016年底，共建设微型企业、社区、村"微型消防站"28个，配备小型消防车29辆，为镇内居民配备灭火器8223具，基本实现消防基础设施全覆盖。

（高丽营镇）

【环境建设】河道排污口治理工程取得实效，完成苏峪沟、方氏渠、十三支河道整理，总厂18.5公里，综合治理排污口27个；完成镇域内3家高耗能、高污染工业企业清理、退出工作；全面推进村庄"优质燃煤替代""煤改电"工作，截至2016年底，全镇共有8个村庄完成"煤改电"工作，14个村完成"优质燃煤替代"工作。高丽营镇中心区滨河公园工程开工，该项目包含西北沟1.4公里、方氏渠1.7公里的工程建设，总建设面积386900平方米，目前正项目正在施工中。

（高丽营镇）

【建筑垃圾环闭式管理】制定出台《高丽营镇村级建筑垃圾清运方案》，建立"村级收集-镇运输-定点消纳"的管理机制，是顺义区首家实现村庄建筑垃圾的环闭式管理的乡镇。

（高丽营镇）

【西马各庄村环境综合治理工作】完成城乡结合部市级重点挂账村庄西马各庄村环境综合治理工作，翻修铺设道路27000米，修缮提升街心公园广场景观1处，街道绿化工程4900平方米，排水沟改造5400米。并在村内安装监控探头89个、设立岗亭3处、配备电动治安巡逻车4辆，并通过群众自拆、镇政府助拆等方式，拆除村内主要街道两侧私搭乱建、厕所灯214处，共计1.7万平方米，整治效果显著。

（高丽营镇）

【民生保障】提高养老补贴发放标准，从65周岁到90周岁，分成四个年龄段，从原来每人每月50元到300元，分别提升至100元到500元，同时新增100周岁以上老人每人每月1000元，全镇共有2623人享受此政策；提高建国前、建国初期农村老党员生活补贴标准，将镇级补贴标准分别调整至400元、300元、200元每人每月，并且该补贴标准以每年50元/月的标准递增，全镇共有建国前老党员8人、建国初期老党员38人、老党员171人收益；提高城乡低保医疗救助金标准，门诊和住院最高封顶8万元；加大地区百姓优质燃煤购买补贴力度，对本镇范围内居民户购买优质燃煤给予100元每吨的补贴；全镇农宅改造工作基本完成，共计769余户居民完成抗震节能保温型住房改造工程。

（高丽营镇）

【产业建设】建立《高丽营镇金马工业园企业信息沟通制度》、《高丽营镇金马工业园企业走访制度》，2016年共沟通信息240余条，解决问题70余件；推进高丽营镇副中心区路网工程建设，路网全长8.8公里，并沿道路铺设电力、燃气、给排水、热力等市政管线建设，施工方案报批审核中；完成市政道路建设18万平方米、雨污暗排8500米、供暖管线4000米，以及金马工业区LED路灯升级改造40盏。

（高丽营镇）

【150亩土地实现盘活】将巨龙纺织有限公司、国宝纺织有限公司全面关停退出后腾退的土地，引入北京光华纺织集团科技园区项目，目前该项目已经进入量产阶段。

（高丽营镇）

【北京富丽高体育文化有限公司落户】此公司是金马工业区引进的文创产业项目，项目占地100亩，预计产值1.2亿元，达产后年税收1000万元；京中科航发科技发展有限公司落户高丽营，该公司投入运营后预计年产值2亿元；中国安全产业创新研发和国际交流中心落户高丽营镇金马工业开发区,项目由中国安全产业协会和重庆钢铁集团建设工程有限公司共同发起，为中国安全产业示范城市北京第一个示范工程。项目采取“1+3+5”的模式进行开发建设，“1”即由中国安全产业协会牵头，“3”即依托“三网”（安产网、低碳网、微电网），“5”即武大经营板块（安全应急产业科技研发中心、标准体系中心、评估认证中心、检测检验中心、电子商务平台）,项目占地39亩，建成后将助推全国安全发展示范基地建设，打造“百亿元产业园区”。

（高丽营镇）

【金马工业区D1-01-1地块摘牌】高丽营镇金马工业区D1-01-1地块摘牌，该宗地块性质为国有建设用地，总用地面积17166.94平方米，总建设用地面积11912.8平方米，被北京世纪澄通电子有限公司以1798万元价格成功摘牌，是顺义区2016年首宗成交的工业用地。

（高丽营镇）

【京沈客专前期工作】京沈客专前期工作完成，该工程在高丽营境内横穿唐自头村、四村、三村、二村、一村，线路全长约8公里，并涉及建设顺义西站站点建设工程，是顺义区涉及线路最长的乡镇，截至2016年底，地上物评估、住宅非住宅补偿等工作全面完成。

（高丽营镇）

【文化生活】大力开展社会主义核心价值观宣传教育活动，在二村、北王路村村内主街绿化带内两侧安装“二十四孝”宣传栏、主街竖立“中国梦”等宣传牌；在全镇范围内开展“读家乡故事　讲丽营变化”主题宣讲活动，全镇28名选手参加，同时组建镇级宣讲队，开展“进村庄、进社区、进学校、进军营”主题宣讲活动；开展“家风家训家规”征集、“好婆婆、好儿媳、好邻居”评选活动，共征集家风家训家规144条，评选出好婆婆好儿媳50户，好邻居28户，将其中29户典型事迹整理制作成笔记本，发放全镇全体党员和25个的村民代表人手一本；深入开展“2016北京榜样”推选工作，本镇三村于国刚入选“2016北京榜样”年度榜样候选人，获得北京榜样年度提名奖，在“顺义区第六届道德模范评选”活动中，本镇共有5人获评该称号；成功在第25届北京国际燕京啤酒节现场举办“高丽营镇文化品牌宣传日”活动、第三届“舞动新生活 创意高丽营”广场舞大赛活动；改扩建包括三村、五村、后渠河村等10个村的文化活动中心项目，平均每个活动中心建设面积600-1000平方米，有效推动地区精神文明建设，为地区百姓提供健身、娱乐的文体活动场所。

（高丽营镇）

【高丽营镇一村获评“北京最美的乡村”】高丽营镇一村以“红心引领、入孝出悌、崇文尚礼、知乐善舞、亲水护绿、遵规守制”24字村规民约“约出最美一村”为获评理由，成为2016年顺义区唯一入选“北京最美的乡村”的村庄。

（高丽营镇）

后沙峪镇

【概况】后沙峪镇位于顺义区西南部，东临首都国际机场，南接朝阳，西壤昌平，镇域总面积42.6平方公里，下辖16个行政村（10个村已拆迁），3个社区居委会，户籍人口2.6万，是首都国际航空中心核心区的重要组成部分。在过去的一年里，后沙峪镇党委、镇政府在区委、区政府的坚强领导下，深入贯彻落实习近平总书记系列重要讲话精神以及市委和区委各项决策部署，紧紧围绕“四个全面”战略布局，自觉服从服务首都城市战略定位，主动融入京津冀协同发展大局，加快推动地区转型升级，顺利完成各项目标任务，实现经济和社会各项事业的科学健康发展。2016年，共完成属地财税收入17.2亿元，完成一般公共预算收入2.96亿元。围绕打造“北京国际空港后沙峪新城”的发展目标和“一区四中心”的战略构想，借助紧邻首都机场和国际资源集聚的优势，推进产业发展由一业独大向多点支撑转型升级，产业结构日趋优化，产业体系更加完善。

单位名称：北京市顺义区后沙峪镇人民政府

地址：顺义区后沙峪镇双裕大街39号
电话：(010)80496875
网址：www.bjkgc.gov.cn

（后沙峪镇）

【**经济发展**】2016年，后沙峪镇坚持稳投资、促消费，扎实推动项目建设，有效破解土地供应、征地拆迁等难题，引进一批支撑作用大、产业链条长、税收回报高、辐射带动强的重大项目。产业发展由一业独大向多点支撑加速转型，累计引进注册资本1000万元以上企业百余家，总注册资本75亿元；引进重大项目16个，总投资达300亿元。国航飞行模拟训练基地等5个项目（国航基地、国门一号、绿地启航、鼎石学校、东亚信安）已竣工投入使用，抓紧建设中国航信高科技产业园区等4个项目（中航信、海航基地、金地、沃尔玛山姆店），筹备美驰科技产业园等7个项目（联东u谷、美驰、博润创新园、时利和研发中心、友谊医院顺义院区、北师大附属实验中学顺义分校、鲁能二期）。地区经济呈现出健康发展态势。

（后沙峪镇）

【**基础设施**】先后完成安富街和府前街景观提升、十中路和双裕街污水及自来水管线铺设、人行步道改造等20余项市政工程，镇中心区中水管线与新城调水中心中水处理厂接驳，成为全区首家利用再生水资源乡镇，城市承载能力和综合服务功能全面提升。整合全镇城市管理部门职能，率先成立城镇管理运营中心，城市化进程进一步加快，管理效能进一步提升。

（后沙峪镇）

【**社会事业**】出台镇级劳动力缴纳社会保险补贴政策，鼓励地区居民正规就业。实施新农合补贴、再报销、大病救助等一系列惠民政策，报销比例逐年提高；空港医院体检中心、血液净化中心竣工投入使用，友谊医院顺义院区选址本镇，医疗服务水平大幅提升。举办各类群众性文体活动，地区百姓的精神文化生活不断丰富。顺义十中与北京四中、后沙峪中小与北京实验二小合作办学成效显著，特色办学成绩突出；改扩建后沙峪中心幼儿园，新建董各庄村办园，学前教育入园压力得到缓解；落实考学奖励政策，共奖励新生近600名；另外，地区聚集中央美院城市设计学院、海嘉双语学校、鼎石学校等众多知名教育机构，形成“幼教—普教—成教—特教”四位一体的特色教育体系；北师大附属实验中学顺义分校已经选址本镇，地区教育环境得到进一步优化。

（后沙峪镇）

【**新兴产业**】后沙峪镇发挥新消费的引领作用，加快引进和培育优质电商企业，鼓励发展新型商业模式，逐步形成线上线下互动的消费格局。以金融商务区建设为抓手，整合绿地启航楼宇资源，大力发展以会展金融、物流金融、金融信息等产业链金融机构和财务公司、资产管理等金融业态，尽快把金融服务业打造成引领地区发展的新支撑。立足国际化商务宜居城镇的发展要求，加快罗马湖周边和龙道河绿色休闲体育产业规划，吸引高端商务休闲服务要素。依托友谊医院顺义院区建设，着力引进体检、康复、保健、养老等机构，发展新一代健康服务高端业态。

（后沙峪镇）

【**生态环境**】严格执行清洁空气行动计划，PM2.5年均浓度持续下降。完成16家企业锅炉“煤改气”工程，累计改造149蒸吨。农村减煤换煤深入推进，液化石油气下乡和优质燃煤替代实现全覆盖，累计削减燃煤5800余吨。关停取缔非法砂石厂7家、废品回收站26家、养殖小区3个。完成新老十三支、罗田排干等18条排水沟清淤整治工作。建成村级污水处理站2座，镇中心区生活污水集中处理率达100%。河道综合治理成效明显，龙道河黑臭水体、8处河道排污口整治全面完成。千余亩平原造林圆满完成。城乡环境进一步改善，完成600余项市区环境台账任务，集中整治环境脏乱点1100余处，实施古城砖厂整治等环境建设工程40余项，拆除违法建设85.9万平方米，新增绿化20万平方米，环境建设水平跃居核心镇前列，“国家级生态镇”创建取得实效，城镇环境质量显著提升。巩固和扩大“消隐、拆违、打非”百日专项行动工作成果，加强城乡结合部重点村整治，建立并保持联合执法常态化等长效机制。认真执行清洁空气行动计划，坚决淘汰污染企业。全面推进生活垃圾规范化管理，研究制定生活垃圾分类工作实施细则，不断完善管理措施。持续治理城市痼疾顽症，健全工作机制，营造整洁、优美、和谐、有序的城镇环境。

（后沙峪镇）

【**法制建设**】后沙峪镇充分发挥镇党委统揽全局、协调各方的领导核心作用，切实加强对政府工作的领导，大力支持政府依据法律和章程履行职能、开展工作。坚持人民代表大会制度的落实，有效发挥群众参政议政作用，统筹推进民族、宗教等工作。工会、共青团、妇联、残联等工作取得新成绩，群团组织的桥梁纽带作用进一步增强。基层民主建设扎实推进，党务、政务、村务公开深入开展，全镇各村全部修订完善村规民约，自治能力进一步强化。严格落实安全生产责任，严厉防范安全生产事故发生，全面完成企业安全生产标准化创建工作。深入推进“网格化”治安防控体系建设，可防性案件发案率逐年下降，地区治安状况明显好转。全面推进依法治镇，扎实开展“六五”普法，地区百姓法制观念明显增强。正确认识和处理社会矛盾，预防和化解机制初步形成。全面落实信访接待日、信访工作责任制等制度，信访总量和非正常访实现“双下降”。全面落实安全生产“党政同责、一岗双责、齐抓共管”制度，牢固树立安全发展理念，深化隐患排查治理体系，坚决防范重特大事故发生。加大食品药品生产经营秩序的整顿力度，保持查处高压态势，确保区域食品药品安全。完善社会治安防控体系，整合社会力量和资源，强化综合治理，营造平安的社会环境。完善应急管理体制，强化应急队伍建设，提升突发事件应对处置能力。

（后沙峪镇）

李桥镇

【概况】李桥镇位于顺义南端，距北京市区20公里，东依潮白河，南接北京行政副中心，西邻首都国际机场，距T3航站楼1公里，北接顺义区仁和镇，镇域总面积75.18平方公里，户籍人口3.7万，下辖31个行政村和3个居委会。京平高速、六环路等多元化的交通路网汇集此地，京承铁路纵穿全镇，地理位置优越，交通极为便利。镇域内任李路、顺通路、机场东路上有多条公交路线，区位优势得天独厚。2016年完成属地财税收入17.402亿元，公共财政预算收入1.71亿元，人均劳动所得2.4万元。获得市级平原造林工作先进集体荣誉称号。

单位名称：顺义区李桥镇人民政府

地址：顺义区李桥镇头二营村东

电话:(010)89426100

邮编：101304

网址：www.lq.bjshy.gov.cn

（李桥镇）

【新农村建设】完成英各庄小区7栋楼房528户的外墙保温工程，及136户门窗改造工程；完成28个村农宅单项改造工程，其中外墙保温1370户，门窗901户；验收通过沿河、苏庄2个村5户农宅新建翻建工程每户享受5.79万奖励资金。

（李桥镇）

【清洁空气行动计划工程】完成26个村18394吨优质燃煤减换和1487台炉具更换；率先试点完成英各庄无劣质散煤村治理，共计更换优质燃煤181.3吨，优质蜂窝煤17.95吨；关停全镇40处劣质燃煤经营场所，清理劣质燃煤5000余吨；完成沿河、苏庄两个村800户煤改电工程。

（李桥镇）

【南半壁店村改造工程】11月完成村内12条主街、120条胡同改造；年内总投资4901.01万元建设村便民设施。

（李桥镇）

【重点工程建设】3月完成庄子营110KVA变电站建设工程；3月11日完成李桥镇网络高清视频监控系统一期项目；12月12日壁富路（顺义区段）道路通车。

（李桥镇）

【镇域环境建设】镇村两级累计投资1877万元,完成环境综合整治。完成通顺路后桥村至张辛村段前期整治工作；完成樱花园小区路周边环境整治工作；完成村庄外立面粉刷7万平方米；完成镇域内57座公厕的房顶、下水管道维修；9月完成国家级生态镇复查验收工作；全年更新、维修垃圾桶2000余个。

（李桥镇）

【生态环境建设】完成新增平原造林908.3亩，规划平原生态林7294.5亩。获得区级森林防火工作先进集体。

（李桥镇）

【社会事务】4月完成吴庄村作为社区平安建设型、张辛村为流动人口调控型推进村规民约试点村庄；6月20日完成第十届村委会换届选举工作，全镇31个村，登记参加选举的村民32296人，选民参选率达94.3%。

（李桥镇）

【经济发展建设】年内完成上账企业42家70台燃煤锅炉的改造工作；完成 3家调整退出的高污染企业（北京中建友建筑材料有限公司、北京青苹果科技有限公司、北京首钢京顺轧辊有限公司）工作，为青苹果公司争取退出奖励资金150万元；5家家具制造企业完成“油改水”项目改造工作。

（李桥镇）

【司法工作】4月完成全镇31个村、2个社区居委会一村一居一顾问的法律服务格局；7月完成社区矫正社区评议制度；11月完成“狱内”未成年犯帮教活动。

（李桥镇）

【劳动就业】新增就业1763人，完成全年指标（1160）的152%；完成城乡劳动力就业880人，完成全年指标（801）的109.9%，其中，就业困难人员445人，完成全年指标（401）的110.9%；对123名毕业生进行摸查，全部实现就业，就业率100%；获得北京市构建和谐劳动关系先进单位称号；获得北京市充分就业示范镇荣誉称号；获得顺义区2016年度城乡劳动力职业技能培训工作先进镇称号。

（李桥镇）

【档案室改造升级】年内投资15万元完成镇政府档案室升级改造。

（李桥镇）

【公共卫生】2月9日被评为第一届北京“人道奖”先进集体；12月8日被评为北京市健康示范单位。

（李桥镇）

【社会治安重点地区摘牌】12月完成北京市社会治安重点地区摘牌工作。

（李桥镇）

【流动人口管理】年内投资5万元建设南半壁店村流管工作站一站式大厅110平方米；实现与派出所关于流管站和流管员队伍及流管信息平台的顺利交接；投资110万元建立34个居住登记卡办理点，2个居住证办理点。

（李桥镇 仁和镇）

李遂镇

【概况】李遂镇位于顺义中部偏南。形成于辽代，距顺义城区10公里，距北京市五环路25公里，距首都国际机场5公里，距天津塘沽港90公里。辖区总面积40.22平方公里，下辖16个行政村，总人口2万，全年完成属地财税收入2.6亿元，一般公共预算收入6227万元。

单位名称：顺义区李遂镇人民政府

地址：顺义区李遂镇南孙路李遂段9号

电话：（010）89481680

邮编：101300

网址：http://www.lisui.bjshy.gov.cn

（李遂镇）

【重大产业项目】引进税收千万元以上企业2家、百万元以上企业6家，新华联温泉酒店、易郡三期等高端地产酒店类项目相继建成并投入运营。

（李遂镇）

【市政基础设施】聚焦城镇基础设施承载力提升，着力加强路网、排水等基础设施建设。共完成8条总长7.08公里的乡村公路建设，修复破损路面3000平方米，李木路、李魏路大修工程按期竣工通车，群众出行更加便利。高标准完成年度农业综合开发工程，新建成4个村排水系统4100米，疏浚治理村庄排水沟13000米，汛期排水能力明显增强。

（李遂镇）

【安全维稳】紧密结合“消隐、拆违、打非”百日专项行动开展，持续推进重点领域安全隐患专项治理，严厉打击违法建设、非法经营等行为。全镇累计消除安全生产、消防安全等隐患3000余处，拆除违法建设50余宗8万余平方米，恢复耕地145亩，查处取缔非法经营商户33家，食药抽检合格率达到98%以上。同时，通过强化治安巡防队伍建设与规范管理，严格落实重点时期安保维稳责任，深入推进社会矛盾和信访问题排查治理，社会保持和谐稳定。

（李遂镇）

【李魏路北段环境提升完善】李魏路北段环境提升完善工程南起顺平南线，北至顺平路，全长约3.4公里。共粉刷建筑物外立面5315平方米；统一商铺牌匾380平方米；新建排水管道661米；新建村级公园1处；硬化路面7478平方米；栽植树木882株，花卉、色带26715平方米等。

（李遂镇）

【顺平南线环境升级改造】顺平南线沟北段环境提级改造工程西起李魏路，东至李木路，全长约1.6公里。建筑物外立面粉刷7900平方米；统一商铺牌匾798.6平方米；栽植树木1598株，色带100平方米，喷播植草（灌木）籽10474平方米；草皮1842平方米；路面硬化4712.5平方米；新建仿古牌楼1座；安装景石1块。

（李遂镇）

【镇府前街步道砖修缮及更新工程】镇府前街步道砖修缮及更新工程北起地坛医院红绿灯，南至区公交28路李遂村站，全长约1.8公里。实施内容包括：拆除、铺设人行步道砖6155.25平方米；修复、更新路缘石1487.15米，树池砌筑192组等。

（李遂镇）

【李遂镇和谐广场提级改造工程】工程在原和谐广场基础上进行升级、改造（占地约13800平方米）。共拆除砖砌体182.96立方米；块料面层地面1650平方米；花瓶栏杆墙33.3立方米；种植树木66株，花卉322.5平方米，灌木136.1平方米，铺种草皮8819.5平方米；安装照明灯具29套；成品座椅30个；垃圾箱9个；新建雨水口34座、雨水检查井8座；铺装花岗岩1218.97平方米、人行透水砖共1399.88平方米；铺设路牙1370.25米;新建五人制足球场一座：安装足球场外围围网1391.78平方米、足球场大门2个；铺设足球场草皮900.6平方米等。该工程于9月开始施工，截止12月底除部分绿化因季节原因未完成，其余工作均已完工。

（李遂镇）

【镇域重点部位绿化景观环境提升工程】工程针对本镇府前街及周边重点地带绿化植物短缺、季节色差弱，组织实施的一项以绿化为主的环境提升工程。工程于2016年10月底开始施工，预计2017年4月底前可全部竣工。主要施工内容：一是栽植树木231株、色带2025.7平方米、花卉及地被等5257.45平方米；二是铺设喷灌管线871.6米；三是新建、粉刷挡墙566.6平方米、绿地围栏487.6米等。截止12月31日，已完成全部工程的60%。

（李遂镇）

【箭杆河赵庄段外来垃圾整治工作】2016年对李遂镇赵庄村与河北燕郊交界处的垃圾堆积点进行彻底整治。首先，打通一条横跨箭杆河通往垃圾堆积点的通道；其次，对外来堆积垃圾进行彻底清运、掩埋；最后，明确镇界，栽立40余根水泥管防护障碍。

（李遂镇）

【“精品街”创建】为使镇、村环境同步提升，到达镇域环境“表里如一”的目标。2016年继续推进村级“精品街”创建工作，共打造村级“精品街”15条。其中创建意识强、效果好的村有：柳各庄村、李遂村、崇国庄村、李庄村、牌楼村、东营村、后营村。

（李遂镇）

【生态环境】坚持以绿色和谐、生态宜居为目标，结合镇域总体规划和生态资源分布特点，从“点、线、面”上合理规划绿地布局，区域生态环境品质明显提升，群众绿色休闲空间极大拓展。先后完成箭杆河后营段绿道建设、蔡家河疏浚以及左堤路、府前街环境提升等一系列工程，新增公共休闲绿地7万余平方米；完成平原造林7000余亩，相比“十一五”规划期末有林地面积增加50%以上，林木覆盖率提升至35%。先后获得“国家级园林小城镇”“市级环境优美镇”等荣誉称号。

（李遂镇）

【就业服务】城乡劳动力新增就业756人，完成全年任务的159%，城乡劳动力二三产业就业率保持在94%以上；新农合医疗报销金额460万元；发放救助及优抚款物400余万元，2户低保家庭房屋得到翻建改造。

（李遂镇）

【公共服务】完成镇卫生院改扩建工程，新增医疗服务设施面积1000余平方米；葛代子村办幼儿园正式开园招生，学前儿童入学困难问题有效缓解；镇文体活动中心项目加快推进，2017年上半年投入使用，将为群众开展文体健身活动创造更加便捷的服务。

（李遂镇）

【基础教育】累计投入资金6000余万元，先后完成中学教学楼建设、小学教学楼及操场改造、中心幼儿园环境提升及配套设施完善等工程，新建1所村办幼儿园，学前教育和基础教育入学困难问题得到有效缓解，办学条件明显改善。着力提高师资和教学质量，中、小、幼被评为市区级骨干教师57名，李遂小学先后获得“文体活动先进单位、教育教学管理先进单位”等称号，李遂中心幼儿园被评为“顺义区书香校园”。

（李遂镇）

【环境保护】扎实做好社会单位燃煤锅炉改造、农村优质燃煤替代及“煤改电”等工程，着力压减农村地区燃煤污染物的排放量。强化空气污染物排放监管，加大减排不达标企业整改清退力度，严厉打击季节性污染突出问题。履行环境治理责任，落实中小河道、排污口治理任务，切实改善镇域地表及地下水体质量。加快推进农村及二三产业基地周边的污水处理、污水管网、垃圾处理等设施的建设与改造，确保区域环境水平持续向好。

（李遂镇）

【换届选举】村“两委”换届工作完成。按照区委组织部的要求，通过对村“两委”拟任人选、交叉任职比例和存在问题的详细排查；通过逐村制定工作方案；通过对群众提出的有关问题及时答复、及时解决，村“两委”换届选举工作完成，较上届有25名新同志进入村“两委”班子。镇党委换届工作完成。进一步优化代表结构，选举产生镇级党代表103名，区级党代表6名，镇代表中基层一线、工人、农民的比例均比上届有所提高。9月28日，中国共产党李遂镇第十四次党员代表大会胜利召开，选举产生新一届镇党委委员、纪委委员和出席区第五次党员代表大会代表。

（李遂镇）

【基层党建】一是重新修订村级工作考核办法，明确“党风廉政、环境建设、违法建设、安全”等重点工作作为村支部书记绩效考核的重点；同时建立重点工作考核制度，按照完成全镇重点工作情况、区级以上荣誉表彰获得情况，进行量化考核。二是规范村“两委”干部管理。出台《村级干部待遇保障和考核管理的实施意见（试行）》，规范岗位、明确职责。同时加强对村“两委”干部的绩效管理，进一步提高“两委”干部的待遇保障。三是做好离任两委的保障。根据村级干部待遇保障办法规定执行正常离任村“两委”干部生活补贴制度。三是集中推进非公有制企业“两个覆盖”。目前本镇非公企业共有10个党组织，其中，独立党支部7个，联合党支部3个。作为基层党建七项重点任务之一，从10月份开始，镇政府对全镇非公企业从业情况进行摸排，建立“一企一表”台帐。并根据区委组织部的要求，对排查出来的党员，能接转组织关系的，纳入党组织管理。不能转来组织关系的，开出党员证明，建立流动党员管理台帐，进一步扩大党的工作覆盖和组织覆盖。

（李遂镇）

【离退休老干部服务】除按规定落实各项福利待遇以外，为丰富离退休老干部文体生活，组织退休老干部参加老干部局系列活动、组织退休人员参加健康体检；建立为80周岁以上离退休老干部祝寿制度，在生日之际送上蛋糕卡和镇党委的关心祝福；为离退休处级老干部订阅《北京日报》，方便老干部及时掌握新闻动态；在春节、重阳节期间，由处级领导深入到老干部家中进行走访慰问，使老干部们深切感受到组织的关怀。

（李遂镇）

龙湾屯镇

【概况】龙湾屯镇地处顺义东北部，位于顺义、平谷、密云三区交界，距北京市区60公里，顺义城区30公里，首都国际机场35公里。镇域面积56.6平方公里，下辖13个自然村，户籍人口1.6万。2016年属地财税收入完成1.4亿元，同比增长61%；一般公共财政预算收入完成4250万元，同比增长35%。财政支出15400万元，按照“保运转、重民生、促发展”的原则，为全镇经济社会持续健康发展提供财力保障。

单位名称：顺义区龙湾屯镇人民政府

地址：顺义区龙湾屯镇府前街

电话：（010）60461634

邮编：101306

网址：http://www.longwt.bjshy.gov.cn

（龙湾屯镇）

【新农村建设】获取新建翻建房指标145个，涉及丁甲庄、大北坞、山里辛庄、史中坞4个村共122户农宅。完成柳庄户、小北坞、唐洞、南坞、龙湾屯5村路灯更换及线路改造。木孙路龙湾屯段拆迁工作，完成山里辛庄村21处迁坟，发放补助款3.15万元。

（龙湾屯镇）

【安全工作】结合“消隐、拆违、打非”百日专项行动，在镇内各村、各企业设置32块宣传牌、悬挂横幅150余条、发放材料10000余份，累计检查镇域企业281家，发现隐患413处，已整改410处，限期整改32处；按照“鼓励自拆助拆，严格依法强拆”的方针，拆除违法建设6宗，拆除总面积约1200平方米；上报区打非办挂账无证照商户9家，已销账8家，立案1起，罚款2000元，清理流动人口4人。共调解各类民事纠纷45件。完成食品监督检查抽检快检任务59件，保障群众饮食、用药安全。

（龙湾屯镇）

【特色产业】实施葫芦艺术庄园、樱桃幽谷改造提升等工程，有效促进农业结构调整。大力发展乡村特色旅游，着力打造焦庄户红色文化旅游街，申报三星级民俗村2个，星级民俗户26家；依托舞彩山马、樱桃采摘节等赛事活动，年内累计接待游客约100万人

次，实现旅游综合收入1500万。

（龙湾屯镇）

【传统农业转型升级】打造都市型现代农业示范镇，争取市区资金100万元，对北京吉祥八宝葫芦手工艺品产销专业合作社和龙湾巧嫂果品产销合作社进行项目申报，带动社员户规范化种植，打造自己的果品品牌，增加农民就业岗位，实现农民增收致富。加快畜牧业结构调整，完成全镇生猪出栏减少2000头，肉鸡出栏减少1.5万只。

（龙湾屯镇）

【淘汰落后产业】申报高污染、高耗能企业5家，其中北京市龙实福利金属制品厂已经停产，并完成生产设备的拆除；小散乱污企业1家，北京铭泽制衣厂已经停产。

（龙湾屯镇）

【生态建设】一季度共完成减煤换煤1077户，售煤换煤2188.875吨，更换新型节能炉具67台；镇政府（卫生院）、小学、幼儿园3家单位完成8.25蒸吨锅炉改造。实施金鸡河镇域范围内6.8公里河道治理工程。投资94万余元对镇级污水处理站进行升级扩容改造，投资50余万元治理兵营排污口，杜绝污水直排入河。开展节水宣传，发放宣传单1600余份；完成1118亩水网管道、喷灌滴管、节水设施的安装建设工作，更新机井6眼；为镇域内水井安装智能水表160块、智能控制体统110套。推进昌金路、龙尹路、木孙路等主要交通干线及樱桃园周边环境整治工作，清运垃圾渣土185吨，整修道路、步道2350平方米，规范围挡220延米，更换垃圾桶30个，安装护栏2700米，补种补植绿地350平方米，粉刷树木7000余株，平整停车场5个（占地23亩）。

（龙湾屯镇）

【民生服务】完成各类人员培训375人，采集空岗信息1100个，实现城镇新增就业256人，城乡劳动力二三产业就业率达到95.2%。落实低保、优抚等各项政策，发放各类民政资金513万元；新审批低保对象7户，撤销7户；落实“九养政策”，完成478位80岁以上老人信息统计，新办老年卡88张，发放养老卡23张，发放高龄补贴15.3万元。推进新型农村合作医疗，报销医药费425.4万元，受益群众2.4万人次。持续做好计生服务工作，出资5万元为1249个计生家庭投保意外伤害险，为480名育龄妇女参保四癌保险，为9名特扶人员购买商业意外保险。

（龙湾屯镇）

【浅山重点项目】五彩浅山步道节点建设项目停车场、柳庄户慢生活主题小镇、五彩浅山滨水国家登山健身步道公园龙湾屯镇一期工程完工。

（龙湾屯镇）

马坡镇

【概况】马坡镇地处顺义新城核心区，奥运水上场馆西侧，距北京市区30公里，距首都国际机场8公里。镇域面积35.1平方公里。下辖21个行政村（已拆迁8个村），全镇常住人口3.7万，其中户籍人口2.3万。马坡镇以“建设新城，发展马坡，加快推进城乡一体化”为主题，以“强镇富民”为目标，坚持新城、新农村建设双轮驱动，锐意进取，扎实工作，保持地区经济社会持续健康发展的良好态势。全年完成属地财税收入11.5亿元，公共财政预算收入2.21亿元，农民人均劳动所得25298元。

单位名称：顺义区马坡镇人民政府

地址：顺成大街15号

电话：010-69403524

邮编：101300

网址：http://www.bjshymp.gov.cn

（马坡镇）

【产业结构优化升级】2016年，二三产业占全镇GDP的97%。全镇有北京智创联合科技股份有限公司、北京星箭长空测控技术股份有限公司等20家国家高新技术企业。朗姿股份有限公司、北京中卓时代消防装备科技有限公司、北京亿都川服装集团有限公司3家企业的技术研发部门被认定为“北京市企业技术中心”。“中卓时代”、“亿都川”2个商标被认定为北京市著名商标，“LANCY FORM25”商标被认定为中国驰名商标。

（马坡镇）

【聚源产业基地建设取得进展】年内，投入1200余万元，实施园区信息化、污水处理站改造、绿化美化等基础设施建设。园区共有17个项目进行开复工建设，8个项目建成投产运营，9个项目正在建设中。目前，园区入驻企业50余家，拥有凯菲克汽车、朗姿股份、中卓时代消防装备等规模企业12家。

（马坡镇）

【推进拟上市企业培育进程】马坡镇政府成立上市企业培育领导小组，对重点企业开展上市培育，并与区金融办沟通，将市、区相关上市扶持政策传达到每家拟上市企业。朗姿服装成功登陆深交所A股中小板市场、北京智创联合科技股份有限公司登陆“新三板”；北京中科用通科技股份有限公司、正方利民工业化建筑集团有限公司均已完成股改，计划在“新三板”挂牌。

（马坡镇）

【建设马坡商务休闲品牌】2016年，整合金宝、金潮玉玛、意大利农场等一批旅游度假资源，推进马坡商务休闲度假区建设。北京清心居农庄申报北京市新业态旅游——国际驿站项目；发展石家营村民俗特色旅游，31户民俗旅游户获批；引进爱慕电子商务、麦颂影视投资（北京）有限公司等创意类企业，推进镇域商务服务产业转型。

（马坡镇）

【新城建设稳步推进】2012年至2016年，先后完成8个村回迁安置工作，共销售回迁安置房5600余套，48万平方米，金宝花园北区商业金融项目启动建设。民生银行总部基地、金蝶软件园建成并投入使用；北京银行科技研发中心、中信银行信息技术研发基地正在建设。

（马坡镇）

【石家营、庙卷新农村建设扎实推进】石家营、庙卷两村共完成改造213户，基本完成新民居改造工程。建设石家营等7座临时污水处理站，综合路提升改造工程开工建设，涉及市政道路、排水、照明、围栏及监控工程等。管道天然气进村工程在石家营村正式投入使用，该村183户全部实现天然气入户；庙卷村燃气工程正在实施，年内完工通气。

（马坡镇）

【就业质量不断提升】落实“技能培训、职业指导、就业推荐”一条龙服务，出台《关于加强职业培训提高城乡劳动力就业质量的奖励办法》，建立企业、各村书记、工作人员等多维度就业培训激励机制，创新就业培训模式，为城乡劳动力开办叉车、库房管理、计算机等各类培训班，全镇就业率98.4%。

（马坡镇）

【社会环境和谐稳定】落实“一格六制”、“1+3”工作法，开展以非法经营、违法建设、食品药品安全为重点的环境综合整治，在“消隐、拆违、打非”百日专项行动中，共拆除违法建设6宗、面积4100平方米，开展无照证经营联合执法21次。

（马坡镇）

木林镇

【概况】2016年是“十三五”规划开局之年，也是本镇适应经济发展新常态、落实上级新部署、推动木林新发展的重要一年，在区委、区政府和镇党委的坚强领导下，在镇人大的监督支持下，在全镇人民的不懈努力下，本镇紧紧围绕镇党委十三届六次会议确定的目标，凝心聚力，真抓实干，实现经济效益稳步提升、浅山旅游快速发展、现代农业有序推进、民生事业持续改善、社会整体和谐稳定，各项目标任务完成。2016年本镇实现属地财税税收34456万元，同比增长72.3%；实现一般公共预算收入7699万元，同比增长32%；实现农民人均现金收入16568元，同比增长9.7%，保增长目标基本实现。新引进千万元以上的项目9家，发展后劲持续增强。2016年本镇新增监督检查科室，更好地执行习总书记从严治党的方针政策，监督检查基层党组织、党员干部贯彻执行国家的法律法规、党的方针政策、镇党委、政府各种规章制度，协助镇党委抓好镇域内党风廉政建设工作，监督检查落实党风廉政建设责任制并及时传达上级的工作精神、政策法规和各项纪律，促进基层党风廉政建设。

单位名称：顺义区木林镇人民政府
地址：顺义区顺焦路木林段71号
电话：（010）60456216
传真：（010）60457819
邮编：101314
网址：www.mul.bjshy.gov.cn

（木林镇）

【重点项目】大唐燃气母站建设和天然气管线建设进展顺利，项目建成后可为京津冀等地输送车用燃气、居民用气及部分工业用气，为全区天然气需求提供重要的气源保障和应急供气能力，提升本镇招商引资承载力。对镇域内16家证照齐全的再生资源回收企业及站点进行执法检查，下发《再生资源回收行业标准》文件，并要求各企业严格遵照执行。多部门开展联合执法整治小散乱污企业，初步整改关停“小散乱污”企业29家。

（木林镇）

【基础设施】完成茶棚村北的北沟停车场暨小剧场工程建设，为浅山区举办大型活动提供保障。完成鞑子沟水系和景观建设工程，木林浅山景区品质整体提升，在十一黄金周期间日接待游客2000余人。浅山百草园一期工程完工并向公众开放，成为本镇浅山旅游的一张重要名片。

（木林镇）

【农业设施】完成东沿头等13个村水安全隐患消除工程、荣各庄村农业综合开发土地治理项目、贾山村果品储存冷库建设、安辛庄村果园反光膜铺设等，全力

木林中心小学迎新春写春联活动

改善农业生产条件。推进干渠路两侧排水沟工程，新建排水沟897米，清淤505立方米，有效改善浅山区村庄的排水问题。

（木林镇）

【农业发展】完成“三夏三秋”小麦和玉米的收种任务。开展种植业安全生产检查工作，共排查蔬菜种植单位和个人68家，排查发现和整改各类隐患19个。完成291个农产品的取样、检测和上报工作，合格率100%。

（木林镇）

【农林生态】完成1.4万亩平原造林养护工作，做到树木浇水到位、修剪到位、除草到位，实现树木良好生长，绿色生态景观进一步呈现。完成352户林户的采伐手续审批，审批量5000立方米，确保合法合规采伐。

（木林镇）

【村居环境】集中开展环境建设监督检查工作，消除镇村环境盲点、盲区，实施道路改造、绿化美化工程。农村垃圾管理规范化运营，实现垃圾分类收运、科学处理、集中消纳，潘家坟等村试行垃圾入户收集，本镇获评垃圾分类达标创建典型乡镇。为王泮庄村等村争取村级公益事业一事一议财政奖补资金共计293.7万元建设村域排水项目，解决路面积水、排水不畅等问题，农村人居环境进一步改善。

（木林镇）

【社保政策】实现医疗救助、教育救助、就业援助、灾害救助等十一项专项救助全部覆盖，全年共发放救助金近700万元。积极做好老年人服务工作，为全镇60周岁以上享受城市特困及五保的独居老人免费安装紧急医疗救援呼叫器和独立式感烟报警器。

（木林镇）

【教育事业】教育事业全面开展，木林中小完成国家级中小学责任督学挂牌督导创新区核查观摩工作，取缔陀头庙村私办园1家，消除安全隐患。

（木林镇）

【医疗服务】配合卫生院完成妇幼儿童保健门诊规范化建设，着力提高医疗服务能力和群众健康水平。镇机关通过北京市健康示范单位的评估验收。高标准完成门诊、住院报销，报销10.9万人次，完成2016年新农村合作医疗收缴，实现参合全覆盖。

（木林镇）

【民生建设】计生优质服务再上新台阶，落实各项计划生育扶助政策，兑现奖特扶金、独生子女费、低保家庭困难救助金等各种奖励金120余万元；妇女病普查结合两癌筛查、长效措施体检和全民体检全面展开，4415名妇女参检。推进农村公益性公墓建设，对唐指山、王泮庄、荣各庄等6个村实施公墓改造升级工作。住房保障服务进一步完善，433户参与公共租赁住房公开摇号并中签，一定程度上解决住房困难群众保障问题。17名优秀青年光荣入伍，超额完成区武装部下达的征兵任务。

（木林镇）

【文化建设】各村文化大院、农村书屋、电影放映室覆盖率达到100%。统一对26村的数字影厅进行设备更新，确保做好公益性电影放映工作，全年累计放映公益电影960余场次。完成“星火工程”文艺下乡演出85场次，丰富群众文化生活。依托在家庭创建活动中申报的和谐家庭、特色家庭等，深入宣传，弘扬社会正能量。

（木林镇）

【安全监管】以主动排查隐患为主，对镇域生产加工企业、人员密集场所、危化区域等，实行无死角排查，全年没有发生重特大安全生产事故。高度重视食品药品安全，建立原料购进、生产加工、流通等环节的安全监管体系，食药抽检合格率达到100%，切实保障群众食药安全。加强春节、清明、五一、十一等重点时段和浅山地区的巡查力度，有效减少火灾隐患，连续多年无森林火灾事故发生。

（木林镇）

【社会治理】深化治安防控体系建设，完成交通安全“两站两员”建设，在26个村成立交通安全劝导站，均配备微型消防车和治安巡逻车，巡防队员深入各村全方位巡逻防控，加强社会面治安群防群治，保障人民群众安全。完成五一、六四、G20峰会等重大活动安保任务，实现重大节日期间“零治安事件”。结合“4·15”全民国家安全教育日、6.26禁毒宣日等特殊节点，开展进行法制、平安创建、禁毒、反邪教、综治维稳等宣传。共设立宣传站17次，制作、悬挂综治宣传横幅160余条，发放各类宣传单2万余张。

（木林镇）

【打非治违】以“消隐、折违、打非”百日专项行动为契机，加强监督管理全方位覆盖，对辖区内耕地、基本农田和农业设施进行常态化巡查，坚持“削减存量、控制增量”原则，严厉打击违法用地、违法建设，依法强制拆除违法建设37800平方米。

（木林镇）

【制度保障】严格落实“三重一大”事项集体决策制度、机关经费支出管理制度和财政资金使用管理制度等，确保资金使用规范；加强重大工程项目、大额专项资金使用、招投标等重点领域监管，行政规范性文件与重大合同全部备案，确保程序合法合规；制定《合同订立审查单》，所有合同履行逐级审批手续，加强对政府合同的规范性、合法性审查，保障财政资金和国有、集体资产安全。

（木林镇）

牛栏山镇

【概况】年内本镇实现规模以上企业生产总值258亿元，同比增长9.2%；属地财税收入17.06亿元,同比增长9.7%；一般公共预算收入2.96亿元，同比增长18.5%。本年度荣获首都环境建设样板单位、北京市六五普法先进集体等荣誉称号。

单位名称：顺义区牛栏山镇人民政府

地址：牛栏山镇府前街9号

电话：（010）69411036

邮编：101301

网址：//www.niulsh.bjshy.gov.cn/

(牛栏山镇）

【生态环境优化】一是年内完成范各庄村、龙王头村共720户煤改电工作，液化石油气下乡实现镇域村庄全覆盖。二是实施排污口治理和中小河道整治，牛栏山再生水处理厂项目进场施工，南水北调潮白河补水工程竣工通水，区域水环境质量持续改善。三是完成平原造林任务和17街区绿化景观提升项目，新增绿化面积3716亩。金牛山生态修复环境提升项目竣工，17街区文体活动广场基本完工，新增2处休闲公园绿地总面积约为270亩。

(奚冬梅）

【工业园区提质增效】累计投资2.3亿元完善基础设施，提升园区产业承载力，吸引国药集团、顺特科技、康仁堂等项目入驻并竣工投产。园区内规模以上企业达26家，投资总额75亿元，注册资本25亿元。先后被授予“北京市中小企业创业基地”、“北京市新型工业化产业示范基地”和“北京市新材料产业示范基地”荣誉称号。

(奚冬梅）

【品牌培育成效显著】优化产业结构，从源头上把好项目准入关。拥有上市企业8家、中国驰名商标企业7家、北京市著名商标企业7家、“国家级企业技术中心”2个（江河、牛栏山酒厂）、“北京市企业技术中心”6个（百强、康仁堂、升华、嘉寓、国药、江河），荣获顺义区首家“品牌战略示范镇”称号。

(奚冬梅）

【基础设施优化升级】一是现有12条公交线路穿境而过。二是完成顺安路改扩建工程、府前街道路改造工程及田间路和乡村公路修缮工程。三是公交首末站、垃圾转运站建成投入使用。四是康乐小区投入7400万元实施防水、电力、锅炉房、热力管网、路面改造、外墙及门窗节能保温改造。五是投资2.31亿元的牛栏山镇集中供热中心项目热力管道一期工程已完工，热源工程正进行锅炉房和配建的主体建设工作。

(奚冬梅）

【镇村建设同步推进】一是16、17街区内现有11个建成小区，其中保障性住房、回迁安置房也相继投入使用，总建筑面积达到155万平方米。二是启动牛栏山原涤纶厂及维尼纶厂生活区棚改项目，已完成入户征询工作。三是加强优质资源向农村的倾斜力度，不断完善水、电、路等基础设施建设，建成太阳能浴室达13座，安装路灯约3000盏，居民便捷出行道路有效延伸117公里。4199户农宅实施新建翻建及单项节能改造。年内投资约2800万元，实施官志卷、芦正卷、相各庄、北孙各庄等村生活污水及环境整治工程。

（奚冬梅）

【民生实事有效落实】一是按照“逢征必转”原则，3500余名农民回迁上楼融入城市，用于转非安置费用近9亿元。二是加大对医疗卫生事业的资金投入，成功创建北京市和国家卫生应急综合示范区，新建第三医院综合楼及康复中心，完成与北京市中医医院顺义医院的医联体建设。三是开展计生工作。年内投入178.83万元兑现计划生育家庭奖励。四是投入80余万元，对新农合大病保险“二次报销”进行补贴。五是提升教育教学水平。年内镇、村两级共出资46.4万元对105名升入大学本、专科应届毕业高中生实施高考奖励。新建3所村办幼儿园，并启用牛栏山第二小学、第二幼儿园，促进教育均衡发展。

（奚冬梅）

【文化软实力切实提升】充分发挥精神文明建设示范引领作用，大力弘扬社会主义核心价值观，开展“北京榜样人物”评选、道德模范宣讲、弘扬文明家风等活动。连续五年冠名“牛栏山杯”龙舟赛，持续开展品牌文化活动，组建特色文体团队60支，群众参与活动率达到村级人口数的50%以上。

（奚冬梅）

【社会保障作用充分发挥】一是做好老龄工作，制定《牛栏山镇关于发放城乡无社会保障老年人生活补贴的实施办法》，年内共发放105.97万元。二是投资400万元，完成农村公益性林葬公墓（天龙公墓）改造升级工程。三是开展重阳节高龄老人慰问活动。

（奚冬梅）

【社会环境和谐稳定】一是社会治理能力增强：村级方面，建成17个一站式便民服务站；社区方面，加强社会服务管理指标体系建设，成为顺义区社会服务管理创新试点单位之一。镇属社区实现北京市星级智慧社区全覆盖，均达到“八型社区”创建标准。并新成立安纳湖社区和好望山社区。二是安全理念持续深化。开展安全生产大检查，强化食品药品安全监管，开展“消隐、拆违、打非”百日专项行动和社会秩序综合整治行动。6月，投资300余万元，在全镇23个村（居）及38家重点企业组建微型消防站。三是综合治理取得新成效。成立综治维稳工作队，全面升级监控设施，构筑全覆盖、立体化社会面防控体系。

（奚冬梅）

【换届选举工作】5月21日，完成第十届村委会换届选举工作。20个村选举产生新一届村委会成员71人，其中女委员26人，占37%，书记主任“一肩挑”的有19个村，占95%，两委交叉任职率为83%，全镇没有无党员村的村委会。8月19日，完成第五次党员代表大会代表选举工作。选举产生出席牛栏山地区第五次党员代表大会代表108名，其中，女性代表49名，占总人数的45%；基层一线代表68名，占总人数的63%；50岁以下代表74人，占总人数的68%；大专以上学历代表69名，占总人数的64%；少数民族代表5人，占总人数的4%，代表队伍结构进一步优化。11月15日完成区、镇两级人大换届选举工作。选举产生区级人大代表11名、镇级人大代表56名。

（奚冬梅）

【国务院食品安全督查组开展督查工作】12月22日，国务院食安办组织河北省农村食品安全治理专项督查组对本镇农村食品安全治理工作开展跨地区交叉督查工作。顺义区副区长李向英、市食品药品监管局副巡视员陈福刚、区相关部门主管领导、牛栏山镇党委书记郝蔚泉等陪同。

（奚冬梅）

国务院食品安全督查组到牛栏山镇开展专项督查工作

南彩镇

【概况】南彩镇位于北京市“两轴、两带、多中心”东部产业发展带的重要节点，被定位为顺义新城河东新区和“北京市新城规划预留地”，与顺义城区一河相隔，居顺义区中心位置.镇域面积57.6平方公里，辖

26个行政村和1个社区，户籍人口3.9万人。2016年，坚持稳中求进的总基调，深入落实转型发展要求，有力推进镇域经济健康发展。全年完成属地财税收入90835万元，公共财政预算收入20274万元，农民人均所得19226元，同比增长分别为17.67%、30.67%和10%。

单位名称：顺义区南彩镇人民政府

地址：顺义区府前东街延长路47号

电话：（010）89477031

邮编：101300

网址:www.nancai.bjshy.gov.cn

（苏红利）

【生态环境】会同相关部门连续开展清理劣质煤销售点，小洗浴、小餐馆劣质煤清理等行动，共清理取缔8家散煤销售点，治理劣质煤使用商户100多家；完成北京京顺食品厂、北京鑫畅路桥等5家单位9台共计17蒸吨的燃煤锅炉煤改气工作，为企业争取补助资金221万元，完成年初制定的目标；协助区财政总投入约为2919万元，对双营、北彩、黄家场、水屯、东江头、西江头六个村进行生态治理；通过市环保局专家组和区环保局相关领导对“环境优美乡镇”和前薛、九王庄、于辛庄等生态村进行的复查；处理环保举报件20件，主要涉及养殖场异味、污水、废气排放、室外喷漆等环保问题。

（苏红利）

【重点项目引进】年内共200家企业在南彩办理工商注册手续。其中，注册资金5000万元以上的11家；从注册类型来分，实体类企业71家，楼宇类企业129家。

（苏红利）

【新农村建设】年内，完成小营、前薛、东江头村级公益事业一事一议项目建设工作，争取上级财政奖补资金共计281.9万元；优质燃煤替代工作中，共配送优质燃煤8355吨，为低保户每户配备1.5吨优质燃煤；完成92户申请并修建节能抗震房工作，且已通过验收。在保温、门窗单项改造工作中，完成910余户门窗改造，改造面积 25190平米；1219户进行房屋保温改造，改造总面积87317.89平米；完成前、后俸伯村、后郝家疃村1564户农宅节能保温单项改造工程和81户抗震农宅改造工程，以及河北村、南彩村、前俸伯、九王庄4个村的楼区4473户居民外墙保温和窗户改造工程。完成镇域内1850盏太阳能路灯、节能灯维修换新工作。新建西江头、水屯、双营3个村太阳能浴室。

（苏红利）

【污水处理】该工程包括铺设李魏路、六眼涵沟、箭杆河、顺平辅路污水管线4656米；将河北村果园内污水处理站从500吨改造成700吨；新建一座2000吨污水处理站。目前河北村果园污水处理站改造完成，2000吨污水处理站设备安装完毕。李魏路、顺平辅线、六眼涵沟、箭杆河污水管线铺设已经完工。彩园顺达工业开发中心投资200万元对32街区污水厂提标改造，保证32街区3000吨污水处理站安全运行，排放标准达到北京市环保局要求的DB11/307-2013水质要求，在保证32街区入区企业污水处理的同时具备接纳南彩中、小学及坞里、双营村生活污水的处理能力。

重温入党誓词

（苏红利）

【劳动就业】年内完成城乡劳动力就业754人，完成全年任务的147%；城镇失业人员培训62人，完成全年任务的129%；完成桥头、前后疃、前后俸伯等5个村2009年左堤路、白马路征地转非安置工作，解决历史遗留问题。道仙庄村被顺义区就业和社会保障领导小组授予“顺义区充分就业示范村称号”。推进特殊人群就业，年初为812名就业年龄段残疾人填写《残疾人就业状况调查登记表》并录入数据采集填报系统，组织25名有就业需求的残疾人参加区镇级专场招聘会，同时依托辖区内12家福利企业和工业区企业及残疾人灵活就业，目前已有400余名残疾人就业。

（苏红利）

【社会保障】完成8360人参保，完成全年任务的101%；门诊报销80519人次，全年总报销金额在2200万元；低保、社救、慈善工作稳步推进；落实残疾人各项优惠政策，确保残疾人基本生活得到保障；公共租赁性住房资格市级备案通过221家。

（苏红利）

【综合治理】参与配合百日专项行动，并组织违法建设拆除以及砂石加工场所治理。重点进行违法建设的拆除整改、监督管控工作。全年完成拆除违法建设33宗，拆除建筑面积11890.6㎡，腾退土地56.53亩。其中包含国土卫片、规划卫片、日常巡查发现等，对新增违建、占压土地行为有效遏制。

（苏红利）

【养老服务】6月22日，彩丰小区民政局老年餐厅正式开业。该餐厅位于该小区33号楼东侧老年活动中心院内，共计10间，建筑面积约为700平米，设有老年餐厅、日间照料及工作间等。用餐范围涉及到彩丰南、北区，每天用餐人数约50多人，很大程度上解决留守老人用餐难的问题。

（苏红利）

【公共文化服务】村级数字电影放映厅为农村群众播放数字电影共1159场；为河北村、洼里等村更新、安装健身器材9套；为道仙庄、东江头、小营等村申报体育彩票公益金项目；将彩丰小区、彩园顺达工业园申报为国民体质监测三级监测点，有效推进本镇全民健身工作。

（苏红利）

【文体活动】举办南彩镇首届企业篮球联赛、南彩镇第三届乒乓球大赛，驻区企业、双管单位及各村的群众参与，推动本镇体育事业的蓬勃发展。开展送福下乡活动,为百姓书写春联活动；举办南彩镇2016年“五月的鲜花”群众文艺汇演活动，全镇各村、社区、南彩学校等多家单位共计200余名演员参与演出；举办“我的中国梦 魅力新南彩”书法、美术作品网络展，征集艺术作品60余件。组织安排星火工程演出队为全镇各村开展巡回文艺汇演48场，丰富本镇群众的娱乐生活。

（苏红利）

【基层党建】年内河北村、太平庄申报为“六星”服务型党组织；东江头村评为星级晋升先进基层服务型党组织，为每个支部争取5万元扶持资金；通过查阅党员档案、党组织关系介绍信存根等多种方式，搜集党员信息，规范党组织关系调转流程，确保本镇无失联党员，同时将全镇2400名党员录入党统新系统，为2017年本镇互联网+党建打牢基础。推进非公企业党建，对镇域内208家企业进行集中排查，并根据行业和区域进行分类，通过建立联合党支部、“功能型”党组织的方式，实现本镇非公有制企业党组织覆盖率显著提高。

（苏红利）

【社会维稳】年内先后启动二级以上社会面防控8次，主要包括全国“两会”、“4·25”、“5·13”及“6.4”、G20峰会及十八届六中全会等重要时间节点。通过不断发动群防群治力量配合专业警力，确保社会面总体平稳可控，未发生具有较大影响的案事件。

（苏红利）

【教育工作稳步推进】全年共完成辖区共355人（京籍146人、非京籍209人）幼升小学生的入学工作，实现公开、公平、公正提供教育服务；加大对教育的财政投入，在儿童节、教师节期间，镇出资68万元，用于慰问帮扶南彩镇5所公办校、1所民办校和4所村办园，提供发展动力；出资168500元用于奖励149名新考入大学、大专院校的南彩户籍学生，在全镇范围内营造重学习、重素质的良好氛围；专项投资20万元，用于南彩二小的校园文化建设，有力改善学生学习条件。

（苏红利）

【创建市民学习基地】争取区教育中心的专项投资200万元，用于南彩镇市民学校基地建设，为学习型乡镇建设提供更加优质的平台，有力促进群众素质提升。深入各村开展各类知识讲座等培训活动，涉及饮食安全、运动健康、家居健康、老年人生活、家庭理财等十几个内容，全年开展讲座24次。

（苏红利）

【旅游开发】河北村民俗文化体验园被评为国家级AAA景区；北京彩虹庄园农业科技有限公司被评为北京乡村旅游特色业态－采摘篱园；河北村被评为三星级民俗旅游村，村域内三星级民俗旅游户五户。

（苏红利）

【科技创新】南彩镇共有高新技术企业16家，其中，2016年通过高新技术企业认定7家，分别为曲美家居、新能正源、查维斯、六合宁远、博华安创、大成广顺科技、天缘泽牧。

（苏红利）

【全程服务】全年办结区委督查共计10件，主要涉及落实区委全会精神、区委系统评分、环境信访等问题。办结政府督查共计73件，专题督查主要内容包括：消隐、拆违、打非百日专项行动；社会秩序专题整治行动；环境保护工作开展专行行动；农村地区压减燃煤工作。涉及问题主要有校园安全保障、路面基础设施、违法建设、环境脏乱、盘活资产、落实政府常委会专题办理情况等等。此外，以“透明、公开、依法、高效”为原则，充分利用全程办事代理网上办公系统，各村直办件7328件；网上办公4256件，群众满意率100%。

（苏红利）

【健康服务】广泛开展孕前优生健康检查宣传与服务，通过广播、海报、入户走访等形式宣传孕前优生检查，全年为110对育龄夫妇做孕前检查登记和随访；做好育龄群众的生殖健康检查，协调两家卫生院利用4个多月时间为育龄妇女开展妇女病体检、两癌筛查和长效措施体检，累计受益群众达9000余人次。同时深入各村开展各类知识讲座等培训活动，涉及饮食安全、运动健康、家居健康、老年人生活等十几个内容，全年开展讲座24次。

（苏红利）

【安全生产】以政府文件形式印发《南彩镇2016年度安全生产行政执法检查工作计划》，严格按照监督检查工作计划，依法对本镇生产经营单位开展监督检查。据统计，确定重点单位23家、一般单位200家、其他检查单位140家，督查单位16家，全年执法检查计划不少于1000家次。截止到年底，本镇已检查单位1070家次，复查635家次，超额完成年度任务指标。全年，共有150名企业负责人和150名安全管理人员接受安全教育培训，并取得合格证书;同时开展从业人员专题培训以及特种技能培训，组织31名特种作业人员参加培训，切实提高特种工作岗位人员的安全生产技能。

（苏红利）

【人大、村委会换届工作】完成村委会换届选举工作。全镇共有村委会26个,共选出村委成员共计98人。人大换届选举过程中，严格遵照《选举法》和选举实施细则的相关规定，完成第五届区级人大、十七届镇级人大换届选举工作。

（苏红利）

南法信镇

【概况】南法信镇位于首都临空经济高端产业功能区的核心区，镇域总面积20.6平方公里，下辖16个行政村，其中整建制村9个，拆迁村7个，7个村已经完成回迁。全镇总人口35866人，其中户籍人口16591人，流动人口19275人。面对宏观经济下行压力、结构性减税、出口供货增长缓慢等多重因素影响，采取措施，有效应对，实现主要经济指标稳步增长。全年实现地区总产值208.11亿元，同比增长4.8%；实现总收入233.6亿元，同比增长4.7%；实现利润总额15.5亿元，同比增长0.7%。完成属地财税收入22.6亿元，同比增长121.3%；完成一般公共预算收入2.4亿元，同比增长8.4%。农村居民人均纯收入实现24118元，同比增长10%。

(潘岩)

【非整建制拆迁劳动力转非安置工作】1月27日，南法信镇社保所与区人力社保局拆迁办、区司法局公证处和大江洼村协作，顺利完成大江洼村的非整建制拆迁劳动力的转非安置工作，共安置劳动力5人。

（陈崇元）

【“两会”期间安全生产专项整治行动】3月2日至4日，南法信镇镇开展2016年“两会”期间安全生产专项整治行动。此次行动，累计共出动人员60人次，执法车辆5台次，检查35家生产经营单位，下达现场检查文书35份，发现隐患整改85处，现已全部整改完毕。

（刘雪）

【“珍爱生命 远离毒品”主题教育活动】3月11日，南法信镇社区青年汇在南法信中心小学开展星光自护之“珍爱生命 远离毒品”主题教育活动。活动特邀请团市委禁毒教育讲师陈晓冬老师，就相关毒品做重点介绍，并为同学们播放禁毒宣传视频，使同学们更进一步了解毒品的危害；最后，同学们与老师一起宣读禁毒誓言，身体力行，为消除毒品危害尽一份力。本次活动参与师生人数达100余人。

（李娜）

【“春风行动”招聘会】3月18日，南法信镇举办2016年“春风行动”专项活动暨南法信镇招聘会。共有北京骏马客运有限公司、北京康捷空国际货运代理有限公司、圆通速递等23家用人单位参加，提供营业员、行政专员、会计、库管、保洁、司机等各种就业岗位近700个。当天共有500余人参加招聘，其中约有180人在现场与企业达成初步录用意向。

（李玲玲）

【“博爱在京城”活动】3月份，南法信镇响应区红十字会号召，组织开展“博爱在京城”活动，在此期间共筹集善款15万元，所有善款上缴到区红十字会。用于帮扶因灾致贫、因病致贫的家庭解决医疗、子女读书、生活保障等方面的实际困难。

（茹铁军）

【法律服务活动】4月28日，南法信镇开展“法律援助　扶残助残”法律服务活动。邀请镇公益律师盛乃龙律师为大家授课，重点讲解婚姻、反家庭暴力、遗产继承、消费者权益保护等方面内容，并根据生活中常见的真实典型案例进行剖析、点评，阐述法制对于残疾人特殊群体的保护性。近百名残疾人及家属参加活动。

（刘斌）

【“夏季送凉”活动】7月26日，南法信镇总工会深入企业开展“夏季送清凉”活动。先后走访北京嘉和一品企业管理股份有限公司、北京骏马客运有限公司、北京南大电缆有限公司、北京市承顺成混凝土有限公司等10家规模企业，发放清凉包共计1300余份。

（黄晓菲）

【“八一”建军节慰问活动】8月1日，南法信镇镇社会事务科组织开展“八一”建军节慰问活动。向全镇34名优抚对象致以节日的问候和美好祝愿，并送去慰问金，共计20400元，确保他们度过一个欢乐祥和的节日。

（茹铁军）

【多部门联合执法】8月9日上午，针对东海洪、北法信村的无照经营等违法行为，南法信镇组织多部门联合执法，清理查抄三家无照小餐馆。本次执法行动由主管副镇长胡伟带队，携综治办、安全科、经济发展办、流管办、食药所、工商所、派出所、城管等多部门，协调运作联合执法。本次行动检查7家小餐馆，均属无照经营，根据违法情节不同，清理查抄其中的3家。检查中各部门互相配合，充分发挥部门职能，确保辖区内的市场经营秩序。

（王云）

【慰问一线教师】9月7日，南法信镇党委书记黄永志携班子成员来到南法信中学、小学、幼儿园，为一线教师送上问候和祝福。黄书记和徐镇长参观校园环境，仔细询问学校情况，针对安全卫生、教育教学和校园管理等工作进行调研，充分肯定各学校所作出的成绩，对教师表示感谢，鼓励教师们为祖国的教育事业做出更大贡献，并祝教师们教师节快乐。

（韦业）

【三峡资产管理中心进驻东港鑫座项目收房仪式】10月28日上午，南法信镇党委书记黄永志，副镇长章洪参加三峡资产管理中心进驻三元集团东港鑫座项目收房仪式。收房仪式于上午10点08分准时开始，黄书记代表属地政府发表讲话，希望两家公司在今后更加关注、支持南法信镇，寻求更多、更广泛的合作机遇，互利共赢，为南法信镇的经济建设和社会发展做出更大的贡献。

（杨宵宇）

【人大换届】11月15日，南法信镇人大换届选举工作完成。全镇一万四千多选民参与。全镇共登记选民14420人，划分区级选区3个，镇级选区25个，参选单位42家，其中下属行政村16个，企事业单位25个，居民委员会1个，共设投票站36个。

（陈莎莎）

【防尘治霾工作检查】11月18日，副区长吴耀新带队检查南法信镇防尘治霾工作。区环保局、城管执法监察局、住房城乡建设委等单位负责同志参加。副区长吴耀新对镇相关部门及施工单位空气重污染橙色预警应对措施落实情况给予肯定，强调各部门及属地要高度重视此项工作，按照职责分工，主动作为，确保各项应急响应措施真正发挥作用。

（韦业）

【环境安全拉链检查】南法信镇以城乡结合部重点地区公共安全隐患问题综合整治为契机，大力促进环境整体提升，于12月5日开展环境拉练大检查，进一步巩固环境整治成果。此次拉练由镇党委书记、镇长亲自带队，班子成员、16个村党支部书记及派出所、城管、综治办、安全科、流管办等相关职能部门参加，实地查看东海洪村、南卷村、三家店村、东杜兰村等未拆迁村环境整改提升效果、安全隐患排查情况、大气污染防治情况等，并对前期综合整治没收、处罚的成果进行复查。

（李功化）

天竺镇

【概况】天竺镇现辖8个行政村，其中4个自然村，4个拆迁村，另有3个社区居委会。户籍人口11050人，其中农业人口2372人，非农业人口8678人，另有流动人口15639人。2016年，紧紧围绕首都国际航空中心核心区建设，加快推进产业结构转型升级，全年实现地区生产总值50.22亿元，同比增长31.15%；完成属地税收21.9亿元，同比增长61.1%；地方财政预算收入4.1亿元，同比增长13.8%；农民人均劳动所得21941

元，同比增长7.5%。

单位名称：顺义区天竺镇人民政府

地址：顺义区天竺镇府右街6号

电话：（010）80462334

邮编：101312

网址：www.tzkgc.gov.cn

（许娜）

【机构调整】3月，根据天竺镇中心工作的需要，新增城市运营指挥中心、法制督察科、建住房保障中心、天竺公园管理处、蓝天苑社区服务中心、合并组建综治流管中心、财政科、农业科。

（许娜）

【互联网移动办公平台上线】5月，“智慧天竺”互联网政务工作平台正式上线。该平台是根据“智慧天竺”的发展规划，以物联网、移动互联网、云计算为核心技术打造的镇级互联网政务工作平台，可使用手机APP、电脑等方式，随时随地、安全便捷地移动办公，有效解决公务人员因外出或开会等情况引起的文件积压、工作滞后等情况，提高行政办公效率。

（许娜）

【蓝天社区成立】5月5日，天竺镇蓝天社区成立，居委会成员职数为9人，社区服务站职数为4人；11月份通过党员大会选举产生蓝天社区党支部,其中书记一名,党支部委员两名。

（许娜）

【第十届村委会换届选举一次成功】5月21日，天竺镇第十届村委会换届选举8个村全部一次性选举成功。天竺镇2015年4月6日启动村委会换届选举工作，5月21日召开选举大会，参选村均一次性选举成功，成功率100%，呈现“上站率高、预测候选人高票当选、党员干部参与积极热情高”等特点。本次参选村共8个，涉及村民5506户11636人，32名预测候选人全部高票当选，实现村两委班子交叉任职率85%，村支部书记和主任“一肩挑”率达100%。新一届村委会成员中，大专以上学历17人，占53.13%；男女比例3：1；平均年龄50.41岁。

（许娜）

【镇级投资公共自行车投入使用】8月，天竺镇投入350万元建设500辆公共自行车,共设14处公共自行车网点,改善群众公共交通出行“最后一公里”的接驳问题，成为顺义区第一个自行投入建设公共自行车的镇街。天竺镇公共自行车运营按照统一平台、统一网络、与北京市中心城区通存通取、同质服务的运营模式，在公共自行车运营上，配备管理人员、巡检人员、维修人员、调度人员、技术人员、站点管理人员、收银人员、客服人员。

（许娜）

【北京罗红摄影艺术馆开馆】8月10日，北京罗红摄影艺术馆在顺义区天竺镇正式开馆。艺术馆总投资5亿元，占地80亩，位于顺义区天竺镇机场高速杨林出口西侧，由罗红摄影艺术画廊、东方园林群和黑天鹅蛋糕艺术馆3个部分组成。艺术馆建造历时6年，由世界顶级设计师设计主体场馆和园林景观。艺术馆向所有15岁以下的少年儿童免费开放。

（许娜）

【第四届舞蹈大赛举办】9月22日，天竺镇在镇文化活动中心举办第四届天竺镇“舞动天竺健美人生”舞蹈大赛。本次比赛共有8家单位，近170名舞蹈爱好者参与，演出持续1个多小时，评选出一等奖一名，二等奖二名，三等奖三名，组织奖两名。

（许娜）

【招商引资】年内累计引进洲泰城市投资控股有限公司、中祥石油化工应用开发有限公司、创客英雄有限公司、北京海天网联公关顾问有限公司、北京世纪云智科技有限公司等企业88家，累计实现注册资金17.6亿元，其中注册资金5000万元（含）以上企业10家。新引进企业主要集中在商业服务、交通运输、文创等产业。万达城市综合体、智能交通总部基地和三胞集团北京战略总部基地三个重点项目有序推进。

（许娜）

【环境治理】年内，完成8千米的排水沟疏浚工作，顺利通过汛期考验。清理机场第一高速和第二高速联络线白色污染及杂草3千米。对岗山村大土堆实施简易绿化6万平方米。完成首都机场西跑道净空范围内林木伐移工作。及时解决天柱东路道路坑洼不平问题。升级改造镇级垃圾中转站，生活垃圾清运能力增强。清运天竺村拆迁地块渣土100万立方米。新建和翻修道路2.75万平方米，新建污水排水管线1320延米，修建公厕2座，安装更新文化墙1.5万平方米，粉刷外立面5.4万平方米。开展村内停车设施规范管理和停车秩序整治，各村新增停车位550个。启动楼台、杨二营、二十里堡、小王辛庄4个村的棚户区改造前期工作。

（许娜）

【劳动就业】年内，采集空岗信息2031个，开展技能培训1807人次，实现城乡劳动力就业1628人。

（许娜）

【惠民便民政策】新出台《天竺镇人民政府关于落实计划生育特殊困难家庭扶助工作的实施意见》等3项惠民政策，全镇惠民政策达20余项。实施南竺园社区老旧自行车棚改造、绿化美化、屋顶防水等工程。加强健康档案及慢性病管理，全数字DR-X光机投入使用，并聘请市区专家定期坐诊服务，全镇医疗卫生和疾病防控水平不断提升。

（许娜）

【百日专项行动】出台《天竺镇百日行动考核办法》，坚持“消隐、拆违、打非、环境整治、人口调控”五位一体联合推进“百日行动”，共检查生产经营单位1106家次，发现安全隐患2193处，现场整改隐患561处，限期整改隐患1632处，清理可燃物180车；拆除各类违法建设23宗1万余平方米；依法集中整治无证照商户465家，劝返流动人口953人。

（许娜）

【“智慧天竺”建设】年内，实现镇机关无线网络全覆盖。建成智慧行政办公系统，将工作规范化、程序化和制度化，细化分解各项工作，再造流程，形成上下互动、左右联动、内外协调、优质高效的链状系统，机关和各村（社区）工作人员实现随时随地办公。启动实施“智慧天竺”二期项目建设。

（许娜）

【南竺园“八型社区”创建】南竺园社区作为天竺镇首批“八型社区”创建社区，从“干净型、规范型、服务型、安全型、健康型、文化型、诚信型、智慧型”八个方面着手，严格按照“八型社区”标准，全力推进“八型”社区建设。社区聘请市民政局优秀服务商“易来福居家养老服务中心”开展为老服务工作，搭建智能化养老助残服务系统及智能终端硬件设备，实现社区养老助残服务智能化、可控化。建立社区微信公众号，问需于民更加方便。按照智慧型社区标准，9月份“时尚社区南竺园”微信公众号正式上线，定期向居民发布时效信息、工作动态、健康常识、社区活动等信息，与居民互动交流，征集民意，共建美好家园。在创建智慧型社区方面，南竺园社区为居民安装智能门禁管理系统，可自动记录人员出入情况，限制外部人员出入区域，出入时间，提高社区安全度。

（许娜）

仁和镇

【概况】仁和镇位于顺义新城中心区的主城区组团，与首都国际机场零距离对接，101国道、六环路、地铁M15号线、京平（谷）快速路和京承铁路穿境而过，镇域面积54平方公里，辖23个行政村、1个社区，户籍人口4.6万人，流动人口2.5万人。2016年实现属地财税收入20.9亿元，同比增长23.2%；实现一般公共预算收入4.3亿元，同比增长8.1%；农民人均劳动所得同比增长10%。

单位名称：顺义区仁和镇人民政府

地址：顺义区顺平西路9号

电话：（010）69448391

邮编：101300

网址：www.renhe.bjshy.gov.cn

（仁和镇）

【项目建设】2016年，全镇共引进企业108家，注册资金总额12.5亿元。其中，注册资金5000万元以上企业7家。依托仁和工业园的平台优势，推动联东U谷、恒兴国泰等6个项目实现开工建设，C5地块一级开发取得重大突破，新的经济增长极正在加快形成。高顺云港新能科技园转型升级取得初步成效，已引进科荣达、红杉空港等27家科技企业入驻，注册资金总额6.5亿元，为全镇经济发展注入新动力。融音塑业研发生产基地项目主体已完工，企业内生动力不断增强。

（仁和镇）

【镇属企业发展】始终坚持规范管理和扶持引导并重，努力实现镇属企业腾笼换鸟、提质增效。日升、建升、宏城三家房地产公司实力不断增强，中北华宇特级企业资质成功获批。新引进项目及镇属企业纳税占到全镇税收总额的2/3，成为推动全镇经济发展的中坚力量。

（仁和镇）

【拆迁回迁】平各庄村回迁房项目建设有序推进，二期一级开发项目手续正在推进。沙坨村回迁房项目手续进展顺利，转非安置工作已经完成。协调各方，举全区之力实现前进村、太平村原址回迁房全面开工。推进规划调整，望泉寺村回迁房实现全面开工。大力协调项目开发主体与施工单位，停滞多年的小左各庄回迁房现已全面复工。

（仁和镇）

【重点工程】区行政中心、区劳动大厦等区级重点工程征地拆迁工作完成，减河北路东延、顺平南辅路等10余条道路建设正在加快推进，搁置多年的新城和军营两座110千伏变电站正式进场施工，仁和便民服务中心、梅沟营养老院主体结构完工。

（仁和镇）

【生态环境】推进实施政府外包的垃圾清运模式，建

仁和之光模范人物颁奖典礼

设完成镇级建筑垃圾转运场，有效化解基层垃圾清运难题。坚持贯彻清洁空气行动计划，大力实施压减燃煤、煤改气、煤改电等治理工程，二氧化硫等主要污染物排放量比"十一五"末期下降15%以上，超额完成削减目标。完成3128亩平原造林工程，城市绿色颜值显著提升。不断加强水资源管理保护，全面完成河南村、临河村等22个排污口整治工程，配合区水务局完成小中河、月牙河疏挖改造工程。始终保持拆违控违高压态势，确保违法建设零增长。

（仁和镇）

【民生保障】实现城乡劳动力就业1951人次，全镇有劳动能力及就业愿望的城乡劳动力二三产业就业率始终保持在98%以上，连续六年动态保持充分就业成果。在全区率先实施新农合三次报销政策，切实缓解群众就医经济压力。城乡低保标准在全区率先实现一体化，困难群体、高龄老人、优抚对象、残疾家庭等多条帮扶保障制度全面建立。

（仁和镇）

【社会事业】组织"仁和之光"道德模范评选，充分发挥先进典型和道德模范的示范效应，营造崇德向善的良好氛围。八大类教育活动走进农村社区，把知识送到家门口。工会、共青团、妇联的桥梁纽带作用得到充分发挥，征兵和民兵预备役工作得到加强，军政军民团结更加巩固。

（仁和镇）

【安全形势】严格落实安全生产责任制，狠抓危化、消防、建筑、预防煤气中毒等领域安全隐患排查治理，在8个行政村和太阳城社区建立9个微型消防站，用于安全生产宣传教育、监督检查、隐患整治等方面的投资均达到100万元以上，全年未发生重特大安全生产事故。投资560万创建"平安建设型"试点村，不断完善社会治安防控体系。

（仁和镇）

【社会管理】落实"以产引人、以业控人、以房管人"工作思路，通过村庄拆迁、淘汰落后产业、取缔无照经营场所等有效措施，确保流动人口规模得到有效控制。不断加强信访工作和社会矛盾调解体系建设，坚持围绕"正视问题不回避、主动作为不推拖、勇于担当不畏惧"的工作思路，通过落实"一把手"批阅、领导接访、领导包案、属地管理等信访制度，2016年全镇信访总量比2013年下降超过95%，信访秩序明显好转。

（仁和镇）

【农村治理】完成村镇两级换届选举工作，基层干部队伍年龄、学历、能力进一步优化。严格落实"村财镇管"，出台实施《仁和镇关于加强镇级财政财务管理的实施办法》《仁和镇村级财务管理制度》，镇村两级财务工作规范化水平显著提升。深化农村集体"

三资”管理，完成各村固定资产、银行账户、经济合同、债权债务的清查整治工作。

（仁和镇）

【意识形态工作】制定出台《仁和镇意识形态工作方案》，与各村、企业签订意识形态责任书，创新开展汇聚“仁和之光”意识形态主题活动，巩固壮大主流思想舆论，牢牢掌握意识形态工作的领导权、话语权。

（仁和镇）

杨镇

【概况】2016年，杨镇围绕“打造经济新引擎、实现新型城镇化”的目标，转方式、调结构、促改革、惠民生，经济实力显著增强，重点工作稳步推进，环境质量明显提升，社会建设创新推进，全镇经济社会保持平稳健康发展的良好态势。全年共完成属地财税收入6.5亿元，同比增长21.1%；完成一般公共预算收入1.58亿元，同比增长27.2%，农民人均劳动所得达到1.76万元，同比增长10%。

单位名称：顺义区杨镇人民政府

地址：顺义区杨镇府前街3号

电话：（010）61451287

邮编：101309

网址：www.yangzhen.bjshy.gov.cn

（杨旭）

【第七届北京郁金香文化节】4月2日，第七届北京郁金香文化节正式开幕。与往届相比，本届文化节呈现四大亮点。一是全市最早绽放。通过品种选择和种植技术革新实现早期、中期、晚期、超晚期郁金香开放时间的次第衔接，盛花期持续到5月10日。二是全市规模最大。室外展区400万株郁金香营造出壮美花海，呈现“哈尼梯田的记忆”“变幻线骗骗你的眼睛”“爱拼图的童年”等九个组团主题。三是最有国际范。引进风靡全球的国际小火车，上演美妙绝伦的巡游表演。歌舞、杂技、魔术、器乐等多种文艺表演助阵。四是最有文化底蕴。静态的中国传统插花艺术展、生动的老北京手艺绝活、陈文令艺术展等令人目不暇接。

（杨旭）

【《布基兰》主创团队走进北京城市学院杨镇校区】近日，文艺情怀电影《布基兰》走进北京城市学院杨镇校区进行放映，导演、编剧安兴伟，主演刘兴盛、娜仁其木格等主创人员应邀出席。映后主创团队与观影学生进行交流，影片获得观影学生的一致好评。

（杨旭）

【朗诵家陆洋、董军走进杨镇二中】5月17日，中央电台《新闻和报纸摘要》、《新闻联播》主播、国家领导人讲演导师、全国人民代表大会常务委员会特约播音员陆洋，《祖国万岁》大型朗诵音乐会总策划、总出品人，著名朗诵艺术家董军走进杨镇二中，开展“有声语言——朗诵在教学中的运用”交流活动。活动中，陆洋老师针对朗诵在教学中的运用及如何区分“课文调”和“朗诵调”，以《新闻联播》为例，进行详实细致的讲解，并以《沁园春·雪》为例，为语文老师进行现场指导。

（杨旭）

【汉石桥湿地举办音乐会】汉石桥湿地为蓝俱乐部举办“聆听湿地之声”音乐会，邀请北京市盲人学校、区社区服务总中心的盲人同学、孤残小朋友及热衷湿地保护工作的志愿者们一起感受自然之美。

（杨旭）

【M15号线东延至杨镇】依照《北京城市轨道交通建设规划（2014-2020年）》文件精神，顺义区原计划推进M15号线东延至顺义新城南彩组团。工程预估全长2.3公里，总投资约38亿元。顺义区相关部门推进项目立项工作，力争于2017年开工建设，十三五时期实现竣工通车。顺义区协调市级相关部门，规划将M15号线东延至顺义新城杨镇组团，工程预估全长13公里，现已会同规划局初步开展项目方案研究工作。与此同时，顺义区还将推进地铁15号线沿线土地综合开发，以地铁沿线综合开发引导现代高端服务业集聚，带动地铁沿线各镇城镇化进程。

（杨旭）

【优美特牵头承担的“十三五”国家重点研发项目正式启动】9月6日，杨镇二三产业基地内企业优美特（北京）环境材料科技股份公司（以下简称“优美特”）牵头承担的“十三五”国家重点研发计划“大气污染成因与控制技术研究”试点专项“绿色水性工业涂料与涂装技术研究及产业化”项目正式启动。本项目将紧紧围绕行业产品技术应用需求，以国内顶尖材料研发团队为技术基础，以典型企业应用为导向，充分利用优美特十余年纳米功能材料产品研发及生产经验“产学研用”优势，最终研发生产出真正满足行业需求的高性价比功能性绿色环保产品。

（杨旭）

【第八届北京菊花文化节食品安全保障工作】组织培训，强化食品安全主体责任。树立企业是食品安全第一责任人意识，对园区内外6家餐饮单位负责人及相关人员开展食品安全知识宣传培训，强化食品经营者的守法经营意识和食品安全意识。审核资质，签订食品安全保障承诺书。对园区内食品经营单位资质进行审查，并为符合要求的食品经营单位发放《临时摊位证》。同时，与主办方和园区内2家商户分别签订文化节期间的食品安全保障承诺书。驻点保障，确保食品安全监管无死角。开园前对园区内食品经营者的食品工具进行现场查看，对接待菜谱的食品安全性进行审查评估，督促食品经营者依法做好食品购进、加工、供应和留样等工作；针对园区周边的食品经营单位开展排查，对不符合规范的情况现场完善，并就原材料索证索票、餐具消毒、食品留样等逐项落实。严阵以待，提升食品安全应急处置能力。制定应急预案，增强舆论监测，加强与相关单位的协同合作，确保群众投诉举报渠道通畅，努力做到迅速查办，及时反馈。

（杨旭）

【生活垃圾综合处理厂积存渗沥液处理项目正式运行】确定积存渗沥液处理委托运营商，技术采用机械式压缩蒸发的处理工艺，处理规模为10万吨/年，渗沥液处理后达到北京市地方排放相关标准，服务期为3年。该项目自5月初开始进厂施工，经过五个月的建设安装调试，目前出水水质检测达标，已进入正式运行阶段，每天进水量为300立方米。

（杨旭）

【“不忘初心担道义，激情活力展未来”系列主题宣传活动拉开帷幕】11月28日，由华夏少奇（北京）文化发展中心与本镇联合主办的‘不忘初心担道义，激情活力展未来“系列主题宣传活动，在杨镇中心小学报告厅拉开帷幕。共和国主席刘少奇长女刘爱琴、华夏少奇（北京）文化发展中心主任黄峥、中国文化艺术发展促进会副会长王建国等领导、嘉宾出席活动。活动中，大家共同参观在杨镇中心小学举办的顺义地区书画作品展、观看“舞龙舞狮”表演等；见证“爱琴班”揭牌及刘爱琴被聘为杨镇中心小学五（4）班俄语名誉教师仪式；共同栽种象征友谊长存，爱心常在的“爱琴树”。本次活动是在“纪念中国工农红军长征胜利80周年纪念刘少奇同志诞辰118周年”之际举办，旨在向广大学生弘扬长征精神，缅怀刘少奇等老一辈无产阶级革命家的丰功伟绩，让他们从小接受爱党、爱国主义教育，接受激发潜质、展现活力教育，激励和引导每一位学生走好“新长征”之路。

（杨旭）

【大棚房整治工作】2016年对侉子营村北京燕府林城农业有限公司建设大棚房进行联合执法3次，强制拆除新建大棚房22栋，拆除违法建设总面积2740平方米，拆除硬化地面3800平方米。

（杨旭）

【节能减排工作】2016年完成12家企业共计59蒸吨燃煤锅炉拆除、更换工作，涉及北京钢顺联营楔横轧厂、大明电缆厂等企业11家，压减燃煤消耗约1万吨。关停和疏解外迁项目3个：一是北京东方雨虹防水技术股份有限公司的防水卷材生产项目，于2016年1月全部外迁至河北唐山；二是北京市玉林石灰厂石灰生产环节于2016年4月生产设备和石灰窑全部拆除；三是北京联华铸造有限公司项目整体外迁，现有厂区进行产业升级转型，该企业于2016年1月12日签订年底完成外迁承诺。

（杨旭）

【民俗村、民俗户评定工作】2016年田家营村和沙子营村被旅游委评为3星级民俗旅游村，两村中共有10家民俗户被评定为星级民俗户。田家营村被评为北京市“市级民俗旅游村”。

（杨旭）

【曾庄村乡情村史陈列馆】2016年杨镇首家乡情村史陈列馆在曾庄村建成，并对外开放。

（杨旭）

张镇

【概况】年内，张镇下辖29个行政村，2个社区，常住人口26812人，户籍人口23273人。2016年张镇完成属地财税收入15720万元，同比增加4444万元，同比增长39.4%；实现一般公共财政预算收入4071万元，同比增加517万元，同比增长14.5%；农户人均所得1.9万元。

单位名称：顺义区张镇人民政府
地址：顺义区张镇大街3号
电话：（010）61480550
传真：（010）61480609
邮编：101307
网址：http://www.zhangzhen.bjshy.gov.cn/

（张镇）

【民兵连长实弹射击训练】9月27日，张镇政府武装部组织各村民兵连长在警卫第三师炮兵团靶场进行轻武器实弹射击训练，旨在增强各村民兵连长的作战水平，提升精度射击的准确性。包括镇领导以及民兵连长共33人参加。训练武器为56式7.62mm冲锋枪，采取“卧姿有依托”射击方式，对100米距离固定目标，进行精度射击和基础射击。

（张镇）

【镇中心区地形图测绘工程】为保证2017年镇域内重点工程顺利施工，2016年10月委托顺义区住房和城乡建设委员会测绘所对张镇镇中心区地形进行测绘，现已完成测绘工作。

（张镇）

【妇联创新亮点】12月1日，张镇妇联召开2016年“最美家庭”表彰暨家风事迹宣讲会。家庭代表及各村社区妇代会主任70余人参加此次会议。会上，镇妇联主席李德新向大家汇报2016年家庭创建工作情况；向家庭代表颁发荣誉证书及奖品；6名家庭代表讲述各自家庭的家风故事。

（张镇）

【第二届冰雪温泉狂欢季开幕】12月17日，“北京顺义第二届冰雪温泉狂欢季”开幕式在张镇莲花山滑雪场举行。开幕式上，区委宣传部部长贺亚兰、世锦赛速滑冠军叶乔波分别致辞，市区领导共同点燃圣火。

（张镇）

【文明单位共建】12月27日，北京首开亿信置业股份有限公司与张镇中学共建文明单位仪式在张镇中学举办。北京首开亿信置业股份有限公司向张镇中学捐赠电脑、数码相机、无线拾音器、古典文学书籍等。双方共同签订文明单位共建协议书。与会领导观看张镇中学宣传片，并参观音乐教室及化学实验室。

（张镇）

【全域旅游示范镇】年内，东方园林产业集团与张镇共同就“打造张镇全域旅游示范镇”达成明确合作意向。经济发展办负责具体事项的组织和协调，与东方园林产业集团密切联系，在镇域内多次开展深入调研，就旅游项目规划、旅游民宿开发等方面深度挖掘镇域内旅游资源，梳理形成莲花山及周边资源、白鹭庄园、油鸡厂、龙凤山等旅游资源脉络，逐步清晰张镇全域旅游项目端的发展形象。8月30日，张镇组织听取东方园林产业集团有限公司对“张镇全域旅游产业运营方案”的汇报。12月17日，顺义区政府与东方园林产业集团正式签订全域旅游战略合作框架协议。

（张镇）

【重点工程完成情况】年内，一是张镇110KV输变电工程：张各庄村南莲花山东地块修建110千伏输变电站，目前完成选址、国土、规划手续及站址地上物评估、拆迁工作。二是区医院东院区天然气接入及锅炉煤改气工程：现已完成区医院东院区天然气管线串通及锅炉改造工程。三是五彩浅山滨水国家登山健身步道公园张镇一期工程：北京市测绘设计研究院已完成主线、支线的测绘工作，目前正在进行具体方案设计。

（张镇）

【教育投入】年内教育投入资金共计231.6万元。其中投入70万元用于幼儿园室外实践活动场地建设、园内绿化、文化建设及教师培训；投入20万元用于教育设施设备的更新改造、教师培训及交流活动；投入40多万用于教育设施设备的更新。

（张镇）

【体育事业】北京金童萌足球俱乐部有限公司，北京京莲体育管理有限公司，北京盛世绿港足球俱乐部有限公司开展镇域内体育产业专项调查工作；开展冰雪宣传讲座，推广普及冰雪运动知识；组织103人开展体质监测及骨密度测试活动。

（张镇）

【政府信息公开】年内高度重视政府信息公开工作，一是主动公开政府信息，共主动公开政府信息140条，其中法规文件1件，规划计划1件，业务动态138件；二是依申请公开政府信息受理工作，共受理依申请政府信息公开10件。

（张镇）

【农业重点项目】2016年完成平原造林1487亩；2012至2015年平原造林养护20000余亩，督促中标单位及时除草、防虫、清理地上可燃物，巩固造林成果；完成镇村田间路（100余条）行道树的补栽补植及养护工作，共栽植国槐5100余株，银杏1000余株；完成后王会龙凤山500亩彩叶林的踏查工作，为秋后进行栽植做好前期准备；完成全镇入河排污口治理建设任务。主动关闭侯庄、张各庄、后苏桥、西营等村的6个排污口。建设污水处理站3座，现行宫污水处理站和政府北侧污水处理站均已投入试运行。完成无名河治理工程，河道地上物评估，清理抢栽抢种一次，共拔除抢栽树木5000余株；完成打井21个，管道铺设26140米，井房21个；继续完成投资1038万元对吕布屯、北营、麻林山三个村进行坑塘生态治理项目，主要实施蓄水防水38136平米、钢筋水泥护坡17722平米、清淤31715立米、疏挖排水3076米、绿化种植800

余株等工程；完成虫王庙、李家洼子林下土地平整，种植山药、百合、菊花等10余亩；投入380万元，完成后苏桥、北营、王庄、侯庄共11户个人养殖场清退工作，减少养殖规模5个，拆除猪舍等地上物5809平米。

（张镇）

【新农村建设】年内共安装连村路灯256盏；小曹庄、前苏桥煤改电239户；新建翻建抗震节能房139户，单项改造1410户，建设太阳能浴室1座，申报美丽乡村创建村5个。制定张镇村级路灯设施养护计划，投资70余万元，委托天津华宇电力安装有限公司北京分公司实施村级路灯设施养护。投资58.7万元更换朱庄至顺平路50个灯杆上的150盏路灯及其他配件。完成10个村街坊路维护工程。同时对赵秦小区的排水工程进行改造，总长度346米，涉及路面维护施工670平方米。投资48万元对厂门口、虫王庙等七个村太阳能浴室进行防水及外墙的维护工作。

（张镇）

【木孙路拆迁工作】木孙路全长34.1公里，穿越顺义区木林镇、龙湾屯镇、张镇、大孙各庄镇四个镇，途经张镇9.4公里，共涉及赵各庄、聂庄、朱庄、良山、小三渠、麻林山、贾家洼子、李家洼子8个村。一期工程共涉及赵各庄、聂庄、朱庄、良山、小三渠、麻林山（部分）6个村；二期工程共涉及麻林山、贾家洼子、李家洼子3个村。一期工程涉及非住宅拆迁114户，其中赵各庄村21户，聂庄村23户，朱庄村3户，良山村22户，小三渠村5户，麻林山村40户，截止到目前已签约106户，签约比例约93%，剩余8户；涉及宅基地拆迁52户（全属良山村），54宗宅基地，入户登记测量工作完成。回迁位置及安置方案初步确定，目前正在做该地块调规手续等相关工作。二期工程所占用土地大部分为平原造林工程用地，涉及个人户较少，贾家洼子1户，李家洼子2户，二期工程所占用土地的评估工作现已完成。

（张镇）

【公共租赁住房的摇号、选房配租工作】2016年，张镇根据上级住保办工作指示，配合区住保办完成顺义区首次公共租赁住房的摇号、选房配租工作。参加本次摇号的公共租赁住房申请家庭共1667户，配租房源共1058套，中签率为63%。张镇共有100多户家庭参加摇号，30多户家庭参加选房。

（张镇）

【村级环境建设】年内依托年初制定的镇级环境整治任务台账，实施村级环境综合整治工程。整治连村路60余条，29个村栽植绿化美化村木10000余棵，清理村内边沟共计37000米，粉刷墙壁19万平方米，清理卫生死角70余处，整治村内街道乱堆乱放230处，修建、修补花墙5000米。

（张镇）

【“一事一议”项目】年内张镇规范和完善“一事一议”筹资筹劳资金的管理制度。完成北营、柏树庄、港西、小曹庄4个村“一事一议”村庄排水和大坑整治项目建设，工程总投资694.94万元，申请财政奖补资金625.45万元。

（张镇）

【土地承包经营权确权登记颁证】依据全区实施方案，计划在2015年至2017年3年间完成此项工作，2016年底前张镇已完成18个村的农村土地承包经营权权属调查和公示审核工作。

（张镇）

【公益性公墓规范管理】年内张镇对20个村级公墓加大管理使用，对公墓内破损的地面进行硬化，对周边环境进行绿化，完善公墓管理制度。小曹庄、赵各庄、白辛庄、侯庄4个村级公墓申报建设升级达标管理补贴，并通过区民政局的验收，给予每个公墓12万元补贴。

（张镇）

【慈善事业稳步推进】年内为60名60岁以上低保老人办理慈善医疗救助，救助金额2.1万元；为221户城乡低保家庭发放爱心卡，一人户每户补助100元，两人以上每户补助200元，持爱心卡可以到爱心超市购买生活用品；为37名低保、低收入家庭中的小学到高中学生给予500、1000、2000元救助金，总计4.7万元。另外，积极开展“春风送暖”、“党员献爱心”和“冬衣送暖”社会捐助活动，三次活动累计捐款12万多元。

（张镇）

【精神文明创建】年内共推荐3人参加顺义区第六届道德模范评选，高长明获提名奖，同时推荐高长明拾金不昧典型事例成为北京榜样，并在顺义时讯、北京青年报社区报、首都文明网等多家媒体报道。

（张镇）

张镇机关干部参加义务植树活动

【张镇中心幼儿园迁址】2016年张镇中心幼儿园搬入新址浅山香邑幼儿园，由原来的9个班的设置，扩大到12个班的设置。

（张 镇）

【“网格化”监管见成效】年内制定实施“网格化”监管制度。以顺平路为界，将张镇划分为南北两个网格，每个网格有2名食药所人员负责。每周一、三；二、四两个网格负责人进行巡查，严格检查辖区内监管单位经营者的经营台账，按照标准，检查餐饮单位的环境卫生、个人卫生、工具及设备、食品容器等卫生设施情况。同时监督餐饮加工制作、销售、服务过程的食品安全情况；严厉查处食品流通环节的过期变质食品。针对以前检查内容，每周五召开总结例会，对发现的问题进行深入研究和探讨，认真履行职责。

（张 镇）

赵全营镇

【概况】赵全营镇当前镇域发展呈现出三个阶段性特征：经济建设跨越发展，坚持稳中求进、稳中求优的总基调，充分发挥规划引领和新型城镇化发展理念坚持稳中求进、稳中求优的总基调，充分发挥规划引领和新型城镇化发展理念，坚持产业结构持续优化，全镇经济质量和效益实现大幅度提升。同时抓住京津冀协同发展的有利时机，建设北京顺义新三板产业加速器、盘活低效资产，激活资本市场，为未来进一步发展做好功能储备。城市化进程加快推进，首创、和裕两家房地产公司有序的推进楼盘开发，回迁房、商业用房、别墅等项目逐渐从规划变为现实，文化创意、高端智造等优质资源日益聚集，城市配套功能日益完善，已初步建成一个环境优美、特色突出、前景良好的京北特色小镇。民生环境持续改善，环境“洗脸”、“整容”工程有步骤地实施，使各村环境得到系统提升，获得群众的普遍认可；深入研究制定大病帮扶、二次报销等惠民制度，加大民生投入，使地区发展的红利更多、更好、更直接的惠及全镇百姓。

单位名称：顺义区赵全营镇人民政府

地址：顺义区牛板路101号

电话：60432871

邮编：101301

网址：http://www.zhaoqy.bjshy.gov.cn/

（赵全营镇）

【首家新三板企业挂牌】趋势传媒成为本镇首家正式挂牌新三板的企业，并于2016年1月11日正式敲钟。

（张欣慰）

【启动寻找“最美全营人（故事）”】4月在全镇开展寻找“最美全营人（故事）”，用朴实的语言和发自内心的真实感受讲述身边人、身边事，为身边的好人好事点赞，为勤政爱民的镇村干部点赞，为优秀基层党组织点赞。

（张欣慰）

【京承汇杯拔河比赛】4月24日，赵全营镇联合区拔河协会在北京国际鲜花港举办“京承汇”杯京津冀拔河邀请赛，旨在加强京津冀地区文化交流活动，提高竞技拔河运动水平，推动全民健身运动的开展。

（张欣慰）

【医疗大篷车送医上门】6月，启动医疗大篷车进村送医上门服务，使村民不出村就能享受到医疗诊治、拿药、心电图、测血压等服务，并实现医保与新农合的实时报销。

（张欣慰）

【赵全营创客文化日】6月8日，以“啤酒创客 活力全赢”为主题的第25届燕京国际啤酒文化节赵全营文化日在北京奥林匹克水上公园开幕。赵全营镇首次参加大型对外开放的国际啤酒节活动，也是燕京啤酒节历届以来第一个以创业创新为主题的啤酒文化节活动。活动中，介绍赵全营近年来的巨大发展成果，发布赵全营镇空港C区的各项优惠政策。

（张欣慰）

【顺义区首个健身步道】9月7日，顺义区首个健身步道工程启动。工程投资736万元，位于赵全营镇小高丽村东部，建于纵穿万亩示范方的道路两侧，全长4公里，宽2米，比地面高出10公分，视野开阔。经专家测算，附近绿色植物密集，负氧离子含量很高。步道上标有距离标尺，适宜进行体育运动。

（张欣慰）

【就业服务与社会保障】2016年度全镇新增就业775人，完成总任务的138%。城乡劳动力就业562人，完成总任务的125%。城乡劳动力二三产业就业率为96.5%，超额完成任务指标。城乡困难人员就业290人，完成总任务的129%。

（张欣慰）

【新三板产业加速器成效显著】截止12月31日，完成工商税务登记290家，上板企业6家、股改企业9家、筹备上板的企业16家，储备项目30家。加速器吸引高端企业入驻，促进地方税收增长，2016年实现地方新增税收 5000 万元。

（张欣慰）

组织机构负责人名单

一、区委机关

（一）中国共产党北京市顺义区委员会

书　记　王　刚
副书记　高　朋
　林向阳（9月免）
　车克欣（女，3月任，12月免）
　于庆丰（12月任）
常　委　车克欣（女，3月免）
　于庆丰（12月免）
　肖韵竹（女，10月免）
　李国营（8月退休）
　朱家亮（4月免）
　陈卫明（12月免）
　初军威（9月任）
　张　良（10月任）
　肖承继
　霍光峰
　禹学垠（6月任）
　贺亚兰（女，9月任）
　张晓峰（12月任）

（二）中国共产党北京市顺义区纪律检查委员会

书　记　肖韵竹（女，10月免）
　张　良（10月任）
副书记　胡小兵（5月免）
　李　衍（8月任）
　王文荣（女）
　李　彬（3月免）
　邱兆瑞（8月任）
常　委　徐立松（女，3月免）
　李　浩（3月免）
　芦　超
　王　卿（女）
　赵前程（6月任）
　张瑞英（女，6月任）
　王海涛（10月任）

（三）区委工作部门

办公室主任　肖承继
常务副主任（正处级）
　王　颀
组织部部长　车克欣（女，7月免）
　禹学垠（7月任）
常务副部长（正处级）
　单成刚（12月免）
　张友生（12月任）
宣传部部长　霍光峰（9月免）
　贺亚兰（女，9月任）
常务副部长（正处级）
　张建国
政法委书记　周颖博（12月免）
　张晓峰（12月任）
统战部部长　周颖博（9月免）
　肖承继（12月任）
常务副部长（正处级）
　王振林
研究室主任　袁日晨（满族，12月任）
　张小军（12月任）
精神文明建设委员会办公室
　主任　田庆江
社会管理综合治理委员会办公室

主任 姜　蒙
维护稳定工作领导小组办公室
主任 张　峰
防范和处理邪教问题领导小组办公室主任
（政府防范和处理邪教问题办公室主任） 李剑文
直属机关工作委员会书记 肖承继
常务副书记 胡明才（3月免）
常务副书记 赵金明（8月任）
台湾工作办公室主任（政府台湾事务办公室主任）
皮志杰（女）
保密委员会办公室主任（保密局局长） 王　颀
老干部局局长 赵光国
社会工作委员会书记（社会建设工作办公室主任）
张守旺（3月免）
王学武（3月任）
机构编制委员会办公室主任
李金贵（5月免）
贾文禹（7月任）

二、人大机关

北京市顺义区人大常委会
主　任 胡尚云（12月免）
车克欣（12月任）
副主任 冯庆森（1月免）
赵贵恒（11月退休）
吴建国
盛德利（12月任）
赵殿江（1月任）
董建华（1月任，12月免）
丁文强（12月任）
白丽洁（女，不驻会）
办公室主任 田法德
研究室主任 王守明（12月免）
郭旭东（女，12月任）
代表联络室主任 杨卫民（女，3月任）
教科文卫工作委员会
主任 高学通（12月免）
教科文卫体办公室
主任 高学通（12月任）
农村工作委员
主任 张志海（12月免）
农村办公室
主任 孙书林（12月任）
城乡建设环保工作委员会
主任 罗振文（5月免）
李赛楠（5月任，12月免）
城建环保办公室
主任 洪　全（12月任）
财政经济委员会
主任 周振涛（12月免）
财政经济办公室（预算审查办公室）
主任 周振涛（12月任）
内务司法工作委员会
主任 李国庆（12月免）
法制办公室（备案审查办公室）
主任 吕海燕（女，12月任）
信访接待室
主任 李赛楠（女，5月免，12月任）

三、政府机构

（一）顺义区人民政府

区　长 高　朋
副区长 于庆丰（12月免）
朱家亮（4月免）
张晓峰（12月免）
禹学垠（8月免）
盛德利（12月免）
霍光峰（8月任）
初军威（9月任）
赵为民（10月任）
李向英（女）
吴耀新（10月任）
张爱冬（8月任）
郑晓博（12月任）

（二）区政府工作部门

办公室主任 王　颖
政务信息化办公室（在区政府办挂牌子）主任 王　颖
政府外事侨务办公室主任 欧阳华洲
政府对外联络办公室（在政府外事侨务办加挂牌子）
主任 欧阳华洲
突发公共事件应急委员会办公室（副处级）
主任（应急指挥中心主任） 李光明
监察局局长 胡小兵（5月免）
李　衍（8月任）
发展和改革委员会主任 董建华（1月免）
于长雷（1月任）
临空经济办公室（在区发展和改革委员会挂牌子）
主任 胡　杰
物价局局长 单　林（6月免）
教育委员会主任 刘克祥
政府教育督导室（在区教委挂牌子）主任 李卫国
科学技术委员会书记 范玉岭
主任 金泰希（女，朝鲜族）
知识产权局（在区科学技术委员会挂牌子）局长

金泰希（女，朝鲜族）
民政局局长 聂燕山
民族宗教事务局局长 赵金荣（女）
政府法制办公室主任 巨海燕（女，12月免）
王英华（12月任）
财政局局长 赵殿江（1月免）
范学智（1月任）
人力资源和社会保障局局长 张尚强
住房和城乡建设委员会主任 王 奎（3月免）
赵洪涛（3月任）
政府住房保障和改革办公室（在区住建委挂牌子）
主任 王 奎（3月免）
市政市容管理委员会主任 赵振英
城乡环境建设委员会办公室主任（在区市政市容委挂牌子） 张东民
交通局局长 徐晓武（12月免）
郭崇峰（12月任）
农村工作委员会主任 刘振河
农业局局长 刘振河
动物卫生监督管理局局长 赵桂清（女）
商务委员会主任 秦拥军（满族，12月免）
袁日晨（满族，12月任）
粮食局（在区商务委员会挂牌子）局长
秦拥军（满族，12月免）
袁日晨（满族，12月任）
文化委员会主任 马朝龙
卫生和计划生育委员会主任 董杰昌
审计局局长 范士永
环境保护局局长 洪 全（12月免）
张乙铭（女，土家族，12月任）
统计局局长 解长春（12月免）
岳彩华（女，12月任）
水务局局长 苏东海（12月免）
王 江（12月任）
经济和信息化委员会主任 宋 鹏（5月免）
胡小兵（5月任）
司法局局长 李国印（12月免）
管学文（12月任）
旅游发展委员会主任 申志红
体育局局长 李 成
园林绿化局局长 李长勇
绿化委员会办公室（在区园林绿化局挂牌子）主任
李长勇
安全生产监督管理局局长 孙书林（12月免）
单增友（12月任）
信访办公室主任 李子腾
民防局局长 张希德（12月免）
张文生（12月任）
政府国有资产监督管理委员会书记 刘庆顺
主任 丁文强（12月免）
耿 超（12月任，挂职）
金融服务办公室主任 周继武
城市管理综合行政执法监察局书记 韩 静
局长 张东民（5月免）
宋 鹏（5月任）
顺义区政务服务中心筹备办公室（临时机构）主任
于长雷（3月免）
张东民（5月任）
北京临空经济核心区管委会主任 张爱冬
北京顺义绿色生态产业功能区管理委员会（北京市顺义区推进浅山区建设办公室）主任 管学文（12月免）
秦拥军（12月任）
中关村科技园区顺义园管理委员会（科技创新产业功能区管委会）副主任 张友生

四、政协机关

政协北京市顺义区委员会

主 席 杨宝华（1月免）
周颖博（1月任）
副主席 田建国
闫志广
孙桂祥（12月免）
韩凤桐（1月任，12月免）
单成刚（12月任）
郭振江（12月任）
刘 静（女，不驻会）
金泰希（女，朝鲜族，12月任，不驻会）
田家玉（不驻会，12月免）
杨凤辉（12月任，不驻会）
秘书长 李景林（12月免）
张希德（12月任）
办公室主任 张存忠（12月免）
李宏伟（12月任）
专委会工作一室主任 王俊忠
专委会工作二室主任 刘 峰
专委会工作三室主任 申荣文（12月免）
徐晓武（12月任）
专委会工作四室主任 李树江（12月免）
李国印（12月任）
专委会工作五室主任 高金龙（12月免）
张存忠（12月任）
专委会工作六室主任 王海荣（女）
研究室主任 金向东（12月免）
解长春（12月任）

五、综保区机关

北京天竺综合保税区管理委员会

主　任　高　朋（12月任）
副主任　林向阳（9月免）
庄　杰
李燕凌（女）
杭金亮
专职委员　张爱冬（8月免）
吴耀新（9月免）
兼职委员　宋建明
宋京雁
杨　杰
高世清
办公室主任　李宝东
政策法规处处长　张廷军
规划建设处处长　赵志齐
经贸发展处处长　陶黎黎（女）
保障处处长　赵习文
信息处处长　王永宝
党群工作处筹备组负责人　王少兵

六、群众团体

总工会主席　李国新
共青团顺义区委员会书记　梁志刚
妇女联合会主席　鲍晓芹（女，6月免）
王新兵（女，6月任）
残疾人联合会理事长　王振军（6月免）
王晓东（6月任）
工商业联合会主席　田家玉
书记、常务副主席　单晓梅（女）
红十字会会长　李向英（女）
书记、常务副会长　王新兵（女，6月免）
张立新（女，6月任）
文学艺术界联合会主席　张中茂（8月免）
袁树旺（8月任）
科学技术协会主席　金泰希（女，朝鲜族）
慈善协会会长　盛德利（12月免）
郑晓博（12月任）
常务副会长（正处级）　李玉峰

七、政法军事

北京市公安局顺义分局局长　李国营（8月退休）
赵为民（8月任）
检察院检察长　张　豫
法院院长　李旭辉
司法局局长　李国印
武装部部长　王子利
政委　陈卫明

八、镇、街道办事处

（一）街道办事处

光明街道办事处　书记　郭树文
主任　姜慧琴（女）
胜利街道办事处　书记　贾崇彪
主任　冯江全（5月免）
王洪涛（5月任）
石园街道办事处　书记　赵金明（12月免）
徐志国（12月任）
主任　衣　晶（女，6月任）
旺泉街道办事处　书记　郑晓博（12月免）
黄学英（女，12月任）
主任　黄学英（女，12月免）
于宝鑫（12月任）
双丰街道办事处　书记　赵靖宇
主任　刘海丰（7月免）
乔　龙（7月任）
空港街道办事处　书记　柳亚辉
主任　李　莉（女）

（二）镇（地区）

仁和镇（地区办事处）书记　赵洪涛（3月免）
刘　洋（3月任）
镇长（主任）　刘　洋（3月免）
杨文仲（5月任）
马坡镇（地区办事处）书记　贾文禹（7月免）
武　捷（7月任）
镇长（主任）　于长雷（1月免）
贾　睿（1月任）
牛栏山镇（地区办事处）书记　郝蔚泉
镇长（主任）　陈　红
赵全营镇　书记　李在东
镇长　李志刚
高丽营镇　书记　范学智（3月免）
王海松（3月任）
镇长　王彦利（女）
北石槽镇　书记　王鉴远
镇长　胡小刚
南法信镇（地区办事处）书记　李　衍（8月免）
黄永志（8月任）
镇长（主任）　徐志国（12月免）
王　民（12月任）
后沙峪镇（地区办事处）书记　王学武（3月免）
史卫东（3月任）
镇长（主任）　孙雪松（5月免）

冯卫全（5月任）
天竺镇（地区办事处）书记 王江
镇长（主任） 杨登科
李桥镇 书记 黄海鹏
镇长 张春和
南彩镇 书记 黄永志（8月免）
赵海波（8月任）
镇长 闫岩（女，3月免）
刘海峰（7月任）
杨镇（地区办事处） 书记 赵志勇
镇长（主任） 陈向东
张镇 书记 刘晨光
镇长 赵海波（8月免）
张涛（8月任）
北小营镇 书记 马强
镇长 朱新生（8月免）
孙海江（8月任）
木林镇 书记 王海松（3月免）
李健（3月任）
镇长 李健（3月免）
李浩（3月任）
龙湾屯镇 书记 史卫东（3月免）
闫岩（女，3月任）
镇长 张伟
李遂镇 书记 武捷（7月免）
朱新生（8月任）
镇长 李子腾（3月免）
李黎（3月任）
北务镇 书记 李刚
镇长 张小军（12月免）
马占磊（12月任）
大孙各庄镇 书记 马卫国
镇长 王秀刚

九、事业单位

区委党校 校长 唐颖博（12月免）
于庆丰（12月任）
书记 闫连恒
常务副校长 闫连恒
行政学院 院长 于庆丰（12月免）
霍光峰（12月任）
常务副院长 闫连恒
农村合作经济经营管理站
站长 焦庆海
地震局 书记 张东生
局长 田福贵
投资服务中心主任 （未任，政务中心筹备办代管）
汉石桥湿地自然保护区管理办公室
主任 牛玉江
流动人口管理服务中心主任 王晓东（6月免）
机关事务管理服务中心主任 陈光（6月免）
韩立稳（6月任）
政府招待所 所长 陈光（6月免）
蒲朝夕（女，苗族，6月任）
长青林场 书记 张海泉
场长 李瑞军
市场经营管理中心 主任 申志勇
房屋征收事务中心 主任 张香东
住房保障事务中心（副处级）主任 刘哲（3月免）
张存江（7月任）
北京天竺保税区综合服务中心
主任 郭旭东（女，6月免）
陈光（6月任）
投资促进局 局长 杨凤辉
书记 黄建民（12月免）
李晓军（女，12月任）
新城建设管理委员会 主任 史长生（12月免）
新城建设管理委员会办公室
主任 杜井龙（12月任）
北京空港建设管理服务中心
主任 姚颖（12月免）
魏伟（12月任）
档案局局长（档案馆馆长、党史区志办公室主任）
梁军
政府驻海南办事处 主任 于泉海
广播电视中心 主任 宋森
信息中心（副处级） 主任 韩瑞军
园林服务中心 主任 孙仲秀（5月免）
王振军（5月任）
种植业服务中心 主任 李宏伟（女，12月免）
史长生（12月任）
农机服务中心 主任 屈宝成
书记 李福利（5月提前退休）
屈宝成（5月任）
社区教育中心（副处级）
主任 李建军
城镇环境卫生服务中心主任 单增友
教育研究考试中心 主任 张海
牛栏山第一中学 校长 张华礼
总部企业高管人员服务中心
主任 张忠伟
卫生局卫生监督所（副处级）
所长 侯宁
疾病预防控制中心（副处级）
主任 李印东
区医院（副处级） 院长 王飞

中医院（副处级） 书记 魏 青
妇幼保健院（副处级）书记 张树海（12月任）
人才服务中心（副处级）
主任 郭有斌
劳动服务管理中心（副处级）
主任 梁 勇
社会保险事业管理中心（副处级）
主任 解锡海
劳动人事争议仲裁院（副处级）
院长 李 栋
物价检查所（副处级）所长 张枫华（11月退休）

十、企业单位

北京燕京啤酒集团公司
董事长 郭振江
书记 郭振江
经理 赵晓东
北京市顺义区地方工业公司
书记 徐海松（9月免）
经理 石振东（9月免）
北京顺义市政控股有限责任公司
董事长 李守义
书记 李守义
经理 任建军
北京市顺义建筑工程公司
经理 张殿友
北京市顺义区建筑板块筹备组
组长 张殿友
北京通达实业总公司
经理 孔祥普（9月免）
书记 孔祥普（9月免）
北京市顺义区供销合作社
主任 方建华（9月免）
李 奇（9月任）
书记 方建华（9月免）
李 奇（9月任）
北京市顺义区商业企业整合筹备组
组长 方建华（9月任）
北京市煤炭总公司顺义区分公司
经理 李 奇（9月免）
书记 李 奇（9月免）
北京国泰中百商业有限公司
经理 刘树忠
书记 李会娟（女，9月免）
北京鑫海韵通百货有限公司
经理 张福海
书记 张福海
北京顺鑫控股集团有限公司
董事长 王 泽
书记 王 泽
北京京顺轧辊厂 厂长 陈 明（9月免）
书记 陈 明（9月免）
顺义区国有资本经营管理中心
经理 赵柏青
书记 赵柏青
北京综合保税区开发管理中心
经理 杨文科（8月免）
书记 杨文科（8月免）
北京综合保税区开发管理有限公司
董事长 杨文科（8月任）
书记 杨文科（8月任）
北京天竺空港经济开发公司
董事长 卞云鹏
书记 卞云鹏
经理 石振东（9月任）
北京顺义生态旅游集团有限公司
董事长 张其中
书记 张其中
北京顺义科技创新集团有限公司
董事长 赵洪峰
书记 赵洪峰
经理 蒙连胜
北京大龙控股有限公司
董事长 马云虎
书记 马云虎
经理 杨祥方
北京顺义建设投资服务有限公司
董事长 刘福海
书记 刘福海
经理 姚仕松
北京市燕顺保障性住房投资有限公司
经理 李文江
北京顺义新城地产开发有限公司
董事长 宋学农
书记 宋学农
经理 纪品良
建筑板块筹备组 组长 张殿友（10月任）

十一、双管单位

北京市国土资源局顺义分局
书记 孟庆秋
局长 韩凤桐（3月免）
张守旺（3月任）
北京市药品监督管理局顺义分局
局长 陈福刚
北京市规划委员会顺义分局

局长　杨卫东

北京市路政局顺义公路分局

局长　赵兴利

北京市顺义区国家税务局

局长　胡永进

北京市顺义区地方税务局

局长　郑　鹏

北京市顺义区质量技术监督局

局长　陈长旺（3月免）

茹立新（女，10月任）

北京市工商行政管理局顺义分局

局长　杨　鸣

国家统计局顺义调查队

队长　张自林（2016年11月免）

孙洪博（2016年11月任）

北京市顺义区烟草专卖局

局长　张秀武

北京市共青林场

书记　张海泉

场长　律　江

北京市顺义区气象局

局长　韩晓峰

北京市顺义区邮政局

局长　李　勇

北京农业生态工程试验基地

书记　胡荣海

主任　张　涛

全国（含部）先进单位及先进个人

获奖级别	序号	奖项	颁奖单位	获奖人
国家级（集体）	1	农业技术推广成果奖（畜禽养殖场粪污生态安全处理技术产业化推广应用）一等奖	中华人民共和国农业部	顺义区农科所
	2	农业技术推广成果奖（北京蔬菜绿色高效生产技术集成与推广应用）一等奖	中华人民共和国农业部	顺义区农科所
	3	农业技术推广成果奖（粮食绿色增产与轻简高效技术研究与推广） 二等奖	中华人民共和国农业部	顺义区农科所
国家级（个人）	1	全国农牧渔业丰收奖一等奖	中华人民共和国农业部	蔬菜科科长 徐茂
	2	全国农牧渔业丰收奖	中华人民共和国农业部	顺义区种子管理站 张丽华
	3	农业技术推广成果奖（畜禽养殖场粪污染生态安全处理技术产业化推广应用） 一等奖	中华人民共和国农业部	顺义区农科所 李宏明
	4	农业技术推广成果奖（畜禽养殖场粪污染生态安全处理技术产业化推广应用） 一等奖	中华人民共和国农业部	顺义区农科所 闫连波
	5	全国农牧渔业丰收奖 二等奖	中华人民共和国农业部	顺义区农科所 杨殿伶
	6	农牧渔业丰收奖成果奖一等奖	中华人民共和国农业部	顺义区农科所 张怀文

北京市（不含部委）先进单位及先进个人

获奖级别	序号	奖项	颁奖单位	获奖人
市级（集体）	1	北京市三八红旗集体	北京市妇联	后沙峪中小
	2	北京市工人先锋号	北京市总工会	顺义一中科研组
	3	北京市优秀职工心理服务项目助推	北京市总工会	杨镇中小
	4	北京市职工心灵驿站	北京市总工会	李桥中小
	5	2015-2016年度北京市安全生产监管监察工作改革创新奖	市安监局、市煤监局	顺义区安全生产监督管理局
	6	2016年北京市安全生产月活动最佳实践活动奖	市安监局	顺义区安全生产监督管理局
	7	2016年北京市“职工技协杯”职业技能竞赛应急处置员（危险化学品）比赛优秀组织奖	市安监局	顺义区安全生产监督管理局
	8	2016年北京市“职工技协杯”职业技能竞赛检查人员（安全生产专职安全员）比赛优秀团体三等奖	市安监局	顺义区安全生产监督管理局
	9	2011-2015年度北京市信访工作先进集体	中共北京市委北京市人民政府	顺义区信访办公室
	10	北京市安全文化建设示范企业	北京市安全生产监督管理局	北京燕京啤酒集团公司
	11	工人先锋号	北京市总工会、北京市人力资源和社会保障局	北京燕京啤酒有限公司第三发酵车间
	12	首都拥军优属拥政爱民模范单位	中共北京市委、北京市人民政府	机构编制委员会
	13	北京市公务员管理工作先进集体	中共北京市委组织部、北京市人力资源和社会保障局	机构编制委员会

获奖级别	序号	奖项	颁奖单位	获奖人
市级（集体）	14	北京市机关档案工作测评市级优秀单位	北京市档案局	胜利街道办事处
	15	首都社区志愿服务组织之星	北京市民政局	胜利街道建北一社区
	16	北京市综合减灾示范社区	北京市民政局	胜利街道龙府花园社区
	17	北京市规范化人民调解委员会	北京市司法局	胜利街道怡馨一社区
	18	北京市社会领域优秀党建活动品牌	中共北京市委社会工作委员会	胜利街道建北二社区
市级（个人）	1	首都劳动奖章	北京市总工会	顺义区第九中学冯辉
	2	北京市三八红旗奖章	北京市妇女联合会	牛栏山一中王春晶
	3	北京市师德榜样	北京市委教育工作委员会、北京市教育委员会、中国教育工会北京市委员会	木林中小张琳
	4	北京市师德先锋	北京市教育委员会 北京市委教育工作委员会 北京市总工会	杨镇二中侯长柏 顺义第十三中王继红 顺义九中吕雄伟 东风小学任春艳 牛山一小曹铃岳 幸福幼儿园张红霞 新英才学校刘秀灿
	5	北京市农业技术推广奖 二等奖	北京市人民政府	蔬菜科科长 徐茂
	6	北京市农业技术推广奖二等奖	北京市人民政府	蔬菜科主任科员聂晓红
	7	北京市农业技术推广奖 一等奖	北京市人民政府	蔬菜科科员陆凌晨
	8	北京市农业技术推广贰等奖	北京市人民政府	顺义区蔬菜生产技术服务中心杜三林

获奖级别	序号	奖项	颁奖单位	获奖人
市级（个人）	9	北京市农业技术推广壹等奖（畜禽粪便安全高效处理技术集成与农田培肥推广应用）	北京市人民政府	顺义区农科所 史树昆
	10	北京市农业技术推广奖二等奖（西瓜甜瓜生态高效栽培技术集成创新与应用）	北京市人民政府	顺义区农科所 刘咏涵
	11	北京市农业技术推广奖一等奖	北京市人民政府	顺义区农科所 刘国明
	12	北京市农业技术推广奖叁等奖	北京市人民政府	顺义区农科所 赵国龙
	13	北京市农业技术推广奖一等奖	北京市人民政府	顺义区农科所 张怀文
	14	北京市农业推广奖一等奖（巴乐新小绥螨和拟长毛钝绥螨工厂化生产及推广应用）	北京市人民政府	顺义区植保植检站 张爱军
	15	北京市农业推广奖叁等奖（果园害虫关键绿控技术创制与集成应用）	北京市人民政府	顺义区植保植检站 张爱军
	16	北京市农业推广奖叁等奖（小麦化学农药减量控害技术体系集成与推广）	北京市人民政府	顺义区植保植检站 王泽民
	17	北京市“社工知识进万家”知识竞赛第一名	北京市民政局	顺义区胜利街道民政科 赵天骄、金花莲

顺义区国民经济和社会发展主要指标统计表

项　目	计量单位	2016年	2015年	2016年为2015年%
基本情况				
土地面积	平方公里	1019.89	1019.89	100.0
街道办事处	个	6	6	100.0
建制镇	个	19	19	100.0
村民委员会	个	426	426	100.0
社区居委会	个	127	114	111.4
总户数	户	272316	269929	100.9
农业户	户	104749	105930	98.9
总人口	人	627365	614872	102.0
农业人口	人	251727	254143	99.0
非农业人口	人	375638	360729	104.1
常住人口	万人	107.5	102.0	105.4
地区生产总值	亿元	1565.6	1440.9	108.7
第一产业	亿元	20.0	21.9	91.3
第二产业	亿元	644.4	577.7	111.5
第三产业	亿元	901.3	841.4	107.1

项　目	计量单位	2016年	2015年	2016年为2015年%
地区生产总值构成	%			—
第一产业	%	1.2	1.5	—
第二产业	%	41.2	40.1	—
第三产业	%	57.6	58.4	—
农业				
农林牧渔业总产值(现价)	万元	534110.6	581054.7	91.9
主要农副产品产量				
粮食	万吨	8.3	9.8	84.7
夏粮	万吨	3.1	3.6	85.2
秋粮	万吨	5.2	6.2	84.6
蔬菜	万吨	25.9	31.2	83.0
干鲜果	万吨	5.4	5.5	98.2
出栏生猪	万头	76.3	74.7	102.1
出栏肉牛	万头	1.9	2.1	90.5
出栏羊	万只	8.5	9.8	86.7
栏鸡	万只	159.7	595.5	26.8
出栏鸭	万只	141.5	221.9	63.8
鲜蛋	吨	8688.3	15016.4	57.9
#鸡蛋	吨	8687.9	15016.4	57.9
鲜鱼	吨	6868.3	8817.7	77.9
牛奶	吨	55183.5	55556.5	99.3
工业（规模以上）				
工业总产值	万元	31119938.5	28284423.1	110.3
工业主营业务收入	万元	32346333.3	29159159.7	111.3
工业利润总额	万元	1152549.6	2236600.2	51.9
外经.外贸				
三资企业签约项目	个	52	49	106.1

项　目	计量单位	2016年	2015年	2016年为2015年%
合同外资额	万美元	287914.9	44407.9	648.3
实际利用外资额	万美元	69305.5	52113.6	133.0
注册资本	万美元	215290.0	49225.1	437.4
投资总额	万元	415245.1	79365.1	523.2
固定资产投资				
全社会固定资产投资	亿元	485.0	465.2	104.3
城镇固定资产投资(含房地产)	亿元	426.8	421.1	101.4
#房地产开发投资	亿元	268.8	292.6	91.9
农村固定资产投资(含农户)	亿元	58.2	44.1	131.9
批发零售.住宿餐饮				
社会消费品零售额	万元	4429877.1	4099675.0	108.1
网点数	个	17170	17082	100.5
从业人员	人	105927	94561	112.0
财政.金融				
财政总收入	万元	6369864.0	5764176.0	110.5
地方财政收入	万元	2093826.0	2113953.0	99.0
#公共财政预算收入	万元	1378615.0	1247607.0	110.5
地方财政支出	万元	3065116.0	3043455.0	100.7
#公共财政预算支出	万元	2390927.0	2251054.0	106.2
各项税收	万元	5489368.0	4980896.0	110.2
地税	万元	1757893.0	1718279.0	102.3
国税	万元	3731475.0	3262617.0	114.4
各项存款余额	万元	17968882.0	16756963.8	107.2
#城乡居民储蓄余额	万元	7654083.0	7052679.3	108.5
各项贷款余额	万元	9122856.0	7676112.0	118.8

项　目	计量单位	2016年	2015年	2016年为2015年%
劳动工资				
年末从业人员人数	人	466389	467109	99.8
第一产业	人	3967	4634	85.6
第二产业	人	176038	187959	93.7
第三产业	人	286384	274516	104.3
全年工资总额	万元	4994658.4	4568574.0	109.3
第一产业	万元	21287.6	24372.3	87.3
第二产业	万元	1621584.8	1514001.2	107.1
第三产业	万元	3351786.0	3030200.5	110.6
教育				
学校数				
普通中学	个	32	32	100.0
职业中学	个	5	5	100.0
小学	个	48	46	104.3
在校学生数				
普通中学	人	26117	26785	97.5
职业中学	人	727	1296	56.1
小学	人	44518	42784	104.1
毕业生数				
普通中学	人	5112	8857	57.7
职业中学	人	399	780	51.2
小学	人	5928	5238	113.2
文化体育				
文化馆.站	个	26	26	100.0
公共图书馆	个	1	1	100.0
公共图书馆藏书	万册	95	88	108.0
电影放映单位	个	5	5	100.0

项　目	计量单位	2016年	2015年	2016年为2015年%
农村放映单位	个	416	416	100.0
区级以上重点文物保护单位	个	3	9	33.3
卫生				
医疗卫生机构数	个	685	672	101.9
#医院及卫生院	个	217	214	101.4
医疗卫生机构实有床位数	张	3660	3660	100.0
#医院及卫生院实有床位数	张	3270	3270	100.0
卫生技术人员	人	7947	7422	107.1
#执业（助理）医师	人	3315	3112	106.5
每千人口拥有执业（助理）医师数	人	3.1	3.1	100.0
每千人口拥有医院及卫生院床位数	张	3.0	3.2	93.8
人民生活（抽样调查资料）				
城镇居民人均可支配收入	元	36448	33394	109.1
城镇居民人均生活消费支出	元	23810	22174	107.4
农村居民人均可支配收入	元	24649	22648	108.8
农村居民人均生活消费支出	元	15245	13926	109.5
城市建设与环境				
全区公路总里程	公里	2947.4	2944.9	100.1
天然气管道供应	万户	20.6	18.9	109.0
天然气供应量	万立方米	45703.3	39256.2	116.4
林木绿化率	%	36.60	35.60	—
城区生活污水集中处理率	%	98.7	98.7	—
能源消耗				
能源消费总量	万吨标煤	1197.7	1123.8	106.6
全区用电总量	万千瓦时	657783.0	600135.4	109.6

项　目	计量单位	2016年	2015年	2016年为2015年%
第一产业	万千瓦时	29933.0	27620.6	108.4
第二产业	万千瓦时	285196.2	272498.9	104.7
工业	万千瓦时	269431.9	257844.6	104.5
建筑业	万千瓦时	15764.3	14654.3	107.6
第三产业	万千瓦时	223206.1	202691.1	110.1
城乡居民生活用电	万千瓦时	119447.8	97324.8	122.7

注：1.地区生产总值增速为现价增速，2016年不变价增速为7.9%；

2.每千人口拥有执业（助理）医师数和拥有医院及卫生院床位数，人口按常住人口计算；

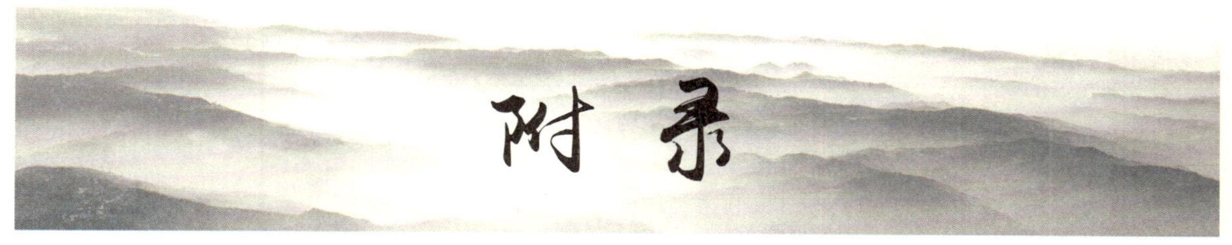

中共北京市顺义区委文件目录

中共北京市顺义区委文件

序号	文件标题	发文字号	印发日期
1	中共北京市顺义区委北京市顺义区人民政府关于印发北京市顺义区专家咨询委员会工作办法（试行）的通知	京顺发〔2016〕2号	4月1日
2	中共北京市顺义区委关于做好2016年镇级领导班子换届工作的实施意见	京顺发〔2016〕3号	5月3日
3	中共北京市顺义区委北京市顺义区人民政府关于贯彻落实安全发展战略促进和谐宜居新家园建设的实施意见	京顺发〔2016〕4号	5月12日
4	中共北京市顺义区委关于进一步加强政协协商民主建设的实施意见	京顺发〔2016〕5号	5月19日
5	中共北京市顺义区委关于贯彻落实中央、市委统战工作会议精神的意见	京顺发〔2016〕6号	5月26日
6	中共北京市顺义区委北京市顺义区人民政府关于印发顺义区“十三五”时期全面深化改革规划的通知	京顺发〔2016〕7号	7月21日
7	中共北京市顺义区委关于成立区领导班子换届工作领导小组的通知	京顺发〔2016〕8号	8月10日
8	中共北京市顺义区委转发中共北京市顺义区人大常委会党组关于区、镇两级人民代表大会换届选举工作的意见的通知	京顺发〔2016〕10号	8月11日

序号	文件标题	发文字号	印发日期
9	中共北京市顺义区委关于中国共产党北京市顺义区第五次代表大会代表选举工作的通知	京顺发〔2016〕11号	9月20日
10	中共北京市顺义区委关于加强重大事项舆论风险评估及管理工作的意见	京顺发〔2016〕12号	9月20日
11	中共北京市顺义区委关于成立区机关事务管理服务中心党组的通知	京顺发〔2016〕13号	9月30日
12	中共北京市顺义区委北京市顺义区人民政府印发关于进一步促进红十字事业发展的实施意见的通知	京顺发〔2016〕14号	10月25日
13	中共北京市顺义区委北京市顺义区人民政府关于加强“十三五”时期学习型城市建设的意见	京顺发〔2016〕15号	10月28日
14	中共北京市顺义区委北京市顺义区人民政府印发《关于进一步推进顺义教育综合改革的意见》的通知	京顺发〔2016〕16号	11月15日
15	中共北京市顺义区委北京市顺义区人民政府关于进一步推进低收入农户增收及低收入村发展的意见	京顺发〔2016〕17号	11月18日
16	中共北京市顺义区委北京市顺义区人民政府关于加快供给侧结构性改革推进产业转型升级的实施意见	京顺发〔2016〕18号	11月18日
17	中共北京市顺义区委北京市顺义区人民政府关于印发《顺义区法治宣传教育第七个五年规划（2016—2020年）》的通知	京顺发〔2016〕19号	12月1日
18	中共北京市顺义区委关于撤销中共中国邮政集团公司北京市顺义分公司党组成立中共中国邮政集团公司北京市顺义分公司委员会的通知	京顺发〔2016〕20号	11月29日
19	中共北京市顺义区委北京市顺义区人民政府关于印发顺义区街道机构改革方案的通知	京顺发〔2016〕21号	12月5日
20	关于做好北京市出席党的十九大代表候选人推荐人选推荐提名工作的通知	京顺发〔2016〕23号	12月29日
21	关于五届区委常委会委员分工的通知	京顺发〔2016〕24号	12月29日
22	关于印发顺义区第五次党代会区委报告、区纪委报告的通知	京顺发〔2016〕25号	12月22日

中共北京市顺义区委办公室文件

序号	文件标题	发文字号	印发日期
1	中共北京市顺义区委办公室北京市顺义区人民政府办公室关于印发顺义区落实京津冀协同发展工作方案的通知	京顺办发〔2016〕1号	1月15日
2	中共北京市顺义区委办公室北京市顺义区人民政府办公室关于印发顺义区街道管理体制改革工作方案的通知	京顺办发〔2016〕3号	3月24日
3	中共北京市顺义区委办公室关于印发《顺义区镇（街道）纪委（纪工委）书记、副书记提名考察办法（试行）》等三个文件的通知	京顺办发〔2016〕4号	3月25日
4	中共北京市顺义区委办公室北京市顺义区人民政府办公室关于做好第十届村民委员会选举工作的意见	京顺办发〔2016〕5号	3月28日
5	中共北京市顺义区委办公室关于印发《区委常委会2016年议题计划》的通知	京顺办发〔2016〕6号	4月5日
6	中共北京市顺义区委办公室北京市顺义区人民政府办公室关于2015年度改进工作作风密切联系群众 “1+X”制度体系落实情况的通报	京顺办发〔2016〕7号	4月14日
7	中共北京市顺义区委办公室印发关于《顺义区关于在全体党员中开展“学党章党规、学系列讲话，做合格党员”学习教育的实施方案》的通知	京顺办发〔2016〕8号	5月12日
8	中共北京市顺义区委办公室北京市顺义区人民政府办公室关于开展农村土地承包经营权确权登记颁证工作的意见	京顺办发〔2016〕9号	5月20日
9	中共北京市顺义区委办公室关于建立领导干部上讲台制度的实施意见（试行）	京顺办发〔2016〕10号	5月20日
10	中共北京市顺义区委办公室关于印发《顺义区加强镇级领导班子换届风气监督工作的实施方案》的通知	京顺办发〔2016〕11号	5月24日
11	中共北京市顺义区委办公室关于印发《顺义区委常委会关于开展“两学一做”学习教育的工作方案》的通知	京顺办发〔2016〕12号	5月26日

序号	文件标题	发文字号	印发日期
12	中共北京市顺义区委办公室关于印发《顺义区委工作部门向纪检机关报送涉嫌违反党的纪律问题线索的办法》的通知	京顺办发〔2016〕13号	6月14日
13	中共北京市顺义区委办公室关于印发顺义区委2016年党建工作要点的通知	京顺办发〔2016〕14号	7月7日
14	中共北京市顺义区委办公室关于印发顺义区2016年重点信访问题区级领导包案工作方案的通知	京顺办发〔2016〕15号	7月11日
15	中共北京市顺义区委办公室关于印发顺义区加强换届风气监督“五个责任主体”责任清单的通知	京顺办发〔2016〕16号	7月22日
16	中共北京市顺义区委办公室关于印发顺义区加强区级领导班子换届风气监督工作的实施方案的通知	京顺办发〔2016〕17号	7月22日
17	中共北京市顺义区委办公室印发《关于实行党风廉政建设责任制履责记实制度的规定》的通知	京顺办发〔2016〕18号	8月15日
18	中共北京市顺义区委办公室关于转发区“一助一”办公室《依托“一助一”载体，精准扶贫，全面建设小康社会的工作要点》的通知	京顺办发〔2016〕19号	8月16日
19	中共北京市顺义区委办公室北京市顺义区人民政府办公室关于印发顺义区行政事业单位住房补贴工作方案及实施细则的通知	京顺办发〔2016〕20号	8月22日
20	中共北京市顺义区委办公室关于印发《2016年顺义区党风廉政建设责任制检查考核工作方案》的通知	京顺办发〔2016〕21号	11月9日
21	中共北京市顺义区委办公室北京市顺义区人民政府办公室关于印发《顺义区社区工作者管理办法》的通知	京顺办发〔2016〕23号	12月1日
22	中共北京市顺义区委办公室北京市顺义区人民政府办公室关于印发《顺义区加强城市服务管理网格化体系建设实施方案》的通知	京顺办发〔2016〕24号	12月1日
23	中共北京市顺义区委办公室北京市顺义区人民政府办公室关于印发顺义区城乡结合部重点地区公共安全隐患问题综合整治工作方案的通知	京顺办发〔2016〕25号	12月6日

序号	文件标题	发文字号	印发日期
24	中共北京市顺义区委办公室北京市顺义区人民政府办公室关于印发北京市顺义区环境保护工作职责分工的通知	京顺办发〔2016〕26号	12月14日
25	顺义区关于深入推进以村（居）规民约为抓手创新基层社会协同治理工作实施意见	京顺办发〔2016〕27号	12月21日
26	关于做好2017年元旦春节期间有关工作的通知	京顺办发〔2016〕28号	12月29日

北京市顺义区人民政府文件目录

北京市顺义区人民政府文件目录

文号	标题
顺政发[2016]1号	北京市顺义区人民政府关于滕莉同志试用期满任职的通知
顺政发[2016]2号	北京市顺义区人民政府关于印发进一步优化市场消费环境实施意见的通知
顺政发[2016]3号	北京市顺义区人民政府关于印发政府工作报告的通知
顺政发[2016]4号	北京市顺义区人民政府关于胡杰等同志任免职的通知
顺政发[2016]5号	北京市顺义区人民政府关于张巍等同志试用期满任职的通知
顺政发[2016]6号	北京市顺义区人民政府关于印发《北京市顺义区人民政府督促检查工作办法》的通知
顺政发[2016]7号	北京市顺义区人民政府关于印发2016年区政府工作报告重点工作分工方案的通知
顺政发[2016]8号	北京市顺义区人民政府关于印发顺义区2016年为群众拟办重要实事的通知
顺政发[2016]9号	北京市顺义区人民政府关于开展第三次全国农业普查工作的通知
顺政发[2016]10号	北京市顺义区人民政府关于成立北京大龙控股有限公司等单位及马云虎等同志任免职的通知
顺政发[2016]11号	北京市顺义区人民政府关于杨文科等同志任免职的通知
顺政发[2016]12号	北京市顺义区人民政府关于张振勇等同志任免职的通知
顺政发[2016]13号	北京市顺义区人民政府关于印发顺义区2016年重点工程安排计划的通知
顺政发[2016]14号	北京市顺义区人民政府关于于长雷等同志任免职的通知
顺政发[2016]15号	北京市顺义区人民政府关于加快促进慈善事业健康发展的意见
顺政发[2016]16号	北京市顺义区人民政府关于建立区政府部门权力清单责任清单制度的通知
顺政发[2016]17号	北京市顺义区人民政府关于赵洪涛等同志任免职的通知
顺政发[2016]18号	北京市顺义区人民政府关于赵洪涛等同志任免职的通知
顺政发[2016]19号	北京市顺义区人民政府关于印发顺义区水污染防治工作方案的通知
顺政发[2016]20号	北京市顺义区人民政府关于宋鹏等同志任免职的通知

顺政发[2016]21号	北京市顺义区人民政府关于农村土地承包经营权确权登记颁证工作中变更发包方的通知
顺政发[2016]22号	北京市顺义区人民政府关于胡林同志试用期满任职的通知
顺政发[2016]23号	北京市顺义区人民政府关于印发《顺义区对外协议管理工作实施细则》的通知
顺政发[2016]24号	北京市顺义区人民政府关于王振军等同志任免职的通知
顺政发[2016]25号	北京市顺义区人民政府关于印发《顺义区产业项目全要素综合评价办法》的通知
顺政发[2016]26号	北京市顺义区人民政府关于印发《顺义区旅游业发展引导资金管理办法》的通知
顺政发[2016]27号	北京市顺义区人民政府关于印发顺义区土地节约集约利用工作意见的通知
顺政发[2016]28号	北京市顺义区人民政府关于印发顺义区耕地保护实施意见的通知
顺政发[2016]29号	北京市顺义区人民政府关于印发顺义区农村宅基地管理办法（试行）的通知
顺政发[2016]30号	北京市顺义区人民政府关于印发顺义区建立制止和查处违法用地违法建设联动工作机制意见的通知
顺政发[2016]31号	北京市顺义区人民政府关于顺义区土地储备开发工作的指导意见
顺政发[2016]32号	北京市顺义区人民政府关于印发《顺义区存量建设用地开发利用指导意见》的通知
顺政发[2016]33号	北京市顺义区人民政府关于陈光等同志任免职的通知
顺政发[2016]34号	北京市顺义区人民政府关于印发顺义区创建北京市服务业扩大开放综合试点示范区实施方案的通知
顺政发[2016]35号	北京市顺义区人民政府关于胡小兵等同志任免职的通知
顺政发[2016]36号	北京市顺义区人民政府关于乔龙等同志任免职的通知
顺政发[2016]37号	北京市顺义区人民政府关于张军堂等同志试用期满任职的通知
顺政发[2016]38号	北京市顺义区人民政府关于印发顺义区提高生活性服务业品质行动计划的通知
顺政发[2016]39号	北京市顺义区人民政府关于印发《顺义区进一步加快推进污水治理和再生水利用工作三年行动方案（2016年7月—2019年6月）》的通知
顺政发[2016]40号	北京市顺义区人民政府关于印发《顺义区国有土地上房屋征收与补偿指导意见》的通知
顺政发[2016]41号	北京市顺义区人民政府关于许庆军等同志任免职的通知
顺政发[2016]42号	北京市顺义区人民政府关于杨文科等同志任免职的通知

顺政发[2016]43号	北京市顺义区人民政府关于李衍同志任职的通知
顺政发[2016]44号	北京市顺义区人民政府关于印发《北京市顺义区2016年简政放权放管结合优化服务改革工作实施方案》的通知
顺政发[2016]45号	北京市顺义区人民政府关于李奇等同志任免职的通知
顺政发[2016]46号	北京市顺义区人民政府关于印发《顺义区财政性资金、国有资产审计监督协调暂行办法》的通知
顺政发[2016]47号	北京市顺义区人民政府关于印发《顺义区审计整改工作暂行办法》的通知
顺政发[2016]49号	北京市顺义区人民政府关于进一步加强督促检查工作的意见
顺政发[2016]50号	北京市顺义区人民政府关于印发顺义区空气重污染应急预案（2016年修订）的通知
顺政发[2016]51号	北京市顺义区人民政府关于马亚峰同志免职的通知
顺政发[2016]52号	北京市顺义区人民政府关于马利等同志试用期满任职的通知
顺政发[2016]53号	北京市顺义区人民政府关于印发《进一步完善城乡义务教育经费保障机制实施方案》的通知
顺政发[2016]54号	北京市顺义区人民政府关于印发区长副区长区政府党组成员工作分工的通知
顺政发[2016]55号	北京市顺义区人民政府关于加快冰雪运动发展的实施意见（2016—2022年）

顺义区人民政府办公室文件目录

顺政办发[2016]1号	北京市顺义区人民政府办公室关于印发顺义区职能部门安全生产专职安全员队伍建设方案的通知
顺政办发[2016]2号	北京市顺义区人民政府办公室关于印发《顺义区第二期学前教育三年行动计划（2015—2017年）》的通知
顺政办发[2016]3号	北京市顺义区人民政府办公室关于印发顺义区燃煤调控和小散乱污企业治理工作方案的通知
顺政办发[2016]4号	北京市顺义区人民政府办公室关于印发顺义区推广随机抽查规范事中事后监管工作实施方案的通知
顺政办发[2016]5号	北京市顺义区人民政府办公室关于印发顺义区清洁空气行动计划2016年实施方案的通知
顺政办发[2016]6号	北京市顺义区人民政府办公室关于印发北京市顺义区新城建设管理委员会办公室主要职责内设机构和人员编制规定的通知

顺政办发[2016]7号	北京市顺义区人民政府办公室关于印发顺义区医疗卫生服务水平提升2016年实施方案的通知
顺政办发[2016]9号	北京市顺义区人民政府办公室关于印发顺义区公路安全生命防护工程实施方案的通知
顺政办发[2016]10号	北京市顺义区人民政府办公室关于印发顺义区区级行政事业单位国有资产处置管理办法的通知
顺政办发[2016]11号	北京市顺义区人民政府办公室关于印发顺义区镇级行政事业单位国有资产处置暂行管理办法的通知
顺政办发[2016]12号	北京市顺义区人民政府办公室关于印发《顺义区国家行政机关向监察机关报送涉嫌违反行政纪律问题线索的办法》的通知
顺政办发[2016]13号	北京市顺义区人民政府办公室关于印发《顺义区简化优化公共服务流程方便基层群众办事创业工作方案》的通知
顺政办发[2016]14号	北京市顺义区人民政府办公室关于加快推动顺义区“十三五”期间水务工作发展的通知
顺政办发[2016]15号	北京市顺义区人民政府办公室关于印发顺义区提升农村人居环境推进美丽乡村建设实施方案（2016-2020年）的通知
顺政办发[2016]16号	北京市顺义区人民政府办公室关于印发《2016年顺义区缓解交通拥堵行动计划》的通知
顺政办发[2016]17号	北京市顺义区人民政府办公室印发《顺义区关于加强村级医疗卫生机构和乡村医生队伍建设的实施细则》的通知
顺政办发[2016]18号	北京市顺义区人民政府办公室转发市国土局顺义分局区农委区园林绿化局关于进一步支持设施农业健康发展有关问题的通知
顺政办发[2016]19号	北京市顺义区人民政府办公室关于建立顺义区耕地保护共同责任机制的意见
顺政办发[2016]20号	北京市顺义区人民政府办公室印发《顺义区关于加强涉嫌非法占用耕地案件有关鉴定工作的实施意见》的通知
顺政办发[2016]21号	北京市顺义区人民政府办公室印发《顺义区关于违法用地地上建筑物及其他设施移交处置的暂行办法》的通知
顺政办发[2016]22号	北京市顺义区人民政府办公室关于加强土地储备开发项目市政基础设施建设工作的通知
顺政办发[2016]23号	北京市顺义区人民政府办公室关于成立顺义区征地转非安置工作领导小组的通知
顺政办发[2016]24号	北京市顺义区人民政府办公室关于印发顺义区建设项目施工和地质勘查临时用地管理办法（试行）的通知

顺政办发[2016]25号	北京市顺义区人民政府办公室关于印发《顺义区清理整治违法违规排污及生产经营行为工作实施方案》的通知
顺政办发[2016]26号	北京市顺义区人民政府办公室关于成立北京市顺义区人民政府推进职能转变协调小组的通知
顺政办发[2016]号27	北京市顺义区人民政府办公室 关于印发《顺义区2016年政务公开工作要点》的通知
顺政办发[2016]28号	北京市顺义区人民政府办公室关于印发北京市顺义区总部企业和临空经济高端人才服务中心主要职责内设机构和人员编制规定的通知
顺政办发[2016]29号	北京市顺义区人民政府办公室关于印发顺义区水环境区域考核办法（试行）的通知
顺政办发[2016]30号	北京市顺义区人民政府办公室关于印发《顺义区工业污染行业、生产工艺调整退出及设备淘汰实施方案》的通知
顺政办发[2016]31号	北京市顺义区人民政府办公室关于印发《顺义区国有土地上住宅房屋征收补偿办法》的通知
顺政办发[2016]32号	北京市顺义区人民政府办公室关于印发《顺义区国有土地上非住宅房屋征收补偿办法》的通知
顺政办发[2016]33号	北京市顺义区人民政府办公室关于印发顺义区大气污染治理强化措施实施方案的通知
顺政办发[2016]34号	北京市顺义区人民政府办公室关于加强三级政务服务体系建设的意见
顺政办发[2016]35号	北京市顺义区人民政府办公室关于印发《顺义区推进镇（街道）政务服务标准化建设工作实施方案》的通知
顺政办发[2016]36号	北京市顺义区人民政府办公室关于印发《顺义区实施河湖生态环境管理“河长制”工作方案》的通知
顺政办发[2016]37号	北京市顺义区人民政府办公室关于印发顺义区加强企业信用体系建设实施意见的通知
顺政办发[2016]38号	北京市顺义区人民政府办公室关于印发顺义区食品药品违法行为举报奖励办法（2016年修订）的通知
顺政办发[2016]39号	北京市顺义区人民政府办公室关于成立顺义区棚户区改造和环境整治工作领导小组的通知
顺政办发[2016]40号	北京市顺义区人民政府办公室关于印发顺义区食品药品安全三年行动计划（2016-2018年）的通知
顺政办发[2016]41号	北京市顺义区人民政府办公室关于印发顺义区城市建设领域等专项责任清单的通知
顺政办发[2016]42号	北京市顺义区人民政府办公室关于印发《顺义区加快养殖业退出工作奖励办法》的通知

顺政办发[2016]43号	北京市顺义区人民政府办公室关于印发《顺义区实行最严格水资源管理制度考核办法》的通知
顺政办发[2016]44号	北京市顺义区人民政府办公室关于印发顺义区贯彻落实《北京市“十三五”时期应急体系发展规划》提升应急体系建设水平实施方案的通知
顺政办发[2016]45号	北京市顺义区人民政府办公室关于印发顺义区整合建立统一规范的公共资源交易平台实施方案的通知
顺政办发[2016]46号	北京市顺义区人民政府办公室关于加快推进商品交易市场调整提升工作的意见
顺政办发[2016]47号	北京市顺义区人民政府办公室关于公布本区重点领域政务公开清单的通知

顺义区主要外事活动

【韩国光州MBC代表团到顺义区友好合作交流】3月23日，韩国光州MBC社长崔荣俊携代表团一行到顺义区，就2016年郑律成童谣合唱团中韩青少年交流活动进行友好访问，顺义区教委、区政府外事侨务办相关领导参加。韩国光州MBC代表团一行实地考察了顺义区仁和中学、顺义区东风小学裕龙校区。此次访问，韩国光州MBC代表团希望以中国籍韩裔著名音乐家郑律成诞辰百年之际为契机，由北京市友协牵线，拟在顺义区举办中韩青少年合唱活动，促进中韩青少年的文化交流与学校合作。

（顺义区政府外事侨务办）

【老挝领导干部培训班到顺义区考察学习】3月31日，老挝外交部党委委员、领事司司长西沙瓦·因帕占带领培训班领导干部一行到顺义区进行考察学习。中共中央对外联络部二局领导、顺义区区长助理蔡派参加，区政府外事侨务办领导陪同。培训班领导一行实地考察了北京汽车北京分公司、马坡镇石家营村、汉石桥湿地保护区，对顺义区现代工业发展、新农村建设、绿色生态保护等方面所取得的成绩给予了高度赞赏。

（顺义区政府外事侨务办）

【斯里兰卡代表团来顺访问】4月19日，斯里兰卡代表团一行16人来我区访问。市民交协秘书长徐强，顺义区教委、区政府外事侨务办领导参加。此次来访的代表团成员为参加由北京市民间组织国际交流协会、斯中友协和中国国际交流协会共同主办的“21世纪海上丝绸之路促进人类发展”演讲比赛的获奖学生代表。代表团先后参观了北京现代汽车第二工厂和顺义区第一中学。在现代二厂，代表团观看了宣传片，并参观了生产车间；在顺义一中，代表团由学校师生陪同参观了校园，代表团学生展示了斯里兰卡民族舞蹈和歌曲。在最后的座谈会上，斯里兰卡代表团表示这次访问加深了对顺义区的了解，对顺义区的经济社会发展和顺义人民的热情好客印象深刻，希望今后能够在教育、文化等方面与顺义区有更多的交流和交往。

（顺义区政府外事侨务办）

【外国使节及市友协领导春季联谊活动在顺义举行】4月20日，外国使节及市友协领导春季联谊活动在顺义举行。来自巴哈马等国的使节、外国友人及市友协理事参观考察了综保区等地。市友协常务副会长田雁，顺义区委副书记、区长高朋参加。外国使节及市友协领导一行先后来到北京天竺综合保税区管委会、帕西姆德国商品展示区和大洋洲商品展示区、光峰华影公司、八宝葫芦文化产业园、北京国际鲜花港进行参观考察，听取了相关情况介绍，并绘制了葫芦，体验了国画和书法创作。区委副书记、区长高朋向外国使节及市友协领导一行介绍了顺义经济社会发展情况。他说，近年来，顺义区国际化水平不断提高，先后与美国劳顿郡、韩国首尔城北区、意大利菲乌米奇诺市等地建立了友好合作关系；经济发展水平不断提高，地区生产总值达到222亿美元，总量位居北京十六个区第五；工业总产值位居全市第一，形成了航空、汽车制造、电子通讯、装备制造和都市工业等多元化产业格局；现代服务业迅猛发展，农业引领北京都市型现代农业发展，区域生态环境优美。他希望各位使节和理事以此次活动为契机，细细品味顺义美丽的风景、蓬勃发展的经济、热情好客的人民，留下美好回忆。

（顺义区政府外事侨务办）

【外交部“中非记者交流中心”记者团到顺义区考察】5月3日，外交部“中非记者交流中心”记者团一行22人到顺义区考察。记者团先后实地走访了北京汽车北京分公司、北京嘉寓门窗幕墙股份有限公司、北京国际鲜花港、北小营镇榆林村、燕京啤酒集团，对顺义区外向型企业、绿色生态产业和新农村建设等方面的发展和成就进行深入了解，并给予了高度赞赏。外交部、市政府外办、区政府外事侨务办相关领导陪同参加。“中非记者交流中心”项目由外交部组织实施，于2014年2月正式启动。该项目的主要目的是落实2012年中非合作论坛第五届部长级会议达成的有关中非务实合作举措，促进中非媒体交流，推动中非传统友好关系进一步发展。中心旨在通过采访、交流、培训、考察等形式，帮助非洲驻华记者获得中国各领域发展的第一手信息，及时全面的报道中国。据不完全统计，顺义区在海外设立子公司、分公司、办事处的企业达48家，外派人员总数约399人。其中，在非洲的企业有6家，外派人员总数约36人。

（顺义区政府外事侨务办）

【顺义代表团赴韩国参加“2016首尔友谊节”】5月5-9日，应韩国首尔市政府邀请，由北京市人民对外友好协会组团，区政府外事侨务办推荐顺义牛栏山第一中学“飞扬舞蹈团”赴韩国参加“2016年首尔友谊节”。“首尔友谊节”由首尔市政府主办，迄今已举办21届。2016年，恰逢顺义区与韩国首尔城北区结好20周年，此次顺义区首次应邀参加“首尔友谊节”更显意义深远。顺义区与城北区自1996年建立友好关系以来，政府、民间交往频繁，各领域合作不断深化，有力地促进了两区经济社会发展。为更好地向首尔市民展示中国文化的魅力、展现顺义青少年的风采，牛栏山第一中学“飞扬舞蹈团”精心准备了富有中国传统元素的节目，成为活动现场一道别样的风景线。本届友谊节，首尔市政府共邀请包括北京、山东、台北、曼谷、开罗、北海道、伊斯坦布尔、墨西哥城、明斯克、新南威尔士、塔什干、东京、乌兰巴托在内的13个友好省市参加。此次参加“2016年首尔友谊节”，是顺义区提升国际交往功能、打造国际交往门户的重要一步。今后，顺义区将进一步扩大对外交流的范畴和领域，推动合作多向发展。

（顺义区政府外事侨务办）

【美国劳顿郡代表团到顺义区访问】5月11日至5月16日，美国劳顿郡监理委员会主席菲利斯·兰达尔、华盛顿机场管理局业务拓展副总裁马克·崔德威一行来我区访问，区委副书记、区长高朋，区委常委、常务副区长于庆丰分别予以了会见。会见时，高朋对美国劳顿郡代表团到顺义区访问表示欢迎，并简要介绍了顺义区经济社会发展情况。他表示，当前顺义区正在转变发展方式、提高经济质量上下更大功夫，中美之间合作潜力巨大，顺义区与劳顿郡也建立了友好合作关系，我们愿意通过中美地方政府间的交流，推动双方在临空经济、服务业扩大开放等方面的合作。美国劳顿郡监理委员会主席菲利斯·兰达尔介绍了代表团成员，她表示，与中国建立友好关系非常重要，劳顿郡愿加大与顺义区的交流合作，促进双方在经贸、科技、教育、旅游、文化等领域的合作，互惠共赢。访问期间，顺义区委常委、常务副区长于庆丰、美国劳顿郡监理委员会主席菲利斯·兰达尔、首都机场集团公司总经理刘雪松和华盛顿机场管理局业务拓展副总裁马克·崔德威等领导举行了会谈，并见证了“北京首都国际机场与美国杜勒斯机场建立姊妹机场合作备忘录”签约仪式。劳顿郡代表团还参观访问了北京天竺综合保税区、北京顺鑫控股集团有限公司牛栏山酒厂、牛栏山一中、北京临空经济核心区等地。劳顿郡位于美国弗吉尼亚州北部地区，也华盛顿杜勒斯国际机场所在地，其区域发展得益于机场经济。2015年4月，美国劳顿郡与顺义区签订了《友好合作谅解备忘录》，为中美两国地区之间建立友好城市关系打下了坚实基础。

（顺义区政府外事侨务办）

【海外华裔青年企业家走进顺义】5月23日，市政府侨办李长远副主任带队，海外华裔青年企业家中国经济高级研修班学员到顺义参观、考察、座谈，区领导高朋、于庆丰、李燕凌、吴耀新、蔡派等同志参加，天竺综保区、临空经济核心区、中关村顺义园、经信委、金融办、外事侨务办、投资促进局等相关单位领导陪同。

（顺义区政府外事侨务办）

【韩国首尔城北区议会代表团到顺义区访问】5月23日至5月24日，韩国首尔城北区议会副议长金元中一行来我区访问，顺义区领导胡尚云、吴建国、赵殿江、金泰希等领导参加。访问期间，城北区议会代表团实地参观了北京现代第二工厂、燕京啤酒集团、牛栏山酒厂、雅昌文化集团、北京韩美药品有限公司等地。会见时，顺义区人大常委会主任胡尚云对韩国城北区议会代表团的访问表示欢迎，并简要介绍了顺义区经济社会发展情况。他表示，顺义区与城北区有相似之处,也建立了友好合作关系。城北区教育、医疗资源丰富，值得顺义区学习借鉴，希望城北区与顺义区，议会与人大委员会不断深化交往、增进友谊，在教育、医疗卫生等民生方面加强沟通与交流。城北区议会副议长金元中介绍了代表团成员，他表示，顺义区是一个工业与农业相结合的城市，为北京的经济发展做出了突出的贡献。他希望两个城市进一步深化友好趋势，互学互鉴、互惠共赢，促进两地间在经济、文化、教育、医疗等多领域的交流合作。城北区位于韩国首尔特别市北部地区，于1949年设立，面积24.57k㎡,人口约50万人。全区行政机构分为20个洞，设有5个局、1个议会、1个保健所、20个洞居民中心。1996年10月，我区与城北区缔结了友好城市关系，一直保持着密切的联系，为中韩两国地区间深化各领域交流、促进共同繁荣奠定了坚实基础。

（顺义区政府外事侨务办）

【中联部非洲多国智库学者考察团到顺义区考察】7月19日，中联部非洲多国智库学者考察团一行到顺义区考察。考察团先后实地走访了北京汽车北京分公司、北京现代二厂、航天图景（北京）科技有限公司，对顺义区经济发展经验、创新型企业发展成就进行深入了解，并给予了高度赞赏。中联部研究室副主任董卫华、顺义区政府区长助理蔡派陪同，中关村科技园顺义园管委会、区政府外事侨务办、赵全营镇、北京顺义科技创新集团有限公司相关领导参加。考察团成员主要是来自于南非、坦桑尼亚、埃塞俄比亚、津巴布韦、纳米比亚、博茨瓦纳等6国的政党政要或知名智库学者。此次访问，以非洲发展新旧动能转换的关键时期为契机，旨在继续深化中非交流合作，进一步扩大“中国制造”在非洲的影响，宣传创新绿色发展理念，助力区内企业海外投资发展。

（顺义区政府外事侨务办）

【牵手走进顺义 欢动舞动北京 青春拥抱世界】8月8日，由区政府外事侨务办、区文明办、团区委、区教委、区广电中心联合主办，北京金桥经纬文化传媒有限公司承办，由北京顺鑫牵手果蔬饮品股份有限公司赞助的“欢动北京”第五届国际青少年文化艺术交流周顺义行活动，在北京顺鑫绿色度假村拉开了帷幕！来自亚美尼亚、澳大利亚、文莱、芬兰、印度、印度尼西亚、韩国、黎巴嫩、蒙古、缅甸、俄罗斯、斯里兰卡、泰国、美国等14个国家的优秀青少年艺术团，与顺义的朋友相聚在一起，张扬青春、唱响和平、传播文化、放飞梦想！此次顺义行活动的主题为“牵手走进顺义，欢动舞动北京，青春拥抱世界”。在美丽的潮白河畔上，顺义区团区委、空港街道、双丰街道精心准备了演唱、舞蹈、狮舞等节目，国外友人纷纷竖起大拇指，赞叹中华文化的博大精深与特色！黎巴嫩、文莱、俄罗斯等国际团队的节目精彩纷呈，台下的观众掌声不断！此次活动不仅展现了北京之美，中华之韵，更增进了各国青少年间的友谊，共同牵手，将和平的福音传向世界!8月9日，各国青少年代表团还实地参观了北京市顺义牛栏山第一中学、顺义第一中学，与在校学生进行文艺交流。今年，顺义区进一步搭建国际交往平台，不仅将优质的公共外交活动引进顺义，还带领我区优秀的文化团体走出顺义、走向世界，持续促进顺义区与国际城市在文化艺术教育方面的双向交流。“欢动北京”第五届国际青少年文化艺术交流周，是北京唯一经文化部批准，由中国人民对外友好协会、北京市人民政府外事办公室、共青团北京市委员会共同主办，魅力校园特别呈现的一场国际性青少年文化艺术交流盛典活动。

（顺义区政府外事侨务办）

【日本东京都区市町村代表团到顺义区交流访问】8月10日，日本东京都调布市市长长友贵树率领东京都区市町村代表团一行11人访问顺义，顺义区区委副书记、区长高朋参加,区政府办公室、区城管执法局、区政府外事侨务办领导陪同。访问期间，东京都区市町村代表团实地参观了北京天竺综合保税区及驻区企业帕西姆德国商品展示区、奥林匹克水上公园、民族版权交易中心。会见时，区委副书记、区长高朋对代表团的来访表示欢迎，并简要介绍了顺义区经济社会发展情况。他表示，北京市各区与东京都各区市町村早在上世纪80年代初就开始互访交流，而区级交往是两市交往的基础。顺义区愿意同东京都各区市町村一道，进一步拓展和深化各领域友好交流和务实合作，互学互鉴，推动两市友好城市关系不断向前发展。日本东京都调布市市长长友贵树对顺义区的热情接待表示衷心的感谢。他表示，两市的友好合作可以促进日中两国人民友好关系的长期发展。东京都区市町村愿意加强两市间青少年在文化、体育等方面的交往与交流，促进两城市在环境治理、智能科技领域的合作交流。

（顺义区政府外事侨务办）

【意大利菲乌米奇诺代表团到顺义区访问】10月11日至10月14日，意大利菲乌米奇诺市市长艾斯特力诺·蒙蒂诺、奇维塔韦基亚市市长安东尼奥·科佐利诺率代表团来我区访问，区领导高朋、于庆丰、初军威等领导参加。12日，双方领导举行座谈。座谈会上，区委副书记、区长高朋热烈欢迎代表团来顺义访问。他表示，顺义与两市在区域功能定位、重点发展领域有许多共同点，2015年底，顺义区与菲乌米奇诺市签署了《友好合作谅解备忘录》，奠定了友好合作的基础，顺义愿意继续加强与菲市、奇市在重点领域的合作，不断加深在临空经济、农业、旅游、国际贸易等领域的经济合作，同时，通过加强区域间民间交流交往、推动大中小学校间的互访游学项目，不断拓展双方在教育、科技、文化领域的交流合作，互学互鉴、互利共赢，推动友好关系向前发展。菲乌米奇诺市市长艾斯特力诺·蒙蒂诺介绍了两市经济社会发展基本情况。他表示，菲市与奇市与顺义区有着共同的区位优势，此次来访，通过参观重点区域和企业、听取有关情况介绍、与各界人士座谈，加深了对顺义的了解。顺义区的优美环境、经济社会的快速发展给他留下了深刻的印象，他相信双方在诸多领域都有巨大的合作空间。菲市愿意深化与顺义的交流与合作，促进双方在农业、旅游、文化、服务业等多个领域的务实合作、互惠共赢。访问期间，代表团还访问了北京天竺综合保税区，参观了罗红艺术馆、顺鑫牛栏山酒厂、八宝葫芦园，并与迪拉索高品、欧洲之星、中外运昊樽、曲美家具等企业进行了座谈。菲乌米奇诺市位于意大利拉齐奥大区罗马市境内，距离首都罗马约35公里，占地面积约213平方公里，人口约7.5万人。列奥纳多·达芬奇国际机场位于该市，吞吐量欧洲第六。该市农业、旅游业发达。2015年12月，菲乌米奇诺市与顺义区签署了《友好合作谅解备忘录》，就加强临空经济等领域合作达成共识。

（顺义区政府外事侨务办）

【第二届“牛栏山杯”北京外国人篮球赛在顺义开赛】10月22日，由北京市政府外事办公室、北京市体育局、北京市教育委员会和顺义区政府联合主办的2016年第二届“牛栏山杯”北京外国人篮球赛在顺义区牛栏山第一中学体育馆开幕并进行首场比赛。据了解，该项活动是我市组织开展的首个体育类公共外交活动，外国驻华使馆等在京境外机构和外籍常驻人员对此次赛事活动表现出了较高的热情和广泛的关注。参赛球队的外国朋友涉及领域广、代表性强，来自美国、俄罗斯等驻华使馆官员，以及北京现代、中国宝马等企业的外籍员工和部分国际学校外国专家、高校留学生等组成了16支篮球队参加比赛。此次赛事活动既能够丰富在京外国朋友的业余生活，也能为北京筹备冬奥会和篮球世界杯营造更加热烈的氛围，加深外国友人对北京的认同感、归属感和融入感，进一步推动北京国际交往中心建设。

（顺义区政府外事侨务办）

【郑律成童谣国际音乐会在我区举行】10月26日下午，郑律成童谣国际音乐会在顺义区仁和中学报告厅举行。此次演出由北京市人民对外友好协会、光州广域市主办，北京市顺义区人民政府外事侨务办公室、北京市顺义区教育委员会、光州MBC承办，来自顺义区仁和中学、牛栏山一中实验中学、东风小学、韩国全罗南道“郑律成童谣大赛”获奖小学学生及部分青年演员在内200余名演员参与演出，区内部分师生、家长代表近500人观看。中韩两国学生及演员轮流登台，通过歌曲、舞蹈、器乐、合唱等形式分别演绎《山野间，长城谣》、《丰收锣鼓》、《天山少女》和包括《我们多么幸福》、《延安颂》等郑律成著名曲目在内的中韩及世界经典曲目，活动在中韩全体演员合唱《茉莉花》中结束。此次演出，以纪念中国近现代杰出作曲家郑律成逝世40周年为契机，旨在铭记的革命先烈，推动中韩民间交往，加强两地青少年艺术交流，增进中外少年儿童友谊。郑律成，近代中国著名朝鲜族作曲家，出生于韩国全罗南道光州，1950年后加入中国国籍。先后在北京人民艺术剧院、中央歌舞团、中央乐团从事音乐创作，《中国人民解放军军歌》的曲作者。新中国建国60周年之际，郑律成被中央宣传部、中央组织部、中央统战部等11个部门评选为100位“为新中国成立作出突出贡献的英雄模范人物”。

（顺义区政府外事侨务办）

顺义区社区居委会名录

光明街道办事处

名称	联系电话
东兴第一社区居民委员会	69442119
东兴第二社区居民委员会	89403141
东兴第三社区居民委员会	81493785
幸福东区社区居民委员会	69448561
双兴东区社区居民委员会	69421796
金汉绿港社区居民委员会	89420696
绿港家园社区居民委员会	81487795
双拥社区居民委员会	66380279
裕龙花园社区居民委员会	81485380
裕龙三区社区居民委员会	69420105
裕龙四区社区居民委员会	61490061
裕龙五区社区居民委员会	89408057
裕龙六区社区居民委员会	89497679
滨河小区第一社区居民委员	89493673
滨河小区第二社区居民委员会	69463926
裕龙北区社区居民委员会	89479620

空港街道办事处

名称	联系电话
空港街道万科城市花园社区	80493677
空港街道裕祥花园社区	80494639
空港街道莫奈花园社区	80410282
空港街道三山新新家园社区	80424127
空港街道香蜜湾社区	80478055
空港街道蓝星花园社区	80470152
空港街道吉祥花园社区	80470340
空港街道中粮祥云社区	80479768
空港街道天房第一社区	80477119
空港街道天房第二社区	80477117
空港街道双龙源社区	80474871
空港街道莲竹花园社区	52136033
空港街道天竺花园社区	84166539
空港街道翠竹新村第一社区	84167572
空港街道翠竹新村第二社区	84167852
空港街道天竺新新家园社区	84165192
空港街道誉天下社区	64577252
空港街道满庭芳嘉园社区	18515518278

胜利街道办事处

名称	联系电话
建新北区第一社区居委会	69422437
建新北区第二社区居委会	69424278
建新北区第三社区居委会	69447615
建新南区第一社区居委会	69441328
建新南区第二社区居委会	69422257
双兴南区社区居委会	69423702
胜利社区居委会	69422524
前进社区居委会	69423441
太平社区居委会	69421730
幸福西街社区居委会	69424163
怡馨家园第一社区居委会	81490355
怡馨家园第二社区居委会	81490986
义宾南社区居委会	81493064
义宾北社区居委会	69422312

名称	联系电话	名称	联系电话
义宾街社区居委会	69424515	红杉一品社区居委会	61490786
龙府花园社区居委会	69438433	华玺瀚樟社区居委会	56862066
永欣嘉园社区居委会	81487224		

石园街道办事处

名称	联系电话	名称	联系电话
石园东区社区居民委员会	89447283	石园东苑社区居民委员会	89442147
石园西区社区居民委员会	89441202	港馨一社区居民委员会	89449310
石园南区社区居民委员会	89443151	港馨二区社区居民委员会	89453519
石园北区第一社区居民委员会	81496697	轻汽集团社区居民委员会	89486930
石园北区第二社区居民委员会	89443998	燕京社区居民委员会	89496860
石园北区第三社区居民委员会	89446819	仁和花园一社区居委会	89457258
五里仓第一社区居民委员会	69447164	仁和花园二社区居委会	89456530
五里仓第二社区居民委员会	81493575		

双丰街道办事处

名称	联系电话	名称	联系电话
马坡花园一区居委会	69402335	富力湾社区居委会	60419223
马坡花园二区居委会	69405086		

旺泉街道办事处

名称	联系电话	名称	联系电话
西辛社区居委会	69468141	前进花园社区居委会	89433560
西辛第一社区居委会	81495731	牡丹苑社区居委会	60416837
西辛北社区居委会	81490017	望泉家园社区居委会	60416903
铁十六局社区居委会	69440361	梅兰家园社区居委会	50935800
宏城花园社区居委会	69439360		

各镇村民委员会名录

北小营镇

名称	联系电话	名称	联系电话
北小营村委会	60483651	前鲁各庄村委会	60483657
上辇村委会	60483652	后鲁各庄村委会	60483654
北府村委会	60483166	仇家店村委会	60483667
东乌鸡村委会	60483617	西府村委会	60483659
西乌鸡村委会	60483810	东府村委会	60489700
榆林村委会	60482547	小胡营村委会	69416973
后礼务村委会	60483735	大胡营村委会	69416975
前礼务村委会	60480596	牛富屯村委会	60480296
马辛庄村委会	60485895		

北石槽镇

名称	联系电话	名称	联系电话
西赵各庄村委会	60422020	良善庄村委会	60422352
西范各庄村委会	60422108	北石槽村委会	60425006
南石槽村委会	60422287	东辛庄村委会	60421596
东石槽村委会	60422105	武各庄村委会	60422501
寺上村委会	60422362	中滩营村委会	60425240
刘各庄村委会	60422507	二张营村委会	60422391
大柳树营村委会	60422392	营尔村委会	60423328
下西市村委会	60422531		

北务镇

名称	联系电话	名称	联系电话
北务村委会	61421072	郭家务村委会	61421967
仓上村委会	61423007	林上村委会	61421224
陈辛庄村委会	61421248	马庄村委会	61421947
道口村委会	61421262	南辛庄户村委会	61421940
东地村委会	61424066	王各庄村委会	61421932

名称	联系电话	名称	联系电话
小珠宝村委会	61422234	珠宝屯村委会	61423035
闫家渠村委会	61421506	庄子村委会	61421261
于地村委会	61422759		

大孙各庄镇

名称	联系电话	名称	联系电话
大孙各庄村委会	61432194	薛庄村委会	61432145
客家庄村委会	61432148	前岭上村委会	61432146
西辛庄村委会	61432141	后岭上村委会	61432164
户耳山村委会	61432143	东华山村委会	61472820
宗家店村委会	61432142	西华山村委会	61472950
柴家林村委会	61432149	大段村委会	61472917
顾家庄村委会	61432184	小段村委会	61472914
田各庄村委会	61432538	谢辛庄村委会	61472927
小故现村委会	61432174	赵家峪村委会	61472932
吴雄寺村委会	61432074	湘王庄村委会	61472904
小宋各庄村委会	61432104	四福庄村委会	61472919
小塘村委会	61430523	后陆马庄村委会	61472934
南聂庄村委会	61432084	前陆马庄村委会	61472930
王户庄村委会	61432124	西尹家府村委会	61472925
龙庭侯村委会	61432114	东尹家府村委会	61471237
老公庄村委会	61433054	大崔各庄村委会	61472921
大坝洼庄村委会	61432134	大石各庄村委会	61432876
小坝洼庄村委会	61433211	大田庄村委会	61472849
大塘村委会	61432144	大洛泡村委会	61472846
佟辛庄村委会	61433599		

高丽营镇

名称	联系电话	名称	联系电话
一村村委会	69455643	北王路村委会	69455794
二村村委会	69455244	西王路村委会	69455843
三村村委会	69455634	唐自头村委会	69455884
四村村委会	69455924	于庄村委会	69455742
五村村委会	69455664	张喜庄村委会	69491445
六村村委会	69454356	东马各庄村委会	69493946
七村村委会	69455642	西马各庄村委会	69491477
八村村委会	69455640	水坡村委会	69491472
南王路村委会	69455734	羊房村委会	69491478

前渠河村委会	69491435	河津营村委会	69491479
后渠河村委会	69491476	南郎中村委会	69491474
闫家营村委会	69491475	文化营村委会	69491193
夏县营村委会	69491473		

后沙峪镇

名 称	联系电话	名 称	联系电话
西泗上村村委会	69454089	东庄村村委会	80495108
古城村村委会	80496381	火神营村村委会	80496753
罗各庄村村委会	80496770	铁匠营村村委会	80492567
西田各庄村村委会	80485440	回民营村村委会	80496553
燕王庄村村委会	80496759	枯柳树村村委会	80483888
西白辛庄村村委会	80493957	董各庄村村委会	80496704
吉祥庄村村委会	80482076	双裕西区居委会	80488614
马头庄村村委会	80496702	香花畦居委会	80429789
后沙峪村村委会	80499974	江山赋居委会	80425770
前沙浴村村委会	80496760		

李桥镇

名 称	联系电话	名 称	联系电话
李家桥村委会	81473143	芦各庄村委会	69485978
后桥村委会	81472647	史庄村委会	69481147
庄子营村委会	81473913	吴庄村委会	69488155
头二营村委会	89428868	永青村委会	69486079
三四营村委会	89428972	郭庄村委会	69486073
洼子村委会	81442124	南河村委会	69485772
南半壁店村委会	81463251	北桃园村委会	69486025
英各庄村委会	81478296	南桃园村委会	69486081
张辛村委会	89427188	安里村委会	69486007
临清村委会	89427969	苏庄村委会	69486026
西大坨村委会	69489427	官庄村委会	69486010
西树行村委会	69481618	堡子村委会	69485980
北河村委会	69485993	沮沟村委会	69486085
沙浮村委会	69489948	北庄头村委会	69486180
王家场村委会	69486015	南庄头村委会	69486057
沿河村委会	69486327		

李遂镇

名称	联系电话	名称	联系电话
宣庄户村委会	89481827	西营村委会	89485058
魏辛庄村委会	89481816	东营村委会	89481813
后营村委会	89481821	李庄村委会	89481097
前营村委会	89481377	崇国庄村委会	89481373
葛代子村委会	89481773	陈庄村委会	69436839
沟北村委会	89481370	赵庄村委会	69436820
柳各庄村委会	89481817	太平辛庄村村委会	89481815
李遂村委会	89481088	牌楼村委会	89481823

龙湾屯镇

名称	联系电话	名称	联系电话
山里辛庄村委会	60461392	焦庄户村村委会	60461250
七连庄村村委会	60461318	龙湾屯村村委会	60461278
柳庄户村村委会	60465999	唐洞村村委会	60461298
南坞村村委会	60463339	树行村村委会	60465650
史中坞村村委会	60461610	大北坞村村委会	60461277
张中坞村村委会	60462683	小北坞村村委会	60461260
丁甲庄村村委会	60463453		

马坡镇

名称	联系电话	名称	联系电话
向阳村委会	69401989	白各庄村委会	69409307
东丰乐村委会	57903496	荆卷村委会	69409397
小孙各庄村委会	13051139039	良正卷村委会	69409138
西丰乐村委会	69401179	庙卷村委会	69409465
大营村委会	69403455	衙门村村委会	69409908
西马坡村委会	69401813	泥河村委会	69401072
北上坡村委会	69405902	石家营村委会	69409915
肖家坡村委会	69401931	毛家营村委会	69409726
秦武姚村委会	69409819	姚店村委会	69409722
东马坡村委会	69401759	马卷村委会	69409659
向前村委会	69409710		

木林镇

名称	联系电话	名称	联系电话
木林村委会	60456190	大韩庄村委会	60448379
陈各庄村委会	60456377	小韩庄村委会	60448350
蒋各庄村委会	60456121	马坊村委会	60448401
魏家店村委会	60457189	上园子村委会	60448153
东沿头村委会	60456253	大林村委会	60449193
西沿头村委会	60451099	陈家陀村委会	60492690
长林庄村委会	60449256	李各庄村委会	60492705
孝德村委会	60459095	业兴庄村委会	60492696
唐指山村委会	60456334	陀头庙村委会	60492703
贾山村委会	60456139	荣各庄村委会	60492706
茶棚村委会	60456123	前王各庄村委会	60492702
安辛庄村委会	60456092	后王各庄村委会	60492691
王泮庄村委会	60456013	潘家坟村委会	60492720

牛栏山镇

名称	联系电话	名称	联系电话
北孙各庄村委会	69411181	张家庄村委会	89411601
龙王头村委会	69414002	下坡屯村委会	69414064
富各庄村委会	69411799	史家口村委会	69411752
芦正卷村委会	69414074	禾丰村委会	69411194
北军营村委会	69412679	先进村委会	69411444
相各庄村委会	60416156	安乐村委会	69411081
官志卷村委会	69418228	金牛村委会	60411220
范各庄村委会	89411083	第一社区居委会	69416158
后晏子村委会	69418353	香醍漫步社区	60428921
前晏子村委会	69417989	香醍溪岸社区居委会	60428459
兰家营村委会	69411373	好望山社区居委会	60428335
姚各庄村委会	69411708	安纳湖社区居委会	60428663
半壁店村委会	69419010		

南彩镇

名称	联系电话	名称	联系电话
前俸伯村村委会	89470255	东江头村村委会	89469296
河北村村委会	89477714	水屯村村委会	89469265
后俸伯村村委会	89477230	黄家场村村委会	89421620
坞里村村委会	89469257	大兴庄村村委会	89460420

洼里村村委会	89469297	九王庄村村委会	89469044
太平庄村村委会	89469263	前薛各庄村村委会	89469246
桥头村村委会	89421069	双营村村委会	89469293
杜刘庄村村委会	89477236	小营村村委会	89469065
西江头村村委会	89469294	道仙庄村村委会	89469278
望渠村村委会	89469234	北彩村村委会	89421634
后薛各庄村	89469273	柳行村村委会	89421651
于辛庄村村委会	89468572	前郝家疃村村委会	89477243
南彩村村委会	89469015	后郝家疃村村委会	89479330

南法信镇

名 称	联系电话	名 称	联系电话
南卷村村委会	69474545	焦各庄村委会	69473030
三家店村委会	69473663	刘家河村委会	69473551
西海洪村委会	69472488	南法信村委会	69472483
东海洪村委会	52130992	马家营村委会	69472557
东杜兰村委会	69472534	卸甲营村委会	69475128
西杜兰村委会	69473776	哨马营村委会	89425329
北法信村委会	69478657	冯家营村委会	69473605
大江洼村委会	69473300	十里堡村委会	89457293

天竺镇

名 称	联系电话	名 称	联系电话
天竺村委会	64567559	二十里堡村委会	52131101
楼台村委会	64563498	小王辛庄村委会	64575547
岗山村委会	80477708	希望家园社区居委会	64580533
龙山村委会	52151030	南竺园社区居委会	64567998
桃山村委会	80498222	蓝天社区居委会	64585072
杨二营村委会	52133600		

仁和镇

名 称	联系电话	名 称	联系电话
石门村村委会	69448156	平各庄村委会	89498581
望泉寺村委会	69448355	杜各庄村委会	69448929
梅沟营村委会	69421966	吴家营村委会	89496051
复兴村委会	69422040	塔河村委会	60496172
前进村委会	69421887	陶家坟村委会	89407014
庄头村委会	69443015	临河村委会	89494682

名称	联系电话	名称	联系电话
沙井村委会	69475516	胡各庄村委会	89452430
军营村委会	69448335	米各庄村委会	89407387
沙坨村委会	69472947	杨家营村委会	89401016
北兴村委会	69441925	河南村村委会	89498995
太平村委会	69421610	窑坡村委会	89407062
石各庄村委会	89446208		

杨镇

名称	联系电话	名称	联系电话
一　街村委会	61451249	辛庄子村委会	61412910
二　街村委会	61451367	高各庄村委会	61412842
三　街村委会	61451377	王辛庄村委会	61412905
张家务村委会	61451641	沙子营村委会	61413758
齐家务村委会	61451634	松各庄村委会	61412854
杜　庄村委会	61456101	李辛庄村委会	61412830
二郎庙村委会	61453358	沙　岭村委会	61444026
东庄户村委会	61455731	于　庄村委会	61444776
老庄户村委会	61450848	徐　庄村委会	61442354
沟　东村委会	61451437	西　庞村委会	61441836
东　町村委会	61451660	东　庞村委会	61442454
红　寺村委会	61451307	大三渠村委会	61442474
下　坡村委会	61453996	良　庄村委会	61444459
下　营村委会	61451154	白　塔村委会	61442216
汉石桥村委会	61452077	曾　庄村委会	61442422
安乐庄村委会	61451915	周　庄村委会	61443298
荆　坨村委会	61412914	大曹庄村委会	61443314
井　上村委会	61412846	别　庄村委会	61442404
侉子营村委会	61412901	破罗口村委会	61442518
田家营村委会	61412859	辛庄户村委会	61452455
小　店村委会	61412904	焦各庄村委会	61441330

赵全营镇

名 称	联系电话	名 称	联系电话
西小营村委会	89422719	陈各庄村委会	60433500
北郎中村委会	60432753	小官庄村委会	60431592
赵全营村委会	60432672	大官庄村委会	60435396
小高丽营村委会	60431159	马家堡村委会	60431941
去碑营村委会	60432662	白庙村委会	60432410
豹房村委会	60431138	忻州营村委会	60431150

前桑园村委会	60432402	东水泉村委会	60442178
后桑园村委会	60432401	西水泉村委会	60442132
红铜营村委会	60435337	联庄村委会	60442139
板桥村委会	60442124	河庄村委会	60442181
西绛营村委会	60442125	解放村委会	60442103
东绛营村委会	60442175	燕华营村委会	60442129
稷山营村委会	89422783		

张镇

名称	联系电话	名称	联系电话
张各庄村委会	61480695	良山村委会	61480697
小曹庄村委会	61442038	小三渠村委会	61480705
柏树庄村委会	61443108	麻林山村委会	61480706
驻马庄村委会	61443689	李洼子村委会	61480707
白辛庄村委会	61491223	贾洼子村委会	61480709
赵各庄村委会	61491319	吕布屯村委会	61489814
侯庄村委会	61493183	港西村委会	61489045
行宫村委会	61493792	雁户庄村委会	61481815
前王会村委会	61493897	大故现村委会	61480715
后王会村委会	61491306	刘辛庄村委会	61480719
前苏桥村委会	61491327	厂门口村委会	61483521
后苏桥村委会	61491687	虫王庙村委会	61483077
王庄村委会	61491181	北营村委会	61480703
朱庄村委会	61492518	西营村委会	61482872
聂庄村委会	61492788		

顺义区境内客运线路一览表

序号	统编路号	起点至终点	首班时间	末班时间	途经主要站点	间隔
1	顺1路	河南村小区⟷滨河小区	河5:30 滨5:30	河23:30 滨23:15	河南村小区、顺义九中、仁和花园、顺义体育中心、石园东区、石园南区、石园南大街、劳动局、五里仓、怡馨家园、检察院、隆华、西单、胜利小区、便民街东口、地铁顺义站、公路局、东大桥（反向无此站）、裕龙三区、裕龙一区、现代学院、裕龙五区、裕龙六区、滨河小区	6-15分钟
2	顺2路	顺鑫鹏程食品⟷妇幼医院	顺5:30 妇5:30	顺23:30 妇23:15	顺鑫鹏程食品、大江洼、地铁南法信站、华英园、石门小区、供销大厦、社教中心、地铁石门站（此向有，反向无此站）、西辛小学、西门、党校、西单、顺义区医院、东风小学、仓上小区、顺义五中、石园北区、石园小学、老干部局、妇幼医院	6-15分钟
3	顺3路	澜西园东⟷马坡16号院	澜6:00 马5:30	澜20:30 马20:30	澜西园东、梅兰家园、一中附小、梅沟营、五里仓、劳动局、石园南大街、石园南区、石园东区、顺义体育中心、妇幼医院、老年公寓、裕龙路口、裕龙北站 、顺义电视台、顺义公园、东风小学、顺义区医院、便民街东口、双兴小区、双兴桥、双兴桥北、牛一中实验学校、龙苑别墅、大营、乡村赛马场、马坡花园南、马坡车站、佳和宜园、马坡二区、顺恒大街北、新马家园、马坡16号院	6-10分钟
4	顺4路	顺和花园⟷海关大楼	顺5:50 海5:30	顺20:30 海19:20	顺和花园、顺鑫汇、林河大街、顺义一中东、中核公司、港馨家园南、啤酒厂北、港馨小学、顺义九中、仁和花园、波特兰花园、滨河南口、妇幼医院、裕龙五区、现代学院、裕龙一区、顺义电视台、顺义公园、东风小学、顺义区医院、交通局、地铁石门站、西辛小学、前进花园、石门北站、东海洪、西海洪、东杜兰、顺鑫鹏程食品、大江洼、地铁南法信站、骏马公司、南法信、海关大楼	10-15分钟

序号	统编路号	起点至终点	首班时间	末班时间	途经主要站点	间隔
5	顺5路	河南村小区⟷五彩浅山	河7:35 五6:00	河19:40 山18:00	河南村小区、顺义九中、仁和花园、顺义体育中心、石园东区、石园南区、石园南大街、仓上（山）小区、东风小学、顺义区医院、便民街东口、双兴小区、双兴桥、双兴桥北、牛山一中实验学校、龙苑别墅、大营、乡村赛马场、金宝花园南、金潮玉玛、水上公园、三高示范区、后郝家疃、马辛庄南、顺密路口、桥头村、道仙庄、道仙庄东、望渠、西江头北、红寺西、红寺村、鲜花港、红寺东、东疃北、木燕路口、木北路口、现代三厂西、现代三厂、大曹庄北、白塔西、白塔、白塔东、侯庄北、赵各庄、柏树庄、驻马庄、小曹庄、七连庄、七连庄东、山里辛庄西、山里辛庄、五彩浅山	20–30分钟
6	顺11路	裕龙小区⟷李家史山	裕6:15 李5:10	裕20:30 李19:00	裕龙小区、顺义电视台、顺义公园、东风小学、顺义区医院、西单、党校、西门、前进花园、石门北、东海洪、西海洪、南法信中学、西海洪市场、南卷、高炮二团、衙门村东、庙卷、良正卷、马卷、马卷北、姚店、毛家营南、毛家营、石家营、马家堡、大官庄、小官庄、西陈各庄、马大姐糖厂、赵全营东、小高丽营东、去碑营南、去碑营、忻州营、红铜营南、红铜营、二张营、中滩营、大柳树营、李家史山西、李家史山	10–15分钟
7	顺12路	航空配餐⟷安里	航6:00 安5:32	航21:10 安19:40	航空配餐、航空货运、航空食品、海关大楼、南法信、紫微星、石门南、石景苑、石门小区、供销大厦、社教中心、地铁石门站（反向无此站）、西辛小学、西门、党校、西单、隆华、中医院、东风小学、仓上小区、石园南大街、平各庄北、仁和卫生院、石园东苑、港馨家园南、啤酒厂北、港馨东区、河南村西、河南村村委会、河南村市场、河南村、仁和工业园、王家场北、王家场西、王家场南、北河、北河小学、西树行、沿河卫生院、沿河车站、沿河市场、南河路口、南河、郭庄、北桃园北、北桃园、南桃园、安里	8–10分钟

序号	统编路号	起点至终点	首班时间	末班时间	途经主要站点	间隔
8	顺13路	河南村西⟷调水中心	河6:00 调5:00	河21:00 调19:40	河南村西、港馨东区、啤酒厂北、港馨家园南、石园东苑、电信大楼、石园北区东、裕龙路口、裕龙北站、顺义电视台、顺义公园、怡园、检察院、隆华、交通局、地铁石门站、西辛小学、前进花园、石门北站、东海洪、西海洪、东杜兰、西杜兰、文化营、文化营西、张喜庄东、张喜庄、万万树、前渠河、羊房、阎家营、高丽营东、高丽营、高丽营小学、高丽营南、西王路、北王路、南王路、于庄北、于庄、调水中心	6-10分钟
9	顺14路	北孙各庄⟷南庄头	北5:10 南5:10	北20:20 南20:20	北孙各庄、北孙各庄西、龙王头、富各庄、北军营、先进村、嘉寓集团、禾丰、牛栏山、牛栏山东口、牛栏山小区、龙湖别墅、乔波滑雪场、西丰乐、顺丰大街、花溪渡、香悦四季、马坡花园、金宝花园、乡村赛马场、大营、龙苑别墅、牛山一中实验学校、双兴桥北、双兴桥、双兴小区、胜利小区、西单、隆华、中医院、东风小学、仓上小区、石园南大街、平各庄、林河开发区、林河西站、陶家坟、山子坟、窑坡、后桥北、后桥、后桥南、李桥北、李桥中学、李桥、沿河路口、西大坨西、西大坨、沿河卫生院、沿河车站、沿河市场、南河路口、南河、郭庄、永青、官庄、堡子、堡子南、北庄头、北庄头村委会、南庄头	10-15分钟
10	顺15路	中晟馨苑⟷五彩浅山	中6:00 五4:50	中21:12 五19:42	中晟馨苑、西马坡、泥河东、庄头北、庄头、西门、义宾西、顺义火车站、顺鑫控股、隆华、地铁顺义站、公路局、地铁俸伯站、南彩工业园、俸伯、南彩派出所、俸伯小学、河北村、前薛各庄、南彩车站、南彩市场、于辛庄、东江头、菜园子、汉石桥、下营、下坡、仙泽园、杨镇三街、杨镇一中、顺鑫澜庭、二郎庙西、沟东南、沟东、陀头庙、李各庄、前王各庄、后王各庄、荣各庄、后王各庄北、前王各庄北、陈家坨西、陈家坨、树行、南坞、柳庄户北、七连庄、七连庄东、山里辛庄西、山里辛庄、五彩浅山	8-12分钟

序号	统编路号	起点至终点	首班时间	末班时间	途经主要站点	间隔
11	顺16路	顺义法医院←→大林	顺6:00 大5:20	顺20:30 大19:25	顺义法医院、怡馨家园西、永欣家园、顺义火车站、顺鑫控股、隆华、地铁顺义站、公路局、地铁俸伯站、南彩工业园、后俸伯、农机驾校、银杏园、北彩、前郝家疃、柳行、黄家场、桥头村西、白马路口、马辛庄、前鲁、后鲁、后礼务、北小营、北小营小区、顺义十三中、水色时光东、西乌鸡、东乌鸡、牛富屯东、牛富屯、马坊、马坊路口、上园子、大韩庄南、小韩庄、大韩庄、大林西、大林	8−15分钟
12	顺17路	义宾西←→大坝洼	义6:23 大6:00	义21:10 大18:45	义宾西、西单、顺义区医院、东风小学、仓上小区、石园南大街、平各庄、林河开发区（此向无，反向有此站）、顺义一中、顺义一中东、中核公司、临河北、啤酒厂、啤酒厂加油站、河南村、九龙加油站、太阳城北、柳各庄桥、葛代子南、顺义地坛分院、沟北南、牌楼西、牌楼、牌楼东、田家营、田家营东、小店西、小店东、辛庄子、辛庄子南、高各庄北、王辛庄、井上、郭家务、大崔各庄、大田庄北、大田庄、大石各庄、佟辛庄、薛庄、龙庭侯西、大塘东口、龙庭侯、大坝洼	15−20分钟
13	顺18路	顺义二中←→北务检查站	顺6:00 北4:50	顺21:05 北19:10	顺义二中、石门北站（反向无此站）、前进花园、西门、党校、西单、隆华、中医院、顺义区医院、地铁顺义站（反向无此站）、公路局、地铁俸伯站、南彩工业园、俸伯、南彩派出所、俸伯小学、河北村、前薛各庄、南彩车站、南彩市场、于辛庄、东江头、菜园子、汉石桥、下营、下坡、仙泽园、杨镇三街、张家务北、张家务、沙子营北、沙子营、沙子营南、小店、辛庄子、辛庄子南、高各庄西、高各庄、仓上、北务镇政府、北务邮局、北务中学、北务市场南、于地北、南辛庄户、于地西、庄子村、小珠宝、珠宝屯、马庄村、北务检查站	8−15分钟

序号	统编路号	起点至终点	首班时间	末班时间	途经主要站点	间隔
14	顺19路	龙府花园⟷大故现	龙6:18 大5:20	龙21:10 大18:50	龙府花园、西单、隆华、中医院、顺义区医院、地铁顺义站（反向无此站）、公路局、地铁俸伯站、南彩工业园、俸伯、南彩派出所、俸伯小学、河北村、前薛各庄、南彩车站、南彩市场、于辛庄、东江头、菜园子、汉石桥、下营、下坡、仙泽园、杨镇三街、杨镇车站、杨镇工业园、杜庄、东焦各庄、西庞里、沙岭、曾庄、大三渠、行宫、良山、莲花山滑雪场、浅山香邑、永强家园、张镇、张镇大队、张镇南、刘辛庄北、刘辛庄、雁户庄、吕布屯、港西、大故现	14–30分钟
15	顺20路	麻林山⟷相各庄	麻5:20 相5:20	麻20:20 相20:10	麻林山、小段桥头、小段、大段、大段北、谢辛庄、赵家峪东、赵家峪、赵家峪西、石灰场、松各庄、垃圾处理场、辛庄户、齐家务南、齐家务、杜庄、杨镇工业园、杨镇车站、杨镇三街、仙泽园、下坡、下营、汉石桥、菜园子、东江头、于辛庄、南彩市场、南彩车站、前薛各庄、河北村、俸伯小学、南彩派出所、俸伯、南彩工业园、地铁俸伯站、公路局、地铁顺义站、西单、党校、西门、庄头、庄头北、泥河东、西马坡、中晟馨苑、白各庄、马坡北、荆卷、向前、姚各庄、蓝家营、前晏子、后晏子、后晏子北、牛栏山路口、范各庄、官志卷、牵手路口、相各庄	10–15分钟
16	顺21路	大胡营⟷赵庄	大6:00 赵5:00	大20:20 赵18:40	大胡营、大胡营东、小胡营北、小胡营、榆林东、榆林、榆林西、下坡屯、牛栏山酒厂、牛栏山东口、牛栏山小区、龙湖别墅、乔波滑雪场、西丰乐、顺丰大街、花溪渡、香悦四季、马坡花园、金宝花园、乡村赛马场、马场西路、龙苑别墅、牛山一中实验学校、双兴桥北、双兴桥、双兴小区、便民街东口、顺义区医院、东风小学、仓上小区、石园南大街、石园南区、石园东区、顺义体育中心、港馨家园、中核公司、临河北、啤酒厂、啤酒厂加油站、河南村、九龙加油站、太阳城北、柳各庄桥、葛代子南、顺义地坛分院、柳各庄、柳各庄南、李遂镇政府、李遂、李遂村委会、李遂村东、李遂西营、东营、崇国庄、崇国庄西、崇国庄大队、金路达园林、陈庄、赵庄	8–20分钟

序号	统编路号	起点至终点	首班时间	末班时间	途经主要站点	间隔
17	顺22路	龙府花园⟷三山小区	龙5:20 三5:20	龙19:30 三19:30	龙府花园、双兴小区、便民街东口、西单、隆华、检察院、怡馨家园、梅沟营、一中附小、梅兰家园、澜西园东、澜西园、杨家营、吴家营、苏活、三四营、三四营南、头二营、洼子西、国门商务区、洼子南、半壁店、半壁店西、半壁店大队、樱花园路口（樱花园）、岗山南、岗山、机场国泰、机场路口、三五九、天竺供销社、天竺卫生院、天竺花园、水木兰亭、马连店、新国展、名都园、西白辛庄、燕王庄、罗马环岛、中央美院、莫奈花园、三山小区	7-15分钟
18	顺23路	义宾西⟷柳庄户	义6:25 柳5:25	义20:30 柳19:30	义宾西、西单、地铁顺义站、公路局、地铁俸伯站、南彩工业园、俸伯、南彩派出所、俸伯小学、河北村、前薛各庄、南彩车站、南彩市场、于辛庄、东江头、菜园子、汉石桥、下营、下坡、仙泽园、杨镇三街、杨镇车站、杨镇工业园、杜庄、周庄、大曹庄、梁庄南、梁庄、驻马庄西、破罗口、柳庄户西、柳庄户	12-15分钟
19	顺24路	龙府花园⟷东府	龙6:15 东5:20	龙20:55 东20:05	龙府花园、西单、地铁顺义站、公路局、地铁俸伯站、南彩工业园、俸伯、南彩派出所、俸伯小学、河北村、前薛各庄、南彩车站、南彩小学、南彩小区、坞里、双营、小营、洼里、道仙庄东、望渠西、仇店南、仇店、西府、东府市场、东府	8-10分钟
20	顺25路	裕龙小区⟷良善庄	裕6:15 良5:05	裕21:00 良19:00	裕龙小区、裕龙三区（反向无此站）、东大桥（此向无此站，反向有此站）、公路局、地铁顺义站、西单、党校、西门、前进花园、石门北站、东海洪、西海洪、东杜兰、西杜兰、文化营、文化营西、张喜庄东、张喜庄、张喜庄小学、张喜庄中学、丽喜花园、河津营、南郎中、七彩蝶园西、西小营、稷山营、北郎中西、前桑园、北汽东门、后桑园南、后桑园、三农研究会、东辛庄、刘各庄西、寺上、电缆厂、东石槽、北石槽政府、北石槽、南石槽、西范各庄东、西范各庄、下西市桥头、西赵各庄、下西市、良善庄	15-20分钟

序号	统编路号	起点至终点	首班时间	末班时间	途经主要站点	间隔
21	顺26路	裕龙小区⟷京顺车管所	裕5:50 京5:50	裕20:30 京19:15	裕龙小区、裕龙三区（反向无此站）、东大桥（此向无此站，反向有此站）、公路局、地铁顺义站、隆华、检察院、怡馨家园、梅沟营、望泉桥东、望泉桥、南法信、检测场、物流园、回民营、枯柳树、地铁后沙峪站、火神营、火神营西、双裕小区、万科花园北、裕祥花园、香花畦、后沙峪小学南、空港医院、观林阁、物美大卖场、香蜜湾、莫奈花园、中央美院、西田各庄、龙湾别墅、古城、泗上桥、泗上村、京顺车管所	8–20分钟
22	顺27路	东府⟷国家会计学院	东4:40 国5:50	东18:51 国20:30	东府市场、西府、仇店、仇店北、仇店小学、后鲁小区、后鲁北、汇源果汁、北小营镇政府、北小营小区、北小营幼儿园、水色时光、水色时光北、榆林东、榆林、榆林西、下坡屯、牛栏山酒厂、牛栏山东口、牛栏山小区、龙湖别墅、乔波滑雪场、西丰乐、顺丰大街、花溪渡、香悦四季、马坡花园、金宝花园、乡村赛马场、大营、龙苑别墅、牛山一中实验学校、双兴桥北、双兴桥、双兴小区、便民街东口、西单、交通局、社教中心、供销大厦、石门小区、华英园、地铁南法信站、刘家河北、物流园东、物流园西、京密路口、天龙汽配城、东马各庄、西马各庄路口、水坡东口、清岚小镇、顺义十中、后沙峪小学、空港医院、后沙峪、万科花园北、双裕小区、火神营西、铁匠营、地铁花梨坎站、空港A区北、空港A区、蓝天大厦、天竺花园西、翠竹新村西、国家会计学院	6–9分钟

序号	统编路号	起点至终点	首班时间	末班时间	途经主要站点	间隔
22	顺27路	东府⟷国家会计学院	东4:40 国5:50	东18:51 国20:30	国家会计学院、翠竹新村西、天竺花园西、蓝天大厦、空港A区、空港A区北、二十里堡、天馨公寓、杨二营、铁匠营东、铁匠营、火神营西、双裕小区、万科花园北、后沙峪、空港医院、后沙峪小学、顺义十中、清岚小镇、水坡东口、西马各庄路口、东马各庄、天龙汽配城、京密路口、物流园西、物流园东、刘家河北、地铁南法信站、华英园、石门小区、供销大厦、社教中心、地铁石门站、西单、便民街东口、双兴小区、双兴桥、双兴桥北、牛山一中实验学校、龙苑别墅、大营、乡村赛马场、金宝花园、马坡花园、香悦四季、花溪渡、顺丰大街、西丰乐、乔波滑雪场、龙湖别墅、牛栏山小区、牛栏山东口、牛栏山酒厂、下坡屯、榆林西、榆林、榆林东、水色时光北、水色时光、北小营幼儿园、北小营小区、北小营镇政府、汇源果汁、后鲁北、后鲁小区、仇店小学、仇店北、仇店、西府、东府市场	6-9分钟
23	顺28路	吉祥花园⟷太平辛庄东	吉6:00 太4:40	吉20:55 太19:05	吉祥花园、南航、蓝星集团、空港小学、三山小区、物美大卖场、东庄、万科花园、铁匠营、火神营、地铁后沙峪站、枯柳树、回民营、物流园、检测场、南法信、骏马公司、地铁南法信站、华英园、石门小区、供销大厦、社教中心、交通局、隆华、中医院、东风小学、顺义公园、顺义电视台、东大桥、地铁俸伯站、南彩工业园、俸伯、南彩派出所、俸伯小学、河北村、前薛各庄、南彩车站、南彩市场、太平庄、宣庄户北、宣庄户、魏辛庄、后营、前营、葛代子、沟北、顺义地坛分院、柳各庄、柳各庄南、李遂镇政府、李遂、李遂环岛、太平辛庄西、太平辛庄、太平辛庄东	7-9分钟

序号	统编路号	起点至终点	首班时间	末班时间	途经主要站点	间隔
24	顺29路	田各庄⟷顺义二中	田5:30 顺6:10	田17:55 顺21:00	田各庄、小故现村委会、小故现、港西南口、顾家庄西、柴家林、宗家店、户耳山、西辛庄、金蓝服装厂、大孙各庄、东华山、西华山、湘王庄北、湘王庄东、湘王庄、陆马庄、四福庄、尹家府中学、尹家府、西尹家府、郭家务、陈辛庄、林上、北务路口、北务市场东、北务市场、王各庄、闫家渠、李庄东、李庄、崇国庄、苏庄、沙浮路口、沙浮北、东方太阳城、王家场、太阳城西、九龙加油站、河南村东、毓秀园、滨河小区东、滨河小区北、裕龙五区北、东大桥、顺义电视台、顺义公园、东风小学、顺义区医院、交通局、社教中心、供销大厦、石门小区、顺义二中	6–20分钟
25	顺30路	现代二厂⟷解放村	现6:05 解5:00	现21:30 解19:00	现代二厂、米各庄、山子坟、陶家坟、林河西站、林河开发区、平各庄、石园南大街、仓上小区、东风小学、顺义区医院、便民街东口、双兴小区、双兴桥、双兴桥北、牛山一中实验学校、龙苑别墅、大营、乡村赛马场、马坡花园南、马坡新城、白各庄、秦武姚、秦武姚西、良正卷、马卷、马卷北、姚店、毛家营南、毛家营、石家营、马家堡、大官庄、大官庄开发区、大官庄西、白庙、白庙北、赵全营南、赵全营、赵全营西 、北郎中、北郎中西、电木厂、空港C区、绿友园、板桥小学、板桥、板桥西、河庄、解放村	12–20分钟

序号	统编路号	起点至终点	首班时间	末班时间	途经主要站点	间隔
26	顺31路	国家会计学院←→焦庄户	国6:10 焦4:40	国21:00 焦19:00	国家会计学院、翠竹新村、天竺花园西、水木兰亭、马连店、地铁国展站、花梨坎村、地铁花梨坎站、喇苏营、空港B区、铁匠营、火神营、地铁后沙峪站、枯柳树、回民营、物流园、检测场、南法信、望泉桥、望泉桥东、梅沟营、怡馨家园、检察院、中医院、顺义区医院、地铁顺义站、公路局、地铁俸伯站、南彩工业园、后俸伯、农机驾校、银杏园、北彩、前郝家疃、柳行、黄家场、桥头村西、白马路口、马辛庄、前鲁、后鲁、后礼务、北小营、北小营小区、上辇、北府路口、昌金路口、魏家店、魏家店北、东沿头南、东沿头、木林开发区、孝德路口、木林、木林小学、王泮庄西口、王泮庄西街、王泮庄、王泮庄东、山丁路口、张中坞北、史中坞、龙湾屯西、龙湾屯、焦庄户西、焦庄户	8-15分钟
27	顺32路	孝德←→顺义二中	孝6:20 顺7:30	孝17:10 顺18:20	孝德、长林庄、孝德路口、木林、陈各庄、蒋各庄北、蒋各庄、蒋各庄南、蒋各庄桥、蒋各庄西、魏家店、昌金路口、北府路口、上辇、北小营小区、北小营、后礼务、后鲁、前鲁、马辛庄、白马路口、后郝家疃、三高示范区、水上公园、乡村赛马场、大营、龙苑别墅、牛山一中实验学校、双兴桥北、双兴桥、双兴小区、便民街东口、交通局、社教中心、供销大厦、石门小区、石门东、顺义二中	140-350分钟
28	顺33路	洼子村←→别庄	洼6:55 别5:35	洼20:30 别19:15	洼子村、庄子营、后桥、后桥北、窑坡、山子坟、陶家坟、林河西站、林河开发区、平各庄、石园南大街、仓上小区、东风小学、顺义区医院、地铁顺义站（反向无此站）、公路局、地铁俸伯站、南彩工业园、俸伯、南彩派出所、俸伯小学、河北村、前薛各庄、南彩车站、南彩市场、于辛庄、东江头、菜园子、汉石桥、下营、下坡、仙泽园、杨镇三街、杨镇车站、杨镇小学、杨镇派出所、阳洲鑫园、二郎庙、徐庄、梁庄西、别庄	10-15分钟

序号	统编路号	起点至终点	首班时间	末班时间	途经主要站点	间隔
29	顺34路	下坡屯小区⟷临清	下5:50 临5:50	下20:20 临20:20	下坡屯小区、下坡屯三区、金牛村、牛栏山一中、安乐村、牛栏山东口、牛栏山小区、龙湖别墅、乔波滑雪场、西丰乐、顺丰大街、花溪渡、香悦四季、马坡花园、金宝花园、乡村赛马场、大营、龙苑别墅、牛山一中实验学校、双兴桥北、双兴桥、双兴小区、便民街东口、顺义区医院、东风小学、仓上小区、石园南大街、平各庄、林河开发区、林河西站、陶家坟、山子坟、窑坡、后桥北、后桥、后桥南、李桥北、李桥中学、李桥、港馨车站、港馨庄园西、馨港庄园、英各庄、英各庄南、张辛庄、临清	15–20分钟
30	顺35路	营尔村委会⟷裕龙小区	营6:30 裕7:45	营17:00 裕18:20	营尔村委会、寺上东、寺上南、寺上、刘各庄西、东辛庄、三农研究会、后桑园、后桑园南、北汽东门、前桑园、北郎中西、稷山营、西小营、七彩蝶园西、南郎中、河津营、丽喜花园、张喜庄中学、张喜庄小学、张喜庄、张喜庄东、文化营西、文化营、西杜兰、东杜兰、西海洪、东海洪、石门北站、前进花园、西门、党校、西单、地铁顺义站、公路局、东大桥（反向无此站）、裕龙三区（此向无，反向有此站）、裕龙小区	175–280分钟
31	顺36路	大北坞⟷顺义二中	大4:50 顺5:50	大18:55 顺20:30	大北坞、小北坞北、丁家庄东、丁家庄北、丁家庄西、丁甲庄、安辛庄、安辛庄南、顺建公司、木林砖厂、木林北、木林小学、木林、孝德路口、木林开发区、东沿头、东沿头南、魏家店北、魏家店、昌金路口、北府路口、上辇、北小营小区、北小营、后礼务、后鲁、前鲁、马辛庄、白马路口、桥头村西、黄家场、柳行、前郝家疃、北彩、银杏园、农机驾校、后俸伯、南彩工业园、地铁俸伯站、东大桥、顺义电视台、顺义公园、东风小学、顺义区医院、交通局、社教中心、供销大厦、石门小区、石门东、顺义二中	10–30分钟

序号	统编路号	起点至终点	首班时间	末班时间	途经主要站点	间隔
32	顺37路	澜西园⟷北府	澜7:10 北6:00	澜19:20 北18:35	澜西园、望泉桥东、石景苑、石门小区、供销大厦、社教中心、交通局、地铁顺义站、公路局、地铁俸伯站、南彩工业园、后俸伯、农机驾校、银杏园、北彩、前郝家疃、柳行、黄家场、桥头村西、白马路口、马辛庄、前鲁、后鲁、后礼务、北小营、北小营小区、顺义十三中、水色时光东、构件厂、北府村口、北府南、北府中街、北府	30−45分钟
33	顺38路	董各庄⟷临河村	董5:50 临5:50	董20:00 临21:00	董各庄、残奥管理中心、阿凯迪亚庄园、玉马教练场、顺义十中、后沙峪小学、香花畦北、双裕小区东门、双裕小区、火神营、地铁后沙峪站、枯柳树、回民营、物流园、检测场、南法信、骏马公司、地铁南法信站、华英园、石门小区、供销大厦、社教中心、交通局、隆华、中医院、东风小学、仓上小区、石园南大街、平各庄、林河开发区（此向无，反向有此站）、顺义一中、顺义一中东、中核公司、环卫中心、临河村	8−15分钟
34	顺39路	龙府花园⟷小曹庄	龙6:00 小5:00	龙20:40 小18:40	龙府花园、西单、隆华、中医院、顺义区医院、地铁顺义站（反向无此站）、公路局、地铁俸伯站、南彩工业园、俸伯、南彩派出所、俸伯小学、河北村、前薛各庄、南彩车站、南彩市场、于辛庄、东江头、菜园子、汉石桥、下营、下坡、仙泽园、杨镇三街、杨镇车站、杨镇工业园、杜庄、东焦各庄、西庞里、沙岭、曾庄、大三渠、行宫、良山、莲花山滑雪场、张镇西、西营、前苏桥、后苏桥、朱庄、王庄、前王会、后王会、赵各庄中学、赵各庄、柏树庄、驻马庄、小曹庄	14−30分钟

序号	统编路号	起点至终点	首班时间	末班时间	途经主要站点	间隔
35	顺40路	龙府花园⟷王户庄	龙7:30 王5:50	龙19:00 王17:20	龙府花园、西单、隆华、中医院、顺义区医院、地铁顺义站（反向无此站）、公路局、地铁俸伯站、南彩工业园、俸伯、南彩派出所、俸伯小学、河北村、前薛各庄、南彩车站、南彩市场、于辛庄、东江头、菜园子、汉石桥、下营、下坡、仙泽园、杨镇三街、杨镇车站、杨镇工业园、杜庄、东焦各庄、西庞里、沙岭、曾庄、大三渠、行宫、良山、莲花山滑雪场、张镇西、西营、张镇中学、刘辛庄西、贾家洼子、李家洼子、客家庄、西辛庄、大孙各庄、王户庄	40–210分钟
36	顺41路	龙府花园⟷东疃	龙7:00 东6:00	龙18:30 东17:30	龙府花园、西单、地铁顺义站、公路局、地铁俸伯站、南彩工业园、俸伯、南彩派出所、俸伯小学、河北村、前薛各庄、南彩车站、南彩市场、于辛庄、 李木路口、东江头、东江头南、西江头南、西江头、望渠东、望渠北、红寺西、红寺村、鲜花港、红寺东、东疃	30–120分钟
37	顺42路	滨河小区⟷河津营	滨6:00 河5:30	滨20:40 河19:05	滨河小区、裕龙六区、妇幼医院、、顺义体育中心、石园东区、石园南区、石园南大街、平各庄、林河开发区、林河西站、陶家坟、山子坟、窑坡、后桥北、后桥、庄子营、李桥镇政府、头二营南、洼子西、六经路口、绿港国际、国航地服、中国航油、岗山、机场国泰、机场路口、三五九、天竺供销社、天竺卫生院、天竺花园、国航大楼、蓝天大厦、莲竹花园、索爱电子、花梨坎东、松下电子、地铁花梨坎站、喇苏营、铁匠营、万科花园、东庄、观林阁、空港医院、后沙峪小学、顺义十中、清岚小镇南、花博会、西马各庄路口、西马各庄、西马中街、张喜庄、张喜庄小学、张喜庄中学、丽喜花园、河津营	13–20分钟

序号	统编路号	起点至终点	首班时间	末班时间	途经主要站点	间隔
38	顺43路	羊房村←→九王庄	羊6:20 九5:20	羊19:00 九19:00	羊房村、水坡村委会、水坡村、西马各庄路口、东马各庄、天龙汽配城、京密路口、物流园西、物流园东、刘家河北、地铁南法信站、华英园、石门小区、供销大厦、社教中心、交通局、地铁顺义站、公路局、地铁俸伯站、南彩工业园、俸伯、南彩派出所、俸伯小学、河北村、前薛各庄、南彩车站、南彩市场、前薛各庄南、九王庄小区、九王庄	30–40分钟
39	顺45路	中晟馨苑←→孝德	中7:36 孝6:08	中17:50 孝16:18	中晟馨苑、西马坡、泥河东、庄头北、庄头、西门、义宾西、顺义火车站、顺鑫控股、隆华、地铁顺义站、公路局、地铁俸伯站、南彩工业园、俸伯、南彩派出所、俸伯小学、河北村、前薛各庄、南彩车站、南彩市场、于辛庄、东江头、菜园子、汉石桥、下营、下坡、仙泽园、杨镇三街、杨镇一中、顺鑫澜庭、二郎庙西、沟东南、沟东、陀头庙、李各庄、前王各庄、后王各庄、荣各庄、蒋各庄东、蒋各庄南、蒋各庄、蒋各庄北、陈各庄、木林、孝德路口、长林庄、孝德	160–240分钟
40	顺46路	板桥新村←→聚通嘉园	板7:00 聚6:00	板19:00 聚17:40	板桥新村、板桥西、板桥、板桥小学、北汽北门、北汽东门、北郎中西、北郎中、赵全营、赵全营东、西陈各庄、小官庄、大官庄、马家堡、石家营、毛家营、姚店、马卷、秦武姚、白各庄、泥河、南卷路口、衙门村、杜兰庄、金马开发区、金马北、金马南、地铁后沙峪站、火神营、火神营西、双裕小区、万科花园北、后沙峪、空港医院、聚通嘉园	25–35分钟
41	顺48路	北务客运站←→裕龙小区	北6:00 裕6:50	北18:30 裕19:30	北务客运站、于地北、南辛庄户、阎家渠、李庄东、李庄、崇国庄、南树行、顺鑫度假村东、松鹤培训中心、易郡、顺鑫度假村、柳各庄桥、太阳城北、九龙加油站、河南村、啤酒厂、临河北、中核公司、顺义一中东、顺义一中、林河开发区、平各庄、石园南大街、石园南区、石园东区、石园北区东、裕龙一区、裕龙小区	20分钟

序号	统编路号	起点至终点	首班时间	末班时间	途经主要站点	间隔
42	顺49路	河津营⟷澜西园东	河5:30 澜6:25	河18:30 澜19:30	河津营、南郎中、七彩蝶园、中关村顺义园、中关村顺义园东、良正卷北、良正卷、秦武姚西、秦武姚、白各庄、中晟馨苑、西马坡、泥河东、庄头北、庄头、西辛小学、地铁站石门站、四季花城、梅沟营北、梅沟营、一中附小、梅兰家园、澜西园东	15–20分钟
43	顺55路	城市学院⟷地铁俸伯站	城6:00 地6:25	城20:20 地20:45	城市学院、杨镇一中西、下坡、南彩车站、河北村、俸伯、地铁俸伯站、东大桥、裕龙三区、裕龙小区	15–20分钟
44	顺56路	地铁俸伯站⟷汉石桥湿地	地7:00 汉8:00	地17:00 汉18:00	地铁俸伯站、俸伯、河北村、南彩车站、下坡、汉石桥湿地	60分钟
45	顺57路	铁匠营村⟷杨二营	铁6:00 杨6:00	铁18:45 杨19:45	铁匠营村、火神营、地铁后沙峪站、国门一号、绿地自由港、江山赋、香花畦北、后沙峪小学南、空港医院、观林阁、物美大卖场、香蜜湾、三山小区、空港小学、中粮生活区、满庭芳嘉园、吉祥花园、空港B区北、喇苏营、地铁花梨坎站、空港A区北、二十里堡、天馨公寓、杨二营	15–18分钟
46	顺3路区间	马坡16号院→地铁顺义站	马6:08	马9:12	马坡16号院、新马家园、顺恒大街北、佳和宜园、马坡车站、便民街东口、地铁顺义站	6–14分钟
47	顺11路区间1	裕龙小区⟷刘各庄	裕6:50 刘5:45	裕19:45 刘18:20	裕龙小区、顺义电视台、顺义公园、东风小学、顺义区医院、西单、党校、西门、前进花园、石门北站、东海洪、西海洪、南法信中学、西海洪市场、南卷、高炮二团、衙门村东、庙卷、良正卷、马卷、马卷北、姚店、毛家营南、毛家营、石家营、马家堡、大官庄、小官庄、西陈各庄、马大姐糖厂、赵全营东、赵全营、小高丽营、小高丽营北、豹房、中滩营南、刘各庄	140–190分钟

序号	统编路号	起点至终点	首班时间	末班时间	途经主要站点	间隔
48	顺11路区间2	裕龙小区←→豹房	裕6:50 豹5:55	裕19:45 豹18:30	裕龙小区、顺义电视台、顺义公园、东风小学、顺义区医院、西单、党校、西门、前进花园、石门北站、东海洪、西海洪、南法信中学、西海洪市场、南卷、高炮二团、衙门村东、庙卷、良正卷、马卷、马卷北、姚店、毛家营南、毛家营、石家营、马家堡、大官庄、小官庄、西陈各庄、马大姐糖厂、赵全营东、赵全营、小高丽营、小高丽营北、豹房	30-85分钟
49	顺12路区间1	航空配餐←→沙浮	航6:00 沙5:24	航20:55 沙19:30	航空配餐、航空货运、航空食品、海关大楼、南法信、紫微星、石门南、石景苑、石门小区、供销大厦、社教中心、地铁石门站（反向无此站）、西辛小学、西门、党校、西单、隆华、中医院、东风小学、仓上小区、石园南大街、平各庄北、仁和卫生院、石园东苑、港馨家园南、啤酒厂北、港馨东区、河南村西、河南村村委会、河南村市场、河南村、仁和工业园、王家场北、王家场西、王家场南、北河、北河小学、西树行、沿河卫生院、沿河车站、沿河市场、吴庄南、吴庄、沙浮	16-24分钟
50	顺12路区间2	航空配餐←→芦各庄	航7:30 芦6:20	航17:24 芦15:50	航空配餐、航空货运、航空食品、海关大楼、南法信、紫微星、石门南、石景苑、石门小区、供销大厦、社教中心、地铁石门站（反向无此站）、西辛小学、西门、党校、西单、隆华、中医院、东风小学、仓上小区、石园南大街、平各庄北、仁和卫生院、石园东苑、港馨家园南、啤酒厂北、港馨东区、河南村西、河南村村委会、河南村市场、河南村、仁和工业园、王家场北、王家场西、王家场南、北河、北河小学、西树行、沿河卫生院、芦各庄北、芦各庄	160分钟-220分钟

序号	统编路号	起点至终点	首班时间	末班时间	途经主要站点	间隔
51	顺17路区间	义宾西⟷大洛泡	义6:53 大6:19	义17:35 大18:05	义宾西、西单、顺义区医院、东风小学、仓上小区、石园南大街、平各庄、林河开发区（此向无，反向有此站）、顺义一中、顺义一中东、中核公司、临河北、啤酒厂、啤酒厂加油站、河南村、九龙加油站、太阳城北、柳各庄桥、葛代子南、顺义地坛分院、沟北南、牌楼西、牌楼、牌楼东、田家营、田家营东、小店西、小店东、辛庄子、辛庄子南、高各庄北、王辛庄、井上、郭家务、郭家务东、郭家务南、大洛泡	48-60分钟
52	顺17路区间	义宾西⟷后岭	义7:20 后6:05	义21:15 后16:35	义宾西、西单、顺义区医院、东风小学、仓上小区、石园南大街、平各庄、林河开发区（此向无，反向有此站）、顺义一中、顺义一中东、中核公司、临河北、啤酒厂、啤酒厂加油站、河南村、九龙加油站、太阳城北、柳各庄桥、葛代子南、顺义地坛分院、沟北南、牌楼西、牌楼、牌楼东、田家营、田家营东、小店西、小店东、辛庄子、辛庄子南、高各庄北、王辛庄、井上、郭家务、后岭	35-70分钟
53	顺18路区间	顺义二中⟷嘉都	顺6:25 嘉7:24	顺20:30 嘉18:40	顺义二中、石门北站（反向无此站）、前进花园、西门、党校、西单、隆华、中医院、顺义区医院、地铁顺义站（反向无此站）、公路局、地铁俸伯站、南彩工业园、俸伯、南彩派出所、俸伯小学、河北村、前薛各庄、南彩车站、南彩市场、于辛庄、东江头、菜园子、汉石桥、下营、下坡、仙泽园、杨镇三街、张家务北、张家务、沙子营北、沙子营、沙子营南、小店、辛庄子、辛庄子南、高各庄西、高各庄、仓上、北务镇政府、北务邮局、北务中学、北务市场南、嘉都	36-120分钟

序号	统编路号	起点至终点	首班时间	末班时间	途经主要站点	间隔
54	顺28路区间	吉祥花园⟷汉石桥南	吉8:14 汉6:32	吉18:24 汉16:53	吉祥花园、南航、蓝星集团、空港小学、三山小区、物美大卖场、东庄、万科花园、铁匠营、火神营、地铁后沙峪站、枯柳树、回民营、物流园、检测场、南法信、骏马公司、地铁南法信站、华英园、石门小区、供销大厦、社教中心、交通局、隆华、中医院、东风小学、顺义公园、顺义电视台、东大桥、地铁俸伯站、南彩工业园、俸伯、南彩派出所、俸伯小学、河北村、前薛各庄、南彩车站、南彩市场、太平庄东、大兴庄村、水屯村、水屯村东、汉石桥南	180−210分钟
55	顺28路区间	吉祥花园⟷道口村	吉8:41 道6:51	吉18:48 道17:18	吉祥花园、南航、蓝星集团、空港小学、三山小区、物美大卖场、东庄、万科花园、铁匠营、火神营、地铁后沙峪站、枯柳树、回民营、物流园、检测场、南法信、骏马公司、地铁南法信站、华英园、石门小区、供销大厦、社教中心、交通局、隆华、中医院、东风小学、顺义公园、顺义电视台、东大桥、地铁俸伯站、南彩工业园、俸伯、南彩派出所、俸伯小学、河北村、前薛各庄、南彩车站、南彩市场、太平庄、宣庄户北、宣庄户、魏辛庄、后营、前营、葛代子、沟北、顺义地坛分院、柳各庄、柳各庄南、李遂镇政府、李遂、李遂环岛、太平辛庄西、太平辛庄、太平辛庄东、道口村	180−210分钟
56	顺28路区间	吉祥花园⟷李遂	吉6:00 李4:40	吉20:55 李19:05	吉祥花园、南航、蓝星集团、空港小学、三山小区、物美大卖场、东庄、万科花园、铁匠营、火神营、地铁后沙峪站、枯柳树、回民营、物流园、检测场、南法信、骏马公司、地铁南法信站、华英园、石门小区、供销大厦、社教中心、交通局、隆华、中医院、东风小学、顺义公园、顺义电视台、东大桥、地铁俸伯站、南彩工业园、俸伯、南彩派出所、俸伯小学、河北村、前薛各庄、南彩车站、南彩市场、太平庄、宣庄户北、宣庄户、魏辛庄、后营、前营、葛代子、沟北、顺义地坛分院、柳各庄、柳各庄南、李遂镇政府、李遂	7−12分钟

序号	统编路号	起点至终点	首班时间	末班时间	途经主要站点	间隔
57	顺31路区间	国家会计学院⟷唐洞	唐5:15 6:10 7:10 8:10 8:25	会16:00 17:00 18:00	国家会计学院、翠竹新村、天竺花园西、水木兰亭、马连店、地铁国展站、花梨坎村、地铁花梨坎站、喇苏营、空港B区、铁匠营、火神营、地铁后沙峪站、枯柳树、回民营、物流园、检测场、南法信、望泉桥、望泉桥东、梅沟营、怡馨家园、检察院、中医院、顺义区医院、地铁顺义站、公路局、地铁俸伯站、南彩工业园、后俸伯、农机驾校、银杏园、北彩、前郝家疃、柳行、黄家场、桥头村西、白马路口、马辛庄、前鲁、后鲁、后礼务、北小营、北小营小区、上辇、北府路口、昌金路口、魏家店、魏家店北、东沿头南、东沿头、木林开发区、孝德路口、木林、木林小学、王泮庄西口、王泮庄西街、王泮庄、王泮庄东、山丁路口、张中坞北、史中坞、龙湾屯西、龙湾屯、焦庄户西、唐洞	
58	顺34路区间	史家口⟷临清	史7:00 临8:40	史17:00 临19:00	史家口、下坡屯三区、金牛村、牛栏山一中、安乐村、牛栏山东口、牛栏山小区、龙湖别墅、乔波滑雪场、西丰乐、顺丰大街、花溪渡、香悦四季、马坡花园、金宝花园、乡村赛马场、大营、龙苑别墅、牛山一中实验学校、双兴桥北、双兴桥、双兴小区、便民街东口、顺义区医院、东风小学、仓上小区、石园南大街、平各庄、林河开发区、林河西站、陶家坟、山子坟、窑坡、后桥北、后桥、后桥南、李桥北、李桥中学、李桥、港馨车站、港馨庄园西、馨港庄园、英各庄、英各庄南、张辛庄、临清	200–220分钟
59	顺36路区间	茶棚⟷顺义二中	茶5:27 顺6:35	茶18:10 顺19:30	茶棚、茶棚村委会、浅山路口、峪子沟停车场、十二涧停车场、贾山、唐指山停车场、唐指山、木林北、木林小学、木林、孝德路口、木林开发区、东沿头、东沿头南、魏家店北、魏家店、昌金路口、北府路口、上辇、北小营小区、北小营、后礼务、后鲁、前鲁、马辛庄、白马路口、桥头村西、黄家场、柳行、前郝家疃、北彩、银杏园、农机驾校、后俸伯、南彩工业园、地铁俸伯站、东大桥、顺义电视台、顺义公园、东风小学、顺义区医院、交通局、社教中心、供销大厦、石门小区、石门东、顺义二中	30–60分钟

序号	统编路号	起点至终点	首班时间	末班时间	途经主要站点	间隔
60	顺55路区间	业兴庄←→地铁俸伯站	业6:00 地7:00	业17:00 地18:00	业兴庄、业兴庄北、陀头庙、沟东、沟东南、二郎庙西、顺鑫澜庭、杨镇一中、杨镇三街、仙泽园、下坡、南彩车站、河北村、俸伯、地铁俸伯站、、东大桥、裕龙三区、裕龙小区	120分钟
	龙湾屯1路	丁甲庄——柳庄户 北线：丁甲庄——龙湾屯小学 南线：柳庄户——龙湾屯小学	北线：丁甲庄 6:30 12:50 大北坞 7:10 13:20 龙湾屯小学 11:30 16:20	南线：柳庄户 6:30 13:00 南坞 7:00 13:30 龙湾屯小学 11:30 16:20	北线：丁甲庄、小北坞、大北坞、龙湾屯小学 南线：龙湾屯小学、龙湾屯政府、史中坞、张中坞、树行、南坞、七连庄、柳庄户	
61	木林1路	大韩庄←→业兴庄	大6:00 业6:00	大18:30 业18:00	大韩庄、大林、长林庄、木林村、木林镇政府、木林中学、陈各庄、蒋各庄北、蒋各庄、蒋各庄南、搅拌站、荣各庄、后王各庄、前王各庄、李各庄、陀头庙、业兴庄北、业兴庄	30–60分钟
62	南彩1路	鼎晟昊冉培训学校←→鼎晟昊冉培训学校	6:00	18:30	鼎晟昊冉培训学校、南彩工业园东、后俸伯、南彩工业园、地铁俸伯站、二手车交易市场、强制治理管理处、鼎晟昊冉培训学校	25–30分钟
63	北石槽1路	二张营←→二张营	6:00	17:30	二张营、李家史山、寺上南、营尔、寺上、武各庄、国家电网、北石槽东、北石槽政府、北石槽、北石槽小学、东石槽、东石槽东、东辛庄、刘各庄、中滩营、大柳树营、李家史山、二张营	30–60分钟

序号	统编路号	起点至终点	首班时间	末班时间	途经主要站点	间隔
64	空港1路	T2航站楼⟷樱花园	T2 5:25 樱 4:40	T2 22:30 樱 21:50	2号航站楼、塔台、武警总队、飞行总队、航安路、机场道口、北平里、花园路口、第九十四中学、南平里、国泰广场、二号门、一经路、管头、六区、樱花园	8-10分钟
65	空港2路	T2航站楼⟷职业技能培训学校	T2 6:00 职 5:10	T2 21:00 职 20:00	2号航站楼、塔台、BGS站坪、机场北库、大新华、保税区、物流园、南法信、望泉桥东、东风小学、顺义区医院、便民街东口、金汉绿港、金汉绿港四区、 地铁俸伯站、南彩工业园、后俸伯、职业技能培训学校	20-30分钟
66	空港3路	T2航站楼⟷枯柳树环岛	T2 5:50 枯 6:00	T2 20:00 枯 20:30	2号航站楼、塔台、BGS、国航货运、天竺村、天竺卫生院、天竺花园、临空假日酒店、新国展、花梨坎、花梨坎地铁、空港B区、铁匠营、万科城市花园、裕祥花园、东庄、后沙峪政府、农行、华润超市、火神营、地铁后沙峪站（枯柳树环岛）	20-30分钟
67	空港5路	T3航站楼⟷西降营村	T3 4:50 西 4:30	T3 22:00 西 21:10	T3航站楼、机场集团公司、机场股份公司、绿港国际、国门商务区、国门商务区北、头二营南、头二营、三四营、苏活、中航发动机、中航复材、中航国际、杜杨北街、澜西园二区、一中附小、梅沟营、梅沟营北、四季花城、地铁石门站、西辛小学、庄头、减河北路、牛山一中实验学校、龙苑别墅、大营、乡村赛马场、金宝花园、马坡花园、香悦四季、花溪渡、顺丰大街、西丰乐、乔波滑雪场、龙湖别墅、牛栏山小区、牛栏山东口、牛栏山、牛栏山路口、西陈各庄、赵全营、北郎中、北郎中西、电木厂、西绛州营村	10-20分钟

序号	统编路号	起点至终点	首班时间	末班时间	途经主要站点	间隔
68	空港6路	李家史山←→T2航站楼	李家史山4:20、4:40、5:00	T2航站楼20:20 20:50 21:20	2号航站楼、BGS货运站、天竺卫生院、天竺花园、空港A区、花梨坎地铁、空港B区、空港医院、顺义十中、清岚小镇、西马各庄、张喜庄路口、万万树小区、前渠河、闫家营、高丽营、西水泉、河庄营、后营、下西市村、范各庄、良善庄、南石槽、北石槽、北石槽镇政府、寺上、李家史山	
69	空港8路	山里辛庄←→T3航站楼	山里辛庄4:20 4:40 5:00	T3航站楼20:45 21:15 21:45	山里辛庄－七连庄村－柳庄户－龙湾屯－焦庄户地道战遗址纪念馆－龙湾屯镇政府－王泮庄－木林－东沿头－魏家店－上辇－北小营－后鲁－马辛庄－黄家场－柳行－北彩－后俸伯－地铁俸伯站－东大桥－顺义区医院－仓上小区－石园南大街－林河路口－吴家营－苏活小区－三四营－头二营－国门商务区－六经路口－T3航站楼	
70	空港7路	小曹庄←→T3航站楼	小曹庄4:30、4:40、4:50	T3航站楼20:20 20:50 21:20；途径T2航站楼20:35 21:05 21:35	小曹庄－赵各庄－行宫－沙岭－焦各庄－杜庄－现代三厂－双阳小区－杨镇三街－下坡－下营－菜园子－东江头－于辛庄－南彩车站－河北村－俸伯－地铁俸伯站－地铁顺义站－交通局－地铁石门站－梅沟营－南法信－检测场－物流园－综合保税－T2航站楼－T3航站楼	
71	空港9路	吴雄寺←→T3航站楼	吴雄寺4:20、4:40、5:00	T3航站楼20:20 20:50 21:20	吴雄寺、小塘村、顾家庄、柴家林、宗家店、西辛庄、大孙各庄、尹家府、郭家务、陈辛庄、道口、王各庄、闫家渠、李庄、崇国庄、苏庄、东方太阳城、河南村、啤酒厂、林河开发区、陶家坟、窑坡、后桥、李桥、馨港庄园、国门商务区、六经路口、T3航站楼	

序号	统编路号	起点至终点	首班时间	末班时间	途经主要站点	间隔
72	综保区公交专线1号线	地铁后沙峪站⟷综保区东行政卡口站	地铁后沙峪站 7:50 8:10 8:30	综保区东行政卡口站 16:00 16:50 17:00	地铁后沙峪站、管委会站、主卡口首末站、金岸东路站、检测场站、南法信站、航港大楼站、综保区东行政卡口站	
73	综保区公交专线2号线	地铁后沙峪站⟷综保区三区东站	地铁后沙峪站 8:00 8:20	综保区三区东站 16:40 17:10	地铁后沙峪站、地铁花梨坎站、三区南站、综保区三区东站	

顺义区旅游企业名录

类别	序号	名称	地址	电话	星级质量等级
星级饭店17家（五星1）（四星7）（三星8）（二星1）规模酒店46家	1	瑞麟湾温泉度假酒店	顺义区南彩镇顺平铺路39号	89468899	五星级
	2	国都大酒店	首都机场小天竺路	64565588（总机）	四星级
	3	北京中盛国际会议中心	顺义区李隧镇西	89485588（总机）	四星级
	4	北京春晖园温泉度假酒店	顺义区高丽营镇于庄村西侧	69454433（总机）	四星级
	5	金宝花园酒店	顺义区马坡顺安北路	69406060	四星级
	6	嘉宾国际	顺义区仁和镇东方太阳城社区	89431700	四星级
	7	北京京林大厦	首都机场生活区南平东里乙1号	64572626（总机）	四星级
	8	北京丰荣君华酒店	首都机场国门商务区李天路27号	81463366（总机）	四星级
	9	北京顺义宾馆	顺义城区府前中街3号	69444815	三星级
	10	东航商务酒店	天竺镇小天竺路1号	64575588（总机）	三星级
	11	望潮苑民俗度假村	北京市顺义区河南村村东	89491980	三星级
	12	安利隆生态农业旅游山庄	顺义区龙湾屯镇山里辛庄村东石门	60463603	三星级
	13	东竹园宾馆	顺义区顺平东路3号	69448440（总机）	三星级
	14	北京豪雅商务宾馆	顺义区天竺镇府前二街1号	64533388	三星级
	15	金航线国际大酒店	顺义区四纬路8号	52139999	三星级

类别	序号	名称	地址	电话	星级质量等级
星级饭店17家（五星1）（四星7）（三星8）（二星1）规模酒店46家	16	花水湾磁化温泉度假村	高丽营镇水源九厂路	69456668	三星级
	17	裕龙花园大酒店	顺义区裕龙花园2区甲9号	69445678	二星级
	18	和园景逸大酒店	顺义区后沙峪镇裕民大街2号	69457777	规模酒店
	19	中家鑫园温泉酒店	后沙峪镇古城村委会东200米	80496699	规模酒店
	20	新华联丽景温泉酒店	顺义区李遂镇宣庄户村中街111号	52806699	规模酒店
	21	怡生园国际会议中心	顺义区北小营镇后礼务	60485588（总机）	规模酒店
	22	金潮玉玛国际酒店	顺义区马坡向阳东路10号	69406868	规模酒店
	23	北京临空皇冠假日酒店	顺义区天竺镇地区府前一街60号	58108888	规模酒店
	24	阳光丽城温泉度假酒店	顺义区李桥镇苏庄村朝阳街115号	69486688	规模酒店
	25	乔波国际会议中心	顺义区顺安路	69419999	规模酒店
	26	北京松鹤建国培训中心	李遂镇左堤路李遂段19号院	58271111	规模酒店
	27	空港奥竺宾馆	小天竺一街36号	58271122	规模酒店
	28	凯盛兴丰国际酒店	天竺镇天柱东路2号	84456688	规模酒店
	29	空港蓝湾国际酒店	天柱东路22号	64588855	规模酒店
	30	北京宏瑞御景国际酒店	枯柳树环岛西侧安平街3号	53258800	规模酒店
	31	北京泊悦假日酒店	杨镇三街仙泽园西	61416668	规模酒店
	32	北京启航酒店	天柱东路甲6号	51780666	规模酒店
	33	宜必思机场店	天竺中街2号	64567799	规模酒店
	34	龙湾戴斯商务酒店	后沙峪裕园路龙湾别墅	80414221	规模酒店
	35	北京嘉伦特酒店	空港A区天纬四街10号	80489595-2006	规模酒店
	36	明豪戴斯酒店	天竺府前街1号	64577779	规模酒店

类别	序号	名　　称	地　　址	电　话	星级质量等级
	37	山水酒店	空港工业区B区裕安路22号	80479101	规模酒店
	38	福润通商务酒店	天柱东路丙二号	64588886	规模酒店
	39	北京海云天酒店	空港工业区A区天纬四街10号	80489555-1112	规模酒店
	40	空港远航国际酒店	府前二街1号	84166060	规模酒店
	41	北京银洋酒店	天竺府前一街	64569988	规模酒店
	42	亚美国际	天竺镇岗山路42号	64580888	规模酒店
	43	航港之佳大酒店	南法信南陈路35号	69479696	规模酒店
	44	空港奥竺（如家酒店机场店）	天竺府前一街4号	52136699	规模酒店
	45	北京仁和福升旅馆（速八）	贯通西路（原二中院内）	69466218	规模酒店
	46	锦江国际	府前二街一号14	84166363	规模酒店
	47	格林豪泰机场店	府前二街一号院	52138888	规模酒店
	48	中航空港（怡莱酒店）	后沙峪香花畦家园甲1号	80429393	规模酒店
	49	福永御龙国际酒店	顺义空港B区隔慧园内	80491999	规模酒店
	50	七天快捷天竺店	府前二街1号（10号院）	64587122	规模酒店
	51	空港远航国际酒店	天竺府前二街1号	84166060	规模酒店
	52	北京空港蓝湾大酒店（原空港快捷）	天柱东路22号	64588855	规模酒店
	53	富驿空港酒店	天竺镇天竺家园17号楼	58102929	规模酒店
	54	权金城商务酒店	顺义区石园北区85号楼	89453333	规模酒店
	55	速8新国展店	顺义区后沙峪镇裕民大街32号	61468566	规模酒店
	56	锦江之星顺义开发区店	顺义区仁和镇双河大街甲57号4幢3层	61496169	规模酒店

类别	序号	名　　称	地　　址	电　　话	星级 质量等级
	57	北京空港新悦商务会所	天竺镇岗山路42号	64573807	规模酒店
	58	北京梨花小镇宾馆	顺义区西门外新风商场西侧	52137111	规模酒店
	59	速8顺义石园店	仁和镇石园南大街18号院2号楼	60495799	规模酒店
	60	中国石油天然气运输公司北京综合服务中心	顺义区林河工业开发区顺仁路54号	89480200	规模酒店
	61	星程酒店	顺义区光明南街10号	61409666	规模酒店
	62	金紫银酒店	仁和镇顺通路6号	69705665	规模酒店
	63	丽枫酒店	府前中街3号18	52598877	规模酒店
A级景区8家（4A2（3A5）（2A1）非A景区4家	64	北京奥林匹克水上公园	顺义区白马路19号	69405821	AAAA级
	65	北京国际鲜花港	顺义区杨镇红寺村北1000米	61417100	AAAA级
	66	顺鑫绿色度假村	顺义区李隧镇西	89485588（总机）	AAA级
	67	焦庄户地道战遗址纪念馆	龙湾屯镇焦庄户村内	60461906	AAA级
	68	北京汉石桥湿地景区	北京市顺义区杨镇	61456099	AAA级
	69	北京七彩蝶园	顺义区高丽营镇南郎中村白马路北侧（火寺路口）	89422400	AAA级
	70	河北村民俗体验园	南彩镇河北村	60418580	AAA级
	71	北京乡村高尔夫俱乐部	马坡向阳闸潮白河西侧	69403368	AA级
	72	汉风耕读苑	顺义区白马路三高科技农业试验示范区内	60480250	非A景区
	73	舞彩浅山国家登山步道	龙湾屯镇（浅山办）	60466366	非A景区
	74	乔波室内滑雪馆	顺义区顺安路	69419999	非A景区
	75	莲花山滑雪场	顺义区张镇良山	61488111	非A景区
	76	北京星空国际旅行社有限公司	北京市顺义区李桥镇四纬路3号	64562465	旅行社

类别	序号	名称	地址	电话	星级质量等级
旅行社49（独立社24）（分社2）（门市部23）	77	银建国际旅行社有限公司	北京市顺义区后沙峪地区火沙路后沙峪地段28号	69457127 69457634	旅行社
	78	北京中航信旅行社有限公司	北京市顺义区后沙峪镇双裕街80号1幢301室	57651163	旅行社
	79	北京中企环飞国际旅行社有限公司	北京市顺义区南法信镇顺畅大道1号B-360室	84162579	旅行社
	80	易旅同行(北京)国际旅行社有限公司	北京市顺义区南法信镇机场北街8号院2幢E611室	69450517	旅行社
	81	北京春畅旅行社有限责任公司	北京市顺义区光明南街西侧	69445677	旅行社
	82	北京高尔夫旅行社	北京市顺义区顺平路南法信段北侧	69472688	旅行社
	83	北京阳光假日国际旅行社有限公司	北京市顺义区站前东街商业2号楼316号	81498700 81499700	旅行社
	84	北京春晖旅行社	北京市顺义区仁和地区拥军路2号	69443107	旅行社
	85	北京北旅假日国际旅行社有限公司	北京市顺义区仁和地区怡馨家园13号楼209室	89453086	旅行社
	86	北京华信旅行社有限公司	北京市顺义区仁和地区平各庄村北1号1幢101室	89492020	旅行社
	87	北京鑫源旅行社有限公司	北京市顺义区仁和地区双兴北区10楼8门101	13911860325	旅行社
	88	北京华夏典藏旅行社有限公司	北京市顺义区北京空港物流基地物流园八街1号二层B2-287	66034447 66034434	旅行社
	89	北京顺天鑫旅行社有限责任公司	北京市顺义区李遂镇西侧绿色度假村内27幢一层	89485191 89485679	旅行社
	90	北京钰鑫假日国际旅行社有限公司	北京市顺义区仁和地区宏城花园6号楼一单元502室	61459280	旅行社
	91	北京新洲旅行社有限公司	北京市顺义区新顺北大街东侧（纺织厂）1-4	61400169	旅行社
	92	北京环宇畅游旅行社有限公司	北京市顺义区东方太阳城万晴园102号楼一层12号	89431700-3647	旅行社
	93	易道（北京）国际旅行社有限公司	北京市顺义区天柱路28号1号楼10层10-A	83914567	旅行社
	94	北京爱旅途国际旅行社有限公司	北京市顺义区顺平路俸伯段45号1幢10号	63459458	旅行社

类别	序号	名　称	地　址	电　话	星级质量等级
旅行社49（独立社24）（分社2）（门市部23）	95	北京捷登旅游有限公司	北京市顺义区天竺镇小王辛庄南路10号302室	87952141	旅行社
	96	北京聚美国际旅行社有限公司	北京市顺义区华英园9号1层1001	69264470	旅行社
	97	北京九州联合国际旅行社有限公司	北京市顺义区空港街道三山新新家园四区2号楼1009室	64489499	旅行社
	98	北京龙翔天下旅行社有限公司	北京市顺义区李桥镇汇海南路1号院11号楼1202	64583569	旅行社
	99	北京德吉梅朵国际旅行社有限公司	北京市顺义区杨镇地区二街村农场路62号16室	81728257	旅行社
	100	天马国际旅行社有限责任公司北京顺义分社	北京市顺义区裕龙花园六区20楼二单元102室	89497800	分社
	101	中国铁道旅行社北京顺义分社	北京市顺义区新顺南大街路西（顺义电信局）8号楼301	69439525	分社
	102	北京神舟国际旅行社集团有限公司顺义门市部	顺义区光明南街旅游局三楼	69421682	门市部
	103	中国铁道旅行社北京顺义仁和门市部	北京市顺义区仁和地区双兴南区33号楼3门101室	69423030	门市部
	104	北京中广国际旅行社有限责任公司顺义门市部	北京市顺义区新顺北大街3号	69462434	门市部
	105	北京天安国际旅行社有限责任公司顺义门市部	顺义区港馨西区48号楼3门602室	89453902	门市部
	106	北京市中国旅行社有限公司顺义门市部	北京市顺义区仁和镇幸福东区9号楼六单元101	57039258	门市部
	107	北京大唐国际旅行社有限公司顺义营业部	北京市顺义区南法信镇华英园9号5016室（金汉四区11-31层）	69462462 69462434	门市部
	108	中青旅控股股份有限公司北京市顺义门市部	北京市顺义区新顺南大街18号	69423872	门市部
	109	北京上古国际旅行社有限公司顺义营业部	北京市顺义区双兴南区9楼四单元102	69465495	门市部

类别	序号	名　称	地　址	电　话	星级质量等级
旅行社49（独立社24）（分社2）（门市部23）	110	中国国际旅行社总社有限公司顺义中心门市部	北京市顺义区仁和镇新顺南大街7号	69447031	门市部
	111	易游天下国际旅行社（北京）有限公司顺义门市部	北京市顺义区高丽营镇文化营村林海大街北区38号（石门苑）	61426036	门市部
	112	北京泛美国际旅行社有限责任公司顺义营业部	北京市顺义区高丽营镇金马工业区1号（教师之家）	69461472	门市部
	113	北京市中国旅行社有限公司新顺北大街门市部	顺义区新顺北大街16号1层（东风林吉商厦）	61400169	门市部
	114	北京市首都旅行社有限公司空港营业部	北京市顺义区天竺镇二十里堡村天柱东路1号	64503351	门市部
	115	中国康辉旅行社集团有限责任公司北京顺义门市部	北京市顺义区府前中街3号18幢	56139125	门市部
	116	北京市华宇假日国际旅行社有限责任公司顺义门市部	北京市顺义区李桥镇李家桥村北二街34号（仁和花园1区5-102）	69429259 13051453720	门市部
	117	北京永利国际旅行社有限公司顺义营业部	北京市顺义区仁和镇石园西区1号楼1层四单元101	89457816	门市部
	118	中商国际旅行社有限公司北京顺义营业部	北京市顺义区南法信镇顺畅大道14号院1号楼3单元118室	50934028	门市部
	119	北京永利国际旅行社有限公司顺义大街营业部	北京市顺义区仁和镇新顺南大街11号1幢3层307	52947318	门市部
	120	中国山水旅行社北京顺义门市部	北京市顺义区李桥镇机场东路6号院10号楼1层111	61429881	门市部
	121	环境国际旅行社有限公司北京顺义后沙峪营业部	北京市顺义区后沙峪镇裕安路18号院2号楼203室	80476782	门市部
	122	北京凯撒国际旅行社有限责任公司顺义新顺街门市部	北京市顺义区仁和镇新顺南大街8号院1幢3层F3-38（华联商厦）	61490661	门市部
	123	北京市中西国际旅行社有限公司顺义营业部	北京市顺义区仁和地区双兴南区京客隆店内	56228915	门市部
	124	易游天下国际旅行社（北京）有限公司牛栏山门市部	北京市顺义区牛栏山镇腾仁路11号院1幢1层101室	69413082	门市部

类别	序号	名　　称	地　　址	电　　话	星级质量等级
星级民俗旅游村16个（五星2）（三星14）	125	柳庄户民俗旅游村	龙湾屯镇柳庄户村	60461100	五星级
	126	石家营民俗旅游村	马坡镇石家营村	69409915	五星级
	127	田家营民俗旅游村	杨镇田家营村	61451810	三星级
	128	沙子营民俗旅游村	杨镇沙子营村	61451810	三星级
	129	北郎中民俗旅游村	赵全营镇北郎中村	60435920	三星级
	130	焦庄户民俗旅游村	龙湾屯镇焦庄户村	60461100	三星级
	131	大北坞民俗旅游村	龙湾屯镇大北坞村	60461277	三星级
	132	七连庄民俗旅游村	龙湾屯镇七连庄村	60461318	三星级
	133	安辛庄民俗旅游村	木林镇安辛庄村	60456092	三星级
	134	贾山民俗旅游村	木林镇贾山村	60456139	三星级
	135	茶棚民俗旅游村	木林镇茶棚村	60456123	三星级
	136	河北村民俗旅游村	南彩镇河北村	89477690	三星级
	137	前鲁各庄民俗旅游村	北小营镇前鲁各庄村	60483657	三星级
	138	北府民俗旅游村	北小营镇北府村	60483166	三星级
	139	薛庄民俗旅游村	大村各庄镇薛庄村	61432145	三星级
	140	南石槽民俗旅游村	北石槽镇南石槽村	0424263	三星级
	141	尺木无山	顺义区杨镇地区沙子营村村委会西北侧1000米（果园内西北侧）	61451300	五星级
	142	开心庄园	顺义区杨镇地区沙子营村委会1000米	61412772	五星级
	143	贵彬苑农家院	顺义区杨镇田家营村环村东路66号	61411929	五星级
	144	北京巧嫂餐饮有限公司	顺义区北小营镇仇家店村村委会东侧1000米	69419898	五星级
	145	北京田家营小吃店	顺义区杨镇地区田家营村环村路73号	61411258	四星级
	146	北京绿墅缘小吃店	顺义区杨镇地区田家营村环村北街4号	61412340	四星级

类别	序号	名　称	地　址	电　话	星级质量等级
星级民俗旅游户61户（五星4）（四星20）（三星33）（二星4）	147	北京自家田地小吃店	顺义区杨镇地区田家营村环村东路58号	89433866	四星级
	148	王凤兰农家院	顺义区龙湾屯镇焦庄户村大胡同22号	60461205	四星级
	149	顺义区龙湾屯镇岳瑞武民俗旅游户	顺义区龙湾屯史中坞北横街2号	13701158227	四星级
	150	北京永林桂花香农家院餐厅	顺义区龙湾屯镇焦庄户村焦庄街70号	13120147076	四星级
	151	北京尚岩红农家院餐厅	顺义区龙湾屯镇焦庄户村新民路42号	60461813	四星级
	152	龙湾屯镇焦荣庆民俗旅游户	顺义区龙湾屯镇焦庄户村焦庄街74号	18611039590	四星级
	153	顺义区龙湾屯镇寇焕英农家院餐厅	顺义区龙湾屯镇焦庄户村新民街133号	13716038802	四星级
	154	顺义区龙湾屯镇焦春芹农家院餐厅	顺义区龙湾屯镇焦庄户村西四条19号	13716669407	四星级
	155	北京田淑兰农家院餐厅	顺义区龙湾屯镇焦庄户村焦庄街86号	13436827724	四星级
	156	顺义区龙湾屯镇于美霞农家院餐厅	顺义区龙湾屯镇焦庄户村委会西300米	13501301032	四星级
	157	北京桂清农家院餐厅	顺义区龙湾屯镇焦庄户村焦庄街28号	13718855290	四星级
	158	顺义区北石槽镇刘志强民俗旅游户	顺义区北石槽镇南石槽村幸福北街4号	18510386960	四星级
	159	顺义区北石槽镇彭凤侠民俗旅游户	顺义区北石槽镇南石槽村南斜街37号	13716880287	四星级
	160	顺义区北石槽镇李凤荣民俗旅游户	顺义区北石槽镇南石槽村光明胡同6号	15811244268	四星级
	161	顺义区北石槽镇高云东民俗旅游户	顺义区北石槽镇南石槽村幸福北街11号	15601059527	四星级
	162	顺义区北石槽镇徐美媛民俗旅游户	顺义区北石槽镇南石槽村西南街25号内1号	13021019630	四星级
	163	北京寺上餐饮管理有限公司	顺义区北石槽镇寺上村农贸市场	13693388033	四星级
	164	顺义区北石槽镇梁飞民俗旅游户	顺义区北石槽镇下西市村南高下路西9号	13716229543	四星级
	165	进财农家院	顺义区杨镇田家营村环村北街27号	13681092392	三星级

类别	序号	名称	地址	电话	星级质量等级
星级民俗旅游户61户（五星4）（四星20）（三星33）（二星4）	166	焦春琴农家院	顺义区龙湾屯镇焦庄户村西四条	13716669407	三星级
	167	桂清农家院	顺义区焦庄户村焦庄街28号	13718855290	三星级
	168	张春英农家院	顺义区焦庄户村焦庄街4号	13716949046	三星级
	169	永林桂花香农家院	顺义区龙湾屯镇焦庄户村焦庄户街94号	13120147076	三星级
	170	田淑兰农家院	顺义区焦庄户地道战遗址纪念馆以西50米	13436827724	三星级
	171	韩秀华农家院	顺义区焦庄户东条2号	13716811754	三星级
	172	焦秀云农家院	焦庄户村抗战纪念林西（近抗战纪念馆）	13718551073	三星级
	173	北京金权顺农家院餐厅	顺义区龙湾屯镇七连庄村后大街62号	13161917518	三星级
	174	北京冬暖农家院餐厅	顺义区龙湾屯镇七连庄村中学路3号	15910258500	三星级
	175	北京兆芹农家院餐厅	顺义区龙湾屯镇焦庄户村西一条24号	13436809038	三星级
	176	龙湾屯镇陈玉萍农家院餐厅	顺义区龙湾屯镇焦庄户村焦庄街92号	13522691350	三星级
	177	龙湾屯镇孔玉静农家院餐厅	顺义区龙湾屯镇焦庄户村新民路32号	13269050728	三星级
	178	北京朱敬红农家院餐厅	顺义区龙湾屯镇焦庄户村新民路113号	13716593690	三星级
	179	北京绿野飘香农家院餐厅	顺义区龙湾屯镇七连庄村小前街1号	13716811779	三星级
	180	北京家鑫农家院餐厅	顺义区龙湾屯镇七连庄村后大街74号	13716187015	三星级
	181	龙湾屯镇马九会农家院餐厅	顺义区龙湾屯镇焦庄户村西四条45号	13436859595	三星级
	182	龙湾屯镇彭海艳农家院餐厅	顺义区龙湾屯镇焦庄户村新民街51号	13693077861	三星级
	183	龙湾屯镇关凤华农家院餐厅	顺义区龙湾屯镇焦庄户村新民路108号	15611350709	三星级
	184	龙湾屯镇韩淑明农家院餐厅	顺义区龙湾屯镇焦庄户村焦庄户街17号	13716966003	三星级

类别	序号	名称	地址	电话	星级质量等级
星级民俗旅游户61户（五星4）（四星20）（三星33）（二星4）	185	龙湾屯镇刘伟农家院餐厅	顺义区龙湾屯镇焦庄户村焦庄街88号	13520680530	三星级
	186	龙湾屯镇杨玉荣农家院餐厅	顺义区龙湾屯镇焦庄户村北小巷20号	13716086264	三星级
	187	龙湾屯镇韩秀华农家院餐厅	顺义区龙湾屯镇焦庄户村大胡同4号	13716811754	三星级
	188	北京立荣农家院餐厅	顺义区龙湾屯镇焦庄户村大胡同34号	15010024388	三星级
	189	龙湾屯镇高玉芝农家院餐厅	顺义区龙湾屯镇焦庄户村新民路123号	13716610602	三星级
	190	顺义区北石槽镇李印梅民俗旅游户	顺义区北石槽镇南石槽村春意胡同9号内2号	18701116108	三星级
	191	顺义区北石槽镇曹洪伶民俗旅游户	顺义区北石槽镇南石槽村幸福北街15号	13716229329	三星级
	192	北京金府四季餐饮有限公司	顺义区南彩镇河北村东路9号	13718647925	三星级
	193	北京顺香府餐饮有限公司	顺义区南彩镇河北村村委会东北1000米	13716600866	三星级
	194	北京冉云余花鲢饭庄	顺义区南彩镇河北村东路2号	13716087789	三星级
	195	北京荀冬明饭庄	顺义区南彩镇河北村老顺平路甲3号	13601056041	三星级
	196	顺义区南彩镇李昌军小吃店	顺义区南彩镇河北村双河果园	13910445660	三星级
	197	北京稻香来餐厅	顺义区李遂镇李遂村东来顺胡同15号	15910394658	三星级
	198	沐丰园农家院	顺义区杨镇田家营村立新胡同9号	13681045586	二星级
	199	宏盛家园农家	顺义区杨镇田家营村村东	13911500322	二星级
	200	于美霞农家院	顺义区龙湾屯镇焦庄户村村委会西300米	13051301032	二星级
	201	双亮农家院	顺义区龙湾屯镇焦庄户村新民路59号	15810266841	二星级
	202	北京清心居农庄有限公司（意大利农庄）	顺义区马坡镇白各庄村委会南300米	69409408	国际驿站
	203	北京安利隆生态农业发展有限公司	顺义区龙湾屯镇山里辛庄村东	18611408986	休闲农庄

类别	序号	名　称	地　址	电　话	星级质量等级
乡村旅游特色业态27家	204	北京静心园垂钓有限责任公司	顺义区北石槽镇南石槽村	60423670	休闲农庄
	205	阿做生态农庄	顺义区南彩镇后俸伯村西彩俸工业区路北	13901396141	休闲农庄
	206	北京峰盈新顺餐饮管理有限公司	顺义区北石槽镇良善庄村村委会南500米	13910722736	乡村酒店
	207	北京乾轩樱桃采摘园	顺义区北务镇马庄村	13901113631	采摘篱园
	208	北京晓旭生态林业发展有限公司	顺义区北务镇北务村郭北路2号	61423006 13911286293	采摘篱园
	209	北京高天顺蔬果产销专业合作社	顺义区北务镇小珠宝村东500米	13501125995	采摘篱园
	210	北京余地农庄有限公司	顺义区北务镇于地村西侧木燕辅路6号	13718909716	采摘篱园
	211	北京三分地农业科技有限公司	顺义区北务镇林上村进村路8号	57799306 18618148030	采摘篱园
	212	北京圣华伟泰农业科技开发有限公司	顺义区北务镇庄子村	13811576729	采摘篱园
	213	北京欧菲堡酒庄有限公司	顺义区龙湾屯镇柳庄户村	13146919999	采摘篱园
	214	北京市双河果园	顺义区南彩镇河北村	13910402791	采摘篱园
	215	北京市燕赵采摘园	顺义区北石槽镇西赵各庄村南600米	13552973334	采摘篱园
	216	北京绿之杰园林绿化有限公司	顺义区北石槽镇南石槽村桥南200米	13910523654	采摘篱园
	217	北京顺丽鑫生态观光农业园有限责任公司	顺义区高丽营镇水源九厂路1号	69453090	采摘篱园
	218	北京当益生态农业科技有限公司	顺义区张镇赵各庄村商业街4号	13801276938	采摘篱园
	219	北京晏农源农业科技有限公司	顺义区牛栏山镇晏子路2号	15210912566	采摘篱园
	220	北京绿富田园农业发展有限公司	顺义区木林镇顺焦路木林段75号	15810501259	采摘篱园
	221	北京吉祥八宝葫芦手工艺品产销专业合作社	顺义区龙湾屯镇柳庄户村	13716669708	采摘篱园
	222	北京吉祥苑采摘园	顺义区杨镇张家务村	18618122215	采摘篱园

类别	序号	名　称	地　址	电　话	星级质量等级
乡村旅游特色业态27家	223	北京彩虹庄园农业科技有限公司	顺义区顺平主路 彩虹桥东2公里	13321120595	采摘篱园
	224	北京喜邦生态农业有限公司	顺义区北小营镇榆林村西	18518639358	采摘篱园
	225	北京裕和歆业有机农业有限公司	顺义区高丽营镇羊房村临28号	13699180979	采摘篱园
	226	北京水云天采摘园	顺义区木林镇贾山村	15810501259	采摘篱园
	227	北京七彩佳合花卉有限公司	顺义区北石槽镇东石槽村	51665266	采摘篱园
	228	诚食（北京）农业科技有限公司	顺义区龙湾屯镇柳庄户村	13810956036	采摘篱园
工业旅游示范点6家	229	燕京啤酒厂	顺义区双河路九号	894955888	国家级
	230	北京顺鑫鹏程食品分公司	顺义区南法信地区顺沙路南侧	69474053	国家级
	231	北京顺鑫牵手有限责任公司	顺义区牛栏山工业区	69410081	国家级
	232	北京顺鑫牛栏山酒厂	顺义区牛栏山镇	69412531	国家级
	233	北京汇源饮料食品集团有限公司	顺义区北小营镇汇源路	60483388	国家级
	234	北京现代汽车有限公司	顺义区顺通路18号	89490088	国家级

顺义区法律服务所

序号	名 称	地 址	联系电话
1	顺义区杨镇第二法律服务所	杨镇法庭对面	13311289554
2	顺义区北务镇法律服务所	北务镇政府院内	61421712
3	顺义区光明街道法律服务所	光明街道办事处院内	69421084

顺义区律师事务所

序号	律所名称	地址	电话
1	北京市青天律师事务所	北京市顺义区北京市顺义区马坡镇复兴四街3号金蝶软件园A座7层706室	010–81483264；69449549（内勤）
2	北京市扶正律师事务所	顺义区府前东街9号鲁班大厦7层707–708房间	010–69432033；010–69441887
3	北京市顺新律师事务所	顺义区光明南街	010–69441913
4	北京市狄克律师事务所	顺义区双兴南区22栋11单元102室	010–81492373
5	北京市律港律师事务所	北京市顺义区裕龙花园六区29号楼1–101	010–81496318
6	北京扬智勇律师事务所	空港B区双裕大街后沙峪火神营双裕小区8号楼2门301	010–52361101 571369378 13021229667
7	北京市玖典律师事务所	顺义区府前东街东兴路9号	010–52137927
8	北京智勇律师事务所	顺义区 府前街	010–89492751––809
9	北京卞志忠律师事务所	北京市顺义区新顺北大街路西影剧院10幢102室	13910601028
10	北京亓致知律师事务所	顺义区仓上街8号（顺义区工商局院内）	010–89453862
11	北京刘明哲律师事务所	顺义区胜利小区物美超市北	010–69462821
12	北京朗泰律师事务所	顺义区光明北街甲1号403、404室	010–69446092
13	北京道盛律师事务所	北京市顺义区新顺南大街8号院 2幢9层1单元906室	010–81487767
14	北京盛堂律师事务所	顺义区石园南大街18号院3号楼3层302	010–89453888

序号	律所名称	地址	电话
15	北京顺东律师事务所	顺义区毓秀园南园B—19号	13901142701; 89498839.
16	北京冉午宁律师事务所	顺义区顺安路33号院16号楼207室	13910418143
17	北京朗空律师事务所	北京市顺义区仓上小区37号楼4层1单元402	13810083380
18	北京陆源律师事务所	顺义区仓上小区已33-2-102	13810606891
19	北京首润律师事务所	顺义区仓上街2号AMB大厦B区6层601	13701376786
20	北京盛友律师事务所	顺义区顺安路33号院16号楼3层302	13911770695
21	北京格竹律师事务所	顺义区府前东街2号顺建大厦六层614室	13910383601
22	北京盈方律师事务所	顺义区顺畅大道14号院3号楼3单元517号	13910021202
23	北京扬轩律师事务所	顺义区新顺南大街8号院2幢3单元1007室	13701066092
24	北京顺林律师事务所	北京市顺义区府前东街2号1号楼顺建大厦1106室	13911223335
25	北京顺腾律师事务所	北京市顺义区新顺南大街8号院2幢1单元506	15810596995
26	北京荣启律师事务所	北京市顺义区顺义区高丽营镇北高路99号6号楼6102室	53223999
27	北京昶盛律师事务所	北京市顺义区赵全营镇兆丰产业基地园盈路16号二幢二层212室	15811224011
28	湖北广众(北京)律师事务所	顺义区南法信镇十里堡村北D座商业办公楼3层309	18132075913

顺义区公证处

名称	地址	电话
北京市龙诚公证处	北京市顺义区光明南街18号	69441820

顺义区教育机构名录

一、幼儿园

学校名称	学校地址	办公电话
北京市顺义区龙湾屯镇丁甲庄村幼儿园	北京市顺义区龙湾屯镇丁甲庄村	60463227
北京市顺义区高丽营镇张喜庄村幼儿园	北京市顺义区高丽营镇张喜庄村北环村路南侧	69492195
北京市顺义区河北村幼儿园	北京市顺义区南彩镇河北村	81460246
北京市顺义区李桥镇王家场村幼儿园	北京市顺义区李桥镇王家场村文明大街17号	15601052676
北京市顺义区裕龙双语艺术幼儿园	北京市顺义区裕龙花园三区甲19号	41600648
北京市顺义区李桥镇后桥村幼儿园	北京市顺义区李桥镇后桥村新明斜街9号	15010397151
北京市顺义区牛栏山镇龙王头村幼儿园	北京市顺义区牛栏山镇龙王头村	61427235
北京市顺义区李桥镇北河村幼儿园	北京市顺义区李桥镇北河村	13716607511
北京市顺义区顺和花园幼儿园	北京市顺义区仁和地区顺和花园小区7号楼	89419951
北京市顺义区杨镇三街村幼儿园	北京市顺义区杨镇三街村路段153号	61459722
艾德双语幼儿园	北京市顺义区天竺空港工业A区天纬五街蓝庭苑6号楼	80427631
北京市顺义区港馨东区幼儿园	北京市顺义区港馨东区17号楼	89457897
北京市顺义区澜西园四区幼儿园	北京市顺义区澜西园四区4号楼	60496218
北京市顺义区马坡第二幼儿园	北京市顺义区马坡镇马卷村西侧	69407480
北京市顺义区建南幼儿园	北京市顺义区建南新区36号楼	52945217
北京市顺义区裕龙幼儿园	北京市顺义区裕龙四区13号楼	89406136
北京市顺义区西辛幼儿园	北京市顺义区西辛南区	61408620
北京市顺义区馨港幼儿园	北京市顺义区李桥镇馨港庄园二区2号	81477269
北京市顺义区温莎双语幼儿园	北京市顺义区首都机场路89号	64575413
北京市顺义区杨镇中心幼儿园	北京市顺义区杨镇地区一街村府右街4号	61419144
北京市顺义区仁和中心幼儿园	北京市顺义区石园南区4号楼北侧	89446064
北京市顺义区义宾幼儿园	北京市顺义区义宾南区甲10号楼	69422956
北京市顺义区采风幼儿园	北京市顺义区南彩镇前俸伯村附四路9号	89477510
北京市顺义区港馨幼儿园	北京市顺义区港馨家园小区（西区）	89448913
北京市顺义区北小营中心幼儿园	北京市顺义区北小营镇永利家园北侧	60483603
北京市顺义区金汉绿港幼儿园	北京市顺义区金汉绿港三区	60417288
北京市顺义区怡馨幼儿园	北京市顺义区怡馨家园27号楼	69421015
北京市顺义区南法信中心幼儿园	北京市顺义区南法信镇政府北顺余西路3号	69473313

学校名称	学校地址	办公电话
北京市顺义区石园幼儿园	北京市顺义区石园西区20号楼	89444844-807
北京市顺义区滨河幼儿园	北京市顺义区滨河小区14号楼前	69426048
北京市顺义区泛美幼儿园	北京市顺义区南关平各庄	89497758
北京市顺义区后沙峪第一幼儿园	北京市顺义区后沙峪镇政府东侧双裕街31号	61438058
北京市顺义区牛栏山第一幼儿园	北京市顺义区牛栏山镇龙湖香醍漫步三区	69414003---8016
北京市顺义区北务中心幼儿园	北京市顺义区北务中心幼儿园	61421717
北京市顺义区长颈鹿幼儿园	北京市顺义区仁和镇集汇大街毓秀园别墅区南园A区A-25号	81482222
北京市顺义区万科城市花园幼儿园	北京市顺义区空港街道办事处万科城市花园居委会	80485697
北京市顺义区赵全营中心幼儿园	北京市顺义区赵全营镇牛板路乙123号	60431157
北京市顺义区南彩第二幼儿园	北京市顺义区南彩镇政府东侧	89477876
北京市顺义区天竺中心幼儿园	北京市顺义区天竺镇府前一街20号	64568509
北京市顺义区幸福幼儿园	北京市顺义区幸福西街6号	69423143
北京市顺义区尹家府中心幼儿园	北京市顺义区大孙各庄镇四福通大街82号	61474200
北京市顺义区南彩第一幼儿园	北京市顺义区南彩镇南彩中大街九号	89469256
北京市顺义区马坡第一幼儿园	北京市顺义区马坡镇政府西侧	69401653
北京市顺义区木林中心幼儿园	北京市顺义区顺焦路木林段83号	60459100
北京市顺义区李桥中心幼儿园	北京市顺义区李桥镇沿河村任李路沿河段17号	69485882
北京市顺义区木林镇大韩庄幼儿园	北京市顺义区木林镇大韩庄村东路98号	60467830
北京市顺义区双兴幼儿园	北京市顺义区双兴南区26号楼东双兴幼儿园	81491161-612
中国人民解放军66055部队幼儿园	北京市顺义区拥军路5号	81492550
北京市顺义区北石槽中心幼儿园	北京市顺义区北石槽镇府前西街2号	60422127
北京市顺义区伊顿幼儿园	北京市顺义区后沙峪镇阿凯笛亚庄园43号楼	80472983
北京市顺义区木林镇王泮庄幼儿园	北京市顺义区木林镇王泮庄中街53号	60456013
北京市顺义区龙湾屯中心幼儿园	北京市顺义区龙湾屯镇政府前街路南东侧4号	60461747
北京市顺义区张镇中心幼儿园	北京市顺义区张镇浅山香邑二区林秀西路1号院15号楼	61483868
北京市顺义区李遂中心幼儿园	北京市顺义区李遂镇政府街南孙路李遂段5号	89481707
北京市顺义区嘉德蒙台梭利双语幼儿园	北京市顺义区仁和地区办事处河南村村委会	89452591
北京市顺义区宏城幼儿园	北京市顺义区前进花园石门苑22号楼	89423320-8105
北京市顺义区高丽营第一幼儿园	北京市顺义区高丽营镇张喜庄村拓新区14号	69492195

学校名称	学校地址	办公电话
北京市顺义区高丽营第二幼儿园	北京市顺义区高丽营镇四村村委会	69455943
北京市顺义区汇佳东方幼儿园	北京市顺义区东方太阳城万晴园54号	89431740
北京市顺义区建北幼儿园	北京市顺义区建新北区37号	69442746
北京市顺义区石园北区幼儿园	北京市顺义区石园北区20号楼前	69443353
北京市顺义区牛栏山镇芦正卷村幼儿园	北京市顺义区牛栏山镇芦正卷村	69411989
北京市顺义区赵全营镇去碑营村幼儿园	北京市顺义区赵全营镇去碑营村幼儿园	60438029
北京市顺义区龙湾屯镇山里辛庄村幼儿园	北京市顺义区龙湾屯镇山里辛庄村委会	60463227
北京市顺义区后沙峪镇董各庄村幼儿园	北京市顺义区后沙峪董各庄村中街13号	80478590
北京市顺义区赵全营镇西小营村幼儿园	北京市顺义区赵全营镇西小营村富康街60号	60409885
北京市顺义区赵全营镇解放村幼儿园	北京市顺义区赵全营镇解放村	60432871
北京市顺义区丽思嘉洛德双语幼儿园	北京市顺义区天竺镇府前一街58号水木兰亭小区花园2号楼	58101258
北京市顺义区金翼德懿双语幼儿园	北京市顺义区天竺丽苑路6号美林别墅会所	64509713
北京市顺义区启明香醍漫步双语幼儿园	北京市顺义区牛栏山镇香醍漫步庄园3区6号楼	60428197
北京市顺义区吉祥幼儿园	北京市顺义区空港吉祥花园小区13号楼	60401940
北京市顺义区杨镇第三幼儿园	北京市顺义区杨镇双阳东区13号楼	61419380
北京市顺义区马坡第三幼儿园	北京市顺义区马坡镇佳和宜园29号楼	57620103
北京市顺义区澜西园二区幼儿园	北京市顺义区仁和镇澜西园二区住宅小区	60496355
北京市顺义区高丽营第三幼儿园	北京市顺义区新于庄园小区17号楼	69451968
北京市顺义区牛栏山第二幼儿园	北京市顺义区牛栏山镇下坡屯家园三区甲6号	61427684
北京市顺义区空港第一幼儿园	北京市顺义区三山新新家园1区15号楼	61468902
北京市顺义区南彩镇后俸伯幼儿园	顺义区南彩镇后俸伯村委会	60400296
北京市顺义区睿德双语幼儿园	北京市顺义区后沙峪镇天北路名都园8208栋	1080474372
北京市顺义区仁和花园一区幼儿园	北京市顺义区仁和花园一区22号楼	61496758
北京市顺义区旺泉幼儿园	北京市顺义区贯通东路西侧	81493699
北京市顺义区南彩镇小营村幼儿园	北京市顺义区南彩镇小营村幼儿园	89469065
北京市顺义区后沙峪第二幼儿园	北京市顺义区后沙峪镇青岚花园西区	80496148
北京市顺义区北小营镇大胡营村幼儿园	北京市顺义区北小营镇大胡营村	60428761
北京市顺义区香悦四季幼儿园	北京市顺义区乾安路3号院二区17号	52808933
北京市顺义区李桥镇头二营村幼儿园	北京市顺义区李桥镇头二营村	61497481
北京市顺义区南彩镇前俸伯村幼儿园	北京市顺义区南彩镇前俸伯村委会	13641033868
北京市顺义区木林镇贾山村幼儿园	北京市顺义区木林镇贾山村	60493720
北京市顺义区培德书院幼儿园	北京市顺义区后沙峪镇罗中路甲一号	80476088
北京市顺义区裕龙二区幼儿园	北京市顺义区裕龙花园二区4号楼	61490046

学校名称	学校地址	办公电话
北京市顺义区李桥镇李桥村幼儿园	北京市顺义区李桥镇李桥村北二街中段	89410199
北京市顺义区木林镇马坊村幼儿园	北京市顺义区木林镇马坊村	60448401
北京市顺义区赵全营镇燕华营村幼儿园	北京市顺义区赵全营镇燕华营村委会	60426820
北京市顺义区北小营第二幼儿园	北京市顺义区北小营镇仇家店村环村西路2号	60482724
北京市顺义区东兴幼儿园	北京市顺义区光明北街东侧	69466806
北京市顺义区张镇驻马庄村幼儿园	北京市顺义区张镇驻马庄幼儿园	61454660
北京市顺义区葛代子村幼儿园	北京市顺义区李遂镇葛代子村	89447720
北京市海嘉双语学校	北京市顺义区后沙峪裕民大街1号9#、10#、11#、12#	80410390
北京市顺义区君诚学校	北京市顺义区后沙峪镇火沙路古城段15号	80490701
北京市新英才学校	北京市顺义区安华街9号	80413037

二、小学

学校名称	学校地址	办公电话
北京市顺义区牛栏山第二小学	北京市顺义区牛栏山镇下坡屯家园三区甲10号	61427791
北京市顺义区裕达隆小学	北京市顺义区天竺空港工业A区天柱西路28号	80489121
北京市顺义区第一中学附属小学	北京市顺义区旺泉街道办事处军营村委会	60496230
北京市顺义区李桥半壁店学校	北京市顺义区李桥镇半壁店村东一街65号	81466388
北京市顺义区博华外国语学校	北京市顺义区马坡镇白各庄	69403302
北京市顺义区南彩实验学校	北京市顺义区南彩镇柳行村东	60418001
北京市顺义区沙岭学校	北京市顺义区杨镇沙岭村	61443818
北京市顺义区天竺第二小学	北京市顺义区天竺镇翠竹新村31号楼	84166224
首都师范大学附属顺义实验小学	顺兴街11号院21号	13661240260
北京市顺义区南彩第一小学	北京市顺义区南彩镇南彩村东	89469285
北京市顺义区建新小学	北京市顺义区建新小学38号楼	69433973
北京市顺义区北小营中心小学校	北京市顺义区北小营镇北小营村平安路47号	60483734
北京市顺义区龙湾屯中心小学校	北京市顺义区龙湾屯镇府南路8号	60461289
北京市顺义区仁和中心小学	北京市顺义区望泉家园北	69447725
北京市顺义区沿河中心小学校	北京市顺义区李桥镇任李路115号	69486021
北京市顺义区南法信中心小学校	北京市顺义区南法信地区办事处	69473552
北京市顺义区张镇中心小学校	北京市顺义区张镇张孙路张镇段2号	61480604
北京市顺义区板桥中心小学校	北京市顺义区赵全营镇板桥村牛板路段1号	60442174
北京市顺义区石园小学	北京市顺义区石园北区	69425729
北京市顺义区李各庄学校	北京市顺义区木林镇李各庄村育才路1号	60492697
北京市顺义区赵全营中心小学校	北京市顺义区赵全营镇牛板路赵全营段92号	60431160
北京市顺义区马坡中心小学校	北京市顺义区马坡镇政府西侧	69402868

学校名称	学校地址	办公电话
北京市顺义区木林中心小学校	北京市顺义区木林镇木林村东	60456039-8004
北京市顺义区仇家店中心小学校	北京市顺义区北小营镇仇家店村环村北路25号	60483729
北京市顺义区明德小学	北京市顺义区木林镇马坊村中心街5号	60448505-8005
北京市顺义区大孙各庄中心小学校	北京市顺义区大孙各庄镇府前东街6号	61432073
北京市顺义区东风小学	北京市顺义区光明南街拥军路9号	69445326
北京市顺义区牛栏山第一小学	北京市顺义区牛栏山镇牛富路2号	69411083-8036
北京市顺义区河南村中心小学校	北京市顺义区仁和镇河南村幸福路3号	89492187-8015
北京市顺义区李桥中心小学校	北京市顺义区李桥镇馨港庄园38号	81478405
北京市顺义区港馨小学	北京市顺义区石园街道办事处港馨家园第一社区居委会	89449872
北京市顺义区双兴小学	北京市顺义区光明北街22号	81493907
北京市顺义区空港小学	北京市顺义区空港B区三山新新家园南侧	80477519
北京市顺义区裕龙小学	顺义拥军路1号	69468268
北京市顺义区高丽营第二小学	北京市顺义区高丽营镇张喜庄村拓新区13号	69491856
北京市顺义区南彩第二小学	北京市顺义区顺平路俸伯段4号	89477267
北京市顺义区马坡第二小学	北京市顺义区马坡镇马卷村	69409805
北京市顺义区西辛小学	北京市顺义区西辛南区	69447725
北京市顺义区仓上小学	北京市顺义区石园街道仓上小区	69441134
北京市顺义区光明小学	北京市顺义区光明街道办事处东兴第二社区居委会	69422329
北京市顺义区北石槽中心小学校	北京市顺义区北石槽镇府前西街11号	60422512
北京市顺义区杨镇中心小学校	北京市顺义区杨镇环镇东路12号	61451244
北京市顺义区小店中心小学校	北京市顺义区杨镇地区辛庄子村小学路4号	61412824
北京市顺义区后沙峪中心小学校	北京市顺义区后沙峪镇玉马教练场内	80416782
北京市顺义区北务中心小学校	北京市顺义区北务镇商业街17号	61424311
北京市顺义区天竺第一小学	北京市顺义区天竺地区府右街7号	64584338
北京市顺义区李遂中心小学校	北京市顺义区李遂镇南孙路李遂段17号	89484220
北京市顺义区牛栏山第三小学	北京市顺义区牛栏山镇香堤漫步庄园3区16号楼	60428973-6308
北京市顺义区新京华实验学校	顺义区后沙峪镇万科城市花园北侧	61460176
北京市顺义区高丽营学校	北京市顺义区高丽营镇四村村委会	69455654
北京市海嘉双语学校	北京市顺义区后沙峪裕民大街1号9#、10#、11#、12#	80410390
北京市鼎石学校	北京市顺义区后沙峪地区办事处双裕西区社区居委会	80496008
北京市顺义区青苗学校	北京市顺义区天竺镇丽苑街15号	64560618

学校名称	学校地址	办公电话
北京市顺义区君诚学校	北京市顺义区后沙峪镇火沙路古城段15号	80490701
北京市牛栏山一中实验学校	北京市顺义区双丰街道办事处肖家坡村委会	81480932
北京市新英才学校	北京市顺义区安华街9号	80413037

三、初中

学校名称	学校地址	办公电话
北京市顺义区天竺中学	北京市顺义区天竺镇府前一街29号	80467213-8018
北京市顺义区南法信中学	北京市顺义区南法信镇西海洪村	69476574
北京市顺义区第三中学	北京市顺义区府前东街27号	69422509
北京市顺义区李桥中学	北京市顺义区李桥镇李家桥村委会	81473876
北京市顺义区杨镇第二中学	北京市顺义区杨镇三街西	61451155
北京市顺义区北务中学	顺义区北务镇商业街15号	61421946
北京市顺义区第十一中学	北京市顺义区顺平路俸伯段2号	89477257
北京市顺义区张镇中学	北京市顺义区张镇中学	61480765
北京市顺义区第八中学	北京市顺义区光明北街十八号	69429480
北京市顺义区沿河中学	北京市顺义区李桥镇平沿路北河段137号	69487596
北京市顺义区新京华实验学校	顺义区后沙峪镇万科城市花园北侧	61460176
北京市顺义区高丽营学校	北京市顺义区高丽营镇四村村委会	69455654
北京市顺义区第十五中学	北京市顺义区双丰街道办事处荆卷村委会	57056628
北京市顺义区牛山第二中学	府前街26号	69412537
北京市顺义区仁和中学	北京市顺义区站前东街6号	89493698
北京市顺义区赵全营中学	北京市顺义区牛板路赵全营段129	60431128
北京市顺义区第五中学	北京市顺义区石园西区	89441490
北京市顺义区第十三中学	北京市顺义区北小营镇府西路1号	60499118
北京市顺义区第四中学（体育运动学校）	北京市顺义区光明南街2号	69409188
北京市顺义区第十二中学	北京市顺义区南彩镇南彩村东	89469285
北京市第四中学顺义分校（北京市顺义区第十中学）	北京市顺义区后沙峪镇双裕街45号	80416138
北京市海嘉双语学校	北京市顺义区后沙峪裕民大街1号9#、10#、11#、12#	80410390
北京市鼎石学校	北京市顺义区后沙峪地区办事处双裕西区社区居委会	80496008
北京市顺义区青苗学校	北京市顺义区天竺镇丽苑街15号	64560618

学校名称	学校地址	办公电话
北京市顺义区君诚学校	北京市顺义区后沙峪镇火沙路古城段15号	80490701
北京市顺义区第二中学	北京市顺义区旺泉街道办事处前进花园社区居委会	69421643
北京市牛栏山一中实验学校	北京市顺义区双丰街道办事处肖家坡村委会	81480932
北京市新英才学校	北京市顺义区安华街9号	80413037

四、高中

学校名称	学校地址	办公电话
北京市第四中学顺义分校（北京市顺义区第十中学）	北京市顺义区后沙峪镇双裕街45号	80416138
北京市海嘉双语学校	北京市顺义区后沙峪裕民大街1号9#、10#、11#、12#	80410390
北京市鼎石学校	北京市顺义区后沙峪地区办事处双裕西区社区居委会	80496008
北京市顺义区青苗学校	北京市顺义区天竺镇丽苑街15号	64560618
北京市顺义牛栏山第一中学	北京市顺义区牛栏山镇育才大街1号	69411142
北京市顺义区君诚学校	北京市顺义区后沙峪镇火沙路古城段15号	80490701
北京市顺义区杨镇第一中学	北京市顺义区杨镇地区三街村仿古商业街43号	61451055
北京市顺义区第二中学	北京市顺义区旺泉街道办事处前进花园社区居委会	69421643
北京市顺义区第一中学	北京市顺义区双河大街15号	69444448
北京市顺义区第九中学	北京市顺义区仁和镇河南村北	89498802
北京市牛栏山一中实验学校	北京市顺义区双丰街道办事处肖家坡村委会	81480932
北京市新英才学校	北京市顺义区安华街9号	80413037

五、民办学校及培训机构、职业机构及教育机构

1.民办学校及培训机构

幼儿园名称	地址	电话
北京市顺义区艾德双语幼儿园	空港工业A区蓝庭苑6号	80427630
北京市新英才幼儿园	顺义区天竺镇安华街9号	80463005
北京市顺义区红黄蓝城市花园幼儿园	北京市顺义区天竺空港开发区B万科城市花园	80414353
北京市顺义长颈鹿幼儿园	顺义区毓秀园别墅区	69443333
北京市顺义区泛美幼儿园	北京市顺义区林河开发区顺通路29号	89497758

北京顺义区市伊顿幼儿园	顺义区后沙峪罗马环岛北1000米阿凯笛亚庄	65397171—1303
北京市海嘉双语幼儿园	北京市顺义区后沙峪裕民大街5号11楼	80410390
北京市顺义区采风幼儿园	北京市顺义区南彩镇前俸伯村	89477510
北京市顺义区嘉德蒙台梭利双语幼儿园	顺义区仁和镇顺福路2号金碧湖畔花园南区47号楼	89452492
北京市顺义区汇佳东方幼儿园	顺义区东方太阳城万晴园54号楼	89431740
北京市顺义区温莎双语幼儿园	顺义区首都机场89号丽京花园	64560020
北京市顺义区启明7号幼儿园	顺义区顺兴街7号院37号楼1至3层101	60428197
北京市顺义区君诚双语幼儿园	顺义区后沙峪镇火沙路古城段15号	80490302
北京市顺义区金翼德懿双语幼儿园	顺义区天竺丽苑街6号美林别墅会所	64508384
北京市顺义区丽思嘉洛德双语幼儿园	顺义区天竺镇府前一街58号水木兰亭花园2号商业楼	58101709
北京市顺义区裕龙双语艺术幼儿园	顺义区拥军路裕龙花园三区甲19号	61400648
北京市顺义区睿德双语幼儿园	北京市顺义区后沙镇天北路名都园8208栋	80474372
北京市顺义区培德书院幼儿园	北京市顺义区后沙峪罗马湖中路甲1号	80476088
北京市顺义区艾德森双语幼儿园	顺义区马坡聚源工业园区富华科技创业园（白马路马坡段65号）	69408230
北京市顺义区博雅书院双语幼儿园	顺义区后沙峪西白辛庄榆阳路5号A3025幢	
北京市顺义区翊帆幼儿园	顺义区后沙峪西白辛庄榆阳路5号	69490008
中小学名称	**地址**	**电话**
北京市鼎石学校	顺义区后沙峪镇安富街11号	80496008
北京国际标准舞研修学院	顺义区后沙峪镇裕民大街16号	13601354564
北京市顺义区海德京华双语学校	顺义区后沙峪安富街9号	13001069199
北京市海嘉双语学校	北京市顺义区后沙峪裕民大街5号11楼	80462036
北京市牛栏山一中实验学校	顺义顺安路99号	81480932
北京市新府学外国语学校	顺义区京顺路99号	13601127271
北京市新英才学校	顺义区天竺镇安华街9号	80467115
北京市音乐舞蹈学校	顺义区后沙峪镇枯柳树村环1号	51679555
北京市顺义区博华外国语学校	顺义区京顺路99号	81489300
北京市顺义区君诚学校	顺义区后沙峪火沙路古城段15号	13911026223
北京市顺义区李桥半壁店学校	顺义区李桥镇半壁店村	81466388
北京市顺义区南彩实验学校	顺义区南彩镇柳桁村	60418001

北京市顺义区青苗学校	顺义区天竺镇丽苑街15号	64560618
北京市顺义区民办大方职业学校	顺义县杨镇曾庄村	13426463942
顺义区水木年华艺术学校	顺义县杨镇曾庄村	13426463942
培训机构名称	地址	电话
北京市顺义区爱嘉励儿童双语培训学校	顺义区裕龙花园三区7号楼6、7号楼	80466026
北京市顺义区百华文化培训学校	北京市顺义区杨镇双阳南区办公楼	13520169301
北京市顺义区本先教育培训学校	顺义区站前东街2号商业楼123甲	69428207
北京博识培训中心	北京市顺义区府前东街6号	69433320
北京市顺义区博文鸿智文化艺术培训学校	北京市顺义区西辛南区16楼4号	69460687
北京市顺义区朝阳英语培训学校	北京市顺义区石园北区68楼4门402号	69463856
北京市顺义区酬勤文化培训中心	北京市顺义区杨镇燕雄大厦	13371685988
北京市顺义区春蕾文化艺术培训学校	北京市顺义区石园东区居委会院内	89498534
北京市顺义区东方金子塔儿童潜能培训学校	北京市顺义区农机公司院内	81674163
北京市顺义区东方太阳城文体培训学校	北京市顺义区东方太阳城中心会所	89431700
北京市顺义区东方英才培训学校	顺义区北小营镇前礼务村建业路37号	60488078
北京市顺义区方村文化培训学校	北京市顺义区杨镇	61458869
北京市顺义区海澄文化培训学校	北京市顺义区幸福东区丁19号202室	69426723
北京市顺义区惠邦外国语培训学校	顺义区高丽营镇高泗路20号	69451810
北京市顺义区金诚立信培训学校	顺义区新顺南大街39号	13910848680
北京市顺义区津桥培训中心	北京市顺义区赵全营镇河庄村北	60441289
北京市顺义区精灵花雨文化艺术培训中心	北京市顺义区幸福西街甲1-2号	69463345
北京市顺义区九方教育培训学校	顺义区府前东街金汉绿港二区12号楼301室	69476852
北京市顺义区九日外国语培训学校	北京市顺义区西辛南区甲62楼2层	81498943
北京市顺义区巨人金色湖畔培训学校	北京启迪巨人教育科技有限公司	13801000111
北京市顺义区君诚领科培训学校	顺义区后沙峪镇火沙路古城段19号	13691299961
北京市顺义区科华培训学校	顺义区南法信大街118号院天博中心C座301室	81481215
北京市顺义区蓝天空港职业文化培训学校	北京市顺义区张喜庄村商业街西区90号	69493872
北京市顺义区绿港培训学校	北京市顺义区站前东街商业2号楼318	69468518
北京市顺义区明星文化艺术培训学校	顺义区绿家园一区9号楼2层215	89484999
北京市顺义区启航信息化培训学校	北京市顺义区北小营镇永利小区商业楼	60488111
北京市顺义区启明星文化培训学校	北京市顺义区区双兴南区12-1-102; 12-2-402	89408397

北京市顺义区启智文化艺术中心	北京市顺义区怡园公园管理外南楼	81494168
北京市顺义区求实外语培训学校	北京市顺义区站前东街商业楼2栋409室	69433605
北京顺义群星乒乓球培训学校	顺义区后沙峪镇峪民路1号	80482538
北京市顺义区数圣财会培训学校	顺义区府前东街2号1 号楼	69433669
北京市顺义区顺发发实用技术培训学校	北京市顺义区新顺大街电影院院内	69425003
北京市顺义区童馨诚文化培训学校	北京市顺义区后沙峪段17号	62075288
北京市顺义区维拉文化教育培训学校	顺义区绿港家园一区9号楼2层218室	69443263
北京市顺义区伟宁文化艺术培训中心	北京市顺义区双兴东区10楼5号	69467266
北京市顺义区现代电脑培训学校	北京市顺义区光明南街（文化馆内）	69447255
北京市顺义区心语语言培训学校	北京市顺义区龙湾屯镇中心街	13621346179
北京市顺义区兴华职业技术培训学校	北京市顺义区南彩后俸伯村北	81499014
北京市顺义区燕雄建筑职工教育	顺义区顺平路北侧杨镇三街段大厦	61455890
北京市顺义区杨名教育培训部	北京市顺义区杨镇三街	61451055
北京市顺义区益民培训学校	顺义区拥军路5号	69421055
北京市顺义区英才培训学校	顺义区空港开发区A区莲竺小区甲6号楼	69420766
北京市顺义区优邦培训学校	顺义区大龙城东供热办公楼2层	81493342
北京市顺义区育林外语培训学校	北京市顺义区石园北区68号楼四门202室	69446117
北京市顺义区育人成才培训学校	北京市顺义区木林镇木林村	60451588
北京市顺义区育圣源培训学校	北京市顺义区中山北路太平小区	69466352
北京市顺义区智慧城市建设培训学校	顺义区李桥镇半壁店村北京住总产业化基地院内	67129883
北京市顺义县旺泉培训学校	顺义区府前西街成人学校院内	60416659
北京市顺义中建教育培训学校	顺义区顺通路38号	89407065
北京恒通汽车摩托车驾驶培训学校	北京市顺义区后沙峪镇西泗上村	13601149399
北京市安立汽车驾驶学校	北京市顺义区后沙峪镇西泗上村	69454563
北京市京城汽车驾驶技工学校	北京市顺义区后沙峪镇政府北侧玉马教练场	80416389
北京市京顺汽车驾驶学校	北京市顺义区后沙峪镇泗上村西	69454692
北京顺交通达汽车驾驶员培训中心	顺义县南法信政府西	69447733
北京顺一汽车驾驶员培训学校	北京市顺义区农机局院内	69444415
北京市顺义区飞天汽车驾驶学校	北京市顺义区天竺镇府前西街	80416379
北京市顺义区交通培训学校	北京市顺义区南法信京顺检测场院内	69478911
顺义区农机汽车驾校	顺义区南彩镇后俸伯村	80416125
北京市顺义区平安驾驶学校	北京市顺义区顺平路南侧	69472690
北京时星宇汽车驾驶学校	北京市顺义区后沙峪泗上村	80416126
北京市五环汽车摩托车驾驶员培训学校	北京市顺义区后沙峪泗上村	84913806

2.职业学校

学校名称	地址	联系电话
北京市广播电视中等专业学校顺义分校	顺义区府前西街南侧	69421270
北京开放大学顺义分校	顺义区府前西街南侧	81484548

3.教育机构

单位名称	地址	联系电话
顺义区少年宫	顺义区府前东街	69436835
顺义区退休教师服务在中心	顺义区光明南街	69443059
顺义区中小学卫生保健所	顺义区幸福西街	81493237
顺义区教育资产管理服务中心	顺义区仁和镇庄头村南	69433295
顺义区教育研究和教师研修中心	顺义区裕龙三街1号	69443837
顺义区社区教育中心	顺义区贯通路	69443449
顺义区教育宣传中心	顺义区裕龙三街1号	69430929
顺义区学生活动管理中心	顺义区裕龙三街1号	69431976
顺义区评价中心	顺义区裕龙三街1号	69431081
顺义区考试中心	顺义区裕龙三街1号	81490749
顺义区少年之家	顺义区光明南街建新北区15号	81495686-802
北京市顺义区特殊教育学校	顺义区仁和镇河南村西	69423095

六、驻顺高校

高校名称	学校地址	联系电话
北京工业大学耿丹学院	顺义区牛栏山镇牛富路牛山段3号	60411788
中央美术学院城市设计学院	顺义区后沙峪裕民大街1号	80410801
首都医科大学燕京医学院	顺义大东路 4 号	69443147
北京国家会计学院	顺义天竺开发区	64505101

顺义区卫生计生单位机构名录

单 位	负责人	单位电话	地 址
区医院	王 飞	69444548、69423220	北京市顺义区光明南街3号
中医院	王 洪	69469671、69465025	北京市顺义区站前东街5号
妇保院	杜忠东	89449208、89449002	北京市顺义区顺康路1号
结防所	何 伟	69443478	北京市顺义区府前东街大东路
传染病院	王 飞	61491609	北京市顺义区张镇侯庄村
监督所	侯 宁	69439356、81494422	北京市顺义区卫生局卫生监督所
疾控中心	李印东	69420876、69443268	北京市顺义区光明南街1号
器修所	孔凡岳	69421653	北京市顺义区府前中街8号
改水办	赵 志	69441897、69428009	北京市顺义区幸福东区19#-1-201
卫 校		89470940	北京市顺义区潮白河大桥东卫生学校
输血站	苏占峰	89470804	北京市顺义潮白河东
人才中心	李 辉	89453181	北京市顺义区顺康路1号
信息中心	李金福	89453307	北京市顺义区顺康路1号
社管中心	刘 跃	89452030	顺义区仓上街2号AMB大厦A座318
区二院	谢 莹	61458894（执行院长）	北京市顺义区杨镇环镇东街临2号
区三院	刘文广	52135333	北京市顺义区牛栏山镇
北 务	蔡其冲	61421715-8015	北京市顺义区北务镇政府东侧
大孙各庄	栾福军	61432117	北京市顺义区大孙各庄镇府前东街4号
李 遂	李 娟	89481582	北京市顺义区李遂镇
精神病医院	高 为	61455997	北京市顺义区杨镇小学东

单　位	负责人	单位电话	地　址
空港医院	傅景伟	80496842（执行院长）	北京市顺义区后沙峪镇
天　竺	冯善军	64566232	北京市顺义区天竺镇府前街27号
高丽营	赵文芝	69456699	北京市顺义区高丽营镇
沙　岭	何海涛	61444966	北京市顺义区杨镇沙岭
张喜庄	张宏宇	69491442	北京市顺义区高丽营镇张喜庄村南
李　桥	白春霞	69485961	北京市顺义区李桥镇沿河村西
木　林	王加强	60457195	北京市顺义区木林镇村西
张　镇	陈学志	61480647	北京市顺义区张镇大街5号
仁　和	梁佳颖	89442940	北京市顺义区石园南区东侧
南法信	陈丙利	69478565	北京市顺义区南法信镇顺榆路9号
马　坡	高效国	69404194	北京市顺义区马坡镇政府北侧
板　桥	牛东军	60441203	北京市顺义区赵全营镇板桥村
北石槽	李彦生	60422508	北京市顺义区北石槽镇北石槽村
赵全营	李红新	60431136	北京市顺义区赵全营镇中板路119号
俸　伯	杨志刚	89477261—8019	北京市顺义区南彩镇俸伯村东
南　彩	赵雪田	89469280	北京市顺义区南彩镇
龙湾屯	王新田	60462200	北京市顺义区龙湾屯镇
北小营	段新刚	60483645	北京市顺义区北小营镇
小　店	管忠杰	61412835	北京市顺义区杨镇小店村
城区社区	陈四光	69448469	北京市顺义区胜利街办事处建新南街
望泉社区	古学军	61426001	北京市顺义区望泉街道梅香街10号院
药具站	张淑华	89452521	北京市顺义区顺康路1号
宣传指导站	王海英	89445631	北京市顺义区顺康路1号
技术服务中心	杜文宝	89446703	北京市顺义区顺康路1号

养老机构名单

序号	单位名称	单位地址	联系电话
1	北京市顺义区社区服务总中心	顺义区石园北区东侧	81485200
2	北京市顺义区牛栏山镇敬老院	顺义区牛栏山镇府前街32号	69414269
3	北京市顺义区高丽营镇敬老院	顺义区高丽营镇高泗路四村段28号	69455927
4	北京市顺义区北小营镇敬老院	顺义区北小营镇政府南侧	60483680
5	北京市顺义区赵全营镇敬老院	顺义区赵全营镇牛板路96号	60434146
6	北京市顺义区李遂镇敬老院	顺义区李遂镇牌楼村	89481705
7	北京市顺义区北务镇敬老院	顺义区北务镇政府南500米	61423743
8	北京市顺义区杨镇敬老院	杨镇政府北侧一街村8号	61451077
9	北京市顺义区大孙各庄镇敬老院	顺义区大孙各庄镇四福庄村	61471314
10	北京市顺义区南彩镇敬老院	顺义区南彩镇南彩村南	89469247
11	北京市顺义区李桥镇敬老院	顺义区李桥镇平沿路北河段262号	69485896
12	北京市顺义区木林镇敬老院	顺义区木林镇木林村	60456037
13	北京市顺义区张镇敬老院	顺义区张镇良山村	61488816
14	北京市顺义区龙湾屯镇敬老院	顺义区龙湾屯镇龙湾屯村东	60467660
15	北京市顺义区喜洋洋老年休养所	顺义区杨镇安乐庄村	61451120
16	北京市顺义区兴业老年康乐园	顺义区天竺镇杨二营路30号	80498752
17	北京市顺义区龚平生态养生园	顺义区木林镇府前街71号	60451688
18	北京市顺义区仁达养老院	顺义区杨镇于庄散一号	61442958

国税纳税前100名企业名单

序号	纳税人名称	注册地址	联系电话
1	北京现代汽车有限公司	北京市顺义区林河工业开发区顺通路18号	89490155
2	中国国际航空股份有限公司	北京市顺义区空港工业区天柱路28号蓝天大厦	61462186
3	北京现代汽车有限公司北京分公司	北京市顺义区仁和镇顺通路18号4幢	89490088
4	北京现代摩比斯汽车零部件有限公司	北京市顺义区双河路５９号	89448860
5	中国民生银行股份有限公司信用卡中心	北京市顺义区马坡地区顺安路68号	63628888
6	北京顺鑫农业股份有限公司牛栏山酒厂	北京市顺义区牛栏山镇（牛山地区办事处东侧）	69411219
7	北京首都国际机场股份有限公司	北京市顺义区北京空港物流园区绿生路２号	64545627
8	华夏基金管理有限公司	北京市顺义区天竺空港工业区A区	88066603
9	北京燕京啤酒股份有限公司	北京市顺义区双河路９号	89495588-6481
10	中国民航信息网络股份有限公司	北京市顺义区后沙峪镇裕民大街7号	84099934
11	北京顺义新城建设开发有限公司	北京市顺义区马坡镇向阳西街６号	69460198-6021
12	北京现代摩比斯汽车配件有限公司	北京市顺义区顺通路21号3幢1层101	84539111
13	中国航空油料有限责任公司	北京市顺义区天竺空港工业区A区天柱路28号蓝天大厦6层	59890257
14	北京宝苑房地产开发有限公司	北京市顺义区天竺镇	85185108-1603
15	国航进出口有限公司	北京市顺义区首都机场国航基地四号	64599942
16	中国航空油料集团公司	北京市顺义区天竺空港工业区A区天柱路２８号	59890048
17	北京康仁堂药业有限公司	北京市顺义区牛栏山镇牛汇街5号	13601039727

序号	纳税人名称	注册地址	联系电话
18	中国民用航空华北地区空中交通管理局	北京市朝阳区首都机场航安路	64596322
19	北京市顺义烟草公司	北京市顺义区中山南大街路东	69438820
20	北京龙湖置业有限公司	北京市顺义区牛栏山镇张庄村南	84661722
21	翰昂汽车零部件（北京）有限公司	北京市顺义区南彩镇彩园工业区彩祥西路6号	13701154582
22	北京康捷空国际货运代理有限公司	北京市顺义区顺平路南法信段9号院2幢	64579779-257
23	联邦快递（中国）有限公司	北京市顺义区首都机场航空货运基地快件中心1号库27至37轴及27至37轴夹层	64685599-3026
24	北京顺丰速运有限公司	北京市顺义区南法信地区物流园六街10号1幢等6幢	69470503
25	北京汽车股份有限公司北京分公司	北京市顺义区赵全营镇兆丰产业基地东盈路19号	61485168
26	中国新华航空集团有限公司	北京市顺义区天竺镇府前一街１６号	57818083
27	北京韩美药品有限公司	北京市顺义区天竺空港工业区A区天柱西路10号	80429898
28	北京飞机维修工程有限公司	北京市顺义区首都国际机场	64594860
29	北京牛栏山鑫鑫贸易有限公司	北京市顺义区牛山地区下坡村西	69411204
30	北京汽车集团有限公司越野车分公司	北京市顺义区赵全营镇兆丰产业基地同心路１号	61449202
31	北京ABB四方电力系统有限公司	北京市顺义区天竺空港工业区Ｂ区安祥大街甲３号	80475588
32	北京安道拓汽车部件有限公司	北京市顺义区林河工业开发区林河南大街路南	89407755-8103
33	北京首都航空有限公司	北京市顺义区后沙峪镇吉祥工业区5-1号	69615011
34	默克雪兰诺有限公司	北京市顺义区保汇一街7幢（天竺综合保税区F06库04-06号）	59072688
35	日上免税行（中国）有限公司	北京市顺义区首都国际机场航安路机场商贸公司四楼	64542889
36	北京首都机场商贸有限公司	北京市顺义区北京空港物流园区	64556084
37	北京东方雨虹防水技术股份有限公司	北京市顺义区顺平路沙岭段甲２号	13691181102

序号	纳税人名称	注册地址	联系电话
38	北京燕京啤酒股份有限公司一分公司	北京市顺义区向阳西街6号	69402745
39	北京首都机场动力能源有限公司	北京市顺义区天竺镇府右街 6 号	64593654
40	中粮地产投资（北京）有限公司	北京市顺义区天竺空港工业区A区天柱路28号蓝天大厦4层南侧	85005980
41	北京汇源食品饮料有限公司	北京市顺义县北小营镇	60483388-8255
42	北京广厦富城置业有限公司	北京市顺义区空港街道天柱东路33号院一区5号楼2层203	66518008
43	中国国际货运航空有限公司	北京市顺义区天竺空港工业区 A 区	61465576
44	中国航空器材集团公司	北京市顺义区空港工业区天柱路乙8号	13651333846
45	中国航空油料有限责任公司北京分公司	北京市顺义区北京首都国际机场中国航空油料华北公司办公楼（首都机场内）	64567830
46	北京恒昌利通投资管理有限公司	北京市顺义区李桥镇龙塘路李桥段181号402—37	13911661992
47	弘泰恒业投资有限责任公司	北京市顺义区天竺地区府前二街南侧空港福润公司大楼202室	66290761
48	凯菲克汽车系统（北京）有限公司	北京市顺义区马坡镇南环路2号	64606505
49	中石油昆仑燃气有限公司	北京市顺义区仁和地区军杜路68号	84836062
50	金刚化工（北京）有限公司	北京市顺义区顺通路51号	89498181
51	威乐（中国）水泵系统有限公司	北京市顺义区空港工业区C区兆丰一街	52347689
52	中石油燃料油有限责任公司华北销售分公司	北京市顺义区林河工业开发区顺仁路54号2幢3层310	13920816777
53	北京艾莱发喜食品有限公司	北京市顺义区金马工业区	69497500
54	北京三立车灯有限公司	北京市顺义区林河大街32号	89448511
55	北京现代制铁钢材有限公司	北京市顺义区仁和镇顺平西路9号（顺通路西侧）	89401532
56	北京旺晟房地产开发有限公司	北京市顺义区赵全营镇牛板路板桥段43号	67881777-6150
57	迈恩德（北京）电子有限公司	北京市顺义区天竺空港工业区A区	80420207

序号	纳税人名称	注册地址	联系电话
58	北京富华房地产开发有限公司	北京市顺义区天竺镇	67081182
59	北京索爱普天移动通信有限公司	北京市顺义区天竺空港工业区A区天柱西路	80481188-203
60	SMC（北京）制造有限公司	北京市顺义区竺园一街7号（天竺综合保税区）	80480101-35241
61	中航油进出口有限责任公司	北京市顺义区天竺空港工业区A区蓝天大厦	59890767
62	北京汇源食品饮料有限公司北京销售中心	北京市顺义区北小营镇府前街北侧(北京汇源食品饮料有限公司)	60483388
63	北京航空食品有限公司	北京市顺义区南法信府前街47号	64562383
64	北京中航油置业有限公司	北京市顺义区国门商务区机场东路2号	59890815
65	延锋海纳川汽车饰件系统有限公司	北京市顺义区林河工业开发区顺通路55号	89407766-7326
66	北京新世界华美房地产开发有限公司	北京市顺义区高丽营镇金马工业园区16号	67088989
67	北京曲美馨家商业有限公司	北京市顺义区南彩镇彩园工业小区	89479009-8861
68	莱姆电子（中国）有限公司	北京市顺义区林河工业开发区林河大街28号	89455288
69	首都机场集团财务有限公司	北京市顺义区首都机场四纬路9号B区三层66室	64557404
70	北京市大龙房地产开发有限公司	北京市顺义区府前东街甲2号416室	69446339
71	北京平和精工汽车部件有限公司	北京市顺义区南彩镇二三产业基地 1 号	89475001
72	北京世钟汽车配件有限公司	北京市顺义区北小营镇	60487755-206
73	北京李尔岱摩斯汽车系统有限公司	北京市顺义区仁和镇河南村村委会南500米	89491121-6107
74	北京仁和日升房地产有限公司	北京市顺义区仁和地区燕京街9号	89486580
75	北京大昌庆镇汽车部件有限公司	北京市顺义区杨镇人民政府东侧600米	61450990-220
76	朗姿股份有限公司	北京市顺义区马坡镇白马路63号	80493042
77	北京首都机场广告有限公司	北京市顺义区北京空港物流园区	64557732

序号	纳税人名称	注册地址	联系电话
78	北京株龙山汽车配件有限公司	北京市顺义区北小营镇北小营村	60489558-609
79	北京彼欧英瑞杰汽车系统有限公司	北京市顺义区杨镇地区纵二路7-1号	13810864354
80	北京达成光远置业有限公司	北京市顺义区南法信镇南法信大街118号院天博中心C座8层3804-68室	85171117
81	北京春晖园文化娱乐有限责任公司	北京市顺义区高丽营镇于庄	69454433
82	曲美家居集团股份有限公司北京第一分公司	北京市顺义区南彩镇坞里中路 2 号	84485689
83	天宏阳光新能源投资有限公司	北京市顺义区牛栏山镇府前街9号	13811404125
84	中航鑫港担保有限公司	北京市顺义区北京空港物流基地物流园 8 街 1 号	64564265
85	北京中展投资发展有限公司	北京市顺义区裕翔路88号综合楼407室	80480669
86	北京菲斯曼供热技术有限公司	北京市顺义区北京天竺空港工业区B区	80490888-8222
87	北京路桥瑞通养护中心有限公司	北京市顺义区北务工业区	88463825
88	泰雷兹航空电子（北京）有限公司	北京市顺义区天竺空港经济开发区A区天柱路20号1号楼3层	61464611
89	中航复合材料有限责任公司	北京市顺义区顺通路25号	58355039
90	北京长久物流股份有限公司	北京市顺义区南彩镇彩祥东路3号	57355999
91	北京金地惠远房地产开发有限公司	北京市顺义区后沙峪镇安富街 6 号	59158600
92	北京瑞延汽车饰件有限公司	北京市顺义区仁和镇林河南大街15号	89495755
93	北京贵佳茂置业有限公司	北京市顺义区赵全营镇兆丰产业基地东盈路 1 9 号	60440291
94	中恒国际租赁有限公司	北京市顺义区北小营宏大工业开发中心A区6号	67519143
95	北京海纳川延锋汽车模块系统有限公司	北京市顺义区赵全营镇兆丰产业基地园盈路16号	89407766-7326
96	积水医疗科技(中国)有限公司	北京市顺义区天竺空港工业区A区天柱路17号	18611571681
97	北京市文化科技融资租赁股份有限公司	北京市顺义区金航中路1号院2号楼711室(天竺综合保税区-031)	62060606

序号	纳税人名称	注册地址	联系电话
98	北京汽车股份有限公司	北京市顺义区顺通路２５号５幢	87664009
99	北京中都格罗唯视物流有限公司	北京市顺义区李遂镇龙太路1-118号	84538560
100	北京金龙永辉置业有限公司	北京市顺义区顺通路25号5幢311室(科技创新功能区)	59158634

地税纳税前100名企业名单

序号	纳税人名称	注册地址	注册地址 联系电话
1	中国民生银行股份有限公司信用卡中心	北京市顺义区马坡地区顺安路68号	63628888
2	北京现代汽车有限公司	北京市顺义区林河工业开发区顺通路18号	89490155
3	中国国际航空股份有限公司	北京市顺义区空港工业区天柱路28号蓝天大厦	80489503
4	华夏基金管理有限公司	北京市顺义区天竺空港工业区A区	88066688
5	北京龙湖庆华置业有限公司	北京市顺义区牛栏山镇顺安北路8号	84663176
6	北京首都国际机场股份有限公司	北京市顺义区北京空港物流园区绿生路2号	64507364
7	北京恒昌利通投资管理有限公司	北京市顺义区李桥镇龙塘路李桥段181号402-37	13911661992
8	北京宝苑房地产开发有限公司	北京市顺义区天竺镇	84248000
9	北京金地惠远房地产开发有限公司	北京市顺义区后沙峪镇安富街6号	59158600
10	北京金源时代房地产开发有限公司	北京市顺义区高丽营镇顺沙路13号	64614692
11	北京牛栏山鑫鑫贸易有限公司	北京市顺义区牛山地区下坡村西	69411204
12	北京中航油置业有限公司	北京市顺义区国门商务区机场东路2号	50941166-8006
13	北京顺义新城建设开发有限公司	北京市顺义区马坡镇向阳西街6号	89048097
14	北京鑫浩投资中心	北京市顺义区顺通路西侧仓上小区商业服务楼2号	69440116
15	北京市星石投资管理有限公司	北京市顺义区仁和地区顺通路25号5幢403	65636296

序号	纳税人名称	注册地址	注册地址 联系电话
16	北京富华房地产开发有限公司	北京市顺义区天竺镇	010-59153693
17	北京见龙泉投资管理有限公司	北京市顺义区后沙峪镇政府西南侧100米	65518982
18	北京飞机维修工程有限公司	北京市顺义区首都国际机场	87495116
19	北京通瑞万华置业有限公司	北京市顺义区牛栏山镇顺安路8号	84664506
20	北京汽车股份有限公司	北京市顺义区顺通路25号5幢	010-56635614
21	北京燕京啤酒股份有限公司	北京市顺义区双河路9号	89495588-6481
22	北京首都航空有限公司	北京市顺义区后沙峪镇吉祥工业区5-1号	010-69615011
23	北京中投创展置业有限公司	北京市顺义区天竺镇裕翔路88号2幢3层	56765111-8043
24	北京春晖园文化娱乐有限责任公司	北京市顺义区高丽营镇于庄	69454433
25	中国新华航空集团有限公司	北京市顺义区天竺镇府前一街16号	57817639
26	北京顺鑫农业股份有限公司牛栏山酒厂	北京市顺义区牛栏山镇(牛山地区办事处东侧)	69411219
27	绿地集团北京京坤置业有限公司	北京市顺义区后沙峪镇安富街6号	65387388
28	北京万科东方置业有限公司	北京市顺义区高丽营镇金马园二街95号	85873666
29	北京现代摩比斯汽车零部件有限公司	北京市顺义区双河路59号	89448860
30	北京现代汽车有限公司北京分公司	北京市顺义区仁和镇顺通路18号4幢	89490088
31	北京索爱普天移动通信有限公司	北京市顺义区天竺空港工业区A区天柱西路	80481188-203
32	北京路桥瑞通养护中心有限公司	北京市顺义区北务工业区	88463825
33	首都机场集团公司	北京市顺义区天竺空港工业区A区天柱路28号楼	64535543

序号	纳税人名称	注册地址	注册地址 联系电话
34	中粮地产投资（北京）有限公司	北京市顺义区天竺空港工业区A区天柱路28号蓝天大厦4层南侧	61460818
35	中国国际货运航空有限公司	北京市顺义区天竺空港工业区A区	61465061
36	中国民航信息网络股份有限公司	北京市顺义区后沙峪镇裕民大街7号	84099934
37	默克雪兰诺有限公司	北京市顺义区保汇一街7幢(天竺综合保税区F06库04-06号)	59072519
38	北京牛栏山房地产开发有限责任公司	北京市顺义区牛山地区办事处北侧	89412651
39	北京北辰当代置业有限公司	北京市顺义区仁和镇顺通路38号3-30013	84407008
40	北京汽车城投资管理有限公司	北京市顺义区顺通路西侧	89495175
41	北京天竺万科房地产开发有限公司	北京市顺义区天竺镇翠竹新村20号楼B101-3	13911826921
42	北京建升房地产开发有限公司	北京市顺义区仁和地区石门村东侧	69462855
43	北京万科企业有限公司	天竺空港工业开发区B区北京万科城市花园梅花园4号楼	85873666
44	君康人寿保险股份有限公司	北京市顺义区华英园9号	89413217
45	北京仁和燕都房地产开发有限公司	北京市顺义区仁和镇顺通路25号5幢	63220701
46	北京新世界华美房地产开发有限公司	北京市顺义区高丽营镇金马工业园区16号	69451261
47	平安财富理财管理有限公司北京分公司	北京市顺义区仁和镇怡馨家园29号楼2层212	13911686946
48	中国南方航空股份有限公司北京分公司	北京市顺义区空港工业B区裕华路27号2号楼	64546140
49	北京贵佳茂置业有限公司	北京市顺义区赵全营镇兆丰产业基地东盈路19号	60440291
50	北京汽车股份有限公司北京分公司	北京市顺义区赵全营镇兆丰产业基地东盈路19号	61485188
51	首创天顺基础设施投资有限公司	北京市顺义区赵全营镇兆丰产业基地东盈路19号	68003170

序号	纳税人名称	注册地址	注册地址 联系电话
52	北京京奥港置业有限公司	北京市顺义区临空经济核心区机场东路2号	13601027225
53	北京汽车集团有限公司	北京市顺义区双河大街99号	56636673
54	北京市天竺房地产开发公司	北京市顺义区天竺镇政府街	64568379
55	北京广厦富城置业有限公司	北京市顺义区空港街道天柱东路33号院一区5号楼2层203	64568955
56	北京新恒基创业房地产开发有限责任公司	北京市顺义区天竺地区府佑街3号	64527199
57	北京中视电传传媒广告股份有限公司	北京市顺义区杨镇地区二街村农场路62号	010-58207336
58	航港发展有限公司	北京市顺义区保汇一街8幢1层(01)101A	010-89413888
59	北京长久物流股份有限公司	北京市顺义区南彩镇彩祥东路3号	010-57355999
60	北京旺晟房地产开发有限公司	北京市顺义区赵全营镇牛板路板桥段43号	67881777-6150
61	中国平安财产保险股份有限公司北京市顺义支公司	北京市顺义区南法信镇华英园9号楼1031-1034室	89429155
62	空中客车（中国）企业管理服务有限公司	北京市顺义区天竺空港工业园区5号华欧航空支援中心1003-1008房间	010-80475283
63	中国民用航空华北地区空中交通管理局	北京市朝阳区首都机场航安路	64596322
64	国测地理信息科技产业园集团有限公司	北京市顺义区国门商务区机场东路2号1层2020室	57939500-8038
65	北京市大龙房地产开发有限公司	北京市顺义区府前东街甲2号416室	69446339
66	中国工商银行股份有限公司北京顺义支行	北京市顺义区顺通路西侧(石园西路)	69443932
67	曲美家居集团股份有限公司	北京市顺义区南彩镇彩祥东路11号	89478380
68	北京市政路桥管理养护集团有限公司	北京市顺义区北务镇政府府前街6号	88465555
69	北京市顺义城关预应力构件厂	北京市顺义区李桥镇庄子营村村委会北2000米	81471687

序号	纳税人名称	注册地址	注册地址联系电话
70	北京宏城房地产开发有限公司	北京市顺义区仁和地区石园西路路南车箱厂西侧	69445226
71	北京中铁润丰房地产开发有限公司	北京市顺义区马坡镇聚源西路7号	57798765
72	北京顺义国际学校	北京市顺义区安华街10号	13911392412
73	首都公务机有限公司	北京市顺义区北京空港物流基地物流8街1号	64557312
74	北京碧水源房地产开发有限公司	北京市顺义区温榆庄园一区7号楼2层202室	89048169
75	北京益凯优置业有限公司	北京市顺义区赵全营镇兆丰产业基地东盈路19号	66573208
76	北京顺义新城发展有限公司	北京市顺义区马坡镇顺安路88号	81481628
77	北京东方雨虹防水技术股份有限公司	北京市顺义区顺平路沙岭段甲2号	13691181102
78	国开创新资本投资有限责任公司	北京市顺义区国门商务区机场东路6号一层106室	58878619
79	北京市开源易通仓储有限公司	北京市顺义区南法信晨光建材城东侧	69450186
80	北京鹏扬企业管理有限公司	北京市顺义区空港物流基地物流园八街1号二层B2-137	13910656976
81	北京市凌云宇阳房地产开发有限公司	北京市顺义区高丽营镇文化营村北	82850933
82	北京恒昌德盛信用管理有限公司	北京市顺义区李桥镇顺通路李家桥段7号	56036433
83	北京顺鑫佳宇房地产开发有限公司	北京市顺义区杨镇府前街北侧100米	89471581
84	北京泰达立行置业投资有限公司	北京市顺义区竺园二街3号院4幢二层(天竺综合保税区)	18911202339
85	北京顺丰速运有限公司	北京市顺义区南法信地区物流园六街10号1幢等6幢	010-69470913
86	北京农村商业银行股份有限公司顺义支行	北京市顺义区新顺南大街15号	69444575
87	北京韩美药品有限公司	北京市顺义区天竺空港工业区A区天柱西路10号	80429898

序号	纳税人名称	注册地址	注册地址 联系电话
88	北京现代摩比斯汽车配件有限公司	北京市顺义区顺通路21号3幢1层101	84539111
89	北京金龙永辉置业有限公司	北京市顺义区顺通路25号5幢311室(科技创新功能区)	59158616
90	北京顺义燃气有限责任公司	北京市顺义区仁和地区燕京街36号院3幢-1至7层101	89498069
91	北京新丰泰博奥商贸有限责任公司	北京市顺义区仁和镇顺通路25号5幢302室	15332395328
92	国开（北京）新型城镇化发展基金（有限合伙）	北京市顺义区临空经济核心区机场东路2号二层2025室	58878515
93	国航进出口有限公司	北京市顺义区首都机场国航基地四号	61465490
94	北京达成光远置业有限公司	北京市顺义区南法信镇南法信大街118号院天博中心C座8层3804-68室	85171117
95	中国高科集团股份有限公司	北京市顺义区李遂镇龙泰路1-118号	82524586
96	北京东君房地产开发有限公司	北京市顺义区高丽营镇中心区南侧高丽营小区1栋	84407008
97	乐视移动智能信息技术（北京）有限公司	北京市顺义区高丽营镇文化营村北(临空二路1号)	50963115
98	中铁房地产集团北京浩达置业有限公司	北京市顺义区林河经济开发区双河大街18号1幢513室	13801161709
99	中北华宇建筑工程公司	北京市顺义区顺通路38号	89407569
100	北京康仁堂药业有限公司	北京市顺义区牛栏山镇牛汇街5号	69418585

顺义区重点工程项目（5项）

工程类别	序号	项目名称	项目法人（建设单位）	建设地点	建设规模及内容	总投资（万元）	竣工时间
社会事业（5项）	1	文化中心项目	马朝龙（北京市顺义区文化委员会）	顺义区新城第5街区	总建筑面积63386平方米，建设内容包括：文化馆、图书馆、博物馆、影剧院	51500	2018年10月底
	2	城南体育中心项目	李成（北京市顺义区体育局）	顺义区新城第5街区	总建筑面积17037.7平方米，建设内容包括：体育馆、体育场。	19490	2016年12月底
	3	劳动力实训基地项目	张尚强（北京市顺义区人力资源和社会保障局）	顺义区仁和镇太平村北侧	总建筑面积约33142平方米，其中实训教学楼建筑面积19849平方米，职介大楼13293平方米	13197	2017年12月底
	4	电子政务中心项目	张尚强（北京市顺义区人力资源和社会保障局）	顺义区仁和镇太平村北侧	总建筑面积40127平方米，其中地上面积33061平方米，配套人防及地下面积7066平方米	19688	2017年12月底
	5	区委党校迁建项目	闫连恒（中共北京市顺义区委党校）	顺义区牛栏山镇乔波滑雪场西侧	总建筑面积约70698平方米，建设内容包括：行政教学楼、宿舍楼、餐饮楼、报告厅	45057	2016年11月21日

顺义区保障性安居工程项目

工程类别	序号	项目名称	建设单位	建设地点	建设规模及内容	总投资（万元）	竣工时间
社会事业	1	后沙峪a地块配建自住房项目	北京金隅大成房地产开发公司	顺义区后沙峪镇	总建筑面积49600平方米、524套。	80000	2019年9月底
	2	沙坨村安置房项目	北京仁和日升房地产开发公司	顺义区仁和镇	总建筑面积61000平方米、558套。	54000	2019年12月底
	3	住总正华满庭芳	北京正华永顺房地产开发有限公司	顺义区后沙峪镇	总建筑面积约33142平方米	225000	2016年10月底
	4	顺新嘉苑（中铁林河）自住房	中铁房地产集团北京浩达置业有限公司	顺义区仁和镇	总建筑面积27100平方米、297套	97150	2016年1月底
	5	林河工业区配建限价房项	中铁房地产集团北京浩达置业有限公司	顺义区牛栏山镇	总建筑面积约11600平方米、150套	47850	2016年1月底
	6	顺义新城望泉寺公租房	北京汽车城投资管理有限公司	顺义区仁和镇	总建筑面积约378000平方米，其中住宅332000平方米、5292套	302400	2017年5月底
	7	后沙峪C地块居住项目（配建公租房）	北京海航顺投置业公司	顺义区后沙峪镇	总建筑面积约30000平方米、668套	19800	2017年5月底

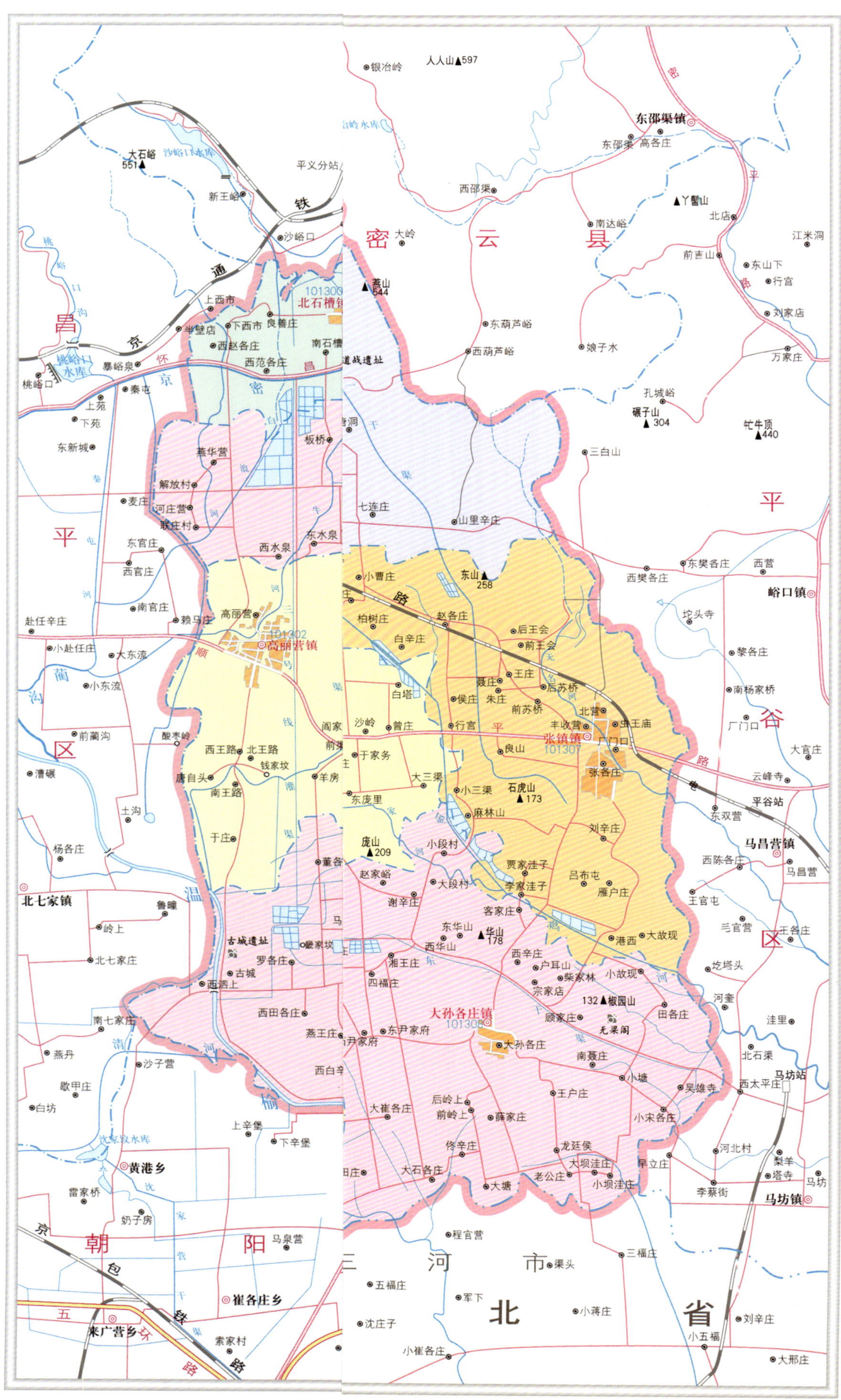

密云县
平谷区
昌平区
顺义区
朝阳区
三河市
北省
北石槽镇
高丽营镇
张镇镇
大孙各庄镇
东邵渠镇
峪口镇
马昌营镇
马坊镇
北七家镇
黄港乡
崔各庄乡
来广营乡
京通铁路
京怀路
京平路
京包铁路
五环路
怀河
沙峪口水库
桃峪口水库
沈家坟水库
大石峪
551
人人山597
燕山
544
东山
258
石虎山
173
庞山
209
华山
178
椒园山
132
碾子山
304
丫髻山
屹牛顶
440
101300
101302
101307
101308
平义分站
平谷站
马坊站
古城遗址
道战遗址